Le Patrimoine culinaire suisse

Le Patrimoine culinaire suisse

Paul Imhof

Traduit de l'allemand par Patrick Vallon
Photographies d'Antal Thoma

infolio

Avant-propos

Se nourrir, ce n'est pas uniquement manger ; c'est d'abord se retrouver, partager, échanger autour d'une table, passer de bons moments en famille ou entre amis, faire honneur aux produits, et bien plus encore. Se nourrir, c'est créer des liens avec celles et ceux qui produisent nos aliments. En effet, qui de mieux placé pour raconter les vertus d'un produit que la personne qui l'a cultivé ou celle qui l'a cuisiné ?

L'alimentation permet ainsi de créer des ponts et de partir à la découverte de l'autre. La Suisse, reconnue pour sa gastronomie, a tout pour bien faire à cet égard, puisque plus de 400 produits sont répertoriés au *Patrimoine culinaire suisse*. Ce patrimoine est aussi riche, au fond, que l'est la diversité culturelle de notre pays, fort de ses nombreuses traditions et du savoir-faire de ses artisans. La variété de nos paysages et des modes de vie qui y sont associés sont à l'origine de plats qui reflètent le caractère de nos régions et qui en assurent la promotion sur les cinq continents. Dès lors que l'on voyage aussi à travers le goût, j'ai plaisir à relever qu'un grand nombre de nos trésors culinaires se dégustent aujourd'hui sur les grandes tables du monde entier et qu'ils sont autant d'ambassadeurs de notre agriculture.

À travers eux se découvrent de nouvelles saveurs et de nouvelles traditions. Les produits de notre patrimoine culinaire constituent par conséquent autant d'invitations à la découverte de la Suisse, à l'instar d'ailleurs de ce bel ouvrage.

Bonne lecture, bon appétit et santé !

Guy Parmelin
Conseiller fédéral

Introduction

L'Inventaire du patrimoine culinaire suisse a vu le jour sous l'impulsion de la Confédération helvétique. Pour la première fois, les produits alimentaires traditionnels suisses, leur mode de production, leurs caractéristiques et leur histoire ont été répertoriés de manière systématique. L'Inventaire conduit par l'Association Patrimoine culinaire suisse met ainsi en valeur un chapitre important de l'histoire culturelle et sociale de la Suisse.

Notre alimentation reflète une multitude d'aspects culturels et historiques. Les produits nous parlent des clivages sociaux entre riches et pauvres, de la vie quotidienne et des fêtes, de l'inventivité des peuples et de leur conception de la santé. Ils renvoient à la force des conditions naturelles, mais aussi à la puissance de l'organisation sociale.

L'Inventaire du patrimoine culinaire suisse répertorie les produits alimentaires qui ont une signification particulière pour une région, un canton ou le pays tout entier. Ces produits doivent être élaborés en Suisse depuis au moins quarante ans (transmission d'une génération à la suivante) et être encore produits et consommés à l'heure actuelle. Qu'ils soient locaux, régionaux ou nationaux, ils se distinguent tous par le rapport particulièrement étroit qu'ils entretiennent avec la population.

Le Patrimoine culinaire suisse intéresse toutes les personnes curieuses d'un certain art de vivre propre au centre de l'Europe, mais il réunit plus encore tous les Suisses autour de leur alimentation et leur permet de connaître ses origines et son évolution. C'est une ressource importante pour l'agriculture et les filières alimentaires. Toutes les AOP et IGP du pays font partie du patrimoine culinaire, qui contient des produits susceptibles, à l'avenir, de compléter cette liste.

Rassembler en un seul volume l'essentiel du patrimoine culinaire de la Suisse, soit plus de 450 produits typiques de toutes les régions du pays, et ancrer chacun de ces délices dans son contexte géo-historique, voilà le défi qu'a su relever l'auteur de cet ouvrage, Paul Imhof, en s'appuyant sur l'Inventaire disponible sur le site *www.patrimoineculinaire.ch*.

Une érudition gourmande, en somme, qui implique de vastes recherches sur l'apparition de tel ou tel terme dans de très anciens recueils de recettes, dans des archives et autres dictionnaires, mais aussi auprès de ces savants et artisans que sont les fromagers, charcutiers, boulangers, confiseurs ou distillateurs d'hier et d'aujourd'hui.

Paul Imhof a ainsi sillonné la Confédération pendant de longues années, interrogeant des artisans, des producteurs locaux, des cultivateurs désireux de ressusciter des espèces oubliées, des chocolatiers, des industriels ou encore des restaurateurs.

Le Patrimoine culinaire suisse offre un panorama stimulant sur l'évolution de nos coutumes alimentaires et illustre la formidable inventivité – souvent commandée par la nécessité – de celles et ceux qui ont constitué cet héritage national au fil des siècles.

Le livre que vous tenez entre vos mains renferme un trésor d'une grande richesse, c'est la somme de nombreuses générations d'artisans, de paysans et de paysannes qui ont confectionné des spécialités transformées et enrichies au cours des siècles, et transmises de génération en génération. Il est difficile de concevoir l'existence d'une telle diversité à l'échelle d'un aussi petit pays. Ce sont ses diversités culturelles, géographiques, environnementales, agricoles et l'attachement de la population à son terroir qui constituent le socle du Patrimoine culinaire suisse. Celui-ci n'est pas figé, il est au contraire en constante évolution. Aussi est-il d'autant plus important de pouvoir rassembler cette somme et de la partager avec les amateurs, les spécialistes et les amoureux des terroirs. Les produits du patrimoine culinaire n'ont pas de frontières politiques et témoignent des échanges avec les pays voisins et le monde alentour.

Nous vivons une période de crises politiques et climatiques qui nous amène à un profond questionnement et à un besoin de retour aux sources. La globalisation de l'agriculture et de notre alimentation montre ainsi clairement ses limites. Les mouvements et les actions en faveur des circuits courts et d'une production agricole basée sur l'agroécologie et les savoirs locaux tracent la voie pour une alimentation plus saine, raisonnée et donc plus savoureuse. Le développement des circuits courts permet de renouer le dialogue entre les producteurs et les consommateurs et d'adapter l'offre à la demande locale.

Nous partageons la vision d'une agriculture familiale qui assure la transformation des produits sur l'exploitation et dans ses environs, en collaboration étroite avec les artisans des métiers de bouche. Cette manière de faire favorise la vente directe des produits et refonde les processus de production pour mieux répondre aux attentes des consommateurs. Les marchés locaux et territoriaux sont essentiels pour regagner de l'indépendance et favoriser ainsi la transformation des systèmes agroalimentaires, afin d'améliorer la résilience et la durabilité de notre alimentation.

Le Patrimoine culinaire suisse a un rôle important à jouer dans cette évolution en permettant de redécouvrir, de partager et de faire évoluer nos savoir-faire et les traditions liées à notre alimentation. C'est la source principale de notre motivation et de notre engagement pour le faire vivre et le faire connaître.

Au nom de l'Association Patrimoine culinaire suisse :
Olivier Girardin, président
Astrid Gerz, responsable du secrétariat

Préface de l'auteur

La Suisse a la réputation d'être un pays particulièrement innovant. On y fait plus d'inventions et y dépose plus de brevets que partout ailleurs. L'Union européenne s'en est elle aussi aperçue et a souligné dans son Tableau de bord de l'innovation de février 2012 qu'avec son esprit créatif, la Suisse surpassait « continuellement » les vingt-sept pays de l'UE. Cette recherche incessante de la nouveauté, de l'inconnu ou de la différence, ainsi que l'envie de créer des choses utiles et originales ne sont pas réservées au domaine technique : l'énorme inventivité de la Suisse se reflète également dans ses produits alimentaires.

Les seuls charcutiers ont créé au cours des siècles plus de 400 variétés de saucisses et boudins, jusqu'à des créations encore trop récentes pour figurer dans le patrimoine culinaire national. Chacune de ces saucisses, que ce soit le cervelas, célèbre dans tout le pays, le *cicitt*, longue et fine saucisse de chèvre du Valmaggia, le saucisson vaudois ou la *liongia engiadinaisa*, rappelle à tout charcutier son origine et l'héritage qu'elle porte. Les produits traditionnels et familiers soutiennent non seulement les charcutiers, mais aussi tous les autres artisans ès gourmandises.

Le patrimoine culinaire suisse est un trésor débordant de saveurs capiteuses, un pays de cocagne où tradition et innovation font bon ménage. On y trouve des recettes pluriséculaires de pains d'épices voisinant avec des produits industriels comme l'Aromat. Certaines parts de cet héritage ne sont fabriquées que depuis une quarantaine d'années – le temps qu'il faut pour passer d'une génération à la suivante, pour se faire apprécier du plus grand nombre en demeurant disponible. Aux yeux des artisans contemporains, ce patrimoine représente un fonds dans lequel puiser pour inventer encore et encore, et à ceux des amateurs de bonne chère en général une sorte de bibliothèque de référence où l'on explore l'origine des plats et des boissons du terroir.

C'est au niveau des régions que le patrimoine culinaire suisse s'enrichit, et il est parfois plus ancien que les frontières cantonales. Longtemps, nos compatriotes ont semblé perdre de vue les créations locales, comme si elles allaient de soi, et se sont tournés vers le reste du monde. Des immigrants sont arrivés en Suisses avec leurs habitudes alimentaires : travailleurs italiens et espagnols, réfugiés hongrois, tibétains, tchécoslovaques, sri lankais ou balkaniques. Des expériences culinaires faites dans toutes les parties du globe ont donné à certains l'envie de les partager en ouvrant des restaurants chinois, japonais, indiens, thaïlandais, brésiliens ou turcs, également grâce aux nouveaux arrivants, d'Afrique du Nord ou subsaharienne notamment. L'offre culinaire n'a jamais été aussi étendue que dans les années 2020.

Un bon produit ne suffisant pas à faire un bon menu, les recettes sont indispensables, et inversement, c'est par celles-ci que l'on peut (re)découvrir des produits de qualité. Après avoir rassemblé et testé de très nombreuses recettes traditionnelles, Marianne Kaltenbach (1921-2005) a publié son excellente *Cuisine rustique suisse* (*Aus Schweizer Küchen*), un classique qui fait lui aussi, entre-temps, partie du patrimoine culinaire helvétique. On peut en dire autant du légendaire ouvrage de 1700 recettes originales d'Elisabeth Fülscher (1895-1970), professeure de cuisine à Zurich, qui ne cesse d'être réédité. Mentionnons aussi le travail très créatif de l'équipe de Betty Bossi, qui poursuit sa mise en valeur des traditions suisses en l'enrichissant des saveurs et recettes du monde entier. *Ticino a tavola*, recueil de recettes privées de l'ensemble du Tessin, est un trésor remarquable, publié en 1976 par le *Corriere del Ticino*. Parmi les nombreux livres de cuisine de Suisse romande, enfin, *Croqu'Menus* se distingue par sa grande clarté et l'accent mis sur les divers terroirs ; il y est considéré comme le « moyen d'enseignement le plus répandu dans les écoles », si bien qu'on le retrouve dans presque toutes les cuisines romandes.

Paysages culinaires

Bâle-Ville – Une tête de pont sur le Rhin
Bâle-Campagne – Un Ballon et des eaux-de-vie
Jura bernois et République et Canton du Jura – Héritage commun, statuts séparés
Soleure – Coquetteries à la française
Argovie – Un jeune canton aux régions anciennes
Schaffhouse – L'esprit du terroir
Genève – Haute volée et perles rustiques
Vaud – Cœur culinaire
Neuchâtel – Un lapin pour un litre
Fribourg – Du jeûne à la fête
Berne – De copieux goûters
Lucerne – Entre le Napf et César Ritz
Zurich – Ville et campagne
Thurgovie – Le sens de la sérénité
Obwald et Nidwald – Fromage, bétail et mercenaires
Schwytz – Paysans et seigneurs, pèlerins et pères
Zoug – La petite laitière et les cerises
Saint-Gall – Le *Bürli* et la diva
Appenzell Rhodes-Extérieures et Rhodes-Intérieures – « Öserig ond frönt »
Valais – « Le Seigneur donne, le Seigneur reprend »
Uri – Château d'eau et pays de muletiers
Glaris – Large vue d'une vallée étroite
Grisons – Munts e vals
Grisons italiens – Au pays des tueurs de faim
Tessin – Cucina povera, cucina ricca

C'est par ces lignes de force géographiques que s'organise notre ouvrage et dont un amusant «Menu suisse» représentera, en fin de volume (voir page 644), chaque canton avec un plat.

Une vingtaine de minutes après le décollage de l'aéroport de Zurich, une fois l'ascension terminée, le passager se détend dans l'avion. Un verre de vin à la main, il contemple par le hublot le défilé des sommets et des crêtes, des masses rocheuses aux formes les plus étranges, les éclatants mamelons enneigés et les ombreuses vallées, découpées aussi profondément que des tombes.

Peut-être se met-il à se demander comment des êtres humains en sont venus jadis à s'établir dans un espace aussi exigu, et pourquoi justement là en bas trois cultures voisinent les unes avec les autres (et en recèlent une quatrième), elles qui constituent une part si essentielle de l'Europe occidentale – et quasiment de surcroît la Suisse, dont l'avion a déjà quitté l'espace aérien.

Aussi exemplaire qu'il puisse paraître, le modèle culturel méditerranéen, atlantique et continental est très hétéroclite. Le peuplement est un processus compliqué, évoluant sur des millénaires, avec comme constante la recherche de la nourriture: but absolument essentiel jadis, elle est devenue aujourd'hui un accessoire du quotidien, qu'il soit marginal ou qu'il symbolise la réussite sociale.

L'alimentation a pratiquement toujours été la préoccupation centrale des hommes et des femmes; elle a poussé les Européens très loin de leurs terres à la quête de précieuses épices, dans de nouveaux mondes où furent fondés des villes et des carrefours commerciaux, un réseau qui se ramifia et s'affina au fil du temps. Ce n'est que vers la fin du XXe siècle que commença une sorte de décadence: le pain quotidien était devenu une telle évidence qu'il en perdit sa signification profonde. Qu'on se bourre de cacahuètes devant son téléviseur tout en regardant une émission culinaire ou qu'on s'émerveille devant des pirouettes gastronomiques dans un restaurant étoilé, la nourriture est tellement omniprésente et facile d'accès qu'elle s'est réduite à un facteur de divertissement – particulièrement avec les réseaux sociaux et la multiplication des influenceuses et autres cuisiniers improvisés cherchant à retenir l'attention de leurs abonnés en se complaisant dans le *food porn*, ce culte hédoniste de la nourriture.

Décadence accentuée par le fait que l'industrie agroalimentaire soumet ses produits, qu'ils soient traditionnels ou nouvellement développés, à une standardisation innommable, où les arômes les plus appréciés (vanillés, par exemple) sont renforcés à dessein. On est ainsi parvenu, en quelques décennies, à mettre en péril un trésor de savoir qui s'est constitué pendant des siècles: le patrimoine culinaire de la Suisse.

Heureusement, le danger a été reconnu à temps. Notre héritage culinaire ne saurait tomber dans l'oubli ou être enterré sous la recherche du profit et l'indifférence, car il comprend des produits appréciés dans l'ensemble du pays, dans une région, un canton ou même dans le village le plus reculé, qui continuent à être confectionnés, achetés et naturellement aussi consommés. Toutefois, cet héritage ne doit pas être considéré comme un bloc erratique au repos; au contraire, il est nécessaire de le compléter, de le faire fructifier. De nouveaux éléments viennent s'y adjoindre sans évincer les anciens.

La force de la Suisse réside dans ses régions; c'est là que le patrimoine culinaire prend toute sa valeur en sauvegardant l'histoire de nos produits. Leurs «codes génétiques» font remonter aux sources de leur authenticité, à la spécificité des sols, aux conditions climatiques et à leurs changements, à la situation économique à telle ou telle époque et aux mouvements sociaux qui y avaient lieu. Que ce soit dans le Jura, au bord des lacs ou des rivières, sur le Plateau suisse, sur le versant nord ou sud des Alpes, à la campagne comme en ville, des paysans, bouchers, fromagers, meuniers, distillateurs, boulangers et confiseurs n'ont cessé de forger l'identité de très nombreux mets et boissons.

«La destinée des nations dépend de la manière dont elles se nourrissent», écrivait en 1825 l'icône européenne des tables raffinées, le Français Jean Anthelme Brillat-Savarin, dans sa célèbre *Physiologie du goût*. À l'inverse, on peut dire que la nourriture ne dépend pas des nations, qu'elle est universelle, liée à un espace de vie; elle ne saurait être enserrée dans des frontières politiques comme dans un sac. En Suisse comme ailleurs, les découvertes archéologiques nous font remonter loin dans le temps, dans un pays dépourvu de frontières. «Des pains complets au levain sont attestés dès 3600 ans av. J.-C. environ», indique le *Dictionnaire historique de la Suisse*. «Les provisions hivernales consistaient en céréales, en fruits séchés (surtout des pommes) et en viande, peut-être fumée, fournie par les animaux domestiques abattus en automne.»

Aujourd'hui, les usines crachent de la nourriture confectionnée. Dans le maquis des numéros E et la nécessité de déclarer le contenu des aliments pour inspirer confiance, les origines sont plus importantes que jamais. Rendons ici hommage à celles qui ont été les premières à jeter les bases de la gastronomie: les paysannes, les servantes et plus tard les cuisinières. Elles ont transmis leur savoir oralement. Les Romains, qui avaient également développé l'Europe au nord des Alpes, et plus tard les moines, qui ont perpétué l'héritage romain, ont consigné leurs connaissances. C'est ainsi que les produits les plus anciens, comme le pain d'épices, remontent aux monastères et non aux cuisines paysannes. Le monastère de Saint-Gall conserve les *Benedictiones ad mensas* (destinées à bénir la nourriture et la boisson), écrites par le moine Ekkehard IV peu après l'an 1000: il s'agit du texte le plus ancien de Suisse sur lequel sont listés des aliments, presque tous ceux qui étaient connus à cette époque.

Les régions de montagne ont longtemps été maigrement peuplées, elles le sont encore aujourd'hui en comparaison avec le Plateau et les agglomérations. Elles n'ont cependant jamais été des déserts hostiles, même dans la neige et la roche éternelles, on trouve de la vie: des spécialistes qui s'accommodent de conditions arctiques, comme le recordman d'altitude des Alpes suisses, la saxifrage à feuilles opposées, *Saxifraga oppositifolia*, trouvée à 45 mètres en dessous du sommet du Dom (4550 mètres d'altitude) avec quelques collemboles des neiges comme habitants du tapis végétal.

Depuis la nuit des temps, des voies de transit relient les sommets en passant par les vallées et les crêtes. Très tôt, les voyages ont été nombreux dans l'espace alpin. Certains sont restés et ont mené une vie modeste avec ce que la nature avait de plus élémentaire à leur offrir. Un sol pauvre et un temps rude offraient rarement des conditions adéquates pour la culture de légumes et de céréales. On pratiquait la chasse et l'élevage bovin, on vivait de viande et de fromage, faisant de ces concentrés de force les fondements de l'existence.

L'air sec et le froid permettaient la conservation de viande séchée de vache et de cerf, de chèvre et de chamois. À part cela, quelques cochons, omnivores et autosuffisants, qui se maintiennent dans les paysages correspondants en recyclant tous les restes et en buvant – au sens propre – du petit-lait, et dont les atouts se retrouvent dans des saucisses épicées. Les fromages d'alpage des Grisons, de Glaris et d'Uri sont peu connus en dehors de leurs régions d'origine, ceux du Tessin atteignent les prix les plus élevés, étant donné la rareté et la haute spécificité de ces produits entièrement fabriqués sur de petits alpages.

L'espace alpin se caractérise par des paradoxes. Le réseau routier dans les montagnes devient plus dense et plus confortable, son utilisation devient malgré tout plus fatigante – et en même temps, les prédateurs retrouvent des régions où leurs derniers représentants ont été exterminés il y a un siècle ou davantage encore. On se met en travers des autres, les esprits s'échauffent. Ce qui n'est pas explicitement protégé par la loi, les personnes stressées au quotidien le recherchent pour ralentir, sert d'arène aux sportifs de l'extrême et fait bégayer le rythme des voyageurs en transit.

« Je suis convaincu, écrivait Goethe en 1779 à Gletsch, qu'un homme qui commencerait à tomber sous le joug de son imagination sur ce chemin mourrait de peur et d'angoisse sans danger apparent. » Son secrétaire Ludwig Geist a été tourmenté par des cauchemars alpins pendant de longues années : « Ici, on perd tout courage et on en vient presque à croire que c'est la fin du monde », nota-t-il en 1797. Il y a plus de 600 ans, Adam d'Usk a également vécu une telle expérience limite au Gothard : le savant gallois s'y est laissé guider sur les lacets les yeux bandés.

Les revendications des uns et des autres dans cet immense parc d'attractions que sont les Alpes entraînent des conflits d'intérêts : ville contre campagne, vététistes contre randonneurs, héliskieurs contre motards, vaches allaitantes contre promeneurs, loup contre gibier, ours contre peluche – le selfie avec « Lumpaz », l'ours qui avait migré du Trentin au Val Müstair en 2005, a pu être évité de justesse. Trois ans plus tard, l'ours ne portait déjà plus de nom et « JJ3 » fut liquidé quelque part dans le centre des Grisons, empaillé et exposé au Musée d'histoire naturelle de Coire. Mais les prédateurs ne se laissent pas décourager, la surexploitation ne semble pas les effrayer, car l'ancienne échelle du paysage rural, très réduite, est en train de disparaître. Le lynx, le loup et l'ours colonisent leur ancien habitat avec une assurance imperturbable.

Le dernier ours des Grisons a été abattu le 1er septembre 1904 dans le Val da la Chaldèra, près du Piz Pisoc, en Engadine. À cette époque, les recettes d'ours dans le *Buchhofer's Kochlehrbuch*, manuel de cuisine paru en 1900, étaient encore précises ; elles figurent toujours dans la dixième édition de 1934, sans doute dans l'espoir que le plantigrade se retrouve sur nos menus. On peut y lire la description détaillée de la procédure de cuisson des pattes d'ours jusqu'à ce que l'on puisse en retirer les os – « cinq à sept heures selon l'âge des bêtes » –, ainsi que de plus simples préparations : filet, dos, civet et jambon d'ours.

« Le jambon d'ours est salé comme un jambon de porc », écrit Alexander Buchhofer. Il en va de même pour les jambons de chèvre et de chamois, appelés *violini*, des spécialités très recherchées dans le sud de la Suisse. C'est surtout là que l'on trouve des produits aux caractéristiques nettement archaïques, des héritages culinaires comme les *salametti* à base de viande d'âne. Autrefois, il y avait même des saucisses de loutre, comme le racontait Hans Rudolf Schinz en 1786 : les loutres « montent des lacs jusque dans les cours d'eau des plus hautes vallées de montagne pour se nourrir des belles truites qu'elles y trouvent ». Selon Schinz, « il n'est pas facile de trouver un pays où les loutres sont aussi abondantes qu'ici » ; pourtant, elles ont également été exterminées au Tessin. Mais la loutre est maintenant de retour : l'*Atlas des mammifères*, paru en 2021, indique deux mentions d'espèces (2000-2019) dans le Haut-Tessin.

Les chèvres se sont mieux maintenues. Elles jouissent traditionnellement d'une plus grande liberté dans le sud du pays que dans d'autres régions, mais la fixation de limites était inévitable, du moins localement. « Chacun sait que les troupeaux de chèvres sont les ennemis les plus redoutables des jeunes forêts de montagne, et que la dent de cet animal est un vrai fléau destructeur », écrivait Friedrich von Tschudi en 1875 dans *Le Monde des Alpes*. « À Bondo comme en Lombardie, on pousse la prudence jusqu'à casser ou limer chaque année en octobre, aux frais de la commune, une partie des incisives des chèvres, afin de les empêcher de ronger les arbrisseaux. »

À Bosco/Gurin et à Campo Vallemaggia, l'appétit des chèvres provoquait des brouilles entre villageois, car le troupeau de Bosco/Gurin dévorait les broussailles et les pousses d'arole et de mélèze que les femmes de Campo Vallemaggia avaient plantées de leur côté du Pizzo Bombögn afin de protéger la forêt contre l'érosion et les avalanches. Les habitants de Gurin ont ignoré les plaintes de leurs voisins. Campo a donc fait un geste en construisant en 1948, sur l'arête de la montagne, à 2300 mètres d'altitude, un mur de 300 mètres de long à hauteur d'homme, avec une pente de 60 % sur 150 mètres de dénivelé.

Les chèvres étrangères ont été mises à l'écart, la forêt a grandi et remplit ses fonctions. *Al mür dal Bambögn* est toujours debout, un mur de pierre comme à l'époque préhistorique, un mémorial pour les frontières anciennes et nouvelles, les peurs réelles et ataviques.

Nous vivons à des siècles de distance des origines du patrimoine culinaire tel qu'il se présente en grande partie. Cela ne veut pas dire qu'il s'est figé dans le temps. C'est un processus en cours, et il absorbe aujourd'hui comme hier des influences extérieures. Mais malgré cette ouverture d'esprit, l'originalité devrait être garantie par une structure ferme. Le danger de disparition n'est pas seulement dû à l'insouciance et à l'oubli, la falsification nuit également au patrimoine et à ses joyaux. Une «saucisse sans viande» est une imbécillité, une contradiction dans les termes, au mieux une sorte de bouillie végétale à l'arôme de viande produite artificiellement. Pire encore, le «jambon vegan» ou le «fromage vegan» – ce ne sont pas des torsions sémantiques anodines, mais des tromperies pures et simples. Le fromage est fabriqué à partir de lait; si ce n'est pas le cas, ce n'est pas du fromage. On peut se gausser du véganisme, mais il n'est pas dénué de sens. La souffrance du porc en tant que bloc de viande obèse provoque un rejet croissant des aliments d'origine animale, du lait à la saucisse, qui témoigne d'un grand malaise face au principe de faisabilité et au traitement infligé à la nature. Le rejet de l'engraissement et de l'exploitation industrialisés des animaux renforce également le patrimoine culinaire.

L'authenticité de ses produits s'accompagne d'une identité, formée par l'histoire et des histoires, qui s'étendent parfois sur de longues périodes et des évolutions, comme pour les céréales. L'identité n'est pas seulement faite de reconnaissance, mais aussi de différenciation, de distinction. C'est ainsi que naît la typicité, enracinée dans un espace de vie correspondant, le produit du terroir comme produit miroir et produit de la mémoire.

L'héritage œnologique

La notion de terroir, dont les cuisines se sont emparées, est née en Bourgogne et a été cultivée par des vignerons et des maîtres de chais (cf. *Introduction Schaffhouse, pages 123-124*). La viticulture d'origine suisse est absente de l'Inventaire du patrimoine culinaire, mais le sujet est si vaste qu'il constitue un monde en soi. Il fait néanmoins bel et bien partie du patrimoine, d'où le concentré suivant:

Si les plus anciens pépins de raisin proviennent d'habitats préhistoriques près de Genève ainsi que des lacs de Neuchâtel et de Constance, aucune trace de culture n'a pu être confirmée scientifiquement. Ce sont probablement les Celtes du Tessin et du nord de l'Italie qui ont apporté les premières connaissances sur la vigne en Valais, mais c'est aux Romains que revient le mérite de la culture méthodique des fruits et de la vigne. Pendant des siècles, le vin a été une boisson privilégiée, car il était moins dangereux pour la santé que l'eau ordinaire. Au XIXe siècle, l'étude des micro-organismes par Louis Pasteur a permis de mieux comprendre le mode d'action des bactéries. La construction de conduites amenant l'eau dans les habitations a déplacé le vin en tant que boisson quotidienne du côté des plaisirs de la table.

Au début du XXe siècle, d'immenses régions viticoles d'Europe ont dû être replantées après avoir été affaiblies par les maladies fongiques du mildiou et de l'oïdium dans la seconde moitié du siècle précédent et après que le phylloxéra, comme les champignons d'origine américaine eux aussi, eut ravagé les vignes en dévorant les racines. Les nouvelles vignes ont été greffées sur des porte-greffes américains dédaignés par le phylloxéra. Jusque dans les années 1970-80, la viticulture suisse se contentait d'une activité secondaire, d'exploitations mixtes ou de coopératives. Puis quelques esprits rebelles ont planté des cépages interdits comme le chardonnay et, malgré les avertissements et les protestations des autorités, ils ont introduit l'élevage en fûts de chêne français, les barriques. Et le *Beerliwii* est devenu pinot noir.

La génération de ces vignerons s'est reconvertie dans la viticulture sans autre agriculture et a envoyé la relève dans une boucle de formation sans précédent, de l'apprentissage du métier de viticulteur aux études d'œnologie et aux stages dans des régions viticoles de Suisse, d'Europe et du nouveau monde global des vins. Les vignerons et vigneronnes suisses disposent, notamment grâce à l'arrêté viticole de 1993 sur la réduction des quantités, d'une offre capable de répondre à des exigences très élevées. À l'étranger, la réputation du vin suisse est faible voire inexistante, car à peine 2 % sont exportés (2014). Cette situation n'est pas très grave, les meilleures bouteilles étant de toute façon en nombre insuffisant sur le marché national.

Encore à la fin du XXe siècle, le monde du vin suisse était aussi bien protégé que l'agriculture en général. Les contingents et les taxes d'importation permettaient aux paysans de produire autant qu'ils le souhaitaient. Le chasselas blanc ou gutedel était le cépage le plus cultivé; après des récoltes records dans les années 1980, la population, des étudiants aux retraités, était obligée de boire ce vin blanc «officiel», qu'il s'agisse de fendant ou de La Côte, de féchy ou de perlan. Des cépages comme l'humagne blanche et la rèze (ou resi) – les plus anciens, attestés en 1313 –, la petite arvine ou le païen (ou heida) étaient peu connus en dehors du Valais, et le completer, attesté en 1321, encore moins en dehors des Grisons.

Au début, ces vins structurés et de caractère étaient encore réservés aux seuls connaisseurs. La dôle rouge dominait le marché suisse, à laquelle s'ajoutaient quelques autres rouges de Provins Valais, des gamays et des pinots légers du Léman, et en Suisse alémanique, la majorité ne jurait que par le *Beerliwii*, pressé à partir de pinot noir entre le Randen schaffhousois et la Seigneurie grisonne, le lac de Bienne et celui de Zurich.

La politique commerciale internationale a été déterminante dans l'abaissement des barrières douanières pour le vin et, en compensation de l'afflux de la concurrence étrangère, dans l'assouplissement des prescriptions pour la culture de la vigne. Les viticulteurs ont été contraints de faire face à cette concurrence massive. Les Valaisans se sont soudain souvenus de leurs anciens cépages et ont misé sur la culture de la petite arvine, du païen, de l'humagne blanche et rouge, du cornalin et d'autres spécialités au détriment du fendant. Dès les années 1980, quelques hardis vignerons tessinois avaient commencé à vinifier dans la région du Malcantone du merlot, lequel passa des *boccalini* aux verres à bordeaux.

Il n'existe pas (encore) d'inventaire du patrimoine œnologique comparable à celui du patrimoine culinaire. Mais un début de réponse vient d'un autre type de patrimoine, la Mémoire des vins suisses, une association composée d'experts désireux de prouver, avec des nectars sélectionnés chez les meilleurs producteurs, que les vins suisses peuvent bien vieillir.

La plus grande partie des quelque 15 000 hectares de vignes du pays est exploitée en Suisse romande. Pour en savoir plus, consultez les différentes introductions aux cantons dans ce volume.

Voyage gourmand

Si la présentation des produits du patrimoine culinaire suisse suivant les souverainetés cantonales peut sembler quelque peu désuète, voire anecdotique, elle demeure familière. Le voyage d'un canton à l'autre se déroule en fonction de plusieurs têtes de pont. Verticalement, de la tête de pont nord à celle du sud, horizontalement de la tête de pont occidentale à la tête de pont orientale. La liaison verticale va directement de Bâle à Chiasso en passant par le Gothard. L'itinéraire horizontal est plus complexe – il s'oriente d'après la nature du pays, des paysages du Jura, du Plateau, des Préalpes et des versants nord et sud des Alpes qui, avec leurs reliefs, leurs sols, leurs climats, leurs expositions et les aménagements territoriaux, façonnent l'image contrastée des divers cantons.

En tant que tête de pont nord, Bâle, digne porte d'entrée en Suisse avec l'un des premiers ponts sur le Rhin, jouxte l'Alsace et le sud-ouest du Bade-Wurtemberg (l'ancienne Bade) sur le versant nord du Jura, avec Bâle-Campagne, le Jura, Soleure, l'Argovie et Schaffhouse. L'Arc jurassien commence à Genève, la tête de pont ouest, et s'étend le long du pied sud du Jura jusqu'au lac de Constance, la tête de pont est, en passant par les lacs du Plateau suisse. Cette route culinaire, la plus longue et la plus variable dans sa largeur, qui s'étend jusqu'aux Alpes avec les cantons de Berne et de Vaud, accueille des saveurs de Savoie, de Franche-Comté, du Bade-Wurtemberg et d'une pointe de la Bavière.

Sous la bande dominante du Plateau s'alignent des paysages préalpins, du lac de Sarnen à la vallée du Rhin saint-galloise, dont l'extrémité orientale touche l'Autriche et le Liechtenstein.

Vient ensuite l'arc alpin, du Valais avec les plus hauts sommets aux Grisons en passant par Uri et Glaris, qui jouxte l'Ain et la Haute-Savoie, le Piémont, la Valteline, le Haut-Adige, l'Autriche et le Liechtenstein.

La tête de pont sud, le Sottoceneri tessinois, s'avance tel un entonnoir vers la Lombardie. Il y a plusieurs milliers d'années déjà, les principales influences ont pénétré dans notre pays par le sud, en premier lieu les réalisations des Romains.

Les Grisons italiens, *Grigioni italiano*, constituent un chapitre à part entière, car les produits des vallées méridionales de Poschiavo, de Bregaglia, de la Mesolcina et de la Calanca sont fortement influencés par le Tessin et la Lombardie et à peine par le versant nord des Alpes.

Les Romains, les Celtes, les monastères et surtout l'Ancien Régime ont durablement marqué les cuisines suisses. Si la technologie et la massification ont amélioré l'alimentation et sa diffusion, les perspectives liées au réchauffement climatique font que certains mettent en garde et que d'autres minimisent.

L'ingéniosité et les contraintes imposées par les circonstances ont favorisé l'agriculture et l'alimentation, ce qui a eu un effet particulier dans les régions de montagne – la Suisse a atteint la plus haute maîtrise dans la fabrication du fromage sur ses alpages. Les variétés dominantes à pâte dure et mi-dure sont exceptionnelles. Elles se distinguent sur un espace restreint d'un alpage à l'autre par des nuances tout à fait caractéristiques et révèlent des mondes fromagers distincts sur les versants nord et sud des Alpes.

Dans cette offre bigarrée, souvent unique, on trouve des figures centrales de l'histoire de la nourriture et de la boisson, comme l'Emmental. Par sa taille, son poids et sa symbolique, le « fromage à trous » fait honneur à son nom. Cette énorme meule d'une centaine de kilos a fait exploser toutes les frontières, elle a été produite pendant une bonne partie du XXᵉ siècle dans la quasi-totalité des régions préalpines et non alpines de Suisse alémanique et vendue dans le monde entier, où elle est considérée comme le *Swiss Cheese* par excellence. Le proverbe *Anyone can make the holes, but only the Swiss can make the cheese* (tout le monde sait faire des trous, mais seuls les Suisses savent faire le fromage qui va avec) s'applique à lui, l'Emmental, dans les trous duquel le légendaire Obélix met ses doigts et se demande, déconfit, si l'on peut se rassasier d'air.

À propos de ce livre

Au départ, l'Inventaire du patrimoine culinaire suisse a été établi pour le compte de la Confédération et des cantons de 2005 à 2008 et comprend plus de 400 produits. Une équipe de spécialistes a effectué des recherches dans plusieurs bibliothèques et archives ; elle a également pu bénéficier des connaissances de divers artisans et fabricants qui lui ont montré les processus de réalisation de leurs produits patrimoniaux. Tout ce savoir – et savoir-faire – a été soigneusement rassemblé et consigné, puis des experts indépendants ont examiné les textes.

Les résultats de l'Inventaire du patrimoine culinaire suisse constituent la base des textes de ce livre. L'Inventaire peut être consulté sur Internet à l'adresse *www.patrimoineculinaire.ch* ou *www.kulinarischeserbe.ch* ; on y trouve également les sources correspondantes.

L'auteur a utilisé d'autres sources et du matériel issu de ses archives et y a intégré ses propres recherches et expériences.

L'Inventaire est subdivisé en catégories de produits. Dans le présent livre, on trouvera les produits répartis selon leur origine dans les cantons correspondants et listés là suivant la catégorie à laquelle ils appartiennent. Il n'est pas toujours aisé de déterminer une origine cantonale avec précision : dans l'Inventaire, on compte plus d'une centaine de produits du terroir connus sur le plan national ou transrégional, par exemple dans telle ou telle zone linguistique. L'auteur a réparti ces produits dans les cantons d'après divers critères : la première fois où ils ont été mentionnés (l'*Osterfladen* ou tourte de Pâques en l'an 962 au couvent de Klingenthal, à Bâle), leurs régions de production (le canton de Lucerne pour le *Härdöpfeler*, l'eau-de-vie de pomme de terre), des aspects particuliers (ainsi le cervelas dans le canton de Soleure, car la *Wurstsalat* ou salade de cervelas du Buffet de la gare d'Olten a été portée aux nues dans tout le pays grâce aux nombreuses séances d'associations, de partis, de syndicats et de clubs qu'elle agrémentait) ou pour la simple raison que tel ou tel canton méritait à ses yeux une dotation culinaire plus convenable.

Deuxième édition allemande, première édition française

De 2012 à 2016, le patrimoine culinaire de la Suisse a été publié en cinq volumes en allemand uniquement, sous le titre *Das kulinarische Erbe der Schweiz*. La présente édition en un seul volume, qui paraît conjointement en français et en allemand, a été actualisée et entièrement révisée, mais aussi enrichie de produits qui ont été inscrits au patrimoine culinaire depuis la première édition ou qui figurent sur la liste des candidats – ainsi la moutarde Thomy, l'aspic à la viande ou au poisson (*Galrey*), les *Sonntagspastetchen* (petits pâtés à la viande de veau), la viande chevaline, les fromages du Jura, le *Leckerlin* argovien, le cresson de fontaine, le biscuit militaire, le vermouth Jsotta, le Vivi Kola, l'électuaire aux baies de genièvre, le fromage de brebis, la fève, les asperges des Grisons, le *furmagin da cion*, le *mascarplin*, l'*olio d'oliva ticinese* et le *riso nostrano ticinese*.

1

BÂLE-VILLE (*BASEL-STADT*)

Une tête de pont sur le Rhin

ÉPICES, SELS, VINAIGRES ET HUILES

PRODUITS CARNÉS

PRODUITS DE BOULANGERIE ET PÂTISSERIE

CONFISERIES

BOISSONS

Sans sources, pas d'informations : cette formule a beau être lapidaire, elle est on ne peut plus vraie en ce qui concerne le patrimoine culinaire : ce qui ne peut être matériellement prouvé n'a jamais existé – que cela soit vrai ou non. Si des objets tels que des pots, des aliments fossilisés, des armes, des outils ou de la suie peuvent être « lus », les documents écrits sont d'un plus grand secours. Après la chute de l'Empire romain, seuls les monastères ont été en mesure de laisser des témoignages – dès le VIe siècle – de leurs conditions de vie en mots et en images. Bien que la Parole de Dieu primât sur tout, ceux qui savaient lire et écrire et pouvaient aussi bien noter le nombre d'œufs qu'ils avaient cassés pour faire une tourte de Pâques. Les listes d'achats et de dédouanement ainsi que les livres de comptes constituent une mine d'informations précieuse.

À Bâle, les sources monastiques remontent à une époque lointaine. Dans les foyers, à la ville comme à la campagne, on cuisinait rarement seul, il n'y avait pas d'appareils ménagers. Apprendre par la pratique était la règle de base. « La préparation d'un nombre limité de plats ne posait aucun problème, car ce que l'on avait l'habitude de cuisiner était vite expédié », écrit Andreas Morel dans un texte sur la cuisine bâloise vers 1800. « C'est l'une des raisons pour lesquelles seules les choses spéciales, moins quotidiennes, devaient être mises par écrit, les autres étaient transmises oralement d'une génération à l'autre » (*Basler Kost*). Des collections privées de recettes furent constituées, on ne notait que ce qui ne devait pas être oublié, ce qui n'allait pas de soi – c'est pourquoi les quantités précises manquent souvent, comme nous y sommes habitués dans les ouvrages culinaires modernes.

Le plus ancien livre de cuisine imprimé en allemand, intitulé *Kuchenmeysterey*, fut publié en 1485 ; au siècle suivant, on distingue celui de Sabina Welserin, un manuscrit édité en 1553, et *Ein köstlich new Kochbuch* d'Anna Wecker, datant de 1598, qui fut le premier livre de cuisine imprimé écrit par une femme – et l'un des premiers que l'on peut qualifier de suisses, car Anna Wecker était mariée au médecin bâlois et médecin de la ville de Colmar Johann Jakob Wecker (ce livre contient une recette de cervelas). Mais, selon Morel, « ce n'est qu'au XIXe siècle que le livre de cuisine en tant que tel a connu un essor spectaculaire ». Et de nos jours, année après année, ces ouvrages comptent parmi les plus vendus.

La situation géographique privilégiée de Bâle sur les voies terrestres et navigables a eu un impact sur les approvisionnements. Cette cuisine était-elle locale ? Régionale ? Sans doute – mais pas davantage ? Une cuisine originale, authentique peut-elle exister dans un centre commercial important ? Oui, postule Andreas Morel, car une cuisine ne se caractérise pas seulement par des matières premières, mais aussi par des facteurs tels que « le commerce interrégional de produits de luxe, les atouts principaux de la production agricole, le tempérament et le caractère des habitants, les éléments constitutifs de l'art de la table au sein de la famille ainsi que les repas pris en dehors de la maison ». Cet auteur donne la parole à un voyageur, C. G. Küttner (1755-1805), qui a longuement vécu en Suisse dans les années 1770 et s'est plusieurs fois rendu à Bâle:

« C'est avec grand enthousiasme qu'il relate à sa patrie saxonne la richesse de l'offre en viande "d'une grande perfection" et en poissons frais de la Wiese et du Rhin, dont les saumons, saumoneaux, truites et carpes sont particulièrement appréciés à Bâle. Les domaines agricoles du Jura voisin, qui appartiennent en grande partie à la ville de Bâle, fournissent du fromage et des fruits, ainsi que des noix dont on extrait de l'huile. » On sert du bon vin de la région, d'Alsace et du pays de Bade; le vin issu des vignobles bâlois, dans les faubourgs, n'était semble-t-il pas trop apprécié, étant jugé bon « pour les seuls domestiques »; il y a aussi « tous les légumes et les plantes de jardin », comme les pois et les asperges de Neudorf sur la rive gauche du Rhin. « En bref, la cuisine bâloise est célèbre dans le monde entier. [...] Le Bâlois, non content que la nature ait tant fait pour lui, se tourne vers l'art culinaire pour venir à sa rescousse, et même les pays lointains doivent satisfaire son palais. [...] Du jambon de Mayence, des oies de Westphalie, des salaisons de Hambourg, des saucisses de Francfort, de Brunswick et de Bologne, des rouges-gorges et des fruits confits de Metz, pâtés de Strasbourg et d'Abbeville. Le fromage suisse est célèbre dans le monde entier, mais on peut régulièrement trouver ici du Limbourg et du parmesan. »

Jusqu'à la fin des années 1930, sur l'Andreasplatz à Bâle, les paysannes et les oiseleurs proposaient en effet à la vente des rouges-gorges et des volailles sauvages ou domestiques. L'idée d'utilité l'emportait encore sur la volonté de protéger les animaux sauvages. Les oiseaux de proie étaient considérés comme nuisibles et étaient chassés à cor et à cri, et les oiseaux chanteurs finissaient souvent dans l'assiette des petites gens. Des espèces telles que les grives, les alouettes, les mésanges et les pinsons n'étaient pas officiellement considérées comme du gibier à plume chassable, mais on les chassait malgré tout. Les collectionneurs se rendaient également au marché aux volailles, car ils y découvraient toujours des oiseaux rares, les achetaient et empaillaient leurs peaux. Par exemple, l'ornithologue Gustav Schneider notait en 1879 à propos de la chouette épervière qu'« un morceau complètement pourri est arrivé ici au marché aux volailles et m'a été proposé ». D'autres raretés à l'époque de Schneider étaient l'étourneau roselin, l'ortolan (très prisé des gourmands), la grande outarde, l'aigrette garzette, l'ibis, l'oie rieuse et diverses espèces de canards – toutes disponibles au marché aux oiseaux.

Le gibier à plume exclusif fut ensuite protégé en Suisse, et l'intérêt des consommateurs s'est porté sur de nouvelles tendances et produits qui ont trouvé leur place sur les tables bâloises avec le désir croissant de voyager – même s'ils n'étaient pas acclamés par les gourmets. En 1979, la chaîne de restauration rapide McDonald's ouvrait sa première succursale en Suisse alémanique sur la Barfüsserplatz à Bâle. En 2019, les 40 ans nécessaires pour être inscrit au patrimoine culinaire ont expiré.

Moutarde Thomy

La première moutarde en tube

Le monstrueux tube de moutarde étire sa tête sur la pelouse tel un Tatzelwurm, créature mi-chat, mi-serpent, le bouchon bleu clair s'étend horizontalement et laisse apparaître les héros du Parc Saint-Jacques de Bâle : d'abord les arbitres avec le ballon de football puis, en file indienne, les deux équipes, chaque joueur tenant un garçonnet (*Binggis* en dialecte bâlois) par la main.

On trouvera difficilement un autre tube auquel a été octroyé un monument plus magnifique que celui de la moutarde Thomy. Même s'il ne s'agit que de publicité, le tunnel des joueurs du *Joggeli* (surnom du stade bâlois) a rapidement acquis un statut légendaire, alors qu'il n'existe que depuis un peu moins d'une vingtaine d'années.

La moutarde comme le tube ont bien mérité leur réputation. En 1907, la fabrique de moutarde Helvetia de la famille Thomi vendait de la « moutarde de Langenthal » (« Langenthaler Senf ») en vrac dans des pots en grès ; après la fusion de Thomi SA avec la société Franck à Bâle en 1930, Hans Thomi en a modifié l'emballage et l'aspect. L'ancienne marque est devenue la moutarde Thomy, avec un y à la place du i, petite touche globalisatrice censée attirer l'attention internationale. La moutarde a été le tout premier produit alimentaire conditionné dans un tube en aluminium, ce qui a permis de faciliter la vente du produit et de prolonger sa durée de conservation. En somme, le tube n'était rien d'autre qu'une boîte de conserve étirée avec un bouchon dévissable.

Cette moutarde Thomy était douce et l'est encore aujourd'hui, marquée d'une couleur bleu clair. Sa composition est restée plus ou moins la même depuis 1907. Il est vrai qu'avec la moutarde, il n'y a pas grand-chose à changer, les ingrédients essentiels étant des graines de moutarde moulues ou concassées, de l'eau, du vinaigre ou du vin, du sel et du sucre ainsi que des épices. L'intensité de la saveur et l'équilibre aromatique sont modifiables : la moutarde sera plus piquante avec une plus grande proportion de variétés de moutarde forte ou avec du raifort, et les grains peuvent être broyés ou moulus en une fine poudre (*voir la digression ci-dessous*).

Thomy a élargi sa palette : outre la mi-forte (*mild* en allemand, ce qui signifie *douce*), il y a la relevée, la forte, celle de Dijon au vin blanc, la bio ainsi que bien d'autres sortes régulièrement lancées sur le marché avec plus ou moins de succès. La mi-forte reste un classique grâce à sa durable association avec les cervelas, wienerli et autres schübligs.

En 1951, Thomy lance la première mayonnaise produite industriellement en Europe, et en 1960 c'est le tour d'une purée de tomates. Nestlé a repris l'entreprise, qui a entre-temps pris le nom d'Ursina-Franck AG, en 1971 (*thomy.ch*).

Au bout de presque un siècle d'existence, Thomy trône depuis plusieurs décennies telle une espèce porte-drapeau au-dessus d'un groupe de produits, comme Henniez dans le cas des eaux minérales. D'après l'entreprise elle-même, la marque Thomy est connue de 99 % des ménages du pays ; cependant, celle-ci a failli être vendue en 2017, apparemment en raison de la stagnation de ses ventes. Mais un tournant s'est produit : Bâle est train de devenir le « centre de compétences pour la moutarde et la mayonnaise », a écrit la *NZZ*. « À l'avenir, chez Thomy à Bâle, on se concentrera entièrement sur la production et l'innovation des deux produits traditionnels indispensables dans les ménages suisses [...] » (10 mai 2019).

DIGRESSION

Des graines aux tubes

La moutarde est produite à partir de graines de Brassicacées, plantes herbacées poussant dans des zones tempérées comme la Suisse ; cependant, cultiver sur notre territoire de telles plantes n'est plus commercialement rentable. Les plus répandues sont la moutarde des champs (*Sinapis arvensis*), suivie par la moutarde blanche (*Sinapis alba*) ; la noire, *Brassica negra*, et la brune, connue aussi sous le nom de moutarde indienne ou moutarde de Sarepta, *Brassica juncea*, sont plus rares.

Les composants principaux de ces quatre plantes sont les glycosides d'huile de moutarde, plus particulièrement la sinalbine dans la moutarde blanche, composée d'isothiocyanate d'allyle et de glucose – c'est elle qui nous fait pleurer, qui sent si fort et dont le goût est si piquant. Cette substance protège les plantes de l'appétit des animaux, mais pas du nôtre.

On a probablement déjà mâché des graines et des feuilles de moutarde avec des morceaux de viande à l'époque préhistorique. En revanche, nul ne sait précisément si des hommes des cavernes, des habitants des palafittes ou les premiers agriculteurs ont eu l'idée de broyer les graines de moutarde hors de leurs gousses. Sur des tablettes sumériennes couvertes d'écriture cunéiforme figure aussi, parmi une longue liste de denrées alimentaires, la moutarde.

On pense que les Égyptiens ont épicé leurs repas avec des graines de moutarde, de même que les Grecs et les Romains. Au Moyen Âge, la moutarde comptait parmi les condiments les plus importants, même si dès l'époque romaine, le poivre a commencé à la concurrencer fortement.

Dans les écrits du moine saint-gallois Notker III Teutonicus (mort en 1022), on trouve une entrée sur la moutarde: *Seneffeschorn, granum sinapsis* (*Idiotikon*).

Né vers 1430 à Torre dans le Val Blenio et mort après 1470, Maestro Martino Rossi, « le plus important gastrosophe du XVe siècle et le tout premier cuisinier à avoir atteint la célébrité » (*Wikipédia*), définit ainsi la plante de moutarde dans son recueil de recettes, le *Libro de arte coquinaria: « La senape è una pianta delle crocifere e ne esistevano varietà diverse: senape nera, bianca, selvatica »* – La moutarde fait partie des Brassicacées et il en existait plusieurs variétés: la noire, la blanche, la sauvage. Maestro Martino y adjoint trois recettes: *Mostarda bianca, Mostarda rossa* et *Mostarda da transportare in ogni luogo* – moutardes blanche et rouge, ainsi qu'une autre, transportable « en n'importe quel endroit », manifestement une moutarde de voyage – les mini-tubes de moutarde Thomy la saluent respectueusement depuis le futur.

Au milieu du XVIe siècle, le lexicographe Frisius nota à Zurich *der senff, sinapi*, malheureusement sans recette. Contemporainement, la moutarde est utilisée dans cinq entrées de *Ein schön Kochbuch 1559* (Coire). La recette n° 208, *Wilt du mustarden machen*, décrit une préparation à base de moutarde (sans spécification de variété): couper des poires en tranches, les faire bouillir, puis il faut prendre des graines de moutarde, les piler quelque peu et les baigner dans du vinaigre jusqu'à ce qu'elles soient tendres; mélanger du miel là-dessous, faire mijoter le tout à petit feu et mettre au frais.

La moutarde a joué un rôle non négligeable au Moyen Âge, non seulement dans les cuisines, mais aussi sur le plan médicinal – que l'on songe par exemple aux cataplasmes et pansements aux graines de moutarde et de cresson (« *Senft und kressigsaamen* », 1608, *Idiotikon*). La moutarde épice également des expressions telles que « *Sëmf zum Fleisch ha* », littéralement « avoir de la moutarde avec la viande » et signifiant en fait « avoir une femme riche, mais aussi méchante » (milieu du XVIIIe siècle).

La moutarde blanche est considérée comme la plus douce des trois plantes généralement utilisées; la couleur de ses graines varie du jaune clair à celle du sable; la brune est mi-forte, ses graines poussent sur de grandes cultures; la moutarde noire est plus rarement cultivée, il s'agit de la variété la plus forte malgré ses toutes petites graines. D'après le *Larousse gastronomique*, une des plus anciennes recettes françaises de moutarde remonterait au IVe siècle. Au début du XIVe siècle, le pape Jean XXII, grand amateur de moutarde, nomma un de ses neveux « grand moutardier du pape » afin qu'il veille sur ses précieux pots. C'est à Dijon que furent établies les règles définissant la moutarde forte ainsi que la blanche. Le mot moutarde est basé sur celui de moût, du latin *mustum*, du jus de raisin incomplètement fermenté avec lequel les graines de moutarde ont été « activées ».

Pour la classique moutarde de Dijon, des graines de moutarde brunes et noires sont mélangées à du verjus, c'est-à-dire au jus acide extrait de raisins pas encore mûrs (également appelés raisins verts). On intègre aussi du verjus à la moutarde à l'ancienne, qui contient une certaine proportion de graines de moutarde broyées; cette moutarde est idéale pour des sauces, dont le goût est rehaussé par les graines, qui en outre augmentent leur attrait visuel. La moutarde de Meaux contient elle aussi des graines entières, mais le verjus est remplacé par du vinaigre. De par le type de vin blanc qui entre dans sa composition, la moutarde d'Alsace est très douce au goût. Ce penchant pour la douceur est caractéristique des moutardes allemandes et autrichiennes; parmi les plus connues, on citera la moutarde bavaroise, composée de poudre de moutarde, de vinaigre et de sucre de canne, servie en accompagnement des fameuses saucisses blanches. La palme de la moutarde la plus forte en bouche revient aux Britanniques; de mauvaises langues prétendent que c'était la seule réaction possible à la piètre qualité de leurs saucisses! D'un jaune intense, la moutarde anglaise en poudre Colman se mélange simplement avec de l'eau.

Au Moyen Âge, on chassait les nuisibles avec la fumée de graines de moutarde brûlées. Cette épice, principalement la moutarde blanche, ne servait pas seulement d'insecticide biologique, mais, en plus de donner un goût agréable aux mets, remplissait encore d'autres fonctions. Dans son *Liber de Natura Rerum* (*Livre des choses naturelles*), le dominicain Thomas de Cantimpré (1201-1272) évoque ses diverses vertus: « La moutarde *nettoie le visage et permet de savoir si le sang est corrompu* [...]. Cela signifie que *celui qui boit de la moutarde à jeun aura les idées claires et son cerveau sera purifié* [...]. *Elle favorise également la luxure* » (cité par Helmut Birkhan dans *Pflanzen im Mittelalter*).

Les jeunes feuilles tendres et les inflorescences de ce type de plantes peuvent être consommées en salade. Stimulant l'appétit et antiparasitaire, la moutarde recèlerait même des forces magiques. « En mangeant le matin à jeun des graines de moutarde, on peut être sûr de passer la journée sans subir d'attaque cérébrale. Et une femme qui veut porter la culotte devra se munir secrètement d'aneth et de graines de moutarde avant de se rendre à l'église, le jour de ses noces; pendant que le prêtre lira la messe, elle murmurera: j'ai de la moutarde et de l'aneth, mon homme, quand je parle, tu te tais! » (cité dans *Bekannte und vergessene Gemüse* de Wolf-Dieter Storl). Bien audacieux celui qui, après cela, voudrait ajouter son grain de moutarde (l'équivalent allemand de « ajouter son grain de sel » ou « mettre les pieds dans le plat » est « seinen Senf dazugeben », soit « ajouter sa moutarde »)!

Culinairement, la moutarde se présente soit sous forme de pâte, soit sous celle de poudre. Sa force n'apparaît qu'une fois que les graines ont été moulues ou que la poudre a été mélangée à un liquide. On peut faire de la moutarde très simplement: moudre des graines (souvent un mélange de moutardes blanche et brune), ajouter de l'eau, mélanger le tout et laisser macérer jusqu'à ce que l'odeur si puissante monte en une fraction de seconde du bocal au nez et aux yeux. Les variantes de moutardes sont innombrables: aux graines de divers types de moutarde, au vin, au verjus ou au moût (étymologiquement, la moutarde est du « moût ardent », *mustum ardens*), au sel, aux herbes et épices allant de l'ail au raifort en passant par le gingembre et le chili. En mélangeant du curcuma en poudre à de la moutarde, seul le jaune s'intensifie, mais pas – ou faiblement – le goût. En production industrielle, la moutarde se vend essentiellement en tubes, en bocaux ou en petits pots. Depuis les années 2010, de plus en plus de petites manufactures proposent leurs produits artisanaux dans toute la Suisse.

Les graines de *Sinapis alba* (moutarde blanche, sénevé) sont versées entières dans les bocaux de cornichons au vinaigre.

SUPPLÉMENT

La moutarde à l'ancienne du château d'Aarau

Autrefois, les graines de moutarde étaient transformées en pâtes dans des moulins à pierre. Désormais, et depuis longtemps déjà, ce sont des machines qui broient ces fines graines industriellement. En 2020, la société Chalira a fait installer un moulin à pierre dans l'ancien moulin du château d'Aarau pour moudre les graines de moutarde blanche et brune entre deux puissantes meules selon la méthode traditionnelle et produire de la moutarde avec du verjus, du vinaigre de pomme, du miel, des épices, de l'ail, du sel des Alpes et de l'eau. Si le temps est clément, l'eau du ruisseau du moulin suffit à entraîner la grande roue en bois et donc le moulin.

Voir aussi: Moutarde de Bénichon, page 221.

PRODUITS CARNÉS

Aussteller, Schützenwurst

Boule de Bâle; saucisse échaudée et fumée à base de porc, de bœuf et de veau

Dans la région de Bâle, ce noble cousin du populaire cervelas est connu sous le nom d'*Aussteller*, *Uussteller* en dialecte et dans le reste de la Suisse alémanique sous celui de *Schützenwurst*, tandis que les Romands l'appellent « boule de Bâle ». La *Schützenwurst*, littéralement saucisse des tireurs, aurait pu être créée à l'occasion de la grande époque des fêtes de tir, mais aucune indication précise ne l'atteste. L'*Uussteller* aurait été inventée par la société Bell à Bâle au tournant du XXe siècle pour une exposition commerciale à Strasbourg, mais ici non plus on ne trouve aucune documentation, pas même dans les archives de Bell.

La boule de Bâle ressemble plus, par son aspect massif et son goût, au *Sankt Galler Stumpen* (littéralement moignon ou souche de Saint-Gall) qu'au cervelas. L'Union professionnelle suisse de la viande préconise les proportions suivantes: 20% de bœuf, 10% de veau, 14% de porc, 28% de lard et 28% d'eau; on l'assaisonne de sel nitrité, d'oignons frais, de poivre, de noix de muscade, de condiments en poudre et de gingembre. Les ingrédients sont passés au cutter à grande vitesse pour produire une chair à saucisse très fine semblable à une émulsion. À l'aide d'une seringue à saucisses, on injecte le mélange dans des boyaux, soit naturels (d'intestin grêle de bœuf), soit artificiels; leur forme ne doit pas être recourbée comme pour le cervelas et le *Sankt Galler Stumpen*, mais droite. Le reste du processus est identique à celui qu'il faut suivre pour la fabrication de cervelas.

SUPPLÉMENT

La petite saucisse « Bell Würstli »

Même si la boucherie Bell de Bâle a été reprise par Coop il y a plusieurs décennies, le nom de la famille fondatrice a survécu. Cela tient probablement en grande partie au succès de leur saucisse baptisée « Bell Würstli », qui a été vendue pour la première fois en 1924 au Morgestraich, le coup d'envoi du carnaval de Bâle. Ce n'est « pas par hasard » que cette date a été choisie, comme on peut le lire en 2020 sur l'emballage de cette saucisse de 15 centimètres de long et légèrement incurvée, « puisque ce cortège matinal tonitruant avait été initié en 1833 par Samuel Bell, le grand-père du fondateur de Bell ». En 1869, la boucherie « Ochsenmetzg » de Samuel Bell-Roth (1840-1920) ouvre ses portes dans la Streitgasse à Bâle; les affaires marchant bien, Bell investit dans un nouveau bâtiment près de la frontière et dans des succursales à travers tout le pays. En 1917 commence l'alliance avec Coop, qui est alors l'Union suisse des sociétés de consommation (U.S.C.), suivie de la reprise par ce géant du commerce de détail.

«Le "Bell Würstli" fut d'emblée un symbole de tradition, de qualité et de saveur» – c'est ainsi que Bell fait l'éloge de son «légendaire» produit. Une dégustation des trois fleurons de Bell, le Wienerli, le Frankfurterli et le Bell Würstli, tous à base de chair à saucisse fine, à l'heure du déjeuner, fin octobre 2020, a permis de dégager les impressions suivantes: Wienerli – puissant goût de fumée, un peu pâteux, assez salé; Frankfurterli – moins de fumée et de sel, plus élégant et ferme à souhait; Bell Würstli – croquant, plus aromatique que les deux autres, subtile saveur de fumée et un soupçon de cumin. Conclusion: le Frankfurterli surpasse le Wienerli et le Bell Würstli les surpasse tous les deux, manifestement grâce à «une généreuse portion de viande de bœuf pour une consistance croquante».

Voir aussi: Cervelas, page 94; Sankt Galler Stumpen, page 405.

Galrey, Gallere

Aspic au poisson ou à la viande

Dédaignés par les amateurs de filets, les bas morceaux des animaux de boucherie ont joué un rôle plus important dans les cuisines depuis des temps immémoriaux que lors d'agapes gourmandes comme celles du dernier tournant du millénaire. Et certainement pas seulement depuis l'anglicisation de la jolie expression dialectale *vom Schnörrli zum Schwänzli*, devenue *Nose to Tail*. Sur le marché du samedi de Bellinzona, même dans les années 2020, on trouve encore un exemple archaïque de cette cuisine «du museau à la queue», à savoir les *òss in bògia*, des os qui, suite au bouchoyage (*mazza*) du porc, sont marinés dans une cuve avant d'être cuits et finalement rongés afin que rien ne se perde (cf. *page 607*).

Au Moyen Âge, on demandait aux cuisiniers des guildes de Bâle de transformer de telles parties inférieures ainsi que de vieilles bêtes en un plat noble par excellence: la gelée appelée *Galrey*, *Gallere*, *Gallerte* ou encore *Aspik*. Dans le *Galrey-büchlin* de 1491, le plus ancien des quatre livres de cuisine de la corporation des épiciers, appelée guilde du Safran (probablement rédigé vers 1300, mentionné pour la première fois par écrit en 1372), des aspics de poisson et de viande sont présentés non pas comme des recueils de recettes, mais comme registres comptables des ingrédients nécessaires. Étant donné que les dépenses étaient considérables et les *specierie* très coûteuses, même pour les marchands d'épices et les apothicaires, ce plat n'était servi qu'aux occasions festives – régulièrement à Nouvel An, et ce encore de nos jours.

Le fait que le premier livre de cuisine de la guilde précitée fût intitulé *Galrey-büchlin* souligne l'importance d'une nourriture de qualité et représentative pour ses membres. Le dernier de ces quatre livres couvrant une période de 130 ans de 1491 à 1621 (avec des suppléments pour 1643 et 1660) – du Moyen Âge à la guerre de Trente Ans – porte le titre *Kouche-Beichlin*, une orthographe excentrique pour *Küchenbüchlein*. Dans son texte sur ces livres («Die Kuchibücher der Safranzunft»), publié dans le *Basler Jahrbuch* de 1929, l'ancien archiviste d'État et historien de la guilde Paul Koelner leur accorde «grâce à leur continuité» le statut de «monument historique et culturel pratiquement sans équivalent dans d'autres villes suisses et allemandes».

Koelner rapporte qu'au XVe siècle, il était courant d'organiser de fastueux repas de Nouvel An, non seulement au sein de la guilde du Safran, mais aussi dans d'autres, comme celle des marchands, appelée guilde de la Clé (Schlüsselzunft), dont les documents sont également conservés aux Archives d'État de Bâle-Ville. D'après Koelner, l'aspic était un mets «servi sur les tables de Bâle depuis des siècles lors d'occasions festives. Dans sa forme originelle, il figure déjà dans les plus anciennes ordonnances alimentaires bâloises, datant d'environ 1180, qui ont été conservées au moins sous forme de copie grâce au zèle de collectionneur de [Christian] Wurstisen». Celui-ci était un mathématicien et chroniqueur bâlois de la seconde partie du XVIe siècle (1544-1588). Les guildes étaient fières de leurs aspics et s'efforçaient de garder un œil sur les dépenses et les coûts.

Dans la gelée, les denrées périssables comme le poisson et la viande ne se conservaient qu'assez brièvement; avec les aspics comme avec les pâtés, les chefs créaient de véritables œuvres d'art. Il leur suffisait de verser le bouillon chaud dans un moule où le liquide chaud se solidifiait en refroidissant grâce à sa teneur en collagène. Les *Galleren* étaient décorées d'une tête de brochet ou de porc, et parfois aussi dorées, comme on peut le voir dans un bulletin de livraison de 1485 mentionnant le coût des feuilles d'or employées pour magnifier des porcelets.

Mais même sans pièces d'apparat dorées, la dépense était impressionnante. Pour l'aspic de poisson du dîner du Nouvel An en 1492, la cuisine de la guilde utilisa, entre autres, 65 carpes et 18 gros brochets. En raison de son coût, on renonçait à faire des aspics au saumon; celui-ci était déjà un tel luxe au Moyen Âge que l'émissaire de Venise au concile de Bâle – de 1433 à 1435 – Andrea Gattaro s'était plaint que le saumon était aussi «cher que du sang» (*Basler Jahrbuch* de 1885). Le saumon était «le premier et le plus précieux des habitants des eaux», écrit Koelner. «Ainsi, par exemple, on rapporte comme un événement inouï que le chapitre général des Dominicains, réuni à Bâle en mai 1473, n'a pu en aucune façon être dissuadé de son désir de se faire servir un saumon, bien qu'un tel poisson coûte jusqu'à quinze sacs de seigle.» En raison de la quantité requise et de sa haute valeur marchande, il n'a jamais été question d'acheter du saumon (*Salmo salar*) pour les grands dîners de guilde. «Pendant un demi-siècle, les livres de cuisine sont restés muets sur ce favori des Bâlois. Le repas de régiment de 1544 le mentionne pour la première fois, et il figure dès lors régulièrement parmi les plats de poisson des repas tenus en cercle restreint.»

La préparation du bouillon pour l'aspic était la même que pour la gelée de viande, à l'exception de l'ajout de colle de poisson (à base de vessie de béluga contenant 70 % de collagène): dix porcelets, 80 vieilles volailles, 32 pieds de veau, douze pieds de bœuf et 131 mesures de vin. La gélatine était bouillie à partir de tout ce qui contenait du collagène (surtout dans la couenne): dans la marmite on retrouvait de la tête, des pattes et des queues de cochon ainsi que des pattes de veau et de bœuf.

Pour l'aromatisation, les cuisiniers ajoutaient 3 livres et demi de «ungeferwtenwurtzen», c'est-à-dire des condiments non colorés (sans safran), un mélange de gingembre, de cannelle, de noix de muscade, de clous de girofle, de poivre long et de graines de paradis (*Aframomum melegueta*), autrement dit du poivre de Guinée ou de la maniguette, plante de la famille des Zingibéracées. Ces ingrédients de base étaient mélangés par des épiciers – au sens premier – selon les spécifications de la guilde. Pour la gelée, le mélange était encore raffiné et intensifié dans la cuisine avec du poivre, du macis et plus de trois quarts de livre de safran. Le sel n'est mentionné nulle part – son usage allait apparemment de soi.

Faire cuire les morceaux de poisson ou de viande dans une marmite avec du vin, ajouter les épices et écumer de temps en temps la mousse et la graisse. Selon la quantité et la texture des morceaux, cela peut durer trois heures ou davantage jusqu'à ce que le collagène qui recouvre les couennes de la tête et des pieds se sépare. Les pieds de veau et de bœuf étaient cuits séparément dans du vin pour que la gelée durcisse («*destherter stunde*»). Le cuisinier manipulait les coûteuses épices avec soin pour que leurs arômes ne s'effacent pas sous l'effet de la chaleur, après quoi il clarifiait le bouillon pour la gelée.

Tester la fermeté du bouillon en en versant une cuillère dans une petite assiette et attendre qu'il se fige. Retirer la viande des poulets bouillis et des pieds. Verser un peu de bouillon filtré dans une marmite ou une terrine, disposer les morceaux de poisson ou de viande en couches successives, verser du bouillon par-dessus, laisser refroidir et mettre au frais. Pour finir, on parsemait encore l'aspic d'amandes.

À la fin du XVe siècle, les guildes s'offraient mutuellement leurs œuvres vacillantes. Koelner rapporte qu'«en 1489, la guilde de la Clé a envoyé une centaine de portions de bon aspic aux épiciers de la guilde du Safran». Celle-ci faisait également cadeau de certaines de ses gelées: la gelée de viande de 1491 donna 740 pièces, celle de poisson de l'année suivante 720 pièces.

Avec de telles quantités de viande, de vin et d'épices onéreuses, la tentation d'en garder pour soi devait tarauder le personnel de cuisine – et nombreux furent ceux à ne pouvoir y résister. En 1487, par exemple, la guilde de la Clé se plaignit de son cuisinier parce qu'il avait «complètement gâté» la gelée, ayant contrevenu aux ordres qu'il avait reçus.

En 1501, l'année où Bâle est entrée dans la Confédération, son gouvernement interdit les festins du Nouvel An, apparemment pour des raisons de convenance sociale. Cela n'empêcha pas longtemps les confrères des guildes de faire la fête, mais ils renoncèrent à l'aspic. Dans un cadre privé, cependant, la gelée a traversé les siècles et survécu à la chute de l'Ancien Régime – contrairement aux puissantes corporations.

«Les guildes contrôlèrent le commerce et l'artisanat dans la ville de Bâle du Moyen Âge à la fin du XVIIIe siècle» (Flavio Häner et Jürgen Mischke, *Zünftig kochen*, 2013) et façonnèrent les goûts culinaires sur le coude du Rhin. De nombreuses corporations étaient chargées de fournir des aliments et des produits comestibles, comme celles de la Cuve, des vignerons, des fourniers, des jardiniers, des bouchers, des pêcheurs ainsi que deux honorables sociétés du Petit-Bâle (zum Rebhaus et zur Hären). En tant que guilde regroupant les cuisiniers, saucissiers, pâtissiers, semouliers et fabricants de compotes, la guilde dite des jardiniers (Zunft zu Gartnern) était sans doute la plus importante pour les métiers de la restauration. Les plats que l'on trouve dans *Zünftig kochen* – l'adverbe *zünftig* signifie à la fois richement, à l'ancienne et à la manière des guildes –, de la soupe aux groseilles au *Galrey* en passant par du «bon bouillon jaune» (*ein gutes gelbes Brühlin*), des quenelles (*Knodlin*) et trois sortes de riz au lait (*dreierlei Reismus*), sont tirés des anciens *Kuchibücher* bâlois; les recettes ont été adaptées à notre époque.

En Ajoie dans le canton du Jura, autrefois refuge du prince-évêque exilé de Bâle, une version rustique de la *Gallere* joue un rôle prépondérant dans le menu de la Saint-Martin: la gelée de ménage.

SUPPLÉMENT 1

La fable du saumon

Deux histoires se racontent inlassablement à Bâle, y persistant tel du goudron sur une chaussure. La première est celle du *Basler Leckerli* (cf. *page 33*), inventé pour le plaisir des princes de l'Église réunis au concile de Bâle. Et puis, bien sûr, la merveilleuse histoire du saumon qu'il ne fallait pas servir à son personnel plus de trois fois par semaine. Heureux celles et ceux qui ont servi sous une telle férule! Toutefois, rien ne semble attester la vérité de ce traitement de faveur. Le saumon n'a jamais été un pauvre petit poisson: il a toujours été aussi demandé que coûteux. Un seul témoignage nous est parvenu: dans le Musée Aquarium de Sarlat, en France, il existe un contrat de travail conclu en 1842 entre un propriétaire foncier et un couple marié; on y lit la phrase suivante: «Il est stipulé contractuellement que, selon la coutume locale, il n'y aura pas plus de trois fois par semaine de saumon frais dans la cuisine pendant la période allant de février à la fête de l'Assomption en août.» Une disposition claire, en dépit du fait qu'on ignore à qui elle s'applique: aux maîtres ou aux domestiques? Probablement plutôt à ceux-ci, car la femme du couple a été engagée comme cuisinière.

SUPPLÉMENT 2

Un butin de safran

Henmann von Bechburg a fait l'expérience en 1374 de la rapidité avec laquelle le safran peut être fatal. Appelé à l'aide par le prince-évêque bâlois Jean III de Vienne dans un conflit militaire, le baron y resta sourd, coupa court à l'injonction de

payer et attaqua un transport de marchandises de marchands bâlois près de St. Wolfgang en dessous de son château de Neu-Falkenstein; dans le butin se trouvait un gros ballot de safran. Le prince-évêque envoya une expédition punitive composée de troupes confédérées, qui assiégèrent et détruisirent partiellement Neu-Falkenstein. Elles gardèrent un peu de safran en récompense et le reste fut rendu aux propriétaires; le prince-évêque prit sa revanche et paya la somme initialement refusée à Henmann von Bechburg, qui put mettre l'argent dans la réparation de son château.

Voir aussi : Gelée de ménage, page 70 ; Safran de Mund, page 463.

Kümmelwurst

Saucisse à bouillir au cumin et à la chair grossièrement garnie

Si l'*Aussteller* (boule de Bâle) représente le noble cousin du cervelas, la *Kümmelwurst* le côtoie telle une petite sœur un peu plus rustique. Comme d'autres saucisses à bouillir – un produit typique de la boucherie du XIXe siècle –, la *Kümmelwurst* contient une chair à base de viande de bœuf et de porc, qui est mélangée à un bloc de couenne grossièrement aggloméré, du lard, de la tête de porc et des abats ainsi qu'à des épices, dont des graines de cumin aussi bien moulues qu'entières, et est embossée dans du boyau de bœuf. En principe, elle est fabriquée de la même manière que le cervelas.

La saucisse au carvi faisait les délices des ouvriers, de plus en plus nombreux, dont les pauses déjeuner dans les usines de l'ère industrielle naissante étaient trop brèves pour faire la cuisine à la maison. C'était également le cas à Bâle ; la *Kümmelwurst* y a longtemps eu la réputation d'être la saucisse du pauvre, également chez les bouchers. « Avec une *Kümmelwurst* l'ordre règne chez vous », dit une vieille blague de boucher, car « la *Kümmelwurst* était une saucisse composée de restes », comme l'a raconté un boucher interrogé. Aujourd'hui, elle est considérée comme un mets délicat, que seules quelques entreprises produisent encore selon une recette standardisée. L'équipe a goûté à une *Kümmelwurst* et l'a décrite comme une « saucisse agitée » en raison de son toucher irrégulier. Elle se mange froide ou chaude, grillée, rôtie ou bouillie – comme un cervelas.

DIGRESSION

Le cumin (*Cuminum cyminum*) et le cumin des prés (*Carum carvi L.*)

Lorsqu'on lui demande à quels plats au cumin il pense spontanément, le chef Christian répond : tripes à la mode de Caen, salade de choux, choucroute, bretzel bâlois (*Fastenwähe*). Et le fromage de Munster, qui est traditionnellement aromatisé au cumin. « Le cumin favorise la digestion », souligne le chef.

Il a oublié le pain aux graines de carvi, qui est certes moins connu en Suisse qu'au Tyrol du Sud, en Autriche et en Allemagne. Le carvi fait partie d'un groupe de cinq épices à l'odeur et au goût puissants comprenant aussi le fenouil, l'anis, la coriandre et l'aneth, qui soutiennent le système digestif et préviennent les flatulences. En ajoutant du cumin à une saucisse ou à un plat à base de chou, on s'arme d'un bon antidote contre les maux d'estomac. Selon le *Handwörterbuch des deutschen Aberglaubens* (Dictionnaire des superstitions allemandes), le carvi, comme d'autres « plantes ombellifères à forte odeur aromatique [les susmentionnées ainsi que la livèche, la grassette et le persil], est considéré comme antidémonique depuis l'Antiquité ». On chassait les nains, gnomesses et autres créatures sylvestres avec des pains au cumin et les puces avec une décoction de cumin.

Son odeur pénétrante, clairement identifiable, est due aux huiles essentielles du fruit schizocarpe à la forme caractéristique ; le composant odorant essentiel est la carvone. Cette plante euro-sibérienne bisannuelle pousse dans toute la Suisse, dans les prairies et les pâturages des zones collinaires subalpines et alpines ; elle est un peu moins commune au Tessin (*infoflora.ch*).

Le cumin n'a naturellement pas échappé à l'attention du personnel de cuisine. Alors que les Grecs et les Romains préféraient probablement le cumin, le cumin des prés est mentionné dans le capitulaire De Villis de Charlemagne. Huit siècles plus tard, le botaniste et médecin allemand Jacobus Theodorus Tabernaemontanus affirme clairement, dans son *Kreuterbuch* (1625), que le cumin « n'est pas seulement utilisé de nos jours en application interne et externe pour la médecine / mais a aussi trouvé sa place chez les cuisiniers » (cité par Maja Dal Cero dans *Unserer Heilpflanzen*).

Ces graines donnent leur caractère aux saucisses d'Ajoie comme à des pâtisseries apéritives telles que les flûtes au cumin ; dans *Ein schön Kochbuch 1559*, sur cinq recettes utilisant le cumin, trois se rapportent à des saucisses, une à la carpe et une au rôti de bœuf. On ajoute souvent des graines de carvi au goulasch ou aux viandes grasses comme le rôti de porc ou l'oie ; elles aromatisent également l'aquavit. Le cumin ajoute une note charismatique aux currys indiens. Le cumin noir (*Nigella sativa*) fait partie de la famille des Renonculacées et n'est apparenté ni au cumin ni au cumin des prés.

Voir aussi : Saucisse d'Ajoie, page 72 ; Cervelas, page 94 ; Sankt Galler Stumpen, page 405.

Rippli et Schüfeli

Carré et épaule ; morceaux de porc semblables à du jambon

À Noël, on servait traditionnellement des *Rippli* ou *Rollschinkli*, des *Schüfeli* ou *Laffli* avec des pommes de terre, des haricots verts secs et/ou de la choucroute dans de nombreux endroits, avant que la fondue chinoise ne devienne à la mode. Les morceaux de porc se conservent de la même manière que le jambon, c'est-à-dire saumurés et fumés, mais pas cuits. En tant que technique de conservation des aliments, le salage est connu dans ce pays au moins depuis l'époque romaine, mais sans doute est-il encore bien plus ancien, comme en témoigne un pot de saumure trouvé dans des fouilles archéologiques sur la colline du Münster à Bâle. L'intérieur du pot était muni d'une bande de goudron de bouleau pour éviter que la saumure ne déborde ; le pot contenait les os d'un demi-porcelet.

Pendant des siècles, avant qu'on ne consomme des quantités aussi massives qu'aujourd'hui, la table des simples mortels était rarement garnie de viande, en fait seulement en hiver lorsque l'on abattait son propre cochon. Les familles conservaient ce qui n'exigeait pas d'être mangé immédiatement pour l'utiliser plus tard ou pour le vendre, notamment des morceaux recherchés tels que le carré (*Rippli*) et l'épaule (*Schüfeli*).

La viande devrait être suspendue pendant au moins 24 heures et il faut que la rigidité cadavérique se relâche avant que le boucher puisse commencer à couper dedans. Au besoin, il enlève les os pour faire du jambon roulé (*Rollschinkli*). Ensuite, pour la salaison, on injecte de la saumure dans les morceaux (500 grammes de sel nitrité pour trois litres d'eau) ; la viande est ainsi salée de l'intérieur, ce qui la conserve et l'empêche de virer au gris. Autrefois, on massait les pièces avec du sel – désormais, seule la surface est traitée de cette manière. La viande est ensuite placée dans une solution saumurée et laissée à mariner pendant cinq jours, puis les morceaux sont lavés et fumés intensivement pendant deux jours dans de la fumée froide à environ 20 °C. Auparavant, le boucher met les morceaux désossés dans des filets spéciaux pour le *Rollschinkli*.

Rippli, *Rollschinkli*, *Schüfeli* et *Laffli* sont donc fumés crus et froids. Ils doivent être cuits dans de l'eau bouillante avant d'être consommés : le premier kilo pendant une heure, et pour chaque kilo supplémentaire ajouter une demi-heure. Autre possibilité : faire cuire des tranches crues dans une poêle avec la choucroute. Certains magasins proposent des pièces déjà cuites.

Voir aussi : Jambon de campagne, page 262.

Sonntagspastetchen

Petits pâtés ronds à la viande de veau préparés avec deux types de pâtes

C'est le contenu qui compte, affirment les uns, contredits par ceux qui accordent plus d'importance à la présentation. « Tout comme il y a des hommes sans âme, il y a plutôt des pâtés sans cœur que l'inverse », soulignent les auteurs du *Appetit-Lexikon* de 1894. C'est pourquoi ce mets a été nommé d'après la pâte – du latin médiéval *pasta*, dont dérive le mot pastata, qui donnera *pâté*. Il est tout aussi malaisé de savoir comment celui-ci a été inventé que de remonter à l'acte fondateur de la pizza.

Cependant, on peut en donner une définition ; voici celle, tout à fait claire, du *Larousse gastronomique :* « Préparation cuite de cuisine ou de charcuterie, chaude ou froide, aussi variée que des régions [...]. En principe, on distingue le pâté proprement dit, qui est une farce enfermée dans une croûte de pâte et cuite dans un moule en métal, de la terrine, où la farce cuit dans un moule en terre, en porcelaine ou en métal, chemisé de bardes de lard. Mais, en fait, le terme "pâté" peut désigner les deux apprêts : pâté en croûte, chaude ou froide, et pâté à trancher, en terrine, froid. »

Des spécialistes ont réussi à déchiffrer six recettes pour de la volaille en croûte sur des tablettes en argile mésopotamiennes marquées de caractères cunéiformes datant de 1700 av. J.-C. En Chine à la même époque, on faisait sans doute déjà cuire des ravioles farcies dans du bouillon (cf. *Digression page 147*). Figurent-elles sur l'arbre généalogique des petits pâtés à la viande ? En principe oui, mais pas si l'on veut être précis, car un pâté est cuit et non bouilli.

Les Romains appréciaient les pâtés, et particulièrement certaines versions raffinées avec des ingrédients tels que des langues d'oiseaux. De l'utilisation de restes à des explosions de créativité traversant l'univers sensoriel, le spectre gustatif d'un pâté ou d'une terrine (sans croûte) comprend tout ce que l'on peut imaginer, de la simple saucisse jusqu'au prodige culinaire que Philippe le Bon, duc de Bourgogne, fit réaliser à Lille en 1454 à l'occasion du légendaire « Banquet du faisan » pour prononcer le vœu de délivrer Constantinople, qui venait d'être prise par Mehmet II : un pâté géant dont a jailli un orchestre de danse composé de deux douzaines de musiciens !

Le nombre infini de contenants aux formes et aux volumes presque inconcevables qu'il est possible de confectionner avec de la pâte a de tout temps exercé la plus grande fascination. « Encore en 1581 », lit-on dans *Das grosse Buch der Pasteten*, « Marx Rumpolt, cuisinier personnel du prince-électeur de Mayence, recommandait de "faire cuire des chiots encore vivants dans un pâté ; on peut faire de même avec un lapin, et lorsqu'on le présente sur une table, les convives en sont très amusés". »

Mais ce sont moins des pâtés grandiloquents en forme de chalets ou des divertissements comme ceux imaginés par le parvenu romain Trimalchion (qui, lors d'un banquet, fit s'échapper d'un sanglier rôti une nuée d'oiseaux qu'il fallut ensuite attraper avec des baguettes en terre cuite) qui nous intéressent ici que des petits pâtés compacts à mettre facilement en bouche, tout sauf monstrueux. Dans son *Guide culinaire* paru en 1903, Auguste Escoffier (1846-1935) présente pas moins de 18 bouchées, 11 petits pâtés, 15 rissoles, « pâtisseries cuites en demi-lune », ainsi qu'une impressionnante variété de pâtés de grand format : d'anguilles, de canard, de faisan, de perdrix, de poisson, de foie d'oie, de lièvre, de poulet, de veau, de lapin, de grives, de saumon, d'alouettes, de bécassines, à la sole, de pigeon, de gibier, sans oublier les « terrines et pâtés à la ménagère », car ces plats « de la vieille cuisine bourgeoise méritent d'être maintenus ».

Si l'on excepte des délices tels que le foie gras et les truffes, ce ne sont pas les ingrédients qui font la valeur d'un pâté, mais le travail qu'il implique. Et cet art a parfois donné lieu à d'étranges résultats : ainsi, l'*Appetit-Lexikon* évoque ce pâté gigantesque qui fut présenté lors d'un mariage en 1581 et « dont sortit en tenue d'apparat, lorsqu'on le découpa, le nain de l'archiduc Ferdinand d'Autriche pour adresser délicatement ses vœux de bonheur aux jeunes mariés; il précédait l'apparition d'une quarantaine de coupes artistement préparées».

Les chefs de cuisine cléricaux étaient fortement mis à contribution. Leur tâche consistait à atténuer la dureté du jeûne – longtemps, les jours maigres étaient très nombreux, plus de 150 par année –, le renoncement à toute viande par des illusions tout au moins optiques: ils emballaient les légumes et les poissons, non interdits, dans de la pâte à laquelle ils donnaient des formes de cochons, de poulets et d'autres animaux.

De son côté, Maestro Martino de Rossi n'avait nul besoin d'habiller ses mets d'effets débridés: ses clients déployaient à eux seuls suffisamment de faste. Pendant la seconde moitié du XVe siècle, le chef originaire de Torre, dans le Val Blenio, était au service de riches seigneurs, de régents et même du camerlingue du pape. Les recettes de Martino ont été publiées dans un traité, le *Libro de arte coquinaria*. On y trouve différentes *torte*, des pâtés plats munis de couvercles de pâte comme «*una torta di vitello, o capretto, o cappone*» (un pâté de veau, de cabri ou de chapon).

Vers la même époque, à Bâle, les membres des guildes aimaient faire bonne chère autour de tables opulentes. Dans le *Kuchibuch* (livre de cuisine) de la guilde du Safran de 1491 figurent les ingrédients d'un aspic (appelé *Galrey* ou *Gallere*) dont la gélatine exigea la cuisson d'un nombre impressionnant de pieds de porcelets, de vieilles poules, de veaux et de vaches dans 131 mesures de vin (cf. *page 26*). Andreas Morel, historien bâlois de l'art et de la gastronomie, cite des récits du concile de Bâle (1431-1449) qui mentionnent des pâtissiers spécialisés dans les pâtés. «À l'occasion de sa visite à Bâle en 1563, l'empereur Ferdinand Ier s'est vu servir un pâté de jeunes pigeons et de poulets en guise de collation. Le pâté jouait un rôle tout aussi important dans le cérémonial de bienvenue des guildes qu'aux XVIe et XVIIe siècles lors des banquets officiels de l'université» (d'après une note sur le *Sonntagspastetchen*, c'est-à-dire le pâté du dimanche).

Le métier de pâtissier remonte au moins au XVe siècle à Bâle, car pour cuire correctement des pâtés, il fallait des fours très performants; les poêles domestiques habituels ne s'y prêtaient pas. Morel nous apprend qu'«au recensement de 1780, la profession de pâtissier-confiseur était représentée par 30 maîtres avec 14 compagnons et mitrons, un nombre étonnamment élevé pour une ville de seulement 15000 habitants. En outre, il y avait la concurrence de l'agglomération. En plus des pâtés en tant que joyaux culinaires présentés sur les tables de fêtes, les pâtissiers ont élargi leur gamme avec les pâtés en petit format» (extrait de *Wildsau und Kopfsalat*, Musée historique de Bâle, 2018). Le petit pâté s'est développé à partir de la fin du XVIIIe siècle et est devenu un best-seller au XIXe. Le *Sonntagspastetchen*, qui en est une variante, est mentionné pour la première fois en 1780 dans une publicité du cuisinier Daniel Scholer dans les *Wöchentliche Nachrichten aus dem Berichthaus zu Basel*.

Les pâtés de ménage courants étaient naturellement plus répandus; ils figurent dans les livres de cuisine bâlois des XVIIIe et XIXe siècles, par exemple dans la *Basler Kochschule* (1877) d'Amalie Schneider-Schlöth (1839-1888). Pour réaliser son pâté, il faut découper des tranches rondes de huit à dix centimètres de diamètre dans une pâte bien abaissée, puis on dépose une cuillère à café de farce sur chaque tranche; le bord de la pâte doit ensuite être humidifié avec de l'eau avant de l'étendre par-dessus la farce pour l'envelopper.

Mais qu'est-ce qui distingue le «pâté du dimanche» de ses concurrents? Sans doute sa viande plus fine (de veau), mais avant tout son emballage: la coquille ronde est formée de pâte râpée et le couvercle de pâte feuilletée (en allemand *Spanischteig*, alors que c'est une invention grecque répandue en Europe par les Arabes).

Les *Sonntagspastetchen* étaient disponibles à Bâle jusqu'en 2005, date à laquelle ils ont disparu des étals des boulangers-pâtissiers – jusqu'en 2015, date à laquelle Andreas Morel a pris l'initiative d'empêcher la disparition de ce délice à double pâte dans le cabinet des souvenirs culinaires. Avec le maître de la guilde des boulangers (Zunft zu Brotbecken), Morel a convenu que la farce devait être préparée selon la version de la *Basler Kochschule* (deuxième édition de 1883): à base de veau (épaule), de bouillon de viande, ainsi qu'un bouquet garni, des échalotes, du sel, du poivre et des épices telles que la noix de muscade et les clous de girofle en poudre, sans oublier de la moutarde française. Le boulanger laisse sécher les coques rondes aux minces parois, d'un diamètre de 5 à 6 centimètres, dans le four, puis les remplit de farce et referme le tout avec un couvercle de pâte feuilletée – nul besoin de coller ou de badigeonner. Les petits pâtés sont cuits au bout de 25 minutes à 190 °C. Il ne faut pas les manger juste à la sortie du four, mais encore chauds et en une seule bouchée.

On notera pour terminer que c'est à Böckten dans le canton de Bâle-Campagne qu'est fabriquée la version plus populaire et aussi plus grande du *Sonntagspastetchen*, le *Waadtländer Pastetli*, c'est-à-dire le pâté à la viande *vaudois*!

Voir aussi: Schinkengipfeli, page 56; Pâté des Princes-Évêques, page 71; Wurstweggen, page 111; Pâté à la viande, page 166.

PRODUITS DE BOULANGERIE ET PÂTISSERIE

Anisbrötli

Biscuit moelleux aux graines d'anis

L'*Anisbrötli* est apprécié dans toute la Suisse et peut-être encore un peu plus dans la région de Bâle, où il est proposé non seulement pendant les fêtes de fin d'année, mais en toute saison. Quoi qu'il en soit, c'est l'un des classiques parmi les biscuits de Noël, avec les *Brunsli*, *Mailänderli* et autres *Zimtsterne*. L'*Anisbrötli* présente un relief décoratif sur sa surface – contrairement au *Badener Chräbeli* (cf. *page 115*), qui ressemble à une saucisse incurvée aux bouts pointus. Très dur, le *Chräbeli* résiste aux morsures timides, tandis que l'*Anisbrötli* est si doux à l'intérieur qu'il se laisse triturer facilement. Dans d'autres cantons, il existe des variantes de biscuits à l'anis fourrés comme l'*Anisstange* (*page 366*) ou l'*Uristier* (*page 514*). Dans le canton de Fribourg on n'utilise aucun moule, mais la pâte des pains d'anis fribourgeois est plus aérée qu'en Suisse alémanique grâce à l'ajout d'agents levants, de beurre ou de crème.

Le goût de l'*Anisbrötli* est dominé par l'anis, *Pimpinella anisum*, une plante ombellifère probablement originaire du sud-est de l'Europe et cultivée dans les jardins des maisons et des monastères. L'athénol ou camphre d'anis, son principe actif, représente 90 % des huiles essentielles présentes dans la plante entière, mais principalement dans son minuscule fruit fendu, qu'on utilise pour la cuisson et pour la production de diverses liqueurs. Le début de la carrière du biscuit clair à l'anis est assez curieux : dès le Moyen Âge, il s'est imposé en devenant « l'édition populaire » du massepain, que seuls les plus aisés pouvaient s'offrir. Les amandes coûtaient très cher, tout comme le sucre qui, « venu d'Orient via Venise, arriva en Suisse vers l'an 1000 et s'utilisa d'abord comme condiment et médicament » (*DHS*).

Jadis, on édulcorait avec du miel, mais son emploi était incompatible avec le massepain : seul le sucre permettait la malléabilité désirée pour le mélange. Dans des livres de cuisine du XVIIe siècle où l'on trouve des recettes de « massepain commun », « massepain paysan » ou « massepain aux œufs », les amandes, en raison de leur prix très élevé, sont remplacées par de la farine blanche. Les emprunts bien compréhensibles au massepain sont probablement aussi apparus du fait que comme ce dernier, les biscuits à l'anis sont davantage séchés que cuits.

L'anis était déjà utilisé dans les boulangeries romaines. Le poète Virgile mentionne des biscuits à l'anis cuits par ses contemporains. Lors de fouilles effectuées dans le Colisée de Rome, on a découvert des fruits d'anis que les spectateurs des effroyables combats de gladiateurs avaient perdus entre les gradins (*Kleine Kulturgeschichte der Gewürze*, 1997). Les débuts de notre *Anisbrötli* se situent probablement dans les comtés de Baden et de Wurtemberg – on le connaissait à Stuttgart sous le nom de *Springerle*. La pâtisserie s'est répandue au sud du Rhin entre Bâle et Zurich ; dans ces deux villes, les premières références datent de 1631. En Alsace, qui a fortement influencé la cuisine de la région de Bâle, une recette était déjà connue au XVIe siècle. *Ein schön Kochbuch 1559* de Coire donne trois recettes, dont la n° 193, de biscuits à l'anis et petits pains ronds (*getrugt Enis brot Und Ringli*) : pétrir des œufs, du sucre, du sel, de l'anis et de la farine jusqu'à obtention d'une pâte, « forme-la à ta manière et cuis-la après avoir pressé un moule dessus » (« *formier was du wilt Und bach sie, truck mödel daruf* »).

Dans l'abbaye cistercienne de Lucelle (qui est aujourd'hui le Centre Européen de Rencontres de Lucelle, avec restaurant et relais), située sur la petite rivière du même nom à la limite du Jura suisse et du Sundgau, les moines appréciaient particulièrement les biscuits à l'anis. La recette et l'utilisation des moules ont été décrites en 1671 dans un « livre de cuisine pour tous les ménages, grands et petits, religieux ou mondains » (« *Koch-Buch so wol Für Geistliche als auch weltliche große und geringe Haushaltsungen* »). Un exemplaire de cette impressionnante collection de plus de 800 recettes se trouve aux Archives d'État de Bâle. C'est tout sauf un livre pour aider à faire pénitence : les moines avaient un bon coup de fourchette – ils avaient droit à deux plats de viande ou de poisson midi et soir.

La recette de biscuits anisés soufflés (« *aufgeloffene Änis Brot* ») de Dorothea Welti-Trippel, de Zurzach, qui date de 1751, correspond approximativement à la préparation actuelle. Battre les œufs et le sucre glace pour obtenir une crème aérienne, puis incorporer la farine blanche et l'anis au mélange, ajouter éventuellement un peu de kirsch, pétrir le tout jusqu'à ce que la pâte soit bien lisse ; former une boule, laisser reposer dix minutes. Diviser en portions, abaisser à une épaisseur de huit à dix millimètres, presser le moule sur le dessus, retirer. Découper le bord de la pâte, placer les biscuits à l'anis sur une plaque de cuisson et les laisser sécher pendant 12 à 24 heures selon leur taille. L'image est consolidée et ne doit pas se fragmenter ou s'élargir pendant la cuisson (environ 15 minutes à 150-160 °C). Au contraire : l'*Anisbrötli*, qui a séché à l'extérieur, doit lever légèrement dans le four, de manière à ce qu'un petit socle se forme, le *Füessli* (littéralement : le peton).

Pour les moules, on se servait jadis de motifs religieux, qui sont encore utilisés de nos jours à Noël. Mais il y avait et il y a encore toutes sortes d'autres motifs, y compris symboliques : un lion était censé signaler la force, un gant passait pour une promesse de fidélité. Dans la région de Bâle, on trouve très logiquement des *Anisbrötli* en forme de crosse épiscopale.

DIGRESSION

La canne à sucre

Les soldats d'Alexandre le Grand l'ont découverte en Inde et décrite comme un « roseau qui donne du miel » (*Food*). Les Arabes diffusaient le sucre dans le bassin méditerranéen et les commerçants vénitiens assuraient son réapprovisionnement. Le prix élevé de cette denrée a commencé à baisser lorsque le sucre de canne a été régulièrement amené en Europe depuis les Caraïbes après la guerre de Trente Ans (1618-1648); cependant, le sucre n'est devenu un produit de masse bon marché (et une substance addictive) qu'à partir du milieu du XIXe siècle.

La canne à sucre (*Saccharum officinarum*) est cultivée depuis plus de 10 000 ans; les plus anciennes trouvailles archéologiques de cette plante proviennent d'Asie et du Pacifique Sud. Suite à la découverte de la teneur en sucre de la betterave (*Beta vulgaris*) en 1747, le chimiste allemand Franz Carl Achard a jeté les bases de la production industrielle de sucre, avec pour conséquence une baisse drastique de son prix. Le sucre est devenu un produit de tous les jours, même en Suisse, où « la consommation moyenne de sucre a passé de 3 kg par habitant en 1850 à 16 kg en 1890, 32 en 1932, 44 en 1960 et 40 en 2009 » (*DHS*). En 2020, la consommation est restée à peu près la même. 70 % du sucre consommé en Suisse provient de la production nationale (betteraves sucrières); la plupart des betteraves sont cultivées dans les cantons de Vaud, Berne, Zurich, Thurgovie et Fribourg. Les sucreries helvétiques sont situées à Aarberg, Frauenfeld et Rupperswil (celle-ci étant appelée *Zuckermühle*, c'est-à-dire « moulin à sucre »).

Le sucre est dissous de la betterave sucrière coupée en lamelles avec de l'eau chaude; le jus est ensuite filtré et évaporé; il en résulte une mélasse dans laquelle se forment des cristaux de sucre, que l'on sépare de la mélasse au moyen d'une centrifugeuse.

La consommation élevée de sucre en Suisse (environ deux fois la quantité recommandée) est controversée. Les lobbies du sucre et de la santé s'affrontent à coups d'innombrables études scientifiques. Le sucre raffiné relève bien plus du plaisir que de la nécessité, car il existe des alternatives au sucre en tant que source d'énergie, comme par exemple l'amidon.

Voir aussi : Badener Chräbeli, page 115 ; Pains d'anis fribourgeois, page 241 ; Anisstange, page 366 ; Uristier, page 514.

Basler Brot

Pain bâlois ; pain aéré et croustillant à base de farine mi-blanche

On pourrait écrire une série entière de livres sur le pain, « repas des repas » (*Appetit-Lexikon*). De la farine, de l'eau et du levain, plus une pincée de sel – il n'en faut pas davantage. Ces ingrédients sont employés depuis des temps immémoriaux pour cuire du pain, qui surpasse incontestablement la galette. Le point décisif pour le succès du pain au levain fut d'observer et de comprendre la chaîne de réactions que ce dernier déclenche dans une pâte. C'est aux Égyptiens que l'on attribue cette découverte. Les spores de levain panaire vibrionnent dans l'air et peuvent avoir utilisé n'importe quel type de pâte comme surface d'atterrissage, déjà à cette lointaine époque. Mais seule la cuisson d'un tel morceau de pâte gonflé et « gâté » a permis de mettre en évidence les qualités du levain, lorsque, pour des raisons d'économie ou par accident, il a été mis au four. « C'est sans doute à ce moment-là qu'on a dû réaliser que ce pain était plus léger et avait un goût aussi spécial que délectable. Plus tard, on s'est rendu compte qu'un morceau de pâte contaminé pouvait être utilisé pour ensemencer la fournée suivante » (*The Oxford Companion to Food*).

Nombreux sont les amateurs de bon pain à considérer que le plus proche de leur idéal est le pain bâlois : tendre, humide et parsemé de bulles d'air à l'intérieur, croustillant à l'extérieur avec une croûte presque légèrement brûlée. Il n'y a pas d'histoire du pain bâlois ou de ce type de pain dans la région de Bâle. A-t-il été inventé par des paysannes ? Ma tante Marie a fait un pain au goût presque identique dans sa ferme de la région de l'Oberbaselbiet (à l'est du canton de Bâle-Campagne), mais avec de plus petites bulles. Ou bien est-ce que ce sont des boulangeries de la ville de Bâle qui l'ont développé ? Quoi qu'il en soit, le pain bâlois est probablement le seul, avec le tessinois, le long zurichois (*Zürcher Langbrot*) et le *Bürli* (petit pain apparenté au bâlois) qui soit proposé dans tout le pays – même si en 1905, le *Schweizerisches Idiotikon* n'évoque encore aucune variété bâloise dans son chapitre sur le pain. Le manuel du boulanger-pâtissier suisse (*Der Schweizer Bäcker-Konditor*) mentionne le pain bâlois en 1944 et sa véritable notoriété débutera six ans plus tard, grâce à une campagne de l'Association suisse des patrons boulangers-confiseurs qui lança des pains cantonaux dans tout le pays. La plupart de ces spécialités sont oubliées depuis longtemps, contrairement au pain bâlois.

La veille au soir, on pétrit le levain et le mélange le lendemain à la pâte principale, un peu comme un catalysateur. « Ce sont les processus métaboliques à l'œuvre dans ce levain, que l'on laisse mûrir pendant la nuit, qui assurent la formation d'un arôme plus intense, le maintien de la fraîcheur et une plus longue durée de conservation », explique le boulanger auquel nous avons rendu visite. Une généreuse quantité d'eau est mélangée à la pâte principale, qui devient très tendre. On laisse reposer les miches, d'un poids égal et légèrement ovales, sur des planches en bois pendant une demi-heure, puis on les roule dans la farine, après quoi il faut toujours presser deux miches frontalement l'une contre l'autre et enfourner les pains à en tout cas 330 °C à la vapeur. « La cuisson à haute température est nécessaire pour que les miches de pâte tendre lèvent bien pendant qu'elles cuisent, au moins une demi-heure ; la vapeur empêche la croûte croquante et farineuse de se former trop rapidement », souligne le boulanger. La croûte ne doit pas se déchirer.

Voir aussi : Pain neuchâtelois, page 207 ; Pain paysan, page 300 ; Zürcher Brot, page 323 ; Bürli, page 411 ; Sankt Galler Brot, page 417 ; Pane ticinese, page 632.

Basler Leckerli

Confiserie au miel, aux écorces de citrons et d'oranges confites, aux amandes et/ou aux noisettes

Le leckerli de Bâle, *Läggerli* en dialecte, est connu dans tout le pays, comme le *Basler Brot* (pain bâlois). Il appartient à la famille des pains d'épices, dont les origines remontent aux boulangeries des monastères du XIe siècle. Ces gâteaux se distinguent par leurs épices exotiques, qui ont été diffusées dans toute l'Europe par le grand commerce international dont elles font l'objet à partir du XIe siècle. La tête de pont a longtemps été Venise : les marchands vénitiens mirent en place un réseau commercial complexe pour leurs épices et autres marchandises. Les épices d'Orient étaient très chères, les monastères pouvaient se les offrir et participaient activement à leur commerce. Il a fallu un certain temps pour que les épices et les recettes pénètrent également dans les cités médiévales. Les épices restaient coûteuses ; il fallait aller chez un apothicaire pour obtenir du poivre, de la cannelle ou du safran.

Au XVe siècle, les premiers fabricants de pain d'épices font leur apparition en Suisse, des spécialistes sachant manier les opulentes épices et fabriquer les pains d'épices les plus fins. À partir du XVIIe siècle s'est développée une culture diversifiée du pain d'épices. Les leckerli (du vieux haut allemand *leckon*, lécher) sont les parents de petite taille du pain d'épices. Au XVe siècle s'est également tenu le très long concile de Bâle (de 1431 à 1449), et ce fut pour honorer ses participants que le leckerli aurait été créé.

« C'est inexact », souligne Albert Spycher (1932-2020). Le chercheur en pâtisserie bâlois a passé au peigne fin les archives douanières et les livres de comptes des magasins ainsi que des ouvrages de référence sur l'histoire du commerce au Moyen Âge. « Ils présentent le sucre et les agrumes comme des marchandises commerciales, qui étaient principalement vendues dans les apothicaireries ou réservées comme cadeaux de choix pour des princes séculiers et ecclésiastiques. » Sur la base de la comptabilité budgétaire de l'évêque de Bâle Jean de Venningen entre 1458 et 1478, on sait que le prélat recevait fréquemment des *Lepkuochen* tout au long de l'année, mais que la consommation de sucre à la cour épiscopale était modeste. Le haut dignitaire ecclésiastique s'est vu offrir une fois un pain de sucre, et en janvier-février, il recevait occasionnellement des oranges amères. Au début du XVIe siècle, des membres de la famille d'érudits Amerbach de Bâle signifièrent qu'ils avaient eu des difficultés à se procurer une orange amère fraîche. Conclusion : « À l'époque du concile de Bâle, le sucre ainsi que les agrumes frais et confits, en tant qu'ingrédients essentiels pour un leckerli, n'étaient pas encore sur le marché, ou en tout cas inabordables pour la confection de pains d'épices. »

« On ne peut pas faire de leckerli sans sucre », insiste l'historien culinaire Andreas Morel (*1938). « J'ai essayé une fois. Si vous n'utilisez que du miel, le leckerli devient dur comme de la pierre et il vous faut un marteau pour le fragmenter. Autrefois le sucre était hors de prix ; il n'est devenu bon marché qu'au début du XIXe siècle, une fois qu'on a su comment le produire de façon rationnelle. »

« La plus ancienne recette de leckerli bâlois qui nous soit parvenue » a été trouvée par Albert Spycher « dans le livre de cuisine d'Anna Magdalena Falkeysen » de 1741. Édité à Coire, *Ein schön Kochbuch 1559* présente dans la recette n° 216 une variante de leckerli (« Einander gattung leckerle ») avec du miel, du sucre, du gingembre, de la cannelle, des clous de girofle, de la noix de muscade, de l'eau de rose et des écorces de citron vert, qui pourrait chronologiquement avoir servi de modèle pour le leckerli de Bâle.

Selon Albert Spycher, l'histoire vérifiable du leckerli commence à Bâle avec l'émergence de la confiserie au XVIIe siècle, qui fut le point de départ d'une culture très variée du pain d'épices et entraîna le lent déclin de l'ancienne manière de le confectionner. Dans un décompte de la guilde des jardiniers (Zunft zu Gartern) daté du 10 octobre 1711, on peut lire pour la première fois « 3 Blatten Läckerlin » (3 plaques de leckerli). On en trouvait une version zurichoise colorée ressemblant à du massepain, une autre riche en noisettes à Berne ou encore des pains d'épices miniatures en Suisse orientale. La plupart des recettes exigent que les ingrédients soient finement moulus, alors que pour les leckerli de Bâle, les amandes, les noisettes et les écorces d'agrumes ne sont que grossièrement hachées. La production industrielle a commencé à se développer dans la région de Bâle au cours de la première moitié du XIXe siècle. De nos jours, une grande entreprise produit chaque année plus de 550 tonnes de leckerli. Malgré la concurrence des leckerli de fabrication industrielle, les petites boulangeries-confiseries n'ont pas renoncé à leurs spécialités ; ces versions existent en différentes tailles et consistances, même très tendres.

Le confiseur auquel nous avons rendu visite pétrit une pâte à base de farine blanche, de miel, de sucre cristallisé fin et d'un mélange de cannelle, de noix de muscade, de clous de girofle en poudre, d'amandes, d'écorces d'oranges et de citrons confites ; le kirsch est utilisé comme agent levant. L'artisan cuit les plaques de pâte d'environ six millimètres d'épaisseur à 210 °C pendant 22 minutes, badigeonne la plaque chaude d'un glaçage de sucre et de kirsch et la laisse refroidir avant de la couper en morceaux de la taille désirée avec une machine qu'il a lui-même mise au point.

SUPPLÉMENT

« Lecrelet (*Basler-leckreli*) – Gâteau délicat », écrit Joseph Favre dans son *Dictionnaire universel de cuisine pratique* (1894-1906). Le Valaisan de Paris souligne : « J'ai tenu à relever ici son origine authentique », citant comme source de son *lecrelet* « cette recette originale » de 1727, trouvée dans les manuscrits « de la famille Mérian, de Bâle ». Farine, miel, sucre glace, amandes hachées, écorces d'oranges confites hachées, écorces de citrons confites hachées, cannelle en poudre, kirsch de la Forêt-Noire, zestes de citron.

DIGRESSION

Le gingembre

La Imbergässlein dans la vieille ville de Bâle est la seule ruelle ou rue en Suisse à porter le nom du gingembre (*Zingiber officinale*), en allemand *Ingwer*. Ce nom renvoie bien entendu au commerce des épices, aux premiers transports sur de longues distances entre l'Asie et l'Europe. Grâce au pont sur le Rhin – construit en 1225, le plus ancien passage stable du fleuve entre Constance et Strasbourg après celui de Rheinfelden, datant de 1198 – les marchands bâlois purent exercer leur activité à un carrefour important; significativement, ils appelèrent leur plus ancienne maison «Zum Ingeber». Les commerçants de Bâle et d'ailleurs échangeaient des intérêts commerciaux et sociaux dans une guilde du Safran. Le gingembre était considéré comme «l'épice du Moyen Âge» (Ernst Schubert, *Essen und Trinken im Mittelalter*).

Le gingembre non réduit en poudre ressemble à une racine charnue, mais à proprement parler, les huiles essentielles (comprenant du zingibérène, du zingibérol, du bornéol, du cinéol et d'autres composants), l'acidité citronnée et le piquant qui chatouillent plus le palais et le nez à mesure que la plante est plus âgée, reposent dans un rhizome, une série souterraine de tubercules qui poussent ensemble comme une ramure, d'où bourgeonnent des racines et des tiges. L'aspect des rhizomes a conduit au nom de la plante: le mot sanskrit *srngivera* signifie en effet «en forme de corne» et a probablement conduit via le mot persan *dzungebir* à *zingiber*; l'ancienneté de l'utilisation du gingembre et sa large diffusion sont attestées par la similarité des vocables *ginger* (anglais), *gengibre* (portugais), *jengibre* (espagnol) ou *zenzero* (italien). La plante pousse jusqu'à un mètre de haut, ses feuilles ressemblent à des roseaux et ses fleurs à des iris: une apparence qui ne laisse rien deviner de sa magie aromatique. Et pourtant, bien avant l'ère chrétienne, on a découvert que ses tubercules étaient comestibles, qu'ils avaient bon goût, qu'ils épiçaient les mets et qu'ils guérissaient. Le gingembre était à la fois une nécessité pour le corps et un plaisir pour les sens.

La valeur culinaire et médicinale du gingembre a probablement été découverte en Asie du Sud-Est ou en Asie du Sud (Inde). Le *Zingiber officinale*, qui a donné leur nom de famille à d'autres Zingibéracées comme le curcuma (ou turmeric) et le galanga, est cultivé depuis lors. Apparemment, la forme sauvage n'existe plus. De la Chine et de l'Inde, où le gingembre «était déjà utilisé il y a 7000 ans» (*Cambridge World History of Food*), l'épice a voyagé vers l'ouest sur la route de la Soie dans les bagages des caravanes commerciales avec le poivre; ce fut l'une des premières épices d'Asie, d'où elles provenaient toutes, «car rien ne vient d'Europe sauf l'iris», comme l'a écrit le Grec Hérodote dans ses *Histoires* – affirmation plutôt audacieuse, car les plantes qui relèvent toute soupe fade, comme la moutarde et le raifort, le cumin, le fenouil et le genévrier, l'anis, le serpolet et l'ail des ours, poussent également dans plusieurs régions européennes.

Après les Égyptiens, les Grecs ont été parmi les premiers en Méditerranée à acheter des épices de l'Extrême-Orient à des marchands arabes. Le commerce des épices n'a vraiment pris son essor que par la mer, après la découverte de l'effet accélérateur des vents pendant la mousson et après la conquête de la Grèce et de l'Égypte par les Romains. Sur les navires phéniciens, on avait peut-être déjà découvert que le gingembre était un remède efficace contre le mal de mer. Les Romains distribuaient du gingembre comme beaucoup d'autres produits nouveaux et étrangers dans leur empire, car même parmi des barbares, ils ne voulaient pas renoncer à bien manger – et sainement: les épices leur procuraient davantage de bien-être que de plaisir.

L'histoire des épices est relativement bien documentée grâce aux registres commerciaux et aux factures douanières, ce qui n'est guère surprenant, étant donné le prix élevé de ces marchandises. Dans les pays germanophones, le gingembre est connu depuis le IXe siècle. «Le commerce intercontinental s'est imposé très tôt pour répondre aux diverses exigences alimentaires», écrit Ernst Schubert. «Au Xe siècle, bien avant que Venise ne devienne le grand médiateur du commerce des épices orientales, un voyageur arabe nota avec stupéfaction qu'à Mayence, on pouvait acheter des épices "qui ne se trouvent que dans l'Orient le plus lointain", du poivre, du gingembre, des clous de girofle, ou ce type de valériane qu'est le nard de l'Himalaya.»

À cette époque, l'origine d'épices telles que le gingembre était assez méconnue. Dans *La Magie des plantes*, Jacques Brosse nous apprend que «c'est seulement Marco Polo qui, à la fin du XIIIe siècle, en fixa l'exacte provenance; mais sans avoir vu lui-même la plante, que décrivit, quelques années après lui, frère Giovanni de Monte Corvino, un des premiers missionnaires qui aient visité l'Inde en 1292». En raison de la longueur des voyages, les épices étaient principalement commercialisées en conserve – séchées, moulues, confites, cristallisées, marinés dans du vinaigre ou du sirop. Cependant, le gingembre pouvait également être transporté sous sa forme brute, celle de rhizome non pelé.

Au milieu du XVIe siècle, une livre de gingembre valait autant qu'un mouton. Ce prix élevé a poussé Nostradamus (1503-1566), le célèbre apothicaire et astrologue provençal, à imaginer un substitut bon marché: après avoir confit des racines de panicaut maritime (ou chardon des dunes, *Eryngium maritimum*), il ajouta, pour que le résultat ne soit pas aussitôt perçu comme un placebo, un morceau de gingembre (*Histoire naturelle et morale de la nourriture*) – une méthode qui fait fortement penser à l'huile de truffe sans truffe! En médecine, le gingembre était utilisé contre les problèmes d'estomac et de digestion et était ajouté aux pommades et pâtes aphrodisiaques; en cuisine, on en employait sous forme de poudre dans des sauces et des pâtisseries – pour le pain d'épices, par exemple, l'une des plus anciennes recettes transmises en Europe, le gingembre en poudre est utilisé depuis la nuit des temps.

Néanmoins, à partir du XVIIIe siècle, le gingembre a commencé à disparaître presque complètement de la mémoire culinaire collective européenne, surtout en France, où dès la Renaissance, on épiça les mets avec plus de retenue et de différenciation qu'au Moyen Âge. Cette épice a conservé un bastion de fidèles en Grande-Bretagne, où elle est connue depuis la période anglo-saxonne (c'est-à-dire avant la conquête normande de 1066); on y a créé le *ginger ale* et, « selon la légende, la reine Élisabeth Ire raffolait des biscuits au gingembre dorés auxquels étaient données les formes de ses prétendants, courtisans et invités » (*The Oxford Companion to Sugar and Sweets*).

Depuis la diffusion tous azimuts des plats asiatiques en Europe au début du XXIe siècle, le gingembre connaît une nouvelle heure de gloire en tant que produit frais. Outre les afflux d'épices en provenance de l'Inde et de la Chine, de la Thaïlande, de l'Indonésie, des Philippines ou du Japon, la manie de voyager des Européens a également contribué à faire du gingembre une épice à la mode. Désormais, nul n'ignore le goût caractéristique du tubercule frais d'Extrême-Orient, qui est également cultivé en Afrique, en Amérique centrale, en Australie et entre-temps même en Suisse. On a appris à l'utiliser à tout-va : dans les currys et les ragoûts, dans des pâtes pour assaisonner les soupes et les sauces, dans des plats d'accompagnement comme le riz au gingembre, dans des jus, smoothies, salades de fruits et mélanges de thé, comme bonbons confits, nature ou trempés dans du chocolat.

Il n'y a qu'une chose que les professionnels de la cuisine mondialisée n'ont pas encore saisie : le gingembre ne doit pas être pelé, il suffit de le laver. Après la récolte, les rhizomes sont brièvement immergés dans de l'eau bouillante afin de tuer bactéries et parasites. Pour apprécier pleinement leur goût, il suffit donc de les trancher finement, de les hacher ou de les râper – les peler est inutile, même si c'est ce que la plupart des recettes demandent ; ou, si l'on y tient absolument, utiliser le manche d'un couteau ou d'une cuillère pour gratter l'extérieur de la peau du rhizome de gingembre.

Pour finir, une application vétérinaire qui rappelle les cabinets de curiosités : il semblerait que jadis, les marchands de chevaux glissaient un morceau de gingembre dans les fesses de leur « marchandise » comme catalyseur afin de maintenir bien haute la queue des animaux – un signe de bonne constitution.

Voir aussi : Berner Haselnusslebkuchen, page 277 ; Zürcher Leckerli, page 324 ; Leckerli, page 449.

Brunsli

Bruns de Bâle ; biscuits de Noël moelleux aux amandes et au chocolat

L'historien de l'art et expert culinaire Andreas Morel écrit ceci à propos de la cuisine bâloise vers 1800 : « Les petits gâteaux se déclinent en variétés sucrées et salées. Si l'on ajoute les gâteaux (sucrés) et les friandises, on peut parler d'un amour prononcé des douceurs. Bien évidemment, des *Gutzi*, à savoir des biscuits, accompagnaient la crème au chocolat ou à la vanille, dessert fort apprécié à Bâle. Avec des confiseries de toutes sortes, ils faisaient partie de la décoration des tables, et en si grande quantité qu'à la fin du repas, on pouvait encore en remplir des cornets en papier, les *B'haltis* » (*Basler Kost*).

Cet « amour prononcé des douceurs » explique probablement pourquoi, dans la région de Bâle, on trouve, année après année, les indémodables pains à l'anis (*Anisbrötli*) ainsi que des *Brunsli* (appelés « bruns de Bâle » en Suisse romande), tous deux très appréciés en forme de crosse épiscopale (*Baslerstab*), le symbole figurant sur les drapeaux des deux Bâle. Dans *Das süsse Basel* (Bâle la douce) d'Eugen A. Meier, on trouve une recette de Brunsli datant de 1750. Lors du dîner de bienvenue du pasteur Hans Rudolf Müller à Winterthour en 1725, les 59 convives se sont régalés de cinq livres de *Brunsli* après ... 330 livres de viande !

Ce type de biscuit n'a sans doute pas été créé beaucoup plus tôt, car contrairement à la cannelle, qui est l'une des plus anciennes importations exotiques, les Européens ont d'abord dû se familiariser avec le cacao. Christophe Colomb avait découvert celui-ci en 1502 sur le territoire de l'actuel Nicaragua ; il envoya quelques fèves en Espagne, « où nul ne sut qu'en faire à cause de leur goût abominablement amer » (*Food* de Waverley Root, 1980). « En 1519, cependant, Hernán Cortés goûta pour la première fois au chocolat tel qu'il était préparé par les Aztèques [...] et rapporta en Espagne non seulement des fèves, mais aussi des instructions et des recettes aztèques. » Dans une abbaye espagnole, des moines mélangèrent des fèves torréfiées et moulues avec du sucre de canne, également arrivé du Nouveau Monde. Le résultat fut approuvé. Les maîtres queux en soutane n'ont sans doute pas tardé à découvrir (peut-être en « s'inspirant » d'une recette aztèque !) combien le chocolat s'harmonise merveilleusement avec les amandes.

Pour la pâte à *Brunsli*, chauffer des blancs d'œufs et du sucre, ajouter des amandes moulues, du cacao (à 100 %) et des épices (cannelle, clous de girofle en poudre) ; bien mélanger le tout. Laisser la pâte refroidir, puis l'abaisser et la saupoudrer de sucre cristallisé avant de découper des morceaux à l'emporte-pièce ; il faut ensuite les déposer sur une plaque de cuisson et les laisser sécher pendant la nuit. Dernière et courte étape : enfourner pendant cinq minutes à 210 °C. Le brun de Bâle doit rester moelleux et humide à l'intérieur.

Ce qui paraît si simple peut alimenter des discussions très animées : cacao ou chocolat ? Chocolat en tablette ou en poudre ? Moulu ou liquéfié ? Amandes, noisettes ou même noix ? Avec des clous de girofle en poudre et de la cannelle, ou sans la moindre épice ? Avec du kirsch ou du jus de citron, ou aucun des deux ? Avec un peu de farine ? Car certain-e-s préfèrent leurs *Brunsli* durs. Quoi qu'il en soit, dans toute la Suisse, ces friandises sont un classique de la pâtisserie de Noël.

Voir aussi : Zimtsterne, page 41 ; Zimtstängel, page 56.

Fasnachtsküchlein

Merveilles ; beignets frits légèrement ondulés

Les plus anciennes mentions de *Fasnachtsküchlein* figurent parmi les dépenses de 1445 et 1455 du couvent de Klingenthal à Bâle ; les autres années « apparaît un poste de dépense sommaire, "pour carnaval" ou "le carnaval a coûté" » (*Back es im Öfelin oder in der Tortenpfann*). Ces *Fasnachtskiechli* étaient connus sous les noms de *Chneublätz*, Örlichüechli, Verhabni, également ailleurs en Suisse septentrionale le long du Rhin (d'après Andreas Morel, ils ne sont « pas véritablement bâlois, mais sans doute une importation de la Souabe »), certainement à Zurich, en Suisse centrale et en Valais.

En Suisse romande, on les appelle beignets au genou, beignets de carnaval ou merveilles. Ce dernier terme remonte à 1607 en France, alors que selon le *Dictionnaire suisse romand*, il n'apparaît pas dans nos contrées avant 1761, grâce au célèbre roman de Jean-Jacques Rousseau, *Julie ou la Nouvelle Héloïse* : « Merveilles, pâtisserie genevoise, rubans de pâte cuits dans le beurre. » Le vocable italien *chiacchiere* signifie littéralement bavardage, palabre – préparer des beignets au club de cuisine serait donc une activité joyeuse, propice à délier les langues.

Les *Fasnachtsküchlein* sont des produits de saison, liés au cycle religieux de carnaval, du Carême et de diverses célébrations religieuses comme les fêtes de patronage. Ils sont restés populaires à Bâle même après la Réforme de 1529. « Les kermesses (*Kilbenen*) ont toujours été une épine dans le pied des autorités. L'année 1533 a été marquée par un flot de mandats visant à mettre un terme aux festivités auxquelles les Bâlois se rendaient à Kleinhüningen, Weil, Münchenstein et Binningen. » Mais la joie procurée par la consommation de beignets de carnaval ne pouvait être bannie, même dans l'esprit de la foi purifiée : « La cuisine de l'hôpital préparait elle aussi des *Fasnachtsküchlein*, pour lesquels entre 1584 et 1587, on cassait chaque année jusqu'à 1200 œufs » (*Back es im Öfelin oder in der Tortenpfann*). Le mercredi des Cendres, les gens faisaient de grosses réserves de beignets, chose qui a été interdite en 1599.

Mélanger des œufs, de l'eau et/ou de la crème, un peu de sucre ou de sel, un peu de kirsch et éventuellement du saindoux (qui rend les beignets plus croustillants) pour obtenir une masse, ajouter de la farine blanche très fine et du beurre ramolli ; malaxer le tout jusqu'à obtention d'une pâte homogène et élastique qui ne colle pas aux doigts. Laisser reposer quatre à cinq heures, puis former un rouleau régulier, le couper en tranches et aplatir celles-ci aussi finement qu'une feuille avec un rouleau à pâtisserie. Les véritables experts arrivent à dérouler la pâte au point où l'on peut lire un journal à travers elle. On peut encore étirer les tranches sur son genou – d'où leur nom –, puis les faire frire dans une matière grasse à 180 °C pendant environ une minute de chaque côté jusqu'à ce qu'elles soient dorées et plissées, en veillant bien à ce qu'elles ne se brisent pas ; les sortir, les égoutter et les saupoudrer de sucre glace pendant qu'elles sont encore chaudes, puis les empiler.

Depuis les années 1950, les *Fasnachtsküchlein* sont également produits industriellement et vendus moins cher par la grande distribution que par les boulangers artisanaux. Midor (propriété de Migros) fabrique 900 000 *Fasnachtsküchlein* en une seule journée pendant la saison.

Voir aussi : Striflates, page 81 ; Schlaatemer Rickli, page 130 ; Beignets des brandons de Moudon, page 178 ; Graswürmleni, page 239.

Fastenwähe

Produit de boulangerie de saison ressemblant au bretzel, à base de levain et saupoudré de cumin

Jadis, toute l'année était marquée par des périodes de renoncement, contrairement aux pratiques alimentaires que nous connaissons depuis le début de l'ère moderne. « Le jeûne est considéré dans presque toutes les religions comme une abstinence temporaire, partielle ou complète, ordonnée rituellement, de nourriture, également de certains aliments et boissons, comprise comme une purification, un sacrifice et une expiation, souvent dans le but de se préparer à des célébrations religieuses et à des périodes de fêtes », lit-on dans un dictionnaire sur le monachisme et les ordres religieux (*Mönchtum, Orden, Klöster – ein Lexikon*) : « En termes purement quantitatifs, il ne restait plus, dans l'Occident médiéval, que 220 à 230 jours par an pour lesquels aucune restriction n'était imposée par des jeûnes et autres commandements d'abstinence. » Les gens sont devenus inventifs et ont cherché à se jouer des règlements, surtout les occupants des abbayes, qui soutenaient par exemple que les castors étaient des poissons afin de contourner l'interdiction de la viande – après tout, un castor sait nager – les subtilités zoologiques étaient passées sous silence.

Le mot allemand *Fastenwähe* (qui signifie littéralement tarte de Carême) évoque à la fois le renoncement et la tentation ; une friable ostie et une juteuse garniture de fruits semblent s'y juxtaposer. Le *Fastenwähe* n'est rien de tout cela : ni un plat de Carême ni une tarte savoureuse, mais un produit de boulangerie raffiné à base de levain blanc, originaire de la région de Bâle. Ce qui est resté du Carême, c'est la période de sa consommation, les semaines précédant Pâques. L'étymologie de la seconde partie du mot (*-wähe*) est différente de celle des tartes (*Wähen*) au fromage ou aux fruits, dont les origines remontent probablement au terme moyen haut-allemand *waeje*, signifiant quelque chose comme « éparpillé, dispersé par le vent ». À Bâle, les pâtisseries de ce type étaient appelées *Daarte* (tartes) jusqu'au XVIIIe siècle, lorsque le mot alémanique *Wähe* (pour gâteau, quiche, tarte), originaire du sud de l'Alsace, s'y est imposé.

Les *Fastenweÿen* sont connus depuis le XVIe siècle. Le chercheur en pâtisserie Albert Spycher nous apprend que « la plus ancienne attestation était cachée dans un document des Archives municipales de Rheinfelden. En 1554, les boulangers y étaient tenus de vendre leurs *Rinng*, *wöggenn* et *fastenwegenn* (pains ronds, petits pains et « bretzels ») à un prix très bas ; il faut lire *wegenn* comme *Weÿgen* dans le sens de *Wähe* (tarte).

En 1649, des *Fastenweÿen* apparaissent dans un document comptable pour un repas des intendants du domaine de l'abbaye de Sainte-Claire à Bâle. « *Weÿen* » renvoie au moyen haut-allemand *waehe*, qui signifie quelque chose de délicat, de fin. Cela implique que le *Fastenwähe* n'est pas un bretzel du pauvre, tout sec – étant donné que la farine blanche et le beurre n'étaient pas bon marché.

Johann Jacob Spreng a fourni des informations sur l'apparence et la recette du *Fastenwähe* dans *l'Idioticon Rauracum*, son dictionnaire de dialecte bâlois de 1760 : le savant le décrit comme un « bretzel de Carême allongé avec une croix au milieu ». Valeria Huber précisa les instructions pour « faire du pain au lait sous forme de bretzel de Carême » dans son livre de cuisine de 1773 : « La pâte doit être étirée manuellement jusqu'à ce qu'elle ressemble à un long serpent ; elle reste plus épaisse au milieu, plus fine vers les extrémités. Placée sur une plaque de cuisson, on enroule la pâte et obtient ainsi un *Fastenweyën*. »

On pétrit donc la pâte avec de la farine blanche, de la levure, du lait, du malt, un peu de sel et beaucoup de beurre, puis on la laisse reposer pendant trois heures. Une fois qu'elle a bien levé, on divise la pâte dans une machine à former des boules (de 55 grammes chacune), qu'on étend pour former des saucisses ovales, effilées aux deux extrémités. Les pâtons sont aplatis morceau par morceau le long du milieu avec un bâtonnet de bois, puis on fait les quatre coupes typiques en forme de losange au moyen d'une trancheuse manuelle à quatre lames, appelée *Faschtewaaie-Yseli*. Badigeonner les pâtons de jaune d'œuf, saupoudrer de graines de cumin et écarter avant la cuisson, de sorte que la croix de pâte dessinée se forme au milieu. Au bout de six à sept minutes à 300 °C (chaleur supérieure), les *Fastenwähen* sont prêts.

Des boulangeries bâloises réputées se distinguent par leur propre style de *Fastenwähen*, dont les habitants de la cité rhénane prennent connaissance et qu'ils évaluent.

Magenbrot

Pain des Alpes ; biscuit semblable à du pain d'épices avec un glaçage

Dans le cas présent, l'emballage a probablement plus d'effet que le contenu : les petits sacs en papier rose agissent comme des lampes de signalisation, dont la vue suffit à faire sentir la délectable odeur du pain des Alpes dans son nez, un peu comme la « douleur fantôme » de la moustache rasée juste au-dessous. Ledit pain jouit d'un statut particulier dans la famille des biscuits au pain d'épices : en général, on le prépare uniquement avec du sucre, rarement avec du miel, et il n'a jamais perdu son aura de biscuit des foires et des marchés. Les plus importantes sont la Foire d'automne de Bâle (existant depuis 1471) et l'Olma de Saint-Gall (depuis 1943).

Le pain des Alpes contient le concentré typique des pains d'épices et des épices de Noël, à savoir de la cannelle et des clous de girofle, de l'anis, du gingembre, de la coriandre et de la cardamome – un peu de tout, mélangé de différentes manières et dont l'ensemble est excellent pour la santé. C'est sans doute pour cette raison que la pâte moelleuse a été baptisée *Magenbrot* (pain pour l'estomac) – malgré l'enrobage succulent, car le sucre était considéré comme un fortifiant. Il n'y a pas de traces explicites sur les origines du pain des Alpes en dehors de l'histoire du pain d'épices. Une version riche, gourmande, caractéristique de la cuisine bourgeoise apparaît dans les livres de cuisine du XIXe siècle, tandis qu'une version simplifiée, moins chère était proposée dans les foires. D'après un boulanger interrogé, « autrefois, ne sachant que faire de leurs nombreux restes de pain et ne souhaitant pas le donner aux animaux, les boulangers voulurent tenter quelque chose de nouveau. Ils firent bouillir un sirop de sucre et le mirent à chauffer dans une marmite avec les restes de pain, après quoi ils y incorporèrent de la farine et des épices exotiques ; bien malaxée, cette masse est devenue une pâte ». En 1946, une recette similaire au pain des Alpes avec un glaçage a été publiée dans *Lebkuchen*, un ouvrage consacré aux pains d'épices, et saluée comme étant un « très bon pain aux herbes des Alpes » – avec toutes les épices exotiques ?

Le point décisif dans la fabrication du pain des Alpes est l'interaction entre la pâte et le glaçage. Composée principalement de farine bise, d'une masse sucrée composée de sucre, d'eau et d'acidifiant, de poudre à lever et d'épices, la pâte est cuite sous forme de longs bâtonnets, puis conservée pendant une journée, car selon le boulanger, la pâte fraîchement cuite au four « s'imbiberait excessivement de glaçage ». Les bâtonnets sont coupés en morceaux de la taille d'une bouchée sur un tapis roulant et introduits dans un tambour rempli d'un glaçage composé de sucre, d'eau et d'un peu de cacao ou de chocolat en poudre. Les pièces absorbent le glaçage de tous les côtés dans le tambour rotatif, en tombent et refroidissent ; on peut les emballer au bout de deux heures environ.

En Suisse, ce sont des boulangeries spécialisées qui approvisionnent les marchands forains en pain des Alpes. Même si les producteurs sont peu nombreux, le goût de ce pain diffère légèrement suivant son origine.

Osterfladen

Tourte de Pâques ; pâtisserie ronde et plate avec une garniture sucrée de riz ou de semoule

« Les historiens des civilisations n'ont jamais pris la nourriture et la boisson au sérieux », observe un chercheur, « dans les thèses des années 1950-60 sur les abbayes de Bâle, ce qui concernait les habitudes alimentaires était relégué dans des notes en bas de page». Ce mépris des sources existantes a peut-être conduit à penser que la multitude d'œufs de Pâques colorés est une réminiscence d'anciens rituels de fécondité. Les instincts de reproduction exubérants se réfèrent habituellement aux lapins et à leurs accouplements compulsifs, mais pas à de braves poules pondeuses. La raison pour laquelle on mange autant d'œufs à Pâques est très simple: pendant le Carême, il était interdit de servir de la viande et autres produits issus d'animaux à sang chaud, y compris du beurre et des œufs. Insensibles aux préceptes religieux, les poules continuaient à pondre leurs œufs, que l'on empilait les uns sur les autres. Une fois le jeûne terminé, il était grand temps de manger les réserves accumulées. On cuisait ces œufs et les mangeait petit à petit, ou alors ils étaient brouillés pour faire toutes sortes de pâtisseries comme des tourtes de Pâques.

Ce n'est pas dans un recueil de recettes que l'on trouve la plus ancienne référence à la consommation de réserves d'œufs, mais dans le livre de comptes de l'atelier de construction de la cathédrale de Bâle (Basler Münsterbauhütte) des années 1426-27: 4 shillings furent alors dépensés pour des œufs de Pâques, ainsi que 11 autres pour toutes sortes d'ingrédients nécessaires à la préparation de tourtes. Du sérac ou séré pour des tourtes (*«Ziger zu Fladen»*) figure dans les comptes de la cour du prince-évêque de 1475, et dans le livre de comptes du couvent des Clarisses en 1524, on trouve une note à propos de l'achat de 300 œufs pour les tourtes de la communauté.

À Bâle, il semblerait que l'on connaissait déjà une sorte de tourte pascale en l'an 962 (malheureusement, la source exacte fait défaut); elle fait déjà presque partie de l'inventaire des livres de cuisine bâlois du XIXe siècle. L'historien des pratiques culinaires Andreas Morel estime que la recette de l'actuelle tourte de Pâques était déjà une tradition à Bâle à la fin du XVIe siècle; à cette époque, après la Réforme de 1529, la coutume de bénir les gâteaux a commencé à se perdre. On ne saurait attribuer de droits d'auteur à l'inventeur de la tourte pascale, demeuré inconnu. Le principe consistant à agrémenter un plat d'aliments hachés menu est peut-être aussi ancien que la conjonction de la bouillie de céréales et de la domestication du feu – certainement plus ancien que la coutume de la bénédiction des gâteaux pascals. Étant donné que la poudre à lever n'a été développée qu'au milieu du XIXe siècle, auparavant, on s'en tenait essentiellement aux moules à gâteaux plats.

Une recette du XIVe siècle contient des éléments de la tourte de Pâques, mais pourrait tout aussi bien être considérée comme la première «pizza de Carême» du versant nord des Alpes: pour confectionner une tourte au poisson avec du brochet ou de la perche, il fallait ajouter les poissons broyés à du lait d'amande mélangé à de la farine de riz, une pomme coupée en dés et du saindoux, les assaisonner et les étaler sur une feuille de pâte («blat von teyge»). Le lait d'amande, que l'on obtenait en pressant à travers un tamis des amandes moulues mélangées à de l'eau, servait de substitut au lait animal pendant le Carême.

Au terme d'une recette du cuisinier de la cour de Mayence Marx Rumpolt (*Ein new Kochbuch*, 1581) pour un mélange de parmesan, de pain au lait râpé, de jaune d'œuf, de beurre, d'amandes, de raisins et de crème sucrée se trouve la phrase «und so bäckt man die Osterfladen» (et c'est ainsi que l'on prépare les tourtes de Pâques). La version de Magdalena Platter de 1592 comprend du sérac, du pain blanc, des œufs, des amandes, des figues, des raisins de mer, des raisins secs, du sucre et du beurre noisette. Le riz est mentionné la première fois en 1598 comme ingrédient dans une recette du recueil de la Bâloise Anna Wecker, intitulée *Ein dorten oder fladen von reiss* (Une tarte ou tourte au riz). Apporté en Espagne par les Maures au VIIIe siècle, le riz est arrivé en Europe du Nord quelque temps plus tard. Selon l'*Oxford English Dictionary*, la plus ancienne citation du mot *rice* date de 1234 et se trouve dans des livres de comptes du roi Henri III.

Le choix en matière de tourtes a pratiquement toujours été très vaste, qu'elles fussent consommées toute l'année ou seulement à Pâques. Outre le riz et la semoule, on pouvait aussi utiliser du millet pour la garniture, comme le proposait l'abbé Buchinger dans le livre de cuisine de l'abbaye cistercienne de Lucelle (1671), ou des tranches de pain, de l'eau de rose et du vin, comme dans le *Bernerisches Koch-Büchlein* de 1749. Vers la fin du XIXe siècle, le mélange avec du riz ou de la semoule, ou des petits pains ramollis, s'est imposé.

«Où trouve-t-on la meilleure tourte de Pâques?» s'est demandé Marianne Kaltenbach dans son classique de la cuisine helvétique (*Aus Schweizer Küchen*). Sa réponse est très consensuelle: «Les anciens livres de cuisine se contredisent. Faut-il garnir une traditionnelle tourte pascale de riz, de semoule, d'un mélange de petits pains et d'amandes, ou encore de sérac et de raisins secs? Toutes sont délicieuses, et avec chacune d'elles on regrette qu'il n'y en ait qu'à Pâques.»

Grâce à la grande distribution, elles sont disponibles dans tout le pays, heureusement avec des limites saisonnières, en différentes tailles et décorées au pochoir de lapins en sucre glace ou de jolis motifs en massepain flanqués d'œufs de Pâques en sucre.

Voir aussi: Früchtewähen, page 98.

Rosenküchlein

Beignets frits en forme de rose

Un certain nombre de pâtisseries sont connues depuis des siècles en raison de leur mode de production, comme les beignets, que l'on frit en les plongeant dans du saindoux fondu. Cette méthode était pratique à l'époque où il n'y avait pas encore de fours ou lorsqu'on ne pouvait s'en offrir, mais qu'on disposait de personnel. La pâte des *Rosenküchlein* et des *Fasnachtsküchlein* (merveilles), des striflates ou des *Graswürmleni* se compose plus ou moins des mêmes ingrédients et est travaillée de la même manière; les cuisses de dames (*Schenkeli*), plus épaisses et contenant de la levure chimique, appartiennent également à cette catégorie.

Les *Rosenküchlein*, c'est-à-dire les beignets à la rose, sont connus en Alsace sous le nom de *Rosekiechle* depuis le XVe siècle, ainsi que toute une variété de pâtisseries similaires qui étaient aussi consommées en Allemagne et en Autriche aux XVIIe et XVIIIe siècles. En 1711, les beignets à la rose garnissaient les tables des guildes bâloises et « depuis le XVIIIe siècle, ils figurent dans de nombreux livres de cuisine de la région », lit-on dans *Basler Kost*. Dans cet ouvrage qui contient des recettes de la fin du XVIIIe siècle de la grand-mère du célèbre historien bâlois Jacob Burckhardt, on trouve également des instructions pour la confection des beignets à la rose. On les fabrique « aujourd'hui grosso modo avec les mêmes produits de base », écrit Andreas Morel, éditeur du livre et de la recette : « Prendre 5 œufs, les battre, ½ livre de sucre pur tamisé, l'ajouter aux œufs, puis une livre de fleur de farine, après quoi il faut diluer cela avec du lait tiède pour qu'on puisse y plonger le fer et le voir à travers la pâte. Dès qu'un beignet est cuit, il faut tremper le fer dans du beurre et le laisser bien chauffer, sinon la pâte ne tiendra pas sur le fer. »

Tout l'art des beignets à la rose tient dans le fer : au bas d'une longue tenaille se trouve un moule en fer en forme de pétale de rose, de papillon ou de cœur. On chauffe le moule vide dans le bain de graisse et le plonge dans la pâte, qui est cuite instantanément et ne peut plus glisser du fer ; puis on maintient à nouveau le fer dans la graisse et fait également frire l'extérieur du beignet. Comme elle n'est pas trop épaisse, la chaleur pénètre uniformément dans la pâtisserie de tous les côtés.

À l'instar des merveilles pendant les festivités de carnaval, les *Rosenküchlein* sont la pâtisserie traditionnelle de la Foire d'automne de Bâle, qui a été concédée à la ville par l'empereur Frédéric III en 1471 ; durant ses 550 années d'existence (fêtées en 2021), cette foire fut annulée seulement à cinq reprises – la dernière fois en 2020 en raison de la pandémie de Covid-19.

En Alsace, des pâtisseries du même type étaient servies aux tables princières au Moyen Âge central et tardif. Pour son intronisation en 1449, le nouvel évêque de Strasbourg fait servir à ses 300 invités des piles de beignets en forme de poires. Une recette « für rosen Küchlein zu machen » de 1742, provenant du Bâlois Theodor Falkeysen, figure dans le livre *Back es im Öfelin oder in der Tortenpfann* ; pour la réaliser, il faut battre six œufs, les mélanger à du sucre (3/4 de livre), incorporer de la farine ; la pâte doit avoir l'épaisseur d'une cuisse de dame ; ensuite il faut plonger la pâte dans un mélange de lait et de beurre chauds, laisser tiédir et enfin tremper la pâte jusqu'à ce qu'elle ait la consistance souhaitée.

Voir aussi : Striflates, page 81 ; Beignets à la rose, page 144.

Salzige Wähen

Tartes et gâteaux salés tels que les gâteaux aux oignons, aux légumes ou au fromage

Du point de vue des professionnels du tourisme, le *Zibelemärit* (Marché aux Oignons) de Berne, la Foire d'automne de Bâle et le carnaval sont les points forts de la saison pour les tartes et gâteaux aux oignons et au fromage. En ce qui concerne ces mets, qui se rattachent à la grande famille des tartes salées et remontent à fort loin dans le temps, les noms régionaux et locaux résistent étonnamment bien, par exemple dans le canton de Schaffhouse, où le gâteau aux oignons, comme on l'appelle en Suisse romande et en France, porte le nom de *Bölletünne*.

Au XVIIIe siècle, un voyageur avait observé « que les paysans de Constance servaient à leurs journaliers des gâteaux plats cuits dans de la cendre pour le petit déjeuner, garnis de fenouil, de morceaux de lard et de poireau, qu'ils appelaient *Waihen* ou *Tünnelen* » (cité dans *Back es im Öfelin oder in der Tortenpfann*). Les frontières politiques jouent ici un rôle marginal, les termes se perdant et se mélangeant dans les paysages et les régions. Les garnitures des tartes, des galettes et des gâteaux contiennent toujours à peu près les mêmes éléments : de la crème et du fromage, des oignons et du lard, des légumes tels que des épinards, des brocolis, des tomates ou encore des artichauts – tout le jardin servait à les composer. Pour une fois, ce n'est pas dans le *Bernerisches Koch-Büchlein* de 1749 que l'on trouve les premières recettes suisses, mais dans le *Neues Berner Kochbuch* de Lina Rytz (1840) sous la forme d'un gâteau au fromage, ainsi que dans la traduction française de 1853, *La Bonne Cuisinière bourgeoise*. Dans sa *Basler Kochschule* (1877), Amalie Schneider-Schlöth décrit la *Zwiebelwähe*, c'est-à-dire la tarte aux oignons, comme un plat de haute tradition.

Un peu plus au nord et quelques siècles plus tôt, en 1460, Maître Hansen, un cuisinier wurtembergeois, faisait figurer dans son livre la recette d'un gâteau au fromage à base de fromage à pâte molle, de beurre et de poivre en l'appelant « tarte anglaise », un délice culinaire qualifié d'angélique. Dans le livre de cuisine de la Bâloise Magdalena Platter (1592), on trouve un « *Krut-Darten* », qui est un gâteau aux épinards, et dans le *Kochbüchlein für Jungfer Dorothea Respinger* (manuscrit de 1794 qui se trouve aux Archives d'État de Bâle-Ville), des instructions pour un « *Fülly-Wayen* », un gâteau aux oignons et au lard, et pour un-e « *Weÿendärtlein* » (un compromis entre tarte et gâteau ?) : « Faire suer au beurre un peu de légumes verts, un peu de lard coupé en petits morceaux. En dessous le jaune de 3 œufs et, si on le désire, y adjoindre un quart de crème. Ajouter et enfourner le blanc des œufs battu. Avec 1½ quart de farine, ¼ de livre de beurre doux dans la pâte, cela donne environ 24 pièces. »

Aujourd'hui, tartes, galettes et gâteaux sont disponibles en permanence, presque tous les supermarchés en proposent. Les traditionnels *Wähentage* (jours des gâteaux) sont probablement tombés en désuétude – rappelons que le vendredi, jour maigre, il y avait généralement deux gâteaux : un salé et un sucré (aux fruits).

Voir aussi : Sèche, page 205 ; Gâteau salé, page 238 ; Speckkuchen, page 285.

Schenkeli

Cuisses de dames ; beignets frits de la largeur d'un pouce et longs comme un doigt

Ce qui en allemand n'a qu'une résonance anatomique dépourvue d'ambiguïté et se présente avec une neutralité presque embarrassée reçoit en français une attribution plus claire, ne laissant aucune place au doute : les *Schenkeli* (petites cuisses) y deviennent en effet des cuisses de dames. Pas plus larges qu'un pouce, longs comme un doigt et parfois potelés, ces beignets, car c'est de cela qu'il est question, sont appelés pieds de chèvre dans le Jura, mais on ne saurait voir là un quelconque manque de respect. À Bâle, les *Schänggeli* réjouissent unanimement les palais depuis le XVIIe siècle ; on en a servi en 1667 lors de repas de corporations. Les recettes d'aujourd'hui ne diffèrent pas énormément des anciennes. Ici et là, on incorpore des amandes à la pâte. Jusque dans les années 1960, on trouvait des « petites cuisses » un peu partout, surtout à la saison froide, les jours fériés et en toute occasion festive, notamment pendant le carnaval. Vers la fin du XXe siècle, elles ont été de plus en plus frappées d'ostracisme par les pourfendeurs des matières grasses ; considérant qu'elles faisaient grossir, on évitait les cuisses, qui sont tombées en désuétude, sans pour autant disparaître.

Travailler une pâte à base de farine et de sucre, de poudre à lever, d'œufs, de crème ou de lait, de zestes de citron et d'une pincée de sel ; on la laisse ensuite reposer pendant deux ou trois heures, avant de la rouler en saucissettes de l'épaisseur d'un doigt, à couper à une longueur d'environ dix centimètres. Faire frire dans de l'huile bouillante à 180 °C, égoutter, saupoudrer de sucre glace ou d'un mélange de sucre et de cannelle.

Schlumbergerli

Petit pain rond à la forme caractéristique

Contraint de quitter sa patrie à cause de l'occupation allemande, l'Alsacien Amédée Schlumberger choisit de s'installer un peu plus au sud, à Bâle, la ville de sa femme, en 1872. En tant que banquier et industriel, il ne souffrait guère de la faim, mais avait le mal du pays, aussi sur le plan culinaire : ses petits pains bien croustillants lui manquaient, avec leur surface en forme de rosette et leur croûte élastique qui fait un doux crépitement lorsqu'on appuie légèrement dessus. Si la croûte n'émet plus aucun son, c'est que le pain a passé le zénith de sa fraîcheur.

Ce petit pain était confectionné avec la même pâte que pour le *Mütschli* ou le *Semmel*, mais sa croustillance bien perceptible le distinguait, cet écho venu de l'ancienne patrie. Schlumberger a confié au maître boulanger Riedtmann, du quartier bâlois d'Aeschenvorstadt, la tâche de lui préparer ces excellents petits pains. La nouvelle de leur existence s'est répandue à partir de la table de Schlumberger, et ils n'ont pas tardé à porter le nom de leur initiateur. Les *Schlumbärgerli*, dont le nom s'est ensuite raccourci en *Schlumbis*, se sont vendus ... comme des petits pains ! Dans la seconde moitié du XXe siècle, le *Schlumbi* a commencé à être diffusé dans toute la Suisse par le biais des associations de boulangers, de la formation des apprentis et de la mobilité croissante.

Le boulanger pétrit une pâte à base de farine blanche (éventuellement mélangée à de la farine mi-blanche), d'eau, de levure, de Levit (un produit de panification à base de levain pur liquide), de malt et de sel ; laisser reposer. Portionner en « fractions », laisser à nouveau reposer. L'étape suivante marque le début de ce qui fait la particularité de la production de *Schlumbergerli* : le boulanger badigeonne d'huile son plan de travail, qui comporte de petites encoches plates et rainurées où les petits pains sont façonnés.

Une machine effectue ce travail de manière semi-automatique voire entièrement automatique. « Ce processus est très important », explique le boulanger interrogé, « pour donner aux *Schlumbergerli* leur surface caractéristique en forme de rosette. L'huile contribue à garder entrouverte ce qu'on appelle la fermeture de chaque miche. » La « fermeture » est le nom donné à l'endroit où les extrémités de la pâte se rencontrent.

Les miches de pâte élastiques sont placées sur une surface enfarinée avec ladite fermeture légèrement huilée vers le bas et laissées à fermenter ; il faut toutefois veiller à ce qu'elles ne lèvent pas trop. Ensuite, on les cuit avec la fermeture vers le haut à 250 °C pendant environ 15 minutes en introduisant de la vapeur, qui favorise la formation de la croûte, sur laquelle apparaîtra la craquelure.

Voir aussi : Weggli, page 322 ; Bürli, page 411 ; Motschelle, page 450 ; Pane ticinese, page 632.

Schokolade-S

Mousse cacaotée cuite au four en forme de S

Il y a quelque chose d'apaisant dans une recette exigeant l'utilisation de chocolat ou de cacao, car on peut aussitôt cesser toute recherche sur ses origines en Europe au début du XVIe siècle, étant donné que Christophe Colomb a envoyé les premières fèves de cacao en Espagne en 1502 et qu'il a fallu un certain temps avant que l'on comprenne comment canaliser leur si charismatique saveur. Deux siècles plus tard, le fait de savoir que les blancs d'œufs pouvaient être montés en neige a commencé à se répandre dans les pratiques culinaires, et puis il a fallu encore un autre siècle avant de réussir à combiner les blancs d'œufs en neige avec le cacao de telle sorte que le résultat durcisse harmonieusement au four en restant compact. La chercheuse en pâtisserie Irene Krauss a mentionné la « mousse au chocolat » d'un livre de cuisine suisse du XVIIIe siècle, mais sans en citer la source exacte. Anita Rauch, quant à elle, a choisi une recette de « mousse chocolatée » parmi trois sources de 1820, 1825 et 1847, qu'elle a résumée pour son ouvrage sur la cuisine bâloise traditionnelle (*Originalrezepte der alten Basler Küche*). Ces mousses sont divisées en très petites portions avec une poche à douille ou une cuillère à café et séchées au four pendant une heure afin qu'elles restent moites à l'intérieur.

Le *Schokolade-S* ou S au chocolat a fait sa première apparition en 1893 dans l'ouvrage de référence de Giacomo Perini, *Der Schweizerzuckerbäcker* (Le Pâtissier suisse). À l'époque, on ajoutait encore à ce mélange S des amandes finement râpées, mais ce ne sera plus le cas par la suite. Perini décrit la manière de former le S comme suit : « À travers la seringue et son embout en forme d'étoile, on dresse de longues bandes, les portionne en morceaux de 6 cm et forme un S à partir de ceux-ci. » Il a fallu attendre 25 ans après le manuel de Perini pour voir réapparaître les termes *S au chocolat* et *Chocolade S* dans deux livres de pâtisserie. En 1920, le *Schweizerisches Idiotikon* fait figurer une *Schoggelade-Schümli* (mousse au chocolat) dans son huitième volume, mais pas encore de « S ». D'astucieuses artistes pâtissières fabriquent des *Schoggi-Schümli* de l'Avent à partir d'une pâte assez compacte, qu'elles découpent puis cuisent ou sèchent avec circonspection.

Pour le S au chocolat, préparer un meringage chaud en battant d'abord les blancs d'œufs en neige (jusqu'à ce qu'ils soient fermes), puis en incorporant délicatement le sucre cuit avec un tiers d'eau. Ensuite, ajouter le bloc de cacao au mélange, la pâte brute de cacao sans sucre. Remplir la poche à douille, presser à travers l'embout étoilé sur la plaque de cuisson et enfourner 15 minutes à 200-210 °C. Les S doivent être moelleux à l'intérieur, croustillants et friables à l'extérieur.

Voir aussi : Meringue, pages 240 et 283.

Zimtsterne

Étoiles à la cannelle ; confiseries de Noël à base d'amandes moulues et de cannelle

Les étoiles à la cannelle se distinguent de la plupart des autres biscuits par leur goût caractéristique – la cannelle, justement. Cette substance, une huile essentielle contenue dans l'écorce du cannelier, a été créée par la nature pour protéger l'arbre, comme défense contre les herbivores ainsi que contre les attaques fongiques et les maladies consécutives à des infestations. Aujourd'hui encore, l'huile de cannelle, avec ses 75 % de cinnamaldéhyde, est employée à des fins médicinales. Les sodas de type cola et le vin chaud en contiennent ; on saupoudre de cannelle moulue les carrés de semoule, la compote de poires et de prunes ou l'utilise pour assaisonner le boudin blanc. Dans les cuisines médiévales s'est transmise une vieille tradition originaire de l'abbaye de Saint-Gall : on y aromatisait déjà le poisson à la cannelle au IXe siècle.

Comptant parmi les plus anciens condiments connus, la cannelle est peut-être même la toute première épice jamais commercialisée. Mentionnée dans un traité d'herboristerie chinois datant de 2700 av. J.-C., cette cannelle provient du cannelier de Chine (*Cinnamomum cassia*) ; son écorce est considérée comme moins remarquable que celle du « véritable » cannelier (*Cinnamomum verum*), le cannelier de Ceylan, qui y produit la meilleure écorce. C'est sur cette île, l'actuel Sri Lanka, que Vasco de Gama l'a découvert à la fin du XVe siècle, alors qu'il cherchait une route vers l'Inde, paradis des épices, pour la couronne portugaise. Les commerçants et leurs clients n'ont pas tardé à comprendre que la cannelle de Ceylan était la plus savoureuse.

Et donc aussi la plus chère. « Vers la fin du XVe siècle, on vendait des eunuques et des femmes blanches à des marchands arabes pour obtenir de la cannelle », soutient Waverley Root dans *Food*. La grande encyclopédie des superstitions allemandes qu'est le *Handwörterbuch des deutschen Aberglaubens* donne une indication de la somme élevée qu'il fallait débourser pour de la cannelle et du safran : les entrées sur ces deux épices sont très brèves, ce qui implique qu'elles n'étaient pas assez répandues pour pénétrer jusqu'aux profondeurs de la superstition. Ce que la cannelle n'a pas réussi à faire sur ce plan, elle y est parvenue à l'époque moderne en tant que psychotrope. Les sorcières et les voyantes ajoutaient déjà probablement de la cannelle à leurs bâtonnets d'encens et autres combustibles pour renforcer l'aura de mystère présidant à leurs invocations. « Des doses moyennes » d'huile de cannelle « provoquent de l'excitation, une augmentation du rythme cardiaque et de l'activité respiratoire » ainsi que d'autres réactions, lit-on dans un ouvrage sur les plantes vénéneuses et les poisons végétaux (*Giftpflanzen – Pflanzengifte*) ; il existe en outre « des variétés de cannelle qui, lorsqu'elles étaient fumées (cigarettes Canel) dans les années 1930, provoquaient des phénomènes similaires à la marijuana chez les jeunes filles d'Hollywood ».

Aucun risque d'être victime d'hallucinations, en revanche, en consommant des étoiles à la cannelle. Si les premières pâtisseries à la cannelle semblent avoir été créées au XVIe siècle, en Suisse, les plus anciennes recettes ne figurent que dans des livres de cuisine du XIXe, comme par exemple *Basler Kochschule*, paru en 1877. Chauffer les blancs d'œufs et le sucre et les mélanger avec de la cannelle et des amandes moulues non pelées pour former une pâte que l'on laisse refroidir. Ensuite, suivant l'épaisseur désirée pour les étoiles, abaisser la pâte et badigeonner un glaçage au sucre glace par-dessus ; une fois que ce glaçage s'est bien solidifié, on découpe les *Gutzi*, c'est-à-dire les biscuits, à l'emporte-pièce. Attendre encore quelques instants (pour que le glaçage sèche un peu plus) et faire cuire six à huit minutes à 200 °C.

CONFISERIES

Mässmogge

Bonbon de la taille d'un pouce fourré d'une masse aux noisettes

À partir d'une certaine taille, les bonbons ne s'appellent plus *Täfeli* ou *Dääfi*, mais *Mogge*, variante de *Mocken*: un « gros morceau », selon le *Schweizerisches Idiotikon*. Une *Fünfermocken* (boule à cinq centimes) tient encore juste dans la bouche, tandis qu'avec un *Messmocken* (bonbon de la *Messe,* c'est-à-dire de la Foire), moins rond et plus gros, trébucher sur une bordure de trottoir serait assez risqué. Les *Mässmögge* sont une spécialité régionale, dont le moment fort est la Foire d'automne de Bâle, que l'empereur Frédéric III a accordée « pour l'éternité » au maire de Bâle, Hannsen von Berenfels, présent à la Diète impériale de Ratisbonne en 1471 ; désormais, ces bonbons sont vendus dans les foires et marchés de tout le pays. D'après le *Larousse gastronomique*, « c'est à partir du XIIe siècle que le véritable bonbon apparaît, avec la canne à sucre que les croisés rapportent d'Orient ». Ce sucre était très coûteux, tout comme la friandise: « Si le bonbon se démocratise, il restera néanmoins toujours citadin. Au XVIIe et au XVIIIe siècle, les confiseries de Paris deviennent le rendez-vous des riches bourgeois » qui se servaient dans les bonbonnières.

Dans les années 1860, deux confiseurs de Lyon et de Nancy découvrent la Foire d'automne de Bâle. Sur leur stand, ils proposent de longs et fins bâtonnets de pulpe de sucre cuit; opportunistes, leurs confrères locaux n'ont pas manqué de les imiter et de multiplier l'offre. Dans la seconde moitié du XIXe siècle, des méthodes sont développées pour colorer artificiellement les aliments. Les colorants naturels tels que le jus de betterave étaient connus, mais une coloration plus intense va permettre d'obtenir des effets tout à fait spectaculaires – surtout avec les produits de confiserie. En 1879, la légende veut qu'un enfant ait couru jusque chez lui avec un de ces beaux bâtonnets dans la main et se soit exclamé : « Vatter, Muetter, lueget dä Mässmogge ! » (Papa, maman, regardez ce gros morceau de foire !)

Durs et vitreux, ces bonbons n'étaient pas fourrés ; le confiseur Leonz Goldinger, également originaire de France, fut le premier à réduire la compacité de ces bâtonnets de sucre en y versant une pâte de noisettes. À cette époque, lors des foires, les confiseurs fabriquaient leurs bonbons fourrés sur place et les déposaient encore chauds et malléables dans les mains de leurs clients. Aujourd'hui, une entreprise produit les *Messmocken* et les fournit aux marchands forains, aux magasins et aux grossistes.

Beaucoup se sont demandé et ont essayé d'imaginer comment on introduit la masse aux noisettes dans l'enrobage de sucre et de quelle manière l'ensemble est refermé. Et qu'en est-il du motif à rayures ? On fabrique d'abord un bonbon géant de 50 kilos et d'un mètre de diamètre, qui est ensuite étiré sur 2,5 kilomètres de long et divisée en portions. La base est une masse onctueuse et malléable de sucre, de sirop de glucose et d'eau qui ne se recristallise pas. Le confiseur divise la masse en trois portions ; dans l'une d'elles, on mélange le colorant et l'arôme. La deuxième portion est introduite dans une machine à étirer le sucre, de sorte que ce dernier se combine avec l'air ; la masse devient blanche et opaque. Ces blocs sont utilisés pour fabriquer l'enrobage extérieur à rayures : les deux parties deviennent un bloc compact, que l'on étire manuellement aux deux extrémités à travers une longue table jusqu'à l'obtention d'une bande étroite. Celle-ci est coupée en deux et on recommence l'opération d'étirage autant de fois que nécessaire. Il en résulte une série d'étroites bandes de couleur blanche, qui sont réunies pour former une sorte de tapis à rayures rectangulaire. La troisième portion est également « blanchie » et roulée en un rectangle sur lequel est étalé le fourrage de noisettes grillées et roulées. Dernière étape : à partir de l'enrobage blanc et du fourrage, on forme une épaisse saucisse et l'enveloppe dans le tapis à rayures. Voilà – le bonbon géant est prêt.

Cet énorme boudin est placé dans une centrifugeuse qui va l'étirer jusqu'à ce qu'il se mue en un très long bâtonnet fin et rayé, qui sera automatiquement – à l'aide d'une machine à découper – portionné et pressé, encore chaud, en morceaux de la longueur d'un doigt. L'ensemble du processus dure environ 25 minutes. Une fois refroidis, les bâtonnets sont enveloppés individuellement à la machine dans du papier cellophane, ou à la main en paquets de six à huit *Mögge* de différentes saveurs.

Les couleurs indiquent les arômes : le jaune pour le citron et le rose pour la framboise. Les *Mässmögge* se croquent aisément. Quant aux *Glasmögge* (bonbons de verre) non fourrés de la belle époque des bonbons durs (à sucer et non à croquer), ils ont survécu malgré la concurrence de leurs tendres cousins : les verts au goût de menthe sont particulièrement appréciés.

Voir aussi : Cola-Fröschli, page 57 ; Sugus, page 210 ; Bonbons aux herbes, page 287.

BOISSONS

Hypocras

Vin épicé consommé principalement en hiver

Lors de toutes ces dégustations de vins qu'il s'agit d'évaluer et de noter, ce qui rappelle davantage les concours de bétail que les plaisirs sensoriels, les vins épicés comme l'hypocras sont probablement les seuls à ne jamais figurer sur les listes de candidats. Quoi qu'il en soit, il y a de quoi s'étonner qu'avec le niveau d'avancement technologique que l'on connaît dans les domaines de la pharmacie et de la viticulture au début du XXIe siècle, un vin aromatisé tel que l'hypocras tienne encore son rang. Peu importe que les gens en aient bu il y a des siècles pour des raisons médicales ou par pur désespoir, car les vins purs étaient alors si acides qu'ils perforaient la paroi de l'estomac. On peut désormais acquérir si facilement des médicaments appliqués avec précision et des vins pressés pour les palais les plus divers qu'une gorgée d'hypocras ou de vin chaud suscite des images d'une époque où boire de l'eau propre n'allait pas de soi.

Très tôt, on a fait la distinction entre les bons et les mauvais vins, entre les jeunes et ceux qui avaient vieilli; après tout, dans l'Antiquité le vin était considéré comme la boisson des dieux. Le philosophe grec Plutarque a résumé les plaisirs et avantages de la consommation de vin dans une formule éloquente: à ses yeux, le vin était «parmi toutes les boissons, la plus utile, parmi les médicaments, le plus doux, et parmi les aliments, le plus agréable». Le vin doit toujours plaire, qu'il profite à la santé du corps ou à celle de l'âme.

Des herbes et des épices étaient ajoutées au moût, dont certaines fermentaient et affinaient le vin pour en faire un remède, mais d'autres étaient simplement destinées à améliorer la qualité à court terme, par exemple pour transformer les gouttes oxydées en quelque chose de plus supportable. Ce n'est que lorsqu'on a découvert que le soufre – autrefois sous forme de vapeur, aujourd'hui sous forme d'acide sulfureux – élimine ou paralyse les germes et les levures indésirables, retarde le brunissement (oxydation) et interrompt la fermentation alcoolique (par exemple dans les vins doux) que le vin a pu être conservé pendant un certain temps. La couleur, l'odeur et le goût se maintiennent plus longtemps grâce à l'ajout d'acide sulfureux. Cet effet a été découvert en Allemagne en 1487, «lorsque la sulfuration du vin a été autorisée pour la première fois par décret impérial» (Hugh Johnson, *Une histoire mondiale du vin de l'Antiquité à nos* jours). «On trouve de vagues indications sur ce sujet déjà chez Homère et Pline, mais aucun document antérieur à 1487 n'indique quelle quantité de soufre était autorisée, pour quelles raisons et de quelle manière.»

L'importance des vertus thérapeutiques du vin se manifeste au moment de trinquer, lorsqu'on porte un toast («Santé!», «*Gesundheit!*», «*Prosit!*», etc.). Ces encouragements «proviennent notamment du jargon médical des médecins romains», écrit Elmar M. Lorey dans *Die Weinapotheke* (1985), «qui en montrant ses bénéfices pour la santé, caractérisaient l'effet positif d'un remède ou d'une mesure médicale».

De nombreuses recettes à base d'herbes et de vin épicé n'ont rien perdu de leur signification, comme le vin de la Saint-Jean et le vin de romarin. La question de savoir si le simple vin chaud est perçu comme un remède ou un stimulant reste ouverte (et dépend aussi du temps qu'il fait): les rares épices qu'il contient sont à la fois bénéfiques et savoureuses – le classique mélange bien-être de Noël comme dans la recette de Marianne Kaltenbach: porter 5 pintes de vin (1 pinte équivaut à environ 5 dl), 1 pinte d'eau, 500 g de sucre, ½ bâtonnet de cannelle, 2 clous de girofle et un peu de noix de muscade au seuil de l'ébullition dans une casserole, puis servir dans un récipient muni d'un couvercle. Dans d'autres recettes, on laisse infuser les épices dans le liquide pendant des heures voire des jours.

À Bâle, les vins aromatisés ont très tôt fait partie de la culture de la boisson, comme l'écrit Kurt Lussi dans *Liebestrünke*: «Les vins épicés (*pigmentum*) sont déjà répertoriés dans un règlement alimentaire épiscopal édicté vers 1180. L'hypocras, un «fleuron de la culture gastronomique bâloise, peut être attesté (au nord des Alpes) depuis le début du Moyen Âge», affirme Andreas Morel, historien de l'art et des mœurs culinaires, dans *Basler Kost – So kochte Jacob Burckhardts Grossmutter*, et particulièrement en France. La première trace écrite en Suisse date du XVe siècle. Morel et un autre chercheur culinaire bâlois, Albert Spycher, ont établi qu'en 1487, une délégation zurichoise en visite à Altdorf y a dégusté de la Malvoisie, du claret (bordeaux), de l'hypocras, des vins de la Valteline et d'Alsace.

Mais d'où vient ce nom? La piste mène naturellement à Hippocrate de Cos (vers 460-377 av. J.-C.). Le fondateur de la médecine en tant que science était déjà célèbre de son vivant dans la Grèce antique; avec le serment d'Hippocrate, les médecins se sont engagés à respecter un code de déontologie pendant des siècles. L'aspect médicinal du vin épicé est donc clairement contenu dans l'hypocras – pour certains avec une référence directe à Hippocrate, pour d'autres seulement indirectement. Spycher fait remonter le nom à *hypocrasis* ou *hypocrasion*, qui signifie «mélange». Morel attribue le nom «au *Manica Hippocrati*, un filtre textile, instrument couramment utilisé par les médecins et les apothicaires dans la préparation des médicaments liquides, notamment de l'hypocras, qui passait pour un remède».

Au XVIe siècle, à Bâle, seuls les épiciers (au sens premier d'artisans qui se procurent, travaillent et vendent des épices) étaient autorisés à préparer l'hypocras, selon une recette de 1576 comprenant pas moins de 14 ingrédients: cannelle, gingembre, clous de girofle, petit galanga, macis, noix de muscade, graines de paradis (maniguette), cardamome, coriandre, anis, sucre, vin rouge, amandes et lait! Au XVIIIe siècle, on épiçait avec plus de retenue – peut-être parce que l'usage médicinal avait perdu du terrain par rapport à l'objectif commercial: une publicité parue dans un journal en 1733 vantait les mérites d'un «délicieux hypocras aux épices les plus fines et au sucre le plus pur», et en 1745 il est question d'une «essence d'hypocras».

Un siècle plus tard, une recette de la *Basler Kochschule* d'Amalie Schneider-Schlöth propose une autre mixture aromatique à base de plusieurs nectars: «Porter à ébullition 2 bouteilles de vin blanc sec de première qualité avec 250 g de sucre semoule et des épices (15 g de bâtonnets de cannelle et 4 clous de girofle dans un sachet de tulle) et remuer jusqu'à ce que le sucre soit complètement dissous. Ensuite, mélanger le vin blanc chaud avec 2 bouteilles de vin rouge du Roussillon ou de Bordeaux et laisser refroidir. Retirer les sachets d'épices, mettre le vin en bouteille, le boucher et le laisser reposer pendant deux semaines.»

Les vins adaptés à l'hypocras et autres vins épicés seront de préférence ronds et corsés, issus de cépages comme le grenache, le syrah ou le primitivo, par exemple du Languedoc, de Provence, de l'Italie du Sud ou encore du Portugal avec ses raisins autochtones souples et veloutés. Des mélanges d'épices similaires se retrouvent aussi dans des liqueurs telles que le Rosoli (*page 384*) ou le Röteli des Grisons (*page 577*), qui sont toutefois fabriqués avec de l'eau-de-vie. L'hypocras peut être bu soit chaud soit froid.

2

BÂLE-CAMPAGNE (*BASEL-LANDSCHAFT*)

Un Ballon et des eaux-de-vie

Sur la carte topographique nationale, cette montagne – ou plutôt ce Ballon – du Jura suisse s'appelle le Belchenflue et culmine à 1099 mètres d'altitude. Les habitants de Bâle-Campagne l'appellent « der Bölchen ». La frontière entre le canton de Soleure et celui de Bâle-Campagne (en allemand Baselbiet) passe par ce sommet, qui offre une vue imprenable sur le Moyen Pays et les Alpes au sud, et sur le Jura tabulaire et la vallée du Rhin au nord. Il marque la pointe sud du triangle des Ballons ou Belchendreieck, trois crêtes qui avaient déjà attiré l'attention des Celtes, puisqu'elles leur servaient notamment à s'orienter et à déterminer les jours d'équinoxe et de solstice. Le long côté nord de ce triangle rectangle va d'est en ouest du Ballon de la Forêt-Noire ou Belchen (1414 mètres) au Ballon d'Alsace (1247 mètres), quasiment à la même latitude ; en dessous d'eux s'étend une région dont la grande artère est le Rhin, qui coule de l'est à travers Bâle et vire ensuite au nord, formant un arc entre la Forêt-Noire et les Vosges.

En regardant depuis le *Bölchen* en direction de Bâle, on découvre un paysage plutôt charmant, qui n'est plus aussi boisé qu'à l'époque des Celtes et des Alamans, mais qui n'est pas non plus aussi peuplé que plus bas, où la vaste agglomération qu'est devenu l'Unterbaselbiet cerne la ville rhénane. Le climat est plutôt doux, les vallées profondes et ombragées sont rares, et il est difficile d'imaginer qu'à cette altitude – Eptingen se trouve à 568 mètres, l'embouchure de la Birse dans le Rhin à 246 mètres – les hivers n'ont jamais été aussi rudes que dans les Franches-Montagnes, plus à l'ouest, à 1000 mètres, où les gens vivaient à l'écart des routes commerciales, obligés de se procurer et de conserver leur nourriture en temps voulu.

La région de Bâle, en revanche, a été reliée très tôt aux riches cités européenes ; la plaine du Rhin supérieur est un ancien couloir naturel que les Romains ne furent pas les premiers à découvrir. Par rapport au Jura, plus éloigné, la région a été gâtée par les échanges culinaires par-delà les frontières, qu'elles soient naturelles ou imposées, qui existent depuis de nombreux siècles. Plusieurs routes de cols passent à travers le canton de Bâle-Campagne en direction du sud, comme celles du Schafmatt, du Bas- et du Haut-Hauenstein. On ne manque jamais de penser aux arbres fruitiers de Bâle-Campagne au printemps, lorsque les cerisiers sont en fleurs, attirant une foule d'excursionnistes. Sa structure était celle de la petite paysannerie, jusqu'à ce que le chemin de fer permette d'importer des céréales moins chères. Ensuite on est passé à l'élevage à plus grande échelle et à l'industrie, surtout dans la partie du canton de Bâle-Campagne située au sud de la ville de Bâle, ce qui entraîna la construction massive de logements, jusqu'aux plateaux du Jura tabulaire, dont les villages sont devenus des terrasses ensoleillées très recherchées.

Jusqu'en 1833, ville et campagne formaient un seul et même canton, mais pas toujours un cœur et une âme. Les élites urbaines ne prenaient pas les gens de la campagne au sérieux et demeuraient en toute insouciance dans leur villégiature estivale en dehors de la ville. « La mode [de posséder des propriétés à la campagne] avait été introduite par les nombreux réfugiés protestants fortunés. La propriété foncière représentait le prestige des chefs d'entreprise », écrit Johanna Von der Mühll en 1944 dans *Basler Sitten*. Puis la population rurale s'est révoltée, il s'ensuivit une brève guerre civile et la séparation en deux demi-cantons.

Sur le plan culinaire, la séparation n'a pas eu de conséquences – comparés au temps passé ensemble depuis les premiers établissements dans la région, moins de deux siècles « demi-cantonaux » sont négligeables. La vieille ville s'est très tôt familiarisée avec le monde des épices, les campagnes produisant des produits locaux et fournissant du personnel aux grand-bourgeois bâlois. Il y avait donc un échange dans toutes les directions – également au-delà des frontières : les *Maitli* (jeunes filles) de Bâle-Campagne, d'Alsace et de Bade apportaient des produits et des recettes dans les cuisines, et vice versa. On préparait des kouglofs et des gâteaux – les similitudes ne s'arrêtent que lorsqu'il s'agit de kirsch : ici, la campagne a clairement une exclusivité à défendre.

Cenovis

Pâte à tartiner à base de levure de bière, d'extrait végétal, de sel et de vitamine B1

Seules les personnes peu ou pas familiarisées avec le système de l'armée de milice suisse s'étonnent de la renommée nationale du Cenovis. En 1955, cette pâte en tube à base de levure de bière et d'eau, d'extrait végétal, de sel et de vitamine B1 fut destinée à servir de petite bombe protéinique dans les rations de secours des recrues et soldats. Depuis lors, les jeunes hommes ne cessent de partager leur passion pour cette saveur très marquante des deux côtés des barrières des rösti et de la polenta, sans percevoir le moindre franc pour en faire ainsi la publicité. Malgré tout, il semble que plus de gens connaissent le Cenovis par son nom que par son goût.

Après le krach boursier d'octobre 1929 et la Grande Dépression qui a suivi, la viande était relativement chère et loin d'être engloutie en aussi grande quantité qu'au tournant du siècle. En 1931, un brasseur de Rheinfelden, Alex Villinger, eut l'idée de transformer de la levure de bière en aliment protéiné. Le nom Cenovis fut créé à partir des mots latins *cena* (repas) et *vis* (pouvoir). D'une certaine manière, cette puissance concentrée fait penser à la nourriture des astronautes, qui ne sera cependant d'actualité qu'un peu plus tard. Se souvenant de ce goût qu'il avait tant aimé dans ses jeunes années, un financier genevois fit l'acquisition de la marque Cenovis en 1999 tout en continuant à faire produire la pâte brune à Rheinfelden. La société Sonaris racheta Cenovis en 2008; produit depuis 2003 à Arisdorf dans le canton de Bâle-Campagne, il existe également sous forme d'assaisonnement liquide – pour les soupes, sauces à salade ou autres – et en poudre.

La pâte à base de levure de Villinger n'était pas à proprement parler une invention: les vertus du champignon unicellulaire étaient connues de longue date, mais pendant des siècles, personne n'a su exactement comment la levure fonctionnait. C'est au génial chimiste et microbiologiste français Louis Pasteur (1822-1895) que l'on doit cette découverte. La levure se nourrit de molécules de sucre et excrète de l'alcool ou du dioxyde de carbone ou les deux, selon le type. C'est ainsi que la pâte à pain lève, que fermentent des liquides jusqu'à ce qu'ils deviennent de la bière, du vin et finalement du vinaigre. En 1902, la Marmite, un concentré fabriqué à partir de levure de bière, de sel et d'extrait de plantes, est commercialisée en Angleterre. Le potentiel addictif de cet extrait de levure a également eu un grand effet sur les Grands-Bretons; on prétend que les mères allaitantes se frictionnent les mamelons avec un peu de Marmite, ce qui rend les nourrissons dépendants à vie à ce produit.

SUPPLÉMENT

Le Parfait, cousin de fortune du Cenovis

Claude Blancpain, Dr ès sciences de l'Université de Genève, Jurassien bernois d'origine, devenu Fribourgeois, a passé une année à l'Institut Pasteur, en 1938, où il a rencontré Erwin et Rose-Blanche Haag. Passionné par les propriétés exceptionnelles de la levure (il est à la tête de la Brasserie du Cardinal), il lance sur le marché suisse, dès 1942, deux pâtes à tartiner végétales, Dyna et Tartex. Au lendemain de la guerre, cependant, ces produits, avec leur image de succédanés de viande, marchent de moins en moins bien; Blancpain et Haag réagissent et créent un mélange sensiblement différent: en 1950, l'entreprise Dyna présente la recette d'une «crème-sandwich au foie et à la truffe», désormais nommée Le Parfait; outre de l'extrait de levure, elle contient des champignons (cornes d'abondance), du foie de porc, de la graisse végétale et un extrait d'épices. À l'instar du Cenovis, le succès national du Parfait ne s'est jamais démenti.

Sel de Schweizerhalle

Sel de la mer primitive du sous-sol de la vallée du Haut-Rhin dans le canton de Bâle-Campagne

Les Schweizer Salinen – Salines Suisses approvisionnent le pays en sel issu de trois salines : la plus ancienne est située à Bex, dans le Chablais vaudois, où est extrait le Sel des Alpes. Le sel de table vendu sous la marque JuraSel est produit dans les deux autres, à Schweizerhalle (BL) et à Riburg (AG). Jusqu'en 2014, le sel de Bex est resté une exclusivité vaudoise et ne pouvait être vendu hors des frontières cantonales. Après que le Grand Conseil vaudois eut décidé de mettre fin à ce monopole, la Saline de Bex et les Salines Suisses du Rhin ont été réunies sous un même nom, celui des Salines Suisses, qui appartiennent désormais à tous les cantons suisses ainsi qu'au Liechtenstein.

Tout être vivant a besoin de sel (chlorure de sodium/NaCl). Le sel est le minéral le plus important sur Terre, car sans lui, aucune vie n'est possible. Son importance pour l'équilibre hydrique du corps, la formation des os, la digestion et le système nerveux fait l'objet d'une abondante littérature. Suivant sa taille et son poids, un corps humain adulte contient entre 150 et 300 grammes de sel ; ce capital doit toujours être reconstitué car le corps perd tous les jours quelques grammes de sel par la sueur et autres sécrétions.

Sans sel, chaque repas a un goût fade. Présent dans tous les aliments, ce précieux minéral est un conservateur ; grâce à lui, on dispose de merveilleux produits comme le jambon, la saucisse et le fromage. En outre, il stabilise l'amidon, raison pour laquelle chaque gâteau contient au moins une pincée de sel.

De nos jours, on produit de l'« or blanc » en énormes quantités sans efforts particuliers, mais dans le passé, avant la révolution industrielle et technique, les phases de production étaient plus longues. L'homme préhistorique connaissait déjà l'usage du sel. Néanmoins, pendant des siècles, il y avait certaines régions qui en produisaient et d'autres qui en achetaient, tout simplement parce que l'on ne parvenait pas à trouver des gisements de sel partout et à en extraire à une échelle raisonnable.

L'histoire de la production de sel est passionnante, en premier lieu parce qu'il est difficile de comprendre aujourd'hui que nos lointains ancêtres se sont rendu compte que le sel leur était indispensable. Comment y sont-ils parvenus ? Cette substance est contenue dans de nombreuses choses, mais n'est visible que lorsqu'elle s'est matérialisée sous forme de cristaux gris-blanc, parfois transparents, de tailles diverses, par exemple sous forme de croûtes au bord de la mer. Il ne va pas de soi de trouver le lien entre substance et corps, ou entre substance et origine. Jürg Lieberherr, directeur des Salines suisses du Rhin de 1994 à 2012, a rédigé une cinquantaine de brochures, qui sont exposées au musée dans l'ancienne Villa Glenck à Schweizerhalle et dans les deux foreuses historiques de Riburg ; il a aussi réalisé une bonne trentaine de dioramas (maquettes) pour illustrer les principales étapes de l'extraction du sel, de l'âge de la Pierre à nos jours – également au musée.

« Il n'existe aucune preuve sur les origines de l'extraction délibérée de sel par l'homme », écrit Lieberherr dans sa brochure sur l'histoire cinq fois millénaire de cette technique et de son évolution. « La seule chose qui a pu être démontrée, c'est que l'homme a extrait du sel à des fins alimentaires bien avant l'apparition de l'écriture. » Et avant de comprendre de quelle substance il avait besoin et comment s'en procurer, il l'a fait à son insu : en tant que chasseur, il mangeait surtout de la viande et, selon Liebherr, consommait « sa dose nécessaire de sel grâce au sang et la chair de son butin ».

Après le passage à la sédentarité avec l'agriculture et l'élevage au VIIIe millénaire avant notre ère, des problèmes sont probablement apparus : « Des symptômes de carences en sodium des végétariens ont dû les pousser à se mettre à la recherche de sel ; on pense qu'ils en ont trouvé en imitant le comportement exploratoire d'animaux fouisseurs » (Lieberherr) – ce que des milliers d'années plus tard, des chèvres ont démontré en buvant de l'eau salée à Bex, signalant ainsi à leur berger où il pouvait extraire du sel. Les habitants de la région se sont aussitôt mis à faire bouillir l'eau des ruisseaux dans des casseroles jusqu'à ce que tout le liquide se soit évaporé et qu'il leur suffise de racler la croûte de sel du sol (cf. *Sel de Bex, page 161*).

La méthode la plus simple d'extraction du sel est celle employée dans les marais salants sur les côtes maritimes, par exemple en Camargue ou sur l'île de Ré dans le golfe de Gascogne, où l'on fait s'évaporer l'eau de mer. N'ayant aucun accès à la mer, la Suisse est logiquement dépourvue de marais salants ; cependant, son sous-sol recèle une très ancienne mer. Bien entendu, il a d'abord fallu découvrir qu'il y a des millions d'années, une mer recouvrait la Suisse, que cette mer s'est asséchée en une immense croûte de sel souterraine – et où et comment ce sel pouvait être extrait. Mais avant d'en arriver là, il a fallu en acheter, et quiconque avait du sel à proposer – comme le roi de France – détenait un pouvoir politique qu'il mettait en œuvre sous forme de prix et de taxes (la gabelle, notamment).

En 1821, à l'époque des pionniers de l'industrie, l'Allemand Carl Christian Friedrich Glenck (1779-1845) a commencé à rechercher systématiquement du sel dans le nord-ouest de la Suisse en se fiant aux indications du professeur bâlois Peter Merian.

En 1832, Bâle-Ville et Bâle-Campagne se séparent. Quatre ans plus tard, Glenck note dans son premier Journal de forage (*Bohrjournal Nr.1*) : « 30 mai 1836 : de la saumure a été extraite pour la première fois ». Le conseiller des mines Alexander Köhli de Bienne vit son heure de gloire à Muttenz, sur le Rothausgut (domaine de la Maison rouge), après être tombé sur un gisement de sel à une profondeur de 454 pieds et 2 pouces (135,6 mètres) dans le puits n° 1, après six mois et demi de prospection. En 1841, l'inspecteur forestier Johann Urban Kym de Möhlin près de Kaiseraugst découvre du sel à une profondeur presque identique (138 mètres). On fera d'autres découvertes pendant les années 1840 à Rheinfelden et à Riburg en Argovie (cf. *Sel de Riburg, page 107*).

Ainsi prennent fin des siècles de dépendance de la Suisse à l'égard des importations de sel ; ces découvertes favorisèrent aussi le démarrage économique des deux jeunes cantons de Bâle-Campagne et d'Argovie. En outre, les gisements de sel furent à l'origine de l'émergence d'entreprises chimiques à Bâle – le nouveau demi-canton de Bâle-Ville se procura son sel à Kaiseraugst et non à Schweizerhalle, afin de ne pas rendre service aux Bâlois de la campagne. En 1909, les salines de la rive suisse du Rhin fusionnent en une société anonyme à participation cantonale, la Société des Salines suisses du Rhin réunies (Vereinigte Schweizerische Rheinsalinen AG).

Jusqu'à la fusion avec la Saline de Bex en 2014, les salines de Schweizerhalle et de Riburg produisaient autour d'un demi-million de tonnes de sel par an pour l'industrie, le commerce et l'agriculture, pour le déneigement et contre le verglas, comme sel de table (JuraSel) et pour quelques autres usages. Normalement, c'est la rigueur ou la douceur d'un hiver qui décide si la production annuelle dépassera 500 000 tonnes ou si elle atteindra à peine la moitié de cette quantité. Au cours du très rude hiver 2005-2006, pas moins de 300 000 tonnes de sel ont été épandues sur les routes verglacées du pays.

Le sel produit par les Salines du Rhin est du sel de table (également appelé sel de cuisine), par opposition au sel marin ou au sel gemme. Ce sont là les trois types de sel définis par les producteurs en fonction de la méthode d'extraction. Le sel de cuisine ne signifie pas obligatoirement qu'il est utilisé pour l'alimentation : on l'appelle ainsi parce qu'il est cuit pendant l'extraction. Les dépôts de sel des Salines du Rhin sont des couches compactes du sous-sol, constituées de la masse sèche de mers peu profondes, souvent entourée de reliefs, qui formaient il y a 200 millions d'années un paysage tout à fait différent de celui que l'on peut voir aujourd'hui. Le vent et la chaleur ont asséché les mers, laissant derrière eux du sel – un peu comme dans les marais salants sur les littoraux. Afin de pouvoir utiliser les couches des profondeurs, il faut les retransformer en mer : on fore des trous dans les gisements de sel d'une grande dureté et de l'eau y est injectée. Le sel se dissout dans l'eau, créant une saumure visqueuse qui est pompée et transportée à la surface par des tuyaux, puis séchée dans des chaudières d'évaporation à 140 °C. Ce sel est ensuite centrifugé alors qu'il est encore chaud.

Le sel gemme était lui aussi autrefois de l'eau de mer. La déformation de massifs montagneux entiers a morcelé les dépôts de sel et les a fait éclater, créant de plus petits dépôts appelés veines de sel. Ce sel est extrait à sec, on creuse des tunnels de sel dont on sépare des cristaux.

Le sel de mer est probablement la plus ancienne méthode d'extraction de l'or blanc – il suffisait de racler les rochers sur la côte – et elle est toujours appliquée, car là, pas besoin d'attendre des millions d'années avant qu'une mer se tarisse : on accélère le processus avec un ingénieux système de mers miniatures rectangulaires, les marais salants, qui sont aménagés près de la mer et plus bas que le niveau de l'eau. Le sol doit être imperméable, et la météo joue un rôle capital : il faut du soleil et du vent, mais pas de pluie.

Suivant le temps qu'il fait, l'eau de mer met environ deux jours à descendre la pente douce comparable à des marches. Les premiers bassins ont une profondeur de dix centimètres, les bassins de récolte d'un centimètre seulement. Le sel commence à se cristalliser lorsque le volume d'eau a été réduit de dix fois. En d'autres termes, la saturation est atteinte à 320 grammes de sel par litre d'eau, alors qu'un litre d'eau de mer ne contient que 35 grammes de sel.

Le prix du sel est soumis à la souveraineté des cantons ; son prix actuel est basé sur un concordat depuis 1973.

Voir aussi : Sel de Riburg, page 107 ; Sel de Bex, page 161.

PRODUITS CARNÉS

Cordon-bleu

Double escalope panée, garnie de fromage et de jambon

Le cordon-bleu a quasiment le statut de plat national, lui qui apparaît si suisse dans sa composition et sa présentation: escalope-fromage-jambon. Copieux et modeste à la fois, avec son camouflage de chapelure. Mais est-ce vraiment une invention suisse? Plusieurs réponses existent, mais aucune n'est prouvée. C'est là qu'un chef prétend que ce condensé de puissance de taille respectable et au noble contenu n'est en fait rien d'autre qu'un beignet – ce qui indiquerait, dans notre paradis des beignets, des origines du côté de la Suisse centrale. Mais, toujours selon ce chef, il pourrait aussi s'agir d'un emballage trompeur: de la vieille viande habilement dissimulée dans une bombe aromatique.

D'après un expert de l'ABZ, le Centre de formation pour l'économie carnée suisse, ce serait la période de crise des années 1930 qui a favorisé le succès du cordon-bleu: étant donné que le fromage et le jambon étaient moins chers que de l'escalope, on se contentait d'assembler un bon morceau avec eux. Il affirme aussi clairement que «le cordon-bleu est venu de France». Quand? «Peut-être au XIXe siècle.» Peut-il le démontrer? «Non.»

Une escalope panée française? Cela semble peu probable. Dans son *Dictionnaire universel de cuisine pratique* (1894-1906), publié à Paris, le Valaisan Joseph Favre présente néanmoins trois recettes: la côtelette de veau panée froide, «à manger froide pendant un voyage ou à la chasse», la côtelette de veau à la gendarme (panée, frite et servie sur une sauce citronnée) et la côtelette de veau à la milanaise (elle aussi panée et frite, mais dressée avec un demi-citron). La Franche-Comté est la patrie naturelle des escalopes de veau au Comté: les tranches de viande sont panées et disposées côte à côte; on dépose des tranches de jambon panées par-dessus, et des tranches de Comté, elles aussi panées, constituent la troisième couche; on répartit ensuite des flocons de beurre sur ce montage; une fois cuites au four, ces opulentes escalopes sont servies individuellement (*L'Inventaire du patrimoine culinaire de la France, Franche-Comté*).

Si les origines exactes du cordon-bleu demeurent mystérieuses, ses racines pourraient bien se trouver en Italie. C'est là, en effet, que l'art de la panure a atteint l'Europe depuis Constantinople (Byzance), où l'on régalait les empereurs romains d'Orient de morceaux de viande recouverts de feuilles d'or (de nos jours, certains nouveaux riches se font servir des steaks à la feuille d'or). De riches Lombards adoptèrent cette fastueuse coutume, car l'or était non seulement considéré comme une source de richesse, mais aussi de bonne santé. Le gouvernement de la république de Venise proscrivit la dorure des aliments en 1514; à partir de là, des cuisiniers d'Italie du Nord auraient copié au moins l'éclat de ces escalopes en passant la viande dans des œufs et de la chapelure et en la faisant frire jusqu'à ce qu'elle soit dorée, justement. Selon le *Kulinarischer Almanach*, cette méthode est également originaire de Byzance et fut introduite par des Juifs en Espagne et en Italie. La *costoletta alla Milanese* était née. Et de cette «côtelette» apparut à son tour l'escalope viennoise, plus connue sous le nom de *Wiener Schnitzel*.

Dans *La scienza in cucina e l'arte di mangiar bene* (1891) de l'écrivain gastronome Pellegrino Artusi, on trouve une *costoletta nella carta*, qui est une escalope de veau garnie sur les deux côtés de basilic et de truffes, enveloppée de jambon cru et frite; combinée à la *costoletta alla Valdostana*, une escalope de veau enrichie de fontine (célèbre fromage valdôtain), panée et frite, on obtient une version de luxe du cordon-bleu – et dans le val d'Aoste, on a un pied en Italie et l'autre hésite entre la France et le Valais.

C'est vers celui-ci que mène une trace dont un chef et professeur de cuisine lucernois à la retraite entendit parler par son beau-frère, qui tenait l'histoire suivante d'un historien valaisan: vers 1800, un groupe de 30 personnes fêtant un mariage avait commandé un carré de porc dans un restaurant près de Brigue. Peu avant midi, un autre groupe d'égale importance est arrivé inopinément. La cuisinière dut improviser: elle coupa le carré de porc non pas en 30, mais en 60 portions, qu'elle garnit de jambon cru valaisan et de fromage avant d'envelopper le tout dans de la chapelure. Le patron était ravi, elle l'avait tiré d'un bien mauvais pas, et méritait pour cela d'être décorée d'un cordon bleu; la cuisinière lui objecta qu'elle n'en avait nul besoin et qu'il pouvait donner ce nom au plat.

Le cordon bleu n'est pas une légende: le roi de France Henri III l'a décerné aux membres de l'Ordre des chevaliers du Saint-Esprit, qu'il fonda en 1578. Ceux qui avaient le privilège de porter ce ruban étaient considérés comme ayant servi la France avec honneur. Cela incluait aussi des chefs cuisiniers; ceux-ci se feront les gardiens du cordon bleu et de sa réputation – avec d'autant plus de ferveur que Louis XV en décora la cuisinière de sa favorite, Madame du Barry. Le cordon bleu comme distinction honorifique a pris une telle importance, sa signification est devenue si familière à tous les Français qu'elle passa dans le vocabulaire officiel. Dans le dictionnaire allemand *Pons*, le terme *cordon-bleu* désigne un bon cuisinier ou une bonne cuisinière; il n'y est pas question d'un «créateur du cordon bleu».

Une autre trace conduit à Hambourg, à la Hapag-Lloyd; en janvier 1999, l'archiviste de cette grande compagnie maritime a retrouvé un steward d'environ 90 ans qui a écorné une légende: après que le paquebot *Bremen* eut établi un nouveau record de la traversée de l'Atlantique (Bremerhaven – New York) en 1929, l'équipage s'est vu décerner le «cordon bleu» par le commodore Ziegenbein. Ce dernier aurait alors demandé à son chef valaisan de préparer quelque chose pour la circonstance – et c'était du cordon-bleu. Le vieux steward affirma que c'était inexact car le chef avait déjà embarqué avec la recette. De plus, tout le monde connaissait les cartes des menus, et après l'arrivée et la fin du chronométrage, il ne restait pas même la moitié de l'équipage à bord du *Bremen* (*Culinarium – Essen und Trinken in der Schweiz*).

On ne sait donc pas comment le cordon-bleu a été inventé, et la meilleure façon de le préparer fait polémique, la recette originale faisant défaut. L'ordonnance sur les denrées alimentaires exige de la viande de veau. Un chef qui utilise du porc doit le déclarer. Bien que le choix du fromage soit libre, il se portera plutôt sur du Gruyère ou de l'Emmentaler. Que ce soit celui-ci ou celui-là avec du veau ou du porc – la combinaison idéale est un sujet de discussion sans fin entre les adorateurs du cordon-bleu qui, mus par un désir inextinguible, parcourent le pays entier, y compris le canton de Bâle-Campagne : un critique gastronomique y savoura le « meilleur cordon-bleu au nord des Alpes » à la fin des années 1990. Christian Flubacher (*1963), le chef responsable, tape le cou du porc à plat et l'enveloppe de jambon à l'os et de Gruyère mûr, tous ces ingrédients étant de première qualité et bien proportionnés. Lors de l'étape finale et décisive, celle de la friture à l'huile et au beurre, la chaleur ne doit être ni trop forte ni trop faible, afin que le fromage chaud et parfumé s'écoule doucement à l'instant magique du découpage.

SUPPLÉMENT

Le cordon-bleu de l'ouvrier

Il s'agit de deux tranches de ce qu'on appelle en Suisse romande « fromage d'Italie » (*Fleischkäse* outre-Sarine), garnies de fromage et de jambon, et panées ; ou d'un cervelas, coupé en deux dans le sens de la longueur, additionné de fromage et enveloppé de lard.

PRODUITS DE BOULANGERIE ET PÂTISSERIE

Hefegugelhopf

Pâtisserie à base de levure, sucré ou salé, en forme de turban ou de haut-de-forme

La relation entre la ville de Bâle et sa campagne provoque régulièrement des troubles dans la région et de l'étonnement en dehors de celle-ci. Ainsi, presque 180 ans après la scission de Bâle en deux demi-cantons, on peut se demander si l'histoire qui suit y a également contribué : au début du XIXe siècle, « les femmes de Liestal n'avaient pas la permission de faire des *Gugelhöpfe* », comme l'écrit Albert Spycher dans *Back es im Öfelin oder in der Tortenpfann*, et elles étaient même traînées devant le tribunal si elles étaient prises en flagrant délit. Le 12 mai 1807, « les maîtres boulangers poursuivirent en justice une "personne de sexe féminin" qui, au mépris de toutes les interdictions, avait fait cuire des Gugelhöpfe en prétendant que ce n'était pas un travail de boulanger. À Bâle, en revanche, deux douzaines de recettes familiales vieilles de deux siècles témoignent de pacifiques concours du meilleur Gugelhopf.

Le Gugelhopf, Kugelhopf, Kougelhopf, kouglof, baba ou bonnet de Turc est un gâteau à base de levure cuit en forme de turban : en bas, il ressemble à une coupelle, en haut à un chapeau haut de forme. La cheminée centrale est un élément essentiel, car elle permet à la chaleur de ce gâteau élevé d'agir de façon uniforme de l'intérieur ; les stries verticales ou en spirale du moule servent également à distribuer la chaleur de façon équilibrée.

Le Gugelhopf est connu dans toute la Suisse, en Allemagne et en Autriche ; dans la région de Bâle peut-être un peu plus grâce à l'Alsace, qui en raison de ses rattachements successifs à la France et à l'Allemagne a été influencée par les deux cultures, particulièrement sur le plan culinaire. Le kouglof au lard porte la bannière de la cuisine alsacienne, qui s'est forgé une solide réputation en tant que fief des Gugelhöpfe. Ce simple gâteau de levure, agrémenté soit de sultanines, soit de lardons, a toujours su, avec sa forme si remarquable, attirer les regards et attiser la gourmandise lors des mariages et des baptêmes, des fêtes d'anniversaire et autres célébrations familiales, comme le proclame un dicton en pur *Elsässer Ditsch* (dialecte alsacien) :

« *S' tüat kei Fescht im Elsass gàwa,*
Wu nit glänzt wie güate Wi,
Wu nit uf'm Tisch dernawà
Steht à Kugelhupf drbi. »

(extrait du poème *Dr Kugelhupf* de J. Deyber, 1943, que l'on pourrait traduire ainsi : « En Alsace vous ne trouverez pas de fête / Où manque l'éclat du bon vin, / Et où sur la console on aurait omis / De faire trôner un Gugelhopf. »)

La grande variété de chapeaux que l'on portait jadis a contribué à donner son nom au Gugelhopf : au XVIIe siècle, il existait un couvre-chef appelé « Gugelhut » (chapeau-capuche) ; cet attribut statutaire du greffier de tribunal civil, du fonctionnaire et du curateur s'élevait considérablement et en pointe au-dessus de la tête, comme le montre une illustration de la *Basler Kleidung aller Hoh- und nidrigen Stands-Personen* (Tenues vestimentaires bâloises de toutes les personnes de rang élevé et modeste) de Hans Heinrich Glaser (1634). Par « hopf », on entend *hupfen* ou *hüpfen* (monter, sauter), pour exprimer le fait que la pâte lève.

Un indice sur la façon dont le Gugelhopf serait arrivé dans la région de Bâle au XVIIIe siècle se trouve sur une épitaphe sur le mur du cimetière Saint-Théodore à Bâle. La plaque commémorative rend hommage à Johann Friedrich Wohnlich (1711-1791), qui travailla comme artisan boulanger à Bâle pendant six décennies : « Il proposait des Gugelhöpfe de toutes tailles, dont il avait appris l'art au cours de ses pérégrinations. Et comme il était le seul à les fabriquer, les gourmands affluaient chez lui » (un cliché négatif de cette stèle se trouve aux Archives d'État de Bâle-Ville). Dans sa *Basler Kochschule* (1877), Amalie Schneider-Schlöth décrit le Hefegugelhopf comme étant une recette typiquement bâloise, et l'intitulé « Baba à la manière de Bâle » dans le *Neues Familien-Kochbuch* publié en 1900 montre clairement que la ville rhénane est un épicentre du Gugelhopf.

Mais il n'y a pas vraiment d'exclusivité en la matière : à Zurich, le Gugelhopf était également apprécié, au XVIIe siècle, en tant que pâtisserie pour les fêtes, et un recueil de recettes de la maison du dernier avoyer de Frauenfeld (*Das Kochbuch der Catharina Fehr 1824 – Rezepte aus dem Hause des letzten Schultheissen von Frauenfeld*) prouve que l'on connaissait aussi le Gugelhopf dans les campagnes de Suisse orientale. Au XXe siècle, ce gâteau à base de levure délicatement parfumé est longtemps resté un symbole des plaisirs de la table familiale. Dans de nombreux foyers, on trouve probablement encore, accroché au mur de la cuisine, un moule à Gugelhopf en cuivre avec sa patine décorative.

Il y a plusieurs manières de le préparer : soit le classique gâteau à pâte levée avec un levain composé de farine, de lait et de levure, que l'on travaille le lendemain et enrichit, suivant ses préférences, de raisins ou de lardons, soit le Gugelhopf fabriqué en une seule étape avec de la levure ou de la poudre à lever ; il y a encore une troisième version qui est un compromis entre le biscuit et le Gugelhopf, fabriqué avec ou sans poudre à lever. Les Gugelhöpfe ont un goût excellent, voire meilleur, sans raisins ; il en existe aussi au chocolat ou encore des Gugelhöpfe marbrés, avec de la pâte à biscuits et de la pâte au chocolat. Le produit final est recouvert de sucre glace ou de glaçage à l'eau ou, dans le cas du Gugelhopf au lard, de rien du tout.

Voir aussi : Panettone, page 632.

Schinkengipfeli

Croissants salés fourrés avec une masse à base de jambon

En Suisse, il faut distinguer entre croissant et *Gipfeli*, et ce n'est pas juste une question linguistique. Bien que de forme similaire, ils diffèrent par leur pâte et par leur goût. Il en allait du moins ainsi autrefois, et certains boulangers proposent encore les deux : le croissant ou *Gipfeli* traditionnel avec une pâte feuilletée salée et le croissant français avec sa pâte briochée légèrement sucrée. Les deux doivent contenir un bon morceau de beurre et être cuits de telle sorte qu'ils soient bien croustillants.

Se situant dans la zone grise de l'indémontrable, les origines du croissant et du *Gipfeli* alimentent encore diverses légendes (cf. *Digression page 414*). Dans l'*Universallexikon der Kochkunst* (1890), on ne trouve que des croissants fourrés, soit avec des fruits confits, soit avec de la pâte aux graines de pavot. Les croissants fourrés sucrés existent également en Italie ; en Suisse, ils sont un peu moins répandus, en tout cas plus rares que les croissants au jambon, que l'on connaît de façon certaine depuis les années 1960. Aujourd'hui, ils sont très appréciés dans tout le pays – comme ailleurs en Europe ; on en sert à l'apéritif, lors des funérailles et des mariages, pour des occasions officielles ou simplement comme en-cas. Les croissants au jambon sont devenus un produit phare pour de nombreuses boulangeries, notamment grâce aux variations qu'offre la pâtisserie – de la pâte à la garniture.

Ces croissants et *Gipfeli* sont faciles à réaliser. On forme une masse avec des bandelettes ou des cubes de jambon finement coupés, des cornichons et du persil haché, de la moutarde, de la crème et/ou de l'œuf, des épices et des herbes, coupe une pâte feuilletée en triangles, dispose une cuillerée de farce sur la base de chaque triangle, enroule le tout et plie les deux extrémités vers l'intérieur comme une demi-lune ; badigeonner d'œuf et faire cuire au four. Pour la version française, on roule des bandelettes de jambon dans une pâte à croissant.

Voir aussi : Mandel- und Nussgipfel, page 413.

Zimtstängel

Bâtonnets à la cannelle ; pâtisseries aux noisettes, au cacao et aux épices

Les bâtonnets et les étoiles à la cannelle ont pratiquement le même goût, tandis que la tarte à la cannelle s'étend sur les unes comme sur les autres telle une bombe géante, du moins dans la septième édition de la *Basler Kochschule* d'Amalie Schneider-Schlöth (1908). C'est principalement dans les communes voisines de Wenslingen, Anwil et Oltingen, à l'est du canton (l'Oberbaselbiet) que l'on confectionne des bâtonnets à la cannelle ; un peu plus durs, plus secs et légèrement moins sucrés que les étoiles, les bâtonnets sont disponibles toute l'année, contrairement à celles-ci, qui font partie des confiseries de Noël.

La cannelle a été l'une des premières épices exotiques à avoir été introduite en Europe; elle fut d'abord utilisée dans les monastères et plus tardivement dans les villes. Le bâtonnet à la cannelle a probablement passé de Bâle à la campagne en tant qu'étoile; au fil du temps, sans doute pour des raisons pratiques, elle y a été «étirée» et acquit ainsi sa forme définitive. Par la suite, le personnel domestique des riches Bâlois fut recruté alentour dans la campagne, en Alsace et dans la Bade du Sud. D'une part, toutes ces perles de bonnes, cuisinières et femmes de ménage apprenaient bien des choses en accomplissant leurs tâches, et de l'autre, elles rapportaient des recettes de la campagne, enrichissant de la sorte les menus de la ville.

C'est seulement dans des publications plus récentes que l'on remarque d'autres différences que la forme, la saisonnalité et l'ajout de farine; ainsi, contrairement aux étoiles de même saveur, les bâtonnets à la cannelle du livre *Baselbieter Bäuerinnen kochen* (2003) ne sont pas (plus) glacés. Pour les réaliser, il faut prendre du sucre, des œufs, des noisettes ou des amandes moulues ou les deux, de la farine, du cacao en poudre, de la cannelle et des clous de girofle moulus; on travaille le tout jusqu'à obtention d'une pâte qu'il faut rouler en cordons de l'épaisseur d'un doigt. Couper ces cordons en bâtonnets de cinq à six centimètres de long et les faire cuire au four. On peut ajouter à cette pâte de la levure chimique ainsi que du kirsch et quelques gouttes d'huile d'amande amère.

Autrefois, le matin, on emportait des bâtonnets à la cannelle comme provisions pour travailler aux champs, à une époque où l'on employait encore la puissance de vrais chevaux et ne trouvait pas toujours le temps de rentrer chez soi pour prendre son dîner. De nos jours, c'est surtout dans les ménages privés que l'on prépare ces bâtonnets, mais aussi dans des exploitations agricoles, afin d'en proposer en vente directe et lors de marchés régionaux.

Voir aussi : Zimtsterne, page 41 ; Zimtfladen, page 450.

CONFISERIES

Cola-Fröschli

Grenouille au Cola ; bonbon dur et sucré au goût d'un célèbre soda

Le nom est précis, le résultat incomparable: avec sa couleur brune, le *Cola-Fröschli* a bel et bien un goût de Coca-Cola et ressemble à une grenouille couchée sur le ventre.

Ce bonbon, qui était à l'origine un peu plus grand que le *Dääfi* (bonbon en suisse allemand) habituel et faisait plutôt partie de la catégorie des *Finfermögge*, est une friandise traditionnelle que les enfants achètent dans des kiosques sur le chemin de l'école. Son goût est resté le même depuis son lancement, mais sa taille a été réduite: ladite grenouille affiche désormais cinq grammes sur la balance.

La recette de cet arôme, mise au point en 1938 par une entreprise de Münchenstein, est gardée secrète. Elle est basée sur une boisson encore assez méconnue en Europe appelée Coca-Cola, qu'un importateur de voitures bernois découvre aux États-Unis et introduit en Suisse en 1936. «Ce goût à nul autre pareil était sur toutes les lèvres», déclare le représentant de la société de confiserie interrogé. «Les Cola-Fröschli sont quasiment nés de l'idée de porter cette saveur à la bouche sous une forme différente.» Quant au motif du sympathique batracien au repos, il est né du désir de s'adresser tout particulièrement aux enfants.

Le Cola-Fröschli est un bonbon dur à sucer, fabriqué grosso modo de la même manière que les bonbons aux herbes. Les étapes et les ingrédients de base sont les mêmes, à l'exception de la couleur et du goût. Afin de ne pas coller les unes aux autres, les grenouilles sucrées sont enveloppés individuellement dans un film transparent.

Voir aussi : Mässmogge, page 42 ; Bonbons aux herbes, page 287.

Mohrenkopf

Tête au chocolat ; friandise conique à base de mousse de blanc d'œuf sucrée enrobée de chocolat

Deux *Mohrenköpfe* (littéralement: «têtes de nègre») différentes ornent les étals des confiseurs, la «Biscuit-Mohrenkopf» et la «Schaum-Mohrenkopf», *Schaum* signifiant mousse. Jadis également appelée «Negerkuss» (baiser de nègre), la seconde fait partie de l'inventaire de base des épiceries et des kiosques. Ces appellations ont échauffé les esprits à plusieurs reprises, comme à l'été 2020, lorsque, dans le sillage des manifestations «Black Lives Matter», on a jeté l'opprobre sur ceux qui osaient encore les employer.

Mais qui a eu l'idée du nom Mohrenkopf? Il faisait non seulement référence aux deux bouchées au chocolat évoquées ci-dessus, mais aussi à un café du Niederdorf à Zurich, jusqu'à ce que la propriétaire des lieux, la Ville de Zurich, fasse rebaptiser l'établissement en 2020 pour se conformer au politiquement correct.

En allemand, Mohrenkopf est aussi le nom d'un papillon noir, *Canephora unicolor*, la Psyché du gramen en français; d'une pierre précieuse de la famille des tourmalines (« tête de nègre » aussi en français); d'une race de pigeon domestique (Nègre à crinière); d'un champignon, *Lactarius lignyotus*, le Lactaire couleur de suie (*Mohrenkopf-Milchling*). À la fin du XVIe siècle, un orfèvre créa à Nuremberg la célèbre et très précieuse *Mohrenkopf-Pokal* (coupe à tête de nègre); selon le Musée national Bavière, « au-dessus du pied ornemental s'élève, presque flottante, la tête finement ouvragée d'un jeune homme aux traits négroïdes ». Le *Mohrenkopfschimmel* est un cheval noir rouanné, le gène Rouan; il y a encore la *Caput Mauri* ou tête de Maure, qui est un refroidisseur d'eau dans le casque de distillation d'un ancien alambic, et n'oublions pas le Mohrenkopf dans les Alpes de l'Allgäu, qui culmine à 1645 mètres d'altitude.

À Laufon, l'entreprise Richterich AG a annoncé que « l'appellation vient du surnom des habitants de Laufon, « Mohren », mot qui désigne une laie (la femelle du sanglier). C'est précisément cette association qu'Othmar Richterich, fondateur de l'entreprise, avait à l'esprit lorsqu'il a créé sa friandise dans les années 1950, et c'est ainsi qu'on l'entend dans la région de Bâle » (*bzbasel.ch*; 11 juin 2020). Même après ces houleux débats, la version de Richterich s'appelle toujours Schaum-Mohrenkopf. À Waltenschwil en Argovie, où la société Dubler produit des têtes au chocolat depuis 1946, le patron Robert Dubler a déclaré au quotidien *Blick*: « Le nom Mohrenkopf subsistera aussi longtemps que je vivrai », parce que « changer quelque chose, faire une bonne action, cela impliquerait de traiter le continent africain de manière plus équitable; mais les gens ne sont pas prêts à agir en ce sens, car ça coûterait de l'argent. Changer le nom ne coûte rien, c'est beaucoup plus facile » (11 juin 2020). Au siècle dernier, la société fribourgeoise Villars Maître Chocolatier a modifié le nom de sa bouchée, qui a pris celui de « tête au choco », en allemand *Schoko-Köpfli*. Quant à Chocolat Frey, marque appartenant à la Migros, son produit correspondant s'appelle simplement Kisss – avec trois s!

Dans le *Larousse gastronomique* figurent sous l'entrée *Tête de nègre* trois types de produits, définis comme étant « des articles de confiserie fantaisie ». Ainsi, pour ce que nos voisins germanophones appellent désormais « Schaumkuss » (baiser mousseux), on lit ceci: « La tête de nègre (ou baiser de nègre) est une bouchée en pâte de sucre très aérée, dressée sur une gaufrette et enrobée de chocolat. »

En vieux haut allemand, « Mor » signifiait déjà « Maure, nègre, Noir ». Dans le *Schweizerisches Idiotikon*, on trouve sous « Mor I: 1. Maure, Noir. *Syn*. nègre » avec des variantes, et « 2. Homme à la peau de couleur foncée ou d'apparence sale »; plus loin aussi en tant que nom de famille ou d'auberge; comme diminutif (*Mörli*) pour des noms d'animaux (vaches, chiens ou chats au pelage foncé) ou encore « les petits ramoneurs (*Chämin-Fëgerli*) »; on passe ensuite à « Mor II », ses acceptions porcines (*More*, *Mörli*, *Sau-More* – une *Ferli-More* est une truie), et enfin à « Mor III », la poule d'eau noire ». L'explication selon laquelle les habitants de la vallée de Laufon sont surnommés « Mohren » n'est pas sortie de nulle part: les sangliers ayant un pelage sombre, on leur a donné « par plaisanterie » le nom de « blousons noirs » (*Schwarzkittel*), lit-on dans un dictionnaire de la chasse (*Jagdlexikon*, BLV 1994). Il n'en reste pas moins que l'origine du vocable Mohrenkopf renvoie indubitablement à des personnes à la peau sombre.

« Le terme Mohrenkopf a été mentionné pour la première fois à Leipzig en 1892 [...]. Il n'y a pas de quoi s'étonner que la tête de nègre trouve ses origines en Allemagne à la fin du XIXe siècle », écrit l'historien culinaire Rudolf Trefzer dans la *Weltwoche* (5 décembre 1996). L'empereur Guillaume II cherchait alors une « place au soleil » et jeta son dévolu sur plusieurs territoires africains pour y fonder des colonies. Trefzer poursuit: « Le fait qu'à cette époque, un roué confiseur ait eu l'idée d'appeler ses créations, conformément à l'usage linguistique de son temps, Mohrenköpfe et Negerküsse, n'est donc qu'une expression de la politique coloniale prussienne en vigueur ».

L'histoire du Schaumkuss commence probablement dans le manuel de pâtisserie allemand *Das Bäckereigewerbe der Neuzeit* (1899), qui contient la recette d'un Schaum-Mohrenkopf à base de farine et de jaune d'œuf. En 1944, cette même « tête de nègre mousseuse » se trouve également dans un manuel suisse. C'est à cette époque que les deux petites entreprises susmentionnées, en Argovie et dans le Laufonnais, qui était alors encore bernois, ont commencé à fabriquer leurs têtes chocolatées.

En fait, cette confiserie ressemble beaucoup moins à une tête qu'à un petit cylindre, un gros bouchon ou à un cône: une base de gaufrette fine et ronde est recouverte d'une mousse blanche aérienne composée de sirop de sucre, de poudre de blanc d'œuf pasteurisé et d'un peu de gélifiant; la structure compacte se déplace sur le tapis roulant sous une douche de chocolat, est refroidie puis enveloppée dans une fine feuille d'aluminium. Seules quelques entreprises fabriquent encore des têtes au chocolat, la plus grande 50 % de l'ensemble. La version originale exige une couverture noire, mais depuis assez longtemps déjà, on en trouve avec du chocolat au lait ou blanc (ou coloré en rose), nature ou saupoudrées de noix de coco râpée – notamment à la Foire d'automne de Bâle.

Voir aussi: Mohrenkopf, page 318.

Rahmtäfeli et Nidletäfeli

Carrés tendres et friables au goût de crème et de caramel

Crème, lait et sucre : trois ingrédients tout simples pour un large éventail de recettes. On trouve des caramels à la crème dans toute la Suisse, mais la manière de les confectionner est assez variable. Les *Rahmtäfeli* sont brun clair, tendres et friables et particulièrement appréciés dans les cantons de Berne et de Bâle ; quant aux caramels à la crème proposés en Suisse romande, ils sont également brun clair mais un peu plus coriaces sous la dent, tandis que les *Appenzeller Nidlezeltli* se distinguent par leur grande dureté et leur couleur marron foncé.

L'origine des *Ruuntäfeli* (Bâle-Campagne) ou des *Nidletäfeli* (Berne) est très lointaine, probablement enfouie dans le secret des cuisines où les mères préparaient ces petits carrés sucrés pour fortifier leurs enfants. Tout porte à croire que caramel était considéré comme un médicament, comme l'écrit Krünitz dans son immense *Oeconomische Encyclopädie* (1773-1858) : « Caramel, Caramelle, est le nom donné par les Français au sucre fortement bouilli qui devient brun. On l'utilise aussi sous forme de tablettes pour la poitrine, afin de favoriser l'expectoration, comme d'autres le font avec du sucre brûlé. »

Une ancienne recette a été publiée à Zurich dans le *Heinrichsbader Kochbuch* (1897) ; dans *Das süsse Basel*, ouvrage d'Eugen A. Meier, apparaissent de moelleuses tablettes russes (« Weiche Russische Tabletten ») – appellation dont on ignore la provenance exacte et dans quelle mesure elle recouvre la même signification que celle des *Rahmtääfi ;* on trouve aussi des « Russentäfelchen » dans le *Heinrichsbader Kochbuch*, ainsi que des « Weisse Nidelzeltchen » (caramels blancs), qui contiennent une crème plus épaisse et plus sucrée.

L'épicentre des *Ruuntäfeli* (*Ruun,* tout comme *Nidle*, signifie *Rahm*, crème) du canton de Bâle-Campagne était Gelterkinden, où trois confiseurs produisaient autrefois ces friandises. Au début du XXe siècle, le confiseur Adolf Freivogel a commencé en appliquant une recette française, qu'il décida par la suite de vendre. Willy Weber se mit sur les rangs, mais il fut doublé par un autre qui offrit davantage, si bien que Weber dut créer sa propre variante. Son caramel connut le succès et fit son chemin jusque dans la Caramelita des crèmes glacées Mövenpick. En 1993, faute de descendants intéressés, le fils de Willy Weber vendit la société à Peter Klein à Münchenstein, dont la Dalasta Holding AG possédait déjà les sociétés André Klein AG (les Grenouilles Cola) et Läckerli Huus AG (les läckerli de Bâle) ; Klein vendit sa collection de douceurs en 2007.

Dans un acte prouvant son ignorance historique, la nouvelle propriétaire effaça l'adjectif « Baselbieter » (de Bâle-Campagne) des emballages de caramels à la crème. Mais ce n'est pas tout : « Le célèbre "Baselbieter Rahmtäfeli" a récemment été présenté comme étant "authentiquement bâlois" », a écrit le journaliste Ruedi Suter. Les protestations ne se sont pas fait attendre.

Les habitants du canton de Bâle-Campagne se sentirent presque revenus à l'époque tourmentée de la séparation d'avec Bâle-Ville : le *Rahmtäfeli* est en effet arrivé sur le marché *après* la scission de 1833 et est ainsi devenu une icône identitaire demi-cantonale. Ils réagirent avec véhémence, mais rien n'y fit, la nouvelle propriétaire étant zurichoise.

Le manuel *Berufskunde für Bäcker-Konditoren-Confiseure* distingue les Nidelzeltli des caramels à la crème. Avec du sucre comprenant 20 % de sirop de glucose et de la crème dans un rapport de 2:1 à 3:2, on cuit une cassonade bien consistante dans une marmite à paroi épaisse à environ 145 °C. Pour les caramels à la crème, il faut cuire la crème et le sucre dans un rapport d'environ 1:1 à environ 120 °C. La teneur en glucose est moindre parce que le mélange sera moins liquide grâce à une plus grande quantité de crème ; une plus grande quantité de matière grasse lactique permet d'obtenir une structure plus raffinée, qui peut être encore accentuée en ajoutant du beurre. Selon la recette, on incorpore du lait ou du lait concentré.

Le producteur visité dans le canton de Bâle-Campagne laisse ses caramels découpés arriver à maturité dans une pièce dans des conditions réglementées afin de maîtriser parfaitement le processus de cristallisation du sucre. Tout d'abord, le cuisinier mélange le lait condensé, le sucre et le sirop de glucose et fait bouillir le tout pendant une bonne vingtaine de minutes. Au bout de 45 minutes, il répartit le mélange uniformément dans des plaques carrées chauffées (ce qui facilite la répartition), puis le laisse refroidir. Après la découpe, il laisse les petits carrés sécher pendant 15 jours et les emballe.

Un *Täfelichocher* (caramélier) bernois voyage de marché en marché et fait ses Nidletäfeli en public. Il met de la « vraie crème », comme il le fait remarquer, du sucre et de petites portions de beurre dans une marmite en cuivre, remue et laisse mijoter son mélange pendant une heure et demie. Il remue régulièrement et, une fois que la masse a atteint la bonne consistance, il la verse sur une plaque, procède à la découpe et verse les Täfeli tièdes sur son plan de travail. Les clients ont le choix entre des caramels tièdes et des plus froids.

Voir aussi : Caramels à la crème, page 243 ; Appenzeller Nidelzeltli, page 452.

BOISSONS

Burgermeisterli

Eau-de-vie aux herbes doublement distillée sur une base d'eau-de-vie de fruits

S'Vernüütele, la minimisation en suisse allemand, joue dans la vie sociale un rôle non négligeable. Elle exprime l'affection, comme dans *Blüemli* (fleurette), *Müüsli* (petite souris) ou *Schätzeli* (chéri-e, trésor) et tout ce qui est *härzig* (adorable) et se laisse un peu caresser (*verwuschlet*), mais sans exagération : en minimisant trop, on risque de nier les vrais dangers potentiels, comme lors d'un *Tüürli* (petit tour) en terrain accidenté ou d'un *Fährtli* (court trajet) après une nuit de beuverie, mais aussi de tomber dans certains excès, par exemple lorsqu'on s'attarde au *Zmörgele* (petit déjeuner), qu'on avale tout un *Güggeli* (poulet) à midi et que le soir on ne refuse pas encore un ou deux digestifs (*Verrisserli*) – par exemple un *Burgermeisterli*, aussi alléchant que le *Waldmeisterli*. La différence est que l'aspérule odorante (en allemand *Waldmeister*) est une plante et l'ingrédient essentiel de ce vin aromatisé qu'est le Maitrank, alors que le Burgermeister était un maire (*Bürgermeister*) dont le domaine à la campagne semble avoir été le lieu où fut créée une eau-de-vie à base d'herbes doublement distillée et tout à fait remarquable, le Burgermeisterli.

L'homme s'appelait Peter Burckhardt, il était maire de la ville de Bâle à la fin du XVIIIe siècle et fut aussi landammann de la République helvétique sous Napoléon Ier, en 1812. Burckhardt était propriétaire du domaine de Mayenfels à Pratteln, et cette boisson y aurait été distillée pour la première fois en 1783. Dans le quatrième volume de l'*Idiotikon*, publié en 1901, on peut lire que ledit maire aurait inventé le Burgermeisterli, qualifié de « Likör ». Cela ressemble à une double minimisation, puisque cette eau-de-vie est distillée à deux reprises. Il faut d'abord distiller l'alcool (schnaps de fruits à pépins ou kirsch), après quoi on y ajoute des herbes et le fait passer une seconde fois à travers l'alambic par entraînement à la vapeur. Aujourd'hui, cela pourrait se faire en une seule fois sans difficulté technique, mais il faudrait ajouter beaucoup plus d'herbes au moût pour obtenir le même résultat gustatif. L'absinthe n'est pas fabriquée autrement.

Le distillateur visité dans l'Oberbaselbiet (la région la plus orientale du canton de Bâle-Campagne) laisse infuser pendant une nuit un mélange de cannelle, de coriandre, d'anis, de cardamome, d'anis étoilé et d'autres herbes et épices dans l'eau-de-vie pure avant la deuxième passe de distillation ; le secret du distillateur réside dans les proportions des ingrédients. D'autres distillateurs ajoutent encore des graines de fenouil pour leur saveur anisée, de la marjolaine et du galanga. Le Burgermeisterli devient une véritable œuvre d'art total au goût caractéristique avec le dernier ingrédient, du sucre candi blanc, qui est mélangé au distillat après la distillation. Pour faire baisser la teneur en alcool du schnaps, on le dilue avec de l'eau distillée. Le Burgermeisterli se boit en digestif, avec du miel dans un thé à la menthe, dilué dans de l'eau froide comme rafraîchissement estival ou encore réchauffé, comme remède contre une grippe naissante.

Voir aussi : Absinthe, page 211 ; Kräuterschnaps, page 350 ; Iva, page 577.

Eierkirsch

Liqueur émulsionnée à base de kirsch, d'œufs et d'autres ingrédients

Plus d'un buveur patenté se moque volontiers de ce type de breuvage comme étant une petite eau-de-vie pour dames. Cependant, un producteur estime que l'on est assez proche de l'égalité des sexes en ce qui concerne la consommation de kirsch aux œufs ; avec cette boisson veloutée, sucrée et crémeuse en bouche – comme la piña colada sous le soleil des Caraïbes –, c'est souvent avec un temps de retard qu'on s'aperçoit qu'elle est bel et bien alcoolisée, jusqu'à 30 % en volume.

L'idée de mélanger des œufs avec de l'alcool, du sucre, du lait ou de la crème et un peu de vanille a été pêchée par des Européens au XVIIe siècle dans le nord du Brésil : dans la forêt amazonienne, des indigènes leur avaient offert de l'*abacate*, une boisson rafraîchissante à base d'avocats. Distillateur à Anvers, Eugen Verpoorten développa la boisson à sa manière et en 1876, faute d'avocats, concocta une émulsion composée de jaunes d'œufs, de sucre de canne et de rhum, qu'il appela *Advocaat*. Elle est considérée comme le prototype de l'actuelle liqueur aux œufs. Aucun document ne permet de dire avec précision depuis quand on produit du kirsch aux œufs en Suisse ; cette boisson y est probablement connue depuis le XIXe siècle.

Le producteur auquel nous avons rendu visite se souvient que son père en fabriquait à titre privé dans les années 1960 ; il prend un demi-litre de kirsch fait maison pour un litre de produit final. Pour l'autre partie, il mixe des œufs crus et les incorpore à de la crème à café, du sucre et du sucre vanillé. Combiné dans des proportions adéquates, ce mélange donne le deuxième demi-litre. L'ensemble est à son tour mélangé jusqu'à obtention d'une émulsion homogène, qui est mise en bouteilles. Dans d'autres recettes, seuls des jaunes d'œufs sont utilisés, et non des œufs entiers. L'alcool stabilise le mélange. Le cognac aux œufs est produit selon la même méthode ; le lait de poule, le *eggnogg* (Grande-Bretagne, Canada, États-Unis) ou la liqueur aux œufs sont des variantes avec au choix du rhum, de la vodka ou même de l'alcool industriel. Il n'est permis d'inscrire « kirsch aux œufs » ou « cognac aux œufs » sur une étiquette que si l'eau-de-vie mentionnée se trouve effectivement dans le flacon.

Voir aussi : Zuger Kirsch et Rigi Kirsch, page 393.

Mirabellenschnaps

Eau-de-vie blanche à base de mirabelles fermentées

En disant dans *Food* (1980), son dictionnaire universel des aliments, que « les prunes poussent partout, hormis en Antarctique », Waverley Root exprime d'emblée une certaine résignation lorsqu'il commence à dérouler l'histoire des chemins sinueux empruntés par Mère Prune et ses rejetons. *Prunus domestica* est probablement née il y a plus de 2000 ans d'un mariage inattendu entre un prunellier (ou prunier sauvage) et un myrobolan (ou prunier-cerise). Ce croisement a donné à son tour naissance à de nombreuses variétés, croisées volontairement ou par accident. Le pruneau est l'une d'entre elles, ainsi que cette prune raffinée qu'est la reine-claude, de couleur verte, à laquelle Waverley Root rend un bel hommage ; elle est « suivie par la mirabelle, presque exempte d'acidité, dégageant un parfum délicieusement doux et miellé, de la taille d'une cerise et dorée, peut-être la deuxième meilleure prune pour les confitures et les tartes », dont le nom botanique est *Prunus domestica* ssp. *syriaca*.

Les mirabelles sont très communes en Lorraine et en Alsace ; de là, elles sont probablement arrivées de l'autre côté de la frontière verte, dans le nord-ouest de la Suisse, où l'on plante encore volontiers des mirabelliers, arbres sans épines donnant de belles fleurs blanches, extrêmement sensibles aux variations météorologiques. Leurs fruits sont récoltés comme les olives : en secouant le tronc. Les mirabelles sont délicates et fragiles, il faut les consommer rapidement lorsqu'elles sont mûres : de préférence fraîches, sur des tartes ou des gâteaux, sous forme de confiture – ou alors macérées et distillées. Leur arôme les y prédestine, de même que leur teneur élevée en sucre, qui permet d'atteindre un titre alcoolique plus que satisfaisant.

Suivant les préférences des producteurs, les fruits sont macérés avec ou sans noyau, et laissés à fermenter dans un récipient fermable avec de la levure, qui transforme le sucre en alcool, et « assaisonnés » d'acide lactique ou phosphorique pour empêcher le développement de micro-organismes indésirables. Au bout de deux à trois semaines, le moût est prêt à être distillé – immédiatement ou après une période de maturation de plusieurs mois, les avis divergent à ce propos. La distillation se fait comme d'habitude (cf. *Digression page 84*).

Il est tout à fait loisible de laisser l'eau-de-vie de mirabelles reposer pendant un à deux ans ou davantage, afin d'accroître encore sa puissance aromatique. On ne produit pas cet alcool en grandes quantités, c'est un produit de niche issu de petites distilleries commerciales. La Mirabelle de Lorraine est considérée comme la reine des eaux-de-vie de ce type.

Voir aussi : Damassine, page 83 ; Eaux-de-vie de fruits sauvages jurassiennes, page 83 ; Eau-de-vie de prunes neuchâteloises, page 214 ; Zuger Kirsch et Rigi Kirsch, page 393 ; Abricotine, page 482.

Pepita

Limonade gazeuse au goût de pamplemousse fabriquée à Eptingen

C'est à la fin du XIXe siècle que les premières fabriques d'eau minérale sont apparues en Suisse. Même si les gens se baignaient déjà dans des sources thermales à l'époque romaine et s'y adonnaient à toutes sortes d'autres plaisirs, il a fallu un certain temps avant qu'on se mette à boire de l'eau de source non seulement pour ses vertus thérapeutiques, mais aussi simplement pour étancher sa soif ou pour rester en forme. En 1870, le Bureau fédéral de la statistique a estimé à 610 le nombre de sources thermales et minérales en Suisse (*DHS*). Depuis la fin du XIXe siècle, des analyses d'eau sont effectuées systématiquement dans tout le pays ; alors que la consommation d'eau minérale par habitant y était inférieure à deux litres au début du XXe siècle, elle est passée à 120,3 litres en 2006.

Les eaux d'Eptingen ont été décrites pour la première fois en 1693 par le médecin bâlois Theodor Zwinger (*DHS*). Pendant plus de deux siècles, de 1700 à la Première Guerre mondiale, Eptingen fut une station thermale réputée. Ses eaux proviennent d'une couche de calcaire coquillier située à 417 mètres de profondeur, à l'abri de toute pollution. L'Eptinger est considérée comme l'eau la plus riche en minéraux des sources suisses exploitées commercialement ; elle est remarquablement riche en magnésium et en calcium.

En 1899, Edmund Buchenhorner-Dettwiler et son beau-frère Ernst Singer-Buchenhorner achètent la source minérale d'Eptingen. La première étiquette de leurs bouteilles, avec une bande rouge en haut et en bas, indique que la source minérale Ruch-Eptingen fournit une « eau de table de premier ordre, recommandée médicalement, excellente pour les personnes souffrant de l'estomac et des reins ». La première limonade est produite en 1929, le Sissa-Citro (du nom de la commune de Sissach, chef-lieu de district), en 1936 c'est le tour du Sissa-Orange et deux ans plus tard celui du Sissa-Grapefruit. En 1949, le graphiste Herbert Leupin (1916-1999), concepteur de nombreuses affiches pour Eptinger, trouve le nom Pepita (qui signifie pépin ou pépite d'or en espagnol, mais c'est aussi un prénom féminin) et crée le perroquet qui devient l'emblème de la boisson. En 1969, un glissement de terrain provoqué par les travaux de construction de la nouvelle autoroute A2 Bâle-Chiasso détruit la quasi-totalité du site de production. Le Pepita Light (avec de l'aspartame à la place du sucre) fait son apparition sur la gamme de produits en 1985, de même que les bouteilles en PET. Pepita et Pepita Light contiennent 12 % de jus de pamplemousse (à base de concentré).

Chaque été, la manufacture Gelati Gasparini de Münchenstein – également dans le canton de Bâle-Campagne – produit ses « Pepita », des bâtonnets glacés au pamplemousse.

Voir aussi : Eaux minérales, page 188.

Quittenschnaps

Eau-de-vie blanche de coings fermentés

Dans les statistiques sur les cultures fruitières publiées chaque année par l'Office fédéral de l'agriculture, le coing n'occupe pas vraiment le devant de la scène. En 2020, on cultivait des pommes sur 3657 hectares, des poires sur 734 hectares et des coings sur à peine 12 hectares : c'est toutefois le double de la surface cultivée en 2012 ; cette année-là, la production de coings semblait vouée à une disparition complète. Il est encore trop tôt pour savoir si l'augmentation croissante des surfaces cultivées suffira à sauver les cognassiers et donc les coings suisses.

Il serait vraiment dommage que ce fruit si particulier, si charismatique par son parfum et sa consistance, disparaisse de nos paysages. Il s'est ajouté à la liste des victimes de l'obsession du confort et du commerce international. Il y a cent ans, les épiceries suisses ne vendaient pas de mangues, papayes, mangoustans et autres fruits tropicaux fraîchement arrivés par avion, bien entendu. Les Helvètes étaient reconnaissants de pouvoir échapper quelque peu à leur routine culinaire quotidienne grâce à de volumineux coings sous forme de gelée, de compote, de confiture ou encore d'eau-de-vie. Dans *Basler Kost* (ouvrage rassemblant des recettes des années 1780, soit un demi-siècle avant la séparation de Bâle en deux demi-cantons, en 1833), on trouve des instructions pour poêler des tranches de coings, mettre ceux-ci en conserve, faire du jus ou de la pâte de coing (*Quittenpästli*) ; dans *Baselbieter Bäuerinnen kochen* (2003), un recueil de recettes de paysannes de Bâle-Campagne, figure celle du gâteau aux coings. Ce demi-canton est encore relativement bien loti avec un peu moins d'un hectare (93 ares) de cognassiers (OFAG, 2020), derrière les cantons d'Argovie (2,51 ha), de Saint-Gall (1,97), de Lucerne (1,81), de Schaffhouse (1,38) et du Valais (1,28).

Comme la pomme et la poire, le coing (*Cydonia oblonga*) appartient à la famille des Rosacées ; c'est un fruit ancien qui était déjà cultivé il y a 4000 ans au Moyen-Orient, où poussent encore des formes sauvages. Étant considérés comme des beautés méconnues avec leur aspect noueux et sublime du tronc jusqu'à l'extrémité des branches, les cognassiers semblent ceints d'une aura de mélancolie. On distingue les coings piriformes des coings maliformes (respectivement en forme de poire et de pomme). Plus aromatiques que ces derniers, les coings piriformes sont plus répandus en Suisse et conviennent aussi bien à la distillation qu'à la transformation en friandises. Le coing a quelque chose d'archaïque, la consistance de ce fruit se rapproche plus du bois que d'une poire juteuse : on peut certes le manger cru, mais notre bonheur gustatif sera bien plus grand une fois qu'il est cuit. Le coing a connu son heure de gloire au Moyen Âge en France, où il était présenté aux altesses royales sous forme de pâte ; on estimait que la plus succulente variété était le coing du Portugal, appelé *marmelo*, à l'origine du mot marmelade.

On ne saurait vraiment raconter l'histoire de l'eau-de-vie de coings. Ce n'est qu'au XIXe siècle ou un peu plus tôt, grâce à l'amélioration des techniques de distillation, que l'on est parvenu à constater des différences suivant les types de coings. Dans son 120e volume publié en 1812, l'*Oeconomische Encyclopädie* de Krünitz décrit, au chapitre sur les coings, une *Liqueur*, un mélange de jus de coings bouilli et pressé, auquel sont ajoutés de l'eau-de-vie de cerise (*Kirschengeist*), l'écorce nettement coupée de deux citrons et d'une orange amère, 30 amandes amères et 30 noyaux de pêche broyés dans un mortier – 8 grammes de cannelle et ½ livre de sucre bien pilé.

La récolte a lieu durant la seconde partie du mois d'octobre, lorsque les coings ont viré au jaune vif et que l'on perçoit leur arôme typique. Le fin duvet recouvrant leur peau est essuyé (car il contient une huile qui rancit), après quoi les fruits sont broyés dans un puissant hachoir. Le moût est placé dans une cuve de fermentation étanche et on y ajoute de la levure ainsi que de l'acide lactique ou phosphorique pour empêcher l'apparition de micro-organismes indésirables. Après trois bonnes semaines, il est temps de procéder à la distillation (cf. *Digression page 84*). L'eau-de-vie de coings fait partie des spécialités traditionnelles à l'arôme prononcé.

Voir aussi : Quittenpästli, page 118.

3

JURA BERNOIS ET RÉPUBLIQUE ET CANTON DU JURA

Héritage commun, statuts séparés

Le Jura, c'est du temps et de l'espace. Cette chaîne de montagnes de moyenne altitude est l'un des trois espaces naturels de la Suisse, qui s'étend en arc de cercle depuis Genève, de part et d'autre de la frontière franco-suisse, jusqu'à Schaffhouse ; quelque peu raccourcie entre Genève et Bâle, cette zone appelée arc jurassien « recoupe une parenté, voire une identité historique et économique » (*DHS*). Sur les 14 000 kilomètres carrés de la superficie totale du Jura, près d'un tiers appartient à la Suisse. Mais le Jura est aussi à l'origine du nom donné à la période géologique qui s'étend de -208 à -144 millions d'années, le Jurassique. Plus jeune que des Alpes, la chaîne du Jura se compose principalement de calcaire et de marne.

Quant à la République et Canton du Jura, elle se présente fièrement comme le dernier-né des cantons suisses, dont l'indépendance a été accordée par Berne le 1er janvier 1979 au terme d'âpres disputes – certes, il ne s'agit que de la partie septentrionale d'une région qui s'étend de Porrentruy au nord jusqu'aux rives du lac de Bienne, appartenant par étapes à l'évêché de Bâle à partir de l'an 999 et seulement après 1815 au canton de Berne. Avec une certaine rudesse, les Jurassiens appellent la partie perdue Jura sud, et non Jura bernois – un ressentiment qui a la vie dure. La domination étrangère a certainement aussi eu des effets positifs. En 1876, l'auteur d'un guide de voyage affirme avec enthousiasme : « Un des fruits les plus significatifs du *self-government* suisse et en particulier bernois, ce sont ces chemins de fer du Jura, dont les colonnes de fumée ouvrent la voie au bien commun, comme elles ont jadis montré le chemin au peuple d'Israël en marche vers la Terre promise » (Ernst Schüler, *Der bernische Jura und seine Eisenbahnen*).

Le Jura bernois et le Canton du Jura sont unis depuis bien plus longtemps qu'ils ne sont séparés. Les modes de vie, l'économie et la culture s'étendaient sur un vaste réseau de villages et de fermes isolées dans les vallées et sur le plateau des Franches-Montagnes, jusqu'en Ajoie, où les montagnes se fondent dans des collines et des plaines plus douces.

Le Jura est une « région essentiellement vouée à l'agriculture, à l'artisanat et à l'horlogerie, autrefois difficile d'accès, au climat parfois rude », écrit Georges Wenger, excellent cuisinier au Noirmont et grand connaisseur des tables locales, dans son livre de cuisine *Les Saisons de la terre jurassienne*. « Du Moyen Âge au début du XXe siècle, le patrimoine culinaire jurassien s'est enrichi de produits que le génie des hommes a menés à une quasi perfection. [...] Les alcools fabriqués à partir de nos baies sauvages ou des fruits de nos vergers, les fromages [...], la saveur des brésis et des charcuteries, les poulets de ferme et autres volailles de basse-cour, les poissons des rivières et des étangs, les gibiers, les champignons, les produits de nos jardins potagers, sont autant de richesses, souvent oubliées, qui recèlent des potentialités gastronomiques insoupçonnables. »

Atriaux

Crépinettes à base de porc, de foie et d'abats

Les atriaux et les adrios sont des boulettes (en italien *bolle*, en allemand *Klösse*, en suisse allemand *Hacktäschli*) qui, même si elles présentent une ressemblance phonétique, ont autant en commun que des hachoirs et des cutters – certains éléments, mais pas le plus important : un adrio est constitué de chair à saucisse hachée, alors qu'un atriau est composé de viande de porc hachée, de foie et d'abats tels que le cœur et les poumons. L'un et l'autre doivent être bien assaisonnés et enveloppés dans des crépines (ou coiffes) de porc. Les adrios sont disponibles toute l'année, les atriaux seulement pendant la saison froide.

Depuis le début du IIIe millénaire, c'est surtout dans le Jura que les atriaux sont connus comme faisant partie intégrante de la fête automnale de la Saint-Martin, mais leurs origines se situent dans un territoire plus large, comprenant sans doute la Savoie, l'arc lémanique et la Bourgogne. Ainsi, dans le volume consacré à celle-ci de *L'Inventaire du patrimoine culinaire de la France* (Paris 1993), on peut lire que les *atereaulx*, une déformation du mot *hâtereau*, y étaient déjà connus au XIVe siècle. Le lexicographe anglais Randle Cotgrave (né vers 1565 et mort en 1634) a fait entrer le mot *hastereau* dans son *Dictionarie of the French and English Tongues* (paru à Londres en 1611), le définissant comme étant « de la gorge de porc ou du foie de veau enveloppé(e) dans une crépine de porc ». Les *hatereaux* sont décrits dans *L'Inventaire* comme des boulettes d'entrailles de porc hachées, à base de rein, de cœur, de foie, de vin et d'épices.

La plus ancienne mention d'atriaux en Suisse se trouve dans le poème *Cé qu'è lainô*, écrit en franco-provençal, qui célèbre la victoire des Genevois sur les troupes du duc de Savoie le 12 décembre 1602. Grâce au *Bernerisches Koch-Büchlein* de 1749, on pouvait apprendre à faire des *Adriolen* ; la recette est plus détaillée dans *La Cuisinière genevoise* de 1798 : « On hache le foie de porc ou de veau, on le presse à travers une passoire, on ajoute du sel, du poivre et de la marjolaine, des épinards, du saindoux, du lard et du pain. » Le *Dictionnaire suisse romand* (2004) étend la zone où les « attriaux » sont connus au XIXe siècle à « la Suisse romande, la Bourgogne, la Lorraine, la Franche-Comté et la Savoie ». En 1920, ils étaient considérés comme une spécialité traditionnelle des Franches-Montagnes, mais ce sont les Ajoulots qui s'en sont véritablement emparés.

La fraîcheur des derniers jours de l'automne marquait la fin de l'année agricole et avec le début de la période de repos hivernal, on passait à une nouvelle étape sur le plan économique. Les granges et les garde-manger étaient pleins, le maître payait ses serviteurs. Tout le monde avait de bonnes raisons de festoyer le 11 novembre, jour de la Saint-Martin. De plus, une vieille superstition prétend que la consommation d'un boudin – dégusté à jeun – apporte force et santé tout au long de l'année. Pour survivre dignement et sans séquelles physiologiques à ces neuf plats, il faut avoir un solide appétit, un estomac très réceptif et du temps devant soi. Une après-midi entière est de mise.

L'entrée en matière se fait avec le bouillon dans lequel la viande a été cuite. Il est suivi par de l'aspic à la viande de porc, appelé « gelée de ménage » (cf. *page 26*). Puis c'est le tour du boudin fumant accompagné d'une compote de pommes. Le plat suivant est un bouilli, du cou – de porc, toujours –, servi avec une salade de carottes et de betteraves cuites. Ensuite arrive la grillade, des saucisses grillées et des atriaux frits avec des rösti. Après une damassine en guise de « coup du milieu », le sixième plat est composé de choucroute et de jambon ; ce noble morceau n'a pas toujours figuré au menu, car autrefois on le découpait plus tard, à Noël ou à Nouvel An, lors d'un baptême ou d'un mariage – et il fallait d'abord le fumer. À la choucroute garnie succède un rôti agrémenté d'une purée de pommes de terre. Après sept plats, un estomac normal a capitulé, mais il se doit d'accueillir encore deux desserts : le *totché*, un gâteau à la crème acidulée à base de pâte levée (cf. *page 82*) et, pour couronner le tout, une crème brûlée… avant le digestif.

Voir aussi : Furmagin da cion, page 586.

Braisi

Viande de bœuf fumée à cuire et/ou fumée et séchée à l'air à manger crue

En Suisse, tout le monde connaît la viande séchée des Grisons et celle du Valais. Mais qui a déjà entendu parler du *braisi*, *brési* ou *breuzil*? C'est ainsi qu'on appelle la viande séchée du Jura. Un produit régional et non d'exportation, familier aux habitants du Jura bernois et du Jura, probablement aussi aux Neuchâtelois et, de l'autre côté de la frontière nationale, aux Francs-Comtois. Depuis la seconde moitié du XXe siècle, cependant, la production de ce bœuf salé et saumuré, qu'il soit séché ou non (pour être consommé respectivement cru ou cuit) est moins fréquente. Probablement parce que l'art de la conservation s'est déplacé vers les bureaux d'études pour la technologie domestique: un morceau de viande peut être conservé au congélateur sans traitement particulier, de préférence sous vide. En outre, la consommation de viande a augmenté massivement et l'offre a été adaptée en conséquence, de sorte que plus personne ne dépend des morceaux de vaches de réforme: ils sont transformés en saucisses. Certaines boucheries proposent encore du braisi, plus rarement séché que celui à cuire, sans doute moins traditionnel que l'autre pour quelques siècles encore.

La couleur rougeâtre de cette viande fumée est à l'origine de son nom, car le brésil ou «bois de braise» servait à teindre les textiles en rouge. Le bœuf saumuré est mentionné dans des livres de comptes régionaux au XVe siècle. «Pour ung beufz affin en faire bresil», lit-on dans un livre de comptes neuchâtelois de 1544. En 1875, dans son *Manuel d'économie domestique à l'usage des écoles secondaires et primaires supérieures*, le Neuchâtelois Louis Favre présente le braisi comme un «salé de vache qui datait de plusieurs années et qui était aussi sec que coriace». En 1920, Joseph Beuret-Frantz précise dans les *Actes de la Société jurassienne d'émulation:* «C'est d'ordinaire une bête plus ou moins malade que l'on est obligé d'abattre.» Vingt-cinq ans plus tard, le même auteur fait état d'exigences plus élevées: «Le braisi se fait avec la viande d'une vache dont on a laissé tarir le lait et que l'on a soignée et engraissée avec soin.» La viande, surtout la poitrine, était frottée de sel et de salpêtre, suspendue dans un fumoir et conservée de cette façon. Pour la protéger des asticots et éviter qu'elle ne rancisse, les morceaux étaient conservés dans de l'avoine ou à la cendre jusqu'à ce qu'ils soient secs et durs comme du bois.

Aujourd'hui, c'est la viande de l'épaule, de la cuisse et de la longe que l'on emploie. Le boucher pare les morceaux, enlève la graisse et les tendons, les sale et les laisse se déshydrater dans des cuves ou des baquets. Au terme de ce processus, on les emballe dans un filet fin et un autre plus grossier par-dessus. Les morceaux mûrissent ensuite pendant deux semaines à trois mois et sont pressés plusieurs fois avant d'être suspendus dans un fumoir. L'art de cette méthode de conservation réside dans le contrôle de l'humidité et de la température, car la surface de la viande ne doit pas se dessécher rapidement et former une croûte, sinon le cœur de la pièce reste trop humide et commence à se gâter de l'intérieur. Au final, la viande aura perdu en tout cas 40 % de son poids initial.

Le mode de préparation du braisi est décrit dans le livre de cuisine *Vieilles Recettes de chez nous*, rédigé et publié en 1985 par l'Association des Paysannes jurassiennes «en l'honneur de nos grands-mères, comme héritage pour nos jeunes». Placer un kilo de braisi (épaule ou cuisse) dans un grand plat de cuisson, verser dessus quatre cuillères à soupe d'huile chaude, faire rôtir à four chaud pendant une heure à une heure et quart en arrosant régulièrement, puis à la fin déglacer avec deux décilitres de vin rouge, saler, poivrer et ajouter des herbes selon les goûts, couper la viande en tranches et verser la sauce par-dessus.

Voir aussi: Appenzeller Mostbröckli, page 433; Viande séchée du Valais, page 474; Dirrs, Tigets, page 507; Viande des Grisons, page 554.

Gelée de ménage

Terrine à base de morceaux de porc coulés dans de la gelée

Ce produit porte des noms divers, mais ne supporte aucune supercherie lors de sa préparation. Un travail soigneux est nécessaire, car des délices tels que la gelée de ménage, le fromage d'Italie ou le cervelas, qui sont autant de «cachettes» pour des choses indicibles, peuvent rapidement devenir des spécialités recherchées, des «cartes de visite» susceptibles de faire passer un boucher de l'ombre à la lumière. En Suisse alémanique, cette charcuterie composée d'oreilles, groins, pieds, queues, joues et langues (respectivement *Öhrli*, *Schnörrli*, *Füessli*, *Schwänzli*, *Bäggli* et *Züngli*) est appelée *Schwartenmagen* (littéralement: ventre de couenne) – morceaux tous issus du porc et, selon la région et la recette, complétés par de la tête et des pieds de veau pour accélérer la formation de gelée. En Belgique, on appelle cet aspic tête pressée et en Alsace Presskopf; fromage de tête, fromage de porc ou galantine de tête en France, tête marbrée dans le canton de Vaud et gelée de ménage dans le Jura.

L'édition strasbourgeoise de 1516 de la *Kuchenmeisterey*, un traité de cuisine allemande, contient une recette de «Gebreszten Schweinkopf» (tête de porc pressée). En Suisse, les premières mentions écrites apparaissent en 1491 dans le premier *Kuchibuch* de la corporation du Safran à Bâle ainsi que dans des recettes de *Ein schön Kochbuch 1559*: «galreÿ» (gelée) à Bâle et «ein bres zu machen von schwänzen und köpfen» (faire un aspic avec des queues et des têtes) à Coire. En 1749, le *Bernerisches Koch-Büchlein* propose lui aussi une recette pour faire de la «Tete marbree», et deux autres recettes figurent dans le *Recueil de bonnes Recettes fait en 1756 & Suivants* de Gaulis. Jusqu'au XIXe siècle, l'engraissement des porcs n'était pas très répandu en Suisse, et pas du tout à grande échelle comme aujourd'hui, par conséquent tout était transformé afin de ne rien gaspiller.

On rend un honneur particulier à ces morceaux de porc dans le Jura : la gelée de ménage y est servie en deuxième plat lors de cette grande fête du cochon qu'est la Saint-Martin. Les morceaux finement coupés et cuits sont disposés sur une assiette et recouverts de gelée. D'abord, le groin, les oreilles, la queue, les pieds, la langue et les joues du porc sont dégorgés – il faut les débarrasser des poils, du sang et d'autres éléments indésirables – et bouillis pendant un quart d'heure, puis on jette cette eau et remplit la marmite d'eau propre. Ensuite, ajouter des légumes tels que des oignons, des poireaux, des carottes et des céleris-raves, assaisonner avec du persil haché, du laurier, du poivre, des clous de girofle et du sel ainsi que du vinaigre ou du vin blanc, et laisser mijoter le tout à feu doux (environ 80 °C) pendant cinq à sept heures ; écumer et dégraisser si nécessaire.

Ensuite, tamiser le bouillon et le réserver. Retirer les résidus de cartilage et d'os de la viande, que l'on hache, sale et poivre avant de la presser. Le bouillon est clarifié et mis au frais ; il est censé se solidifier en aspic.

Un boucher de l'Ajoie, qui produit nuit après nuit passé 3000 assiettes pour la Saint-Martin : « Maintenant, tout ce que vous pouvez faire, c'est prier pour que ça gélifie. Si vous y trempez un doigt, le bouillon doit avoir la consistance d'un pudding. S'il reste liquide, c'est raté. Cela peut arriver si la viande a baigné dans trop d'eau. »

Dernière étape : déposer une tranche (généralement rectangulaire) des morceaux de viande pressés dans une assiette garnie de tranches de carotte, de cornichon et d'œuf dur, faire chauffer le bouillon gélifié, le verser sur l'assiette et laisser refroidir. Servir avec du vinaigre et/ou de la moutarde.

Voir aussi : Galrey, Gallere, page 26.

Pâté des Princes-Évêques

Pâté à base de viande de veau et de porc

Voici un nom qui ouvre à lui seul des portes à l'imagination : le pâté des Princes-Évêques. L'opulence fermente sous l'œil spirituel comme une pâte levée sous un soleil de plomb, tout est convoqué de ce qu'on a pu lire sur les orgies alimentaires dans les ordres mendiants, la satiété fatiguée des éminences pourpres lors du dernier rot émis avant de partir au paradis – associé à la densité aromatique d'un pâté de viande en pâte brisée qui comble toutes les attentes. Toutes sauf celle-ci : que même un prince-évêque aurait jadis eu la satisfaction de goûter à ce pâté – car lorsqu'il est apparu pour la première fois sur une table sous ce nom, la principauté épiscopale de Bâle appartenait déjà au passé.

Quels qu'ils soient, les pâtés en croûte ne font pas partie des innovations culinaires les plus récentes. Cela fait bien longtemps, en effet, que l'on cuit de la viande dans de la pâte, surtout en France. Il est vrai que le prince-évêque de Bâle, après sa fuite de la ville rhénane réformée, a résidé et régné au château de Porrentruy, mangeant et buvant ce qui restait de son diocèse. Parmi ces nourritures terrestres, des pâtés certes, mais aucun ne portait son titre. La recette dite « des princes-évêques » est l'œuvre de quelques rares familles bourgeoises fortunées de Porrentruy. On y trouve les archives de l'ancien évêché, et bien qu'elles contiennent des listes d'achats et des comptes détaillés, il n'y a là aucune information sur le travail des chefs cuisiniers de la cour. Certaines familles apportaient leur pâté lors de fêtes paroissiales ou d'événements comparables. C'était un secret bien gardé jusqu'aux années 1970, lorsque des variantes, ou plutôt des imitations, sont apparues ; même au début du XXIe siècle, nul ne connaissait une recette originale ou de référence.

Selon les recherches de Marie-Paule Gigon, enseignante en économie familiale, la plus ancienne recette connue date de 1840, et « il est intéressant d'observer que les plus anciennes familles bourgeoises de paysans, d'artisans ou d'employés du château ne connaissaient pas ce pâté. Quant au nom, il n'est certainement pas très ancien, [...] on ne le trouve pas sur les menus de réception des mêmes familles dans les années 1890 à 1910. Les pâtés s'appelaient alors pâté de ménage, pâté chaud ou pâté de carnaval, pâté froid, pâté à la gelée » (*l'Hôtâ n° 20*, 1996). En 1973, on a crié à la trahison lorsqu'une Ajoulote a révélé au public la recette de sa propre famille. Depuis lors, de nombreuses variantes de ce pâté très populaire sont préparées par des professionnels ou à l'échelon familial.

On coupe donc du veau et du bœuf en lanières qui sont aromatisées pendant trois à cinq jours dans une marinade de vin rouge ou blanc, d'oignons, de carottes, de poireaux, de persil, de clous de girofle, de laurier, de grains de poivre et éventuellement d'ail ; on les retourne régulièrement. Une partie des bâtonnets de veau peuvent aussi être marinés dans du cognac. Ensuite, on pétrit une pâte brisée, de préférence avec autant de beurre que de saindoux (cela donne de la compacité à la pâte).

Pour la farce, faire fondre du lard dans du beurre, ajouter des oignons hachés et éventuellement des poireaux hachés (uniquement les blancs) et faire cuire à l'étuvée ; laisser refroidir. Ramollir du pain de la veille sans croûte dans le lait, faire réduire ; ajouter à la farce, ainsi que du foie de veau finement haché, des œufs, de la cervelle de veau bouillie, pelée et hachée ; mélanger le tout, saler et poivrer.

Le montage du pâté est une histoire en soi. En voici la version courte : huiler le moule ou le chemiser avec du papier sulfurisé, ajuster la pâte, couvrir le fond de farce, placer alternativement les lamelles de viande marinée côte à côte dans le sens de la longueur et toujours ajouter de la farce par-dessus et entre deux jusqu'à ce que tout ait trouvé sa place. Percer deux trous dans le couvercle de pâte pour que la vapeur puisse s'échapper pendant la cuisson. Mettre le couvercle en laissant une petite distance pour pouvoir ensuite remplir d'aspic l'espace entre la farce et le couvercle ; enfourner. D'après Mme Gigon, les cornichons, la viande hachée ou la chair à saucisse et les baies de genièvre se marient bien avec de nombreux pâtés, mais pas avec celui des Princes-Évêques.

Voir aussi : Sonntagspastetchen, page 29 ; Pâté à la viande, page 166.

Saucisse d'Ajoie

Saucisse crue riche en cumin, fumée et à maturation interrompue

Nos voisins français ont la Saucisse de Montbéliard, les Ajoulots (habitants de l'Ajoie, anciennement Elsgau ou Pruntruter Zipfel en allemand) leur Saucisse d'Ajoie. Il s'agit d'une saucisse fumée crue à maturation interrompue qui doit être cuite avant d'être consommée ; elle contient de la viande de porc grossièrement hachée et une généreuse quantité de cumin entier. Depuis 2002, la Saucisse d'Ajoie porte son IGP (*voir le supplément ci-dessous*). Dans le reste du canton du Jura et dans le Jura bernois, on l'appelle – comme autrefois en Ajoie – saucisse de ménage, saucisse au cumin ou saucisse à cuire.

Les natifs de l'Ajoie, dont la frontière avec la France est verte, ont très tôt ressenti le besoin d'afficher les couleurs de leur région – séparé du reste du canton par des crêtes montagneuses comme une gravure sur bois, le district se déverse en France comme une aquarelle. Depuis 1998, l'autoroute a creusé un tunnel sous la montagne, ce qui a permis son désenclavement, car auparavant l'Ajoie était un territoire isolé, typiquement périphérique, seulement accessible par le col des Rangiers ou celui de la Croix. Cependant, le prince-évêque de Bâle résidait jadis au château de Porrentruy après que la Réforme l'eut chassé de son siège. Dès les années 1920, un groupe de bouchers ajoulots a fait le premier pas vers le renforcement de l'identité régionale : il a conféré à sa saucisse une déclaration d'origine distinctive et on ne peut plus évidente en la baptisant « Saucisse d'Ajoie », comme les Français l'avaient déjà fait avec les saucisses de Montbéliard et de Morteau. À partir de 1967, grâce à des accords bilatéraux, la saucisse d'Ajoie a bénéficié d'un certain degré de protection en Europe et en 1979, l'Institut fédéral suisse de la propriété intellectuelle de Berne (Swissreg) a approuvé la protection souhaitée pour ce produit.

Totalement à l'abri des imitations, la saucisse d'Ajoie se taille une réputation nationale, grâce aux soldats de tout le pays qui ont fait leur service actif dans la région pendant la Seconde Guerre mondiale. Les origines de la saucisse ne sont pas très claires : on soutient qu'elle a été produite sur l'ensemble du territoire depuis le XVe siècle, mais cela n'est pas prouvé, même si le fumage, méthode de conservation notoire, est pratiqué depuis longtemps en Ajoie. L'inspiration est peut-être venue de l'autre côté de la frontière ; en tout cas, *L'Inventaire du patrimoine culinaire de la France*, dans le volume consacré à la Franche-Comté, recense la saucisse de Montbéliard, qui est aromatisée au cumin (des prés) – et Montbéliard (Mömpelgard en allemand) se trouve à seulement 20 kilomètres à l'ouest de Boncourt, la commune du nord de l'Ajoie située à la frontière franco-suisse. *L'Inventaire* cite une liste figurant dans une chronique du XVIIe siècle : « Les trois mamelles de Montbéliard sont le tabac de contrebande, la pomme de terre du comte Frédéric et la saucisse fumée ou andouille de Belchamp » ; l'abbaye de Belchamp se trouvait au sud de Montbéliard et n'existe plus. Il ne serait donc ni surprenant ni honteux que la Saucisse d'Ajoie ait la même origine que son homologue montbéliarde.

Pour le fleuron du patrimoine culinaire ajoulot, les spécifications IGP autorisent deux tiers de porc maigre, un tiers de cou de porc et éventuellement au maximum 10 % de bœuf haché. La viande est passée au hachoir (calibre de cinq à huit millimètres), assaisonnée de sel nitrité, de graines de cumin entières, de poivre blanc moulu et d'ail, puis pétrie jusqu'à obtention d'une masse homogène. Celle-ci est ensuite embossée dans du boyau de porc, puis portionnée par rotation. On laisse ensuite les saucisses au minimum 24 heures maturer dans une fumée chaude de bois résineux.

À l'époque où tous les foyers ne disposaient pas d'un réfrigérateur, les saucisses étaient suspendues dans le grenier et on allait les dépendre selon les besoins. Les Saucisses d'Ajoie accompagnent à merveille le pain, la salade de pommes de terre, les ragoûts, la choucroute et autres savoureuses garnitures ; elles peuvent également être grillées. Dans les années 1990, les bouchers ont mis au point la « Croquante d'Ajoie », une variante moins longue et d'un plus petit calibre que la Saucisse d'Ajoie, afin de raccourcir le temps de cuisson au gril.

SUPPLÉMENT

Quelle différence entre AOP et IGP ?

Les exigences légales ainsi que le mandat pour formuler et mettre en œuvre la protection des appellations d'origine ont été adoptés par le Parlement en 1996. La décision d'inscription au registre est prise par l'Office fédéral de l'agriculture (OFAG) après diverses clarifications. Le premier produit AOP de la Suisse a été le fromage de L'Etivaz en l'an 2000. L'accord sur la reconnaissance mutuelle des produits protégés entre la Suisse et l'UE est entré en vigueur en 2011. Il existe encore d'autres accords internationaux dans ce domaine.
Selon le *Larousse gastronomique*, l'idée de protéger un produit aux racines régionales des contrefaçons trouve son origine dans diverses dispositions adoptées par le Parlement de Toulouse en 1666 pour préserver le roquefort et sa typicité (le canton de Glaris protège son schabziger depuis 1463).

AOP : Appellation d'origine protégée
Cette appellation désigne les produits dont l'ensemble du processus de production a été réalisé selon une méthode et un savoir-faire reconnus dans une zone géographique délimitée. Ils doivent leurs caractéristiques typiques à des facteurs humains et naturels propres à leur région d'origine.

IGP : Indication géographique protégée
Ce signe distingue les produits pour lesquels au moins une étape du processus de production, généralement la transformation, a lieu dans l'aire géographique définie. Cela signifie que, dans le cas d'un produit à base de viande, une partie de la viande peut également provenir de l'extérieur de l'aire géographique définie.

Voir aussi : Saucisson vaudois, page 169 ; Saucisson neuchâtelois, page 199 ; Bauernschüblig, page 313.

Viande chevaline

Pferdefleisch, carne equina, charn-chaval

Lorsqu'on lui a demandé de donner une astuce culinaire, une recette surprenante ou quoi que ce soit d'intéressant sur la manière d'utiliser la viande de cheval en cuisine, la directrice d'un sanctuaire pour animaux abandonnés a réagi avec irritation. Puis, après avoir réalisé l'énormité de notre demande, elle a opposé un refus définitif : « Manger des chevaux ? Jamais ! »

Pourtant, elle n'est ni végétarienne ni végétalienne, mais de la viande de cheval ? « On n'en mange pas. » Point final. Et pourquoi pas ? « On ne peut pas le faire. Ça me rend malade rien que d'y penser. » Le cheval est considéré comme une *viande honteuse*.

Mais que faire des rosses et des vieux chevaux quand vient pour eux le moment de quitter ce monde ? Les vieilles vaches sont abattues et transformées en saucisses ou en viande séchée. Les chevaux et autres animaux domestiques, en revanche, passent de la vie à la mort chez le vétérinaire, et non par le boucher, et sont incinérés. À moins que les maîtresses et les maîtres ne décident d'offrir un cercueil à leurs chers disparus pour les enterrer dans un cimetière pour animaux. Mais les chevaux ? Avec de tels volumes, ce serait une idée tout à fait extravagante.

Un tabou nébuleux et mièvre, difficile à comprendre par la seule raison, plane sur le sujet : comme le chien, le cheval passe pour être « l'ami de l'homme », alors que l'un et l'autre lui ont fourni leur viande pendant des siècles. Probablement plutôt en cas d'urgence absolue, parce que l'on ne mange pas ses amis.

Dans le Jura non plus, où l'on élève la seule race chevaline de Suisse, le Franches-Montagnes (en allemand : *Freiberger*). En novembre 2017, le label Viande chevaline suisse l'Originale a été créé dans ce canton, car tous les tabous et les bonnes volontés ne suffiront probablement pas à protéger la race de l'extinction. On devrait donc au moins manger les chevaux qui ne sont pas utilisés à des fins de loisirs, sportives ou autres, et ainsi améliorer la valeur ajoutée des animaux d'élevage pour renforcer la préservation de la race.

Une race qui, dans les Franches-Montagnes, doit sa réhabilitation à la respectable influence des anabaptistes. En 1969, la *Berner Zeitschrift für Geschichte und Heimatkunde* (Revue bernoise d'histoire) écrivait : « Le cheval d'origine des Franches-Montagnes était un cheval de labour frugal mais lourd. Les anabaptistes, cependant, avaient besoin d'un cheval rapide qui conviendrait à la fois comme cheval de selle et comme cheval d'attelage. Le dimanche, ils se rendaient à cheval et en charrette (break) aux services religieux, qui avaient souvent lieu à 10 ou 20 kilomètres de chez eux. C'est pourquoi les anabaptistes ont commencé à élever un cheval plus léger adapté à cette fin, qui ne devrait cependant pas être moins adapté aux travaux des champs. En Suisse romande certains parlaient d'abord avec mépris de ce "cheval teufet" (cheval anabaptiste), mais dans les Franches-Montagnes on a persisté à élever exclusivement des chevaux de cette race.

Dans son rapport sur « Les anabaptistes du Jura : pionniers de l'agriculture », Rosemarie Flury a écrit que « les chevaux qui avaient été élevés étaient en partie vendus à l'armée et en partie exportés en France pour être utilisés dans son armée. Dans ce contexte, je pose la question suivante : comment les anabaptistes ont-ils pu concilier cette utilisation de leurs chevaux dans des armées avec leur engagement en faveur de la non-violence ? » (*Mennonitica helvetica* 18/1995).

90 % de la viande de cheval consommée en Suisse est importée (souvent en provenance d'élevages indignes de ce nom). Néanmoins, le cheval n'occupe pas une position de premier plan en tant que fournisseur de viande en Suisse, comme d'ailleurs dans le reste de l'Europe : en 2017, 50,01 kilos de viande ont été consommés par tête (8 540 000 habitants) (-2 % par rapport à 2016), dont 360 grammes de viande chevaline (-8 % ; Proviande 2018).

Le cheval est un animal craintif ; avant d'être capable de domestiquer les chevaux sauvages, les hommes s'en nourrissaient déjà, lorsqu'ils parvenaient à les capturer. La découverte de milliers d'ossements de chevaux préhistoriques au pied de la Roche de Solutré dans le Mâconnais, en Bourgogne, est à l'origine de la thèse de la chasse dite « à l'abîme » : les chevaux auraient été précipités dans le vide par les chasseurs, qui les auraient ensuite récupérés pour leur viande. Mais les données archéologiques contredisent cette théorie, qui relève plutôt de la légende.

Avec la domestication du cheval entre 4000 et 3000 av. J.-C. (Europe centrale et steppes boisées du Sud-Est européen), la consommation de sa viande passe au second plan. Les équidés sont alors employés comme animaux de trait et comme montures. Cet usage est en effet plus intéressant, sur le plan économique, que la production de viande, un cheval ayant besoin d'un tiers de nourriture en plus qu'un bœuf, car il digère moins efficacement l'herbe que les autres ruminants comme les bovins ou les moutons. De plus, les chevaux brûlent plus rapidement les calories emmagasinées que les bœufs.

On peut supposer que les chevaux âgés ou blessés étaient consommés, une fois qu'ils avaient perdu leur utilité. L'anthropologue Marvin Harris a écrit que pendant 3000 ans, l'ascension et le déclin des empires ont littéralement reposé sur la force équine – des chevaux dont l'élevage était axé sur la rapidité, la résistance et l'endurance dans le tumulte de la bataille, et non sur la production de lait ou de viande (cf. *Good to Eat : Riddles of Food and Culture*, 1985, en anglais seulement).

En l'an 732, le pape Grégoire III interdit l'hippophagie, car il désapprouve fermement le sacrifice rituel de chevaux et leur consommation par les peuples païens. Mais aussi sévère qu'elle fût, cette interdiction papale ne sera que rarement appliquée. Dans le recueil de bénédicités *Benedictiones ad mensas,* du moine de Saint-Gall Ekkehard IV (fin du Xe siècle – après 1056), il est écrit à la ligne 126 : « *Sit feralis equi caro dulcis sub hac cruce Christi* » (Puisse cette viande de cheval sauvage se révéler savoureuse sous cette croix du Christ). Du cheval « sauvage » (sans doute plutôt un cheval qui s'était échappé et était retourné à la vie sauvage) était-il réellement servi en rôti à la table du monastère ? On ne le saura jamais.

D'après Anne Schultz, la théorie selon laquelle la consommation de viande de cheval s'est tabouisée, et donc raréfiée, avec l'introduction du christianisme en Europe centrale ne tient pas la route si l'on se fonde sur les fouilles effectuées dans les châteaux et les demeures seigneuriales du Haut Moyen Âge, ainsi que dans les cités urbaines et rurales. D'ailleurs, tout comme le cheval, les ovins étaient avant tout élevés, dans la plupart des villages, comme bêtes de somme et non pour leur viande ou leur lait (cf. *Essen und Trinken im Mittelalter 1000-1300,* 2011).

On disait peu ou prou la même chose au XVIe siècle: dans son *Historia animalium*, le savant zurichois Conrad Gessner (1516-1565) écrit que la viande de cheval était consommée par les Sarmates, les Tartares, les Vandales et de nombreux autres peuples, de même que, lors des périodes de famine, par les guerriers et les soldats. Le fait que ces peuples ne ménagent pas leurs vieux chevaux et qu'ils mangent leur viande alors qu'elle est des plus médiocres, difficile à avaler et nuisible à l'estomac, explique, dit-il, que l'on méprise des gens aussi rudes et bestiaux. À propos du lait de jument, il précise qu'on en faisait du fromage, appelé «hippace» par les Latins, qui n'était pas moins apprécié que le fromage de vache.

Notre relation avec le noble équidé a donc été durablement pragmatique et non sentimentale: trop cher et trop peu rentable pour produire de la viande, le cheval était aussi trop précieux pour servir d'animal de rente. «*A horse! a horse! my kingdom for a horse!*» faisait dire Shakespeare au roi Richard III après que son destrier eut succombé sur le champ de bataille. Comment peut-on découper et manger un animal pour lequel un monarque était prêt à céder son empire?

On ne consommait donc de la viande chevaline que dans des situations exceptionnelles telles que des périodes de guerre ou de famine, et quand cela se présentait: une vieille bête, vache ou cheval, servait de nourriture humaine: faire autrement aurait été gaspiller.

La Révolution française marque la fin de l'interdiction et le retour progressif de la consommation. Selon Marvin Harris, à Paris, durant la Terreur en 1793-1794, les têtes des ennemis du peuple atterrissent dans les corbeilles posées au pied de la guillotine, tandis que leurs chevaux finissent dans les casseroles des ménagères. Les arguments religieux et sanitaires s'opposant à la consommation de viande chevaline sont de moins en moins défendables; ils sont toutefois remplacés par des arguments commerciaux (les bouchers traditionnels ne voulaient pas de concurrence) et moraux (le cheval ne se mange pas).

La raison et l'esprit de l'époque mettent un terme aux superstitions de l'Ancien Régime. La consommation de viande de cheval est autorisée en France en 1866. La même année, une première boucherie chevaline ouvre ses portes à Nancy, et une deuxième à Paris, deux semaines plus tard. «Le siège de Paris de 1870 a mis fin aux préjugés que l'on avait sur la viande de cheval comme aliment», note Joseph Favre, célèbre cuisinier valaisan installé à Paris, dans son *Dictionnaire universel de cuisine pratique* (1894-1906). Il rapporte que la première boucherie chevaline de Londres s'est ouverte en 1878, ville où il a également travaillé à la confection d'un «grand dîner fait de cheval exclusivement», organisé par des naturalistes et le Jockey-Club.

Avec le début de l'industrialisation, un autre argument s'impose progressivement. «Napoléon III voit dans l'hippophagie un moyen d'améliorer la condition ouvrière et d'assurer la liberté de commerce», explique Olivier Lapaire, auteur d'un travail de master sur la viande chevaline suisse (Haute École spécialisée de Suisse occidentale, 2015). La viande de cheval était moins chère que celle de bœuf, ce qui profitait non seulement aux familles ayant de faibles revenus, mais aussi aux bouchers, qui pouvaient accroître leurs marges. En effet, comme les deux viandes se ressemblent beaucoup, le cheval pouvait passer pour du bœuf.

Pour prévenir ce genre de tromperies, les deux activités furent séparées: les boucheries chevalines n'avaient le droit de vendre que du cheval et du porc, mais pas de bœuf. Ainsi, l'ordonnance fédérale sur le contrôle des viandes du 11 octobre 1957 précise, dans son article 83, alinéa 1, que la viande des animaux de la race cheval et les marchandises qui en contiennent ne peuvent être transformées, fabriquées, entreposées et vendues que dans des établissements spécifiques. Ces établissements doivent porter la mention visible de «boucherie chevaline». Ce n'est qu'après que des prescriptions détaillées, regroupées sous la forme d'une déclaration, ont permis de garantir la protection contre les fraudes que le Conseil fédéral a supprimé les restrictions relatives à la viande chevaline dans la révision complète de la législation sur les denrées alimentaires, le 1er mars 1995.

Selon l'estimation d'un ancien directeur suppléant de l'Office fédéral des affaires vétérinaires, les boucheries chevalines ont connu leur apogée en Suisse dans les années 1930, avec quelque 200 commerces. Depuis la nouvelle législation de 1995, le nombre de boucheries chevalines est en baisse. En 2018, la Suisse n'en comptait plus qu'une cinquantaine, qui offraient le même assortiment que les boucheries classiques.

Au XXe siècle, et plus particulièrement à partir de la fin des années 1950, l'usage du cheval dans l'agriculture, le transport et l'armée ne cesse de décroître. Avec la motorisation, les chevaux acquièrent de nouvelles fonctions: sports équestres, équitation de loisir et hippothérapie. Le cheval perd aussi sa vocation de viande bon marché destinée aux ouvriers, notamment parce que le porc devient de plus en plus accessible grâce à l'élevage industriel et que, parallèlement, le pouvoir d'achat augmente. Dans les années 2010, les scandales et les débats autour de l'élevage intensif et du bien-être animal stimulent quelque peu la consommation de viande chevaline, qui reste toutefois limitée. Le tabou dont elle fait l'objet se perpétue cependant, non plus en raison de superstitions ou d'interdits, mais par attirance ou aversion individuelle.

Quant aux ânes, mules et mulets, ils restent moins touchés par ces tabous, ces préjugés ou ces opinions. Ils sont eux aussi abattus et consommés depuis des siècles. Au Tessin notamment, les *salametti d'asino* et les *salametti di cavallo* sont des spécialités recherchées.

La majeure partie de la viande chevaline suisse est issue de l'unique race indigène, le Franches-Montagnes. Plus des deux tiers des naissances, toutes races confondues, proviennent des cantons de Berne, du Jura, de Fribourg, de Lucerne et de Soleure. Les poulains viennent au monde au printemps; un peu plus de

40 % sont sélectionnés et envoyés à l'abattoir à l'âge de neuf mois environ (*Vom Pferd,* Proviande 2010). Des chevaux plus âgés sont également abattus. Selon Proviande, leur chair reste « tendre » par rapport à celle des bovins âgés.

Pour ce qui est de la viande fraîche, la demande concerne surtout les morceaux nobles du quartier arrière, comme l'entrecôte, le filet, le rumsteck et la cuisse, ainsi que l'épaule dans le quartier avant. Les morceaux moins demandés – surtout du quartier avant – sont transformés en ragoût, en émincé, en viande hachée, en saucisses, en terrines ou en pâtés.

Les chevaux ne sont pas engraissés comme les veaux, les bœufs, les porcs, les dindes ou les poulets, mais grandissent essentiellement sur de vastes pâturages du Jura ou des Alpes. L'élevage s'effectue aussi bien dans le respect de l'animal que du paysage, à l'image des pâturages boisés caractéristiques des Franches-Montagnes.

La viande chevaline se prépare en principe comme le bœuf. Néanmoins, il est surprenant de constater que les livres de cuisine, qu'ils soient anciens ou récents, ne proposent guère de recettes. Cela tient peut-être aux tabous sociaux, à la récupération clandestine de chevaux ou à d'autres raisons – comme le fait que, jadis, un grand nombre de connaissances se transmettaient oralement de mère en fille dans les cuisines, sans qu'il soit nécessaire de les préciser au gramme près, comme cela se fait aujourd'hui. En outre, les gens modestes et les paysans ne savaient pas écrire autrefois, et les catégories sociales plus élevées ne consommaient pas de cheval car ils avaient les moyens de s'offrir des viandes plus prestigieuses.

Il n'empêche que cette absence de recettes demeure étrange. On n'en trouve aucune ni dans l'ouvrage de Marianne Kaltenbach *Ächti Schwizer Chuchi* (1977) (en français : *Cuisine rustique suisse,* 1980), ni dans le *Kochbuch* (1966) d'Elisabeth Fülscher, pas plus que dans le *Ticino a tavola* (1976) (en français : le Tessin à table, 1979), le livre de Michel Vidoudez et Jacqueline Grangier *À la mode de chez nous – Plaisirs de la table romande* (2002) ou encore les *Vieilles Recettes de chez nous* (1987) de l'Association des Paysannes jurassiennes. Aucune recette de cheval non plus dans le *Libro de arte coquinaria* (seconde moitié du XVe siècle) de Maestro Martino, né à Torre, dans la vallée de Blenio, ni dans *Ein schön Kochbuch 1559* de Coire ou dans *Ein köstlich new Kochbuch* de la Bâloise Anna Wecker (1598). Le livre *Ein new Kochbuch* (1581) de Marx Rumpolt, maître queux à la cour du prince-électeur de Mayence, présente des recettes à base de 150 animaux différents, mais ne consacre qu'un seul paragraphe à la viande chevaline : « Le cheval sauvage peut être accommodé en civet. Et si tu souhaites le rôtir, sale-le bien, car c'est une viande douceâtre ; tu peux aussi préparer le rôti avec de l'ail. Quand on le cuit au poivre, il faut y ajouter de l'eau fort salée, et une fois qu'elle est bien bouillie, on la dépose sur une planche et la laisse refroidir. Fais un bon poivre hongrois au sang de poulet, qui doit être bien acidulé. Et lorsque le poivre est prêt, joins-y la viande, qui deviendra bonne et moelleuse. Tu peux aussi préparer les testicules d'un cheval apprivoisé de la même manière que celles d'un bouc, comme cela a été décrit auparavant. »

La viande d'équidés (*Equus*), en particulier de cheval et d'âne, qui sont les formes domestiquées du cheval sauvage et de l'âne africain, est considérée comme saine. Sa couleur est plus rouge que celle du bœuf ; pauvre en graisse et en cholestérol, elle est riche en fer, vitamines, protéines et minéraux. Celle issue des animaux plus âgés a une saveur légèrement sucrée, qui provient de sa teneur élevée en glycogène (glucose). Il y a davantage d'amateurs de viande chevaline en Suisse romande qu'en Suisse alémanique, où le scandale des lasagnes à la viande de cheval (frauduleusement déclarée comme étant du bœuf) de 2013 a laissé des traces profondes – même s'il faut souligner que l'utilisation de la viande de cheval pour des lasagnes ne pose pas plus de problèmes que celle d'agneau, de porc ou de bœuf ; il suffit de communiquer là-dessus en toute honnêteté.

SUPPLÉMENT

L'hippace

D'après Dioscoride, médecin cilicien du Ier siècle de notre ère, « l'hippace est un fromage de jument à l'odeur repoussante, mais très nutritif et ressemblant dans une certaine mesure au fromage de vache. D'aucuns ont défini la présure de cheval comme étant de l'hippace » (Conrad Gessner, *Büchlein von der Milch und den Milchprodukten*, 1541/1996).

Viandes fumées jurassiennes

Morceaux de porc fumés

Le porc et ses parties culinairement transformées jouissent d'une excellente réputation dans le Jura – pas seulement à la Saint-Martin, pour laquelle la grande cochonnaille est annoncée à cor et à cri (et est spécialement mise en avant comme attraction touristique en Ajoie depuis la fin du XXe siècle), mais depuis des temps immémoriaux dans tout le massif du Jura, de part et d'autre de la frontière franco-suisse. Le fumage est une méthode de conservation très ancienne, certainement plus ancienne que l'engraissement des porcs, bien que l'on prétende que des porcs étaient déjà élevés du temps de la principauté épiscopale, qui a commencé en 999 avec des dons du dernier roi de Bourgogne Rodolphe III à l'évêque de Bâle Adalbert II et a duré jusqu'à la révolution helvétique de 1798 – mais à quelle époque plus précisément ? Encore au XVIIIe siècle, la viande de porc était plus coûteuse que celle de veau, comme l'a démontré François de Capitani dans *Soupes et Citrons*, son ouvrage sur la cuisine vaudoise sous l'Ancien Régime. Jusqu'au XIXe siècle, le porc fumé était rare mais pas inconnu. Le fumage de divers morceaux résulte de la nécessité de conserver le plus de viande possible lors de la bouchoyade à la ferme. Si le jambon et le lard sont les produits que l'on connaît le mieux, on fumait également les joues, les épaules et les travers de porc.

Le lard cru est frotté avec du sel et des épices telles que le poivre, l'ail, le laurier, la noix de muscade, les clous de girofle et le cumin. Les plaques de lard sont placées dans des bacs appelés « blairs » et retournées dans la saumure qui se forme par l'extraction des sucs. Après trois semaines, le lard est fumé pendant quatre jours à 40 °C maximum et laissé à sécher un bon mois. Le lard cuit est plongé pendant une semaine dans de la saumure, puis fumé deux jours durant, après quoi il est prêt à l'emploi.

À quelques variations et adaptations près, on travaille le jambon à l'os, les côtines (quatrième et cinquième côtelettes près du sternum), la joue et l'épaule comme le lard. La viande fumée se marie bien avec les haricots secs, la choucroute et le ragoût de lentilles ; accompagné d'une salade de pommes de terre, le jambon à l'os chaud est très apprécié dans les auberges jurassiennes.

Voir aussi : Rippli et Schüfeli, page 28 ; Jambon de la borne, page 223 ; Jambon de campagne, page 262 ; Lard paysan, page 376 ; Schwinigi Stöckli, page 436.

PRODUITS LAITIERS

Fromages du Jura

Fromages des montagnes du Jura à pâte mi-dure au lait de vache

Deux fromages au lait de vache qui sont gustativement frères, mais dont les vies s'opposent. L'un est libre et sans obligations, l'autre est ordonné et soumis à des règles strictes. En revanche, celui-ci bénéficie d'une protection et est connu au-delà des frontières nationales, tandis que celui-là ne l'est que sur le territoire que son créateur lui a assigné. Mais, pour l'essentiel, les deux sont sculptés dans le même « bois » – une matière première incomparable issue d'un paysage caractéristique : le fromage du Jura et la Tête de Moine, le solitaire et l'élu.

Les fromages du Jura sont produits sur le modèle de la Tête de Moine, ce classique du Moyen Âge, le plus souvent en tant que sous-produits ; ils sont fabriqués presque de la même manière, mais tirent leurs caractéristiques de la forme et des nuances lors de la production (comme, à l'inverse, la Tête de Moine cylindrique). Les fromages du Jura sont un groupe, un type de fromage comprenant plusieurs appellations ; il s'agit de meules rondes, de cinq à huit kilos, de sept à douze centimètres de haut et à pâte mi-dure à base de lait cru, d'un diamètre de 24 à 38 centimètres. Elles se distinguent de la Tête de Moine (cf. *page 79*) par leur forme, leur poids, leur saveur et leur histoire.

Les fromageries fermières disséminées çà et là nous rappellent l'époque où les paysans des Franches-Montagnes (en allemand *Freibergen*) vivaient dans un isolement total et n'avaient pas le temps de penser à exporter le fruit de leur travail. Parce que presque personne ne voulait vivre dans un paysage ancestral situé entre 850 et 1100 mètres d'altitude et au climat inhospitalier, le prince-évêque de Bâle a doté les nouveaux arrivants de droits qu'ils ne pouvaient espérer obtenir ailleurs. L'abbaye des Prémontrés a été fondée à Bellelay au XIIe siècle ; ce fut dans ses métairies qu'a été créée la désormais célèbre Tête de Moine, un fromage considéré comme particulièrement gras et épicé dès le Moyen Âge. Les moines utilisaient le *Belleleer Käss* comme moyen de paiement, que les paysans pouvaient difficilement imiter car ils avaient eux-mêmes besoin de lait et de graisse. Seul le lait écrémé était transformé en fromage.

De nos jours, on connaît deux types de fromages similaires dans les Franches-Montagnes et les régions voisines : la Tête de Moine et le fromage du Jura. Si l'histoire de la Tête de Moine a été assez bien reconstituée, on ne peut qu'esquisser celle du fromage du Jura, très lacunaire. La Tête de Moine, même si elle a été louée à grand bruit et si elle continue à donner la preuve de son excellence, est une image de la vie monastique : aussi uniforme qu'un froc et corseté dans ce *Codex regularum* qu'est le cahier des charges AOP. Le fromage du Jura, en revanche, s'est développé dans l'ombre de l'abbaye : un non-conformiste, un solitaire qui s'est servi du savoir-faire des moines – et en a fait à sa guise.

Pendant longtemps, cette économie parallèle du sauvage et du brave a fonctionné à merveille. Ce n'est qu'avec l'apparition des fromageries villageoises, qui ont aussi professionnalisé le commerce à l'année dans le Jura, que les deux indigènes ont été menacés. Les fromagers préféraient produire du gruyère, plus demandé à l'exportation. La survie de la Tête de Moine et du fromage du Jura est en grande partie due aux anabaptistes, qui ont quitté le canton de Berne pour l'évêché de Bâle au XVIe siècle afin d'échapper à la persécution des autorités bernoises. Ils améliorent les méthodes et la production agricoles à 1000 mètres d'altitude et sont bientôt employés comme métayers par le monastère de Bellelay. Au milieu du XXe siècle, alors que les familles anabaptistes s'étaient établies depuis longtemps dans le Jura et avaient repris elles-mêmes une ou deux fromageries, on a recommencé à miser davantage sur la Tête de Moine – et sur le fromage du Jura, qui, contrairement à la Tête de Moine, permettait aux fromagers et aux fromageries de conserver leurs spécificités.

Les fromages du Jura ont une pâte jaune clair à dorée, une croûte lavée, peu ou pas de trous, par endroits de petites fissures. Selon la fromagerie, ils varient en taille et en diamètre, en durée de conservation, en arômes et en nuances gustatives. La plupart des fromages portent des noms de village ou d'origine tels que Chaux-d'Abel, Moron, Fornet, Le Noirmont, Erguël, Villeret, Mont Soleil, Montagne du Jura, Pierre-Pertuis, etc. On trouve des fromages comparables dans le Jura neuchâtelois ainsi qu'à l'est (avec moins de diversité) dans le Jura soleurois, bâlois et argovien. Ce sont de classiques fromages à la coupe; la Tête de Moine est traditionnellement raclée – à l'aide d'une Girolle – on ne la coupe pas. Les fromages du Jura sont comparables aux fromages de montagne ou d'alpage des Grisons, du Valais, d'Uri, de Saint-Gall et de Glaris, bien qu'ils aient généralement une pâte un peu plus douce.

Dans les Alpes, depuis le Moyen Âge, voire plus longtemps encore, il est d'usage de faire estiver le bétail sur les alpages afin d'utiliser les surfaces restreintes des vallées pour les cultures et la production du fourrage hivernal. Dans les montagnes du Jura, un massif calcaire, les différences d'altitude sont moins marquées. Les paysans vivaient jadis de l'élevage et de la sylviculture. La culture de légumes, de fruits ou de céréales était très exigeante dans ce climat plutôt rude, caractérisé par un été bref. La période de végétation débute tard, les surfaces sont souvent sèches – l'eau s'infiltre dans le sol poreux et ne ressort que dans les vallées. Néanmoins, la richesse végétale était exceptionnelle: aux mois de mai, juin et juillet, le lait présentait une teneur en matières grasses supérieure à la moyenne de l'année.

Du XIVe siècle à 1792 (la République rauracienne fut proclamée le 17 décembre de cette année), le plateau calcaire des Franches-Montagnes était placé, comme d'autres régions du Jura, sous l'autorité de l'évêque de Bâle, lequel avait dû émigrer à Porrentruy, emporté par la tempête de la Réforme. Pour les habitants de ces territoires reculés, Bâle constituait la porte d'accès au monde, comme l'explique Franz Ehrensperger dans sa thèse consacrée à la place de cette cité dans le commerce international à la fin du Moyen Âge (*Basels Stellung im internationalen Handelsverkehr des Spätmittelalters,* 1972). Ainsi, notamment, le district de Laufon, le bassin de Delémont et même l'Ajoie dépendaient de la zone d'activité économique de la ville rhénane, car leurs commerçants ne disposaient d'aucun marché mieux situé. À l'époque, la principale marchandise que les vallées jurassiennes livraient à Bâle était le bois; s'y ajoutaient le bétail et des produits alimentaires comme le beurre, la graisse, le fromage et le sel.

Le «Belleleer», ou «fromage de Bellelay», est connu – il ne sera désigné comme «fromages, dits tête de moines» qu'en 1783 dans un document de l'évêché de Bâle. Mais qu'est-ce que le «Telsperger»? S'agit-il d'un fromage de Delémont (*Delsberg*, en allemand), du nom d'un autre fromage comparable à celui de Bellelay, d'une appellation d'origine différente ou simplement d'un fromage vendu à Delémont? On l'ignore. Selon les sources disponibles actuellement, le «fromage de Bellelay» est produit depuis le XIVe siècle.

Les sources indiquant le moment où d'autres fromages commencèrent à se différencier du Bellelay – considéré très tôt comme le meilleur et le plus cher – font défaut. À cet égard, il convient sans doute de distinguer les exploitations affermées par l'abbaye de Bellelay des fermes indépendantes. Par ailleurs, il n'existe pas non plus de descriptions des modes de fabrication. Cependant, à la différence de l'abbaye, qui se servait de son fromage gras (et donc luxueux) comme moyen de paiement, les fermes fabriquaient plutôt des fromages maigres ou caillés.

Les paysannes confectionnaient surtout de petits fromages frais du jour, soit maigres (à partir de lait écrémé de vache ou de brebis), soit plus gras (à partir de lait partiellement écrémé ou entier). Ces fromages étaient légèrement pressés à la main (ou pas), destinés à une consommation rapide ou entreposés dans un coin frais pour qu'ils s'affinent. Ils portaient des noms tels que «chasseur» ou «faucheur». Il en existait une grande diversité, variant selon le lait, le savoir-faire ou le mode d'affinage. Au XVIIIe siècle, le «fromage de Bellelay» était au moins trois fois plus cher que ces autres variétés.

Selon Guido Burkhalter, les premières mentions écrites du procédé de fabrication figurent dans l'œuvre de Claude Déodat, médecin du prince-évêque de Bâle, datant de 1628 et rédigée en latin: «Les meilleurs fromages sont produits dans certaines régions des Franches-Montagnes. Ils sont appelés fromage de Delémont ou fromage de Bellelay ("*casei … Delemontani vel etiam Bellelagiani*"). Les étrangers en sont très friands en raison de leur finesse et de leur bon goût. Ces fromages sont fabriqués avec art. Le lait utilisé est très gras et d'une qualité exceptionnelle, issu des meilleures herbes et plantes du pays.»

À la fin du XIXe siècle, plusieurs fromageries de village virent le jour; elles fabriquaient du Gruyère, plus gros et plus facile à exporter. La professionnalisation croissante eut pour effet que le «fromage de Bellelay» (désormais appelé «tête de moine») et les fromages du Jura, ainsi que d'autres sous-produits, disparurent rapidement, mais jamais totalement. En plus des fromageries villageoises, il y avait – et il y a toujours – des fromageries fermières dans lesquelles le fromage n'est fabriqué qu'à partir du lait de leur propre bétail.

Les procédés de fabrication des fromages du Jura se différencient par des détails – même au sein d'une seule et même fromagerie, comme celle que nous avons visitée. Le lait y est livré matin et soir par une quarantaine d'agriculteurs basés dans un rayon inférieur à vingt kilomètres. Une équipe de quinze personnes le transforme, essentiellement en Tête de Moine, fromages du Jura et d'autres variétés.

Les spécialités comme le Moron et le Fornet sont fabriquées dans deux cuves en cuivre chauffées à l'eau chaude par un système de tuyaux. Le lait du soir (12-13 °C) et le lait du matin (20-25 °C), non écrémés, sont versés dans la cuve et chauffés pendant 30 à 40 minutes jusqu'à 31 °C. Après ajout des ferments, le lait est maintenu 10-15 minutes à 31 °C (prématuration) avant l'emprésurage. La coagulation du Moron dure 40 minutes, celle du Fornet 35 minutes. Le caillé est découpé à l'aide d'un tranche-caillé rotatif en morceaux de la taille d'un grain de blé pour le Fornet et d'un grain de maïs pour le Moron. Le tout est ensuite chauffé à un peu plus de 50 °C, pendant 35 minutes pour le Fornet, 40 minutes pour le Moron. Un test permet de mesurer l'humidité du caillé: il consiste à presser une poignée de grains dans la main. S'ils restent collés à la main, le caillé est trop humide; à l'inverse, s'ils se décollent trop vite, le caillé est trop sec. La masse est ensuite pompée dans des bacs en plastique et pressée à l'air comprimé afin d'exsuder le petit-lait.

Le prépressage du Moron dure 10 minutes, celui du Fornet 5 minutes (en raison de leur forme différente), puis le fromage est placé dans des moules (deux meules par moule) et la marque en caséine est apposée. Ensuite, les fromages sont pressés pendant 20 minutes, retournés, et pressés à nouveau 20 minutes. Ils sont alors recouverts et laissés au repos jusqu'au soir, puis encore une fois pressés 5 minutes.

Le lendemain matin, les meules sont sorties des moules et plongées dans un bain de saumure pendant 22 heures. Auparavant, elles ont été salées à la main.

Une fois retirés de la saumure, les fromages sont placés sur des tablards en épicéa brut et entreposés en cave (taux d'humidité 95 %; température 13-14 °C). Le Fornet est frotté quotidiennement à la saumure pendant les sept premiers jours, puis à l'eau deux à trois fois par semaine pendant deux à trois semaines, et enfin une fois par semaine. Au bout de trois semaines et demie à quatre semaines, le Fornet est encore doux, mais prêt à être consommé.

Le Moron est frotté à la saumure un jour sur deux pendant deux semaines, puis à l'eau deux fois par semaine pendant deux à trois semaines, et ensuite à nouveau une fois par semaine. Au bout de quatre mois, il est prêt. Au bout d'un an, bien corsé, il est appelé «notre vieux bio».

L'emmorgeage (frottage à l'eau salée) et les soins apportés aux meules constituent des étapes capitales dans l'affinage de ces types de fromages, et nécessitent une grande minutie. La morge joue en effet un rôle déterminant dans les échanges entre l'air ambiant et le fromage, et par conséquent, dans le développement du goût. Au cours de cette phrase, les protéines contenues dans le lait se décomposent progressivement, sous l'effet des bactéries lactiques, en acides aminés. Ces derniers étant très aromatiques, plus la durée d'affinage est longue, plus les fromages sont corsés – cependant, à un certain moment, qui varie selon les meules, les qualités gustatives cessent de se développer.

Le patron explique: «En un mois, nous fabriquons trois à quatre cuves de Fornet et vingt cuves de Moron. Nous pourrions ne faire que de la Tête de Moine, mais nous gardons ces spécialités parce que nous les apprécions et qu'elles font partie de notre entreprise. Personnellement, je préfère le Fornet au Moron.»

La mère du patron ajoute: «Au fond, nos fromages du Jura sont fabriqués comme la Tête de Moine. Jusqu'en 1981, on ne produisait de la Tête de Moine qu'en été, quand les vaches étaient aux pâturages. En hiver, le lait présente une graisse différente, les fromages d'hiver deviennent plus durs.»

Les différences entre la Tête de Moine, le Moron et le Fornet se résument à des nuances:

Moron: 50-51 % MS/ET (teneur en matières grasses de la masse sèche), chauffé à 50 °C, 24 cm de diamètre, 6-8 cm de hauteur, poids env. 4 kg.

Fornet: 50 % MS/ET, chauffé à 50-52 °C, 27 cm de diamètre, 5-7 cm de hauteur, poids 7-9 kg.

Tête de Moine: au moins 51 % MS/ET, chauffé à 48-52 °C, forme cylindrique, poids 0,7 à 2 kg.

Les fromages du Jura se dégustent idéalement crus, à la coupe: sur un plateau de fromages, à l'apéro ou en dessert. Ils fondent bien et conviennent donc à la préparation de croûtes ou de gâteaux au fromage; mélangés à du Gruyère et à de la Tête de Moine, les fromages du Jura servent à confectionner une excellente fondue régionale.

SUPPLÉMENT

Le petit Chaux-d'Abel

À La Chaux-d'Abel, une légende raconte comment fut inventé le fromage du Jura local: l'hiver 1890 fut tellement rigoureux et enneigé dans le Jura que les paysans de la région ne pouvaient plus apporter leur lait jusqu'à La Chaux-de-Fonds. Ils durent donc le transformer eux-mêmes et produisirent d'abord du beurre; comme un peu de changement ne nuit à personne, ils créèrent ensuite un fromage, le petit Chaux-d'Abel. C'est une belle histoire, mais une question demeure: comment, avec de telles chutes de neige, les paysans ont-ils pu trouver, presque du jour au lendemain, des bactéries lactiques et de la présure?

Voir aussi: Vacherin fribourgeois, page 229; Raclette du Valais, page 477; Bündner Bergkäse, page 558.

Gruyère

Fromage à pâte dure au lait cru et au goût caractéristique

Pendant de longues années, le gruyère a été le fromage le plus populaire de Suisse, dépassé seulement par la mozzarella ; c'est un symbole de goût et de tradition de premier ordre. Le *Larousse gastronomique* le décrit comme un « fromage suisse ou français de lait de vache » fabriqué à partir d'une pâte chauffée et pressée.

Ce classique parmi les encyclopédies culinaires exprime en peu de mots le cœur du problème entre fromage et patrimoine culinaire : qui peut revendiquer la paternité du gruyère ? À qui appartient-il – aux Suisses, aux Français, aux deux ? Dans l'ancien comté de Gruyère (canton de Fribourg), la fabrication de fromage contenant de la présure a été (ré)introduite vers le XIVe siècle. Dès la seconde moitié du siècle suivant, la production était déjà suffisante pour l'exportation à Vevey et Genève.

Le marchand de fromage est apparu. Il apportait des meules en France et en ramenait du sel. Les affaires se développaient, mais aussi les dépendances qui en découlaient. Les communautés grandissaient et la main-d'œuvre n'arrivait pas à suivre – les pâturages, les vaches et la production de lait ne sont ni exploitables ni extensibles à l'infini. Des jeunes hommes quittèrent leur pays, d'abord comme mercenaires, puis à partir du XVIIIe siècle comme fromagers. Vers 1830, on était passé d'une exploitation saisonnière, estivale, à une exploitation annuelle ; c'est alors qu'apparurent les fromageries de plaine. Le savoir-faire pérégrina, et on ne tarda guère à produire du gruyère dans tout l'arc jurassien de Suisse occidentale, en Franche-Comté voisine et en Savoie.

En 2001, le Gruyère a reçu le prestigieux signe AOP et la majuscule qui va avec. Sa zone de production actuelle comprend l'Arc jurassien, le Moyen Pays vaudois, le canton de Fribourg (qui produit la moitié du Gruyère), le Schwarzenburgerland bernois voisin et quelques fromageries de Suisse alémanique. Cela n'empêche pas la France de continuer à produire du gruyère – sans majuscule car sans AOP – sous cette appellation. Les plus beaux héritages des émigrants de la Gruyère ont depuis longtemps reçu leur propre nom, et désormais leur signe AOP : le Comté dans le Jura et le Beaufort en Savoie.

Voir aussi : Gruyère, page 226.

Tête de Moine

Fromage au lait cru de forme cylindrique

Ce fromage rond à pâte mi-dure, de taille assez modeste, pesant entre 700 et 900 grammes (jadis jusqu'à deux kilos), fabriqué à partir de lait de vache cru, fait partie des sortes de fromage les plus anciennes et les plus connues de Suisse. La Tête de Moine, qui se distingue autant par son nom que par sa forme, ressemble à un *Mutschli* à deux étages ; elle a obtenu l'AOP en 2001.

Des documents datant de 1192 laissent présumer que l'on produisait déjà du fromage à l'abbaye des Prémontrés de Bellelay à cette date, c'est-à-dire 56 ans après sa fondation. Cependant, on ne trouve pas de mention écrite explicite avant 1346, dans une décision judiciaire selon laquelle « l'abbé de Bellelay devait payer au chevalier de Landskron une dîme annuelle de 191 livres de fromage de lait de vache ou de brebis » (Guido Burkhalter, *La Tête de Moine (fromage de Bellelay) et sa région d'origine*, 1979). Au XVe siècle, des *Telsperger*, *Belleleer* et autres fromages du même genre étaient vendus à Bâle, ce qui impliquait leur transportabilité ainsi qu'une certaine durée de conservation.

« Il s'agit déjà d'un fromage de lait de vache gras », écrit Jean-Claude Rebetez à ce sujet dans sa *Note sur la Tête de moine* (2005) ; il poursuit : « Dans son livre publié en 1628, Claude Déodat, médecin personnel du prince-évêque, dresse la liste des qualités des différents fromages consommés à son époque. Il affirme que les meilleurs de la région sont ceux de Delémont et de Bellelay, dont ils doivent leur qualité aux pâturages des Franches-Montagnes. » Déodat décrit également le parmesan et précise qu'il doit être coupé très finement en « *tenuissimas lamellas vel rasuras* » (tranches fort minces et bien raclées), mais rien de tel pour le « *caseus Bellelagianus* » – le rabotage est donc venu plus tard.

On ne sait pas si ce *caseus Bellelagianus* était comparable à la Tête de Moine d'aujourd'hui. La fabrication de fromage à pâte dure contenant de la présure nécessite des conditions techniques et économiques qui n'ont été mentionnées en Suisse qu'au XVe siècle. Les Romains connaissaient déjà des fromages avec de la présure relativement fermes et pouvant être stockés (non seulement de la présure avec de la chymosine et de la pepsine, enzymes de l'estomac des veaux, mais aussi de la présure végétale, par exemple le Caille-lait jaune (*Galium verum*) ou blanc (*mollugo*)), mais après la chute de leur empire, cette technique a disparu et au Moyen Âge, le lait était coagulé avec de l'acide. Il est tout à fait possible que la technique de la présure ait survécu secrètement ; c'est à partir du gruyère qu'elle s'est considérablement développée et diffusée au cours des XVIe et XVIIe siècles.

Le nom « tête de moine » est apparu à la fin du XVIIIe. Bien qu'une légende circule selon laquelle les soldats de la Révolution française auraient donné ce nom au fromage en se moquant de la tonsure des moines, Jean-Claude Rebetez rétorque : « Un document d'archives datant de 1783 démolit cette histoire pittoresque. En effet, les livres de comptes de la cuisine de la cour épiscopale contiennent une annexe mentionnant l'achat de "fromages, dits têtes de moines". » Les sans-culottes français ne pillèrent l'abbaye de Bellelay qu'en 1797.

Mais l'histoire de la coiffure monacale est trop tentante. En voici une autre : les meules de fromage, autrefois deux fois plus grosses qu'aujourd'hui, n'étaient pas coupées en morceaux mais raclées. C'est seulement ainsi que le fromage déploie tout son bouquet. Aux tablées traditionnelles, il incombait au chef de table de retirer des copeaux de fromage de la meule à l'aide d'un couteau. On coupait d'abord la croûte de la surface, on raclait ensuite la pâte et lorsque tout le monde était repu, on remettait le « chapeau » précédemment ôté sur le fromage. Le bord de couleur claire rappelait la tonsure des moines.

Il est plus réaliste de supposer qu'une certaine quantité de fromage *per capita*, par tête (de moine) était stockée dans l'abbaye et que le reste servait à payer le loyer des terres et à faire des cadeaux en nature.

Quoi qu'il en soit, nul ne conteste qu'il n'y avait pas de fromagerie dans l'abbaye de Bellelay à la fin de l'Ancien Régime. Les moines étaient approvisionnés par les fermes situées sur le domaine abbatial. Après le pillage de 1797, il ne reste plus rien des installations originelles. Cependant, malgré l'expulsion des moines, les connaissances techniques se sont maintenues et la fabrication du fromage s'est poursuivie dans les fermes louées de l'ancienne abbaye (principalement des familles d'anabaptistes originaires du canton de Berne qui avaient reçu un bail de l'abbé). Pour les familles de paysans, cette production fromagère était d'une importance secondaire par rapport à ce qu'elle était auparavant : elle devint en effet une affaire de femmes, et donc une tâche parmi d'autres. Cela expliquerait pourquoi la tête de moine a été plus ou moins reléguée dans l'ombre pendant plusieurs décennies.

Guido Burkhalter souligne qu'à la fin du XIXe siècle, un dénommé A. Hofstetter, agriculteur à Bellelay, donne un nouvel élan à la production. Il « obtient avec ce produit des diplômes au Concours agricole universel de Paris en 1856, lors de l'Exposition agricole de la Suisse romande en 1859 et lors de l'Exposition de l'agriculture en 1860 à Berne ».

Ledit « produit » semble à nouveau susciter un intérêt commercial : un marché d'exportation commença à se développer, dont le succès a non seulement flatté la vanité de certains, mais a aussi échauffé des esprits : « Dans les années 1970, des fromagers étrangers faisaient le voyage du Jura pour se renseigner sur la méthode de fabrication », raconte un fromager (dans l'ouvrage de Didier Schmutz intitulé *AOC, Une identité retrouvée*, 2005) ; « il y eut même un fabriquant suisse qui a commencé à faire de la Tête de Moine en France. Le risque de voir se diluer l'identité de notre fromage était bien réel [...]. ». Des commerçants et des fromagers ont alors fondé l'Interprofession de la Tête de Moine, sous la direction de laquelle le cahier des charges de l'AOP a été élaboré.

Désormais, on produit de la Tête de Moine dans trois districts qui appartenaient autrefois à la principauté épiscopale de Bâle : ceux de Moutier, de Courtelary et des Franches-Montagnes, et encore dans quelques autres communes. Sept fromageries commerciales sont en activité dans les années 2010, dont une de plus grande taille à Saignelégier. Située face à l'ancienne abbaye de Bellelay, la Maison de la Tête de Moine abrite sous son toit un musée, une fromagerie à l'ancienne, une épicerie de produits du terroir et une boutique en ligne.

Une Tête de Moine contient en moyenne 51 % de matière grasse dans l'extrait sec, souvent un peu plus. Il est produit de la même manière que son frère sans AOP, le fromage du Jura, mais en diffère par certaines nuances (cf. *page 76*). Le poids et la forme, le bain d'eau salée, le brossage et le frottage, les températures des caves, le degré d'humidité et les secrets individuels des fromagers façonnent le caractère de cette spécialité. Slow Food Suisse a inclus la Tête de Moine traditionnelle issue de la production agricole à petite échelle dans l'Arche du Goût (Tête de Moine fermière, Tête de Moine au feu de bois) parce que l'ancienne méthode de fabrication se différencie de celle des fromageries modernes. La température lors de la production est plus basse, la période de production correspond à celle de l'estivage et le fromage est fait maison.

SUPPLÉMENT

La Girolle

En 1981, Nicolas Crevoisier, ingénieur et propriétaire d'une entreprise de mécanique de précision à Lajoux, dans les Franches-Montagnes, lance la production de la Girolle, un appareil grâce auquel les têtes de moine se transforment en un tournemain en jolies rosettes. C'était sa réponse à la crise de l'industrie horlogère. « Je cherchais des possibilités de travail pour occuper mes ouvriers. Dans mon classeur à projets, j'ai retrouvé cette idée que j'avais eue dix ans auparavant lors d'une réception où nous étions une douzaine à râcler pour 150 convives ; nous n'arrivions pas à suivre ; c'est à cette occasion que je me suis dit qu'il fallait absolument trouver un truc. J'y ai réfléchi et puis j'ai laissé tomber jusqu'à ce que la crise survienne » (cité par Didier Schmutz dans l'ouvrage précité) Lorsque le brevet a expiré au début du XXIe siècle, la petite entreprise avait vendu plus de trois millions de Girolles dans le monde.

SEL DE SCHWEIZERHALLE
Sel de la mer primitive du sous-sol de la vallée du Haut-Rhin dans le canton de Bâle-Campagne

FROMAGES DU JURA
Fromages des montagnes du Jura à pâte mi-dure au lait de vache

SOLOTHURNER TORTE
Tourte ronde aux noisettes, au japonais et à la crème au beurre

BUTTENMOST
Coulis de cynorhodon ; pulpe des faux-fruits de l'églantier ou rosier des chiens

AARGAUER RÜEBLITORTE
Gâteau compact d'Argovie, à base de carottes râpées, d'œufs et d'amandes ou de noisettes

SCHAFFHAUSERZUNGEN
Langues de Schaffhouse ; biscuits légers et délicats fourrés à la pâte d'amande bénéficiant d'une marque protégée

CARDON ÉPINEUX GENEVOIS
Cardon ou cardy ; légume à faire blanchir

FRUITS, LÉGUMES ET PLANTES

Bourgeons de sapin au miel

Épaisse mélasse à base de pousses de sapin cuites

Grâce à Internet, on peut trouver des recettes avec des tutoriels et apprendre que le miel de bourgeons de sapin comme le miel de pissenlit conviennent particulièrement aux végétaliens – car le miel proprement dit, issu du travail des abeilles, est indubitablement un produit d'origine animale. Le miel de bourgeons de sapin (*Tannenspitzenhonig* en allemand, *Tanneschösslihonig* en suisse allemand) ne se trouve pas en grandes quantités dans toute la Suisse. Il est impossible de déterminer depuis quand on transforme des bourgeons de sapin à des fins culinaires – sans doute depuis fort longtemps, car dans des régions telles que le Jura, avec ses vastes plateaux et ses crêtes montagneuses allongées, les conifères remplissent la même fonction nourricière essentielle que les cocotiers sous les tropiques.

L'arc jurassien est couvert de forêts de sapins rouges (ou épicéas) et blancs (ou sapins communs). Les conifères ne sont pas seulement utilisés comme symbole de Noël, bois de construction ou de chauffage: leur écorce sertit le Vacherin Mont-d'Or, et leurs jeunes pousses ou bourgeons servent à fabriquer du sirop ainsi que la mélasse, plus épaisse, des bonbons contre la toux et le catarrhe (le principe actif contenu dans les aiguilles est le pinène), et aussi un apéritif. Après les avoir nettoyés, on laisse macérer les bourgeons dans de l'alcool de bouche, les recueille dans une passoire, fait doucement mijoter cette infusion avec du sirop de sucre, filtre le tout et embouteille cette liqueur. Apparue au début du XXe siècle dans la région montagneuse du Haut-Doubs, autour de Pontarlier, lorsqu'on a cherché à remplacer l'absinthe suite à son interdiction, elle s'est rapidement répandue dans de nombreux villages français et suisses. «Les bourgeons de sapin sont le goût sauvage du Jura», explique une Franc-Montagnarde qui applique des méthodes ancestrales pour préparer du sirop, du miel, de la confiture, de la liqueur et du vinaigre à partir de ces précieuses pousses (*Histoire de goûts*).

Le miel de sapin se cuit comme le miel de pissenlit, avec l'adjonction d'un peu de jus de citron. La gelée a alors un goût sucré, citronné, un peu amer et résineux selon le mode de préparation, et d'une couleur ambrée à brune. Les aiguilles utilisées peuvent être réemployées pour faire du vinaigre aux aiguilles de sapin. Dans le Toggenbourg, une entreprise familiale produit entre autres des électuaires (pâtes à tartiner) d'aiguilles de sapin à base de sucre brut, de sirop de glucose, d'extrait de bourgeons de sapin, de sucre torréfié, d'extrait d'herbes et de concentré de sureau.

Voir aussi: Miel de pissenlit, page 274; Électuaire aux baies de genièvre, page 442.

PRODUITS DE BOULANGERIE ET PÂTISSERIE

Gâteau à la crème cuite

Gâteau rond et plat à base de pâte brisée recouvert de crème sucrée

On dispose en Suisse de très nombreuses recettes de gâteaux avec des garnitures au lait ou à la crème, aussi bien sucrées que salées. Dans le Jura, contrairement à ce qui se fait pour la plupart des autres gâteaux, on utilise de la pâte brisée et non levée. Il existe une version jurassienne avec une garniture composée de lait, de farine, d'œufs et de sucre; on la porte brièvement à ébullition, on y incorpore du beurre, la laisse refroidir, après quoi l'on ajoute du jus de citron, verse le mélange sur la pâte et enfourne le gâteau à 250 °C pendant 20 minutes; servir froid.

Pour la version neuchâteloise, il faut mélanger les œufs, la crème et le sucre, répartir ce mélange sur la pâte étalée dans la plaque; selon les goûts, on peut saupoudrer le tout de farine ou le garnir de lait concentré. Faire cuire pendant 15 minutes à 210 °C ou 15 à 20 minutes à 170 °C (suivant le diamètre); servir froid, également.

Les deux modes de préparation sont basés sur des recettes purement privées, à l'exception de quelques recettes maison, pour la plupart transmises oralement. Les personnes interrogées par l'équipe du Patrimoine culinaire suisse connaissaient le gâteau «depuis toujours», tout comme celles de la génération précédente.

Voir aussi: Salée au sucre, page 182; Taillé de Goumoëns, page 183; Gâteau du Vully, page 238.

Striflates

Beignets sucrés ou salés en forme de spirale

Cette pâtisserie délicate est fabriquée à partir d'une simple pâte composée de farine et d'œuf, d'eau ou de lait, de sucre ou de sel et de kirsch ou d'eau-de-vie de pruneaux. Lorsque la pâte est bien travaillée mais encore fluide, on en remplit un entonnoir ou une poche à douille et forme une spirale directement dans l'huile chaude. Il est important de veiller à ce que les deux extrémités ne soient pas lâches, mais restent bien reliées à l'ensemble, sinon la spirale brun doré ne survivra pas longtemps. Après refroidissement, les striflates sont saupoudrées de sucre glace, parfois aussi d'un peu de cannelle. Autrefois, cette pâtisserie était consommée pendant le Carême, pratiquement comme un aliment pour maigrir; dans les Franches-Montagnes, pendant la saison des foins et des moissons pour les neuf heures et les quatre heures.

Dans le canton de Neuchâtel, les striflates sont appelées beignets à l'entonnoir. *Striflou* et *triflou* sont aussi les noms d'une sorte d'entonnoir à long manche (pour ne pas se brûler les mains en cuisinant). En Suisse alémanique, ils sont connus sous le nom de *Strauben* ou *Strübli*. D'après le *Dictionnaire suisse romand*, le terme *striflate* pourrait provenir de l'alémanique alsacien *strifele*.

Dans son livre de cuisine datant de 1592, Magdalena Platter a rédigé une recette plutôt excentrique de beignets pour le Carême (« *Strüble in der Vasten* ») : « Prends de la carpe hachée, pilonne-la dans un bol et mélange-la avec un bouillon de pois ; presse le tout à travers une serviette et fais une pâte comme des beignets avec de la chapelure, verse-y un peu de vin dessus et mets ça au four ; on peut aussi faire des beignets avec des œufs de carpe, mais il faut les pilonner dans une pierre » (*Back es im Öfelin oder in der Tortenpfann*, 2008).

Si dans des villes comme Bâle et Berne, on ne trouve plus guère de *Strübli* ou de beignets, simples ou à l'entonnoir, on continue à confectionner des striflates dans le Jura ; pratiquement plus dans le commerce, mais en privé et pour des occasions festives.

Voir aussi : Fasnachtsküchlein, page 36 ; Beignets à l'entonnoir, page 203 ; Merveilles, page 490.

Totché

Gâteau rond et plat en pâte levée avec un glaçage à la crème aigre

Toetché, *toétché*, *touètché*, *toitché*, *touétchi* ou tout simplement gâteau à la crème aigre – quel que soit le nom qu'on lui donne, le goût acidulé de sa garniture est caractéristique de cette galette ou gâteau à base de pâte levée. Le totché est répandu dans tout le Jura, mais ses origines se situent en Ajoie. Une étude ethnographique réalisée en 1908 l'a inscrit comme spécialité régionale traditionnelle. Plus récemment, il s'est également fait connaître au-delà des chaînes jurassiennes comme dessert pour le célèbre festin de la Saint-Martin, également une tradition ajoulote.

Le totché ressemble à une pâtisserie paysanne de fête, ce qu'il était à l'origine : la farine blanche et la crème, bien qu'aigre, n'étaient pas le lot quotidien. La farine blanche était chère, la crème était fouettée pour en faire du beurre ou transformée en fromage dans le lait ; simplement pour elle-même, épaisse et grasse, c'était un luxe que l'on gardait dans la cave jusqu'à ce que, en vieillissant, elle devienne aigre. La paysanne mélangeait de la levure de bière, du sel et du beurre avec du lait tiède, ajoutait de la farine et une cuillère d'huile, pétrissait le tout en une pâte lisse qu'elle laissait lever pendant deux heures.

Foncer la pâte dans une plaque de cuisson, former un rebord, mélanger la garniture de crème double aigre ou de crème double avec du yaourt, de l'œuf, de la farine et, selon les goûts, du sel et du poivre et verser sur la pâte. Cuire au four et laisser refroidir, couper en tranches et servir.

Selon Albert Spycher, ethnologue et historien de la pâtisserie à Bâle, le colostrum (cf. *pages 267 et 476*), ce riche premier lait de la vache après le vêlage, servait aussi à faire du glaçage. Lors de la cuisson du pain, certains pressaient les restes de pâte dans la plaque de cuisson et étalaient la garniture par-dessus ; ou bien ils incorporaient de la purée de pommes de terre à la pâte et ajoutaient aussi du safran au glaçage. Certaines boulangeries du Jura proposent des totchés tout au long de l'année, probablement une conséquence de la commercialisation touristique de la Saint-Martin. En Franche-Comté, il existe des termes dialectaux tels que *toutaie*, *toutier*, *toutché* ou *tourté* qui, selon les chercheurs, ont la même origine que *totché* : ils remontent au mot d'ancien français *tourtel*, « gros pain de forme ronde », issu du latin *torta*, qui a donné *tourte* et *tarte* en français moderne.

BOISSONS

Damassine

Fine eau-de-vie de prunes de Damas

Ce très exquis alcool à la robe transparente répand ses merveilleux et puissants arômes dans le palais comme un feu d'artifice. La Damassine AOP est à juste titre considérée comme une perle de l'art de la distillation suisse. À l'instar de l'absinthe, cette eau-de-vie était auréolée d'histoires et de rumeurs sur l'endroit où l'on pouvait en trouver et laquelle était la meilleure – sauf qu'à la différence de la fée verte (cf. *page 211*), la Damassine n'a jamais été interdite. Dans ces circonstances, il apparaît évident que cet élixir jurassien est un exemple parfait de la signification du sceau Appellation d'origine protégée (AOP, cf. *page 72*). L'histoire de son attribution a été marquée par des querelles qui ont conduit jusqu'au Tribunal fédéral, lequel s'est prononcé le 25 février 2010 en faveur des Jurassiens: la zone de production se limite à leur seul canton. La prune de Damas, autrefois appelée elle aussi damassine, puis baptisée damasson rouge en 2010 pour mieux distinguer entre fruit et eau-de-vie, ne craint nullement les contacts et pousse également en dehors des frontières de la République et Canton du Jura. Il est donc compréhensible que d'autres arboriculteurs jurassiens – au sens large – aient voulu se tailler une part du gâteau.

Mais les opinions divergeaient également parmi les producteurs eux-mêmes, notamment sur la question de savoir si seuls les fruits des arbres sauvages ou également ceux des arbres greffés devaient être autorisés comme matière première. Les deux le sont, mais ils doivent être récoltés et distillés séparément, il ne faut jamais les mélanger (même pas dans le verger) et leur origine doit être clairement indiquée sur l'étiquette. Le cahier des charges, qui est à la base de chaque attribution de l'AOP, enregistre méticuleusement toutes les étapes, de l'arbre au logo officiel, afin qu'aucun doute ne puisse subsister, et vaut la peine d'être lu (*aop-igp.ch*).

Quelques autres points importants: La Damassine est produite exclusivement à partir du damasson rouge de la famille des fruits à noyaux. – La Damassine se caractérise par un goût particulièrement affirmé de petites prunes sauvages avec des accents herbacés et d'amandes amères. Le distillat présente également des notes fruitées et sucrées ou épicées. – Les damassiniers peuvent être multipliés de plusieurs manières: par drageonnage, bouturage, marcottage ou greffage. – La reproduction in vitro n'est pas autorisée. – Le bétail doit être éloigné des vergers traditionnels au moins deux semaines avant le début probable de la récolte. L'herbe doit être coupée sous les arbres et les restes de fèces doivent être évacués. – Les damassons rouges mûrs qui sont tombés des arbres sont ramassés chaque jour à la main. – Il est interdit de cueillir les fruits et de secouer les branches. – Le broyage et le dénoyautage ne sont pas autorisés.

Après la récolte, les fruits sont triés et immédiatement mis dans des fûts, qui sont stockés à une température de 15 à 25 °C jusqu'à la distillation. Lorsque la fermentation alcoolique est terminée, les fûts sont entièrement remplis de fruits fermentés, puis scellés. La distillation a lieu au plus tard le 31 décembre de l'année de la récolte. Au terme de la distillation, qui se déroule en principe comme d'habitude (cf. *Digression page 84*), la teneur en alcool ne peut être réduite qu'avec de l'eau déminéralisée ou distillée provenant de la zone de production. La Damassine doit être conservée pendant au moins six mois et ne doit pas être commercialisée avant la Saint-Martin (le 11 novembre) de l'année suivant la récolte.

La patrie des damassons rouges se trouve en Ajoie, plus précisément dans La Baroche, à une dizaine de kilomètres à l'est de Porrentruy. Leur origine se situe, comme le prunier de Damas l'indique, au Proche-Orient. Le duc d'Anjou aurait découvert cet arbre à Jérusalem pendant la cinquième croisade, vers 1220, et l'aurait ensuite rapporté en Europe. Les premières références dans le Jura remontent au XIXe ou au XVIIe siècle: le *Patrimoine fruitier de Suisse romande* de Bernard Vauthier (2004) mentionne un «rouge prusnier» qui se trouvait à Court, non loin de Moutier, en 1665. Le damassinier jurassien «aux mille parfums», selon l'expression d'un distillateur poète, est une sélection régionale.

Voir aussi: Mirabellenschnaps, page 61; Eau-de-vie de prunes neuchâteloises, page 214; Zuger Kirsch et Rigi Kirsch, page 393; Abricotine, page 482.

Eaux-de-vie de fruits sauvages jurassiennes

Eaux-de-vie blanches à base de fruits sauvages du Jura

Distiller est une tradition dans le Jura, ses eaux-de-vie font partie des produits les plus remarquables de cette région où les spiritueux sont particulièrement appréciés. Dans *Paysans et horlogers jurassiens* (1887), l'auteur Robert Pinot rapporte une piquante anecdote: «Je me rappelle qu'un jour étant entré dans une auberge à Bellelay, comme je ne prenais pas d'eau-de-vie, un paysan me demanda de quelle paroisse j'étais pasteur.» À l'origine, les eaux-de-vie étaient destinées à un usage médical – même aujourd'hui, un agriculteur a le droit d'en distiller une certaine quantité pour soigner ses bêtes en cas d'urgence.

Dans le canton du Jura, si l'on tombe sur des bouteilles étiquetées Sorbe ou Alise (fruits de sorbiers), Beutchin (petite pomme) ou Biasson (poire), Blouche (prune) ou Cynorhodon (fruit de l'églantier, également appelé «gratte-cul»), Merise (petite cerise) ou Prunelle sauvage, il ne faut pas hésiter, ce sont des raretés sélectionnées, des alcools distillés à partir de fruits sauvages. La liste se poursuit avec les framboises des bois et les mûres sauvages – mais ces noms paraissent presque ordinaires, comparés aux autres. Les eaux-de-vie de fruits sauvages sont une véritable passion pour les *distillous*, les petits distillateurs privés jurassiens.

Se procurer les baies n'est déjà pas une mince affaire, ce qui est particulièrement vrai pour les alises du *Sorbus torminalis* (le sorbier ou alisier torminal), apparenté au sorbier des oiseleurs (*Sorbus aucuparia*). Il faut 50 litres de moût pour faire un litre d'alise. « Dans le meilleur des cas, on arrive à récolter un hectolitre en deux ou trois jours », écrit Maurice Bidaux dans ses *Contes et secrets autour de l'alambic* (1980). La concurrence vient des cerfs, qui raffolent des bourgeons de sorbiers, empêchant ainsi la propagation des arbres, ainsi que des grives, renards, martres et autres animaux incapables de résister à l'odeur envoûtante de l'alise.

Seuls les passionnés partent à la cueillette des petits fruits après les premières gelées, si bien qu'ils renâclent parfois à vendre leur élixir. Dans le restaurant gastronomique fondé par Georges Wenger au Noirmont, un décilitre d'alise à l'emporter coûte 22 francs (2013). De quoi aiguiser les ambitions dans le voisinage : l'Office des forêts des deux demi-cantons bâlois a déclaré l'alisier arbre de l'année 2011 et en a fait planter 800 jeunes individus achetés à l'Institut fédéral de recherches sur la forêt, la neige et le paysage et distribués aux triages forestiers appropriés de la région, ainsi que 950 cormiers, poiriers et pommiers sauvages, néfliers et érables à feuilles d'obier.

À l'hôtel comtal de Neuchâtel, entre 1435 et 1456, on s'approvisionnait en *aigue ardent* (eau-de-vie) en Franche-Comté, et en 1539 un *eauardentier* (distillateur) s'est installé à Saint-Blaise (*Le Patrimoine fruitier de Suisse romande*, 2004). Il est impossible de dire quand on a commencé à distiller dans le Jura et dans quel but, mais il ne faut pas oublier ceci : dans les années 1950 encore, personne n'aurait prétendu que le Jura disposait de suffisamment de médecins pour les hommes et les animaux ; les raisons pour distiller des eaux-de-vie et « faire le secret » (prier pour la santé) ne manquaient donc pas. Dans l'ouvrage précité, Maurice Bidaux raconte que juste après la fin de la Première Guerre mondiale, il a entendu parler d'un immense alisier situé dans un hameau : « Le père "Bonjour à vous", c'était son sobriquet, en aurait distillé les fruits dans le temps. » Sur la base d'un recensement fédéral réalisé en septembre 1930, on estime que plus de 900 distillateurs produisaient leur propre eau-de-vie à cette époque dans l'actuel canton du Jura – à titre de comparaison, on en dénombra 830 dans le canton de Vaud et 237 dans celui de Neuchâtel.

La distillation des fruits sauvages est une histoire laborieuse, exigeante, pas du tout rentable pour une production dépassant le cadre privé et artisanal – c'est pourquoi elle doit vraiment se faire à l'ancienne. Parmi les fruits mentionnés, le cynorhodon et l'alise ont besoin d'un peu d'eau supplémentaire pour qu'ils commencent à fermenter et ne se ratatinent pas. Selon les distillateurs, les fruits sont broyés et écrasés ou laissés à fermenter sans aucun traitement avant d'être distillés (*voir la digression ci-dessous*). Ensuite, les eaux-de-vie, dont le titre alcoolique est élevé, sont diluées avec de l'eau distillée ou déminéralisée afin de ramener la teneur en alcool à 40 ou 45 % du volume et laissées à maturation dans des bonbonnes recouvertes de gaze ou scellées avec un bonde aseptique, un bouchon permettant aux gaz de s'échapper mais pas à des saletés telles que des mouches de s'introduire.

DIGRESSION

Aqua ardens (eau ardente ou alcool ou eau-de-vie)

On extrayait déjà des essences parfumées des plantes par distillation durant l'Antiquité. Des feuilles ou des fleurs étaient mises dans un récipient coiffé d'un couvercle et placées au soleil. Sous l'effet de la chaleur, les feuilles sèchent, du liquide s'en extrait. L'humidité ascendante étant retenue au-dessous du couvercle, la vapeur se liquéfie à nouveau et reste accrochée au couvercle sous forme de gouttes, et pour éviter que celles-ci ne retombent au fond du récipient, on les recueille avec un tampon en laine. Le verbe distiller est issu du latin *stillare*, tomber goutte à goutte, dégoutter.

Les sources les plus anciennes sur la méthode pour obtenir des essences parfumées comme l'eau de rose par distillation conduisent en Mésopotamie au IVe millénaire av. J.-C. Des scientifiques arabes ont découvert par la suite que le vin pouvait être transformé en une substance plus forte par la distillation, qui était utilisée à des fins médicales. L'alcool s'évapore à 78 °C, soit un peu plus tôt que l'eau, dont le point d'ébullition est à 100 °C. L'alchimiste italien Magister Salernus (mort en 1167) connaissait le procédé grâce à des écrits arabes et, après diverses expériences, observa que l'alcool distillé à partir de vin ou d'eau-de-vie peut lui-même s'enflammer ; c'est ainsi qu'il fut appelé *aqua ardens*, eau ardente, et plus tard, lorsqu'il fut élevé au rang de remède miracle bénéfique, notamment contre la peste, *aqua vitae*, eau-de-vie – ce dernier terme latin a aussi donné l'ibérique *aguardiente* et la scandinave *aquavit*.

Charles II de Navarre (1332-1387) a fait l'expérience ultime de la proximité de ces vocables : pour combattre sa fièvre et raviver son corps fatigué, ses médecins firent appel à la nouvelle magie et enveloppèrent le roi dans des draps imbibés d'*aqua vitae*. Tout se passa bien jusqu'à ce qu'une nuit, un valet tendit sa chandelle un peu trop près du monarque convalescent : l'esprit-de-vin de l'*aqua ardens* se transforma en boule de feu et le roi s'embrasa à son tour ; il mourut peu après des suites de ses brûlures.

Les origines de l'alcool en tant que boisson agréable se situent probablement aussi au Moyen Âge. La commercialisation des alcools distillés en Europe hors des apothicaireries a commencé au début du XVe siècle avec l'armagnac, la première eau-de-vie connue. Il n'a pas fallu longtemps pour que l'on se mette à produire des eaux-de-vie également à partir de matières premières autres que le vin.

Qu'il soit *vitae* ou *ardens*, le vin distillé représentait un danger d'incendie non seulement en application externe, mais aussi interne : il brûlait la gorge. Pour atténuer ce grattage par trop rustique, on ajouta des herbes à l'eau-de-vie. Il n'est pas possible de dire précisément quand la distillation a fait ses débuts en Suisse ;

on ne peut que constater qu'elle a pris son essor au XVIIe siècle. « Les eaux-de-vie commencent à apparaître dans les textes officiels (mandats sur les mœurs et statuts municipaux) après 1600. Mais leur production était déjà courante [...]. On distillait surtout des cerises, des quetsches, des pommes et poires découpées, la lie de vin et de cidre, le marc de raisin et de fruit, plus rarement des céréales » (*DHS*).

La distillation est le processus grâce auquel on sépare l'eau de l'alcool – par la chaleur, étant donné que l'eau s'évapore à 100 °C et l'alcool déjà à 78 °C ; celui-ci s'élève sous forme de vapeur et est récupéré, tandis que l'eau (il faut rester bien en deçà des 100 °C pour qu'elle ne s'évapore pas elle aussi) est mise de côté.

Les fruits broyés (avec ou sans noyaux suivant les traditions et préférences) ou la bouillie maltée de pommes de terre ou de céréales (orge) sont pressés dans des cuves. Les microorganismes commencent à agir, convertissant les sucres en alcool et en gaz carbonique. Selon les informations fournies par la distillerie argovienne Humbel, « le problème, c'est que ce n'est pas toujours l'indésirable levure *Saccharomyces cerevisiae* [levure de boulanger ou de bière à haute capacité de fermentation] qui s'en prend violemment au sucre. Des milliers d'autres micro-organismes rôdent, dont les tristement célèbres bactéries acétiques, qui transforment l'alcool en vinaigre ». Pour éviter que ces petits gloutons importuns ne se développent, on peut ajouter de l'acide lactique ou phosphorique.

Au bout de trois bonnes semaines, la fermentation est terminée et le moût a une teneur en alcool de deux à dix pour cent en volume selon la matière première, toujours d'après la distillerie Humbel. On peut soit distiller aussitôt, soit laisser le moût reposer pendant quelques semaines ou même quelques mois. Les opinions sont très variées, car en matière de distillation on peut faire toutes sortes de choses – et quelle que soit la méthode choisie, à 16-17 % de volume en alcool, la levure meurt dans l'esprit qu'elle a créé.

Le distillateur verse le moût dans l'alambic et le fait chauffer au bain-marie. À 78,4 °C, l'alcool s'évapore, s'élève et est canalisé vers le refroidisseur, où il se condense et s'égoutte dans un collecteur. En fin de compte, la vapeur liquéfiée contient 65 à 85 % de volume en alcool.

Une partie de l'art de la distillation tient à l'instinct sûr qu'il faut avoir pour reconnaître les fines distinctions entre tête, cœur et queue. Le cœur de chauffe est sélectionné, la tête de distillation éliminée et la queue redistillée.

Un distillateur : « Les têtes contiennent des composants aigres et non comestibles tels que l'éther acétique, qui a un goût typique de vernis à ongles. Puis vient le cœur, là tout va pour le mieux du monde. Ensuite, la teneur en alcool diminue rapidement jusqu'aux queues, qui contiennent ce qu'on appelle des alcools de fusel. Le fait qu'en allemand le mot *Fusel* désigne un "mauvais alcool" vient exactement de là. » Imbuvables, les têtes sont rejetées.

Ayant une teneur en alcool très élevée, l'eau-de-vie est diluée avec de l'eau déminéralisée avant la mise en bouteille afin qu'elle titre à 40-45°, ce qui est idéal pour sa consommation. Ensuite, toutes les substances opacifiantes et autres impuretés sont filtrées et l'eau-de-vie blanche est stockée pendant environ deux ans dans une cuve en acier afin qu'elle mûrisse et que ses arômes s'intensifient.

Pour enrichir une eau-de-vie d'autres arômes, par exemple d'herbes (qui ne contiennent pas de sucre et sont infermentescibles), les ingrédients sont placés dans de l'alcool pendant quelques jours. « L'alcool est aussi un solvant et par conséquent il extrait les arômes et les ingrédients par macération. Ensuite, le produit intermédiaire est à nouveau distillé pour devenir incolore » (*humbel.ch*) et appelé « esprit ».

Voir aussi : Quittenschnaps, page 62 ; Zwetschgenwasser, page 100 ; Eau-de-vie de poire à botzi, page 249 ; Härdöpfeler, page 302 ; Träsch, page 303 ; Bätziwasser, page 368 ; Zuger Kirsch et Rigi Kirsch, page 393 ; Grappa di vinaccia, page 638.

Eau-de-vie de gentiane

Eau-de-vie claire distillée à partir de racines de gentiane jaune broyées et fermentées

L'*Appetit-Lexikon* (Vienne, 1894) affirme que la gentiane est « un digestif bien connu et couramment consommé depuis deux siècles, d'une grande amertume, préparé à partir de la racine fraîche de la gentiane suisse [...] et [...] qui est tenu en très haute estime, car avec lui se vérifie le proverbe "Amer à la bouche, et doux au cœur" ». D'après ma propre expérience, ce jugement correspond à la réalité. Une gorgée de gentiane dans la bouche, c'est comme si l'on mordait dans de la terre qui vient d'être retournée. En tant que « goutte de terre », cette eau-de-vie claire à base de racines de gentiane jaune est emblématique de la cuisine du *terroir*, même si les avis divergent quant à savoir si la gentiane est buvable ou non. Une dispute entre connaisseurs et ignorants ? En tout cas, elle ne doit être bue qu'à la fin du repas, après tous les autres spiritueux moins dominants : comme coup de l'étrier, c'est-à-dire en dernier (pour la route).

La gentiane jaune, *Gentiana lutea*, pousse sur les sols calcaires, en Suisse dans le Jura et dans les Préalpes. Sur la carte de *Flora Helvetica* (2012), son habitat forme deux bandes bien distinctes qui s'étendent d'est en ouest. La plante pousse particulièrement bien dans les pâturages car ses feuilles sont trop amères pour que les vaches les broutent – pas étonnant qu'on ait eu recours à cette médecine amère lorsqu'on était mordu par une bête venimeuse comme la vipère. La tige de la gentiane jaune peut atteindre deux mètres de haut ; elle vit parfois soixante ans, voire cent. La floraison ne se produit qu'à quelques années d'intervalle, mais la gentiane rassemble force et matière dans sa racine pour remplir les fleurs de milliers de graines. Le rhizome ne cesse de se développer et pèse jusqu'à sept kilos lorsqu'on le déterre.

De l'Antiquité au Moyen Âge, « les usages de la gentiane jaune sont restés dans le giron presque exclusif des médecins et des apothicaires », explique le Cercle européen d'étude de la gentiane jaune et des gentianacées (CEEG). « Ce sont les moines de certaines abbayes de l'Europe centrale et orientale qui, cherchant de nouvelles plantes pour la distillation et la fabrication de liqueurs, vont faire entrer la gentiane jaune dans l'univers des boissons dès le milieu du XVIIe siècle. »

La gentiane est distillée dans tout l'arc jurassien, y compris dans le canton de Neuchâtel. En 1796, Charles Huguenin, notaire à La Brévine, mentionne dans son registre un certain Michel Scheleppy, d'origine bernoise, qui « distille de l'eau-de-vie de différentes racines et spécialement de genscianne ». Vers 1816, David-Guillaume Huguenin, maire de La Brévine, écrit dans ses *Lettres d'un buveur d'eau* que « dans la seule paroisse de La Brévine, il y a une dizaine d'alambics en activité jour et nuit pendant l'automne et l'hiver ». Dix ans auparavant, les avantages économiques de la gentiane jaune n'étaient pas encore reconnus, alors que, toujours d'après ce maire, « c'est maintenant un objet de fabrication qui s'écoule au Locle, à La Chaux-de-Fonds, à Neuchâtel et surtout dans le canton de Berne ». Du côté préalpin, plus précisément dans le Pays-d'Enhaut, l'eau-de-vie de gentiane était déjà bien connue au tournant du XIXe siècle.

Lors de la préparation du moût, certains distillateurs lavent et brossent les racines avant de les broyer. On ajoute à la masse de racines broyées environ un cinquième d'eau dans le fût, ainsi que de la levure de boulanger ou de bière. Le processus de fermentation dure deux à trois mois en fonction de la quantité et de la température. La distillation se fait comme d'habitude (cf. *Digression page 84*). Les anciens alambics étaient chauffés directement au bois ; les modèles plus récents fonctionnent avec une chaleur indirecte (vapeur, bain-marie) pour éviter toute surchauffe ; si la chaleur est trop intense, l'eau-de-vie peut « brûler » et prendre un goût âpre et déséquilibré.

Le distillat est conditionné en bombonnes, qui sont placées dans un grenier ou un autre endroit dans lequel les variations de température sont sensibles ; les différences doivent provoquer l'évaporation d'éléments indésirables, comme une odeur excessive d'alcool, de flegme, d'éthanol, etc. Les bombonnes sont scellées avec une gaze ou une bonde aseptique, ce qui permet au gaz de s'échapper tout en empêchant les micro-organismes d'y pénétrer. À partir de 100 kilos de racines de gentiane, on obtient six à sept litres d'alcool titrant à 48 % vol. d'alcool ; par comparaison, à partir de la même quantité de fruits juteux, on distille une bonne dizaine de litres au même titre.

Dans le Jura, la gentiane est surnommée la fée jaune, en référence à sa consœur verte, l'absinthe. Cette bonne fée qu'est la gentiane jaune se caractérise par douze vertus : elle sert d'apéritif aussi bien que de digestif, a un effet purificateur, soulage les maux d'estomac, fait baisser la fièvre, stimule la salivation et la digestion, libère des flatulences, expulse les vers, reconstitue, stimule et fortifie l'organisme. C'est vrai pour les humains comme pour les animaux : les paysans administrent de la gentiane chaude à leurs vaches et leurs chevaux souffrant de coliques.

Voir aussi : Génépi, page 496 ; Iva, page 577.

4

SOLEURE (*SOLOTHURN*)

Coquetteries à la française

Le plus étonnant avec ce canton n'est pas le fait qu'il existe encore, mais que ses frontières soient demeurées plus ou moins inchangées depuis le XVIe siècle. Son territoire est sorti indemne de l'invasion française, a survécu à Napoléon, à la République helvétique et au Congrès de Vienne. Seuls les anciens maîtres ont perdu des plumes, la caste patricienne de la ville de Soleure, qui gouvernait aristocratiquement aux XVIIe et XVIIIe siècles ; à part quelques rechutes occasionnelles dans les anciens schémas de pensée, elle se résolut à accepter les nouvelles règles.

Avec ses 790,4 kilomètres carrés, le canton de Soleure se situe au 16e rang de la Confédération, entre ceux de Neuchâtel (15e) et de Glaris (17e) – plus de 200 kilomètres carrés de plus que les deux demi-cantons bâlois réunis, mais plus dispersés que tout autre canton. En y regardant de plus près, ses contours ressemblent à un homme prenant la fuite qui jette sa tête et son chapeau en direction de l'Alsace. La France a joué un rôle important dans son histoire, les ambassadeurs du royaume auprès de la Confédération ayant choisi Soleure comme résidence en 1530. Les Soleurois d'aujourd'hui sont encore fiers de ce passé. Mais au fond, ce canton est un modèle de régionalisme : la partie occidentale, y compris la capitale, est orientée vers Berne ; avec Olten, la partie orientale est un véritable nœud ferroviaire : Bâle, Zurich, Lucerne et Berne sont atteignables en guère plus d'une demi-heure ; le district du Thal, la hanche du fuyard, s'étend entre la première et la deuxième chaîne du Jura en une vallée presque rectiligne, et au-delà du col du Passwang, en descendant vers Bâle, se trouve encastré dans la Suisse du Nord-Ouest, le Schwarzbubenland, à savoir les districts de Thierstein et Dorneck avec leurs deux exclaves Kleinlützel et Rodersdorf.

Qu'est-ce que Soleure et Olten ont en commun, vers quelle direction se tourne Granges ou le Schwarzbubenland ? Appartenant à de vastes régions telles que le Mittelland bernois et argovien ainsi que la Suisse du Nord-Ouest, ces parties forment un canton composé de régions périphériques où l'on peine à trouver des réalisations culinaires marquantes. Cependant, le coulis de cynorhodon et la tourte de Soleure se distinguent, tout comme les deux *Pasteten*, qui ont leur place dans l'année ecclésiastique de deux communes, Bettlach et Selzach. Les autres produits décrits aux pages suivantes sont également originaires d'autres endroits. Ainsi, les pruneaux et les cerises passent pour caractéristiques du canton de Bâle-Campagne, mais poussent également dans le Mittelland ou Plateau, tout comme les fruits garnissant les gâteaux et les noix pressées de manière traditionnelle pour en faire de l'huile.

L'inclination pour la France et ses délices est toujours présente, grâce au passé qui repose sur la capitale comme de la poudre sur une perruque, mais aussi sous la forme de la crème au beurre, qui cimente la tourte de Soleure et qui était déjà connue des pâtissiers français au XVIIIe siècle. Sur le versant nord du Jura, le modeste trafic frontalier enrichit la vie quotidienne, que ce soit grâce aux chefs alsaciens qui assurent le haut niveau de la cuisine française classique, ou comme source d'inspiration pour des expéditions culinaires réciproques.

Huile de noix

Baumnussöl ; huile obtenue en torréfiant et en broyant des noix

L'histoire de la noix en tant que denrée alimentaire commence si tôt qu'il faudrait des années pour la raconter. Pour nos lointains ancêtres, les noix – qu'il s'agisse, botaniquement parlant, de graines ou de fruits – étaient faciles à récolter, à sécher et à consommer sans préparation particulière. Pendant l'Antiquité, dans les régions où l'olivier était un arbre vénéré – et même sacré – aussi bien culinairement que culturellement, on pressait de l'huile à partir d'amandes, de pistaches et de noix moulues, qui était utilisée pour l'assaisonnement des mets et non pour la cuisson. Jusqu'au milieu du XXe siècle environ, l'huile de noix a conservé une place de choix dans les cuisines et les caves, où elle servait également de combustible pour les lampes, avant que la main-d'œuvre coûte trop cher, que la réduction des coûts par la rationalisation devienne permanente et que l'exquise huile de noix pressée dans les anciennes huileries soit remplacée par des huiles de tournesol, de colza, d'arachide, de palme et d'olive produites industriellement. C'est comme « un doux souvenir » de ces huiles de l'Antiquité, « lorsque aujourd'hui nous assaisonnons notre salade avec de l'huile d'amande, de noisette ou de noix et que nous nous sentons très audacieux », nous dit Waverley Root (*Food*).

Le noyer de l'espèce *Juglans regia* a été acclimaté par les Romains dans le sud, l'ouest et le centre de l'Europe. Au fil du temps, cet arbre acquiert une personnalité et une couronne majestueuses ; on a pu prouver qu'il peut vivre pendant plus de 600 ans. Plus l'arbre est vieux, plus son abattage est brutal, équivalant à une exécution. Pendant la Seconde Guerre mondiale, une autorisation était nécessaire en Suisse pour abattre un noyer ; ceux qui l'obtenaient étaient obligés de planter deux successeurs. Mais à partir des années 1950, c'est une véritable razzia sur les noyers qui a commencé : en 1956, ils sont victimes, région par région, du gel légendaire, puis du boom de la construction, du remembrement, du désintérêt pour l'huile de noix et de l'intérêt pour les bois précieux. Il y avait plus d'un demi-million de noyers dans le pays en 1951 ; un demi-siècle plus tard, quatre cinquièmes de moins. En 2012, 488 ares de noyers ont été plantés, soit 47 de plus que l'année précédente (statistiques de l'OFAG).

S'agit-il d'un tournant ? Après des années d'excursions dans des contrées exotiques, la tendance à se tourner à nouveau vers une production indigène durable profite également au noyer, qui, en tant qu'arbre haute-tige, forme son propre habitat. Le paysage, sa flore et sa faune en bénéficient.

Heureusement, non seulement des arbres ont survécu, mais aussi quelques moulins à huile : la Suisse en comptait 70 en 1941, aujourd'hui il y en a une poignée dans les cantons de Vaud et de Berne. Le Moulin-Huilerie de Sévery, au pied du Jura vaudois, est le seul à être géré de manière professionnelle, tandis qu'à Lüterswil dans le canton de Soleure, un magnifique moulin datant du XVIe siècle, le *Grabenöle*, est exploité périodiquement (*grabenoele.ch*). Un guide des moulins suisses (*muehlenfreunde.ch*) recense une centaine de moulins à huile et à grains, de moulins à marteaux et de moulins à os historiques.

En automne, les noix sont ramassées, lentement séchées et retournées régulièrement afin qu'elles ne commencent pas à moisir et ne prennent pas un goût rance. Il est préférable de les étaler sur des grilles et de les laisser sécher au soleil d'automne ou dans une pièce normalement chauffée. On ne casse les coques que peu avant de procéder au broyage des cerneaux de noix.

Produire de l'huile à partir de son propre noyer est possible, mais cela demande des efforts assez conséquents, à commencer par le cassage des noix – le faire seul est fastidieux, mais tout à fait agréable et convivial à plusieurs. Débarrassés de leur dure enveloppe, les cerneaux sont amenés à l'huilerie (pour en savoir plus, voir sous *Huile de noix vaudoise, page 159*). Au Grabenöle de Lüterswil, un marteau en bois s'abat sur une lourde cale qui presse l'une contre l'autre les plaques entre lesquelles la pâte de noix perdra peu à peu ses lipides.

De dix kilos de noix pressées à chaud selon la vieille tradition, on extrait à peu près quatre litres d'huile. Cette précieuse essence s'utilise de préférence froide pour aromatiser des vinaigrettes ou, avec quelques gouttes, des pâtes. Slow Food Suisse a accueilli l'huile de noix dans son Arche du goût.

Voir aussi : Rapsöl, page 126 ; Huile de colza, page 159 ; Huile de noix vaudoise, page 159 ; Olio d'oliva ticinese, page 597.

PRODUITS CARNÉS

Cervelas

Saucisse fumée et échaudée

Sur les plus de 90 entrées de produits carnés qui ont été inclus jusqu'à présent dans l'Inventaire du patrimoine culinaire suisse, les deux tiers sont des saucisses. Pour quelle raison est-ce justement le cervelas qui a été élevé au rang de saucisse nationale? Il existe des compositions plus raffinées, comme le saucisson neuchâtelois ou la *mortadella di fegato*, des saveurs plus délicates comme la saucisse à rôtir de Saint-Gall, des apparitions plus massives comme la *Bündner Beinwurst* – tout cela est bel et bon, mais aucune autre saucisse ne saurait rivaliser avec le cervelas, qu'elle soit aussi épaisse qu'un boutefas ou aussi fine qu'une «Bell Würstli». Peut-être parce que le cervelas ne coûte pas cher, parce que son goût est insurpassable et parce que c'est la saucisse multifonctionnelle par excellence: coupé en rondelles, le cervelas se mange froid en salade (avec ou sans fromage) ou rôti avec de la sauce; idéal pour un barbecue, on peut aussi le couper deux fois aux deux extrémités, le piquer sur une branche de noisetier à l'extrémité taillée en pointe et le faire griller ainsi au-dessus du feu; certains l'aiment soit sous forme de cordon-bleu de l'ouvrier, c'est-à-dire garni de fromage et enveloppé de lard, soit plongé dans l'eau frémissante pour en faire une truite prolétarienne, ou encore comme «festin de forêt»: tel quel, froid avec un morceau de pain.

Les origines du cervelas, également appelé *Klöpfer* (Bâle), *Servela*, *Serwila* (Zurich), *Zervelat*, *Cervela*, *Stumpen*, *Filet im Darm* (filet en boyau) ou *Kotelett des armen Mannes* (côtelette du pauvre), sont assez obscures; aucun canton, aucune région n'est à même d'en revendiquer la paternité. Le Buffet de la gare d'Olten a entre-temps beaucoup contribué à l'essor et à l'acceptation culinaire du cervelas jusque dans les années 1980. À une époque où le réseau autoroutier était loin d'être achevé et où les flux de trafic n'étaient pas aussi denses qu'au début du XXIe siècle, des hommes politiques et des conseils d'administration, des associations et des syndicats, des chorales, des clubs de gymnastique et toute autre forme de groupement humain organisé se réunissaient pour des séances au Buffet de la gare d'Olten parce que les voies ferrées les plus importantes passaient par cet ancien nœud ferroviaire. Avant de se séparer et de monter dans le train du retour, on se dépêchait d'atténuer les gargouillements de son estomac en avalant une *Wurstsalat* – qui était si bonne que la nouvelle s'est répandue dans toute la Suisse, profitant au cervelas. Cette saucisse si pratique ne manque à aucune fête populaire entre le lac de Constance et le Léman et du Rhin au Tessin.

Son nom est orthographié de plusieurs manières, ce qui est souvent interprété comme une indication de l'origine de cette saucisse; pourrait-il être issu du monde de la gastronomie? *Cervelat* viendrait-il de *Servez-là!* ou bien cela a-t-il un rapport avec la cervelle, *cerbellum* en latin? Dans aucune recette, aussi lointaine soit-elle, ne figure de la cervelle. Ou faut-il chercher une parenté avec le basson de saucisse, un instrument à anche de la Renaissance appelé *Rankett* en allemand, *cervallato* en italien et cervelas en français?

Dans le recueil de recettes de l'Augsbourgeoise Sabina Welserin datant de 1553, on trouve des instructions pour préparer un ou une *«zerwùlawirstlach»*; la recette se révèle être une saucisse haute en couleur – comprenant de la viande de porc, du lard et du fromage, le tout épicé avec du poivre, du gingembre, de la cannelle, des clous de girofle, de la noix de muscade et du sucre – embossée dans des boyaux préalablement teints au safran, bouillie mais non fumée. Est-ce là l'aïeule de la *Zervelatwurst* allemande? La truculente saucisse de Sabina Welserin n'a en tout cas rien de commun avec notre cervelas.

Il semble bien que ce type de saucisse, également appelé *scharwillade*, était courant au XVIe ou au XVIIe siècle, par exemple dans les belles cuisines de Coire, comme l'indique *Ein schön Kochbuch 1559*. La recette n° 429 est consacrée à la question *«wilt du scharwilladen machen»*, qui implique des efforts plutôt conséquents: le rôti de porc, le lard sans couenne, le diaphragme et le gras doivent être finement hachés, puis mélangés à des raisins, du parmesan et du saindoux sucré, de l'eau de rose et du safran, de la cannelle et de la noix de muscade, du gingembre et du sel. Les boyaux sont teints en jaune dans de l'eau de rose avec du safran, *«dan schop si* [...] *henck si auff Und reuch sie nit»* (puis embosse-les, suspends-les et ne les fume pas). Cette dernière injonction marque une différence fondamentale entre le cervelas d'aujourd'hui (sans parler du safran et de l'eau de rose) et cette charade de saucisses baroque.

Une indication datant du XVIIe siècle est fournie par les livres de comptes du grand entrepreneur valaisan et roi du sel Gaspard Jodoc Stockalper (1609-1691), qui importa d'Italie en Suisse non seulement du salami et de la mortadelle, mais aussi du cervelas. Le *Bernerisches Koch-Büchlein* de 1749 contient quant à lui une recette qui semble être une version étendue de la *scharwillade* de Coire. Il y est question de boyaux de bœuf nettoyés à remplir avec les ingrédients suivants pour en faire des saucisses: du lard et du porc, ou selon les préférences du mouton ou d'autres viandes, qu'il faut bien hacher, du sel, du poivre moulu, du vin blanc, des clous de girofle en poudre, de la marjolaine, du poireau ou des oignons, ainsi qu'un peu de sang de porc frais. Une fois que tout cela a bien été pétri puis embossé dans lesdits boyaux, les saucisses doivent être fumées dans une cheminée quelques jours, puis échaudées dans de l'eau, après quoi on ajoute un peu de vin. Ainsi cuites, ces saucisses se conservent bien pendant un mois.

La plus grande différence entre cette recette et la composition actuelle du cervelas réside dans la finesse de la chair à saucisse et dans la viande: aujourd'hui, selon l'Union professionnelle suisse de la viande, on blitze au cutter une masse de 27 % de bœuf maigre et seulement 10 % de porc, 20 % de lard à saucisse, 15 % de bloc de couenne et 23 % d'eau glacée; on l'assaisonne avec du sel nitrité, des oignons frais, du poivre, de la coriandre, de l'ail et des clous de girofle. La composition peut varier : certains bouchers n'utilisent que du bœuf, d'autres équilibrent les épices différemment – le cervelas est une saucisse nationale, mais pas standardisée. Après le blitzage, le mélange est embossé dans des boyaux de bœuf, les saucisses sont clippées, fumées à une température comprise entre 50 et 80 °C, puis échaudées et enfin refroidies pour éviter qu'elles ne se ratatinent.

Au milieu du XIXe siècle, grâce à la diffusion du hachoir, il devient possible de produire une chair à saucisse plus fine. Les quantités augmentent, le prix du cervelas baisse et il s'impose comme une saucisse de tous les jours. Avec l'Emmentaler, le saucisson, le gendarme, la choucroute et le chocolat, il figurait au menu du « Châlet Suisse » à l'Exposition universelle de Paris en 1900. Au siècle dernier, la chair à saucisse a perdu ses derniers contours haptiques, principalement grâce au cutter, qui facilite considérablement le travail dans les boucheries depuis les années 1950. Visuellement, les subtiles différences entre le cervelas et la boule de Bâle sont devenues presque imperceptibles.

Les bouchers artisanaux et les grandes entreprises industrielles produisent plus de 160 millions de cervelas chaque année. Sans compter la « Cervelat-Prominenz » ou « célébrités-cervelas » : ainsi désigne-t-on avec humour en Suisse alémanique les personnes dont la renommée ne franchit pas les frontières nationales, que l'on ne connaît que par les magazines et la télévision ; elles jouissent ainsi du même prestige que la saucisse du peuple helvétique – comme celle-ci, proches du terroir, ne parvenant pas à se hisser au niveau des vraies stars ou des maisons aristocratiques.

Voir aussi : Aussteller, Schützenwurst, page 25 ; Sankt Galler Stumpen, page 405.

Ramswurst

Saucisse crue fumée à base de viande de porc et de bœuf

« Le rams », explique le *Schweizerisches Idiotikon* (1886), est le « nom d'un jeu de cartes simple autrefois très répandu, aujourd'hui supplanté par le jass. Chacun des joueurs, qui peuvent être nombreux, reçoit cinq cartes ; parmi les cartes restantes, la supérieure est l'atout. Seuls les plis sont comptés ; celui qui ne fait aucun pli (qui devient rams) doit remplacer la totalité de la mise ». Les gagnants remportent des denrées alimentaires : de la tresse, de la crème, du sucre ou des noix ; un dictionnaire de patois de Brienz, le *Brienzerdeutsches Wörterbuch* (2006), mentionne également du fromage. En tant que prix, la Ramswurst, c'est-à-dire la saucisse du rams, est connue depuis le début du XXe siècle environ. Dans certains villages, on entasse d'énormes jambons, gagnés à la loterie, au *Saujassen* ou jass au cochon, dans des compartiments de congélateurs publics.

À la recherche d'une saucisse typiquement soleuroise, Fritz von Gunten, l'auteur de *Alles ist Wurst*, a parcouru le district situé entre Soleure et Berne, le Bucheggberg, où « "unge am Bärg", comme les Soleurois appellent la région en bas du "Buechibärg", on joue au jass dans les petites salles des auberges et des restaurants de Kyburg, Brittern, Balm, Messen, Brunnental et, bien sûr, d'Unterramsern pendant la semaine entre Noël et Nouvel An ». Ce jeu est tout aussi populaire dans l'Oberland bernois, l'Emmental, en Haute-Argovie, jusqu'au canton de Lucerne et même dans le Jura. « Vu qu'au rams, il ne s'agit pas de marquer des points mais de prendre des plis, l'expression "rams gehen" signifie dans le langage courant perdre ou être ruiné financièrement, être sur le tapis. » Le mot « ramsen » vient du *ramas* français : un ensemble de choses sans valeur, de la *Ramsch* (camelote). En outre, *ramisieren* est une des traductions possibles de *ramasser*.

Pour la saucisse, il ne suffit pas, bien entendu, de ramasser ce qui est resté d'autres choses ; si aucune recette de base traditionnelle n'a été transmise, un certain style caractérise sa préparation : le boucher hache de la viande de porc et de vache (ou de bœuf) ainsi que du lard de dos assez grossièrement, pétrit le tout dans son mélangeur avec du poivre blanc moulu et concassé, de l'ail, des oignons et de la noix de muscade, du sel nitrité ou du sel de table et du salpêtre (selon le temps de maturation) ainsi qu'un peu de vin rouge suivant les goûts. Les saucisses sont fumées à froid et séchées au maximum pendant deux semaines.

Les *Ramswürste* peuvent être consommées crues ou – plus souvent – cuites. Dans ce cas, on porte l'eau à ébullition, retire la marmite du feu et laisse la saucisse pocher dans l'eau chaude. Parmi les produits similaires, citons la saucisse crue de campagne (*Bauernrohwurst*), assaisonnée de paprika et de coriandre.

Voir aussi : Saucisson vaudois, page 169 ; Saucisson neuchâtelois, page 199 ; Bauernschüblig, page 313 ; Toggenburger Bauernschüblig, page 405.

Schweinsbratwurst

Saucisse à rôtir crue à base de viande de porc grossièrement hachée

Avec les tombereaux de viande de porc crue exposée sur les étals des boucheries et des supermarchés, on a peine à croire qu'autrefois elle coûtait plus cher que la viande de veau. Cette situation s'est complètement inversée depuis que les porcs sont engraissés en masse. De nos jours, en fait, la brave truie est sous-évaluée et le tendre petit veau surévalué. Jadis, quiconque se voyait offrir une saucisse de porc pouvait en être fier. Le jeune couple à qui l'on présenta une telle délicatesse lors d'un banquet à Soleure en 1729 avait quant à lui l'habitude d'être traité avec munificence : il régnait en effet sur la France.

L'existence de la *Bratwurst* ou saucisse à rôtir est attestée depuis le Moyen Âge. Dans son livre de cuisine de 1553, l'Augsbourgeoise Sabina Welserin nota « *gutt brattwirst* » et recommanda pour ce faire : « Prenez quatre livres de porc et quatre livres de bœuf, que vous hachez menu. Ensuite, ajoutez-y deux livres de lard, hachez le tout et versez dessus environ trois pintes d'eau. Mettez-y aussi du sel et du poivre comme vous aimez manger vos saucisses, ou si vous souhaitez y mettre des herbes, vous pouvez prendre un peu de sauge et de marjolaine, et vous aurez de bonnes saucisses à rôtir. » « Comme vous aimez manger vos saucisses » : la manière actuelle de les fabriquer est encore assez semblable à ce qui est indiqué dans cette recette de Mme Welserin, vieille de 470 ans – les nuances se trouvent dans les numéros E, les règles d'hygiène, les dates d'expiration et les secrets d'épiçage.

Deux types de saucisses de porc sont bien connus en Suisse romande : la saucisse à rôtir de porc vaudoise enroulée sur elle-même (ou escargot de saucisse) et la saucisse à rôtir de porc mode Suisse allemande (à base de porc et de veau). Selon l'ABZ, le Centre de formation pour l'économie carnée suisse, on est tout à fait libre d'utiliser un peu de la viande de bœuf pour confectionner une saucisse à rôtir de porc, mais uniquement de la viande de porc pour la saucisse à rôtir de campagne (*Bauernbratwurst*). Les saucisses à rôtir crues étaient l'un des points forts des fêtes des saucisses (*Wurstessen*) célébrées autrefois après la bouchoyade à la ferme.

Le boucher auquel nous avons rendu visite blitze du bœuf légèrement congelé dans son cutter, puis ajoute de la bardière (lard du cou), du porc, du sel nitrité et sa combinaison secrète d'épices, globalement du poivre, de la muscade, du macis, de la marjolaine et peut-être un peu de vin blanc ; il blitze le tout (le diamètre des perforations est de cinq millimètres), pétrit la masse, l'embosse dans de minces boyaux de porc et clippe ses saucisses.

Après le cervelas, la saucisse à rôtir de porc et ses variantes est sans doute la saucisse la plus appréciée des Suisses. Cela provoque parfois des jalousies et des situations délicates, surtout lorsque des végétariens sont conviés au barbecue. Voici un moyen astucieux de les satisfaire, pioché dans le livre de cuisine d'Alwine Kläser de 1928 : en lieu et place de viande, on mélange et assaisonne du pain avec des tomates, des œufs, des cèpes ou des chanterelles, puis on roule le tout pour en faire des saucisses.

Voir aussi : Atriaux, page 69 ; Emmentaler Bauernbratwurst, page 258 ; Sankt Galler Kalbsbratwurst, page 401.

Selzacher Umgangspastete

« Pâté de la procession » de Selzach ; pâte feuilletée à la viande en forme de demi-lune

Il n'existe aucune trace de la date exacte à laquelle ce pâté a pris sa place dans le calendrier ecclésiastique de Selzach ; on sait toutefois qu'en 1678, le pape Innocent XI a donné son approbation à la confrérie de Selzach le jour de la Toussaint, ce qui revêt une certaine importance. La communauté déclara que la Fête-Dieu, l'une des plus importantes célébrations religieuses des catholiques, serait le jour anniversaire de la confrérie. En 1746, la fête principale de Selzach fut fixée au dimanche suivant la Fête-Dieu ; traditionnellement, on prépare des plats spéciaux pour de telles occasions. Dans une boulangerie, on estime que ce pâté est fabriqué depuis une bonne centaine d'années ; quoi qu'il en soit, sa recette y a été transmise de génération en génération – le bâtiment a été construit en 1897.

Pour la garniture, le boulanger laisse baigner pendant une semaine des cubes de porc de la taille d'un pouce dans une marinade composée de vin blanc, de sel, d'un oignon finement coupé, de fines herbes et d'épices telles que des lanières de poireau, du persil, de la livèche et des baies de genévrier. Il étale ensuite la farce égouttée sur une moitié des ronds de pâte feuilletée de 40 centimètres de diamètre, humidifie les bords de la pâte avec de l'œuf et referme l'autre moitié de la pâte par-dessus, en pressant bien les bords pour éviter que du jus ne s'écoule pendant la cuisson. Après quoi il badigeonne le pâté d'œuf, le pique (il y fait quelques trous) pour que la vapeur puisse s'échapper et le fait cuire à 220 à 240 °C pendant au moins 45 minutes. Il peut être réchauffé à la maison.

Voir aussi : Bettlacher Klemenzpastete, page 98.

FRUITS, LÉGUMES ET PLANTES

Buttenmost

Coulis de cynorhodon ; pulpe des faux-fruits de l'églantier ou rosier des chiens

La tisane et la confiture de cynorhodon sont assez connues, contrairement à son coulis ou sa purée (respectivement *Buttenmost* et *Hagebuttenpaste* en allemand) – sauf dans le nord-ouest de la Suisse, où l'on trouve encore de rares producteurs à Hochwald, une commune soleuroise au-dessus du Birstal. Vers 1910, 30 à 40 familles y œuvraient en tant que « Buttenklopfer » (littéralement : écraseurs de cynorhodon) ; au milieu du XXe siècle, il y en avait encore onze et il n'en reste plus que deux au début du XXIe. Autrefois, les familles récoltaient elles-mêmes les cynorhodons, puis on les fit livrer du Jura, du Valais, de l'Alsace voisine ainsi que de l'Europe de l'Est.

Le cynorhodon est le faux-fruit du rosier des chiens (*Rosa canina*), également connu sous les noms d'églantier des chiens et rosier des haies. C'est une plante datant de la lointaine époque où le rosier n'était qu'un arbuste. Il existe aujourd'hui un nombre impressionnant de rosiers aux noms très distingués, majoritairement donnés par des rosiculteurs désireux de les mettre en valeur.

Les rosiers buissons sont des formes sauvages du genre *Rosa*, l'un des 32 genres de la famille des Rosacées ; on trouve une quarantaine d'espèces de *Rosa* répertoriées sur *infoflora.ch*. Rien qu'en Suisse, c'est une liste qui laisse rêveur : rosier des sapins, rosier des champs, églantier bleu cendré (*Rosa caesia*), rosier pimprenelle, rosier agreste, *Rosa marginata*, rosier de France (ou de Provins), rosier à feuilles rouges, rosier tomenteux, rosier parfumé, rosier cannelle (ou rosier de mai), rosier à petites fleurs, rosier à feuilles molles, rosier (ou églantier) des montagnes, rosier (ou églantier) des Alpes, églantier couleur de rouille (ou rosier rouillé), rosier velu, rosier rugueux (ou rosier du Japon), rosier à feuilles obtuses, rosier d'Uri, rosier à styles soudés, rosier rhétique, rosier des collines… des rosiers à n'en plus finir ! Le commun des mortels est incapable de distinguer un rosier d'un autre, ils portent tous des fleurs blanchâtres à rougeâtres – mais au moins la fleur ne disparaît pas complètement sous les feuilles, comme c'est le cas avec les rosiers cultivés.

Depuis des temps très anciens, on parsème soupes et potages de pétales de roses ; on en faisait aussi des bonbons ou des décorations de table après les avoir confits ; dans les pays arabes, cela fait plus de deux millénaires qu'ils servent à fabriquer de l'eau de rose, au Moyen Âge ils étaient également appréciés en Suisse. Les fumeurs les emploient pour aromatiser le tabac à pipe ; saumurés et pulvérisés, ils font aussi un bon tabac à priser.

Sur le plan culinaire, le thé de cynorhodon est le plus connu des produits issus du rosier des chiens ; certains lui préfèrent le Holdrio, une boisson alcoolisée à boire chaude, à base de thé de cynorhodon, de distillat de pruneaux et de sucre. Les capsules rouges qui brillent à l'automne dans les haies et à la lisière des bois recèlent des akènes, qui sont de minuscules graines recouvertes de poils rêches. Les enfants apprennent souvent très tôt à connaître le cynorhodon, quand des camarades de classe pressent sur leur dos les capsules écrasées à travers le col de leur chemise. Les démangeaisons qui s'ensuivent sont persistantes et assez désagréables. Et si ces baies sont pressées plus bas, il n'est guère besoin d'expliciter leur nom vulgaire de « gratte-cul » !

La chair rouge des capsules contient environ vingt fois plus de vitamine C que du citron. Les bienfaits du cynorhodon sur la santé étaient connus de longue date lorsque la science a commencé à les étudier. Les gens avaient recours à divers rituels et affirmations pour faire comprendre l'importance de cette plante. Dans certaines régions, pendant les fêtes on se passait trois cynorhodons qui devaient être mangés à jeun ; ils étaient censés protéger contre le tonnerre et la foudre, contre les accidents et les maladies, et surtout contre les maux de gorge, les points de côté et les maux d'estomac.

Pour le coulis de cynorhodon, on place d'abord les capsules au congélateur pour qu'ils soient durs – cela facilite leur travail. Une fois décongelés et ramollis, on les passe dans un hachoir à viande ou « passevite », puis les stocke à une température bien fraîche pendant un jour ou deux. L'étape suivante consiste à presser les fruits écrasés à travers un tamis mécanique, qui retient les graines et les peaux, puis au chinois pour se débarrasser des petits poils urticants. Ce mélange cru acidulé, amer et non sucré est principalement utilisé pour faire de la confiture de cynorhodon, mais on peut aussi en ajouter une cuillerée à la crème fouettée, au séré et autres crèmes-dessert ou glaces. Dans un recueil de recettes soleuroises datant de 1982 figure le *Buttehöckli* du district de Dorneck, une pâtisserie de Noël à base de blancs d'œufs, de sucre, de coulis de cynorhodon et d'amandes.

SUPPLÉMENT

Dans les années 2020, le *Buttenmost* ou coulis de cynorhodon suscite de l'intérêt dans le milieu de la gastronomie créative. En Suisse romande, par exemple, la pulpe est utilisée comme « sauce tomate sauvage » et étalée sur les fonds de pizza (*cueilleurs-sauvages.ch*).

PRODUITS DE BOULANGERIE
ET PÂTISSERIE

Bettlacher Klemenzpastete

Chausson aux pommes de Bettlach ; pâte feuilletée semi-circulaire fourrée aux pommes et aux noisettes

Saint Clément, pape et martyr (mort en l'an 100), troisième successeur de Pierre en tant qu'évêque de Rome, veille sur la paroisse de Bettlach, fondée en 1707. Les fidèles se rassemblent pour un service religieux le premier dimanche après le 23 novembre, fête de leur protecteur, après quoi on sert la *Klemenzpastete*, qui ressemble à un beignet et est composée de pâte feuilletée et d'un mélange de pommes et de noisettes râpées.

Il est impossible de déterminer avec précision depuis combien de temps cette variante de chausson aux pommes figure sur le calendrier ecclésiastique de Bettlach. Dans *Solothurner Liebesbriefe* (Lettres d'amour de Soleure), ouvrage publié en 1982, la folkloriste Elisabeth Pfluger évoque la *Klemenzpastete*, et ce fut la recette de ce livre qui incita la paroisse à en préparer chaque année ce dimanche de fin novembre. On pense que ce chausson aux pommes existait déjà à la fin du XIXe siècle, mais les preuves font défaut. Dans son livre, Elisabeth Pfluger décrit également l'*Umgangspastete* (cf. *page 96*), préparée dans la paroisse voisine de Selzach pour la Fête-Dieu avec une garniture à base de viande. D'après l'auteure, les deux recettes étaient autrefois identiques, jusqu'à ce que, probablement, une année, la Saint-Clément tomba un vendredi ; comme ce jour-là on ne mange pas de viande, on composa une garniture aux pommes, qui fut très appréciée. Dès lors, la communauté adopta la nouvelle recette.

On découpe la pâte feuilletée en rondelles d'environ douze centimètres de diamètre, une moitié est garnie d'un mélange de pommes râpées légèrement acidulées, de sucre, de jus et de zeste de citron, de noisettes râpées, de raisins secs et de crème, l'autre moitié de la pâte est refermée par-dessus ; on presse bien les bords avant de badigeonner les chaussons d'œuf. Il faut ensuite les piquer deux ou trois fois avec une fourchette pour permettre à la vapeur de s'échapper, et faire cuire les chaussons pendant un quart d'heure à 220 °C jusqu'à ce qu'ils soient dorés ; laisser refroidir.

Voir aussi : Ofenkrapfen, page 366.

Früchtewähen

Gâteaux aux fruits ; pâtisseries plates, rondes ou carrées garnies de fruits

La variété est énorme, contrairement à l'effort exigé : il suffit en effet d'abaisser la pâte jusqu'à obtention d'une fine galette, de former un bord légèrement bombé pour que rien du précieux contenu ne puisse s'échapper par la suite, de garnir de fruits, de remplir de glaçage et d'enfourner. Le principe est toujours le même, même s'il y a des différences et des variations dans la pâte (feuilletée, brisée ou à la levure), le format (rond, carré), l'exécution et les dénominations.

En Suisse romande, ces pâtisseries sont appelées gâteaux aux fruits, en Suisse centrale *Kuchen* (gâteaux), en Suisse du Nord et dans certaines parties du Plateau *Wähen* (tartes), en Suisse orientale plutôt *Tünne*, *Dünne* (*dünn* signifiant mince) ou *Fladen* (galettes). Le mot *Wähe* ne vient pas de *Weh* (mal, malheur) même si certaines tartes pourraient donner des raisons de le penser, mais découle de diverses expressions du moyen haut allemand : de *waehe* pour quelque chose d'artistique, *wîhen* pour quelque chose de béni, *waejen* pour le souffle (*Wehen*) du vent. Lorsque celui-ci s'abat sur un étang, les ondulations se déplacent dans la direction du souffle, et lorsqu'il souffle particulièrement fort, de l'eau s'échappe de l'étang – comme un moule à gâteau trop mouillé. C'est dans ce sens de quelque chose qui « se répand çà et là » qu'il faudrait comprendre la troisième version.

Autrefois, on glissait de tels gâteaux dans le four banal (ou four communautaire) après y avoir fait cuire le pain, lorsque la chaleur maximale était en train de décroître. Les jours de cuisson, on rassemblait les restes de pâte pour en faire une galette, qui était garnie de tous les aliments disponibles dans la maison – fruits et légumes selon la saison, lard, fromage, crème. Du fournil qui était à la disposition de tous les villageois, la cuisson des gâteaux s'est inéluctablement déplacée vers les foyers avec l'arrivée des cuisinières. Au XIXe siècle, les boulangeries ont certainement inclus des gâteaux dans leur gamme de produits.

En 1958, le dialectologue Oskar Rhiner a montré dans sa thèse sur la géolinguistique du gâteau plat avec garniture qu'il était courant surtout dans les régions du nord et de l'est du Plateau jusqu'au XXe siècle, mais moins dans les régions alpines ; des sondages réalisés pour l'*Atlas de folklore suisse* ont montré que dans les années 1930, les habitants des zones alpines consommaient essentiellement des gâteaux au fromage et à la crème, tandis que, fort logiquement, ceux des régions pratiquant l'arboriculture mangeaient plutôt des gâteaux aux fruits.

Aussi simples que ces gâteaux soient à préparer, ils sont assez sensibles aux erreurs : le fond de pâte doit être fin, mais pas perméable ni visqueux ; il faut donc que ce fond soit vraiment bien cuit. Les fruits tels que les pommes, les abricots, les poires ou les groseilles font de très bonnes garnitures ; les prunes et les cerises rendent pas mal de jus à la cuisson. Pour beaucoup, le nappage est indispensable, d'autres préfèrent s'en passer, pour garder la ligne ou simplement parce qu'une garniture ainsi additionnée de sucre vanillé et de noix leur paraît trop riche et masque le goût du fruit. Tout comme les gâteaux au lard, aux oignons ou au fromage, ceux aux fruits sont faciles à réaliser chez soi.

Voir aussi : Salzige Wähen, page 39 ; Speckkuchen, page 285.

Meitschibei

Croissant viennois ; pâtisserie fine à la levure en forme de fer à cheval, fourrée aux noisettes

D'après la sonorité de ce mot dialectal, le *Meitschibei* (littéralement : « jambe de fille ») est originaire du *Mittelland* (Plateau) ; dans l'*Atlas de folklore suisse*, il est mentionné à Gösgen dans le canton de Soleure et dans la ville de Lucerne comme étant un « mince croissant aux noisettes d'une forme spéciale ». Au moment où l'enquête a été menée, dans les années 1930, cette viennoiserie était donc bien connue, peut-être déjà traditionnelle – même si elle n'apparaît pas dans l'édition de 1901 du *Schweizerisches Idiotikon*. Le boulanger que nous avons interrogé situe l'origine du *Meitschibei* à la fin du XIXe siècle ; quant à son plus proche parent, le *Nussgipfel* (croissant aux noisettes), son existence est attestée en Suisse orientale depuis le début du XXe siècle. Le *Meitschibei* est connu en Suisse romande sous le nom de croissant viennois, et sous celui de *Glücksbringer* (porte-bonheur) à Bâle, grâce à une boulangerie peu encline à favoriser l'impudicité.

Si la pâte est faite la veille au soir, elle a tout le temps de se reposer. Le boulanger malaxe d'abord de la farine et du beurre, puis pétrit le tout avec du lait, de la levure, du malt, du sucre, du sel et des œufs. Il découpe ensuite la pâte abaissée en rectangles d'environ 18 × 7 centimètres, dépose sa garniture aux noisettes par-dessus et roule une petite baguette qu'il plie au milieu pour former un long fer à cheval. La garniture est composée de noisettes torréfiées et moulues, de sucre, de cannelle et d'eau, et parfois raffinée avec des oranges ou des citrons confits broyés. Le boulanger badigeonne ses *Meitschibei* d'œuf et les met au four environ un quart d'heure à une température de 190-200 °C.

Voir aussi : Mandelgipfel et Nussgipfel, page 413.

Solothurner Torte

Tourte ronde aux noisettes et à la crème au beurre

On peut difficilement nier qu'il y a des points communs entre la tourte de Soleure et la tourte au kirsch de Zoug ; c'est toutefois moins du côté gustatif qu'on les trouvera que dans l'histoire de leur création et de leur montage. Tout comme la tourte de Zoug, celle de Soleure est l'œuvre d'un boulanger, toutes deux ont été inventées à peu près à la même époque, ces créations sont l'une comme l'autre protégées par une marque déposée et les deux sont réalisées avec une base de meringage et de la crème au beurre. La différence réside vraiment dans le goût : la tourte de Soleure mise tout sur les noisettes et se passe de toute eau-de-vie.

En 1915, le maître confiseur Albert Studer prend les rênes d'une entreprise à Soleure et crée le gâteau de Soleure, qui figure sur une facture de l'époque avec d'autres spécialités de la maison : la tourte au japonais, la Sarah Bernhardt et celle dite « du régent » (*Regententorte*). En 1928, Werner Suter, le successeur de Studer, enregistre son gâteau et sa recette sous la marque *Echter Solothurnerkuchen* (véritable gâteau de Soleure). Le successeur suivant rendra le gâteau plus léger et moins sucré, et après lui, le propriétaire qui reprit l'entreprise en 1975 raffina la crème et réduisit encore la teneur en sucre. Ce gâteau est désormais classé comme monument culinaire sous le nom de *Suter Original Solothurnertorte*.

Pourquoi tant d'efforts ? Parce que le gâteau le mérite. Il faut commencer par faire le meringage avec du blanc d'œuf, du sucre et un peu de maïzena (fécule de maïs) ; on en remplit une poche à douille, dont il ressort en forme de spirale sur la base et le couvercle, qui doivent être cuits à 190 °C. Pour le biscuit, mélanger des jaunes d'œufs, de l'eau et du sucre, puis incorporer des noisettes râpées et un peu de sel. Ensuite, ajouter de la maïzena, de la farine et du blanc d'œuf battu et faire cuire le biscuit. Pour la crème au beurre, râper finement des noisettes grillées avant de les mélanger avec du beurre battu en mousse et du sucre glace. Lors de l'assemblage de la tourte, on étale de la crème au beurre sur la base et le couvercle, place le biscuit sur la base et le couvercle par-dessus ; badigeonner le bord de crème au beurre et coller des noisettes grillées coupées en tranches par-dessus. Les tourtes de Soleure sont disponibles en différentes tailles.

Voir aussi : Zuger Kirschtorte, page 392.

BOISSONS

Zwetschgenwasser

Eau-de-vie de pruneaux ; alcool blanc élaboré avec des pruneaux fermentés

L'histoire du pruneau est étroitement liée à celle de la prune (cf. *Essigzwetschgen, page 273*). Il existe des milliers de variétés de ce fruit à noyau originaire du Proche-Orient. Dans les statistiques sur les cultures fruitières publiées chaque année par l'Office fédéral de l'agriculture (OFAG), on a recensé pas moins de 50 variétés de pruneaux et de prunes pour la seule année 2020, du pruneau Fellenberg (le plus courant) à la Belle de Caçak, réparties sur près de 300 hectares. On cultive des pruneaux dans toute la Suisse, et tout particulièrement dans le canton de Bâle-Campagne ; dans le canton voisin de Soleure, ils prospèrent des deux côtés des crêtes du Jura.

La saison des pruneaux de table est comprise entre début août et début octobre ; à l'exception de quelques variétés, ce fruit ne se prête pas au stockage, il faut le consommer rapidement. Et comme cela n'est pas toujours possible, surtout les années où les récoltes sont abondantes, on a appris très tôt à utiliser et à conserver ces excellents fruits de diverses manières. La méthode la plus rapide consiste à faire des tartes aux pruneaux : il suffit pour cela de couper les fruits croquants en deux, d'enlever les noyaux et de déposer les moitiés sur le fond de pâte. Qu'elle soit cuite avec du glaçage, sans rien ou comme tarte Tatin, tout est délicieux, surtout en ajoutant une cuillère de parfait à la damassine ou de la glace aux pruneaux sur la tarte chaude. En compote, le pruneau partage équitablement la vedette aux côtés de son parent l'amande dans la *Glarner Pastete* (cf. *page 537*). Séché, le pruneau domestique issu d'une très ancienne variété de prunier haute-tige développe un bouquet incroyablement riche en bouche.

Les arômes du pruneau sont tout à fait caractéristiques ; ils se maintiennent bien, et plus le fruit reste longtemps sur l'arbre, plus ils seront prononcés. Le sucre s'y accumule, et lorsque les fruits commencent à se ratatiner un peu, ils sont mûrs pour être transformés en eau-de-vie. Les pruneaux domestiques et les Bühler sont particulièrement bien adaptés.

Le moût, composé de peau, de pulpe et, suivant les traditions et les préférences, de noyaux ou non, est versé dans une cuve de fermentation scellable ; on y verse de la levure, à laquelle on ajoute de l'acide lactique ou phosphorique pour empêcher le développement de micro-organismes indésirables. La fermentation est achevée au bout de trois bonnes semaines. Les pruneaux mûrs contiennent beaucoup de sucre, de sorte qu'au terme du processus de fermentation, la teneur en alcool est d'environ 8 % en volume. On peut désormais soit distiller immédiatement (cf. *Digression page 84*), soit laisser le moût reposer pendant quelques semaines voire quelques mois – sur ce point les avis sont contradictoires : il y a deux écoles.

Après le kirsch, l'eau-de-vie de pruneaux est probablement le schnaps le plus répandu en Suisse. Il y est populaire sous des noms tels que *Pflümli*, *Zwätschgeler*, Pruneau, Prune ou Vieille Prune. L'eau-de-vie de pruneaux et le Pflümli ne sont pas toujours aussi purs que les noms l'indiquent, le moût pouvant être constitué d'un mélange de pruneaux et de prunes ; en pratique, le distillateur décide comment il veut appeler son eau-de-vie ou ce qu'il veut y mettre. Pour ce qui est des spécialités, on y regarde de plus près. La Vieille Prune, par exemple, est un distillat fabriqué à partir de fruits sélectionnés, sans le moindre défaut, que l'on fait mûrir pendant une période bien précise dans un fût en bois et non, comme l'eau-de-vie de pruneaux normale ou le *Pflümli*, dans une cuve en acier. Depuis le début du XXIe siècle, des maîtres distillateurs fabriquent de plus en plus d'eaux-de-vie de régions bien précises avec des variétés de fruits tout aussi précises pour les connaisseurs.

Voir aussi : Mirabellenschnaps, page 61 ; Damassine, page 83 ; Eaux-de-vie de fruits sauvages jurassiennes, page 83 ; Eau-de-vie de prunes neuchâteloises, page 214 ; Zuger Kirsch et Rigi Kirsch, page 393 ; Abricotine, page 482.

5

ARGOVIE (*AARGAU*)

Un jeune canton aux régions anciennes

Étrange canton que celui d'Argovie. On dit souvent qu'il est une sorte de Suisse dans la Suisse, parce qu'il représenterait l'esprit moyen du pays, du moins de sa partie alémanique – si bien que certains doutent de son « authenticité » : parce qu'il est encore jeune (à peine 220 ans en 2022), parce qu'il est considéré comme une construction napoléonienne, composée de quatre sous-régions qui ont toutes un long passé propre sous différentes dominations, mais justement aucune argovienne, car ce canton n'existe comme entité politique à part entière au sein de la Suisse que depuis 1803.

Si ses frontières sont récentes, ses zones d'habitation ne le sont pas. Elles se sont développées le long des cours d'eau, l'Aar, la Reuss, la Limmat, qui se rejoignent au « château d'eau suisse » près de Brugg pour former l'Aar, puissante rivière qui longe le Jura avant de se jeter dans le Rhin, dont elle est l'affluent le plus riche en eau. L'Argovie se transforme désormais en une immense ville grâce à la bétonisation généralisée, mais ses origines sont rurales – à l'exception de Baden qui, grâce à ses sources thermales, a été fréquentée très tôt par des étrangers et s'est développée en ville, y compris à la table. Loin de l'autoroute et du Moyen Pays, le Jura argovien a conservé des paysages intacts, des zones de haute valeur naturelle et des villages traditionnels.

Après la fin de l'Empire romain, le développement de cette région s'est figé, la vie colorée de l'ancienne culture dominante avait disparu et tardait à être remplacée. L'Argovie, terre dont la souveraineté a longtemps été morcelée, a fait partie de l'Empire carolingien, a été conquise par les uns et par les autres, des seigneurs étrangers y sont venus et en sont repartis, la plupart du temps involontairement, jusqu'à ce que Berne s'empare de la plus grosse partie, la Basse-Argovie ou Argovie bernoise, qui s'étendait d'Aarburg à Brugg. Elle a appartenu au canton de Berne pendant près de 400 ans, de 1415 à 1798. Dans cette vaste région dominée par une ville autoritaire, la vie était régie par les règles imposées par ses maîtres. Sur le plan culinaire également, ce territoire soumis a été marqué par Berne. En provenance de l'ouest, les carottes et les betteraves (sucrières) ont, à leur manière, « occupé » l'Argovie, ce qui a valu au nouveau canton le surnom de « Rüebliland » (pays des carottes) au fil des années.

La cuisine était aussi campagnarde dans le Freiamt, qui s'étend au sud de Lenzbourg en direction des Alpes. Alors que les Bernois ont imposé la Réforme à la Basse-Argovie en 1528, le Freiamt est resté catholique. Le menu était paysan, de Suisse centrale, déterminé par l'autosuffisance, les cuisines des monastères et les règles du Carême. C'est de cette région, où l'arboriculture et l'élevage porcin sont toujours importants, que provient le Schnitz und Drunder, un ragoût à base de pommes de terre, de lard et de fruits séchés.

Le Fricktal, longtemps sous domination autrichienne, s'oriente nettement vers Bâle. Il n'est pas possible de déterminer précisément si la cuisine de la cour impériale a laissé des traces le long du Rhin, entre Kaiseraugst et

Laufenburg. Qu'en est-il du cake au jambon du Fricktal ? Le jambon n'a pas d'origine exclusive, les Romains s'en procuraient déjà auprès des Gaulois – il est bien possible qu'il s'agisse là d'un héritage culinaire qui est resté en Argovie de l'époque romaine – tout comme le boudin, dont la préparation est consignée dans *L'Art culinaire* (*De re coquinaria*) du Romain Apicius et dont les légionnaires de Vindonissia – l'actuelle Windisch – se régalaient probablement. Les poissons du Rhin sont bien sûr importants, puis dans l'arrière-pays les cerisiers et enfin le kirsch. Cette eau-de-vie blanche est distillée depuis longtemps dans le Fricktal et sa renommée est tout à fait méritée.

En tant que centre du comté du même nom, Baden a longtemps pu s'affirmer entre Berne et Zurich grâce à un tourisme thermal très lucratif ; aujourd'hui, la ville fait presque partie de l'agglomération zurichoise. En comparaison avec les trois autres régions qui forment l'Argovie, Baden a très tôt proposé une cuisine plus raffinée – mais uniquement aux plus aisés. Dans une ville d'eau et de congrès, où se tenaient les diètes de l'ancienne Confédération, les restaurants et les hôtels se devaient d'offrir à un public international et exigeant autre chose que des menus campagnards, même si les délégations venaient souvent avec leur propre personnel de cuisine.

Lors de son périple de plus d'une année – de septembre 1580 à novembre 1581 – qui le mène de l'Allemagne à l'Italie en passant par la Suisse, Montaigne fait halte quelques jours à Baden avec sa suite (sans cuisinier). Voici ce qu'il relate dans son *Journal de voyage* : « Nous ne logeâmes pas en la ville, mais audit bourg qui est tout au bas de la montagne, le long d'une rivière, ou un torrent plutôt, nommé Limmat qui vient du lac de Zurich. [...] Les logis très magnifiques. En celui où nous logeâmes, il s'est vu pour un jour trois cents bouches à nourrir. Il y avait encore grande compagnie, quand nous y étions, et bien cent septante lits qui servaient aux hôtes qui y étaient. Il y a dix-sept poêles et onze cuisines [...] ».

Les paysages culinaires de l'Argovie ne forment pas une unité compacte ; cela s'explique par des différences géographiques, topographiques et historiques. Seules quelques spécialités sont « typiquement argoviennes » ou associées à l'Argovie, mais elles ont acquis une importance nationale. Ainsi, l'*Aargauer Rüeblitorte* est sans doute l'un des gâteaux les plus connus de Suisse.

Sel de Riburg

Sel du Jura provenant de la mer primitive située sous la vallée du Haut-Rhin argovienne

Au Moyen Âge, les rivières et les fleuves étaient les voies de transport les plus empruntées, et notamment le Rhin, qui reste encore aujourd'hui la plus importante d'Europe. «Avec le Rhin et l'Aar, le canton d'Argovie était un lieu stratégique pour le stockage et le commerce du sel», souligne Jürg Lieberherr, ancien directeur des Salines Suisses du Rhin. Le précieux minéral était acheminé dans les cantons depuis Schwenningen dans le Bade-Wurtemberg via Brugg.

Après Muttenz-Schweizerhalle (Bâle-Campagne), où le juriste, minéralogiste et technicien de forage allemand Carl Christian Friedrich Glenck (1779-1845) écrit le 30 mai 1836 dans son Bohrjournal Nr.1 (Journal de forage n° 1) que «pour la première fois nous avons extrait de la saumure», des entrepreneurs fondent d'autres salines en Argovie, à Kaiseraugst en 1843, Rheinfelden en 1844 et Riburg en 1847 (*plus d'informations sur l'histoire et la technique d'extraction du sel à la page 52*). Ayant réalisé des forages à Kaiseraugst et à Riburg, Johann Urban Kym (1805-1889), inspecteur forestier de Möhlin, décide de déménager de Kaiseraugst à Riburg pour y fonder la Saline Kym & Cie en 1848.

Le canton d'Argovie décline un projet zurichois de forage à Möhlin en 1878, et trois ans plus tard, les trois salines argoviennes fondent la société anonyme Schweizerische Rheinsalinen.

La Saline de Kaiseraugst ferme en 1909; la même année, Schweizerhalle, Rheinfelden et Riburg fusionnent pour former l'entreprise Schweizerische Rheinsalinen AG (Salines Suisses du Rhin SA). Rheinfelden ferme à son tour en 1942. La Saline de Bex, dans le Chablais vaudois, le plus ancien site de production de sel de Suisse, rejoint la firme en 2014, qui s'appelle depuis Schweizer Salinen – Salines Suisses; elle est détenue par les 26 cantons et le Liechtenstein.

La Saline de Riburg produit environ 1200 tonnes de sel par jour, soit davantage que Schweizerhalle et Bex. Afin de garantir la continuité de l'approvisionnement en sel de la Suisse et de la Principauté du Liechtenstein, «les Salines Suisses prévoient d'ouvrir une nouvelle saline au nord-ouest de Wallbach, le "Nordfeld", d'une superficie de deux kilomètres carrés. Des forages exploratoires ont montré qu'on pourrait y exploiter un gisement de sel d'environ 7,6 millions de tonnes. [...] Les dépôts salifères du Nordfeld suffiront pour les 20 à 30 prochaines années. Et deux autres sites se prêtent également au forage dans le Fricktal. Le total des dépôts dans le nord-ouest de la Suisse couvrira nos besoins en sel jusqu'en 2075, calcule Urs Hofmeier, directeur général des Salines Suisses» (*Basler Zeitung*, 14 février 2020).

Voir aussi : Sel de Schweizerhalle, page 52 ; Sel de Bex, page 161.

PRODUITS CARNÉS

Aargauer Sonntagswurst

Saucisse à bouillir comprenant des morceaux de jambon bien visibles

En termes d'identité, le pain, la saucisse et le fromage sont difficiles à battre. Mais certains cantons ont plus de mal que d'autres, ou même n'arrivent pas à placer leur produit « cantonal » sur la carte culinaire de la Suisse. Le pain bâlois, l'Emmentaler ou le saucisson vaudois, même les habitués des McDonald's en ont entendu parler, tout comme de l'Appenzeller, du *pane ticinese* ou de la saucisse de veau de Saint-Gall. Mais quid de la *Aargauer Sonntagswurst*, la saucisse argovienne du dimanche ? Elle est quasi inconnue de la plupart des non-Argoviens, probablement parce qu'elle est encore relativement jeune, et parce qu'en 1965, au moment où elle a été « inventée », le choix de spécialités charcutières était déjà conséquent. Il faut du temps pour s'imposer, les saucisses n'échappent pas à la règle.

1965 fut l'année où Hermann Hunziker à Hausen près de Brugg célébra le dixième anniversaire de sa boucherie ; il créa une saucisse pour l'occasion : la chair de base est celle utilisée pour la *Lyoner* ou saucisse dite « de Lyon » (veau et porc finement hachés), que l'on mélange à de petits morceaux de – vrai – jambon préparés la veille (le jambon est un produit conservé par saumurage, et la solution saline a besoin de temps pour pénétrer dans la viande). Cette masse doit ensuite être embossée dans des boyaux artificiels, puis on poche les saucisses à 72 °C pendant 50 minutes avant de les plonger dans de l'eau froide.

Rectiligne, l'*Aargauer Sonntagswurst* a un diamètre de cinq centimètres, pèse environ 250 grammes et a une saveur assez douce. Elle se consomme généralement froide, aussi sous forme de salade, comme le cervelas ; certains préfèrent en couper une tranche d'environ un centimètre d'épaisseur et la faire rôtir brièvement à feu vif des deux côtés.

La saucisse créée par Hunziker a beaucoup plu à ses clients, mais a également impressionné ses collègues, qui ont repris sa recette et proposé ce produit dans leur magasin. L'association cantonale des maîtres bouchers et charcutiers a reconnu sa qualité en lui attribuant le nom *Aargauer Sonntagswurst*.

Dans les années 1960, la charcuterie était encore quelque chose d'assez nouveau et de spécial, les privations des années de guerre et d'après-guerre étaient dans toutes les mémoires et la haute conjoncture n'avait pas encore déployé tous ses effets. Au fil des ans, la gamme de charcuteries et de salaisons s'est élargie, les produits des pays d'origine des travailleurs immigrés ont trouvé leur place dans les étalages, les *salumi*, les *prosciutti*, la mortadelle, le chorizo, etc. La créativité locale s'est – en partie du moins – essoufflée, on s'est tourné vers le sud et on a appris à manger méditerranéen pour avoir la *dolce vita* dans son assiette. La saucisse argovienne du dimanche en a fait les frais ; aujourd'hui, on en trouvera plus sûrement dans les campagnes que dans les villes.

Voir aussi : Hallauer Schinkenwurst, page 128.

Blutwurst

Boudin ; grosse saucisse saisonnière, fabriquée à partir de sang de porc (ou parfois de bœuf) assaisonné et cuit

De toutes les parties du corps de l'animal, aucune ne fait autant « bouillir les sangs » que la consommation du sang lui-même ! Pour certains, il s'agit d'un tabou qu'il n'y a pas lieu d'enfreindre, pour d'autres, manger du sang frais ou cuit est un plaisir irrépressible (cf. *Digression page 473*). Boire du sang était un ancien rituel par lequel les guerriers nourrissaient leur corps, mais aussi renforçaient leur âme en absorbant la puissance d'ennemis vaincus ou d'animaux tués. La question de savoir si l'on peut associer le boudin à cette coutume archaïque reste un sujet de recherche anthropologique. Pour des nomades tels que les Berbères, les Massaïs et les Mongols, le sang constitue encore aujourd'hui une provision toujours fraîche et renouvelable lors de leurs voyages ; il leur suffit de pratiquer une petite incision sur une de leurs bêtes pour que jaillisse le précieux liquide. Ces peuples ont développé très tôt des méthodes pour conserver le sang avec du sel.

La consommation de sang assaisonné et cuit relève plus de l'efficacité et de la gourmandise que de l'héroïsme et de la superstition. Dans l'Égypte ancienne, on préparait à partir du sang de bœufs sacrifiés une sorte de pudding. Dans son *Oxford Companion to Food* (1999), Alan Davidson cite comme première mention du boudin un passage de l'*Odyssée* d'Homère dans lequel est évoquée une panse remplie de sang et de graisse tournant et grillant sur un feu. D'après Davidson, le Romain Apicius utilise dans son recueil culinaire non pas de la panse comme enveloppe, mais des intestins, et en propose une recette opulente comprenant « des œufs durs hachés, des pignons, des oignons et des poireaux ». Il semble évident que les légionnaires du camp militaire de Vindonissa (l'actuelle Windisch en Argovie) se régalaient eux aussi de boudin. En Grande-Bretagne, on aime à mélanger du sang de porc avec des céréales pour faire du *black pudding*. Les variantes régionales de boudin sont nombreuses chez nos voisins français ; à Mortagne-au-Perche en Normandie a lieu chaque année la Foire au boudin, avec son concours du meilleur boudin noir.

En Suisse, l'« Association pour la promotion de la réputation du boudin et de la saucisse grise » (*Verein zur Förderung des Ansehens der Blut- und Leberwürste ; vbl.org*), qui évalue l'ensemble des *Metzgete*, c'est-à-dire des bouchayades, décerne des prix de manière conviviale. La Metzgete, avec ses boudins et saucisses grises comme pièces de résistance, est appréciée dans presque toute la Suisse non latine. Les bistrots de campagne, en particulier, réalisent la moitié de leur chiffre d'affaires annuel, voire plus, avec leurs célèbres Metzgeten, également en Argovie. « Chez nous, le *Nose to Tail*, c'est une tradition vivante depuis plus de 80 ans », souligne l'aubergiste du Wygärtli à Thalheim (vallée de Schenkenberg), qui produit ses propres saucisses « selon une vieille recette de famille gardée secrète » (novembre 2020).

Davantage que pour tout autre type de saucisse, la saisonnalité est ici le maître-mot : même les bouchers ne proposent pas leurs boudins avant la fin du mois de septembre. Cela s'explique par le pantagruélisme présidant à ces festins, difficilement supportable en plein été, même si l'on a très faim, et bien sûr par la tradition, car autrefois, les porcs n'étaient abattus qu'à la fin de l'automne et en hiver, une fois qu'ils avaient bien engraissé et que les températures étaient basses. La consommation de viande porcine étant ce qu'elle est actuellement (plus de 20 kilos par personne et par an), on pourrait produire des boudins tout au long de l'année, mais étrangement, les boudins et les saucisses grises font partie des derniers véritables représentants d'une cuisine traditionnelle saisonnière, à la différence des lapins de Pâques et des bonshommes de la Saint-Nicolas, proposés des semaines avant « leur » jour de fête.

Mais qu'advient-il du sang en dehors de la saison du bouchoyage ? Ce symbole de la vie s'écoule bien souvent des éviers jusqu'aux stations d'épuration.

Les cochons ou porcs domestiques comptent parmi les premiers animaux à avoir été domestiqués par l'homme, après les chiens et à la même époque que les bovins, les moutons et les chèvres. La forme originelle des races porcines actuelles – en Suisse, principalement le grand porc blanc aux oreilles droites et le landrace suisse aux oreilles tombantes – est le sanglier. Sa domestication a commencé il y a plus ou moins 10 500 ans dans différentes régions du monde et sans qu'il existât de lien entre celles-ci : simplement là où vivaient des sangliers. Des analyses ADN permettent d'élargir progressivement le spectre de la recherche de traces (cf. *Digression page 142*).

L'élevage porcin professionnel n'était pas répandu en Suisse avant le XVIIIe siècle. Très longtemps, les cochons ont vécu en nombre limité avec les familles qui en étaient propriétaires, en semi-liberté, allant se nourrir en forêt ; on en élevait également dans les villes, et des porchers les emmenaient dans la campagne environnante pour la journée. Ils y mangeaient ce qu'ils trouvaient, mais avec la pause hivernale de la végétation, ils devenaient des concurrents, leurs préférences alimentaires ne différant guère des habitudes culinaires de leurs gardiens. Ceux-ci ne pouvaient pas se permettre ce luxe : l'agriculture productiviste n'existait pas encore.

On devait donc mettre un terme à la vie de ces bêtes vers la fin de l'automne. La saison froide offrait un avantage précieux par rapport à la saison chaude : les basses températures tenaient en échec la décomposition de la viande pendant un certain temps. La transformation du porc commençait le jour de son abattage : son sang étant collecté, utilisé pour faire du boudin et des saucisses et rapidement consommé ; les abats étaient découpés, assaisonnés, mélangés, embossés dans des boyaux et ficelés ou clippés ; les précieux morceaux de viande étaient salés, fumés ou stockés pendant une période assez brève. Dans presque toutes les régions du pays, on célèbre le cochon qui fait figure de pièce maîtresse lors de fêtes populaires ; en Suisse alémanique, on parle de *Metzgete*, dans le Jura, c'est la Saint-Martin, formidable repas en huit plats, et au Tessin, *la mazza*. À l'orée de l'hiver, les maîtres régalaient leurs serviteurs d'un bon repas avant de les congédier ; les dignitaires tels que les prêtres et les enseignants y étaient conviés, des personnes de grande importance mais peu fortunées. L'âge d'or de la bouchoyade paysanne dura du XIXe siècle à la première moitié du XXe. Après la Seconde Guerre mondiale, les éleveurs de porcs passèrent à l'abattage à grande échelle, dans le sillage de la professionnalisation et de l'industrialisation de la production alimentaire.

De nos jours, l'abattage traditionnel à la ferme n'existe pratiquement plus ; cette manière de tuer le cochon a été engloutie par une montagne de réglementations. Désormais, les bouchers fabriquent des saucisses, chacun à sa façon, mais selon le même principe de base. Le porc est obligatoirement étourdi, l'artère carotide sectionnée, le sang est prélevé et brassé pour éviter qu'il ne coagule ; la fibrine, la « colle » de la coagulation plasmatique, est isolée et éliminée. Le sang est mélangé avec des oignons blanchis et de la panne (graisse entourant les reins), du lait, de la crème ou les deux, puis aromatisé.

Les puristes se limitent au sel et au poivre, d'autres laissent libre cours à leur imagination et à leurs envies, ce qui permet toutes sortes de variations avec les épices et les ingrédients, dont la composition et la quantité restent jalousement gardées par les bouchers. Dans le Jura, on ajoute du poireau au mélange, en plus du sel et du poivre ; pour son boudin, un bon boucher y a encore besoin de noix de muscade, de clous de girofle et de coriandre, de cannelle, de sauge et de marjolaine. Dans la vallée du Rhin, on ajoute des lardons au boudin, dans le canton de Berne et en Suisse romande, parfois des raisins secs ; dans certaines parties du Valais, on l'agrémente de pommes de terre, de chou ou de pommes cuites ; cette dernière variante est également connue à Samnaun et à Zweisimmen. Citons aussi le chantzet, un boudin typique du Pays-d'Enhaut (cf. *page 163*).

Il existe encore une version archaïque, un boudin sans enveloppe rappelant le « pudding » de l'Égypte ancienne, originaire du Tessin et appelé *pappa di sangue* (bouillie de sang) : plonger deux bâtonnets de cannelle dans un demi-litre de sang de porc, laisser infuser pendant une journée, puis retirer la cannelle et incorporer un demi-litre de crème ; dans une poêle à frire, mélanger 30 grammes de beurre avec 20 grammes de farine blanche, faire griller, puis verser délicatement, *a poco a poco*, le mélange de sang et de crème ; lorsque la pâte est bien cuite, retirer la poêle du feu, incorporer 20 grammes de sucre au mélange, saupoudrer d'un peu de sucre vanillé et servir.

Même si le royaume des saucisses est d'une étonnante diversité, il ne faut pas oublier ce qui, outre un travail soigné, est décisif pour qu'un boudin soit de qualité. Joseph Favre, chef valaisan œuvrant à Paris, l'a formulé dans son *Dictionnaire universel de cuisine pratique* (1894) : « Tel aliment tel chyme, tel chyme tel sang, tel sang telle santé» (le chyme étant la bouillie formée par la masse alimentaire au moment où elle passe dans l'intestin) – à bonne santé, bon boudin, pourrait-on encore dire.

SUPPLÉMENT

Culina centurionis

Cette cuisine des officiers constitue l'une des étapes du Sentier des légionnaires que les visiteurs peuvent parcourir dans le camp romain de Vindonissia (Windisch). «Grâce à des conditions de conservation exceptionnelles, cette grande cuisine datant du dernier tiers du Ier siècle de notre ère a pu être maintenue *in situ* [...]. Le sol de la cuisine le plus récent, sur lequel se trouvait un dupondius de Vespasien frappé en 98 ap. J.-C., a été complètement démonté afin d'en faire un examen archéobiologique [...] Le régime alimentaire reconstitué à partir de là montre entre autres que du gros gibier ainsi que de jeunes cochons furent découpés dans cette cuisine, qu'on y a préparé divers oiseaux chanteurs ou encore d'exquis produits importés (comme des huîtres et des maquereaux de la Méditerranée). Les résultats de ces recherches archéobiologiques comptent parmi les plus intéressants que l'on ait obtenus à ce jour à partir de restes trouvés dans des cuisines romaines» (Matthias Flück *et al.*, *Zu Gast bei Offizieren in Vindonissia*, Librum Publishers & Editors LLC, Brugg 2022).

Voir aussi : Boudin, page 163 ; Saucisse de sang, page 472.

Leberwurst

Saucisse grise ou boudin blanc ; saucisse de saison à base de viande de tête de porc, d'abats et de foie de porc

La *Blutwurst* (boudin) forme avec la *Leberwurst* (saucisse grise) un couple très uni qui se consomme comme aucun autre produit de charcuterie comparable dans toute la Suisse alémanique, et uniquement à la fin de l'automne et en hiver. En effet, ces saucisses ne sont pas disponibles toute l'année, comme le sont aujourd'hui les fraises. Les *Blutwürste* et les *Leberwürste* sont la signature de chaque *Metzgete* (bouchoyade) ; si elles n'ont pas bon goût, on ne remangera pas de sitôt une *Schlachtplatte*, à savoir une choucroute garnie. Ce sont les vestiges les plus populaires de l'époque où seul le cours de l'année déterminait ce qui finissait dans les assiettes. Cette saisonnalité a persisté jusqu'à nos jours. «Une Metzgete au moment de la cueillette des abricots est tout simplement absurde», nous déclare une aubergiste. «Il faut qu'il fasse froid pour un repas aussi somptueux. La *Blutwurst* et la *Leberwurst* se mangent en novembre, décembre et janvier, un point c'est tout!»

D'une couleur hésitant entre le gris et le blanc, la *Leberwurst* est une saucisse à cuire fabriquée à partir d'abats, de viande de tête de porc et de bœuf grossièrement hachée, ainsi que de foie de porc, tout cela étant mélangé à un roux d'oignons et à une combinaison d'épices. Il ne faut pas se fier à son nom : la *Leberwurst* (littéralement : saucisse au foie) ne contient en effet pas plus de 15 % de foie de porc, d'après le manuel professionnel *Schweizerisches Lehrbuch für Metzgerinnen und Metzger*. Les proportions de viande de tête de porc et de bœuf ainsi que d'abats (comprenant le cœur, les poumons et le diaphragme) sont plus élevées. Avec son arôme inimitable et distinctif, le foie détermine néanmoins le caractère de la saucisse grise – mais une forte teneur en foie la rendrait trop amère. En fin de compte, un mélange d'assaisonnement délicatement dosé influe considérablement sur la qualité de la saucisse et, bien sûr, l'éternelle question est de savoir si on y ajoute ou non des raisins secs (non! postule l'auteur fermement).

La saucisse grise, alias boudin blanc, est aussi appréciée en Suisse romande, mais moins que le boudin noir, qui y est plus répandu. Pour ce gargantuesque festin de cochonnaille qu'est dans le Jura la Saint-Martin, le foie et d'autres ingrédients de la saucisse grise sont transformés en atriaux, qui ressemblent à des boulettes ou fricadelles et sont tout à fait succulents. Le boudin blanc est pratiquement inconnu au Tessin, où le foie sert à faire de la *mortadella di fegato* (littéralement : mortadelle de foie).

Le boudin et le boudin blanc (sans sang, comme on l'aura remarqué) sont issus de la tradition du bouchoyage à la ferme, qui était répandue dans les régions rurales jusqu'au milieu du XXe siècle. Lors de ces abattages auxquels on procédait à l'arrivée de la saison froide, il fallait utiliser si possible toutes les parties du cochon, du groin (*Schnörrli*) à la queue (*Schwänzli*). Le foie et le sang se gâtant rapidement, ils étaient traités aussi vite que possible. Il n'était pas rare de consommer des boudins avant que le porc ne soit complètement découpé, comme une sorte d'en-cas.

Une très ancienne description figure dans le livre de Peter Bührer, *Schweizer Spezialitäten* (1991). Il y cite un règlement de cuisine de 1480, qu'un abbé de Saint-Gall avait rédigé pour une ferme. Les saucisses grises et les boudins de porc y sont notés comme faisant partie du menu de midi. Un siècle plus tard, un livre de cuisine valaisan (édité en 2001 dans *Gebts über tisch warm für gest* d'Albert Hauser et Sara Galle) reproduit une recette détaillée de boudin blanc : «Prenez un foie. Hachez-le menu. Prenez 4 ou 5 œufs. Battez-les et mélangez-les au foie. Ajoutez-y aussi un peu de crème de lait. Épicez avec du gingembre, du poivre, de la noix de muscade et quelques raisins. Malaxez le tout. Prenez une bonne crépine de veau. Remplissez-la avec le foie haché, mais pas trop. Mettez cela dans une poêle à gâteau avec du saindoux. Laissez cuire pendant une heure. C'est prêt.»

Aujourd'hui, seuls les bouchers professionnels, ou quasiment, abattent les porcs ; autrefois, des bouchers itinérants allaient de ferme en ferme accomplir cette besogne. Il s'agissait principalement d'agriculteurs ou de bouchers qualifiés qui se procuraient ainsi un revenu supplémentaire pour l'hiver.

Pour les professionnels, le jour de l'abattage est généralement le lundi : «Nous abattons les porcs à quatre heures et demie du matin, et à dix heures, les saucisses grises et les boudins sont déjà sur les étals des magasins», nous dit l'un d'eux. Cela commence la veille au soir: éplucher et couper les oignons, doser les épices, disposer les appareils. L'abattage de la truie nécessite également une préparation. Après avoir été étourdie et saignée, et une fois son sang recueilli, la bête est placée dans une échaudeuse-épileuse, machine dans laquelle elle est débarrassée mécaniquement de ses soies dans de l'eau chauffée à 60 °C; le boucher dissout les poils restants au moyen d'un bec Bunsen. Arrive ensuite l'étape du découpage. Le boucher sépare d'abord la tête du corps, puis ouvre le ventre et éviscère l'animal; au cours de cette opération, il retire le tissu graisseux situé entre le péritoine et les muscles abdominaux internes, appelé panne, laquelle est fondue afin d'y étuver les oignons qu'il a préparés.

La viande de tête et les abats sont cuits à feu moyen dans de grandes cuves pendant environ deux heures et demie. Après une heure de cuisson, on y ajoute un peu de chou. Le foie coupé en morceaux, en revanche, dont les voies biliaires ont été retirées, n'est que brièvement échaudé. Le boucher vérifie que la tête et les abats bouillis ainsi que le foie échaudé ne contiennent pas d'éclats d'os, puis les fait passer à travers un disque de cinq millimètres de diamètre pendant qu'ils sont encore chauds et fumants. Les oignons, préalablement cuits dans la panne (crus, ils pourraient fermenter), les épices et le bouillon de viande obtenu sont mélangés à la main avec une louche avec la viande hachée. Chaque boucher a son propre mélange d'épices, composé par exemple de sel, poivre, noix de muscade, marjolaine, coriandre et cannelle.

Une fois que les divers ingrédients sont bien malaxés, la masse est embossée dans des boyaux en menu de bœuf, qui ont habituellement un calibre de 42 à 44 millimètres. Une telle saucisse grise pèse entre 300 et 400 grammes. On la trouve cependant de plus en plus dans des tailles plus modestes. Les saucisses sont ensuite pochées dans de l'eau à environ 80 °C pendant 15 à 20 minutes pour attendrir le boyau, alors que les morceaux de foie, la viande de tête et les abats sont déjà cuits. Pour terminer, on laisse refroidir ces saucisses généreusement farcies au bain-marie.

Un coup d'œil aux innombrables recettes qu'on peut trouver dans les livres de cuisine des trois derniers siècles suffit pour comprendre que la saucisse grise se décline en toutes sortes de variantes. Les recettes anciennes, en particulier, étendent la gamme des abats aux rognons et à la rate. Dans le *Lindauer Kochbuch* (1904), on recommande d'y ajouter des pieds de porc. D'autres ingrédients sont mentionnés à plusieurs reprises, comme des petits pains trempés dans du lait, ou de la crème. Les choux et les raisins secs n'apparaissent pas partout. Les boucheries n'ont rien à envier à la richesse des variations proposées dans les livres de cuisine.

Un boudin blanc devrait être consommé dans les trois ou quatre jours; traditionnellement, on le fait pocher 20 à 30 minutes en compagnie d'un boudin noir (au sang) dans de l'eau chaude, mais non bouillante. Il est servi avec des pommes vapeur et de la choucroute ou avec des *Gschwellti* (pommes de terre en robe des champs) et des tranches de pommes (Emmental) ou avec des *Lederäpfel* (pommes grises) bouillies (Argovie, Bâle). La saucisse grise se découpe en son milieu et le contenu est pressé du boyau sur l'assiette avec une fourchette. Dans les restaurants, on propose de plus en plus souvent la *Metzgete* (les cochonnailles) en plats plutôt que dans son intégralité sur des plateaux.

Certaines personnes préfèrent cette saucisse lorsqu'elle est encore rissolée dans une poêle après la cuisson. D'autres ouvrent les deux types de boudins (blanc et noir), mélangent leurs chairs et font frire le tout brièvement à la poêle. Si un boucher devait s'en offenser, on pourrait difficilement lui en vouloir, puisqu'il s'est donné la peine de donner à chaque saucisse son arôme typique doublé de sa signature.

SUPPLÉMENT

«Jouer à la saucisse grise offensée»

En allemand, s'offenser, prendre ou piquer la mouche (se fâcher sans raison véritable) se dit «die beleidigte Leberwurst spielen», c'est-à-dire «jouer à la saucisse grise offensée». L'origine de cette curieuse expression est probablement basée sur l'idée ancienne selon laquelle le centre des émotions serait situé dans le foie. Sa position dans le corps, sa taille inhabituelle par rapport à d'autres organes, sa forme variable, sa comestibilité et surtout le mystère entourant la fonction du foie «ont contribué à ce qu'on lui attribue des forces naturelles et une vie démonique», selon le *Handwörterbuch des deutschen Aberglaubens* (Dictionnaire des superstitions allemandes, 1942, 1986). Ce n'est que plus tard que l'on a inventé la jolie histoire de la saucisse grise qui éclate de rage parce que le boudin noir a été sorti du chaudron avant elle.

Voir aussi: Atriaux, page 69; Furmagin da cion, page 586; Mortadella di fegato, page 606.

Wurstweggen

Feuilleté de forme allongée à deux extrémités ouvertes, farci à la viande

Autrefois, cette pâtisserie était servie en quantités variables lors des fêtes populaires ou familiales – quasi comme une variante du pâté en croûte. De nos jours, le *Wurstweggen* est apprécié comme en-cas ou comme repas léger, avec de la salade. La combinaison avec la *Chöpflisalat* (salade pommée) est déjà mentionnée en 1863 dans le *Schweizerisches Idiotikon*. Ce feuilleté peut presque être considéré comme une spécialité nationale: en Suisse alémanique, on le trouve dans toutes les boulangeries, et en Suisse romande, il est en concurrence avec le pâté à la viande; au Tessin, en revanche, il est pratiquement introuvable.

Par son aspect général, le *Wurstweggen* pourrait tout à fait rappeler une saucisse, mais avec des restrictions : sans enveloppe de pâte feuilletée, la viande à l'intérieur se désagrégerait à coup sûr dans la main qui s'en saisirait (à moins d'avoir utilisé de l'agar-agar pour la densifier et qu'elle soit devenue une sorte de saucisse caoutchouteuse). En ce sens, le feuilleté est le matériau d'emballage – après tout, il s'agit de 256 couches de pâte ultra-fines, compressées en quatre tours.

On peut se demander pourquoi cette pâtisserie (*Weggen*) ne contient pas de véritable saucisse (*Wurst*), vu que tel est son nom. Ce ne serait alors plus un *Weggen*, mais une Vienne en cage. Ou une saucisse (de veau) à rôtir ((*Kalbs-*)*Bratwurst*) entourée de pâte.

En Suisse, le mot *Wurstweggen* est officiellement connu depuis 1863, année à laquelle remonte la source figurant dans l'*Idiotikon*. On ignore qui en fut l'inventeur. Le principe présidant à la fabrication du *Weggen* est si évident que, tout comme le « principe de la pizza », il aurait pu être inventé n'importe où : la fine pâte ronde servait d'assiette et s'est substituée à la porcelaine, alors que le *Weggen* se présentait comme serviette comestible et est devenu un pionnier du déjeuner-buffet.

En somme, le *Wurstweggen* appartient à la famille des chaussons farcis. Le fil de son histoire remonte jusqu'au Moyen Âge, à l'Antiquité, aux Chinois et aux Indiens. Dans son *Köstlich new Kochbuch* (1598), Anna Wecker propose une recette de *Krapffen von übergebliebnem Fleisch*, c'est-à-dire de beignet farci avec des restes de viande. Épouse d'un médecin, cette Bâloise utilise les restes de rôti des cuisses, assaisonne (également avec du safran) et recommande de mélanger cette viande avec du vinaigre et du bouillon de viande, et d'y ajouter éventuellement des baies de raisin pour donner une note sucrée. Elle insiste sur la nécessité d'abaisser une bonne quantité de pâte et d'y presser délicatement la farce avant de cuire le tout assez brièvement, *wie andere Dorte* (comme les autres tartes).

Un chausson est une pâte farcie : aux fruits, aux légumes, au séré, le samoussa, le chausson à la viande – ce qui importe, c'est qu'il soit fourré et enveloppé, qu'on le fasse cuire ou frire. Mais contrairement au chausson, qui peut être de différentes formes (arrondie, triangulaire, rectangulaire) et qui entoure complètement la garniture, les extrémités du *Wurstweggen* étiré restent ouvertes ; c'est donc une sorte de chausson tubulaire, un petit pipeline farci.

Autrefois, les restes des repas étaient soit plongés dans une marmite pour en faire de la soupe, soit donnés aux chiens et aux chats, soit transformés en une masse homogène et enveloppés dans une pâte à pain normale, puis dans des versions plus raffinées. De nos jours, les *Weggen* contiennent une masse de viande finement hachée (le plus souvent du porc, mais aussi du bœuf, du veau ou de la volaille ; avec du lard en plus, suivant les goûts), de la chair à saucisse, des oignons, de l'ail, du poivre, du sel, de la noix de muscade, des herbes, un peu de vin ou de bouillon – comme pour le rôti de viande hachée, fricadelles et autres boulettes de viande (*Hacktäschli*), les recettes sont très individuelles et donc infiniment variées. Le premier à avoir fait cuire des *Wurstweggen* était probablement un boulanger, lui qui avait un four à portée de main – il y en avait dans les cuisines des châteaux et des monastères, mais pas chez les bouchers d'antan. Ce n'est qu'à la fin des années 1960 que les bouchers ont commencé à faire eux-mêmes des pâtés et des feuilletés à la viande.

Voir aussi : Schinkengipfeli, page 56 ; Zigerkrapfen, page 367.

Zofinger Kinderfestweggen

Petit pain à la saucisse ; variante de feuilleté à la saucisse

À Zofingue, la plus ancienne mention de la fête des enfants remonte à 1809, et sa première édition fut organisée l'année suivante pour récompenser les élèves méritants. Au départ, il y avait des menus différenciés, comme en témoigne un rapport sur la fête de 1825 : « Les garçons ont reçu du rôti et de la salade, deux sortes de petits gâteaux, des poires et des pruneaux ainsi que de la tarte, du vin et un beau *SimmelBrodt* (petit pain) ; les filles du thé avec du lait, des gâteaux, de la tarte, des fruits et du pain comme les garçons. » Depuis 1940, les *Wurstweggen* ou petits pains à la saucisse font officiellement partie du repas de midi ; ce jour-là, tout Zofingien en mange. Le boulanger que nous avons interrogé produit 4900 petits pains pour la fête des enfants (4000 à la saucisse et 900 aux légumes) ; un jour normal, il vend 30 à 50 *Wurstweggen* dans son magasin.

SUPPLÉMENT

Depuis 1948, les syndics et secrétaires communaux du district de Lenzbourg se réunissent chaque année pour la réunion du *Chlausmärt* (marché de la Saint-Nicolas) dans la Burghalde, un prestigieux bâtiment de Lenzbourg. À cette occasion, ils se régalent de *Wurstweggen* et de vin de Goffersberg. Ce vignoble, qui fait face au château de Lenzbourg, est le plus escarpé du canton d'Argovie et appartient aux établissements pénitentiaires de Lenzbourg (JVA Lenzburg). Les vins sont pressés à l'Institut de recherche de l'agriculture biologique de Frick (FiBL).

FRUITS, LÉGUMES ET PLANTES

Küttiger Rüebli

Carotte de Küttigen ; ancienne variété locale de carotte blanchâtre et conique au goût terreux

La langue prête à confusion, car ce que les Suisses alémaniques appellent *Rüebli* est nommé *Karotte* ou *Möhre* en « bon allemand ». La carotte et le navet (ou rave) sont deux légumes très différents, *Daucus carota* et *Brassica rapa* – aussi en suisse allemand, même si la distinction phonémique entre *Rüebli* et *Rübe* (ou *Räbe*) est assez subtile. Ce sont tous deux des légumes-racines, mais la rave, alias betterave sucrière ou fourragère, sert à nourrir le bétail si on ne l'emploie pas pour fabriquer du sucre ou pour en faire des *Räbeliechtli* (à savoir des lanternes en navet sculpté), tandis que la carotte crue en salade est excellente pour la santé – des enfants notamment (« *Rëbli git gsundi Büebli* », dit-on en suisse allemand). Glacées au beurre, les carottes Vichy réjouissent les yeux et les papilles ; la carotte donne aussi sa saveur et son nom à un gâteau très apprécié en Suisse alémanique, la *Rüeblitorte*.

Mais où situer la *Küttiger Rüebli* ? À peu près au milieu, car elle ne convient pas comme « édulcorant », ni dans les gâteaux, ni pour faire des morceaux de sucre ; longtemps versée dans la mangeoire des chevaux, cette carotte est devenue une exclusivité culinaire. Si, sur plus de 500 variétés dans le monde, c'est la carotte de Küttigen qui bénéficie d'un statut particulier en Suisse (contrairement à la merveilleuse « jaune longue du Doubs », par exemple), elle le doit aux paysannes de cette commune argovienne, qui l'ont sauvée de l'extinction en la préservant et la cultivant par une sélection rigoureuse depuis la fin des années 1970.

En cuisine, la carotte blanche de Küttigen est rarement utilisée crue, car ses consœurs orange ont meilleur goût. Les nuances terreuses de la carotte de Küttigen enrichissent le bouquet d'arômes dans la marmite, et grâce à sa consistance robuste, elle ne cuit pas trop vite comme d'autres variétés. Pour la conserver, on la met souvent en bocal à l'aigre-doux et la sert en automne, saison de la bouchoyade, en sauce blanche avec du boudin, de la saucisse grise ou des tranches de pomme. Coupées en cubes ou en tiges avant d'être cuites à l'eau, les carottes étaient autrefois séchées et utilisées pour agrémenter les plats de pommes de terre. Aujourd'hui, c'est l'inverse : les carottes occupent le devant de la scène, par exemple dans un ragoût. Faire cuire à l'étuvée des carottes de Küttigen fraîches coupées en tranches avec des oignons hachés, puis faire revenir le tout avec du lard dorsal (aussi appelé lard « vert »), ajouter de l'ail, déglacer avec de l'eau ou du vin blanc, verser des pommes de terre dans la marmite, saler, poivrer et laisser mijoter le tout.

Sauerrüben

Compote aux raves ; filaments de raves blanches (Brassica rapa) fermentés comme de la choucroute

La compote aux raves est le parent presque oublié de la choucroute, qui est consommée dans presque toute la Suisse, contrairement à ladite compote, dont les derniers bastions se trouvent en Argovie et dans l'Oberland zurichois. L'astuce avec le chou et les raves, c'est qu'ils se conservent dans leur propre jus. On épluche les raves blanches (en allemand *Rüben*, alors qu'en Argovie on les appelle *Räben*) et les râpe en filaments ou les coupe en lamelles ; pour la choucroute, on coupe simplement les feuilles de chou en fines lanières. Disposer une couche de raves découpées dans un récipient en faïence, saupoudrer un peu de sel par-dessus et remplir le pot couche par couche de copeaux de raves en les salant chaque fois. Ensuite, recouvrir le contenu d'une gaze ou d'un torchon, afin que la pression des gaz de fermentation produits ne soit pas maintenue sous le couvercle, lester le contenu avec une pierre et remplir la marmite d'eau jusqu'à ce que les raves soient recouvertes ; il faut toujours les maintenir ainsi couvertes de liquide. Laisser agir pendant cinq ou six semaines : le sel extrait le jus sucré des raves, et le sucre réagit spontanément avec les bactéries lactiques naturelles, déclenchant une fermentation qui finit par produire de l'acide.

SUPPLÉMENT

La fermentation

Comme technique de conservation, elle était déjà pratiquée au Moyen Âge dans différentes régions de Suisse alémanique et de Suisse romande. Au début des années 2000, la fermentation connaît un regain d'intérêt et donne des résultats étonnants, comme avec la betterave potagère qui, fermentée, a un goût proche de celui de la viande séchée, s'inscrivant ainsi dans la tendance vegan.

Voir aussi : Choucroute, page 271.

PRODUITS DE BOULANGERIE ET PÂTISSERIE

Aargauer Rüeblitorte

Gâteau compact à base de carottes râpées, d'œufs et d'amandes ou de noisettes

La *Rüeblitorte* ou gâteau aux carottes est une source d'étonnement perpétuelle. Comment en vient-on à utiliser des légumes comme ingrédient d'un gâteau sucré ? Certains fruits font régulièrement l'objet de discussions pour savoir s'ils appartiennent à la catégorie des légumes ou à celle des fruits ; un bon exemple est la tomate, également connue sous le nom de pomme d'amour ou pomme d'or (*pomodoro*). Mais qu'en est-il de la carotte ? Cuite et glacée, râpée crue en salade ou comme élément aromatique important avec l'oignon, le céleri et l'ail dans une cocotte, elle est parfaite – mais pour un gâteau ? On en cuit depuis le Moyen Âge, car à cette époque les édulcorants étaient rares et chers. Les gens plantaient leur propre sucre sous forme de carottes, lesquelles contiennent davantage de sucre que tout autre légume, à l'exception des betteraves.

Les carottes sont « excellentes dans une discipline où l'on ne s'attendrait guère à les trouver », écrit Waverley Root dans son encyclopédie culinaire intitulée *Food* (1994), à savoir « dans les desserts ; on trouve des mets sucrés à base de carottes chez des peuples qui ont peu de liens entre eux : chez les Irlandais, qui de manière très poétique appellent la carotte « miel de la terre », chez les Hindous, qui décorent de feuilles d'argent leur *gajar halva* à base de carottes, chez les Juifs, qui édulcorent au miel le *tzimmes*, un ragoût composé principalement de carottes, et chez les Suisses et les Autrichiens, qui préparent des gâteaux à base de carottes ». Quant au « gâteau de carottes » d'Alexandre Dumas, c'est une brique compacte composée de « douze carottes bien rouges » réduites en purée, de lait, de beurre, de sucre en poudre, de farine et d'une bonne quantité d'œufs (*Le Grand Dictionnaire de cuisine*, 1871).

Pendant la Seconde Guerre mondiale, alors que la nourriture était rationnée, le gouvernement britannique invitait la population à faire des *Carrot Cakes* et du *Christmas Carrot Pudding* pour économiser le sucre, et faisait distribuer des recettes correspondantes. À notre époque où le fitness est si répandu, le gâteau aux carottes est devenu très à la mode parce qu'il est considéré comme sain – tant qu'il ne déborde pas d'amandes, de noisettes, de glaçage au sucre et de petites carottes en massepain.

Il est impossible de dire quand on a commencé à faire des gâteaux aux carottes en Argovie. Peut-être de façon continue depuis le Moyen Âge ? Aucun document n'en a apporté la preuve jusqu'ici. « Des racines de toutes sortes étaient cuites dans des soupes, et ces dernières étaient la base de l'alimentation du peuple », écrit l'historien François de Capitani dans *Soupes et Citrons*, son livre sur la cuisine vaudoise sous l'Ancien Régime. À l'époque, le canton de Vaud était un territoire sous domination bernoise, comme la Basse-Argovie, qui s'étendait de Murgenthal à Brugg. La préparation des légumes les plus communs allait de soi. De Capitani encore : « Les recettes de plats aux légumes ne méritaient pas vraiment de figurer dans les livres de cuisine. »

La carotte orange avec sa forte teneur en carotène est apparue pour la première fois à la fin du XVIIe siècle aux Pays-Bas, où elle a été développée à partir de carottes jaunes ; peinte avec minutie sur de magnifiques natures mortes, elle a également fait l'objet de témoignages écrits. S'affirmant grâce à diverses améliorations génétiques, elle s'est imposée au XIXe siècle avant de se répandre en France et dans le reste de l'Europe. De telles variétés dominent l'offre de carottes en Suisse, mais d'anciennes sortes, en partie oubliées, regagnent du terrain grâce à la Fondation ProSpecieRara, comme la « jaune longue du Doubs » ou la carotte blanche de Küttigen, une exclusivité argovienne.

Aujourd'hui, on produit et consomme des gâteaux aux carottes dans toute la Suisse, surtout dans la partie germanophone du pays, mais ses origines sont attribuées au canton d'Argovie, le *Rüebliland*. Ce surnom date probablement de la seconde moitié du XIXe siècle ; il découle peut-être de *Rübenland*, qui désigne l'Argovie bernoise, un territoire où l'on cultivait traditionnellement des betteraves fourragères (pour nourrir le bétail, mais aussi pour produire du sucre) et des carottes (pour la cuisine). Le sucre brut cristallisé est transformé dans la sucrerie de Rupperswil, située dans l'ancienne Argovie bernoise.

La *Rüeblitorte* est produite commercialement depuis la fin des années 1940 environ. Jusqu'à la fin de la Seconde Guerre mondiale, on la préparait essentiellement dans les cuisines privées. Les premières recettes de gâteaux aux carottes se trouvent donc surtout dans les livres de cuisine de particuliers. L'une des plus anciennes recettes imprimées date de 1892 et figure dans un recueil de recettes de l'École ménagère de Kaiseraugst. Le gâteau, appelé « Gelbrüblitorte » (gâteau aux carottes jaunes) dans la recette, est remarquablement riche : 500 grammes de carottes, de sucre et de noisettes – ou d'amandes – et huit œufs y sont mélangés à seulement 100 grammes de farine et dix grammes de levure chimique ainsi qu'au jus et au zeste d'un citron pour former une pâte. Les blancs d'œufs sont battus en neige séparément, puis délicatement incorporés au mélange d'œufs et de sucre. Une fois qu'il est terminé, on recouvre le gâteau d'un glaçage au rhum.

On trouve de la *Rüeblitorte* dans presque toutes les boulangeries, mais il est toujours considéré comme un gâteau familial, classique, à faire chez soi.

Badener Chräbeli

« Crête-de-coq » ; biscuits clairs et secs à l'anis de l'épaisseur d'un doigt, légèrement incurvés, avec des crêtes et entaillés plusieurs fois

Le nom de « *Chräbeli* » pour cette pâtisserie anisée légèrement arquée avec ses pointes typiques formées par des incisions est également courant ailleurs qu'à Baden. En revanche, l'*Anisbrötli*, fabriqué avec la même pâte selon le même procédé que le *Chräbeli*, ne saurait y être assimilé car il présente généralement un gaufrage rond ou carré. La différence la plus importante est la disponibilité : on trouve des *Badener Chräbeli* toute l'année, et les autres biscuits à l'anis seulement à Noël – du moins traditionnellement, c'est-à-dire avant que l'industrie et la grande distribution ne commencent à mélanger les saisons et les fêtes annuelles.

Le goût du *Chräbeli* est dominé par l'anis, *Pimpinella anisum*, une plante ombellifère probablement originaire du sud-est de l'Europe (*plus d'informations à ce sujet dans Anisbrötli, page 31*).

L'origine du *Badener Chräbeli* est obscure ; rappelons que les pâtisseries à l'anis existaient déjà pendant l'Antiquité. Le Bernois Max Währen (1919-2008), historien du pain et de la pâtisserie, nous renvoie à une mention du *Badener Chräbeli* dans une description de la fête populaire de Baden, la fameuse *Badenfahrt*, vers 1710. Dans l'*Oeconomische Encyclopädie* de Johann Georg Krünitz (1773), on trouve un mode d'emploi bien utile : « Pour finir, faites-en de petits morceaux allongés, et coupez-les avec un couteau fin et pointu sur toute la longueur, mais pas complètement. » Ces morceaux incisés se redressent un peu à la cuisson. La prudence est donc de mise lorsque l'on mange ces très durs biscuits, car leurs pointes saillantes peuvent percer la chair tendre du palais.

Voir aussi : Anisbrötli, page 31 ; Pains d'anis fribourgeois, page 241 ; Anisstange, page 366 ; Uristier, page 514.

Bundesrat-Schaffner-Torte

Tourte à la crème et au kirsch, constituée d'une génoise et de meringue

Hans Schaffner (1908-2004) fut le premier haut fonctionnaire de la Confédération suisse à accéder au Conseil fédéral (1961-1969). Auparavant, ce libéral-radical bernois aux origines argoviennes avait dirigé l'Office fédéral de l'industrie, des arts et métiers et du travail (BIGA, aujourd'hui SECO) ; féru d'économie et de commerce international, il avait fait ses preuves dans la mise en place de l'économie de guerre. En tant que ministre de l'économie, il était également responsable de l'agriculture qui, sous sa direction, menait une vie paradisiaque sous la devise « le paysan produit autant qu'il peut, le gouvernement exploite autant qu'il peut » – avec des avantages pour les paysans et des inconvénients pour les contribuables. Lorsque Schaffner fut élu en 1961, un boulanger de Gränichen, sa commune d'origine, eut la main prophétique : il créa en effet un gâteau en l'honneur de Schaffner qui symbolisait parfaitement l'opulence à venir dans l'agriculture. Une couche de crème fouettée légèrement gélifiée et sucrée est placée au-dessus d'un fond meringué (mélange fait de blancs d'œufs battus en neige et de sucre, dressé en forme d'escargot puis mis au four), suivie d'une tranche de génoise imbibée de kirsch, puis à nouveau de crème fouettée ; cette bombe calorique à cinq étages est couronnée par un second meringage. La tourte du conseiller fédéral Schaffner, qui rappelle quelque peu la tourte au kirsch de Zoug, est produite à Gränichen.

Leckerlin

Biscuit argovien pas trop sucré, pas trop lourd, épicé et sain

La recette du *Leckerlin*, intitulée *Fraùw Anna von Hallweil Läckerlein zù machen*, figure dans l'*Arzneybuch* écrit vers 1580 par Burkhard III von Hallwyl (1535-1598) ; dans son château à douves, à Hallwyl, le noble campagnard avait installé une apothicairerie avec un laboratoire. « Burkhard III n'était pas le seul noble à collectionner les recettes, et il ne les a pas toutes inventées lui-même. La plupart d'entre elles se trouvent également dans d'autres collections », écrit Thomas B. Frei, l'ancien conservateur du château de Hallwyl (*Allein die Menge macht das Gift – Kräuterrezepte von Burkhard III. von Hallwyl*, 2011).

Le livre de remèdes de Burkhard, qui contient plus de 2500 recettes, a été copié une quinzaine de fois ; une de ces copies a été réalisée par le chirurgien bernois Abraham Schneüwli en 1621, un « livre de remèdes dans lequel on trouve toutes sortes d'emplâtres, d'onguents, d'huiles, de baumes, ainsi que de belles poudres raffinées et d'anti-inflammatoires, de pommades pour soigner les brûlures et les plaies, de potions ou d'hémostatiques utiles contre presque tous les maux susceptibles d'affecter le corps humain ». Les deux ouvrages sont conservés aux Archives de l'État de Berne.

« Les termes *Leckerlein*, *Leckerle* ou *Leckerli* apparaissent à peu près en même temps vers 1600 : dans une facture de mariage de la maison Fugger à Augsbourg, comme provisions pour la fête populaire de Baden de l'antistès (président des Églises réformées) zurichois Johann Jakob Breitinger et comme pâtisserie pour le Nouvel An [...]. Les *Leckerlein* [étaient] à l'origine de petits pains d'épices, particulièrement relevés ou sucrés, dont on pensait qu'ils fortifiaient l'estomac, qu'ils avaient un effet laxatif ou encore qu'ils atténuaient la bêtise (*"die Blödigkeit des Hauptes"*) [...]. Dans des maisons patriciennes entre Bâle et Coire, Berne et Saint-Gall, une sorte de compétition pacifique de leckerli s'est développée au XVIIe siècle », écrit Albert Spycher (1932-2020) dans son *Ostschweizer Lebkuchenbuch*. Selon l'ethnologue, la recette «*Fraùw Anna von Hallweil Läckerlein zùmachen*» dans l'*Artzney-Buch* de Schneüwli est la plus ancienne.

La question de savoir si la recette a été créée par *Fraùw Anna*, lui a été dédiée ou a été copiée d'elle demeure tout aussi mystérieuse que *Fraùw Anna* elle-même.

Pour réaliser des *Leckerlin*, il faut du miel, du sucre, du gingembre, de la cannelle, de la muscade, des clous de girofle, des zestes de citron finement coupés, de la farine blanche ainsi que de l'eau de rose, du blanc d'œuf et du sucre pour le glaçage.

Ramenée à sa plus simple expression, «épicé et sucré» est une formule magique qui occupait et apaisait le corps et l'esprit au Moyen Âge. Mélanges d'épices curatifs, broyés en pâtes comme les électuaires ou pour les petites pâtisseries telles que les leckerli. Tous les ingrédients précités étaient coûteux; ces produits étaient fabriqués et vendus par des apothicaires, si bien qu'on les appelait «Apothekerschleck» (friandises d'apothicaire).

Dans ces bombes épicées, les ingrédients soulagent les crampes comme l'anis ou favorisent la digestion comme le piment de la Jamaïque et la cardamome. Ils ont un effet antiviral et aphrodisiaque comme la cannelle, leurs huiles essentielles sont légèrement anesthésiantes, et peuvent soulager les maux de dents comme les clous de girofle. Ils stimulent l'appétit et atténuent les douleurs rhumatismales comme le macis et la noix de muscade, ou réchauffent les pieds et détendent le mésentère après un repas trop lourd comme le gingembre. Tout comme le poivre, ils offrent tout un bouquet d'effets curatifs, par exemple en cas d'empoisonnement ou d'accès de mélancolie. Au Moyen Âge, ces épices venues de pays lointains étaient combinées pour en faire des mélanges qui enflammaient les cuisines de leurs parfums capiteux et auréolaient les seigneurs de prestige.

«Les épices exotiques ont pris une importance considérable», écrit l'historien François de Capitani (1950-2012) dans *Festliches Essen und Trinken im alten Bern*. On a appelé ces mélanges «poudre forte» ou «Pasteten- und Kochpulver» (poudre à pâtés et de cuisson) et en assaisonnait l'ensemble du repas. De Capitani affirme ainsi que «déjà sous l'Ancien Régime, il arrivait que tous les plats aient le même goût».

Lorsque la médecine moderne s'est développée, au XIXe siècle, l'ancienne théorie des quatre humeurs a perdu de son importance et de nombreux remèdes sont devenus des friandises; pendant la seconde moitié de ce siècle, on a commencé à utiliser les épices de manière sélective et à épurer les mets sur le plan gustatif. Les opulents mélanges ont survécu sous forme d'épices à pain d'épices et d'épices de Noël dans des pâtisseries telles que le *Magenbrot* (pain des Alpes), les *Brunsli* (bruns de Bâle), les étoiles à la cannelle et toutes les variétés de pains d'épices.

Le *Leckerlin* de Hallwyl est peu à peu tombé dans l'oubli et n'est réapparu que lorsque l'auteure culinaire argovienne Susanne Vögeli s'est intéressée au sujet. En collaboration avec le musée d'Aarau et d'autres institutions, les *Läckerlein* ont été débarrassés de la poussière des siècles, la recette a été assouplie par l'ajout de nillon de noix (résidu du pressage), de potasse et d'agents levants et adaptée au XXIe siècle. La friandise a été présentée sous l'appellation «Aargauer Schlossgebäck» (pâtisserie argovienne du château) à l'été 2020.

On commence par tamiser le nillon, qui est sec et très riche en fibres alimentaires. Mélanger du miel avec du sucre, ajouter de la cannelle, du gingembre en poudre, du macis et des clous de girofle moulus, de l'orangeat et du citronat (passés au hachoir), des zestes de citron râpés et une bonne dose de kirsch; puis on incorpore le nillon, la potasse, l'agent levant et en dernier de la farine d'épeautre. Pétrir pendant cinq minutes au batteur et laisser reposer une demi-heure.

Bouler la pâte qui aura la taille d'un ballon de handball, puis l'abaisser à une épaisseur de dix millimètres, la découper en tablettes de quatre centimètres sur deux et enfourner à 175 °C pendant huit minutes. Badigeonner les tablettes d'un glaçage au sucre glace et au jus de citron pendant qu'elles sont encore chaudes.

Les *Leckerlin* sont plus fortement épicés que tous les autres leckerli, une sorte de mariage entre le pain des Alpes et les étoiles à la cannelle. On a vraiment l'impression de mâcher quelque chose de sain – tout à fait dans l'esprit de la médecine médiévale, qui ne disposait pas encore de substances synthétiques.

De ces biscuits émane une aura de séduction qui apaise les esprits troublés et dissipe la mélancolie comme le soleil dissipe le brouillard. Une lassitude qui a dû souvent accabler *Fraùw Anna* – si elle y a bel et bien vécu – à l'extrémité orientale de l'empire colonial bernois.

Voir aussi: Basler Leckerli, page 33; Berner Haselnusslebkuchen, page 277; Zürcher Leckerli, page 324; Leckerli, page 449.

Spanischbrötli et Spanisch Brödli

Petit pain espagnol; pâtisserie carrée en pâte feuilletée, une fois sans et une fois avec une garniture sucrée ou salée

Actuellement, le *Spanischbrötli* traditionnel n'est confectionné que sur commande. Les versions fourrées, au nom légèrement différent (*Spanisch Brödli*), qui furent lancées en 2007 par les boulangers et la Ville de Baden à l'occasion de sa fête populaire (la célèbre *Badenfahrt*), sont désormais la norme de cette spécialité locale. C'est un peu dommage, car une pâtisserie qui a donné son nom à la première ligne ferroviaire de la Suisse, qui deviendra le pays des chemins de fer par excellence, doit avoir quelque chose de particulier, même s'il ne s'agit que d'un feuilleté – très riche en beurre, rien à voir avec un petit pain de régime à base de margarine ou autre matière grasse allégée.

La *Spanischbrötlibahn* («ligne des petits pains espagnols») a été inaugurée en 1847. Elle reliait Zurich à Baden en 45 minutes et dut son nom au fait que grâce à elle, les élites zurichoises pouvaient se faire livrer en deux heures la spécialité badoise tant convoitée. Auparavant, les domestiques ou coursiers envoyés chercher les pâtisseries devaient faire l'aller-retour – environ 50 kilomètres – à pied en une journée !

La raison pour laquelle on appelait autrefois la pâte feuilletée *Spanischbrodt* n'est pas claire. Les premières mentions se trouvent dans des livres de comptes du couvent de Sainte-Clara à Bâle en 1649-50 ; la recette n° 307 du *Schön Kochbuch 1559* a été écrite au début du XVIIe siècle et montre que les membres de la haute société de Coire savaient comment « faire la pâte espagnole » (*spanisch teig zu machen*) : avec de la farine, du lait, de l'eau-de-vie et du beurre ; la pâte finie doit être « rabattue une vingtaine de fois tout en la saupoudrant d'un peu de farine, mais sans ajouter de saindoux », est-il précisé.

Dans son *Brandenburgisches Kochbuch* de 1723, Sophie Schellhammer recommandait de « préparer de la pâte feuilletée uniquement en hiver, car les chaleurs estivales, avec le beurre qui fond aisément, ne lui conviennent guère », rapporte Albert Spycher dans *Back es im Öfelin oder in der Tortenpfann* (2008). Le *Bernerisches Koch-Büchlein* de 1749 conseille quant à lui de plier en trois la pâte à *Spanischbrodt* et de la rabattre encore trois fois de cette manière ; puis de la couper en morceaux de la taille de son choix à badigeonner de jaune d'œuf, d'entailler le dessus avec un couteau et enfin d'enfourner en restant à proximité, cette pâte brûlant facilement. La pâte feuilletée ou pâte espagnole n'était donc pas seulement demandée à Baden – dans l'Oberland bernois, et plus particulièrement dans le Frutigtal, il existe une pâtisserie comparable, le *Blauer Kuchen* (gâteau bleu).

Les *Spanischbrötli* étaient plus des viennoiseries que de simples petits pains ; à Baden, on en servait aux curistes au petit déjeuner – même si les médecins n'approuvaient pas trop la chose, la proportion de beurre dans la pâte feuilletée n'étant guère compatible avec le thermalisme. La première mention de *Spanischbrötli* à Baden se trouve dans une enquête statistique menée dans cette ville en 1780. En 1818, le Zurichois David Hess, qui faisait un séjour au Badener Kurhaus, nota qu'il y prit du café et cinq à six *Spanischbrötli* – aujourd'hui il aurait sans doute écrit *croissants*.

Le principe de la pâte feuilletée est l'insertion répétée de beurre dans la pâte. Il faut incorporer avec précision un morceau de beurre de cuisine dans une pâte de base (détrempe) légèrement pétrie composée de farine, d'eau et de beurre. Ensuite, on abaisse la pâte plusieurs fois avec régularité et la rabat sur elle-même ; il faut répéter ce processus – les gens du métier appellent cela « tourer la pâte feuilletée » – encore et encore : une pâte feuilletée classique se compose de 729 fines couches de beurre intercalées entre 730 couches de détrempe ! Il faudrait toujours travailler sur une surface aussi froide que possible, sinon le beurre risque de fondre et la pâte avec. Pour le petit pain espagnol, il faut abaisser la pâte et la couper en carrés de neuf centimètres de côté, les badigeonner deux fois de jaune d'œuf et les piquer à la fourchette avant de les enfourner. Ces carrés devraient être bien cuits et dorés au bout d'environ 20 minutes à 180 °C.

Les petits pains espagnols fourrés nécessitent quelques étapes supplémentaires : avant de couper la pâte en carrés, il faut y répartir la garniture, soit salée avec du jambon et des carottes, soit sucrée avec des noisettes et des carottes, mettre une seconde couche de pâte par-dessus et la badigeonner de jaune d'œuf. Refroidir à nouveau, puis couper en carrés et entailler finement la surface avec un couteau. Après la cuisson, libre à ceux qui le souhaitent de saupoudrer de sucre glace leurs petits pains à garniture sucrée.

Voir aussi : Blauer Kuchen, page 280.

Zofinger Kinderfesttorte

« Tarte de la Fête des enfants » ; petit gâteau rond composé d'une génoise et d'une garniture au citron, avec un glaçage jaune ou blanc et des amandes effilées

À Zofingue, on célèbre la fête annuelle des enfants depuis fort longtemps : sa première mention remonte à 1809. Il s'agissait de récompenser à la fin de l'année scolaire les élèves les plus studieux, en conséquence de quoi on s'efforçait de leur préparer un repas particulièrement mémorable. Autrefois, les filles ne recevaient pas les mêmes mets que les garçons, mais de nos jours tout le monde a droit à des *Wurstweggen* (petits pains à la saucisse) et des tartes au citron.

Pour les réaliser, on fait cuire une génoise (pâte à biscuit) aromatisée avec des zestes de citron râpés ou coupés en fines lamelles. Trois couches de génoise forment la base de la tarte ; les deux espaces intermédiaires sont remplis d'une crème au beurre contenant du sucre, de la vanille et du concentré de citron. La deuxième couche de génoise est imbibée de jus de citron sucré, et la couche supérieure, la troisième, est d'abord badigeonnée d'abricoture (comparable à de la confiture d'abricot), puis décorée d'un glaçage au sucre et enfin de chocolat liquide. On termine en étalant de la crème au beurre sur le bord de la tarte avant de le garnir d'amandes effilées et grillées. Les recettes varient d'une boulangerie à l'autre.

CONFISERIES

Badener Steine

Pavés de Baden ; confiseries de forme cubique composées d'une génoise imbibée de kirsch, enrobée de gianduja et recouverte de chocolat

Le chocolat fait-il aussi partie du patrimoine culinaire de la Suisse ? Pour sa source certes non, mais pour sa transformation, du moins en partie, indubitablement oui. Les cacaoyers poussent sous les tropiques, le seul endroit où l'on peut en trouver en Suisse est donc, dans le meilleur des cas, la serre d'un jardin botanique. Le chocolat au lait, en revanche, est bel et bien une invention helvétique grâce à la finalisation, en 1867, de la poudre de lait par Henri Nestlé (1814-1890) ; de même que le conchage, mis au point en 1901 par Rodolphe Lindt (1855-1909) : une combinaison de râpage, de brassage et de battage permet d'extraire les arômes les plus fins de la masse de cacao déjà torréfiée, broyée et laminée, pour obtenir un fondant extrafin.

Le *Badener Stein* a été créé dans les années 1930 par un confiseur de Baden qui cherchait une nouveauté pour mieux résister à la crise économique mondiale de l'époque dans le microcosme de son entreprise et se distinguer de la concurrence. Après avoir pris sa retraite en 1955, il transmit sa recette, dont les détails étaient restés secrets depuis 1937, à un successeur, qui la transmit au suivant, et ainsi de suite jusqu'à ce que la production fût transférée à Lucerne en 2002.

Les ingrédients de ces petits pavés de quatre centimètres de côté exigent un travail minutieux. La génoise doit être à la fois fine et relativement dense, sans quoi elle ne pourra retenir le kirsch. Il faut ensuite l'enrober de gianduja, une pâte aux noisettes et au chocolat, avant de laisser couler sur les pavés de la couverture chaude de chocolat noir grâce à une enrobeuse. La couverture contient plus de beurre de cacao que le chocolat que nous consommons, c'est un produit de base des chocolatiers et des confiseurs. La couverture Cru Sauvage, fabriquée à partir de fèves de cacao bolivien sauvage – et donc rare –, est particulièrement exquise.

En Suisse, il existe encore, comme par le passé, diverses imitations des pavés de Baden, comme le *Luzerner Wasserturmstein*, le *Züri Stei*, le « pavé du ciel » (Baden), le *Wilder Hofstein* ou le *Kirschwasserwürfel* (Schwyz).

Voir aussi : Chocolat suisse, page 243.

Quittenpästli

Pâte de coings ; confiserie de couleur orangée à base de purée de coings cuite et de sucre

On cultive, transforme et consomme des coings depuis l'Antiquité, et l'on distingue les coings pommés (en forme de pomme) des coings piriformes (en forme de poire). Ceux-ci sont plus aromatiques que ceux-là, et plus répandus en Suisse. Ils conviennent bien pour la distillation (en eau-de-vie blanche) ou pour la fabrication de friandises. Avec leur fin duvet sur la peau, les coings ont quelque chose de presque érotique au toucher. Mais une fois qu'on a mordu dans le fruit, ce rapport amoureux est vite oublié, la consistance du coing étant beaucoup plus proche du bois que d'un fruit juteux ! Il est bien plus dur à manger cru qu'à cuire.

La gelée et la pâte de coings sont connues depuis fort longtemps dans les régions riches en cognassiers, aujourd'hui principalement en Argovie, dans les cantons de Zurich, Berne et Bâle-Campagne ainsi qu'en Suisse centrale. Les différents synonymes dialectaux indiquent une longue diffusion régionale, et les lire d'une traite constitue un excellent sujet d'examen pour un cours de suisse allemand : *Quittepäschtli*, *Chüttenpäschtli*, *Quittenguetzli*, *Chütteneläckerli*…

La plus ancienne référence se trouve dans le *Schweizerisches Idiotikon* de 1895 et fait référence à un incident dans la vie du célèbre médecin bâlois Felix Platter, qui, selon la citation, a aidé sa compagne à faire des *« kütten-latwergen »*. Le terme *latwerge* désigne le jus épais, sirupeux de fruits bouillis, autrement dit un électuaire. La plus ancienne recette suisse conservée est celle des *Quitten-Zeltlin* du livre de cuisine *Allerhand Confect, Lattwerig-Werk und eingemachte Sachen* (1751) de Dorothea Welti-Trippel, une Argovienne du district de Zurzach. Près d'un siècle plus tard, on trouve une recette de *Quitten-Läckerli* dans le *Neues Berner Kochbuch* (1835) de Lina Rytz. Les deux modes de préparation sont pratiquement identiques à ceux d'aujourd'hui.

La gelée et la pâte de coings font partie des quelques produits de niche saisonniers qui sont probablement fabriqués plus souvent dans les ménages privés que dans les confiseries. Il est vrai que cela demande autant d'efforts que de temps : il faut d'abord éliminer le duvet qui recouvre la peau, car l'huile qu'il contient devient rapidement rance, puis couper les fruits en petits morceaux, opération qui exige pas mal de force musculaire. Le sommet (pédoncule) et la base doivent être ôtés avant la cuisson, contrairement au trognon qui contient beaucoup de pectine, un gélifiant naturel. Faire bouillir les morceaux avec environ la moitié de leur poids en sucre, puis séparer le jus de la compote et continuer à faire bouillir les deux séparément, le jus jusqu'à ce qu'il devienne de la gelée, la compote jusqu'à ce qu'elle se mue en pâte. Étaler cette dernière sur une plaque de cuisson, laisser reposer au frais pendant quatre à cinq jours, retourner et laisser une nouvelle fois reposer quatre à cinq jours. On peut enfin découper les petites pâtes de coings à l'emporte-pièce, sans oublier de les saupoudrer de sucre afin qu'ils ne collent pas. En fin de compte, il ne reste qu'un quart voire un cinquième du fruit originel sous cette forme raffinée.

BOISSONS

Rivella

Boisson de table gazeuse sans alcool à base de sérum de lait

Il existe d'innombrables sortes de limonade dans le monde, mais aucune ne ressemble au Rivella. Le goût de cette boisson de table gazeuse et non alcoolisée est aussi typique qu'incomparable. La raison pourrait être trouvée en examinant sa recette, si celle-ci n'était pas gardée secrète depuis sa création. On connaît ses ingrédients tels que des extraits de plantes et de fruits, de l'eau et, selon la composition, du sucre, du fructose et des édulcorants ainsi que de l'acide carbonique, et puis naturellement l'essentiel : 35 % de sérum de lait.

Lorsque les protéines, les matières grasses et d'autres particules sont extraites par filtration du petit-lait (ou lactosérum, la partie résiduelle de la caséine), il reste un liquide jaunâtre : le sérum de lait. Le petit-lait est généralement transformé en sérac ou donné aux porcs, bien que Paracelse, le célèbre médecin de la Renaissance, eût déjà souligné les effets bénéfiques du petit-lait sur la santé. Une petite partie du petit-lait avait ainsi sa place dans l'armoire à pharmacie : on en étalait sur son visage, en avalait pour se purifier ou prenait des bains dans ce liquide jaune-verdâtre.

Et ce jusqu'à ce qu'un biologiste ou la veuve d'un médecin – les mythes fondateurs font partie des histoires des entreprises – donne à un dénommé Jean Barth, jeune émigrant du lac de Zurich en partance pour l'Amérique une recette de bière à base de petit-lait, que cet homme était censé vendre. Barth rentra d'outre-Atlantique sans y avoir connu le succès et transmit la recette à son frère Robert. Cet étudiant en droit se mit à faire des expériences chez lui à Stäfa, au bord du lac de Zurich, et parvint, avec le secours du biologiste et spécialiste du lait Hans Süsli, à transformer ce sous-produit en or – du moins l'espérait-il. Robert Barth fonda sa société en 1951, créa le nom Rivella à partir du mot italien rivelazione et transféra l'entreprise en pleine expansion à Rothrist, dans l'ouest du canton d'Argovie, en 1954.

Selon une agence de marketing, 93 Suisses sur 100 savent ce que signifie Rivella. Avec sa légère acidité et son goût inimitable, cette boisson s'est imposée relativement vite, grâce à l'aide des distributeurs de boissons et malgré l'obstruction du lobby des sources minérales de l'époque, qui aurait préféré que ce nouveau venu fasse moins de vagues – ou de bulles. Barth, qui avait du flair pour la publicité, suivit les sages préceptes paracelsiens et plaça le Rivella principalement dans le domaine sportif. Il chercha aussi à exporter son produit, et déjà en 1957, le Rivella était disponible aux Pays-Bas, pays qui donnera d'ailleurs à l'entreprise familiale l'idée de produire une version diététique : le Rivella bleu est ainsi lancé sur le marché en 1959, soit 25 ans avant le battage publicitaire autour des « nouvelles » boissons light. Aujourd'hui, Rivella est considérée comme l'une des 20 marques suisses les plus caractéristiques ; une véritable boisson nationale, surtout pour les étrangers qui estiment qu'il faut avoir tété du Rivella – n'est-ce pas un produit laitier ? – pour l'apprécier.

Rivella est disponible en rouge (l'original avec du sucre), en bleu (avec des édulcorants artificiels tels que le cyclamate) et en vert (à l'extrait de thé vert), plus l'une ou l'autre nouveauté, souvent passagère.

6

SCHAFFHOUSE (*SCHAFFHAUSEN*)

L’esprit du terroir

Coincé entre le « grand canton », l'Allemagne, et deux plus petits, Zurich et Thurgovie, mais considérablement plus étendus que lui, Schaffhouse peine à se distinguer par un produit typique qu'aucun de ses voisins n'a su créer. En revanche, ce modeste territoire morcelé sur la rive nord du Rhin montre à quel point l'échelle réduite et la vision à longue portée peuvent être proches. Ainsi, les *Schlaatemer Rickli* (beignets schaffhousois) ne sont peut-être même pas connus de tous les habitants, alors que l'Aromat Knorr est célèbre dans la Suisse entière et au-delà.

L'exiguïté n'est pas nécessairement synonyme d'étroitesse, au contraire, elle favorise l'ouverture des esprits et des sens. Peu d'activités agricoles le démontrent aussi clairement que la viticulture, et le « Blauburgunderland » (pays du pinot noir), sous le firmament duquel se rassemblent vignerons et viticulteurs, a quelque chose d'exemplaire à offrir. Les vins de Schaffhouse, de l'ouest du Klettgau et des bords du Rhin ont acquis une identité et de la considération grâce à la typicité de leur terroir.

Pendant longtemps, le canton de Schaffhouse a été le principal fournisseur de vin de la Suisse alémanique; aujourd'hui, c'est la deuxième plus grande région viticole de cette partie du pays, derrière Zurich et devant les Grisons. La viticulture est attestée depuis le début du XIIe siècle par des documents certifiant que l'abbaye bénédictine d'Allerheiligen était propriétaire de vignobles à Hallau. Ce qui est moins clair, c'est qui a introduit la viticulture dans la région – les Romains, les moines et les nonnes qui ont continué à cultiver l'héritage romain, ou même les Celtes comme en Bourgogne ? La Bourgogne n'est pas un modèle uniquement pour Schaffhouse : d'autres cantons, comme Neuchâtel, se distinguent par la similitude des conditions, des sols, du climat et des petites parcelles, des terroirs, et bien sûr du cépage, le pinot noir, autrefois associé à des vins rouges sans prétention, les *Beerliweine*, mais désormais élevé en fûts de chêne, comme en Bourgogne et partout ailleurs dans le monde où il est cultivé.

Les producteurs du Blauburgerland insistent sur le fait qu'ils n'ont nullement l'intention de concurrencer la Bourgogne. Ils misent sur l'originalité de leurs vins, le temps variable favorisant un « caractère fruité, un bouquet riche, de fines nuances aromatiques et un corps harmonieux ». Des qualités que les viticulteurs revendiquent également ailleurs, bien sûr. Il n'y a là aucune contradiction, juste la volonté de rendre visible l'essentiel : un vin qui soit issu directement des raisins et du sol du terroir, et pas d'une réduction. Ce n'est pas sans raison que des termes comme *produit du terroir* ou *cuisine du terroir* émanent de la viticulture : le terroir contient les caractéristiques essentielles, à la fois celles qui proviennent de la nature, comme le paysage et le climat, et celles que l'on doit à la main de l'homme, comme le choix du cépage et son travail dans la vigne aussi bien que dans la cave.

Selon les analyses génétiques, les parents du pinot noir sont inconnus, comme c'est souvent le cas pour les anciens cépages nobles vraiment importants ; on suppose qu'il s'agit d'un cépage particulièrement ancien, peut-être d'un croisement spontané, peut-être aussi d'une sélection à partir de vignes sauvages par l'homme il y a plus de 2000 ans.

Au XIVe siècle, le pinot noir était déjà très réputé, la noblesse et le clergé se le disputaient. La raison de cet engouement précoce pour le bourgogne rouge réside dans le succès de l'ordre cistercien, fondé en 1098 à l'abbaye de Cîteaux. Ses moines se sont rapidement forgé une réputation d'experts agricoles, notamment en viticulture. En 1336, ils ceignirent de murs quelques parcelles de vignes près de Vougeot. C'est ainsi qu'est né le premier clos, le célèbre Clos de Vougeot. Très vite, les moines constatent que les vignes ne produisent pas partout des rendements aussi élevés et d'aussi bonne qualité, et ils font le lien entre les résultats observés et le sol, le climat et l'exploitation, découvrant de la sorte le terroir et les crus.

ÉPICES, SELS, VINAIGRES ET HUILES

Aromat

Condiment en poudre au glutamate produit industriellement

Un ménage à trois attise souvent la curiosité, contrairement au ménage à deux, le cas normal, qui n'existe même pas dans cette succession de mots, sa signification étant si évidente : un ménage est simplement un couple, ou, au sens statistico-juridique, les occupants d'un même logement. Il y a bien sûr aussi toute la connotation pratique du mot ménage, avec l'ennui auquel on l'associe immanquablement : où est donc l'épice là-dedans ? On en trouve dans ces petits accessoires appelés « ménages » (*Menagen* en allemand) bien pratiques, de préférence en fer forgé, placés sur les tables des auberges et garnis de vinaigre, d'huile et de cure-dents, de sel et de poivre, lequel, après des années de discrète présence, ressemble à la poussière qui s'y est déposée.

Pendant des décennies, les ménages ont recouvert les restaurants du pays d'un vernis d'unité gustative, une petite sensation, en fait, un succès retentissant que la politique est incapable d'atteindre même en état d'urgence, comme l'a démontré la crise du Covid-19 au début des années 2020. Il est de bon ton, désormais, de traiter ces ménages avec mépris, à juste titre la plupart du temps, sauf s'ils sont pourvus de l'ingrédient magique qui les a autrefois aidés à atteindre une popularité nationale, à savoir l'Aromat.

Le fin granulé jaune a été inventé par Walter Obrist, un cuisinier diplômé qui, en 1945, troqua son poste de chef au célèbre Vitznauerhof au bord du lac des Quatre-Cantons contre celui de cuisinier de laboratoire à la succursale suisse (depuis 1907) de la société allemande Knorr à Thayngen (SH). En 1952, Obrist met au point son « Pflanzenextrakt Knorr », un produit lacto-végétal composé de sel de table, de lactose, d'amidon de blé, d'extrait de levure, de graisses et d'huiles végétales, d'oignons, d'agents anti-agglomérants, d'épices, d'extraits d'épices et de champignons et de glutamate de sodium. La recette est gardée secrète.

Knorr lança alors l'assaisonnement d'Obrist en cube, mais échoua à concurrencer le célèbre cube Maggi ; depuis le début du XXe siècle, l'arôme liquide Maggi dominait 90 % du marché. Knorr réagit rapidement, en conditionnant le produit sous forme de poudre dans la désormais légendaire boîte jaune et verte à couvercle rouge et en le lançant en 1953 sous le nom d'Aromat ; il doit sa couleur jaune au curcuma. Pour doper sa distribution, Knorr offrit 30 000 ménages à des restaurants de tout le pays. En 1954, Maggi contre-attaque avec l'assaisonnement Fondor, mais le train est déjà en marche ; l'infiltration des ménages suisses depuis les tables de bistrots est solidement engagée : dix mois seulement après son lancement, 80 % de la population helvétique connaissait l'Aromat.

En 2013, c'est-à-dire 60 ans après son lancement, quelque 2640 tonnes de ce condiment ont été produites en Suisse, dont plus de la moitié pour l'exportation, principalement l'Allemagne, la France et les Pays-Bas ; il est familier à 96 % de la population et se trouve dans plus de 50 % des tiroirs et carrousels à épices du pays.

L'Aromat et l'arôme Maggi sont devenus des produits culte, un ménage potentiellement dangereux, car ce couple mène aisément à l'addiction : certains versent du Maggi dans leur soupe avant même d'y goûter, d'autres épicent automatiquement leurs œufs durs d'Aromat. Les vrais accros saupoudrent leurs tartines d'une épaisse couche d'Aromat – en comparaison, ceux qui les agrémentent d'une pincée de fleur de sel font figure de mégoteurs raffinés.

Le « carburant » de l'Aromat porte les numéros E de 620 à 625 dans la réglementation alimentaire : le glutamate, un exhausteur de goût qui se trouve aussi naturellement dans le parmesan que dans d'autres aliments, bien qu'à des doses homéopathiques. Lorsqu'il est consommé avec excès, le glutamate peut déstabiliser l'organisme, attaquer le cerveau, provoquer du stress et déclencher encore d'autres troubles ! On a observé que le glutamate pousse les rats de laboratoire à se nourrir avec une voracité frénétique. Vu sous cet angle, l'Aromat a très tôt mis en route un développement allant de pair avec celui de l'industrie alimentaire et la saturation des goûts qui la caractérise.

D'après Jost Auf der Maur, « l'Aromat est une réponse à la question de la définition du goût des masses; c'est la quintessence du jugement peu différencié sur ce qui est "bon". Le succès de la boîte, cependant, ne peut être compris qu'à travers le moment opportun de son lancement. L'Aromat est un produit typique des années 1950. À cette époque, la plus grande révolution du XXe siècle était en marche dans les ménages suisses. S'équiper de machines à laver, de réfrigérateurs, du chauffage au mazout, d'aspirateurs, de cuisinières électriques et de robots ménagers était une nécessité qui a été satisfaite tout aussi rapidement que la prospérité croissante. [...] Les fabricants de produits alimentaires industriels ne cessaient de gagner du terrain dans le sanctuaire ancestral de la ménagère, au fourneau et dans le garde-manger: avec des produits tout prêts, ils promettaient aux femmes qu'elles auraient plus de temps pour s'adonner aux joies de la prospérité. Cependant, il ne fallait pas que le raccourcissement du temps consacré aux travaux ménagers affecte l'idylle familiale [...]. Les soupes et les sauces semblaient contenir tout ce que l'épouse et mère avait toujours utilisé, tout en éliminant les pénibles étapes du plan de travail et du fourneau. Cinq minutes de préparation, un peu de persil amoureusement disposé sur le bord de l'assiette, peut-être quelques gouttes de vin, remuer une fois, et en toute occasion: de l'Aromat Knorr. Cette poudre est devenue un assaisonnement national, un élément de la culture culinaire suisse» (*NZZ am Sonntag*, 2003).

Qu'on l'apprécie ou non, il est difficile d'imaginer la vie culinaire en Suisse sans Aromat. Les fêtes de Pâques sont un moment fort de la saison, avec les montagnes d'œufs qui attendent d'être arasées. De nombreux sacs à dos de randonnée recèlent de l'Aromat et on l'emporte sur tous les continents comme réserve en cas d'urgence, lui qui symbolise le goût classique du mal du pays. La haute gastronomie abhorre l'Aromat comme un crime contre la Cuisine, un véritable péché culturel. Si l'on veut faire une blague à ses commensaux dans un restaurant étoilé au Michelin, il faut sortir un petit saupoudroir d'Aromat de 30 grammes et, dans un acte très subversif, l'incliner sur un Œuf fermier poché aux truffes blanches du Piémont...

Voir aussi: Cenovis, page 51; Sel de Schweizerhalle, page 52; Sel de Bex, page 161; Arôme liquide Maggi, page 311.

Rapsöl

Huile de colza, olio di colza

Après avoir été utilisé pendant trois millénaires comme combustible pour les lampes, de nos jours il est de plus en plus transformé en biodiesel pour les tronçonneuses, les machines de construction et les moteurs hors-bord: au cours de sa longue histoire, le colza a toujours été présent, mais jamais sous les feux de la rampe – un membre très discret de la famille des plantes oléagineuses, même s'il est considéré comme la plante cultivable la plus riche en huile.

L'huile de colza ne provient pas d'un arbre comme l'olivier, lequel fait partie des élus, dans la Bible, mais sort de terre comme les autres choux. Elle y est toujours restée, l'espèce *Brassica napus*, fournissant pendant des siècles, en tant que jeune plante aux feuilles croquantes, des légumes frais au printemps et après maturation une huile amère qui a joué un rôle important dans l'alimentation des pauvres et en temps de guerre – et ce jusqu'à ce que l'on commence à éliminer du colza, grâce à des croisements ciblés, le responsable de cette amertume, l'acide érucique, un acide gras insaturé.

De nouvelles variétés «double zéro» (00) ont été créées, qui donnent une huile légère, plutôt neutre, qui ne domine pas le goût spécifique du plat lorsqu'on le cuit, comme une matière grasse distinctement aromatique telle que l'huile d'olive. Mais la grande qualité de la nouvelle huile de colza est qu'elle soutient l'activité cardiaque grâce aux nombreux acides gras monoinsaturés qu'elle contient. Ces acides aident l'organisme à écarter des dangers tels que les inflammations et les caillots de sang, qui peuvent engendrer de l'artériosclérose et provoquer une crise cardiaque. Dans l'huile de colza, cet effet est renforcé par l'acide alpha-linolénique (à ne pas confondre avec l'acide linoléique), un acide gras polyinsaturé de la famille des oméga-3.

Le colza est une curiosité botanique car son ancêtre n'est pas une forme sauvage, mais des parents cultivés depuis fort longtemps, la navette (*Brassica campestris*, qui ressemble au colza) et le chou (*Brassica oleracea*) – on sait cela grâce aux chromosomes qui ont été identifiés et dénombrés dans le colza. La navette sauvage est très ancienne; lors de fouilles entreprises dans des strates datant du Néolithique, on a trouvé, outre des céréales, du pavot à opium, des pois et des graines de lin, de petites graines sphériques dans la colonie de Seeberg, au bord du petit lac de Burgäschi (lac à la fois bernois et soleurois, au patrimoine mondial de l'Unesco depuis 2011). Il a été établi qu'il s'agissait de choux des champs, la forme sauvage de la navette. Selon *The Cambridge World History of Food*, on cultivait du colza en Inde il y a 3000 ans; il fut introduit en Chine et au Japon au début de l'ère chrétienne et en Europe au XIIIe siècle. On en a cultivé pour la première fois à grande échelle aux Pays-Bas au XVIIe siècle.

En allemand, *colza* se dit *Raps*, qui est une forme abrégée venant du bas allemand *rapsad*, graine de navette (*Rübsamen*, *Rübsen*). «*Rap*- est pour ainsi dire la forme de base pour la plupart des mots indo-européens concernant les raves», écrit Wolfgang Seidel dans *Die Weltgeschichte der Pflanzen* (L'Histoire mondiale des plantes), «comme le latin *rapa* ou l'anglais *rape*. Mais dans la très prude Amérique, on n'utilise plus le mot d'origine de la plante car *rape* signifie aussi *viol*». Le mot français et italien *colza* est une adaptation du terme néerlandais désignant les graines de chou, *koolzaad*.

En Suisse, la culture du colza commence à se répandre au XVIIIe siècle. En 2019, 23 200 hectares de colza y sont cultivés (*swissgranum.ch*, octobre 2019), notamment dans le canton de Vaud (7000 hectares); proportionnellement à la superficie du canton, Schaffhouse devrait se classer loin devant. Entre la fin du XXe siècle et 2014, la culture du colza a augmenté de 60 %. Dans le cadre de la rotation des cultures, on sème *Brassica napus* idéalement après les céréales, les pommes de terre ou une période de jachère verte ; généralement entre fin août et mi-septembre, de sorte que la récolte avec des moissonneuses-batteuses puisse avoir lieu de juillet à août.

Lors de la publication de l'*Encyclopédie d'Yverdon* (1770-1776), l'huile de colza, comme celles de noix, de chanvre et de poisson, était transformée en savons « mous ou liquides, noirs ou verts ». L'*Oekonomische Encyklopädie* de Krünitz (1806) classe l'huile de colza parmi les denrées alimentaires. L'exotique huile d'arachide est apparue sur les marchés occidentaux au XIXe siècle, y concurrençant les huiles végétales indigènes – non seulement l'huile de colza, mais aussi l'huile de tournesol, de noix, de pavot et de lin. On a couramment utilisé de l'huile de colza comme combustible pour les lampes jusqu'au début du XXe siècle. Cette huile a souffert des importations bon marché jusqu'à ce que le Canada, dans les années 1970, parvienne à développer de nouvelles variétés dans lesquelles les substances indésirables ont été fortement réduites.

Un autre problème avec le colza était sa sensibilité aux fortes chaleurs. La méthode empirique consistant à cesser de chauffer l'huile de colza lorsque de la fumée s'élève de la poêle est trop fruste – c'est encore plus vrai pour les nouvelles variétés cultivées aujourd'hui. Les petites billes que sont les graines de colza, qui poussent en gousses allongées et contiennent 45 % d'huile, sont pressées à froid ; la chaleur générée par le processus de pressage ne doit pas dépasser 50 °C. Une température excessive endommage les précieux acides gras insaturés et les détruit, surtout dans une poêle à frire. C'est pourquoi un consortium d'agences gouvernementales, d'associations et d'entreprises concernées a investi de l'argent et mobilisé des chercheurs pour créer des variétés dont l'huile résiste à des températures si élevées qu'elle peut également être utilisée pour frire des aliments : il s'agit des huiles de colza ayant l'acronyme HOLL (pour High Oleic – Low Linolenic), lancées en 2004. Ces huiles ne contiennent pratiquement pas d'acides oméga-3, mais de nombreux acides gras monoinsaturés ; elles sont donc toujours meilleures que l'huile de friture ordinaire contenant des acides gras saturés et ont l'avantage de ne nécessiter aucune hydrogénation.

Le colza est la plus importante des plantes oléagineuses cultivées en Suisse. Il est pressé de trois façons : traditionnellement, à l'ancienne, cru ou également grillé, à froid et en petites quantités ; la deuxième manière est artisanale : les billes de colza sont également pressées à froid et filtrées en pressant lentement à travers une toile ou du papier jusqu'à ce que l'huile ait une couleur jaunâtre. La troisième option est industrielle : les petits grains sont chauffés à 80 °C et pressés ; le tourteau (c'est-à-dire la masse résiduelle) est chauffé à 110 °C dans un deuxième temps et pressé à nouveau, puis filtré dans une centrifugeuse. L'huile industrielle se conserve plus longtemps que celle qui a été pressée à froid car elle a été raffinée par chauffage, ce qui empêche en principe toute oxydation ou fermentation. Deux grandes entreprises produisent de l'huile de colza en Suisse : l'une à Muttenz près de Bâle et l'autre à Manno dans le district de Lugano.

Avec la revalorisation des régions et de leurs produits, de plus en plus d'exploitations agricoles ou de manufactures proposent leur propre huile de colza. Celles qui ont été pressées à froid ont un goût plus aromatique que les huiles industrielles qui, comme l'huile de colza HOLL, est insipide. C'est principalement pour les plats froids, les salades, les soupes et le poisson que l'on préconise l'utilisation d'huile de colza.

Voir aussi : Huile de colza, page 159.

PRODUITS CARNÉS

Hallauer Schinkenwurst

Saucisse échaudée, fumée à base de chair à saucisse de bœuf avec des morceaux de jambon et du cumin

Il est tout sauf évident pour un petit canton situé au nord du Rhin, éclaté entre la Souabe et les cantons de Zurich et de Thurgovie, de présenter son propre patrimoine culinaire. La plupart des produits qui pourraient en faire partie ne sont pas exclusivement schaffhousois, comme le *Wigueteli*, ce biscuit que l'on confectionne aussi dans les cantons précités. La saucisse au jambon, en revanche, telle qu'elle a été composée pour la première fois à Hallau il y a plus d'un siècle, signale clairement une autonomie schaffhousoise – même si l'on ne sait pas précisément quelle boucherie ou charcuterie l'a proposée en premier.

En tout cas aucune dans le voisinage élargi à l'ouest, où la « saucisse argovienne du dimanche » (*Aargauer Sonntagswurst*), qui contient également des morceaux de jambon, a été présentée au public plus d'un demi-siècle plus tard en tant que saucisse créée par un charcutier pour fêter le dixième anniversaire de son entreprise.

Les origines de la saucisse au jambon de Hallau sont d'une complexité d'autant plus grande que deux personnes se disputent la paternité du produit et qu'il n'existe aucun document écrit à ce sujet. Les consommateurs n'y trouvent rien à redire, car la lutte pour la reconnaissance de son créateur témoigne de la forte popularité dont jouit cette saucisse.

La dynastie Auer fait remonter la naissance de la saucisse au jambon de Hallau à son fondateur Georges, qui fit l'acquisition de l'auberge Schweizerbund en 1874 et y rattacha une boucherie. Dans la maison Pfistner à Hallau, c'est à l'ancien employé Hermann Rüedi qu'on attribue la paternité de cette saucisse, qu'il aurait inventée au tournant du XXe siècle. La tentative des bouchers-charcutiers schaffhousois de déposer une marque pour ce produit a échoué en raison du coût élevé de la démarche – il serait pourtant sage de faire preuve de prévoyance, car quand les joyaux culinaires sont si rares, ils ne devraient pas être exposés aux risques de contrefaçon.

L'artisan découpe la viande du jambon en cubes puis, mélangés à du sel nitrité, les laisse mariner une nuit durant en chambre froide. Ces morceaux sont incorporés à la chair à saucisse de base, composée de bœuf et d'épices telles que du poivre, de la noix de muscade et du cumin, après quoi cette masse est embossée dans des boyaux artificiels et clippée. Les saucisses doivent ensuite être fumées pendant une bonne heure à 50 ou 60 °C, échaudées pendant une autre heure à 70 °C, puis lavées ou douchées à l'eau froide pour éviter tout rétrécissement. Le poids des saucisses de Hallau varie entre 150 grammes et 1,6 kilo.

En plus de la saveur de jambon, celle du cumin est caractéristique et reste longtemps en bouche – comme un bon pinot noir, dont l'offre est étonnamment diversifiée dans le canton viticole de Schaffhouse, nommé *Blauburgunderland*, c'est-à-dire « pays du pinot noir ». Du vin, de la saucisse et du pain : avec cette combinaison aussi simple que classique, chaque produit dévoile sa spécificité régionale, son identité territoriale, si l'on se donne la peine – ou plutôt le plaisir – de bien le savourer. La saucisse au jambon de Hallau se consomme froide comme toute autre charcuterie, ou chaude et en tranches plus épaisses, avec du poireau et des pommes de terre bouillies ou avec des *Rippli* (côtes de longe de porc) et du lard sur le *Hallauer Platte*, à savoir le plat de Hallau.

Si l'on commande un *Bauernschüblig* (schüblig paysan) dans une boucherie-charcuterie schaffhousoise, il ne faudra pas s'étonner de recevoir une *Schinkenwurst*, car c'est par ce nom-là – *Buureschüblig*, pour être précis – que les seniors du cru désignent leur saucisse, ce qui ne garantit nullement qu'on obtiendra un *Bauernschüblig* en demandant une *Schinkenwurst* !

Voir aussi : Aargauer Sonntagswurst, page 108.

PRODUITS DE BOULANGERIE ET PÂTISSERIE

Merishauser Bienenstich

Pâtisserie en pâte levée sucrée fourrée à la crème vanille avec un glaçage à base de noisettes, de beurre et de miel

Le seul lien entre une *Bienenstich* et une piqûre d'abeille (c'est là sa signification littérale) est justement la piqûre – car de la douleur de l'une naquit la joie de l'autre. Deux villes situées au bord du Rhin en aval de Coblence en Allemagne, Andernach d'un côté et Linz de l'autre, se sont combattues pour obtenir le privilège de percevoir des droits de douane sur le transport fluvial. En 1474, l'empereur transféra le droit des habitants de Linz à ceux d'Andernach. Ceux-là refusèrent d'accepter sans mot dire la perte de leur source de revenus et se mirent en route pour montrer à leurs rivaux de quel bois ils se chauffaient. Alors qu'ils approchaient du mur d'enceinte, les Linzois furent découverts par deux apprentis boulangers qui, tôt le matin, prélevaient du miel dans des nids d'abeilles suspendus audit mur. Ne faisant ni une ni deux, les garçons jetèrent les nids sur les assaillants, les abeilles les piquèrent et les ennemis déconfits prirent la fuite. Pour célébrer leur victoire, les apprentis boulangers créèrent un gâteau spécial, qui comme de juste fut baptisé Bienenstich.

Voilà pour la légende. Cette pâtisserie en pâte levée aérienne et sucrée eut du succès jusqu'en Suisse, où sa recette a été consignée en 1944 dans le manuel de boulangerie-pâtisserie *Der Schweizer Bäcker-Konditor*. On la cuit avec un glaçage sucré et des amandes effilées, puis on la coupe à l'horizontale au milieu et la remplit d'une masse généreuse, généralement de la crème au beurre. C'est ainsi que la *Bienenstich* est traditionnellement fabriquée, mais pas à Merishausen, située au nord de la ville de Schaffhouse, près de la frontière nationale.

La subtile différence réside dans le glaçage, que le boulanger Leu, inventeur de la variante de Merishausen, créa dans les dernières années du XIXe siècle: il remplaça le sucre par du miel et les amandes par des noisettes. Sa recette demeura pendant trois générations entre les mains de sa famille et la *Merishauser Bienenstich* est restée la marque de fabrique de cette boulangerie jusqu'à sa fermeture en 1991, faute de relève. La spécialité menaçait de disparaître lorsque dix ans plus tard, une habitante de Merishausen reprit le flambeau de la tradition.

La *Bienenstich* nécessite trois préparations distinctes: la pâte levée, la garniture et le glaçage. Le secret d'une bonne pâte levée ne réside pas dans les ingrédients – farine de blé, lait, beurre, levure, sucre et un peu de sel – mais dans son traitement: la pâte se développe pendant une journée afin de pouvoir supporter la violence de son passage au four et de ne pas s'affaisser sur elle-même lorsque le glaçage caramélise à température maximale. Ce glaçage composé de beaucoup de miel et d'un peu de sucre, de noisettes concassées et de beurre est d'abord fondu, mais non cuit, puis badigeonné sur la pâte avant cuisson.

Au terme de celle-ci, laisser refroidir les gâteaux, les couper en deux horizontalement en leur milieu, étaler de la crème vanille froide de l'épaisseur d'un doigt sur la partie inférieure, puis poser le couvercle par-dessus. La boulangère fabrique la *Merishauser Bienenstich* en quatre tailles, depuis la simple bouchée jusqu'au gâteau de 1800 grammes.

DIGRESSION

Vanille et vanilline

C'est l'une des expressions olfactives et gustatives les plus intenses au monde. Les conquistadors espagnols ont été les premiers représentants de l'Ancien Monde à goûter à l'arôme unique de la vanille. Le roi aztèque Montezuma se faisait servir du chocolat non sucré mélangé à du piment rouge et de la vanille. Les précieuses gousses de vanille ont été expédiées en Espagne dès 1510. La nouvelle de cette substance miraculeuse se répandit en Angleterre et en France, où l'on ne tarda pas à employer de la vanille pour parfumer le tabac à priser. À partir du XVIIIe siècle, des botanistes ont cherché par tous les moyens à inciter la vanille à se reproduire. En vain. Un drame!

Vanilla planifolia est une orchidée grimpante. Elle germe dans le sol et s'enroule sur une plante hôte. Avec le temps, ses racines meurent. Comme toutes les orchidées, elle se nourrit d'air tropical humide et riche en nutriments. Elle ne se reproduit que dans un certain écosystème, certaines abeilles mexicaines, des colibris, des fourmis et des papillons pollinisant les fleurs blanc-vert. Ensuite, la gousse commence à se développer et devient un mince pédoncule allongé. À maturité, la gousse jaune foncé éclate et la pulpe jaillit avec ses innombrables petites graines semblables à des points. L'odeur de cet arôme incomparable attire les oiseaux, qui picorent la pulpe et dispersent les graines sur leurs sécrétions.

Ce n'est qu'au milieu du XVIIIe siècle que dans des jardins botaniques français, on a réussi à percer le mystère de la fécondation de la fleur de vanille: à l'aide d'un fin bâtonnet, on a mis en contact les parties mâle et femelle de la fleur qui s'est autofécondée.

En 1874, des chimistes allemands ont réussi à isoler un substitut synthétique, la vanilline, de la lignine, responsable de la lignification des plantes. Cet ersatz bon marché a failli prendre la place de la très coûteuse gousse de vanille, mais comme la plupart des parfums et saveurs artificiels, il est imparfait: la copie est loin d'avoir la complexité de l'original, et la vanilline a un goût à la fois plat et exagérément fort, particulièrement odieux dans les parfums bas de gamme.

La vanille est probablement apparue en Suisse à peu près à la même époque qu'en France, bien qu'elle soit passée presque inaperçue, sauf dans les milieux les plus aisés, car elle était extrêmement chère. Cependant, son prix n'a jamais chuté significativement, le processus de transformation de la gousse verte en une opulente bombe aromatique ne pouvant être accéléré: la gousse de vanille doit fermenter doucement jusqu'à ce qu'elle soit noire afin que s'épanouisse toute la puissance de ses fascinantes substances.

Schaffhauserzungen

Langues de Schaffhouse ; biscuits légers et délicats fourrés à la pâte d'amande bénéficiant d'une marque protégée

Le succès des *Schaffhauserzungen* (langues de Schaffhouse) a très tôt incité les imitateurs à produire un biscuit similaire, simplement appelé *Züngli* (languette), qui peut contenir du chocolat. Néanmoins, les successeurs de l'inventeur réalisent aujourd'hui près de la moitié de leur chiffre d'affaires grâce à ce biscuit, qui est protégé par une marque déposée depuis 1902 sous l'appellation « Schaffhauserzungen ». Pourtant, tout aurait pu se passer très différemment, car Jean Reber-Hüsler, originaire de Sempach dans le canton de Lucerne, avait le choix entre deux entreprises.

Après de longues années de pérégrinations à travers la Suisse et la France, Reber se décide en 1895 à jeter l'ancre quelque part. Dans la *Schweizerische Konditoreizeitung*, journal du secteur de la pâtisserie, il tombe sur deux possibilités intéressantes, un magasin à Altstätten dans la vallée du Rhin saint-galloise et un autre à Schaffhouse. Il se décide pour celle-ci et ouvre en 1896, mais les débuts sont difficiles, car « les Schaffhousois, à l'époque surtout d'anciennes familles bourgeoises, se souciaient d'un nouveau confiseur comme d'une guigne », écrit Reber dans ses Mémoires. Il n'a donc pas d'autre choix que d'élargir la palette de ses produits pour séduire ses clients. Et c'est un petit accident qui va l'aider à décrocher la timbale.

Le confiseur gâche en effet un mélange pour un fond de biscuit, mais le travaille malgré tout et il s'avère délicieux : Reber badigeonne de la crème au beurre entre deux *Bödeli* (fonds) ovales et baptise d'abord le résultat « Dora », avant d'opter pour « Schaffhauserzungen » quelques mois plus tard – peut-être à cause de la forme comparable à celle de l'organe, peut-être aussi parce que la délicate pâte aux noix fond sur le bout de la langue. La particularité de cette friandise sans farine réside dans les biscuits fins et croustillants faits à partir de noisettes et d'amandes moulues, de blanc d'œuf et de sucre.

Le secret de la préparation se trouve dans les proportions du mélange, si bien que le confiseur d'aujourd'hui suit à la lettre celles préconisées par l'inventeur il y a 120 ans. La fermeté des biscuits est due à la cristallisation du sucre. Les langues de Schaffhouse ne se pratiquent pas toute l'année et par tous les temps : si les températures sont estivales, la garniture, une crème claire constituée de beurre, de graisse végétale, de nougat et d'un peu de sucre vanillé, en pâtira ; s'il pleut, le biscuit s'amollit (comme le pain sous les tropiques) ; ce n'est qu'en hiver que tout reste comme il se doit. Les amateurs peuvent alterner entre deux variétés, la tendre et la croquante. Le biscuit fini est saupoudré de sucre glace.

Schlaatemer Rickli

Beignet schaffhousois ; spécialité de Schleitheim

Schlaate renvoie à Schleitheim, village situé au nord de Hallau, non loin de la frontière allemande. Un *Rickli* peut être une boucle ou un ruban ; ce dernier se dit *Mäscheli* en suisse allemand. En 1909, le *Schweizerisches Idiotikon* décrit le Rickli comme « une sorte de gâteau constitué d'étroites bandes de pâte entrelacées les unes avec les autres et cuites au beurre ». L'*Atlas de folklore suisse* indique que l'on connaissait les *Rickli* à Schaffhouse et à Schleitheim peu avant la Seconde Guerre mondiale. Cette pâtisserie, que l'on fait cuire en la plongeant dans de la graisse chaude, appartient à la grande famille des beignets (*Fasnachtsküchlein* ou merveilles, *Chneublätz*, beignets à la rose, *Graswürmleni*, striflates, etc.), fabriqués depuis des siècles dans toutes les régions de Suisse, comme celui-ci à Schleitheim et dans les villages alentour. Ainsi, le *Fasnachtsküchlein* est mentionné en 1445 dans les livres de comptes du couvent bâlois de Klingenthal.

Les *Schlaatemer Rickli* se distinguent par leur forme particulièrement élaborée, qui exige une dextérité certaine, et par leur grande disponibilité : alors que la plupart des autres beignets sont associés à des coutumes saisonnières comme le carnaval ou la Foire d'automne de Bâle, on peut se procurer des *Rickli* tout au long de l'année, et cela est uniquement dû à la volonté des villageoises qui les préparent, les « Ricklifrauen ». Traditionnellement, les *Rickli* étaient des pâtisseries de mariage, pour lequel il n'y a pas de saison ; de nos jours, ils sont également demandés lors de vernissages, de réunions familiales ou de fêtes populaires, et appréciés comme cadeau.

La cuisson des *Rickli* exige un effort considérable, que seules quelques mères et grand-mères sont encore prêtes à consentir ; ayant toutes les connaissances et l'expérience requises, les « femmes des *Rickli* » se tiennent prêtes à satisfaire les commandes. L'experte que nous avons rencontrée prépare la pâte deux jours avant la cuisson : elle bat le sucre et les œufs en neige, ajoute du sel, incorpore la moitié de sa farine dans la pâte. Elle a sorti le beurre du réfrigérateur la veille afin de le travailler bien ramolli. Elle ajoute ensuite le reste de la farine, du jus et du zeste de citron et du kirsch. Après avoir formé une boule avec sa pâte, elle l'enveloppe dans un film plastique et la met un à deux jours au frais.

Le jour de la cuisson, l'experte en *Rickli* abaisse la pâte à une épaisseur d'environ sept millimètres et coupe des morceaux de sept centimètres sur cinq au moyen d'une roulette à pâtisserie ; elle incise ensuite quatre fois des fentes verticales parallèles les unes aux autres dans ces rectangles, après quoi il faut les entrelacer délicatement, de manière à bien tenir en main les rubans souhaités. Un pâton ressemble à un huit à peu ventru avec une solide pièce centrale, le *Bänkli*. Les pâtons sont placés dans un endroit frais jusqu'à ce que le saindoux – ou la graisse de coco ou l'huile de friture – dans la marmite en fonte soit suffisamment chaud. Vient ensuite le moment de plonger les *Rickli* dans la matière grasse. « Chacun doit être retourné au moins deux fois pendant la cuisson », explique la fabricante. Le beignet terminé est posé sur du papier absorbant pour le débarrasser de la graisse de cuisson et saupoudré de sucre glace lorsqu'il aura refroidi.

Le *Rickli* fini ressemble à un huit muni d'une ceinture, à un maillon de chaîne ou à un nœud papillon.

Voir aussi : Fasnachtsküchlein, page 36 ; Rosenküchlein, page 38 ; Schenkeli, page 40 ; Striflates, page 81 ; Beignets des brandons de Moudon, page 178 ; Beignets à l'entonnoir, page 203 ; Graswürmleni, page 239.

Tabakrolle

« Rouleau de tabac » ; pâtisserie cylindrique, creuse et frite à base de pâte aux noisettes

Le *Tabakrolle* (« rouleau de tabac ») fait figure de bizarrerie au milieu des produits de pâtisserie actuels, car la technique de cuisson de cette friandise « enflammée » rappelle les temps anciens, lorsque les aliments étaient enroulés autour d'une baguette en bois ou en métal et maintenus au-dessus des braises jusqu'à ce qu'ils soient prêts à être consommés. Le *Tabakrolle* est également placé autour d'un bâtonnet en bois, que l'on trempe dans de la graisse bouillante. Les baguettes enveloppées de tranches de lard et placées sur un gril sont encore plus proches des modes de cuisson de l'Antiquité.

Dans son sixième volume publié en 1906, le *Schweizerisches Idiotikon* explique l'origine du nom par les entailles en spirale faites en fixant la pâte avec de la ficelle, qui « ont une certaine ressemblance avec les rouleaux dans lesquels le tabac à fumer était vendu autrefois ».

On trouve des recettes pour cette pâtisserie dans divers livres de cuisine du XIXe siècle ; de nos jours, c'est du Bas-Klettgau et du canton de Zurich que proviennent les *Tabakrollen*. Autrefois très répandus, ils sont devenus plutôt rares, car la somme de travail qu'ils impliquent, à notre époque de stress généralisé, ne permet guère de faire des bénéfices.

C'était différent dans les anciennes cuisines, même en aval du Rhin, à Bâle, où le « rouleau de tabac » ne fait plus partie de l'offre des pâtissiers. Dans le recueil de recettes personnelles d'Anna Margaretha Iselin-Wetzel (1733-1821) et de sa fille Madame la députée Maria Magdalena Schorndorff-Iselin (1760-1832), il existe une recette de « Taback Rollen : ½ livre de beurre, ½ livre de farine, un peu de sel pour la pâte. Pour la garniture, ½ livre d'amandes broyées, ½ livre de pur sucre, un peu de cannelle, humidifiée avec deux blancs d'œufs ; la pâte sur laquelle sera déposée la garniture doit aussi en être badigeonnée. Bien enduire les bâtonnets de beurre doux, fixer autour d'eux [avec de la ficelle] 60 grammes (*4 Loth*) de pâte, badigeonner de jaunes d'œufs et faire cuire ». L'éditeur Andreas Morel ajoute à ce propos : « La pâte à employer – nous le déduisons de l'importante quantité de beurre – est de la pâte feuilletée ou, dans l'appellation de cette époque, de la pâte à pain espagnol. La variété bâloise était cuite au four et non plongée dans du saindoux bouillant, comme on préférait le faire dans le sud de l'Allemagne (par exemple en 1791) » (*Basler Kost*).

La pâte se compose de farine et de beurre, qu'il faut d'abord malaxer, puis on ajoute du sucre glace et des noisettes râpées ; mélanger du sel et de la cannelle avec de l'œuf et incorporer à la pâte. Dans le Bas-Klettgau, on ajoute du vin blanc à la pâte : il sert de vecteur de saveurs tout en neutralisant le goût de gras qui peut imprégner à la pâte suivant le type de friture utilisé.

Wigueteli, Wiguetzli

Petit biscuit préparé avec du vin rouge et un mélange d'épices rougeâtre

Le *Wigueteli* ou *Wiguetzli* se caractérise par deux composants gustatifs, le vin rouge et un mélange d'épices constitué de clous de girofle, de cannelle, de sucre et de bois de santal. Le vin rouge (dans le canton de Schaffhouse principalement du pinot noir) et le bois de santal donnent une couleur rougeâtre à la pâte. Ce biscuit, que l'on confectionne le long du Rhin dans les communes viticoles des cantons de Schaffhouse, Zurich et Thurgovie, est certainement connu depuis plus d'un siècle – c'est le cas de l'entreprise Rito de Stein am Rhein, qui n'a rien changé à la préparation de son « Wiigueteli-Gewürz – das Original ». Ce mélange rappelle le sucre aromatique du magenträs (cf. *pages 375 et 527*) ; la recette qu'un droguiste retraité de Stein am Rhein a reprise de son prédécesseur et qu'il réalise encore aujourd'hui a elle aussi plus de cent ans.

Le *Wigueteli* semble être une pâtisserie typique du jour de la cuisson, une modeste récompense sucrée que les paysannes glissaient dans le four villageois après les gâteaux et le pain, alors que sa chaleur était en train de baisser. Autrefois, les *Wigueteli* étaient appréciés comme en-cas à emporter quand on partait travailler aux champs, car ils étaient assez durs et se conservaient bien. Ce biscuit de vignerons n'est pas devenu un produit de masse, comme en témoignent les diverses manières de le cuire (de tendre comme du beurre à dur comme la pierre) ou son hétérogénéité gustative. Certains pressent leurs *Gueteli* dans un moule, d'autres les découpent à l'aide d'emporte-pièce ou se contentent de découper la pâte avec un couteau.

Il n'existe aucune recette valable pour tous, car chaque famille a ses propres préférences, comme l'ajout de poudre de cacao, de levure chimique, de fruits à coque ou de flocons d'avoine dans – ou à la place de – la farine, de jus de citron, de zestes d'orange ou de citron. D'abord, malaxer le sucre, le vin rouge, les œufs et le mélange d'épices, puis ajouter petit à petit de la farine et pétrir jusqu'à obtention d'une pâte ferme. Abaisser celle-ci à une épaisseur d'environ un centimètre et découper les biscuits à l'emporte-pièce ou au couteau ; on les place ensuite sur une plaque de cuisson et les laisse sécher pendant 24 heures, avant de les cuire pendant au moins huit minutes à 180 °C.

De nos jours, c'est surtout en automne qu'à la campagne, des femmes fabriquent des *Wigueteli* pour leur usage domestique ou pour les vendre sur des marchés locaux, lors de bazars ou de fêtes des vendanges. Qu'ils soient tendres ou durs, ces biscuits sont excellents avec du café, du vin ou du cidre.

BOISSONS

Sauser/Moût de raisin

Jus de raisin en phase initiale de fermentation

Le moût de raisin naturel, non pasteurisé, est un merveilleux délice éphémère à l'automne, au moment des vendanges – notons qu'en Suisse alémanique, on parle pour celles-ci de *Wimmlet*, *Wimmet* ou *Wümmet*, mots eux aussi issus du latin *vindemmia*. Il est rare que des viticulteurs proposent encore du moût de raisin fraîchement pressé au premier stade de la fermentation ; le jus est tout simplement trop précieux pour ne pas être transformé en vin. Le moût pasteurisé d'importation coûte moins cher que le moût suisse et peut être conservé pendant plusieurs semaines, tandis que le moût non traité continue à fermenter, développe des notes de levure et se mue en un vin jeune et aigre, que le maître de chai vinifie en plusieurs étapes pour en faire un vin de table agréable à déguster.

Avec un vignoble de près de 15 000 hectares pour l'ensemble du territoire helvétique, riche d'environ 200 cépages, la production de jus et de moût de raisin relève presque du gaspillage. C'est grâce au vin qu'on obtient de la valeur ajoutée, pas par ses « précurseurs » ; d'autant plus que la qualité du vin suisse s'est énormément améliorée et que les crus locaux sont consommés presque jusqu'à la dernière goutte en Suisse – il en reste quelques pour cent pour l'exportation. Les cépages les plus importants sont le chasselas blanc, le müller-thurgau (anciennement nommé riesling-sylvaner, à tort), le chardonnay, le johannisberg (sylvaner), le pinot gris (malvoisie), la petite arvine et le sauvignon blanc, le pinot noir (blauburgunder), le gamay, le merlot, le gamaret, le garanoir, la syrah, l'humagne rouge et le cornalin. La vigne pousse dans tous les cantons, le plus abondamment en Valais (4795 hectares en février 2021), le moins en Appenzell Rhodes-Intérieures (0,77 hectare).

Dès que l'intérieur d'une baie de raisin entre en contact avec le monde extérieur par une blessure (perforation, coupure, écrasement), l'air et la chaleur déclenchent le processus de décomposition, les « plaies » et le jus commencent à fermenter.

« Cependant, le jus des raisins ne devient pas aussitôt du vin, il se transforme en moût et seulement après en vin » – ainsi sont décrites les étapes de la fabrication du vin au XVIe siècle (*Schweizerisches Idiotikon*). Jusqu'à la découverte de la pasteurisation trois siècles plus tard, on ne pouvait boire du jus de raisin plus ou moins doux que pendant quelques jours, mais dès le début de la saison froide et quand on disposait chez soi d'une cave constamment fraîche, on pouvait le conserver plus longtemps. L'*Idiotikon* cite la phrase suivante en moyen haut allemand du XVIe siècle, que nous traduisons ici : « Ce vin fait à partir de raisins gelés ne fermentait jamais ; on buvait du jus de raisin tout l'hiver, il était alors doux comme du miel, et en été il était acide. »

Si les conditions sont favorables, les levures et autres micro-organismes attaquent le sucre, dont la teneur s'élève jusqu'à 25 % dans le jus de raisin fraîchement pressé, et le transforment en alcool et en dioxyde de carbone. Quiconque a déjà pénétré dans une cave de fermentation aux étagères pleines n'oubliera pas de sitôt la rapidité avec laquelle il ou elle a cherché à en ressortir pour respirer de l'air frais. L'éclatement des bulles de dioxyde de carbone crée un fin tapis sonore, il chuchote et murmure (en suisse allemand *süselet*, d'où le nom de *Sauser* ou *Suser*). Au Tessin, on appelle le moût (de raisin) *mosto* (*d'uva*), d'après *vinum mustum*, terme que les Romains employaient pour désigner le vin doux ou jeune, à savoir le moût.

Selon le type de raisin, le moût « vivant » devient laiteux et jaunâtre ou rougeâtre et trouble ; la couleur change avec le processus de fermentation, tout comme le taux d'alcool. On distingue trois catégories dans le nord-est de la Suisse : le *Goofesuser* (de 0,5 à 1 % d'alcool), le *Wiibersuser* (environ 4 %) et le *Herresuser* (entre 6 et 8 %) – ce qui signifie respectivement : moût pour les enfants, pour les femmes et pour les hommes. Jusqu'à la fin du XIXe siècle, quand la viticulture a commencé à donner des résultats contrôlables et qualitativement meilleurs grâce aux progrès technologiques, le moût était une valeur à laquelle on pouvait se fier. Longtemps, le maître de chai ignorait si, au cours du processus de vinification, son vin serait ou non victime d'une piqûre acétique. Le moût, en revanche, grâce à une certaine douceur résiduelle décroissante, était consommable au moins pendant quelques jours. Les vendanges terminées, la saison du moût éclatait aussi sûrement que des bulles de savon.

La tradition remonte à loin, comme le montre un document de 1540, lui aussi cité dans l'*Idiotikon*, que nous traduisons comme suit : « Comme chaque automne, il y a de grandes quantités de moût à offrir, mais c'est une cause de discorde, car on y perd inutilement autant de temps que de moût. » La tradition s'est longtemps poursuivie, comme le grand écrivain zurichois Gottfried Keller en témoigne dans l'introduction à son recueil de nouvelles intitulé *Les Gens de Seldwyla* (1856) : « [...] Tout cela leur procure un plaisir indicible, qui n'est surpassé que lorsqu'ils boivent leur vin jeune chaque automne, du moût en cours de fermentation qu'ils appellent *Sauser* ; s'il est bon, on n'est plus en sécurité parmi eux, et ils font un boucan de tous les diables ; toute la ville sent alors le vin doux et les Seldwyliens ne sont plus bons à rien. »

Les ultimes conditions décisives pour obtenir un vin de qualité sont sa teneur en sucre, qui se mesure en degrés Oechsle avec un réfractomètre, ainsi qu'un niveau de maturité aussi parfait que possible, que l'on peut estimer d'après la couleur des pépins de raisin. Plus les baies contiennent de sucre, plus la fermentation sera longue et plus la teneur en alcool sera élevée : c'est la base indispensable à un bon vin – avec d'autres facteurs tels que la densité du jus et sa quantité et, pour le vin rouge, la qualité des peaux, qui contiennent des pigments et des phénols (arômes et tanins). Les baies sont écrasées et pressurées ; dans le cas des vins blancs, le jus est immédiatement séparé des peaux et fermenté ; dans celui des vins rouges, le moût se forme à partir du jus et des peaux. Selon l'objectif visé, le maître de chai laisse fermenter ce mélange pendant une période plus ou moins longue avant de séparer le jus et les particules solides. Ce dernier passe dans des cuves (en acier inoxydable, en ciment ou en émail) ou des fûts en bois ; le reste, à savoir le marc de raisin, est soit distillé et devient précisément du marc ou de la grappa, soit transformé en alimentation pour animaux, soit composté. Quant aux pépins de raisin, leur pressage à froid donne une excellente huile.

En ces temps de conformité et d'imitation culinaires, l'envie de produits originaux éphémères mais d'autant plus exclusifs renaît – ainsi, un moût pasteurisé avec seulement 1,5 % d'alcool n'a absolument rien à voir avec un Herresuser vivant, au goût puissant. Bien qu'il n'y ait que très peu d'argent à en tirer, les vignerons et les aubergistes en offrent à nouveau plus fréquemment, quand revient la saison – aussi dans l'espoir de susciter de l'intérêt pour les saveurs de leur maison.

SUPPLÉMENT

La piquette (en allemand *Leure*, *Lore* ou *Lüre*)

Avec du marc, on obtenait dans une seconde passe, dans laquelle les résidus de presse étaient mélangés à de l'eau et que l'on faisait à nouveau macérer, un vin médiocre, la piquette, pour les pauvres ou les viticulteurs qui préféraient vendre leur noble nectar plutôt que de le boire eux-mêmes. « Aux noces de Cana, notre Seigneur n'a pas fait servir du moût de pomme, de la piquette ou de l'eau, mais du vin », est-il dit plaisamment dans un texte de 1561 mentionné dans l'*Idiotikon*. En comparaison avec du vin véritable, qui n'avait pas encore en ce temps-là, et de loin, la qualité gustative qu'on lui connaît depuis le XXe siècle, cette piquette (« *Leure, Laur, Lore, lora, posca, dilutum vinum* », 1662), qui devint par la suite synonyme de mauvais vin, devait être une torture pour les papilles gustatives, ce qui inspira à Johann Heinrich Pestalozzi une image saisissante (1785) : « Qu'il en aille avec lui [le bailli Hummel après sa condamnation] comme avec du vin vicié : tant qu'on le secoue, il semble avoir encore un peu d'esprit, mais si on le laisse reposer quelques heures à peine, il ne vaut pas mieux que de la piquette. »

Voir aussi : Chèvre, page 150 ; Saurer Most et Süssmost, page 351 ; Vin du Glacier, page 497.

7

GENÈVE

Haute volée et perles rustiques

Avec la longeole, les cardons et la chèvre, Genève présente dans le trésor du patrimoine culinaire suisse trois perles rustiques à l'identité prononcée, une saucisse, un légume et, pour les accompagner, du «champagne de paysan», un breuvage mousseux à base de moût de raisin et d'eau-de-vie qui fait pétiller l'âme. Trois ingrédients indéniables pour un plat rustique qui n'a rien à voir avec la jet-set de Genève et son emblème, le jet d'eau.

Avec ses organisations mondiales, du CICR au siège secondaire de l'ONU, la deuxième ville du pays apparaît comme un carrefour commercial et de négociations internationales, avec ses institutions financières bruyantes ou discrètes, un refuge pour nouveaux riches et autres fortunes d'origine douteuse, le tout demeurant quelque peu nébuleux aux yeux du reste de la Suisse. Mais la Genève altière n'est qu'une partie de la réalité, aussi inaccessible que des hommes en costume et lunettes sombres escortant la haute société vers la haute cuisine.

Au-delà des façades lisses et parfois menaçantes des banques et des bureaux, on trouve une autre Genève, la ville des simples bistrots et brasseries, qui est tout sauf calviniste. La réputation de la «Rome protestante» menant une existence sans joie, laborieuse et n'aspirant qu'au profit, s'est patinée depuis longtemps. L'esprit libre de Jean-Jacques Rousseau, «l'enfant terrible» de la ville, a fini par s'imposer face aux contraintes religieuses et grâce aux circonstances.

De 1850 à 1950, les recensements ont beaucoup fluctué, une fois les protestants en tête, puis les catholiques et à nouveau l'inverse; depuis 1970, l'écart s'est largement creusé en faveur de l'ancienne foi. Ce n'est pas le doute ou l'athéisme de certains Genevois de souche qui a provoqué ce changement, mais l'immigration. Des voisins français, des Valaisans qui ont trouvé du travail et un espace de liberté à Genève, des «papistes» d'Italie, d'Espagne et du Portugal, des «travailleurs étrangers» qui cherchent depuis plus de deux générations à gagner leur vie en Suisse, convaincus qu'ils retourneront un jour dans leur pays. Ce qu'ils font rarement. Au XXIe siècle, Genève se montre internationale comme jamais auparavant et aussi multireligieuse que la plupart des grandes villes du pays.

La ville a sauvé une partie de son ancienne identité dans l'arrière-pays. Le fait qu'il existe encore un terrain libre entre la périphérie de la ville et la frontière nationale tient presque du miracle. Et comme un curieux contraste avec tout ce faste mondain, la plus grande commune viticole de Suisse, Satigny, avec près de 490 hectares de vignes, se trouve dans cet arrière-pays campagnard.

Le Rhône quitte la Suisse à Chancy. C'est ici que se termine la plus longue région viticole du pays, qui s'étend de Brigue dans le Haut-Valais le long du Rhône, longe la rive vaudoise du Léman et rejoint le fleuve dans le canton de Genève – deux tiers des vignes suisses poussent le long du Rhône. En tant que canton viticole, Genève se classe en troisième position après le Valais et Vaud.

À peine a-t-on quitté la zone urbaine et laissé derrière soi l'architecture industrielle après Meyrin que l'on se retrouve dans un monde tout à fait différent, entre le Salève, le « balcon de Genève » en Haute-Savoie, et l'imposant Crêt de la Neige (dans l'Ain), la première chaîne du Jura, dans une région à la ruralité si évidente que l'on se croirait dans une page de calendrier de l'Ancien Régime. Bourdigny, Choully, Peissy sont des villages de rêve, des hameaux de vignerons au milieu du Mandement, compacte région viticole qui s'étend jusqu'à Dardagny à la frontière nationale au sud-ouest ; elle est délimitée au nord-est par le CERN, le célèbre centre de recherche fondamentale.

Le canton de Genève n'est pas connu pour des terroirs particulièrement caractéristiques ayant donné des vins remarquables. En revanche, les viticulteurs genevois sont plus innovants et plus prompts à prendre des risques qu'ailleurs. Ils ont été les premiers dans le pays à introduire une réglementation AOC (appellation d'origine contrôlée) dans la viticulture, ont planté très tôt et à grande échelle des cépages comme le sauvignon blanc et le viognier et ont été les premiers à oser cultiver du gamaret, un croisement entre le gamay, le cépage rouge du Beaujolais, et le reichensteiner, un nouveau cépage de cuve blanc allemand, lui-même issu de croisements entre du müller-thurgau, du madeleine angevine et du calabre blanc.

Le gamaret a été sélectionné en 1970 à la Haute École de viticulture et œnologie de Changins afin de donner à la Suisse un cépage de vin rouge plus fortement coloré, plus vigoureux dans sa peau et plus résistant aux maladies et à la pourriture grâce à des grappes qui poussent librement. Les essais ont donné naissance à deux variétés, frère et sœur, respectivement le gamaret, plus viril, et le garanoir, plus féminin, plus fruité et moins tannique.

Les viticulteurs genevois qui travaillent avec du gamaret depuis les années 1980 s'en sortent très bien avec cette culture personnelle, les vins développent des notes gustatives variées et se conservent longtemps – un plus longtemps lorsqu'ils sont élevés en barriques.

Et le perlan ? Les viticulteurs genevois n'aiment pas trop se souvenir de ce chasselas léger. Produit en masse, il a nui à l'image de marque, disent-ils. Avec lui, l'identité a été abandonnée et remplacée pour se conformer aux dernières tendances, critiquent d'autres. On peut aussi remarquer que le nom est plus séduisant que le contenu de jadis – le chasselas n'a en tout cas pas disparu, ce cépage occupe la deuxième place entre le gamay rouge et le pinot noir. Mais contrairement à ce qui se passait autrefois, il est vinifié avec davantage de densité et de soins. En 2016, des idées ont germé dans le vignoble et chez les producteurs genevois pour sortir le perlan de l'oubli, mais en le proposant de manière plus définie, pétillant et non en quantité comme autrefois, avantageux plutôt que bon marché. Il serait dommage d'abandonner le nom *perlan*, on souhaiterait avoir un vin légèrement mousseux avec peu d'alcool, mais pas forcément comme il y a plus de 70 ans : dans *Das Buch vom Schweizer Wein* de 1943, le conseiller d'État genevois Isaac Anken indiquait encore une teneur en alcool de 9,5 % pour « un bon vin blanc genevois d'un millésime moyen », soit 3 % de moins que dans les années 2020. Les Genevois buvaient probablement déjà de tels vins à l'époque de la Réforme, lorsque leur consommation moyenne atteignait 200 litres par habitant et par an.

Qu'ils soient blancs ou rouges, traditionnels ou expérimentaux, les vins genevois ont acquis – surtout dans la gastronomie régionale – une reconnaissance qui ne va pas de soi au vu des millions investis. Ils sont imbattables en association avec un classique, l'entrecôte Café de Paris accompagnée de pommes frites, pommes allumettes ou pommes paille.

Le fameux beurre aux herbes Café de Paris, composé et préparé en 1930 par M. Boubier à Genève, mériterait une place dans l'Inventaire du patrimoine culinaire. Tout comme d'autres mélanges de condiments. Mais il manque quelque chose : la recette. Elle reste secrète, et par conséquent un cas de libre adaptation, approprié pour une ville ouverte – du moins en apparence – comme Genève. Aussi longtemps que l'original reste meilleur que l'imitation.

Longeole

Saucisse crue non fumée, composée de viande de porc, de lard, de couenne et de graines de fenouil

Cette relique anachronique symbolise des attributs ne correspondant plus guère à cette ville d'affaires onéreuse où tout doit aller vite, à l'opposé de l'image confusément ascétique que plus personne ne parvient à y percevoir.

La longeole incarne l'opposé des temps modernes, ce qui explique en partie l'estime dont elle bénéficie. Sa composition rend l'obsession de la minceur ridicule, ses longues heures de préparation poussent les personnes stressées au désespoir, et sa tendreté gélatineuse, résultat du mijotage de la couenne et de la viande de tête de porc, s'oppose dans le palais, avec ses caresses flatteuses, au diktat du croquant à la précision moléculaire.

L'empire de la longeole genevoise se limite à la ville et son arrière-pays – en trouver au-delà de Nyon est une gageure. Dans le canton de Vaud, on confectionne des saucissons du même genre, avec des ingrédients comparables, eux aussi hachés grossièrement et à maturation incomplète, mais fumés; la longeole s'apparente au *cotechino* tessinois et à diverses andouilles de France. Les origines de la longeole sont à situer quelques siècles plus tôt que les plus anciennes références; son nom figure dès 1820 dans le *Glossaire genevois* et les premières recettes de ce saucisson se trouvent dans des livres de cuisine de 1885. À la même date, dans le volume *Rhône-Alpes*, *L'Inventaire du patrimoine culinaire de la France* mentionne la « recette pour une andouille de Genève dite longeole » composée d'un mélange de boyaux, de viande maigre et de lard de cou de porc, ainsi que d'« un peu de couenne et de gras ».

C'est une étrange histoire, car la longeole n'a pas été créée à Genève mais de toute évidence en Savoie; plus tard seulement des réfugiés protestants l'ont importée dans la cité rhodanienne. Mais il ne faut pas s'en tenir à ce seul constat. L'abbaye de Pommier, au pied du Salève, n'est qu'à une vingtaine de minutes de Genève; un de ses abbés, le père Longeot, y aurait « eu l'idée d'ajouter à une pâte à saucisson normale, une poignée de graines de fenouil noir du pays et quelques couennes » (*aop-igp.ch*). Des huguenots en provenance du Dauphiné, au sud de la Savoie, l'auraient ensuite introduite à Genève dans les années 1685-1705. En ce temps-là, la République de Genève ne comprenait que le territoire de la ville *stricto sensu* et quelques exclaves.

La viande maigre de porc et les morceaux de tête (1 tiers), le lard de nuque et/ou de bajoue (1 tiers) et la couenne crue (1 tiers) doivent être soit émincés au couteau, soit hachés avec une perforation de six à huit millimètres. On y ajoute ensuite du sel nitrité, du poivre blanc et des graines de fenouil entières; autrefois aussi du carvi ou cumin des prés, ce qui est encore le cas pour des variantes haut-savoyardes. Selon les goûts, on peut encore agrémenter le tout de vin blanc, d'ail ou d'autres épices. On embosse la chair dans du boyau de porc ou de bœuf, puis on noue les bouts des saucisses, d'une longueur de 18 à 20 centimètres et presque aussi épaisses qu'un poing, avec une ficelle aux couleurs genevoises (rouge et jaune). Après quoi on laisse les longeoles pendre à température ambiante pendant au moins 12 heures.

Ni le temps ni les modes n'ont eu d'effet sur la longeole; même si on l'apprécie un peu moins grasse au XXIe siècle, elle a conservé sa nature plébéienne. Ceux qui recherchent dans la mondaine Genève des saveurs rustiques avec une pointe de noblesse devraient goûter au saucisson pistaché au gamay genevois, ou encore à d'autres variantes comme celle dont la chair contient de la truffe noire.

La longeole, qui est protégée depuis 2009 par une IGP, doit infuser deux à trois heures dans de l'eau bien chaude, mais pas bouillante (70 °C au maximum). La couenne crue a besoin de temps pour devenir parfaitement tendre: elle requiert de la patience et non de la vitesse. Une fois souple et veloutée, elle contrastera agréablement avec le croquant assumé des graines de fenouil, comme si le père Longeot avait pensé au ying et au yang. Les meilleures garnitures sont les pommes de terre, le gratin de cardons (un légume typiquement genevois) de la famille de l'artichaut, les carottes et les lentilles vertes de Sauverny – autre spécialité genevoise : Sauverny est un hameau traversé par la Versoix.

DIGRESSION

La Suisse et ses porcs

L'authenticité de la longeole s'est affirmée au fil du temps ; sa teneur en graisse a augmenté parallèlement à celle des porcs qui, grâce à de patients croisements effectués au cours du XIXe siècle, ont évolué vers des races plus trapues qui, moyennant une alimentation spécifique, purent être engraissées plus profitablement.

L'agronome genevois Charles Martin (1790-1876) fut le pionnier de l'élevage porcin en Suisse ; en 1830 déjà, il avait fait venir des porcs d'Angleterre, « pays où l'on procédait à des sélections depuis le XVIIIe siècle à partir de races asiatiques. Entre 1880 et 1910, on obtint par croisement entre porcs indigènes et représentants du Yorkshire les deux races actuellement reconnues et encouragées en Suisse, le porc amélioré et le grand porc blanc » (*DHS*). Les abattoirs régionaux furent les victimes de cette évolution centrée sur le profit. Au XXIe siècle, on pratique un élevage plus diversifié. Avec la race Duroc, les bêtes produisent – encore – plus de viande. En reconstituant d'anciennes races et avec la renaissance du cochon laineux (une race au pied noir originaire du sud-est de l'Europe), on privilégie une graisse et un goût originels.

Il y a environ 10 000 ans, on domestiquait des sangliers (*Sus scrofa*) dans plusieurs régions d'Asie comprises entre l'Anatolie et la Chine. Les plus anciennes preuves de leur présence dans la Suisse actuelle sont des ossements vieux de 7000 ans exactement, trouvés dans des colonies néolithiques près de Sion. Jusqu'à l'ère industrielle, les nombreuses races de porcs domestiques étaient plus minces et plus souples que les bêtes engraissées de nos jours avec des aliments concentrés et dopées aux médicaments. Deux représentations rendent clairement compte de cette évolution : un projet de vitrail de Hans Holbein le Jeune (1497/98-1543) montrant un porcher dont les animaux peuvent difficilement être distingués de sangliers, qui s'oppose à un tableau d'Ulisse Aldrovandi (1522-1605), où le porc domestique brun clair apparaît plus massif que le sanglier au pelage gris-brun.

Jusqu'au XIXe siècle, les abattoirs locaux étaient largement répandus. Dans ses *Beyträge zur nähern Kenntniss ders Schweizerlandes* (*Contributions à une meilleure connaissance de la Suisse*), le pasteur zurichois Hans Rudolf Schinz (1745-1790) rapporte ceci du Tessin : « On élève peu de porcs et les paysans pas du tout quand ils ne possèdent aucun pâturage. »

Karl Franz Lusser (1790-1859, médecin, landammann et chroniqueur) nous dit ceci sur le canton d'Uri en 1834 : « On n'élève les porcs pour ainsi dire qu'accessoirement, et ils sont de deux races. La première, la plus grande, est le landrace brun-roux, dont le lard non fumé est excellent, et la seconde, plus menue, est de race grisonne de même couleur, mais plus souvent toute noire, au lard fumé comportant des couches de muscles. » Les habitants de la vallée d'Urseren, au pied du col du Gothard, appelaient les porcs *Palänser* et les achetaient dans le Val Blenio ou « Palanserthal ».

Avec la modernisation de l'élevage porcin et l'évolution conduite génétiquement, les nombreux abattoirs régionaux ont disparu. Dans le monde entier, la plupart des races porcines ont moins de trois, voire moins de deux cents ans. En Suisse, les races issues de croisements que sont le hampshire (d'origine anglaise) et le piétrain (d'origine belge) marquent un fort recul, tandis que le porc laineux, à nouveau apprécié, gagne du terrain. Les moelleuses pelotes de son pelage sont si robustes que le porc ou cochon laineux n'est pas seulement mangé, mais s'avère utile à l'environnement, « lorsqu'il s'agit de contenir des haies de mûriers et d'orties envahissantes ou d'entretenir des biotopes humides et des châtaigneraies » (*prospecierara.ch*).

D'après le *DHS*, les 121 000 propriétaires de porcs que comptait la Suisse en 1866 ont élevé 304 000 bêtes cette année-là (2,5 têtes par éleveur). En 1921, le nombre d'éleveurs a atteint son maximum (ils étaient 174 300) ; ils avaient au total 640 000 porcs (ratio : 3,7). L'industrialisation de l'agriculture démarre au lendemain de la Seconde Guerre mondiale : en 1966, la Suisse dénombre 90 200 éleveurs de porcs qui possèdent 1 513 800 bêtes (16,8) ; en 1983, il n'y a plus que 37 400 éleveurs pour 2 191 300 porcs (58,6) – c'est le nombre maximal de bêtes ; en 2010, le pays ne compte plus que 8800 éleveurs possédant 1 589 000 porcs (180,6).

En 2018, les 8,55 millions d'habitants de la Suisse ont consommé au total 445 105 tonnes de viande (poissons et crustacés non compris). Avec un poids total de 52,06 kilos de viande achetée par habitant, la viande de porc occupe la première place (21,64 kilos), suivie par la viande de volaille (14,22 kilos) et bovine (11,36 kilos) (*proviande.ch*, 2019).

La relation que l'homme entretient avec le porc est à la fois complexe et ambivalente. On réduit l'animal à de l'émincé et à du rôti, la médecine légale utilisait jadis des porcs fraîchement abattus pour reconstituer les blessures à l'arme blanche ou par balle, des tatoueurs s'exercent sur de la peau de porc frémissante et on lance le nom de cette bête comme insulte au visage de nos contemporains impopulaires. « Gibier sauvage, animal sacrificiel, bétail de boucherie : le porc nous est proche et lointain à la fois », écrit Thomas Macho dans le livre qu'il lui a consacré (*Schweine. Ein Porträt* (2015)). « Quiconque voudrait établir une généalogie de l'ambivalence n'aurait qu'à étudier l'histoire des porcs, et dans celle-ci la surabondance de l'imaginaire, des allégories, des proverbes, des images et des artefacts – ainsi que l'invisibilité croissante des abattoirs et des pratiques de l'élevage intensif. Le porc est l'animal sacrificiel par excellence ; cependant, personne ne désire savoir précisément vers où nos âmes s'envolent. »

Voir aussi : Schwartenwurst, pages 263 et 552 ;
Cotechino, page 601.

FRUITS, LÉGUMES ET PLANTES

Cardon épineux genevois

Cardon ou cardy ; légume à faire blanchir

Il est difficile d'exprimer plus clairement que le cactus ou le chardon la volonté de ne pas être mangé. C'est d'une façon analogue que se défend ce cousin du chardon, le *Cynara cardunculus*, cardon, cardon ou cardy, avec ses épines et son suc amer (cynarin) qui noircit les doigts et les mains. La forme menaçante des épines ne laisse aucun doute quant à leurs effets, mais on peut se débarrasser de ces épines. Plus ambivalents sont les signaux émis par l'amertume, dont le goût est soit repoussant, soit bienfaisant. L'amertume peut être synonyme de poison comme de force curative, particulièrement pour le système digestif. Seule l'expérience détermine si une plante amère nous est bénéfique ou néfaste.

Une fois qu'on a éliminé ses lignes défensives, ce légume blanchi procure des saveurs élégantes et croquantes avec des notes d'artichaut et de noisette. Du cardon, on mange les tiges charnues et les côtes de ses longues feuilles ; de l'artichaut, on consomme la tête, et spécialement la partie inférieure. Les feuilles fraîches de jeunes artichauts peuvent servir à faire de savoureuses salades.

À ce jour (fin 2021), la variété dénommée « cardon épineux de Plainpalais » est le seul légume à avoir reçu une certification AOP suisse (en 2003). Peu de gens connaissent les cardons en Suisse ; de ce fait, ils sont restés assez exclusifs. On notera que cette plante potagère de la famille des composées n'est même pas authentiquement helvétique : poussant dans le pourtour méditerranéen, elle a été décrite la première fois par Théophraste (371-287 av. J.-C.) ; élève d'Aristote, ce philosophe et botaniste grec situe l'origine du cardon en Sicile. Il est cependant plus probable qu'elle y a été introduite depuis l'Afrique du Nord.

Sa culture s'est étendue vers le nord via l'Espagne et le Midi de la France. Les cardons de Lyon jouissent d'une excellente réputation. Le peintre baroque espagnol Juan Sánchez Cotán (1560-1627) a manifestement représenté du *cardón* épluché et taillé prêt à la cuisson dans deux natures mortes. Au XVIIe siècle, les huguenots qui fuyaient le sud de la France arrivaient à Genève avec des cardons dans leurs bagages et utilisaient la plaine de Plainpalais pour y faire pousser leurs légumes. Les progrès de l'urbanisation aidant, la culture des cardons de Genève se fait depuis longtemps dans l'arrière-pays.

Parmi toutes les variétés, c'est le cardon épineux argenté de Plainpalais qui s'est imposé par sélection végétale. Ce qui est argenté, c'est la couleur du dos des feuilles de ce légume hérissé d'épines. Autre légume devenu indigène dans les mêmes jardins potagers que le cardon : une sorte d'artichaut appelée « violet de Plainpalais » (*Haferwurzel und Feuerbohne*, de Brigitte Bartha-Pichler et Markus Zuber, AT Verlag, 2002).

Les semis des cardons sont enterrés en mai. Une seule plante nécessite une surface de 1 mètre carré, afin qu'elle atteigne une hauteur de 1,5 mètre sans entrave. Elle forme de longues et puissantes tiges charnues aux feuilles finement pennées et duveteuses, bordées d'épines. Au mois d'octobre, le maraîcher enveloppe les imposantes brassées de feuilles sur le champ dans de la toile de jute, du textile non tissé, du papier ou d'autres matériaux servant de protection anti-lumière ; elles ressemblent alors à des palmiers dans leur habit d'hiver. En blanchissant, leur amertume s'atténue. Une autre méthode, qu'on applique aux choux de Bruxelles, consiste à mettre les plantes dans une cave et à les laisser continuer à pousser dans l'obscurité sans qu'elles verdissent. Autour de Noël, les cardons seront mûrs et prêts à être conditionnés.

C'est au XVIIIe siècle qu'on voit apparaître les premières recettes dans des livres de cuisine suisses ; ainsi le *Bernerisches Koch-Büchlein* (*Petit Livre de cuisine bernois*) de 1749 indique-t-il la façon de préparer les cardons (« *Cardon zu machen* »). Dans sa *Cuisinière romande* de 1906, Louis Maillard présente la célèbre recette genevoise des cardons à la moelle. Par la suite, la pression de la concurrence française et espagnole réussit presque à faire disparaître les cardons genevois, notamment avec la fermeture en 1998 de l'unique fabrique de conserves locale. Un maraîcher concerné par cette situation commença à conditionner ses cardons dans du verre ; les producteurs genevois créèrent l'association Cynara afin de conserver et protéger la variété indigène. À la fin 2015, Cynara comptait dix exploitations de sept hectares en moyenne consacrés à la culture de cardons, ce qui donne une récolte annuelle de 100 à 130 tonnes.

Les cardons frais doivent d'abord être bien taillés, comparables en cela aux céleris-branches. Ôter les feuilles, épines et filaments gênants, éplucher les tiges, qu'on frotte ensuite dans un torchon avant de les découper en bâtonnets puis de les cuire ; verser un peu de lait ou de jus de citron dans l'eau de cuisson pour éviter que les cardons noircissent. On peut trouver des cardons épineux genevois AOP toute l'année en bocaux, prêts à la cuisson.

Les cardons sont désormais des légumes associés aux fêtes de fin d'année, étant donné qu'ils atteignent leur pleine maturité gustative peu avant Noël. Une recette classique consiste à les préparer en gratin avec de la sauce béchamel, de la crème et du fromage. Une volaille rôtie au four leur servira d'accompagnement idéal. Quant aux cardons à la moelle, après les avoir blanchis, il faut brièvement les rôtir avant de les garnir de tranches de moelle. Les cardons blanchis peuvent aussi être servis froids, en salade, avec un filet d'huile d'olive et du jus de citron. La crème de cardons à la truffe noire et aux châtaignes, enfin, a été concoctée au Domaine de Châteauvieux à Satigny par le chef doublement étoilé Philippe Chevrier et sa brigade.

Joseph Favre mentionne une particularité des cardons : « Les fleurs de cette plante ont la faculté de faire cailler le lait. » La fleur du chardon fait elle aussi coaguler le lait, et de façon encore plus efficace.

« Les artichauts et les cardons contiennent de l'inuline (un glucide spécial (non assimilable par l'organisme) au lieu de l'amidon) en assez forte concentration – environ 12 % du poids à l'état frais –, ce qui en fait des légumes idéaux, spécialement pour les diabétiques. » (*Haferwurzel und Feuerbohne*)

PRODUITS DE BOULANGERIE
ET PÂTISSERIE

Beignets à la rose

Beignets frits au moyen d'un fer spécial

La difficulté avec les beignets à la rose ne consiste pas à préparer la pâte ni à les frire, mais à se procurer un fer de la forme souhaitée. Celle-ci prolonge l'extrémité d'un long manche ou y est fixée; ce fer est donc comparable à ceux dont se servent les propriétaires de vaches pour marquer leur cuir. Pour les beignets à la rose, on utilise des motifs en spirale, en cœur, en trèfle à quatre feuilles, en escargot ou en rosace stylisée – les nombreux moules possibles ont inspiré bien des artisans. Certains fers rouillent dans des remises ou des greniers, d'autres ont été mis au rebut ou recyclés; on peut en voir dans des musées et des collections privées, en trouver sur les marchés au puces ou encore comme accessoires de foyer pour cheminées.

Il est hélas peu probable qu'on sache un jour précisément qui a eu l'idée de fixer du fer-blanc à la pointe d'un tisonnier, d'y façonner une forme, de la plonger dans de la pâte et de la frire dans de la matière grasse bouillante ! Peut-être était-ce un croisé qui a frit les premiers beignets avec son morgenstern, une arme hérissée de pointes ? Dans son *Grand Dictionnaire de cuisine*, Alexandre Dumas fait remonter les premières traces en Terre sainte, où des Sarrasins auraient proposé des beignets au Sire de Joinville. D'après le célèbre écrivain, l'origine du mot est toutefois européenne: *beignet* aurait des racines celtiques et signifierait « enflure ».

La baisse de la consommation de beignets à la rose, de *Rosenküchlein* ou *Rosekiechle*, comme on les appelle en Alsace, tient davantage aux changements survenus dans les habitudes alimentaires qu'au manque d'instruments pour la cuisson. Quand le Carême était encore largement observé avec ferveur pour des raisons religieuses, on se bourrait d'aliments gras avant les jours maigres. Les beignets de Carnaval, les merveilles, les beignets au genou – tout ce qu'on peut imaginer était constitué d'une simple pâte et frit dans de la graisse bouillante. Les plus anciennes preuves de la présence de beignets à la rose se trouvent en Alsace et en Suisse alémanique, particulièrement dans la région de Bâle.

Impossible d'établir avec certitude comment cette pâtisserie a atteint la Suisse romande – et peut-être n'est-ce pas si nécessaire. À ce jour, la plus ancienne recette romande, qui date du XVIIIe siècle, a été rédigée de manière si concise qu'on n'y trouve même pas de référence à un moule en fer. « Le beurre joue un rôle prépondérant dans la cuisson de cette pâtisserie », rapporte l'historien François de Capitani. « La cuisson se faisait avec du beurre fondu, qu'il était très facile de se procurer en Suisse. Il n'y avait alors, pour la conservation du beurre, que deux possibilités: soit le fondre, soit le saler. Dans le nord de l'Europe, généralement on le salait, et dans le sud, on le fondait; la frontière entre ces deux façons de procéder se situait à peu près au milieu de l'Allemagne (*Festliches Essen und Trinken im alten Bern*).

Dans l'édition de 1817 de *La Cuisinière genevoise* se trouve une recette très praticable, et bien d'autres dans plusieurs livres de cuisine du XIXe siècle, par exemple *La Bonne Cuisinière bourgeoise* de 1868; dans certaines de ces vieilles recettes, on ajoutait de l'eau de fleur d'oranger ou du kirsch à la pâte. Dans telle ou telle région de Suisse romande, on fabriquait les beignets à la rose en même temps que les bricelets et les beignets au genou pour les jours de fête, comme Nouvel An ou la Saint-Jean; au Tessin on se régale de *chiacchiere*, des bandes frites en pâte à beignets de Carnaval. Selon le *Glossaire des patois de la Suisse romande*, les beignets à la rose y étaient largement répandus jusque dans les années 1950, sous diverses formes de pâtisserie suivant les saisons. Par la suite, la popularité de ces pâtisseries grasses commença à baisser, étant considérées comme trop lourdes, incompatibles avec une silhouette élancée.

Mélanger de la farine, du sel et du sucre, verser doucement du lait et malaxer la masse en une pâte compacte, puis la battre jusqu'à ce qu'elle soit onctueuse. Ajouter les œufs, la crème et le reste de lait, et mélanger le tout jusqu'à obtention d'une pâte homogène. Chauffer l'huile de friture, réchauffer brièvement le moule en fer dans la graisse à haute température, afin que la pâte ne glisse pas hors du moule; plonger ce dernier dans la pâte, puis dans la friteuse, et l'en retirer en espérant que le beignet bien doré tombera de lui-même du moule. Égoutter et enfin saupoudrer de sucre.

Voir aussi : Rosenküchlein, page 38 ; Striflates, page 81.

Bûche de Noël

Biscuit roulé garni de crème au beurre

En Suisse romande, la bûche pâtissière est tellement appréciée qu'en 2009, l'hebdomadaire *Terre&Nature* l'a érigée en « symbole gourmand des fêtes de Noël », tout en se félicitant que ce dessert festif soit désormais moins riche en beurre, « débarrassé de sa réputation d'être indigeste et surchargé de décorations ».

Pour réaliser ce gâteau traditionnel en forme de roulade, on cuit un tapis en pâte à biscuit sur laquelle on badigeonne de la crème au beurre, aromatisée avec du chocolat et/ou de l'extrait de café, enroulée et modelée avec la crème au beurre et un certain talent sculptural en une branche épaisse ou un fin tronc orné de branches coupées.

La bûche de Noël est considérée comme une spécialité propre à la France et aux pays francophones. On n'est pas en mesure de savoir comment et quand précisément la bûche de Noël est apparue en Suisse. Un confiseur l'a peut-être ramenée de ses années d'apprentissage et de pérégrinations, plus probablement étaient-ils plusieurs qui ont repris ou fondé un commerce en Suisse romande, soit des Suisses revenus au pays, soit des immigrés de France.

Il est très improbable que des non-professionnels l'aient popularisée, comme le soulignait déjà le *Universal-Lexikon der Kochkunst* (*Dictionnaire universel de l'art culinaire*) paru en 1890 à Leipzig: «*Baumkuchen* (bûche). Ce genre de gâteau de Noël, qui est préparé de manière très particulière et qui exige beaucoup d'appareils spécifiques et autant d'habilité, ne peut que très difficilement être réalisé dans un ménage, raison pour laquelle nous souhaitons donner ici une brève description du procédé» – brève du point de vue du rédacteur, cette description remplissant presque toute une colonne.

L'idée repose sur une ancienne coutume. «On appelait *bûche de Noël* un gros morceau de bois que l'on laissait traditionnellement brûler pendant toute la nuit de Noël (1690)», trouve-t-on dans le *Dictionnaire historique de la langue française*. L'auteur français Michel de Saint-Pierre (1916-1987) a écrit une histoire sur «un oncle vivant à la campagne, qui ne tenait qu'à deux choses ici-bas: à la cheminée de son salon et à un grand chêne dans son jardin». Le poids des ans et les intempéries eurent raison du chêne, qu'on scia et qu'on souleva pour le faire brûler dans la gigantesque cheminée claustrale du Moyen Âge qui faisait huit mètres de haut, événement auquel le garçon put assister. «La bûche reposait au milieu de la cheminée sur quatre paires d'énormes chenets: un bloc de bois comme on n'en avait encore jamais vu dans la cheminée d'un homme.» Michel s'assoupit et fut réveillé par un fracas: «La gigantesque bûche de Noël, dévorée par les flammes, venait de se briser en son centre et s'était effondrée. Là s'élevait maintenant un palais de charbons ardents qui tremblait entre les ruines noires. Toute cette masse tendre gisait là, sur les charbons silencieux comme la nuit, sur le rose flamboyant de ces charbons incandescents qui s'écaillaient, au-dessus desquels courait un tremblement» (*Die Zeit*, décembre 1954).

On épandait les vestiges de la bûche de Noël avant le Jour des Rois sur les champs et les jardins, avec la conviction que l'esprit de la Sainte Nuit avait imprégné la cendre si puissamment que l'on pouvait espérer de bonnes récoltes.

L'évolution technique des systèmes de chauffage a déplacé la bûche du chenet à la table de cuisine où, redimensionnée, on la reproduit avec un luxe de détails sous forme de bille au beurre. Il est probable que la bûche de Noël a été créée aux alentours de 1870 à Paris par des professionnels, et que son introduction et sa fabrication en Suisse romande se sont faites un peu plus tard, sans doute au tournant du siècle.

Il s'agit d'abord de confectionner une pâte à biscuit (génoise), qu'on enfourne à plat à 180 °C. Pour la crème au beurre, mélanger de l'eau et du sucre avec du chocolat ou du café (espresso), porter à ébullition et réduire «au filet» jusqu'à ce que la masse forme des fils lorsqu'on retire la louche. Battre doucement en mousse avec du jaune d'œuf, jusqu'à ce que la masse soit froide et ait triplé de volume. Puis incorporer le beurre ramolli jusqu'à obtention d'une crème bien lisse et homogène.

Pour fourrer la bûche, appliquer une couche de crème au beurre et/ou de confiture aux abricots sur la génoise cuite; pour humidifier quelque peu le biscuit, on peut le badigeonner de sirop de sucre, de rhum ou de kirsch. Recouvrir la génoise avec une bonne moitié de la crème au beurre, puis rouler le tout délicatement mais avec fermeté. Mettre au frigo de sorte que la crème au beurre durcisse. Sortir la roulade, couper ses deux extrémités en biais et recouvrir les parties découpées de crème au beurre. Coller les extrémités sur la bûche; avec le reste de crème au beurre, décorer artistement, dessiner l'écorce à la spatule et graver les anneaux annuels jusqu'à ce que l'illusion d'une bûche en bois avec deux branches coupées soit parfaite. La touche finale se fera en ajoutant des feuilles de massepain, des noix, des champignons, des lutins et autres décorations de Noël, des meringues et en parsemant de poudre de cacao.

La bûche de Noël est servie au dessert de ce repas de fête et constitue son point culminant. C'est une tradition bien vivante en Suisse romande, qui inspire également les plus chevronnés des acrobates pâtissiers lors de compétitions entre collègues. Ce fut par exemple le cas le 23 décembre 2014 à Genève, où les chefs pâtissiers des grands hôtels ont tenté de créer la plus belle bûche de Noël «haute couture». En Suisse alémanique et au Tessin, en revanche, la bûche de Noël est quasi inexistante.

Gâteau aux pruneaux du Jeûne

Gâteau servi lors du jour officiel de jeûne dans les foyers protestants

Le jour officiel de jeûne au niveau fédéral a été décrété par la Diète en 1832 pour le troisième dimanche de septembre. La République de Genève, la «Rome protestante», l'a fixé un peu plus tôt, au jeudi suivant le premier dimanche de ce mois. Ceux qui se souviennent de ce jour de méditation, de prière et de jeûne, avant l'introduction des programmes TV ininterrompus et d'Internet, sont saisis par un sentiment d'ennui térébrant. Le jour du Jeûne, tout ce qui pouvait procurer du plaisir était interdit, et donc les salles de cinéma ou de danse restaient fermées; il fallait de préférence rester à la maison ou songer à la *miseria humana* en faisant une longue marche. Renonçant à tout délice, on passait cette morne journée à méditer, le ventre vide, jusqu'à ce qu'elle sombre dans la nuit.

Comme d'un canton à l'autre, l'ardeur à se mortifier ainsi n'était pas la même, toute généralisation serait abusive. Tandis que certains observaient le jeûne de façon plutôt décontractée, d'autres prolongeaient l'office religieux bien au-delà de midi, sacrifiant toute nourriture à leurs effusions cathartiques – c'était le cas dans les cantons majoritairement protestants de Suisse romande (Neuchâtel, Vaud et Genève, de même que le district du Lac du canton de Fribourg). Pour lutter contre la faim, on servait en fin de journée des gâteaux aux fruits, entremets après tout délicieux et simples à préparer. Étant donné que le Jeûne a lieu en septembre, on choisissait volontiers, pour garnir le gâteau, des pruneaux – mûrs, ils ne conservaient pas longtemps leur fraîcheur, raison pour laquelle il fallait les consommer sans tarder, lorsque leur arôme caractéristique les rend si savoureux. En principe, on recevait donc du gâteau aux pruneaux, tel qu'on le cuit justement en automne, et la coutume voulait qu'on ne mange rien d'autre ce jour-là. Suivant le degré d'acidité du fruit, le plaisir gustatif qu'il procurait était atténué par une fâcheuse tendance à l'auto-mortification.

Dans son ouvrage intitulé *Vie et mystère des mots* paru en 1990, Maurice Bossard affirmait: « S'il y a chez nous une tradition particulièrement vivante, c'est celle du gâteau aux pruneaux, un plat sans lequel le Jeûne ne serait plus le Jeûne. » Ce verdict fut confirmé par la population en 2004: à la question « quel plat préférez-vous pour le Jeûne? », exactement un tiers des personnes interrogées lors d'une étude sociologique sur les « identités alimentaires en Suisse romande » répondit en mentionnant ledit gâteau.

On cuit le gâteau aux pruneaux, partout où ces fruits poussent. La particularité du gâteau aux pruneaux du Jeûne ne tient donc pas au choix des fruits, mais à sa relation avec un jour férié de renoncement. Quand cette relation s'est établie, on ne le sait pas avec précision – sans doute insidieusement. Les recettes les plus anciennes se trouvent dans des livres de cuisine du XIXe siècle, comme par exemple celle du gâteau aux prunes dans *La Cuisinière genevoise* (1817) ou celle du gâteau aux pruneaux et aux prunes dans *La Bonne Cuisinière bourgeoise* (1853). Il faut bien distinguer les prunes des pruneaux et se souvenir qu'en France, ces derniers désignent les pruneaux séchés, tandis que nos pruneaux suisses y sont appelés, via l'Alsace, quetsches, mot d'origine allemande. Anciennement, en terre romande, le pruneau était d'ailleurs appelé « pruneau d'Allemagne, 1768-9 » (*Dictionnaire suisse romand*).

Avant que la recherche agronomique ne se mette au travail pour développer des variétés issues de la culture d'arbres basse-tige qui prolongent l'offre saisonnière de fruits de plusieurs semaines (avant comme après), c'était le cycle de végétation des plantes qui déterminait le moment de la maturité. Selon l'emplacement, les variétés traditionnelles de pruneaux issus d'arbres haute-tige sont mûres à la fin de l'été ou au début de l'automne, d'août à septembre (cf. *Essigzwetschgen, page 273*). Leurs représentants les plus typiques sont les pruneaux Fellenberg ou prune Tsevesque ou pruneau Saint-Aubin, « la *Hauszwetschge* de Suisse allemande », selon *Le Patrimoine fruitier de Suisse romande.*

Les anciennes variétés de pruneaux sont plus juteuses que les fruits de cultures récentes, qui doivent tenir compte du confort des consommateurs: moins de jus afin qu'aucune goutte ne salisse les mains et les habits, des arômes harmonieux, une chair compacte qui se sépare aisément du noyau. Dans le temps, pour éviter que le jus des pruneaux n'amollisse la pâte, on saupoudrait un peu de farine sur le fond de pâte. Une fois dénoyautés, coupés en deux ou en quatre dans le sens de la longueur, bien répartir les pruneaux – avec leur peau vers le bas – sur le fond de pâte, saupoudrer, suivant les goûts, de sucre et de cannelle, puis cuire le gâteau au four 30 à 40 minutes à 180 °C. À mi-cuisson, on peut éventuellement verser par-dessus un glaçage composé d'œufs, de noix moulues, de sucre, d'un zeste de citron et d'un peu de cannelle. Si les bases pour réaliser un gâteau aux pruneaux sont très simples, les variations qu'il permet sont multiples.

Comme le mot *quetsche*, le gâteau ou la tarte pourrait bien avoir « migré » d'Alsace en Suisse. Dans les cantons romands, le mot gâteau l'emporte sur celui de tarte. Tandis qu'en Suisse, la frontière linguistique est une source de clarté d'un côté comme de l'autre, les Alsaciens doivent s'arranger avec une situation plus complexe, car leur dialecte comprend les deux concepts, gâteau et tarte, et les espaces ne sont pas partout délimités aussi nettement qu'à Colmar, où ce dicton populaire ne laisse aucun doute: *« D Colmerer schyssen uff d Waje und bache Kúúch »* (Les Colmariens conchient sur la tarte et cuisent du gâteau – *Dictionnaire des dialectes alsaciens*, 1896). Plus au sud, en direction de la Suisse, on dit *Kúàchà;* à Pfaffstatt, dans la banlieue de Mulhouse, on célèbre une fête appelée *« Zwàtschgàwàjafàscht »* et enfin à Rantzwiller c'est la tarte qui est à l'honneur pendant la « Fête de la quetsche » (*Back es im Öfelin oder in der Tortenpfann*).

Voir aussi : Damassine, page 83 ; Früchtewähen, page 98 ; Zwetschgenwasser, page 100 ; Gâteau à la papète, page 180 ; Essigzwetschgen, page 273.

Rissoles aux poires, poires à rissoles

Les rissoles sont des chaussons de pâte frits ou cuits de forme semi-circulaire ou rectangulaire, fourrés avec un contenu soit salé (à base de viande), soit sucré (à base de fruits). Les rissoles aux poires de Genève sont devenues une spécialité culinaire parallèlement aux rissoles savoyardes, mais techniquement, on ne peut pas dire qu'il s'agisse d'une exclusivité régionale ou même locale.

Le principe consistant à faire cuire des chaussons de pâte fourrés dans un bain d'huile bouillante nous ramène aux sources de l'histoire de l'alimentation. Le plat idéal demeure la galette, à déguster avec ou sans garniture, roulée, pliée ou plate comme une sèche (cf. *page 205*). En Suisse alémanique, on appelle les pâtes farcies comme les rissoles des *Krapfen* ou des *Weggen*, en Italie elles sont comparables aux raviolis, que l'on peut cuire dans du bouillon, à la vapeur ou frire dans de la matière grasse à haute température, comme c'est aussi le cas en Chine pour les *wonton* ou les *xiaolong*.

Au château de Ripaille, le marmiton Amiczo Chiquart était parvenu à devenir le chef de cuisine du duc Amédée VIII de Savoie; en 1420, ce dernier chargea Maître Chiquart de transmettre ses connaissances par écrit. Dans le traité de gastronomie intitulé *Du fait de cuysine*, on trouve une recette de *rosseoles* ou chaussons de pâte. À cette époque, on proposait aux plus fortunés de tels en-cas aussi dans d'autres contrées, de la Catalogne à l'Angleterre, mais très rarement sous une présentation aussi exquise que celle comprenant *« un folliet d'or pour mectre par-dessus »*, comme on peut le lire dans *L'Inventaire du patrimoine culinaire de la France, Rhône-Alpes*. Le mot *rosseoles*, *rissole* – *rzulè* en dialecte genevois – dérive du latin *russeolus*, qui désigne la teinte rousse que prennent les aliments tels que les chaussons en étant chauffés.

À partir du XVIIe siècle, on voit apparaître dans les livres de cuisine les *« rissoles feuilletées farcies de blanc de chapon et de raisins de Corinthe »*, décrites en 1678 par le romaniste et lexicographe César-Pierre Richelet.

Au siècle suivant, sous l'Ancien Régime, la viande fait progressivement place aux fruits dans la farce des rissoles, d'abord avec de la confiture d'abricots, puis avec de la compote de pommes et de poires. À la même époque, sur les rives vaudoises du Léman, les équipes de cuisine faisaient cuire des pâtés au poulet. La pâte servait aussi bien à confectionner des rissoles végétariennes que des pâtés à la viande, « une espèce de rissole », comme l'écrit François de Capitani dans *Soupes et Citrons*. Ces chaussons de pâte feuilletée étaient fourrés avec une bombe gustative assez typique de ces temps hédonistes : après avoir mariné une heure dans du vinaigre, la viande de chapon était agrémentée de raisins de Corinthe, de citron confit, de farine et de beurre, le tout relevé avec force gingembre, noix de muscade, macis, sel et poivre.

Dans *La Cuisine des familles* de Louis Maillard, ouvrage paru pour la première fois à Genève en 1889, figure une recette de « rissoles à la genevoise ». On mettait à cuire des poires pelées, puis on y ajoutait, une fois qu'elles étaient réduites en compote, beaucoup de sucre, du citron haché ou de la cannelle en poudre, et on laissait refroidir ; avant de répartir la masse sur la pâte feuilletée ou brisée, on y incorporait des petits raisins et un soupçon de liqueur.

De nos jours, les rissoles aux poires se cuisent selon cette même recette, peut-être un peu purifiée et avec une pâte feuilletée trouvée en grande surface. On pèle et coupe en petits morceaux les poires débarrassées de leur trognon, les cuit à l'eau avec des bâtons de cannelle et du sucre, on épice à volonté avec du vin rouge ou du kirsch, de l'écorce d'oranges ou du citron confit, de la compote de coings ou des raisins. Couper la pâte feuilletée ou brisée en rondelles ou en carrés, disposer la masse cuite sur une moitié de la pâte, rabattre l'autre moitié par-dessus et presser les bords ; on peut aussi recouvrir au moyen d'un deuxième morceau de pâte. Cuire au four. Quand les fours étaient encore rares dans les ménages, on faisait frire les rissoles dans de grandes poêles.

Ce qui manque désormais, ce sont les anciennes variétés de poires qui se conservaient pendant trois à quatre mois dans un endroit frais. Au XIXe siècle, les poires de table, bien rebondies, ont supplanté leurs parentes plus modestes utilisées pour la cuisson. Mais leur belle apparence peut parfois être trompeuse : des poires plus petites et beaucoup moins jolies offrent bien souvent plus de substance, des arômes et une acidité plus développés, plus prégnants. De telles poires poussent fréquemment sur des arbres à haute-tige, qui du fait des constructions sur les terres agricoles et de leur rationalisation, ont très rapidement disparu de nos campagnes. Dans l'arrière-pays genevois, les plus célèbres sortes de poires qui se mangent uniquement cuites sont les Marlioz et les Loup ou Livre, synonyme des poires Cadillac, dont chacune pèse au minimum un demi-kilo. L'Office de promotion des produits agricoles de Genève définit la poire à rissole ou poire Marlioz comme une « variété appartenant au patrimoine culinaire genevois ».

On confectionne les rissoles aux poires après la récolte, essentiellement en décembre et en janvier. Elles s'apparentent aux *Birnenweggli* de Suisse centrale, et aussi un peu aux pains aux poires, plus rustiques, des Alpes du sud-est de la Suisse, mais se conservent nettement moins longtemps que ces derniers. Il est recommandé de les consommer peu après leur sortie du four.

DIGRESSION

Des *agnoloti dal plin aux xiao long*

Qu'on les fasse bouillir dans de l'eau, cuire au four ou frire dans de la matière grasse, les chaussons de pâte sont devenus un plaisir gustatif de premier ordre depuis fort longtemps. Ils recèlent toutes sortes de secrets et de légendes, jusque dans leurs farces. Mais c'est par leur origine qu'on les définira le mieux : il s'agit de la première vaisselle écologique.

On ne saura sans doute jamais quand et où a été cuite pour la première fois une galette jusqu'à ce qu'elle devienne une douce peau à nouilles. Mais le but de l'exercice, qu'il s'agisse d'un matériau mince ou épais, qu'il ait été pétri à partir d'une farine grossièrement moulue ou très fine, restait le même : avec de la pâte en guise d'« assiette », toute nourriture est facile à saisir et à ingérer, comme par exemple en Chine, depuis des millénaires un fast-food plus économique que ceux d'aujourd'hui, où tout est servi dans des coupelles en polystyrène et du plastique jetable.

Les origines des chaussons de pâte pourraient bien se trouver dans l'exploitation de restes alimentaires – de ce point de vue, c'était un plat des pauvres, sur lequel on se rabattait par nécessité. Du moins il y a bien longtemps, car déjà au Moyen Âge, dans de nombreuses variantes italiennes, de coûteuses épices exotiques étaient mélangées à la farce et du safran teignait en jaune l'eau de cuisson. Dans son *Libro de arte coquinaria*, Maestro Martino de Rossi (ca. 1430 – après 1470) du Val Blenio, grand rénovateur de la cuisine italienne, consigna quatre recettes de raviolis : *ravioli nel « tempo di carne », due « piattoli » di ravioli, ravioli gialli* et *ravioli bianchi.*

Pour des chaussons de pâte faits maison ou dans le petit commerce, il faut compter bien plus qu'en supermarché. C'est la farce qui veut cela : des épinards au fromage frais et de la viande de porc hachée sont des ingrédients abordables, mais des délicatesses à la ricotta truffée, à la mousse de langouste, à la *fonduta* aux quatre fromages ou encore au *brasato al barolo* finement haché se situent à un tout autre niveau de prix. C'est une époque bien révolue, celle où l'on se remplissait l'estomac de raviolis en boîte – les « super raviolini alla milanese » ont été lancés par la fabrique de conserves de Seethal à Seon (AG) dans les années 1930 et quatre décennies plus tard, une légendaire émission d'« À bon entendeur » les démolissait en pointant du doigt certains ingrédients peu ragoûtants. Roco, Hero & Co ont autant en commun avec les préparations maison que le ketchup avec les tomates datterino confites. Cependant, les raviolis industriels se sont malgré tout remis de leur chute : comme casse-croûte avec de la bière en regardant un match de foot à la télévision, certains les mangent froids à même la boîte avec une cuillère.

Des farces bien réussies figurent parmi les sommets de la création culinaire. Lorsqu'on sait associer divers ingrédients – comprenant même de simples restes – et en faire des compositions savoureuses, les gourmets ne tardent pas à affluer. Une farce se doit d'être corsée et juteuse, jamais sèche, fade ou trop épicée. L'emballage a lui connu des ennoblissements : tandis que le *raviolo* a toujours conservé sa simplicité originelle de petit paquet de pâte, les cuisiniers confectionnant des *xiao long*, ces chaussons de pâte si typiques de la Chine du Sud, ont perfectionné leur art à un degré élevé : ainsi, l'endroit où les quatorze plis de rigueur se rejoignent pour se refermer doit avoir la forme d'un petit cratère. Car avant de porter les *xiao long* dans sa bouche au moyen de baguettes (*chopsticks*) et de mordre dedans, il faut s'emparer de leur « âme » en aspirant du cratère l'essence de leur farce composée de viande de porc, d'épices et d'herbes.

En Géorgie également, la fermeture des chaussons de pâte revêt une importance particulière, pas en tant que porte du bonheur, mais plus prosaïquement, ici, comme prise. Une fois les *chinkali* remplis de leur farce, on regroupe les bords de pâte et les enroule en pointe, qui gardera sa dureté après la cuisson. On ne les dégustera qu'après avoir mordu dans le chausson pour laisser s'échapper le jus de la farce dans la bouche. La farce des *chinkali* est composée de viande hachée, d'ail et d'oignons, d'herbes, d'épices, de fromage ou de crème acidulée – approximativement les mêmes ingrédients qu'on retrouve dans bien d'autres pays, comme la Russie (*pelmeni*), l'Espagne (*empenadas*), la Turquie (*manti*), le Tibet (*momo*), l'Italie (*ravioli, tortellini, agnolotti dal plin*), l'Allemagne (*Maultaschen*) ou la Chine (*wonton, baozi, jaotzi*).

Le mot *raviolo* est issu du terme dialectal ligure *rabiolo*, qui signifie restes. Ceux-ci furent aussi emballés de cette façon en Souabe, patrie des *Maultaschen*. La légende rapporte que des moines de l'abbaye cistercienne de Maulbronn s'étaient efforcés de cacher aux yeux du Seigneur la viande derrière la pâte afin de pouvoir s'adonner à ce plaisir interdit en période de carême. Ce sont probablement des protestants du nord de l'Italie persécutés à cause de leur foi qui ont apporté des *ravioli* en Allemagne.

Les chaussons de pâte farcis sont si répandus et si appréciés en Italie qu'ils ont des formes et des noms variant d'une région à l'autre. C'est sans doute par plaisanterie qu'ont été créés les *capelletti* (petits chapeaux), alors que c'est à un voyeur que l'on doit les *tortellini :* Vénus souhaitait rencontrer Jupiter, le roi des dieux, dans une auberge de Bononia (Bologne) ; tandis qu'elle se rafraîchissait dans sa chambre, le cuisinier a regardé par le trou de la serrure et perçu furtivement la divine anatomie. Débordant d'enthousiasme, il fixa ce souvenir dans sa mémoire et rendit hommage à Vénus en modelant un chausson de pâte d'après son nombril.

Voir aussi : Brienzer Krapfen, page 281 ; Luzerner Birnenweggen, Birnenweggli, page 299 ; Ofenkrapfen, page 366 ; Pommes et poires en Valais, page 487 ; Poires séchées, page 513.

CONFISERIES

Marmite de l'Escalade

Marmite en chocolat remplie de légumes en pâte d'amande (massepain)

Quiconque s'est constitué un royaume fera en sorte que nul ne s'en empare, fût-il des plus modestes. On ne sait pas grand-chose sur la condition sociale de cette *Genevoise de cru* qu'était la Mère Royaume, une habitante au grand cœur qui aimait tant sa ville qu'elle se mit en tête de la défendre de toutes ses forces, advienne que pourra.

Et la chose advint : le malheur s'est abattu sur Genève à la tombée de la nuit. Le 12 décembre 1602, le duc de Savoie Charles-Emmanuel Ier fit secrètement marcher ses troupes jusqu'à la muraille de la cité. Une avant-garde de trois cents hommes tenta de s'y introduire en gravissant l'enceinte au moyen d'échelles. *L'escalade* réussit, on tira l'épée dans les rues de la cité de Calvin et les chairs furent transpercées. Dans la mêlée, le soldat Isaac Mercier parvint à baisser la herse de la porte de Neuve, barrant ainsi l'accès principal au duc. Et l'on coupa court également à l'escalade – grâce à la Mère Royaume, laquelle versa une marmite bouillante de soupe aux légumes sur la tête des assaillants. Ce coup de force raté fit très précisément cent victimes, dont dix-sept genevoises. Tel fut le prix de la paix de Saint-Julien, conclue l'année suivante, qui reconnut la souveraineté de Genève.

L'échec de la tentative d'invasion « connut un grand retentissement. Les Genevois et leurs amis réformés y virent la main de la Providence. L'événement [...] est le plus célèbre et le plus célébré de l'histoire genevoise ; des commémorations religieuses et civiles eurent lieu dès le premier anniversaire » (*DHS*). Quelques années plus tard, on chantait déjà la victoire sur la Savoie dans un poème épique de 68 strophes en dialecte franco-provençal genevois intitulé *Cé qu'è lainô* (« Celui qui est en haut »). Les première, deuxième, quatrième et dernière strophes constituent aujourd'hui l'hymne national genevois. La vingt-neuvième strophe, elle, évoque le haut fait de la Mère Royaume :

« On Savoyar, upré de la Mounia,
Y fu tüa d'on gran cou de marmita
Qu'onna fenna li accouilla dessu ;
I tomba mour, frai et rai eitandu. »

Un Savoyard, auprès de la Monnaie,
Fut tué d'un grand coup de marmite
Qu'une femme lui expédia dessus ;
Il tomba mort, froid et raide étendu.

(Traduction française de Pierre Perroud)

Au fil du temps, cette fête gagna en liesse populaire ce qu'elle perdit en gravité religieuse. Un défilé historique a lieu chaque année depuis 1919, ainsi qu'une Course de l'Escalade, depuis 1978. La marmite de la Mère Royaume a survécu en tant que symbole ; on en a fait des reproductions en chocolat à partir de la fin du XIXe siècle. C'est dans un journal daté du 10 décembre 1881 que la marmite fait sa première apparition ; son succès fut rapide, car elle est entrée dans la coutume genevoise dès les célébrations du 300e anniversaire de l'Escalade.

Cette marmite est produite de la même façon que les lapins de Pâques, à savoir avec des moules dans lesquels on verse le chocolat liquide avant de le laisser refroidir. Les pieds, l'anse et le couvercle sont modelés en chocolat puis collés à la marmite. Pour une raison très évidente, on ne la remplit pas d'une soupe de légumes bouillante, mais de divers composants : carottes, betteraves, poireaux et céleris, oignons, etc., sans oublier une belle tranche de lard – le tout confectionné en massepain multicolore. La touche finale est l'écusson genevois collé sur le couvercle.

Les marmites de l'Escalade sont proposées en diverses tailles exclusivement aux alentours du 12 décembre. Celles et ceux qui réussissent à ne pas se précipiter immédiatement sur leur contenu peuvent pratiquer un petit rituel apprécié dans les familles genevoises : le plus jeune enfant casse la marmite d'un coup de poing et conclut gaiement en disant : « Qu'ainsi périssent les ennemis de la République ! »

BOISSONS

Chèvre

« Champagne de paysan » à base de jus de fruits (pommes ou raisin) fermenté, de farine de riz, d'eau-de-vie et d'arômes.

La chèvre est une véritable trouvaille, une perle culinaire connue en Suisse allemande uniquement par quelques initiés ou Romands « exilés ». Mais même en Suisse romande, ce cocktail mousseux ne se trouve pas partout : en premier lieu dans l'arrière-pays genevois, parfois dans le canton de Vaud et peut-être encore en Valais. « C'est une histoire régionale », nous a raconté un vigneron qui exploite ses vignes près de la frontière franco-suisse. Qu'en est-il de ce nom ? Quel rapport avec la femelle du bouc ? Incapable de répondre à cette question, l'homme émet une hypothèse : « Ce jus blanc ne ressemble-t-il pas à du lait de chèvre ? Et ce sifflement qu'on entend au moment où coule le mousseux liquide n'est-il pas semblable au bruit que l'on perçoit lorsque le lait jaillit de la tétine en trayant, quand on tire et presse le pis d'une chèvre ? »

Entre une étagère en bois remplie des vins de la maison et un empilement de palettes chargées de cartons de six bouteilles, il y a deux tonnelets sur une table. L'un est en bois d'acacia, protégé contre l'explosion par plusieurs cercles métalliques, l'autre en acier inoxydable. Le vigneron tient un verre à champagne sous le robinet du tonnelet en acacia, l'ouvre et il s'en échappe alors une mousse blanche qu'il recueille dans le verre. On déguste : cette boisson est comme un cocktail – fruitée, aérée, fraîche et mousseuse, riche de plusieurs notes gustatives et d'un soupçon de kirsch, de vanille et d'acacia. La chèvre issue du tonnelet en inox a, quant à elle, une saveur légèrement métallique.

On prépare la chèvre durant les vendanges, de telle sorte que cette boisson raffinée atteint sa pleine maturité au moment des fêtes de fin d'année. Même si aucun document écrit n'a été trouvé à son sujet, on peut affirmer avec certitude que la chèvre est connue depuis au moins trois générations.

Si la recette est assez simple, ce qui concerne le tonneau est plus complexe, car il doit pouvoir supporter une forte pression : celle-ci peut monter jusqu'à six bars pour le champagne et jusqu'à huit pour la chèvre, raison pour laquelle les tonneaux la contenant seront construits plus solidement qu'un tonneau à bière (qui doit tenir une pression d'environ 3,5 bars) et équipés d'un robinet spécial de haute qualité, qui ne fuit pas à la première occasion ! D'une conception bien spécifique, les tonneaux à chèvre servent exclusivement à cet usage. Certains tonneliers fabriquent des fûts en inox dont ils habillent l'extérieur de douves en acacia. Un tonnelet d'une capacité de 17 à 26 litres coûte aux alentours d'un millier de francs.

On verse 20 litres de moût de chasselas dans le tonnelet, qu'on laisse reposer un jour entier afin qu'il commence à fermenter et que les particules se déposent au fond. Il n'y a aucune levure à ajouter, la fermentation se fait toute seule. Ensuite, verser dans le fût cinq gousses de vanille fendues, évidées et coupées en petits morceaux, un verre de farine de riz et autant de sucre de raisin – la quantité dépendra des goûts individuels et de l'acidité du moût –, puis encore trois décilitres de kirsch, de rhum, de cognac ou d'une autre eau-de-vie ; éviter le marc, les eaux-de-vie de fruits sont plus fines, plus élégantes. Selon notre vigneron, « la chèvre ne doit pas être trop sucrée ». Remuer brièvement, fermer le tonnelet et laisser fermenter au minimum un mois.

On consomme traditionnellement ce « champagne de paysan » à partir de la seconde moitié du mois de décembre. Certains aiment à former un petit groupe autour du tonnelet et se passent le même verre à tour de rôle, d'autres se retrouvent à table à Nouvel An et, après y avoir versé un shot de marc ou de kirsch, remplissent leurs verres à bière de chèvre – ou boivent celle-ci telle quelle.

On peut produire de la chèvre avec du cidre de pomme ou de poire fermenté. Il faut alors y ajouter non pas du kirsch ou du cognac, mais respectivement de l'alcool de pomme ou de poire. Grâce à un processus accéléré, au cours duquel on utilise du moût pasteurisé additionné de lie de vin, la chèvre est consommable au bout d'une semaine.

Le vigneron auquel nous avons rendu visite produit quatre tonnelets de chèvre par année, deux pour lui-même et deux pour une maison de retraite. La chèvre ne se trouve pas dans le commerce ; il faut connaître un viticulteur qui en produit, des initiés ou des personnes appréciant ce « champagne » très particulier.

Voir aussi : Sauser/Moût de raisin, page 132.

8

VAUD

Cœur culinaire

ÉPICES, SELS, VINAIGRES ET HUILES

PRODUITS CARNÉS

POISSONS

PRODUITS LAITIERS

FRUITS, LÉGUMES ET PLANTES

PRODUITS DE BOULANGERIE ET PÂTISSERIE

CONFISERIES

BOISSONS

AUTRES

Plus que tout autre canton, Vaud cultive l'art de boire et de manger, célèbre avec autant de pathos que de naturel des traditions comme la Fête des Vignerons à Vevey et nourrit une curiosité intacte pour les produits nouveaux, surprenants et exquis. C'est dans le canton de Vaud que bat le cœur culinaire de la Suisse.

Tout près de Lausanne se trouve le seul restaurant du pays où les trois étoiles Michelin, la distinction gastronomique la plus convoitée par les cuisiniers du monde entier, ont été attribuées à quatre patrons : Frédy Girardet, qui reprit le café-restaurant communal de Crissier en 1965 après la mort de son père, ainsi que ses successeurs Philippe Rochat, Benoît Violier et Franck Giovannini. Les grands cuisiniers jouissent d'une profonde vénération dans le canton de Vaud – la participation de la population aux funérailles de Rochat puis de Violier, quelques mois plus tard, avait la force d'un manifeste.

Mais il n'y a pas que la haute cuisine, on apprécie aussi l'autre bout du ciel étoilé, le simple bistrot où le malakoff, une sorte de toast au fromage frit, est servi avec la même ferveur qu'ailleurs une « épigramme de poitrine de pigeon au sang ». Lorsque j'ai commandé trois décis de rouge dans une pinte pour accompagner mes malakoffs, la tenancière m'a fait comprendre sans ambiguïté : « Impossible, avec ça on ne boit que du blanc ! »

« Accorder le vin avec les plats locaux a toujours été une évidence dans les auberges traditionnelles vaudoises », écrit Pierre Thomas dans *Vignobles suisses*. La diversité souligne ici l'immense capacité d'adaptation du cépage chasselas blanc – aimé comme contesté, méprisé comme encensé, et donc tout à fait adapté au pays.

Le chasselas a connu une fabuleuse ascension. Encore dans les années 1980, ce cépage dominait l'offre de vins ouverts, on faisait remplir son déci ou son demi de fendant ou de La Côte, de féchy ou de mont-sur-rolle. Les vins neuchâtelois ou de Douanne étaient plutôt limités localement, le « saint-saph », l'épesses, le dézaley et l'yvorne appartenaient à la classe exclusive des vins en bouteille, et en premier lieu ceux issus des domaines acquis par la Ville de Lausanne, qui étaient commandés avec révérence, notamment le Clos des Abbayes et le Clos des Moines, sources originelles du dézaley.

L'arrêté fédéral de 1993 limitant les quantités de vin, puis l'assouplissement des droits de douane à l'importation, notamment pour les vins blancs, ont contraint les domaines viticoles suisses à contrer la concurrence étrangère par la qualité et la créativité. Depuis, année après année apparaissent de nouvelles nuances et délimitations, particulièrement frappantes pour les chasselas. En effet, ce cépage, aussi léger qu'il puisse paraître à certains, est fortement marqué par le terroir. Il s'imprègne véritablement des particularités du sol, les intériorise et les reflète telle une carte géographique.

On a beaucoup spéculé sur l'origine du chasselas : le raisin, qui est surtout apprécié comme fruit de table dans d'autres régions, aurait rafraîchi les dames des harems dans les sérails proche-orientaux, aurait trouvé son chemin de l'Orient vers l'Occident grâce aux croisés, serait cultivé depuis 5000 ans dans l'oasis de Fayoumi, au sud du Caire – de telles légendes révèlent un « faible pour le chasselas », comme on a pu le lire dans *Le Guillon*, la revue du vin vaudois (n° 36/2010). « Insensibles à la critique, sourds aux railleries, ils lui accordent leur confiance », poursuit *Le Guillon* en parlant du chasselas et des Vaudois, qui « lui prodiguent leurs soins les plus attentifs, lui témoignent leur affection, et même leur amour ».

En Suisse, le cépage est apparu très tôt sous diverses appellations. Ainsi, le botaniste bâlois Jean Bauhin (1541-1613) a décrit dans son *Historia plantarum universalis* (qui sera publiée à Yverdon en 1650-1651) trois cépages qui fleurent bon le chasselas : *Gut edel Reben* ou *Fendans*, fendant.

Le biologiste et ampélologue (spécialiste de la vigne) José Vouillamoz a démontré, dans une étude historico-génétique portant sur plus de 500 variétés de chasselas provenant de 18 pays d'Europe et du Proche-Orient, que le chasselas est une variété autochtone vaudoise (Vouillamoz et Arnold, 2009). Toutes les variétés contenaient le même ADN, ce sont des « mutations clonales du chasselas originel », écrit le chercheur. Elles se distinguent par des caractéristiques telles que les saveurs, la forme ou la texture : le fendant, par exemple, a reçu ce nom parce que lorsqu'on les écrase entre deux doigts, ses raisins n'éclatent pas, mais se fendent.

Vouillamoz n'a pas retrouvé les parents du chasselas ; d'après lui, ils ont « disparu, comme c'est souvent le cas pour les cépages très anciens ». Néanmoins, grâce à l'analyse génétique, il est possible de regrouper les cépages en fonction de leur proximité et de les délimiter géographiquement. « Il n'y a rien d'oriental dans l'ADN du chasselas », en revanche son profil génétique « ressemble à plusieurs cépages que l'on trouve principalement dans l'arc alpin ».

Ainsi, il a pu circonscrire le chasselas à une zone proche, justement « dans l'Arc lémanique, plus probablement dans le canton de Vaud » – loin des jardins suspendus de Babylone, de la Turquie ou de quelque oasis égyptienne.

Idéalement, le cépage rouge pinot noir peut être vinifié pour produire les meilleurs vins du monde. Il est considéré comme difficile, délicat et aussi capricieux qu'une princesse – or c'est une princesse qui l'a offert à la Suisse : Marie de Bourgogne (1386-1422), épouse d'Amédée VIII, comte de Savoie.

En 1420, alors que Marie était enceinte pour la neuvième fois, elle chercha un endroit sûr pour échapper à la peste qui sévissait à Chambéry, se rendit à Saint-Prex près de Morges et y donna naissance à sa fille Marguerite.

Afin d'exprimer sa gratitude pour son agréable séjour à Saint-Prex, elle offrit au village des pieds de son cépage préféré, le servagnin, une variété de pinot noir. Deux ans après la naissance de Marguerite, Marie décéda, Amédée devint duc grâce à ses conquêtes et fut élu pape lors du concile de Bâle en 1439 sous le nom de Félix V ; il abdiqua en 1449 et s'installa au château de Ripaille à Thonon-les-Bains.

Le pinot noir est le cépage bourguignon par excellence et l'un des meilleurs qui soient. Il existe depuis des siècles en plusieurs variétés et clones, qui portent divers numéros et appellations. Ils ne se distinguent pas génétiquement les uns des autres, mais par certaines caractéristiques comme la couleur et le goût.

Personne n'est capable de dire précisément comment la vigne s'est répandue à Saint-Prex et dans les environs, ni quel écho elle a rencontré, car la couleur et la variété des vins sont rarement mentionnées dans les documents anciens. « Une chose est sûre, la notoriété du servagnin était grande, la qualité de son jus était reconnue », raconte Raoul Cruchon, vigneron à Échichens. On peut le lire dans des textes de 1541 et 1798.

En 1875, le phylloxéra a atteint la Suisse romande depuis la France, via Genève, détruisant massivement les vignobles et provoquant des changements durables. Seuls les meilleurs terroirs ont été replantés en servagnin. De nombreux viticulteurs ont préféré miser sur le chasselas ou le gamay. Après la Seconde Guerre mondiale, les viticulteurs voulurent gagner le plus d'argent possible et veillèrent à ce que les ceps soient lourdement chargés et que les raisins portent des baies épaisses et dodues. Le servagnin s'est peu à peu perdu dans le temps et l'oubli. Jusqu'à ce qu'en 1963, un jeune vigneron de Saint-Prex, Pierre-Alain Tardy, entende parler d'un « pinot rouge de Saint-Prex », appelé aussi salvagnin, à l'école d'agriculture Marcelin. « On en parlait peu dans ma petite ville et je n'en avais pas connaissance », raconte Tardy. Cinq ans plus tard, après bien des détours, il fit une découverte : en 1949, un contremaître avait détruit des vignes pour exploiter une gravière ; à peine avait-il démarré son trax qu'un vieux viticulteur lui dit : « Dommage, vous êtes en train d'arracher la dernière vigne de servagnin de Saint-Prex. » Le contremaître s'est emparé de quelques pieds de vigne et les a plantés chez lui, à côté du poulailler. Tardy entreprit donc de les multiplier.

En 1979, il planta quatre ares de servagnin. Trois ans plus tard, les premières grappes poussaient. « Cela a donné deux bonbonnes en verre de 25 litres de vin. » Au début des années 1990, la dynamique s'installe, les vignerons se lancent les uns après les autres dans le projet de faire connaître le servagnin. En 2020, année du 600e anniversaire, 18 domaines ont planté près de huit hectares avec le cadeau de Marie de Bourgogne. Raoul Cruchon : « Jusqu'à preuve historique contraire peu probable, il s'agirait de la plus ancienne culture du pinot noir en Suisse. »

Huile de colza

Rapsöl, olio di colza

C'est le canton de Vaud qui est largement en tête pour la culture du colza en Suisse, avec 7000 hectares (*swissgranum*, octobre 2019), suivi par le canton d'Argovie ; sur l'ensemble du territoire se trouvent 23 200 hectares de cette plante à fleurs jaunes. « En Suisse, les surfaces de colza ont augmenté de 60 % ces 15 dernières années. Si l'utilisation industrielle de l'huile de colza comme biocarburant contribue à son expansion au niveau européen et mondial, c'est l'usage principalement alimentaire qui soutient son développement en Suisse » (Didier Pellet, *Recherche Agronomique Suisse*, 2013).

Cette huile délicate, débarrassée de ses substances amères par sélection génétique au Canada, a un goût discret, quasi neutre. Le colza n'a pas la même renommée que les fruits oléagineux produits par l'olivier (*Olea europaea*), déjà célébré dans la Bible ; il fait partie de la grande famille des Brassicacées : le colza (*Brassica napus* subsp. *oleifera*) est issu d'un croisement entre des plantes qui étaient elles-mêmes déjà cultivées, la navette (*Brassica campestris*) et le chou (*Brassica oleracea*). Les origines de la navette sont très lointaines.

Le mot *colza*, identique en italien, est dérivé du néerlandais *koolzaad ;* en allemand il s'appelait primitivement *Kohlsamen* (littéralement : graines de chou) et désormais *Raps*, terme qui vient du bas-allemand et qui est une forme abrégée de *rapsad*, qui a donné *Rübsamen* (navette).

D'après le *DHS*, on n'a commencé à cultiver du colza en Suisse que depuis la fin du XVIIIe siècle, soit plus de cent ans après son essor aux Pays-Bas. « Généralement semé en automne, le colza se substitua en partie à des plantes plus anciennes comme le pavot, la navette et la caméline. [...] Au XIXe siècle, on conseillait encore aux pauvres de ramasser les graines de moutarde, de radis oléifère et de caméline, trois mauvaises herbes courantes dans les champs de lin, en complément au chanvre et au lin » (*DHS*).

L'huile de colza suisse est majoritairement produite dans deux moulins industriels. Le Moulin-Huilerie de Sévery, situé au-dessus de Morges entre Cottens et Apples, est quant à lui une institution traditionnelle, fondée en 1228 et dirigée depuis 2017 par la septième génération de la famille Bovey ; on y transforme chaque année, suivant le déroulement de la saison, entre 100 et 150 tonnes de colza (*Terre&Nature*, 22 août 2019). Pour obtenir une huile artisanale de premier choix, les petites boulettes noires – d'un diamètre d'à peine deux millimètres – doivent être traitées avec le plus grand soin : on ne saurait les presser à une température supérieure à 50 °C, sinon l'appellation « pressée à froid » serait inapplicable à cette huile. En outre, il faut se garder d'exercer une pression trop violente, qui ferait exploser les fragiles molécules d'acides gras polyinsaturés, les fameux oméga-3, et rendrait l'huile amère.

Voir aussi : Rapsöl, page 126.

Huile de noix vaudoise

Huile de noix pressée de manière traditionnelle

Noix et noisette. Ces deux noms sonnent comme une déclaration, si clairement qu'ils semblent nous renvoyer directement aux origines des processus de civilisation. La noix et la noisette diffèrent non seulement par la taille et la forme, ce qui saute aux yeux, mais également par le goût, la noix étant légèrement amère et la noisette quelque peu sucrée. Toutes deux font partie de la famille des fruits à coque. Sur le plan botanique, on distingue les vraies noix (telles que les noix et les noisettes, les châtaignes et les faînes) des drupes, qui comprennent les amandes et les pistaches, la noix de coco et la noix de muscade ; les arachides sont des légumineuses comme les pois et les haricots.

Noix se dit *walnut* en anglais et en allemand *Walnuss* (terme issu de *welsch*, qui signifie *étranger*, donc rien à voir avec la baleine (*Wal*)), et en Suisse alémanique on emploie le vocable *Baumnuss ;* quant au terme botanique universel pour le noyer, c'est celui de

Juglans regia (littéralement: glands royaux de Jupiter). Rappelons que le noyer est un arbre, alors que le noisetier (*Corylus avellana*) est un arbuste.

La noix a longtemps été considérée comme un fruit à noyau. « Des enquêtes récentes prouvent cependant que la coque charnue n'appartient pas au fruit, mais s'est développée à partir d'autres organes (feuilles). Par conséquent, les noix sont à classer comme des fruits à coque au même titre que les faînes et les châtaignes, respectivement enveloppées par une cupule et une bogue » (Institut fédéral suisse de recherches sur la forêt, la neige et le paysage, 2008).

Probablement originaire d'Asie centrale, le noyer a atteint la Grèce antique avant d'être introduit au nord, à travers les Alpes, par les Romains. Le noyer était déjà répandu jusqu'au Groenland au Tertiaire, mais il n'a pas résisté à l'ère glaciaire. Les arbres apprécient un climat assez doux; en Suisse, ils poussent dans des endroits tempérés sur des sols profonds et riches, forment de superbes couronnes et deviennent des arbres de caractère – à condition qu'aucune autre plante ne s'en approche de trop près. Les rejetons des « glands royaux de Jupiter » sont des arbres solitaires; ils réagissent violemment au stress de la densité, perçu comme un crime de lèse-majesté. Ils protègent en effet leur sphère privée avec des substances amères, de sorte que les autres plantes et les animaux abandonnent toute velléité de les importuner. Même les campagnols, qui aiment flâner dans les vergers, restent à bonne distance du noyer; ceux qui ont mordu une fois sa racine ne recommencent jamais. L'amertume des tanins et de la juglone (ou nucine), le principe actif du noyer, pénètre l'arbre tout entier jusqu'aux feuilles et à l'extrémité des racines; le noyer n'a besoin d'aucune défense chimique. Autrefois, les agriculteurs plantaient habituellement des noyers près de leur tas de fumier et de l'étable pour éloigner la vermine.

Hans-Sepp Walker, spécialiste du greffage de noyer, donne quelques exemples des effets bienfaisants de cet arbre: « Les feuilles vertes éloignent les mouches de la maison et de la grange. En été, on coinçait des feuilles de noyer sous le harnais des chevaux de trait pour les préserver des taons. L'effet de l'insecticide n'est pas absolu, comme le prouve la mouche du brou de la noix. Autrefois, avant de stocker les fruits et les légumes dans des caisses, on garnissait celles-ci de feuilles de noyer pour les protéger de la vermine. Il est possible que la juglone contribue à une meilleure conservation du bois. En tout cas, nombreux sont les vieux meubles en bois de noyer à être restés en excellent état et à ne pas avoir été percés par des vers à bois. Il semble avéré que jadis, les personnes âgées sur le point de mourir étaient placées au pied de noyers, ce qui les décrispait et facilitait leur départ; on raconte ainsi qu'en été, il ne faut pas passer trop longtemps sous des noyers » (*walwal.ch*, mars 2016).

« Les noyers sont de toute première importance », a écrit François de Capitani dans *Soupes et Citrons*, son ouvrage sur la cuisine vaudoise sous l'Ancien Régime. « L'huile de noix est très appréciée. [...] C'est surtout la Savoie qui produit l'huile de noix. Elle exporte également des châtaignes dans le Pays de Vaud ». Jusqu'à la fin de la Seconde Guerre mondiale, l'huile de noix était un produit local d'une importance stratégique; par la suite, le pétrole et l'électricité ont remplacé l'huile végétale comme source de lumière, et des matières grasses plus avantageuses comme l'huile d'arachide et de tournesol ont remplacé l'huile de noix dans les cuisines, et *a fortiori* celle de noisette, très coûteuse.

Il fut un temps où l'on trouvait dans chaque localité un moulin, une scierie, un pressoir à fruits et un moulin à huile au bord du ruisseau. En 1940, 40 moulins à huile tournaient encore dans le canton de Vaud; au début du XXIe siècle, il n'y en avait plus que cinq, mais seul le Moulin Huilerie de Sévery au Pied du Jura fonctionne en permanence et de manière professionnelle. « Mon père a laissé le moulin tourner parce qu'il était là », dit le patron. En Suisse, il n'existe pratiquement plus de moulins villageois traditionnels encore en activité, à part quelques exceptions comme le moulin de Soyhières près de Delémont; d'autres ont moins mis l'accent sur leur productivité que sur leur fonction muséale et pédagogique (Association suisse des amis des moulins (ASAM)).

Autrefois, les paysages ruraux étaient caractérisés par une forte densité d'arbres à haute tige. Les pommiers et les poiriers ont été sacrifiés sur l'autel de la croisade contre l'alcool, tandis qu'en raison d'un désintérêt croissant, le nombre de noyers chuta au point de ne représenter qu'une quantité négligeable, sur le plan agronomique; les uns comme les autres ont disparu avec l'extension effrénée des zones constructibles. En 1951, selon le recensement fédéral des arbres fruitiers, il y avait plus d'un demi-million de noyers dans le pays, et 40 ans plus tard, on n'en comptait plus que 163 000; la tendance s'inverse doucement depuis le début du XXIe siècle – laisser dépérir un monument tel que le noyer serait une grave négligence.

En automne, lorsque leur écorce verte a craqué, les noix sont cueillies ou gaulées et ramassées au sol. Après avoir éliminé les spécimens noirs et endommagés, on laisse les noix sécher lentement tout en les retournant régulièrement pour éviter qu'elles aient un goût rance ou qu'elles développent des moisissures; il est préférable de les placer sur des grilles au soleil automnal ou dans une pièce normalement chauffée. On ne casse les noix que juste avant de les presser – leur coquille est leur meilleure protection. Au cours de la première moitié du XXe siècle, la cassée des noix était l'occasion de rencontres et de fêtes animées.

L'huile de noix (fournies par des clients privés) représente plus de 60 % de la production du Moulin-Huilerie de Sévery, dont la première mention écrite remonte à 1228. Les noix sont d'abord broyées; les éclats de coquilles et autres fragments indésirables sont écartés. Ensuite, on verse les cerneaux dans la rôtissoire noire. Il faut ajouter trois décilitres d'eau pour sept kilos de cerneaux; dans la casserole, ceux-ci sont brassés par un bras métallique hélicoïdal à 80 à 90 °C jusqu'à ce que l'eau se soit complètement évaporée. Très important: aucune goutte d'eau ne doit tomber dans l'huile, sinon elle ne tiendra pas longtemps; et bien sûr, il faut veiller à ce que les noix ne brûlent pas. En moyenne, un kilo nécessite trois minutes de torréfaction.

Une affaire d'autant plus délicate que ni chronomètre ni thermomètre ne sont visibles sur l'appareil, qui date de 1845. Le patron

Bouchons

LONGEOLE
Saucisse crue non fumée typiquement genevoise, composée de viande de porc, de lard, de couenne et de graines de fenouil

BOUTEFAS
Imposante saucisse crue de porc fumée à maturation interrompue, produite dans les cantons de Fribourg et de Vaud

BOUCHON VAUDOIS
Confiserie en forme de bouchon de bouteille de vin

HUILE DE NOIX, HUILE DE NOIX VAUDOISE
Baumnussöl ; huile obtenue en torréfiant et en broyant des noix

L'ETIVAZ
Fromage à pâte dure et extra-dure à rebibes du Pays-d'Enhaut et des Préalpes vaudoises

TAILLÉ AUX GREUBONS
Pâtisserie salée contenant des résidus solides de la fonte du lard (greubons)

ABSINTHE
Spiritueux à base d'*Artemisia absinthium* (grande absinthe) et d'autres plantes

25
BLONDE

– représentant de la sixième génération de la famille propriétaire – et son personnel se fient à leur coup d'œil et à leur expérience pour juger du degré de torréfaction des noix, ainsi qu'à un équipement testé et éprouvé depuis plus de 160 ans. La qualité de l'huile de noix dépend de leur torréfaction et de la vitesse de rotation des roues en bois entraînant rythmiquement et avec modération les courroies, « et rien ne saurait remplacer ces vieilles machines », a déclaré Jean-Luc Bovey lors d'une visite du moulin au printemps 2006. À la fin de la transformation, les employés versent les noix torréfiées dans un récipient d'une grande stabilité, tapissé d'un morceau de tissu, puis exercent une pression de 60 tonnes sur les noix. L'huile est filtrée à travers une toile et mise en bouteilles.

Un kilo de noix donne quatre décilitres d'huile. Ce qui reste après le pressage est le tourteau, appelé nillon en Suisse romande, une barre épicée, mais particulièrement sèche, de résidus fibreux pressés et comprimés des cerneaux. Il est disponible dans le magasin du moulin sous forme de bâtonnet à grignoter ou de farine à incorporer lors du pétrissage de la pâte à pain et à gâteau (cf. *Leckerlin, page 115*).

« Il y a vingt ans, personne ne parlait de produit du terroir, et aujourd'hui, nous avons du mal à faire face à la ruée des clients vers notre moulin à huile », conclut gaiement le patron. « Des personnes de tous âges nous apportent leurs noix pour les transformer. » Ce que cette clientèle ne peut pas utiliser elle-même, c'est lui qui le propose dans le magasin. Vous y trouverez toute la gamme des huiles locales, de l'huile de pépins de raisin à l'huile de noisette en passant par l'huile de chanvre, de lin, de colza, d'amande et encore d'autres huiles plus exotiques. La « Fondation du Moulin » a été créée en 2013 ; son but est de préserver la production artisanale traditionnelle d'huile et les emplois qu'elle génère.

La précieuse essence de noix grillées et pressées s'utilise de préférence froide pour aromatiser les sauces à salade ou, avec quelques gouttes seulement, le pesto pour les pâtes. Slow Food Suisse a inclus l'huile de noix parmi ses produits Presidi. L'huile de noix vaudoise a été inscrite au registre des produits AOP-IGP en juin 2020.

Voir aussi : Huile de noix, page 93 ; Nocino, page 638.

Sel de Bex

Sel des Alpes de la plus ancienne saline de Suisse

Ne disposant pas de diamants, de terres rares, d'uranium ni de pétrole, la Suisse ne peut générer aucune matière première en dehors de l'eau, de la roche et du sel. La richesse en eau n'a jamais été un secret, elle tombe du ciel sous forme de pluie ou de neige ; le sel, en revanche, se trouve dans le sous-sol, où l'on ne voit rien à moins de creuser un trou. Jusqu'au moment où des géologues ont cartographié la mer qui recouvrait la Suisse actuelle et qui s'est asséchée il y a plus de 200 millions d'années, ne laissant derrière elle que des restes salins et calcaires, l'extraction de sel était davantage le fruit du hasard que d'une recherche ciblée. C'est ce qui explique pourquoi la Suisse, malgré l'existence de couches de sel dans son sous-sol et de la saline de Bex, n'a pu mettre fin à sa dépendance des importations qu'à partir de la fin du XIXe siècle, lorsque les salines du Rhin (à Schweizerhalle et à Riburg) ont commencé à fonctionner à plein régime. Désormais, importer du sel de l'étranger nécessite une autorisation.

La plus grande part du sel extrait en Suisse sert à dégeler les routes, à l'adoucissement de l'eau et à répondre aux besoins agricoles et industriels ; la part dévolue à la cuisine est très modeste ; le sel (chlorure de sodium, NaCl) y renforce le goût, sert à la conservation d'aliments par déshydratation et est un minéral indispensable à l'organisme des humains comme des animaux.

Pendant les années 2010, la Saline de Bex a produit plus de 35 000 tonnes de sel chaque année, et les salines du Rhin, suivant les besoins hivernaux, entre dix et seize fois plus. Des siècles durant, la Saline de Bex n'a fourni du sel qu'au seul canton de Vaud ; les salines du Rhin, quant à elles, ravitaillaient le reste de la Suisse depuis un concordat signé en 1973 (depuis cette date, il y a eu deux nouveaux actionnaires : le canton du Jura en 1979 et la principauté du Liechtenstein depuis 1990). Suite à une votation en avril 2014, le Grand Conseil vaudois a mis un terme au monopole du sel et donné le feu vert à l'union entre la Saline de Bex et celles du Rhin ; depuis juin 2014, ces salines ont fusionné sous le nom de Salines Suisses SA, respectivement Schweizer Salinen AG, et le canton de Vaud est lui aussi devenu membre du concordat. Avec cette fusion, le « Sel des Alpes » (nouvelle appellation officielle du sel de Bex) est disponible hors du canton de Vaud, où l'on peut aussi, réciproquement, acheter du sel du Jura.

Jusqu'au XIXe siècle, en Europe le sel était une prébende politique qui se transformait en or par des impôts. Aucun souverain ne se privait de puiser dans le tonneau de sel de ses sujets pour s'approvisionner en « or blanc ». Aux XIIe et XIIIe siècles, l'importance du sel croît parallèlement à l'augmentation de l'élevage, de la production de viande et de fromage. À cette époque, on ne connaissait encore aucun gisement souterrain propre.

Les marchés des cantons suisses étaient investis par les pays limitrophes producteurs de sel, qui « se les disputèrent jusqu'au début du XIXe siècle. Le Tyrol (Hall) et la Bavière (Reichenhall) fournissaient la Suisse orientale et centrale et les Grisons ; la Franche-Comté (Salins, exploitation transférée à Arc-et-Senans en 1779) ravitaillait Berne. Le sel méditerranéen de Peccais (Aigues-Mortes) remontait le Rhône vers Genève et la Suisse occidentale. Celui que Venise exploitait dans sa lagune, en Istrie et dans les Pouilles, en Sicile, aux Baléares (Ibiza) et à Ra's al-Makhbaz (Tripolitaine) parvenait au Tessin, en Valais, en Suisse centrale et dans les Grisons ; deux contrats vénitiens de 1299 attestent des livraisons du sel nord-africain dans ces vallées » (*DHS*).

Quiconque dépend d'un minéral qu'il ne peut trouver près de chez lui a besoin d'argent et d'habileté pour se procurer cette précieuse matière. Et comme une baguette de sourcier n'est d'aucun secours pour trouver du sel, on peut toujours espérer une heureuse coïncidence. Ce fut au XVe siècle, alors que les Vaudois s'étaient résignés à leur sort depuis bien longtemps, que la chance leur sourit du côté de Panex, au-dessus de la commune de Bex: un chevrier y remarqua que ses bêtes se rendaient toujours à la même source pour se désaltérer, ce qui piqua sa curiosité; il goûta à cette eau, qui était salée. De l' «or blanc» jaillissait donc de la montagne, si dilué qu'il en était invisible – mais tout à fait perceptible en bouche.

Une autre légende évoque l'histoire de Jean du Bouillet, alias Bracaillon, un pauvre paysan qui, alors qu'il braconnait (son surnom vient de là), aperçut une vive lumière qui brillait dans une grotte des ravines de la Gryonne; il s'approcha, regarda par le trou d'entrée de la grotte et vit des nains occupés à pelleter d'un chaudron une matière blanche et scintillante: du sel. Bracaillon se dépêcha de rentrer chez lui pour rapporter cette formidable nouvelle. Mais personne ne le connaissait: les nains l'avaient retenu prisonnier une centaine d'années. À une époque où les connaissances scientifiques étaient encore très limitées, ce genre de croyance populaire suffisait à expliquer un phénomène naturel.

Le prix de la découverte revient sans conteste aux chèvres; curieuses et sélectives comme elles sont, tout laisse à penser qu'elles ont trouvé la source salée par elles-mêmes. Quoi qu'il en soit, les habitants de Bex et de ses alentours surent désormais où et comment extraire du sel et se mirent à la tâche. Ils remplissaient des chaudrons d'eau salée, en versaient dans des coques en tôle plate, allumaient un feu en dessous et attendaient que l'eau s'évapore et que se concentrent des cristaux de sel.

Les Bernois conquirent la région en 1475 et commencèrent à produire du sel par évaporation de l'eau salée en 1554. Cette méthode a été employée pendant deux siècles; de nos jours et depuis longtemps déjà, l'exploitation des mines de Bex est industrielle, aussi grâce à la thermo-compression (récupération de l'énergie d'évaporation), une invention faite en 1877 par le Bellerin Antoine-Paul Piccard. La Saline de Bex a mis en service sa propre centrale électrique en 1943.

Affermées à des exploitants privés au XVIe siècle, les salines passèrent en régie étatique en 1685; à la chute de l'Ancien Régime, elles devinrent la propriété de la République helvétique en 1798, puis, au terme de celle-ci (en 1803), du canton de Vaud.

Détaché de Berne, financièrement encore instable, le jeune canton voulut fermer les mines en 1865 face à la concurrence étrangère et suisse (salines du Rhin exploitées à partir de 1836); mais «les Bellerins réagirent, obtinrent en 1867 une concession pour cinquante ans et créèrent une société anonyme» (*DHS – Salines*). De 1917 à 2001, la moitié du capital-actions de la Société vaudoise des Mines et Salines de Bex est en mains cantonales, après quoi la Saline de Bex devient une propriété privée ayant l'obligation de prélever des taxes régaliennes pour l'État.

La Saline de Bex est la plus ancienne de Suisse, et de loin la plus petite; suite à la fusion de 2014, elle gère la filière dite «des produits nobles» dans le secteur du sel alimentaire. Cette saline brille par la qualité, non par la quantité. Cela peut paraître un peu prétentieux pour un minéral aussi simple que le chlorure de potassium; pourtant, l'eau saline, qui suinte de roches réduites en compote par la puissance du plissement alpin, malaxées avec des couches de sel et durcies telle une chair à saucisse cuite, contient toute une série de minéraux et d'oligo-éléments. Les saliculteurs ont su tirer avantage de cette situation ainsi que de la renommée des Alpes en tant que «cœur» de la Suisse: ils produisent du sel à l'ancienne qui, avec le changement de nom du sel de Bex, devenu Sel des Alpes, s'appelle aujourd'hui «Fleur des Alpes», un sel «gourmet» comparable à la fleur de sel extraite des marais salants maritimes.

On peut se demander si cette distinction est vraiment perceptible. Un simple test montre de minuscules différences: sur le bout de la langue, le JuraSel des salines du Rhin est légèrement plus agressif que le Sel des Alpes de Bex; la Fleur des Alpes, quant à elle, paraît presque douce, comparée aux deux autres. «Cela tient peut-être à la granulosité légèrement différente des sels classiques et des substances minérales qu'ils contiennent», explique un collaborateur des Salines Suisses, «mais aussi au fait que le sel de Bex est extrait d'une eau de glacier, et quand on a en plus visité les mines, des émotions viennent s'associer à sa saveur particulière».

Malgré sa grande pureté, le sel peut présenter des nuances – c'est le cas de la Fleur des Alpes, qui n'est pas aussi pure que le sel de table normal, fabriqué de façon industrielle, raffiné et auquel sont ajoutés des anti-agglomérants; d'après son cahier des charges, elle correspond «au gisement de sel originel, riche en calcium, potassium, magnésium, fer et autres oligo-éléments tels que le lithium, le zinc, le manganèse et le bismuth». La Fleur des Alpes est fabriquée dans l'ancienne mine de Bévieux, accessible au public, selon la même méthode que celle pratiquée du XVIIe siècle jusqu'au début de la Révolution industrielle.

Depuis la fin mars 2018, le site exploite exclusivement de la Fleur des Alpes dans la montagne. L'eau saline – de l'eau de glacier salée dont la température est comprise entre 10 et 15 °C, qui arrive par un tuyau jusqu'à la manufacture dans la caverne – est chauffée électriquement (et non plus au feu de bois comme jadis) à 60 °C dans un bassin où elle s'évapore doucement. À la surface se forment des cristaux de sel qui vont chuter au fond et que l'on puise manuellement avant de les placer sur des planches en mélèze, ce bois ayant l'avantage d'être quasi imputrescible. Les cristaux sèchent pendant la nuit et sont transportés jusqu'à un cylindre rotatif de criblage dans lequel les grains de sel les plus fins sont sélectionnés: la Fleur des Alpes. Ce sel est ensuite distribué, manuellement là aussi, dans des bocaux en verre aussitôt fermés et emballés.

«Quand vous ouvrez un bocal, vous respirez l'air de la mine», me dit fièrement un membre de la Fondation des Mines de Sel de Bex, qui s'occupe de leur patrimoine historique. «Ce sel n'a plus vu la lumière d'aucun ciel depuis qu'il se trouvait dans la mer.»

On trouve du Sel des Alpes soit avec de l'iode et du fluor, conformément aux dispositions fédérales, soit sans ajout.

Voir aussi: Sel de Schweizerhalle, page 52; Sel de Riburg, page 107.

PRODUITS CARNÉS

Boudin, chantzet

Deux variétés de boudin

«*Boudin* est un mot (1268-1271) d'origine obscure», constate avec un soupçon d'indignation le *Dictionnaire historique de la langue française*; serait-il onomatopéique? Comment faut-il comprendre cela? Sa proximité avec *bouder* ne nous éclaire pas beaucoup. Alors, c'est une impasse? Comme souvent avec les cas peu clairs, le latin classique vient à notre rescousse: *botulus* signifie saucisse, et les saucisses sont bel et bien des boudins, si on les commande dans un établissement haut de gamme. Après tout, le boudin a donné lieu à des spécifications, un boudinier était un producteur ou vendeur de boudins au XVIIIe siècle, une boudinière un entonnoir par lequel la masse de boudin était embossée dans le boyau, et, pour terminer cette promenade étymologique, on sera boudiné dans un vêtement trop serré ou, plus amusant, un boudiné désignait à la fin du XIXe siècle un crâneur dont le gilet, serré comme un corset, compresse l'estomac en bourrelets et saucisses.

L'homme a absorbé du sang depuis qu'il le connaît et sait que la chose ne nuit pas à sa santé. La plus ancienne preuve de la présence de boudins et de produits semblables remonte à l'Égypte et à la Grèce antiques (cf. *Saucisse de sang, page 472*). Avec la production industrielle de viande, surtout depuis que l'engraissement des porcs s'est généralisé, le sang a pratiquement perdu toute valeur culinaire – également en Suisse, où un million et demi de porcs étaient élevés fin 2014, et ce chiffre reste assez stable (1,36 million en 2019). On pourrait remplir des boudins de sang sans arrêt. Paradoxalement, le boudin est resté un plat de saison en Suisse, malgré la massification des fournisseurs de matières premières. Il est tout simplement impensable de trouver du boudin noir durant l'été.

Le *Larousse gastronomique* affirme qu'il existe autant de «types de boudin noir que de charcutiers» en France et présente dans un tableau 16 exemples allant du *bloedpens* belge au *boutifart* du Roussillon, un saucisson contenant plus de couenne et de tête de porc que de sang. En Suisse aussi, les variantes sont nombreuses, mais la base reste toujours la même: sang de porc, lait et/ou crème, sel et poivre.

Lors de l'abattage, le boucher pratique une incision dans le porc et collecte son sang dans un récipient; sans attendre, il le transmet afin qu'il puisse être battu et remué le plus vite possible avec un bâton en bois pour éviter la coagulation. Parallèlement, la fibrine (colle de la coagulation plasmatique) est isolée et retirée. Le sang battu, idéalement à 40 °C, est mélangé à des oignons hachés blanchis et du saindoux (rappelons qu'il s'agit de graisse fondue provenant du ventre du porc), à du lait, de la crème ou les deux, puis assaisonné. Les puristes se contentent de sel et de poivre, les autres utilisent le tiroir à épices à leur guise pour composer leur recette secrète. Outre les notes classiques telles que la cannelle et le clou de girofle, la noix de muscade et la coriandre ou la marjolaine, on peut ajouter d'autres ingrédients: du poireau haché dans le Jura, parfois des raisins secs en Suisse romande, et dans d'autres régions des lardons, des pommes de terre ou des pommes.

Le mélange chaud est versé par un entonnoir dans le boyau de porc ou de bœuf, ficelé en portions, puis poché à 80-85 °C pendant 30 à 50 minutes. Ici et là, le boudin est fumé.

Les boudins issus de la production artisanale sont légèrement plus liquides et plus granuleux que ceux des grandes boucheries; ils éclatent un peu de leur enveloppe lorsqu'on les coupe, tandis que les boudins industriels sont compacts comme du pudding et se découpent en disques solides à l'éclat mat, qui peuvent être frits individuellement dans une poêle. Selon leur taille, on laisse les boudins noirs mijoter dans de l'eau bouillante pendant environ 50 minutes. Les garnitures varient en fonction des régions et les coutumes: en Suisse romande, avec des oignons rissolés et les deux purées (de pommes et de pommes de terre), ou avec des cornettes et de la compote de pommes; dans le Jura, le boudin s'accompagne d'une salade de betteraves rouges, dans le nord-ouest de la Suisse de compote de Reinette grise du Canada, et ailleurs de cornettes ou de pommes de terre bouillies.

Dans son célèbre *Dictionnaire universel de cuisine pratique*, le chef Joseph Favre (1849-1903) a décrit le boudin à la genevoise comme de la «charcuterie suisse». Cela paraît assez surprenant, mais Favre, qui cuisinait dans de grandes maisons, a étudié les sciences naturelles à l'Université de Genève pendant la mi-saison et s'est peut-être emparé de la recette dans l'arrière-pays genevois: prendre le sang d'un cochon, 1,5 kilo d'oignons, 1 kilo de lard frais, une pincée de cerfeuil, de l'estragon, 40 grammes de poivre, de la noix de muscade, de la marjolaine, du sel et 1,5 litre de lait.

Une variante régionale du boudin noir est le chantzet, le chantsèt ou chantzè, la saucisse de sang du Pays-d'Enhaut (dans le dialecte local, *chan* signifie sang). Jusqu'aux années 1970, le bouchoyage à la ferme était encore assez répandu dans l'espace alpin vaudois. Plus tard, la production de cette saucisse a été réduite à deux boucheries et un boucher de campagne. Le chantzet est préparé comme une saucisse de sang, mais contient, en plus de celui-ci, aussi du porc (du cou, du lard et/ou de la couenne suivant le producteur) et du chou blanc. La version la plus simple: cuire de la couenne dans du saindoux, hacher et mélanger à du chou blanc (dans une proportion supérieure à un tiers) coupé comme de la choucroute; ajouter le sang, saler, poivrer et incorporer les épices; embosser dans du boyau de porc ou de bœuf et ficeler les extrémités.

Traditionnellement, le chantzet était vendu cru – aujourd'hui on le conditionne aussi sous vide. En cuisine, on le mitonne dans de l'eau bouillante, comme un boudin noir. Grâce au chou, le chantzet a un goût un peu plus léger que le boudin noir, plus acidulé avec un puissant arôme de clou de girofle.

On trouve en Suisse quelques saucisses contenant une certaine proportion de sang, mais bien sûr pas aussi importante que dans le boudin noir ou la saucisse de sang. Les saucisses de ménage valaisannes contiennent parfois du sang; dans la *Bündner Schwarzwurst* (saucisse noire des Grisons), ce n'est pas uniquement son nom qui rappelle le sang, qu'on trouve aussi, suivant les recettes, dans la *Kartoffelwurst* (saucisse aux pommes de terre).

Précisons pour conclure que le boudin blanc n'est pas une saucisse de sang; en Suisse, il est parfois assimilé à la *Leberwurst* (cf. *page 110*), qu'on appelle plutôt «saucisse grise», mais qui, d'après le *Larousse gastronomique*, désigne une saucisse composée de graisse finement hachée, de porc (couenne, morceaux de tête, viande), de veau, de poulet ou encore de poisson, avec de la crème, du lait, des œufs, de la farine ou de la chapelure; on n'y trouvera nulle trace de foie (en allemand, *Leber*); par contre, si l'on aime les truffes, elles parfument le boudin à la Richelieu.

Voir aussi: Blutwurst, page 108; Saucisse de sang, page 472; Kartoffelwurst, liongia da tartuffels, page 549; Schwarzwurst, page 553.

Boutefas

Imposante saucisse crue de porc fumée à maturation interrompue

Aucune autre saucisse dans le pays ne peut être comparée à ce joyau, le plus prestigieux de la charcuterie romande; parmi les saucisses et saucissons, le boutefas attire aussitôt l'attention; cependant, sa ressemblance avec le jésus de Morteau de la Franche-Comté voisine est indéniable. Le boutefas est l'une des rares saucisses d'origine suisse à avoir son entrée dans le *Larousse gastronomique*.

Charnu et onctueux, parfois très massif, le boutefas balaye toutes les réserves et, sans fausse modestie, fait souvent grimper l'aiguille de la balance à plus de deux kilos. La forme particulière de ce morceau à l'ancienne fait penser à certains sports de ballon: la chair à saucisse est embossée dans du cæcum (première partie du gros intestin) de porc, qui ne doit être refermé qu'à une extrémité, de sorte que le boutefas ressemble plus à un ballon de handball bricolé qu'à un saucisson. Avec un diamètre parfois supérieur à dix centimètres, la viande se comporte comme du vin dans un magnum – elle mûrit plus lentement mais plus intensément.

Le boutefas porte un nom sonnant comme un signal d'avertissement, une onomatopée, et toute tentative de comprendre son origine semble vouée à l'échec. *Boutefas* est un vocable dialectal (comme ses variantes *casa* ou *botato*). *A priori*, sa proximité sémantique avec «boute la faim» pourrait être une explication valable, mais le *Dictionnaire suisse romand* s'oppose à cette hypothèse «pour des raisons phonétiques» et en avance une autre: la «moins invraisemblable» renvoie à la combinaison de *bout* – «tonneau» en latin tardif – et *fars*, qui a donné «farcir». La plus ancienne mention connue, cependant, remonte à 1634: il s'agit de *bourrifas*, dérivé de «bourrer» – une explication qui en vaut bien d'autres.

Il semble certain que les saucisses de ce calibre sont une délicatesse plus récente dans l'histoire culinaire, car jusqu'au milieu du XIXe siècle, la viande de porc était une denrée coûteuse. Ce n'est qu'avec l'extension de la culture de la pomme de terre et les progrès de l'industrie laitière que l'engraissement des cochons a pu se développer de manière significative; auparavant, on élevait ces concurrents de l'alimentation humaine en groupes très réduits, une ou deux bêtes par famille, qui étaient bouchoyées au début de la saison froide et transformées en réserves alimentaires pour l'hiver. Les saucisses fines telles que les boutefas et les saucissons sont bel et bien apparues assez tardivement, à telle enseigne qu'en 1840, le *Cours d'économie domestique à l'usage des jeunes filles de la campagne* présente des saucisses, des atriaux et des boudins, mais aucun boutefas ni saucisson.

Les cantons de Vaud et de Fribourg se partagent la plaine de la Broye, au sud-ouest du lac de Neuchâtel. Il faut quelques cartes au vingt-cinq millième pour comprendre la configuration complexe des frontières. C'est là que se trouve la commune de Payerne, anciennement connue sous le nom allemand de Peterlingen, exclave vaudoise dans le canton de Fribourg, capitale du district de la Broye-Vully. Dans cette région, l'élevage porcin s'est implanté plus tôt qu'ailleurs, le comte de Savoie Amédée VIII (1383-1451) ayant accordé aux habitants le droit de panage, c'est-à-dire de faire paître leurs porcs en forêt pour qu'ils s'y nourrissent de glands en abondance. Depuis lors, la région de Payerne est considérée comme le berceau de la charcuterie vaudoise et le boutefas comme son plus beau bébé.

Le boutefas a obtenu l'AOP tant convoité à la fin de l'année 2021. Selon le cahier des charges, la carcasse des cochons doit peser au minimum 80 kilos. Pour la chair à saucisse, on passe la viande de porc parée (65 %) et le lard au hachoir avec une perforation de six à huit millimètres. Assaisonner avec du sel et du poivre, des agents rubéfiants et un peu de sucre, ainsi que ces condiments autorisés: ail, coriandre, lie (cf. *page 214*), vin blanc à volonté – ces deux derniers devant être issus de l'aire géographique. Bien pétrir le mélange qu'on embosse ensuite dans le cæcum avant de le refermer et de le suspendre dans un fumoir – le boutefas est fumé à froid, à une température comprise entre 18 et 28 °C. Ensuite, on le laisse généralement mûrir dans une cave à 18 °C maximum et à une humidité de 70 à 80 %. Autrefois, celles et ceux qui souhaitaient se régaler de boutefas pendant les vacances de fin d'année devaient patienter deux à trois mois. De nos jours, les boucheries proposent cette saucisse prodigieuse tout au long de la saison froide.

Mettre le boutefas à pocher dans de l'eau à 70 °C pendant une heure et demie, puis laisser reposer une heure dans l'eau de cuisson. Si l'on désire le manger froid, il conservera toute sa tendreté en restant dans l'eau de cuisson. Pour éviter les éclaboussures, piquer le boutefas chaud très délicatement avec une fourchette; la graisse et le jus qui s'en écoulent serviront à aromatiser les légumes ou le gratin; couper la saucisse en tranches d'un centimètre d'épaisseur.

Habituellement, on accompagne le boutefas de haricots verts séchés, de gratin de pommes de terre ou de poireaux ou des deux à la fois pour le papet vaudois. Les tranches de boutefas froides sont excellentes avec de la purée de carottes aux graines de cumin, comme amuse-gueule ou en sandwich. Dans le canton de Vaud, on offre traditionnellement des boutefas à Noël.

DIGRESSION

Immémoriale saucisse

Comme toutes les « inventions » qui ont changé et enrichi cuisines et cuisiniers, on tâtonne toujours dans l'obscurité à la recherche de l'inventeur de la saucisse.

Au Ve siècle av. J.-C., l'historien et conteur grec Hérodote rapporte qu'en Scythie, cette *terra terribilis* située à l'est du Rhin et au nord de la mer Noire, « voici comment l'on procède en cuisinant. La chair de l'animal dépouillé est séparée des os et jetée dans un chaudron s'il y en a un ; si ce n'est pas le cas, la viande est entièrement placée dans l'estomac de l'animal, on y verse de l'eau et on la fait cuire avec les os. Ceux-ci brûlent fort bien, et l'estomac absorbe facilement la viande qui se détache des os. C'est donc ainsi que le bœuf, ou quel que soit l'animal dont il s'agit, se cuit lui-même » (*Leere Töpfe, volle Töpfe - Die Kulturgeschichte des Essens und Trinkens*, 1994). Les auteurs en concluent ceci : « La difficulté consistait évidemment à ne pas brûler l'estomac. Les humains de l'âge de la Pierre auraient pu cuisiner de cette façon. Mais pour les archéologues, contrairement à la cuisson sur pierre, cette méthode ne fait pas leur affaire, vu qu'elle ne laisse aucune trace tangible. On ne peut que spéculer. Il n'en reste pas moins qu'il s'agit ici d'une forme primitive de saucisse. »

Cette protosaucisse n'a rien perdu de son utilité jusqu'à nos jours. La visite d'un chevrier dans le paysage aride de la Valle di Lanaitto, ponctué de rochers et d'arbres courbés par le vent, m'a fait comprendre en Barbagia, la « terre barbare » au cœur de la Sardaigne, comment l'homme en est arrivé à la saucisse par l'estomac. Au plafond de la cabane de berger servant d'abri contre les intempéries pendait un sac rond, l'estomac d'un chevreau de lait. À l'intérieur, du *caglio di capretto*, du caillé de lait de chèvre, s'affinait. Giovanni, le berger de 58 ans, est allé chercher un bocal rempli de *caglio di capretto* onctueux et crémeux et en a étalé une cuillerée sur un morceau de *pane carasau*, un pain plat très fin.

La première bouchée a failli m'étourdir : un mélange explosif, aussi ardent qu'un incendie, a traversé mon palais et fait trembler mon crâne. « Avec ça il faut boire du vin, et on reste toujours sobre », affirme avec un joli sourire le berger à propos de sa dynamite laitière. On pourrait perforer une poutre de fer avec ce fromage. Dans l'estomac du chevreau de lait fraîchement abattu, cette enveloppe imprégnée de présure, son caractère ne tarde pas à s'épanouir. Je n'oublierai jamais le *caglio di capretto*, ni les fabuleuses *salsicce sarde* de Giovanni – qu'il n'a pas fait mûrir dans des estomacs mais dans des intestins.

Car de l'estomac ou de la panse, devenue célèbre comme contenant du haggis écossais, les voies de la saucisse mènent à l'intestin, une forme d'emballage plus élégante. Il y a quatre ou cinq millénaires, personne ne pouvait se permettre de gaspiller le moindre lambeau de bétail abattu. On a donc appris à transformer tous les morceaux de viande, le lard et autres parties grasses, les morceaux de la tête et des pattes ainsi que la totalité de ce qui était comestible d'une façon ou d'une autre en un plat, ou à les presser dans un intestin, lui aussi comestible, avant de le ficeler.

Les premières recettes européennes ont été consignées en détail par le Romain Apicius dans son traité gastronomique. Par exemple, les *lucanicae*, saucisses au puissant bouquet, à base de bœuf et de porc, de lard, de *garum* (grec) ou *liquamen* (latin) – une sauce de poisson comparable au Nam Plah thaïlandais – et de nombreuses épices. Dans la Rome antique, on connaissait aussi les « *tomacula*, qui se vendaient chauds dans les rues ; *funduli*, gros cervelats courts ouverts à un bout ; *longaones*, saucisses longues ; *farcimina*, *farcicula*, *hillae*, *apexabones*, petites ou longues saucisses dont il est malaisé de déterminer la forme et la préparation » (Jacques André, *L'Alimentation et la cuisine à Rome*). De nombreuses recettes ont été importées, car « les officiers et administrateurs romains apprirent en Grèce et en Asie l'art de bien manger et, rentrant en Italie, ramenèrent les cuisiniers en même temps que les peintres, les sculpteurs et les médecins ».

L'exportation culinaire s'est poursuivie des siècles plus tard de l'Italie vers la France, lorsque la Florentine Catherine de Médicis, en route pour Paris en 1533 afin d'y rejoindre son mari, le futur Henri II, a renforcé la troupe locale de sages-femmes, palefreniers, astrologues et autres employés de maison avec ses propres cuisiniers, confiseurs et maîtres de chai, lançant ainsi la transformation de la cuisine française en haute cuisine.

Les colonisateurs romains n'ont pas seulement diffusé la culture des légumes et du vin en Europe (et ont probablement apprécié les vertus de l'alcool en tant que moyen de conserver ou de mariner des aliments), ils n'ont jamais consenti à s'écarter de leur niveau de vie habituel. Quand on se fait livrer des huîtres fraîches à Augusta Raurica, on maîtrise également la technique de fabrication des saucisses.

Pline l'Ancien a glorifié le porc dans son *Histoire naturelle* : « Sa viande présente environ cinquante saveurs, tandis que celle des autres n'en a qu'une » ; il a expliqué en détail comment obtenir un pur délice en engraissant un cochon : « La faîne donne de la gaîté au porc, rend sa chair facile à cuire, légère et bonne à l'estomac ; le gland de l'yeuse le rend maigre, luisant, efflanqué ; celui du chêne pédonculé le rend pesant, soufflé [...], le gland du chêne chevelu, plus qu'un autre, rend la chair ferme, mais la durcit » (cité par Jacques André dans le livre susmentionné).

Les diverses zones topographiques et climatiques ont enrichi l'univers de la saucisse en Europe de nombreuses variations. L'air frais et sec des zones alpines convient au raffinage des saucisses crues de longue conservation (cf. *Saucisse sèche valaisanne, page 473*). En Angleterre, au climat plus humide, les agriculteurs ont expérimenté des saucisses fraîches à cuire et même créé des mets végétariens, comme une saucisse à base de fromage, de poireau et de chapelure. Dans certaines régions de Suisse et de France, notamment dans le Jura de ces deux pays, et en

Allemagne, les saucisses étaient fumées, ce qui prolongeait leur durée de conservation et les protégeait de la vermine. Les saucisses étaient si répandues et si populaires que même les poètes aimaient à les déguster. À Boustifaille, le pays de Cocagne de Boccace, on attache les vignes avec des saucisses, près d'une montagne toute de parmesan râpé (*Le Décaméron,* 8ᵉ journée, 3ᵉ nouvelle). Dans le *Wachtelmaere*, une œuvre du XIIIᵉ siècle, on lit que les toits des maisons sont recouverts de galettes et qu'on les clôture avec des saucisses (« die huiser sint gedackt mit fladen, geziunet wol mit würsten » ; *Handwörterbuch des deutschen Aberglaubens* – Dictionnaire des superstitions allemandes) ; quant au maître chanteur et poète gnomique de Nuremberg Hans Sachs (1494-1576), il précise : « Autour de chaque maison, il y a une clôture tressée de saucisses brunes grillées. »

Au XXIᵉ siècle, tel ou tel magasin d'alimentation est à lui seul un pays de Cocagne, qui s'est réalisé à travers une myriade de recettes. En Allemagne, on arriverait au chiffre spectaculaire de 1500 pour les variétés de saucisses, alors que le goût s'affadit de façon tout aussi spectaculaire à cause de la production de masse. Les États-Unis, dont le penchant pour la pasteurisation de la vie pousse les gourmets au désespoir, étaient considérés comme l'Eldorado des saucisses à la fin du XIXᵉ siècle – les immigrants des quatre coins du monde apportaient avec eux leurs spécialités familières, y compris de Chine, où l'on produit depuis la nuit des temps de fines saucisses plutôt courtes et légèrement sucrées. Il existe pas moins de 400 types de saucisses en Suisse.

Bien que l'on fasse des saucisses depuis des siècles – dans les fermes, ne serait-ce que pour la Saint-Martin, la *mazza* ou la *Metzgete* – les recettes de saucisses se trouvent de façon très disparate dans les livres de cuisine : souvent pas du tout, puis rarement, parfois aussi plus généreusement, comme dans le plus ancien livre de cuisine de Suisse alémanique à ce jour, *Ein schön Kochbuch 1559*. Ce recueil de recettes des cuisines de Coire contient une bonne douzaine de recettes de saucisses allant de la saucisse de veau (« *kelber wurst zu machen* ») à celle de poisson (« *wurst von fischen* ») en passant par la *mortadella*, la *luganigeta*, les *leber würst*, la *salsitz*, le *schüplig*, le *scharwilada* (cervelas), les saucisses d'agneau (« *würst von schaffleisch* ») et les saucisses étrangères (« *welsche würstle* »).

Le *Bernerisches Koch-Büchlein* de 1749 contient des recettes de *Servella* (comparable au cervelas actuel), de saucisses grillées (*Bratwürst*), de saucisses d'agneau (*Schaaf Würstlein*) et de salamis à l'italienne (« *Sallmy, oder auf Italienische Art gute Würst zu machen* »). Il s'agit souvent de pâtés lorsqu'on accommode de la viande hachée, par exemple le pâté de veau mariné (« *Gebeizte Kalbfl. Pastete* »), pour lequel la viande devait provenir du quasi ou de la noix et mariner plusieurs jours après avoir été découpée en tranches très fines et tapée violemment pour l'attendrir (« *etliche Tage gebeizt seyn u. vorher in ganz dünne Tränschlin geschnitten u. muss entzetl. geklopfte werden* » – extrait des carnets de recettes d'Anna Margaretha Iselin-Wetzel et de sa fille Maria Magdalena Schorndorff-Iselin, rédigés de la fin du XVIIIᵉ au début du XIXᵉ siècle à Bâle). On trouve une recette de quenelles de veau dans *La Cuisine des familles* (1889).

Confectionner des saucisses s'est avéré être une excellente méthode de conservation. Qu'elle soit crue ou bouillie, séchée à l'air frais ou fumée, la saucisse fait le bonheur des tablées campagnardes les plus simples comme de celles, plus raffinées, de la haute cuisine. Malgré les apôtres de la santé publique qui la combattent, la saucisse se maintient toujours comme un bien culturel de la plus haute valeur.

Voir aussi : plus de 60 autres types de saucisses dans le présent ouvrage !

Pâté à la viande, pâté vaudois

Petit pâté circulaire confectionné à partir de pâte brisée et d'une farce de viande

Les petits pâtés ronds sont appréciés dans toute la Suisse ; ils proviennent soit de l'une des deux fabriques de pâtés du pays, soit d'une de ses nombreuses boulangeries-pâtisseries artisanales. Monuments culinaires de taille très variable, les pâtés ornent les tables de l'Europe entière. La farce de viande enveloppée et cuite dans de la pâte brisée laisse aux cuisinières et cuisiniers tout loisir d'exprimer leur créativité, que ce soit avec des ingrédients aussi simples que des champignons, des ris de veau ou du jambon, ou avec les plus nobles tels les truffes, le foie gras ou le filet ; une fois sa farce composée, on a le choix de l'aromatiser avec des épices et des fines herbes, du porto ou du xérès, ou encore des eaux-de-vie, généralement du cognac, du calvados ou du whisky.

En Suisse alémanique, on appelle le pâté à la viande *Waadtländer Pastetchen* ou *Pastetli*. S'agit-il d'un produit authentiquement vaudois ? Il est bien difficile de l'affirmer, car les Suisses allemands qui étaient à moins d'une journée de voyage de la France et de ses plaisirs gastronomiques connaissaient aussi bien que leurs cousins romands l'art de cuisiner des pâtés, et ce depuis le Moyen Âge.

La production à grande échelle de pâtés à la viande a pris son essor aux Ponts-de-Martel dans le Jura neuchâtelois durant les années 1970 ; le produit s'appelait alors simplement « Le Martel ». Puis, au terme de diverses fusions et restructurations des sites de fabrication, ces pâtés furent produits à Écublens dans l'agglomération lausannoise et à Böckten dans le canton de Bâle-Campagne. La farce comprend généralement du jambon cuit, de la viande de porc, de la chair à saucisse soit fine, soit plus grossière, parfois aussi des petits morceaux de viande, divers épices et arômes, ainsi que quelques numéros E. On dispose la farce sur la pâte brisée (contenant du saindoux) qui a été étalée sur un moule circulaire s'évasant vers le haut comme un pot de fleurs, puis on recouvre le tout d'un couvercle de pâte qui présente une ouverture ronde, également appelée cheminée, qui sert à évacuer la vapeur lors de la cuisson, et ensuite d'entonnoir pour verser de la gelée claire (aspic) dans le pâté.

SUPPLÉMENT

La main du maître

La place des pâtés est incontestée, y compris dans les grandes cuisines: c'est ce que Benoît Violier a bien montré dans son formidable livre intitulé *La Cuisine du gibier à plume d'Europe*, paru en octobre 2015. Successeur des légendaires chefs vaudois Frédy Girardet et Philippe Rochat au Restaurant de l'Hôtel de Ville de Crissier, le Français Benoît Violier (1971-2016) y présente cent oiseaux européens, dont la plupart peuvent être chassés en France et une toute petite minorité seulement en Suisse. L'énoncé de ses recettes suffit pour en avoir l'eau à la bouche; citons par exemple la *Crépinette de perdreau gris aux lentilles vertes*, une *Pâtissière de grives litornes au marc de Savoie*, une *Tourte de merle aux pommes et chasselas*, une *Tourte de gélinotte des bois aux oignons doux* ou encore la *Croustade royale de bécasse des bois aux truffes noires*. Un ouvrage de référence comme de poids: six kilos pour 1080 pages.

Voir aussi: Sonntagspastetchen, page 29; Pâté des Princes-Évêques, page 71.

Saucisse au foie, frâche

Saucisses de porc crues et fumées au foie

En allemand, *saucisse au foie* se dit *Leberwurst*, alors que celle-ci, en tant que cochonnaille suisse allemande, s'appelle en français *boudin blanc ou saucisse grise*, totalement différente de la saucisse crue romande à maturation interrompue, plus proche de la *mortadella di fegato* tessinoise, qui bien sûr n'est pas fumée. La chair de la *Leberwurst* est composée d'un mélange d'abats (fressure), de viande de tête de porc et de bœuf ainsi que de foie de porc; une fois cuite, cette saucisse se découpe dans l'assiette; le contenu qui s'en échappe est tendre et grisâtre, parfois presque liquide; il peut être rehaussé de raisins, au grand dam de ceux qui ne les aiment pas.

La saucisse au foie, quant à elle, est fabriquée de la même manière que la saucisse aux choux et ne s'en différencie que par sa composition: elle contient 80 au lieu de 40 % de viande de porc et 5 % de foie de porc, également 15 % de couenne et on l'assaisonne de façon similaire avec du sel et du poivre, des agents rubéfiants, de la noix de muscade et des clous de girofle. La saucisse au foie et la saucisse aux choux ont pratiquement les mêmes taille et aspect: leurs deux extrémités, fermées par des clips ou des ficelles, sont reliées entre elles par une ficelle et c'est ainsi, avec leur forme en fer à cheval, qu'on suspend ces saucisses dans un fumoir.

L'histoire et le développement des deux cousines sont parallèles; on les fabrique essentiellement dans les cantons de Vaud, de Neuchâtel et de Fribourg, avec de légères différences locales qui font le plaisir de la découverte. La *frâche*, spécialité de la vallée de Joux, se distingue assez nettement avec sa chair contenant un mélange de foie et de chou; dans le Bas-Valais – plus précisément dans les districts de Martigny et d'Entremont –, la saucisse est appelée *fratse.* La saucisse au foie n'a pas l'aura de légende entourant la saucisse aux choux; elle fait sa première apparition dans une phrase des *Scènes vaudoises* en 1884: «sept saucisses au foie, trois saucisses aux choux» (*Dictionnaire suisse romand*). Toujours associée à la saucisse aux choux, sa saveur particulière, due au foie, en fait une accompagnatrice fort prisée, même si elle n'a pas su se hisser jusqu'aux sommets des AOP ou des IGP jusqu'à ce jour.

Dans son livre *Neuchâtel à table* (1973), Jacques Montandon fait l'éloge de la saucisse au foie neuchâteloise qui, selon lui, serait bien meilleure si on la laisse prendre un peu de maturité. «Consommée fraîche après une bonne semaine de fumoir, elle est onctueuse, bien aromatisée, légèrement grasse. Cinq ou six jours plus tard, elle a perdu de sa graisse pour devenir juteuse, et commence à acquérir un goût légèrement astringent qui ne fera que se développer pendant les jours suivants. Certains amateurs apprécient une saucisse qui a fermenté dans son enveloppe de boyau pendant un mois ou deux. Elle est alors presque plus liquide que solide, et le jus rouge sang qui s'échappe de la boucle lorsqu'on la perce est d'une violence de goût et d'une astringence assez extraordinaires [le palais se dessèche et se rétracte].»

La frâche de la vallée de Joux contient une farce faite de foie et de chou blanc; elle est attestée depuis le XVIIIe siècle, d'après Auguste Piguet, l'auteur de *Vieux métiers de la Vallée de Joux: 1944-1949*, qui s'est basé sur des témoignages oraux. Voici ce qu'il a rapporté: «Une fois que le boucher a haché la meilleure viande, il hache les morceaux de deuxième choix – les viscères, les tripes, les cartilages et les abats – pour la frâche. Habituellement on se contentait de deux têtes de chou par cochon. Certaines familles voulaient faire davantage de profit et y mettaient quatre têtes. Un jeu dangereux, car de telles frâches se conservent moins bien.» Jadis on utilisait aussi du chou-rave haché à la place du chou blanc. Jusque vers la fin du XXe siècle, quelques bouchers mettaient du chou cru dans la chair, ce qui comportait un risque évident de fermentation. Désormais on blanchit d'abord les choux, puis on les presse et les hache.

Comme sa cousine aux choux et la frâche, la saucisse au foie est consommée entre septembre et avril. Sa saveur rustique ne fait plus l'unanimité comme il y a quelques décennies: en effet, vu le côté partiellement végétarien de la saucisse aux choux, celle au foie apparaît quelque peu démodée sur les assiettes contemporaines. On la laisse cuire 30 à 40 minutes dans de l'eau à 75 °C (bien chaude mais pas frémissante) avant de la servir avec des pommes de terre et des légumes. La frâche peut convenir pour un papet vaudois, ou bien se servir avec une salade de carottes ou du chou-rave cuit nature.

Voir aussi: Leberwurst, page 110; Mortadella di fegato, page 606.

Saucisse aux choux

Saucisse crue fumée à maturation interrompue à base de viande de porc et de chou blanc

Le chou peut-il raffiner une saucisse ? Cette idée paraîtra sans doute un peu incongrue, mais elle l'est moins à la lumière de l'histoire – ou légende – suivante : en l'an 879, l'empereur carolingien Charles III dit « le Gros » rencontrait à Orbe ses deux neveux afin de régler la succession du roi des Francs Louis II dit « le Bègue ». Les négociations se prolongèrent et la faim se fit ressentir : manifestement, les réserves de viande ne suffisaient pas pour combler l'appétit de la noble délégation. C'est alors qu'un Urbigène malin aurait eu l'idée d'ajouter du chou blanc à la chair à saucisse ; le souverain et son entourage furent reconnaissants à cet homme téméraire, car il s'avéra que la viande hachée et le chou coupé s'harmonisaient parfaitement, et que l'on obtenait ainsi des saucisses raffinées. Plus tard, quand la cochonnaille était devenue un festin d'automne et d'hiver unanimement apprécié des Vaudois, l'inventaire d'une bouchoyade était impensable sans saucisse aux choux – généralement combinée au papet vaudois, ce mets emblématique à base de poireaux et de pommes de terre qui s'est hissé sur l'Olympe des plats nationaux.

On peut mieux se fier à de secs documents qu'à des légendes juteuses. Le *Bernerisches Koch-Büchlein* (*Petit Livre de cuisine bernoise*) de 1749 (le Pays de Vaud était alors administré par les Bernois) mentionne sans grande précision une saucisse que l'on peut manger soit crue soit cuite et conserver environ une année. En ce temps-là, selon François de Capitani (*Soupes et Citrons*), la viande de porc était encore plus coûteuse que celle de veau, car les porcs, omnivores comme les êtres humains, étaient en concurrence avec eux sur le plan alimentaire, du moins pendant l'hiver. À la fin de l'Ancien Régime, ajoute F. de Capitani, « le porc est plutôt rare ; le doyen Bridel n'en compte que 25 000 porcs (comparé aux 60 000 de 1988). Les paysans engraissent un ou deux cochons, ce qui ne suffit pas à satisfaire la demande du marché. Ainsi, des porcs gras sont importés de la Franche-Comté. Une livre de porc coûte environ le double d'une livre de veau. » Les saucisses et saucissons pur porc étaient des produits de luxe, rarement consommés jusqu'au moment où l'abattage des porcs se fera à moindres frais. Les paysans n'avaient pas de montagnes d'ordures ménagères et le gaspillage alimentaire était encore inconnu ; ce sera à partir de la seconde moitié du XIXe siècle, grâce à la culture des pommes de terre à grande échelle et à la production croissante de fromage, qui permit d'utiliser le petit-lait pour nourrir les cochons, que leur abattage put vraiment se développer. Comme le dit encore F. de Capitani, « ce n'est qu'au XIXe siècle que le porc devient la viande la plus populaire et que saucisses et saucissons sont très souvent utilisés dans la cuisine campagnarde ».

Le *Cours d'économie domestique* publié à Lausanne en 1840 présente des saucisses grillées, des atriaux (cf. *p. 69*) et des boudins, mais pas de saucisses aux choux ni de saucisses au foie. Cependant, le canton de Vaud et les régions alentour vont bel et bien devenir un haut lieu de la charcuterie dès le milieu du XIXe siècle. Dans le premier volume de son livre sur *Le Canton de Vaud, sa vie et son histoire*, Juste Olivier écrit ceci en 1839 : « Autrefois, le lait, les lentilles faisaient tout le fond des aliments des campagnards. Aujourd'hui, le porc et les autres viandes salées sont peut-être plus communs. »

Le *Dictionnaire suisse romand* cite une phrase tirée des *Scènes vaudoises* de 1884 avec « sept saucisses au foie, trois saucisses aux choux » comme étant leur première mention écrite. Du XIXe siècle aux années 1970, les boucheries de campagne et l'abattage à la ferme étaient largement répandus. Le jambon, le dos, le lard et d'autres morceaux étaient conservés entiers, tandis que les parties de deuxième choix et le reste, comme les viscères et les tripes, étaient hachés et assaisonnés, et suivant la gamme de produits mélangés à du foie ou du chou blanc, embossés dans des boyaux et enfin suspendus dans la cheminée.

À la fois parce qu'elles sont délicieuses et parce qu'elles symbolisent l'authenticité d'une région, les saucisses aux choux ont gagné en importance vers la fin du XXe siècle, avec pour conséquence l'inscription au registre des IGP de la Saucisse aux choux vaudoise en 2004.

Selon l'Union Professionnelle Suisse de la Viande (UPSV), une saucisse aux choux doit être constituée de 40 % de viande de porc, 25 % de lard de poitrine, 15 % de couenne bouillie et 20 % de chou blanc blanchi, car mélangé cru, le chou commence à fermenter. Les porcs doivent avoir au minimum 140 jours et peser 75 kilos au moment de leur abattage. La viande doit être hachée ; les trous du hachoir auront trois millimètres de diamètre pour la couenne, et cinq pour la viande, le lard et le chou. La chair est ensuite assaisonnée avec du sel (éventuellement nitrité) et du poivre ainsi que de l'ail, de la coriandre, de la noix de muscade, du macis, des clous de girofle et de l'anis. Les combinaisons gustatives sont individuelles. On embosse la chair dans des boyaux de bœuf courbes, clippe ou ficelle les extrémités, reliées l'une à l'autre pour donner aux saucisses un aspect de fers à cheval ; puis elles sont suspendues dans un fumoir à une température comprise entre 15 et 20 °C.

La saucisse aux choux est un produit consommé surtout l'hiver, mais on en trouve de septembre à avril, dans le canton de Vaud comme dans ceux de Neuchâtel et de Fribourg, où elle fait également partie des mets traditionnels. Les Fribourgeois ne mettent pas de couenne dans leurs saucisses aux choux. Quant à la saucisse aux poireaux, fabriquée en Valais dans la région de Savièse et figurant dans le recueil de recettes intitulé *À la mode de chez nous*, elle est composée de viande de porc « mélangée à du poireau finement haché. On sert cette saucisse avec du chou blanc et des pommes de terre cuites ». Citons aussi la *fratse* du Bas-Valais, saucisse aux ingrédients comparables à ceux de la saucisse aux choux, à l'exception de sa viande, d'origine bovine et non porcine. Mais vu sa proximité avec le canton de Vaud, on la sert volontiers comme accompagnement au papet.

Une bonne saucisse aux choux se déguste idéalement accompagnée d'une bouillie de poireaux et de pommes de terre, le papet vaudois. On dépose les saucisses par-dessus les légumes une demi-heure avant la fin de la cuisson pour les y laisser mijoter, ou alors on peut les faire cuire à part à 75 °C si l'on souhaite éviter que la graisse de la chair goutte dans la casserole des légumes. Faut-il piquer les saucisses au moyen d'allumettes ou de cure-dents ? Oui si on les laisse mijoter sur le papet et ainsi parfumer les légumes, non si on les cuit séparément.

D'après l'*Histoire des goûts*, les meilleurs endroits pour déguster des saucisses aux choux sont « les pintes vaudoises, les vieux bistrots en bois, avec la table des menteurs à l'entrée ».

Voir aussi : Kartoffelwurst, liongia da tartuffels, page 549.

Saucisson vaudois, saucisson de Payerne

Saucisses à base de porc, fumées et à maturation interrompue

Si l'on se reporte à la légende de la création de la saucisse aux choux, la façon de fabriquer des saucisses à partir d'une chair à saucisse grossière pourrait être connue dans le Pays de Vaud depuis plus de onze siècles. Cette thèse est partagée par l'Association Charcuterie Vaudoise, qui écrit dans l'entrée de l'IGP : « Le saucisson vaudois a ses origines au Moyen Âge, lorsque le fumage et la cuisson des saucisses ont été pratiqués pour la première fois dans le canton de Vaud. »

L'essor de la charcuterie vaudoise ne commence cependant à se dessiner qu'au XIXe siècle. Avant cela, les porcs étaient mis à contribution dans le cadre d'une économie d'autosuffisance ; ceux qui ne pouvaient ou ne voulaient pas élever leurs propres bêtes devaient faire de gros sacrifices pour pouvoir se payer cette viande coûteuse, importée principalement de Franche-Comté. La culture de la pomme de terre et le développement de l'industrie laitière ont poussé à l'engraissement des truies, car le petit-lait, produit lors de la fabrication du fromage, devait être utilisé de manière rentable. Ce fut le signal de démarrage de la charcuterie et du papet vaudois, « la saucisse dans un bain de poireaux », le mariage axiomatique de la cuisine cantonale.

Autrefois, les porcs étaient abattus une ou deux fois par an, principalement à la fin de l'automne, parfois aussi au printemps – en tout cas pas en été, car la chaleur n'est guère compatible avec une transformation sans risques sanitaires. Aujourd'hui, grâce à la climatisation, on peut produire des saucisses toute l'année. « On ne dépend plus du brouillard et du froid », explique le boucher auquel j'ai rendu visite. « Quand quelqu'un dit qu'il fume à l'ancienne, cela me fait toujours sourire. » Il ne suspend donc pas ses saucisses dans la cheminée, mais dans le fumoir, qu'il chauffe avec des copeaux de hêtre.

La recette de base du saucisson a été fixée dans le cahier des charges de l'entrée IGP (2004) et correspond en grande partie à la recette des boutefas. Autrefois, chaque famille d'agriculteurs avait ses propres recettes de saucissons et d'autres saucisses. Certains versaient un peu plus de vin blanc dans le mélange, d'autres préféraient le goût de la lie (cf. *page 214*), y ajoutaient plus d'ail ou moins de coriandre. Le cahier des charges de la fabrication du saucisson vaudois renonce à la standardisation. Et si l'assaisonnement est imposé – sel, poivre, ail, coriandre, lie, vin blanc –, aucune quantité n'est spécifiée. À condition, bien sûr, que la saveur typique soit respectée.

Le cochon doit être bouchoyé dans le canton de Vaud, mais peut provenir de tout le territoire suisse, d'où l'IGP et non l'AOP. Passer au hachoir (avec une perforation de cinq à huit millimètres) trois parts de viande maigre et parée pour deux parts de lard, assaisonner, pétrir et embosser dans des boyaux de porc, plus précisément les parties étirées de la partie inférieure du système digestif – le « boyau de porc droit appelé frisé ou chaudin », comme on dit dans le canton de Vaud, terme qu'on ne trouve dans aucun dictionnaire. Les saucisses sont ficelées tous les 13 à 24 centimètres ; leur diamètre est compris entre 45 et 65 millimètres.

Une fois leur chair embossée et ficelée, les saucisses sont douchées, puis on les laisse reposer pendant douze heures. Des arômes commencent à se former et elles rubéfient peu à peu ; on arrive enfin à l'étape du fumage, qui s'effectue durant douze heures à une température de 18 à 28 degrés. Le boyau du saucisson vaudois a désormais sa couleur brun doré caractéristique.

Comment faire en sorte qu'un saucisson sorte du lot ? « Ce n'est pas la recette qui fait la différence, mais le traitement », explique le boucher. « Des matières premières de haute qualité, de la patience, du bon bois. Nous utilisons du hêtre sans écorce, avec une légère humidité pour obtenir la fumée désirée. » D'autres soulignent que le choix et les proportions de l'assaisonnement apportent des nuances gustatives.

Le saucisson vaudois peut être consommé chaud ou froid, poché (dans de l'eau à 70 à 75 °C) ou séché cru. La saucisse déploie toute sa puissance lorsque, après 40 à 50 minutes sans que le boyau n'ait éclaté, elle est retirée de l'eau de cuisson et percée délicatement en évitant que son précieux jus n'éclabousse tout alentour.

Le saucisson de Payerne est probablement plus ancien que sa première mention sur une liste de courses de la fin du XIXe siècle, conservée aux Archives cantonales vaudoises. Ce saucisson, également à base de viande de porc et à maturation interrompue, est fabriqué de la même façon que le saucisson vaudois, mais doit sa typicité à l'ajout de couenne, laquelle n'est pas autorisée dans le saucisson vaudois. Le saucisson de Payerne est une spécialité locale. « Nous avons tous nos petites recettes qui se transmettent de génération en génération », explique un boucher de Payerne. Il n'est pas nécessaire d'avoir une inscription IGP ou AOP. « L'important, c'est qu'aucune autre saucisse ne ressemble à la nôtre. »

Les saucissons cuits vaudois ou de Payerne se marient bien avec un papet à base de poireaux et de pommes de terre ou avec un plat de lentilles. On peut couper la saucisse cuite en cubes, les rôtir et les disposer sur un risotto. Retirer le boyau de la saucisse refroidie, l'étaler avec une pâte de moutarde et de vin blanc, l'envelopper dans une pâte feuilletée et la faire cuire ; pour la variante en portions, cuire les tranches de saucisses individuellement dans de la pâte feuilletée.

Lorsqu'on commence à se familiariser avec les saucisses romandes telles que le boutefas, la longeole et les saucissons, il faut bien se souvenir que c'est leur jus qui arrondit si bien leur goût. Gare à celles et ceux qui voudraient les en débarrasser: ils passeraient aussitôt pour des béotiens!

SUPPLÉMENT

Alexandre Dumas chantre des saucissons

Saucisses et saucissons sont largement appréciés par nos voisins français, bien évidemment. «Il y a des villes dont les bons saucissons ont fait la réputation», affirme Alexandre Dumas dans son encyclopédique *Grand Dictionnaire de cuisine* (1871). «Il y a les saucissons de Lyon, il y a les saucissons de Strasbourg, il y a les saucissons d'Arles; mais il faut l'avouer, la beauté des femmes d'Arles a fait plus encore pour la réputation de la ville que la sapidité de ses saucissons. Grimaud doit, dans les *Mousquetaires*, une de ses plus heureuses exclamations à ce mot *saucisson!* qui jaillit de sa mémoire au moment où il passe devant l'auberge où, prisonnier avec Athos, il a mis la cave à sec, et la cuisine sens dessus dessous.»

Voir aussi: Boutefas, page 164; Saucisson neuchâtelois, page 199.

POISSONS

Perche

Perche commune (Egli, persico)

Un serveur se souvient: «Dans le temps, les personnes âgées commandaient toujours des filets de perche.» Et aujourd'hui? C'est encore le cas, mais pas seulement, car en Suisse, l'offre en poissons et en fruits de mer frais s'est considérablement diversifiée grâce aux importations. Les poissons d'eau douce indigènes ne dominent plus autant les menus qu'à la fin du XXe siècle.

Néanmoins, les filets de l'espèce *Perca fluviatilis* (perche commune, en allemand *Egli*, en italien *persico*) sont toujours en tête du menu de bien des restaurants – d'autant plus que depuis 2010, la ferme Valperca à Rarogne en Valais élève ses perches dans l'eau du Lötschberg à 18 °C. Les consommateurs souhaitent que leur poisson grandisse si possible dans les eaux nationales et non en Europe de l'Est, où il est élevé en masse avant d'être expédié en Suisse.

La perche de rivière (en allemand, *Flussbarsch*) alias *Eglin* (*Fischbuoch* (Livre des poissons) du naturaliste zurichois Conrad Gessner, 1563) a aussi peu en commun avec le bar (*Wolfsbarsch*), l'un des poissons marins les plus recherchés, que le silure avec le cachalot. En français, cette confusion sémantique n'a pas lieu, car la perche et le loup de mer (de la Méditerranée) ne sauraient être confondus avec le bar (de l'océan Atlantique). Au XVIe siècle, les perches de la Seine étaient si recherchées qu'on les appelait «perdrix de rivière» (*The Food of France*, de Waverley Root). Morphologiquement assez proche de la perche, le sandre, originaire du bassin du Danube, est une espèce invasive en Suisse.

Les perches sont les poissons que les pêcheurs attrapent le plus dans les eaux du lac Léman; selon les statistiques fédérales, depuis 1971, ils en ont pêché presque chaque année davantage que des corégones; en 2012 et 2013, pour la première fois, on a pêché beaucoup plus de féras que de perches. Celles-ci sont présentes dans toute la Suisse, vivant dans des lacs et des cours d'eau pas trop turbulents grâce aux barrages.

La consommation de poisson et de fruits de mer en Suisse a augmenté de 65 % entre 2000 et 2020; en 2018, chaque Helvète a mangé 9 kilos de poisson. 96 % du poisson frais (non congelé) est importé. En 2016, c'est le saumon qui se vend le mieux avec 3333 tonnes, suivi des bâtonnets de poisson (2713 tonnes) et des crevettes (2498 tonnes). La part des poissons d'eau douce est nettement plus faible, et celle des poissons indigènes encore plus marginale. D'année en année, la pêche lacustre décroît: en 1990, les pêcheurs professionnels suisses ont pris 1600 tonnes, en 2016, 1366 tonnes et un an plus tard, 1236 tonnes. Le corégone (54,7 %) et la perche (33,4 %) sont les espèces les plus fréquemment capturées, suivies de loin par le gardon et d'autres poissons (*Terre&Nature* du 9 janvier 2020).

Les perches du Léman sont devenues un véritable plat national. Les filets de perches aux pommes de terre bouillies sont considérés comme un monument de la tradition culinaire vaudoise. C'est pourquoi les poissons frais atterrissent rapidement dans les assiettes. Les perches sont rarement fumées, pas parce qu'elles ont moins bon goût que les autres poissons – « vous pouvez fumer n'importe quel poisson », explique un pêcheur professionnel. La question consiste à savoir si le poisson est adapté, si cela a un sens.

Les salmonidés tels que le saumon, la truite, l'omble chevalier et le corégone sont gras et ont tendance à être fumés à chaud ; grâce à la graisse, ils conservent très bien leur saveur et restent juteux. La perche et le brochet sont plus maigres et sont en général, le cas échéant (mais de plus en plus et sur commande), fumés à froid.

Selon le pêcheur, la perche n'est pas bâtie comme des salmonidés, « c'est pourquoi fumée, elle donne de moins beaux filets que le corégone ». En revanche, les spécimens particulièrement grands se vendent moins bien que les perches dont la taille est adaptée à celle des assiettes. « Les perches sont chères ; si je les fume et en fais des tartares, elles reviendront encore plus cher, autour des 80 francs le kilo. » C'est un argument contre le fumage.

Vers 1900, *La Cuisine des familles* recommandait de « courtbouillonner la grosse perche » et de la servir « avec n'importe quelle sauce à poisson » ; en fait, la perche et la féra peuvent se préparer de la même façon. Par exemple « à la bonne tante » : déposer les filets de poisson dans un plat à gratin et les faire gratiner au four avec du vin blanc, des oignons, des champignons, du beurre, de la chapelure, des épices et du persil pendant 15 à 20 minutes.

La consistance de la chair de perche étant ferme et légèrement croquante, elle se prête bien à la friture. En général, les poissons d'eau douce sont d'une grande tendreté et d'une saveur délicate, il vaudrait mieux les préparer plus soigneusement qu'à la bonne tante. Laisser infuser quelque temps les filets de perche dans du vin blanc, saler et poivrer, saupoudrer d'un soupçon de farine et faire frire brièvement dans du beurre chaud des deux côtés jusqu'à ce que les filets soient à point mais pas trop cuits. Saupoudrer de persil haché et/ou de ciboulette, servir avec des pommes de terre bouillies ; faire réduire le vin blanc avec de la crème, assaisonner et servir avec les filets de perche.

SUPPLÉMENT

Des féras diverses, mais toutes excellentes

Sous « Féra, poisson du lac Léman », Joseph Favre écrit ceci dans son *Dictionnaire universel de cuisine pratique* (1894-1906) : « Une curiosité que j'ai eu l'occasion d'étudier sur le vif, c'est que les féras du lac de Genève varient de couleur et de grosseur selon les rives qu'elles habitent. Celles que l'on pêche près de Meillerie, sur la côte de Savoie, sont d'un reflet verdâtre et irisé, grosses et la chair plus ferme. Celles que l'on pêche sur les côtes suisses, sur les rives vaudoises, sont quelquefois plus petites, à écailles d'un blanc vif et argenté. » On en trouve des formes intermédiaires ; mais cet exemple suffit pour constater l'influence de l'eau et des sous-sols sur ces variétés de corégones, « qui ont les mêmes qualités au point de vue culinaire », toujours d'après Favre.

Voir aussi : Bondelle, palée, page 201 ; Bondelle, page 264 ; Corégones, page 315 ; Gangfisch, page 341 ; Missoltitt, page 612.

PRODUITS LAITIERS

L'Etivaz

Fromage à pâte dure et extra-dure à rebibes du Pays-d'Enhaut et des Préalpes vaudoises

Aussi discret soit-il, l'adjectif marque une limite claire: «Le chauffage se fait exclusivement au feu de bois direct (creux de feu).» Cette phrase figure dans le cahier des charges de L'Etivaz: au feu de bois *direct*, on ne chauffe donc pas indirectement comme cela se pratique pour d'autres fromages d'alpage, par exemple par la vapeur générée par les bûches embrasées qui fait monter la température de la cuve. La différence peut sembler négligeable, mais après des mois d'affinage, le résultat démontre qu'ici, la pédanterie n'a pas sa place: un fromage comme L'Etivaz, qui est fabriqué dans une vraie cuve comme autrefois, cuivrée à l'intérieur et noire de la suie à l'extérieur, sur un feu de bois crépitant, concentre en lui un certificat d'origine spécial, l'odeur du bois, le soupçon de fumée que l'on retrouve en le dégustant.

L'Etivaz se distingue comme un cas unique dans le paysage fromager suisse, dont les principaux représentants ont depuis longtemps dépassé leurs régions d'origine. Aujourd'hui, il semble impossible de ramener l'Emmentaler à l'Emmental ou le Gruyère à la Gruyère – l'ancrage dans sa terre d'origine n'est pas essentiel pour la qualité, mais il renforce l'originalité du produit. Comme avec L'Etivaz.

Jusqu'au XXe siècle, l'histoire de L'Etivaz n'est pas différente de celle du gruyère; au contraire, le Pays-d'Enhaut est considéré comme l'un des berceaux du gruyère, politiquement du moins, jusqu'à ce que le comte Michel de Gruyère mène son comté à la ruine en 1548 et doive assister à son partage six ans plus tard entre les cantons de Fribourg et de Berne. Les Bernois reprennent les communes de Saanen, Rougemont, Château-d'Œx et Rossinière, c'est-à-dire le Pays-d'Enhaut (sauf Saanen), qui fera partie du canton de Vaud à partir de 1789, après la libération de la région anciennement soumise.

Le fromage du Pays-d'Enhaut n'a pas été affecté par l'histoire, y compris par Napoléon, il est resté du gruyère jusqu'à ce qu'il menace de perdre son identité dans l'éventaire de l'Union suisse du commerce du fromage (USF) avec ses marques internationales de gruyère, d'emmental et de sbrinz. La devise de l'USF: «Produisez, nous nous chargeons du reste» s'est heurtée à l'opposition des familles d'agriculteurs du Pays-d'Enhaut, qui ne produisaient leur fromage que pendant la période d'estive sur l'alpage. Elles s'associent en 1932, construisent deux ans plus tard une cave d'affinage commune à tous les membres et inscrivent le terme «L'Etivaz» au registre du commerce. En 1945, les producteurs du Pays-d'Enhaut se séparent de l'USF et deviennent indépendants. Un an après, un vaste grenier est construit pour y faire mûrir L'Etivaz à rebibes. En 1974, l'association se mue en coopérative. Un cahier des charges est rédigé et soumis en 1997 à l'Office fédéral suisse de l'agriculture; trois ans plus tard, en l'an 2000, L'Etivaz est le premier produit du pays à obtenir le label suisse AOC, une Appellation d'Origine Contrôlée devenue entretemps AOP (Protégée – cf. *Supplément page 72*).

Le nom *L'Etivaz* est dérivé du terme dialectal *Léthuà*, qui signifie frontière. Le village de L'Etivaz a été fondé en 1713; une chapelle du XVe siècle y préexistait.

La frontière qui a été tracée autour du fromage de L'Etivaz l'a protégé de la décomposition matérielle et immatérielle – il est resté l'original qu'il a toujours été. En fait, il s'agit du dernier gruyère véritable, à part le très rare gruyère d'alpage. Les formats des meules reflètent les différentes conditions de vie dans les alpages: 30 à 65 centimètres de diamètre, huit à onze centimètres de hauteur et un poids de 10 à 38 kilos.

L'estivage s'étend officiellement du 10 mai au 10 octobre – ou un peu moins longtemps, si la première neige tombe précocement. Quelque 70 familles d'agriculteurs se déplacent avec leur bétail jusqu'aux alpages (130 au total, dont un appartient à l'armée) situés en moyenne montagne, c'est-à-dire entre 1000 et 2000 mètres d'altitude. La zone de production et de transformation définie dans le Pays-d'Enhaut et aux Ormonts dans les Préalpes vaudoises, d'une superficie de plus de 6000 hectares, comprend les communes de Château-d'Œx, Rougemont, Rossinières, Ollon, Villeneuve, Ormont-Dessus et Ormont-Dessous, Corbeyrier, Leysin et Bex. Tous les fromages sont affinés dans les caves de la Coopérative des producteurs de fromage d'alpage L'Etivaz.

On fabrique le fromage de L'Etivaz de la même manière que le gruyère, mais les quelque 2800 vaches ne peuvent se nourrir que de fourrage grossier composé des herbages naturels des alpages correspondants, et l'on n'a pas le droit de transporter leur lait. La diversité des espèces poussant sur les alpages est confirmée par les résultats d'une étude réalisée vers l'an 2000 par Agroscope (à l'Établissement fédéral d'industrie laitière de Liebefeld et à la station fédérale de recherches en production végétale de Changins). Quatre zones de pâturage différentes ont été comparées. Les deux extrêmes: sur une zone de Posieux située à 600 mètres d'altitude, six espèces végétales de deux familles ont été recensées, avec 53 % de graminées, 47 % de légumineuses et 0 % d'herbes. Dans un alpage de la région de L'Etivaz, à 2120 mètres d'altitude, les chercheurs ont distingué 56 espèces végétales de 19 familles, avec 39 % de graminées, 6 % de cyperacées, 11 % de légumineuses et 43 % d'herbes.

Le lait de la veille au soir soumis à un écrémage naturel est chauffé à 32 °C avec le lait du matin dans une cuve, puis on y ajoute des bactéries lactiques cultivées sur place et de la présure. Après la coagulation, il faut couper le caillé en grains de la taille d'une céréale et chauffer le tout à un maximum de 57 °C tout en remuant. Diviser en moules ronds, presser pendant 20 heures au minimum afin d'extraire le maximum de petit-lait (lactosérum) de la masse. Ensuite, on doit frotter les jeunes meules avec du sel, les brosser quotidiennement à l'eau salée et les stocker au frais sur des planches d'épicéa non rabotées. On peut les apporter au bout d'un à deux jours, ou d'une semaine maximum, à la coopérative où elles seront affinées dans la cave centrale, après avoir passé une journée dans un bain de saumure.

Il faut les brosser et les retourner régulièrement avec de l'eau salée, au début tous les jours, ensuite pendant trois mois deux fois, puis une fois par semaine; le sel continue à absorber le liquide de la meule et pénètre lentement dans le fromage. Le frottage est décisif pour l'échange entre le fromage et l'air ambiant, donc pour la formation du goût. Les bactéries lactiques décomposent très lentement les protéines du lait en acides aminés – plus l'affinage est long, plus le fromage sera corsé. L'Etivaz atteint sa saveur optimale après environ une année – deux au maximum.

L'hiver après l'estivage, les meules destinées à donner de L'Etivaz à rebibes sont soigneusement sélectionnées. Après six mois d'affinage, plus de mille meules sont «démorgées», ce qui signifie qu'on gratte manuellement le dessus de leur croûte, après quoi on frotte leur surface avec de l'huile végétale (de colza ou de tournesol); stockées pendant une trentaine de mois dans des greniers en bois aérés, ces meules sont retournées une fois par semaine.

En tant que fromage à pâte dure, L'Etivaz se marie parfaitement avec le pain et le vin; son arôme épicé a une note légèrement fumée, et l'on distingue parfois dans la pâte de fines particules de suie – un peu comme les petits points noirs de la glace à la vanille. Au moyen d'un rabot, on obtiendra des rebibes, qui agrémenteront un gâteau salé ou feront de succulentes croûtes au fromage. Beignets au fromage: couper L'Etivaz en cubes de trois à quatre centimètres de côté, les passer dans la pâte avec deux fourchettes et dorer dans de l'huile de friture.

SUPPLÉMENT

Soupe à la pierre – ou comment la pierre est arrivée dans la soupe: un jour, à l'heure du dîner, un vagabond frappa à la porte d'un chalet dans le Pays-d'Enhaut. Le fromager lui ouvrit, peu enthousiaste à l'idée d'inviter cet homme à la table familiale. «J'ai seulement besoin d'eau chaude», dit-il. Soulagé, le fromager le fit entrer et sa femme versa de l'eau bouillante dans la gamelle que le clochard lui avait tendue. Celui-ci retira ensuite une pierre de son manteau loqueteux et le laissa glisser avec précaution dans l'eau chaude. Il but une gorgée. «C'est bon?» demanda le fromager.
«Oui, mais je ne dirais pas non à une pincée de sel.»
À la fin, la soupe sentait l'oignon et le beurre, l'ortie et l'épinard, la semoule et les nouilles, le vin blanc, la noix de muscade et le poivre, avec de L'Etivaz râpé pour couronner le tout. Après avoir fini sa soupe, le vagabond essuya soigneusement la pierre et la remit dans sa poche. Le fromager lui demanda s'il pouvait l'acheter. «Bien sûr», répondit le clochard, qui lui donna un conseil en plus de sa pierre: «Faites comme en Savoie. Ils mettent une pierre dans la soupe parce qu'elle saute dans l'eau bouillante, ce qui rend les légumes plus tendres.»

Voir aussi: Gruyère, page 226; Berner Alpkäse, page 265; Sbrinz, page 363.

Tomme vaudoise

Petit fromage à pâte molle et à croûte fleurie

La tomme désigne un large éventail de fromages – de la tomme de Savoie, comparable à la *formaggella* tessinoise, à la tomme vaudoise en passant par le *Tummeli* ou *Mutschli*: c'est un fromage blanc à pâte molle et crémeuse à croûte fleurie, semblable à une peau, et si délicate qu'elle doit être consommée rapidement. Sa petite taille indique qu'il est traditionnellement fabriqué en hiver, lorsque les vaches donnent moins de lait et mangent du foin au lieu d'herbe fraîche. Mais à notre époque, les tommes peuvent être produites industriellement toute l'année à partir de lait pasteurisé ou thermisé. Les tommes au lait cru sont une spécialité que les connaisseurs apprécient à chaque stade d'affinage.

Les origines du mot *tomme* sont obscures, il est mentionné dans le *Dictionnaire historique de la langue française* et viendrait de l'ancienne expression provençale *toma* (vers 1200) et signifierait «fromage frais», ou «petit fromage» en ancien dauphinois. En Suisse, on entend par *tomme* un petit fromage fabriqué à partir de lait de vache gras, rarement de chèvre, avec un duvet de moisissure blanche sur la croûte, d'une dizaine de centimètres de diamètre et de deux à trois centimètres de haut, rapidement affiné et ne pouvant être stocké longtemps. Outre la tomme vaudoise, on peut citer la tomme du Valais, la tomme neuchâteloise, la tomme de chèvre, la tomme de chalet et la tomme de Rougemont (tomme fleurette); elle se décline en tomme nature, au cumin ou au poivre.

Les origines de ce fromage à pâte molle rond remontent à la fin du XIXe siècle dans le Jura vaudois et la Vallée de Joux, où l'almanach *Le Val du Joux* de 1895 présente le petit fromage comme une vieille tradition, contrairement au vacherin, qui n'est devenu indigène que 70 ans plus tôt. Les moules à fromage du Musée du Vacherin Mont-d'Or dans le village des Charbonnières confirment cette thèse.

Les moules exposés ressemblent aux «ancêtres» des tommes vaudoises. Cependant, il est impossible de dire précisément quel type de fromage a été mis dans les moules au XIXe siècle – plus gras ou plus maigre? Ce qui ne fait aucun doute, c'est que les tommes étaient vouées à un usage domestique, surtout dans les familles qui ne disposaient pas de l'équipement nécessaire pour produire des fromages à pâte pressée dure ou mi-dure contenant de la présure pouvant être conservés longuement. Les tommes sont plus faciles à fabriquer, il n'est pas nécessaire de les stocker – non seulement dans le Jura, mais aussi dans les autres régions laitières, du Plateau suisse aux Préalpes, comme dans le Pays-d'Enhaut. Les tommes au lait cru, dont l'affinage dure deux semaines ou davantage, sont plus rares. Les Laiteries Réunies Genève (LRG) produisent de loin la plus grande proportion de tommes vaudoises (pasteurisées; 2016) sous la marque Val d'Arve.

Le lait est caillé avec de la présure dans des récipients plus petits que les cuves en cuivre habituelles, à une température de 32 à 38 °C; si le lait a été préalablement thermisé, des bactéries lactiques doivent être ajoutées au gré du fromager ou de la fromagère. Au bout de 30 à 40 minutes, le caillé est découpé en morceaux de la taille d'une cerise, puis bien mélangé. Retirer, mettre dans des moules, laisser reposer non pressé pendant trois à huit heures afin que le petit-lait s'écoule ; retourner fréquemment. Saler à sec ou tremper dans un bain de saumure, laisser maturer pendant une à deux semaines. La pâte devient molle et une fine moisissure noble blanche se forme sur la croûte. On consomme ces fromages jeunes et croquants ; en vieillissant, ils s'assouplissent, fondent et développent des arômes plus intenses.

On peut servir les tommes vaudoises en quartiers sur un plateau de fromages assortis ou les déguster entières en casse-croûte lors d'une pause. Les tommes sont aussi mélangées à de l'ail sauvage, du poivre, des noix, du piment en flocons, etc. ou tamponnées dans ces ingrédients avec un peu d'huile au moment où on les consomme ; certaines personnes les préfèrent panées dans de la chapelure ou enveloppées dans une pâte phyllo, rôties ou frites et servies avec une salade verte. Autre variante : envelopper une part de tomme avec de la poire séchée dans une tranche de viande séchée. Tomme gratinée : placer la tomme entière dans un moule de taille similaire, inciser la surface et faire fondre au four à 200 °C pendant une bonne vingtaine de minutes.

Les tommes de chèvre sont aussi appelées chevrotins en France, leur croûte est brun-rouge. Au Tessin, il existe des fromages frais comparables, fabriqués à partir de lait de vache, de chèvre ou mélangés ; quatre tommes ont trouvé place dans le patrimoine culinaire savoyard : la tomme des Bauges, de Belley, de Savoie et la tomme fermière de chèvre de Savoie.

SUPPLÉMENT

Des faux-mages

Phonétiquement proches des fromages, les faux-mages ou fromages végétaux sont bel et bien de faux fromages, des imitations. En Suisse alémanique, on les appelle « Vegan-Käsli », ce qui est une contradiction en soi, car qui dit *Käse* (fromage) dit lait animal, or les véganes n'en consomment pas. Les tommes végétales sont fabriquées sur une base de soja, de graines de tournesol, de chanvre et d'autres produits d'origine végétale.

Voir aussi : Bloderchäs et Surchäs, page 406 ; Schlipfechäs, page 440 ; Büscion, page 613 ; Robiola, page 618 ; Zincarlín, page 619.

Vacherin Mont-d'Or

Fromage à pâte molle et à croûte lavée ceint d'une sangle d'épicéa

Le signe distinctif du Vacherin Mont-d'Or est son emballage. À première vue, on pourrait croire qu'après avoir longuement planché sur sa stratégie publicitaire, une agence a soudain eu une idée géniale : cette boîte toute simple en bois d'épicéa, sur laquelle est souvent apposé le logo du fromager ou de l'affineur, évoque en effet on ne peut plus clairement la tradition et la typicité.

Et là est le problème : de telles idées ne surgissent pas ainsi, cet emballage résulte de circonstances impérieuses – à commencer par le secret caché dans la boîte et qui maintient le fromage, à savoir la sangle en épicéa. Aujourd'hui, c'est l'un des éléments qui caractérisent la petite meule de fromage à pâte molle et plate et qui figure en bonne place dans le cahier des charges de ce produit AOP ; cependant, personne n'a encore pu prouver que ce fut dans la région frontalière du nord-ouest de la Suisse, englobant la Vallée de Joux et le Pied du Jura, que l'on utilisa pour la première fois de l'aubier d'épicéa en guise de corset à fromage ; d'un autre côté, nul n'a démontré que cette thèse est inexacte.

Cette légère incertitude n'enlève rien à l'importance du Vacherin Mont-d'Or ; bien que ladite sangle ait pu être découverte ailleurs comme moyen d'emballage, les épicéas de la forêt du Risoux sont si uniques que les meilleurs spécimens fournissent du bois d'harmonie (aussi appelé bois de résonance) pour des instruments tels que le violon ou la guitare, ou sont utilisés pour fabriquer des haut-parleurs et des amplificateurs. Dans ce paysage rude, les arbres poussent plus lentement qu'ailleurs, mais leur bois est plus compact et plus épicé.

Les dessins figurant dans une lettre sur la transformation du lait en Suisse centrale, que le peintre schwytzois Heinrich Dettling a envoyée au savant universaliste zurichois Conrad Gessner (1516-1565) en 1552, illustrent les équipements utilisés pour la fabrication du fromage, dont « le *Järb*, une sorte de cerceau que l'on tend grâce à une ficelle ». La définition du *Schweizerisches Idiotikon* – « *(Chäs-) Järb*, *Ierb*, "F" *Erb*, *Jirb* aussi *Gärb* – cadre ou cerceau mince, élastique, extensible de la hauteur des meules de fromage, en bois ou en écorce de hêtre, d'érable ou de sapin, dans lequel on place le fromage frais juste après l'avoir retiré de la cuve, afin de lui donner une forme ronde par pressage » – est assortie d'une citation du lexicographe Josua Maaler (*Die Teütsche spraach*, 1561), pour lequel les *Käsjerben* sont des cercles ou cerceaux à fromage, des moules dans lesquels on verse le lait épaissi par le feu (« *Käsjerben, käsring, -reif, deie formen, darein man die milch, so dick vom dem feuer worden, eingeusst* »).

On dispose de preuves indiquant clairement que le berceau du vacherin se situe dans l'Arc alpin ; les premières remontent au début du XIVe siècle à Lyon, où les magistrats commandaient des vacherins (ou *vachelins*) pour leurs banquets. Pantaleone da Confienza, médecin personnel du duc de Savoie et auteur de la *Somme sur les laitages* (1477), a présenté les vacherins de Tarentaise, province historique de la Savoie, comme « ronds, délicats, très gras » et « fondant sur le feu en hiver » (*L'Inventaire culinaire de la France, Rhône-Alpes*). Dans son *Thresor de santé* (Lyon, 1607), Jean-Antoine Huguetan écrit : « En Savoie, on trouve des petits fromages, merveilleusement gras et délicats, appelés *vacherins* » ; pour les fabriquer, « on mect le lait en la chaudière sur le feu avec presure, & de là en un cercle de bois ». Le vacherin d'Abondance et celui des Bauges figurent dans le patrimoine culinaire de la Savoie.

Les origines du vacherin Mont-d'Or sont-elles savoyardes ou vaudoises ? Dans des livres de comptes du château de Chillon datant de 1260-1261, il est fait mention de 39 « vacherins d'alpages », or au XIIIe siècle le Pays de Vaud appartenait en partie à la Maison de Savoie. Le vacherin pourrait tout aussi bien provenir de la Gruyère, où, en plus du gruyère, au début et à la fin de l'estivage et pendant l'hiver, on fabriquait des fromages plus petits et plus doux, les vacherins fribourgeois, qui furent emballés dans de l'écorce de sapin jusqu'au XXe siècle. Les jeunes armaillis gruériens sans travail ont été très tôt contraints d'en chercher loin de chez eux en Suisse romande comme dans le Jura et en Franche-Comté. Il est tout à fait plausible que ces travailleurs migrants aient emporté avec eux l'ensemble de leur savoir-faire, dont celui nécessaire à la fabrication du vacherin, mais sans doute pas la notion, le terme *vacherin*, qui remonte au latin *vaccarinus*, « le petit », ce qui correspond bien à la taille de la meule par rapport à un gruyère. Ces « ouvriers de la montagne de la Gruyère en Suisse », comme l'écrit Jean-Baptiste Michaud (1759-1818), procureur du roi dans le bailliage de Pontarlier, « se présentaient en grand nombre au marché Saint-Georges de Pontarlier à la fin du mois d'avril, où l'on pouvait les embaucher ».

La légende veut qu'un soldat français ait révélé le secret du vacherin Mont-d'Or aux Combiers pendant la guerre franco-prussienne de 1870 ; la note du procureur de Pontarlier indique qu'il s'agissait plutôt de fromagers gruériens itinérants – mais ni cette hypothèse ni la légende ne se sont avérées pertinentes. À l'époque où les premières preuves écrites du vacherin Mont-d'Or étaient disponibles, ce fromage aurait dû s'être établi depuis longtemps dans la saisonnalité de la vie agricole.

« Fromage paysan, du froid et de l'hiver, ses traces se perdent dans la neige », a écrit Denis Bonnot dans *Le Vacherin Mont-d'Or franco-suisse* (2006), un livre sur l'histoire commune du fromage de part et d'autre de la frontière. Sur le versant suisse du massif du Risoux, dominé par le mont d'Or, qui culmine à 1463 mètres d'altitude, se trouve la Vallée de Joux, et sur le versant français le Doubs prend sa source.

Au Xe siècle, les abbayes marquaient la vie des gens de leur empreinte, comme celle de Romainmôtier au Pied du Jura et L'Abbaye, au bord du lac de Joux, existe toujours en tant que toponyme. « Comme ailleurs, elles possédaient, commandaient et administraient », selon D. Bonnot. Mais elles n'ont laissé aucun indice en ce qui concerne le vacherin. Le manque de preuves, de traces et de sources écrites maintient l'histoire du vacherin Mont-d'Or dans une profonde obscurité.

En 1764, Jean-Jacques Rousseau (1712-1778) écrit une lettre à son bienfaiteur Charles-Guillaume d'Ivernois pour l'informer qu'il distribuera « les vacherins que vous m'avez envoyés » en son nom. L'*Encyclopédie d'Yverdon* (1770-1780) mentionne « certains autres fromages à pâte molle, appelés vacherins, destinés aux tables des riches et consommés durant l'hiver suivant l'automne où ils ont été fabriqués » (*Le Vacherin Mont-d'Or franco-suisse*). Du côté français, en 1800, Eugène Droz (1735-1805), avocat et secrétaire de l'Académie de Besançon, apporte des précisions dans une lettre sur la production de fromage dans le département du Jura : « On fait des fromages crémeux [contrairement au gruyère] qu'il faut manger en quelques mois, sinon ils deviennent durs et prennent un goût de force » ; ils ont été introduits autour de Bonnevaux en 1740, « d'où ils se sont répandus dans les régions de Mouthe et du mont d'Or ». En 1801, un inventaire des fromages de la région du Doubs décrit également la boîte ronde en bois de sapin.

Du côté suisse on manque de preuves écrites sur l'histoire du vacherin Mont-d'Or ; petit par sa taille, ce fromage a indubitablement été fabriqué, mais discrètement, en silence, comme produit accessoire pour l'hiver. Au début du XIXe siècle, il apparaît dans des documents commerciaux ou, comme en 1812, on le mentionne en relation avec des péages ; les achats et les livraisons de vacherin sont consignés dans le registre d'un aubergiste des Charbonnières en 1823, puis dans un livre de comptes en 1845. En 1890, les fromagers de la Vallée de Joux s'organisent en groupe d'intérêt ; parallèlement, leurs collègues du Pied du Jura se lancent dans la fabrication de vacherins. C'est ainsi que les affaires ont démarré.

Deux événements ont jeté le discrédit sur cette spécialité fromagère tant appréciée : une alerte aux salmonelles en 1985/86 et la crise de la listériose un an plus tard. En novembre 1987, le Conseil d'État vaudois interdit le vacherin Mont-d'Or, des bactéries de type Listeria ayant été trouvées dans la croûte de certaines meules. Au fil des ans, cette affaire a entraîné quelques décès, essentiellement des femmes enceintes ou âgées et des nouveau-nés. Les ventes se sont effondrées, des tonnes de fromage ont dû être détruites.

Les médias ont fait leurs choux gras du désastre du vacherin, et les premiers indices selon lesquels le fromage à pâte molle du Jura vaudois pourrait disparaître des cuisines et des caves ont semé la panique chez les grands chefs et les gourmets, qui plaçaient le vacherin au lait cru au sommet de la pyramide des fromages suisses.

Les professionnels ont su réagir : dans les fromageries, les installations obsolètes ont été éliminées, les locaux désinfectés et les équipements modernisés. Tous les fromagers n'ont pas réussi à trouver les fonds d'investissement nécessaires, mais ceux qui ont satisfait aux exigences n'ont pas tardé à se retrouver en excellente position. Le secret derrière tout cela : la thermisation. La réaction du légendaire maître de cuisine Hans Stucki à Bâle : « Maintenant ils veulent ficher en l'air le meilleur fromage du pays ! »

On n'en est pas arrivé là. Selon une marchande de fromage, la thermisation est un processus qui neutralise « le pire et le meilleur » du lait. Mais la structure de ce dernier reste la même.

Les vaches ne sont pas des êtres aseptisés, on ne les garde pas en quarantaine, mais dans des granges et des pâturages. Et à l'intérieur comme à l'extérieur, toutes sortes d'organismes vivent, rampent et volettent. Le lait change d'un jour à l'autre, il est vivant.

Après l'avoir thermisé à 63 °C, le fromager auquel j'ai rendu visite verse le lait dans deux cuves de 200 litres chacune, le refroidit à 34 °C et y ajoute un mélange secret de cultures spécifiques et de présure naturelle. Le lait caille et au bout de 50 minutes ou davantage – l'expérience personnelle et des circonstances telles que les conditions atmosphériques nécessitent des adaptations – il est découpé en morceaux de la taille d'un œuf de caille puis, en passant par un tuyau, arrive dans des récipients troués.

Le petit-lait s'égoutte des trous et est ensuite écrémé pour faire du beurre de fromagerie. Le fromager presse la masse de fromage hors du moule et la découpe en tranches de quatre à cinq centimètres d'épaisseur. Ensuite, il enroule une sangle stérile et molle d'aubier d'épicéa bouilli autour de la tranche et la fixe avec un élastique. Cette sangle demeure ainsi, libère des tanins au fil du temps et confère au vacherin son goût inimitable.

Les meules, d'un diamètre variant de 10 à 32 centimètres, sont doucement pressées pendant deux heures, puis immergées dans un bain de saumure pendant deux heures à quatre heures. Le lendemain, le fromager apporte ses vacherins à l'affineur, qui les lave et les retourne quotidiennement à l'eau salée dans sa propre cave. Au bout de trois à quatre semaines, ils sont mis dans des boîtes en bois d'épicéa et l'ensemble est scellé hermétiquement avec du film alimentaire transparent, prêt à la vente.

On peut consommer le Vacherin Mont-d'Or une fois que sa surface a pris une couleur brun clair et que la croûte commence à onduler. Il doit être laissé dans la cuisine à température ambiante pendant un jour avant d'être coupé. Tout en étant thermisé, le vacherin a une typicité indéniable, est élégamment épicé, onctueux et sent moins l'ammoniac qu'une version au lait cru – il a simplement besoin d'un peu de temps pour se réveiller de son engourdissement par le froid.

Moins de dix ans après leur conversion, les fromagers ont maîtrisé la thermisation. Au Salone del Gusto 1998, la biennale Slow Food de Turin, le représentant de l'interprofession du vacherin Mont-d'Or a dû remballer son stand deux jours avant la fermeture du salon : victime de son succès, il avait tout vendu.

Le Vacherin Mont-d'Or a été inscrit au registre des AOP en 2003. Son aire de production comprend la Vallée de Joux et le Pied du Jura, c'est-à-dire les districts de la Vallée, d'Orbe, de Grandson, d'Aubonne, de Cossonay et de Morges, ainsi que quelques communes. En Franche-Comté, on l'appelle Mont-d'Or (AOP depuis 1981) ou vacherin du Haut-Doubs. Dommage qu'il n'ait pas été possible de négocier un label AOP commun – c'eût été sans doute le premier label transfrontalier.

Une fois à température ambiante, un Vacherin Mont-d'Or bien mûr devrait « couler » après avoir été coupé. On peut soit le tartiner sur une tranche de pain et l'accompagner d'un verre de vin, soit chemiser la boîte en bois avec du papier d'aluminium, faire un petit trou dans la surface du vacherin, y verser du vin blanc – un chasselas tel que le mont-sur-rolle va très bien avec le Mont-d'Or –, faire cuire le tout au four et le savourer comme une fondue. Un cuisinier plus soucieux du bien-être physique de ses convives préférera cependant mélanger le vacherin avec de la purée de pommes de terre.

SUPPLÉMENT

Une question de température

Pour faire du fromage au lait cru, le lait est chauffé à environ 32-35 °C, pour qu'il soit thermisé on le chauffe à 59-64 °C pendant 15 secondes avant de le refroidir immédiatement, et pour le pasteuriser il est chauffé à 75 °C. Un expert de la Centrale du Vacherin Mont-d'Or a expliqué que la différence entre le chauffage du lait cru et la thermisation est moins importante qu'entre la thermisation et la pasteurisation.

Voir aussi : Vacherin fribourgeois, page 229 ; Bratkäse, page 361 ; Raclette du Valais, page 477 ; Formaggella, page 614 ; Formaggio della paglia, page 616.

FRUITS, LÉGUMES ET PLANTES

Cornichons

Jeunes concombres conservés dans du vinaigre et des épices

Début 2016, l'entreprise aiglonne Hugo Reitzel propose « nos cornichons suisses », avec un point d'exclamation pour souligner la petite sensation que représentent des cornichons cultivés dans le Chablais, à quelques kilomètres seulement de l'usine. Le bocal de 200 grammes de cornichons, pasteurisés dans du vinaigre de vin blanc additionné d'herbes, d'extrait d'épices et d'antioxydants, facilement reconnaissable grâce à la croix blanche sur le couvercle rouge, coûte 4,90 francs.

Les cornichons sont des concombres juvéniles ne dépassant pas six centimètres de long, soit la taille d'un petit doigt. Les concombres au vinaigre sont un peu plus gros : ils mesurent six à dix centimètres, une faible minorité d'entre eux dix à douze centimètres. Les cornichons sont plus courants en Suisse romande, alors que les concombres au vinaigre l'emportent en Suisse alémanique.

L'avenir est sombre pour les cornichons cultivés en Suisse, car cette plante herbacée rampante qu'est le *Cucumis sativus* exige beaucoup de travail manuel en tant que légume commercialisable. Depuis ses origines en Inde, où la plante a été découverte dans les vallées subtropicales au pied de l'Himalaya il y a environ 4000 ans, le légume a fait le tour du monde, a migré de l'Europe de l'Est vers l'Europe de l'Ouest et a également été cultivé en Suisse, où il est devenu trop peu rentable et n'est cultivé sur une petite surface que dans des cas exceptionnels bien définis, par exemple pour préserver les traditions artisanales. La globalisation de l'économie a donné au cornichon un avenir là où il peut être produit à bon marché – en Inde, son ancienne patrie.

En Suisse, les premières manufactures ont produit les premières conserves industrielles de cornichons au vinaigre à partir du milieu du XIXe siècle. Les *pickles* ont commencé à conquérir le marché suisse à grande échelle à partir des années 1960. L'Exposition nationale de 1964 à Lausanne a permis à la raclette valaisanne, garnie de cornichons et de petits oignons blancs, d'acquérir une popularité nationale, et donc aussi aux légumes vinaigrés, qui font mieux passer les portions de fromage fondu.

Le cornichon est cultivé depuis longtemps, comme le prouve une mention dans l'*Encyclopédie d'Yverdon* (1770-1780) ; d'après celle-ci, le cornichon « n'est autre chose qu'un petit concombre qu'on ne laisse point croître pour le pouvoir confire dans le vinaigre, et en faire des salades pendant l'hyver », ou bien en accompagnement d'autres préparations.

La Cuisinière genevoise (1817) propose des cornichons au vinaigre. Les légumes, de préférence très petits, sont plongés dans de l'eau bouillante pendant quatre minutes, rafraîchis dans de l'eau froide, puis égouttés et versés dans un bocal. On ajoute du sel à chaque couche, des grains de poivre blanc et de l'estragon, après quoi on verse du vinaigre froid dans le bocal préalablement porté à ébullition.

Dans son *Dictionnaire universel de cuisine pratique* (1894-1906), Joseph Favre définit le cornichon comme un « concombre au vinaigre avant maturité » et énumère quatre façons de le préparer, grâce auxquelles les cornichons « restent intacts » : le saumurage et l'assaisonnement à l'estragon, à la capucine, aux petits oignons, à l'ail, au clou de girofle et au piment rouge, la marinade au vinaigre froid ou encore la cuisson multiple.

Après la Seconde Guerre mondiale, la production industrielle s'est imposée et à partir des années 1970, la culture du concombre en Suisse a diminué parallèlement à l'augmentation du coût de la main-d'œuvre. Dans les années 1980, on dénombrait 200 producteurs de concombres, et en 2016, on peut les compter sur les doigts d'une main. Mais ils ne sont pas près d'abandonner ; réunis au sein de l'IG Essiggurken Schweiz, ils postulent : « C'est une culture qui doit résister au marché international. »

En 2020, Reitzel fait état de 22 exploitations agricoles produisant des cornichons en Suisse romande, centrale et orientale (*hugoreitzel.ch*). La production intérieure passe de 250 tonnes en 2016 à 450 tonnes en 2019 (*Terre&Nature* du 26 septembre 2019).

Les cornichons se marient bien avec le fromage (fondue, raclette, croûtes au fromage), les plats froids comme l'assiette valaisanne ou les canapés et pâtés ; finement hachés, ils s'ajoutent aux vinaigrettes.

SUPPLÉMENT

Corne d'amour

Le terme *cornichon* est un diminutif de corne. Mentionné en 1549 comme petite corne, dans un sens érotique (*Dictionnaire historique de la langue française*). Selon le *Lexikon der Liebesmittel* (Dictionnaire des aphrodisiaques) de Claudia Müller-Ebeling et Christian Rätsch, « nombreux sont les légumes à être considérés comme aphrodisiaques [...]. Certains le doivent à leur forme phallique (concombre, asperge), d'autres à leur réputation légendaire (céleri) ou à leur teneur en minéraux, vitamines ou surtout en huiles essentielles (ail), qui ont des effets positifs sur le bien-être général et surtout sur la virilité. »

Voir aussi : Essiggurken, page 345.

PRODUITS DE BOULANGERIE
ET PÂTISSERIE

Beignets des brandons de Moudon

Pâtisserie frite en forme de chapeau

En d'autres lieux, le premier dimanche de Carême, les costumes de carnaval sont déjà remisés dans les armoires et confiés aux boules de naphtaline ou, comme à Bâle, pas encore tout à fait terminés. À Moudon et dans d'autres communes de la Broye et du Jorat, en revanche, c'est ce dimanche-là qu'on chasse l'hiver et que le carnaval est célébré en même temps avec costumes, défilé de chars et Guggenmusik, jusqu'à l'adieu symbolique à l'hiver par l'offrande au bûcher de son célèbre Bonhomme. Selon le *Dictionnaire suisse romand*, les Brandons «ont lieu tantôt indépendamment du carnaval, tantôt y sont intégrés». La première mention historique date de 1458; le «dimanche des Brandons était celui où l'on allumait des flambeaux, appelés *brandons*». Jusque vers la fin du XIXe siècle, la coutume voulait qu'on allume des bûchers pour mettre fin à l'hiver récalcitrant.

Ces festivités s'accompagnent comme ailleurs en cette saison de petits gâteaux frits tels que les beignets de genou, merveilles ou *Fasnachtschüechli*, qu'on appelle ici brandons de Moudon. Toutes ces préparations sont réalisées avec le même type de pâte. L'originalité que présentent les brandons de Moudon tient à leur forme de chapeau rond à bosse avec un bord, obtenue par une technique particulière lors de la cuisson.

Un kilo de farine, dix grammes de sucre, 15 grammes de sel, un demi-litre de lait, un litre et demi de crème; un décilitre de vin blanc (vaudois, bien sûr), 60 grammes de beurre, trois œufs battus, 40 grammes de levure dissoute. Mélanger la farine, le sucre et le sel, chauffer le lait et y incorporer la crème, le vin et le beurre. Ajouter ensuite les œufs et la levure, puis pétrir le tout jusqu'à l'obtention d'une pâte homogène et laisser reposer deux heures. Abaisser la pâte à environ deux centimètres d'épaisseur, la découper en disques à l'aide d'un verre de cinq centimètres de diamètre, puis étirer ces disques jusqu'à un diamètre de 10-12 cm en sorte que leur milieu soit ultrafin, contrairement au bord. Faire frire dans un mélange de graisse alimentaire et de beurre. En cuisant, le centre des beignets lèvera et formera une demi-sphère semblable à un chapeau. Les faire dorer des deux côtés, et enfin les déguster soit nature, soit saupoudrés de sucre glace.

Voir aussi : Fasnachtsküchlein, page 36 ; Merveilles, page 490.

Carac

Tartelette ronde remplie d'une ganache et à glaçage vert

La forme de cette tartelette verte rappelle un peu une soucoupe volante; avec sa pupille marron au milieu de son fondant, elle vous fixe tel un œil de Martien depuis la vitrine réfrigérée de la confiserie. Quelque chose de mystérieux s'en dégage. Mais si la puissante couleur du couvercle de sucre éveille la curiosité et attire les regards, l'origine et le nom de cette douce merveille restent tout à fait ténébreux. Le terme *carac* est très spécial, on ne le trouve dans aucun dictionnaire français; il n'a pas le moindre rapport avec cette petite pièce de linge qu'est le caraco, ni avec le caracal, un lynx du désert.

Pas d'entrée «carac» entre «caquelon» et «carcasse» dans le *Larousse gastronomique*, ni dans *Confiserie suisse*, le manuel de l'École professionnelle Richemont ou dans le «Pauli», la bible des apprentis cuisiniers. Pourquoi ne serait-ce pas tout simplement une onomatopée transposant le bref craquement (*ca-rac*) qui se produit lorsqu'on mord dans le fond de pâte? Le grand chef valaisan Joseph Favre nous donne une indication intéressante dans son *Dictionnaire universel de cuisine pratique*, publié à Paris en 1894: le terme *caraque* désigne selon lui un «cacao de qualité supérieure, tel que celui que produisent les environs de Caracas».

Carac comme dérivé de *caraque?* Cela paraît évident, car après tout, seul un chocolat de tout premier choix devrait avoir sa place au cœur de cette friandise – et l'on cultive d'excellentes variétés de cacao au Venezuela, comme par exemple le Grand Cru Maracaibo. Pour préparer la ganache du carac, il faut une pâte de cacao intense. C'est à Paris que se situent les origines de la ganache, qui s'appelle «Pariser Crème» en allemand: vers 1850, un apprenti pâtissier aurait accidentellement versé de la crème chaude sur du chocolat, après quoi son maître d'apprentissage lui aurait tiré les oreilles et l'aurait traité de ganache, c'est-à-dire d'incapable. La légende est plaisante, mais des mélanges aussi délicats que la ganache ne se créent en général pas par hasard, étant plutôt le fruit de multiples expérimentations et développements. En Suisse romande, la production de caracs est avérée depuis les années 1920.

Remplir les fonds circulaires en pâte brisée avec de la ganache (un tiers de crème et deux tiers de chocolat noir ou de couverture), abricoter la tartelette et glacer avec du fondant vert pistache, au milieu duquel on apporte la touche finale en dessinant un point en chocolat. Réserver au frais.

Voir aussi : Pralinés, page 185 ; Chocolat suisse, page 243.

Fine salée de Corcelles

Mince gâteau de pâte sucrée et croquante

Le mot *salée* doit avoir un pouvoir magique dans le canton de Vaud. Sans cela, il est difficile de comprendre pourquoi il est utilisé pour décrire non seulement les gâteaux sucrés à la levure, mais aussi des petites douceurs faites de pâte croustillante et sans levure – ce qui est assez paradoxal. *Salée* vient de *sel*, bien entendu. Personne n'en doute. Mais pourquoi le mot *sallaye* ou *salée* est-il apparu au XVe siècle en « français suisse » (*Dictionnaire historique de la langue française*) ? Le mystère demeure.

Les fines salées de Corcelles sont une pâtisserie locale, très fine et rectangulaire ou en forme de losange, qui ressemble à du verre à vitre brisé. D'après les descriptions officielles, ces gâteaux croustillants sont apparus à Corcelles en 1917, l'année où le village s'est séparé de sa voisine Payerne. Cependant, certains habitants interrogés, nés peu après la Première Guerre mondiale, ont évoqué des variantes plus anciennes, salées. Le passage de la salée salée à la salée sucrée est une conséquence de l'introduction de la culture de la betterave sucrière en 1912. Finalement, c'est la version sucrée qui l'a emporté ; les fines salées de Corcelles sont restées une spécialité locale très appréciée tout au long du XXe siècle.

Battre les œufs (moitié entiers, moitié seulement le jaune), ajouter le sucre, un peu de sel et de la crème ; éventuellement du bicarbonate, du kirsch ou de l'essence de citron. Incorporer du beurre et du saindoux ramollis, ajouter la farine et pétrir une pâte qui ne colle pas. Couvrir et laisser reposer pendant 24 heures. Diviser la pâte en parts et les abaisser aussi finement que possible (un à deux millimètres). Foncer une plaque de cuisson rectangulaire beurrée ; éventuellement piquer avec une fourchette et/ou badigeonner de lait. Saupoudrer de sucre et de cannelle, étaler des flocons de beurre sur le dessus. Faire cuire au milieu du four préchauffé à 250 °C pendant environ sept minutes jusqu'à ce que la pâte soit bien dorée. Sortir et couper en carrés d'environ sept centimètres ou en losanges ; laisser refroidir sur une grille à gâteau, conserver dans des boîtes de conserve. Les fines salées de Corcelles sont considérées comme réussies lorsqu'elles sont feuilletées et présentent des bulles.

Au XXIe siècle, cette pâtisserie n'est plus vraiment rare ; on en consomme de préférence lors de diverses fêtes et festivals. Traditionnellement, à la fête de l'Abbaye, concours de tir ayant lieu le premier dimanche de mai ; ce jour-là, toutes les tables de Corcelles-près-Payerne sont garnies de jambon et de fines salées. Les connaisseurs choisissent les spécimens les plus foncés car ce sont les plus caramélisés.

Voir aussi : Sèche, page 205.

Flange

Grand pain rond et plat ressemblant à une roue

En anglais, le mot *flange* signifie « bride » ou « collerette », c'est-à-dire le joint circulaire d'une tuyauterie – joint en métal garantissant l'étanchéité en étant serré, et qui peut être enlevé en le dévissant ; en allemand, il est désigné par le terme *Flansch*. En Suisse romande, une flange est presque identique à ce joint, mais en bien plus grand, et n'est de loin pas aussi durable ni étanche : il s'agit en effet d'une tranche composée de farine et de saindoux, de trois centimètres d'épaisseur et d'un diamètre de 50 centimètres, souvent percée d'un trou.

Ce terme présente une étymologie des plus incertaines. Le *Dictionnaire historique de la langue française* est même muet à son sujet, comme à celui de ses synonymes *sanche* et *sange*. Ce produit de boulangerie n'a laissé aucune trace écrite dans sa région d'origine – qui comprend les communes d'Ormont-Dessous et d'Ormont-Dessus, avec les Diablerets – jusqu'au milieu du XIXe siècle. Dans son ouvrage sur la culture populaire en Anniviers et aux Ormonts intitulé *Le Repas de la Mort* (1983), Yvonne Preiswerk affirme que « jusque vers le milieu du 19e siècle, les Ormonants ne connurent pas d'autre pain ». D'après un témoin, encore dans les années 1950-60, on ne confectionnait ces pains que « quand on bouchoyait, puisque le boucher apportait le saindoux au boulanger ».

Avec le temps, on a fabriqué de moins en moins de flanges, qu'on appelait également « plates ».

Pétrir une pâte à base de farine, d'eau, de sel, de levain et de saindoux. Laisser lever à couvert puis abaisser au rouleau en formant des roues. Faire ensuite – mais ce n'est pas une obligation – un trou au milieu ou près du bord, soit avec le pouce soit avec un objet tel qu'un verre ou un morceau de bois. Jusque dans les années 1950, on faisait aussi ce trou au moyen d'une corne de vache évidée et polie – de nos jours, les vaches étant très souvent écornées, les cornes véritables sont devenues rares ! Laisser reposer les flanges avant de les cuire.

On suspend ces pains à un crochet ou à un bâton dans le grenier ou la cheminée afin de les conserver plus longtemps et de les protéger des souris. Avec cette méthode de conservation, il n'était pas nécessaire de cuire ces grands pains ronds, qui font un peu penser à de minces meules de moulin, plus de deux fois par an – ou par trimestre, selon d'autres sources.

Il va de soi qu'ainsi suspendu, tout pain sèche. Dans son article *Légendes des Ormonts* (1872), Alfred Majeux rapporte une pratique bien utile : « Ce pain devient aussi dur que la pierre ; pour s'en servir, on le brise à coups de hache et le plonge émietté dans du babeurre tiède. »

La flange est un type de pain en voie de disparition ; rares sont les boulangers qui en produisent encore, et à des quantités anecdotiques.

Voir aussi : Paun jauer, page 571 ; Brasciadèla, page 590 ; Ciambelle, page 625.

Gâteau à la papète

Gâteau plat à base de pâte brisée, garni de pruneaux et de raisins secs cuits et broyés

Le *Dictionnaire historique de la langue française* nous rappelle que lorsqu'on ne peut plus dire «papet», cela signifie qu'on a trop mangé; l'expression allemande équivalente est «man kann nicht mehr *babb* sagen». *Papet* est un terme régional, employé en France du Doubs jusqu'à l'Hérault, c'est-à-dire aussi le long de la frontière suisse; au-delà, en terre romande, il désigne une bouillie à la semoule (en suisse allemand *e Babbe*, *es Bäbbeli*). Et la plus célèbre des «bouillies romandes» est bien entendu le papet vaudois, à base de poireaux et de pommes de terre. Quant au gâteau à la papète (ou papette), il s'agit d'une bouillie sucrée, composée de pruneaux séchés et de raisins secs, à étaler sur une pâte brisée; originaire de la Vallée de Joux, il y est également connu sous le nom de gâteau noir.

Cependant, le climat rigoureux de cette vallée, située aux alentours de 1000 mètres d'altitude, ne convient guère à la culture fruitière; on doit donc y acheminer les pruneaux, et *a fortiori* les raisins secs. Ces circonstances ébranlent quelque peu l'auréole de typicité du gâteau, mais les coûts sont relativisés grâce aux talents des paysans horlogers de la Vallée de Joux. Il s'avère impossible de préciser depuis quand ce mets y est connu. Le professeur Auguste Piguet mentionne le gâteau à la papette dans l'ouvrage qu'il a rédigé de 1944 à 1949, *Vieux métiers de la Vallée de Joux* (Éditions Le Pèlerin, Les Charbonnières, 1999); il le définit comme un gâteau traditionnel, normalement recouvert de pruneaux séchés et garni au choix de pommes, de cerises ou de *cruilles*, c'est-à-dire d'airelles ou myrtilles des marais (*Vaccinium uliginosum*). D'après les témoignages oraux qu'Auguste Piguet a retenus pour son travail, la création du gâteau noir remonterait en tout cas au milieu du XIXe siècle.

Plonger deux parts de pruneaux séchés pour une part de raisins secs dans l'eau pour les faire gonfler; ajouter du sucre et éventuellement de la cannelle, puis faire mijoter le tout à feu doux pendant une heure. Hacher les fruits, les broyer dans un mortier ou les passer au mixer jusqu'à obtention d'une bouillie et laisser refroidir. Étaler la pâte brisée sur la plaque de cuisson et répartir la papette par-dessus. Battre un œuf avec du lait et en badigeonner le gâteau avant de le cuire au four comme toute autre tarte. Traditionnellement, on consomme le gâteau à la papète les jours de fête. Dans le Pays de Gex, territoire situé à l'ouest du canton de Genève et jouxtant le Jura vaudois, on fabrique un gâteau à la papette avec une pâte à brioche et de la crème pâtissière (à la vanille), à laquelle on ajoutait autrefois de la farine – on l'appelait aussi, vu sa consistance, «tarte à la gomme». Selon le *Dictionnaire suisse romand*, dans le Jura français, le terme *papais* signifie «gâteau traditionnel fait de pâte recouverte de flan parfumé à l'eau de fleur d'oranger». Ajoutons pour conclure que l'appellation «tarte au goumeau» apparaît dans la partie franc-comtoise de *L'Inventaire du patrimoine culinaire de la France*.

Voir aussi : Gâteau aux pruneaux du Jeûne, page 145.

Gâteau au vin

Gâteau rond et plat, à base de pâte brisée et garni de vin blanc

Faire un gâteau au vin est vraiment une excellente manière d'utiliser ses restes: on rassemble des morceaux de pâte brisée, les pétrit, les abaisse et en garnit une plaque à gâteau ronde; après quoi on fait des trous à la fourchette sur le fond de pâte, le saupoudre de sucre et l'arrose de vin blanc. À la question «Quand vous arrive-t-il de faire un gâteau au vin?» posée durant mes recherches sur le patrimoine culinaire suisse, certaines personnes m'ont répondu: «Lorsqu'une bouteille de vin blanc a été entamée.» En boire les derniers décilitres constituerait bien sûr une très plausible alternative.

Le gâteau au vin est considéré comme une spécialité ménagère typique du bassin lémanique. D'après des membres de l'Association des paysannes vaudoises, du temps de leur jeunesse on ne connaissait pratiquement pas ce gâteau dans le Nord vaudois. En revanche, dans certaines régions du canton de Neuchâtel, des gâteaux tels que la sèche de l'Auberson, à base de pâte à pain et garni de vin rouge et de cannelle, étaient alors déjà bien ancrés dans les traditions culinaires.

La plus ancienne recette de gâteau au vin blanc figure dans *La Bonne Cuisinière bourgeoise* (Berne, 1837) de Lisette Rytz; cependant, le vin y était incorporé à la pâte, et non versé directement sur le fond de pâte, comme on le fera plus tard.

La recette que nous connaissons aujourd'hui a déjà été bien décrite en 1907 par Auguste Jotterand dans ses ouvrages *La cuisine renommée* et *Le cours de cuisine chez soi*, sous le nom de salée au vin blanc: «Faire une pâte brisée [...]. Étendre cette pâte avec un rouleau à l'épaisseur d'un demi-centimètre; beurrer une feuille à gâteau, poser la pâte dessus et piquer pour l'empêcher de former des vessies. Arroser d'un verre de vin blanc, saupoudrer d'une bonne poignée de sucre fin; ajouter quelques petits morceaux de beurre par places.»

De nos jours, on procède habituellement ainsi pour la préparation d'un gâteau au vin: une fois que l'on a fait des trous dans le fond de pâte, on le saupoudre de farine puis y étale un mélange à base de vin; le plus souvent, on mélange le vin blanc avec du sucre et de la maïzena. Certaines personnes y ajoutent de la cannelle, de la farine ou du beurre ou de la crème, ou tout à la fois. Mentionnons encore une des *Quelques recettes neuchâteloises* que l'on doit au Club Prosper Montagné – Académie suisse des gastronomes: il s'agit d'un débattu à base de vin blanc, de jaune d'œuf, de sucre et de jus de citron.

Notons enfin que le gâteau au vin cuit est un mets totalement différent: contrairement à ce que son nom indique, il ne s'agit pas ici de vin, mais d'une réduction de jus de pomme et/ou de poire (cf. *Birnenhonig, page 296*).

Voir aussi : Salée au sucre, page 182 ; Sèche, page 205.

Gâtelet du Pays-d'Enhaut

Pâtisserie ultrafine à la farine de pomme de terre

Le « pain dur » ne signifie pas seulement un danger pour les dents, il symbolise aussi une vie ardue, semée d'embûches. Ceux qui doivent manger du pain dur ne nagent pas dans l'abondance. Vu sous cet angle, les paysans damounais n'ont vraiment pas été gâtés, car il n'y a guère d'autre pain en Suisse qui soit plus difficile à croquer que les gâtelets du Pays-d'Enhaut, des tranches de quelques millimètres d'épaisseur, cuites brièvement à feu vif et dont la durée de conservation est quasi illimitée.

Philippe-Sirice Bridel (1757-1845), pasteur réformé, folkloriste et linguiste (il est l'auteur du *Glossaire du patois de la Suisse romande*, 1866), dit « le doyen Bridel », a été le premier à décrire les gâtelets dans un texte sur les habitudes alimentaires du Pays-d'Enhaut à la fin du XVIIIe siècle : « Il y a soixante ans, le pain était primitif, le pain blanc était presque inconnu, et encore aujourd'hui, on ne voit guère de pain parmi ceux qui sont rattachés à l'ancien mode de vie économique. Au contraire, on fait des gâtelets, des pains aussi fins que du carton, qui durent six mois, dans lesquels on mélange de la farine de gros haricots et de pommes de terre avec de la farine de blé ou d'avoine. »

Plus de deux cents ans plus tard, David Birmingham déclarait dans son ouvrage *Château-d'Œx: mille ans d'histoire suisse* (2005) : « Le gâtelet était à l'origine fait de farine d'avoine et de haricots écrasés. Au cours du XVIIIe siècle, les agriculteurs ont découvert qu'ils pouvaient éviter la dîme s'ils plantaient des pommes de terre au lieu d'avoine ; ils ont donc modifié la recette des gâtelets et remplacé une partie de l'avoine dans la pâte par des pommes de terre écrasées. » Au XVIIIe siècle, la pomme de terre était déjà définitivement adoptée comme aliment après que le tubercule d'outre-mer a longtemps été considéré avec méfiance.

L'historien François de Capitani écrit que le magistrat bernois Samuel Engel (1702-1784) a été à l'avant-garde de la culture de la pomme de terre dans le Pays de Vaud, alors sous administration bernoise. Engel a vécu à Nyon de 1766 à 1772, où il a personnellement été témoin de la famine de 1770/71 qui a sévi dans toute la Suisse ; il a pu en observer les conséquences désastreuses de près. Engel écrit à son ami Albert de Haller que les gens n'ont ni céréales, ni légumes, ni quelque autre nourriture que ce soit et qu'ils doivent se préparer à vivre le ventre creux. Engel a mis toute son énergie à convaincre les autorités et la population de cultiver des pommes de terre au lieu de céréales en période de famine. En 1771, il publie un *Traité de la nature, de la culture et de l'utilité des pommes de terre, par un ami des hommes*. La commune de Nyon distribua cent exemplaires de la brochure d'Engel. Au début, la conversion fut mal acceptée. De Capitani : « Il n'est pourtant pas toujours facile de persuader les paysans et les citoyens pauvres que la pomme de terre peut remplacer le pain » (*Soupes et Citrons*).

Les pommes de terre farineuses doivent être bouillies, pelées et réduites en purée, mélangées à un peu de sel et laissées à reposer pendant la nuit. Pétrir avec de la farine jusqu'à obtenir une pâte compacte. Abaisser avec un rouleau à pâte aussi finement que possible, à une épaisseur d'un à deux millimètres, et former un disque d'environ 30 à 40 centimètres de diamètre. Faire cuire à haute température, de préférence dans un four à bois, pendant trois à cinq minutes de chaque côté. Le gâtelet doit être clair tout en présentant des taches brunes.

Un vrai four à bois est devenu un vœu pieux à l'ère des cuisinières high-tech. Mais jusque dans les années 1950, les gâtelets étaient cuits dans le four banal, qui restait chauffé pendant quelques jours pour accueillir des centaines de gâtelets. Une fois refroidies, les tranches étaient placées dans une pièce bien ventilée, au grenier ou à proximité de la cheminée, à l'abri des attaques de souris et de la moisissure. Dures comme elles étaient, les disquettes pouvaient être conservées extrêmement longtemps. Louis-Maurice Henchoz raconte qu'un homme de Château-d'Œx a dégusté en 1915 un gâtelet préparé par sa mère en 1897 (*Souvenirs de L'Etivaz*, 2002) !

Tout comme les flanges, les gâtelets du Pays-d'Enhaut ont pratiquement disparu. Des personnes âgées en confectionnent à l'occasion, mais en tant qu'aliment quotidien, elles n'ont qu'une importance marginale. Selon David Birmingham, « ils ont été trempés dans du petit-lait chaud pour les amollir avant de les manger avec du sérac ». Constant Delachaux rapporte que « le goût du gâtelet est savoureux ; il rappelle le gâteau au beurre neuchâtelois, rehaussé par un léger goût de pommes de terre rôties. [...] Sa consistance, un peu élastique mais jamais coriace, légèrement croquante, est facile à mâcher ; sa digestion est simple » (*Le gâtelet du Pays-d'Enhaut*, 1943).

Voir aussi : Flange, page 179 ; Gâteau au beurre, sèche, page 205 ; Fève, page 562.

Pain vaudois

Pain rond, plat et croustillant fendu d'une croix

Swiss Baker en donne cette simple définition : « Le pain vaudois à croix se fabrique avec une pâte à pain mi-blanche plutôt tendre ; cuit, il est aromatique et croustillant. »

Avec sa croûte bien marquée, le pain vaudois à la croix – tel est son nom complet – a un aspect des plus séduisants. Il devrait avoir de nombreux amateurs, en ces temps où le pain paillasse est très apprécié, mais de toute évidence, toujours moins de boulangers enfournent ce beau pain rond et plat. Les raisons d'un tel insuccès sont obscures. Peut-être que la désaffection progressive de ce pain s'explique par une modification des habitudes de consommation : les pains longs sont plus pratiques à couper, ce qui est un net avantage, particulièrement dans le secteur de la restauration.

Une offre diversifiée peut favoriser la demande ; l'Association suisse des patrons boulangers-confiseurs a donc pris son courage à deux mains et, lors de la Foire commerciale de Lugano en 1950, commença à distinguer les cantons présentant leurs propres pains. Une idée originale met parfois un peu de temps à germer – ou à lever –, et ce ne sera qu'en 1964 que le pain vaudois et le pain neuchâtelois feront leur apparition dans *Le boulanger-pâtissier suisse: Manuel de boulangerie-pâtisserie*, ouvrage édité par l'École professionnelle Richemont. Avant cela, on ne connaissait pas le pain vaudois en tant que tel, c'était tout simplement «le pain».

Mais quelle sorte de pain mangeait-on? Longtemps, seuls les gens fortunés ont pu s'offrir du pain à base de farine de blé pur, tandis que l'immense majorité de la population se nourrissait de pain fabriqué avec un mélange de farines, comme François de Capitani le rappelle dans *Soupes et Citrons* (2002), son livre sur la cuisine d'Ancien Régime dans le Pays de Vaud: «Le messel, un mélange de seigle et de froment semés ensemble, est très répandu. On y ajoute de la farine de son, des fèves et quelquefois des lentilles moulues. Ce pain noir est cuit en ville par les boulangers, car seuls les plus riches ont un four particulier.»

Dans les campagnes, on cuisait son pain au four banal. «Chaque paysan fait donc sa propre pâte et l'apporte au four. [...] Le pain frais est à peu près inconnu à la campagne où on cuit le pain en grande quantité, souvent pour plusieurs semaines. Ce pain dur est trempé dans la soupe qui forme l'essentiel des repas campagnards. Outre ce pain ordinaire, nous trouvons des pains plus raffinés, par exemple des torches et des navettes qui correspondent à peu près à nos tresses et petits pains actuels. Chaque région a ses spécialités et certaines d'entre elles ont perduré jusqu'aujourd'hui.»

D'après le boulanger que j'ai interrogé, le pain vaudois à la croix est certainement connu depuis plus d'un siècle. On en cuisait en tout cas en 1915, l'année où son père commença son apprentissage de boulanger.

Tout d'abord, pétrir une pâte à base de levain ou de levure, de farine blanche ou mi-blanche, d'eau, de margarine ou de beurre, de lait ou de lait en poudre, de malt et de sel. Laisser lever au frigo pendant 24 heures, au bout desquelles cette pâte aura triplé de volume; cette longue fermentation permet aux arômes de mieux se développer tout en s'équilibrant. Découper la pâte pour former des boules et laisser lever 20 minutes à température ambiante – au chaud, la levure fait plus vite son effet qu'à basse température.

Aplatir légèrement les boules de pâte et les saupoudrer de farine. Au moyen d'un bâton ou d'un rouleau à pâte, faire une croix sur chaque pâton, en pressant de manière à ce que la pâte n'ait plus que quelques millimètres de profondeur. Rassembler les quatre parties ainsi formées et laisser encore fermenter une bonne heure, voire une heure et demie – on peut poser les pâtons soit avec la croix en dessus, soit avec la croix en dessous, mais il faut les retourner à mi-fermentation. Enfourner avec de la vapeur à 230-240 °C pendant trois quarts d'heure, jusqu'à ce que la croûte soit bien croustillante et brune. À mi-cuisson, ouvrir un peu le four pour laisser la vapeur s'évacuer; cela donne du volume à la croûte et la rend croustillante à souhait.

Voir aussi: Basler Brot, page 32; Bürli, page 411.

Salée au sucre

Petit gâteau plat à pâte levée sucrée et à garniture moelleuse

Contrairement à ce que leur nom indique, les salées ne le sont pas forcément; d'ailleurs la raison pour laquelle ces gâteaux vaudois à pâte levée *sucrée* sont appelés ainsi reste assez mystérieuse. Peut-être est-ce parce que chaque pâte, aussi douce soit-elle, contient une pincée de sel? Même le *Dictionnaire historique de la langue française* sèche un peu sur la question, lui qui mentionne la salée sous la rubrique *sel:* «Malgré l'étymologie, on parle aussi de salées au sucre»; le mot *salée* (*sallaye*, 1660) désigne depuis 1666 «en français suisse une pâtisserie garnie d'une sauce au fromage, à la crème, aux œufs ou au lard».

La salée au sucre est comparable au gâteau du Vully, au taillé de Goumoëns ou au totché jurassien. Dans cette famille de gâteaux, la salée est le plus simple et le plus plat – mais aussi le plus connu, car il est proposé dans de très nombreuses boulangeries-pâtisseries bien au-delà des frontières vaudoises.

Les précisions sur le mot *salée* remontent au XIXᵉ siècle; ainsi, le *Dictionnaire suisse romand* donne deux citations: le terme signifierait «une sorte de galette aux œufs» (1827), ou encore «un gâteau avec une garniture à base d'œufs battus» (1852). De toute évidence, les œufs servent ici de liant, et ils ont l'avantage de pouvoir être cuisinés sucrés ou salés. Si les informations manquent à propos des salées, c'est parce qu'il s'agit de gâteaux si ordinaires qu'ils n'ont pas trouvé place dans les premiers recueils de recettes. On les faisait cuire dans les fours communaux une fois que leur température avait progressivement baissé suite à la cuisson des pains. Au XXᵉ siècle, cette pratique communautaire se raréfia considérablement; toutefois, la salée ne disparut nullement des habitudes culinaires, les foyers n'étant pas uniquement équipés de réfrigérateurs, mais aussi couramment de cuisinières électriques – jusqu'aux modèles futuristes, programmés par ordinateur ou même pilotables par smartphone que nous connaissons aujourd'hui.

Étaler de la pâte levée sucrée sur un moule circulaire, puis recouvrir d'un mélange de crème et de beurre, auquel on peut encore ajouter, selon les goûts, des œufs ou du lard. Cuire 15 à 20 minutes dans la cuisinière préchauffée à 200 °C.

La salée ormonanche est une variante originale qui vient du district d'Aigle, et plus précisément d'Ormont-Dessous: saupoudrer la pâte de cassonade (sucre brun), ajouter de la cannelle en poudre, mouiller au vin blanc ou à la crème liquide, puis recouvrir d'un demi-centimètre de farine que l'on parsème de flocons de beurre.

Voir aussi: Totché, page 82; Gâteau du Vully, page 238; Nidelkuchen moratois, page 241; Salée du Val d'Illiez, page 494; Ankenzelte, page 535.

Taillé aux greubons

Pâtisserie salée contenant des résidus de graisse de porc fondue

Greubon, Griebe, Gräubi, Greubi – ces termes ne signifient pas seulement la même chose, ils sont aussi très proches phonétiquement : les greubons sont les morceaux croustillants de tissu conjonctif qui subsistent après que la graisse de porc a fondu pour former du saindoux (en allemand *Schmalz*, en italien *strutto*). Même le dictionnaire allemand des frères Grimm ne peut dire avec une certitude absolue d'où vient le mot, « mais la signification du mot « *ausgelassener fettwürfel* » (cubes de graisse fondus) pourrait bien remonter jusqu'au [vieux haut allemand]. À Strasbourg, on a relevé « gröube, groibe », et en Suisse on est tombé sur « *gröübi Greyerz berndeutsch* ». Le *Schweizerisches Idiotikon* mentionne comme source « Greube, Graupe : *reliquiae, feces liquatae penguedinis* (1662), restes de graisse liquéfiée, puis *dürr wie-n-es Greubi* », avec quoi on se trouve quasiment outre-Sarine, où on l'appelle *Greubigreubon*, dans certains endroits aussi *grabon*.

Le greubon est également appelé ainsi dans les régions françaises voisines. Le *Larousse gastronomique* précise que « ces fragments colorés, appelés aussi *rillons* ou *grabons* dans le Jura, entrent dans la composition d'une pâtisserie salée suisse : le taillé aux greubons ». Le *Dictionnaire suisse romand* rappelle que les *grabons* étaient autrefois consommés dans les rösti – les rösti au lard sont appréciés des deux côtés du Röstigraben ! – et qu'ils étaient plus tard également utilisés pour les galettes et les tartes salées ; « aujourd'hui, ils sont devenus rares ».

Les grattons – de gratter, comme les *Kratzete*, des crêpes badoises, de *kratzen* (gratter) – sont en revanche tout à fait français, répandus surtout dans la partie sud de notre grand voisin ; citons ici les grattons d'Ardèche, de la Drôme, de la Loire et de Lyon. Comme les rillettes (cuites jusqu'à obtention de fibres, puis mélangées à de la graisse), ce sont de petits morceaux de porc, d'oie ou de canard, préparés de la même façon que les greubons, mais qui contiennent plus de viande et sont non pas croquants, mais tendres. Les termes remontent à loin en arrière, en 1611 le lexicographe anglais Randle Cotgrave (†1634) définissait les grattons de porc comme suit : « De la graisse fondue qui tient les intestins ensemble, on appelle ainsi les restes de parties plus charnues qui sont coupées en morceaux » (*L'Inventaire du patrimoine culinaire de la France, Rhône-Alpes*).

La Suisse romande a donc été très tôt « encerclée » par des greubons-grattons-gröube-greubi, de sorte que l'utilisation des morceaux de tissu conjonctif cuits dans une pâtisserie est tout à fait logique. *La Cuisine des familles* de Louis Maillard (Genève, 1889) contient les recettes d'une « galette ménagère aux greubons », d'une autre « à la drâchée » (restes de beurre fondu) et d'une « galette au sel », qui se prépare en pâte demi-feuilletée à quatre tours. Le taillé aux greubons est connu dans toute la Suisse romande.

Le taillé aux greubons peut être fabriqué à partir d'une simple pâte à levure ou d'une pâte semi-feuilletée, parfois légèrement sucrée. Ajouter les greubons à hauteur d'un quart à la moitié du volume total et bien mélanger le tout ; les greubons contiennent suffisamment de graisse, inutile donc d'ajouter trop de beurre ou de saindoux au mélange ; inutile non plus de pétrir la pâte jusqu'à l'épuisement. Former une boule qu'on laisse reposer pendant une heure. Abaisser à un centimètre d'épaisseur, puis découper des lanières de trois centimètres de large sur 12 à 15 centimètres de long. Cuire à feu moyen pendant 20 à 30 minutes.

Cette spécialité rustique est souvent dégustée à l'apéritif, notamment avec du blanc vaudois dans les carnotzets, ces coins traditionnels de dégustation et de fête de dimensions variables nichés dans les caves à vin.

On peut aussi faire soi-même des greubons : il faut couper du lard riche en graisse en morceaux et le faire frire jusqu'à ce que la graisse soit devenue liquide et que le tissu conjonctif restant soit croustillant et doré. La graisse fondue (saindoux) permet des températures de friture plus élevées et donne à la pâte brisée une consistance plus ferme, par exemple pour les pâtés.

Voir aussi : Drusenzelte, page 535.

Taillé de Goumoëns

Grand gâteau levé garni de crème et de sucre

Pour une modeste bourgade d'un peu plus de 600 habitants (en 2010) comme celle de Goumoëns, il ne va pas de soi qu'une pâtisserie porte son nom. Par comparaison, le Paris-Brest, opulente bombe à la crème pralinée et classique de la pâtisserie française, semble on ne peut plus normal. Et le fait qu'une ville mondiale comme Paris voie son nom associé à celui d'un jambon n'a rien de surprenant. La célébrissime *Linzertorte* ou tarte de Linz est une étoile au firmament de la pâtisserie et les Läckerli de Bâle font partie du dessus du panier dans l'univers des biscuits – mais qu'en est-il du taillé de Goumoëns ? Ce village du Gros-de-Vaud compte tout de même légèrement plus d'habitants que celui de Fideris im Prättigau, dans les Grisons, dont la tourte est présentée à la page 567. Précisons ici qu'en 2011, la commune de Goumoëns a fusionné avec les villages d'Éclagnens, Goumoëns-le-Jux et Goumoëns-la-Ville, si bien que sa population a doublé (1119 habitants à la fin 2018).

Les anciens de Goumoëns-la-Ville (ce toponyme est issu de celui de *Guimuens li vila* en 1228, *DHS*) certifient que le taillé de Goumoëns appartient à leur répertoire culinaire depuis cent cinquante ans, même si aucun témoignage écrit ni la moindre représentation ne vient corroborer ces dires. Son origine reste donc nébuleuse, ce qui n'a pas la moindre incidence sur le goût ou sur l'importance de ce gâteau levé pour le bien commun – car le jour même où j'écris ces lignes, à savoir le 3 octobre 2015, les fiers habitants de cette « ville gourmande » en sont au deuxième jour de la Fête du taillé de Goumoëns (pure coïncidence, cette fête n'ayant lieu qu'une fois tous les deux ans).

Cette célébration a sauvé le gâteau de la léthargie des habitudes : à l'occasion de l'inauguration d'une fontaine à Goumoëns-la-Ville, on a envisagé d'organiser un concours de pâtisserie, mais cette idée n'a pas été retenue, car de toute manière chaque participante sortirait le meilleur taillé de son four. La communauté villageoise prit alors conscience que son taillé avait quelque chose de particulier et décida de lui rendre hommage à travers une fête bisannuelle à partir de 1999.

Mélanger de la farine blanche avec un peu de sel. Chauffer du lait, du beurre et du sucre à 34 °C et y dissoudre la levure ; autrefois on utilisait du levain. Ajouter des zestes de citron et des œufs, puis pétrir la pâte de telle sorte qu'elle ne colle pas aux mains. Foncer une plaque et laisser lever deux bonnes heures à l'abri des courants d'air – le Comité de la Fête du taillé de Goumoëns estime que l'endroit idéal pour cela est « sous la couette » ! Ensuite, découper des losanges à la surface, faire un trou au milieu de chaque losange avec un doigt et remplir ces trous à moitié d'un mélange de crème et de sucre ; on remplira l'autre moitié de ce débattu une fois la cuisson terminée. Celle-ci se fait en deux temps : environ 35 minutes à 150 °C, jusqu'à ce que le gâteau ait bien levé, et encore dix minutes à 200 °C pour parfaire la cuisson.

On se régale de taillé de Goumoëns non seulement pendant la Fête en son honneur, mais aussi en privé, à l'occasion de baptêmes, mariages et autres célébrations familiales. Certains préfèrent l'accompagner de vin blanc à l'apéro, d'autres de café au dessert. Rares sont les boulangeries à le confectionner toute l'année : c'est vraiment un produit domestique.

CONFISERIES

Bouchon Vaudois

Confiserie en forme de bouchon de bouteille de vin

En janvier 1948, le président de la Société vaudoise des confiseurs-pâtissiers-chocolatiers-glaciers rassembla quelques-uns de ses confrères autour d'une fondue, car il s'était mis en tête de lancer une spécialité de confiserie typiquement vaudoise. Cette création emblématique était censée séduire à la fois les papilles et le marché. Depuis longtemps déjà, le leckerli bâlois avait acquis un statut légendaire, tout comme le pain d'épices aux noisettes bernois ou le *Tirggel* zurichois. Les Genevois avaient leur fameuse marmite de l'Escalade, et les Fribourgeois tout un arsenal de douceurs pour le menu de la Bénichon… Et les Vaudois, par quoi pourraient-ils se distinguer ?

Les confiseurs ruminèrent une idée après l'autre, jusqu'au moment où le président, qui jouait avec un bouchon de liège, fut traversé par un éclair de génie : « J'ai trouvé ! Nous ferons des bouchons ! » s'exclama-t-il. « Vaudois ! » renchérirent les convives avec enthousiasme. Fromage, vin et pain conjugués menèrent à la conclusion qu'il fallait créer un bouchon de bouteille sucré – logique, le canton de Vaud représentant la deuxième superficie viticole de Suisse derrière le Valais.

Une commission fut chargée de concocter la recette, et une autre bûcha sur l'emballage le plus adéquat.

Le Bouchon Vaudois rappelle le japonais par sa coque en gaufrette fourrée, mais en plus court et plus épais – semblable à un bouchon de liège, justement. Pétrir une pâte à base de blanc d'œuf, de sucre, d'amandes râpées et de farine, puis l'abaisser à une épaisseur d'environ deux millimètres ; découper ensuite des rectangles de quatre centimètres sur sept au moyen d'un emporte-pièce. Mettre au four à 240 °C quelques minutes, jusqu'à ce que les coquilles soient bien dorées. Aussitôt sorties du four (il ne faut pas leur laisser le temps de durcir), les rouler autour d'un bâtonnet circulaire ; presser les extrémités de chaque coquille entre elles et la retirer du bâtonnet, après quoi on prend un bâtonnet plus fin trempé dans du chocolat fondu pour tapisser l'intérieur des coquilles. Disposer les bouchons à la verticale sur une plaque et laisser reposer, le temps que le chocolat durcisse.

Pour la masse à fourrer, on mélange du Bitter des Diablerets (cf. *page 187*) avec des éclats d'amandes caramélisés, du sucre, du beurre ou de la graisse végétale, du beurre et de la masse de cacao, du lait en poudre, de l'extrait de malt, des arômes de vanille et des émulsifiants. À l'aide d'une douille, remplir les bouchons, dont il faut ensuite tremper les extrémités dans des amandes râpées. Chaque Bouchon sera empapilloté individuellement dans une feuille en plastique transparent striée de vert et de blanc avant d'être conditionné dans une boîte cylindrique en fer blanc ressemblant à un bouchon de liège, ou placé dans une boîte en carton garnie de papier ondulé.

Les Bouchons Vaudois n'ont guère changé depuis leur création en 1948. En ce temps-là, c'étaient les ingrédients de base qui revenaient cher, maintenant c'est la main-d'œuvre. Avant, on mettait une amande caramélisée entière dans la masse à fourrer de chaque bouchon, de nos jours tout est broyé, réduit en éclats, pour gagner un peu de temps. Les Bouchons Vaudois restent cependant un produit artisanal, confectionné par des professionnels; c'est une marque enregistrée vendue uniquement dans des confiseries.

En octobre 2012, les médias annonçaient qu'à l'avenir, les Bouchons Vaudois ne seraient plus entièrement fabriqués à la main. Les responsables de cette petite révolution: les coûts de production. Un confiseur interrogé expliqua que la réalisation d'un Bouchon nécessitait pas moins de 15 manipulations, et qu'au lieu de vendre ces friandises 1,50 franc pièce, il faudrait en fait les vendre deux fois plus cher. C'est ainsi que, pour inciter les confiseurs à ne pas abandonner leur production, le roulage des coquilles fut confié à une machine.

Voir aussi : Hüppen, page 348.

Pralinés

Bouchées fourrées avec un mélange de chocolat et d'autres ingrédients

Derrière ce seul mot s'élève une montagne bigarrée de douceurs : en Suisse, le praliné est le terme générique désignant une quasi-infinité de bouchées, du gingembre confit sucré à la coque chocolatée qui craque doucement sous la dent pour révéler une truffe du jour.

Un coup d'œil à l'ouvrage *La Confiserie suisse* (2004) de l'École professionnelle Richemont suffit à l'éveil des sens : truffes au chocolat noir ou blanc, au lait ou au citron, truffes au thé, au Cointreau, au kirsch ou au marc, ou encore la Délicieuse (au zeste d'orange), Sorrent (avec trois nougatines), Brésil (avec une ganache au moka), bâtonnets au caramel, à la Williamine ou au cognac, Paterno (au Cointreau), Honigstern (Étoile au miel), Raetia (gianduja et orangeat), Rigispitz (au kirsch), Torrettes (vanille et beurre), Rochers (chocolat et bâtonnets d'amandes), Knusperhäufchen (noix et sultanines), Trois-frères (trois noisettes et gianduja), Désir, Pattes d'ours, Amandola, Échiquier, Faido, Sahib, Florentin, Milanuss (noix, amandes et rhum), Napoléon (massepain et nougat), caramel aux fruits (sucre et pulpe de fruits), ou encore le fondant au moka, les losanges au caramel, les pralines au fondant aux fruits, les griottes (marinées dans du cognac ou du kirsch puis enrobées de chocolat), les Baumstämmli (« petits troncs d'arbres » au gianduja et au massepain pistaché), Geneva Hüetli, Tremor et Mandel-Kirsch (massepain, kirsch et ganache), sans oublier les pralines à la liqueur empapillotées – avec les fruits caramélisés et les bonbons gélifiés, cela fait bien 150 recettes, une majorité de gourmandises au chocolat, mais pas uniquement.

Les amandes grillées se passent de chocolat; d'après la conception suisse actuelle, elles ne sont alors pas considérées comme des pralinés, même si selon le *Dictionnaire historique de la langue française*, elles ont été les premières à recevoir ce nom : *prasline* (1662) et *amande à la prasline* (1667), puis *praline* (1680). Elles le doivent au maréchal comte du Plessis-Praslin. Les lauriers reviennent toutefois à un marmiton que le chef Lassagne, cuisinier personnel de du Plessis-Praslin, a, d'après la légende, observé lorsqu'il essuyait les restes de sucre caramélisé d'un pot aux amandes et s'en délectait avec un plaisir non dissimulé – après quoi le chef a fait rôtir des amandes dans du sucre et les a présentées à son maître. L'amande grillée suscita l'enthousiasme et quelques succès diplomatiques à la cour de Louis XIII et Louis XIV, où du Plessis-Praslin était ministre et se para ensuite de doux mérites en fait usurpés à un marmiton.

Cependant, il est douteux que le mariage époustouflant de l'amande et du sucre n'ait eu lieu qu'au XVIIe siècle. L'historien de la pâtisserie Max Währen (1919-2008) relève ceci dans *La Confiserie suisse* : « D'après ce que j'ai pu établir jusqu'à présent, les plus anciennes traces de confiserie se trouvent au Proche-Orient et en Égypte. Ainsi, j'ai découvert que les anciens Babyloniens utilisaient de l'eau de rose, du miel et d'autres ingrédients pour confectionner des confiseries. [...] Quant à la recette romaine de dattes dénoyautées farcies de noix, de pignons ou de poivre moulu, enrobées de sel et trempées dans du miel bouilli, elle est presque deux fois millénaire. »

Les noix et les amandes, le miel et le sucre sont des matériaux de base convenant très bien à la fabrication de bonbons, même sans chocolat. *Ein schön Kochbuch 1559*, le recueil de recettes des cuisines bourgeoises de Coire au XVIe siècle, propose une série de *Confect* (friandises) qu'il ne faut pas cuire au four. Par exemple des noix bouillies dans de l'eau ou du vin, nappées de miel chaud et piquées de cannelle et de clous de girofle. Ou encore le *Mandel käß* (fromage d'amande), du lait d'amande bouilli avec du sucre, pris dans de la colle de poisson et refroidi dans des moules; ensuite, « saupoudre de coriandre colorée et de sucre, tu peux aussi le faire dorer. Et s'il en reste qui n'a pas été moulé, fais de la gélatine avec du safran, humidifie un bol, verses-y le lait et laisse-le cailler, après quoi tu le découpes en morceaux comme des friandises et les poses autour du bord » (recette n° 226).

Les Bernois produisaient eux aussi de la *praline*, c'est-à-dire de l'amande grillée. Le *Berner Kochbüchlein* de 1749 décrit comment préparer des *Brallines :* « Prends des amandes et le même poids que celles-ci en sucre, mets-les sur le feu avec un petit verre d'eau, laisse bouillir jusqu'à ce que ça épaississe, remue-les jusqu'à ce qu'elles soient sèches, laisse à nouveau le sucre fondre jusqu'à ce qu'il colle, dispose-les sur un plateau en étain, recouvre-le d'un linge et secoue-les. »

Si l'on entend par praliné un bonbon au ou en chocolat, ses inventeurs ont probablement œuvré au début du XIXe siècle à Turin, fief européen du chocolat, où travaillaient également des *cioccolatieri* du Tessin. Le blocus continental imposé par Napoléon Ier de

1806 à 1814 a fait grimper le prix du chocolat, raison pour laquelle d'ingénieux Turinois eurent l'idée de le mélanger à des noisettes piémontaises finement moulues. Le résultat a été appelé *gianduja*, considéré par beaucoup comme le premier (et le meilleur) praliné de tous les temps.

L'entreprise Cailler, fondée à Vevey, s'attribue l'invention du praliné, qui a eu lieu en 1890, ajoutant: « La Branche d'origine se trouve pour la première fois dans les livres de recettes de Kohler (Lausanne) en 1896 » (*cailler.ch*); Kohler a fusionné avec Cailler en 1911.

Dans la tradition française, le grand chef et auteur valaisan Joseph Favre (1849-1903) a défini la praline comme une « amande recouverte de sucre cuit ». Parmi diverses recettes, il cite celle des pralines au cacao, des amandes au sucre et au cacao moulu (*Dictionnaire universel de cuisine pratique*).

Jean Neuhaus, petit-fils et parfait homonyme du Jean Neuhaus émigré de Neuchâtel pour fonder une « pharmacie-confiserie » à Bruxelles en 1857, a créé des bouchées dont le chocolat est l'ingrédient principal: en 1912, il mélangea dans la Confiserie et Chocolaterie Neuhaus-Perrin – car tel était le nom que portait entre-temps l'entreprise qui s'était développée – des amandes grillées râpées, c'est-à-dire des pralines, avec du chocolat concassé et continua à appeler le résultat praline.

Les masses de base – couverture (au moins 31 % de matières grasses), chocolat (18 à 20 % de beurre de cacao), ganache (onctueux mélange de crème et de couverture) et gianduja – offrent déjà à elles seules de nombreuses possibilités pour la fabrication de pralinés. Avec les divers types de chocolat, moules pour la pâte à sucre, liqueurs et spiritueux, fruits, jus et acides alimentaires, ainsi que toutes les variétés de fruits à coque – noix, amandes, noisettes, pistaches, pignons, noix de macadamia, etc. –, la production de pralinés est probablement l'un des derniers domaines où la fantaisie culinaire peut encore galoper à son aise. Les conditions préalables sont des ingrédients de haute qualité, de l'imagination et un travail artisanal précis. Même si beaucoup d'entreprises chocolatières, grandes ou petites, produisent également des pralinés à la chaîne, une boîte de pralinés assemblée sur place par un bon confiseur constituera toujours un cadeau plus personnel et fera bien plus d'effet.

Par ailleurs, ces entreprises sont florissantes. Les tablettes veloutées de la maison Chocolats et Cacaos Favarger, manufacture genevoise emblématique depuis 1826, fondent sur la langue tel un rêve enivrant; la recette, une sorte de gianduja aux noisettes et au chocolat au lait, est tenue secrète depuis 1922. C'est à Flawil, soit à l'autre extrémité de la diagonale traversant le pays d'est en ouest, dans l'entreprise Maestrani, que sont fabriquées les célèbres branches (*Stängeli*) procurant de tout aussi fortes sensations. En très bonne place dans la bonbonnière suisse, on trouve aussi la bouchée caramel et la banane au chocolat (masse mousseuse à la pâte de banane enrobée de chocolat noir) de Munz, les légendaires boules Lindor de Lindt ou les pralinés Fémina de Cailler – et ce n'est qu'une petite partie de la liste.

En ajoutant la pâte d'amande pétrissable aux ingrédients des pralinés, l'étourdissante corne d'abondance s'ouvre à l'infini. Pratiquement aucune autre activité ne peut calmer des enfants agités aussi vite qu'une leçon de bricolage à table avec une masse pralinée.

Des entreprises spécialisées proposent divers produits prêts à l'emploi pour rationaliser la production de pralinés, par exemple des boules de chocolat creuses qu'il suffit de remplir et de décorer, ou des masses de base aux noix, au massepain ou au gianduja pouvant être librement finalisées avec des arômes de toutes sortes.

Voir aussi: Badener Steine, page 118; Quittenpästli, page 118; Bouchon Vaudois, page 184; Batz neuchâtelois, page 209; Chocolat suisse, page 243; Luzerner Regentröpfchen, page 302; Baarer Räben, page 393; Churer Pfirsichsteine, page 575.

BOISSONS

Bitter des Diablerets

Apéritif amer aux essences de plantes

Au-dessus des têtes des habitants des Diablerets dans le canton de Vaud et de Derborence en Valais se dressent les cimes des Diablerets, les cornes du diable. Un jour, ce dernier exerça son habileté au lancer de pierres. Maladroit comme il l'était, il provoqua un éboulement. Les rochers déferlèrent sur Derborence, ensevelissant hommes et bêtes. On pleura les morts. Heureusement, bon nombre de paysans survécurent à la catastrophe sous les éboulis en suçant les racines de diverses plantes – ainsi naquit, dit-on, le Bitter des Diablerets.

Des éboulements se sont en effet produits régulièrement audessus de Derborence, dont deux très importants au XVIIIe siècle: le premier fit une quinzaine victimes le 23 septembre 1714, et le second, plus colossal encore, fit surgir le lac naturel de Derborence au printemps 1749. « Cet éboulement, le plus volumineux à s'être produit en Suisse dans les temps historiques (50 millions de m^3 au total) est aussi celui dont la dénivellation totale est la plus grande observée, avec environ 1900 m entre la crête des Diablerets et le lieudit Besson » (*DHS*). Charles Ferdinand Ramuz s'en est inspiré pour écrire son célèbre roman *Derborence*, paru en 1934.

C'est un peu moins de soixante ans plus tôt, en 1876, que François Leyvraz créa le Bitter, inspiré quant à lui par l'obscure formule d'un voyageur venu des Pays-Bas. Personne ne l'a jamais vu, ce qui attira encore plus l'attention sur cette boisson aux mille vertus. Les herbes entrant dans sa composition poussent dans les Alpes, mais la manière de les combiner est restée secrète – une politique commerciale défendue par bon nombre de producteurs de liqueurs de ce genre, comme l'Appenzeller Alpenbitter, dont on sait seulement que sa recette comprend 42 herbes et épices différentes.

En 1900, Henri Leyvraz, fils de l'inventeur, fit construire une fabrique à Aigle et confia à son ami Frédéric Rouge la mission de réaliser une publicité pour la mystérieuse boisson; celui-ci peignit littéralement le diable sur la muraille et ses affiches firent scandale. Rien d'étonnant à cela, car c'était la première fois qu'on osait prendre l'Antéchrist comme emblème publicitaire en Suisse. Rouge avait plusieurs cordes à son arc: ainsi, c'est lui qui a réalisé l'étiquette du vin aiglon Les Murailles avec son lézard émeraude, légendaire y compris en Suisse alémanique où on l'appelle *Eidechsliwy* (vin au petit lézard).

« Si vous vous demandez pourquoi le diable sourit toujours, c'est parce qu'il garde la recette secrète et que lui seul sait comment ce verre est arrivé jusqu'à vous. Santé! » La propriétaire de la recette en reste à ce toast, ne dévoilant même pas son nom sur la page d'accueil de la marque – le Bitter est demeuré dans les mains de la famille Leyvraz jusqu'en 1976, après quoi les droits ont été repris par Escher SA à Satigny dans le canton de Genève. La recette a été légèrement modifiée, l'étiquette modernisée, et la teneur en alcool est passée de 22 à 18 %. Son brevet d'invention est régulièrement prolongé.

Désormais, pour un apéritif tel que le Bitter, on ne peut plus afficher les mêmes slogans publicitaires que ceux de 1894: « Apéritif sain », pouvait-on lire alors, à la « très minime » teneur en alcool de 22 %, avec, pour couronner le tout, cette assertion fédératrice: « la liqueur de famille par excellence ».

Dans le livre *Aperitifs und Spirituosen* édité en 1988 par l'organisation patronale GastroSuisse (en allemand: Schweizer Wirteverband) figure sur une photo une série de bitters tels que le Puschlaver Berggeist, l'Appenzeller Alpenbitter, l'Ausserrhoder Berggeist, le Dennler-Bitter, le Bündner Alpen-Bitter et le Bitter des Diablerets; le Luzerner Alpenbitter ne fait pas partie de cette liste, tout comme le Weisflog Bitter, qu'on ne produisait pas à cette date; S. Fassbind a repris la marque en 2001 et relancé la fabrication de Weisflog Bitter.

Les bitters stimulent l'appétit en tant qu'apéritifs et aident à détendre l'estomac en tant que digestifs – les amateurs les considèrent donc comme des produits médicinaux. Plus leur composition est riche en herbes, plus les recettes sont variables: bien des marques de bitters ont été créées, mais assez peu ont survécu. On consomme volontiers le Bitter des Diablerets *on the rocks*, parfois avec un peu d'eau ou de la liqueur de cassis. Le « Surf » est un mélange de Bitter et de Coca-Cola. Le Bitter des Diablerets entre aussi obligatoirement dans la composition de la masse à fourrer des Bouchons Vaudois (cf. *page 184*) – sa discrète amertume est perceptible en bouche.

S'il est produit en terre genevoise, le Bitter des Diablerets est toujours aussi apprécié dans sa patrie ancestrale autour d'Aigle et dans le Chablais vaudois. Selon une connaisseuse des coutumes locales, à l'heure de l'apéro on ne demande pas à ses invités ce qu'ils aimeraient boire (car c'est forcément du Bitter des Diablerets), mais comment: « Avec ou sans eau? ». Dans son *Portrait des Vaudois* (1969), Jacques Chessex l'évoque avec lyrisme et allégresse: « Diablerets! Une gorgée âcre, amère, sucrée, une céleste poignée d'herbes de pâturages sous la cascade et les alpes à tête rasée comme des bonzes [...]. Autrefois dans les halls des gares il y avait de grandes affiches où un diable volant emportait au-dessus d'une gorge une bouteille de Bitter Diablerets. C'était magnifique et inoubliable. »

En 2016, l'entreprise Escher SA s'est souvenue de la force diabolique émanant du « Bitter des Diablerets, le seul apéritif national d'origine romande » et a remis sur le marché la recette originale de 1876 sous l'appellation « Diabolique » en faisant passer sa teneur en alcool à 35 %; « Au tour de Diabolique de tenter, 140 ans plus tard, les Suisses romands », clame le texte de la page d'accueil (*www.bitterdiablerets.ch*, 2020), avant de conclure: « À faire rougir les anges! »

SUPPLÉMENT

À la vôtre!

«Bonjour, un Diablerets, comme d'habitude», disait le général Guisan à propos de sa boisson favorite, en entrant au Café Central de Lausanne.

Voir aussi: Luzerner Alpenbitter, page 303; Weisflog Bitter, page 328; Appenzeller Alpenbitter, page 453.

Eaux minérales

Eau naturelle riche en minéraux

Celles et ceux qui ont grandi en Suisse dans les années 1950 et 60 se souviennent de quelle manière on commandait alors une eau minérale dans un restaurant: «Une Henniez s'il vous plaît!» L'eau du village d'Henniez dans le district vaudois de la Broye-Vully, appréciée depuis le premier siècle de l'ère chrétienne par les Romains établis dans la proche cité d'Aventicum, est devenue synonyme d'eau minérale en Suisse grâce à deux facteurs décisifs.

Après être tombée dans l'oubli suite à la chute de l'Empire romain, la source fut réactivée au XVIIe siècle – les premiers bains d'Henniez ont été construits en 1688. L'installation de la première usine d'embouteillage d'eau minérale date de 1905, et Henniez Lithinée SA est fondée huit ans plus tard. Son directeur Henri Pahud signe un accord de coopération avec les sources minérales d'Eglisau en 1928 (lequel durera jusqu'en 1972), ce qui lui donne accès à la Suisse alémanique et au Tessin; grâce à ce réseau de vente, Henniez devient la première eau minérale à être distribuée dans tout le pays. En 1974, Henniez lance son eau minérale «légère», à l'étiquette verte, qui se distingue des deux autres types d'eau aux étiquettes de couleurs différentes reprises par plusieurs marques, comme Eptinger: bleue pour l'eau plate, verte pour l'eau légèrement gazeuse et rouge pour la plus pétillante.

Si l'eau d'Henniez fait partie des plus pauvres en minéraux, avec 572 mg par litre, contre 2391 mg pour la même quantité d'Eptinger, l'eau la plus minéralisée de Suisse (SMS = Association suisse des sources d'eaux minérales et des producteurs de soft drinks, janvier 2014), cela n'entache en rien sa réputation, car il est préférable de boire du vin en l'accompagnant d'une eau faiblement minéralisée. Depuis le début du XXIe siècle, Henniez se voit concurrencée dans toute la Suisse par l'eau italienne San Pellegrino, mais cela ne dérange pas outre mesure la propriétaire, ces deux marques appartenant au groupe Nestlé basé à Vevey.

C'est seulement vers 1900 que les sources d'eau minérale ont commencé à intéresser les industriels; jusque-là, celle-ci avait un usage médicinal, qu'on la bût ou qu'on s'y baignât. Durant leur épopée civilisatrice à travers l'Europe, les Romains n'ont jamais voulu renoncer aux agréments des bains thermaux, également sur le territoire actuel de la Suisse, où ils découvrirent des eaux bienfaisantes comme à Yverdon, à Lostorf (aujourd'hui source Cristallo), à Baden et dans les Grisons (à Alvaneu et à Saint-Moritz). Après l'âge sombre qui succéda en Europe à la chute de l'Empire romain, l'intérêt pour la culture des bains se manifesta à nouveau au XVe siècle: on buvait l'eau de source, s'y baignait et s'y amusait très librement, comme le montre le tableau de Hans Bock le Vieux représentant des baigneurs aux thermes de Loèche, qui date de 1597 et que l'on peut admirer au musée d'Art de Bâle. Le thermalisme connut un nouvel essor au XVIIIe siècle, car au sein de la bourgeoisie, aller prendre les eaux devint alors une coutume et même une obligation sociale à remplir chaque année.

Jusque vers la fin du XIXe siècle, boire une eau potable n'allait pas de soi: en effet, avant que Louis Pasteur (1822-1895) ne découvre que des micro-organismes pathogènes trouvent dans l'eau un milieu favorable à leur développement, personne ne comprenait pourquoi sa consommation s'avérait parfois dangereuse, provoquant des coliques et même des empoisonnements fatals. Les besoins corporels étaient satisfaits par l'eau comprise dans les divers aliments et l'on étanchait sa soif avec du lait ou du petit-lait, de la bière, des jus, du vin et de l'eau-de-vie.

Des pharmaciens se procurèrent de l'eau curative des sources minérales, et en importèrent même de célèbres stations thermales comme Seltz ou Carlsbad pour les revendre à prix d'or.

À Berne, on payait en 1735 de l'eau minérale du Valais deux fois plus cher que du vin de table ordinaire. En 1891, à l'occasion des célébrations du 700e anniversaire de la fondation de la ville de Berne, l'historien François de Capitani constate que «les 421 demi-bouteilles d'eau font pâle figure à côté des 66758 bouteilles de vin et des 44363 litres de bière» commandés.

Les préjugés contre l'eau ont été tenaces, ne disparaissant que progressivement au XXe siècle – l'adage «goutte à goutte, l'eau creuse la roche» est ici particulièrement vrai; l'eau minérale a lentement conquis les cruches et les verres, faisant basculer la balance. L'installation de conduites d'eau dans les habitations fut menée à bien au cours de la seconde moitié du XIXe siècle; avant, des porteurs d'eau allaient de maison en maison ou on allait s'en procurer soi-même à la fontaine la plus proche. «Trouver de nouvelles sources est la tâche du maître fontainier dont le savoir est un mélange d'expérience et de pratiques magiques. [...] L'eau minérale en bouteille est réservée aux malades et convalescents» (F. de Capitani, *Soupes et Citrons*).

En Angleterre, le chimiste William Brownrigg (1711-1800) s'est intéressé au dioxyde de carbone – ou gaz carbonique – et à la manière par laquelle on le dissout dans l'eau. Son compatriote Joseph Priestley (1733-1804) poursuivit ses recherches et inventa l'eau gazéifiée en 1772 – peu avant que Johann Jakob Schweppe (1740-1821), un horloger et orfèvre hessois installé à Genève, commence à y produire de l'eau à laquelle a été artificiellement ajouté du gaz carbonique, appliquant ainsi la méthode de Priestley. Schweppe ouvre une usine en 1790 avec des associés et a l'idée d'ajouter à son eau gazéifiée un mélange de quinine (un antipaludique), de sucre et de jus de limette; deux ans après avoir fait goûter sa limonade aux Genevois, il émigre à Londres. Cette boisson se fraya rapidement une place sur le marché des colonies britanniques, où ses vertus thérapeutiques firent son succès (elle est comparable en cela à l'absinthe, dont les soldats français, lors de la colonisation de l'Algérie, versaient quelques gouttes dans l'eau qu'ils buvaient afin d'éviter d'attraper la dysenterie ou la malaria) et la fortune de Schweppe, qui rentra à Genève en 1802 après avoir vendu ses parts. L'entreprise ajouta un *s* à son nom en 1897 et conquit la planète entière avec son eau tonique, la fameuse Schweppes Tonic Water.

Le nombre de sources thermales et minérales en Suisse s'élevait à 610 en 1870, d'après l'Office fédéral de la statistique. « Même si certaines eaux (Pfäfers, Weissenburg, Gurnigel) étaient connues hors de leur lieu de jaillissement vers 1700 déjà, il fallut attendre la fin du XIXe siècle pour que les eaux minérales soient mises en bouteille et exportées, c'est-à-dire proposées à la vente en dehors des stations thermales. [...] Quelque dix sources exportaient leurs eaux en 1891, une trentaine en 1930 » (*DHS*). L'eau minérale gazeuse était devenue à la mode – les bulles de cette eau n'avaient rien de naturel, on y introduisait du gaz carbonique artificiellement ; l'exemple de Schweppes fit école et toutes sortes de limonades apparurent.

Créée en 1883 à Mendrisio, la Fabbrica di Gazzose e Seltz produisait un concentré avec des citrons importés d'Italie et y ajoutait de l'eau, du sucre et du gaz carbonique. Elle fut suivie en 1927 par Elmer Citro, une marque glaronnaise aussitôt protégée. La source minérale d'Eptingen lança le Sissa-Citro en 1929, le Sissa-Orange en 1936 et deux ans après le Sissa-Grapefruit, rebaptisé Pepita en 1949. Quant à la Romanette, elle fut créée en 1938 à Romanel-sur-Lausanne en mélangeant l'eau de la source locale à des arômes naturels de citron, d'orange et de framboise, qui sont ses trois déclinaisons ; achetée en 1979 par Henniez, cette marque disparaît du marché en 1991 avant d'être relancée en 2007 après le rachat d'Henniez par Nestlé, dans un « packaging *vintage* » (pour citer Michel Beneventi, directeur général de Nestlé Waters Suisse) rappelant avec nostalgie la Romanette originale. Trois ans plus tard à Eglisau, le Vivi Kola ressuscitait lui aussi : créé en 1938, sa production fut interrompue en 1986.

D'autres sources minérales ont été exploitées au cours du XXe siècle, comme par exemple Aproz Sources Minérales au-dessus de Nendaz, entreprise fondée en 1947 et reprise par le groupe Migros en 1958, ou Cristalp, créée en 1990 près de Saxon et commercialisée aujourd'hui par Nestlé. À côté des eaux minérales classiques, certaines marques se sont imposées sur le marché en étant produites non pas avec de l'eau contenant des minéraux, mais de la simple eau du robinet – il faut lire les étiquettes des bouteilles très attentivement pour décrypter certains détails sur leur contenu !

Dans l'ordonnance du Département fédéral de l'Intérieur sur l'eau potable, l'eau de source et l'eau minérale (817.022.102 ; état au 1er janvier 2014), on trouve la définition suivante : « Par eau minérale naturelle, on entend une eau souterraine microbiologiquement irréprochable, provenant d'une ou de plusieurs sources naturelles ou de captages souterrains artificiels. Par source, on entend une eau souterraine spécifique, définissable d'un point de vue hydrogéologique. » Sous « Exigences », la même ordonnance stipule que « l'eau minérale naturelle doit se distinguer par sa provenance géologique particulière, par la nature et la quantité de ses composants minéraux, par sa pureté originelle ainsi que par une composition et une température constantes dans les limites des variations naturelles ».

Depuis le début du XXIe siècle, la consommation d'eaux minérales en Suisse n'a pas augmenté significativement : de 700 millions de litres en l'an 2000, elle est passée à 932 millions de litres en 2019 (dont un peu moins de la moitié sont importées ; *www.eau-minerale.swiss*). Et ceci malgré une application très étendue : l'eau minérale n'est pas uniquement considérée comme excellente pour la santé, mais purifierait aussi l'organisme et symboliserait à elle seule une ligne élancée et sportive. Sa plus forte concurrente ne menace pas de jaillir de l'étranger, elle passe par de banals tuyaux de distribution : le très salubre et avantageux « Château la pompe », l'eau du robinet.

SUPPLÉMENT

De la montagne à la fontaine

La plus grande station thermale est franco-suisse : il s'agit du Léman. En effet, une fois chargée en minéraux, l'eau des montagnes savoyardes sort de terre et s'écoule dans le lac – du moins toute l'eau qui n'est pas embouteillée comme à Évian. Il est une eau plus exclusive encore que celle d'Évian, que l'on recueille à la fontaine du château de Châtagneréaz au Mont-sur-Rolle : originaire du Mont-Blanc, elle parcourt les veines rocheuses souterraines du Léman et, sous l'effet de la pression de la plus haute montagne d'Europe, surgit sur la rive opposée, dans la région de La Côte.

On fait des limonades maison depuis la découverte de la fermentation ; il faut toutefois s'y connaître un peu en matière de pression (du gaz) et de contre-pression (du récipient). Le jus de fruits (pomme, poire, raisin, etc.) ou l'eau aromatisée (par exemple aux fleurs de sureau) doit fermenter dans son contenant jusqu'à ce que suffisamment de gaz carbonique se soit formé pour obtenir une boisson agréablement mousseuse avec la teneur en alcool souhaitée – celle-ci augmente avec le temps de fermentation ; il en va de même pour le moût de raisin ou le cidre. Le danger d'explosion existe – il faut en être conscient !

Voir aussi : Pepita, page 61 ; Rivella, page 119 ; Süssmost, page 351 ; Elmer Citro, page 539 ; Gassoza, page 637.

AUTRES

Cornettes

Hörnli en suisse allemand, cornetti en italien ; petits tubes de pâtes courtes, recourbées et séchées.

Les cornettes appartiennent à la très protéiforme famille des pâtes alimentaires (en allemand *Teigwaren*, en italien *pasta*). Rien qu'en Italie, il existe d'innombrables types de pâtes, fraîches et sèches, longues et courtes, creuses et farcies – plus de 600, semble-t-il.

Les cornettes de La Chinoise, entreprise fondée en 1861 à Nyon et reprise par Hero en 1996, se distinguent par leur format : ces mini-macaronis en forme de C ne dépassent guère un centimètre de long. Les cornettes royales, la version légèrement plus grande, correspondent au format que les Suisses allemands identifient comme *Hörnli* (petites cornes). *Cornetto* est le nom italien du croissant, mais aussi d'un modèle de pâtes, une sorte de petite corne d'abondance recourbée. Attention à ne pas commettre d'impair : *cornuto* désigne en effet un mari cocu ! Les produits du Pastificio Simona à Quartino près de Locarno (successeur de la fabrique de pâtes Moscia depuis 1938) représentent au plus près ce que les Suisses entendent par *cornetti*. Outre une gamme de diverses pâtes tubulaires allant des *sedadini* aux épais *maccheroni rigati* (rainurés), les *cornettini*, *cornetti* et *cornetti rigati* se présentent soit en tant que pâtes traditionnelles à la semoule de blé dur, soit en tant que pâtes aux œufs « Original Swiss » (*cornettini* et *cornetti*).

On ignore qui a inventé les pâtes. Le principe des pâtes est si simple qu'elles ont été fabriquées partout où l'on pétrissait de la farine avec du liquide. « *Pâte* signifie, en français comme en italien, tout mélange d'une quelconque farine et d'eau, que ce soit pour faire de la bouillie, de la pâtée, des galettes ou du pain et des pâtes », rappelle Maguelonne Toussaint-Samat dans son *Histoire naturelle et morale de la nourriture*.

La pâte liquide (ou visqueuse) était cuite sur des pierres chaudes pour en faire des galettes ou séchée en fins disques au soleil et à l'air pour les conserver. Il a été établi qu'on faisait des pâtes à base de farine de riz au Japon vers 3500 av. J.-C., et que cinq siècles plus tard, on mangeait déjà en Chine de la soupe aux vermicelles. L'opinion d'après laquelle le Vénitien Marco Polo aurait apporté des pâtes ou des spaghettis de Chine en Italie au XIIIe siècle est aussi fausse que le mythe est indestructible : une autrice culinaire américaine aurait répandu la rumeur selon laquelle les pâtes seraient devenues si populaires en Italie grâce à Marco Polo que même Frédéric III, qui fut couronné empereur à Rome en 1452, en raffolait ; pour montrer combien il était cultivé, l'empereur aurait qualifié un bol de pâtes fumantes de « makarios », ce qui signifie *bienheureux* en grec – et ce serait de là que viendrait le nom *maccheroni*. Cette histoire consterne Giuseppe Prezzolini, un célèbre écrivain et chroniqueur gastronomique italien, qui estime qu'elle est digne d'un film (« Questa storia passò anche in una cinematografia ! ») (*Histoire naturelle et morale de la nourriture*).

« Les pâtes n'ont ni lieu ni date de naissance. Sous leur forme la plus simple, elles étaient déjà connues des peuples anciens et se sont répandues dans toute l'Italie », écrit Marzia Morganti Tempestini (*La Pasta*). À l'époque romaine, les *lagane* étaient des morceaux de pâte frits ; dans le centre et le sud de l'Italie, c'est le nom donné encore aujourd'hui aux bandelettes de pâte que l'on verse dans la soupe.

Les pâtes sèches sont un autre résultat des efforts déployés pour conserver les aliments plus durablement. Dans ce cas, il s'agit de pain, donc de pâte qui a été séchée à l'air comme une mince galette. Ce sont probablement des nomades arabes qui ont introduit les pâtes séchées en Sicile, car elles étaient plus faciles à transporter et pouvaient être utilisées plus longtemps que les pâtes fraîches. Dans le premier livre de cuisine arabe du IXe siècle, l'auteur Ibn'al Mibrad décrit comment « on prépare la *ristà*, un plat fait de pâtes tubulaires séchées, et *al Itrija*, des tagliatelles s'enroulant sur elles-mêmes comme des tortillons » (*La Pasta*).

Au Moyen Âge, le terme *maccheroni* servait à désigner toutes sortes de pâtes, surtout les tubulaires. Le Tessinois Martino de Rossi, appelé Maestro Martino, fit carrière en Italie comme cuisinier au service de plusieurs prélats et chefs de guerre (cf. *Digression page 607*). Ses recettes ont été rassemblées dans le *Libro de arte coquinaria*, écrit à Rome en 1464-65. Outre les recettes de *vermicelli* et de *ravioli*, Maestro Martino donne des instructions sur la façon de préparer les *maccheroni in altro modo*, les *maccheroni siciliani* ou les *maccharoni romaneschi :* pétrir de la farine et de l'eau pour obtenir une pâte qu'il faut enrouler « attorno un bastone » (autour d'un bâton) avant de l'en retirer avec précaution (*Libro di cucina del maestro Martino de Rossi*, Trento, 1993).

Le triomphe des pâtes a tenu à différents facteurs : les matières premières comme la semoule de blé dur, les routes commerciales, le développement de la production, de l'artisanat jusqu'aux machines commandées par ordinateur, et enfin les moyens financiers pour pouvoir s'offrir cette denrée. Les premières mentions en Suisse remontent au XVIIIe siècle. Une note manuscrite du monastère de Disentis en 1731 documente l'achat d'un *torculum pro formandis macaronis,* une presse à macaronis. L'*Encyclopédie d'Yverdon* recense les « produits à base de farine non fermentés », parmi lesquels elle mentionne « les pâtes d'Italie, comme la sémoule, vermicelles, macarons, etc. dont on fait des crèmes, des bouillies, des potages ».

Sous l'Ancien Régime, les pâtes faisaient partie des produits de luxe ; une recette bernoise de la fin du XVIIIe siècle mérite de figurer ici : « Prenes environ 2 poignées de Macaroni faites les cuire 2 bonnes heures dans du Bouillon, prenes alors une bonne portion de Fromage rapé – mêlés la moitié avec les Macaronis en ajoutant un ou deux œufs et une cuillère de Crème, mettes cela sur une assiette de Fer blanc et mettés le reste du Fromage par-dessus et couvrés d'un couvercle de Tourtière – laisses le un moment pour qu'il ait le tems de jeaunir » (*Soupes et Citrons*).

« La première fabrique de pâtes a été ouverte à Gênes en 1740 » (*La Pasta*). Au XIXe siècle, « les premières usines de pâtes alimentaires avec des presses hydrauliques, des malaxeurs mécaniques et des installations pour faire sécher la pâte » ont vu le jour à Naples.

En Suisse, on admet généralement que les pâtes ont conquis le pays grâce à la construction du tunnel ferroviaire du Gothard (1872-1882), car les travailleurs italiens ne voulaient pas renoncer à leur alimentation traditionnelle. Mais « quand nous cherchons à savoir à quoi ressemblaient les menus de ces Lombards, Vénitiens et Piémontais [...], nous manquons de documents fiables, c'est-à-dire précis, dont les auteurs auraient pris la peine de se pencher sur les casseroles des mineurs », écrit Carlo Bernasconi dans *Das Jahrhundert der Italiener in der Schweiz* (Le siècle des Italiens en Suisse) (2003), « [...] d'autant plus que la plupart des ouvriers du tunnel venaient de régions agricoles où ils avaient vécu en autarcie, mais très chichement, à la limite de la pauvreté. Par conséquent, il y a très peu d'informations à exploiter sur les habitudes alimentaires de ces personnes, et il est extrêmement douteux qu'elles se soient régulièrement nourries de pâtes, comme la diététique voudrait nous le faire croire aujourd'hui ; le cas échéant, leur régime alimentaire était à base de maïs – car même à cette époque, il devait être moins cher et plus rassasiant que les pâtes ».

Auparavant, on consommait déjà des pâtes importées ou produites en Suisse, mais pas en quantités significatives. Une lectrice du *Tages-Anzeiger* a répondu à une chronique sur les pâtes : « Né en 1892, mon père était en poste sur le Saint-Gothard pendant la Première Guerre mondiale, écrit-elle ; les gens rêvaient de spaghetti, et comme mon père travaillait en cuisine, quelqu'un est allé en chercher au Tessin. Mais comment les cuisiner ? Vu qu'on ignorait tout de ces longues pâtes et qu'on craignait de ne pas arriver à les faire mollir, elles furent trempées dans de l'eau le soir, et le lendemain on les coupa en morceaux et les fit frire ! Est-ce que ça leur a plu ? » (3 juin 2016)

La première fabrique de pâtes alimentaires de Suisse a ouvert ses portes à Lucerne en 1838 ; une deuxième fut fondée à Coire en 1841, qui a été fermée en 2006 après divers changements de propriétaires et restructurations. D'autres suivirent : Ernst en 1858 à Kradolf (Thurgovie), La Chinoise à Nyon en 1861, Bschüssig à Winterthour (1876) ; le Molino de Poschiavo s'est agrandi en 1911 pour devenir le Molino e Pastificio SA – les longs spaghettis en papier d'emballage bleu foncé sont toujours disponibles (tout comme les *pizzoccheri*) à ce jour. En 1920, la Suisse comptait 78 usines de pâtes alimentaires en activité.

L'*Atlas de folklore suisse* indique que pendant les années 1930, on consommait des pâtes dans tout le pays. En 1937, il y avait des fabriques de pâtes presque partout : au niveau industriel dans les cantons de Thurgovie, Vaud, Lucerne et Berne, alors que la plupart des petites entreprises se situaient au Tessin. Au lendemain de la Seconde Guerre mondiale, la rationalisation, les développements techniques et l'amélioration de la logistique ont entraîné une diminution du nombre de fabriques, compensée par une augmentation des capacités des usines restantes. Dans les années 1990, la société Hero a racheté des marques établies de longue date telles que Ernst, Ami, La Chinoise et Trattoria, concentrant la production sur un seul site à Frauenfeld. C'est à partir de là que la société Pasta Premium a été créée en 2004 par le biais d'un transfert de propriété à des cadres dirigeants. Au début du XXIe siècle, seules quelques fabriques traditionnelles produisaient encore des pâtes, mais quelques modestes entreprises ont néanmoins été créées. À Morges, Pasta Gala, propriété de Coop depuis 1939 et plus grand producteur du pays après Jowa (Migros), a dû fermer en 2013 pour des raisons de coûts. Des fabriques disparues comme Dalang, Doria, Wenger, Wehrli, Drei Glocken et d'autres continuent à vivre sur de vieilles affiches publicitaires.

En 1872, des *Hörnli* apparaissent sur l'annonce publicitaire d'un magasin dans le *Intelligenzblatt für die Stadt Bern*, parmi d'autres produits de pâtes alimentaires tels que *Maccaronis* et les *Nudeln* (nouilles) ; en 1885, un commerçant fait une publicité dans le même journal avec « des produits frais garantis : de bonnes pâtes alimentaires du pays : *Maccaroni*, *Hörnli*, *Buchstaben* (pâtes alphabet), *Eiergerste* (orge aux œufs), *Sternli* (petites étoiles, *Nudeln*, *Fideli* (vermicelles)... »

Dans son *Dictionnaire universel de cuisine pratique* (1894-1906), Joseph Favre consacre une bonne vingtaine de recettes aux macaronis, mais ne mentionne ni cornettes, ni coquillettes (comme on les appelle en France). Alexandre Dumas attribue l'arrivée des macaronis en France au déménagement de Catherine de Médicis de Florence à Paris en 1533, où les pâtes, contrairement à la jeune épouse d'Henri d'Orléans, n'ont réussi à s'y imposer qu'avec grande difficulté ; Dumas ne mentionne lui non plus aucune cornette, mais laisse une demi-livre de *macaroni* bouillir pendant pas moins de trois quarts d'heure (*Grand Dictionnaire de cuisine*, 1873) !

Les cornettes ou *Hörnli* semblent bel et bien être une spécialité suisse, même si Elisabeth Fülscher ne s'y attarde guère. Dans l'édition de 1966 de son long-seller culinaire *Das Fülscher-Kochbuch*, elle consacre deux recettes à l'entrée « Hörnli », l'une aux légumes, l'autre avec de la saucisse ou des champignons, et elle recommande de la viande hachée – sous sa recette appelée « Fleischhaché » – « comme complément aux pommes de terre, au riz ou aux pâtes ». Dans la recette de base des pâtes, les *Hörnli* se retrouvent aux côtés des nouilles, des macaronis et des spaghettis, avec un « temps de cuisson de 15-20 minutes ».

Le mariage entre viande hachée et cornettes est on ne peut plus naturel, car la forme incurvée de ces pâtes creuses et rondes absorbe parfaitement la sauce et on n'en perd rien entre l'assiette et la bouche. À partir des années 1970, surtout en Suisse alémanique, les *Hörnli* se sont imposés comme plat national prolétarien accompagné de *Ghacktem* (viande hachée en sauce brune ou demi-glace, mais pas *alla bolognese*).

On distingue en Suisse deux types de pâtes : celles à l'italienne, les « Tipo Napoli », à base de blé dur et d'eau, et celles à la suisse, avec au moins trois œufs par kilo de semoule de blé dur.

Le blé dur (*Triticum durum*) a été importé très tôt des États-Unis, étant donné que le blé tendre ou panifiable suisse (*Triticum vulgare*) convient moins bien aux pâtes. Pour obtenir des pâtes savoureuses et croquantes, le grain doit être dur et vitreux. Le blé dur contient plus de gluten que le blé panifiable. Il pousse idéalement dans un climat sec et assez chaud; 20 à 40 centimètres de précipitations lui suffisent. Il tombe 80 à 150 centimètres de pluie par an sur le Plateau suisse, ce qui est compatible avec le blé panifiable, mais pas avec le blé dur. Grâce au réchauffement climatique, il sera donc aussi possible de cultiver du blé dur en Suisse. La ferme Terreni alla Maggia SA (Ascona) a commencé à le faire en 2001; le *grano duro ticinese* est transformé par Pastificio Simona (Quartino) en penne, spaghetti et tagliatelles. Les producteurs traditionnels de blé dur sont les pays méditerranéens, les États-Unis, le Canada et l'Argentine.

La pâte peut être laminée ou pressée à travers une trafileuse, une sorte de matrice. Si l'on souhaite faire soi-même des tagliatelles, il faut bien abaisser la pâte, la saupoudrer de farine, la rouler (mais sans la presser) et la couper à la largeur souhaitée à l'aide d'un couteau. Étendre les tagliatelles, les laisser sécher ou les cuisiner fraîches.

Les cornettes sont pressées à travers un moule, comme les *maccheroni*; il y a trois formats classiques: petit, moyen et grand. Dans une description de l'ancienne fabrique de pâtes bâloise Dalang vers 1930, on peut lire ce qui suit sur le fonctionnement de la matrice ronde pour machine à pâtes, dont l'aspect rappelle celui d'un pommeau de douche plat: «La croix visible dans chaque ouverture porte une longue tige sur le côté où sort la pâte, tige autour de laquelle la pâte se referme de manière parfaitement tubulaire sous l'effet de la haute pression (jusqu'à 250 atm); ce "tube" extrudé est appelé "macaroni"» (*Italienische «Makkaroni-Esser» in der Schweiz*, 1996).

Les machines actuelles fonctionnent plus vite et avec une rationalité accrue. Mais pourquoi la cornette est-elle courbe? En resserrant un tube, on augmente la vitesse d'écoulement de la matière qui y est pressée. Afin de créer une courbure, le support en croix rétrécit le passage d'un seul côté et la pâte s'écoule plus rapidement, comme si elle voulait suivre l'autre côté, couvrant une plus grande distance et formant ainsi la courbure. Une lame coupe les cornettes sortant tordues à la longueur désirée. Elles sont séchées à 80 °C et à une humidité relative de 85 % pendant quatre à dix heures selon la technologie utilisée, et constamment secouées pour éviter qu'elles s'agglutinent les unes aux autres.

Il est quasi impossible de faire des cornettes soi-même, cela nécessite des compétences techniques et des machines. Où et quand ont-elles été initialement produites? Sont-elles des *maccheroni* améliorés et viennent-elles d'Italie ou s'agit-il d'une création suisse? «Je ne pense pas que l'on puisse répondre à cette question», a répondu Beat Grüter, directeur de Swiss Pasta, l'Association de l'industrie suisse des pâtes alimentaires. «À ma connaissance, il n'y a pas d'informations claires à ce sujet. Du point de vue de leur fabrication, les cornettes appartiennent certainement à la famille des maccaronis. Et vous pouvez aussi être sûr qu'ils n'ont pas été inventés en Italie, car les *maccheroni* que l'on y trouvait étaient toujours droits, jamais courbes». Et qui a produit la première cornette? «Personne en Suisse ne peut répondre à cette question!» (Courriel du 8 mars 2016.)

Au même titre que les cornettes à la viande hachée, le gratin de cornettes a conquis un large public. Les pâtes sont accompagnées de lanières de jambon, de crème et d'épices; le tout est saupoudré de fromage râpé et gratiné au four. Très riche en calories, ce plat est désormais un peu tombé dans l'oubli; les *Älplermagrone*, en revanche, connus sous le nom de pâtes du chalet en Suisse romande, sont restés célèbres. Les *Magrone* dépassent les cornettes en longueur et en diamètre; ils ne sont pas recourbés – ce sont des «cornettes droites» comme les cornettes sont des «*Magrone* recourbés». Mélanger les *Magrone* ou les macaronis avec des oignons, éventuellement des pommes de terre, du fromage et de la crème. En Gruyère, on vous proposera des «macaronis du chalet», préparés soit avec des cornettes soit avec des macaronis, de la crème double et du gruyère râpé. On retrouvera aussi des cornettes dans la «soupe du chalet», avec des pommes de terre, des carottes, des épinards, du céleri – une soupe servie sans lésiner sur le lait ou la crème et le gruyère râpé.

En Ligurie, les ouvriers agricoles cuisinent des *penne* avec de juteuses tomates comme le risotto, afin de n'avoir que très peu d'eau à porter jusqu'aux champs. On peut appliquer la même méthode avec les cornettes: faire suer des oignons hachés avec des cornettes, déglacer avec des tomates concassées fraîches (*pomodori triturati*), faire mijoter doucement comme pour un risotto, assaisonner, puis ajouter une nouvelle fois des tomates hachées, faire mijoter jusqu'à ce qu'elles soient *al dente* plutôt que *all'onda* et assaisonner à nouveau.

Voir aussi: Épeautre, page 276; Pizzoccheri, page 591.

Nescafé

Poudre hydrosoluble d'extrait de café en grains

Avec une valeur de plus de dix milliards de francs suisses, Nescafé dépasse de loin toutes les autres marques alimentaires suisses, avant tout grâce à la consommation asiatique. Viennent ensuite les autres produits de Nestlé, la plus grande entreprise alimentaire du monde (2020), avec des marques telles que Maggi et Nespresso.

La domination de Nescafé est vraiment impressionnante, lorsqu'on songe que l'idée de développer une poudre hydrosoluble à base d'extrait de café a été abandonnée en 1930 par Nestlé & Anglo-Swiss, jeune société à cette époque. «Il est rapidement apparu qu'un tel produit obtenu par extraction puis évaporation, comme c'était le cas du café instantané et du lait condensé, perdait assez vite son goût typique. Même l'ajout ultérieur de café torréfié finement moulu n'a pas donné de résultats satisfaisants», dit Thomas Fenner dans son livre sur l'ascension commerciale de Nestlé, intitulé *Flaggschiff Nescafé – Nestlés Aufstieg zum grössten Lebensmittelkonzern der Welt* (2015) (Le vaisseau amiral Nescafé – comment Nestlé est devenue la plus grande entreprise alimentaire au monde). Mais en avril 1937, le président du Conseil d'administration de l'époque, Eduard Müller, affirmait prophétiquement : « [...] one of the nicest babies to which Mother Nestlé has given birth » (un des plus beaux bébés auxquels Mère Nestlé a donné naissance).

Ce fut une naissance au forceps. Au début du XXe siècle, Nestlé & Anglo-Swiss produisait du lait en poudre, du lait condensé ainsi que du chocolat. Au Brésil, le gouvernement était assis sur une montagne de café, cherchant des solutions pour se débarrasser de ses excédents afin de stabiliser les prix. La Banque Française et Italienne pour l'Amérique du Sud a demandé à Nestlé si leur entreprise pouvait produire des cubes de café solubles dans l'eau, à la manière des cubes de bouillon. Dans les laboratoires de Vevey, on a tenté de transformer le café en poudre – un procédé déjà connu aux États-Unis, mais ce café perdait rapidement sa saveur.

Sous la direction de Max Morgenthaler (1901-1980), des expériences ont été menées de 1932 à 1935, mais sans succès probant. Une fois c'était l'arôme qui s'évaporait, la suivante c'était solubilité de la poudre qui cafouillait. Nestlé a abandonné, Morgenthaler a poursuivi ses recherches en privé. Il découvrit qu'une plus forte extraction du café infusé donnait de meilleurs résultats. Fenner : « Contrairement à la doctrine en vigueur à l'époque, il s'est aperçu que le goût du café n'était pas fixé par les composants gras de l'huile de café, mais par les glucides. » Après d'autres tentatives, au printemps 1936, Morgenthaler avait « mis au point une poudre presque inodore qui établissait de nouvelles normes en termes de durée de conservation et de pureté du goût du café ». Une dégustation a convaincu Nestlé. Morgenthaler a obtenu le brevet et en 1971, Nestlé était devenue la plus grande entreprise alimentaire du monde grâce à son café, lancé pour la première fois en Suisse en 1938. Nescafé est un mot-valise composé de Nes(tlé) et de café.

D'abord en boîtes de conserve, puis en bocaux – ce qui permet de magnifier optiquement le contenu. Le Nescafé Gold à l'extrait lyophilisé a été lancé en 1965. Le Nescafé est le café le plus consommé au monde.

Voir aussi : Ovomaltine, page 289.

9

NEUCHÂTEL

Un lapin pour un litre

A horse, *a horse, my kingdom for a horse!* Un roi peut difficilement faire des adieux plus dramatiques à sa fonction et à sa dignité que Richard III, qui jette désespérément tout dans la balance pour échapper au tumulte de la bataille. Comme personne ne veut remplacer son cheval tué, le tyran sanguinaire et bossu est fatalement rattrapé par la réalité.

Un lapin pour un litre sonne plus terre à terre. Le créateur de la phrase n'a pas dû penser à Shakespeare, mais plutôt à des espions et des mouchards qu'il a essayé de tromper avec des formulations cryptées. Un lapin pour un litre – pas un royaume pour un cheval, plutôt *e Lappe für e Litre* (cent francs pour un litre), comme l'un ou l'autre candide Suisse allemand l'a compris autrefois dans le Val-de-Travers, en sortant un gros billet pour s'offrir son litre d'absinthe. Pour les distillateurs clandestins, ce litre représentait bien un *kingdom*, un petit royaume, certes, mais qu'il était impossible de brader, même dans les pires moments.

Parmi toutes les valeurs que le canton de Neuchâtel a apportées au patrimoine culinaire suisse, l'absinthe se distingue comme un « produit de résistance », symbole identitaire et d'insoumission à la fois. Interdite pendant 95 ans, l'absinthe, eau-de-vie à base de plantes dont l'ingrédient phare est l'*Artemisia absinthium*, est devenue une potion magique qui, malgré la prohibition, a continué à être distillée en cachette, forgeant le mythe du Val-de-Travers et apportant des revenus à ses habitants.

On disait autrefois de Neuchâtel qu'on y pratiquait le meilleur « français suisse ». Peut-être bien, car ce fut le premier canton à parler français sur tout son territoire. Mais de nos jours ce n'est plus aussi frappant. De La Chaux-de-Fonds, on disait que sa situation était impossible, que la ville n'aurait jamais dû exister, construite dans un endroit inhospitalier au climat rude à plus de 1000 mètres d'altitude. Cela aussi se justifie d'une certaine façon, mais la ville horlogère, qui a vu le jour malgré l'adversité et a été presque entièrement incendiée en 1794, se classe aujourd'hui au troisième rang des communes de Suisse romande, devant son propre chef-lieu de canton. Entre les deux villes, il y a une différence de plus de 500 mètres d'altitude, mais aussi le nimbe qui fait que la cité ouvrière du Jura a réussi, avec sa petite sœur Le Locle, à obtenir le label de patrimoine mondial de l'Unesco, contrairement à Neuchâtel.

Le Jura neuchâtelois et la Riviera sont si dissemblables que les autorités veulent dorénavant réunir les gens et les mentalités sous le slogan « un canton, un espace ». Sur le plan culinaire, les deux régions sont depuis longtemps si bien équilibrées qu'on dirait qu'un Conseil des sages veille sur elles. Dans le Jura, on trouve de la saucisse et du saucisson, du jambon et de l'absinthe ainsi que des pâtisseries campagnardes, sur la Riviera des poissons lacustres comme les bondelles et les palées, des pâtisseries fines et des friandises comme le Batz neuchâtelois et le sugus ainsi que des eaux-de-vie telles que le marc et la lie, les deux paniers étant reliés par le large ruban de vignes qui s'étend du lac au Jura.

Ce flanc entre Vaumarcus à l'ouest et Le Landeron au bord du lac de Bienne constitue la partie centrale de la région viticole qui s'étend des Côtes de l'Orbe dans le canton de Vaud jusqu'à Vigneules au-dessus de Bienne. À peu près au milieu, au sud du lac face à Neuchâtel, l'éminence du mont Vully culmine à 653 mètres d'altitude, constituant la troisième région viticole du Pays des Trois-Lacs sur son versant sud, au-dessus du lac de Morat.

Le glacier du Rhône, qui n'est désormais qu'une tête réduite et dégoulinante, a autrefois modelé le paysage jusqu'au pied du Jura. Après son retrait, des graviers morainiques reposaient sur des roches calcaires, idéales pour la viticulture. On ignore qui a commencé – mais la ville romaine d'Aventicum, aujourd'hui Avenches, se trouve sur la rive sud du lac de Neuchâtel, et là où les Romains vivaient, on buvait du vin. La découverte de pépins de raisin fossiles près de Saint-Blaise remonte même au Néolithique. Il n'est toutefois pas possible de savoir si les lacustres se sont contentés de cueillir la vigne ou s'ils la cultivaient déjà. Le document écrit le plus ancien atteste de la donation d'un vignoble par le prince Rodolphe de Neuchâtel à l'abbaye bénédictine de Bevaix en 998.

Aucun paysage viticole suisse n'est plus proche de la Bourgogne que Neuchâtel. Si les affinités avec la patrie du pinot noir sont évidentes, elles ont commencé à se manifester relativement tard. En 1930, le pinot noir couvrait moins de 20 % du vignoble, contre plus de la moitié aujourd'hui. Longtemps négligé, dans l'ombre d'autres régions, Neuchâtel offre, à côté de vins vinifiés de manière conventionnelle, quelques-uns des meilleurs pinots noirs de Suisse, qu'ils soient tout à fait bourguignons ou imprégnés de ce terroir très minéral avec une finale comparable à un très long tintement de cloche.

Le chasselas et le pinot gris, le chardonnay et, comme redécouverte, le savagnin blanc (heida, païen) sont les principales variétés blanches. Le chasselas non filtré est une spécialité : croquant, resserré et légèrement trouble grâce aux particules de levure en suspension. L'œil-de-perdrix, le rosé de pinot noir, est particulièrement significatif. En laissant longtemps les raisins foulés sur le moût avant le pressurage, les peaux libèrent de la couleur, des tanins et des arômes au bout de deux à trois semaines : le vin devient rouge. Si on ne laisse le jus que deux ou trois jours sur le moût, il devient rose, c'est l'œil-de-perdrix ; et si l'on presse immédiatement les raisins, un jus jaune doré jaillit du pressoir : c'est la perdrix blanche, un blanc de noir rafraîchissant.

Les visiteurs qui arrivent pour la première fois à Môtiers, un centre de la fabrication d'absinthe dans le Val-de-Travers, sont surpris de se trouver devant la cave Mauler. Elle a été installée dans l'ancien Prieuré Saint-Pierre, fondé au Xe siècle par l'abbaye de Cluny et un roi bourguignon. Depuis 1829, Mauler y produit du vin mousseux selon la méthode traditionnelle.

Jambon cuit dans l'asphalte

Le jambon paysan, les jambons crus des Grisons et du Valais, le jambon de la borne, le *prosciutto crudo della Mesolcina* ainsi que le *Schüfeli* (palette fumée) et la *coppa* sont autant de morceaux de porc qui appartiennent à la famille des jambons dans l'Inventaire du patrimoine culinaire suisse. Le jambon cuit dans l'asphalte occupe une place très particulière dans ce cercle; il est unique car on le sert exclusivement au Café des Mines du site de la Presta, l'ancienne usine d'asphalte du Val-de-Travers, et parce qu'il est préparé – et non conservé – dans de l'asphalte en fusion. Le jambon cuit dans l'asphalte est servi avec un gratin de pommes de terre, des haricots verts et une salade mixte.

Dans les mines de la Presta, pendant les années 1930, on emballait d'abord le jambon dans du papier journal avant de le mettre dans un sac de farine, sac de papier double qu'on saucissonnait avec des fils de fer; ceux-ci permettaient de sortir le paquet de l'asphalte en fusion dans lequel il était plongé au terme de la cuisson. Avant de découper son jambon, on pouvait distinguer les articles de journaux sur la couenne. Tous les 4 décembre, jour anniversaire de sainte Barbe, patronne de leur corporation, les mineurs remerciaient celle qui étend sa main protectrice sur eux en savourant cette viande.

L'extraction de l'asphalte naturel, roche bitumineuse, dans le Val-de-Travers a débuté vers 1714 «sous l'impulsion d'un prospecteur grec venant de Bessarabie, Eirini d'Eirinis […]. Souterraine depuis 1873, l'extraction s'est étendue sur 402 hectares. Elle a définitivement cessé en 1986, après que l'asphalte neuchâtelois eut été exporté dans toute l'Europe et aux États-Unis» (*DHS*). L'asphalte a été utilisé à partir du XVIIe siècle pour colmater les fissures; c'est un matériau efficace contre la vermine et comme isolant. Son huile, obtenue par distillation, servait de médicament à usage externe ou interne contre toutes sortes de maux, pour les humains comme pour les animaux. En Suisse, on a exploité et transformé de l'asphalte dans les cantons de Neuchâtel, de Vaud, de Genève et du Tessin.

Après la fermeture des mines de Presta, on a recherché des alternatives pour cette zone historique, avant tout comme attraction touristique. Les galeries désaffectées ont été ouvertes aux visiteurs, et un musée et une boutique ont été installés; en 1991, les exploitants ont remplacé celle-ci par le Café des Mines et mis à leur menu le jambon cuit dans l'asphalte.

Autrefois, les jambons emballés étaient cuits dans l'asphalteuse où le minerai était chauffé à 180 degrés, lestés de deux rails de voies ferrées afin d'éviter qu'ils ne remontent à la surface. Cette technique ne permettait que de cuire six jambons à la fois et nécessitait une force musculaire considérable! Aujourd'hui, un palan permet de plonger et de remonter sans effort huit jambons placés dans une cage de cuisson grillagée.

Ce mode de cuisson permet à la viande de cuire lentement à l'étouffée, de sorte que le jambon reste juteux et ne perd aucun de ses arômes. *Fulachta fiadh* est le nom d'une méthode comparable datant de l'âge du Bronze en Europe; ce terme signifie à peu près «lieu de cuisson sauvage» en vieil irlandais. On a identifié plus de 4500 lieux de cuisson préhistoriques sur l'île d'Émeraude. On remplissait d'eau un bac en pierre ou en bois à l'air libre, le chauffait avec des pierres provenant d'un feu, puis on faisait cuire de la viande enveloppée, surtout du gibier, dans de l'eau bouillante.

Voir aussi: Rippli et Schüfeli, page 28; Jambon de la borne, page 223; Jambon de campagne, page 262; Jambon cru du Valais, page 466; Bündner Rohschinken, page 547; Coppa, page 585; Prosciutto crudo della Mesolcina, page 586.

Saucisse neuchâteloise, saucisson neuchâtelois

Saucisse fumée à maturation interrompue

S'il fallait dresser une carte des saucisses en Suisse, elle comporterait trois subdivisions. Au nord et à l'est, c'est la chair à saucisse fine et à texture émulsionnée qui prédomine. Des saucisses comme le cervelat et le schüblig, la saucisse de veau de

Glaris (*Glarnerkalberwurst*) et la saucisse à rôtir de St-Gall (*St. Galler Bratwurst*), certaines fumées, d'autres non, sont blanchies avant d'être commercialisées; la saucisse à bouillir d'Appenzell (*Appenzeller Siedwurst*) est également proposée crue, et volontiers tartinée sur du pain. Dans le sud et les régions de montagne, on préfère sécher les saucisses à l'air plutôt que de les fumer; leur chair est souvent grossièrement découpée, mais aussi plus finement comme c'est le cas du *salame nostrano*, du salsiz ou de la saucisse de ménage d'Uri (*Urner Hauswurst*). Dans la partie allant du nord-ouest à l'ouest, c'est-à-dire majoritairement en Suisse romande, les saucisses – de celle d'Ajoie au saucisson vaudois – sont brièvement fumées à froid avant de pouvoir être consommées. Elles sont presque encore crues, mais pas complètement, et restent tendres – c'est ce qu'on appelle la maturation interrompue. Ces saucisses peuvent soit être cuites, soit dûment séchées comme du salami; de telles saucisses crues séchées ne sont pas rares dans le canton de Neuchâtel.

Il n'existe pratiquement aucune preuve écrite sur l'histoire du saucisson neuchâtelois droit et de sa sœur courbe plus fine, la saucisse neuchâteloise. Une enquête menée par l'Association neuchâteloise des maîtres-bouchers dans les années 1990 a montré que les saucisses sont fabriquées dans ce canton depuis plusieurs générations; on les connaissait donc déjà à la fin du XIXᵉ siècle. Il est peu probable que l'évolution diffère beaucoup de celle des autres régions de Suisse romande où l'on produit et consomme des saucisses.

Dans leur livre *Neuchâtel à table* de 1973 – date à laquelle l'industrie alimentaire ne dominait pas encore les cuisines du pays aussi massivement qu'une quarantaine d'années plus tard – Marcel North et Jacques Montandon exaltent la cochonnaille à la ferme et les vieilles traditions neuchâteloises comme la torrée, la cuisson des aliments sous la cendre des feux ouverts, traditions «qui datent du Moyen Âge sans doute, quand la saucisse était andouillique [à base d'abats hachés] et nourriture à la fois des barons et des vilains».

Avec la généralisation de l'engraissement porcin au XIXᵉ siècle (cf. *Saucisse aux choux, page 168*), le saucisson est devenu plus courant et, toujours d'après les auteurs de *Neuchâtel à table*, «on le fait dans les montagnes comme au bord du lac». N'oublions pas ici la saucisse à rôtir neuchâteloise, «dont parle Urbain Dubois – qui fut cuisinier du roi de Prusse à Berlin, au temps où les chasseurs neuchâtelois de la Garde recevaient saucisses et saucissons de La Sagne et lieux circonvoisins». Ces saucisses survivent à tout régime gouvernemental.

Montandon décrit ensuite comment le boucher de campagne, itinérant, arrive à la ferme. «Il n'est pas, ainsi [que] le veut la tradition, un professionnel, mais un amateur averti. Il transporte avec lui, en général, le matériel nécessaire, qui va de la machine à hacher à celle à faire les saucisses, du jeu de couteaux à la baignoire dans laquelle le porc prendra son ultime toilette.»

Après que la truie a été tuée, brossée, lavée et éviscérée, il s'agit de la découper et de distribuer ses morceaux. Les poumons sont donnés au chien et au chat. «Quant au reste, tout ce qui n'est pas digne de figurer en morceaux entiers dans la saumure d'abord, puis dans la cheminée, passera dans la machine à hacher, non sans qu'un tri préalable, savant, des viandes ait été fait. On réserve les plus rouges à la saucisse au foie, les plus blanches à la saucisse à rôtir, et les intermédiaires au saucisson. La graisse est, elle aussi, traitée à part, sa proportion dans les diverses préparations devant être mesurée, jaugée, estimée par la main du maître. Et c'est là qu'interviennent les secrets de fabrication de ces bouchers, ou des fermiers eux-mêmes, qui fixent les proportions nécessaires au pétrissage de telle ou telle spécialité, l'aromatisation qu'il convient d'apporter, et qui savent jouer avec maîtrise du poivre et de la coriandre moulus, du thym et de la marjolaine, du vin blanc ou de la lie.»

Jusqu'au XXᵉ siècle, la fabrication des produits de charcuterie n'était pas organisée et aléatoire, un terrain propice aux erreurs et à la confusion d'un village à l'autre, où chacun faisait ses propres saucisses. Avec le passage du bouchoyage à la ferme à l'abattage industriel, des conditions plus structurées ont émergé. Il fallait adopter des appellations caractérisant non pas le fabricant, mais le style des saucisses, que l'on devait pouvoir distinguer les unes des autres.

Bien malin qui peut différencier uniquement au goût un saucisson neuchâtelois d'une saucisse neuchâteloise, vu que leur contenu est identique – seule leur forme et le boyau dans lequel ils ont été embossés permettent de le faire: celui du saucisson est un droit de bœuf issu de l'intestin moyen, celui de la saucisse un courbe de bœuf issu de l'intestin coronaire. Ce type de saucisses crues à maturation interrompue est produit dans tout l'arc jurassien. Leurs caractéristiques se situent dans la perforation des disques de boisseau, l'assaisonnement, le type de boyau utilisé pour les emballer et aussi dans la durée du fumage. Il est particulièrement important de bien distinguer les spécificités d'un produit qui est censé exister – pas seulement géographiquement – entre deux grands sur le marché, à savoir le saucisson vaudois et la saucisse de Morteau, petite ville du Doubs située non loin de la frontière franco-suisse. C'est pourquoi les bouchers neuchâtelois se sont battus pour obtenir le signe de qualité IGP. Il leur a été accordé en 2003.

La viande des saucisses et saucissons neuchâtelois provient en grande partie de porcs élevés dans le canton même, mais l'utilisation de viande porcine d'origine suisse en général est autorisée. Passer au hachoir (diamètre de perforation de 5 à 8 millimètres) un tiers de lard et deux tiers de viande maigre; on peut aussi ajouter de la couenne cuite, mais il faut respecter le ratio de base. Seuls le sel nitrité, le poivre et l'ail sont autorisés pour l'assaisonnement. On attache les saucisses ou saucissons avec de la ficelle alimentaire ou des clips, les suspend à température ambiante et les laisse reposer pendant douze heures, après quoi on les fume à froid, entre 18 et 28 °C.

Le saucisson et la saucisse peuvent être pochés à 75 °C pendant 30 à 40 minutes. Celles et ceux qui souhaitent perpétuer les traditions et aiment l'odeur du barbecue invitent à la torrée, un «feu de berger», selon le *Dictionnaire historique de la langue française*, que l'on allume pour partager «un repas commun en plein air, au cours duquel on mange des saucisses et des pommes de terre cuites dans la braise et les cendres chaudes». On verse quelques gouttes de pinot noir sur la saucisse (c'est donc une version light de la *Treberwurst*), l'enroule dans du papier sulfurisé ou d'emballage puis dans un journal et la place dans l'épaisse couche de braises laissée par le feu mourant. Selon le diamètre du saucisson, le paquet doit cuire pendant 30 à 50 minutes.

Il faut mentionner la *menuse*, insiste Jacques Montandon dans *Neuchâtel à table*, «ce merveilleux saucisson sec qui n'est fabriqué qu'au Val-de-Ruz, et qui comprend en principe deux tiers de viande et de graisse de porc pour un tiers de viande de bœuf». La viande doit être hachée au couteau et non «par les dispositifs brutaux d'une machine à hacher», et il faut bien pétrir la chair à saucisse, que l'on affine avec quelques verres de vin rouge; la menuse est séchée à l'air libre et non fumée.

Une fois qu'il aura été produit, vendu et consommé pendant au moins 40 ans, le saucisson à l'absinthe se verra sûrement accorder une place au patrimoine culinaire. Lorsque la Confédération a levé l'interdiction de l'absinthe en 2005 au bout de 95 ans, le mythe de la fée verte a menacé de s'affadir au profit de la banalité de la commercialisation (cf. *Absinthe, page 211*). La boucherie Perroud aux Ponts-de-Martel a réagi et lancé un saucisson fleurant bon l'absinthe. «Mon idée était de combiner deux spécialités régionales», a déclaré Bernard Perroud (cité par Andreas Heller dans *Um die Wurst*, 2007). Le boucher a cherché la bonne recette et l'a trouvée. En découpant ce saucisson, un soupçon d'anis, de fenouil et bien sûr d'absinthe s'élève parmi les puissants effluves de la viande et ennoblit la saucisse d'une élégante complexité et d'une digestibilité bienfaisante – pas étonnant, l'absinthe a été créée par des herboristes artistes.

Voir aussi : Saucisse d'Ajoie, page 72 ; Saucisson vaudois, page 169.

POISSONS

Bondelle, palée

Corégones du lac de Neuchâtel

Les Suisses n'aiment-ils pas le poisson? Si l'on compare notre consommation avec celle des habitants de l'Océanie qui, selon la FAO, mangent environ 25 kilos de poisson et de fruits de mer par personne et par an, nous apparaissons, avec nos neuf kilos, en effet quelque peu hostiles au poisson. La Suisse est un pays enclavé avec ses sommets s'élevant dans le ciel à partir d'une mer de rochers, et non une île émergée des flots du Pacifique. Néanmoins, les statistiques montrent une tendance à la hausse des importations (cf. *Perche, page 170*).

Les résultats varient selon les années, mais il n'est pas rare que les pêcheurs professionnels capturent plus de 1600 tonnes de poisson (poids vif) dans les eaux helvétiques. Divers facteurs influencent la pêche: des facteurs écologiques tels que le temps (les tempêtes peuvent détruire le frai), la température des écosystèmes aquatiques et le déroulement de la reproduction, mais aussi des facteurs sociaux et économiques tels que la pollution et l'utilisation des eaux. Les professionnels de la pêche affirment qu'une législation excessivement stricte a rendu les eaux suisses si propres qu'elles ne contiennent pas assez de nourriture pour une population piscicole viable et donc économiquement intéressante. Alors que les eaux nationales étaient encore surfertilisées au début des années 1980, elles sont désormais pauvres en nutriments. Cela concerne les poissons blancs et plus particulièrement les cyprinidés (famille à laquelle appartiennent les carpes), ainsi que les corégones comme les bondelles, qui se nourrissent de plancton animal.

Les pêcheurs voient leur métier menacé. «Seuls les poissons prédateurs parviennent à se maintenir», commente l'un d'eux, «et à la fin, ils se dévorent les uns les autres». La lutte contre la pollution des milieux aquatiques est certainement aussi dans l'intérêt des pêcheurs, mais il ne faut pas aller trop loin en voulant leur assurer une propreté qu'ils n'ont jamais eue. «Il faudrait faire beaucoup plus pour combattre la micropollution. Nos lacs sont comme du lait écrémé, mais avec du poison au lieu de la crème.»

L'Office fédéral de l'environnement (OFEV) rejette ce raisonnement et déclare que les eaux ne sont pas une zone de production. «Certains pêcheurs professionnels ont en mémoire les rendements élevés des lacs surfertilisés [dans les années 1960 et 1970, avant la construction des stations d'épuration et l'interdiction des phosphates dans les détergents]», dit un responsable, «mais cette époque ne reviendra jamais [...]. Nul n'a droit à un rendement de pêche déterminé. Toute personne qui s'adonne à cette activité est exposée aux fluctuations de la nature – une année les rendements halieutiques augmentent, la suivante ils plongent» (*NZZ am Sonntag*, 2 août 2015).

Les poissons les plus importants sont le corégone (*Coregonus* sp.), la perche (*Perca fluviatilis*) et le gardon ou vengeron (*Rutilus*

rutilus); en 2012, ces trois espèces représentaient plus de 90 % du total des captures. Le corégone est généralement considéré comme le gagne-pain des pêcheurs professionnels.

Salmonidé apparenté au saumon, à la truite et à l'omble chevalier, le corégone est lointainement originaire de la mer et a migré vers l'intérieur des terres en tant que poisson migrateur, mais il s'est retrouvé coincé dans les lacs après la dernière période glaciaire, il y a environ 15 000 ans. Chaque espèce s'est comportée en fonction de son habitat lacustre, adoptant progressivement des particularités et développant des formes spécifiques. Dans le livre qu'il a consacré aux poissons (*Fischbuoch*, 1563), Conrad Gessner a mentionné le corégone sous ses diverses appellations: « *Blawling* (corégone bleu, *Albula caerulea*), *Bezola* (bezoule, *Coregonus bezola*), [...] *Bratfisch* (poisson frit), *Flecken*, *Feechen*, *Blawfelcken*, *Balhenen*, *Baal*, *Alböck*, *Renchen*, *Gangfisch* (corégone lavaret). – Nous ne voulons pas décrire ici la forme du corégone, car les poissons de ce type sont connus dans nos contrées et peuvent être observés vivants. Remarquons toutefois que leur nom change suivant les endroits et les régions, suivant leur âge et suivant le type d'eau où ils se trouvent. »

L'ancien poisson migrateur a muté et est devenu pantouflard. Aujourd'hui, dans les lacs périalpins suisses, on distingue 25 à 30 sous-espèces appartenant toutes à l'espèce *Coregonus*; chacune est identifiable par des détails et sa répartition géographique – ainsi, on peut rencontrer cinq espèces différentes ou davantage dans le lac des Quatre-Cantons.

Ailleurs, des espèces disparaissent – et pas dans les plus petites eaux: la petite féra (ou gravenche, *Coregonus hiemalis*) et la féra (*Coregonus fera*), autrefois endémiques du Léman, sont considérées comme éteintes et ont été remplacées par la palée (*Coregonus palea*) des Trois-Lacs. La palée est l'espèce la plus grande en dehors de la bondelle (*Coregonus candidus*). « La Suisse est un haut lieu de la diversité des corégones [...]. Les chercheurs supposent que certaines espèces n'ont pas encore été découvertes. La chaîne des Alpes est la limite sud de l'aire de répartition naturelle des corégones: leur présence dans les lacs tessinois est due à l'alevinage » (OFEV, avril 2016).

Au moment où l'on a pêché les premiers poissons, les bondelles et les palées s'étaient depuis longtemps – mais de façon encore indéterminée du point de vue taxonomique – acclimatées dans le lac de Neuchâtel; les plus anciennes preuves archéologiques de la pêche dans ce pays ont été trouvées sur ses rives: « L'utilisation du filet et de la nasse (Montilier) est attestée depuis le Néolithique (civilisation de Cortaillod, de 4500 à 3500 av. J.-C. environ) » (*DHS*).

Les corégones apparaissent dans de nombreux textes du bas Moyen Âge; au Muséum d'histoire naturelle de Genève, une gravenche pêchée en 1758 repose en paix. Dans des ordonnances sur la pêche du lac de Constance datant du XIIIe siècle, on mentionne des *ganchvisch*, *gangvissche* ou *gantvisch* (*Gangfisch* en allemand moderne), une espèce de corégone du lac inférieur, qui est salé et fumé peu avant la ponte, œufs compris. Une source datant du XIVe siècle indique que les habitants d'Ermatingen devaient compléter la dîme qu'ils versaient au monastère de Reichenau avec du *geterter gantvisch*, soit du corégone fumé (cf. *Corégones, page 315*). Pour ce qui est des autres lacs suisses, le fumage – l'une des plus anciennes méthodes de conservation des aliments frais – n'y sera pratiqué qu'au XXe siècle.

Archibald Quartier (1913-1996), inspecteur cantonal de la chasse et de la pêche, conservateur du Musée d'histoire naturelle de Neuchâtel et instigateur de l'initiative « qui aboutit à la loi fédérale sur la protection des eaux de 1971 » (*DHS*), a recommandé dans les années 1950 aux pêcheurs professionnels neuchâtelois de se rendre en Autriche pour s'y renseigner sur le fumage du poisson; leurs collègues du Léman n'ont commencé à s'y intéresser qu'à la fin des années 1970. Pourquoi si tard? Les poissons de mer arrivaient rapidement sur les assiettes; les plats de poisson étant populaires avant tout dans les régions lacustres, il n'était pas nécessaire de conserver les prises longtemps, et au besoin, elles pouvaient être congelées. Mais le fumage est un travail qui donnera une valeur ajoutée appréciable au produit proposé par le pêcheur, qui pourra vendre lui-même ses filets fumés lors de fêtes populaires ou sur des étals de marché.

Il y a une bonne trentaine de pêcheurs professionnels en activité sur le lac de Neuchâtel, des familles entières, que ce soit à temps complet ou partiel (Association suisse romande des pêcheurs professionnels (ASRPP), avril 2016). Les bondelles et les palées sont les poissons les plus importants, suivis à bonne distance par les perches et d'autres espèces.

La palée, appelée à tort féra, a une taille variant entre 25 et 50 centimètres et pèse jusqu'à trois kilos; elle peut atteindre l'âge de quinze ans; de forme élancée, elle est bleu verdâtre à olive, ses flancs sont argentés et son ventre blanc. Ce poisson se nourrit de petits animaux tels que des larves d'insectes, des puces d'eau, du plancton, des petits crabes, des escargots et autres mollusques.

La bondelle, d'une longueur de 20 à 45 centimètres, ne pèse pas plus d'un kilo; elle aussi peut vivre jusqu'à une quinzaine d'années; d'une couleur comparable à celle de la palée, sa nourriture est presque la même, bien que la bondelle soit plutôt équipée pour le plancton animal; le manque de plancton en eau libre l'oblige à étendre son alimentation aux petites créatures des fonds lacustres.

Les pêcheurs distinguent la bondelle de la palée par leurs branchiospines; les lames branchiales de la bondelle sont plus fines que celles de la palée. « Elles n'ont pas non plus le même goût, dit un pêcheur, la palée a une chair plus ferme. Si on la fume, il vaut mieux la fumer à froid. »

Une fois de retour du lac, les pêcheurs traitent leurs prises sans tarder. Les bondelles éviscérées sont laissées à tremper dans une saumure aux herbes pendant 24 heures, après quoi elles sont placées sur des grilles ou accrochées à des fils et fumées pendant une bonne heure à une température comprise entre 80 à 130 °C, selon les conditions atmosphériques, sur du bois de feuillus; on évitera le sapin, car avec sa fumée une note résineuse gênante se dépose sur la viande. Les poissons sont ensuite filetés.

Le fumage exige pas mal de doigté, car si les poissons restent trop longtemps dans la fumée chaude, leur chair tendre prend la consistance du carton; on peut aussi les fumer à froid sans les cuire à cœur, comme c'est le cas de la palée. Les pêcheurs fument leurs poissons soit sur de simples grilles, soit dans des fumoirs, soit dans des fours qu'ils ont eux-mêmes construits ; il n'y a aucune règle établie en la matière.

Le corégone fumé se consomme de préférence froid, non salé et généralement en entrée. Pour le tartare, l'écraser à la fourchette et le servir avec de la crème fraîche, du jaune d'œuf haché, des oignons nouveaux hachés, de la ciboulette, du poivre et quelques gouttes de Tabasco. Le pêcheur interrogé a insisté sur le fait qu'il fallait renoncer au citron : « Pour nous autres pêcheurs professionnels, c'est comme une insulte, car le citron dissimule le goût du poisson délicat. Seuls ceux qui veulent camoufler l'odeur des vieux poissons utilisent du citron. » Ou du cognac, comme le raconte un chef chevronné.

Le *lavarello in carpione* est un classique de la cuisine tessinoise : les *lavarelli* (lavarets) farinés sont frits et placés dans une marinade de vin et de vinaigre avec des herbes et des légumes ; ainsi, on peut les conserver quelques jours dans un bocal. La même méthode est également utilisée pour faire mariner les poissons blancs – le vinaigre a pour effet de ramollir leurs arêtes.

On accompagne volontiers les corégones frais de sauces au vin blanc et aux herbes telle la ciboulette. L'appellation « poissons à la sauce neuchâteloise » comprend la bondelle, le brochet, la palée, la perche, la truite et tout ce que le lac peut offrir, avec des oignons et du poivre dans une sauce au vin blanc, à la crème et à la moutarde. Les *Bale* frites (tranches de grands corégones) à la sauce au cidre sont une spécialité du lac des Quatre-Cantons.

SUPPLÉMENT

Conrad Gessner en 1563 à propos des corégones : « Leur chair [...] se prépare de toutes sortes de façons : bouillie, rôtie et cuite ; c'est rôtie qu'elle se garde le mieux, cela permet de la conserver un certain temps, car autrement elle se gâterait aussitôt. On a également coutume de les conserver en les saumurant, dans d'autres lieux et pays éloignés. On les sèche aussi à la fumée ; ainsi sont-ils présentés à maints seigneurs et princes. [...] Une espèce de corégone blanc [...] aurait été pêchée dans le lac Léman, de la longueur d'un coude, tout à fait semblable à un poisson noble ou lavaret, avec une chair blanche, douce, moelleuse et bénéfique. »

Voir aussi : Perche, page 170 ; Bondelle, page 264 ; Corégones, page 315 ; Gangfisch, page 341 ; Missoltitt, page 612.

PRODUITS DE BOULANGERIE ET PÂTISSERIE

Beignets à l'entonnoir

Beignets sucrés en forme de spirale

Pâtisseries frites en forme de spirale, faites d'une pâte à base de farine, d'œufs, d'eau ou de lait, de sucre, de kirsch ou de prune et d'une pincée de sel ; ces beignets sont appelés *striflates* dans le canton du Jura et *Strübli* à Bâle comme à Berne. Si la pâte est simple, la préparation est assez complexe. Tous ceux qui ont déjà essayé de presser de la pâte à beignets à travers un entonnoir pour former des spirales peuvent en dire un mot. Au début, la fine pâte s'entortille dans l'huile bouillante, prenant une forme curieuse, et lorsqu'on a réussi à obtenir une jolie spirale, la fragile pâtisserie se brise dès qu'on s'en saisit.

Il n'est pas exclu que les beignets à l'entonnoir aient plus ou moins disparu du canton de Neuchâtel pour cette raison. Le *Glossaire des patois de la Suisse romande* mentionne une source neuchâteloise de 1755 avec le terme *bignets à l'entonnoir*. Une recette figure dans le *Dictionnaire des jeunes ménages par une mère de famille* (Neuchâtel 1887).

Avec l'avènement des fours dans les ménages, la technique consistant à faire cuire des aliments en les baignant dans de l'huile bouillante a été progressivement abandonnée, bien qu'elle ait stimulé l'imagination de certains, comme le soutient Jacques Montandon en 1973 : des friandises autres que les gâteaux « ont peut-être été inventées, imaginées, mises au point par ceux qui, ne possédant pas de four, étaient incapables de réaliser les premières de ces spécialités ; ils pouvaient par contre tourner, sur la braise de l'âtre, les fers à long manche produisant les gaufres et les bricelets, ou passer dans une poêle à hauts bords, remplie d'huile, les beignets au genou » (*Neuchâtel à table*). Jadis, on fabriquait ces beignets spécialement pour les jours de fête.

La même pâte que pour les beignets à l'entonnoir, mais moins liquide, est également plus facile à travailler : on forme des boules de la taille d'une noix, les presse pour en faire des disques et étire ceux-ci sur le genou jusqu'à ce qu'ils aient le format d'une assiette, après quoi on cuit ces beignets au genou (*Chneublätz*) en les faisant baigner, justement, dans de la graisse bouillante.

Voir aussi : Fasnachtsküchlein, page 36 ; Striflates, page 81 ; Merveilles, page 490.

Flûtes

Bâtonnets droits ou torsadée en pâte levée ou feuilletée

Les flûtes sont des bâtonnets de pâte cuits. Originellement rondes et à base de pâte levée, elles étaient comparables aux gressins ou *crissini* italiens, puis quelqu'un a eu l'idée de tordre des bandes de pâte feuilletée en spirale avant de les cuire au four. On trouve des flûtes dans toute la Suisse romande, où leur grignotage à l'apéritif est quasiment une institution. En Suisse alémanique, on apprécie davantage les gressins, et plus encore au Tessin, mais dans l'arc alémanique au sens large, qui s'étend de l'Alsace à la Bavière, les bretzels moelleux à base de pâte levée restent un must absolu – autant ces pâtisseries salées se marient parfaitement avec de la bière, autant les flûtes, plus élégantes, croquantes et croustillantes, conviennent à merveille avec du vin.

Si l'on en croit le *Dictionnaire suisse romand*, le mot *flûte* au sens de pâtisserie, est spécifiquement suisse; on l'ignore en France voisine, ou alors on connaît la flûte uniquement comme « un biscuit salé de cette forme (en Suisse) », selon le *Dictionnaire historique de la langue* française; celui-ci la définit avant tout comme un instrument de musique, issu des mots *flaüte* (1165) et *flehute* (XIIe siècle); le terme *flûte* désignant un verre étroit et haut était déjà utilisé en France en 1669.

D'après une recette du livre de cuisine neuchâtelois *La pâtisserie à la maison* (1891), les flûtes se confectionnent avec la même pâte levée que pour les petits pains; elles sont roulées en bâtonnets de l'épaisseur d'un doigt à diviser en tronçons de 30 centimètres. *La Cuisine des familles* de Louis Maillard (Genève, 1re édition en 1889) donne des recettes de « petites flûtes aux amandes » (à base de pâte d'amande douce), ainsi que de « bâtons au cumin », bandes de pâte feuilletée d'un demi-centimètre d'épaisseur et d'un format d'environ trois centimètres sur douze, saupoudrées de graines de cumin.

Dans la partie de l'*Atlas de folklore suisse* portant sur les années 1930, les flûtes sont bien connues dans tout le pays, sauf au Tessin. À cette époque, elles étaient considérées comme une pâtisserie du dimanche, que l'on ne consommait donc pas au quotidien. Dans le Bas-Valais, on les appelait « bâtonnets », dans le Haut-Valais *Stäcklini* et en Suisse alémanique *Stängeli*.

À l'Expo 64 de Lausanne, les flûtes en pâte feuilletée ne jouissaient pas encore d'une grande notoriété; leur percée a eu lieu dans les années 1970. En ce début de XXIe siècle, on trouve des flûtes en pâte feuilletée nature, au fromage ou au cumin, plus rarement au poivre, dans toutes les bonnes boulangeries de Suisse romande, mais aussi en Suisse alémanique. Les plus anciennes, cylindriques, sont un peu passées de mode ou ont été remplacées par les gressins.

Que ce soit sous leur forme étirée ou torsadée, les flûtes sont faciles à préparer soi-même.

Il suffit d'abaisser la pâte, de la couper en bandes à la longueur et à la largeur voulues, éventuellement de la torsader, puis de badigeonner d'œuf, de saupoudrer de sel, de fromage, de cumin ou d'une autre épice comme les graines de pavot et d'enfourner jusqu'à ce que les flûtes soient bien dorées. Rapidement coupées et cuites, elles constituent un moyen idéal d'utiliser les restes de pâte tout en obtenant un en-cas fraîchement cuit.

Gâteau à la crème, gâteau à la crème cuite

Gâteau rond et plat en pâte brisée avec une garniture à la crème sucrée

La Suisse romande est riche de nombreuses versions de gâteaux à la crème; la plupart sont à base de pâte levée, mais dans les cantons de Neuchâtel et du Jura, on lui préfère la pâte brisée. Il n'existe pratiquement aucune information écrite sur l'origine de ce type de gâteau. Les personnes interrogées sur son ancienneté ont invariablement répondu que tout comme leurs parents et grands-parents, elles connaissaient ces gâteaux « depuis toujours »; ils sont probablement considérés comme trop normaux, trop communs pour mériter d'être mentionnés. Il y a toutefois une exception à cette règle dans le Jura: le *totché*, un gâteau composé de pâte levée et de crème acidulée, qui se mange à la Saint-Martin, la célèbre fête du cochon et conclusion de l'année agricole, le deuxième dimanche après la Toussaint.

Pour la version neuchâteloise, mélanger des œufs, de la crème et du sucre, étaler sur de la pâte brisée disposée dans un moule, saupoudrer de farine à volonté ou garnir de lait condensé. Faire cuire pendant 15 minutes à 210 °C ou 15 à 20 minutes à 170 °C selon le diamètre du gâteau, réserver et servir froid.

Pour la version jurassienne, il faut d'abord mélanger la garniture composée de lait, de farine, d'œufs et de sucre, porter brièvement à ébullition, retirer du feu, y faire fondre du beurre et laisser refroidir. Ajouter ensuite un peu de jus de citron, verser le mélange sur la pâte brisée et enfourner le gâteau à 250 °C pendant 20 minutes. Dans ce cas également, servir froid.

Une recette très simple proposée par *À la mode de chez nous – Plaisirs de la table romande*: recouvrir le moule de 250 grammes de pâte brisée, piquer çà et là avec une fourchette, saupoudrer d'une cuillère à soupe de farine et de deux cuillères à soupe de sucre, répartir deux décilitres de crème par-dessus et saupoudrer de cannelle à volonté. Mettre au four.

Voir aussi : Totché, page 82 ; Salée au sucre, page 182 ; Taillé de Goumoëns, page 183 ; Gâteau du Vully, page 238.

Gâteau au beurre, sèche

Gâteaux ronds et fins à base de pâte à pain et garnis de beurre

On les appelle «sèche», «gâteau à la sèche» ou «gâteau au beurre», ils sont circulaires et plus fins que les tartes à la levure de boulanger, n'ont aucune garniture sauf du beurre et, à choix, du lard ou du cumin, et sont cuits principalement dans les régions viticoles des cantons de Neuchâtel et de Vaud – déjà par leur nom, ces pâtisseries semblent sèches et friables; il semble qu'un gosier bien arrosé de «jus de vigne» ne soit pas de trop pour les faire passer.

La première mention de *sèche* remonte à 1861, d'après le *Dictionnaire suisse romand*, qui la définit comme «substantivation de l'adjectif; la pâtisserie ainsi désignée se reconnaît à son caractère sec et friable».

Mais la sèche et le gâteau au beurre ont dû être fabriqués bien avant cette date, car ils ont été conçus pour juger de la chaleur régnant dans les fours à pain, en tout cas dans les fours villageois ou banaux, ou comme dans le canton de Neuchâtel, les fours de plus modestes dimensions mais résistants à de hautes chaleurs, dans les fermes isolées. Afin de savoir si la température des fours était suffisante pour cuire le pain, on y glissait une petite boule de pâte alors que le feu était encore allumé; si elle levait comme on le souhaitait, on la retirait, tout comme les bûches juste après. On faisait d'abord cuire les pains et ensuite les gâteaux aux fruits. Au fil du temps, le test de chaleur est devenu un en-cas: on abaissait le pâton, répartissait des flocons de beurre par-dessus, assaisonnait et faisait cuire cette pâte plate très brièvement à une chaleur maximale. *L'Inventaire du patrimoine culinaire de la France* raconte la même histoire pour la tarte flambée dans le volume sur l'Alsace: «C'est au contact du feu de bois que le *Flammekueche* cuit.»

Avec la disparition des fours à pain communaux et l'apparition des boulangeries professionnelles, les gâteaux au beurre et les sèches se sont raréfiés, car il est impossible d'atteindre des températures aussi élevées avec les fours électriques des cuisines domestiques. Traditionnellement, on faisait des gâteaux au beurre à base de pâte à pain avec de la levure de boulanger, tout comme les sèches, bien que désormais, celles-ci soient aussi préparées avec de la pâte brisée et de la pâte feuilletée.

Selon Jacques Montandon, «il est inutile de vouloir fournir aux ménagères qui désireraient le réaliser la recette de ce gâteau au beurre» (*Neuchâtel à table*), car cela nécessite une longue expérience en matière de pétrissage et de cuisson, qu'elles n'ont pas. Les sèches, en revanche, «restent des spécialités typiquement ménagères». Les exigences requises pour réussir un gâteau au beurre sont plus élevées, car avec la pâte à pain à la levure, il faut attendre le moment précis où la fermentation en est au stade où l'on peut abaisser la pâte si finement qu'on peut l'étirer en une mince couche sur la plaque à gâteau. «Il suffit dès lors d'en saler légèrement la surface, de la recouvrir généreusement de multiples noisettes de beurre, et de glisser le tout au four pour quelques courts instants.»

Montandon décrit un tea-room à Valangin où le gâteau au beurre est coupé en triangles et servi sur une assiette en bois. «Le connaisseur se saisissant d'un des morceaux le roule dans son assiette, à partir de la pointe et vers son pourtour, pour en faire une sorte de cigare, qu'il faut déguster rapidement car il n'est bon que brûlant.»

Ceux qui disposent de l'infrastructure nécessaire font cuire leurs gâteaux au beurre à base de pâte à pain à la levure de boulanger à une température de 400 à 500 °C pendant moins d'une minute.

Les sèches en pâte brisée ou feuilletée se cuisent à une température de 210 à 250 °C. Rouler la pâte très finement, saler et assaisonner selon le goût. Comme les gâteaux sont aussi fins que du carton, le processus de cuisson se contrôle très aisément, sans avoir à craindre le moindre ratage à l'ouverture de la porte du four.

Toutes les variantes sont, comme les gâteaux salés en général, des pâtisseries idéales pour l'apéritif et les dégustations animées; elles sont aussi appropriées comme repas complets, le beurre garantissant à lui seul un apport énergétique substantiel.

Voir aussi: Salzige Wähen, page 39; Flange, page 179; Taillé aux greubons, page 183; Gâteau salé, page 238; Speckkuchen, page 285; Fuatscha grassa, page 569.

Gâteau aux noisettes

Gâteau rond et plat à base de pâte brisée garnie d'une pâte de noisettes

Il y a toujours des histoires intéressantes à raconter à propos des gâteaux aux noix, noisettes et autres amandes. Cependant, par rapport à l'itinéraire de sa cousine grisonne, la *Bündner Nusstorte*, à base de noix et d'une garniture composée de crème et de caramel, celui du gâteau aux noisettes est un peu moins insolite. En 1832, la Confiserie Zurcher ouvre à Colombier et propose ce gâteau alléchant dès le départ ... sauf qu'en ce temps-là, il était fourré non pas aux noisettes, mais aux amandes. Avec le déclenchement de la Grande Guerre, le prix des aliments a fortement augmenté. Produit d'importation du sud de l'Europe, les amandes sont devenues inabordables, contrairement aux noisettes, qui poussent pratiquement devant nos portes. La nouvelle garniture n'a pas tardé à devenir très populaire et de nos jours, on propose ce gâteau dans de nombreuses confiseries.

Tapisser une plaque de cuisson de pâte brisée. Rôtir et peler les noisettes en les secouant dans un tamis grossier. Ensuite, il faut les mélanger avec de l'eau et du sucre, les broyer, éventuellement les mélanger à du blanc d'œuf, et enfin les étaler sur le fond de pâte. Enfourner pendant 20 minutes à 230 °C, puis recouvrir d'une couche de glaçage.

On trouve également des gâteaux aux noisettes cuits avec de la pâte feuilletée ou dans une version hybride (moitié pâte feuilletée, moitié pâte brisée). Le gâteau de Payerne contient lui aussi des noisettes.

Voir aussi: Haslikuchen, page 282.

Gaufres

Des gaufres plus épaisses et plus fines.

Si les gaufres et les bricelets (à ne pas confondre avec les bretzels en pâte levée) ne sont pas identiques, ils ont des points communs: cuits dans des fers, ces deux types de biscuits sont en effet porteurs d'une longue tradition. Les gaufres peuvent être d'une épaisseur variable – les plus épaisses sont plutôt tendres et élastiques, les plus fines plutôt dures et friables.

Les biscuits généralement triangulaires dont on décore les coupes à glace sont eux aussi appelés gaufres. D'autres, des produits industriels, ressemblent à de longs rectangles et contiennent une ou deux fines couches de fourrage, le plus souvent de la crème au chocolat ou à la vanille.

Le mot *gaufre* est utilisé depuis le XIIe siècle pour désigner une forme de pâtisserie. Il est dérivé «de *goffre* (v. 1268), aboutissement de *walfre* (v. 1185), probablement issu du francique *wafla*, peut-être déjà au sens de «gâteau» ou «rayon de miel» [...]» (*Dictionnaire historique de la langue française*). La gaufre renvoie au nid d'abeille, structure qui est également celle que l'on a privilégiée pour certains fers à gaufres.

Le *Larousse gastronomique* affirme que les Grecs cuisaient des gâteaux très plats, appelés *obelios,* entre deux plaques de fer. «Ce mode de cuisson resta en usage au Moyen Âge, où les oublieurs ou obloyers [leur corporation a été fondée en 1270] fabriquaient toutes sortes d'oublies, plates ou roulées en cornets.» Les oublies – «peut-être la toute première pâtisserie de l'histoire» – auraient évolué pour devenir des gaufres vers le XIIIe siècle.

Les plus anciens fers à gaufres d'Europe ont été fabriqués vers 700 à 1000, soit pendant l'ère viking. Le plus ancien fer de Suisse remonte au XIe siècle et était utilisé pour la cuisson des hosties à Saint-Gall. Il fut sans doute assez facile de passer de l'hostie à la gaufre ou au bricelet, car ces biscuits ne différaient guère en termes de goût avant la diffusion du sucre. Au XVIe siècle, les paysans français mélangeaient une simple pâte à base de farine, d'eau et de sel et la faisaient cuire à feu vif entre deux plaques de fer, maintenues par de longues branches. À la même époque, François Ier, roi de France de 1515 à 1547, fournit à son personnel de cuisine des gaufriers en argent.

En Suisse, on trouve de nombreux gaufriers dans les musées locaux et régionaux; les plus anciens remontent au XVIe siècle. Les fers à gaufres sont plutôt rectangulaires, alors que les fers à bricelets, *Hüppen* et autres *Offleten* sont plutôt carrés ou ronds. Selon la période, les plaques de fer étaient décorées de motifs soit savamment ouvragés soit d'une grande simplicité. Les premiers gaufriers chauffés à l'électricité sont apparus sur le marché dans les années 1920.

On a cuit des gaufres pour toutes sortes d'événements. Néanmoins, au XXe siècle et surtout après la Seconde Guerre mondiale, d'autres pâtisseries ont commencé à remplacer la simple gaufre; les gaufres normales, surtout les «belges» bien épaisses avec leur motif en nid d'abeille, sont souvent vendues dans les foires et les marchés.

La pâte à gaufres doit être relativement liquide. On mélange de la farine avec du sucre, de la crème ou du lait, des œufs et des zestes de citron. Comme pour les bricelets, certains préfèrent les gaufres salées, cuites avec ou sans vin.

Voir aussi: Bricelets, page 235; Sensler Bretzeln, page 242; Bretzeli, page 280; Offleten, page 319; Hüppen, page 348; Waffeln, page 420.

Pain aux noix

Pain allongé à base de farine de froment et de noix concassées

Il y a toute une histoire à raconter autour des noix dans les pains et pâtisseries; elle remonte à quelques millénaires en arrière et a des ramifications infinies. Le pain aux noix neuchâtelois en est une minuscule, comparée à l'histoire de l'arrivée de la noix dans la pâte, mais très particulière, car elle reflète quelques étapes de l'histoire des transports.

Dans les années 1970, le réseau autoroutier suisse était loin d'être achevé et l'horaire cadencé des chemins de fer ne sera introduit qu'en 1982. À cette époque, le buffet de la gare était une institution importante, pas encore un comptoir où l'on propose des plats réchauffés.

Dans le buffet de la gare de Neuchâtel, les serveurs déposaient entre autres un pain très spécial, le pain de seigle aux noix, sur la table des voyageurs. Comme le seigle ne faisait pas l'unanimité, les exploitants du buffet ont demandé au boulanger Albert Knecht d'élaborer un pain aux noix avec de la farine de froment. «C'était vers 1972, certainement pas plus tard», se souvient son fils. Aussitôt dit, aussitôt fait. Jusqu'à la fin des années 1970, Knecht sera le seul boulanger à fabriquer ce pain aux noix à partir de farine de froment, que l'on appela logiquement «pain à Knecht». En 1979, sa boulangerie ferma quelque temps en raison de travaux, et la concurrence se rua dans la brèche. Le buffet ne voulait pas se passer de ce pain, et les ex-apprentis de Knecht étaient aux aguets. Aujourd'hui, dans les boulangeries neuchâteloises et sur le marché du samedi de la place Pury à Neuchâtel, on trouve encore, parmi bien d'autres, le pain aux noix; il s'en vend essentiellement dans le Pays des Trois-Lacs, moins dans le Jura.

Mélanger la farine de froment, la levure et l'eau jusqu'à obtention d'une pâte; ajouter du sel en cours de pétrissage et poursuivre; avant que la pâte ne soit prête, incorporer les noix concassées. Laisser la pâte fermenter pendant quatre heures. Pendant ce temps, les noix broyées s'oxydent, ce qui colore la pâte en brun et lui donne un arôme puissant. Dans le pain aux noix fabriqué à partir de farine de froment, les noix ont un goût plus prononcé que dans la variante au seigle. Façonner des pâtons allongés aux extrémités arrondies et les faire cuire pendant 30 à 35 minutes à 200 °C.

Pain de Pâques

Pain rond en pâte à tresse

Il faut de la pratique et du temps pour confectionner une belle tresse. À Neuchâtel, au milieu des années 1960, les boulangers ont commencé à raccourcir le processus et ont fini par l'arrêter complètement. Ils roulaient la pâte à tresse en boule et cuisaient un pain rond qu'ils ont appelé « pain du dimanche ». On était dans une période de haute conjoncture, personne n'avait besoin de chercher un emploi, l'économie était en plein essor. Seuls les métiers où l'on commençait à trois heures du matin, comme celui de boulanger, ont connu un déclin économique.

L'astuce du pain du dimanche fut un coup d'épée dans l'eau, la traditionnelle tresse dominicale ayant toujours autant d'adeptes neuchâtelois ; les boulangers durent donc se contenter de produire leur « tresse en boule » seulement pour une période déterminée. Ils se sont décidés pour Pâques. C'est ainsi que le pain du dimanche – une fausse tresse puisque sa pâte n'est pas tressée – s'est imposé dans tout le canton sous le nom de pain de Pâques.

Dissoudre la levure dans du lait tiède et du sucre, mélanger la farine blanche ou la farine à tresse avec un peu de sel, ajouter le liquide. Tout en pétrissant, ajouter du beurre ramolli et éventuellement un œuf (il a tendance à dessécher la mie), mais pas tout à la fois, afin que la farine puisse mieux absorber le lait de levure. Il en va avec la tresse comme avec le rôti haché : c'est meilleur lorsque c'est fait maison. On pétrira donc la pâte jusqu'à ce qu'elle soit onctueuse, après quoi on la laissera lever – pendant une heure ou deux dans un endroit chaud ou toute la nuit au frais. À basse température, la pâte se développe plus lentement, mais aura davantage de goût.

Former une boule, la badigeonner de jaune d'œuf et inciser la surface avec un couteau pour que le pain ne se déchire pas au mauvais endroit. Glisser dans le four préchauffé et faire cuire selon les instructions, avec ou sans vapeur, jusqu'à ce que la croûte soit dorée.

Le pain de Pâques est disponible uniquement chez les artisans boulangers pendant un bon mois jusqu'aux fêtes de Pâques incluses.

Voir aussi : Tresse, page 285.

Pain neuchâtelois

Pain mi-blanc cuit en doubles miches

Pour elle, c'était simplement « une livre, *es Pfünderli* », raconte cette Neuchâteloise de naissance après avoir passé plus de la moitié de sa vie en Suisse alémanique. En tout cas, son amie Monique, qui a quitté Colombier à l'âge de 15 ans, ne se souvient pas non plus d'un pain neuchâtelois, alors qu'il en existe bel et bien un, censé s'appeller ainsi depuis plus d'une centaine d'années. Sous sa rubrique sur les pains cantonaux, Swiss Baker, l'Association suisse des patrons boulangers-confiseurs, donne les informations suivantes : « Le pain neuchâtelois est formé d'une pâte mi-blanche assez molle et cuit en deux boules collées l'une à l'autre. Il est toutefois vendu séparé en deux pains individuels, dont un côté est dépourvu de croûte. »

Une livre, justement, souligne Monique, et un boulanger de campagne que nous interrogeons sur son stand au marché du samedi de la place Pury confirme ses dires : il ne connaît pas de pain neuchâtelois proprement dit, « et pourtant j'ai fait mon apprentissage à quelques pâtés de maison d'ici ». Il suppose par conséquent que nous voulons parler de la livre de pain mi-blanc tout à fait banale. Le pain le plus normal du lieu, donc – quoi de plus représentatif de l'identité cantonale qu'un pain que tout le monde apprécie, même s'il n'a pas de nom ? Dans de nombreuses cultures, le pain est la nourriture par excellence, signifie le revenu ou la subsistance – en Suisse également (cf. *Digression page 516*).

L'idée de créer des pains cantonaux pour la Suisse a été lancée au Salon de la boulangerie de Lugano en 1950. Le pain tessinois ou le pain bâlois étaient déjà entrés dans les mœurs, mais tous les cantons n'avaient pas chacun « son propre » pain – rappelons aussi que la République et Canton du Jura était encore en gestation. En 1964, l'École professionnelle Richemont présente le pain neuchâtelois dans l'ouvrage intitulé *Le boulanger-pâtissier suisse : Manuel de boulangerie-pâtisserie*. La recette avait été définie et standardisée au début des années 1960 par une délégation de boulangers neuchâtelois. Auparavant, on cuisait ce pain double également avec de la farine de seigle.

Laisser fermenter le levain (en suisse allemand *Hebel*) pendant quatre bonnes heures à température ambiante. Pétrir avec de la farine mi-blanche, de l'eau et du sel. Former deux boules d'une livre chacune, les coller l'une à l'autre, couvrir et laisser à nouveau fermenter ; suivant le boulanger, soit à température ambiante, soit dans un endroit frais. La pâte lève plus lentement au frais qu'au chaud, mais grâce au patient labeur des enzymes, elle développe des arômes plus fins. Il y a aussi des différences au niveau de la cuisson : certains laissent le pain dans le four pendant 45 minutes à feu moyen, d'autres 30 à 35 minutes à 200 °C, après que le four a été préalablement chauffé intensément. Malgré la standardisation de la recette, les boulangers ne voudraient pour rien au monde renoncer à leurs propres astuces et techniques.

Lorsque l'on retire le pain du four, il faut badigeonner les pains chauds avec un peu d'eau bouillante pour donner à la croûte un doux éclat. On sépare les livres siamoises juste avant de les placer sur les étals. Le pain neuchâtelois rappelle les *Bürli* de Saint-Gall ou le pain bâlois. C'est à l'intérieur que les différences apparaissent : les miettes de ballon saint-gallois et de pain bâlois sont aérées et comportent des bulles et des trous, alors que la mie du pain neuchâtelois est plutôt dense et compacte, mais moelleuse comme les autres.

SUPPLÉMENT

Levure et levain

La panification au XXIe siècle est parfois source de confusion. Cela n'est pas dû à la tradition, mais à sa poursuite sur une base industrielle. Levure et levain (*Hefe und Hebel*, *lievito e biga* ou *lievito madre*) sont en principe faciles à comprendre. La levure est un champignon unicellulaire (*Saccharomyces cerevisiae*) qui se multiplie particulièrement bien avec le sucre, produisant de l'acide carbonique et de l'alcool. L'acide carbonique pousse vers le haut, il veut s'élever dans l'air comme dans le champagne, mais il est emprisonné dans la pâte, que le gluten a fait durcir; des petites bulles, des cloques et des trous d'air entiers se forment, qui peuvent faire doubler ou tripler la pâte de volume. On dit que la pâte «lève». Si elle contient suffisamment de gluten, la masse solide ne fuit pas; dans le four, les trous cuisent avec le reste. La levure produit de l'alcool principalement dans les jus de fruits (vin, cidre), qui contiennent plus de sucre qu'une pâte (dans laquelle les enzymes doivent d'abord transformer l'amidon de la farine en sucre). Dans le pain, la fermentation alcoolique favorise la formation du goût.

La « pré-pâte » (*Vorteig*), à savoir le levain, est une pâte fermentée que l'on ajoute à la pâte à pain avant de la pétrir. Il s'agit de la pâte de la veille, dont on coupe un morceau que l'on met au frais afin de l'utiliser comme base pour les pains de la fournée suivante. Cette méthode renforce le processus de fermentation et ajoute de la saveur.

Levure Suisse SA (Hefe Schweiz AG) est une entreprise qui occupe les deux tiers du marché helvétique (*hefe.ch*, février 2016); elle propose également des produits de base tels que des mélanges de malt ou de panification ainsi que divers levains: « De plus en plus souvent, les pains et les petits produits de boulangerie sont à nouveau préparés avec du levain. La ligne de levain prête à l'emploi [...] facilite le travail du boulanger et garantit de beaux volumes, une mie moelleuse, une croûte fine et davantage de fraîcheur. »

Le millet et le maïs ainsi que les pseudo-céréales telles que le sarrasin, l'amarante, le quinoa, le chanvre, le lin et d'autres encore contiennent très peu de gluten voire pas du tout, de sorte qu'ils ne peuvent pas lever sans l'ajout de farine de blé, de froment, d'orge ou de seigle (pauvre en gluten). Les patients atteints de maladie cœliaque doivent éviter tout aliment contenant du gluten.

Voir aussi: Basler Brot, page 32; Pain vaudois, page 181; Zürcher Brot, page 323; Bürli, page 411; Sankt Galler Brot, page 417; Pain de seigle valaisan, page 491; Urner Brot, page 515; Pane ticinese, page 632.

Taillaule

Brioche comparable à une tresse

Sur le site internet allemand *chefkoch.de*, une question apparaît en janvier 2012: « Salut – Quelqu'un connaît-il la recette d'une tresse neuchâteloise? Je ne sais même pas précisément comment elle s'appelle (trouvaille, toulaille, ou quelque chose comme ça). Un pain qui est cuit dans une sorte de moule en forme de boîte, mais incisé sur le dessus, et dont la pâte s'apparente à celle de la tresse. Merci pour vos commentaires (même si ce n'est que son nom...). » Une réponse arriva trois jours plus tard: « Vous avez sûrement fait allusion aux taillaules neuchâteloises, une recette suisse. »

Exactement: la taillaule – de la pâte à brioche coupée en zigzag à la surface et cuite dans un moule à cake.

La réponse peut avoir été donnée par hasard, ou témoigner d'une connaissance aiguë, car la taillaule figure parmi les icônes du patrimoine culinaire entre Neuchâtel et La Brévine et est également appréciée dans les régions alentour. Dans les Préalpes vaudoises, la taillaule est plutôt connue sous le nom ambigu de gâtelet, qui peut aussi s'appliquer à autres produits; dans le Lavaux et le Jorat, elle est appelée «gâteau levé», «taillé levé» ou encore «torche», à moins que ces termes ne signifient autre chose; dans le Vully, qu'il soit fribourgeois ou vaudois, *taillaule* est le terme servant à désigner le taillé aux greubons salé; la taillaule elle-même, en revanche, y est appelée cuchaule ou pain aux raisins. – Vivent les régionalismes!

À l'origine, la taillaule était un produit des villes, et non des campagnes; en tout cas seuls les plus aisés pouvaient s'offrir ses composants. Dans *Le Mangeur neuchâtelois (2003),* Michel Schlup mentionne un dîner officiel qui eut lieu le 21 juillet 1748, au cours duquel on a servi de la *taillole* (la graphie *taillaule* apparaît en 1907, d'après le *Dictionnaire suisse romand*). Les ingrédients étaient les mêmes qu'aujourd'hui; leur richesse dénote le statut élevé de cette brioche: farine blanche, sucre, beurre, œufs et crème (rarement utilisée dans les recettes actuelles). Pas de raisins secs, cependant; aujourd'hui, il existe des taillaules avec ou sans raisins. On en mange essentiellement le dimanche, comme la tresse.

À l'origine, la taillaule était cuite en anneau ou comme la cuchaule, qui est une brioche ronde et légèrement aplatie. La forme en cake est apparue dans les années 1960 et s'est imposée depuis, même si dans le canton de Vaud on préfère celle en anneau.

Avec 750 grammes de farine blanche, 20 à 25 grammes de levure, quatre décilitres de lait, un ou deux œufs, 200 grammes de beurre, un zeste de citron râpé et une pincée de sel, pétrir une pâte souple et brillante, facile à séparer du bol. Recouvrir d'une serviette et laisser reposer deux heures. Former une boule ou en remplir un moule à cake bien beurré (ou tapissé de papier sulfurisé) d'à peu près 30 centimètres de long. Badigeonner la surface de jaune d'œuf et découper un motif en zigzag avec des ciseaux. Faire cuire dans un four préchauffé à 180 °C pendant une heure environ (Gisèle Peter-André, *Essen wie Gott im Welschland*, 2007) (Manger divinement en Suisse romande).

Voir aussi : Cuchaule, page 236 ; Tresse, page 285 ; Grittibänz, page 318 ; Zürcher Murre, page 324 ; Bröötis, page 446 ; Motschelle, page 450 ; 1. August-Weggen, page 519 ; Bütschella, page 566 ; Veneziane, page 636.

CONFISERIES

Batz neuchâtelois

Praliné composé d'une coque de chocolat remplie d'une masse à fourrer aux amandes et aux noisettes

Le Batz neuchâtelois est un praliné remarquable, autant par son goût que par son arrière-plan historique, lui qui doit son nom à une ancienne monnaie dont il a repris la forme.

En 1815, les sujets de la principauté prussienne de Neuchâtel, qui appelaient de leurs vœux une adhésion à la Confédération, placèrent leurs espoirs républicains dans le Congrès de Vienne. Mais ils ne furent pas entendus : « En restaurant les Hohenzollern à la tête de la principauté tout en sanctionnant son statut de canton souverain – double statut qui fait de Neuchâtel un cas unique en Suisse –, les grandes puissances créèrent une situation ambiguë qui déterminera largement la suite du destin de Neuchâtel » (*DHS*). Le rattachement définitif du canton à la Confédération n'aboutit qu'en 1848, tandis que l'Europe entière traversait des soubresauts révolutionnaires.

Cent ans plus tard, le 1er mars 1948, l'Association neuchâteloise des patrons confiseurs-pâtissiers-glaciers lançait, en guise de symbole pour commémorer l'événement, le Batz neuchâtelois, un praliné de chocolat au lait coiffé d'une ancienne pièce de monnaie … en chocolat bien entendu.

À l'époque où diverses monnaies avaient encore cours dans la Confédération, le batz comptait parmi les plus connues. Circulant « de la Suisse centrale au Valais et de Bâle à Neuchâtel » (*DHS*), le batz originel était un moyen de paiement apprécié des Neuchâtelois, et cela de 1580 à 1810. Le *Dictionnaire historique de la Suisse* précise encore : « La loi sur la monnaie de 1850 enfin, qui adoptait le franc comme base monétaire, abolit le batz. Les pièces furent retirées et fondues, ou devinrent objet de collection. De tous les noms d'anciennes monnaies suisses, celui du batz reste, en allemand, le plus utilisé : il désigne dans le langage familier la pièce de dix centimes, voire l'argent en général. »

Chauffer le chocolat au lait ou le chocolat blanc de manière à ce qu'il soit coulé dans des moules cylindriques d'environ 1,5 cm de diamètre. Ces moules sont soumis à des vibrations afin d'éliminer toute bulle d'air de la fine couche chocolatée – ce qui garantira une parfaite reproduction du batz. La fine couche qui restera après l'élimination du surplus de chocolat formera la coque du batz. On place les moules au réfrigérateur pour durcir les coques, qui sont ensuite remplies d'une masse à fourrer composée de sucre, de beurre de cacao, de cacao (6 %), d'amandes, de noisettes, de poudre et de graisse de lait, de lécithine de soja et de vanille naturelle. Cette masse est utilisée à la fois pour la version claire et pour la version foncée.

Les Batz neuchâtelois sont conditionnés dans des boîtes triangulaires à l'effigie de l'ancien drapeau neuchâtelois. Il s'agit d'une marque protégée appartenant aux membres de l'Association neuchâteloise des patrons confiseurs-pâtissiers-glaciers, qui sont tenus de respecter scrupuleusement la recette et d'utiliser les matières premières homologuées par ladite association.

Voir aussi : Badener Steine, page 118 ; Bouchon Vaudois, page 184 ; Pralinés, page 185 ; Chocolat suisse, page 243 ; Luzerner Regentröpfchen, page 302 ; Baarer Räben, page 393.

Sugus

Bonbons aux arômes de fruits composés entre autres de sucre et de sirop de glucose

En 1973, Maître Jacques (Montandon) tint à ses lecteurs neuchâtelois ces propos assez inconsidérés : « Si les statistiques sont bien faites, elles devraient démontrer (pour autant qu'il y ait une justice dans ce domaine) que le diabète est une des causes de mortalité plus répandue dans notre canton que partout ailleurs ; non que cette maladie soit héréditaire, mais parce que le goût pour les sucreries, les douceurs, les pâtisseries, les chocolats, les bonbons et les gâteaux de toutes sortes me paraît infiniment plus développé dans notre population que dans n'importe quelle autre de la robuste Helvétie » (*Neuchâtel à table*).

Ce besoin de douceur est-il à l'origine des 700 millions de Sugus qui étaient mâchés chaque année dans l'ensemble du pays au début du XXIe siècle ? Probablement pas, mais il a sans doute infléchi la position de ceux qui ont voulu lancer un mouvement contre les bonbons aux fruits au sein de la direction de Suchard SA, vénérable maison fondée en 1826.

Dans un protocole d'entreprise de 1931, les bonbons sont d'abord mentionnés sous l'appellation « Caramels Sugus Cracovie ». Leur nom commence par « Su » – de Suchard ? – et est un palindrome (on peut le lire dans les deux sens). En 1951, le directeur Hans-Conrad Lichti déclarait dans une interview : « Notre succursale Suchard à Cracovie [...] fabriquait depuis 1929, sous licence, un bonbon d'origine anglaise, absolument différent de tout ce qui existait sur le marché. » On a également produit des Sugus en Suisse à partir du début des années 1930. L'entreprise chocolatière a expliqué ainsi son « pas de côté » aux détaillants : « L'effort fourni par vous [les commerçants] et par nous [...] doit nous permettre de trouver un équivalent pour notre chiffre durant les mois d'été. » Contrairement au chocolat, les bonbons ne fondent pas au soleil. Ils n'étaient pas non plus bon marché, et l'intention de se prémunir contre les problèmes financiers n'a pas été formulée au pied levé : à l'époque, un bonbon normal coûtait un centime, tandis qu'il fallait débourser 20 centimes pour un paquet de huit Sugus, soit 2,5 centimes la pièce.

La plus ancienne recette que l'on ait conservée vient de Cracovie et énumère, le 19 juin 1931, les ingrédients suivants : 17 kilos de sucre, 15 kilos de sirop, trois kilos de graisse d'arachides, trois kilos de gomme spéciale, 350 grammes d'acide tartrique et un peu de vanilline. Les premières saveurs sélectionnées furent l'ananas, la framboise, le citron et l'orange. Le Sugus à la menthe sera introduit en 1934. Après la Seconde Guerre mondiale, Suchard exporte ses bonbons dans le monde entier. En 1988, diversification oblige, on lance le Sugus sans sucre, l'arôme framboise est remplacé par l'arôme fraise en 1993 et la production de Serrières, à l'ouest de la ville de Neuchâtel, est transférée en France, plus précisément à Reims.

La recette a été modifiée : le Sugus est désormais plus tendre et donc mieux adapté à la force masticatoire des enfants, au grand dam des amateurs adultes qui voulaient que leur Sugus ait cette résistance croquante qui faisait qu'en un premier temps, il restait collé aux dents. Lorsque la consistance traditionnelle a été victime d'une « adaptation à l'esprit du temps », l'hebdomadaire économique *Handelszeitung* s'est plaint en 1997 : « Le bonbon à mâcher patiemment (*Geduldszeltli*, mot intraduisible, qui signifie littéralement "petite tente de patience"), selon le verdict de quelques testeurs, est devenu une chose informe et gonflée qu'on met en bouche, qu'on mord une fois, qu'on mâche deux fois et qu'on transmet ensuite aux organes digestifs. »

Après diverses ventes et fusions qui ont eu lieu dans cet ordre : Suchard-Tobler-Jacobs-Kraft Foods (Philip Morris), Sugus appartient depuis 2005 au géant du chewing-gum Wrigley, qui a été racheté par Mars Incorporated en 2008. Les classiques Sugus rectangulaires en papier bleu (ananas), jaune (citron), rouge (framboise) et orange (orange) appartenaient déjà au passé depuis belle lurette.

Un document de Suchard datant de 1984, conservé aux Archives de la Ville de Neuchâtel, montre schématiquement le mode de fabrication des Sugus : les ingrédients de base (identiques à ceux de la recette de 1931), du jus de fruits, des arômes et des colorants alimentaires sont mélangés à du sirop et de l'acide citrique pour former une masse, laquelle est étirée, découpée en bonbons, puis ceux-ci sont emballés.

SUPPLÉMENT

Un bonbon porte-bonheur

Retraduits en français, les noms de Sugus en cantonais et en mandarin signifient *caramel suisse* ; mais dans une double signification, ces idéogrammes promettent aussi de la chance. Étant considérés comme des bonbons à mâcher pour attirer des événements heureux, on consomme force Sugus, ces messagers sucrés de la bonne fortune, lors du Nouvel An chinois.

BOISSONS

Absinthe

*Spiritueux à base d'*Artemisia absinthium *(grande absinthe) et d'autres plantes*

À sa manière, mon amie Rita, lors de chaque voyage dans le Jura, représentait le goût de l'interdit qu'ont les Suisses allemands. Arrivée de Zurich, à peine s'installait-t-elle dans une pinte qu'elle commandait sa fée verte, sa bleue, comme on dit dans le Val-de-Travers. Elle renonçait au rituel consistant à placer une cuillère plate et percée sur le verre d'absinthe, la garnir d'un morceau de sucre et verser de l'eau par-dessus pour qu'elle s'ajoute, ainsi adoucie, à l'élixir. Rita voulait des cubes, pas des bonbons: elle buvait sa bleue *on the rocks*.

Mon amie s'y était initiée pendant la prohibition, quand le distillat était fabriqué illégalement et de façon clandestine. L'interdiction était entrée en vigueur le 7 octobre 1910, après la ratification par la Confédération de l'initiative populaire du 5 juillet 1908; elle fut précédée d'une lutte acharnée et hypocrite autour de la morale et du péché, mais aussi à propos d'intérêts économiques, car les viticulteurs, les distillateurs et les brasseurs ont soutenu l'interdiction dans une alliance contre nature avec l'armée des bigots, l'absinthe représentant pour eux une concurrence malvenue.

L'étincelle qui a allumé le feu de l'opposition et attisé les braises des abstinents a été l'acte insensé d'un alcoolique qui, le 28 août 1905, en état d'ébriété avancée, a tué sa femme enceinte et ses deux filles de quatre ans et un an et demi avec son fusil militaire. Cependant, le cocktail que Jean Lanfray avait absorbé pendant toute une journée ne permet pas de comprendre pourquoi ce serait précisément l'absinthe qui aurait dû entraîner le vigneron et ancien soldat dans sa folie meurtrière: sept verres de vin (avec quel degré d'alcool?), six cognacs, deux verres de crème de menthe, deux cafés-schnaps – et deux verres d'absinthe. Les distillateurs et les vignerons auraient pu faire leur mea-culpa, mais ils ont préféré diaboliser une seule eau-de-vie, la moins chère. Trois jours après son procès, qui s'est soldé par une peine de 30 ans de prison, Lanfray s'est pendu dans sa cellule.

Le verdict de 1908 fut la seule fois où «la fabrication, l'importation, le transport, la vente, la possession en vue de la vente» d'un produit alimentaire ont été interdits dans un article constitutionnel. Comme il était permis d'en avoir chez soi à condition de ne pas la vendre, les agriculteurs furent autorisés à garder de l'absinthe pour le traitement médical de leur bétail.

Il était grand temps que l'étoile de la respectabilité brille à nouveau sur cette dame diffamée: le 1er janvier 2005, la fée verte (c'est à Oscar Wilde que l'on doit cette appellation) fut enfin rétablie dans ses droits civiques; elle avait bien plus de 250 ans en ce jour du Nouvel An, lorsqu'elle a été réhabilitée par la grâce de l'État. Dans une facture rédigée en 1737 pour un dîner en l'honneur d'un membre nouvellement élu au Tribunal suprême de la Principauté de Neuchâtel, il est indiqué qu'on a dépensé «21 batz pour sept pots de vin nouveau avec absinthe». En 1769, une petite annonce paraît dans la *Feuille d'Avis de Neuchâtel*: «À vendre, chez M. Heinzely, confiseur, [...] du très bon extrait d'absinthe» (*L'Absinthe du Val-de-Travers: recherches sur ses origines*, 1997).

Un «extrait d'absinthe» ne signifie pas forcément de l'absinthe, mais peut aussi être simplement un extrait de la plante correspondante. Une désignation datant du dernier tiers du XVIIe siècle montre plus clairement de quoi il est question: «Extrait d'absinthe / Qualité supérieure / de l'unique recette de Mlle Henriod de Couvet, comté de Neuchâtel en Suisse», lit-on sur des étiquettes conservées au Musée d'art et d'histoire de Neuchâtel. Ces étiquettes ornaient des alambics, on peut donc supposer qu'il s'agissait de distillats. À la même époque, Pierre Ordinaire, un médecin originaire de la Franche-Comté voisine, vend également un «extrait d'absinthe», mais selon Marie-Claude Delahaye, l'élixir de la mère Henriod, une rebouteuse, est le plus ancien des deux (*Absinthe: Histoire de la fée verte*, Paris 1983).

Ordinaire fut un promoteur infatigable de l'absinthe. Les tribulations de la recette du médecin après sa mort sont assez indécises, et les hypothèses n'ont pas manqué pour déterminer dans quelles mains elle aurait pu tomber. Il est reconnu que le major Daniel-Henri Dubied-Duval était en sa possession en 1797. La même année, le major fonde avec son fils Marcelin et son futur gendre Henri-Louis Pernod la première distillerie d'absinthe à Couvet, dans le Val-de-Travers: Dubied Père et Fils. Les affaires marchent très bien. En 1802, Pernod monte sa propre entreprise, qu'il délocalise de l'autre côté de la frontière, à Pontarlier, en 1805, en raison d'une demande encourageante. Pernod Fils offre ainsi l'avantage de pouvoir produire de l'absinthe pour le marché français sans avoir à payer de droits de douane.

À partir de ce moment, qu'on le veuille ou non, la partie se jouera en France. Pendant la conquête de l'Algérie, commencée en 1830, les soldats français purifient l'eau qu'ils boivent avec de l'absinthe; à leur retour, ce qui était une habitude devient une mode, à Paris bien sûr. Les civils apprennent vite des militaires; des artistes tels que Maupassant, Musset, Poe, Verlaine, Rimbaud et Apollinaire se délectent de la fée, qui incite aussi des femmes à se libérer de leurs entraves sociales. La fée devint donc une épine dans le pied de l'ordre établi.

Célèbre, mythique, divin breuvage, muse, talents cachés: telles sont, parmi d'autres, les épithètes et idées que l'on associait à la fée du temps de sa flamboyance. L'absinthe est un élixir à base de plusieurs plantes distillé avec de l'alcool pur titrant à 96,1 % et de l'eau.

Le nom de la boisson, que l'on mélange à de l'eau avant la première gorgée, vient de l'herbe qui lui donne son goût, l'*Artemisia absinthium*, appelée «grande absinthe»; cet arbuste aux racines ligneuses, au feuillage vert bleuté, penné et au dos argenté appartient à la grande famille des Astéracées; ses huiles essentielles et ses substances amères produisent un parfum âpre et un goût anguleux. La thuyone, cette molécule qui est le principe actif de la plante d'absinthe, s'arrime sur les mêmes cellules cérébrales que le THC, le principe actif de la marijuana, raison pour laquelle elle continue à exciter l'imagination.

Il n'a pas été possible de prouver à l'époque si la thuyone avait joué un rôle de catalyseur lorsque la fée verte a été diabolisée et s'est muée en sorcière après 1900 – ce n'est que dans les années 1960 qu'on a pu mesurer sa teneur en substance active et cesser de faire des suppositions.

Les Romains utilisaient l'absinthe comme épice pour combattre la jaunisse et la mauvaise haleine. Les *medici* médiévaux traitaient les intoxications par des champignons et l'alopécie au moyen de cette herbe, mais s'en servaient aussi pour stimuler la digestion et réchauffer le corps. À l'origine, la fée est donc apparue comme un être miraculeux, une représentante de la déesse grecque de la chasse Artémis, qui aurait découvert le pouvoir de guérison de 180 plantes lors de ses balades forestières et dont l'absinthe porte le nom.

Dans l'ouvrage intitulé *Pflanzen im Mittelalter* (Les Plantes au Moyen Âge), on trouve ceci: « L'absinthe (*wermut, wermmut, absinthium (Artemisia absinthium)*) est [...] utilisée de multiples façons: contre les vers dans le corps et les oreilles (!), contre l'obstruction du foie et de la rate, les maux d'estomac, l'apoplexie, les yeux troubles et la perte de la parole (!). L'absinthe est une plante universellement efficace contre la vermine: elle protège les vêtements et le bois contre les vers et les souris, éloigne les puces une fois qu'on en a frotté son corps, et de l'encre bouillie avec du jus d'absinthe dissuade les souris de ronger les documents. Hildegarde [de Bingen] attribue elle aussi un grand pouvoir de guérison à la *wermuda* très chaude, surtout en externe pour les maux de tête, les douleurs thoraciques, la toux et la goutte. On épiçait aussi la bière avec de l'absinthe. »

Parmi les diverses recettes existantes, en voici une que Pierre-André Delachaux, chroniqueur et protecteur de la fée, avait reçue de la fille d'un clandestin: dans un alambic d'une capacité de 60 litres, il faut verser 15 litres d'alcool neutre pur titrant à 95°, 25 litres d'eau et la *blanquette* de la distillation précédente (environ un litre), puis les herbes séchées: trois poignées de grande absinthe, deux de petite absinthe (*Artemisia pontica*), deux kilos d'anis, un kilo de fenouil, une poignée d'hysope, une autre de mélisse et une autre encore de menthe poivrée (*Lettres à un amateur d'absinthe*, 2002). L'alcool extrait les substances aromatiques des herbes; puis le macéré est ajouté à l'alambic et commence à distiller (cf. *Digression Aqua ardens, p. 84*).

La couleur verte s'obtient par une macération de plantes aromatiques dans un distillat d'absinthe pour en extraire la chlorophylle. Après filtration, le macéré est ajouté à l'absinthe distillée pour lui donner une légère teinte verte. En versant de l'eau dans l'élixir, il se transforme en une boisson trouble et laiteuse avec une nuance de bleu. La verte devient ainsi la bleue, la lumière et les rayons du soleil influençant l'effet chromatique. L'alcool élimine la turbidité, qui est principalement due à l'anis, et donne sa clarté à l'absinthe; si la teneur en alcool est trop faible, les substances opacifiantes se développent.

On lui a trouvé des noms de toute sorte: la bleue, le lait du Jura, la zezette ou zézette, le lait de chèvre de Jules, le thé de Boveresse, la boueuse, la couèchte (patois: de Couvet, cou ou goûter?), la rincette, la tiaffe (chaleur accablante ou neige sale et fondante), le lait de tigre. Les distillateurs clandestins restaient de braves Suisses qui n'avaient rien contre l'État et achetaient leur alcool à la Régie fédérale des alcools. De temps en temps les autorités procédaient à une inspection. Tribunal, amendes et prison. Bouteilles brisées, contenu prélevé, alambics confisqués. Une agitation ciblée. Le soufflé glacé de la fée, servi en dessert à François Mitterand lors d'une visite d'État à l'Hôtel DuPeyrou à Neuchâtel le 15 avril 1983, a été érigé en infraction officielle deux jours plus tard. Le chef, qui s'était autorisé une petite plaisanterie en versant du Pernod – sans thuyone – dans le soufflé, a été acquitté quelques années plus tard.

La fée bannie, en revanche, a dû mijoter dans son coin pendant deux autres décennies. Mais depuis 2005, son honneur perdu a été restauré, 95 ans après l'interdiction. Fin 2005, 31 distillateurs avaient déjà acquis leurs licences. Pendant la prohibition, on estime que 35 000 litres d'absinthe étaient distillés chaque année; un an après sa levée, il s'en produisait déjà environ 120 000!

Mélangée à un peu d'eau, l'absinthe se boit en apéritif. Autrefois, la boisson était plus amère qu'aujourd'hui, raison pour laquelle le petit jeu avec le sucre est désormais superflu. En cuisine, l'absinthe peut être employée comme épice, par exemple pour une sauce safranée avec des filets de truite ou pour un parfait à l'absinthe. La fin de l'interdiction a incité les confiseurs à fourrer leurs chocolats à l'absinthe, et même les bouchers se sont mis à faire des saucissons à l'absinthe.

À l'époque de la prohibition, il était d'usage de cacher les bouteilles d'absinthe à certains endroits pour rafraîchir les assoiffés et revigorer les personnes fatiguées. « Certains distillateurs perpétuent la vieille tradition et déposent une bouteille d'absinthe près de certaines fontaines de la région. Qui saura les trouver? » (*Terre&Nature*, 8 octobre 2015).

SUPPLÉMENT

Le Doubs parfumé

Le 11 août 1901, l'usine Pernod de Pontarlier est la proie des flammes. Les cuves sont vidées et l'absinthe finit dans le Doubs. Deux jours plus tard, la couleur de la Loue, qui coule au nord de Pontarlier, a changé, son eau sent l'absinthe et en a le goût. Ceux qui cherchaient encore la source de la Loue savent maintenant pourquoi ils ne l'ont jamais trouvée: la rivière est alimentée souterrainement par le Doubs.

DIGRESSION

Willy distille

Lorsque Willy Bovet a reçu sa licence officielle en 2005, il fabriquait de l'absinthe depuis 40 ans. « Grâce à nous, les distillateurs clandestins, les gens parlent encore de l'absinthe aujourd'hui », dit-il. D'après lui, les habitants du Val-de-Travers ont un «esprit comme les Corses», une mentalité d'individualistes rebelles.

Willy, qui est né à Môtiers «et mourra à Môtiers» (le 7 juin 2018), n'est arrivé à cette conclusion qu'au fil des ans. À l'origine, il travaillait comme horloger aux confins du Val-de-Travers. En 1965, un homme lui a offert un alambic pour 800 francs.

Willy: «Que vais-je faire de ça?»

L'homme: «Distiller de l'absinthe.»

«Je n'avais jamais bu d'absinthe, dit Willy, je faisais du sport.» Mais qu'est-ce qui dure éternellement?

Pour le jeune Willy, 28 ans à l'époque, 800 francs, ce n'est pas rien. Il demanda une avance à ses parents.

«Que veux-tu faire de cet argent?»

«Distiller de l'absinthe.»

«Pas question!»

Willy est allé chez sa grand-mère, qui tenait une épicerie à Môtiers.

«Pour quoi faire?»

«De l'absinthe.»

«Mais bien volontiers!»

Willy a donc payé la somme et demandé au vendeur de lui expliquer comment cet alambic fonctionnait. Il s'est exercé quelques fois et, muni d'un bidon rempli de sa propre eau-de-vie, a rendu visite à une connaissance dont il savait qu'elle distillait en secret depuis longtemps.

«Essaie.»

«Ça a un goût horrible! Qu'est-ce que c'est?»

«De l'absinthe.»

«L'absinthe est interdite. Si tu veux en distiller, fais-le au moins correctement.»

«Et comment?»

«Donne-moi 100 francs et je te montrerai tout.»

C'est ainsi que Willy a été initié aux secrets d'une absinthe de qualité. «Il m'a tout montré, raconte-t-il, plus ou moins de ci et ça.»

La première année après la légalisation, nous sommes assis dans la salle de réception qu'il a aménagée dans l'ancienne ferme au milieu de Môtiers où il vit avec sa famille. Ici, les clients peuvent faire des dégustations, recevoir des conseils, acheter et visiter: juste à côté, dans l'ancienne grange, il y a deux alambics. Le cuivre poli et mat brille légèrement, et l'absinthe coule goutte à goutte du plus petit des deux alambics: «Septante7», un élixir dont la teneur en alcool s'élève à 77°.

Au cours de son initiation, Willy avait appris des choses fondamentales: la recette n'est pas tout, il faut goûter encore et encore, c'est vraiment du *learning by doing*. Le point crucial, c'est la façon d'utiliser les cinq herbes du Val-de-Travers: la grande absinthe, la petite absinthe, la mélisse citronnée, l'hysope et la menthe poivrée. D'autres herbes et épices telles que l'anis, l'anis étoilé, le fenouil, la réglisse, la coriandre, etc. servent à la différenciation gustative, mais «elles ne sont pas décisives». Il est important de suivre l'évolution végétative des cinq herbes indigènes: «Plus de soleil donne plus de thuyone», la substance active de la grande absinthe qui donnera son caractère à l'eau-de-vie. Les herbes ont elles aussi un millésime.

Détendu, Willy raconte des histoires de sa vie de bouilleur de cru clandestin. Ceux qui cherchaient de l'absinthe parlaient de quelque chose d'anodin, d'un animal, par exemple, et disaient «un lapin pour un litre». Il avait caché son alambic dans la ferme d'un ami. Lorsque les prévisions météorologiques annonçaient de la pluie ou un vent d'ouest, Willy installait l'appareil dans sa grange et se mettait au travail. Un brusque changement du temps était synonyme de danger: la pluie nuisait à l'odeur anisée typique – et traîtresse – de l'absinthe, le vent l'entraînait vers l'église et au-delà, le soleil faisait éclore son parfum comme les essences des *Mille et Une Nuits*. Ces jours-là, Willy se dépêchait d'aller dans la maison voisine, également une ferme, faisait un trou à côté du tas de fumier et remuait celui-ci vigoureusement, tel un vigneron avec le chapeau de marc.

Lorsque Willy a demandé son autorisation officielle de distillation en 2005, les inspecteurs de la Régie fédérale des alcools étaient plutôt surpris, car il n'avait jamais été fiché. Un grand sourire se dessine sur son visage, ses souvenirs de clandestinité l'emplissent visiblement de bonheur. Comment se fait-il que son nom ne figure sur aucune fiche? «Berne avait annoncé à Neuchâtel la venue d'inspecteurs, la capitale cantonale a donné l'ordre au préfet de district de Môtiers de mobiliser des gendarmes. Et les gendarmes? Ils buvaient leur absinthe dans les cuisines des bistrots. Ils étaient de notre côté.» La dernière grande rafle a eu lieu en 1983 et a montré à quel point la Régie fédérale connaissait bien les producteurs clandestins, qui achetaient leur alcool pur à l'État. Où d'autre? À l'étranger, pour économiser des taxes. Ce fut leur erreur: la contrebande étant un délit autrement plus grave que la distillation illégale, l'État a dû sévir.

La légalisation sur l'absinthe remonte à près de vingt ans et on a l'impression que la potion magique n'a jamais été interdite. On craignait que l'absinthe ne perde de son aura mythique avec la légalisation, qui lui a pavé le chemin des supermarchés. Dans le temps, des voyageurs venaient de partout, et notamment de Suisse alémanique, dans le Val-de-Travers pour y rendre hommage à la fée verte; ils mettaient un certain temps à se décider à prononcer son nom dans un français fédéral rocailleux, mais finissaient par obtenir leur bleue. Son mythe s'est peut-être un peu écorné, mais elle a gagné en attractivité: désormais, des autocars remplis de visiteurs arrivent à Môtiers, sur les traces de la fée.

Willy cultive son mythe personnel, le cinéma de ses souvenirs ne cesse de lui montrer des séquences de sa vie de bouilleur de cru. «J'ai une petite distillerie, dit-il, avec 4 à 5000 litres par an, je suis un artisan.» Le fait qu'il puisse distiller en toute tranquillité et sans avoir à s'en cacher n'est pas pour lui déplaire – même s'il pense que l'État a accordé trop de concessions.

Voir aussi: Génépi, page 496; Iva, page 577.

Eau-de-vie de prunes neuchâteloises

Distillat de certaines variétés de prunes et de pruneaux

Si sa renommée reste dans l'ombre de la damassine et des eaux-de-vie de pruneaux suisses (*Pflümli*), sa qualité n'a rien à leur envier : dans l'eau-de-vie de prunes neuchâteloises repose également l'esprit d'un fruit d'excellence. L'hôtel comtal de Neuchâtel aurait déjà été approvisionné en *aigue-ardent* (*aqua ardens*, eau-de-vie) de Franche-Comté entre 1435 et 1456, et « un *eauardentier* (distillateur) est établi à Saint-Blaise en 1539 », nous apprend Bernard Vauthier dans *Le Patrimoine fruitier de Suisse romande*.

En Europe, au Moyen Âge, on distillait essentiellement à des fins médicales, mais à partir du XVe siècle aussi dans un but commercial ; l'armagnac est considéré comme la première eau-de-vie. Aux XVIIe et XVIIIe siècles, les spiritueux ont connu un essor considérable, et à la fin du XIXe, la montée de l'alcoolisme dans les classes populaires a fait l'objet de plusieurs mesures législatives en Suisse (cf. *Saurer Most et Süssmost, page 351*).

La variété de prune dite « bérudge » a été introduite dans le canton de Neuchâtel au Moyen Âge. En 2006, un botaniste de l'Université de Neuchâtel a démontré par des analyses génétiques une relation étroite entre la bérudge et la damassine.

La variété appelée « pruneau de Chézard » porte le nom de la commune de Chézard-Saint-Martin dans le Val-de-Ruz. Elle pousse dans cette vallée de 750 à 800 mètres d'altitude. Il existe différentes indications sur sa taille, probablement parce que la plupart des arbres ont poussé par des drageons et par dissémination naturelle. Les fruits sont de taille variable, ovoïdes ou allongés ; leur peau est grenat avec des reflets bleutés et leur chair jaunâtre, peu juteuse, sucrée et un peu fade.

Le prunier (*Prunus domestica*) et le prunier de Damas (*Prunus domestica* subsp. *domestica*) appartiennent à la grande famille des Rosacées et sont issus du prunier-cerise (ou myrobolan) et du prunellier. Comme la mirabelle (*Prunus domestica* subsp. *syriaca*), le pruneau est une sous-espèce de la prune.

La bérudge est une petite prune allongée à la peau rougeâtre-grenat avec des nuances de jaune et piquée de taches beiges ; son parfum est puissant, légèrement acide, sa chair jaunâtre, tendre, moyennement juteuse et sucrée. Elle atteint sa maturité en août.

La bérudge de Cornaux est légèrement plus grosse et mûrit un peu plus tard ; sa chair, plus ferme, est jaune-verdâtre.

Le meilleur moment pour ramasser les fruits est lorsqu'ils viennent de tomber de l'arbre, car ils sont alors vraiment mûrs et même un peu blets. Il faut ensuite sélectionner les plus beaux spécimens et les laisser fermenter dans un tonneau, non sans les avoir prudemment écrasés pour que le jus qui s'écoule force la fermentation, en prenant garde à ne pas casser les noyaux : le contact entre l'acide cyanhydrique qu'ils contiennent et l'alcool des fruits en train de fermenter produit en effet de l'uréthane, un composé potentiellement cancérigène.

Pendant le processus de fermentation, les composants non liquides tels que la peau et la chair remontent à la surface et doivent être régulièrement brassés. Certains producteurs versent de la levure dans leurs fûts pour empêcher la formation d'acide acétique. Après la distillation (cf. *Digression Aqua ardens, page 84*), la teneur en alcool est réduite avec de l'eau jusqu'à un maximum de 45 % vol. Les eaux-de-vie sont versées dans des bonbonnes en verre, avec ou sans empaillage, et leurs goulots sont recouverts de gaze pour empêcher les insectes de s'inviter dans les flacons. De nos jours, on entrepose ces bonbonnes au grenier ou dans un endroit équivalent, où il y a suffisamment de fluctuations de température pour que les eaux-de-vie se débarrassent par évaporation d'éléments indésirables tels que excès éthyliques, flegmes, éthanols et autres. Plus la période de maturation sera longue, plus les saveurs seront intenses.

Après le kirsch, l'eau-de-vie de prunes est probablement l'alcool fort le plus répandu en Suisse. Il est populaire dans tout le pays sous des noms tels que Pflümli, Zwätschgeler, Pruneaux, Prune ou Vieille Prune. Les eaux-de-vie de prunes ne sont pas toujours aussi pures que le promettent leurs noms, le moût peut être constitué d'un mélange de prunes et de pruneaux ; dans la pratique, le distillateur détermine comment il veut appeler son eau-de-vie ou ce qu'il veut y mettre. Mais avec les spécialités, on y regarde de plus près. La Vieille Prune, par exemple, est un distillat fabriqué à partir de fruits sélectionnés avec une grande rigueur, que l'on laisse ensuite mûrir pendant une période donnée dans un fût en bois et non, comme l'eau-de-vie de prunes normale ou le Pflümli, dans une cuve en acier. Depuis le début du XXIe siècle, des distillateurs hautement qualifiés fabriquent pour des connaisseurs de plus en plus d'eaux-de-vie de certaines variétés de fruits bien précises originaires d'une région déterminée.

Lie, marc

Distillats à base de composants de la vinification

Le marc et la lie sont des eaux-de-vie issues de la distillation de sous-produits ou de résidus de vinification ; sous diverses appellations, elles sont typiques des régions viticoles de la Suisse.

Pour fabriquer du marc on distille les pellicules, la pulpe et les pépins restant après le pressage du raisin ; son nom allemand est *Trester* ou *Tresterschnaps*, et en italien on parle de *grappa*. Après le pressurage, on recueille les restes solides des raisins que l'on laisse à nouveau fermenter dans des fûts. Les tiges ou rafles, le support très tannique de la grappe qui nourrit les baies, doivent être enlevées. Les distillateurs préfèrent le marc de vin rouge car, contrairement à la plupart des vins blancs, il est égrappé au plus tard avant d'être placé dans les cuves de fermentation.

Lie est synonyme de sédiment, tarte, dépôt ; ce terme désigne les particules de levures mortes ainsi que d'autres matières en suspension qui se déposent au fond du fût pendant la maturation et forment une sorte de flaque après l'égouttage du vin.

La lie, au goût plutôt austère, un peu dur, est toujours blanche, alors que le marc, plus fruité et plus doux, est vieilli dans des fûts en bois et prend une teinte ambrée.

Ni l'une ni l'autre n'étaient très répandus dans les régions viticoles de Suisse au XVIIIe siècle; en Alsace, la lie était appréciée comme moyen d'améliorer l'eau-de-vie de vin. Un décret du magistrat de Colmar datant de 1658 interdit aux distillateurs de vendre de l'eau-de-vie de vin s'ils n'ont pas enrichi le distillat d'au moins un tiers de lie avant la distillation. « Le *Drusen* [dépôt] de nos ancêtres avait visiblement une meilleure réputation que celui de nos pères. Recommandé au XVIIe siècle pour bonifier les eaux-de-vie, la lie était devenue trois siècles plus tard une substance répugnante avec laquelle on produisait une eau-de-vie juste bonne à être frictionnée, pour des compresses, des pansements, pour le bétail... et les ivrognes. La raison en est l'utilisation intensive de pesticides dans le vignoble et de soufre dans la vinification » (*L'Inventaire du patrimoine culinaire de la France, Alsace*). Ces produits se seraient accumulés et concentrés dans la lie comme un ajout indigeste et malodorant dont on ne voudrait dans aucune eau-de-vie digne de ce nom. Heureusement, grâce aux améliorations techniques mises en œuvre dans les vignobles et dans les caves, consommer de la lie est redevenu un plaisir.

Les Alsaciens distillent également du marc depuis le XVIIe siècle; dans un rapport au roi en 1698, un gérant de domaine écrit: « Depuis quelques années, nous avons la possibilité de faire des eaux-de-vie de marc de raisin. » À Lausanne, en 1772, Wilhelm Otto Struve, chimiste d'origine suédoise, consacre un chapitre au marc de raisin dans ses *Essais ou réflexions intéressantes relatives à la chimie, la médecine, l'économie et le commerce*, où il avoue utiliser personnellement du marc comme remède. En 1798, dans son traité sur *L'Art du vigneron*, le Citoyen Reymondin écrit à propos du marc: « On peut en tirer de l'eau de vie, mais elle n'a pas bon goût, & elle n'est pas bonne pour la santé; mais elle est utile pour les blessures [...]. »

En Suisse, la lie et le marc n'ont pris leur essor que dans le dernier quart du XXe siècle, depuis que les problèmes écologiques dans l'agriculture sont pris au sérieux et qu'ils ont entraîné certains changements et améliorations. La réduction des additifs chimiques dans la viticulture et dans les caves a contribué à relever et à renforcer le niveau qualitatif.

Le matériau de base pour la lie est liquide; elle est distillée en deux passages (cf. *Digression page 84*); cela lui donne un goût plus fin et une partie des substances indésirables est vaporisée avant que le reste ne soit filtré.

Après distillation, le marc est versé dans des bonbonnes et recouvert de gaze pour qu'il puisse mûrir dans un grenier à l'abri des insectes et de la poussière; des effets secondaires indésirables s'échappent de la bouteille au fil du temps. Ainsi, le marc reste clair; s'il est laissé à maturation dans des fûts de chêne, il prend une couleur mordorée et absorbe quelques tannins, qui arrondissent le goût – comme pour le cognac, le calvados et le whisky.

Selon un règlement européen, la dénomination *grappa* est officiellement réservée aux eaux-de-vie claires produites à partir de marc de raisin en Italie depuis 1989; elle s'applique également à la partie italophone de la Suisse, mais n'est pas autorisée dans le reste de la Confédération.

Voir aussi: Sauser/Moût de raisin, page 132; Grappa di vinaccia, page 638.

10

FRIBOURG (*FREIBURG*)

Du jeûne à la fête

Du Moléson, la montagne dominant la Gruyère, au mont Vully au bord du lac de Morat, ce canton vallonné s'étend du sud au nord le long de la Sarine quasiment dans sa totalité. C'est une entité compacte. Ce n'est que sur la rive sud du lac de Neuchâtel que le territoire, partagé entre Fribourg et Vaud, se disperse comme une bannière en lambeaux que Charles le Téméraire aurait perdue après la bataille de Morat.

De manière singulière, Fribourg apparaît comme un pays de blocs. Au sud, en bordure des Alpes, la Gruyère où coulent le lait et la crème double, et au pied du mont Vully, le Grand-Marais, où poussent fruits et légumes. Pas tout à fait au milieu, mais immanquable le long de la Sarine, le centre, le chef-lieu Fribourg, fondé en 1157 par Berchtold IV de Zähringen. « Bastion de l'ancienne foi dès 1524, siège épiscopal depuis 1615, Fribourg est le site depuis 1889 d'une université catholique », lit-on dans le *Dictionnaire historique de la Suisse*.

Dans l'ancienne foi, la vie passait des peines aux joies, du jeûne à la fête. Entre ces pôles, dictés par les maîtres spirituels comme temporels, il y avait de la place pour quelques envolées – qui laisse son estomac crier famine sur ordre d'en haut se libère de sa souffrance avec ce que les greniers et les caves offrent de meilleur. On peut dire que c'est une terre bénie, eu égard aux produits de premier choix que l'on y trouve, tel le Gruyère, le fromage le plus produit en Suisse en 2020 devant la mozzarella. Au début du XXIe, la surface agricole utile de ce canton bilingue situé sur la Sarine (Saane) et la Singine (Sense) représente un peu plus de 57 % de sa superficie totale, soit un peu plus que la surface improductive du Valais.

Dans ce « bastion de l'ancienne foi », ce sont des monastères qui ont jeté les fondations. L'un des premiers témoignages écrits sur les aliments connus dans la Suisse médiévale sont les *Benedictiones ad mensas*, destinées à bénir la nourriture et la boisson, rédigées par le moine Ekkehard IV peu après l'an 1000 à l'abbaye de Saint-Gall. Même si tout ce qui y figure n'était pas servi au réfectoire, la liste à elle seule est une invitation à banqueter – et là où se trouvent des monastères, les jardins et cuisines monastiques ne manquent pas ; l'appétit s'y repose dans la sérénité et la prière, puis déclenche des expéditions culinaires soit en rêve, soit dans la réalité.

Dans le canton de Fribourg également, avec sa Bénichon, symbole de gourmandise s'il en est, un concentré de joie festive catholique et de production paysanne annuelle, perpétué dans une tradition à la fois conservatrice et conspirative. En Suisse, la Bénichon est sans doute l'un des derniers festins d'une telle authenticité, comparable à celui de la Saint-Martin, la cochonnaille dans le Jura, lui aussi catholique.

Le mot *bénichon*, du latin *benedictio*, désignait autrefois le jour où l'église était consacrée. La première mention écrite de cette fête patronale date d'une ordonnance de 1443, lorsque le Conseil communal de Fribourg se plaignit de troubles causés par divers fêtards et vagabonds. Mais le retour au calme espéré par les autorités n'eut pas lieu. En 1587, les membres de la Chambre secrète constataient avec un malaise croissant que ces célébrations se caractérisaient moins par la prière que par le fait de manger et de boire à l'excès, de jouer et de danser. Les devoirs religieux avaient cédé la place aux plaisirs de la table. Ce qui en est resté, c'est ce festin hors norme, le menu de Bénichon ou *Chüubimönü*, préparé au sein des familles, mais aussi dans les bistros et jusqu'aux tables de la haute gastronomie.

La cuchaule et la moutarde de Bénichon sont suivies par de l'agneau, des saucisses et du jambon de la borne, puis par des meringues et des cuquettes, autant de merveilles culinaires décrites dans les pages suivantes. Le vin est peu présent dans ce menu, du moins il manque des indications précises sur son origine. Fribourg ne joue certes pas les premiers rôles en tant que canton viticole, mais les 150 hectares de la région du Vully produisent des vins intéressants, principalement du chasselas et du pinot noir.

Le mont Vully est une éminence située entre les lacs de Neuchâtel et de Morat, face aux vignobles neuchâtelois au pied du Jura. « Il occupe une place réduite sur la carte du monde, sa réputation est modeste, et beaucoup de Suisses ignorent jusqu'à son nom », peut-on lire dans *Das Buch vom Schweizer Wein*, ouvrage publié en 1943.

Le mont Vully, sur lequel des Celtes s'étaient jadis installés, est depuis longtemps une région viticole, les premières mentions remontant au VIIe siècle. Cette colline de molasse de 653 mètres d'altitude se situe à l'ouest sur le territoire vaudois et à l'est sur le territoire fribourgeois. Les deux tiers de la surface viticole, soit un peu plus de 100 hectares, appartiennent à Fribourg ; les trois quarts sont plantés de chasselas. Cette prédominance n'a pas beaucoup changé, même si, pour ce qui est de l'ensemble de la Suisse, on plante de plus en plus de cépages rouges ainsi que d'autres variétés blanches.

Le chasselas a un goût fruité avec une acidité fraîche et une fine note de terroir. L'impression correspond presque mot pour mot à la description du livre sur les vins suisses mentionné ci-dessus : « C'est un vin léger, pétillant et clair, son goût est acidulé et frais avec des nuances de terroir assez prononcées. » Le vully « est très désaltérant par temps chaud en raison de sa teneur assez élevée en acide tartrique, unique en son genre », écrivait en 1943 E. Herren, négociant en vin avec son propre domaine dans le Vully, à propos de son chasselas. « L'acide tartrique et ses sels ont un effet fortement purifiant sur le sang, diurétique et désaltérant, et selon des constatations incontestables, ils affaiblissent et tuent des germes (typhus, bacilles paratyphiques de la dysenterie). Ce vin convient à merveille avec le poisson et la fondue. »

On a déjà dit beaucoup de choses sur les vins de chasselas – peu d'autres cépages ont été aussi moqués et méprisés, mais également louangés et vénérés que le chasselas. En revanche, le fait que ce cépage ait été utilisé autrefois pour promouvoir la santé a de quoi surprendre. Il n'est sûrement pas nécessaire de conserver ce vin dans une armoire à pharmacie, on connaît heureusement aujourd'hui d'autres moyens de combattre les bactéries que l'acide tartrique et ses sels. Ce serait dommage pour les gouttes pétillantes et minérales du mont Vully.

Moutarde de Bénichon

Moutarde fruitée au vin blanc, au vin cuit et aux épices

Sans ôter quoi que ce soit aux qualités du gigot et du ragoût d'agneau, du jambon de la borne et du saucisson, de la poire à botzi ou des meringues, croquets et autres cuquettes, le plus original des plats composant le formidable menu de la Bénichon est le premier d'entre eux, la cuchaule et moutarde de Bénichon, un pain safrané que l'on tartine de beurre et d'une pâte piquante, apéritif rafraîchissant et épicé avec le petit blanc du Vully, en attendant l'arrivée des derniers invités.

Deux épices s'assemblent ici, représentant des mondes différents : c'est un mariage entre Orient et Occident, harmonieux depuis des siècles, celui qui unit d'une part le safran, *Crocus sativus*, fleur enchanteresse et mystérieuse avec ses filaments rouges ou dorés, au goût exotique, des plus traîtresses à haute dose (mortelle à partir de 20 grammes) et pourtant la plus précieuse et coûteuse épice au monde ; d'autre part la moutarde, les crucifères *Brassica nigra* et *Sinapis alba* (respectivement moutarde noire et moutarde blanche), condiment indigène utilisé en Europe depuis des temps immémoriaux pour relever les aliments – avant l'arrivée du poivre et du piment –, lui aussi indigeste en cas d'abus, mais pas létal comme le safran.

Quand les graines de moutarde sont finement moulues, la poudre qui en résulte, mélangée à un liquide, a un goût puissant. Pour la moutarde de Bénichon on commence la veille en mélangeant ladite poudre à du vin blanc, puis on laisse cette pâte infuser pendant la nuit. Le lendemain, on fait cuire de l'anis étoilé, des bâtonnets de cannelle et du sucre candi dans de l'eau pendant un quart d'heure environ. Ensuite, mélanger de la farine et du vin cuit (raisinée, jus de poire et de pomme concentré, cf. *Vin cuit, raisinée, page* 232), y ajouter du sirop d'épices selon votre appréciation et laisser frémir à petit feu jusqu'à que cette masse ait atteint la consistance d'une gelée et ait perdu son goût farineux ; incorporer la pâte de moutarde. Retirer du feu juste avant ébullition et réserver au froid.

C'est donc avec de la cuchaule et de la moutarde que l'on entame le très copieux menu de la Bénichon, qui est organisé à diverses dates suivant la région, localité ou paroisse, principalement en été et en automne.

Peu d'humilité et un appétit débordant. Le festin était bien mérité : une fois l'an, on se permet de faire bombance et de « manger de la viande fraîche, qui n'a pas été conservée », comme l'assura Madame Madeleine en ce magnifique dimanche d'octobre dans les Préalpes fribourgeoises. Avec sa sœur Lucette, elle a célébré dans son salon, pour une joyeuse tablée à laquelle j'ai pu me joindre, un superbe repas de Bénichon – comme on a coutume de le faire en privé tout en y apportant ses notes personnelles.

Après la cuchaule au beurre et à la moutarde de Bénichon, on nous a servi de la soupe aux choux ; malgré son nom et les feuilles du légume qui y flottent, le fumet et l'arôme sont bien ceux du jambon qui a cuit là-dedans. Puis vint le tour du ragoût d'agneau aux raisins, qui a longuement mijoté, agrémenté de raisins secs. Arriva ensuite le jambon de la borne et le saucisson fribourgeois accompagnés de haricots et d'autres légumes. Mais avant de servir le jambon, les deux sœurs ont entonné « *Voi-ci la Bé-ni-chon* » en faisant glisser leurs voix de sopranos vers les hauteurs du patois, puis on inscrit dans mon carnet « *Ver nô lè la Bénichon* », ce qui signifie sans doute la même chose. Le jambon était délicieux avec de la purée de pommes de terre, son petit lac au milieu et des poires à botzi maison. De la salade et du fromage ont suivi, précédant les meringues à la crème de Gruyère. « *Une orgie de crème fraîche* », peut-on lire dans une présentation populaire de la Bénichon. De la crème riche en matière grasse (45 à 50 %), et ceci bien que la race de vaches fribourgeoises soit éteinte. C'est dommage, me dit Madame Madeleine, mais d'après elle « les taureaux n'étaient plus bons à rien », ils se seraient donné du mal en vain.

Les vaches n'en pouvaient plus : « C'est le plus lourd bestiau de Suisse, généralement taché de noir, plus rarement tout noir ou roux ou taché de roux, à grosse tête, aux cornes imposantes avec un front légèrement bossué », écrivait Friedrich von Tschudi dans

Le Monde des Alpes (1853) à propos de la « fribourgeoise », race pie noir aujourd'hui manifestement disparue.

La plus ancienne mention du menu de Bénichon se trouve dans un article intitulé « Idylle gruérienne » paru dans *Le Confédéré* du 24 juillet 1852, hélas sans recettes, mais avec une belle flambée d'enthousiasme : « [...] cette moutarde ! ... excellente ma foi ! ni trop forte, ni trop douce ; et épaisse, comme j'aime ».

Ce type de pâte épicée composée de moutarde forte et d'une confiture pour l'adoucir n'était cependant pas une innovation fribourgeoise, mais un condiment prisé de longue date. Dans son *Manuel alimentaire des plantes tant indigènes qu'exotiques qui peuvent servir de nourriture et de boisson aux différens peuples de la terre* de 1771, le médecin et botaniste Pierre-Joseph Buc'hoz en propose plusieurs recettes, tout comme l'*Encyclopédie d'Yverdon* (1770-1780) dans son article sur la moutarde. Joseph Favre précise quant à lui qu'« en ancien français on écrivait *moust* ardent, car on utilisait du moût de raisin épicé pour sa fabrication » (*Dictionnaire universel de cuisine pratique*, 1894). Dans l'Oberland bernois, la moutarde de Saanen, douce et épicée, se prépare avec de la compote de cerises (*Chirschmues*), un pendant au vin cuit et des épices telles que de la cannelle et des clous de girofle. Au XVe siècle, on demandait déjà de la moutarde d'Aigle, à base de coings, que l'entreprise aiglonne Hugo Reitzel produit toujours sous l'appellation « moutarde douce », au miel et aux coings.

Les autres points d'orgue du menu de Bénichon sont le jambon de la borne (*page 223*), la crème de Gruyère (*page 225*), le Gruyère (*page 226*), le Vacherin fribourgeois (*page 229*), les bricelets (*page 235*), les croquets (*page 236*), la cuchaule (*page 236*), les cuquettes (*page 237*), la meringue (*page 240*), les pains d'anis fribourgeois (*page 241*) et enfin l'eau-de-vie de poire à botzi (*page 249*).

PRODUITS CARNÉS

Bovigne

Morceaux de viande de bœuf salés et fumés tels que la tétine et la langue

Tout le monde connaît les rognons espagnols, spécialement les *afficionados* des corridas, les amateurs d'abats et celles qui aiment déguster des attributs virils bouillis. Mais qu'en est-il de la *grüükts Utter*, autrement dit de la tétine de vache fumée ? Limitée à sa seule fonctionnalité nourricière – le lait d'abord, puis la glande –, la tétine occupe une position retranchée, contrairement aux rognons espagnols, aux « huîtres de la prairie », aux testicules de taureau, donc, coupés à la bête vaincue avant d'être rôtis, bouillis ou frits dans un restaurant à proximité de l'arène, un peu comme si en consommant une tête réduite, on héritait de la force du défunt.

Il faut longuement feuilleter des livres de cuisine, souvent sans résultat, avant de tomber sur une recette pour des tétines ou des testicules – et lorsqu'on en trouve, ces derniers se cachent sous des euphémismes tels que les joyaux de la couronne, les noisettes ou des dénominations plus viriles, comme burettes, couilles, *granelli*, *palle*, *cojones* ou *die Geil* (*Ein new Kochbuch*, 1581) ; quant aux tétines, elles ne font plus partie de nos habitudes culinaires. Sur les plus de 500 articles que j'ai consacrés à ce que contiennent les cuisines et les caves, à la gourmandise et au jeûne dans les colonnes du *Tages-Anzeiger*, la tétine n'a pas une seule fois eu voix au chapitre, jusqu'au jour où une lectrice me posa cette question : « Quand je suis arrivée en Suisse il y a plus de quarante ans, on trouvait dans les boucheries à la campagne de la tétine de vache fumée sous forme de charcuterie, qui était assez savoureuse. Peut-on encore en acheter quelque part, ou l'a-t-on entre-temps interdite ? »

Ce n'est pas le cas, mais à notre époque où les rayons des magasins d'alimentation regorgent de toutes sortes de variétés de produits carnés, la tétine ne fait plus partie des assortiments et n'intéresse plus la clientèle. Suite à la parution de mon article, quelques mails me sont toutefois parvenus, dans lesquels figuraient des adresses précises dans les environs de Zurich pour qui voudrait s'en procurer. Un boucher du canton d'Uri indique que la tétine (« *gräiktes Utter* ») doit être « salée, fumée et cuite », ce qui est « délicat à cause des bactéries lactiques », mais qu'« aujourd'hui la demande est à nouveau plus forte ».

On trouve également des tétines de vache fumées dans les boucheries du canton de Fribourg, et particulièrement dans le district germanophone de la Singine. La langue de bœuf fumée et la tétine sont considérées comme les derniers exemples d'une série de produits désignés jadis sous le nom de « bovigne », c'est-à-dire du bœuf fumé. Le *Dictionnaire du patois gruérien et des alentours* définit la bovigne comme un morceau de viande de vache ou de bœuf salé et fumé. Le *Glossaire des patois de la Suisse romande* en donne une définition similaire, aussi avec des exemples dans les cantons de Vaud et du Valais.

Plus pauvre en graisse que le porc, le bœuf se prête moins bien au fumage, ce qui a pu jouer un rôle dans la quasi-disparition de la bovigne, également favorisée par un net désamour envers la tétine. On ne la classe pas parmi les viandes séchées de bœuf ou de vache. De tous les morceaux de viande bovine qu'une famille autosuffisante se devait de conserver, comme n'importe quel autre produit comestible, seules la langue et la tétine ont gardé une importance marginale. Le carnet de recettes d'Élisabeth de Gottrau au château de Léchelles (entre Fribourg et Payerne), qui date de 1832, présente la manière de saler et de fumer, ainsi que quelques recettes de langue et de tétine.

Joseph Favre s'est concentré sur le meilleur: «La tétine du veau des génisses, des chevreaux, de l'agneau, etc., constitue un morceau très recherché à la condition que l'animal n'ait pas encore reproduit» (*Dictionnaire universel de cuisine pratique*); il recommande deux recettes, l'une d'escalopes aplaties et panées garnies de ris de veau, et l'autre de tétine de veau glacée aux marrons. En Allemagne, les tétines panées sont connues sous le nom de *Berliner Schnitzel*. Selon Auguste Escoffier, «on utilise de la tétine essentiellement dans la cuisine simple, où on la fait généralement braiser. Pour ce faire on la rince, la blanchit, la presse légèrement puis on la pique; une fois braisée, on la glace comme un fricandeau et la sert avec des épinards ou de l'oseille» (*Le Guide culinaire*).

Il faut d'abord vider la tétine, la presser et la découper, puis, comme on le fait avec la langue, la saler dans de la saumure ou par injection; après les avoir laissés reposer quelques jours, les morceaux parachèvent leur maturation un à trois jours dans un espace de séchage et un fumoir.

La cuisson des deux bovignes requiert moins de savoir-faire que de patience: les morceaux doivent d'abord être dessalés quelques heures dans de l'eau, après quoi on les cuit trois à quatre heures jusqu'à ce qu'ils soient bien tendres. La peau qui recouvre la langue se détache alors aisément; une fois tranchée, sa viande se mange soit chaude, soit froide. La tétine accompagne avantageusement le jambon de la borne lors du menu de la Bénichon. En garniture, un légume tel que la choucroute, qui favorise la digestion, ne sera sûrement pas de trop. Une langue fraîchement bouillie se marie très bien avec une sauce blanche aux câpres; fumée, elle sera à la fois plus salée et plus corsée, grâce aux arômes de torréfaction.

Voir aussi: Braisi, page 70.

Jambon de la borne

Jambon fumé et généreusement salé

Si l'on excepte la dernière étape, celle de la cuisson, et quelques divergences, le jambon de la borne se prépare de la même manière que le jambon de campagne. Comme la tradition l'exige, le jambon n'est cuit que peu avant sa consommation; en entier, si la casserole et le four le permettent, ou en morceaux. Dans le commerce, on vous le propose aussi cuit, tranché et sous vide.

Parmi tous les jambons produits en Suisse, il semble que le jambon à la borne – en dialecte: *tsambèta* ou *Hamme* – soit le seul que l'on doit faire tremper dans l'eau avant de le consommer, comme à l'époque du Romain Apicius. Cela tient à la grande quantité de sel qu'on applique sur les jambons à l'os frais et au laps de temps considérable qu'il faut pour que le sel agisse en profondeur; fumer de la viande avec l'os est une opération très délicate.

Le boucher frotte le jambon, gras et couenne compris, à sec avec un mélange de sel, de sucre, de salpêtre (qui sert au maintien de la couleur rouge et empêche la formation de germes anaérobies, vivant sans oxygène), d'épices tels le poivre, les clous de girofle, les baies de genièvre ou le laurier, ainsi que certains additifs (correcteurs d'acidité). Les morceaux sont ensuite placés dans des cuves où ils restent quatre à six semaines; ils y sont tournés et frottés régulièrement afin d'éviter un salage unilatéral. Puis on brosse à la main tous les résidus de sel et laisse les pièces de jambon mûrir une semaine sans y toucher, avant de les suspendre à la borne.

Le mot borne peut revêtir bien des significations (de la borne milliaire à la borne électrique), mais dans le dictionnaire, nulle trace de celle de cheminée. Le *Dictionnaire suisse romand* se réfère au mot de patois *bouarna*, dérivé de *bornas*, qui apparaît pour la première fois dans un texte en latin médiéval (Bulle, 1492). La borne n'y a donc rien d'une pierre signalant le passage d'une frontière, mais est bien une volumineuse cheminée de forme pyramidale constituée de planches en bois, prédestinée à servir de pierre milliaire culinaire! C'est indubitablement en tant que cheminée qu'une borne a été désignée à Vevey en 1573 et dans la commune fribourgeoise de La Roche dans le district de la Gruyère en 1651.

Le secret du fumage à la borne tient à la construction et au processus: on allume le feu en bas et la fumée s'élève par la cheminée fabriquée au moyen de planches. Ce mode de construction laisse suffisamment d'air circuler, ce qui est aussi important pour la maturation du jambon que le fût pour le vin. En outre on ne fait pas brûler de sciure, mais des bûches de sapin et de hêtre ou du bois mort. La fumée dense monte doucement; elle atteint les jambons suspendus sur le haut presque froide, les effleure et les caresse. Le fumage n'a pas pour seul but d'imprégner la viande de savoureux arômes grillés et résineux, il renforce aussi la conservation, étant donné qu'un film protecteur se forme à la surface des jambons. Selon telle ou telle tradition familiale ou recette secrète, ce processus durera trois semaines ou davantage.

Deux à trois mois plus tard, on a un jambon cru épicé et corsé, traditionnellement laissé suspendu jusqu'à l'automne prochain dans la «chambre à viande». Cette «chambre noire» jouxte la borne; de cette façon, un peu de fumée arrive jusqu'aux jambons qui sont ainsi protégés des insectes et de la poussière. Pour le menu de la Bénichon, le jambon cuit est servi avec des choux et des haricots ; le jambon de la borne se mange chaud. En 2021, ce dernier a été distingué par l'AOP.

Dans les cheminées, la durée du processus a un double effet : le séchage et le fumage conservent l'un comme l'autre. Le jambon de la borne se différencie des viandes séchées des Alpes et du Tessin, mais aussi des viandes fumées produites dans le Jura et ailleurs en Suisse romande. Les bornes se sont bien maintenues jusque dans les années 1970, car les boucheries ne pouvaient pas approvisionner uniformément la campagne fribourgeoise. De nos jours, les bouchers sont équipés de fumoirs.

Suspendu à côté du jambon, dans la chambre à viande, on trouve son petit camarade le saucisson fribourgeois. Sa chair et son mode de préparation sont tout à fait similaires à ceux du saucisson vaudois, mais sa lente maturation et son séchage en fumoir, comme le jambon de la borne, lui confèrent une note très particulière. Aujourd'hui encore, dans quelques chalets du Pays-d'Enhaut, les bornes traditionnelles remplissent toujours leur fonction lorsque des bûches en combustion chauffent le chaudron de L'Etivaz placé juste au-dessus.

Voir aussi : Jambon de campagne, page 262 ; Prosciutto crudo della Mesolcina, page 586.

PRODUITS LAITIERS

Beurre

Beurre, Butter, burro*: matière grasse compacte composée de crème et de lait*

C'est sans trop d'efforts que l'on obtient ce pilier monumental – bien que tendre et sensible – de l'art culinaire du nord des Alpes, à savoir le beurre. Il suffit pour ce faire de retirer la crème du lait, de la baratter dans un récipient jusqu'à ce que les éléments solides se soient séparés du liquide, et déjà apparaît l'une des bases essentielles de l'alimentation, « sans laquelle on ne saurait imaginer une cuisine tolérable. Aucune sauce au beurre, aucune pâte à gâteau, pas de biscuit, mets cuit dans du beurre, légume au beurre, pas même une malheureuse tartine au jambon – nul ne peut se représenter une telle chose sans en avoir des sueurs froides ! » (*Das Appetit-Lexikon* de Habs et Rosnes, dictionnaire culinaire allemand publié en 1894).

Ce fut d'abord dans l'espace comprenant les Alpes et les Préalpes que la production laitière est devenue un facteur économique significatif, tandis que sur le Plateau suisse on se consacrait à l'agriculture. Les Germains et les Celtes maîtrisaient la fabrication du beurre. Jusqu'assez tardivement dans l'ère moderne, on n'a pas bu beaucoup de lait, préférant le transformer en beurre, en sérac et en fromage, comme cela était déjà prescrit au 14ᵉ chapitre du capitulaire *De Villis*, l'ordonnance sur les domaines ruraux de Charlemagne rédigée vers 812.

Seuls des gens fortunés pouvaient s'offrir du beurre. « Au XVᵉ siècle, l'hôpital de Bâle achetait 15 à 20 000 livres de viande chaque année, mais au maximum 1700 livres de beurre », selon Ernst Schubert (*Essen und trinken im Mittelalter*). Afin de le conserver, le beurre était mélangé à du sel ou mis en conserve. Le beurre clarifié (comme le beurre à rôtir) n'est constitué que de matière grasse et ne contient plus d'autres nutriments tels que les protéines et le lactose. L'hiver, il était possible de conserver du beurre frais s'il était bien emballé et placé dans des endroits froids et sombres, par exemple dans des grottes, en plus de la chaleur, l'autre grand ennemi du beurre non pasteurisé est l'air, qui provoque son rancissement par oxydation.

En 1806, une famille bourgeoise de Bâle consommait en moyenne 24 kilos de beurre par an, alors qu'une famille de la campagne, à cette même époque et jusqu'au milieu du XXᵉ siècle, utilisait dans sa cuisine plutôt des graisses animales telles que le saindoux. La production de beurre a toujours subi des fluctuations. Au XXᵉ siècle on créa des organisations chargées de sa promotion, comme la Centrale beurrière suisse (1920) et Butyra (1932), qui sera dissoute en 1999 tout comme l'Union suisse du commerce du fromage. Dans les années 1970, une montagne de beurre se dresse dans le ciel helvétique, symbole d'une surproduction qui a la vie dure, et pourtant vers 2020, la Suisse doit périodiquement importer du beurre de l'Union européenne.

Pour obtenir du beurre, il faut agiter vigoureusement la crème, traditionnellement dans un tonneau en bois (baratte), dans lequel une palette est actionnée depuis l'extérieur en faisant tourner une manivelle. Le barattage fait éclater les globules de matière grasse du lait, le gras se sépare et s'agglomère. En malaxant le beurre un liquide s'en extrait, le petit-lait, également appelé babeurre. Ensuite le beurre est fractionné et portionné – classiquement dans un moule en bois avec un motif sculpté –, puis emballé dans un matériau ne laissant pas passer la lumière tel qu'une feuille d'aluminium. Le beurre est une émulsion dont la teneur en graisse est légèrement supérieure à 80 %.

Malgré les divers moyens de réfrigération, les emballages opaques et une technologie plus développée lors de la production ainsi que du transport, l'offre est moins diversifiée aujourd'hui dans notre pays qu'à l'époque où le beurre, suivant le type de lait utilisé, la préparation et le stockage, n'était pas un produit homogène. Cependant, grâce au retour aux traditions régionales par la mise en valeur des produits du terroir, depuis l'aube du XXIe siècle, progressivement le beurre est à nouveau fabriqué et commercialisé à un échelon plus modeste.

La Gruyère et l'Emmental sont depuis bien longtemps les épicentres de l'industrie laitière suisse, mais on a élevé du bétail un peu partout, y compris dans les villes, des siècles durant. Les régions montagneuses, berceau originel du beurre et sûrement pas responsables de la montagne évoquée ci-dessus, ont perdu massivement de leur importance, alors que le lait des Alpes est réputé comme étant le meilleur ; il ne passe pas uniquement par le canal industriel, mais est aussi transformé sur place en fromage et/ou en beurre d'alpage.

Une recette valaisanne, d'Hérémence plus précisément, nous montre bien à quel point ce beurre était délicieux : il s'agit de celle du beurre cuit et « crappe », en patois local *bourro couètt è crapp'a*. Après la désalpe et une fois que le beurre a été distribué dans les familles, on fait réduire une grande partie du beurre et l'on écume la mousse. Le beurre cuit est ensuite réparti dans des pots et conservé à la cave. On gratte les restes du fond de la poêle avec une cuillère : « *lè le moman de féra la crapp'a* » ; ce dépôt est alors reversé dans la poêle et mélangé avec la mousse écumée et de la farine, environ un kilo sur une livre de beurre. On cuit la masse en la remuant constamment, jusqu'à l'obtention d'une pâte brune compacte, considérée comme « *mi bon que toui lè chocolà dou maundo* » (Isabelle Raboud *et al.*, *Assiettes valaisannes*, 1993).

Voir aussi : Beurre, page 377.

Crème de Gruyère

Crème double d'origine gruyérienne

Bien qu'il soit très ancien, le souvenir du premier café crème dans un bistrot de la Gruyère demeure aussi vif et précis qu'une image publicitaire. Le café dans sa tasse, flanqué d'un baquet en bois miniature rempli de crème double où, tel un monument, se dresse une cuillère en bois sculpté. Cette crème n'a rien en commun avec la petite mare contenue dans un godet en plastique coiffé de son opercule : elle est aussi unique que la région dans laquelle elle est vénérée comme un trésor culinaire. En fait on devrait verser le café sur la crème double et non l'inverse !

La crème désigne la couche supérieure qui se forme sur le lait après la traite, comme cela se produit en mêlant de l'huile à de l'eau. Le lait est composé d'eau, de matière grasse et d'éléments tels que le lactose, des minéraux, le cholestérol, des protéines, des vitamines liposolubles, l'acide lactique et des substances aromatiques. Plus on laisse le lait reposer, plus la couche de crème à la surface sera épaisse et concentrée ; étant périssable, il faut la consommer sans délai ou la transformer. On peut soit séparer la crème du lait (l'écrémer) et l'utiliser en tant que crème, soit la baratter jusqu'à en faire du beurre.

La crème double doit être composée de 45 % de matières grasses, soit un peu moins que la crème de Gruyère (50 % environ). Ces quelques unités supplémentaires donnent davantage de consistance, mais l'épaississement ne suffit pas à lui seul à élever la crème double de la Gruyère au rang de délicatesse : au pied du Moléson (qui culmine à 2002 mètres d'altitude) pousse un mélange de pâture qui rend le lait et la crème plus savoureux qu'ailleurs – les gens de la région en sont persuadés, et il n'y a aucune raison de les contredire, aussi longtemps que la crème double reste fraîche et n'est pas modifiée par le procédé UHT.

En Gruyère, les agriculteurs transforment le lait en fromage depuis le XVe siècle ; pour ce faire, le lait est (partiellement) écrémé. Déterminer avec précision quelle quantité de crème a été vendue en tant que produit spécifique est impossible. À la fin du XIXe siècle, le cuisinier valaisan Joseph Favre, auteur de livres publiés à Paris, a éloquemment rendu hommage à la qualité de la crème des Alpes suisses, regrettant que l'on ne produise plus de beurre avec de la crème double. « Il est vrai que l'humanité entière perdrait dès lors les fromages suisses (gruyère, etc.) savourés sur tous les points du globe ; mais, par contre, elle y gagnerait le meilleur beurre du monde » (*Dictionnaire universel de la cuisine pratique*, formule 438).

Des évolutions chez les races bovines (plus de graisse dans le lait) et dans la transformation (infrastructures améliorées, possibilités de réfrigération plus étendues, logistique renforcée) ont permis à la crème double de se positionner en tant que produit autonome au XXe siècle, car on n'était plus contraint de l'écouler rapidement à cause de sa conservation limitée.

L'écrémage manuel ne se pratique plus que dans des exploitations d'alpage. Dans les laiteries gruyériennes, la crème est séparée du lait dans une centrifugeuse. Pour pouvoir la commercialiser, il faut pasteuriser la crème, c'est-à-dire la chauffer à 75 °C pendant 20 à 30 secondes avant de la refroidir à 30 °C. Par cette méthode, on élimine les germes pathogènes.

Afin que toute vie disparaisse, la crème est soumise à l'upérisation ou traitement UHT (*ultra-high temperature*) : après avoir cuit à 135-150 °C pendant 2 à 6 secondes, la crème est ramenée tout aussi rapidement à 20 °C. Cette stérilisation brutale comporte un inconvénient : la brièveté du traitement empêche toute formation ultérieure de cristaux de matière grasse, ce qui signifie que la crème sera liquide, contrairement à l'onctuosité et au velouté tant appréciés de la crème double. Pour les préparations industrielles, l'utilisation de crème UHT est de mise.

Combinée à des meringues, la crème de Gruyère couronne le menu de la Bénichon, ce célèbre festin qui a lieu une fois par année. Un curé de la Gruyère, au début du XXe siècle, était mieux loti : chaque dimanche, en descendant de leur alpe pour se rendre à la messe, des vachers déposaient devant son presbytère un morceau de gruyère et un petit pot en bois rempli de crème double, leur manière de remercier Monsieur le Curé pour ses bonnes paroles et ses prières en faveur d'une saison munificente.

Voir aussi : Meringue, pages 240 et 283.

Gruyère

Fromage caractéristique à pâte dure et au lait cru

Affirmer avec certitude que tel fromage suisse est celui qu'on a commencé à fabriquer en premier est une gageure. Les Romains maîtrisaient la fabrication fromagère avec ce qui déclenche la coagulation du lait chauffé, à savoir la présure, une substance constituée d'enzymes (la chymosine et la pepsine) extraits de la caillette de jeunes ruminants, surtout de veaux. Ceux-ci ont besoin de ces enzymes aussi longtemps qu'ils boivent du lait, pour précipiter sa protéine principale, la caséine. Dans la cuve à fromage, la présure provoque le caillage du lait en caillé et en petit-lait également grâce à la précipitation de caséine. On connaît aussi depuis très longtemps des plantes dont les extraits servent à faire coaguler le lait ; parmi les 28 plantes herbacées ayant cette propriété qui sont répertoriées dans *Flora Helvetica* figure le gaillet blanc (*Gallium album*), que l'on trouve à proximité de vestiges dans le Val Fenga, en Basse-Engadine. Il s'est avéré que ces vestiges âgés de 2600 ans sont ceux d'un chalet d'alpage, considéré à ce jour comme le plus ancien de Suisse (cf. *Bündner Alpkäse, page 556*).

Les plus vieilles indications de la transformation du lait remontent au Néolithique (à partir de 3400 av. J.-C. environ), comme l'ont montré par exemple des découvertes faites dans des sites palafittiques au bord du lac de Constance. Dans les Alpes, une équipe internationale mandatée par le Service archéologique des Grisons a examiné la composition chimique de tessons de céramiques préhistoriques datés entre le Ve et le Ier millénaire av. J.-C. et trouvés dans six sites alpins du canton des Grisons. Les moins anciens, ceux de l'âge du Fer, « présentaient la signature chimique propre au réchauffement de lait (de vache, de brebis, de chèvre) lié au processus de fabrication de fromage » (Communiqué de presse du 21 avril 2016).

L'origine du fromage à pâte dure de provenance helvétique ne peut toutefois pas être reliée au caillé néolithique ; elle est plutôt à rechercher du côté du trépas de l'empereur romain Antonin le Pieux (86-161 ap. J.-C.), qui après s'être rempli la panse de fromage des Alpes (*cum caseum Alpinum*) fut pris d'indigestion, vomit toute la nuit et rendit l'âme quelques jours plus tard. La qualité du morceau englouti y fut-elle pour quelque chose, ou simplement la quantité ? Le fromage alpin devait être particulièrement succulent, sinon on ne se demanderait pas où il a été fabriqué en premier, dans les Grisons ou en Gruyère.

Il est certain qu'au XIIe siècle, on transformait du lait en fromage dans les Préalpes gruériennes. Créée en 1997, l'interprofession du Gruyère certifie ceci sur son fromage : « Il est fabriqué d'après la même recette depuis 1115 » – une affirmation assez osée, car nul ne sait quel goût pouvait avoir le gruyère en ce temps-là, s'il était tendre ou dur, granuleux ou gommeux. L'hypothèse de l'interprofession s'appuie sur la charte que Guillaume, premier comte de Gruyère, a établie pour le prieuré clunisien de Rougemont. Dans cette « pancarte de Rougemont » de 1115 sont mentionnés des prés et des montagnes qui ont été cédées pour la fondation du cloître ; ces mentions attestent que des prairies (pâturages) ont été utilisées – rien de plus.

À cette époque on fabriquait principalement du séré, et non du fromage à pâte dure (contenant de la présure). Au début du XIVe siècle, il y avait moins de bovins qui broutaient en Gruyère que d'ovins, ces utiles défricheurs qui étendaient les surfaces pâturables. Une inscription de 1411 dans les livres de comptes de l'abbaye de Hauterive à Posieux montre qu'on a utilisé de la caillette dans la région du lac Noir, et des notes trouvées dans les archives de l'Hôpital des Bourgeois de Fribourg relatives à l'achat de caillette pour les alpes du Gantrisch fournissent la preuve que la fabrication de fromages comprenant de la présure prend un grand essor à partir de 1445.

Passant par Châtel-Saint-Denis, Vevey et Genève, une route commerciale menant à Lyon et à la Méditerranée ainsi qu'à Paris se constitua à la fin du XVIIe siècle. Le gruyère connut un succès qui ne cessa de se confirmer, et là où ventre et renommée se conjuguent, les copistes se tiennent à l'affût : le terme *gruyère* ne tarda pas à s'établir en France, aux XVIIIe et XIXe siècles, diffusé par des armaillis fribourgeois émigrés, qui exercèrent leur art tel qu'ils l'avaient appris d'abord dans le Jura neuchâtelois et vaudois, puis en Franche-Comté et en Savoie.

Ceci eut pour conséquence que le *Larousse gastronomique* définit le Gruyère comme un « fromage suisse ou français au lait de vache » dont la pâte est cuite et pressée ; le classique de tous les dictionnaires de cuisine exprime ainsi tout le problème qui existe entre fromage et patrimoine culinaire. Qui peut prétendre ici à des droits d'auteur ? À qui appartient le Gruyère – aux Suisses, aux Français, à tous les deux ? Le *Dictionnaire historique de la langue française* répond on ne peut plus clairement : « Gruyère, qui apparaît sous la forme *gruière* (1655) […], vient du nom d'une région du canton de Fribourg, en Suisse – la *Gruyère* – où ce fromage a d'abord été fabriqué. » Le terme a fait son entrée dans le dictionnaire de l'Académie française en 1762.

Le développement s'est poursuivi lucrativement, malgré quelques interruptions et revers, jusque dans la seconde moitié du XXe siècle; des difficultés de vente ont alors malmené tous les poids lourds de la production fromagère suisse – seules exceptions à ce déclin, les offres limitées comme les fromages d'alpage régionaux, notamment le *formaggio d'alpe ticinese*, l'un des plus coûteux du pays. La croissance générale était montée en flèche à partir de 1830 avec l'apparition des fromageries de plaine: qui dit plus de vaches dit plus de lait, plus de fromage, plus de porcs grâce au petit-lait, plus d'engrais grâce à plus de porcs et plus d'herbe grâce à plus de lisier.

L'Union suisse du commerce du fromage, organisation fondée en 1914 et soutenue par la Confédération pour la promotion du gruyère, de l'emmental et du sbrinz, fut dissoute en 1999. Des interprofessions se sont ensuite formées, et l'État a fait réserver les droits de reproduction de certains produits alimentaires, afin d'entraver et même d'empêcher leur contrefaçon à l'étranger. En 2001, le Gruyère s'est vu attribuer son appellation d'origine contrôlée (AOC), label rebaptisé AOP (P pour protégée) en 2013.

D'après le cahier des charges de l'AOP, le Gruyère peut être fabriqué dans les cantons de Fribourg (un peu plus de la moitié de l'ensemble), de Vaud, de Neuchâtel et du Jura, ainsi que dans le canton de Berne, dans les districts de Courtelary, de La Neuveville et de Moutier, les communes des Baumettes, de Guggisberg, Mühleberg, Villars-les-Moines, Rüschegg, à Wahlen (canton de Bâle-Campagne) et dans quelques fromageries agréées de Suisse alémanique. L'interprofession distingue entre le Gruyère doux (affiné pendant cinq à six mois), salé (corsé, dix mois d'affinage ou plus), d'alpage (produit uniquement durant l'été dans des cabanes de vachers alpines et jurassiennes) et bio. Dans des conditions favorables, le temps d'affinage du Gruyère vieux peut dépasser deux ans.

Le Gruyère d'alpage est très particulier, car à l'époque où les fromageries de plaine n'existaient pas encore, ce fromage était la règle, or maintenant il est l'exception. Véritable exclusivité, exception des exceptions, le Gruyère d'alpage chauffé lors de sa fabrication au-dessus d'un feu de bois, qui a ainsi intégré une note fumée discrète mais bien perceptible (cf. *L'Etivaz, page 172*).

Le lait écrémé de la veille au soir est mélangé dans la cuve avec le lait frais du matin. Chauffer à 31 °C, puis ajouter des bactéries lactiques de propre culture enrichies de ferments spécifiques de l'institut de recherche fédéral Agroscope de Liebefeld, sans oublier la présure; le caillage durera entre 30 et 50 minutes suivant l'équipement, la consistance que l'on souhaite donner au produit final ainsi que les conditions atmosphériques. Au terme du caillage, couper le caillé en grains de la taille de céréales, puis chauffer le tout à 54-59 °C en brassant constamment; un expert se fie à sa main et à son avant-bras pour déterminer à quel moment le fromage doit être retiré de la cuve.

Répartir la masse dans des moules circulaires (en allemand: *Järbe*) et les presser fortement pendant au moins 16 heures de manière à en éliminer un maximum de petit-lait. Retirer les moules, saler à sec ou plonger les meules dans une saumure de plus de 20 °B (degrés Baumé) à une température comprise entre 12 et 20 °C; ensuite, poser les meules sur des planches en épicéa et les laisser reposer dans des caves bien fraîches (12 à 18 °C) et à fort taux hygrométrique (92 %). Il faut régulièrement laver les meules à l'eau salée, les brosser et les retourner, quotidiennement au début, puis deux fois et enfin une fois par semaine: le sel en absorbe et en expulse du liquide jour après jour. Le brossage est important pour les échanges entre le fromage et l'air qui l'environne, lesquels vont déterminer ses qualités gustatives. Au cours de ce processus, les protéines lactiques se décomposent très lentement en acides aminés sous l'effet des lactobactéries – plus l'affinage est long, plus le fromage sera corsé. Pour obtenir une meule de gruyère de 35 kilos, il faut compter en tout cas 400 litres de lait frais.

Le Gruyère se déguste en toute simplicité, avec du (bon) pain et du (bon) vin. À température ambiante, il dévoile ses arômes bien plus intensément que s'il vient de sortir du frigo. Dans la célèbre fondue fribourgeoise moitié-moitié, c'est le Gruyère qui s'unit pour le meilleur au vacherin fribourgeois (cf. *Digression page 230*). On râpe du Gruyère pour toutes sortes de ramequins et beignets, comme les Malakoff, pour des quiches, des croûtes ou des soufflés au fromage; on met aussi volontiers du Gruyère avec des tranches de jambon à l'os au milieu des cordons-bleus en échine de porc (cf. *page 54*).

L'*Encyclopédie œconomique* (1770-71) nous révèle une curiosité de l'Ancien Régime: la glace au fromage. Râper du parmesan ou du Gruyère, le mélanger avec quatre jaunes d'œufs battus, y ajouter un peu de crème et de sucre, puis une pinte entière de crème chauffée afin de bien lier le tout; mélanger encore, laisser refroidir et congeler.

Le Gruyère convient aussi aux personnes intolérantes au lactose: en effet, plus le fromage est dur, moins il contiendra de lactose (sucre de lait); la fabrication du fromage entraîne l'élimination de ce glucide.

DIGRESSION

L'origine du goût

À quoi le Gruyère doit-il son goût? Dans l'élaboration du fromage, ce n'est pas le lait qui joue le rôle principal, mais le savoir-faire, conclut un directeur de recherche doublé d'un fromager expérimenté.

«Le goût vient du processus d'affinage», explique en effet Oskar Flüeler (*1944), ingénieur en sciences alimentaires à l'EPFZ, «ou en d'autres termes: le facteur décisif n'est pas le lait, mais la manière dont on transforme le lait en fromage, c'est-à-dire la technologie de fabrication».

Flüeler sait de quoi il parle, lui qui connaît les deux côtés de la profession, l'académique et l'artisanal. Il a grandi dans une famille de fromagers à Alpnach, et après avoir terminé sa formation, fut pendant dix ans responsable des essais à l'Institut de recherche sur le lait avant de produire lui-même du Sbrinz dans la fromagerie familiale. «Je peux faire en même temps du Gruyère, de l'Emmentaler et du Sbrinz à partir d'une seule cuve de lait et aussi un fromage de montagne. Vous voyez, le lait seul ne suffit pas. » Et alors ? « Le traitement et l'affinage, voilà ce qui fait la différence. »

Dans la cuve, la courbe de température et la taille du caillé jouent un rôle important. Flüeler : « Chauffer, trancher, remuer, chauffer. » Cela continue avec le volume du moule dans lequel la pâte fraîche est pressée, avec la concentration en sel du bain de saumure dans lequel la meule est plongée, la durée du bain (24 heures pour le Gruyère), puis le stockage et l'affinage. Flüeler toujours, avec ses mots-clés : « Chaleur, froid, humidité, soins. »

Les cultures bactériennes ajoutées au lait vont ici jouer un rôle décisif et ensuite, surtout dans le cas du Gruyère, aussi pendant la période où il faut lui prodiguer des soins. Le Gruyère est stocké dans une cave à forte humidité. Pour éviter qu'il ne pourrisse, le fromage doit être régulièrement saupoudré d'un peu de sel et « lavé » (frotté). Des bactéries spéciales présentes dans l'eau de lavage se déposent à la surface et se nourrissent de la croûte : elles fractionnent les protéines et obtiennent ainsi leur énergie. Les fragments des chaînes de protéines qui restent sur la croûte ont des arômes puissants, qui pénètrent jusqu'au cœur du fromage et lui donnent son goût caractéristique.

Le sel et la température influencent les bactéries. Plus la cave est froide, plus la maturation du fromage est lente. Le Gruyère est stocké humide dans une cave au taux d'humidité de 90 %, « juste un peu moins que s'il pleuvait » ; l'Emmentaler, en revanche, est stocké sec à environ 70 % d'humidité. Les trous dans l'Emmentaler sont causés par des gaz lors de la séparation de l'acide lactique, c'est-à-dire qu'ils sont le résultat de « pets bactériens ». Dans le cas du Gruyère, les bactéries se soulagent à l'extérieur de la meule, et la cave sent l'ammoniaque.

Voir aussi : L'Etivaz, page 172 ; Berner Alpkäse et Berner Hobelkäse, page 265 ; Emmentaler, page 268 ; Sbrinz, page 363.

Sérac

Ziger *en allemand,* ricotta *en italien : fromage frais de lactosérum pauvre en graisses*

D'abord appelé séré, le sérac a connu une carrière mouvementée : produit laitier de grande valeur à ses débuts, il passa longtemps pour le fromage du pauvre, lui qui est constitué de restes réutilisés, avant d'être à nouveau très apprécié, essentiellement en tant que produit minceur. On obtient ce fromage peu gras par une précipitation renouvelée de petit-lait (lactosérum).

Lors de sa fabrication, on récupère le lactosérum qui reste après le caillage du lait et le pressage des meules fraîches ; ce petit-lait est chauffé à 90 °C, puis on y ajoute de l'acide lactique, acétique ou citrique, ou encore du lactosérum acide (appelé « azi ») provenant d'une fabrication antérieure. L'acide sépare les dernières particules restantes – des protéines, très peu de graisses – du liquide. Les matières solides se coagulent et se concentrent à la surface en flocons que l'on récupère dans une passoire avant de les verser dans des moules percés, de sorte que le lactosérum acide (appelé *maistra* au Tessin) puisse s'écouler ; selon l'utilisation souhaitée, on peut soit presser ces flocons, soit se contenter de les déposer dans le moule. Le sérac pourra déjà être consommé le lendemain, nature (sans sel ni poivre), épicé ou mélangé à des herbes ; certains l'aiment aussi fumé. Le liquide écoulé servira, comme d'ailleurs le lactosérum, à nourrir les cochons.

Pendant des siècles, le séré ou sérac est demeuré une sorte de produit négligeable, dans l'ombre des fromages gras qui se vendaient bien. Sur leur alpe, les vachers mangeaient du pain et du sérac et buvaient (littéralement) du petit-lait ; les familles dans le besoin devaient elles aussi renoncer au fromage, se rabattant sur ces restes moins gras mais plus riches en protéines. Avant que les fromages fabriqués avec de la présure ne s'imposent, on transformait le lait en beurre ou en séré gras ; parfois on l'écrémait aussi pour produire du fromage acidulé maigre, comme le schabziger glaronnais.

À peine est-il trait que le lait (constitué à 87 % d'eau) commence à fermenter. En laissant ce processus se poursuivre il épaissit jusqu'à devenir du yaourt, que l'on « produisait » déjà à l'âge de la pierre simplement en regardant la chose se faire. Ce qui s'ensuivait était une dissociation lors du caillage du lait par l'acide et la présure, substance d'origine soit végétale soit animale (caillette). On connaît aujourd'hui plusieurs catégories de fromages : maigres ou gras, acidulés ou doux, tendres ou fermes, frais ou de conservation.

Selon le *Dictionnaire historique de la langue française*, *sérac*, « *sérai* (1406), *sérat* (1572) » sont issus « du latin vulgaire *seraceum*, dérivé du latin classique *serum* (petit-lait) », terme également employé en Suisse alémanique, du moins à la périphérie de la frontière linguistique : le *Solothurnisches Wochenblatt für 1829* énumère divers prix du « *Seratium (Ziegergut)* ». Les variantes allemandes *Zieger* et *Ziger* sont probablement issues du gaulois tardif *tsigros*, « formé à partir du gaulois *dwigros* (« second réchauffement ») comprenant la racine celtique *ger-* (« réchauffer, faire chauffer ») (*Etymologisches Wörterbuch des Deutschen*).

Le terme *sérac* apparaît dans un document de Gruyères de 1312 ; au siècle précédent, on mangeait du *sérai* à Fribourg. Dans un manuscrit du Val d'Hérens daté de 1437, une veuve prénommée Jeannette lègue « tous ses biens, mobiliers et immobiliers » à ses deux fils et exige en contrepartie qu'ils veillent sur elle et pourvoient à sa subsistance, par exemple en lui apportant chaque année « deux séracs de la montagne d'Arolla » – cette Valaisanne n'a pas précisé quel type de sérac elle souhaitait, mais cette mention prouve qu'au Moyen Âge, on attribuait à ce fromage plus de valeur qu'à l'époque moderne.

Son déclassement fut la conséquence du commerce florissant du fromage fabriqué avec de la présure. Pendant la Renaissance, le sérac passait déjà pour un sous-produit, une nourriture réservée aux pauvres ; ce « fromage de la honte » faisait clairement partie des « seconds fromages » (*Soupes et Citrons*). Tout cela a beaucoup changé vers la fin du XXe siècle, lorsque l'argument de l'apport calorique est passé au second plan par rapport à celui des qualités nutritionnelles : pauvre en graisses mais riche en protéines, le sérac, comme tous les autres produits comparables (quark, fromage frais tessinois, ricotta, fromage au lait aigre), s'est hissé au rang d'en-cas idéal pour maigrir, très facile à manger à la cuillère dans de tristes boîtes en plastique, ou dont on peut tout de même faire un semblant de plat en y ajoutant des fines herbes fraîches hachées et quelques épices.

Le sérac ou séré se mange froid, tartiné sur du pain ou, s'il a été pressé, coupé en tranches et poêlé. On peut aussi évoquer, à l'instar de Paul Hugger dans sa brochure intitulée *La fromagerie d'alpage dans le Jura vaudois* (1971), cette extravagance culinaire qu'est le macéré : avant de quitter son alpage à la fin de la saison, le vacher enterrait sous sa cabane une caisse remplie de sérac bien salé et poivré ; lorsqu'il y remontait au printemps suivant, il récupérait le contenu, raclait la surface moisie du sérac et dégustait ce fromage vintage, dont le goût ressemblait apparemment à celui du gorgonzola.

Ajoutons que la masse blanche gustativement très neutre se prête volontiers à des préparations pâtissières : en Suisse centrale, par exemple, le sérac sucré sert de base pour les *Zigerkrapfen*, des chaussons au sérac proposés pendant les fêtes de carnaval (cf. *pages 367 et 519*). Pour finir, une recette de l'Ancien Régime : couper du séré frais en tranches, les retourner dans des œufs battus et les faire cuire dans du saindoux ; ensuite, mélanger de la crème avec du jaune d'œuf, du sucre et un peu de cannelle, porter à ébullition, verser cette sauce sur les tranches de séré cuites et saupoudrer le tout de cannelle.

Voir aussi : Ziger, page 364 ; Bloderchäs et Surchäs, page 406 ; Petit-lait, page 439 ; Spendziger, page 479 ; Schabziger, page 532 ; Büscíón, page 613 ; Ricotta, mascarpa, page 617 ; Robiola, page 618.

Vacherin fribourgeois

Fromage légèrement acidulé à pâte mi-dure

Prétendre que le Vacherin fribourgeois existe depuis plus longtemps que le grand Gruyère a quelque chose d'un peu hérétique, mais ce ne serait pas impossible. Pourquoi ? Parce que c'était « le petit » par rapport au Gruyère et que jusqu'au XIXe siècle, quand les fromageries de plaine se sont mises à travailler toute l'année, c'était le fromage qu'on produisait le plus tôt et le plus tard dans la saison – et peut-être aussi hors saison ? Plus volumineux que le vacherin, le Gruyère engloutit davantage de lait. Au début de la transhumance, le lait coule abondamment, mais les troupeaux ne comptent pas encore beaucoup de têtes et vers la fin de l'été, des influences atmosphériques comme la croissance du fourrage et les conditions météorologiques freinent la production de lait.

Le Vacherin fribourgeois ne serait pas le seul à jouer le rôle de l'écuyer auprès du chevalier. Au Tessin, la plus modeste et plus tendre *formaggella* se tient dans l'ombre du *formaggio d'alpe*, comme le vacherin Mont-d'Or à côté du gruyère dans le Jura vaudois ou encore en Suisse alémanique le *Mutschli*, aussi appelé « fromage des vachers » (*Küherkäse*), à côté de divers fromages d'alpage et de montagne.

Les formats inférieurs étaient plus flexibles, plus maniables ; on procédait à leur fabrication en début de saison quand les bêtes paissaient sur une alpe peu élevée, avant leur transhumance estivale, puis tout au long de l'hiver, en fonction de la topographie des lieux, de la région et des besoins. Les fromages étaient inégaux, tantôt plus durs, tantôt plus moelleux, une fois plus grands et à nouveau plus petits. Tout cela était pensé pour un usage domestique et non pour l'exportation.

Avec le vacherin, la nuance diminutive ne s'applique pas seulement à sa taille et à son poids, mais aussi à son nom : il vient en effet du latin *vaccarinus*, qui est le garçon, le *bouébo* du *vaccarius*, c'est-à-dire du vacher. L'enfant s'occupait ainsi des poids légers et prenait soin des vacherins, tandis que les grands soulevaient les meules de gruyère. Cette relation entre père et fils a valeur d'hypothèse vraisemblable, mais tout aussi difficile à nier qu'à confirmer.

Le terme *vacherin* apparaît à Lausanne dans une sentence arbitrale prononcée à l'encontre du prieur de Broc, qui avait dû offrir à son homologue de Lutry une douzaine de vacherins du comté de Gruyère. Dans le volume de *L'Inventaire du patrimoine culinaire de la France* portant sur la Lorraine, on trouve ceci au chapitre *Emmental grand cru* : « On sait qu'en Savoie, le terme *vachelin* ou *vacherin* se rapporte au moins depuis le Moyen Âge à un fromage gras au lait de vache, par opposition à une tomme maigre. »

Au XIXe siècle, une sorte de professionnalisme plus structuré commence à se dessiner peu à peu. En ce temps-là, le Vacherin fribourgeois était cerclé d'écorce d'épicéa, tout comme le vacherin Mont-d'Or du Jura vaudois ; ce matériau naturel fut abandonné au cours du XXe siècle. Dans un article de 1932 consacré au Vacherin fribourgeois, Auguste Chardonnens considérait le fait que ce fromage « mûrisse de l'extérieur vers l'intérieur, qu'il gagne en humidité d'abord sur l'écorce et plus tard seulement en son cœur » comme un « détail essentiel ». Certains connaisseurs préfèrent le vacherin fait à l'ancienne, avec sa surface présentant rides et vaguelettes, d'une consistance inégale et laissant au palais une légère amertume. Plus du tout *mainstream*, cette variété est rare et par conséquent recherchée.

À partir des années 1950, la consommation de vacherin a grimpé continuellement, et dès la décennie suivante, sa production s'est étendue sur toute l'année afin de s'accorder avec la constante demande de fondue. Le caquelon rempli de fromage liquide a alors débordé au point de devenir un plat national, comme si cela avait toujours été le cas – alors que les Suisses alémaniques et les Tessinois en mangeaient assez peu, mais ceci changea grâce à une publicité farfelue : on lança en effet un nouvel art de vivre baptisé FIGUGEGL, acronyme abscons mais efficace pour *Fondue isch guet unt git e gueti Luune*, à savoir « la fondue est bonne et vous met de bonne humeur ».

Une autre mesure scella l'uniformisation croissante du fromage « bouébo », jadis si particulier : même si elle ne fut pas rendue obligatoire, on toléra la pasteurisation, qui fait perdre son caractère au lait ; si elle élimine les germes indésirables, elle tue aussi ceux qu'il serait avantageux de conserver, et cela finit par donner un fromage qui n'est plus, du point de vue organoleptique, qu'un produit ordinaire, standardisé. Dans le même esprit d'adaptation au marché, le vacherin a perdu sa consistance presque coulante, se présentant désormais comme un fromage à pâte mi-dure, quoique crémeuse.

La moitié de sa production s'effectue dans des fromageries artisanales d'alpage ou de village. Le Vacherin Fribourgeois AOP est fabriqué avec du lait cru ou thermisé, mais cette distinction, accordée depuis 2005, interdit l'utilisation de lait pasteurisé.

Chauffer le lait cru à une température de 30 à 33 °C dans une cuve en cuivre; le lait thermisé doit quant à lui être porté à 62 °C pendant 15 secondes avant qu'on le laisse refroidir. Selon le cahier des charges, verser des bactéries lactiques et les laisser agir, puis délayer de la présure; le caillage dure entre 30 et 40 minutes. Le caillé ainsi obtenu est ensuite découpé en grains dont la taille est comprise entre celle de grains de blé et celle de noisettes, au moyen d'un tranche-caillé. Après avoir laissé évoluer cette masse une bonne heure à 30-36 °C tout en la brassant, on retire le caillé de la cuve au moyen d'une toile fixée à un arc. La traction et son propre poids séparent le petit-lait du caillé. Répartir dans des moules de 30 à 40 centimètres de diamètre et de six à neuf de hauteur, presser afin que le petit-lait coule des meules fraîches.

Démouler, saler les meules ou les plonger dans la saumure, puis les déposer sur des planches en épicéa dans la cave d'affinage. Celui-ci dure au minimum neuf semaines; quelques jours après sa fabrication, chaque meule est enveloppée dans une gaze et brossée régulièrement avec de l'eau légèrement salée. La surface doit être humide, jamais poisseuse.

L'Interprofession du Vacherin Fribourgeois en distingue plusieurs sortes: *Classic* (à partir de 9 semaines d'affinage), *Extra* (à partir de 12 semaines), *Rustic* (entre 12 et 20-25 semaines), *Alpage* (au lait cru d'alpage, fabriqué pendant la saison à l'alpage, de 12 à 25 semaines), *Montagne* (9 à 25 semaines) et enfin *Bio* (comme le *Classic*, mais au lait bio).

Un goût subtilement acidulé et une texture remarquablement crémeuse font la particularité du vacherin fribourgeois; sa typicité lui donne une place de choix sur les plateaux de fromage, et son point de fusion très bas (50 °C) le rend idéal pour les fondues et autres plats comprenant du fromage fondu. Intégré à de nombreuses variantes de fondue, c'est dans la « moitié-moitié », à parts égales avec le gruyère, qu'il se met le mieux en valeur, et naturellement en solo pour la fondue fribourgeoise: frotter le caquelon avec une gousse d'ail, y faire chauffer deux décilitres d'eau, ajouter 800 grammes de Vacherin fribourgeois (d'un type spécifique ou mélangé à votre goût) et le laisser fondre à petit feu en remuant constamment; poivrer légèrement avant l'immersion du premier morceau de pain.

DIGRESSION

La fondue

La pratique consistant à faire fondre du fromage est aussi ancienne que sa fabrication, et l'idée n'en revient ni à des Suisses ni à des Piémontais ni à des Savoyards. Parmi les premières attestations de la transformation du lait, des représentations de traite vieilles d'environ 7000 ans ont été mises au jour sur des parois d'abris dans le Sahara libyen.

On n'a pas inventé le fromage fondu en tant que mets en Suisse, en revanche c'est là qu'il a été intronisé comme plat national. C'est arrivé à partir des années 1930, lorsque l'Union suisse du commerce de fromage, organisation étatique, voulut en relancer la consommation en élevant la fondue au niveau d'un modèle de convivialité – avec un succès retentissant. Même le *Larousse gastronomique* a désormais reconnu la fondue en tant que « spécialité des Alpes françaises et de Suisse », tandis que *The Oxford Companion to Food* la définit comme « *a Swiss dish made of melted cheese* ».

Contrairement à ce que l'on pourrait supposer, la plus ancienne recette de fondue transmise en Suisse ne provient pas d'un chalet d'alpage gruérien, mais de Zurich. À première vue, la chose semble étonnante; elle l'est moins une fois qu'on a rappelé que le fromage se mangeait là où il avait été vendu. Les paysans produisaient du fromage pour transformer le lait en argent, et c'étaient les bourgeois des villes qui possédaient cet argent. Dans son livre de cuisine datant de 1699, Anna Margeritha Gessner donne quelques bons conseils que nous traduisons ainsi: « Cuire du fromage avec du vin: Verse un demi-verre de vin dans une marmite sur un poêle et ajoute-y du vieux fromage gras, gratté ou râpé; s'il est tendre et ne peut être gratté ou râpé, coupe-le en petits morceaux et laisse-le cuire avec le vin jusqu'à ce qu'il soit tout à fait fondu et que le goût du vin ne se sente plus. Puis trempe du pain là-dedans et mange le fromage fondu avec ce pain. Mais tu dois tout le temps veiller à laisser un peu de chaleur là-dessous, sinon il ne tardera pas à redurcir » (cité par Alfred Hauser dans *Vom Essen und Trinken im alten Zürich*, 1962).

La fondue passait déjà pour une spécialité suisse au XVIIIe siècle, en tout cas aux yeux du gourou français du goût Jean Anthelme Brillat-Savarin, exilé à Lausanne en 1793 et qui eut l'occasion de goûter à de la fondue à Moudon. Dans sa célèbre *Physiologie du goût* de 1825, il affirme ceci: « La fondue est originaire de la Suisse [...]. C'est un mets sain, savoureux, appétissant, de prompte confection, et partant toujours prêt à faire face à l'arrivée de quelques convives inattendus. » Peut-être a-t-on servi à Brillat-Savarin une fondue d'après la recette figurant dans les papiers du banneret Simond Troillet: en fonction du nombre de commensaux, prendre des œufs et les mélanger (brouiller) avec du gruyère râpé et du beurre, faire cuire au-dessus du feu et bien touiller; selon le degré de maturité du fromage, ajouter ou non une pincée de sel et « une forte portion de poivre, qui est un des caractères positifs de ce mets antique » (cité par François de Capitani dans *Soupes et Citrons*).

Voir aussi: Fromages du Jura, page 76; Vacherin Mont-d'Or, page 174; Tilsit, page 344; Bratkäse, page 361; Raclette du Valais, page 477; Mutschli, page 510; Formaggella, page 614.

FRUITS, LÉGUMES ET PLANTES

Rhubarbe du Vully

Plante herbacée à pétioles acides du Seeland

Avec une hauteur potentielle d'un mètre et demi et ses larges feuilles, la rhubarbe (*Rheum rhabarbarum*) peut totalement dominer un champ. En termes de taille, cette plante de la famille des Polygonacées (dont font partie le sarrasin et l'oseille) a pour seule concurrente le tabac (*Nicotiana tabacum*), cultivé comme la rhubarbe à grande échelle dans la région de la Broye.

Il existe cependant une autre plante capable de faire de l'ombre à notre rhubarbe commune (ou rhubarbe des jardins), une géante irlandaise nommée *Gunnera tinctoria*, qui n'est pas de la même famille mais qui lui est proche autant par son apparence que par son usage culinaire – sauf qu'elle peut dépasser deux mètres de hauteur, avec des pétioles gros comme un bras et s'étendant jusqu'à un mètre et demi.

La rhubarbe est cultivée en Europe au moins depuis le XVIIe siècle, nous apprend *The Cambridge World History of Food*. La rhubarbe comestible est le résultat de croisements entre plusieurs variétés et n'est arrivée qu'au XVIIIe siècle sur les étals des marchés aux légumes européens, notamment en Grande-Bretagne, en Hollande et en Allemagne. Son origine se situe au nord de l'Asie centrale, dans l'Himalaya, au Tibet, en Sibérie et en Chine.

Déjà à l'époque préchrétienne, les Chinois se servaient de racines séchées de rhubarbe comme remède contre la constipation. Pendant le Moyen Âge et la Renaissance, le type *Rheum officinale* avait sa place dans les carrés des simples en tant que plante médicinale, et par la suite, la rhubarbe se développa « en plusieurs variantes comme plante ornementale dans les jardins » (*Universallexikon der Kochkunst*). L'origine du mot est d'abord grecque (*rheon* signifiant « racine »), puis complétée par le latin *barbarus* (étranger) ; la rhubarbe est donc une racine étrangère ou barbare ; on a aussi une autre étymologie, « Volgabarbar », Rha étant le nom de la Volga en grec ancien, et comme la racine transportée sur ce fleuve provenait de sa rive éloignée, elle semblait particulièrement étrangère.

Dans l'*Encyclopédie d'Yverdon* (1770-1780) figurent plusieurs articles sur la rhubarbe ; on classait ses divers types en fonction de leur teneur en acidité et de la puissance purgative des racines, par exemple pour la rhubarbe de Chine et la rhubarbe des moines ou rhapontic, dont on disait qu'elle était « cultivée communément dans les jardins d'Europe ». Le rhapontic (de *rha Ponticum*, racine du Pont-Euxin) était manifestement le nom par lequel on désignait la rhubarbe aussi dans le Vogtland, territoire situé entre la Bavière et la Bohème, où les racines de rhubarbe étaient censées protéger de la peste (les dernières épidémies de peste qui touchèrent l'Europe eurent lieu au XVIIIe siècle) :

« Fresst nur recht Rapudinka,
Sinsten kimmt kä Mensch derva. »
(« Bouffez force rhapontic
Sans quoi nul n'en réchappera. »)

En Suisse, l'usage culinaire de la rhubarbe est longtemps resté dans l'ombre de son usage thérapeutique ; en 1834, l'*Intelligenzblatt für die Stadt Bern* la mentionne comme l'un des produits médicinaux les plus utilisés de la ville, et seulement douze ans plus tard cette même feuille attribuait à la rhubarbe des vertus culinaires. En 1853, on peut lire que la rhubarbe a le même goût qu'« une groseille à maquereau à moitié mûre », inhabituel et peu agréable, qu'elle est relativement inconnue dans la Suisse entière, tandis qu'on l'apprécie grandement en Angleterre. En 1885 enfin, l'*Intelligenzblatt* constate que la plante a trouvé sa place dans l'offre du marché local et qu'elle est « toujours très demandée ».

Le Seeland fribourgeois et bernois est considéré comme le jardin potager de la Suisse ; c'est dans le Vully, qui en fait partie, que s'est établie la culture de la rhubarbe au niveau professionnel vers 1940. On estime qu'une production de deux à trois cents tonnes de rhubarbes du Vully par année comme étant relativement stable. À partir du mois d'avril, cette plante, définie comme un légume ou comme un fruit suivant le point de vue et le but dans lequel on l'utilise, est récoltée manuellement, les pétioles devant être séparés des feuilles. Seuls ses pétioles sont commercialisés.

Pour la cuisson, utiliser des pétioles bien épais, juteux et charnus ; laver, retirer la peau, couper en petits morceaux, sucrer et laisser mijoter ; suivant la recette, égoutter le jus. La compote de rhubarbe, la confiture de fraise et de rhubarbe, le gâteau et le sorbet à la rhubarbe font figure de classiques. Comme légume, une compote de rhubarbe moins sucrée, mais épicée au gingembre et aux zestes de citron accompagnera très bien un poisson ou une viande blanche. Froide et avec de l'eau, on peut « remplir une bouteille de rhubarbe coupée en dés et assez ferme, elle se conserve très bien de cette façon grâce à sa haute teneur en acides de fruits » (*Buchhofer's Schweizer Kochlehrbuch*).

Dans l'Angleterre du XVIIe siècle, les grosses feuilles de rhubarbe furent d'abord accommodées en épinards, mais elles s'avérèrent très indigestes. Ceux qui survécurent à ce plat s'en éloignèrent et s'intéressèrent aux seuls pétioles. La raison qui a poussé Joseph Favre à affirmer encore, près de trois siècles plus tard dans son *Dictionnaire universel de cuisine pratique*, que « les feuilles de rhubarbe fraîches peuvent être préparées comme des épinards », demeure un mystère. Tout comme les épinards, les côtes de blette, les produits à base de cacao et les betteraves rouges, la rhubarbe présente un taux important d'acide oxalique, et même supérieur à ces autres exemples ; le dictionnaire de toxicologie la place à niveau « peu toxique ».

Cela suffit néanmoins à nuire à des organismes fragiles. « La consommation de rhubarbe des jardins (*Rheum rhabarbarum*) provoque fréquemment des intoxications, particulièrement chez des enfants lorsqu'ils mangent des pétioles crus et verts. Cela peut entraîner de graves insuffisances rénales, imputables à la fois à l'acide oxalique et à l'anthraquinone [substance à effet laxatif] naturellement présent dans les plantes» (*Giftpflanzen-Pflanzengifte*, de Max Daunderer, ouvrage sur les plantes vénéneuses).

On ne s'étonnera donc pas que les pharmaciens connaissent la rhubarbe depuis plus longtemps et mieux que les cuisiniers. Certains livres de cuisine contenaient même des remèdes maison contre la constipation. En décoction, la rhubarbe peut être pulvérisée sur les plantes afin de les protéger.

Et il n'y a pas que cela: des chercheurs de la Haute école zurichoise des sciences appliquées (ZHAW) ont récemment découvert que le jus de rhubarbe avait un pouvoir antioxydant supérieur à celui de l'acide ascorbique et du soufre et pu établir que grâce à lui, «la durée de conservation des chips de pommes et des pommes congelées peut être prolongée». «Alors que des fruits traités de manière conventionnelle avec de l'acide ascorbique brunissaient déjà au bout de quelques heures, les fruits traités avec du jus de rhubarbe étaient durablement protégés de toute oxydation» (*Communiqué de la ZHAW du 4 décembre 2018*).

SUPPLÉMENT

Le Rabarbaro Zucca

Le Rabarbaro Zucca est un bitter alcoolisé à base de rhubarbe et d'autres plantes assemblées par Ettore Zucca à Milan en 1845; son concurrent turinois est le Rabarbaro Bergia, créé en 1870.

Vin cuit, raisinée

Moût de poire et de pomme réduit

Un tiers des poiriers et un quart des pommiers suisses sont cultivés en hautes tiges, et non en basses tiges. Leurs fruits sont généralement utilisés pour faire du moût, lequel est soit doux, soit fermenté, frais du pressoir ou pasteurisé. Le moût fraîchement pressé peut aussi être transformé: en Suisse centrale on le cuit jusqu'à ce qu'il devienne un épais sirop appelé *Birnenhonig*, littéralement «miel de poires» (cf. *page 296*), tandis qu'en Suisse romande, suivant les régions, on en fait du vin cuit ou de la raisinée (ou du raisiné). Les moûts hautement réduits – ou concentrés – sont fabriqués dans plusieurs régions de France: le vin cuit (ou paria) en Bresse voisine, le raisiné de Bourgogne (fait à partir de moût de raisin) ou le raisiné de pomme en Normandie.

Les Romains ont appliqué la réduction comme méthode de conservation avant tout pour la transformation des raisins. En Suisse romande et en Bourgogne, le vin cuit ou raisinée est attesté depuis le XVIIe siècle. Il s'agissait probablement d'une épaisse confiture de fruits que l'on faisait cuire dans du jus de raisin. L'*Encyclopédie d'Yverdon* éditée dans les années 1770 définit le vin cuit comme «un vin qui se fait du moût de raisins blancs bien mûrs, cuit jusqu'à diminution des deux tiers puis gardé en tonneaux. Il fournit une boisson agréable, utile aux personnes faibles». Dans un manuscrit de la fin du XVIIIe conservé aux Archives de l'État de Fribourg figure une recette de «Sirop de mout de fruits [pommes et poires] pour remplacer le sucre»; ce même texte précise qu'il faut réduire le moût de pomme ou de poire «jusqu'à ce qu'il s'épaississe au point qu'en en mettant une goutte sur une assiette, elle ne s'élargisse pas». Deux siècles plus tard, c'est toujours de cette façon qu'est testée la consistance du vin cuit.

L'une des conséquences de la politique de lutte antialcoolique de la Confédération (cf. *Saurer Most et Süssmost, page 351*) fut que sur l'ensemble du territoire, les arbres à hautes tiges, dont les fruits servent principalement à faire du cidre et de l'eau-de-vie, furent détruits par milliers. Cette perte se répercuta sur la production de vin cuit, et plus tragiquement encore sur les régions, leurs plantes et leurs animaux. Avec la tendance à vouloir remettre au goût du jour les mets traditionnels des cuisines indigènes, ainsi que la nécessité écologique de considérer les arbres à hautes tiges et les protéger comme de précieux espaces naturels, la culture de ces arbres a été saluée et encouragée à partir des années 1980. Cette évolution a poussé de nombreuses paysannes à produire du vin cuit et à en alimenter les marchés régionaux.

Le moût issu de fruits (d'arbres à haute tige) idoines et de variétés spécifiques comme la poire à botzi (cf. *page 249*), la poire lavaux, la Channe/Kannenbirne ou la Teilersbirne (de Suisse centrale) est versé non filtré dans un volumineux chaudron, au-dessous duquel on allume un feu de bois et on laisse longuement réduire le jus. Ce récipient en cuivre, une chaudière à fromage réutilisée à cet effet, a une capacité de 100 à 1800 litres, et la durée de cuisson est de 17 à 36 heures! Il est donc tout indiqué de faire réduire le moût dans plusieurs chaudrons de taille modeste puis de réunir le tout dans le gros chaudron jusqu'à l'obtention d'une masse collante et visqueuse; elle sera d'une consistance idéale si une goutte de cette substance adhère à l'assiette sur laquelle elle a été versée. La texture du vin cuit, sa douceur et son acidité, sa structure, son corps varient selon l'évolution météorologique de l'année, selon le type de fruit et le degré de concentration. S'il n'existe aucune norme gustative standardisée pour le vin cuit, il ne doit en tout cas pas être brûlé ni amer. Une fois cuit, on le laisse refroidir et l'embouteille. D'après *À la mode de chez nous*, on commence avec «100 litres de moût pour obtenir 10 litres de raisiné».

Jusque dans les années 1950, les Romands employaient du vin cuit pour remplacer le sucre, qui était de toute manière rationné pendant la Seconde Guerre mondiale; on tartinait la pâte sur le pain ou on l'ajoutait pour bonifier de simples plats comme le gratin de semoule ou les pommes de terre cuites. Depuis, l'époque étant plus faste, on préfère utiliser le vin cuit comme garniture de gâteau au goût intense, surmontée de crème fouettée. La tarte au raisiné est considérée comme une recette indépassable; de tradition séculaire, elle a été réinventée par l'un des plus grands chefs cuisiniers du XXe siècle, le Vaudois Frédy Girardet; on la trouve dans sa *Cuisine spontanée* (1982).

D'une recette à l'autre, les proportions de vin cuit et de crème double varient – question de goût. Les uns apprécient l'acidité du vin cuit et n'y associent que peu de crème, les autres accentuent encore sa douceur en y ajoutant un peu de sucre. Quoi qu'il en soit, le mélange doit rester brun à brun foncé. Pour leur tarte au vin cuit, certains agrémentent leur mélange de nillon, ces durs tourteaux qui restent après l'extraction de l'huile des noix. Le vin cuit peut être travaillé en parfait ou en mousse ; on en verse aussi sur de la glace à la vanille, ou une cuillerée pour accompagner avantageusement le foie gras ou la chasse. C'est un produit qui se conserve longtemps : l'Alimentarium de Vevey possède dans ses collections une bouteille de raisinée datant de 1939 !

La *cougnarde* ou *coignarde* est une sorte de confiture à base de vin cuit, auquel sont ajoutés des morceaux de pommes et de poires (au XVIIIe siècle également de pruneaux, de courge et plus rarement de coings, malgré son nom) ainsi que des épices telles que la cannelle et l'anis étoilé. Le mélange est à nouveau cuit, broyé et réparti dans des pots que l'on recouvre de papier.

PRODUITS DE BOULANGERIE ET PÂTISSERIE

Agathabrötli

Pain de sainte Agathe singinois en pâte à tresse béni pour éloigner le feu et le mal du pays

De nombreuses paroisses catholiques font bénir des pains le 5 février, jour de la Sainte-Agathe, principalement en Suisse centrale, dans le demi-canton d'Appenzell Rhodes-Intérieures et dans le canton de Fribourg. En l'an 251 de notre ère, la jeune Agathe fut torturée à mort en Sicile par des Romains pour avoir refusé d'abjurer sa foi chrétienne ; l'année suivante, l'Etna entra en éruption et la ville de Catane fut sauvée d'une coulée de magma grâce à l'intervention de ses habitants qui opposèrent le voile d'Agathe à l'ire du volcan. Depuis lors, le pain béni au nom de la martyre sert de protection contre le feu dans les maisons et les flammes dans les âmes.

Chaque année, des bulletins paroissiaux informent les fidèles qu'ils peuvent apporter des pains au culte le 5 février pour les faire bénir ; dans d'autres paroisses, le curé se rend personnellement à la boulangerie la veille au soir ou tôt le matin et y bénit les pains. Dans certaines régions il s'agit de pains ordinaires, dans d'autres ce sont des pains spéciaux, des anneaux de pain tressés ou des petits pains en pâte à tresse, comme à Planfayon dans le district de la Singine.

Le pain de la Sainte-Agathe tel qu'on le confectionne dans le village de Planfayon trouve son origine dans une décision prise pendant les années 1930 par deux boulangers qui souhaitaient lui donner une forme particulière. Ils ont choisi celle du bretzel et le pain est devenu un petit pain. Il fallait conserver le bretzel béni chez soi dans un sachet en tissu toute une année, jusqu'à ce qu'un bretzel nouvellement béni le remplace à la prochaine Sainte-Agathe, et ainsi de suite. Les autres petits pains peuvent être mangés ou envoyés à des êtres chers à l'étranger afin qu'ils souffrent moins du mal du pays.

Voir aussi : Agathenringli, pages 381 et 514 ; Agathabrot, pages 444 et 514.

Biscômes

Pains d'épices plats à pâte semi-dure et au goût épicé

Jusqu'à l'apparition du sucre, c'est le miel qui a été l'édulcorant le plus communément employé dans les cuisines de l'Antiquité et du Moyen Âge. Il a été établi que dans l'Égypte du IIIe millénaire avant J.-C., on faisait déjà des gâteaux au miel, car ceux-ci faisaient partie des provisions remises aux défunts pour leur voyage vers l'au-delà.

Seuls les dieux savent si ces gâteaux au miel étaient comparables à des pains d'épices. Chez les Romains, la palette des produits de boulangerie était d'une grande richesse; le *libum*, « une espèce de gâteau profane, dont la recette est vague », était « semble-t-il [...] très sucré; on mêlait du miel et de l'huile à la pâte ». Mais le *libum* était aussi, « dans la langue religieuse, le gâteau sacré offert aux dieux, en si grand nombre d'ailleurs que les esclaves des prêtres en [étaient] dégoûtés et [préféraient] le pain » (Jacques André, *L'Alimentation et la cuisine à Rome*).

Comme bon nombre de réalisations romaines, le *panis mellitus* (gâteau au miel) a traversé les siècles et se retrouve dans des monastères au Moyen Âge, surtout dans les contrées germanophones. Le nom de *Lebkuchen* (pain d'épices) a-t-il pour seule origine le *libum*? La question est controversée. En revanche, le *Lebkuchen* est bel et bien passé du canton de Berne à celui, voisin, de Fribourg, d'une ville fondée par les Zähringen à l'autre, et y a été nommé *lebescoboz*, *leboscobe* ou encore *lebesuobo* (1478; *Dictionnaire suisse romand*). On trouve d'autres dénominations, *Bymen-* ou *Bimenzelte*, dérivées de *Bimen*, « issu du latin *pigmentum* (*pimente* en moyen haut allemand), qui signifie colorant ou épice » (*Ostschweizer Lebkuchenbuch*); c'est de là que provient le *Biber* saint-gallois (cf. *page 415*).

Le biscôme renvoie-t-il lui aussi au *pigmentum*? L'origine du nom est incertaine; d'après le *Glossaire des patois de la Suisse romande*, il apparaît en 1541 en relation avec la fête de la Saint-Nicolas et serait dérivé du latin *episcopus* (évêque). En France, le pain d'épices a été défini comme une « sorte de gâteau fait avec de la farine de seigle, du miel et des épices » dans la première édition du *Dictionnaire de l'Académie française* datant de 1694 (cité par Maguelonne Toussaint-Samat dans son *Histoire naturelle et morale de la nourriture*, 1997).

Les gâteaux de ce type font partie du patrimoine culinaire des villes de Dijon et de Reims, mais naturellement aussi de celui de l'Alsace, où le *läbkueche* – « un pain d'épice assez plat » – est mentionné en 1412 dans un manuscrit de l'Hôpital de Strasbourg: « À Noël, chaque lépreux recevra un grand *läbkueche* ou deux petits » (*L'Inventaire du patrimoine culinaire de la France*, Alsace).

La ville des biscômes est Fribourg-en-Nuithonie (Freiburg im Üechtland), plus simplement Fribourg, où ce pain d'épices simple, sans remplissage, est associé à la Saint-Nicolas, comme la *colomba pasquale* l'est à Pâques au Tessin. Vénéré à Fribourg, Nicolas en est le saint patron depuis la fondation de la ville en 1157. En 1764, cependant, la fête de la Saint-Nicolas fut interdite en raison d'un désordre général (excès d'ivrognes et chamailleries diverses) survenu lors de sa préparation. Ce furent des étudiants du Collège Saint-Michel – notons que saint Michel est le saint patron des pâtissiers! – qui décidèrent en 1906 de prendre les choses en main et de faire revivre l'ancienne tradition: depuis lors, ils organisent les festivités de la Saint-Nicolas au début du mois de décembre. Dans les années 2010, plus de 30 000 personnes se réunissent devant la cathédrale de Fribourg pour écouter les paroles de l'évêque de Myre, sous le déguisement duquel se trouve un collégien; sur le parcours du cortège précédant son discours, le saint patron de la ville distribue pas moins de 60 000 biscômes.

Il existe de nombreuses déclinaisons de biscômes et pains d'épices, de la pâtisserie plate et sèche sur laquelle a été collé un saint Nicolas en papier jusqu'au moelleux gâteau fourré à la crème d'amandes et de noisettes, en passant par les cœurs et autres cakes en pain d'épices. Qu'ils soient purement saisonniers comme le *Niggi-Näggi-Läbkueche* ou qu'on les trouve toute l'année tel l'opulent *Biber* de Saint-Gall, tous les biscômes et pains d'épices ont en commun la puissance de leurs épices, réunies non sans raison sous forme de mélange à pain d'épices ou mélange d'épices de Noël.

Pour réaliser un pain d'épices traditionnel, on emploie de la farine de froment ou de seigle (ou les deux) et on y ajoute du miel, des épices comme de la cannelle, des clous de girofle, des noix de muscade, du poivre, du bicarbonate de potassium (ou un autre agent levant tel que le carbonate d'ammonium), ainsi que, selon les goûts, des œufs, du lait ou de la crème. Bien pétrir le tout et laisser reposer: la pâte doit pouvoir évoluer tranquillement, les arômes ayant besoin de temps pour s'affirmer pleinement. Les pâtissiers professionnels font leur pâte en septembre et cuisent leurs pains d'épices pendant la période de l'Avent. Ce temps de stockage de deux à trois mois est le seul moyen de garantir des ingrédients impeccables et une confection optimale.

Abaisser la pâte à environ un centimètre, la cuire ainsi et la découper ensuite, ou couper des formes avec des emporte-pièces – figures humaines, animaux, cœurs, étoiles, fleurs, etc. – avant de les enfourner un bon quart d'heure à 180-200 °C. Dès la sortie du four, faire un glaçage en les badigeonnant de gomme arabique ou de fécule rôtie, puis coller dessus des images en papier, ou faire une glace royale (en laissant durcir un mélange de sucre en poudre et de blanc d'œuf) afin de décorer les biscômes, soit à la main soit au moyen de gabarits.

Dans son ouvrage sur l'histoire de la nourriture, Maguelonne Toussaint-Samat affirme que le secret d'un véritable pain d'épice se situe dans le long repos de la pâte. « La pâte mère, comme on disait, attendait au frais dans des bacs en bois qu'une fermentation exquise s'opère par la grâce du miel. » Jusqu'au lendemain de la Deuxième Guerre mondiale, il ne fallait que de la farine, des épices, l'alchimie du récipient en bois et la cuisson dans des moules en bois pour réaliser ce chef-d'œuvre de la confiserie. Par la suite, cependant, « mais hélas! notre époque est iconoclaste. Alchimie? Vous avez dit alchimie? Vive la chimie! Non seulement on ajoute à présent à la formule ancestrale des poudres levantes pour aller plus vite, mais on remplace aussi le miel par cette mélasse commise en Angleterre, le sucre inverti! Mais où sont les miels d'antan? Sous quelques étiquettes qui précisent: "Pain d'épice au miel". Ce devrait être un pléonasme. On appelle cela une garantie. »

Grâce au sucre inverti, un mélange de glucose et de fructose, le pain d'épices s'assèche beaucoup moins vite, mais au détriment de sa saveur. Les pains d'épices lucernois sont fabriqués avec du *Birnenhonig*, un sirop épais obtenu à partir de jus de poire, qui leur donne une tendreté durable sans que leur goût en pâtisse. On trouve des pains d'épices dans toute la Suisse, mais plus difficilement au Tessin, où le *panettone* occupe le devant de la scène durant les fêtes de fin d'année.

Tout comme les *Biber*, les biscômes et autres pains d'épices constituent une excellente collation pour le thé ou le café, avec du vin ou du vin chaud aux épices, suivant les préférences personnelles et la dureté de la pâtisserie. Le 6 décembre, jour de sa fête, saint Nicolas, accompagné du Père Fouettard (respectivement Samichlaus et Schmutzli en Suisse alémanique), distribue aux enfants des pains d'épices – sans remplissage mais décorés à son effigie –, des mandarines, des noix et des chocolats qu'il vide de son sac devant eux.

Voir aussi : Basler Leckerli, page 33 ; Leckerlin, page 115 ; Berner Honiglebkuchen, page 277 ; Luzerner Lebkuchen, page 299 ; Surseer Honiggans, page 301 ; Sankt Galler Biber, page 415 ; Appenzeller Biber et Biberli, page 444 ; Biberfladen, page 445 ; Leckerli, page 449.

Bricelets

En allemand : Brätzeli *; croustillants et friables, sucrés ou salés, plats ou roulés.*

Les bricelets sont connus dans tout le pays, mais davantage en Suisse romande. En France, les gaufres – avec ou sans levure –, plus épaisses et plus tendres, sont très répandues ; le *Larousse gastronomique* définit le bricelet comme une « gaufre suisse très fine, cuite dans un "fer à bricelets", carré ou rond, aux reliefs très variables [...]. Chaque région de Suisse propose sa recette de bricelets à pâte épaisse ou claire, souvent sucrée pour accompagner les glaces, les crèmes ou le café ». Ce n'est pas une vérité absolue – le Tessin n'a pas forcément succombé aux *Brätzeli* –, certains se contentant de suivre la recette des bricelets vaudois.

« L'interprétation étymologique des expressions "bretzly" (1441) et "brechilly" (1517) identifiées dans la partie germanophone de Suisse occidentale est problématique ; elles renvoient peut-être au verbe français briser », écrit l'historien Albert Spycher, spécialiste des traditions pâtissières. D'après lui, « c'est certainement à partir du canton de Fribourg que les bricelets ont été introduits en Suisse alémanique, où ils ont été appréciés en tant que Brätzeli ou Bretzeli » (*brauchtumsseiten.de*).

Le bricelet et le bretzel (en allemand : *Brezel*) sont beaucoup plus proches étymologiquement que culinairement (cf. *Bretzeli, page 280*). En effet, les bretzels sont des pâtisseries salées en forme de nœud que l'on mange volontiers avec de la bière, tandis que les bricelets sont extrêmement fins, tantôt aussi plats que des hosties, tantôt roulés (dans cette forme-ci, on les désigne sous le nom de *Hüppen* en Suisse orientale).

Le plus ancien corpus d'informations sur le boire et le manger en Suisse est sans doute celui que constituent les *Benedictiones ad mensas*, bénédictions pour les mets et les boissons rédigées peu après l'an mil par le moine saint-gallois Ekkehard IV. Le pain y occupe naturellement une place primordiale, de même que les hosties : Ekkehard demande au Seigneur qu'il veuille bien rendre ces offrandes agréables par leur douceur (« *Has deus oblatas faciat dulcedine gratas* »). Déjà à cette époque, l'oublie, autre nom de l'hostie, semble aussi avoir été une denrée de luxe, d'après Albert Spycher : « L'abbé Norbert aurait permis aux frères de consommer du vin et des oublies (*vinum et oblatas*) pendant la Semaine Sainte. C'est ainsi qu'au XIVe siècle, dans l'évêché de Bâle, après un opulent repas, le dessert était constitué d'oublies et de fruits (*oblatis et pomis*). » À Paris, les oublieurs, c'est-à-dire les marchands d'oublies, s'étaient déjà organisés en corporations au XIIIe siècle.

Il est probable que les bricelets sont apparus comme des espèces d'hosties sécularisées. En tout cas, ces deux pâtisseries sont cuites de la même manière, entre deux fers chauds. Les fers à bricelets originels ressemblent à de longues tenailles : d'un côté les poignées et de l'autre les formes en fonte, rondes, anguleuses ou en rosette, entre lesquelles on verse la pâte, après quoi il faut presser les pinces l'une contre l'autre et maintenir les plaques au-dessus du feu jusqu'à ce que les bricelets soient bien cuits – au terme de la cuisson, le sucre a caramélisé et le bricelet a pris une belle couleur dorée. L'hostie-oublie, par contre, n'a en commun avec le bricelet, hormis la technique de cuisson, que la forme de disque très fin et la délicate consistance ; son goût est quasi inexistant, au mieux farineux.

Pour mesurer la popularité des bricelets en Suisse, il faut partir à la découverte des collections de fers qui se trouvent dans ses musées, qu'ils soient locaux ou d'importance nationale, tout comme on peut le faire avec les moules à pain d'anis. Beaucoup de ces fers à bricelets ont été fabriqués au XVIe siècle ; l'un des plus anciens, d'après un document de 1552 provenant du canton de Fribourg, *ung fer pour fere le bresie* (les bretzels). À Genève, en 1521, on connaissait les *bris(s)elletos*, une forme latinisée, et à Fribourg dès 1426, les *bressel*, correspondant à *bresseau*, mot du bas Moyen Âge signifiant une « sorte de pâtisserie » (*Dictionnaire suisse romand*).

Il existe une grande variété de recettes avec de la pâte fine ou épaisse, sucrée ou salée, au zeste de citron, au fromage, au cumin ou à d'autres épices. L'historien François de Capitani observe que les recettes actuelles ne se différencient guère de celles du XVIIIe siècle, et souligne ceci : « Réussir les bricelets était un art ; le fer était chauffé sur le feu ouvert et il fallait une grande expérience pour les cuire à la bonne température et sans se brûler les doigts » (*Soupes et Citrons*).

La perfidie des tenailles brûlantes, l'équipe de cuisine de l'abbaye de Lucelle, située à la frontière entre le Jura et le Sundgau, l'avait éprouvée dans sa chair. Le moine rédacteur du *Kochbuch* de l'abbaye, paru en 1671, met en garde ses lecteurs : « Il ne faut pas trop chauffer le fer, et avant de cuire les premiers bricelets (*Hippen*), badigeonner le fer avec une petite plume préalablement plongée dans du saindoux, puis verser la pâte sur le fer au moyen d'une petite cuillère, mais parcimonieusement afin qu'elle n'en déborde pas lors de la cuisson ; au terme de celle-ci, extraire le bricelet des plaques et l'enrouler autour d'un bâtonnet en bois [...] ».

Les fers à bricelets d'aujourd'hui sont électriques, avec plaque et couvercle – c'était il n'y a pas si longtemps un cadeau apprécié... qui a peu à peu envahi les marchés aux puces !

Pour confectionner des bricelets, il faut de la farine, du sucre, de la crème (simple ou double), du beurre et/ou du saindoux, de l'eau ou du vin blanc et un peu de sel, éventuellement du kirsch ; pour les bretzels salés, tout simplement ne pas mettre de sucre. C'est la cuisson qui engendre le plus de travail, étant donné que les bricelets se cuisent à l'unité ; mélanger la pâte est en revanche une opération très rapide – mélange auquel on peut ajouter du cumin, du poivre, des graines de pavot ou du gruyère râpé (ou de L'Etivaz ou tout autre fromage à pâte dure). Laisser la pâte reposer quelques heures, puis, selon sa consistance, en déposer une petite boule ou en verser une cuillerée sur le fer, bien presser ce dernier et le tenir au-dessus du feu. Le bricelet doit devenir doré, pas brun foncé, et demeurer assez élastique. Desserrer les plaques du fer, en extraire le bricelet et bien découper ses bords ; ensuite, le rouler encore chaud autour d'un bâtonnet, ou alors le mettre au frais pour le faire sécher. On peut fourrer les bricelets roulés avec une ganache ou de la crème (fouettée ou autre). Dans une boîte en fer-blanc, les bricelets se conservent – non fourrés, bien évidemment – environ huit mois ; les salés sont parfaits pour l'apéro et les sucrés pour le café ou le thé. Les bricelets font partie des mignardises servies lors du menu de Bénichon (cf. *page 222*).

En Italie, les gaufres se nomment *pizzelle* ou *ferratelle* ; semblables à leurs cousines françaises, avec le même motif alvéolé, elles sont toutefois moins épaisses – leur consistance et leur friabilité les rapprochent donc des bricelets.

Voir aussi : Sensler Bretzeln, page 242 ; Bretzeli, page 280 ; Offleten, page 319 ; Hüppen, page 348.

Croquets

Biscuit rectangulaire à base de farine, de beurre et de sucre

Ces croquets n'ont rien à voir avec leur parfait homonyme, ni comme récréation ni comme douce récompense au vainqueur à ce jeu sur gazon qui est un sport de précision, où il s'agit de faire passer sous des arceaux métalliques des boules en bois en les frappant avec un maillet ; le croquet était très populaire au sein de la bourgeoise française au XIXe siècle. On appelle aussi croquet un biscuit du Midi de la France, fabriqué avec des amandes, mais sans beurre ni crème. Sa désignation renvoie, via quelques variations vocaliques, au son que l'on produit en mordant des biscuits d'une certaine dureté : cric, crac, croc.

On sert les croquets fribourgeois, friables et croustillants à souhait, à la fin du long menu de Bénichon (*page 222*), avec d'autres mignardises telles que des bricelets, des cuquettes ou des pains d'anis. Les croquets sont de simples biscuits clairs rectangulaires composés de farine blanche de qualité supérieure, de blancs d'œuf, de crème et/ou de beurre ainsi que de sucre. On en trouve tout au long de l'année.

Battre les blancs d'œuf, le sucre, éventuellement un peu de sucre vanillé et la crème en mousse. Ajouter une pincée de sel, le beurre fondu et enfin la farine. Pétrir, puis laisser reposer au minimum une heure. Abaisser la pâte à une épaisseur d'environ trois millimètres, puis, au moyen d'une roulette à pâtisserie, découper des bâtonnets de deux centimètres sur huit. Saupoudrer à votre guise de sucre et enfourner 10 à 15 minutes à 180 °C.

Cuchaule

Pain brioché fribourgeois au safran

Jusque dans les années 1950, ce délicieux pain brioché était une gourmandise servie pour l'apéritif à l'occasion du menu de Bénichon et que l'on tartinait de beurre et de moutarde de Bénichon. Le safran est considéré comme l'épice la plus chère du monde, mais son aura d'exclusivité s'est estompée avec l'essor industriel. On propose maintenant de la cuchaule tout au long de l'année, soit au beurre et au safran de haute qualité selon la recette originale, soit comme ersatz industriel à la margarine et avec un colorant alimentaire jaune. « L'augmentation du pouvoir d'achat et la désacralisation de la bénichon expliquent cette évolution », lit-on sur la page d'accueil des *Traditions vivantes dans le canton de Fribourg*. Désormais, la cuchaule est consommée en toute saison, principalement le week-end, comme la tresse dominicale. Mais les puristes n'en garnissent leur table que pour le menu de Bénichon.

Une sentence arbitrale de 1558 est considérée comme le plus ancien document faisant mention du mot cuchaule (*cussiole*), qui sera largement employé aux XVIIIe et XIXe siècles, le plus souvent en relation avec le menu de Bénichon (cf. *page 222*). La question de la façon dont le safran est arrivé dans cette brioche n'a pas encore trouvé à ce jour de réponse satisfaisante. Toutefois, l'utilisation de safran n'a rien de très extraordinaire, étant donné que cette épice a fait son entrée triomphale dans les cuisines pendant la Renaissance, et était déjà connue à l'époque romaine (également en tant que colorant). En outre, le crocus à safran (*Crocus sativus*) a été cultivé en Suisse « à une échelle modeste et en général pendant quelques décennies, dès la fin du XIVe siècle, à Bâle, au pied sud du Jura (canton de Soleure), à Faido, à Genève et dans les cantons de Vaud et du Valais » (*DHS*), et aujourd'hui encore particulièrement à Mund près de Brigue. Il n'est pas avéré qu'on ait fait venir du safran du Haut-Valais pour les cuchaules. Mais « le safran, épice précieuse provenant de pays lointains, était commercé [...] au XVe siècle déjà par des marchands fribourgeois. Il a été utilisé dès cette époque dans l'élaboration de mets de fête dans le pays de Fribourg» (*cuchauleaop.ch*). Le 3 mai 2018, la cuchaule a été inscrite dans le registre des produits AOP suisses.

Pour résumer, la viennoiserie appelée cuchaule s'apparente à une brioche au safran – considérée, à l'époque où le pain quotidien était noir, comme un délice dont on se faisait une joie. Mélanger de la farine blanche, du sucre et un peu de sel à de la levure. Séparément, ajouter une pointe de safran à du lait, de l'eau et du beurre et chauffer le tout jusqu'à ce que le beurre soit fondu, incorporer de la crème, pétrir avec la farine jusqu'à l'obtention d'une pâte homogène, faire lever, former une miche bien ronde, badigeonner d'œuf et découper. Faire lever à nouveau et cuire pas tout à fait une demi-heure à 200 °C.

La cuchaule sera dorée à l'extérieur, jaune à l'intérieur et devra avoir un goût de safran bien prononcé.

Voir aussi: Taillaule, page 208; Tresse, page 285; Dreikönigskuchen, page 298; Safran de Mund, page 463.

Cuquettes

Pâtisserie ronde à base de pâte feuilletée à la crème double

La pâte feuilletée (ou feuilleté), appelée jadis pâte à pain espagnol, a vraisemblablement été introduite en Espagne par les conquérants musulmans. Elle est mentionnée dans un acte de l'évêque d'Amiens datant de 1311, et c'est de France que la pâte feuilletée, cette pâtisserie en fines couches croquantes, est arrivée en Suisse.

Faire soi-même un feuilleté exige une bonne dose de patience, du savoir-faire et des nerfs solides. Et pour les cuquettes la chose se corse encore un peu plus, car une pâte feuilletée du grand ou du petit commerce ne s'y prête pas: elle doit en effet contenir de la crème double, et cette version doit impérativement être réalisée sur place.

Avec un demi-litre de crème double bien grasse qui a deux ou trois jours, un jaune d'œuf, une pincée de sel, une cuillère à soupe de sucre et 350 à 400 grammes de farine, pétrir une pâte homogène et en faire une boule; la laisser reposer au réfrigérateur une demi-heure couverte d'un torchon de cuisine. Ensuite, former un carré, étaler 100 grammes de beurre sur une moitié et refermer l'autre moitié par-dessus; laisser à nouveau reposer au frigo, mais cette fois-ci au moins pendant une demi-journée. Après cela on procède au second pliage avec à nouveau 100 grammes de beurre, puis retour au frigo une demi-journée. Puis il faut couper la pâte en deux ou trois morceaux, en travailler un et remettre les autres au frigo. Bien abaisser le morceau de pâte, découper des rondelles d'environ douze centimètres de diamètre puis faire quatre ou cinq entailles avec la roulette à pâtisserie. Saupoudrer de sucre et mettre au four préchauffé à 200-220 °C.

On confectionne des cuquettes depuis plus d'un siècle et demi, spécialement pour le menu traditionnel de la Bénichon, parmi d'autres pâtisseries.

Voir aussi: Spanischbrötli, page 116; Sèche, page 205; Blauer Kuchen, page 280; Glarner Pastete, page 537.

Gâteau bullois

Tourte aux noix enrobée de chocolat

Celles et ceux qui pensent que les chemins tortueux ayant conduit la *turta da nuschs* du Périgord aux Grisons ont abouti dans la seule Engadine devraient passer par Bulle pour se rendre compte de leur méprise. Le gâteau bullois n'est pas une copie parfaite de la tourte aux noix grisonne, mais presque, une libre interprétation qui réjouit les gourmets et pince l'âme des puristes.

Eugène Glasson, boulanger-confiseur à Bulle, aurait ramené chez lui la recette d'un voyage en Engadine. Pour se détacher de son modèle, il n'a pas incorporé de miel à la masse à fourrer, mais a mis davantage de celle-ci dans son gâteau et l'a intégralement enrobé de chocolat – à proximité de Broc, où Cailler fabrique son fameux chocolat depuis 1898: il n'a donc pas vraiment joué son va-tout au petit bonheur! Comme le maître a manifestement omis de laisser une trace écrite de sa recette, les Bullois doivent s'en remettre à leurs souvenirs des années 1920-30. La notoriété du gâteau bullois n'a pas tardé à en faire une spécialité emblématique du chef-lieu gruérien, dont s'enorgueillissent toutes les confiseries locales.

Préparer la pâte sablée. Concasser grossièrement les noix; caraméliser du sucre additionné d'un peu de glucose, y incorporer de la crème de Gruyère, verser cette masse sur les noix et laisser refroidir. Disposer la pâte sur le moule à charnière, remplir aux trois quarts de masse de noix caramélisées, puis dorer les bords à l'œuf. Renfermer avec le couvercle à pâte et y faire quelques trous avec une fourchette. Enfourner à 230 °C pendant 45 minutes. Ensuite, laisser refroidir et décercler. Dernière étape: napper de chocolat.

Voir aussi: Turta da nuschs, page 573.

Gâteau du Vully

Galette sucrée ou salée en pâte levée garnie d'un « guélon » (débattu de crème et de jaune d'œuf)

Le mont Vully, en allemand Wistenlacherberg, culmine à 653 mètres d'altitude entre les extrémités orientales des lacs de Neuchâtel et de Morat, émergeant de la plaine tel un énorme monolithe couché. Naturellement protégé, ce site a été utilisé très tôt : « quelques silex taillés et deux haches en pierre polie indiquent une fréquentation au Mésolithique et au Néolithique » (*DHS*).

Les origines du gâteau du Vully ne sont toutefois pas aussi lointaines : la Société de couture du Bas-Vully, commune regroupant les villages de Sugiez, Praz et Nant, fut fondée en 1902 ; dès le début les dames qui en étaient membres confectionnaient chaque année en automne un gâteau du Vully qu'elles vendaient pour alimenter la caisse de la paroisse. Elles en connaissaient bien sûr déjà la recette, qui remonte donc en tout cas au XIXe siècle. Dans la commune de Haut-Vully, c'est l'Association des femmes qui s'est chargée de cette corvée.

On prépare la pâte levée avec du beurre, auquel on peut ajouter un peu de saindoux (qui rend la pâte plus aromatique, plus malléable et moins sèche), on la pétrit et la frappe sur le plan de travail jusqu'à ce qu'elle ne colle plus et que des bulles d'air se soient formées. Faire une boule de cette pâte et l'étaler sur le moule à gâteau ; tirer le bord vers le haut. Couvrir avec une serviette de cuisine et laisser lever pendant trois quarts d'heure.

L'étape suivante consiste à presser le fond de pâte du bout des doigts pour y faire des petites cavités, joliment appelées « puits d'amour », à remplir de noix de beurre. Fouetter du jaune d'œuf et de la crème jusqu'à obtention d'un débattu – ou « guélon » – et l'étaler au pinceau sur la pâte, piler des morceaux de sucre au mortier et en saupoudrer le gâteau. Enfourner 10 à 15 minutes à 250 °C. Certains y ajoutent de la cannelle. Dans le Haut-Vully, on entaille un motif en losanges dans la pâte au moyen d'une roulette cannelée et place les noix de beurre sur les intersections.

Une version salée est proposée depuis les années 1980, pour laquelle les puits d'amour sont remplis de lardons et/ou épicés au cumin – le tiroir à épices offre encore bien d'autres possibilités. Une cuisson au four à bois donnera à ces gâteaux une saveur caractéristique très appréciable. Il y a bien longtemps, on les glissait dans le four banal. Paru en 1964 dans la revue *Pour tous*, un article nous renseigne sur « la nuit des gâteaux » : « Chaque année, les femmes de Praz, Nant et Sugiez, les jeunes filles ainsi que quelques hommes travaillent ensemble toute une nuit et demandent au vieux four d'accomplir un joli petit miracle. » Les femmes produisent les gâteaux à la chaîne, tandis que les hommes alimentent le four en bûches ; ensuite ils emportent les gâteaux pour les livrer avec leur camionnette. Avant de procéder à la cuisson des gâteaux, quelqu'un s'occupe de tester la température du four ; celle-ci sera jugée convenable en fonction du crépitement entendu après y avoir jeté une poignée de farine.

Des dames ont cuit des gâteaux du Vully dans le grand four à bois des Établissements pénitentiaires de Bellechasse à Sugiez jusqu'en 2005 ; mais depuis qu'il a été remplacé par un nouveau four ne nécessitant plus de bûches, les gâteaux y ont nettement perdu au change. Heureux celui qui possède encore un four à bois !

Voir aussi : Totché, page 82 ; Salée au sucre, page 182 ; Taillé de Goumoëns, page 183 ; Gâteau à la crème cuite, page 204 ; Ankenzelte, page 535.

Gâteau salé

Gâteau à base de fine pâte à pain au lard et au cumin

S'il ressemble énormément au célèbre *Flammeküeche* alsacien, le gâteau salé, en allemand *Salzkuchen*, s'en distingue davantage par sa composition (avec ou sans oignons) que par son procédé de fabrication.

Le Seeland fribourgeois et bernois, et plus généralement le Pays des Trois-Lacs, a été peuplé très tôt : en 1976, on a trouvé à Tavannes, sur la rive nord du lac de Bienne, du pain préhistorique composé de farine bise et d'eau qui a été fabriqué il y a 5500 ans. Sur les terres exploitables, des champs ont été cultivés dans « la région autour du Grand-Marais, qui fait partie de la zone agricole du Plateau suisse, où le pain représente la base de l'alimentation des populations indigènes », comme l'écrit l'ethnologue fribourgeois Jean-Pierre Anderegg dans son ouvrage intitulé *Les fours au Pays des Trois-Lacs : Pain et communauté*. Au cœur des villages, qui étaient étroits, on construisait des fournils accessibles à tous. De cette manière, on économisait de la place et prévenait le danger d'incendie : il est en effet plus simple de surveiller un four commun que vingt privés. Ces fours banals (*Bannöfen*) appartenaient souvent aux seigneurs des lieux qui exigeaient des redevances pour leur utilisation. Par la suite, les villageois purent gérer eux-mêmes leurs fournils.

En général, on les bâtissait à un endroit central car, toujours selon Jean-Pierre Anderegg, « contrairement au fournil privé caché au fond d'un verger, le four communal se trouvait au milieu du village, souvent à l'intersection principale des rues, comme par exemple à Bretiège (Brüttelen) ou à Essert (Ried bei Kerzers). Comme pour l'école et la fromagerie, tous les utilisateurs avaient ainsi une distance à peu près égale à parcourir depuis leur domicile, lorsqu'il s'agissait d'en apporter le lourd pétrin et d'y retourner chargé de nombreuses miches. » Dans les petits villages sans église, « le fournil était pratiquement la seule construction maçonnée ; il se prêtait entre autres, comme c'était le cas à Lourtens (Lurtigen), à conserver les archives à l'abri du feu. »

Dans son livre, l'ethnologue décrit 75 fournils du Pays des Trois-Lacs et des régions avoisinantes ; l'association des Amis des fours à pain y promeut la cuisson du pain comme activité communautaire.

Le jour venu, on chauffe les fours avec des branches et des fagots tout en préparant les pâtons. Avant qu'un four ait atteint la bonne température pour la cuisson du pain, on y glisse des gâteaux salés qui sont cuits en quelques instants. Dans un article sur les fournils du district de la Singine paru en 1966, l'historien du pain Max Währen rapportait qu'on y était fier du gâteau au lard, « pour lequel on a d'abord garni la pâte à pain de cumin, de sel et de lard ». Aucune pâte à gâteau particulière n'est nécessaire, seulement de la pâte à pain, le but étant de gagner du temps et que tout le monde profite d'un mets vite préparé.

Dans le Pays des Trois-Lacs aux frontières si enchevêtrées entre les lacs de Bienne, de Morat et de Neuchâtel, on fait des gâteaux salés dans la région fribourgeoise de Chiètres (Kerzers), tandis que le gâteau au lard est la spécialité des communes bernoises d'Anet (Ins) et de Villars-les Moines (Münchenwiler). Pour le gâteau salé, il faut du lard non fumé, gras, provenant idéalement du dos du porc – une rareté à l'heure où l'on exige une viande aussi maigre que possible. En maint endroit, les différences peu évidentes entre gâteau salé et gâteau au lard vous sont expliquées.

Pour réaliser de tels gâteaux, on abaisse la pâte à pain et l'on forme un fond mince, rond et sans bord. Verser une couche de crème là-dessus, éparpiller du cumin et du sel, et ensuite seulement garnir le gâteau de lard (en fines tranches, en cubes ou en bâtonnets). Le gâteau doit être déposé directement sur la pierre du four une fois que celle-ci aura été débarrassée de ses cendres. Le déroulement de la cuisson du gâteau salé ou au lard sert d'indicateur pour la chaleur à l'intérieur du four.

Voir aussi : Salzige Wähen, page 39 ; Gâteau au beurre, page 205 ; Speckkuchen, page 285.

Graswürmleni

Biscuit frit de la taille d'un doigt ressemblant à une chenille

La route qui mène de Boltigen dans le Simmental à Charmey puis jusqu'en Gruyère passe par le col du Jaun, situé encore en terre bernoise, et ensuite à travers le village fribourgeois de Bellegarde (en allemand : Jaun). C'est dans cette minuscule partie des Préalpes que, des deux côtés de la frontière cantonale, on connaît encore les *Graswürmleni*, un beignet dont la taille ne dépasse guère celle d'un doigt. La forme de cette tige sucrée est celle d'une créature mi-ver, mi-chenille, d'où son nom de *Graswurm*, c'est-à-dire ver d'herbe.

Comme équivalent du mot chenille, cette appellation remonterait à plus d'un millier d'années, d'après le *Dictionnaire allemand* des frères Grimm. L'*Idiotikon* (dictionnaire suisse allemand) définit lui aussi ce mot en tant que synonyme de chenille dans le canton de Berne et fait observer que le *Graswurm* y est un biscuit bien connu confectionné pour les fêtes, essentiellement celles de Noël et de Nouvel An. Ce terme était également employé en Argovie, à l'époque où elle n'était pas encore un canton et appartenait à Berne ; à Winterthour, les *Graswürmer* étaient des petits fours aux amandes.

Pour ce qui est de notre petite région préalpine, les *Graswürmleni* y sont attendus pour la *Jauner Chilbi* ou Bénichon de la Saint-Jacques, qui a lieu chaque année le dimanche précédant le dernier lundi de juillet. Constituée d'œufs, de beurre, de sucre, de crème, de cannelle, de poudre à lever et de sel, la pâte doit être abaissée à environ trois millimètres, après quoi, à l'aide d'une roulette à pâtisserie, on découpe des bandelettes de l'épaisseur d'un doigt et de cinq à huit centimètres de long. Ensuite, on dépose lesdites bandelettes sur une grille (dans un panier) et les fait frire dans une friteuse contenant de la graisse de coco bouillante jusqu'à ce qu'elles soient bien dorées comme des frites.

DIGRESSION

Volupté de la chair

Les biscuits ayant un goût similaire doivent être clairement distingués. Dans les carnets de recettes des Bâloises Anna Margaretha Iselin-Wetzel (1733-1821) et sa fille Maria Magdalena Schorndorff-Iselin (1760-1832), on trouve des oreilles de souris (*Mausohren*) et des souriceaux (*Mäuslein*), à faire cuire dans de la graisse bouillante tout comme les oreillettes de lapin (*Hasenöhrli*), une appellation locale pour des merveilles de carnaval (*Fasnachtskiechli*). Comme autres douceurs à noms d'animaux, on peut citer le *Biberfladen* (littéralement « galette de castor ») et le *Biber* de Saint-Gall, qui n'ont absolument rien en commun avec ce grand rongeur, contrairement à la *colomba pasquale*, qui représente effectivement une interprétation gonflée de la colombe rôtie pour Pâques (cf. *page 626*) ; on a aussi le bélier d'Einsiedeln (*Einsiedler Schafbock*), le poisson aux amandes (*Mandelfisch*), le bélier du Rigi (*Rigibock*), l'oie au miel de Sursee (*Surseer Honiggans*), le taureau uranais (*Uristier*), les grenouilles au cola (*Cola-Fröschli*) ou la chèvre, autant de trésors du patrimoine culinaire helvétique.

Contrairement aux colombes pascales en pâte levée, les délices cannibales ont été proscrites depuis longtemps ; cependant, dans des friandises qui n'ont rien de carné, les organes qui ont été arrachés et engloutis pendant d'archaïques ripailles continuent à vivre.

Peu importe que ces friandises soient sucrées ou délicates, tendres ou dures – ce sont la forme et la consistance d'un aliment qui donnent à l'imagination le pouvoir de leur trouver des appellations rappelant l'immémorial métier de boucher. On pourrait aussi évoquer des êtres tout entiers comme les bonshommes de Saint-Nicolas (*Grittibänze*) bien ventrus grâce à la levure boulangère, ou les Suisses de Valence, nos parents rhodaniens en biscuit sablé inspirés des Gardes pontificaux ; les *Arme Ritter* ou « chevaliers pauvres », car c'est ainsi qu'on appelle en allemand le pain perdu (tranches de pain trempées dans un mélange de lait et d'œuf puis frites et saupoudrées de sucre et de cannelle) et enfin les *Spitzbuben* («coquins»), deux biscuits collés l'un sur l'autre avec une gelée d'abricot ou de framboise et agrémentés de sucre en poudre.

En plus d'une série de compatriotes temporairement honorés sous forme de biscuits de Noël ou au chocolat et de petits pains sucrés, comme les Milanais, les Florentins, les *Berliner* (boules de Berlin) ou les *Bündnerli* («petits Grisons», biscuits de Noël dont la pâte comporte de la cannelle et du vin blanc), on compte parmi les pâtisseries les plus durablement appréciées celles qui représentent des variations anatomiques: les *Schenkeli* ou cuisses de dames (pâte avec du kirsch et des zestes de citron frite dans de l'huile bouillante), les *Meitschibei* (littéralement «jambes de fille», appelées «croissant viennois» en Suisse romande, une sorte de croissant aux noix en forme de diapason), les *Totenbeinli* (des «gambettes de mort» qui sont des biscuits croquants aux noisettes fatals aux dents fragiles) ou leur variante plus fine et plus friable du Tessin, les *ossi da mordere*; les pains de la Sainte-Agathe (*Agathabrötli*) sont inspirés, métaphoriquement du moins, des seins coupés de la martyre sicilienne. Également très prisées, les *Caramelchöpfli* («têtes caramel»), des flans à la vanille nappés d'une sauce qui leur donne le nom de flans caramel, de même que la tête de choco (anciennement appelée «tête-de-nègre», en allemand *Mohrenkopf*), soit comme boule de biscuit enrobée de chocolat, soit comme cylindre chocolaté croquant contenant une mousse très sucrée. Et n'oublions pas ce vénérable fromage du Jura qu'est la tête de moine, ni le gendarme ou *Landjäger*, une saucisse crue rectangulaire.

Les pâtes italiennes, aux formes si diverses, ont toujours exigé des dénominations nouvelles, et c'est tout naturellement que le choix s'est porté sur des particularités anatomiques: il existe ainsi des *occhi d'elefante* («yeux d'éléphant»), des *occhi di pernice* («yeux de perdrix») ou *di passero* (de moineau) qui ne laissent aucun doute quant au format de ces pâtes; les orecchiette sont de petites oreilles, les *gemelli* deux bandes de pâte jumelles étroitement enlacées, et les *strangolapreti* rappellent le sort d'un prêtre qui s'était étranglé ou avait étouffé en abusant de ces *gnocchi verdi alla trentina*.

Ce langage corporel est encore plus savoureux en Espagne: on y déguste par exemple un gâteau roulé appelé *brazo de gitano* («bras de gitan»); mordre de bon cœur dans une *tetilla* («petit sein»), un fromage dont la forme est on ne peut plus explicite, suffit à éloigner les hommes de Galice du péché. Une poitrine dissimulée semble ôter le sommeil aux machos – le dévoilement a lieu sur la table de la salle à manger: les frais effluves d'une *teta de novicia*, d'un chaste «sein de novice», un pudding se dressant tel un volcan, ne manquent jamais de charmer les narines des gourmets (lesquels se souviennent tous des poitrines du film *La Grande Bouffe*: d'imposantes sphères vacillantes, rosées et laiteuses, reposant en elles-mêmes).

Aucun peuple n'a été plus durement tourmenté par l'Inquisition que les Espagnols. De nos jours, les persécuteurs d'antan sont plongés dans du *carajillo* et consommés avec ardeur, car la vengeance est aussi douce qu'un *hueso de santo* («os de saint», courant en Suisse sous le nom de *Totenbeinchen*). Et lorsque des murs d'un couvent s'échappent les parfums d'une pâtisserie à base d'œufs battus, de zestes de citron et d'huile d'olive, c'est un *suspiro de monja*, un soupir de nonne, qui s'élève du sinistre édifice, muet, sec et acidulé par l'essence de désirs inassouvis.

Voir aussi: Schenkeli, page 40; Meitschibei, page 99; Colomba pasquale, page 626; Ossi da mordere, page 629.

Meringue

Confiserie claire, douce et friable confectionnée avec des blancs d'œufs sucrés montés en neige

Pourquoi les meringues n'ont pas été inventées à Meiringen dans l'Oberland bernois, comme l'ont notamment soutenu Joseph Favre dans son *Dictionnaire universel de cuisine* en 1894 et Marianne Kaltenbach dans *Ächti Schwizer Chuchi* en 1977, et pourquoi aucune localité polonaise ou est-allemande ne peut avoir été le lieu de naissance de cette merveilleuse gourmandise, on en trouvera l'explication plus loin, dans la petite histoire des meringues (*page 283*). Il y a de quoi s'étonner, cependant, que cette confiserie si noble et si délicate ait atteint sa perfection en tant que dessert précisément dans les Préalpes fribourgeoises, vaudoises et bernoises, perfection comme on en fait rarement l'expérience. Cela tient à la qualité des meringues et de la crème, tout particulièrement de la crème double de Gruyère, dans laquelle toute cuillère aime à rester plantée.

La recette des blancs d'œufs battus et cuits a pourtant une forte senteur citadine, celle de la haute cuisine. Le nœud du problème a toujours été la cuisson, ou plutôt le séchage, car les meringues doivent être cuites de façon identique à l'intérieur comme à l'extérieur, et ce en évitant qu'une croûte ne se forme et qu'elles ne caramélisent.

Parmi les confiseurs confectionnant des meringues, il y eut un pionnier en la personne d'Angélo Rime, de Botterens au bord du lac de la Gruyère, qui en a modifié la technique de cuisson en 1964: il a fait passer sa température maximale fixée jusque-là à 100 °C, à 120 °C. Cette élévation provoque une légère caramélisation du sucre mais aucune formation de croûte, avec pour résultat un goût et une couleur caractéristiques, subtilement maîtrisés.

Avec un fouet, battre les blancs d'œufs en neige semi-ferme et y incorporer du sucre en poudre avec précaution; plus on met de sucre, plus dur sera le résultat final. Remplir une poche à douille avec le mélange terminé, disposer les meringues sur une plaque et cuire – ou plutôt sécher – à une température comprise entre 80 et 120 °C.

De tailles très variables, des minuscules mousses (*Schümli*) accompagnant le café aux massives meringues d'une vingtaine de centimètres, ces confiseries peuvent servir à composer des

TAILLAULE
Brioche neuchâteloise et vaudoise comparable à une tresse

CUCHAULE/MOUTARDE DE BÉNICHON
Pain brioché fribourgeois au safran/ Moutarde fruitée au vin blanc, au vin cuit et aux épices

MERINGUE
Confiserie claire, douce et friable confectionnée avec des blancs d'œufs sucrés montés en neige

EAU-DE-VIE DE POIRE À BOTZI
Eau-de-vie blanche fribourgeoise fabriquée à base de poires à botzi (*Büschelbirnen*)

ESSIGZWETSCHGEN
Pruneaux conservés dans une marinade de vinaigre de vin rouge épicé

BERNER ALPKÄSE ET BERNER HOBELKÄSE
Fromage d'alpage et à rebibes bernois, à pâte dure et fabriqué à partir de lait de vache cru

SBRINZ
Fromage à pâte extra-dure fabriqué à partir de lait cru

desserts comme le vacherin glacé ; il est quasiment impossible d'y résister lorsqu'elles se présentent avec de la crème fouettée, parées de quelques framboises ou simplement accompagnées de crème de Gruyère.

Voir aussi : Schokolade-S, page 40 ; Crème de Gruyère, page 225 ; Meringue, page 283 ; Geduldszeltli, page 317 ; Hosenknöpfe, page 447.

Nidelkuchen moratois

Version plus veloutée, à plusieurs couches, du gâteau du Vully

Pour aller au mont Vully depuis Morat, il suffit de traverser le lac ou de faire une bonne promenade le long de ses rives. Aux yeux d'Ernst Aedersold, boulanger à Morat, la tentation constituée par le gâteau du Vully était pratiquement à portée de main ; en 1931, il présenta sa propre version de l'original : le Nidelkuchen moratois ou *Murtener Nidelkuchen*. Elle se voulait plus légère et pourtant plus crémeuse – la quadrature du cercle ? Le boulanger résolut si bien le problème que sa pâtisserie affinée s'imposa sans peine.

Sa préparation est complexe et exige de la patience. Jugez plutôt : pétrir la pâte levée et la laisser reposer au frais quatre heures (ce lèvement prolongé permet à la pâte de développer sa fraîcheur et son goût) ; abaisser, ajuster au moule à gâteau, laisser reposer ; ensuite, étaler une fine couche de crème acidulée sur la pâte avec du sucre, cuire dix minutes au four préchauffé afin que la surface caramélise ; sortir du four, appliquer une deuxième couche avec la même masse, cuire au four, l'en sortir et recommencer ce processus une troisième fois ; une fois sorti du four, tamponner le gâteau avec un mélange de crème double et de sucre, puis laisser reposer de sorte que la couche caramélisée se détende et s'amollisse ; appliquer la seconde couche de crème double sucrée ... terminé !

La boulangerie Aebersold continue à façonner ses gâteaux selon la recette de son fondateur. Les Nidelkuchen de la région sont cuits de diverses manières, la plupart ont moins de cinq couches ; certains contiennent de la crème double acidifiée, d'autres pas et celle-ci est alors remplacée par des œufs ; on trouve aussi des variantes salées avec du lard et du cumin ou des tomates hachées.

Excellent pour l'apéro avec un bon chasselas du mont Vully, ce gâteau est également très apprécié comme dessert. Le 22 juin, jour de la commémoration de la bataille de Morat en 1476, nombreux sont les Moratois d'origine à revenir dans leur cité pour y déguster le menu de fête traditionnel, du jambon à l'os et du Nidelkuchen.

Pains d'anis fribourgeois

Biscuits secs anisés à la crème et au beurre

Même si leur nom n'est pas d'une grande précision, les boulangers-pâtissiers différencient aisément les pains d'anis fribourgeois des autres biscuits de ce type, car contrairement à ceux-ci, la recette fribourgeoise comprend des matières grasses et de la poudre à lever. Le plus souvent du beurre, rarement de l'huile, ainsi que de la poudre à lever ou du carbonate d'ammoniaque. Ces ingrédients rendent les pains d'anis fribourgeois plus tendres et plus aérés que les *Chräbeli* et les autres pains d'anis, qui sont préparés avec des œufs battus, du sucre en poudre, de la farine et de l'anis. Au Moyen Âge, cette pâte était prisée en tant que « massepain de la ferme » (*Bauernmarzipan*).

L'anis (*Pimpinella anisum*) provient d'Asie occidentale et est probablement l'une des plantes aromatiques appréciées depuis le plus longtemps. Les Romains l'utilisaient pour aromatiser leurs vins, en général difficilement buvables tels quels, ainsi que leur pain et leurs biscuits, en fin de repas, pour amoindrir les ballonnements consécutifs aux orgies de nourriture qu'ils engloutissaient. L'anis aide à combattre la toux et caractérise diverses eaux-de-vie et liqueurs comme le pastis, l'ouzo, le raki et – facultativement – l'absinthe.

La plus ancienne recette fribourgeoise, qui figure dans le « Fonds de recettes médicales et autres » de 1820 aux Archives cantonales, n'exige ni beurre ni levain ; pas de pains d'anis non plus dans *La Cuisine des familles* de Louis Maillard (Genève, 1889). Au XXe siècle apparaissent des ingrédients plus riches tels que le beurre et la crème, mais pour disparaître à nouveau. Voici une version plus légère : battre les œufs et le sucre en génoise, ajouter une pincée de sel, les grains d'anis vert et/ou de l'essence d'anis ainsi que la poudre à lever ; bien mélanger pendant une dizaine de minutes. Ajouter de la farine et former une pâte. Recouvrir d'un torchon et laisser reposer deux à quatre heures. Former des rouleaux d'environ deux centimètres de diamètre, les passer dans le sucre, puis inciser avec un couteau tous les deux centimètres sur un seul côté de chaque rouleau comme pour les *Chräbeli*. Couper en segments comprenant quatre incisions et les cuire ainsi, en forme de « crête de coq », ou former un anneau avec chaque segment, dont les pointes se dressent encore plus nettement. Cuire 10 à 15 minutes à 180-200 °C.

On déguste les pains d'anis à la fin du menu de Bénichon (cf. *page 222*) avec d'autres pâtisseries, pour accompagner le café, le thé et un digestif. Les biscuits anisés sans beurre ni crème ni poudre à lever doivent reposer au minimum un jour avant la cuisson afin que leur surface sèche bien – leur préparation prend donc davantage de temps qu'avec la recette à la fribourgeoise.

Voir aussi : Anisbrötli, page 31 ; Badener Chräbeli, page 115 ; Anisstange, page 366 ; Uristier, page 514 ; Brasciadèla, page 590.

Sensler Bretzeln

Bricelets singinois ; pâtisserie festive en forme de boucle du district de la Singine

Où s'arrête le *Brätzeli* et où commence le bricelet ? Seul le ciel sait lequel des deux a été créé le premier, par qui et à quel endroit. D'après le *Dictionnaire suisse romand*, bretzel et bricelet sont des termes qui ont en quelque sorte veillé l'un sur l'autre, mais déterminer où cela s'est produit s'avère impossible. Il faut emprunter un autre chemin, qui mène lui aussi à Rome.

« La racine latine de ce nom est *bracchium*, *brachiolum* [(petit) bras] », écrit l'historien bâlois Albert Spycher, fin connaisseur des traditions pâtissières. « Il est passé dans la langue italienne (*braccia*, *braciatello*), a été employé comme mot d'emprunt en vieux haut allemand (*brezila*, *brezitella*), lequel donnera enfin le terme moyen haut allemand *prezile* » (*Back es im Öfelin oder in der Tortenpfann*). En Italie, les *pizzelle* ou *ferratelle* sont des gaufres dont la texture se rapproche de celle du bricelet.

Les *Sensler Bräzzele* sont une spécialité du district de la Singine, situé du côté germanophone du Röstigraben (qu'on ferait mieux d'appeler *Froschschenkelgraben*, barrière des cuisses de grenouilles, car contrairement à celles-ci, les röstis font l'unanimité des deux côtés de la frontière linguistique) et on les cuit dans un fer, de la même manière que les bricelets ; ils se distinguent toutefois les uns des autres par leur forme et leur composition. De la farine blanche et de la crème double (acidulée), y ajouter du sel, un peu de sucre et, selon la recette, du beurre – peu de chose en apparence, et d'une grande simplicité, pourtant il faut se souvenir que jadis la farine blanche était coûteuse, tout comme la crème double, qui se vendait très bien.

Travailler ces ingrédients était alors considéré comme un divertissement et l'on appelait la pâte *Fuule-Wüber-Teig*, ce qui signifie pâte pour les femmes paresseuses ! « Il ne faut pas la pétrir longtemps à la main », admet une paysanne singinoise. « On commence par mélanger du sel et un peu de sucre à la crème double avec un fouet ; ensuite seulement, on ajoute doucement la farine blanche, de manière à obtenir une pâte bien compacte, consistante, que l'on pétrit à la main. » Puis, afin de développer ses arômes, cette pâte, qui contient plus de crème que de farine, devra rester un à deux jour au frigo.

Plus la pâte est froide, mieux on pourra la rouler (*tradeln*) : des deux mains, on roule la pâte jusqu'à obtention d'une saucisse de 25 à 30 centimètres de long et d'une épaisseur d'environ cinq millimètres, avec laquelle on formera un ovale (*Tradle*). Pour la cuisson, on met deux ovales en croix sur la plaque inférieure du fer, et une fois cuits, les bricelets singinois auront l'aspect d'une boucle plate en forme de papillon.

De fabrication artisanale, les fers à gaufres pèsent un peu plus de trois kilos et se composent de deux plaques en fer rectangulaires d'environ 17 sur 10 centimètres. Les tenailles soudées à ces plaques ont une longueur de 70 centimètres. Les faces intérieures des plaques présentent un motif alvéolé, dans lequel ont parfois été gravés divers symboles, comme le monogramme chrétien *IHS – Iesus, Hominum Salvator* (« Jésus, Sauveur des hommes »), ainsi que le millésime.

Rempli de ses deux ovales de pâte, le fer doit être tenu 15 secondes environ au-dessus des braises du four à bois ou de la flamme d'un réchaud à gaz, puis, après l'avoir retourné, cuire les bricelets encore une fois 15 secondes sur l'autre côté. Une fois démoulés, laisser les bricelets refroidir. En février 2016, une dame du district de la Singine a donné la raison pour laquelle elle refuse d'utiliser des fers à bricelets électriques : plus épais, les vieux fers emmagasinent mieux, d'après elle, la chaleur du feu de bois ou du gaz et la conservent plus longtemps que les appareils électriques.

De nos jours, on produit des bricelets singinois ou *Sensler Bräzzele* toute l'année ; à l'apéritif, ils accompagnent idéalement un bon vin blanc.

Sensler Rua-Brot

Pain « Rüa » singinois, composé de trois farines : de seigle, mi-blanche et bise.

On peut soit créer un tel pain, soit il s'est quasiment développé tout seul, symbole d'une époque, d'une économie et d'une société données. Le *Sensler Rua-Brot*, spécialité du district germanophone de la Singine, composé de farine de seigle, mi-blanche et bise, était sans doute à l'origine un pur pain de seigle.

Selon le *Dictionnaire du singinois*, le nom *Rüa* dériverait du latin *rota*, signifiant roue (de véhicule) et se rapporte à la rondeur de ce pain semblable à une galette. Dans l'*Idiotikon* (tome 6 paru en 1909), le *Rüj* est décrit comme une « pâtisserie plate en forme de disque, dont la surface est divisée en carrés au moyen d'un couteau ». Il s'agit d'un « pain d'une épaisseur d'un pouce environ, en farine grossière, fabriqué au printemps en quantité plutôt modeste et que l'on emporte avec soi de préférence sur l'alpe, étant donné qu'il moisit moins qu'un pain d'une forme ordinaire ; en été, il devient si dur qu'il faut le rompre et le ramollir dans du lait » – ce que l'on fait par exemple avec le pain de seigle en Valais.

Le seigle a longtemps été considéré comme la céréale du pauvre. Dans son *Histoire naturelle*, l'écrivain et naturaliste romain Pline l'Ancien définissait cette céréale provenant d'Asie Mineure comme un « type de grain de peu de valeur », juste bon à « apaiser la faim ». Les *Seisler*, autrement dit les Singinois, ne poursuivaient sûrement pas d'autre but avec leur pain Rüa. Comme le seigle pousse sur des sols moins profonds et dans des régions de plus haute altitude que le blé, on le cultivait volontiers.

Grâce à l'appui de l'Association des maîtres boulangers suisses, le pain du pauvre s'est mué en une spécialité ennoblie avec de la farine de blé, lit-on dans la brochure *Pains cantonaux* de 1985. Cette idée de promouvoir les pains de chaque canton a été présentée au public par les maîtres boulangers lors de la foire professionnelle de Lugano en 1950 ; grâce à eux, le *pane ticinese* et le pain bâlois sont devenus très populaires ; le pain fribourgeois, lui aussi mis en avant à cette occasion, figurait parmi les moins connus : dans la partie francophone du canton, en tant que pain du district de la Singine, il était dans l'ombre de la cuchaule (cf. *page 236*).

La veille au soir, confectionner le levain (*Hebel*) : pétrir une bonne farine de seigle sans gruau avec des farines mi-blanche et bise, de l'eau et de la levure de boulangerie, puis laisser cette pâte reposer durant la nuit afin que les ingrédients commencent à agir : les enzymes accélèrent le développement des arômes. Le lendemain, préparer la pâte principale en y ajoutant du sel – dans le levain, le sel ralentirait l'action de la levure. Bien mélanger la pâte fraîche avec le levain et laisser reposer une heure. Bouler des pâtons d'un demi-kilo et laisser à nouveau reposer. Aplatir à la main pour en faire une galette et faire des carrés en appuyant avec une baguette. Saupoudrer de farine et cuire au four à 240 °C pendant 45 minutes.

On en ressortira un « Brötli-Brot », un « pain à petits pains » qui se divise en portions pratiques sous une légère pression.

Voir aussi : Pain de seigle valaisan, page 491 ; Paun jauer, page 571 ; Brasciadèla, page 590.

CONFISERIES

Caramels à la crème

Petits cubes ou parallélépipèdes à la crème, tendres et de consistance granuleuse

Dans une casserole, porter à ébullition de la crème entière, du sucre, un peu de lait et une gousse de vanille, puis laisser mijoter à petit feu en veillant à ce que le mélange ne déborde pas de la casserole. Au bout de deux bonnes heures, étaler sur une plaque le mélange, devenu brunâtre, d'une épaisseur de un à deux centimètres, laisser durcir quelques minutes et découper en dés d'environ deux centimètres de côté. Laisser refroidir quelques heures, bien séparer les dés et conditionner les caramels à la crème dans une boîte en fer-blanc ou dans des sachets ; leur durée de conservation est à peu près d'un mois.

Ces caramels sont tendres, granuleux et légèrement friables ; on en trouve essentiellement dans les cantons de Fribourg et de Vaud. Avant la fin du XIXe siècle, ils n'étaient pas particulièrement populaires ; en effet, le sucre était un ingrédient coûteux et l'on barattait la crème pour en faire du beurre afin de le vendre.

Sous l'Ancien Régime, « on comptait parmi les douceurs les bonbons et caramels, dont nous trouvons parfois des recettes » (François de Capitani, *Festliches Essen und Trinken im alten Bern*). Joseph Favre, mieux équipé comme professionnel que les ménagères, exige que le mélange « soit versé et répandu sur une plaque de marbre légèrement huilée » et que les caramels soient débités au moyen d'un découpoir spécial tenu par deux poignées. Ses caramels se déclinent sous plusieurs formes : « au café, au cacao, au chocolat, à l'orgeat, à la framboise, à la pomme, à l'orange » (*Dictionnaire universel de cuisine pratique*, 1894).

À la même époque, Louis Maillard propose à Genève, dans sa *Cuisine des familles*, des recettes de caramels, dont ceux au citron, au beurre et des caramels fondants. En Bretagne, on apprécie une variante composée de crème, de sucre et de beurre salé.

Voir aussi d'autres caramels suisses : Rahmtäfeli et Nidletäfeli, page 59 ; Appenzeller Nidelzeltli, page 452.

Chocolat suisse

Schweizer Schokolade, cioccolato svizzero, tschigulatta svizra

Le chocolat s'obtient par la transformation des fèves de cacao fermentées et séchées, c'est-à-dire des semences produites par le cacaoyer tropical, *Theobroma cacao* (« nourriture des dieux »), dans ses cabosses d'une longueur comprise entre 15 et

20 centimètres ; ces fruits poussent à même le tronc, comme les fleurs de cet arbre. Grâce à la pulpe juteuse qui les renferme dans une coquille assez dure, les fèves de cacao prélevées sur une cabosse fendue ont un goût acidulé et rafraîchissant en bouche, qui rappelle celui des litschis. Mais les croquer ne vaut pas la peine : en effet, les graines de cacao ne révéleront leur saveur divine qu'au terme des nombreuses étapes de leur transformation.

La renommée du chocolat suisse ne s'est pas fondée sur une culture locale, bien entendu ; on la doit à des innovations significatives dans sa fabrication au XIXe siècle, à l'aube de l'ère industrielle. La plus ancienne marque de chocolat de Suisse, Cailler, est apparue en 1819 sous la forme d'une liste de prix.

Le cacaoyer est un arbre à feuilles persistantes cultivé dans plusieurs zones tropicales autour du globe, de part et d'autre de l'équateur. « Si l'on mesurait l'histoire du chocolat sur une échelle de 24 heures, les tablettes chatoyantes et autres friandises ne représenteraient que les toutes dernières secondes, alors que le cacao et les boissons chocolatées rempliraient la plus grande partie d'une longue saga qui a commencé en Amérique du Sud il y a 56 siècles, au moins 1679 ans avant la construction de la première pyramide d'Égypte », nous remet en perspective *The Oxford Companion to Sugar and Sweets* (2015), qui précise aussi que le décryptage de son génotype a situé l'origine du cacao en tant que plante en Haute-Amazonie. Ce fut d'abord en Mésoamérique, à l'ère précolombienne, que l'on a transformé ses graines très particulières en chocolat. Les plantes étaient indispensables aux civilisations olmèque, maya et aztèque. Une fois fermentées, les fèves étaient séchées puis concassées en une pâte qui était ensuite diluée dans de l'eau bouillante, et l'on buvait cette mixture appelée *xocoatl* (« eau amère ») allongée, selon les moyens financiers, avec du maïs moulu.

Christophe Colomb aurait appris l'existence du *xocoatl* pendant son troisième voyage, mais n'y a semble-t-il pas goûté. Le 15 août 1502, il débarqua avec ses hommes d'équipage sur l'île de Guanaja (Islas de la Bahia au nord du Honduras) et y aperçut une embarcation commerciale maya ; les Espagnols y trouvèrent des armes, de la laine ainsi que des produits alimentaires. Ferdinand, le fils de Colomb, nota ceci dans son carnet de voyage de 1503 : « Parmi les aliments qu'ils emportaient avec eux figuraient ces racines et ces graines que l'on mange à Hispaniola [probablement du maïs et du manioc] et une sorte de vin fait à partir de maïs, qui rappelle la bière anglaise, de même que ces amandes utilisées en guise de monnaie en Nouvelle-Espagne [Mexique] – amandes qui semblaient leur être très précieuses, car lorsqu'elles furent acheminées à bord avec d'autres marchandises, j'observai qu'aussitôt que l'une de ces amandes tombait par terre, tous se penchaient pour la ramasser, comme s'ils avaient perdu un œil » (cité dans *Généalogie du chocolat* de Sophie et Michael D. Coe).

Il est très probable que ces « amandes » n'ont pas tardé à attirer l'attention des colons espagnols établis dans le Nouveau Monde. Des échanges relativement intenses se sont développés entre l'Espagne et les terres qu'elle a conquises, et ce dans toutes les sphères de la société, comme la politique, l'armée, le clergé et les couvents, les commerçants et les savants. On ignore quand précisément, où et par qui le cacao est arrivé en Espagne – nul ne sait combien de documents à ce propos sommeillent, moisissent ou ont disparu. « De nombreux livres et articles attribuent l'introduction du cacao à Hernán Cortéz [conquérant du Mexique en 1520-24], mais la chose n'a jamais été prouvée », lit-on encore dans *Généalogie du chocolat*. Les auteurs de cet ouvrage considèrent comme preuve indubitable une liste de cadeaux remis par des moines dominicains au prince espagnol Philippe en 1544, qui comprend des produits alimentaires tels que des piments, des haricots, du maïs, de même que « des récipients contenant du chocolat fouetté ; dans l'état actuel de nos connaissances, ceci apparaît comme les débuts du chocolat dans l'Ancien Monde, et nous ne pouvons qu'espérer qu'en cet instant historique, le futur Philippe II a poliment goûté à cette boisson exotique ».

Cependant, le premier chargement officiel de fèves de cacao, expédié de Veracruz à Séville, est bien plus tardif, puisqu'il date de 1585. La boisson conquit l'Europe en un clin d'œil, même si comme sur ses terres d'origine, elle y demeura réservée à la haute société. Après avoir atteint tous les territoires espagnols par des gens de cour et d'église, la fièvre du cacao s'empara de la France, et ainsi de suite. On européanisa son assaisonnement en remplaçant par exemple le piment par du sucre et de la cannelle, si bien que le médecin bâlois Theodor Zwinger (1658-1724) affirma dans son livre sur les épices intitulé *Theatrum botanicum* (1696) que « cette chose peut être qualifiée à la fois de mets et de médicament ». Après avoir étudié son art à Genève, Paris et Strasbourg, Zwinger devint médecin de la ville de Bâle et homme du monde. Il observa de nombreux effets bénéfiques du chocolat sur la santé de ses patients : il serait efficace contre la toux et pour fortifier le cœur, contre les douleurs gastriques, en cas de problèmes respiratoires, de mucus dans les poumons, de coliques et de dysenterie, « spécialement lorsqu'on le mélange avec des noix de muscade et des amandes ; par ailleurs, le chocolat réveille et excite même la lubricité et le désir charnel : les femmes insuffisamment satisfaites qui en font boire à leurs maris les voient souvent retrouver toute la vigueur qu'elles espéraient lorsqu'ils les rejoignent pour une nuit d'amour ».

« Avec le rôle capital joué par la cour française aux XVIIe et XVIIIe siècles, le chocolat devint finalement une boisson à la mode pour toute l'aristocratie européenne », écrit Roman Rossfeld dans son livre *Schweizer Schokolade* (2007). La classe dominante s'appropria le café, le thé et le chocolat, boissons aussi luxueuses que réconfortantes ; le chocolat était en tête de ce trio, car on pouvait en boire du matin au soir sans sombrer dans la moindre ivresse – bien au contraire, comme on le constate en lisant le *Journal* de Samuel Pepys (1633-1703), secrétaire de l'Amirauté anglaise : Pepys y rapporte qu'au lendemain des festivités du couronnement de Charles II, il s'est réveillé avec une terrible gueule de bois, après quoi « je suis sorti avec Mr. Creed pour boire notre pinte matinale, mais il m'a fallu prendre du chocolat afin de me remettre l'estomac » (trad. fr. de Renée Villoteau, citée par Nathalie Bailleux dans son *Livre du chocolat*, Flammarion, 2001).

Vers la fin du XVIIIe siècle, le chocolat s'infiltra dans les maisons bourgeoises, notamment grâce à la réduction du prix du sucre, extrait de la canne cultivée dans les colonies. Au siècle suivant, celui de l'essor industriel, on inventa les techniques qui permettront la fabrication de la poudre de cacao, des plaques de chocolat et du chocolat au lait. Ce furent des travailleurs immigrés et des négociants présentant leurs denrées coloniales sur des marchés ou dans des foires qui firent connaître le chocolat en Suisse; sa distribution démarra depuis les foires commerciales les plus importantes de l'époque, celles de Bâle, de Genève et de Zurzach. Mais il y avait aussi des chocolatiers itinérants qui parcouraient le pays en vendant une pâte qu'ils obtenaient en broyant des fèves de cacao sur un *metate*, une meule en pierre d'Amérique centrale. Rossfeld mentionne que «dans les numéros 24 et 25 de l'*Avis-Blättlein* (feuille d'avis) de Berne [de 1735] on proposait une meule pour moudre le chocolat ("*ein Reibstein für Chocolat zu reiben*") et une râpe à chocolat ("*ein Reibeisen zum Chocolat reiben*"), ce qui indique que dès les années 1730, on fabriquait du chocolat en ville de Berne».

Les pionniers étaient des Tessinois qui avaient appris leur métier d'artisan chocolatier dans des villes du nord de l'Italie au début du XVIIIe siècle; le Val Blenio est considéré comme le fief de ces spécialistes. «Vers le milieu du XIXe, plus de 100 *cioccolatieri* tessinois travaillaient en Allemagne, en France, en Hollande et en Italie; 65 d'entre eux étaient originaires du village d'Aquila et certains s'établirent aussi en Suisse au nord des Alpes», nous apprend aussi Roman Rossfeld. «Les migrations, le commerce de marchandises, les liens de parenté et de voisinage contribuèrent à améliorer et à multiplier le transfert de savoir-faire en Suisse. En revanche, le rôle des chocolatiers tessinois fut moins important pour ce qui concerne la mécanisation et l'industrialisation de la fabrication chocolatière aux XIXe et XXe siècles.»

Les premières manufactures mécanisées furent ouvertes dès le milieu du XVIIIe: en 1759, deux artisans chocolatiers émigrés de Lombardie s'installent près de Berne dans une ancienne papeterie, la Schermenmühle; au plus tard en 1769, le fabricant italien Ciani lance son affaire à Fribourg ainsi qu'à Vevey, où diverses entreprises démarrent dès 1767; d'autres moulins apparaissent au cours des dernières années du XVIIIe siècle à Lausanne, Morges et Nyon (*Schweizer Schokolade*).

Le Veveysan François-Louis Cailler (1796-1852) est considéré comme le fondateur de la production industrielle de chocolat en Suisse. Négociant qualifié en marchandises coloniales, Cailler «découvre les chocolatiers tessinois de Turin et s'initie à la fabrication du chocolat. De retour à Vevey en 1818, il crée des machines pour ce qui devient en 1819 la première fabrique moderne de chocolat en Suisse, installée [...] sur la commune de Corsier. Il fut l'initiateur de la présentation du chocolat sous forme de plaque» (*DHS*). Son petit-fils Alexandre-François-Louis (1866-1936) reprit en 1887 les rênes de la fabrique, «huit employés et deux machines», et la déplaça onze ans plus tard à Broc en Gruyère. En 1911, Cailler fusionne avec les entreprises des chocolatiers Peter et Kohler, qui étaient déjà partenaires, pour créer Peter-Cailler-Kohler, Chocolats suisses S.A., et en 1929, nouvelle fusion, avec la société Nestlé. Encore à ce jour, en 2022, la fabrique de Broc produit du chocolat d'excellente qualité et toute une gamme de produits sous le nom de Cailler.

La plupart des entreprises chocolatières suisses les plus renommées ont vu le jour au XIXe siècle: Suchard à Serrières près de Neuchâtel en 1826, Favarger la même année à Genève, Kohler à Lausanne en 1830, Sprüngli à Zurich en 1845, Maestrani (du Val Blenio) à Lucerne en 1852, Peter et Nestlé (qui commence à produire du chocolat en 1904) à Vevey en 1867, Munz à Flawil (1874), Lindt à Berne (1879), Klaus au Locle (1884), Frey à Aarau (1887), Tobler à Berne (1899), et cette liste n'est pas exhaustive!

Avant que Cailler puisse lancer sa production industrielle, il a fallu franchir une étape essentielle dans la transformation du cacao, à savoir la séparation du beurre de cacao du cacao lui-même. Comme boisson, le chocolat était lourd et gras du fait de la forte proportion de beurre de cacao dans la fève; celui-ci est une graisse précieuse, utilisée par exemple pour fabriquer du baume à lèvres à cause de son point de fusion proche de la température du corps humain. Par pressage, on extrait une partie du beurre. À Amsterdam, Coenraad Johannes van Houten (1801-1887) parvint, grâce à une solution alcaline, à transformer le cacao moulu de telle manière que la poudre se sépare du beurre de cacao beaucoup plus facilement qu'avant. Il était désormais possible de jouer avec les proportions, pour obtenir soit une boisson plus légère en délayant la poudre de cacao dans de l'eau, soit une pâte délicate en incorporant autant de beurre de cacao que nécessaire.

En Suisse, les inventions se sont vite succédé: Henri Nestlé lança son lait en poudre sur le marché en 1867; en 1875, Daniel Peter, fils de boucher, inventa le chocolat au lait – même si l'on peut rappeler qu'en 1839, les fabricants Jordan & Timaeus faisaient déjà de la publicité dans le *Dresdner Anzeiger* pour leur «chocolat au lait d'ânesse», mais comme il était fabriqué avec du lait frais qui ne se conservait pas longtemps, ce produit fit fiasco (université technique de Dresde, 2011). Peter multiplia ses expériences pendant des années, son chocolat au lait fut tout sauf le résultat d'une inspiration fulgurante. Le problème consistait à rendre compatibles le lait et la pâte de cacao – le lait était trop liquide, la pâte trop grasse; la graisse lactique se rancifiait rapidement, tandis que le beurre de cacao résistait mieux grâce à ses propres antioxydants.

Bien d'autres fabricants ont essayé de produire du chocolat au lait avant Peter, et même si son invention a été attestée en 1875, ce produit tel qu'on le connaît aujourd'hui nécessita encore beaucoup d'améliorations avant de trouver sa forme aboutie. La pâte de cacao fut d'abord mélangée à du lait condensé, puis on finit par opter pour le lait en poudre. «La production industrielle de lait en poudre facile à transporter et à stocker ne débuta qu'après le tournant du siècle, avec pour conséquence la poursuite de la production de chocolat au lait à base de lait condensé dans les années 1900; celui-ci sera complètement remplacé par le lait en poudre un peu plus tard. Malgré les difficultés qu'il rencontra, Daniel Peter parvint déjà à produire un chocolat au lait consistant pendant le dernier quart du XIXe siècle» (*Schweizer Schokolade*). La maison Cailler persiste quant à elle dans l'utilisation de lait condensé, justifiée par le fondant particulier qu'il donne à son chocolat.

En 1879, Rodolphe Lindt met au point une machine à brasser la pâte de cacao, appelée conche ; au terme du processus (le « conchage »), la pâte est sublimement douce, onctueuse et fondante – une pâte devenue ainsi l'un des piliers de l'excellence chocolatière suisse. En 1960, Franco Vanotti, neveu du fondateur de Chocolat Stella (1928) au Tessin, développe le premier chocolat suisse sans sucre.

Au cours de son histoire, la production de chocolat en Suisse a subi, comme d'autres secteurs industriels, d'importantes fluctuations – les deux guerres mondiales, la crise des années 1930, la hausse conjuguée de la conjoncture et du coût du travail, combinée à la recherche d'économies dans le processus de production. Des entreprises disparurent ou fusionnèrent. La Fédération des fabricants suisses de chocolat a été fondée en 1901 (*chocosuisse.ch*). Le pays compte actuellement 70 chocolatiers (*search.ch*, 2016), la plupart établis en Suisse romande – comme c'était déjà le cas en 1888, puisque neuf fabriques de chocolat s'y trouvaient sur un total de treize.

Un(e) Suisse mangeait en moyenne 3,5 kg de chocolat en 1940 ; dix ans plus tard, ce chiffre passe à 6,2 kg, et en 2014 on est à 12 kg par habitant : record du monde. Comme les montres de luxe mécaniques, le chocolat suisse est copié illégalement et contrefait.

La renommée mondiale du *Swiss Chocolate* ne s'est pas faite d'un jour à l'autre. Dans leur *Appetit-Lexikon* paru à Vienne en 1894, les auteurs résument ainsi l'état de la situation en Europe à cette époque : « Les marques françaises et suisses ont généralement un goût plus sucré que les autrichiennes et les allemandes ; davantage de sucre a été ajouté à ces chocolats, qui ont en revanche un plus fort pourcentage de théobromine. Le chocolat espagnol reste sans doute, comme il y a deux à trois cents ans, le meilleur ; ceux qui s'en rapprochent le plus sont le français et le portugais, suivis par le suisse, l'autrichien et l'allemand, après quoi il n'y a rien d'intéressant à signaler jusqu'au chocolat anglais, au fond du classement, dont il est préférable de ne rien dire : *Beatus ille, qui procul… !* [Heureux celui qui est loin… ; d'après Horace]. Quelques entreprises notables des pays producteurs : Mennier à Paris, la plus somptueuse fabrique de chocolat au monde, [...] ; Ph. Suchard à Neuchâtel ; P.W. Gaedke à Hambourg, les frères Stollwerck à Cologne ; Robert Berger à Pössneck en Thuringe ; J. Küfferle & Co., Tschinkel, le successeur de Boxler à Vienne, et bien d'autres. »

Ce même *Appetit-Lexikon* détaille aussi une série de chocolats, dont certains « médicinaux, dans lesquels ont été ajoutés des substances médicamenteuses, tel le chocolat ferreux, enrichi à l'iodure de fer, le chocolat de Chine, contenant de la quinine, le chocolat à la mousse, à l'huile de ricin… » et même un « chocolat à la viande » d'Amsterdam, « tentation à laquelle n'a encore cédé jusqu'ici, et l'humanité peut s'en flatter, qu'un petit nombre de malheureux ».

Dans ses terres d'origine, le *xocoatl* est toujours préparé à l'ancienne, mais aussi de manière moderne. Aucune menace d'uniformisation ne pèse sur le chocolat primitif, contrairement au nouveau, développé en Europe à partir de l'ancien. Chez Felchlin à Ibach-Schwytz, le chocolat de type Grand Cru est encore fabriqué selon une méthode traditionnelle à partir de fèves de qualité supérieure de type *criollo*, *trinitario* et *nacional*, tandis que le type *forastero* est qualifié de rustique. Ci-dessous, la description des étapes menant à l'obtention du noble « Cru Sauvage » à partir de fèves sauvages rassemblées, fermentées et séchées par des Indiens dans la partie bolivienne du bassin amazonien.

Nettoyer : l'ouvrier éventre les sacs et examine leur contenu pendant qu'il se déverse dans un réservoir – le dernier contrôle (moisissure). Lors du nettoyage, les résidus métalliques sont séparés magnétiquement ; une soufflerie élimine la saleté et la poussière, le bois et les fèves endommagées ; la gravité ainsi qu'un mécanisme vibratoire fait ensuite tomber de la machine tout corps plus lourd que les fèves de cacao, comme par exemple des cailloux. Les fèves nettoyées arrivent dans un silo conique d'où, une fois dosées à travers un silo intermédiaire, elles passent dans un « réacteur » placé en dessous pour être stérilisées : pendant trois à cinq secondes, sous vide et avec une vapeur de 150 à 170 °C, aucun germe n'en réchappe.

Torréfier : réduction du taux d'humidité des fèves, qui grâce à la torréfaction passe de 6,5 % à environ 1 % ; les minces coquilles se détachent un peu, la couleur s'assombrit, les arômes du cacao commencent à se développer. En croquant une fève torréfiée à ce stade, son goût est assez semblable à celui d'un grain de café – le chocolat et le café contiennent en partie les mêmes substances actives ; plus tendre (cela s'explique par une teneur en matières grasses dépassant les 50 %), la fève de cacao est presque inodore.

Broyer : de l'air comprimé envoie les fèves torréfiées et refroidies à travers des tuyaux jusqu'à un broyeur, dans lequel elles sont concassées et débarrassées de leur coquille. Deux arbres rotatifs opposés, munis de couteaux, fragmentent les fèves. Puis arrive le moment des séparations : les coquilles et les éléments légers comme le très dur germe de la fève sont aspirés, les éclats de fèves sans coquilles, appelés grués ou encore nibs (terme anglais), sont triés par étapes sur un escalier vibrant puis propulsés à l'air comprimé dans un silo ; les résidus poussiéreux les plus fins, qui représentent 1 à 3 % de la quantité globale broyée, sont écartés.

Moudre : dans une meule en pierre, deux disques horizontaux tournant l'un contre l'autre pilent le grué jusqu'à ce que les grains soient réduits à une taille de 100 micromillimètres (μ) ; les meules en pierre ménagent les cellules : il n'y a aucune déperdition des arômes, contrairement à ce qui se produit avec des machines à hautes performances. Par la chaleur due au frottement, le beurre de cacao se liquéfie. En dégustant cette pâte de cacao chaude et assez liquide, on perçoit bien des arômes de torréfaction et de café, et moins nettement de subtiles notes fruitées ainsi qu'une très légère acidité.

La pâte se liquéfie encore davantage dans la meule sphérique. Plus aucun petit morceau de cacao n'est perceptible, la pâte de cacao est veloutée, les cellules se sont ouvertes. En bouche, les notes fruitées sont maintenant plus marquées, on sent encore un arôme terreux, si bien que le goût tient en bouche assez longtemps. La complexité recherchée commence à se former dans la pâte. Alors que dans un mode de fabrication industrielle, la prochaine étape est celle du Petzomat (dans lequel de la vapeur d'eau fait passer les substances amères et l'acidité contenues dans la pâte de cacao), elle ne s'impose pas pour produire du chocolat « Grand Cru ».

Au terme du broyage fin, la pâte de cacao pure est prête.

Mélanger : la transformation de la pâte de cacao en chocolat débute dans un mélangeur. Le sucre cristallisé, les bâtonnets de vanille moulus, le lait et/ou la crème en poudre sont incorporés à la pâte de cacao qui vient d'être fabriquée. Le sucre renforce les arômes ; la vanille n'est pas ajoutée pour son goût mais pour adoucir, pour rendre plus moelleux celui du chocolat. La vanilline de synthèse, gustativement peu raffinée, n'est employée pour des chocolats bon marché. Pour la production de Grand Cru, pas la moindre vanille n'est ajoutée à la pâte afin de préserver tout le caractère du cacao.

Laminer : la pâte de chocolat est pré-pétrie dans un double laminoir jusqu'à ce que les particules soient réduites à 80 µ ; les cristaux de sucre, que l'on pouvait encore sentir après leur passage dans le mélangeur, sont maintenant réduits en poudre ; sur la langue, la pâte est sableuse et sèche.

Après ce laminage de base, un quintuple laminoir va permettre de déterminer la finesse de la future couverture ; pour un Grand Cru, elle doit être comprise entre 12 et 15 µ. La pâte de chocolat est placé dans une cuve où le premier laminoir l'entraîne dans un système à roulettes ; la masse est ainsi enroulée vers le haut et très finement laminée. Sur le laminoir le plus élevé, le chocolat ressemble, de par son extrême finesse, à un film brunâtre presque transparent sur le métal. Refroidie, la pâte s'écaille sous forme de flocons qui sont transférés pour la phase de conchage.

Concher : au cours du processus essentiel qu'est le raffinage, les arômes les plus délicats sont activés dans la pâte. Ceci se produit en trois temps : concher à sec, plastifier, liquéfier.

Selon la recette et la machine utilisée, le conchage peut durer de quelques heures à peine à plus de 70 heures. La température et l'effet de friction résultent de la rotation d'un couteau ou de ciseaux, ou de celle des cylindres de la conche longitudinale.

De nos jours, on utilise le plus souvent des conches ultramodernes et totalement automatiques ; cependant, on atteint les meilleurs résultats avec le système longitudinal inventé par Lindt au XIXe siècle.

Concher à sec : par friction, la température de la pâte de chocolat floconneuse passe de 60 à 90 °C. On remue et fait pivoter la pâte brun foncé plutôt sèche. L'augmentation de la température fait s'évaporer de l'eau, et la vapeur qui s'échappe emporte avec elle des substances volatiles telles que l'acide acétique, apparu lors de la fermentation. Alors qu'au début du conchage, la pâte contenait environ 1,7 % d'eau, il n'en reste plus que 0,6 à 0,7 % à son terme.

Plastifier : à force d'être remuées, les particules sèches s'enrobent de beurre de cacao, et la pâte devient brillante et satinée. Les sens sont sollicités, il faut du discernement pour prendre la bonne décision. Les arômes doivent se développer, des combinaisons s'établissent : on examine ces évolutions toutes les trois à six heures.

Liquéfier : une fois que le brillant désiré est atteint, on verse du beurre de cacao sur la pâte en respectant les indications de la recette ; la couverture chaude est terminée, on la stocke dans des cuves chauffantes en attendant la suite de l'élaboration.

Le conchage est comparable à des fleurs très différentes réunies pour en faire un bouquet magnifique. Celui qui réunit le plus de fleurs, les ménage au mieux et fait le bouquet le plus coloré est la conche longitudinale de Rodolphe Lindt. Chez Felchlin on dispose (en 2008) de trois de ces conches longitudinales, chacune avec quatre bassins et cylindres ; elles ont été construites en 1879 chez U. Ammann à Langenthal.

Une conche ressemble à un amortisseur et fonctionne de la même manière : la roue actionne deux bras horizontaux, l'un devant elle et l'autre derrière. Elle tourne au milieu de la machine, de part et d'autre se trouvent des bassins en fer ajustés à des blocs. On ferme ces bassins avec des couvercles bombés peints en couleur chocolat au lait. Le cylindre en acier fixé au bout du bras actionné par la roue roule en avant et en arrière sur une plaque en granit et remue ainsi la pâte de chocolat à un rythme régulier. Les bassins ne sont pas chauffants ; la forte chaleur perceptible sur leur base suivant la durée du conchage résulte uniquement du frottement et du roulement constants. On entend des bruits et des coups lorsque la pâte claque contre les coins sous le couvercle. Le cylindre ne doit en aucun cas sauter ou cogner.

Atteindre la bonne température est un facteur déterminant. Tout le monde peut chauffer quelque chose en appuyant sur un bouton ; à l'inverse, générer de la chaleur grâce à un frottement bien dosé est une opération des plus délicates. Avec les conches, on peut dépasser les 75 °C, 60 à 70 °C étant le minimum. Au bout de 24 heures, le niveau de température doit impérativement rester stable, sans quoi il n'y a plus rien à faire : le chocolat est fichu.

Dans la conche, le roulement rythmique révèle l'âme du cacao, souligne les arômes, accentue l'onctuosité et fait de la pâte une œuvre d'art totale, un sommet d'opulence organoleptique. Le chocolat contient pas moins de 600 arômes différents, ainsi que des molécules telles que des polyphénols, qui réduisent les risques de maladies cardiovasculaires et de cancer, et des alcaloïdes comme la théobromine et la caféine, qui stimulent le système nerveux central ; la théobromine a longtemps servi d'aphrodisiaque, avant d'être supplantée à la vitesse grand V par le Viagra.

Tempérer : pour être mis en forme, le chocolat de couverture achevé doit passer dans une machine à tempérer, où il est d'abord refroidi (de 45-50 °C à 26-28 °C) puis légèrement réchauffé à une température comprise entre 29 et 32 °C. C'est ainsi que se stabilisent les cristaux de beurre de cacao Bêta 5, qui confèrent au chocolat son fondant.

Ce chocolat liquide et tempéré est moulé en tablettes ou en gouttes, extrait des moules et emballé dans du papier d'aluminium ou conditionné en sachets ; il constitue la matière brute du confiseur pour les pralinés, tablettes de chocolat et autres gourmandises dont il a le secret. La couverture contient davantage de beurre de cacao que le produit final, car sa température de fusion plus basse permet de mieux le travailler.

Une tablette de chocolat Grand Cru a un brillant satiné mat, alors qu'un chocolat industriel ressemble à son modèle en plastique. Lorsqu'on le casse en morceaux, ce chocolat supérieur, qui a passé des heures à se faire des va-et-vient dans une conche, émet comme un faible coup de glotte, une tonalité mineure, un léger soupir. Un chocolat moins luxueux, fabriqué de manière plus rationnelle, fera un son plus clair, plus net. Cette musique différente tient au type de cacao utilisé, à la qualité des fèves et à leur élaboration, en particulier au conchage, car ce processus modifie la structure même du cacao.

En broyant un petit morceau de chocolat entre le pouce et l'index, sa température augmente, faisant ressortir des parfums volatils; en croquant dans une tablette, le chocolat révèle en bouche sa consistance, sa structure tendre ou dure, là encore acoustiquement, mais aussi tactilement.

On laisse ensuite le morceau fondre sur la langue. Avec le chocolat, un des secrets du plaisir réside dans son fondant; sa température de fusion est de 33 °C, à peine trois degrés de moins que celle du corps humain – une chaleur très proche de l'âme. Le beurre de cacao commence à s'écouler, la masse grasse à se dissoudre, les arômes se répandent dans l'espace et dans l'air – et comme le point de fusion du chocolat est situé juste en dessous de la chaleur corporelle (d'où la sensation de fraîcheur initiale sur la langue), il est bien naturel que sa dégustation ait des effets intimes, réconfortants.

Nos papilles gustatives nous permettent de reconnaître d'abord des impressions générales – sucré, acide, amer et aussi salé – au moins minéralement, puis il faudrait retenir quelque temps sa respiration et expirer par intermittence par le nez; de cette manière on ressent la montée des arômes volatils et l'on perçoit d'autres nuances, pas seulement les saveurs de base: des composants épicés, puissants et évidents comme la vanille, la cannelle ou les clous de girofle et d'autres très opulents, rappelant Noël, mais aussi des notes fruitées et rafraîchissantes comme celles de cassis, d'abricot et de baies, florales (fleurs d'oranger, rose), végétales (sous-bois, truffes), des arômes d'amande et de noix de macadamia, de torréfaction (de café, de thé ou de caramel) et encore bien d'autres effluves bien marqués, comme ceux de tabac, de beurre, de miel ou de cire d'abeille.

Le chocolat doit être conservé dans un endroit sec, à une température comprise entre 12 et 20 °C et si possible avec peu de fluctuations. À température constante, le chocolat noir tient deux ans, le chocolat au lait un an et demi et le blanc une année. Le chocolat foncé supporte mieux et plus longtemps la chaleur que le blanc, car celui-ci n'est constitué que de beurre de cacao sans cacao, contrairement aux chocolats noirs, riches en cacao et donc plus stables. Il faut garder à l'esprit que tout élément ajouté au chocolat, comme de la crème, des fruits ou des noix, réduit sa durée de conservation.

Pour le protéger de l'humidité et des odeurs (comme celles de fromage, de pesto ou de colrave cuit), car il les absorbe, on peut aussi mettre son chocolat au frigidaire dans une boîte en plastique. Mais il ne faut pas le manger avant de l'avoir laissé quelque temps à température ambiante: en effet, le froid annihile partiellement l'arôme du chocolat.

Si l'on fait brutalement passer le chocolat d'un endroit glacial à un endroit très chaud, des gouttelettes de condensation pourront provoquer le phénomène du blanchiment sucrier: du sucre se dissout du chocolat et se recristallise à sa surface une fois que les gouttelettes se sont évaporées. Si le chocolat est stocké à trop haute température, des cristaux gras se forment à sa surface et y adhèrent en la blanchissant – on parle alors de blanchiment gras, souvent confondu avec de la moisissure.

Un troisième danger menace le chocolat: celui de l'oxydation, lorsqu'il est trop souvent exposé à l'air et à la lumière. Les graisses se dissolvent, le goût se modifie et une odeur désagréable apparaît. Plus la proportion de cacao est élevée, mieux le chocolat échappe à l'oxydation; un emballage foncé et hermétiquement fermé est sa meilleure protection.

SUPPLÉMENT

Le lait en poudre

Le chocolat blanc se fabrique avec du beurre de cacao et du lait en poudre. Sans cacao, le lait y domine plus nettement que dans le chocolat au lait. Ce fut à Cham dans le canton de Zoug que l'Anglo-Swiss Condensed Milk Company lança sur le marché le premier lait condensé (du lait sucré réduit à une consistance visqueuse et mis en boîte) en 1867. La même année, à Vevey, Henri Nestlé présentait un aliment pour nourrissons, de la farine de blé mélangée à du lait, la Farine Lactée Nestlé, primée à Paris lors de l'Exposition universelle et aussitôt demandée partout en Europe.

Il existait deux procédés viables au début du XXe siècle: la déshydratation du lait par atomisation à l'air chaud ou par séchage sur des rouleaux métalliques chauffés. De cette façon, la teneur en eau du lait pouvait être réduite de 87 % à 2 à 4 %. Le lait en poudre classique se fabrique selon une méthode industrielle standardisée: le lait est brassé, homogénéisé, épaissi puis compressé dans des cylindres chauffés à 140-150 °C dont il ressort sous forme de minuscules flocons. À cette température, le sucre caramélise, le lait en poudre s'aromatise en conséquence et prend un goût de cuit assez difficile à définir scientifiquement, mais que nos sens perçoivent infailliblement.

Le système de la tour de séchage, inspiré de l'ancienne méthode de déshydratation, fonctionne en principe comme un canon à neige, mais à des températures inverses: le lait est d'abord pasteurisé le plus délicatement possible afin d'éliminer les germes, mais sans qu'il prenne un goût de cuit; la température sera optimisée au minimum pour ne pas détruire les précieux arômes lactiques. Le lait pasteurisé est ensuite pulvérisé à travers une buse dans une tour de séchage de 20 mètres de haut remplie d'air chaud. L'eau s'évapore et le

lait en poudre se dépose comme de la neige sur la base de la tour; ce sont de fines particules sphériques, et non des plaquettes comme avec le procédé par séchage sur des rouleaux. Le contact entre les gouttelettes de lait et la chaleur sera bref, afin que la température à l'intérieur des gouttelettes reste basse et que les protéines ne se dénaturent que faiblement.

Voir aussi: Schokolade-S, page 40; Badener Steine, page 118; Bouchon Vaudois, page 184; Pralinés, page 185; Batz neuchâtelois, page 209; Luzerner Regentröpfchen, page 302; Baarer Räben, page 393.

BOISSONS

Eau-de-vie de poire à botzi

*Eau-de-vie blanche élaborée à base de poires à botzi (*Büschelbirnen*)*

L'origine des poires à botzi semble être aussi obscure que celle du vin cuit, que l'on faisait jadis avec cette ancienne sorte de petits fruits ronds. La légende attribue à des mercenaires fribourgeois le mérite d'avoir ramené cette variété de *Pyrus communis* il y a trois à quatre cents ans de Naples, ville de prodiges et de fables, dans leur bucolique patrie.

La détermination d'une origine peut s'avérer d'une grande complexité, comme l'illustre l'article sur la poire à botzi dans *Le Patrimoine fruitier de la Suisse romande*. L'auteur, Bernard Vauthier, y dresse une longue liste d'expressions et de significations qui plonge même d'éminents linguistes dans la perplexité. Botsi signifie touffe (en allemand: *Büschel*), les poires pendent en grappes de quatre et il y a cinq grappes par branche. Selon l'interprétation de Vauthier, un botsi serait un «bouquet [...] de fruits» et se rapporterait aussi bien à des poires qu'à des pommes, à des cerises ou à des noisettes. Ses diverses graphies témoignent d'une volonté de rendre un son en lettres signifiant toujours pratiquement la même chose, mais pas partout: *botsé*, *betchin*, *beutchet*, *beutchien*, *beutchin*, *beutchnien*, *bietchet*, *bloechin*, *botsette*, *botsey* – la série se prolonge, du moins en ce qui concerne les appellations régionales et locales de pommes sauvages.

Quoi qu'il en soit, la poire à botzi est un type de poire clairement identifiable, que l'on rencontre dans le canton de Fribourg ainsi que dans le Vully vaudois limitrophe et quelques communes bernoises éparses. D'après Vauthier, cette appellation a été enregistrée «en 1744 dans la région fribourgeoise» et ce même fruit serait également connu sous le nom de poire de Berne. Jusqu'au XXe siècle, les poiriers à botzi, comme d'autres arbres fruitiers, se trouvaient dans les vergers et à proximité des fermes; leurs fruits sont menus et ronds, très aromatiques – on les mettait volontiers en bocaux, on en faisait du cidre ou les distillait. La poire à botzi était un incontournable du menu de la Bénichon, sous forme de vin cuit dans la fameuse moutarde de Bénichon, pochée avec le ragoût d'agneau ou servie distillé comme digestif.

Lorsqu'il reprit l'entreprise familiale en 1992, «la poire à botzi avait quasiment disparu», rappelait un producteur du district de la Broye en 2014; «pourtant les produits authentiques, rares et riches en goût sont toujours plus demandés; cette culture pouvait être la solution que nous cherchions pour nous remettre en selle». Au commencement, il planta une centaine d'arbres, analysa ses premières expériences et maintenant il produit douze tonnes de poires à botzi par année. Bilan: «Avec la poire à botzi, qui occupe 2,5 % de mes terres agricoles, j'enregistre 15 % de l'ensemble de mon chiffre d'affaires.» Ajoutons que l'AOP (Appellation d'origine protégée) qu'elle a obtenue en 2007 a bien aidé à la revalorisation de cette variété de poire.

De nos jours, les poires à botzi sont très majoritairement cultivées sur des arbres à basse tige; les rares poiriers à haute tige sont devenus des réminiscences du passé dans le paysage. En fruits frais, ces poires ont un goût de pomme verte, de moût légèrement fermenté ou de fruits mûrs, en combinaison avec des notes cuites et caramélisées, parfois avec un soupçon de vanille; elles ont une saveur très douce, accompagnée d'une certaine acidité et d'une légère amertume. Leur chair est croquante, assez ferme et juteuse, d'une texture granuleuse ou parfois farineuse.

Ces petites poires juteuses se prêtent parfaitement à la distillation. On écrase les fruits mûrs et propres, puis on les laisse fermenter dans des fûts, en ajoutant éventuellement un peu de levure. La purée fermentée est ensuite versée dans un alambic et rapidement portée à ébullition (cf. *Digression page 84*).

SUPPLÉMENT

En 2002, la compagnie aérienne SWISS a présenté son programme culinaire baptisé «*Taste of Switzerland*». De grands chefs ont conçu des plats adaptés pour les vols et représentant leur région. «Les quantités qu'il faut chaque fois fournir à cet effet sont très inhabituelles. Pierre-André Ayer, du restaurant Le Pérolles à Fribourg, a par exemple eu besoin, pour sa meringue à la double crème de la Gruyère, d'un si grand nombre de poires à botzi locales qu'il a fallu acheter la totalité de la récolte. La chose n'a pas été approuvée par l'ensemble du canton de Fribourg» (*Tages-Anzeiger* du 7 novembre 2012).

Voir aussi: Eaux-de-vie de fruits sauvages jurassiennes, page 83; Träsch, page 303; Saurer Most et Süssmost, page 351; Bätziwasser, page 368; Eau-de-vie de poire du Valais, page 495.

11

BERNE (*BERN*)

De copieux goûters

Le territoire de la Ville et République de Berne s'étendait autrefois de Nyon à Brugg, de la frontière franco-suisse en Ajoie à l'arête des sommets entre les Alpes bernoises et valaisannes. Dans ce vaste pays, composé de hautes montagnes et de vallées profondes, de lacs et de rivières, de forêts et de plaines, qui se désintégra en 1798 en même temps que l'Ancien Régime patricien, il ne manquait que la mer. Une part considérable des produits faisant partie du patrimoine culinaire suisse sont nés en terre bernoise, même s'ils sont désormais attribués à d'autres cantons, notamment ceux d'Argovie et de Vaud.

Lors de ses recherches sur l'ancienne Berne culinaire, l'historien François de Capitani (1950-2012) est tombé sur la lettre d'un voyageur, Christian Cajus Laurenz Hirschfeld (1742-1792), considéré comme le rénovateur de l'horticulture. Si les paysages de la Suisse l'ont inspiré, les habitudes alimentaires de ses habitants semblent l'avoir irrité :

« Non seulement les jeunes, mais aussi les adultes et les anciens mangent quatre fois par jour [...], en ce sens que le petit déjeuner ne se limite pas seulement au café, mais que l'on commence aussi à déguster des plats froids. En plus des repas habituels de midi et du soir, toutes les maisons servent l'après-midi, souvent une heure après le déjeuner, une grande quantité de nourriture, du fromage et du pain, du poisson, des rôts, du jambon, des pâtisseries et même du vin. [...] Cette habitude est observée avec beaucoup de soin, et sans elle, le Suisse craindrait certainement de tomber malade. On appelle cela goûter ; [...] c'est un repas formel, à la différence qu'on ne s'assoit pas, mais se promène dans la pièce. [...] À huit heures du soir, on se remet déjà à table et l'on mange avec un tel appétit qu'il est difficile de croire que ce sont les mêmes qui ont si copieusement goûté. Si l'on fait part au Suisse de son étonnement face à cet appétit extraordinaire et qu'on lui en demande la raison, il répond avec une mine tout à fait décidée que c'est la rigueur de l'air du pays. »

Cependant, cette abondance souffrait de nombreuses exceptions ; selon François de Capitani, « la faim était un phénomène très répandu [...] ; jusqu'au XIXe siècle, chaque génération a connu des années de famine. La dernière grande crise eut lieu en 1817. Dans toute la Suisse, la population la plus pauvre était affamée. En Suisse orientale, les gens mouraient de faim ».

Deux cents ans plus tard, la Suisse vit au pays de cocagne. Avec le retour à des créations locales qui, au début du XXIe siècle, a un peu affaibli l'intérêt pour la nourriture globalisée, l'héritage culinaire a retrouvé la place qu'il mérite. De nombreux produits font l'objet d'une sorte de redécouverte, leur origine, leur originalité et leur qualité font l'objet d'une attention qui s'explique aussi par une certaine saturation vis-à-vis des mets exotiques. La véritable exclusivité naît de l'unicité : on trouve des sushis dans tous les supermarchés, mais les tomates que l'on peut cueillir et déguster au moment précis où elles atteignent le point culminant de leur maturité poussent ici, dans nos potagers.

Berne a perdu ses anciens bailliages, mais son riche patrimoine culinaire est resté. Cela tient en partie à l'histoire, mais surtout à la diversité de ses régions : l'Oberland bernois avec ses produits alpins comme le fromage à rebibes extra-dur, chacun se distinguant des autres ; l'Emmental qui, depuis l'époque de Gotthelf, fait le bonheur de tous avec ses jambons, ses tresses et son fromage (*Hamme, Züpfe u Chäs*) ; la ville avec son ancestrale prédilection pour les ingrédients et les épices méditerranéens ; le Seeland où les bondelles du lac de Bienne accompagnées de chasselas friands rappellent la « Welschbern », la Berne romande d'antan.

Berner Zungenwurst

Saucisse échaudée, fumée à chaud, à base de porc et de bœuf

Berne étant située à une trentaine de kilomètres à l'est de la frontière linguistique entre l'allemand et le français, il n'est pas surprenant que les voies de la saucisse se soient croisées dans la ville surplombant l'Aar. Symbole de cette éminence géographique et fédérale, la *Berner Zungenwurst* combine des composants romands et suisses allemands sans les transformer en une informe masse unificatrice: de la viande grossièrement hachée comme dans un saucisson et de la chair à saucisse finement «blitzée» comme dans une *Südwooscht* appenzelloise. Une sorte de partie nulle charcutière entre deux régions linguistiques, ce qui n'est pas tout à fait inapproprié pour la capitale, où la haute politique cultive le compromis ... ou plutôt le consensus, car la tendre chair à saucisse et les morceaux visibles et palpables se combinent au mieux dans ce régal de grande classe qu'est la *Berner Zungenwurst.*

Sa plus ancienne mention se trouve dans le *Berner Kochbuch* de 1835, mais il se peut très bien que cette saucisse fût déjà connue depuis plus longtemps, car elle fait partie de la Berner Platte (Plat bernois), connue depuis l'invasion française à la fin du XVIIIe siècle, c'est-à-dire depuis plus de deux cents ans – si l'on en croit les légendes:

Le 5 mars 1798, les troupes bernoises battent les Français à Neuenegg et rentrent victorieuses. Il fallait donc «organiser une fête pour célébrer au plus vite la victoire», peut-on lire dans *Berner Oberland – Das Kochbuch*. «À cette fin, la commune apporta le meilleur de ce qu'elle pouvait fournir, et il s'agissait principalement de plats de saison, qui furent réunis dans le célèbre Plat bernois. Des produits salés et fumés comme des saucisses étaient disponibles au printemps après avoir été stockés tout l'hiver, de même que de la compote aux raves (*Suurrüebe*), de la choucroute (*Suurchabis*), des haricots secs et des pommes de terre.»

La deuxième histoire remonte à plus loin encore: en juillet 1712, les troupes bernoises réformées défont les catholiques de Suisse centrale à Villmergen. Sur le chemin du retour, un officier des troupes auxiliaires vaudoises (le Pays de Vaud était sujet de Berne) souhaite passer commande pour ses hommes à l'Auberge de l'Ours près de Koppigen. L'officier ne parle pas allemand, et l'aubergiste ne comprend pas le français. L'ébauche de conversation se déroule à peu près comme suit: «Bernois... sont... plats, ont faim!», dit le Vaudois avec force gestes expressifs. Mais l'aubergiste entend «*Berner ... Platte ... fein*» (Bernois ... plat ... excellent) et s'exécute; comme tout ce qu'il trouve dans la cuisine est bernois, il revient chargé d'un Plat bernois. Car «que pourrait être une Berner Platte sinon ce qu'une bonne auberge de campagne bernoise a toujours à offrir», écrit Fritz von Gunten dans *Alles ist Wurst* (2006), «en hiver de la choucroute ou des haricots secs, surmontés de jambon, de carré et de jarret de porc, de lard, de saucisses paysannes, de viande bouillie et de langue», en été les haricots verts frais à la place des haricots secs.

Dans le *Buchhofer's Schweizer Kochlehrbuch* (1900), la *Zungenwurst* apparaît pour la première fois comme un ingrédient de la Berner Platte, une version moins opulente, plutôt populaire. Alexander Buchhofer (1847-1926) dirigeait à Berne un magasin spécialisé dans les équipements de cuisine ainsi qu'une école, de cuisine elle aussi. À propos du terme «*Berner Garnitur* – garniture bernoise», il note dans son manuel: «Une belle choucroute cuite est garnie de tranches de ce qu'on appelle de la *Zungenwurst* et de brochettes d'oreilles et de museaux de porc salés et cuits, et est soit servie à part, soit ajoutée au plat en question.»

Aussi clair que soit le nom de cette saucisse, il ne correspond à aucune réalité: la «saucisse à la langue» ne contient en effet pas le moindre bout de cet organe. L'inscription de la *Berner Zungenwurst* au registre des appellations d'origine contrôlée (AOP) et des indications géographiques protégées (IGP), fin septembre 2019, a permis de fixer officiellement le contenu et la méthode de fabrication de cette saucisse. L'Office fédéral de l'agriculture déclare sans ambiguïté: «Le nom est resté, mais la langue a disparu de la recette actuelle.» Selon le cahier des charges, elle est fabriquée à base de viande de porc, de lard et de couenne, de viande de bœuf et d'épices telles que le poivre, le macis, la cardamome et le piment, de la noix de muscade et de l'ail, selon les goûts, ainsi que des additifs et quelques numéros E.

Pour la chair à saucisse grossière, le boucher broie de l'épaule de porc salée et poivrée dans son hachoir et la mélange à de la chair fine (un quart du volume de la saucisse). Ce mélange est ensuite embossé dans des boyaux en fibres cutanées ou des boyaux de bœuf. Les saucisses sont fumées à chaud, entre 40 et 50 °C, puis échaudées à 75 °C et refroidies dans un bain-marie ou un mélange d'eau et de glace.

Mais comment en est-on venu à donner ce nom à cette saucisse? Peut-être parce qu'une fois découpée, elle ressemble à une langue, avec un éclat chatoyant et une surface irrégulière? Ou bien est-ce que l'Ancien Régime a quelque chose à voir là-dedans, lorsque le canton de Vaud était sous domination bernoise? Les classes dirigeantes conversaient en aparté dans la langue de leurs sujets; et comme contrairement au saucisson, la *Zungenwurst* contient de la chair fine, elle fut qualifiée de «saucisson à la langue», saucisse selon la langue (parlée), c'est-à-dire à la bernoise, qui devint ensuite la *Berner Zungenwurst*.

Ou plutôt parce qu'elle contenait effectivement de la langue, du moins dans le passé? Selon la recette du *Berner Kochbuch* de 1835, on ajoutait deux à trois languettes de porc (*Schweinszünglein*). On incorporait à cette saucisse «la même quantité de la viande la plus tendre, qui venait d'être broyée» ainsi que deux oreilles de cochon et du lard; on ajoutait encore du salpêtre pendant l'assaisonnement et remplissait une vessie de veau de cette masse. Ensuite, la saucisse était marinée dans de la saumure, puis fumée pendant quelques jours. L'ancienne recette est visiblement très différente de l'actuelle. Pour quelle raison? L'historien bernois François de Capitani (1950-2012) trouva la réponse dans le même livre de cuisine: la recette de la *Zungenwurst* y est suivie de celle de la *Hammenwurst* (saucisse au jambon), qui est similaire à la recette actuelle de la *Zungenwurst*; au fil du temps, les deux auraient pratiquement fusionné, la *Zungenwurst* apportant le nom, la *Hammenwurst* le contenu et la préparation – qui était à son tour au moins partiellement compatible avec la *Zungenwurst*, car sa recette indique qu'il faut «procéder de la même manière qu'avec la *Zungenwurst*».

Selon le cahier des charges de l'IGP, la *Berner Zungenwurst* «est produite dans le canton de Berne. La naissance, l'engraissement, l'abattage et la découpe des porcs et bovins ont lieu en Suisse. La norme minimale est AQ (Assurance Qualité) Viande suisse». (Consulter à ce sujet le site *qm-schweizerfleisch.ch*)

Voir aussi: Saucisson vaudois, page 169; Saucisson neuchâtelois, page 199; Churer Beinwurst, page 548; Cotechino, page 601.

Emmentaler Bauernbratwurst

Saucisse à rôtir fumée de l'Emmental; courte saucisse crue fumée à maturation interrompue

La maturation interrompue est une spécialité de la Suisse occidentale. Une «extrémité» de cette méthode de préservation allait jusqu'à Lucerne et l'Oberland bernois avant la Seconde Guerre mondiale. Aujourd'hui, la *Bauernbratwurst* (saucisse paysanne à rôtir) fumée et de taille modeste est considérée comme un classique de l'Emmental, vendu loin à la ronde en Suisse alémanique.

La chair à saucisse est à peu près la même que celle qu'on emploie pour les autres saucisses à rôtir; elle est hachée à partir de viande de bœuf et de porc, de lard de cou, de sel nitrité et d'épices (dont le charcutier interrogé préfère ne pas nous révéler la composition) à une grosseur allant jusqu'à cinq millimètres. La masse est embossée dans des boyaux de porc, et les saucisses sont refermées par des clips. On a maintenant une saucisse à rôtir crue, que l'on pourrait mettre immédiatement sur le gril – ou la manger plus tard. Mais pour cela, il faut qu'elle ait une durée de conservation adéquate. À l'époque du bouchoyage à la ferme, ces saucisses étaient réservées à une période intermédiaire d'utilisation: une fois qu'au bout des trois premières semaines, les boudins et les saucisses grises ainsi que les saucisses à rôtir et la viande fraîche avaient été consommés, c'était le tour des *Gnagi* (bas morceaux) et des saucisses fumées d'arriver sur la table, et ce n'est qu'après avoir savouré toutes ces bonnes choses, lorsqu'il avait bien mûri, que le jambon était découpé.

Ainsi, après avoir été clippées, les saucisses sèchent pendant une demi-journée à 25 °C dans une armoire à fumer et à sécher, puis restent suspendues dans un fumoir à 6 °C pendant deux à trois jours. Pendant ce temps, le suc musculaire se réduit, tout comme la valeur du pH (mesure caractérisant une solution aqueuse: l'eau pure a un pH de 7, les solutions acides ont un pH inférieur, les solutions alcalines un pH supérieur à 7). La saucisse perd jusqu'à 35 % de son poids de départ, elle devient plus ferme, plus croquante et est désormais considérée comme une saucisse à maturation interrompue. La différence avec une saucisse crue comme le salami réside dans la teneur en sel: les crues ont besoin de plus de sel (28 grammes par kilo) pour conserver leur fraîcheur, tandis que leurs cousines à maturation interrompue n'en nécessitent que 18 grammes par kilo, car elles doivent être cuites.

La saucisse emmentaloise est chauffée pendant 20 minutes environ en dessous du point d'ébullition et servie avec du pain pour le *Zvieri* (quatre-heures); elle se marie très bien avec des ragoûts ou des soupes, la choucroute, les haricots secs et les pommes de terre.

Voir aussi: Schweinsbratwurst, page 95.

Emmentalerli

Courte et fine saucisse échaudée fumée, à base de bœuf et de porc

En 1891, la ville de Berne a célébré son 700e anniversaire par une fête impressionnante. Selon un décompte, 61 287 bouteilles de vin, 44 363 litres de bière, 89 morceaux de bœuf, 2885 kilos de veau, 250 jambons, 2046 kilos de pain, 12 182 *Weggli* (petits pains) et 3779 « Emmenthalerwürste » ont été servis et consommés. La liste ne dit rien sur la longueur et la forme de cette saucisse. Par la suite, on est passé du terme Wurst à son diminutif *Würstli*. On peut trouver un indice dans le livre *Der volle Zunftbecher* (2006) sur l'histoire de la corporation des bouchers (*Zunftgesellschaft zur Metzgern*) de Berne : « Avant 1914, Bertha Bütikofer abattait 6 à 8 porcs par semaine [...]. La charcuterie Bütikofer confectionnait de la *Zungenwurst*, de la saucisse paysanne vaudoise, de la saucisse à rôtir de porc finement hachée, des "*Emmentalerli*" [...], des Wienerli et des cervelas. »

La forme et le contenu sont presque identiques à ceux de la *Schweinswürstchen* (saucisse de porc), mais en termes de goût, ces deux saucisses échaudées, courtes, fines et légèrement recourbées, diffèrent tout de même un peu. Selon les données fournies par l'Union professionnelle suisse de la viande, l'*Emmentalerli* contient moins de viande de porc que la *Schweinswürstchen*, mais du lard, contrairement à celle-ci ; en ce qui concerne les épices, elle contient deux fois plus de cumin et de poivre par kilo que la saucisse de porc, plus des oignons frais et des clous de girofle ; sinon, l'assaisonnement reste le même (sel nitrité, noix de muscade, coriandre, condiment en poudre), hormis les ingrédients secrets des divers bouchers. L'*Emmentalerli* apparaît moins charnue, mais plus rustique. Dans l'*Atlas de folklore suisse*, établi durant les années 1930, on peut lire que « les *Emmentalerli*, saucisses échaudées fort épicées et fumées à base de porc grossièrement haché, sont un produit de boucherie qui a été adopté du canton de Berne à certaines parties de l'est de la Suisse, comme à Zurich. » De nos jours, *Emmentalerli* et *Schweinswürstchen* sont largement disponibles grâce aux grands distributeurs ; la chair à saucisse de variantes portant d'autres noms contient du fromage.

Le nom associe clairement la saucisse à sa région d'origine, l'Emmental ; cependant, il est impossible de dire à quand remonte l'*Emmentalerli*. L'élevage porcin tel qu'on le connaît aujourd'hui n'est pas très ancien, comme l'a noté l'historien François de Capitani dans son ouvrage *Festliches Essen und Trinken im alten Bern* (1982) : « Pour ce qui est de la viande, on parle généralement de veau ou de mouton. La viande de bœuf était rare, car l'élevage bovin était unilatéralement basé sur la production de lait, au détriment de l'engraissement, pratique très minoritaire. [...] Le porc, plus cher que le veau, était généralement fumé, et la très simple préparation de viande salée et fumée n'a guère trouvé d'expression dans les livres de cuisine. » En effet, il n'est guère besoin de ceux-ci pour préparer une *Emmentalerli*.

Il s'agit d'une saucisse échaudée typique, une saucisse de boucherie telle qu'elle est apparue au cours du XIXe siècle. Afin de produire un mélange plus fin qu'avec morceaux hachés au couteau, il a fallu inventer le hachoir à viande au milieu du XIXe siècle.

Pour ses *Emmentalerli*, le boucher que nous avons rencontré met dans son cutter des morceaux de bœuf de la taille d'une main, bien refroidis, du sel nitrité, son mélange secret d'épices et de la couenne. Il y verse ensuite de l'eau glacée pour empêcher la chaleur de friction de coaguler les protéines, sinon la saucisse deviendrait trop granuleuse. Un peu plus tard, c'est au tour du lard, puis du porc maigre et sans tendons, d'être grossièrement mélangés à la chair à saucisse. Cette viande de porc donne à l'*Emmentalerli* sa structure caractéristique. Ensuite, le boucher embosse la masse dans des boyaux de mouton, les tord et assemble les saucisses par paires, les suspend un peu plus d'une heure dans un fumoir chauffé à 40-50 °C, les trempe dans de l'eau à 72 °C et les refroidit immédiatement après pour qu'elles restent bien fermes.

La meilleure façon de manger une *Emmentalerli* : chaude et entière avec du pain – même de la moutarde serait superflue. Elle se mange aussi froide, mais pas crue ; on peut la griller, la rôtir ou la faire mijoter. L'*Emmentalerli* se marie bien avec la salade de pommes de terre ; certains l'aiment aussi entourée de pâte, d'autres encore la préfèrent coupée en rondelles pas trop fines, dans une soupe ou un ragoût de lentilles.

SUPPLÉMENT

Des saucisses bien vêtues

Sur sa page d'accueil (*ramp.ch*), l'entreprise Max Ramp AG, « habilleur de saucisses depuis 1907 », écrit : « L'intestin grêle de mouton transformé est appelé boyau. Il s'agit de l'intestin naturel le plus tendre et le plus fin utilisé pour habiller les saucisses. Il se distingue par un "crépitement" unique en son genre. [Il convient pour les] Wienerli, *Frankfurterli*, *Emmentalerli*, saucisses de porc, *Knackwürste*, chipolatas, merguez, saucisses à rôtir halal, *salsicce*. »

Voir aussi : Schweinswürstchen, page 314.

Fleischvogel

Paupiette ; roulade de viande de veau ou de bœuf farcie à la viande

Pourquoi ne pas appeler cette merveilleuse pièce simplement roulade comme en Allemagne ou en France (paupiette), « petit paquet de viande » comme en italien (*involtini* de *involtare*, replier) ? Délice à la saucisse (*Plätzliwurst*) ou cigare à la viande (*Fleischstumpen*) ? Après tout, ce n'est rien d'autre qu'une tranche de veau ou de bœuf attendrie, roulée et farcie, autrement dit une paupiette. Un produit qui n'appartient pas au seul patrimoine culinaire suisse : les aliments emballés, que l'enveloppe soit constituée de feuilles de plantes, de pâte ou de viande, sont aussi courants que la tomate, si ce n'est plus; ils font partie de l'histoire de l'humanité, peu importe quand on commence à compter les siècles. Toutes les spécialités roulées ou farcies sont probablement issues d'une cuisine pauvre et artisanale; dans le cas des *Fleischvögel* (littéralement: oiseaux de viande), il s'agissait d'allonger la viande.

On ne peut pas déterminer avec certitude comment la roulade s'est muée en oiseau, mais on peut le déduire de manière tout à fait plausible. «Assemble la viande comme un oiseau», prescrit le *Bernisches Kochbuch* (édition de 1796) dans la recette «*kälberne Vögelein*» (oisillons en viande de veau). Le terme *Fleischvogel* apparaît comme synonyme de celui de *Kalbervogel* dans le premier volume du *Schweizerisches Idiotikon* (1881). Et 300 ans plus tôt, dans un livre de cuisine valaisan de 1581 provenant des archives Stockalper, on trouve une recette pour rôtir des oiseaux en viande de veau («*Vögell aus kelberem flaisch zue braten*»), où il faut commencer par taper la viande au couteau jusqu'à ce qu'elle soit tendre, l'assaisonner de cannelle et de gingembre et la farcir de rognons et d'une branche de romarin.

Sur l'étal du boucher ou chez soi dans la poêle, c'est-à-dire crue ou cuite, l'escalope roulée et parfois ficelée ressemble en effet à un corps d'oiselet – un petit poulet sans extrémités prêt à frire. En raison des différents formats des *uccelli* (oiseaux), comme on appelle simplement ces paquets au Tessin, il faudrait consulter un guide d'identification ornithologique pour retrouver les origines de l'oiseau de chair.

Du moineau à la perdrix, on trouve à peu près toutes les tailles, la gamme rappelant le «rôti-babouchka», dont la recette, probablement créée par l'un de ces chefs français expatriés à la cour impériale de Saint-Pétersbourg au XIXᵉ siècle, se lit comme une liste d'espèces à préserver: d'abord, on farcit une olive dénoyautée avec des câpres et un clou de girofle; on met ensuite cette olive dans une figue, la figue dans un ortolan, l'ortolan dans une alouette, l'alouette est enveloppée dans des feuilles de vigne et pressée dans une grive, la grive dans une caille, qu'on enveloppe de lard avant de l'introduire dans un pluvier, le pluvier dans un vanneau, le vanneau dans une perdrix, la perdrix dans une bécasse, la bécasse dans une sarcelle, glissée à son tour dans une pintade bien juteuse, la pintade dans un canard, le canard dans poulet bien dodu, le poulet dans un gros faisan, le faisan dans une oie, l'oie dans une dinde, la dinde dans une outarde – et ainsi de suite, jusqu'à ce qu'on atteigne les limites de la faune aviaire avec l'autruche.

En Suisse, les oiseaux chanteurs et la plupart des autres oiseaux sauvages sont protégés; s'ils ne le sont pas, comme le lagopède alpin et le tétras lyre, leur chasse est strictement réglementée. Restent les oiseaux de viande ou paupiettes; elles aussi peuvent être délicieuses, selon la qualité de la farce autour de laquelle on enroule l'escalope. Il faut taper sur celle-ci avec un maillet en bois (un marteau dont la surface de frappe est munie de picots) jusqu'à ce qu'elle soit bien tendre et plate; on peut aussi l'attendrir dans du vinaigre ou une marinade.

Aujourd'hui, on utilise généralement de la tranche carrée ou du gîte de bœuf, et la farce se compose de viande (de porc) hachée, assaisonnée de sel et de poivre, d'oignons, éventuellement d'ail, de persil haché; on peut affiner la farce avec de la chair à saucisse de veau, l'adoucir avec du pain trempé ou encore lui donner d'autres notes épicées avec du curry, du chili ou un bouquet garni. Placer la farce sur une tranche de lard, replier cette dernière dans le sens de la longueur sur la garniture et envelopper le tout dans l'escalope attendrie. Fermer avec un cure-dent en bois ou une ficelle à rôti. Faire revenir dans une poêle, puis déglacer avec du vin et laisser mijoter dans le liquide jusqu'à ce que l'«oiseau» soit comestible.

DIGRESSION

Des moineaux dans la soupe

Les hommes ont toujours aimé les oiseaux, aussi dans leur assiette. Qu'ils volent ou non, ce ne sont pas des proies trop difficiles, pour peu que l'on soit rusé et patient. Des volières entières étaient servies sur les tables romaines, des oiseaux sauvages comme d'élevage. «On tenta aussi d'élever, écrit Jacques André dans *L'Alimentation et la cuisine à Rome*, afin d'en avoir toujours en réserve et de les engraisser, diverses espèces sauvages, grues, grives, palombes, tourterelles, perdrix, etc., dans des volières, *aviaria* ou *ornithones*.» Les gourmands impénitents se faisaient préparer des plats de langues de rossignol, les plus modestes se contentant de merles rôtis. D'après ce même auteur, «le peuple a certainement mangé un grand nombre de petits oiseaux qui ont été depuis généralement écartés de l'alimentation, sinon parfois à la campagne, [comme par exemple] le moineau, passer, terme qui doit comprendre le groupe des petits passereaux».

Dans la cuisine militaire suisse, le pot-au-feu est désigné en allemand sous le nom de *Spatz* (moineau). Le *Larousse gastronomique* fait l'éloge du pot-au-feu comme étant un «apprêt spécifiquement français, qui fournit à la fois un potage (le bouillon), de la viande bouillie (de bœuf surtout) et des légumes (légumes-racines et légumes-feuilles)». Un bon pot-au-feu nécessite différents morceaux de viande aux textures et saveurs variées: des morceaux maigres, d'autres plus gras et d'autres encore riches en collagène; quant aux jarrets, ils procurent la moelle.

Mais comment se fait-il qu'un plat national français se soit transformé en «moineau» dans l'armée suisse? Faire bouillir de la viande et des os dans une marmite dans le but de s'en nourrir n'est certainement pas une invention française, cela relève du cours de cuisine élémentaire. Et les Romains dégustaient sans doute des moineaux comme amuse-gueules et non comme plat roboratif servi à la louche depuis des autocuiseurs. Dans ces énormes récipients, les morceaux de viande disparaissent comme des moineaux au firmament.

Alors que dans la cuisine bourgeoise, on agrémentait le pot-au-feu de nobles ingrédients en abondance, les cuisiniers militaires en campagne étaient moins regardants et prenaient ce qui leur tombait sous la main. Pourquoi pas des moineaux? L'*Idiotikon* définit le «Spatz» comme «la ration quotidienne de viande du soldat», en fait «le petit ou ridiculement petit morceau de viande dans la soupe». Un article de journal de 1922 est cité: «Auparavant [avant l'époque de Napoléon Iᵉʳ], dans la Confédération bigarrée [...], seuls les cantons de Berne et de Zurich avaient fourni à leur milice de la viande, le Spatz, en plus de la solde et du pain. » Dans une lettre de soldat datant de 1887, on peut lire : « La *Grützsuppe* (soupe de gruau) s'est rapidement imposée le matin, même parmi les plus ardents buveurs de café ; la soupe du déjeuner et du dîner, avec le Spatz partagé entre les deux, est positivement délicieuse. »

Une enquête menée à la bibliothèque militaire de Berne a permis de trouver une explication surprenante au moineau dans la soupe : dans *Eugénie Grandet* (1834) de Balzac, la servante Nanon demande à son maître, le père Grandet, s'il ne mange pas du pot-au-feu une ou deux fois par semaine. « Oui », répond-il. « Faudra que j'aille à la boucherie », fait-elle. Et Grandet de rétorquer : « Pas du tout ; [...] je vais dire à Cornoiller de me tuer des corbeaux. Ce gibier-là donne le meilleur bouillon de la terre. »

Quelle que soit la viande, il faut du temps pour faire une bonne soupe. Dans son *Grand Dictionnaire de Cuisine* (1873), Alexandre Dumas décrit minutieusement la préparation du pot-au-feu, expliquant que la soupe doit mijoter pendant sept heures, à en « faire sourire le pot-au-feu », comme disaient « nos portières ».

Il est bien possible qu'on n'ait pas su donner le sourire à un plat aussi martial que le pot-au-feu militaire même au bout de sept heures de mijotage, et que son maigre contenu se soit réduit à la taille d'un moineau. Au vu de la modeste ration de viande, plus d'un soldat a pu se consoler en se disant qu'il préférait avoir un moineau dans sa gamelle qu'un pigeon sur le toit (l'expression allemande « il vaut mieux avoir un moineau dans sa main qu'un pigeon sur le toit » est une variante d'« il ne faut pas lâcher la proie pour l'ombre »).

C'est au célèbre gastrosophe Jean Anthelme Brillat-Savarin (1755-1826) qu'il revient de conclure : « Parmi les petits oiseaux, le premier, par ordre d'excellence, est sans contredit le becfigue. Il s'engraisse au moins autant que le rouge-gorge ou l'ortolan, et la nature lui a donné en outre une amertume légère et un parfum unique si exquis, qu'ils engagent, remplissent et béatifient toutes les puissances dégustatrices. Si un becfigue était de la grosseur d'un faisan, on le paierait certainement à l'égal d'un arpent de terre » (*Physiologie du goût ou Méditations de gastronomie transcendante*, 1826).

À propos de ces mêmes délicatesses, Brillat-Savarin ajoute que « peu de gens savent manger les petits oiseaux ; en voici la méthode telle qu'elle m'a été confidentiellement transmise par le chanoine Charcot, gourmand par état et gastronome parfait [...]. Prenez par le bec un petit oiseau bien gras, saupoudrez-le d'un peu de sel, ôtez-en le gésier, enfoncez-le adroitement dans votre bouche, mordez et tranchez tout près de vos doigts, et mâchez vivement : il en résulte un suc assez abondant pour envelopper tout l'organe, et vous goûterez un plaisir inconnu au vulgaire. *Odi profanum vulgus et arceo* – Odieux m'est le profane vulgaire et je l'écarte (Horace). »

Gumpesel

Saucisse crue fumée contenant des dés de lard qui lui donnent une structure particulière

Une importante route d'exportation pour les meules de fromage comme le Sbrinz et le fromage d'alpage bernois partait autrefois du point de collecte de Brienz, traversait le Haslital et passait par les cols du Grimsel et de Gries (au sud-ouest du col du Nufenen) jusqu'à Domodossola, au nord de l'Italie. Sur le chemin du retour, les muletiers ramenaient des produits du Sud, dont du salami, sans doute – même si cela ne figure sur aucun document, on en cultive le souvenir : le *Gumpesel* de Meiringen, capitale du Haslital et centre de transit, est en effet une saucisse crue dont le grain grossier rappelle le *salame nostrano*.

Le *Gumpesel* n'est connu en dehors de la vallée du Hasli que depuis le XIXe siècle. Suite au deuxième incendie du village en octobre 1891, de nombreuses maisons de Meiringen ont été construites en pierre et non plus en bois, y compris le Gasthof Hirschen (l'Auberge du Cerf) et sa boucherie attenante ; ce fut là que les premiers *Gumpesel* ont été fabriqués et commercialisés, mais tout document ou preuve les concernant a disparu, de même que la boucherie. Selon le boucher de Meiringen que nous avons rencontré, la boucherie du Hirschen détenait une sorte de brevet sur le *Gumpesel*.

Mais d'où vient ce drôle de nom ? On peut supposer que la saucisse était déjà produite avant le XIXe siècle, probablement par des bouchers itinérants ou des paysans lorsqu'un animal domestique relativement âgé était abattu dans une ferme. Le salage, le séchage et le fumage sont des méthodes de conservation courantes depuis des siècles. Toujours selon notre boucher, jadis, c'était de la viande de cheval et d'âne qu'on embossait dans les boyaux parce qu'elle était moins coûteuse que le bœuf – ici non plus, aucune preuve écrire ne peut l'attester. Mais il se pourrait bien qu'un vieil âne ne se soit pas contenté de s'offrir stoïquement en sacrifice, qu'il ait regimbé, rué, sauté et ainsi contribué – *Gompesu* signifiant *âne sauteur* – à donner son nom à la saucisse, qui a depuis lors rehaussé le prestige et la valeur – gustative également – de « ces animaux sous-estimés à tort » (*Das Thierleben der Alpen*, 1875).

Le boucher de Meiringen pare soigneusement la viande de porc et de bœuf et la passe congelée dans son broyeur à viande à gros calibre. Séparément, il découpe le lard dorsal en petits cubes. Dans un pétrin, il mélange les ingrédients, ajoute du sel de table, du salpêtre, du sucre, du vin rouge, du cognac, du poivre concassé et moulu et un choix d'autres épices. Au bout de six minutes, il vérifie la consistance de la masse puis l'embosse dans des boyaux de bœuf.

L'apparence de la saucisse dépend de la capacité de telle ou telle section de boyau et de la texture du contenu. Ainsi, une fois chaque extrémité refermée par un clip, aucun *Gumpesel* ne sera parfaitement identique à un autre. Les saucisses sont ensuite séchées dans une étuve pendant quatre heures à une température d'au moins 25 °C ; la rubéfaction peut commencer. Divers micro-organismes jouent un rôle important dans ce processus ainsi que dans la formation de l'arôme. La viande devient uniformément rouge, le gras blanc et ferme.

Après un bain de vapeur, les saucisses reposent pendant un ou deux jours à cinq voire sept degrés dans une chambre froide, puis sont suspendues dans un fumoir. Notre boucher possède un petit fumoir séparé, une maisonnette dans laquelle il laisse les saucisses fumer au bois de hêtre. Pour une bonne fumaison, il faut faire attention au taux d'humidité : si l'air et la fumée sont trop secs, la peau de la saucisse durcit ; le boyau ne permettra plus à l'humidité de s'échapper du cœur de la saucisse, et celle-ci commencera à se gâter de l'intérieur. Le boucher ne peut fumer ses saucisses dans cette maisonnette que pendant la saison froide, car lorsque la température extérieure est estivale, la cheminée ne tire pas correctement, ce qui nuit à la viande.

La saucisse est prête au bout d'un mois ; elle a perdu environ 40 % de son poids initial et a considérablement durci et séché. Emballée sous vide, elle se conservera trois à quatre mois. Si les « ânes sauteurs » sont une exclusivité du Haslital, on peut en trouver dans toute la Suisse, selon l'offre des magasins.

Ces saucisses séduisent par leur arôme épicé et leur goût fumé prononcé, et – comme le gendarme ou *Landjäger* et sa version appenzelloise (le *Pantli*), les *salami* et *salametti* – elles constituent d'excellentes provisions pour une randonnée – ce qui n'est pas négligeable dans une région aussi touristique que l'Oberland bernois.

Voir aussi : Landjäger, gendarme, page 340 ; Salsiz, page 551 ; Salame, salametto, page 609.

Jambon de campagne

Bauernschinken *; jambon salé, fumé et cuit*

Si tout est bon, dans le cochon, rien ne déclenche autant de plaisir que la vue d'un superbe jambon ; *a contrario*, rien ne le gâche aussi misérablement qu'un jambon qui a été produit avec peu de soin ou de telle sorte qu'il coûte le moins cher possible. Le jambon peut ainsi à la fois trôner au sommet du patrimoine culinaire et dépérir dans le tiroir inférieur des produits de masse. La technologie alimentaire permet même, et les autorités l'autorisent malheureusement, de fabriquer des imitations – des leurres faits d'eau et de gel d'amidon avec un peu de viande.

Les bons jambons proviennent de porcs élevés naturellement, dans de bonnes conditions et nourris de manière diversifiée : des animaux traités comme des êtres vivants, et non comme des muscles cultivés en laboratoire. Le plus petit dénominateur commun de tous les produits, des spécialités régionales comme le *Hamme*, le jambon de la borne, le jambon cuit dans l'asphalte ou le *prosciutto crudo della Mesolcina* aux jambons de moindre qualité, est la nécessité de conserver la viande. La plus ancienne méthode de conservation est probablement le séchage au soleil, suivi du salage et du fumage.

Un vrai jambon qui provient du haut de la patte arrière (la cuisse) est un joyau dans l'histoire de la conservation. En fait, peu de choses ont changé depuis l'époque romaine – sauf qu'aujourd'hui nous connaissons et consommons surtout des produits rationalisés.

Les Romains salaient abondamment leurs jambons afin d'extraire l'eau de la viande (moins il y a d'eau, moins il y a de micro-organismes). Au bout d'un certain moment, des lambeaux de fibre très durs pendaient des plafonds voûtés. Pour leur redonner une consistance comestible, il fallait à nouveau ajouter du liquide, mais aussi réduire la forte salinité de la viande. Selon Apicius, fin gastronome et auteur de livres de cuisine romain (25 av. J.-C. – 37 apr. J.-C.), le jambon doit être d'abord cuit dans du lait, puis une seconde fois dans de l'eau. Cela rappelle la morue ; le résultat pourrait bien avoir eu un goût en conséquence.

Jusqu'à il y a environ deux cents ans, les porcs domestiques et fermiers, qui étaient élevés en petit nombre à la campagne comme dans les villes, ressemblaient encore beaucoup aux sangliers et étaient à peine plus gras. Avec la professionnalisation de l'élevage, qui a débuté en Angleterre au XVIIe siècle, les nouvelles races se sont de plus en plus éloignées de leurs aïeux sauvages, perdant les épaisses soies qui protègent l'animal telle une armure contre les épines et les agresseurs au profit de poils plus fins, acquérant une peau rose et devenant beaucoup plus dodus – pas étonnant, les porcs d'engraissement étant plus de deux fois plus riches en calories que les sangliers.

Il existe de nombreuses spécialités régionales en Europe, au premier rang desquelles le *jamón de Jabugo*, un jambon cru issu du *pata negra*, le cochon à pattes noires d'Andalousie et d'Estrémadure, qui est affiné à l'air sec jusqu'à trois ans. Si la Suisse n'impressionne pas forcément avec un énorme choix de jambons, elle peut se targuer de variétés de tout premier ordre.

L'une d'elles est le *Buurehamme* (jambon de campagne) de l'Emmental. Comme pour n'importe quel jambon, la viande du *Buurehamme* est d'abord salée : il faut frotter les morceaux frais, qui ont été suspendus pendant environ une journée, sur toute leur surface avec du sel et du salpêtre ou du sel nitrité (cette méthode-ci est plus rapide que la première) – certains ajoutent des épices et des herbes –, superposer les jambons dans une cuve, poser là-dessus une planche lestée de poids assez lourds, puis laisser reposer cet empilement à une température de 6 °C. Le sel retire le liquide de la viande.

Le nitrite de sodium, la substance contenue dans le sel de salaison, donne à la viande sa couleur rose rougeâtre et l'empêche de devenir grise (cf. *Digression page 555*).

Au bout d'une semaine, il faut égoutter le jus, retourner les jambons et les laisser reposer une semaine de plus. La salaison à sec est suivie d'une salaison en saumure : on laisse le jus s'égoutter, verse de la saumure sur les jambons et les leste. Après une semaine supplémentaire, on les place dans une nouvelle cuve et les laisse « fondre », toujours à 6 °C, pendant une à deux semaines : le sel qui a pénétré se répartit uniformément dans la viande. Ensuite, c'est-à-dire au bout de quatre à cinq semaines de maturation au total, les jambons sont douchés et suspendus : c'est l'étape du fumage.

Traditionnellement, elle se fait dans la fumée d'une cuisine (plus d'humidité) ou dans la cheminée des fermes. « Le fumage se déroule avec une douce chaleur », explique un expert à propos de ce procédé, qui fait penser à une caresse. Le fumage améliore la conservation en formant une pellicule protectrice à la surface des jambons et, selon le type de bois (hêtre et sapin, autres feuillus et résineux sous forme de bûches, de branches, de copeaux et de sciure), sert à renforcer la saveur. « Certains fument encore avec des feuilles de laurier et des branches ou des baies de genévrier en plus », précise l'expert. Selon la tradition familiale ou la recette secrète, le processus prend une à plusieurs semaines. Tout à la fin, le jambon fumé est cuit, sans quoi il resterait simplement un jambon cru.

Au début des années 1970, on a commencé à trouver l'os du jambon gênant : le consumérisme forcené émergeait, la haute conjoncture remplissait les portefeuilles, et les grands distributeurs étendaient leurs systèmes de magasins ; prenant une si grande place dans la viande, l'os grevait les coûts de transport et, s'il n'était pas manipulé correctement, dégageait des odeurs déplaisantes et offrait refuge à toutes sortes de bestioles. Les bouchers réduisirent donc le risque en retirant la « jambe » (l'os) avant la salaison.

Les clients demandent de belles tranches rondes, et la rationalisation a permis d'obtenir un jambon correspondant, facile à trancher à la machine, sans os, mais avec un goût à l'avenant. Ainsi, le jambon de cuisse désossé est devenu le jambon de campagne ou jambon tzigane officiel, tandis que le jambon à l'os original, dont le couteau le plus habile ne peut que découper des morceaux inégaux, est resté le véritable jambon paysan ou de campagne. « La viande qui mûrit sur l'os a une saveur différente, complexe et riche en nuances », souligne l'expert. Bien salé, fumé et stocké, le jambon peut se conserver pendant six mois et même beaucoup plus : on a découvert des jambons centenaires – mais ceux qui les ont dégustés ont omis de noter leurs impressions !

SUPPLÉMENT

Une chair à s'y tromper

« Parmi tous les quadrupèdes, il n'y en a aucun qui ait une viande si saine, qui régale ou nourrisse si bien, qui soit si facile à digérer, si douce et agréable à manger et qui fasse un aussi bon sang que la viande d'un porc d'âge moyen [...]. Il n'y a pas non plus de viande dont le goût ressemble davantage à de la chair humaine que la viande de porc, ce qu'ont appris à leurs dépens ceux à qui on a cuisiné de la chair humaine en la leur présentant frauduleusement comme du porc » (Conrad Gessner dans son *Historia Animalium* (Histoire des animaux), 1551-1558).

Voir aussi : Blutwurst, page 108 ; Leberwurst, page 110 ; Jambon cuit dans l'asphalte, page 199 ; Jambon de la borne, page 223.

Schwartenwurst

Saucisse crue à maturation interrompue, riche en couenne de porc

Quiconque abat des animaux devrait en valoriser le plus possible et ne laisser aucun déchet. La décence l'exige, mais c'est aussi économiquement sensé pour tout ménage – ce qui pourrait expliquer pourquoi en français, la *Schwartenwurst* (saucisse de couenne) figurant dans le *Buchhofer's Schweizer Kochlehrbuch* (1900) est appelée « saucisse de ménage » ; dans le même manuel de cuisine, elle est aussi nommée « Grümpelwurst », ce qui ne ressemble pas vraiment à un compliment, *Grümpel* signifiant reste inutilisable voire déchet. Et l'*Atlas de folklore suisse* la présente carrément comme une *Abfallwurst* (saucisse de déchets) fabriquée avec des couennes cuites.

C'est peut-être ce que l'on pensait dans les années 1930, car l'atlas susmentionné basait ses informations sur des sondages, mais depuis lors, la réputation de la couenne, cette épaisse couche de peau du porc, s'est bien améliorée. « Autrefois, la *Schwartenwurst* était considérée comme de second ordre », rappelle *Food Aktuell*, le journal professionnel de la viande et de la charcuterie publié par l'Association suisse du personnel de boucherie. « Aujourd'hui, c'est différent : la teneur en chair musculaire est encore plus élevée que dans les saucisses bouillies comme le cervelas ou la saucisse à rôtir de Saint-Gall. » La sœur d'un charcutier du canton de Berne nous fait part de son enthousiasme : « J'adore la *Schwartenwurst*, elle est si douce, si onctueuse en bouche ! »

Le charcutier que nous avons rencontré dans l'Oberland bernois fait passer dans son hachoir la couenne dorsale sans soies qu'il a cuite la veille pendant 20 minutes à 75 °C, puis la viande de porc et les morceaux de bœuf, qu'il hache plus finement que le porc. Dans le broyeur, la masse, assaisonnée de sel nitrité, de poivre, de coriandre, de macis, de noix de muscade, de marjolaine et de clous de girofle, est mélangée pendant quelques minutes à vitesse réduite. Il n'est pas nécessaire d'utiliser de l'eau glacée comme pour de la chair à saucisse fine, la teneur en viande reste donc plus importante. La masse est embossée dans des boyaux de bœuf, le charcutier referme ses saucisses avec des clips métalliques et relie les extrémités l'une à l'autre avec une ficelle, de sorte que les saucisses forment un demi-cercle. Elles sont colorées à 20-25 °C (le sel nitrité, aussi appelé « sel à rougir », fait son effet) et fumées à froid. Après une bonne dizaine de jours, la maturation est interrompue ; les saucisses ont perdu jusqu'à 30 % de leur poids initial.

Du fait de cette interruption, la saucisse de couenne doit être laissée à tremper dans de l'eau à environ 72 °C pendant une bonne demi-heure, selon son épaisseur, avant de pouvoir être consommée. Elle se marie bien aux ragoûts, aux lentilles et aux haricots, à la choucroute et aux pommes de terre sautées ou à d'autres plats tout aussi roboratifs. Dans les Grisons, où l'on produit aussi par tradition de la saucisse de couenne, elle est appelée *liongia da cutga* (*pledarigrond.ch*) ou *cudgin* (saucisse de couenne et de lard; *drg.ch*). Au Tessin, le *cotechino* se caractérise par la couenne, mais il n'est pas fumé; la même masse est farcie dans la *zampa di maiale*, le pied de porc, et affinée pour réaliser ce délicieux plat qu'est le *zampone*. En Suisse romande, la longeole, saucisse typiquement genevoise, contient une proportion non négligeable de couenne.

SUPPLÉMENT

Tendre couenne

La couenne (*Schwarte*, *cotenna*, *cudgia*) est quelque chose de tendre: la peau de cochon échaudée, préalablement débarrassée de ses soies, contient environ 37 % de protéines et seulement 1 à 2 % de graisse; le reste, soit plus de 60 % de la couenne, est constitué d'eau. Ainsi, à la vue d'une côtelette de porc rôtie et servie avec sa couenne, nul besoin de fondre en sueur par peur d'engraisser sur-le-champ – au contraire, la couenne arrondit la saveur. C'est le tissu conjonctif de la peau et se compose principalement de la protéine structurelle qu'est le collagène, qui rend la couenne crue résistante, mais qui se dissout dans l'eau en cours de cuisson – il se forme alors de la gélatine. Elle continue à servir de liant à l'intérieur de la saucisse: si on mange celle-ci froide, la couenne en améliore la consistance, et si on la mange chaude – cuite, braisée ou rôtie –, la couenne se ramollit grâce à la gélatine. Si trop de couenne a été ajoutée, la saucisse chauffée commence à perdre beaucoup de jus, «car la structure protéique ne parvient pas à lier l'ajout excessif», explique-t-on au Centre de formation pour l'économie carnée suisse (ABZ). «Une saucisse froide sera croquante sous la dent ou aura une consistance ferme.»

Pour les cervelas, schübligs, boules de Bâle, *Sankt Galler Stumpen* et autres saucisses populaires, la couenne est utilisée comme produit préliminaire, le bloc de couenne: d'abord, la couenne présalée ou fraîche est broyée en une masse fine dans le cutter, puis on ajoute un mélange de glace et d'eau à hauteur de 50 à 100 % du poids de la couenne. Le bloc est vendu surgelé dans des boyaux stériles ou ouvert; la teneur en sel est d'environ 20 grammes par kilo.

POISSONS

Bondelle

Poisson d'eau douce du genre Coregonus

Les bondelles évoluant dans les lacs de Bienne et de Neuchâtel appartiennent à deux espèces différentes, respectivement *Coregonus confusus* et *Coregonus candidus*. Qu'est-ce qui les distingue? Bondelle est un nom, *Coregonus* une désignation zoologique. Les deux ont ceci en commun: la confusion – du moins pour le contemporain non initié souhaitant simplement manger du corégone, que ce soit sous forme de filet poché dans une sauce aux herbes, fumé à froid ou cru et haché menu, en tartare.

Normalement, plusieurs plats peuvent être préparés à partir d'un type de poisson, mais dans le cas du corégone, le nombre d'espèces dépasse largement celui des méthodes de préparation: jusqu'au nord de la Scandinavie, on en compte plus d'un millier rien qu'en Europe, tous plans d'eau confondus. Les corégones des trois grands lacs bernois sont les suivants:

– dans le lac de Bienne: la bondelle (fréquente), la palée (*C. palea*, moins fréquente) et le brienzlig (*C. albellus*, rare);

– dans le lac de Thoune: le balchen (*C.* sp. «*Balchen*», plutôt rare), le *Tiefenalbock* ou albock des profondeurs (*C.* sp. «*Felchen*», plutôt rare), l'albock (*C. fatioi*, fréquent), le brienzlig (*C. albellus*, fréquent) et le kropfer (*C. alpinus*, plutôt rare);

– dans le lac de Brienz, le balchen (*C.* sp. «*Balchen*», rare), le corégone (*C.* sp. «*Felchen*», fréquent) et le brienzlig (*C. albellus*, fréquent). (Source: Eawag – Université de Berne)

Huit espèces sont donc pertinentes pour les pêcheurs professionnels (17 brevets, 2021) sur les trois lacs. Une liste établie par l'Eawag (Institut fédéral des sciences et technologies aquatiques) et l'Université de Berne recense 39 espèces de corégones qui se sont développées en Suisse. En fait, le corégone est un poisson migrateur, mais après la dernière période glaciaire, il y a environ 15 000 ans, il est resté dans les «cuvettes» que les glaciers ont creusées en progressant dans le paysage, les lacs actuels. Les poissons ont pris leurs aises et, au fil du temps, se sont adaptés aux conditions d'existence locales, donnant naissance à des espèces endémiques spécifiques.

L'ancien instinct migratoire s'est affaibli, parfois à tel point que les espèces n'ont même plus envie de rendre visite à leurs proches. Comme les bondelles biennoises et neuchâteloises: même si elles pourraient circuler dans le canal de la Thielle entre les deux lacs, elles préfèrent rester dans leurs propres eaux. D'une espèce à l'autre, l'évolution des corégones est très variable, ce que l'on peut notamment constater en comparant leurs tailles: le sandfelchen (*C. arenicolus*) du lac de Constance peut mesurer 65 centimètres, alors que le brienzlig du lac de Brienz n'en atteint que 16 à 18.

Lever les filets de ce modeste brienzlig ne vaut guère la peine; une fois qu'on a eu l'autorisation de le pêcher (c'est-à-dire après qu'il a frayé au moins une fois), il est frit ou rôti avec la peau et les arêtes, comme les petites perches communes (*Perca fluviatilis*, *Kretzer* en allemand, *Egli* en suisse allemand) du lac de Constance. Pour les brienzlig frais, le *Bernerisches Koch-Büchlein* de 1749) recommande d'ôter les viscères avant de les cuire ; ils se mangent « froids ou chauds, avec la sauce de ton choix » (*Berner Oberland – Das Kochbuch*).

Les poissons d'eau douce devraient toujours être cuisinés avec grande délicatesse : brièvement cuits à la vapeur ou rapidement rôtis des deux côtés dans du beurre chaud, ou au bleu, c'est-à-dire pochés dans un bouillon d'eau et de vin blanc, de légumes-racines et d'herbes à 70 °C (ne pas faire bouillir, sinon la chair se dessèche).

En Suisse, le poisson frais n'est pas une source de revenus suffisante pour les pêcheurs professionnels ; leur seuil de rentabilité ne peut être dépassé que grâce à la transformation. C'est là que l'évolution des habitudes de consommation entre en jeu : beaucoup de gens n'ont pas envie de découper eux-mêmes un poisson entier. Le pêcheur vend donc ses prises en filets, désarêtées, fumées à chaud ou à froid (le poisson reste cru), hachées en tartare, préparées en *Chnuschperli* (nuggets en « français ») ou sous forme de mousse.

Dans le canton de Berne, on trouve tous les types de plans et de cours d'eau, des ruisseaux glaciaires aux rivières, du petit lac alpin au – relativement – grand lac de Bienne. C'est dans celui-ci que se trouvent le plus d'espèces de poissons. Point de silure ni de sandre, par exemple, dans les lacs de Thoune et de Brienz. Les stocks sont en partie renouvelés par un alevinage adapté à chaque biotope aquatique. Au début 2013, l'Inspection cantonale de la pêche a qualifié onze espèces aquatiques de « fortement à très fortement menacées d'extinction » : l'ombre, la lamproie de Planer, le chabot commun, le hotu, l'ablette spirlin, la truite commune, l'omble chevalier, le blageon, le silure, l'écrevisse à pattes blanches et celle à pattes rouges.

Voir aussi : Perche, page 170 ; Bondelle, palée, page 201 ; Corégones, page 315 ; Gangfisch, page 341 ; Missoltitt, page 612.

PRODUITS LAITIERS

Berner Alpkäse et Berner Hobelkäse

Fromage d'alpage et à rebibes bernois, à pâte (extra-)dure, fabriqué à partir de lait de vache cru

Une entrée dans les Archives d'État de Berne datant de 1530 mentionne un « *Brientzer käss* » et un « *Unterwaldner käss* ». Celui-ci, un fromage à pâte très dure, était autrefois transporté par le col du Brünig jusqu'à Brienz, où il était stocké et transporté en Italie avec le fromage local et d'autres meules bernoises par des colonnes de muletiers. En tant qu'article d'exportation, le Sbrinz a éclipsé son homologue bernois au fil du temps, peut-être parce qu'il a reçu un nom clairement identifiable pour un bassin de population plus large (cf. *Sbrinz, page 363*). À cette époque, les fromages de l'Oberland bernois étaient déjà différenciés en fonction de leur origine. La *Chronique* (1548) de Johannes Stumpf indique : « Les fromages du Sibenthal et de Saanen sont fabriqués dans les vallées de Frutigen, Sibenthal et Saanen » ; et plus loin : « [...] C'est dans la région de Saanen que l'on fait les meilleurs fromages qui se puissent trouver dans toute l'Helvétie [...]. » Une référence à la connaissance de la fabrication du fromage à présure au XVIe siècle figure dans les comptes annuels du district d'Interlaken, selon lesquels « en 1571, le bailli d'Interlaken s'est procuré *"zwey Dotzen Käslabbälg"*, c'est-à-dire deux douzaines de caillettes, pour ses alpages et les a payées 1 pfennig » (*Der Sbrinz*, 1993).

Le fromage d'alpage bernois ne se classe pas aux premiers rangs du marché du fromage suisse, bien qu'il s'agisse d'un produit exclusif : il a survécu à des courants de pensée dont d'autres types de fromage ne se sont pas relevés, ayant perdu leur identité suite à un nivellement gustatif imposé ou à une simplification du processus de production. Le fromage d'alpage bernois est toujours produit selon l'ancienne tradition fromagère, comme à l'époque où les céréales et les légumes poussaient dans la plaine, qui n'avait pas encore été notablement agrandie par la correction des eaux. Le bétail était élevé sur les coteaux et les hauteurs où la topographie interdisait d'autres cultures. Dans son guide intitulé *z'Bärg – Wege zum Alpkäse*, Ernst Roth rappelle que « jusqu'au XVIIe siècle, on ne produisait du fromage que dans les exploitations d'estivage ; en hiver, les vaches demeuraient longtemps taries en raison des faibles rendements laitiers de l'époque, et le peu de lait restant était utilisé dans le ménage. Cela a changé au début du XIXe siècle lorsque, en raison de l'intensification de l'agriculture, on a commencé à fabriquer du fromage également dans la vallée et en hiver. »

Au XXIe siècle, tous les fromages d'alpage suisses sont soumis à l'ordonnance sur la terminologie agricole (*voir la digression ci-dessous*). Les fromages d'alpage bernois et ceux à rebibes sont fabriqués sur l'un des 470 alpages (en 2021) de l'Oberland bernois pendant l'estivage (entre 70 et 120 jours de saison chaude suivant l'altitude et le lieu). Depuis 2004, le fromage porte son propre signe AOP « Berner Alp- und Hobelkäse ». Il ne s'agit pas de deux types de fromage différents, mais d'un seul : après quatre mois et demi d'affinage, le jeune fromage d'alpage est considéré comme prêt à la consommation, on peut le couper. Ou bien on s'arme de patience, sachant que de mois en mois, il développe des arômes plus variés et une saveur plus épicée.

Le propriétaire de l'alpage que nous avons visité dans le Simmental (« Je dois être la dixième génération ») gère une laiterie d'alpage moderne. Dans le vieux bâtiment, un chaudron en cuivre est suspendu dans un coin noirci par des siècles de fumée. Dans la nouvelle laiterie, le lait est toujours chauffé dans une cuve en cuivre, mais pas directement sur des bûches brûlantes. Conformément au cahier des charges de l'AOP, « la transformation du lait s'effectue dans une cuve en cuivre chauffée directement ou indirectement au feu de bois ». Dans les années 2020, la majorité des fromageries d'alpage chauffent encore leurs cuves directement au-dessus du feu.

Dans celle que nous avons visitée, les braises transforment l'eau en vapeur, qui est acheminée du chauffe-eau à la cuve dans la même pièce. « Le feu crépite encore à proximité du lait, explique le fils et fromager du lieu, mais il n'y a plus de mauvaises bactéries dans le fromage. » En 2004, la famille a construit le nouveau bâtiment en rondins avec du béton et du « bois infesté » provenant de troncs d'épicéas attaqués par des bostryches après avoir été déracinés par la tempête Lothar du 26 décembre 1999.

Le lait est chauffé à 33 °C maximum dans la cuve, après quoi le fromager ajoute de la présure et des bactéries lactiques. Alors qu'on utilise toujours les mêmes cultures pour de nombreux types de fromage, celles ajoutées au lait pour le fromage d'alpage bernois sont renouvelées quotidiennement : le fromager d'alpage commence la saison avec une culture de départ de la station de recherche sur le lait de Liebefeld, mais il prend ensuite une mesure de petit-lait de la cuve après chaque cycle de fabrication du fromage, qu'il chauffe brièvement à 60 °C pour éliminer les bactéries indésirables, laisse refroidir et stocke dans l'incubateur à 38 °C pour le prochain cycle. À l'instar du lait, cette culture on ne peut plus locale est légèrement différente chaque jour, raison pour laquelle deux fromages d'alpage n'auront jamais tout à fait le même goût.

La suite du processus de production est fondamentalement la même que pour l'Emmentaler, le Gruyère ou le Sbrinz. Une fois qu'il est terminé, le fromager plonge une toile dans la cuve, l'étend au fond de celle-ci, enferme la pâte, attache les quatre extrémités de la toile, la suspend à un crochet et retire la lourde masse de la cuve pour la poser sur un plan de travail. Là, dans un grand moule, il presse l'ensemble de la masse de couleur ivoire, et le petit-lait coule à flots. Il découpe ensuite la masse en morceaux, qu'il presse chacun dans un *Järb*, un cercle à fromage réglable. Sa hauteur est fixée à neuf centimètres, et son diamètre est mesuré en fonction de la quantité de pâte. Les moules dont le diamètre est fixe sont appelés *Vätter*. Ensuite, on presse les meules ; la fermentation du lactose bat déjà son plein. Les meules restent sous la presse pendant une quinzaine d'heures environ, après quoi elles sont plongées dans un bain de saumure pendant 24 heures. Le sel extrait encore de l'eau au moins des bords du fromage, il déclenche la formation de la croûte et pénètre lentement dans la masse. Sur certains alpages à la production plus modeste, la pâte finie n'est pas pré-pressée, mais placée directement dans le cercle – c'est l'ancienne méthode.

L'affinage a lieu dans la cave. Le fromage est enduit de saumure, au début quotidiennement, puis à intervalles plus longs. Le fromager brosse à l'eau salée d'abord les meules les plus anciennes, puis les plus jeunes : de cette manière, celles-ci reçoivent l'héritage gustatif des fromages plus matures. À une température ne dépassant pas 18 °C et une humidité de plus de 85 %, une flore naturelle de bactéries, de levures et de certaines moisissures se forme sur la croûte du fromage. Cette flore décompose l'acide lactique, favorise le développement des arômes, accélère la formation de la croûte et protège le fromage des micro-organismes indésirables.

Au bout d'environ un an, le processus d'affinage pour obtenir un fromage à rebibes (*Hobelkäse*) peut commencer : les meules sélectionnées ne sont plus saumurées, elles mûrissent à sec dans un grenier (*Gaden* ou *Spycher*) à 12 °C et une humidité relative de 70 à 75 %. Le séchage fait perdre au fromage encore plus d'eau, et aussi de la souplesse : il devient plus dur, friable et fragile. C'est pour cette raison qu'on le rabote ou, comme le Sbrinz ou le Parmesan, le fragmente en petits morceaux. À l'âge de trois à quatre ans, le fromage à rebibes bernois est extra-dur et a acquis un arôme caractéristique incomparable.

Cet arôme contient tout ce qu'offre la vie sur l'alpage. Cette variété est quelque chose d'unique, qui distingue vraiment les fromages d'alpage et à rebibes bernois. C'est pourquoi le mécontentement du propriétaire de l'alpage est compréhensible lorsqu'il dit : « Notre fromage est vendu trop bon marché. Avant nous obtenions de meilleurs prix. »

À quoi cela tient-il ? Au marketing ? À la publicité ? Cette sous-valorisation s'explique peut-être par le fromage à pâte dure lui-même : un fromage au goût sans doute trop relevé, trop exigeant pour certains palais habitués aux insipides fromages industriels. En tout cas, cela n'a rien à voir avec la qualité du produit, comme le montre le test : au bout d'un an seulement, le fromage d'alpage impressionne par son fruité puissant et son étonnante richesse aromatique. Celui de deux ans a un goût un peu moins fruité, mais légèrement plus sec, comparable à celui d'un vin de barrique qui passerait par une phase de repli – comme si le fromage n'avait pas encore décidé s'il voulait vraiment être raboté. Le fromage à rebibes de quatre ans d'âge démontre de manière impressionnante pourquoi il vaut la peine de le laisser mûrir. Volumineux en bouche et pourtant débordant de nuances : un fromage noble, comparable à un grand vin.

Il est donc facile de comprendre pourquoi un client régulier choisit son fromage si soigneusement en fonction de l'alpage qu'il a visité pendant la saison : lorsque comme ici les circonstances, de la météo à la plus petite bactérie, forgent autant le caractère, cette singularité doit absolument être prise en compte.

L'âge et la capacité de conservation des fromages dominent depuis longtemps les discussions sur la qualité, les préférences gustatives et les possibilités de commercialisation, comme le démontre Alfred G. Roth dans son livre sur les fromages de montagne suisses (*Der Sbrinz und die verwandten Bergkäse der Schweiz*, 1993) à partir de divers documents: Charles-Victor de Bonstetten « n'éprouva aucun plaisir à déguster le fromage de 1643 qui lui fut offert à Saanen en 1779. Il était "aussi sec et peu appétissant que du bois" »: la meule avait 136 ans. Mais peut-être que le philosophe bernois avait été malchanceux en recevant un fromage qui n'était pas de premier choix. Le professeur Christian Gottlieb Hölder note des impressions plus positives en 1801 : « J'ai rarement goûté quelque chose de plus aromatique que du fromage de l'Oberland de 50 ans d'âge. » Selon Roth, c'était un motif de fierté pour le patricien bernois que « de pouvoir montrer un coin regorgeant de vieux fromages dans son grenier, provisions de bouche autant que symboles statutaires; ne serait-ce que parce que pour certains dignitaires de l'Oberland, la rétribution et la reconnaissance s'exprimaient en fromage ».

SUPPLÉMENT

Définition d'un fromage d'alpage suisse

Ce fromage doit être produit selon l'ordonnance sur la terminologie agricole dans une exploitation d'alpage reconnue pendant l'estivage (plus ou moins 100 jours). Le lait doit provenir de vaches qui paissent librement sur l'alpage et qui, bien entendu, ne broutent pas d'ensilage; seul le lait cru non traité peut être transformé.

Un fromage de montagne, en revanche, peut être produit toute l'année dans une fromagerie de village ou de vallée, qui doit être située dans la même zone de montagne. Pour le fromage de montagne, le lait produit par les vaches sur les pâturages à partir de 600 mètres d'altitude peut également être thermisé (brièvement chauffé à 55 à 68 °C) ou pasteurisé (72 à 75 °C).

Plus de détails sur *fedlex.admin.ch* (plateforme de publication du droit fédéral), 910.19: Ordonnance sur l'utilisation des dénominations « montagne » et « alpage » pour les produits agricoles et les denrées alimentaires qui en sont issues (Ordonnance sur les dénominations « montagne » et « alpage », ODMA) du 25 mai 2011.

Voir aussi : Obwaldner Alpkäse, page 362 ; Sbrinz, page 363.

Brieschmilch

Colostrum ; lait des cinq premiers jours après le vêlage, très nourrissant et riche en anticorps

Quiconque n'a pas grandi dans une ferme n'a aucune idée de ce lait très spécial qu'est le colostrum, *colostro* en italien et *Brieschmilch* en suisse allemand (en Allemagne il a plusieurs dénominations: *Biest* ou *Biestmilch*, également *Pfaff*, *Pfaffenmilch*, *Priestermilch* ou *Kuhpriester*). Un homme à la tête chenue, élevé dans une ferme bernoise, décrit le Brieschmilch de son enfance comme « une sauce jaune orangé gluante à l'odeur désagréable, contenant parfois un peu de sang et qui finissait sur le tas de fumier ». Du moins les restes que le veau n'avait pas bus !

Avec le colostrum, la nature dote les mammifères nouveau-nés, dont nous-mêmes, d'un produit miracle, d'une boisson énergétique digne de ce nom. Dans ses premiers jours, le nouveau-né a besoin d'être renforcé et protégé. C'est de cela que se charge ce premier lait contenant des protéines, des enzymes, des vitamines, des minéraux, des hormones de croissance, des acides aminés et des anticorps. Ce concentré se dépose tel un film protecteur sur les muqueuses gastrique et intestinale du nourrisson ou du veau, imprégnant le nouveau-né contre les périls sanitaires de la vie, du moins au début.

L'historien bâlois et chercheur en pâtisserie Albert Spycher fait dériver le nom Brieschmilch « du moyen haut allemand "biest" désignant le lait produit par la vache après le vêlage », avant de signaler l'existence de la *torta di colostro* au Tessin et de la *torta di culoster* en Suisse rhéto-romane ; il fait également remonter au colostrum le *touètché* ou *totché*, le dessert du banquet automnal de la Saint-Martin dans le canton du Jura (cf. *page 82*); de nos jours, ce gâteau en pâte levée est garni de crème acidulée. Pour la *turta da col* fabriquée dans le val Bergaglia, en revanche, on n'utilise pas une crème de substitution, mais un litre de véritable colostrum (Gianni Bertossa, *I mazzafam*). Et dans l'Oberland bernois, par exemple à Grindelwald, on offre ou reçoit encore aujourd'hui de la *Biestmëuchturte* comme cadeau de Nouvel An.

Si le Brieschmilch ou colostrum semble être un produit très recherché, une médecine naturelle, en réalité on en est loin: le commercialiser est interdit, par exemple sous forme de crème épaisse ou de fromage; on ne le trouvera dans aucun livre de cuisine historique ou contemporain, pas même dans le richissime *Dictionnaire universel de cuisine pratique* de Joseph Favre (1894) – mais de plus en plus sur des sites Internet consacrés à la santé. Les paysans et éleveurs, bien sûr, ont toujours utilisé le colostrum et transmis oralement leurs recettes de génération en génération. En Suisse alémanique, le Brieschmilch est utilisé comme crème sur les tartes ou les *Nidlechueche*. En Suisse romande, qu'il soit sucré ou salé, on apprécie le *béton* – la proximité de cette appellation avec le matériau de construction du même nom ne peut être découverte qu'en l'expérimentant soi-même. Il faut prendre du colostrum, du sel, des herbes, des épices et des oignons hachés selon les goûts, bien malaxer le tout, verser ce mélange dans un moule et le faire cuire pendant 45 minutes au bain-marie. Pour le béton sucré, on mélange le colostrum avec des œufs, de la farine, du sucre et une pincée de sel ; puis on enfourne cette pâte compacte à 220 °C pendant une demi-heure environ. La même recette est employée pour faire des bretzels, ou du pain à base de farine, de colostrum, de levure, de sel ou de sucre, ou des deux. Il est aussi possible de faire du fromage frais avec du colostrum en suivant la recette habituelle.

Ces usages culinaires sont rares, probablement plus fréquents dans les régions montagneuses de Suisse occidentale (Valais, Fribourg, Jura) qu'en Suisse alémanique. Pour la cuisine en général, le substitut du colostrum – mais pas pour les nouveau-nés – est tout simplement la crème.

Voir aussi : Totché, page 82 ; Colostrum, page 476.

Emmentaler

Fromage à trous au lait cru, doux et à l'arôme de noisette – The Swiss Cheese

Avec l'Emmentaler, l'écrivain allemand Kurt Tucholsky (1890-1935) a choisi le fromage idéal pour traiter une question fondamentale de la nutrition humaine : « D'où viennent les trous dans le fromage ? » Elle est posée par un enfant comme seul un enfant peut en poser (clairement, voire de manière entêtée), et les réponses sont données par des adultes comme seuls les adultes peuvent en donner : aussi variées que péremptoires, de sorte qu'à la fin de l'histoire, une famille entière se retrouve complètement divisée.

L'enfant a demandé « d'où », mais voulait probablement dire « comment ». Sans conteste, les trous ne sont pas percés dans le fromage à des endroits précis (cela donnerait des tubes), mais sont issus de la fermentation. Pendant la fabrication, le lait est non seulement inoculé avec de la présure et des cultures de bactéries lactiques spécialement développées pour l'Emmentaler, mais aussi avec des bactéries propioniques ; celles-ci jouent un rôle décisif dans la formation de l'arôme de noisette et sucré typique de l'Emmentaler, et aident le jeune fromage à développer de l'acide carbonique pendant le processus de maturation dans le « chauffage » à 20-22 °C, qui forme des bulles, c'est-à-dire des trous, lesquels, retenus par la croûte, n'ont pas d'autre choix que de rester dans le fromage.

Par le passé, les bactéries propioniques étaient également à l'origine de la formation de bulles dans d'autres types de fromage ; le Gruyère, par exemple, contenait autrefois des trous de la taille d'un petit pois, et le fromage d'alpage bernois n'était pas « aveugle » (sans trous) comme aujourd'hui. En réalité, jusqu'au XIXe siècle, les fromages de différentes régions, comme la Gruyère, le Saanenland, le Simmental, le Haslital, la région d'Unterwald et l'Emmental, ne se distinguaient pas autant les uns des autres qu'aujourd'hui. Ce n'est que l'augmentation de la production de lait et de fromage dans les fromageries de plaine qui a conduit à la création de variétés répondant aux souhaits des clients et aux exigences de la standardisation qui s'appliquent actuellement.

Auparavant, des noms tels que ceux d'Emmentaler, Sbrinz, Saanen ou Gruyère étaient davantage des appellations d'origine que de variété. Selon l'*Idiotikon*, la plus ancienne mention d'« *Emmenthaler käss* » date de 1542 (don d'un bailli résidant à Aarberg). La première fromagerie villageoise à produire de l'Emmental fut fondée en 1815 à Kiesen. Ce fut le prélude à la disparition des fromageries d'alpage, une spécialité régionale. Avec ses prairies plus grasses, ses alpages de moindre altitude, ses centres plus proches et ses voies de transport plus accessibles, la vallée de l'Emme offrait de meilleures conditions pour la production de fromage que les autres régions. En outre, les fils de familles paysannes qui ne pouvaient pas travailler sur la ferme de leurs parents – dans l'Emmental, c'était toujours le cadet qui héritait de la ferme – cherchaient un moyen de subsistance. Ils sont devenus vachers : « L'estivage des vaches laitières sur les alpages fut, de 1550 à 1900 environ, une forme particulière de l'économie pastorale des Alpes, dans les régions du Napf et des Préalpes occidentales surtout, le centre étant l'Emmental bernois » (*DHS*).

Les jeunes vachers achetaient un troupeau de vaches avec leur part d'héritage et travaillaient sur les alpages, qui étaient de plus en plus souvent acquis et loués par des patriciens des villes en tant que placement financier. Pendant l'hiver, le vacher louait ses troupeaux aux fermiers de la vallée. « Bon nombre de fermes du Plateau étaient équipées pour l'accueillir avec ses bêtes » (*DHS*). Le XVIIIe siècle a été l'apogée des fromageries d'alpage, ce qui en a étonné plus d'un.

L'écrivain emmentalois Jeremias Gotthelf (1797-1854) raconte : « À cette époque, ils tenaient le monde, c'est-à-dire les fromages, dans leurs mains [...], et quiconque voulait en acheter devait s'adresser à eux. [...] Un tel prince des vachers voulait non seulement vendre son fromage, mais aussi acheter du foin pour l'hiver ; il laissait les paysans (de la vallée) venir à lui, comme si c'était un grand honneur qu'il leur faisait en leur prenant du foin pour presque rien et en leur volant de la paille. » Les affaires du vacher lui rapportaient gros, c'était lui qui fixait le prix du foin, et cela ne plaisait pas à tout le monde. Le mécontentement s'entend dans les propos d'un pasteur de Schangnau (1764) : « Les gens de Schangnau sont très attirés par la vie de vacher, parce qu'elle n'exige aucune besogne éreintante ou fastidieuse, et rapporte de la bonne crème... Les hommes de Schangnau n'ont pas le sang bien rouge, mais se font payer grassement. »

L'essor des nouvelles fromageries de plaine sonna le glas des exploitations d'estivage. « Les alpages où l'on « fabriquait » déclinèrent rapidement dans les années 1830. En effet, les fromageries villageoises produisant à meilleur marché dépouillèrent les vachers de leurs moyens d'existence. Ils devinrent fruitiers dans les laiteries de plaine, agriculteurs ou éleveurs de bétail dans la vallée, ou exploitèrent à l'année des fermes sur les alpages » (*DHS*). Ou bien ils ont émigré et utilisé leur savoir-faire pour commencer une nouvelle vie de fromager dans un autre pays.

L'Emmentaler est globalement produit comme les autres fromages au lait de vache et à pâte dure : le fromager chauffe à

31 °C le lait écrémé et refroidi du soir ainsi que le lait frais du matin, ajoute de la présure et des bactéries lactiques. Les matières solides coagulent et forment un caillé compact. Le lait caillé est découpé en grains de fromage à l'aide d'un tranche-caillé. Au cours de ce processus, le petit-lait ou lactosérum se sépare du caillé. Plus les grains sont petits, plus le fromage sera dur. Les fromages à pâte molle contiennent plus d'eau car ils sont fabriqués à partir de morceaux plus grossiers ; l'eau offre d'excellentes conditions d'existence aux micro-organismes. Le fromage à pâte dure résiste donc mieux aux altérations potentielles par le fait qu'il contient moins d'eau.

Le caillé tranché est chauffé à 53 °C en remuant afin que les grains se contractent davantage et expriment encore plus de petit-lait. Ces grains de fromage sont ensuite pompés dans un moule circulaire où ils sont pressés pendant 20 heures ; on a là la meule dans son stade initial. Les grains sont ensuite laissés dans un bain de saumure pendant deux jours, ce qui sert à retirer l'eau de la partie extérieure de la meule, à former la croûte, à développer l'arôme et à conserver le fromage. L'Emmentaler ayant un diamètre des plus respectables (jusqu'à 100 cm), le sel ne pénètre que lentement dans le fromage, qui aura donc un goût légèrement sucré – et c'est l'un des fromages les plus pauvres en sel.

L'affinage s'effectue en trois étapes : pendant le « pré-stockage » de deux à trois semaines dans la fraîche cave à bain de saumure, les cultures bactériennes amorcent la dégradation des protéines. Dans la salle de fermentation, les meules développent ensuite les trous et leur goût typique pendant sept à huit semaines à une température de 20 à 23 °C. Les meules, qui peuvent peser jusqu'à 110 kilos, commencent à se gonfler grâce à la fermentation (pas trop vite, sinon il y aura des fissures), et elles « transpirent ». Le fromager essuie la pellicule grasse de la croûte et retourne régulièrement les meules. Le jeune fromage, encore assez fade, commence alors à mûrir dans la cave de stockage à une température de 11 à 14 °C et à une humidité relative d'environ 70 %. Après environ trois mois, des sociétés commerciales emportent ces roues massives et les laissent continuer à mûrir dans leurs propres caves ; elles les y affinent.

Au plus tôt après quatre mois, l'Emmentaler peut être coupé ; il a une saveur très douce. Plus on le laisse mûrir, plus son arôme sera marqué. Avec le temps, des larmes d'eau sucrée-salée et riche en minéraux s'accumulent dans les trous, et des grains blancs et friables, produits de dégradation de la caséine, s'y forment également. Après huit mois d'affinage, l'Emmentaler est considéré comme « surchoix » ou « extra », après un an et demi à deux ans d'affinage, il commence à perdre son arôme typique et se rapproche du goût d'antan.

L'Emmentaler mûri dans une forte humidité (un taux supérieur à 90 %) est une spécialité. Sous de telles conditions hygrométriques, il forme une croûte brun foncé, presque noire. L'Emmentaler « affiné en grotte » doit avoir un minimum de douze mois d'affinage et avoir été stocké dans une cave en pierre humide pendant six mois.

L'« Emmentaler Switzerland » a reçu son AOP en 2006 – beaucoup trop tard et pas exclusivement, car l'UE ne la reconnaît pas. Grâce aux nombreux fromagers suisses « exportés », l'Emmentaler était déjà devenu au XIXe siècle un facteur économique dans l'industrie fromagère à l'étranger, par exemple en Allemagne, de sorte que l'on n'est pas (ou plus) disposé à accorder à la Suisse une protection d'origine. On peut au moins se consoler en se disant que les vachers et fromagers émigrés ont contribué à auréoler l'Emmentaler du titre de *THE Swiss Cheese*, une icône à laquelle on ne saurait attenter ou faire de l'ombre avec des copies en partie excellentes, en partie atroces – comme on a pu le constater après une dégustation d'échantillons français, allemands, autrichiens, polonais, finlandais, marocains, sud-africains et boliviens (*Tages-Anzeiger*, 31 mars 2007).

SUPPLÉMENT

Un grand auteur au service d'un grand fromage

À l'époque de Gotthelf, l'Emmentaler se transformait en or entre les mains d'habiles négociants en fromage. Cela ne pouvait qu'entraîner toutes sortes de querelles et de manifestations d'envie ou de cupidité, que l'immense écrivain de Lützelflüh a immortalisées dans son roman *La Fromagerie de Bêtenval* (1850), dont un extrait figure à la page précédente. Rien d'étonnant à ce que l'énorme meule pleine de trous fût bientôt produite dans des régions plus proches du lac de Constance que de l'Emme. De nouvelles technologies ont permis de produire de l'Emmentaler de manière plus efficace – au grand dam de nombreux gourmets, qui poussent des cris d'orfraie lorsqu'ils entendent parler de fromage à gros trous : des faux Emmentaler fabriqués – ou plutôt bricolés – industriellement, à la consistance de caoutchouc mou.

Craignant le pire, Slow Food Suisse a décidé de soutenir le mode de production traditionnel de l'Emmentaler ; c'est ainsi qu'est né l'Emmentaler AOP Gotthelf : « Fruit d'un travail artisanal, l'Emmentaler AOP Gotthelf continue d'être fabriqué comme au bon vieux temps dans de petites fromageries qui ne font du fromage qu'une fois par jour. L'utilisation de cultures au petit-lait mûri confère à ce fromage un goût de terroir unique et typique de la région. Le lait cru utilisé pour fabriquer le fromage est exclusivement issu de vaches nourries sans ensilage et provient des fermes voisines, situées au maximum à 10 km de la fromagerie. Chaque meule est affinée en cave 12 mois au minimum. Durant cette période, elle reçoit tout l'amour et toute l'attention du maître fromager » (*gotthelf-emmentaler.ch*).

Voir aussi : Gruyère, page 226 ; Sbrinz, page 363.

Schmelzkäse

Fromage fondu ; préparation industrielle à base de fromage chauffé

La société de commerce de fromage Johann et Christian Gerber a été fondée en 1836 à Langnau, chef-lieu de l'Emmental. Peu après le début du XXe siècle, l'entrepreneur Walter Gerber s'est installé à Thoune et en 1911, après six ans de tâtonnements, il a produit avec son fondé de pouvoir Fritz Stettler le premier fromage fondu. Ils recherchaient un procédé permettant de prolonger la durée de conservation des meules de fromage. La vente de l'Emmentaler aux États-Unis, par exemple, était un vrai jeu de bluff : le transport naval à travers l'Atlantique prenait trop de temps, le fromage poursuivait sa maturation et sa fermentation ; des meules entières se gâtaient régulièrement pendant le voyage, car à cette époque il n'existait pas encore de containers frigorifiques.

Gerber et Stettler mirent au point un procédé de fonte qui utilisait la chaleur pour arrêter le processus de fermentation. Il s'agit en fait d'une sorte de post-pasteurisation, car les fromages utilisés – l'Emmentaler, le Gruyère, l'Appenzeller et le Tilsiter – sont à la base des fromages au lait cru, ce qui signifie qu'ils continuent à mûrir, car les cultures bactériennes ne sont pas éliminées par cuisson pendant le processus de fabrication du fromage. Pour le fromage fondu, on prend du fromage de bonne qualité, vieux de trois à six mois, y compris des restes, des chutes ou des morceaux qui n'avaient aucune chance de remporter un concours de beauté, mais pas des déchets, comme on le pense souvent à tort. La croûte est raclée (utilisée pour l'alimentation des porcs) et la meule broyée mécaniquement. Chauffée avec des sels de fusion, cette masse devient liquide et crémeuse. La température ne doit pas être trop élevée, afin que la graisse ne se sépare pas des autres composants, mais pas non plus trop basse, car le produit final ne doit absolument plus fermenter. Selon la recette, les variétés de fromage sont mélangées, on ajoute des herbes ou la masse est mélangée à de la crème pour la rendre un peu plus moelleuse.

Le mélange est ensuite rempli mécaniquement dans des petits moules triangulaires recouverts d'une feuille d'aluminium. Alors qu'ils sont encore chauds, les fromages emballés automatiquement sont placés dans des boîtes en carton rondes et laissés à refroidir. Le fromage fondu ainsi conditionné peut être conservé pendant une année au minimum sans réfrigération. Depuis les années 1950, le fromage fondu est aussi proposé sous forme de fines tranches carrées : la masse est remplie dans un sachet tubulaire, étalée et soudée en portions ; le tube plat est ensuite retiré à l'eau froide, coupé et empilé.

Au départ, Gerber et Stettler versaient la masse fondue dans des meules de fromage, plus petites que le véritable Emmentaler, qu'ils emballaient dans des boîtes en aluminium. Dès les années 1930, ils sont passés aux feuilles d'aluminium et au carton car une fois ouvertes, les boîtes métalliques ne pouvaient plus être refermées correctement et le fromage séchait. En Suisse, le *Gerberkäslein*, dans son emballage en aluminium difficile à ouvrir sans s'énerver, est devenu l'incarnation du petit fromage en boîte ; on ne manquait jamais de le fourrer dans son rucksack lors des voyages scolaires, des randonnées en montagne et autres excursions : « *Es Hüngerli, es Gärberli* » (Une petite faim ? Un petit Gerber !). Dans les années 1960, l'entreprise a été la première à fournir de la fondue toute prête.

En 2002, l'entreprise Gerber a été rachetée par le groupe laitier Emmi (fondé en 1907 par 62 coopératives sous le nom de Zentralschweizerischer Milchverband Luzern, depuis 1993 Emmi AG, société et non plus association) et a transféré en 2006 la production de fromage fondu à Tigerkäse AG à Langnau, également propriété d'Emmi. Le site de production de Thoune a été fermé en juillet 2012.

SUPPLÉMENT

Représentation de Gala

L'apogée de la culture des fromages à pâte molle emballés dans de l'aluminium est bien sûr le petit Gala, qui n'est pas un fromage fondu, mais un fromage frais à la double crème fabriqué à partir de lait de vache pasteurisé. Les onctueux triangles blancs, emballés par trois dans une boîte en forme de demi-lune, existent depuis 1936. La société Gerber les a lancés dans le but de donner à la Suisse une bouchée d'originalité gustative ; elle n'a pas trop mal réussi, surtout à une époque où un buffet de fromages était quelque chose de très nouveau et où l'on servait à la table familiale un morceau d'Emmentaler, peut-être un peu de Gruyère et au mieux encore du Tilsiter ; les petits Gala étincelaient comme des pierres précieuses sur le plateau de fromages. Leur popularité doit beaucoup à leur arôme, dont la recette reste secrète.

FRUITS, LÉGUMES ET PLANTES

Choucroute

Sauerkraut ; chou blanc fermenté et finement ciselé

Le capitaine James Cook ne parlait pas encore de *Functional Food* (aliments fonctionnels) lorsqu'il faisait manger de la choucroute crue à ses matelots dans les années 1760-70, évitant ainsi qu'une carence en vitamine C ne provoque une épidémie de scorbut au sein de son équipage. Le terme *Functional Food* n'est apparu que dans les années 1990 et désigne, selon la définition de l'Office fédéral de la santé publique (OFSP), des « denrées alimentaires dont les propriétés spécifiques surpassent celles associées normalement aux éléments nutritifs qu'elles contiennent ». Toujours d'après l'OFSP, les aliments fonctionnels peuvent compléter utilement un régime alimentaire, mais ils ne modifient en rien « la démarcation [...] entre denrées alimentaires et médicaments ».

Peut-être pas dans le sens des apothicaires qui préparaient des poudres et des onguents. À l'époque de Cook, « on ne savait encore rien d'une vitamine antiscorbutique », écrit Alfred Vogel dans *Der kleine Doktor* (1952, 71ᵉ éd. 2004), « et pourtant les pouvoirs d'observation de personnes attentives à la nature ont découvert le meilleur remède à cette étrange maladie ». Si un marin refusait sa ration quotidienne de choucroute, quelques coups de verge lui ouvraient vite l'appétit.

Dans la médecine populaire, le jus de chou fraîchement pressé apaise les plaies ; de plus, la choucroute favorise l'activité digestive et toutes sortes d'autres choses. Le phytothérapeute Maurice Mességué (1921-2017) révèle à quel point ce remède bon marché aux effets extraordinaires était apprécié ; il qualifie le chou de « pharmacie du pauvre », soutenant même qu'« une soupe aux choux pourrait (presque) ressusciter un mort » – et pourquoi pas : il est certainement plus facile de procurer de la choucroute à un malade que du sang à un vampire ou autre mort-vivant.

« La forme sauvage du chou pousse encore en tant que plante à feuilles épaisses sur les côtes de la Méditerranée et de la mer du Nord », écrit l'ethnobotaniste Wolf-Dieter Storl dans son ouvrage sur l'histoire des légumes (*Bekannte und vergessene Gemüse*, 2002). Le chou et l'homme ont rapidement fait bon ménage, « même les chasseurs de gibier de l'Âge de pierre appréciaient ce légume sauvage nutritif et ses graines riches en huile ».

Du Moyen Âge au XVIIIᵉ siècle, d'importantes variétés se sont rapidement développées, toutes appartenant à l'espèce *Brassica oleracea*, comme le chou blanc et le chou rouge, le chou frisé, le chou vert, le brocoli, le chou-fleur, le chou de Milan et celui de Bruxelles. Storl ajoute avec esprit : « Le chou est pour ainsi dire le chien parmi les légumes, car lui aussi s'est laissé façonner par l'homme comme aucun autre animal. »

La fermentation comme technique de conservation était déjà pratiquée en Suisse au Moyen Âge. Les Romains trempaient les feuilles de chou dans du vinaigre ; « le tassage et la fermentation lactique du chou sous forme de choucroute est une invention précoce des Slaves occidentaux » (Storl). Entre choucroute et navet, la parenté est évidente, non seulement sur le plan botanique au sein de la grande famille des Brassicacées, mais aussi en termes de conservation. Dans son livre sur les plantes (*New Kreütter Büch*, 1539), le médecin et botaniste allemand Hieronymus Bock écrit que certains conservent les raves comme la choucroute (« ... *andere saltzen di Rüben ein wie den Kumpost...* ») ; ce mot-ci désigne en effet la choucroute, apparue au XIIIᵉ siècle en Alsace sous le nom de *Gumbskrut*, combinaison du mot latin *composita*, qui a donné notre *compote*, et du germanique *krut* (herbe, et par extension : chou). Selon l'*Idiotikon*, les termes *gumpost* et *krut* sont confirmés en Suisse alémanique depuis le début du XIVᵉ siècle.

La choucroute a été affinée jusqu'à devenir la choucroute royale (avec lard et saucisse, jarret de porc fumé et champagne) en Alsace, où elle est appelée *Sürkrüt* dans le dialecte alémanique. L'influence de l'Alsace sur la Suisse juste au sud d'elle ne se mesure pas en pourcents ou en kilos, mais il est certain que l'aura du chou fermenté a rayonné à l'est comme à l'ouest. Ce ne sont pas les « *krauts* », comme les Anglais appellent volontiers les Allemands, qui consomment le plus de choucroute, mais les Américains et les « *frogs* », c'est-à-dire les Français amateurs de cuisses de grenouilles (dont le surnom « boche » pour les Allemands vient du vieux français *caboche*, grosse ou forte tête, qui est ensuite devenu *cabbage*, chou en anglais).

La préparation de la choucroute est simple, la majeure partie du travail étant effectuée par des bactéries : de la tête du chou blanc (*Brassica oleracea convar. capitata var. alba*), il faut retirer les feuilles vertes extérieures et le pédoncule. On cisèle le reste en lanières aussi fines que possible, puis met une couche de deux à trois centimètres de chou coupé dans un pot en grès, saupoudre de baies de genièvre, de graines de moutarde et d'un peu de sel, et ainsi de suite, couche après couche, jusqu'à ce que le pot soit plein.

On tasse le tout, le presse, le couvre d'une toile et d'une planche lestée d'une pierre ; il ne doit y avoir aucun trou d'air dans le chou, sinon il pourrira pendant la fermentation. Pendant la nuit qui suit cette opération, le sel et la pression doivent extraire suffisamment d'eau du chou pour que le jus recouvre le légume. Les bactéries lactiques spécifiques au chou vont lancer la fermentation, qui durera trois à quatre semaines à une température ambiante de 20 °C. Ensuite, on met le pot au frais jusqu'à ce que le chou ait la consistance désirée.

La choucroute, ou plus exactement la *Suurchabis*, est considérée comme faisant partie intégrante de la *Berner Platte*. Dans le Gürbetal (ou *Chabisland*, pays du chou, à l'ouest de l'Aar entre Thoune et Berne), on cultive le chou blanc à grande échelle ; c'était déjà le cas à l'époque de Gotthelf, qui mêlait politique et botanique dans une de ses chroniques (1844) : « Au cabinet, les têtes poussent comme celles des choux sur les terres marécageuses de Thurnen. »

Voir aussi : Sauerrüben, page 113.

Cresson de fontaine

Brunnenkresse, crescione d'aqua, nasturzio, craschun fontauna *; plante aromatique pour salades et assaisonnements*

Lorsque l'eau, le sol, le climat et quelques autres circonstances sont favorables, on plonge la main dans le renflement d'un ruisseau qui s'écoule doucement et en ressort une poignée de verdure : du cresson de fontaine ou cresson d'eau, *Nasturtium officinale*. Cette ancienne plante eurasienne aux feuilles charnues et rondes, de deux à parfois trois centimètres, « larges et elliptiques » ou « en forme de cœur » (Gustav Hegi, *Illustrierte Flora von Mitteleuropa*, 1908-1931) a été pendant des siècles une valeur sûre dans les cuisines comme salade ou plante aromatique bien relevée. Le cresson de fontaine est apprécié depuis l'Antiquité, non seulement pour son intérêt culinaire, mais aussi pour ses vertus médicinales.

Il ne contient presque que de l'eau, mais dans la petite substance dure, qui constitue moins de dix pour cent, se trouve de l'essence de sénevé – ou de moutarde –, très piquante. On s'en rend parfaitement compte en sentant les feuilles que l'on a broyées. Les Romains le faisaient si souvent que le nom « *Nasiturtium* » s'est imposé, composé de *nasum* (nez) et de *torquere* (tordre, mettre à la torture) – d'où le nom botanique *Nasturtium*. D'un point de vue culinaire, toutefois, le cresson d'eau n'a rien d'un supplice, il est même très délectable. Dans nos cuisines, nous connaissons surtout le cresson de jardin, que l'on peut cultiver soi-même, ainsi que le cresson de fontaine, qui ne se prête pas au jardinage urbain et refusera aussi de prospérer dans une baignoire.

C'est en effet l'eau de source fraîche qu'il préfère, les ruisseaux propres, trous d'eau et fossés irrigués par des eaux souterraines, à l'opposé des eaux stagnantes. Les feuilles du cresson de fontaine reposent sur l'eau comme des nénuphars, sauf qu'elles sont beaucoup plus petites, plus grandes cependant que les feuilles du cresson de jardin, qui ressemblent plutôt à des lentilles d'eau, même si elles préfèrent vivre dans des endroits secs.

Le cresson de fontaine pousse un peu partout dans le monde, en Suisse principalement sur le Plateau. Jusqu'au XVIIe siècle, on ne savait jamais très bien de quel cresson il s'agissait, de celui de fontaine ou de celui de jardin. Il apparaît sur une des estampes que David Herrliberger a consacrées aux marchands ambulants de Bâle, les *Basslerische Ausruff-Bilder* (1749) : une jeune fille élégamment vêtue porte sur sa tête une corbeille plate remplie de cresson de fontaine, dont elle vante les mérites ; son *Brunna Kressi* est « excellent en hiver, réjouit l'œil et rafraîchit le sang ». Puis on a commencé à cultiver des cressonnières à Erfurt et en Île-de-France. Suivant cet exemple, on s'est mis à pratiquer l'hydroculture (ou hydroponie) près de Wynau en Haute-Argovie. À partir de 1905, une entreprise familiale cultiva la plante dans 28 bassins (2019) près de l'actuelle ligne ferroviaire Olten-Berne. Mathias Motzet, un jardinier venu d'Allemagne, avait alors découvert le potentiel d'une zone bénéficiant d'importantes ressources en eaux souterraines.

L'hydroculture traditionnelle n'a pas besoin d'engrais, l'eau est « assaisonnée » de chaux et de nitrate dans des proportions naturelles. Le cresson d'eau est plus savoureux du printemps au début de l'été, ensuite il fleurit, durcit et jaunit, devenant semblable à de la paille. Les gammares des ruisseaux agissent tel un indicateur de propreté. En 2019, une fondation a repris l'exploitation familiale afin d'en assurer la gestion : c'est la seule cressonnière traditionnelle avec ce type de cresson subsistant en Europe centrale.

Les feuilles de cresson de fontaine apportent beaucoup de vitamine C à l'organisme, et autant de plaisir au palais : finement hachées au couteau, saupoudrées sur un steak de bœuf de premier choix stocké à bonne température, nul besoin de poivre, peu de sel, et certainement pas de *chimichurri* en boîte. Les végétariens éparpillent du cresson de fontaine haché sur leurs tartines beurrées, et les végétaliens le mélangent, également haché, avec de l'huile d'olive pour l'ajouter à des pâtes éthiquement consommables. Cependant, le « tortionnaire nasal » s'harmonise si sublimement avec un steak qu'il paraît difficile de résister à l'envie de redevenir carnivore.

DIGRESSION

Épices indigènes

Contrairement au poivre et au piment, les substances piquantes des plantes qui poussent sous nos latitudes s'évaporent par le séchage ou la cuisson. Le cresson de fontaine séché, par exemple, a un goût de carton. Consommées fraîches, ces plantes ont le pouvoir de nous faire pleurer. En voici une sélection :

– La moutarde des champs, *Sinapis arvensis*. Connue depuis la préhistoire comme une mauvaise herbe. Commune en Suisse, mais peu demandée comme condiment car ses graines ne sont que faiblement piquantes. On ne l'utilise qu'ajoutée d'autres variétés de moutarde. Ses feuilles fraîches enrichissent aussi bien les salades que les légumes.

– La moutarde brune, *Brassica juncea*. Les plants de moutarde ont accompagné l'agriculture depuis ses débuts. Les espèces de moutarde se sont croisées ou ont été croisées très tôt. Originaire d'Inde, la moutarde brune est également cultivée dans ce pays et est plus rentable, grâce à ses plus gros grains, que la plus piquante moutarde noire.

– La moutarde noire, *Brassica nigra*. Son minuscule grain (de sénevé) figure sous forme de parabole dans la Bible, où elle est comparée au royaume de Dieu. La plante était donc connue très tôt à l'est du bassin méditerranéen. Ses graines donnent la moutarde la plus forte, mais sont trop petites pour être rentables.

– La moutarde blanche, *Sinapis alba*. En fait elle est jaune, et « également appelée moutarde véritable, de cuisine, de table ou anglaise » (Hegi). Archéophyte, originaire du bassin méditerranéen. Autrefois cultivée comme plante fourragère, puis devenue sauvage. Les principales molécules que contiennent *Sinapis alba* et *arvensis* sont les glycosides d'huile essentielle de moutarde, en particulier la sinalbine dans la moutarde blanche ; la sinigrine, un composé d'isothiocynate d'allyle avec du glucose, est lacrymogène, a une odeur piquante et un goût extrêmement fort. La grande majorité des graines de moutarde blanche sont transformées en moutarde.

– Le cresson de jardin, *Lepidium sativum*. Ce que l'on a trouvé dans des tombes de pharaons, comme des graines de cresson de jardin, doit probablement avoir eu ses racines à proximité. Aujourd'hui, le cresson de jardin s'est multiplié à l'infini et est devenu une plante cultivée; il doit son piquant à l'huile de moutarde.

– L'ail, *Allium sativum*. Son odeur et son goût caractéristiques, y compris son piquant, sont basés sur des composés sulfurés. Les sulfides contenus dans l'huile essentielle d'ail ont un effet antibactérien, raison pour laquelle l'ail est aussi apprécié comme plante médicinale.

– Le raifort, *Armoracia rusticana*. Fraîchement coupé, une intense exhalaison monte de la racine du raifort et pique les yeux et le nez, comme si un mauvais esprit voulait nous priver de nos sens. Les huiles essentielles de moutarde perdent leur mordant lorsque le raifort est séché ou chauffé.

– Le radis rouge, *Raphanus sativus*, n'est qu'une parmi de nombreuses variétés de radis, lesquels sont connus depuis l'aube de l'agriculture. Le radis rouge est un cultivar de la Renaissance et s'est répandu dans toute l'Europe au XVIIIe siècle. Selon la variété, les radis sont doux à très forts, mais seulement frais.

– Le sisymbre ou herbe au chantre, *Sisymbrium officinale*. Très résistante, cette plante pousse aussi bien sur le bord des routes que sur les talus, les berges, autour des buissons et le long des fossés. Ses feuilles fraîches sont plus ou moins fortes en salade; leur piquant provient également d'essence de moutarde, il disparaît donc lorsque ces feuilles sont séchées ou chauffées.

– La ficaire fausse-renoncule, *Ranunculus ficaria*, fait partie des Renonculacées. «Elle est recommandée à tous ceux qui aiment les piments» (*Essbare Wildbeeren und Wildpflanzen*, 2002). Seules les jeunes feuilles doivent être consommées, elles sont plus fortes que les anciennes; en outre, après la floraison, la plante produit de plus en plus de toxines qui peuvent provoquer des désagréments tels que des irritations cutanées. La ficaire pousse en lisière de prairie, dans les bois et les buissons frais et humides. C'est l'une des premières plantes au printemps, merveilleuse en salade.

Essigzwetschgen

Pruneaux conservés dans un bouillon de vinaigre de vin rouge épicé

Un pruneau peut facilement faire un poids respectable, comme par exemple une superbe représentante de la variété Belle de Cacak. En remontant aux origines, on trouve une forme plus modeste: dans des sites palafittiques suisses, des archéologues ont trouvé des graines de prunelles et de prunes de Damas. L'homme ne peut pas se nourrir de prunelles, la faible quantité de chair que l'on peut grignoter autour du noyau est trop acide, trop amère; ces formes sauvages de fruits à noyau ont probablement rempli une autre fonction en tant que parents de la prune cultivée d'aujourd'hui, *Prunus domestica*.

On ignore où et comment ces formes sauvages se sont croisées pour donner naissance au prunier il y a plusieurs milliers d'années, mais cela se produisit plus probablement dans le Caucase que sur le territoire de la Suisse actuelle. Dans un livre de botanique suisse de 1560 apparaît pour la première fois le mot *Zwetsche*, nom d'une sous-espèce de la prune, *Prunus domestica ssp. domestica*, désormais appelée pruneau en Suisse romande, *Zwetschge* en Suisse alémanique, *Zwetsche* ou *Zwetschke* en Allemagne et quetsche en Alsace.

«Le mot *Zwetschge* n'a été adopté qu'au XVIe siècle», écrit Gustav Hegi (1876-1932), botaniste et consul général de Suisse à Munich (*Illustrierte Flora von Mittel-Europa*, vol. IV/2, 1923), «son origine n'est pas claire; certains supposent qu'il s'agit d'un dérivé de *damascenum* (prune de Damas). Sur le plan dialectal, le mot se présente sous de nombreuses formes, par exemple [...] en Suisse *Queckschte*, *Gewetsche* (Baden), *Zwätschge*, *Wägste*, *Wätschge*, et les dénominations rhéto-romanes des Grisons comprennent celle de *Vetschger* [...]».

La prune, tout comme ses cousins le pruneau, la mirabelle et la reine-claude, ont probablement été amenés en Suisse à travers les Alpes depuis les Balkans. L'une des premières variétés mentionnées dans des écrits est la prune de Damas, qui figure dans la grandiose *Histoire naturelle* de Pline l'Ancien (23-79 apr. J.-C.); son origine, vraisemblablement mésopotamienne, doit donc être bien plus ancienne que celle du pruneau. Dans le Jura, ce petit fruit très aromatique sert à distiller une excellente eau-de-vie blanche, la Damassine.

«Plus de 180 variétés étaient cultivées en France au XVIIe siècle», poursuit Hegi à propos de la classification des prunes. Il existe aujourd'hui des centaines de sortes, également de pruneaux, qui sont de plus en plus cultivées dans des vergers basse-tige; en Suisse, par exemple, les Fertile de Cacak, Belle de Cacak, Dabrowice, Elena, Fellenberg, Hanita, Hanka, Jojo, Tegera, Top, Tophit plus, Topking et Toptaste. Parmi celles mentionnées ci-dessus, seul le pruneau Fellenberg appartient aux variétés traditionnelles, il est aussi le plus populaire du pays et vient de Lombardie, où il est apparu vers 1800. À l'origine, il poussait sur d'anciennes variétés de pruneautiers haute-tige, qui forment encore une belle ceinture arborée autour de certains villages; c'est également le cas du pruneau domestique (ou pruneau de Bâle), une variété très ancienne, probablement originaire d'Asie et connue des Romains, et du pruneau Bühler, qui tire son nom de Bühl, dans le Bade-Wurtemberg, où il a été découvert par hasard en 1840.

La saison des pruneaux est brève; les fruits ne restent pas frais longtemps, et doivent donc être consommés rapidement – ou conservés. Compoté, ce fruit au goût si caractéristique représente la moitié de la masse à fourrer du pâté glaronais (cf. *page 537*), l'autre moitié étant composée d'amandes. Séché, le pruneau domestique développe un arôme incroyablement riche; les randonneurs l'apprécient tout particulièrement, eux qui aiment à sucer son noyau des heures durant.

Les premières recettes se trouvent dans le *Neues Berner Kochbuch* de Lina Rytz (1835) et la *Basler Kochschule* d'Amalie Schneider-Schlöth (1877). Pour les pruneaux au vinaigre, il vaut mieux ne pas utiliser des fruits trop mûrs, sinon ils s'amollissent. On les pique quelques fois avec des aiguilles et les fait frémir brièvement à 80 °C dans une infusion de vinaigre de vin rouge, de vin rouge, de sucre et d'épices comme du laurier, des clous de girofle et des bâtons de cannelle; les arômes pénètrent dans la chair à travers la peau ouverte. L'infusion est pré-bouillie et utilisée froide pour la réduction avec les pruneaux, afin d'éliminer tout danger. L'acidité élevée du vinaigre devrait normalement empêcher la formation de micro-organismes tels que les bactéries de fermentation et de putréfaction, mais la double cuisson est plus sûre. Les pruneaux sont placés dans un bocal sec stérilisé à l'eau bouillante, recouverts de l'infusion, après quoi on ferme et stérilise encore le bocal. Dans les régions productrices de pruneaux, on conserve ces fruits de cette manière (tout comme les poires au vinaigre) principalement pour soi-même et non pour les commercialiser; on les déguste avec de la viande fumée ou un buffet froid, et ils se marient très bien avec les plats asiatiques.

Une douce peau se forme sur les pruneaux comme sur les prunes, qui ressemble à une fine pellicule de poussière de cendre. Lorsqu'on se saisit d'un fruit, une empreinte digitale s'y marque aussitôt. Cette couche cireuse, appelée pruine, sert de protection au fruit.

Voir aussi: Damassine, page 83; Zwetschgenwasser, page 100.

Kirschenmus

Purée de cerises; jus de cerises cuites à la texture onctueuse

Le *Chirschmues*, comme on dit dans l'Oberland bernois, a pour seul ingrédient du jus de cerises noires, aujourd'hui principalement de la variété «Schöne von Einigen» (Belle d'Einigen), communément appelée *Plüderkirsche*, provenant des environs de Wimmis à l'entrée du Simmental. Ce jus nécessite un long processus de fabrication: on commence par équeuter et broyer les cerises, le jus est séparé des fibres et des noyaux des fruits, puis il est cuit à feu très doux en remuant constamment jusqu'à ce qu'il se soit transformé en une masse épaisse et facile à tartiner. Comme de la gelée, mais sans sucre gélifiant. Le *Chirschmues*, *Chriesimues* ou *Chirsimues* est d'un rouge très foncé tirant sur le noir et a un goût à la fois sucré, acidulé et amer.

On utilise souvent de la compote de fruits, de la confiture ou du concentré de jus en accompagnement du gibier (pommes, airelles); la compote de pommes parachève les *Hörnli mit Gehacktem* (cornettes et viande hachée), et les Basques ne sont pas les seuls à aimer manger leur fromage avec de la confiture de cerises noires. La purée de cerises de Wimmis est un cas particulier: elle y est fabriquée dans un chaudron de cuivre d'une capacité de 300 litres, et cela constitue un événement pour toute la communauté. «On ignore quand les habitants de Wimmis ont commencé à faire de la purée de cerises», lit-on dans *Berner Oberland – Das Kochbuch*. Peut-être dans les années 1960, lorsque la Ligue pour la prévention de l'alcoolisme a soutenu l'idée d'une fête de la cerise cuite avec sa campagne «Statt Schnaps Mues» (De la purée au lieu du schnaps)? On y cultive des cerises depuis bien plus longtemps. Dans l'Oberland bernois, le cerisier «peut être retracé jusqu'en 1309», selon le livre de cuisine précité. «Il est mentionné dans de très anciens documents écrits à Grindelwald, dans la région de Spiez, autour du lac de Thoune, mais aussi dans le Saanenland.»

La transformation de cerises en purée ou *Chirschmuesen* n'est pas une invention du XXe siècle. Dans l'*Idiotikon*, on trouve l'expression marquant l'étonnement «Potz Kriesimuos!», découverte dans un document de 1528. Et dans l'immense *Oeconomische Encyclopädie oder allgemeines System der Staats- Stadt- Haus- und Landwirthschaft* (1773-1858) de Johann Georg Krünitz (242 volumes au total!), la description de la purée de cerises, «Kirsch-Saft ohne Zucker und Kerne» (jus de cerises sans sucre ni noyaux), est très proche de la version de Wimmis.

Le temps de cuisson dépend de la teneur en sucre et du degré de maturité des cerises, tout comme la durée de conservation de la purée, qui dépend en outre de la propreté observée lors du processus de fabrication. Dans un article, un auteur a évoqué une purée de cerises cuite en 1944 qui, 40 ans plus tard, avait toujours aussi bon goût qu'au moment où elle venait d'être refroidie.

Voir aussi: Buttenmost, page 97; Vin cuit, page 232; Birnenhonig, page 296.

Miel de pissenlit

Löwenzahnhonig*; masse concentrée de sucre et d'eau aromatisée aux fleurs de pissenlit*

Parmi les onze sous-espèces de pissenlits (*Söiblueme* en bernois) botaniquement identifiées en Suisse, le pissenlit commun ou dent-de-lion domine en nombre et en perception. Avant l'intensification de l'agriculture, il n'était pas aussi répandu qu'aujourd'hui, mais c'est une plante rudérale, à la fois conquérante et opportuniste, qui prospère aussi bien entre les pavés que sur les grasses prairies surfertilisées. Le pissenlit est apparu tardivement dans les recueils de recettes; il était connu de longue date, mais en tant que plante médicinale. La sève laiteuse qui coule de la feuille et de la tige après avoir été coupée était considérée dans l'ancienne médecine populaire comme un remède contre les verrues. L'ingrédient actif du pissenlit est la taraxacine, terme issu du nom botanique *Taraxacum officinale* pour le pissenlit commun. Cette substance aide l'organisme à se défendre contre les troubles biliaires et hépatiques, à lutter contre les calculs rénaux et est si diurétique que le nom vernaculaire de la plante, qui vient bel et bien de « pisser en lit » (en suisse allemand : *Bettseicherli*, en allemand *Seichkraut*), est tout à fait justifié.

Le pissenlit, dent-de-lion ou cramiat en Suisse romande (parmi les synonymes suisses allemands : *Sunnewirbel*, *Chrottepösche*, *Weifäcke*, *Schmalzblueme*, *Rämschfädere* et *Chettlestöck*, parmi les allemands : *Sonnenwurzel*, *Apostelröhrlein*, *Pfaffendistel*) a de nombreuses utilisations culinaires. Les boutons de fleurs non ouverts peuvent être rôtis dans du beurre et servis comme garniture de légumes, ajoutés à une omelette ou bouillis brièvement et conservés dans du vinaigre. Ces « fausses câpres » ont un goût voisin de celui des champignons. La racine de pissenlit était écrasée, torréfiée et utilisée comme substitut de café en temps de crise et de guerre. Les fleurs, quant à elles, peuvent être saupoudrées fraîches, pour décorer une salade ou être transformées en vin, confiture ou gelée.

Le miel de pissenlit est une bonne illustration de l'augmentation de la valeur du travail : traditionnellement, les Européens édulcoraient leurs aliments et boissons avec du miel ; l'importation du très coûteux sucre de canne en provenance des Caraïbes n'y a rien changé, jusqu'à ce que l'on commence à produire du sucre à partir de la betterave en Europe au XIXe siècle, denrée accessible au plus grand nombre. Le prix du sucre a baissé, celui du miel a augmenté, si bien qu'il a été progressivement remplacé par le sucre dans les recettes. Il n'allait plus de soi d'étaler une épaisse couche de miel sur ses tartines ; on lui a donc cherché un substitut. Principalement dans la petite paysannerie, on a commencé à aromatiser le sirop de sucre avec des plantes comme les fleurs de pissenlit ou les bourgeons de sapin et à le concentrer en le faisant bouillir.

À cette époque, le miel de pissenlit (il y en a une recette – *Söistüdellerhung* – dans *Berner Oberland – Das Kochbuch*) ou la confiture de pissenlit étaient considérés comme le miel des petites gens ; « il avait un goût de pauvreté », nous a raconté la productrice rencontrée dans l'Emmental. Aujourd'hui, sa signification a complètement changé, l'énorme quantité de travail nécessaire ayant fait du miel de pissenlit une rareté. Deux personnes doivent passer une journée entière à cueillir des fleurs de pissenlit pour obtenir 800 grammes de pétales arrachés avec soin, qui suffisent finalement à produire quatre kilos de miel. Les abeilles travaillent gratuitement, leur miel de pissenlit est l'un des premiers de l'année et a un goût assez puissant. Ce n'est qu'en 1991 que Betty Bossi a inclus le miel de pissenlit fait par la main de l'homme dans son recueil de recettes intitulé *Schweizer Spezialitäten*. Le miel de pissenlit joue également un rôle dans la « cuisine curative ».

On fait bouillir les fleurs avec de l'eau et du zeste de citron, fait mijoter le mélange pendant environ sept minutes, retire l'infusion du feu et la laisse infuser pendant au moins douze heures. Ensuite, il faut filtrer ce liquide en le faisant passer à travers un tissu, puis le faire bouillir avec du sucre et un peu de jus de citron jusqu'à ce qu'il commence à se gélifier et prenne une couleur dorée. Si l'on utilise des fleurs entières au lieu des pétales, le miel aura un goût un peu âpre. Excellent sur une tartine beurrée, on peut aussi l'employer pour aromatiser des crèmes, des sorbets, des sauces ou des cocktails.

Pour le vin de pissenlit, on plonge les pétales dans de l'eau bouillante et y ajoute du sucre, on laisse reposer ce mélange pendant 24 heures, filtre les pétales et fait fermenter le jus avec de la levure.

Voir aussi : Bourgeons de sapin au miel, page 81.

CÉRÉALES

Épeautre

Dinkel ; *la reine des céréales en Suisse jusqu'au début du XXe siècle*

«La céréale précieuse»: cette affirmation s'affiche telle une médaille d'or sur le site web de l'association PurEpeautre (UrDinkel en allemand). En effet, cette céréale, qu'on appelait encore «Korn», à savoir *blé*, dans les années 1930 (*Atlas de folklore suisse*) et qui a dû ensuite céder ce symbole du pain quotidien au blé que nous connaissons, a dominé champs et moulins, fournils et tables sur le territoire helvétique pendant plus de deux millénaires. Ce n'est qu'au moment où la Suisse, qui fut si longtemps un pays agricole, s'est industrialisée, lorsque la rareté du sol a été amortie par l'amélioration des moyens de production, des variétés de plantes aux machines agricoles, que le blé, au rendement supérieur et plus facile à transformer, a commencé à s'imposer.

Les parents de l'épeautre sont probablement l'amidonnier et le blé nain (un blé de printemps), qui se sont probablement trouvés de manière naturelle – c'est ce qu'on appelle l'hybridation spontanée. La plus ancienne trace d'épeautre en Suisse a été découverte à Cortaillod, au bord du lac de Neuchâtel. Les différentes habitations sur pilotis, dont certains vestiges ont étonnamment bien survécu dans les eaux lacustres, donnent un aperçu du mode de vie d'il y a 3000 à 6000 ans. *Sites palafittiques préhistoriques autour des Alpes*, le document de candidature au statut de patrimoine mondial de l'Unesco (2009), indique: «Parmi les céréales cultivées au Néolithique on compte le blé nu, l'orge, l'amidonnier et le petit épeautre. Les céréales étaient utilisées pour la préparation de bouillies et de pain, mais aussi pour la confection de boissons fermentées, comme la bière. Le pois, le pavot à opium et le lin étaient également cultivés. L'épeautre, le millet, les fèves et les lentilles ont été ajoutés au menu au plus tard à l'âge du Bronze (vers 2200 av. J.-C.).»

C'est vers 800 av. J.-C. et jusqu'au début de l'ère chrétienne que l'épeautre, le «blé des Gaulois» et des Alamans, a atteint sa plus grande diffusion en Europe. Il s'est maintenu longtemps en Suisse car le blé du Sud a mis du temps à s'y imposer, même s'il est plus économique. Pour du blé nu (aux grains non protégés par une balle), assez sensible, les sols helvétiques étaient trop humides et trop froids. Aujourd'hui encore, l'épeautre, céréale à grains vêtus, est moins rentable et demande plus d'efforts: les moulins doivent être équipés d'un mécanisme de broyage spécial (l'épeautre est roulé entre deux pierres, d'où son nom: Röllstein) pour l'émonder, c'est-à-dire pour détacher les balles des grains. Ensuite, les balles, plus légères que les grains, sont séparées de ceux-ci sur des tamis par des ventilateurs.

En 1993, on fabriquait en Suisse 5000 tonnes de produits issus de la mouture d'épeautre; c'était le point le plus bas. Depuis lors, cette céréale, qui y a dominé la culture du pain pendant plus de deux mille ans, a connu une véritable renaissance: elle est plus goûteuse (*chüschtiger*, dit-on en suisse allemand) que le blé et volontiers utilisée pour des produits à base de céréales complètes. Mais cela ne suffit pas à expliquer pourquoi l'épeautre est devenu un produit tendance, prisé par les granivores. L'ancienne céréale connaît une véritable renaissance dans les années 2020 et se développe dans deux directions: deux variétés traditionnelles, l'Oberkulmer Rotkorn et l'Ostro, sont non trafiquées et considérées comme du PurÉpeautre, tandis que l'épeautre regroupe des variétés croisées avec du blé afin d'augmenter leur rentabilité; moins originelles, elles sont plus tendres et plus fragiles. Le PurÉpeautre comme l'épeautre se prêtent à la fabrication de pains et de tresses, de pains d'épices, de pâtes et de bière.

Devenu une culture de niche, l'épeautre pousse sur des sols pauvres et tolère un climat rude jusqu'à 1400 mètres d'altitude. Les principales zones de culture sont aujourd'hui les cantons de Berne, Lucerne et Argovie, puis Bâle-Campagne, Thurgovie, Soleure, Jura et Zurich. L'ampleur de la reconquête de cette céréale aussi saine que savoureuse est illustrée par des recettes et des cours, qui ont rencontré dans les années 2010 un intérêt toujours croissant, à l'image des surfaces cultivées. Comme le blé, l'épeautre contient du gluten, c'est-à-dire des protéines insolubles dans l'eau. Même si de nombreuses personnes allergiques au blé tolèrent apparemment mieux l'épeautre, l'intolérance demeure (à vie).

PRODUITS DE BOULANGERIE ET PÂTISSERIE

Berner Haselnusslebkuchen

Leckerli de Berne ; pâtisserie semblable à du massepain, à base d'une masse aux noisettes

Par sa forme et sa présentation, le *Berner Haselnusslebkuchen* (littéralement : pain d'épices aux noisettes bernois) ressemble à son cousin au miel, le *Berner Honiglebkuchen*, mais en fait c'est plutôt un leckerli : la masse ne nécessite rien d'autre que des noisettes grillées et moulues, du sucre et du blanc d'œuf – pas de farine, pas d'eau, un soupçon de miel et pour ce qui concerne les épices typiques du pain d'épices, uniquement de la cannelle, de sorte que cette pâtisserie est comparable à une étoile à la cannelle. À la recette de base, on peut ajouter quelques amandes et un peu de miel, mais aussi des écorces d'agrumes confites (citronat ou orangeat), « qui étaient déjà très appréciées au XVIe siècle », comme l'écrit François de Capitani dans *Festliches Essen und Trinken im alten Bern* (1982). Le leckerli de Berne, comme on l'appellera désormais, est généralement pressé dans un moule en bois et décoré, le pain d'épices décoré d'une image en sucre, le plus souvent un ours.

Les origines de ce leckerli remontent à loin. « Les nombreuses recettes de leckerli et de pains d'épices encore courantes aujourd'hui étaient déjà connues au XVIIIe siècle », affirme F. de Capitani. De cette époque, il mentionne les *Mandel-Schnitten* (tranches aux amandes, avec un peu de farine, sans quoi elles sont presque identiques aux leckerli de Berne) ainsi que le *Krüschkuchen*, fait d'un mélange de sucre, d'amandes hachées, d'œufs, de beurre, de cannelle et de zestes de citron ; *Krüsch* signifie son et, avant la découverte des fibres alimentaires, ce n'était rien d'autre que des résidus du moulin sans valeur – le Krüschkuchen, par contre, avec ses ingrédients coûteux, était un produit de luxe. En 1835, une recette de « Haselnuss-Läckerli » avec peu de farine apparaît dans le *Neues Berner Kochbuch* de Lina Rytz. Les termes « Haselnussleckerli » et « Bernerläckerli » ont perduré longtemps (tout comme les leckerli de petites tailles), mais ce n'est qu'en 1946 que celui de « Haselnusslebkuchen » est apparu dans un ouvrage consacré aux pains d'épices ; en outre, des formes plus grandes sont alors apparues. Ces leckerli aux noisettes nécessitent des ingrédients coûteux, ce qui se répercute sur leur prix ; ils sont souvent consommés les jours de fête et volontiers offerts en cadeau.

Les noisettes sont grillées et soigneusement roulées pour que l'huile ne se liquéfie pas et ne s'échappe pas pendant la cuisson. Ensuite, la masse est mélangée avec du sucre, quelques amandes, de l'orangeat, du citronat, de la cannelle ainsi que du blanc d'œuf en poudre (exempt de toute salmonelle) ; elle reste bien humide grâce à l'huile de noix, même si elle ne contient pas d'eau. Le mélange est étalé sur une épaisseur d'environ 12 millimètres, puis des morceaux de format A5 ou des leckerli de 4 × 7 cm sont découpés et placés sur des moules appropriés ; on utilise également des emporte-pièces en forme d'ours ou de Père Noël.

Laisser sécher les pièces pendant quelques heures ; une fine croûte se formera à la surface. Après avoir été enfournées à 200 °C pendant 10 à 15 minutes, elles doivent être croustillantes à l'extérieur et moelleuses à l'intérieur. Pour éviter qu'ils ne se dessèchent, il vaut mieux envelopper les leckerli dans du film alimentaire.

Voir aussi : Zimtsterne, page 41.

Berner Honiglebkuchen

Pain d'épices au miel bernois ; biscôme non fourré recouvert d'un glaçage blanc décoratif

Les temps modernes se sont invités dans le commerce du pain d'épices bernois : si vous voulez faire plaisir à l'être aimé, vous pouvez en effet envoyer numériquement votre portrait au boulanger, qui l'imprimera avec des colorants alimentaires sur un pain d'épices – et vous êtes parti pour être englouti comme un tendre ours au miel avec les plus adorables intentions. Le *Berner Honiglebkuchen* n'est pas n'importe quelle friandise, il symbolise la force herculéenne de l'ours lorsqu'il se dresse sur ses pattes arrière, et sa gourmandise insatiable lorsqu'il pille une ruche.

Pour ce qui est des ingrédients et de la préparation, ce pain d'épices rectangulaire au miel est assez comparable à la plupart des autres pâtisseries de ce type en Suisse ; il se distingue par son apparence, pas par son contenu. La représentation de l'ours, debout ou marchant, qu'elle soit artistement appliquée à la main au moyen d'une poche à douille remplie de glaçage ou peinte au pochoir, entrelacée de signes et de toutes sortes d'ornements et de fioritures, voilà ce qui fait l'unicité du *Berner Honiglebkuchen*. « En tant que *Chilter-Läbschibe* (pain d'épices des amoureux) avec des messages enflammés sans ambiguïté faits avec du glaçage, le pain d'épices au miel bernois était prisé comme gage d'union heureuse au XVIe siècle », trouve-t-on dans *Berner Oberland – Das Kochbuch*. « Ainsi, en 1656, Anna Hirschi reçut-elle un "*Läbkuchenschyben auf die Eh hin*" (pain d'épices annonciateur du mariage) le jour du marché. Dans l'Oberland bernois, il était de coutume d'apporter un Chilter-Läbschibe et un peu de "*Brönnts*" (d'eau-de-vie) au *Chiltgang* des élus. » Le *DHS* nous apprend que « le *Kiltgang* était une manière de faire sa cour. Il consistait en visites que les jeunes gens, seuls ou en groupe, rendaient de nuit aux filles en âge de se marier ».

En Suisse, le terme *Lebkuchen* apparaît pour la première fois au XIIIe siècle. Sa signification et son origine sont controversées. Les uns pensent que le pain d'épices fabriqué dans les monastères pourrait provenir du mot latin *libum*, gâteau sacrificiel ; une autre interprétation apparente le préfixe « Leb » au mot *Laib*, pâtisserie moulée ; une troisième explication se tourne vers la médecine populaire : dans l'Antiquité, on attribuait aux pâtisseries au miel de grands bienfaits pour la santé, même des vertus curatives, et elles étaient appelées *Lebenskuchen* (gâteaux de vie), terme qui fut ensuite abrégé en Lebkuchen.

Les pains d'épices font partie des plus anciennes pâtisseries ; leurs origines remontent aux monastères médiévaux, où les pâtisseries au miel étaient agrémentées d'épices orientales en fonction des disponibilités financières et logistiques, des épices enivrantes qui montaient à la tête – on dit que les premières recettes de pain d'épices étaient de véritables bombes psychotropes, peut-être comparables aux biscuits au cannabis (en suisse allemand *Hanfguetzli*). Progressivement, les pains d'épices se sont sécularisés, puisqu'on les cuisinait aussi dans les villes, où ils donnèrent lieu à une spécialisation professionnelle : le métier de fabricant de pain d'épices est apparu au XVe siècle. Et c'est au XVIIe que la multiplicité de pains d'épices que nous connaissons aujourd'hui a commencé à se développer.

Le *Berner Honiglebkuchen* est en principe préparé partout de la même manière, avec toutefois de légères différences d'une boulangerie à l'autre. La qualité du miel a une influence certaine sur le goût ; il est préférable d'utiliser du miel indigène, également par souci d'authenticité. Il faut d'abord liquéfier un mélange de miel et de sucre, ajouter du lait et de la margarine (chez le boulanger interrogé), laisser refroidir ce mélange et ensuite y incorporer de la chapelure et une combinaison d'épices composée de coriandre, d'anis, d'anis étoilé, de clous de girofle, de gingembre et de noix de muscade. On y ajoute une « sauce » composée de carbonate d'ammonium, de bicarbonate et d'eau pour faire lever la pâte par la suite. Le bicarbonate est un carbonate de calcium que l'on obtenait autrefois en lixiviant des cendres issues de la combustion de végétaux avec de l'eau, puis en les évaporant dans des pots, d'où son nom (*pot ash* en anglais). Le mélange est activé par la lente apparition de la fermentation lactique : l'acide carbonique libéré assouplit la pâte et lui donne un léger goût de lessive – raison pour laquelle on devrait la laisser reposer au moins pendant quatre jours. Après un traitement mécanique en plusieurs étapes, la pâte est abaissée, découpée et cuite. Immédiatement après, les biscômes sont enduits de fécule de pomme de terre dissoute dans l'eau pour donner de la brillance à la surface. Puis c'est la touche finale : l'application du décor en sucre, avec l'emblématique plantigrade.

Le pain d'épices au miel bernois peut être conservé assez longtemps et ensuite ramolli dans un *Mucheli* (bol) de café au lait. Le *Berner Honiglebkuchen* – qui n'a rien à voir avec le Berner *Haselnusslebkuchen* (lequel est un leckerli, cf. *page 277*) – fait partie des souvenirs les plus populaires de Berne.

DIGRESSION

Le pain d'épices, un concentré de bonheur

Comme les « épices de Noël », les « épices pour pain d'épices » sont devenues un terme culinaire désignant à peu près le même mélange. Avec ou sans miel (aujourd'hui importé) ou fourrés au concentré de poire comme à Lucerne, les pains d'épices comptent parmi les pâtisseries les plus anciennes et les plus caractéristiques d'une région. Ils incarnent comme très peu d'autres aliments le goût des Occidentaux pour les épices de l'Orient. Au fil des siècles, le pain d'épices a même donné son nom à un désormais célèbre mélange de Noël : cannelle, anis, noix de muscade, clous de girofle, cardamome, gingembre et coriandre, sans oublier, en provenance du Nouveau Monde, le piment de la Jamaïque, tels sont les ingrédients, avec toutes sortes de variations possibles, qui composent ce mélange magique fortifiant le corps et caressant l'âme. Certains aiment y ajouter de la vanille, mais l'essence si indescriptible, si puissante du fruit de cette orchidée grimpante se joue de toute classification (cf. *Digression page 129*).

Alors que tout au long de l'année, on encense la cuisine légère aux herbes aromatiques et qu'il est considéré comme choquant de préparer un morceau de viande payé très cher ou d'épicer généreusement quelques feuilles croquantes d'exquises variétés de chicorée, un changement s'opère à l'arrivée des jours sombres et froids, éveillant chez nous tous un ardent désir de chaleur et de sécurité. Malgré toutes les victoires remportées par les opposants à l'opulence culinaire et aromatique dans la cuisine traditionnelle, une catégorie a survécu à toutes les purges : les spécialités de l'Avent et de Noël, du vin chaud au pain d'épices et de l'*Anisbrötli* au *Tirggel* zurichois.

Avec ces douceurs, on accepte volontiers une certaine dépendance – leur valeur en tant que baume pour l'âme l'emporte largement sur le petit surplus de graisse qu'elles occasionnent. Les épices exotiques offrent bien davantage que des goûts et des odeurs caractéristiques. En Asie, elles font partie de la médecine populaire holistique depuis des temps immémoriaux ; elles ont un effet désinfectant, antispasmodique, antibactérien, stimulant pour l'appétit ou la digestion. Les trois « épices du bonheur » – noix de muscade, clous de girofle et cannelle – contiennent également des substances qui compensent les carences en sérotonine ; la formation de cette hormone dépend du cycle lumière / obscurité : plus les nuits sont longues, plus le taux de sérotonine diminue, avec pour conséquence la dépression hivernale qui s'attaque aux esprits. C'est là que les pains d'épices, les leckerli, les étoiles à la cannelle et le vin chaud créent de véritables miracles, pour notre plaisir comme contre la morosité.

Les épices mentionnées proviennent de mondes lointains ; elles se sont répandues sous nos latitudes depuis des siècles grâce aux anciennes routes culturelles et commerciales. Au sud des Alpes, les épices d'Asie étaient connues bien plus tôt que sur le versant nord, où l'on aromatisait ses aliments avec des essences de sa propre hémisphère, voire pas du tout. Comme les Romains accommodaient leurs banquets sans lésiner sur les épices, la tradition veut que tout le monde, dans l'Antiquité, assaisonnait excessivement ses mets, ce qui est fortement mis en doute. Au Moyen Âge, ce surassaisonnement, encore pratiqué parmi les élites, était de l'ostentation pure et simple. Les routes caravanières étaient longues, les voyages éprouvants et périlleux – raison pour laquelle les épices se négociaient à des prix très élevés. Seules les classes supérieures pouvaient se permettre ce luxe, seuls la noblesse et le clergé avaient les moyens de couvrir leurs rôtis et leurs pâtés de montagnes de poivre. Ainsi, il restait au moins aux paysans des baies de genièvre et des herbes locales.

Les bases du mélange bienfaisant qui a atteint sa perfection dans le pain d'épices ont été posées très tôt, très probablement dans le vin : à l'époque romaine et largement au-delà de celle-ci, le vin était une boisson aigre. Jusqu'au développement du sucre bon marché, les jus fermentés étaient édulcorés avec du miel et également épicés (cf. *Hypocras, page 43*). Apicius, auteur du plus ancien livre de cuisine connu en Europe, a décrit une recette de vin épicé avec du miel, du poivre, du mastic, du laurier et du safran, ainsi que des dattes. À ce sujet, « le plus prodigue de tous les gourmands », comme l'historien Pline l'Ancien appelait le compilateur de recettes Apicius, recommandait une version de voyage de son vin épicé à base de miel et de poivre bouillis. Il est possible qu'au fil du temps, les épices ont pu traverser ainsi les Alpes, dans les bagages des voyageurs, et se répandre peu à peu chez les barbares.

« La manière d'assaisonner les plats a évolué au cours du Moyen Âge, dans la mesure où les épices étaient disponibles », écrivent Nathalie Pernstich-Amend et Konrad Pernstich dans leur ouvrage sur le poivre (*Pfeffer – Rezepte und Geschichten um Macht, Gier und Lust*). Les mélanges étaient de plus en plus riches, on se servait de toutes les épices étrangères et précieuses qui étaient à portée de main. Dans les livres de cuisine de l'Ancien Régime, on trouve une « poudre à pâtés et de cuisson », utilisée dans les riches ménages aisés pour toutes sortes de choses : « Quatre cuillerées de gingembre, quatre de poivre, une cuillerée et demie de cannelle, autant de macis, de clous de girofle et de noix de muscade, bien réduire le tout en poudre en le pilant et rajouter la même quantité de sel ; on pourra employer cela à sa guise pour cuire les mets et préparer les pâtés » (François de Capitani, *Festliches Essen und Trinken im alten Bern*). Comme on peut le constater, l'uniformisation des saveurs n'est pas une invention du XXIe siècle.

La quête des épices a déclenché l'ère des découvertes et des colonisations, a ouvert aux Européens des mondes lointains dont ils voulurent s'emparer. Les monopoles des plantes furent brisés par la ruse et l'ingéniosité, les épices ont perdu leur exclusivité grâce à la culture de masse et sont désormais disponibles dans n'importe quel supermarché pour un prix modique. Elles ne symbolisent plus aucun prestige social, et avec la modernisation des cuisines, la recherche de saveurs variées, l'importance accordée aux produits de base et aux herbes du jardin, les épices exotiques sont devenues aussi courantes que l'ail et les oignons.

On continue à employer des épices d'Extrême-Orient, mais à des doses modérées : elles ne doivent plus dominer, mais contribuer au goût général d'un plat. Ce n'est que dans les pâtisseries d'hiver qu'elles ont conservé leur puissance expressive si envoûtante – probablement parce que les recettes sont très anciennes, notamment les différentes formes de pain d'épices, et parce que l'on ne saurait s'en passer.

Voir aussi : Biscômes, page 233 ; Luzerner Lebkuchen, page 299 ; Biberfladen, page 445.

Biscuit militaire

Armée suisse, numéro d'article 2119.3803 de sa Base logistique : un biscuit très sec au goût neutre

Voici un paradoxe culinaire qui ne pourrait être plus clair : ceux pour qui le biscuit militaire a été conçu le détestent, et les exclus pour lesquels il n'a pas été conçu en raffolent. D'innombrables enfants de plusieurs époques ont gardé un souvenir ému des biscuits militaires (*Militärbiscuits*, *biscotti militari*, *biscuits militars*) que leur distribuaient en masse les soldats cantonnés dans les locaux de la protection civile de leurs écoles pendant leurs « CR » (cours de répétition).

« Le biscuit militaire a été développé pour répondre aux exigences suivantes : polyvalence, valeur nutritionnelle élevée et conservation longue durée », indique un communiqué du 27 novembre 2018 de l'armée suisse à l'occasion du 60e anniversaire du lancement dudit biscuit. Ce dernier, dont la forme rappelle celle du Petit Beurre, a en effet été lancé en 1959 et a rapidement été ironiquement qualifié de « sciure de bois compactée ».

Cette « polyvalence » n'avait rien à voir avec une clé de distribution libérale, mais avec une série de situations dans lesquelles le biscuit est censé constituer la « ration ultime » (ou le dernier recours : *ultima ratio*) contre les fringales. Comme son prédécesseur, la biscotte militaire alias « tuile fédérale », le biscuit militaire était destiné à résister aux conditions les plus défavorables. « Cette *tuile* réputée quasi impérissable était pratiquement immangeable à moins de la tremper dans un liquide. Il s'agissait d'une denrée alimentaire de secours, principalement réservée aux réserves des réduits » (*idem*).

Parmi les propositions soumises, la recette de la société Kambly à Trubschachen (dans l'Emmental) répondait le mieux aux spécifications du commissariat central des guerres. Au départ, cinq entreprises produisaient le biscuit militaire, désormais (en 2021) Kambly en a l'exclusivité.

Ce biscuit rectangulaire est fabriqué à partir de farine de froment particulièrement sèche, de fécule de pomme de terre, de sucre, de dextrose, de lait écrémé en poudre, d'extrait de malt d'orge, de poudre à lever et de sel. À la fin des années 2010, le saindoux a été remplacé par de l'huile de palme certifiée. La teneur en eau du biscuit est de 1 % ; il ne contient ni beurre ni lait entier en poudre.

La production est « très onéreuse » et n'est lancée « que quelques fois par an » (*kambly.ch*). De fins trous sont percés dans la pâte abaissée afin qu'elle ne monte pas et ne forme pas de bulles pendant la cuisson.

Le biscuit militaire sert de substitut au pain et, comme lui, peut être utilisé de nombreuses façons, par exemple comme en-cas avec du jambon ou du chocolat, du fromage ou de la confiture. Depuis 2010, Kambly est autorisé à vendre les biscuits militaires aux civils sous un autre nom (Army Biscuits) et dans un emballage – légèrement – différent.

Le chocolat militaire (*Militär-Schokolade*, *cioccolato militare*, *tschigulatta da militar*) était et reste beaucoup plus populaire, que l'on porte l'uniforme ou non.

Voir aussi : Zwieback, page 325.

Blauer Kuchen

Pâtisserie aérienne en pâte feuilletée au goût de beurre prédominant

Le *Blauer Kuchen* (littéralement : gâteau bleu) se compose uniquement de pâte feuilletée et ne contient aucune garniture, de plus la pâte feuilletée est cuite comme un gâteau entier, que l'on découpe ensuite en morceaux – il ne s'agit donc pas de feuilletés, de coussins feuilletés, de tranches ou autres, mais de rien d'autre que de la pâte feuilletée.

Préparer de la pâte feuilletée est assez complexe et demande beaucoup de travail. Bien que tout ce dont on a besoin soit du beurre et de la farine, de l'eau, du sel et un peu de sucre, la quantité de beurre est le point crucial : s'il fait trop chaud là où on la prépare, la pâte sera toute molle et l'on ne pourra pas s'en saisir. Il en va toujours ainsi, même si aujourd'hui on utilise de l'huile de palme à la place du beurre, au grand désarroi des gourmets. Le beurre – abaissé et roulé en de nombreuses couches, touré à l'extrême – est vraiment la clé pour réussir une pâte feuilletée. On l'appelait autrefois pâte à pain espagnol, peut-être parce que ses origines se trouvent en Orient (baklava) et qu'elle a été apportée en Europe centrale par les croisés ou a traversé les Alpes via l'Espagne (le dernier souverain nasride Mohammed XII a quitté la péninsule ibérique en 1492) ? Dans le *Bernerisches Koch-Büchlein* de 1749, on recommande de plier trois fois la pâte à pain espagnol (« Spanischbrodt-Teig ») et de recommencer encore trois fois en la rabattant. Ensuite, il faut la couper en morceaux de la taille désirée, les badigeonner de jaune d'œuf, inciser le dessus avec un couteau et cuire avec circonspection, car cette pâte brûle aisément.

Est-ce cette recette qui a donné naissance au *Blauer Kuchen* ? On l'ignore dans le Frutigtal, où l'on confectionne encore cette spécialité le week-end pendant la saison froide. Jadis, les instructions étaient transmises oralement et ce n'est qu'au début du XXe siècle qu'un boulanger de Reichenbach a couché la recette sur le papier, qui est toujours suivie par la quatrième génération. Et d'où vient le nom de ce gâteau ? Sur ce point, les avis divergent. Parce que la pâte feuilletée non cuite a un reflet bleuté, ou parce que de la vapeur bleuâtre s'échappe du four au moment où l'on sort le gâteau ?

Coupée à la taille d'un gâteau rond de 25 centimètres de diamètre ou plus, la pâte est entaillée au milieu, badigeonnée d'œuf et laissée à reposer brièvement avant d'être cuite à la vapeur à environ 220 °C pendant une bonne vingtaine de minutes. Le gâteau fini a une hauteur de cinq à six centimètres et se découpe en morceaux comme une tarte. Avec ses fines couches de pâte feuilletée, cette pâtisserie croustillante se marie très bien avec le fromage.

Voir aussi : Spanischbrötli, page 116.

Bretzeli

Gaufrette fine et croustillante, sucrée ou salée

Précisons d'emblée que le *Bretzeli* ou sa variante *Brätzeli* est un bricelet et non un bretzel (*Brezel* en allemand), lequel a autant de points communs avec le *Bretzeli* qu'une saucisse avec une tranche de *Fleischkäse* (le mal nommé « fromage d'Italie »). On associe volontiers le bretzel à la ville de Bâle, où la profession de *Brezelbäcker* (boulanger spécialisé en bretzels) est attestée depuis 1322. Le bretzel est une pâtisserie salée et torsadée en forme de huit, également appelé *Bierring* (anneau pour la bière).

Le *Brätzeli*, par contre, est très fin, délicat et friable, soit plat et rond, cuit entre deux fers chauffants à motifs, soit roulé comme un cigare creux (cf. *Hüppen, page 348*). Selon le *Dictionnaire suisse romand*, les termes *bricelet* et *bretzel* se sont influencés mutuellement. « Le nom remonte au latin "*brachium*, *brachiolum*" (bras, petit bras) », écrit Albert Spycher dans *Back es im Öfelin oder in der Tortenpfann*. « Il est passé dans la langue italienne avec "*braccia*, *braciatello*", a été utilisé comme mot d'emprunt en vieux haut allemand avec "*brezila*, *brezitella*", à partir duquel s'est finalement développé le moyen haut allemand "*prezile*". » Les deux formes étaient servies aux fidèles en tant que symboles du corps du Christ, puis les termes se sont probablement mélangés et les formes *Bretzel* et *Brezel* sont devenues indépendantes.

La fabrication de bricelets pourrait aussi être considérée comme une sécularisation de la production d'hosties, puisque l'on cuisait celles-ci comme ceux-là entre des fers chauds. Dans la liturgie catholique, les hosties, ces oublies consacrées et rondes faites de farine sans levain, sont offertes aux fidèles depuis le VIIIe siècle ; à Paris, il y avait au XIIIe siècle des corporations d'oublieurs (vendeurs d'oublies). À la fin du Moyen Âge, on trouvait couramment des bricelets et des gaufrettes, légèrement plus épaisses, dans toute l'Europe.

L'histoire des *Brätzeli* et bricelets est mieux documentée par les vieux fers à bricelets et à gaufres avec un, deux, quatre ou même davantage de motifs individuels que par des témoignages écrits. De tels fers, dont certains datent du XVIe siècle, sont exposés dans de nombreux musées en Suisse ; les plus anciens fonctionnent comme des tenailles plates, on presse les deux poignées l'une contre l'autre et maintient les plaques ainsi pressées, contenant la pâte, au-dessus du feu ; les modèles en fonte plus récents peuvent être ouverts et fermés comme un livre. Au Musée de la Vallée à Lauterbrunnen se trouve un gaufrier à charnière avec sept motifs ronds qui peut être placé sur une ouverture dans le four. Les machines à bricelets électriques existent depuis les années 1920 ; elles cuisent avec précision et simultanément la pâte des deux côtés ; autrefois, il fallait tourner les fers tout en prenant garde à ne brûler ni leur contenu ni ses doigts. Les sujets populaires des gravures qu'on retrouvait sur les bricelets étaient des armoiries, des symboles religieux, des fioritures baroques, à partir du XXe siècle parfois des événements tels que l'Expo 64 (une sorte de monnaie commémorative comestible), parfois des sujets historiques comme Guillaume Tell ou le château de Chillon, ou encore touristiques comme un edelweiss, une gentiane, le monument du Lion de Lucerne, Mère Helvétie et ses enfants, etc.

C'est le fait que les bricelets doivent être produits à la pièce qui occasionne le plus de travail. La pâte, elle, est rapidement mélangée : farine, sucre, crème, beurre (anciennement saindoux), eau, un peu de sel et de kirsch ; pour les bretzels salés, bien sûr, pas de sucre. On peut ajouter du cumin, du poivre, des graines de pavot ou du fromage d'alpage bernois râpé. Laisser reposer la pâte pendant quelques heures, puis, selon la texture de la pâte, mettre une cuillerée ou une boulette sur le fer, le presser et le maintenir au-dessus des braises. Le bricelet fini doit être doré, mais pas brun foncé, et aussi un peu élastique. Ensuite on ouvre le fer, sort le bricelet, découpe les bords soigneusement, le met de côté pour qu'il refroidisse et sèche ou le roule en cylindre (que l'on remplira – ou non – de crème fouettée juste avant de le consommer). Dans une boîte en fer-blanc, les *Brätzeleni* se conservent pendant environ huit mois ; ils sont parfaits pour l'apéro, le café et le thé.

Les bretzels faits maison sont considérés comme un cadeau idéal, car il a fallu y mettre du sien. Bien entendu, les bretzels produits industriellement existent depuis longtemps, mais ils ne sont pas aussi friables que ceux que l'on a confectionnés soi-même. Les *Bretzeli* ou bricelets sont faciles à trouver dans toute la Suisse.

Voir aussi : Bricelets, page 235 ; Sensler Bretzeln, page 242 ; Offleten, page 319 ; Hüppen, page 348.

Brienzer Krapfen

Chaussons carrés frits, fourrés à la purée de poire et aux noix

Le *Brienzer Krapfen* est un carré de onze centimètres sur onze. Les chaussons sont en fait le fast-food du Moyen Âge, la poursuite d'un système qui remonte aux racines de la civilisation : il suffit de répartir des aliments hachés sur la moitié d'une portion de pâte, de replier la seconde par-dessus et l'en-cas est prêt. La pâte ainsi refermée peut être remplie d'un mélange sucré ou salé, de viande et de légumes, de fromage, de fruits et de noix ou de restes de repas, cuite au four ou frite dans une matière grasse bouillonnante. La cuisson au saindoux ou autre graisse animale dans une casserole était la méthode la plus ancienne, car les fours n'ont été installés dans les logements privés que tardivement – on disposait jadis de fournils publics.

Dans notre pays, le paradis du chausson se trouve en Suisse centrale. L'*Ofenkrapfen* d'Obwald et de Nidwald est fabriqué de manière similaire au *Brienzer Krapfen* – ce qui n'est guère surprenant, puisque le Sbrinz a lui aussi trouvé son chemin vers Brienz via le col du Brünig. Le « Brienzerkrapfen » a été mentionné pour la première fois par écrit en 1934, lorsqu'il a été choisi comme étant représentatif de la région de Brienz dans une enquête sur le folklore national. Un pasteur se souvenait que les boulangeries brienzoises présentaient déjà ces beignets dans leurs étalages dans les années 1930. Avant que les boulangers professionnels ne commencent à le proposer, le *Brienzer Krapfen* était fabriqué par des particuliers – ce qui n'était pas une mince affaire, car les familles devaient d'abord préparer les produits qu'elles utilisaient. Les hommes cassaient et hachaient des noix, les femmes s'occupaient du reste. Le chausson de Brienz est une viennoiserie riche qui se consomme pendant la saison froide.

La pâte brisée est fabriquée à partir de graisse végétale ou de saindoux et de farine, d'œufs, d'eau et de sel de cuisine. Lorsque la pâte est bien ferme, on l'abaisse puis la recouvre d'une garniture composée de purée de poires, de cerneaux de noix hachés, de sucre, d'un peu d'eau et d'un mélange d'épices contenant de la poudre de cannelle et des clous de girofle, ainsi que des ingrédients secrets. Le boulanger applique la deuxième couche de pâte sur la garniture et imprime dans la pâte les contours carrés des futurs chaussons à l'aide d'un outil en bois, la *Krapfenbrett* (planche à beignets), puis les découpe avec la *Krapfenrädli* (roulette à chaussons) à la dentelure arrondie ; il comprime les bords extérieurs lors de la découpe. Avant de laisser les chaussons reposer pendant deux heures, le boulanger fait des petits trous sur les deux côtés, afin que la vapeur puisse s'échapper en cours de cuisson. Ils sont frits pendant environ sept minutes dans une matière grasse chauffée à 180 °C. On peut également utiliser de la pâte feuilletée.

La haute saison du *Brienzer Krapfen* coïncide avec le *Brienzer Märit* (marché annuel de Brienz), qui a été autorisé par les seigneurs bernois en 1626 et a lieu le mercredi et le jeudi de la deuxième semaine de novembre. Cette viennoiserie très nutritive, d'environ 150 grammes, constitue une collation fort appréciée des randonneurs et excursionnistes.

Voir aussi : Rissoles aux poires, page 146 ; Ofenkrapfen, page 366 ; Schwyzer Krapfen, page 383 ; Gubel-Krapfen, page 391 ; Landsgmendchrempfli, page 448 ; Zigerkrapfen, page 519 ; Crèfli, page 627.

Dänzeschiibli

Biscuit sucré plat, sans matières grasses et de la taille de la paume d'une main

Lorsque le compagnon boulanger Lorenz Denz quitta la Forêt-Noire pour la Suisse, toutes sortes de demoiselles se bousculaient sans doute dans sa tête, et rien ne le laissait penser qu'il accosterait bientôt dans un havre conjugal. Mais après tout, ce havre donnera sur un beau lac, puisqu'il s'agit de Brienz. Dans les années 1830, Denz arrive dans les alentours de Berne et y aurait entendu des rumeurs selon lesquelles « les *Brienzermeitschi* (les filles de Brienz) étaient particulièrement jolies », selon la chronique familiale de la boulangerie qui naîtra plus tard de cette union. Quoi qu'il en soit, Denz a épousé sa Brienzermeitschi en 1837 et s'est établi comme boulanger dans l'Oberland bernois avec une recette qu'il avait sans doute ramenée de sa patrie... ou provenait-elle de la maison de la famille patricienne bernoise auprès de laquelle son épouse avait été en service auparavant ? Denz fabriqua un *Güetzi* (biscuit) de la taille d'une paume à partir d'œufs, de sucre, de farine, de lait et de sel, cuit deux fois (comme les zwieback) et rehaussé de lignes de glaçage au sucre ; il appela sa création *Dänzeschiibli* ou *Dänzeschybleni* (tranchette de Denz) – parlant l'alémanique, les gens de la Forêt-Noire ont à peine plus de difficultés avec le dialecte bernois que les Bâlois.

Ces biscuits plats, brun clair et légèrement secs, sont proposés de fin octobre à Noël sous des formes et figures très diverses. Autrefois, les boulangers faisaient un trou au milieu avant de les cuire, afin que leurs clients puissent les accrocher au sapin de Noël.

Voir aussi : Zwieback, page 325.

Graswürmer

Pâtisserie ressemblant à une chenille, de la taille d'un doigt

Un ver vert n'est pas un ver souffrant de nausées, mais une chenille. Si toutes les chenilles ne sont pas vertes, beaucoup le sont, et comme les chenilles ne font rien d'autre que manger de la verdure et ressemblent à des vers courts et gras, ce sont justement des *Graswürmer* (vers d'herbe). Ce synonyme de chenille remonte à plus de mille ans, selon le grand *Dictionnaire allemand des frères Grimm* (cf. *page 232*). Les *Graswürmleni* sont encore produits dans les vallées du Simmental et de la Jogne (en allemand Jauntal, car cette partie du district la Gruyère est germanophone).

À l'époque de l'Ancien Régime, cette pâtisserie nécessitant beaucoup de travail était répandue dans une grande partie du territoire bernois, y compris en ville de Berne. Dans son ouvrage sur les repas de fête qu'on y préparait (*Festliches Essen und Trinken im alten Bern*), François de Capitani écrit ceci : « Il y a toujours deux types de pâtisseries dont les noms nous font aussitôt réagir : les *Graswürmer* et les *Hobelspäne* (copeaux). Dans les deux cas, on prépare une pâte qui est ensuite cuite dans du beurre. »

Extrait du livre de recettes de Rosina Sinner, vers 1800 : « Pour faire des *Graswürm*, on prend 3 à 4 œufs, 1 quart de livre de beurre frais, la même quantité de sucre et des zestes de citron à volonté, hachés finement ; mélanger le tout, y mettre de la farine afin qu'on déroule bien la pâte, que l'on coupe en lanières avec une roulette et cuit dans du beurre jusqu'à ce qu'elle soit joliment dorée. » La recette suivante date probablement du XVIIIe siècle : « *Hobelspan* (copeaux) – Pour chaque œuf une cuillère de crème et autant de sucre, ajouter de la farine jusqu'à ce que la pâte ait la bonne épaisseur pour qu'on la roule et la cuise dans du beurre ; avec 3 œufs on remplit une bonne plaque. » La pâte a été abaissée et coupée en petites lanières qui ont été cuites au four. En ajoutant du vin blanc à la recette de *Graswürmleni*, on fabrique des *Weinstängeli*, c'est-à-dire des bâtonnets au vin.

Voir aussi : Graswürmleni, page 232.

Haslikuchen

Gâteau rond et plat, fourré d'une masse de noisettes.

Noisette (en allemand *Haselnuss*) et vallée du Hasli (Haslital) vont de pair, non seulement en raison de leur ressemblance phonétique, mais aussi parce que le noisetier (*Coryllus avellana*) prospère aussi bien au pied des routes des cols du Grimsel et du Susten qu'en d'autres endroits. Cependant, cet arbuste n'a pas donné son nom au *Haslikuchen* ; ce sont bien les gens de la vallée qui en ont été les inspirateurs. Il est difficile de trouver des traces historiques sur l'origine et la tradition de ce gâteau. Le producteur auquel nous avons rendu visite le connaît de sa grand-mère, et d'après lui « il est fabriqué dans la région depuis au moins 50 ans ». Les noisettes sont appréciées dans toute la Suisse, ce n'est pas uniquement dans le Haslital – également appelé Oberhasli – qu'elles ont contribué à une alimentation saine, surtout en hiver. Dans le *Bernerisches Koch-Büchlein* (1749), les gâteaux contiennent exclusivement des amandes. Peut-être que les noisettes étaient si banales, si répandues à l'époque que contrairement aux amandes, on les jugeait indignes de figurer dans une recette ?

Il faut abaisser une pâte feuilletée ou brisée et la disposer dans un moule rond; une fois cuit, le gâteau aura une hauteur de trois centimètres environ. On garnit ensuite la pâte d'une masse composée de noisettes moulues, de sucre, de farine et de lait, et l'on enfourne le tout. Au terme de la cuisson, on peut utiliser un pochoir et du sucre glace pour décorer sa surface de l'animal héraldique de la région du Hasli, qui est un aigle. Certains aiment tartiner la base du gâteau d'une garniture aigre-douce, de préférence de la confiture d'abricots, et griller les noisettes avant de les moudre et/ou lui donner un goût plus marqué en utilisant des noix, qui sont plus amères. Pour les boulangeries de Meiringen, le *Haslikuchen* a une certaine importance économique; on le déguste volontiers en prenant son café.

Meringue

Confiserie fragile et légère à base de blanc d'œuf et de sucre glace

Difficile de trouver plus urbain que cette confiserie aérienne, si légère sur l'assiette à dessert que même le bras décharné d'une vieille dame brinquebalante n'aurait pas à se briser pour porter un morceau de meringue à sa bouche. C'est dans les riches monastères, châteaux et villes que cette exquise pâtisserie fine était autrefois fabriquée par des spécialistes, et non dans les campagnes où les paysannes avaient autre chose à faire que de monter des blancs d'œufs et du sucre glace en neige, de les verser dans une poche à douille et d'en faire sortir de jolies formes. Et pourtant, nulle part ailleurs la *Merängge* (orthographe suisse allemande) ne domine de manière aussi erratique tous les desserts qu'à la campagne – dans les Préalpes, pour être plus précis. Il ne peut y avoir qu'une raison à cela: la meringue a une fonction spéciale à remplir. En effet, elle ne doit pas se contenter de chatouiller les lèvres en tant que délicat *Baiser* (car tel est aussi son nom... allemand), mais accompagner une crème épaisse et grasse à souhait.

La meringue vient « de Mehringen », décrète Joseph Favre dans son *Dictionnaire universel de cuisine pratique* (1894). Le Valaisan faisait-il référence à Meiringen, à l'est du lac de Brienz? On ne pose même pas la question aux habitants de cette commune, convaincus que la meringue a été créée par il signor Gasparini, un confiseur d'origine italienne, vers 1600 ou 1720, et par conséquent que son nom est directement issu de Meiringen. Il n'existe aucune preuve de cela, « car les archives municipales ont hélas été détruites deux fois par le feu, écrit Petra Foede dans *Wie Bismarck auf den Hering kam – Kulinarische Legenden* (2009), « et le Musée d'art culinaire de Francfort-sur-le-Main, qui aurait découvert une recette de Gasparini pour cette confiserie dans les années 1930, a été complètement détruit pendant la Seconde Guerre mondiale ».

Ce n'est pas seulement le manque de preuves qui plaide contre Meiringen comme berceau de la meringue, mais aussi des données économiques: vers 1600, seuls les riches pouvaient s'offrir du sucre de canne, il a fallu attendre le début du XIXe siècle pour disposer de sucre de betterave bon marché, et l'on ne saurait battre convenablement des blancs d'œufs avec du miel. Vers 1720, le sucre était déjà moins cher qu'en 1600, « mais pas au point que cette confiserie aurait pu être vendue à Meiringen, qui était petite, rurale et pas vraiment aisée à l'époque; pour cela, il fallait un environnement luxueux et princier », note René Simmen dans *Wo der Pfeffer wächst* (1997).

La légende nous mène donc vers le prochain virage: Gasparini, un pâtissier *suisse*, serait venu d'un village de l'est de l'Allemagne appelé Mehrinyghen à la cour de l'ex-roi de Pologne Stanislas Leszczynski en exil en France vers 1720 et y aurait créé la meringue. Selon une variante de la légende, Gasparini était censé enseigner à la fille du roi « sa manière de faire dans le grand art de la confiserie » et lui aurait ainsi fait découvrir et aimer la meringue; à Meiringen, on dit que Gasparini a rencontré la princesse Marie – la future épouse de Louis XV – alors qu'il était en vacances dans le Haslital. René Simmen poursuit: « À cette époque, l'Oberland bernois n'était pas encore un paradis touristique, et un tel voyage aurait surement été évoqué dans l'une ou l'autre des nombreuses biographies consacrées à la princesse et reine. »

Le terme *meringue* « trouve son origine en 1737 dans le polonais *marzynka* pour "chose figée, solidifiée" », postule *Das Gourmet Handbuch* (2000). Voici ses synonymes: *Meringe, Spanischer Wind*, c'est-à-dire vent espagnol (sec comme l'air chaud au-dessus de la Manche en été?) ou *Baiser* – en Allemagne, pas en France. Le *Larousse gastronomique* (1996) dit laconiquement que « jusqu'au début du XIXe siècle, les meringues cuites au four se moulaient à la cuillère; c'est Carême qui eut l'idée de les coucher à la poche à douille »; mais la bible culinaire reste muette sur l'origine de la pâtisserie. Alan Davidson (*The Oxford Companion to Food*, 1999) pense quant à lui qu'il ne faut « pas s'attarder sur les activités d'un chef suisse dans les années 1720 ». Il attribue clairement l'origine de la meringue à la France: « Elle apparaît imprimée la première fois chez Massialot (1691), même si des recettes pour la même chose ont été publiées auparavant, sans toutefois en porter le nom. »

François Massialot (1660-1733) était un chef légendaire et indépendant; il travailla comme cuisinier itinérant, par exemple au service de Philippe d'Orléans, le frère cadet de Louis XIV, et publia *Le Cuisinier roïal et bourgeois* en 1691, où l'on trouve la recette de la crème brûlée imprimée pour la première fois. À l'époque, « on s'accordait à penser que la France était en avance sur toutes les autres nations », écrit Rudolf Trefzer dans *Klassiker der Kochkunst* (2009), citant la préface de Massialot: « Ce n'est qu'en Europe où règne la propreté, le bon goût et l'adresse dans l'assaisonnement des viandes et des aliments qui s'y trouvent, et où l'on rend en même temps justice aux dons merveilleux que fournit l'heureuse situation des autres climats; et l'on peut se vanter, principalement en France, de l'emporter en cela sur toutes les autres nations, comme on le fait en politesse, et en mille autres avantages assez connus » – sauf en modestie, reste-t-il à ajouter; mais où est-elle assez connue?

Il semble, poursuit Alan Davidson, « que des cuisiniers européens aient découvert dès le XVIe siècle que l'on obtient une mousse appétissante en battant des blancs d'œufs, par exemple avec un fouet fait de branchettes de bouleau». Au début, les résultats furent peu satisfaisants: le sucre n'était pas assez fin, et comme les grains absorbent le liquide, au lieu d'une neige, on obtenait un sirop de blanc d'œuf. Une fois qu'on y est parvenu, «lorsque la vraie meringue fait son apparition au XVIIe siècle, personne ne lui a encore donné de nom». On appela le produit «*sugar puff*» (soufflé sucré). Et le nom, alors? De nombreux mots français se terminant par *-ingue* «sont issus de l'allemand», note Davidson. Donc, retour à Meiringen? Dans *Aus Schweizer Küchen*, Marianne Kaltenbach l'affirme de manière apodictique: «Un hôtelier les servait à ses clients étrangers. Au fil du temps, ses *Meiringerli* – probablement parce que peu d'hôtes arrivaient à prononcer ce mot – sont devenues les actuelles meringues.»

Il est grand temps de changer de direction. Le voyage nous mène maintenant en Angleterre. *The Oxford Companion to Sugar and Sweets*, publié en 2015, n'offre guère plus d'éclairages que la recette du white *bisket bread* du recueil (1604) de Lady Elinor Fettiplace, d'après laquelle il faut mélanger et cuire 1½ livre de sucre, une poignée de fleur de farine et une douzaine de blancs d'œufs battus, tout comme la première recette de meringue de François Massialot.

Ce piétinement a poussé Albert Spycher (1932-2020), ethnologue et historien de la pâtisserie bâlois, à reprendre la recherche à zéro et à remonter plus loin dans le temps. «Dans *Das Kochbuch der Sabina Welserin* (vers 1553), le blanc d'œuf entre en jeu en combinaison avec la crème de lait», écrit-il sur *brauchtumsseiten.de* (01/2014). D'après ce livre que Spycher cite, «pour faire une *rammuss* (littéralement: une compote à la crème), il fallait bien mélanger environ neuf décilitres de crème et 20 blancs d'œufs et on servait le tout froid ou à température ambiante. Et pour “faire une neige” (*ain schne zu machen*), il fallait monter la crème en neige et la disposer sur un petit pain cuit et sucré. On se rend en Angleterre avec le *Proper new booke of cooceryе* (1575) et sa recette – difficile à interpréter – pour “faire une assiettée de neige” (*To make a disheful of snow*). On y mélange de la crème, du blanc d'œuf et de l'eau de rose, puis on fabrique une sorte de fouet à partir d'un bâton écorcé avec lequel on bat les ingrédients pour les faire mousser.»

À Liège, Lancelot de Casteau, maître-cuisinier de plusieurs princes-évêques, décrit dans *Ouverture de la cuisine* (1604) la «neige seiche», un mélange – épicé de musc et de gingembre – de blanc d'œuf battu et de sucre suffisamment cuit dans de l'eau de rose «pour qu'il tombe de la spatule comme la neige». À Paris, François Pierre de la Varenne a donné sa version de ce procédé dans le *Pâtissier françois* (1653), publié anonymement mais qui lui est attribué – une version pâtissière, donc: «Pour ses biscuits de sucre en neige, il a purifié un quarteron de sucre royal (environ 125 grammes du sucre le plus fin) et l'a fait bouillir avec de l'eau de rose – du sucre rosat – jusqu'à obtenir un sirop épais. Il fallait ensuite ajouter deux blancs d'œufs montés en neige, former des biscuits, les étaler sur un papier et les faire cuire au four à feu doux […]. À peine publiés, ces précurseurs de nos meringues ont migré dans le livre de cuisine anglais anonyme *The perfect cook* (1656) sous le titre *The manner how to make sugar frosted biskets.*»

Albert Spycher, de retour en France: «Ce que l'on peut considérer jusqu'à présent comme des étapes de développement […] est désigné sous le terme de meringue dans la *Nouvelle instruction pour les confitures, les liqueurs et les fruits* (1692) de François Massialot. Selon l'auteur, meringues et macarons sont faciles à réaliser: “Prenez trois ou quatre œufs frais, selon la quantité de meringues que vous voulez faire; retirez-en les blancs, & les foüettez jusqu'à tant qu'ils forment la neige à rochers.”» Massialot a inclus la recette un an plus tôt dans *Le cuisinier roïal et bourgeois*.

Les premières variantes suisses de meringues se trouvent dans un recueil de recettes de 1753, conservé aux Archives de la Ville de Lausanne, ainsi que dans l'ouvrage intitulé *La Cuisinière genevoise* (édition de 1813). En outre, plusieurs livres de cuisine bernois du XIXe siècle publient des recettes de meringue, le mot étant imprimé dans une écriture différente du gothique habituel – preuve qu'il s'agit d'un emprunt à une langue romane.

Spycher a encore trouvé d'autres détails dans ses recherches sur l'évolution de la meringue. Ainsi, Lisette Rytz-Dick présente une expérience dans le *Neues Berner Kochbuch* (1836), la *Gefüllter Eierschaum* (mousse d'œuf garnie): «Étaler une couche de blancs d'œufs sur une assiette, appliquer de la gelée ainsi qu'une autre couche de neige, et faire cuire au four à feu très doux, ou même dans la tourtière coiffée de son couvercle chaud.» L'édition de 1843 décrivait comment, après la cuisson, retirer l'intérieur moelleux de deux meringues avec une cuillère à café, les remplir de crème fouettée ou glacée et les assembler. «Les deux ensemble font une meringue glacée régulière», d'après Albert Spycher. «Les évider, c'était faire de nécessité vertu, car il était extrêmement difficile de bien cuire des meringues avec les équipements de cuisson de ce temps-là.»

La température et la consistance ne sont pas les seuls écueils à surmonter. Il faut cesser de battre les blancs d'œufs au bon moment, sinon les bulles d'air dans la masse vont progressivement rapetisser; à la fin, la neige se liquéfie et il n'y a plus moyen de la sauver. De même, aucune goutte de jaune d'œuf ne doit tomber dans le blanc, car la matière grasse contenue dans le jaune peut réduire le volume de la neige.

Pour conclure brièvement cette longue histoire, voici la recette: avec un fouet, monter les blancs d'œufs en une neige semi-ferme et incorporer doucement le sucre glace; plus on met de sucre, plus le résultat final sera dur. Remplir une poche à douille de la masse finie, presser des meringues de forme ovale à ronde sur une plaque de cuisson et les faire cuire ou sécher à 80 à 120 °C.

Les meringues ont de proches parents en Suisse orientale, les *Geduldszeltli* et les *Hosenknöpfe*; ils sont préparés de la même façon qu'elles, mais avec de la farine dans la masse.

Voir aussi: Schokolade-S, page 40; Meringue, page 240; Geduldszeltli, page 317; Hosenknöpfe, pages 317 et 447.

Speckkuchen

Gâteau salé ; tarte avec une garniture de crème, de lard, de cumin et de sel

Il est rare que des régions, des souverainetés cantonales et des frontières linguistiques s'imbriquent de manière aussi complexe que dans le Pays des Trois-Lacs entourant ceux de Bienne, de Morat et de Neuchâtel. C'est pourquoi le gâteau au lard (*Speckkuchen*) est également connu sous le nom de gâteau salé, gâteau au sel ou *Salzkuchen*. Le véritable berceau du gâteau salé se trouve à Chiètres (Tyétres en patois fribourgeois, Kerzers en allemand), dans le canton de Fribourg (cf. *page 238*), tandis que son cousin, le gâteau au lard, est originaire des communes bernoises d'Ins et de Münchenwiler (respectivement Anet et Villars-les-Moines en français). Selon les connaisseurs en la matière, la différence réside dans le type de lard. Pour le gâteau au sel, on utilise de la bardière, c'est-à-dire du lard gras, provenant de préférence du dos du porc ; sur le gâteau au lard, on répartit des tranches de lard maigre ; l'un est « vert », l'autre fumé – ou aucun des deux. D'autres, en revanche, estiment que les différences entre les gâteaux au sel et ceux au lard relèvent de traditions linguistiques et qu'« il en a toujours été ainsi ».

On fabrique le gâteau en abaissant un fond de pâte à pain rond sans bord, en étalant une fine couche de crème par-dessus (la crème fouettée est plus facile à étaler), en saupoudrant du sel et du cumin et enfin en garnissant le tout de lard (en fines tranches, dés ou bâtonnets). La parenté avec la célèbre *Flammeküeche* (tarte flambée) alsacienne est évidente ; il peut s'agir d'une coïncidence, mais rappelons qu'autrefois, dans le « pays des lacs » (Seeland) comme en Alsace, on glissait les gâteaux dans les fours villageois pour profiter de la chaleur décroissante après la cuisson du pain, car le temps était compté, le jour de la cuisson, pour préparer un déjeuner instantané pour la famille.

Voir aussi : Salzige Wähen, page 39 ; Gâteau salé, page 238.

Spitzbuben

Coquins ; deux couches de biscuit sablé sucré avec de la confiture au milieu

Spitzel est un terme qui serait apparu à Vienne au début du XIXe siècle comme un synonyme d'espion ou d'espionne, dérivé du spitz, une race de chien d'une curiosité et d'une impertinence exaspérantes. On a ensuite ajouté à *Spitzel* le moyen haut allemand *buobe* (garçon), et le *Spitzbube* était né, un mineur criminel. Si ce terme est apparu dans la ville des douceurs, il serait logique que la confiserie de Noël baptisée Spitzbub ait également été inventée sur le beau Danube bleu. Cela ne semble pas être le cas – même l'*Appetit-Lexikon*, paru à Vienne en 1894, ignore les petits malfaiteurs sucrés.

La première recette en Suisse se trouve dans le livre de cuisine *Das Meisterwerk der Küche*, publié en 1929 à Berne. L'*Idiotikon* définit le *Spitzbube* uniquement comme un truand (*Ganove*), et dans le *Kochbuch für alle* de 1938, le mot figure entre guillemets dans l'index des recettes. Il semble donc bien que les *Spitzbuben* comestibles aient été créés au XXe siècle et pas avant. Dans l'édition de 1960 du *Fülscher-Kochbuch*, on peut en voir sur une photo, en compagnie d'étoiles à la cannelle, de macarons aux amandes et de bretzels au chocolat et à la vanille. Fräulein Fülscher (1895-1970 ; elle tenait beaucoup à ce titre de civilité) n'écrit rien sur l'origine de cette pâtisserie, mais présente une seconde recette, une confiserie au roquefort (*Roquefort-Konfekt*) également appelée « *Pikante Spitzbuben*, servie chaude ou froide », avec une garniture de roquefort, de beurre, de crème et de jaune d'œuf.

Les *Spitzbuben* classiques se composent de deux couches ou découpes de pâte brisée rondes de même taille. Une tranche forme la base, l'autre le couvercle, dans lequel est percé un trou (rond, dentelé, en forme d'étoile, etc.) ou trois plus petits qui, avec un peu de bonne volonté, peuvent être assimilés à un visage.

Les deux moitiés sont cuites au four à 180 °C pendant environ 20 minutes. À l'aide d'une poche à douille, on presse une cuillerée de confiture (quatre fruits à base de purée de pommes, de pruneaux, de groseilles et de framboises, ou simplement de la gelée de framboises ou d'abricots) sur les biscuits non perforés et colle les parties perforées, saupoudrées de sucre glace ou glacées au sucre, sur le dessus. Les *Spitzbuben* sont une confiserie traditionnelle de Noël ; il en existe également une version de la taille d'une paume de main, appelée « œil de bœuf » (en allemand *Ochsenaugen*), disponible dans les boulangeries tout au long de l'année.

Tresse

Zopf ; brioche faite d'une pâte à base de farine blanche et de levure, tressée comme une natte de cheveux

La *Bärner Züpfe* ou tresse bernoise est considérée comme l'une des spécialités cantonales les plus connues en Suisse. Le témoignage le plus ancien que nous en ayons est une illustration de 1470 figurant dans la *Berner Chronik* de Benedikt Tschachtlan à la Bibliothèque centrale de Zurich. « Elle montre comment les Bernois ont dévasté et pillé le village de Schwarzenburg. Au milieu de la représentation, un Bernois porte trois *Güggeli* (poulets) embrochés sur sa lance, et un autre une longue *Züpfe* sur son épaule » (*Berner Oberland – Das Kochbuch*).

La tresse ou *Zopf* est-elle une innovation boulangère bernoise ? Jusqu'à présent, aucune preuve n'a été apportée en Suisse qui permettrait de remonter plus loin dans le passé et dans une autre direction. La brioche à base de farine blanche, tressée dans le sens de la longueur comme une natte, en couronne ou en rond, était un cadeau de Nouvel An fort apprécié et une pâtisserie dominicale traditionnelle avant d'être quasiment profanée dans la seconde moitié du XXe siècle en devenant disponible toute l'année.

Comment la tresse a-t-elle pris forme? «La pâte est un support idéal pour façonner les figures les plus diverses», note le *Handwörterbuch des deutschen Aberglaubens* (Dictionnaire des superstitions allemandes, 1938-1987), «qui permettait aux artisans doués de s'adonner à une activité artistique; et celui qui écrira l'histoire des pains figuratifs devrait d'abord rassembler l'ensemble des formes et motifs des arts plastiques populaires.» Il est donc permis d'exprimer des doutes quant à l'interprétation considérant «les tresses comme des substituts pâtissiers aux anciens sacrifices capillaires». Les doutes n'ont pas empêché les rédacteurs du *Bulletin professionnel Richemont* (1951) de trouver dans l'Antiquité la source d'inspiration de la forme tressée: la femme devait suivre son mari défunt dans la tombe, plus tard cette obligation draconienne a été remplacée par le prélèvement d'une partie de la chevelure de l'épouse, une *pars pro toto*, donc, et plus tard encore la tresse de vrais cheveux fut remplacée par une copie en pâte.

Et dans l'ancienne Chine impériale, poursuit le dictionnaire précité, «parmi les pâtisseries offertes la nuit du Nouvel An devant les images des esprits ancestraux, il y en avait une faite de bandes de pâte tressées».

En comparaison, cette version française est des plus terre à terre: *L'Inventaire du patrimoine culinaire de la France* attribue en effet la forme de la brioche tressée non pas à l'Antiquité ni aux galeries des aïeux, mais à la coiffure traditionnelle des Alsaciennes.

Mais d'où vient donc la tresse? Pas du tout du canton de Berne, même si c'est bien de là qu'elle s'est répandue dans toute la Suisse. Le *Handwörterbuch des deutschen Aberglaubens* postule l'origine juive de la tresse en s'appuyant sur de nombreuses indications: le pain traditionnel de fête appelé *challah* ou *hallah*. Cette tresse du shabbat est probablement arrivée en Europe en même temps que les juifs et leurs préceptes religieux antérieurs à l'époque chrétienne, et elle y a été adaptée. Le plus ancien témoignage d'une présence juive en Suisse est une bague datant du IIe au IVe siècle de notre ère, trouvée à Kaiseraugst (Augusta raurica), décorée d'une représentation de la menorah, le chandelier à sept branches du Temple de Jérusalem.

Cependant, d'après le *Dictionnaire historique de la Suisse*, «les premiers documents évoquant l'établissement [de juifs sur le territoire suisse] sont postérieurs à 1150; venus de la région du Rhin supérieur, de France et de Savoie, des juifs sont attestés à Genève depuis la seconde moitié du XIIe siècle, à Bâle en 1213, puis à Zurich, Saint-Gall, dans la région du lac de Constance, à Berne, à Soleure, en Argovie et à Lucerne à la fin du XIIIe siècle, à Bienne et Neuchâtel vers 1300».

Peut-être que les choses ont suivi un cours différent? Selon François de Capitani, la tresse n'aurait conquis Berne et la Suisse qu'après l'Ancien Régime: «Les *Wastelen* étaient des pains de fête d'une forme particulière, qui étaient cuits et distribués à Nouvel An. Les *Wastelen* étaient fabriqués en forme de gros bretzel. De toute évidence, ce sont les précurseurs des tresses d'aujourd'hui» (*Festliches Essen und Trinken im alten Bern*, 1982).

Qu'il s'agisse de *Wastelen* ou de *Trütsche* (ancien nom pour une seule tresse), de *Züpfe* ou de *challah*, il n'y a guère de pâtisserie que l'on cuisine aussi souvent que la tresse dans les foyers suisses, à la campagne comme en ville. Toutes les boulangeries vendent de la tresse, les grands distributeurs de toute manière, et pourtant des milliers de tresses sont encore glissées dans des cuisinières privées le samedi. La tresse faite maison est devenue le symbole d'une certaine maîtrise de ses propres fourneaux, mais aussi une épreuve de vérité culinaire entre personnes bien entraînées pour voir qui saura faire la plus belle tresse. Alors que le four domestique, atteignant au mieux 240 °C, produit une chaleur trop basse pour cuire un bon pain croustillant, la température suffit pour la tresse.

La recette de base comprend de la farine blanche (il existe aujourd'hui une farine spéciale pour la tresse provenant de la partie la plus interne du grain de céréale), de la levure, du beurre, du lait, du sel et du sucre. L'ajout de jaune d'œuf est devenu une question de principe; les admirateurs de la *Berner Züpfe* ne jurent que par cela, d'autres pensent que le jaune d'œuf doit être badigeonné sur la tresse mais pas mélangé à la pâte car la tresse devient trop sèche. La quantité de beurre est aussi discutable que la question de savoir s'il faut couper le lait avec de l'eau. Certains laissent la pâte lever pendant une heure ou deux avant de la travailler, d'autres lui laissent une nuit complète de repos dans un endroit frais. Christian, chef cuisinier personnel dévoué, ajoute une double portion de levure à la pâte et la laisse parfois lever dans la cave pendant deux jours. Et à la fin, on est toujours confronté à la dualité du monde des tresses: celle du boulanger a un goût plutôt discret et une consistance aérée, tandis que la tresse faite maison remplit le palais d'opulence aromatique et de douceur beurrée.

On façonne la tresse avec deux, trois ou huit pâtons – c'est une question de savoir-faire. Certaines tresses s'amincissent de l'arrière vers l'avant, d'autres sont courtes et sans pointe, d'autres encore sont plates ou hautes. Cette brioche peut être consommée avec du beurre et de la confiture ou avec du fromage et de la viande froide. Ou juste comme ça, parce qu'il est impossible de résister à une tresse fraîchement cuite et à moitié refroidie, merveilleusement parfumée, avec sa croûte dorée.

Voir aussi: Pain de Pâques, page 207; Grittibänz, page 318; Agathenringli, page 381; Bröötis, page 446; Motschelle, page 450.

CONFISERIES

Bonbons aux herbes

Kräuterbonbons *; bonbons durs ou fourrés, aromatisés avec un bouquet d'herbes*

La télévision peut déformer notre perception et la publicité le fait. Ainsi, si la plupart des gens savent à quoi associer le slogan « Qui l'a inventé ? » (« *Wer häts erfunde ?* » en version originale suisse allemande), cela ne signifie pas que cette paternité soit réellement à l'origine de notre plaisir gourmand. Herbalpina, le plus ancien bonbon aux herbes encore produit aujourd'hui, a été lancé en 1897 par la société Wander à Berne ; les bonbons Haschi de la société Halter existent depuis 1919 ; on peut encore citer d'autres marques helvétiques connues, comme Halsfeger et Santasapina. Les treize herbes suisses destinées aux bonbons Ricola fabriqués à Laufon, qui appartenait alors encore au canton de Berne, ont été assemblées par Emil Richterich en 1940.

Le bonbon Ricola est devenu le plus célèbre dans sa catégorie au début du XXIe siècle, notamment grâce au slogan publicitaire accrocheur évoqué plus haut, et il est aussi très présent à l'étranger, où il incarne la puissance et la noblesse du jus des Alpes suisses. Le bonbon original, le *Kräuterzucker* ou sucre aux herbes, est rectangulaire ; il existe également deux versions édulcorées à l'aspartame et l'acésulfame K, une dure et une plus tendre. Les 13 herbes sont le marrube, la pimprenelle, la véronique, la guimauve, l'alchémille, le sureau, la mauve, la menthe poivrée, la sauge, l'achillée millefeuille, la primevère, le plantain et le thym. La société Ricola produit elle-même ses extraits de plantes et a contribué à promouvoir la culture d'herbes dans les Alpes. Avant, ce n'était pas une activité commerciale, les herbes étaient plantées dans des jardins potagers et non dans des champs comme aujourd'hui, surtout en Valais et dans le Val Poschiavo. Il existe un large éventail de bonbons aux herbes en Suisse, qu'il s'agisse de bonbons aromatisés avec une seule herbe, comme ceux à la menthe poivrée, ou avec plusieurs.

Ces bonbons ne sont pas seulement des friandises : en effet, les herbes sont efficaces contre les toux, enrouements et catarrhes, ce que Swissmedic (Institut intercantonal de contrôle des produits thérapeutiques) doit vérifier. Grâce à la découverte de la teneur en sucre de la betterave en 1747 et à la mise en place des bases de la production industrielle de sucre en 1801, le premier sucre européen bon marché a été produit dans le nord de l'Allemagne. La deuxième condition préalable à la production de bonbons abordables était la rationalisation des étapes de production ; auparavant, on ne pouvait se procurer ces bonbons qu'en pharmacie. Leur effet apaisant en cas de toux était connu depuis longtemps. L'*Oeconomische Encyclopädie* de Krünitz (compilée de 1773 à 1858) indique sous le terme *caramel* : « On l'emploie aussi en tablettes pour la poitrine, pour favoriser l'expectoration, comme d'autres sucres brûlés. »

Le sucre, les arômes et le sirop d'amidon sont dissous avec de l'eau dans de grandes cuves en cuivre et le mélange est porté à ébullition. La teneur en eau est réduite par extraction sous vide ; les arômes et les colorants sont incorporés dans la masse malléable, après quoi des rouleaux coniques et l'extracteur automatique de bâtonnets forment un cordon de l'épaisseur d'un doigt à partir de la masse chaude, qui est transformée dans la machine à estamper en tablettes ou autres formes. Les bonbons sont emballés dans du papier afin qu'ils ne collent pas les uns aux autres, ou recouverts d'un film protecteur. Ils peuvent également être moulés avec une cavité qui est fourrée d'un mélange aux herbes.

Voir aussi : Mässmogge, page 42 ; Cola-Fröschli, page 57.

BOISSONS

Brächere-Brönnts

Liqueur sucrée et épicée d'un rouge tirant sur le brun

D'Brächere est la batteuse et *Brönnts* la liqueur qu'elle boit quand elle bat. Mais que bat donc cette femme? Du lin cultivé (*Linum usitatissimum*), une plante utilisée par l'homme depuis le Néolithique, dont on tire des graines oléagineuses et des fibres. Le lin a presque complètement perdu son importance économique au profit du coton, mais pas son attrait touristique: chaque année, le dernier mercredi de septembre, la *Brächete* a lieu à Zäziwil dans l'Emmental: aujourd'hui, on y prépare de l'eau-de-vie exclusivement pour cette fête populaire.

Le tissage artisanal emmentalois à Zäziwil a réactivé la coutume de la *Brächete* en 1955. Désormais, chaque année ce jour-là, on peut constater à quel point il était laborieux de transformer les dures fibres des tiges de lin pour en faire un tissu exploitable. Il fallait passer par plusieurs étapes: le teillage (séparation des fibres de lin de l'écorce de la plante par broyage et battage), le peignage (afin d'éliminer les derniers résidus de paille et de séparer les fibres entre elles) et seulement après le filage. Ce travail, qui était effectué par les femmes, produisait toujours beaucoup de déchets et de saletés, qui virevoltaient dans l'air et asséchaient les gosiers. Pour étancher leur soif, les gens buvaient abondamment – non seulement de l'eau, mais aussi de l'eau-de-vie pour rincer («*hinuterzuschwaïche*») la poussière, comme on peut le lire dans une brochure sur ladite fête.

Le *Brächere-Brönnts* est fabriqué environ une semaine avant le jour J. On fait bouillir du sucre caramélisé ou du sucre candi avec de l'eau et un mélange d'épices (cannelle, cumin, clous de girofle, genièvre, etc.), puis on ajoute de l'eau-de-vie, généralement de fruits, jadis probablement de l'alcool de pomme de terre; on peut aussi y ajouter du vin rouge. Dans *Rezepte aus dem Emmental* (1989) de Fritz Gfeller, le sucre est caramélisé dans une casserole jusqu'à ce qu'il soit bien doré, puis déglacé à l'eau; on ajoute ensuite de la réglisse et des bâtons de cannelle, le tout est cuit à gros bouillons pendant 15 minutes, filtré et réservé au frais; on y ajoute enfin du *Bäzi*, de l'eau-de-vie de fruits, et le met en bouteille. Lorsque la production de lin était encore importante, il existait de nombreuses recettes familiales avec des saveurs différentes selon les moyens pécuniaires et les goûts. Le *Brächere-Brönnts* appartient à la catégorie des liqueurs épicées.

Voir aussi: Rosoli, page 384; Bündner Röteli, page 577.

Büschelibirnen-Schnaps

Eau-de-vie blanche à base de poires Büscheli

Dans les enclaves bernoises de Clavaleyres et de Villars-les-Moines (Münchenwiler), sur la rive sud du lac de Morat, les poiriers à botzi ou poiriers Büscheli AOP «officiels» sont autorisés à pousser, sinon cette variété de poire est l'apanage du canton de Fribourg et, à certains endroits uniquement, du canton de Vaud. La *Büschelibirne* est ainsi nommée parce que ses fruits poussent comme le raisin, en grappes de trois, quatre ou cinq poires rapprochées tel un bouquet (*Büscheli*) sur une branche, ce qui donne *botzi* en patois fribourgeois. La poire Büscheli est une variété ancienne, à l'origine incertaine. Des mercenaires fribourgeois l'auraient rapportée de la région de Naples aux Préalpes, au bord de la Sarine, il y a 300 ou 400 ans, où elle a prospéré. D'autres sources estiment qu'elle est originaire de l'ouest du canton de Berne, juste au-delà de la frontière du canton de Fribourg – d'où l'appellation «poire de Berne» qu'on trouve encore çà et là.

Fraîchement cueillie, cette petite poire a la consistance d'une balle de golf, et un goût très aromatique une fois cuite. On peut la conserver dans un bocal avec des épices, la servir en accompagnement du gigot d'agneau, condenser son jus en vin cuit ou distiller sa pulpe fermentée pour en faire une excellente eau-de-vie blanche.

Voir aussi: Eau-de-vie de poire à botzi, page 249.

AUTRES

Ovomaltine

Poudre instantanée à base de malt d'orge, d'œuf et de cacao

Le maltage consiste à déclencher une réaction pour libérer l'amidon du grain de la céréale (généralement de l'orge). Pour y parvenir, il faut laisser le grain faire ce que Dame Nature a voulu qu'il fasse : prospérer. On verse de l'eau sur le grain et attend que le germe en sorte. Ensuite, on détruit ce dernier avant qu'il n'ait absorbé tous les nutriments du grain : principalement du sucre (maltose), en lequel les enzymes, stimulées par le début de la croissance, ont transformé l'amidon du grain. Les grains germés sont séchés après l'exécution de l'embryon puis moulus en fonction de leur utilisation. Après la mouture, l'étape suivante consiste à séparer la balle du grain de malt, lequel est de loin le plus utilisé pour le brassage de la bière ; le maltose est transformé en alcool par fermentation avec de la levure et de l'eau. Les boulangers ajoutent du malt d'orge à certaines pâtes pour activer le travail de la levure et renforcer l'arôme du pain. Ou bien on fait macérer la mouture dans de l'eau ; ce liquide est épaissi délicatement afin d'obtenir un extrait de malt très sapide. Il faut 12 000 grains germés et séchés pour faire 500 grammes d'Ovomaltine.

Quelques années se sont écoulées avant que les compteurs de grains puissent se mettre au travail. Venu du Palatinat, le chimiste Georg Wander (1841-1897) se lança en 1865 dans des expérimentations avec du malt dans son laboratoire de la vieille ville de Berne ; c'était avant tout à l'extraction du malt qu'il s'intéressait. Dans la seconde moitié du XIXe siècle, les médecins prescrivaient des préparations et des bonbons maltés pour traiter les maladies dues à des carences. Wander a été le premier à réussir à conserver de l'extrait de malt à l'aide d'un procédé spécial sous vide ; le sirop liquide brun foncé qu'il produit dans son usine-laboratoire (*Chemisch-technisches und analytisches Laboratorium und Fabrik künstlicher Mineralwasser und Malzzucker*) à partir de 1868 est un succès, mais a un goût plutôt désagréable – un goût de médicament, précisément. Avec son fils Albert (1867-1950), Georg Wander travaille à une meilleure acceptation gustative de ce remède. Ce n'est finalement qu'en 1904, sept ans après la mort de son père, qu'Albert Wander lance l'Ovomaltine sur le marché.

L'association de la force et de la santé a rapidement fait des adeptes, notamment grâce à l'ajout de cacao. Quant à l'œuf, autre ingrédient de base du produit, on le retrouve sous sa forme latine dans la première partie du nom Ovomaltine.

Au départ, les pharmaciens en vendaient comme tonique pour les malades et convalescents ; en 1922, l'Ovomaltine a été reconnue comme denrée alimentaire et donc autorisée à la vente au détail. C'est à cette époque que l'on a découvert la richesse en vitamines de l'Ovomaltine grâce à la recherche dans ce domaine, alors en plein essor. Ces conclusions ont été exploitées par le fabricant et la publicité orientée vers la santé, l'énergie et le sport.

Dans les années 1930, la Confédération charge Wander de mettre au point une poudre Ovomaltine soluble dans l'eau ou à consommer sèche. En 1937, le commissariat central des guerres adopte l'Ovomaltine militaire comme en-cas fortifiant pour le petit déjeuner, qui sera commercialisé ultérieurement sous le nom d'Ovo Sport.

Au début du XXIe siècle, l'entreprise Wander SA, devenue entre-temps une filiale d'Associated British Foods via Sandoz et Novartis en 2002, propose de nombreux produits Ovo tels que des biscuits, du chocolat, des barres, des boissons et des glaces. Cette société s'était développée très tôt : deux ans après le lancement de l'Ovomaltine, elle créait déjà des dépôts de vente en Italie et en Angleterre et, en 1913, à Kings Langley au nord de Londres, sa première usine à l'étranger. En 1923, Wander SA fournit de l'Ovomaltine aux athlètes lors d'une compétition à l'université de Berne, devenant ainsi un pionnier du sponsoring. Dès 1931, elle est disponible en sachets, à la grande satisfaction de l'industrie hôtelière.

Au cours de la production, le sirop concentré visqueux d'Ovomaltine obtenu à partir d'extrait de malt et d'autres ingrédients est séché par bande sous vide à 45-50 °C, après quoi les morceaux déshydratés sont réduits en poudre. Le maltose étant trois fois moins sucré que le sucre cristallisé normal, l'Ovomaltine original, qui n'est commercialisé qu'en Suisse, n'est pas excessivement doux.

12

LUCERNE (*LUZERN*)

Entre le Napf et César Ritz

Avant l'époque des trains Intercity, des autoroutes et des voyages en avion, Lucerne était la première ville où les voyageurs arrivaient depuis le sud, et la dernière avant de prendre la route du Tessin et de l'Italie via le massif du Gothard. Ce haut lieu catholique situé dans un paysage pittoresque a dominé la Suisse centrale pendant des siècles, pas nécessairement sur le plan politique, mais à la fois économiquement, socialement et culturellement.

« Pour les habitants de l'arrière-pays lucernois et de l'Entlebuch, il a toujours été clair que les gens de la ville de Lucerne n'ont jamais mangé le même pain qu'eux », affirme l'écrivain Al Imfeld (1935-2017), qui a grandi dans une famille de paysans entre le lac de Sempach et le Napf, dans *Schweizer Rezepte* (2001). « En témoigne la phrase autrefois courante : "Ces messieurs de Lucerne nous dévorent toute la marchandise ; les bonnes choses ne dépassent pas Lucerne." En effet, au loin, on voyait avec envie les marchandises du sud traverser le lac des Quatre-Cantons jusqu'à Lucerne, mais pas plus loin. Tout ce qui était bon, abondant, doux et réconfortant ne se trouvait-il pas dans ces marchandises qui prenaient le long chemin depuis le sud ? Jusqu'à la Seconde Guerre mondiale, le stéréotype du citadin opulent et repu s'est maintenu ici. »

La ville sous le Pilate et le mystérieux lac des Quatre-Cantons au bord des Alpes, le pauvre Entlebuch avec la sombre région du Napf à l'ombre du riche Emmental bernois de l'autre côté, les petits lacs au nord de la ville dans le paysage vallonné qui s'étend jusqu'au pied du Jura. « Lucerne n'est pas un canton céréalier », dit le concepteur visuel et graphiste Heiri Scherer (*1943), qui a grandi dans une ferme à Meggen, apiculteur pratiquant et randonneur culinaire, « l'arboriculture était importante, les fruits de table et le cidre. Il y avait un cidre incroyablement bon. Le cidre était plus important que la bière ! Dans la seule région de Meggen, il y avait autrefois treize cidreries. » Aujourd'hui, elles ont toutes disparu, regroupées dans des entreprises industrielles. Outre l'arboriculture, l'élevage joue un rôle essentiel et, en lien avec celui-ci, l'engraissement des porcs. En Suisse, c'est dans le canton de Lucerne que l'on trouve la plus forte densité de porcs.

Dans l'assiette, l'offre est plutôt conservatrice, « c'est plus une cuisine de terroir que de la nouvelle cuisine », selon Scherer, « mais au top ». Campagnarde, simple et copieuse, bourgeoise et nourrissante. Dans les vallées, des truites fario, dans les lacs, des corégones (gros *Balchen* et petits *Albeli*) et des perches communes, des *Rötel* (ombles chevaliers) et des brochets. « Hier gut essen ! » (Ici on mange bien !), pouvait-on lire sur de nombreuses façades d'auberges.

La séparation culinaire entre la ville et la campagne a atteint ses contours les plus nets lorsque César Ritz est entré en scène en Suisse centrale. Le légendaire hôtelier de la vallée de Conches dirigea l'Hôtel National de Lucerne dès 1877 et gérait des établissements renommés sur la Côte d'Azur en automne et en hiver. Avec son génial partenaire, le cuisinier Auguste Escoffier, il a créé une hôtellerie de luxe mondaine pour une clientèle aisée du monde entier. Avec les semaines du festival de musique, Lucerne a couronné cette nouvelle renommée. « C'est là que tout a commencé au plus haut niveau », raconte Scherer : le 25 août 1938, Arturo Toscanini a dirigé un orchestre composé pour lui dans le parc de la villa de Richard Wagner.

Dans l'Entlebuch, à cette époque, on n'entendait probablement pas ces nobles sonorités. Cela a changé, aujourd'hui la vallée, en tant que réserve de biosphère reconnue par l'Unesco, jouit d'une réputation de région où l'homme et la nature s'harmonisent mieux qu'en plaine où le mitage progressif détruit des paysages entiers. Les paysans sont sortis de l'ombre et se présentent avec une multitude de produits vendus sous une marque collective attestant leur authenticité (« Echt Entlebuch ») – fromages locaux d'alpage et de montagne, yogourts et confitures, viande et saucisses d'animaux de ferme et sauvages, truites et aussi produits en bois. Avec le grand chef Stefan Wiesner, le « sorcier d'Escholzmatt », qui cultive sa cuisine naturelle d'avant-garde au Restaurant Rössli, c'est l'un des cuisiniers les plus intéressants du pays qui travaille dans l'Entlebuch.

Le vent a tourné. La ville recherche les délicatesses de la campagne. Cela a déjà commencé lorsque le *Birnenhonig* (concentré de jus de poire), un produit rural, a remplacé le miel dans le pain d'épices lucernois. Marianne Kaltenbach a ensuite joué à Lucerne le rôle de médiatrice entre les régions culinaires. Dans *Aus Schweizer Küchen*, elle a présenté autrement, et surtout de manière moins technique que sa prédécesseure Elisabeth Fülscher, des recettes de tout le pays avec leurs racines locales et leurs aspects sociaux, comme les coutumes et les festivités. Les deux auteures font elles aussi partie du patrimoine culinaire suisse, chacune à sa manière.

Gnagi

Divers bas-morceaux de porc saumurés, parfois aussi fumés

Les sources d'information à propos du *Gnagi* sont généralement d'une grande fiabilité : il s'agit du jarret, copieux morceau situé entre le pied du cochon et sa patte avant (épaule) ou arrière (jambon), appelé *Eisbein* en allemand, *Haxn* en bavarois.

Mais en Suisse, il perd cette clarté taxonomique, se dispersant en plusieurs (bas-)morceaux. Dans ce pays, on considère que les Gnagi comprennent aussi bien des parties des pattes du cochon, du jarret de devant au pied (respectivement *Wädli* et *Füessli*), mais également de sa tête, comme ses oreilles et son groin (*Öhrli* et *Schnörrli*) et même sa queue (*Schwänzli*). Ce sont tous les morceaux de l'animal trop difficiles à vendre en tant que pièces individuelles et qui finissent donc généralement dans le *Chrüsimüsi* (savoureux terme suisse allemand signifiant plus ou moins *méli-mélo*) du fromage de tête (*Schwartenmagen*), de la tête marbrée (*Presskopf*) ou de la gelée de ménage.

Cependant, la géographie corporelle ne suffit pas à caractériser un Gnagi. Le morceau est à peine paré, on prend tout y compris les os, les cartilages et les couennes ; tout au plus coupe-t-on quelques artères, tendons et autres attaches, qui n'ont de toute façon plus aucune importance depuis l'abattage du cochon. Les morceaux sont saumurés, le peu de viande qu'ils contiennent a un goût proche de celui du jambon – une viande qui se mérite, une fois qu'on a enlevé puis mangé les couches extérieures au couteau et à la fourchette ; à la fin, parce que tout était si délicieux, on ronge encore les dernières fibres du jarret jusqu'à l'os. En suisse allemand, ronger de dit *gnage* – d'où le nom généralement utilisé jadis pour désigner la viande qui avait tant séché pendant son stockage qu'elle était devenue extrêmement dure.

Dans les reportages sur des pays tels que l'Australie ou la Nouvelle-Zélande, on compare souvent le nombre de moutons à celui des humains – à l'avantage des animaux. On pourrait se livrer à la même expérience avec le canton de Lucerne et son cheptel porcin, mais contentons-nous de souligner que celui-ci y est le plus dense de Suisse, et ce depuis de nombreuses années. En 2017, il totalisait 463 306 bêtes réparties sur 5058 exploitations (ayant droit à des paiements directs). « Quelque 30 % de tous les porcs élevés en Suisse vivent ainsi dans le canton de Lucerne (31 % de toutes les exploitations élevant des porcs) » (OFAG, Bulletin du marché du secteur agroalimentaire, 1er juin 2018). En 2017, l'ensemble du cheptel porcin suisse s'élevait à 1,55 million de têtes, avec une légère tendance à la baisse : un peu moins de porcs au total, plus de têtes par exploitation pour un nombre d'exploitations en forte diminution (depuis 2001).

À Lucerne, on célèbre depuis 1922 un repas de carnaval rustique, le *Gnagiessen*. La première édition fut organisée à l'« Hotel Kolping », siège de l'Association des compagnons, autrefois tous catholiques (ce qui est un gage de festivités particulièrement réussies). L'événement s'est transformé en agapes masculines qui ont lieu dix jours avant le carnaval de Lucerne et ont entre-temps attiré tellement de monde qu'un Conseil spécial, le *Gnagi-Rat*, doit organiser la fête dans différents restaurants. Pour ce festin traditionnel, on sert une soupe aux pois verts agrémentée de lardons et de croûtons, puis les Gnagi, cette farandole de bas-morceaux, avec de la choucroute et des pommes de terre, de la moutarde et un petit pain.

SUPPLÉMENT

Carnislevavem

La viande sert de charnière entre le carnaval et le carême. Autrefois, les gens se remplissaient la panse de viande pendant le carnaval, puis les plantes et le poisson dominaient l'alimentation jusqu'à Pâques. Cette période était autrefois appelée *carnislevavem*, « retrait de la viande ». Désormais, les boucheries proposent des Gnagi à grande échelle ; ils sont consommés essentiellement en automne et en hiver, et pas seulement à Lucerne avec une soupe aux pois.

Krakauer Wurst

Saucisse échaudée, fumée avec des morceaux de lard et de jambon

En Suisse, la *Krakauer Wurst* est fabriquée à Dagmersellen ; mais comme son nom l'indique, cette saucisse provient de la ville de Cracovie, située dans le sud de la Pologne ; par conséquent, on la connaît certainement mieux en Allemagne et en Autriche qu'en Suisse. Comment est-elle donc arrivée dans le canton de Lucerne ? Une légende évoque des réfugiés polonais internés en Suisse pendant la Seconde Guerre mondiale ; certains y sont restés et ont trouvé du travail, notamment dans une ferme de Dagmersellen, où ils auraient fabriqué ladite saucisse pour lutter contre le mal du pays. Le boucher autrichien Hans Halek (1901-1966), lui, n'a rien de légendaire : n'ayant pas obtenu de permis de travail dans sa spécialité, il prend un emploi d'ouvrier agricole dans une ferme de Dagmersellen en 1928. Ce Viennois d'origine avait emporté dans ses bagages la recette de la Krakauer Wurst, qui est rapidement devenue populaire – elle était d'ailleurs volontiers offerte en cadeau.

Cela n'a rien de très étonnant, car cette saucisse séduit le plus grand nombre par sa singularité aromatique : on tourne des cubes de jambon et des lardons dans du sel et des épices, par exemple du paprika, et les laisse reposer 24 heures environ afin que la viande absorbe bien les épices. Muni de son hachoir, le boucher produit une fine chair à saucisse composée de viande de bœuf, de couenne, de sel nitrité et d'eau glacée, qu'il malaxe à la main avec les cubes de porc. La masse, qui contient environ 30 % de chair à saucisse, est embossée dans des boyaux naturels et clippée ; les saucisses ainsi obtenues sont piquées quelques fois avant d'être suspendues dans un fumoir, où elles sont fumées en plusieurs étapes et finalement échaudées. Le boucher – ou la bouchère – les refroidit encore dans des torchons avant de les mettre en vente. La saucisse de Cracovie se mange aussi bien chaude que froide.

FRUITS, LÉGUMES ET PLANTES

Birnenhonig

Jus de fruits concentré à base de poires additionnées de pommes ou de coings

Les Romains édulcoraient déjà leurs mets avec du miel et du fructose ; le sucre de canne et de betterave, qui domine les cuisines d'aujourd'hui, n'a rempli cette fonction que bien plus tard. Les Romains brassaient du jus de raisin concentré et non fermenté dans leurs vins, qui auraient été trop acides et difficilement buvables sans cet ajout (à l'époque, on ne savait pas interrompre la fermentation comme maintenant). En Suisse, le jus de poire concentré était si courant jusqu'à l'arrivée du sucre de betterave au milieu du XIXe siècle que même des commerçants spécialisés arrivaient à en vivre. Dans l'une de ses illustrations sur les divers marchands ambulants de Zurich s'exprimant en dialecte, le graveur et éditeur zurichois David Herrliberger (1697-1777) a représenté un vendeur de concentré de jus de poire : il porte sa marchandise sur son dos dans une huche coiffée d'un couvercle, tient une louche en bois dans sa main gauche et fait l'éloge de son liquide sucré : « *Birrähung! Guts Birrähung!* » (pour *Birnenhonig*, littéralement « miel de poires ») ; la légende de l'image dit qu'à partir de poires on peut faire un miel excellent pour toutes sortes de choses.

Le rationnement du sucre et de la confiture pendant la Seconde Guerre mondiale a favorisé un retour en force du concentré de poire, qui est désormais produit essentiellement en Suisse centrale. Il s'apparente au vin cuit ou à la raisinée de Suisse romande ; le Birnel est la version industrielle du concentré de poire, fabriquée en Thurgovie.

Des denrées alimentaires telles que ce concentré ont remporté bien des suffrages lors de débats critiques sur la santé, car elles sont considérées comme plus digestes que le sucre cristallisé raffiné. En Suisse centrale, le concentré de jus de poire fait encore partie des pratiques culinaires quotidiennes, du moins à la campagne, où il est produit et consommé pour sucrer le traditionnel pain d'épices lucernois, d'autres pâtisseries, le muesli, les compotes, les confitures ou les boissons lactées. Autrefois, on servait du concentré de jus de poire avec les *Gschwellti* (pommes de terre bouillies) ainsi qu'avec le *Ziger* (sérac ou séré) ; on en ajoutait aussi à la crème fouettée. De nos jours, les tartines au concentré de jus de poire sont fort appréciées.

Ce sont des poires ayant atteint un state de maturation très avancé que l'on transforme en concentré, des fruits brunissant de l'intérieur, qui deviennent tendres, voire pâteux, et tombent de l'arbre. Dans cet état, leur beauté s'est effacée au profit de leur saveur : ces poires bien mûres, presque blettes, sont aromatiques, juteuses et très sucrées. La *Honig-Birne* (« poire à miel ») classique est la poire Theiler, en allemand *Theilers-* ou *Theiligsbirne*, *Streuler*, *Weissbründler* ou encore *Luzerner Birne*, car elle était très répandue dans le canton de Lucerne au début du XXe siècle, tout comme son équivalent zougois, la *Zuger Mostbirne*. Les fruits sont pressés, leur jus est filtré et stocké pendant la nuit dans la cave. Le lendemain matin, on enlève les fibres flottant à la surface avant de faire bouillir le jus et le concentré est versé dans des pots en grès ou des bocaux de conservation. Avec 100 litres de cidre on obtient au final, selon la consistance, 14 à 16 kilos de concentré de jus de poire.

Les caractéristiques des variétés utilisées sont également préservées dans le produit final. Le concentré de poires suisses a une saveur aigre-douce et un effet légèrement astringent. Les poires Conseiller à la Cour (*Hofratsbirnen*) donnent un concentré un peu plus doux que les poires à cidre ; les poires Furrer et Theiler déclenchent une explosion de douceur en bouche ; le concentré de poire Theiler pur séduit par son acidité, sa douceur, un soupçon de caramel et un fruité aromatique. Certains producteurs ajoutent à leurs poires des pommes ou des coings ou même les deux.

Voir aussi : Vin cuit, raisinée, page 232.

Haricots secs

Dörrbohnen *; haricots verts déshydratés ou séchés*

La déshydratation et le séchage comptent parmi les plus anciennes méthodes imaginées par l'homme pour conserver ses aliments ; en outre, les sécher a pour effet d'intensifier leurs saveurs. Secs au point d'être durs et friables, les haricots sont ramollis avant la cuisson. Ce faisant, ils n'absorbent pas autant d'eau que pendant leur croissance jusqu'à la récolte, même si on les fait tremper une nuit entière. Les parois cellulaires se contractent pendant le séchage et ne sont plus capables de se déployer comme avant ce processus.

Les petites feuilles peuvent être laissées à sécher dans un endroit ombragé, les bouquets d'herbes par exemple dans le grenier ou au-dessus du four. Plus gros, les fruits ou les légumes doivent être séchés activement ; en effet, les laisser sécher comme des herbes ne permet pas d'en extraire suffisamment d'eau dans un délai raisonnable. Un haricot, qu'il soit grimpant (à rames) ou nain, est composé à 90 % d'eau. Grâce à elle, les micro-organismes et les moisissures prospèrent, se multiplient et les légumes pourrissent et se décomposent, chose que tous les jardiniers veulent évidemment éviter. Ils retirent donc tellement de liquide des légumes qu'au final, ceux-ci ne pèsent plus qu'un dixième de leur poids initial. Les haricots verts déshydratés de cette manière peuvent être conservés pendant six mois, ce qui constitue une réserve idéale pour l'hiver.

La conservation par déshydratation et séchage est pratiquée depuis des millénaires, dans les zones alpines uniquement à l'air sec, dans d'autres régions plus humides en ayant recours au fumage. Au fil des siècles, on a découvert ou développé d'autres méthodes de conservation : la marinade, la fermentation dans le propre jus (pour le chou, par exemple), l'immersion dans du vinaigre, de l'huile ou de l'alcool (le cadavre de l'amiral Nelson, tombé au combat à Trafalgar, a été ramené à Londres dans un tonneau et couvert de brandy), la boîte de conserve et enfin la congélation, seule méthode qui préserve la fraîcheur du produit.

En dépit de la congélation et de la lyophilisation, les installations traditionnelles de déshydratation ont encore de beaux jours devant elles en Suisse – et pas seulement au Musée en plein air de Ballenberg, où se trouvent deux maisonnettes dans lesquelles on déshydratait jadis les aliments. En quelques clics, on peut trouver une vingtaine d'installations sur Internet, réparties dans tout le Plateau suisse – il ne s'agit toutefois pas d'installations de séchage à grande échelle, mais de fours publics et artisanaux destinés à des clients tels que des agriculteurs et des personnes cultivant encore leurs propres fruits et légumes – le séchage industriel ne semble plus être rentable en Suisse, avec le vaste choix de produits locaux. Les haricots vendus dans le commerce proviennent principalement de Chine, ils coûtent beaucoup moins cher que leurs cousins helvétiques.

Les haricots verts sont utilisés entiers, c'est-à-dire avec leur gousse et les graines. Avant le séchage, les haricots doivent être nettoyés, préparés et pochés brièvement, pressés deux ou trois fois sous l'eau bouillante, sans quoi ils auront un goût de foin, en dépit de leur belle couleur verte. La gérante d'une installation communale que nous avons interrogée superpose les produits séchés dans le four de manière à ce que les fruits contenant le plus de liquide puissent s'égoutter sans « assaisonner » les autres. Ainsi, sur le tamis de séchage le plus bas (touraille) se trouvent les demi-pruneaux, qui donnent beaucoup de jus, sur le tamis immédiatement supérieur se trouvent les morceaux de poire, qui laissent des « gouttes de miel » (en allemand, le concentré de jus de poires se dit *Birnenhonig*, à savoir « miel de poires »), puis les tranches et les anneaux de pomme, qui ne donnent presque pas de jus, et enfin, tout en haut, les haricots. Les fruits et les haricots sont repris le soir, répartis sur un tamis où ils sèchent pendant la nuit et le jour suivant. Le temps de séchage dépend de la teneur en liquide, de la quantité et du degré de déshydratation. Notre gérante règle son four sur 60 °C, mais il ne distribue pas la chaleur de manière uniforme. Certains clients souhaitent des fruits séchés assez souples, plus faciles à mâcher, mais l'inconvénient est qu'on ne peut les stocker longtemps car ils ne tardent pas à fermenter et à attirer les mouches. Une réserve hivernale ne peut être constituée qu'avec des aliments secs et durs, et c'est bien pour en disposer pendant la saison froide qu'on les déshydrate. La dame situe son record à 11,8 tonnes de produits déshydratés, atteint en une saison entre 1978 et 1982 ; en 2011, elle en a produit 6,5 tonnes, et en 2010 seulement de 1,2 tonne, son année la plus faible.

Autrefois, les haricots secs jouaient un rôle important, particulièrement dans l'art culinaire suisse allemand, à une époque où l'on consommait beaucoup plus de protéines végétales que de protéines animales. Un plat traditionnel est constitué de haricots secs, de longes de porc fumées, de jambon roulé ou de lard avec des pommes de terre bouillies – le repas de Noël classique avec le jambon en croûte de pain, avant l'engouement populaire pour la fondue chinoise. Dans certaines régions, les haricots secs, en allemand *Dörrbohnen*, sont appelés *Fisel*, par exemple dans l'Oberland bernois. Le mot vient du français ficelle : on y enfilait jadis les haricots et les y suspendait pour les faire sécher, un peu comme les saucissons.

Avec l'augmentation de la consommation de viande, l'expédition simplifiée des aliments du monde entier vers tous les continents et les produits disponibles toute l'année, les haricots déshydratés suisses ont presque disparu. Cependant, grâce au retour à notre propre patrimoine culinaire et à notre responsabilisation écologique accrue, il est à nouveau plus courant de trouver des haricots secs provenant de jardins locaux – soutenus par Slow Food, qui a élevé le haricot sec au rang de Presidio, un produit digne d'être protégé et faisant l'objet d'une attention particulière. Ces produits et ceux qui les produisent ne doivent pas disparaître, mais être promus.

On trouve des haricots secs de production artisanale dans toute la Suisse, sur les marchés locaux et dans le commerce de détail, du moins dans quelques régions.

Voir aussi : Fruits secs, page 346 ; Fève, page 562.

PRODUITS DE BOULANGERIE ET PÂTISSERIE

Dreikönigskuchen

Couronne des rois ; pâtisserie à base de pâte levée en forme de couronne dissimulant une figurine de roi

En 1952, la coutume était encore peu connue en Suisse, ou tout au plus dans certaines régions francophones familières avec la tradition de la galette des rois française. Un demi-siècle plus tard, c'est probablement le jour de l'Épiphanie que la plus grande quantité d'un même gâteau est vendue en un seul jour : environ 1,5 million de galettes des rois. Cette pâtisserie est consommée uniquement autour du 6 janvier, fête des Rois mages, jour de l'Épiphanie, de l'apparition du Seigneur.

L'Épiphanie doit beaucoup de sa popularité à cette galette ainsi qu'à sa recette. La pâte levée avec du malt et des zestes de citron, des raisins secs et des amandes est délicieuse au petit déjeuner, comme en-cas, pour le quatre-heures et encore comme dessert à midi et/ou le soir. En outre, le gâteau, qui a la forme d'une couronne formée de boules de pâte individuelles avec un plus gros pâton comme pièce intérieure, contient quelque part une figurine de roi en plastique blanc. Celui ou celle qui tombe dessus devient brièvement roi ou reine. Les pouvoirs que confère la monarchie d'un jour ne sont définis nulle part ; cependant, ils doivent être si alléchants que les enfants tout spécialement se remplissent le ventre en quête de leur royaume.

Quelle est l'origine de cette coutume devenue en si peu de temps l'une des journées commémoratives les plus populaires de l'année ? Le légendaire connaisseur en pâtisserie que fut le Bernois Max Währen (1919-2008) fit des recherches sur les origines de la galette des rois dans les années 1940 et tomba sur plusieurs sources. Si les Mages et l'Épiphanie, l'apparition de Jésus, remontent aux tout débuts du christianisme, Währen observe dans *Der Königskuchen und sein Fest* (La galette des rois et sa fête, 1940) que les premières sources mentionnant une telle pâtisserie proviennent de France aux XIIe et XIIIe siècles seulement. La plus ancienne indication trouvée en Suisse remonte à 1390. En 1534, le théologien protestant Sebastian Franck, qui œuvra à Strasbourg, Bâle et Esslingen et qui traita entre autres de « l'ivrognerie, cet abominable vice » en 1528, décrit la coutume en usage pour l'Épiphanie : « Le jour des trois rois, chaque père prépare un bon pain d'épices ou des leckerli, que ses domestiques soient nombreux ou non ; avant d'enfourner il introduit une piécette dans la pâte ; une fois qu'il est cuit, il coupe le pain d'épices en de nombreuses parts et en donne une à chaque domestique. »

Le résultat de ses recherches incite Währen à lancer une galette des Rois en Suisse avec l'École professionnelle de boulangerie-pâtisserie Richemont de Lucerne. Le démarrage est timide, avec seulement 50 000 exemplaires vendus en 1952 ; la percée a lieu en 1960 grâce à la publicité que le célèbre pilote des glaciers Hermann Geiger fait au gâteau : le jour de leur fête, il transporte trois rois – de pacotille mais bien vivants, en chair et en os – en hélicoptère à Chandolin, dans le Val d'Anniviers.

Le gâteau créé par l'École Richemont est apprécié dans toute la Suisse. Aujourd'hui, c'est la figurine qui détermine le roi ou la reine du jour ; autrefois, on cachait une fève dans la pâte. En Suisse romande, la couronne des Rois est aussi connue que la galette à la frangipane, une préparation à base de pâte feuilletée fourrée aux amandes, également avec une figurine, mais à l'opposé du sentiment religieux que l'on peut avoir en mangeant une galette des Rois, l'origine du nom *frangipane* pour sa garniture est des plus mondaines : au XVIIe siècle, un parfumeur italien nommé Frangipani s'installa à Paris et y créa pour parfumer les gants une essence à base d'amandes amères, qui inspira à son tour les pâtissiers.

Voir aussi : Glarner Pastete, page 537.

Luzerner Birnenweggen, Birnenweggli

Pain et petit pain aux poires ; viennoiseries façonnées en roulades contenant une masse aux poires

Les pâtisseries aux poires existent probablement en Suisse depuis la fin du Moyen Âge, car ces bons fruits placés par Dame Nature sur des arbres permettaient d'enrichir de coûteuses céréales qu'il fallait d'abord cultiver, transformer et acheter. Deux types de pains aux poires bien distincts ont été élaborés, le *Birnenweggen* et le *Birnbrot*. Pour le premier, on abaisse une pâte levée ou plus rarement une pâte feuilletée, que l'on badigeonne d'une savoureuse compote de poires avant d'enrouler le tout et le mettre au four ; pour le second, c'est une masse aux poires légèrement plus grossière qui est mélangée à de la pâte puis enveloppée dans une autre pâte.

Selon l'*Atlas de folklore suisse*, ces viennoiseries sont clairement réparties dans le pays : « Le *Birnwecken* prédomine dans le nord de la Suisse, comme à Lucerne et à Zoug. [...] Des Grisons, le domaine des *Birnbrote* s'étend jusqu'au lac des Quatre-Cantons [...], en passant par les cantons d'Appenzell et celui de Glaris. Sur les terres saint-galloises, les *Birnbrote* apparaissent parfois à côté des *Birnwecken* (enquête de 1930). » En Suisse romande et au Tessin, la tradition de ces viennoiseries aux poires n'existait pas, du moins pas avant le début de l'expansion nationale de la grande distribution avec ses riches assortiments.

Le *Birnenweggen* lucernois n'a reçu son attribution géographique que dans les livres de cuisine publiés après 1945. Comme dans d'autres domaines, la Seconde Guerre mondiale a constitué une césure et une période de transition : au lendemain du conflit, l'industrialisation de l'agriculture et de la production alimentaire a vraiment démarré de façon spectaculaire. Les *Birnenweggen* sont également produits dans d'autres cantons de Suisse centrale.

Les secrets du *Weggen* résident dans les détails de sa garniture, que chaque boulanger protège tel un capital. Celle-ci se compose de poires séchées qui sont nettoyées, macérées, cuites et filtrées. Le mélange est cuit et sucré, parfois enrichi de noix, de figues, de raisins secs ou de tranches de pomme. L'arôme caractéristique du *Birnenweggen* provient du mariage de la masse aux poires et des épices de Noël, à savoir la cannelle, l'anis étoilé, l'anis et les clous de girofle, l'ensemble étant savamment dosé et arrondi par tel ou tel secret, comme l'adjonction de quelques gouttes de kirsch ou de *Träsch*.

Grâce à leur garniture assez humide, les pains aux poires ne se dessèchent pas aussi rapidement qu'un pain « normal ». Autrefois, on mangeait des *Weggen* en automne et en hiver, notamment le jour de la Saint-Nicolas et pendant les fêtes de fin d'année. La meilleure façon de déguster une tranche de *Birnenweggen* est d'y tartiner un peu de beurre ; cependant, sa saveur caractéristique se combine aussi très bien avec un autre excellent produit, l'Emmentaler (AOP bien sûr !).

Les *Birnenweggen* sont des produits traditionnels dont l'origine remonte au Moyen Âge. Les *Birnenweggli* (petits pains aux poires) n'existent quant à eux que depuis le milieu du XXe siècle environ, lorsque la boulangerie professionnelle a supplanté la fabrication domestique. Ils ont préfiguré la société de consommation et du *take-away*, car on les mange sur le pouce. La garniture est plus ou moins identique à celle de leur grand frère et l'enveloppe est en pâte levée, brisée ou feuilletée. Une fois abaissée, la pâte est découpée en rectangles (par exemple de sept centimètres sur cinq), puis garnie de masse aux poires facile à tartiner ; la pâte est ensuite rabattue sur le dessus et l'on cuit ce petit pain avec le côté avec la pâte rabattue tourné vers le bas afin qu'elle ne se défasse pas dans le four. Le *Birnenweggli* est connu pratiquement dans toute la Suisse alémanique, moins dans les cantons latins.

Voir aussi : Toggenburger Birnbrot, page 419 ; Glarner Birnbrot, page 536 ; Bündner Birnbrot, page 565.

Luzerner Lebkuchen

Pain d'épices rond, brun foncé, à la surface craquelée

Le *Luzerner Lebkuchen* occupe une place solitaire dans la grande famille des pains d'épices, *Biber* et *Biberli*. Contrairement aux autres, sa pâte comporte du concentré de poire et non du miel, et l'on ajoute de la crème au lait. La variante lucernoise est ainsi plus moelleuse et plus aérée que les pains d'épices habituels et a un goût légèrement aromatique.

Le terme *Lebkuchen* (pain d'épices en allemand) apparaît pour la première fois au XIIIe siècle (pour en savoir plus, cf. *Berner*

Honiglebkuchen, page 277). L'important, c'étaient les épices orientales enivrantes qui montaient à la tête ; ce pouvoir addictif, la méchante sorcière du conte *Hänsel und Gretel* (ci-dessous *Jeannot et Margot* dans la traduction de Marthe Robert) des frères Grimm le connaissait bien et avait aromatisé sa maisonnette de pain et au toit de gâteau pour y attirer les enfants : « Jeannot, qui trouvait le toit fort à son goût, en arracha un grand morceau et Margot détacha toute une vitre ronde, s'assit par terre et s'en donna à cœur joie ». Certains monastères participèrent directement au commerce européen des épices au XIe siècle.

L'une des plus anciennes recettes de pain d'épices parvenues jusqu'à nous est lucernoise : le Conseil municipal de Lucerne en fit la méthode de préparation standard officielle en 1583 pour contrer les irrégularités commises au sein des confréries de fabricants de pain d'épices. Il est intéressant de noter que le concentré de poire et la crème ne sont apparus comme ingrédients qu'au début du XXe siècle. Cela ne signifie pas pour autant que cette variante du pain d'épices fût nouvelle : il s'agissait de sa version campagnarde, créée et préparée dans les cuisines paysannes, à l'écart des boulangeries urbaines, et qui de ce fait-là n'a été connue que tardivement. En ville, la fabrication du pain d'épices était professionnalisée depuis longtemps, et les épices exotiques y étaient facilement disponibles. Jusqu'au milieu du XXe siècle, la version rurale s'est imposée en tant que pain d'épices lucernois – elle se distinguait du reste de la Suisse, où l'on s'en tenait au miel –, ce que les Lucernois, visiblement doués pour le marketing, ont su exploiter très tôt pour eux-mêmes.

Aujourd'hui, chaque boulangerie prépare ses pains d'épices avec ses propres proportions de concentré de poire et de crème. La combinaison classique d'épices exotiques telles que la cannelle, l'anis, l'anis étoilé, le clou de girofle, la coriandre et le gingembre a perduré et s'est carrément institutionnalisée : c'est *le* mélange pour pain d'épices ou biscuits de Noël. Bien sûr, il en existe toutes sortes de nuances imaginables, gardées secrètes par les boulangers-pâtissiers sous forme de mélanges maison. La pâte au concentré de poire et à la crème ne peut être pétrie, elle doit rester aérienne, presque duveteuse ; après les épices, on ajoute de la farine tamisée, la pâte doit demeurer souple, pas trop sèche – certains artisans y incorporent quelques gouttes de kirsch ; on utilise du bicarbonate de soude (autrefois de la potasse et du carbonate d'ammonium) comme agent levant, qui a un léger goût de lessive. Lorsque la pâte a atteint sa consistance idéale, on donne leur forme ronde aux pains d'épices et les met au four.

Après la cuisson, la surface encore fumante, y compris les fissures obligatoires, est badigeonnée de concentré de poire réchauffé. Ce « vernis » intensifie la couleur très foncée que la pâte a acquise grâce au concentré, il fait apparaître le pain d'épices collant et lui confère finalement une aura des plus séduisantes. Car la « very dark food » (nourriture très foncée) comme le pain d'épices, « le café, le chocolat, les truffes, le caviar, les cèpes ainsi que le plum-pudding est associée à l'excitation et au luxe », soutient la professeure canadienne Margaret Visser. « Nous sentons au fond de nous que ces aliments sombres et étranges doivent être lourds de signification et très anciens. Nous mangeons de l'histoire et des valeurs culturelles tout comme des souvenirs de famille » (*The Rituals of Dinner – The Origins, Evolution, Eccentricities, and Meaning of Table Manners*, 1991).

Voir aussi : Basler Leckerli, page 33 ; Biscômes, page 233 ; Biberfladen, page 445.

Pain paysan

Bauernbrot, pane del nonno *; pain élaboré à partir de farine de blé et de seigle, d'eau et de lait*

À l'époque où la vie des citadins se distinguait encore nettement de celle des campagnards, le garçon des villes se réjouissait de manger du pain paysan et la fille des champs se languissait du pain du boulanger. Autrefois, les paysannes faisaient du pain une fois par semaine ; merveilleusement croustillant à la sortie du four (banal ou villageois), il était encore bien moelleux et savoureux après six jours passés dans le garde-manger. De forme allongée, le pain blanc du boulanger sentait tout aussi bon que l'autre, mais il était desséché au bout de deux ou trois jours, bien qu'il ne subsistât jamais très longtemps, car on l'achetait à l'unité.

Le monde était ainsi plus ou moins bien ordonné et divisé, jusqu'à ce que l'École professionnelle de boulangerie Richemont à Lucerne et l'Association des maîtres boulangers creusent une idée qui pourrait contribuer à absorber la surproduction de lait. Ils créèrent un pain à base de farine mi-blanche et de seigle, d'eau et de lait, de sel, de levure et de Levit, un agent de panification à base de levain séché, qui, selon le producteur, intensifie la saveur du pain. Ce qui était nouveau dans ce pain lancé en 1955 était l'ajout de lait – lequel n'est en fait utilisé que pour des pains raffinés tels que la tresse ou le bien nommé pain au lait. Les caractéristiques uniques de ce pain paysan de boulanger professionnel sont le goût et la forme de la miche, bien ronde et à la surface de laquelle est incisé un motif de grille, si bien qu'un carré apparaît en cours de cuisson.

Signé de cette manière, ce pain paysan, *pane del nonno* (pain du grand-père), *Bauernbrot* ou *Bu(u)rebrot* est vendu dans les boulangeries et les grandes surfaces de toute la Suisse. Il se marie bien avec du fromage et de la viande froide ainsi qu'avec du chocolat et des fruits.

Surseer Honiggans

Oie au miel de Sursee ; sorte de pain d'épices composé d'une pâte au miel et aux noisettes et fourré aux amandes

Le 11 novembre était – et est encore dans de nombreux endroits – l'une des dates les plus importantes pour les paysans. À la Saint-Martin, l'année agricole prenait fin, on payait le personnel, abattait la truie et faisait une grande fête. Ce jour-là, des gourmets se rendent en pèlerinage dans le Jura pour attaquer le menu de la Saint-Martin, ce magnifique hymne au cochon en huit plats, tandis qu'ailleurs, on déguste l'oie de la Saint-Martin somptueusement farcie après l'avoir découpée en tranches.

L'imposante volaille, dont les ancêtres sauvèrent jadis le Capitole romain des envahisseurs gaulois, car même le garde le plus somnolent ne saurait ignorer le criaillement des oies, est la figure centrale d'un divertissement populaire qui a lieu dans la petite ville lucernoise de Sursee, le *Gansabhauet*. Des jeunes tentent de trancher d'un seul coup de sabre le long cou d'une oie morte suspendue par la tête à un fil devant l'Hôtel de Ville, les pattes vers le bas. Là où ça se corse, c'est qu'ils doivent porter un masque en forme de soleil qui les empêche d'y voir quoi que soit.

À cette occasion et pour en profiter lui aussi, le maître boulanger Josef Müller créa en 1936 une pâtisserie spéciale, devenue si populaire qu'elle est désormais brevetée et fabriquée tout au long de l'année : la *Surseer Honiggans* ou oie au miel de Sursee. Elle ressemble à un pain d'épices fourré, appelé *Biber* ou *Biberli* en Suisse alémanique. On commence par pétrir la pâte constituée de miel, de sucre, de farine blanche, de lait, d'un trait de rhum, d'une pincée de sel, de citronat et d'orangeat (zestes de citron et d'orange confits) et d'un mélange d'épices composé d'anis, d'anis étoilé, de clous de girofle, de coriandre et de gingembre, auquel on incorpore à la fin des noisettes moulues. La garniture, semblable à du massepain, est composée quant à elle d'amandes grillées et finement moulues, de sucre, d'eau et d'arômes tels que du citronat et de l'orangeat. La garniture est enveloppée dans la pâte, puis on presse un moule à pâtisserie en forme d'oie sur le couvercle ; on glisse ces petites « volailles » au four et les enduit de gomme arabique, cette résine d'acacia qui les fait briller.

Depuis les années 1990, c'est une machine de 14 mètres de long qui effectue le travail, du déroulage de la pâte au moulage. Les oies au miel de Sursee sont protégées et produites par une boulangerie en trois formats.

Willisauer Ringli

Biscuit très dur en forme d'anneau de couleur brun clair

Le *Willisauer Ringli* est probablement l'un des biscuits les plus connus en Suisse. De nos jours, on trouve le durissime petit anneau, responsable de nombreux accidents dentaires, dans tous les supermarchés du pays. Sa popularité n'est sans doute pas due au seul amour du risque – qui va donc chez le dentiste pour le plaisir ? –, mais plutôt au *Ringli* lui-même, que les bébés, fascinés par le trou au milieu de la friandise, explorent avec leurs petits doigts.

Le *Willisauer Ringli* est basé sur une seule recette issue de la cuisine du château de Heidegg, à la frontière orientale du canton. Martha Peyer, familière de la vie quotidienne audit château, la joignit à sa dot pour le mariage qu'elle contracta au milieu du XIXe siècle en tant que seconde épouse du boulanger de Willisau, Heinrich Maurer. Peu après, ce dernier sortait du four ses premiers *Ringli*, qui furent si bien accueillis que la concurrence flaira aussitôt la bonne affaire et en fabriqua des copies. Cela donna lieu à des disputes à propos des faux et des vrais, seuls et uniques *Ringli*, qui aboutirent à un prototype d'appellation d'origine protégée.

En 1937, le tribunal du district de Willisau eut à traiter une affaire d'espionnage industriel dans laquelle le petit biscuit circulaire tenait la vedette. Un ex-compagnon du boulanger Maurer avait copié sa recette et l'avait vendue. La plaignante, la boulangerie Amrein (*willisauerringli.ch*), qui existe encore aujourd'hui et qui avait alors repris la boulangerie Maurer, gagna le procès ainsi que le droit de produire le « seul véritable » *Ringli*. Cependant, aucun brevet en bonne et due forme n'existe à ce jour. Lorsque dans les années 1970, une entreprise fribourgeoise commença à produire des *Ringli* avec l'appellation « Echte Willisauer Ringli, Ursprung 1940 » (*Ringli* de Willisau originaux créés en 1940), la société Willisauer Ringli AG, plus grande productrice à l'époque, exigea qu'il fût interdit de fabriquer des *Ringli* en dehors de Willisau – et eut gain de cause.

La recette originale appartient désormais à l'entreprise Hug, fondée en 1877 à Lucerne en tant que boulangerie, qui exploite sa propre usine à Willisau et se taille la part du lion sur le marché des *Ringli*. Au départ, Heinrich Maurer avait mélangé du sucre, de l'eau, des zestes de citron et d'orange et de la farine pour obtenir une pâte sans matières grasses, qu'il avait roulée en petites saucisses de l'épaisseur d'un doigt, avant de former les fameux anneaux. Depuis 80 ans, c'est une machine spécifique qui fait le travail, du pétrissage au façonnage. Il en sort chaque année une chaîne de *Ringli* qui pourrait s'étendre de Willisau à Dubaï.

La plupart des amateurs brisent l'anneau magique en deux ou trois morceaux qu'ils trempent dans leur thé ou leur café, ou les laissent fondre voluptueusement sur la langue.

CONFISERIES

Luzerner Regentröpfchen

Praliné en forme de goutte, fourré au kirsch et au chocolat

Dans les années 1960, le confiseur lucernois Hans Heini, se disant qu'un magasin spécialisé devait proposer des spécialités, sans quoi il faudrait l'appeler autrement, se mit à développer de nouvelles idées. Une fois, le hasard l'a aidé : par un jour de pluie si habituel à Lucerne, une dame entra dans sa boutique et se plaignit amèrement du mauvais temps. Le confiseur prit la défense de l'humidité, lui expliquant que les averses ont deux côtés – un bon : elles réjouissent le paysan, et un mauvais : elles fâchent le promeneur –, après quoi il promit à cette dame une douce embellie. C'est ainsi qu'il créa un praliné à deux côtés, ou plutôt à deux composants, le kirsch et le chocolat : la *Lozärner Rägetröpfli* (goutte de pluie lucernoise). C'est la légende que les Heini de la deuxième génération continuent d'entretenir, et ce praliné mérite certainement d'en être auréolé, car il faut beaucoup de délicatesse et d'application pour le faire briller. À l'origine, les *Regentröpfchen* étaient rondes, mais depuis les années 1980, elles ont une forme de goutte, qui est même juridiquement protégée. Le corps creux est rempli de kirsch, de fondant puis de ganache, une masse épaisse composée de crème et de chocolat. Ensuite, le corps creux est refermé par une feuille de chocolat. 24 heures plus tard, on recouvre le praliné d'une couche de chocolat. Ces délectables gouttes de pluie sont disponibles en chocolat noir et au lait.

BOISSONS

Härdöpfeler

Eau-de-vie blanche de pomme de terre au goût assez neutre, légèrement terreux

« L'eau-de-vie de pomme de terre est une boisson spiritueuse obtenue par distillation de pommes de terre saccharifiées et fermentées. » Cette phrase toute simple est inscrite à l'article 136 de l'ordonnance du Département fédéral de l'Intérieur sur les boissons, en vigueur depuis le 16 décembre 2016. Ce qui semble aller de soi ne s'applique que depuis 1999 ; auparavant, la production de cet alcool était interdite afin de protéger la pomme de terre en tant qu'aliment de base.

Originaire d'Amérique du Sud, la pomme de terre a été introduite dans l'Ancien Monde par les conquistadors espagnols. Il a fallu pas mal de temps à ce tubercule souterrain pour s'imposer en Europe. Dans son encyclopédie mondiale des aliments intitulée *Food* (1994), Waverley Root écrit qu'au XVIIIe siècle, alors que la pomme de terre était déjà fort répandue en France, la bonne société la toisait de haut : « Voici ce que le botaniste Raoul Combes en pensait : "C'est le légume le plus détestable aux yeux de tous, et pourtant le peuple, qui constitue la plus grande partie de l'humanité, s'en nourrit." En 1783, [l'historien] Legrand d'Aussy fait entendre le même son de cloche en déclarant que la consommation de pommes de terre, aliment à vrai dire indigeste, n'est conseillée qu'aux classes inférieures, étant donné qu'elles disposent d'organes digestifs appropriés. »

« La distillation de pommes de terre a débuté en Suisse vers 1770, dans le canton de Vaud », lit-on dans *Des apéritifs aux spiritueux*, publié en 1988 par la Fédération suisse des cafetiers, restaurateurs et hôteliers. « Au début du XIXe siècle, elle s'est développée au point de devenir une véritable branche de l'industrie agricole. » À cette époque, la pomme de terre était déjà un aliment populaire en Suisse. Ce même siècle est aussi celui des premiers débats enflammés sur l'eau-de-vie de pomme de terre. Elle était bon marché et, au bout d'une longue période d'expérimentation, facile à produire. Avec l'industrialisation croissante, l'abus d'alcool s'amplifie dans les masses populaires, le petit schnaps à la pause étant censé donner une énergie nouvelle. En 1887, la Confédération adopte une loi sur l'alcool limitant la distillation de la pomme de terre et ordonne le monopole de la fabrication de cette eau-de-vie, combiné à une taxe sur la distillation ; pendant la Première Guerre mondiale, elle interdit même complètement la distillation de pommes de terre.

Le tubercule contient trop peu de sucre pour déclencher le processus de fermentation ; celle-ci ne fonctionne que lorsqu'on ajoute du sucre. Les pommes de terre sont d'abord cuites jusqu'à l'obtention d'une bouillie, puis on y incorpore du malt ou des enzymes liquides et concentrés produits industriellement. Le malt d'orge, par exemple, apporte une saveur supplémentaire. Il y a deux enzymes dans le grain qui sont importants pour la fabrication de spiritueux : l'un aide à liquéfier la bouillie de pomme de terre, et l'autre décompose l'amidon de la pomme de terre en sucres simples (monosaccharides). La bouillie farineuse se transforme en une soupe sucrée, le moût, que l'on verse dans une cuve avant de l'inoculer avec des levures – la fermentation du moût peut alors commencer. Une fois que le sucre a fermenté, le moût passe dans l'alambic (cf. *Digression page 84*). Le spiritueux, dont le titre alcoométrique volumique est très élevé, est ensuite dilué avec de l'eau distillée jusqu'à ce qu'il atteigne un titre de 45 % vol.

Le *Härdöpfeler* est une eau-de-vie blanche au goût plutôt neutre, comparable à celui de la vodka, mais moins raffiné, qui peut être distillée à partir de céréales ou de pommes de terre. Ne convenant pas vraiment comme digestif élégant, le Härdöpfeler se boit généralement pur et non associé à des desserts ou à du café. Certaines personnes en consomment pour des raisons de santé : administré en doses homéopathiques, il aurait un effet positif sur la formule sanguine et le taux de glycémie. Une distillerie du canton de Zurich décrit son Bintje-Härdöpfeler comme étant « bon contre le diabiète dû à l'âge » et « sans doute le seul schnaps qui passe pour un médicament ». Dans le grand livre de phytothérapie du curé-herboriste Johannes Künzle (*Das grosse Kräuterheilbuch*, 1945) et dans *Der kleine Doktor* (2004, 71e édition) d'Alfred Vogel, on trouve toutes sortes de conseils sur les applications curatives de la pomme de terre – crue ou cuite, en tranches, en bouillie et en jus, mais jamais sous forme distillée. Si l'alcool de pommes de terre est répandu dans toute la Suisse, les cantons dans lesquels on l'apprécie un peu plus qu'ailleurs seraient ceux de Lucerne et de Berne.

Luzerner Alpenbitter

Boisson alcoolisée aux arômes et extraits de plantes

Bien que le bitter le plus célèbre de Suisse soit l'Appenzeller Alpenbitter, le tout premier fut créé dans l'Oberland bernois. Selon un rapport sur l'Exposition nationale de 1883 qui eut lieu à Zurich, c'est le pharmacien d'Interlaken August F. Dennler qui a été le premier à présenter un amer à base d'herbes des Alpes en 1860. Cependant, il serait abusif d'employer à ce propos le terme d'invention, de tels breuvages issus du vaste domaine situé entre médecine et ivresse existant depuis que l'homme connaît les effets de l'alcool. Mais Dennler a couché sa recette sur le papier, tout comme plus tard Gustav Erdmann Weisflog, originaire de Saxe, qui après avoir obtenu son doctorat en médecine à Zurich en 1860 développa à Altstetten un amer alcalin contre le reflux gastrique. On en buvait si volontiers en apéritif qu'il fut produit industriellement dès 1880.

Comme pour les philtres de sorcières et autres potions magiques, la composition de telles mixtures à base de plantes reste assez secrète – qu'on songe aux trois sorcières de Macbeth se tenant autour du chaudron fumant et préparant un mélange explosif : « Double, double, puis redouble, / Le feu chante au chaudron trouble » (traduction de Maurice Maeterlinck).

Dans son manuel intitulé *Schumann's Bar*, Charles Schumann lève un coin du voile. Selon lui, les bitters (contenant moins de 100 grammes de sucre par litre) « sont traditionnellement consommés comme digestifs, car leur forte teneur en substances amères (extraites de la gentiane, de l'absinthe, de la quinine, du galanga, du gingembre, etc.) est censée faciliter la digestion. À cette fin, on ajoute également de l'huile de cannelle à la plupart des bitters. »

Le Luzerner Alpenbitter est une spécialité régionale qui demeure dans l'ombre du célèbre Appenzeller avec ses 42 herbes. Le distillateur-encaveur que nous avons interrogé a repris la recette de son prédécesseur au début des années 1980, mais n'a pas su nous dire depuis combien de temps on fabrique de l'amer des Alpes dans le canton de Lucerne. Les herbes et les morceaux de fruits ne sont pas distillés, mais macérés, c'est-à-dire placés dans de l'alcool pour libérer leurs arômes. Cela prend au moins trois semaines, puis les macérats sont stockés au frais jusqu'à six mois, bien que l'on retire et ajoute toujours quelque chose – les macérats sont un processus continu. Dans le Luzerner Alpenbitter il y a de la gentiane, qui donne à cette boisson un goût terreux, de l'anis étoilé et de l'orange amère. Notre hôte ne souhaite pas nous en dire davantage ; il insiste toutefois sur le fait que les substances amères et tanniques améliorent la digestibilité des estomacs troublés, mais que cela ne peut être écrit sur l'étiquette : « Vanter les effets positifs de boissons alcoolisées sur la santé est interdit. » On trouve du Luzerner Alpenbitter dans la vallée de l'Entlebuch, à l'ouest du canton.

Voir aussi : Bitter des Diablerets, page 187 ; Weisflog Bitter, page 328 ; Appenzeller Alpenbitter, page 453.

Träsch

Eau-de-vie blanche de fruits à pépins (pommes et poires) entiers

Le citadin cosmopolite a beau commander un *corretto* ou un *carajillo* (cafés diversement arrosés), l'homme de la campagne, pas nécessairement moins cosmopolite, restera fidèle à son *Kafi fertig*, *Kafi Luz* ou *Cheli* familier. Le plus populaire est le café « chargé » en Suisse centrale. Dans l'Entlebuch, au XVIIIe siècle, la demande d'eau-de-vie était si forte que les autorités l'ont interdite afin d'enrayer l'épidémie de « peste du schnaps ». Mais les habitants de l'Entlebuch gardèrent la tête froide et noyèrent leur alcool dans leur café – ainsi est née la légende de cette boisson détonante (*voir le supplément ci-dessous*).

En revanche, la règle selon laquelle la quantité d'eau-de-vie dans le café doit être telle que l'on doit pouvoir lire le journal à travers son verre n'a rien de légendaire. Les eaux-de-vie à boire dans des verres (souvent hauts) avec du café ne font pas partie des distillats nobles. Il s'agit de schnaps rustiques, distillés à partir de fruits à pépins, généralement un mélange de pommes et de poires. Dans les cantons de Berne et de Soleure, le *Träsch* est appelé *Bätziwasser*, dans celui d'Obwald également *Bätzi*.

Le nom *Träsch* remonte au mot *Trester* (seuls les snobs pensent au *trash*), qui signifie marc, qu'il s'agisse de résidus de raisins ou d'autres fruits après le pressage. Avec les vieux pressoirs, on ne parvenait pas à exprimer tout le jus du fruit, une bonne quantité restait dans la pulpe ; il valait donc la peine de laisser ce jus fermenter avec la peau et les pépins et de distiller cela plus tard.

Les pressoirs modernes ne laissent aucune chance à la moindre une goutte de jus. À proprement parler, on ne devrait donc plus qualifier le *Träsch* d'eau-de-vie de marc, car ce sont des fruits entiers qui sont utilisés, principalement des pommes à cidre et des poires, bien mûres et saines.

On les broie, les verse dans une cuve et y ajoute de la levure. Les fruits sont complètement fermentés au bout de deux mois. Le distillateur verse ensuite le moût dans un alambic via un entonnoir et chauffe son foyer (davantage sur la distillation à la page 84).

Ce *Träsch* fortement titré est dilué avec de l'eau distillée afin que son pourcentage volumique soit réduit à 40-45 %, 50 % pour du *Kaffee-Schnaps* spécialement fort ; ensuite, les turbidités provenant des huiles éthériques du distillat sont exfiltrées de l'eau-de-vie pour qu'il devienne *ein reiner Klarer* (un alcool clair et pur) – prêt pour le *Kafi* dont il sera question ci-dessous.

SUPPLÉMENT

Zucker. Schnaps. Kafi. Fertig

Telle est la formule-choc du plaisir. Prendre un verre haut à anse assez épais, « deux morceaux de sucre, puis suffisamment de café pour que le sucre ne soit plus visible, et enfin autant de schnaps qu'il en faut pour qu'on le voie à nouveau » (*Schweizer Familie*, 4/2019). La formule la plus simple pour une boisson qui, selon l'écrivain de l'Entlebuch Al Imfeld, « appartient à notre identité ». Des missionnaires comme lui, nés dans des familles paysannes pauvres mais riches de nombreux enfants, formés au sein de l'Église et envoyés en Afrique au nom du Crucifié pour y répandre la lumière de la foi, auraient rapporté du café et du sucre en retournant chez eux – des cadeaux que l'on ne gaspillait pas : quelques grains moulus suffisaient à faire infuser le café, un peu de sucre pour le goût, et pour finir on allongeait cette boisson avec, outre l'eau, le seul ingrédient local, le schnaps, du *Träsch* de l'Entlebuch. « Ils baptisaient le café à l'eau-de-vie » (*idem*).
Le *Kafi fertig* est probablement connu dans toute la Suisse, y compris dans les cantons romands et au Tessin. D'autres dénominations reflètent l'exiguïté du pays, notamment en Suisse alémanique : le nom du café schnaps dans diverses régions bernoises est *Bätzi*, *Cheli* dans le canton d'Obwald (de *Chacheli* : grande tasse sans anse), *es Schwarzes* (un noir) à Engelberg, *Kafi Luz* se rapporte à Lucerne, mais y est appelé *Kafi Träsch* ou *Zwätschge* (avec de l'alcool de pruneau) et au carnaval de Lucerne *Huerenaff*, qui signifie *sacré singe* (avec une dose supplémentaire de schnaps) ; simplement *es Kafi* à Schwytz (avec ce qu'on y appelle du *Träscht*). On a aussi le *Huus-Kafi* (café maison, c'est-à-dire mystérieux), le *Kafi Chrüter* (avec de l'eau-de-vie aux herbes), le *Kaffee halb-halb* (avec autant d'alcool de poire que de pruneau), le *Kafi Kirsch*, le *Kaffee Seitenwagen* (littéralement, café side-car : l'eau-de-vie arrive dans un verre séparé), le café pomme (l'alcool est servi à part), le *Schümli-Pflümli* (avec de la prune et de la crème fouettée) et le *Zwätschge-Luz* (à l'alcool de pruneau). Mentionnons pour finir l'Holdrio, du thé de cynorhodon mélangé à du *Träsch* (source : *Schweizer Familie*, 4/2019).

Voir aussi : Eau-de-vie de poire à botzi, page 249 ; Bätziwasser, page 368 ; Eau-de-vie de poire du Valais, page 495.

13

ZURICH (*ZÜRICH*)

Ville et campagne

Où se niche-t-il encore, le Zurichois pur sucre de type zwinglien ? Légèrement anxieux, réfléchi, donc aussi créatif, inventif, mais peu enclin à la gourmandise ? S'il existe encore, il faudrait sans doute le chercher à la campagne. Dans la ville la plus peuplée de Suisse, appelée « Millionenzürich » et qui profite pleinement de cette aura, le vieux penchant protestant pour l'intériorisation a été écrasé par un hédonisme pommadé. Ce n'est pas parce que les Zurichois(es) ont changé, mais plutôt parce que la ville s'est transformée en un melting-pot, en un conglomérat d'éléments proches et lointains, un condensé de Suisse provinciale et de cosmopolitisme.

Ce mélange a débuté précocement. Des Grisons et des Argoviens sont venus à Zurich pour y chercher du travail, tout comme des Thurgoviens et des Appenzellois. Des catholiques de Suisse centrale voulaient y goûter anonymement à tel ou tel péché. Des gens sont venus du sud, des Tessinois puis des Italiens. Certains des restaurants italiens de Zurich sont parmi les premiers du pays. Des immigrés sont ensuite arrivés, des réfugiés politiques et de guerre d'Europe de l'Est, du Tibet dans les années 1960 ; ils ont été suivis par des travailleurs espagnols, portugais, puis le tourisme a commencé, les horizons se sont élargis, il y a eu à nouveau des vagues de réfugiés, surtout des Balkans et du Proche-Orient, le rayon s'est élargi et, au tournant du troisième millénaire, on trouvait presque toutes les cuisines imaginables dans les restaurants et les boutiques de plats à emporter – l'une des dernières à avoir réussi à s'imposer à Zurich après la cuisine turque, thaïlandaise, indienne, chinoise, japonaise, coréenne, indonésienne, brésilienne, dominicaine, mexicaine, libanaise, est la cuisine romande : le magasin Welschland (c'est-à-dire Romandie) existe depuis 2005 ; s'y ajoutent quelques autres possibilités de s'approvisionner en bonnes bouteilles – à l'association Mémoire des Vins Suisses – ou en autres produits du patrimoine culinaire helvétique. Sinon, c'est le *all but Swiss* (tout sauf suisse) bigarré qui domine dans la métropole limmatienne.

À force de vivre en ville, on en oublie vite la campagne, et le canton de Zurich a beaucoup à offrir – des montagnes de l'Oberland aux collines de l'Unterland, en passant par le lac et les vignobles sur les rives du Rhin, de l'économie laitière aux champs d'asperges en passant par les cultures céréalières et agricoles : les conditions idéales pour une cuisine régionale typique. Pourtant « Zurich n'est pas, comme par exemple Berne et les Grisons, un paysage culinaire spectaculaire », écrit Marie-Louise Roth dans son recueil de recettes *Das Kochbuch aus Zürich* (1977). « L'art culinaire zurichois est un mélange discret d'idées étrangères et de particularités locales. Ainsi, le Zurichois a certes ses propres rösti, mais il n'a pas *inventé* les rösti. »

On reproche volontiers à la Réforme d'avoir légué aux Zurichoises et aux Zurichois un penchant pour l'ascétisme – on n'en ressent plus guère les effets aujourd'hui, mais même Ulrich Zwingli (1484-1531), en tant que prêtre catholique du Toggenbourg (lui aussi un immigrant), ne s'est pas forcément fait remarquer, au début, par son hostilité au plaisir : il a tout de même rompu le célibat et brisé les préceptes du Carême en participant à un repas public au cours duquel on servait des saucisses.

Un an après cette scandaleuse « affaire des saucisses », soit en 1523, la Réforme commence à Zurich. Avec le soutien du Conseil, Zurich se débarrasse des ornements d'église et opte pour un culte centré autour de la Parole de Dieu, détruit des œuvres d'art et se place sous l'autorité de la Bible avec Zwingli comme guide – c'est sans doute là que se trouve la racine de « l'esprit zwinglien ».

Un esprit qui était sans doute tombé sur un terrain réceptif. D'après Marie-Louise Roth, « le Zurichois aime aussi beaucoup les plats simples : si l'on passe en revue ce qui est et a été cuisiné dans la campagne zurichoise, on a l'impression que ces plats sont moins inspirés par des éclairs de génie que par ce que le jardin fournit durant l'année, et c'est peu ou prou la même chose dans toute la Suisse orientale ».

Les éclairs de génie se sont produits ailleurs, à l'université et à l'EPFZ, et dans un environnement urbain plus propice à la créativité et à la recherche que la nature, qui rappelle toujours à l'homme à quel point elle fonctionne parfaitement lorsqu'on la laisse tranquille. Le chemin de fer d'Alfred Escher a signé la fin du métier de muletier, les frères Sulzer bâtirent leur usine de machines à Winterthour et Julius Maggi donna un coup de fouet à l'industrie alimentaire. Zurich s'est ouvert à la nouveauté, le médecin allemand Gustav Erdmann Weisflog inventa un digestif, l'Argovien Max Bircher-Benner, adepte des aliments crus et de l'air frais, créa le Birchermüesli, le seul mot suisse allemand que l'on comprend dans le monde entier. Bircher-Benner installa une clinique sur le Zürichberg, qui attira également des célébrités, dont Thomas Mann, qui qualifia cet établissement de « pénitencier hygiénique ». L'ascétisme, à nouveau – mais cette fois-ci en provenance d'Argovie.

Marie-Louise Roth emploie l'adjectif *heimlifeiss* (qui signifie quelque chose comme dissimulateur ou hypocrite) pour définir le Zurichois appelant théologiquement et avec abnégation « Fastenrolle » (rouleau de Carême) un rouleau aux noix « dont on ne peut se lasser quand on est gourmand ». Mais il a passablement changé, même si « le délicieux *Tirggel* » (ce dur et fin biscuit zurichois au miel) est toujours camouflé en « une hostie sèche ». Si les idées culinaires ont peut-être fait défaut par le passé – aucun fromage typique de ce vaste canton n'a été inscrit au patrimoine culinaire –, aujourd'hui, des gens sont à l'œuvre pour rattraper le retard et ont créé toute une palette de nouveaux fromages au lait cru dans l'Oberland. En dernier, mais encore à temps, les maîtres fromagers de *Zürinatürli* ont eux aussi mis un pied dans la ville, au cœur de la Suisse, à la gare centrale.

Arôme liquide Maggi

Légendaire condiment à base de légumineuses

Parmi les fleurons de l'industrie alimentaire suisse, lequel est le plus répandu dans le monde ? Entre le Nescafé, l'arôme Maggi et le Toblerone, les avis divergent. Quoi qu'il en soit, le café soluble et le condiment liquide appartiennent au même groupe. Le Toblerone a beau être universellement connu, il ne se conserve pas sans certains moyens de réfrigération, tandis que les deux autres produits perdurent sous n'importe quel climat sans condition particulière.

Avec la gourmandisation généralisée des hôtes et de leurs clients, les petits ménages jadis si familiers ont disparu des tables de nombreux restaurants suisses. Pour ce qui est de la poussière de poivre grisâtre, des salières bouchées et des flacons à épices, la perte n'est pas trop cruelle, mais beaucoup regrettent amèrement l'absence du Maggi original dans sa petite bouteille carrée inchangée depuis 1887.

« Combien de fois nous l'avons tétée, petits », écrit l'auteur bâlois surnommé *–minu*, « elle calmait si bien notre fringale avant la soupe. On arrosait une tranche de pain du liquide brun et la dévorait goulûment : une expérience gastronomique fabuleuse ! Comme toutes les mères, la nôtre nous lançait "Pas touche !" sur le même ton exaspéré qu'elle employait ensuite avec papa, qui à peine assis se saisissait de la bouteille pour en asperger sa soupe avec frénésie : "Mais enfin, Hans, goûte-la d'abord avant d'y verser du Maggi !" Peine perdue, papa ne la goûtait jamais. L'aspersion préalable de la soupe faisait partie du dîner, au même titre que le dernier top aigu précédant les nouvelles de midi. C'est devenu un rituel d'approbation du repas » (*Culinarium – Essen und Trinken in der Schweiz*, 2003).

Le condiment liquide doit son nom à Julius Maggi (1846-1912), qui l'inventa en 1886 tandis qu'il développait également ses bouillons instantanés. Ce condiment purement végétal contient de l'eau, du sel, du glutamate, de l'arôme, de l'extrait de levure ainsi que des protéines végétales (de blé et de graines de soja). La recette exacte se trouve dans le coffre-fort de Nestlé (*maggi.ch*) ; la société Maggi, rebaptisée Alimentana SA en 1934, fusionna treize ans plus tard avec Nestlé & Anglo-Swiss Condensed Milk Co., l'actuelle multinationale Nestlé basée à Vevey. Julius Maggi avait pris soin de consigner lui-même sa recette et de la garder sous clef.

Fils d'un immigré italien, il reprend la minoterie paternelle à Kemptthal près de Zurich en 1869. La branche étant en crise, Maggi adopte les idées du docteur Fridolin Schuler, qui dénonce en tant qu'inspecteur des fabriques l'alimentation déficiente des ouvriers. Les journées de travail sont longues, le temps manque pour faire la cuisine et manger correctement, si bien qu'une fois la journée terminée, les travailleurs ont dépensé beaucoup d'énergie et sont très fatigués. Comme la viande est chère, Schuler préconise la consommation de protéines végétales, que l'on trouve notamment dans des légumineuses telles que les haricots, les pois et les lentilles. Maggi, qui est un chef d'entreprise soucieux de son personnel et inventif, se met à expérimenter. En 1884, il lance sur le marché la farine de légumineuses, et deux ans plus tard les potages Maggi prêts à l'emploi. C'est avec son condiment liquide qu'il s'impose véritablement. Il est le premier Suisse à saisir l'intérêt de la publicité, créant son propre « département de réclame et de presse ».

Le dynamique Julius Maggi fait appel à un rédacteur qui deviendra par la suite un dramaturge célèbre : Frank Wedekind. L'étudiant en droit sans le sou qu'il était alors exprime son talent à travers des slogans tels que celui-ci : *Das wissen selbst die Kinderlein : / Mit Würze wird die Suppe fein. / Drum holt das Gretchen munter / die Maggi-Flasch' herunter.* (Même les petits enfants le savent : / Avec du condiment la soupe est suave. / C'est pourquoi de plaisir Gretchen rougit / en allant chercher la bouteille de Maggi.)

Au début du XXIe siècle, les produits Maggi sont fabriqués dans une soixantaine de pays : l'arôme Maggi, des soupes, des potages, des vinaigrettes, des bouillons prêts en 5 minutes et autres plats instantanés, comme les nouilles asiatiques Maggi-Mee. « Ce qui avait commencé avec de la farine de légumineuses a mené tout droit vers le monde merveilleux des plats pré-cuisinés (*convenience food*) que nous connaissons aujourd'hui », observent Hannes Bertschi et Marcus Reckewitz dans *Von Absinth bis Zabaione* (2002).

Notons enfin que l'arôme Maggi ne contient pas de livèche – en allemand, cette plante, qui s'appelle en fait *Liebstöckel* (*Levisticum officinale*), est en effet communément désignée sous le nom de *Maggikraut* ou herbe à Maggi parce que la livèche a un goût très proche de celui de l'arôme Maggi !

Voir aussi : Aromat, page 125.

PRODUITS CARNÉS

Augustiner Schüblig

Saucisse échaudée rouge brique à base de viande de bœuf, de porc et de lard

L'Augustinergasse est située dans la vieille ville de Zurich, entre la Bahnhofstrasse et la Weinplatz. C'est là que fut créé, à la fin des années 1950, le schüblig au boyau rouge brique par le boucher Fritz Niedermann. Toutefois, ni son neveu ni le saucissier de l'époque ne se souviennent exactement quand. Aujourd'hui la boucherie a disparu, contrairement à la saucisse, qui est désormais produite à Schlieren avec un équipement moderne sous le nom d'*Augustiner Schüblig*.

Elle est composée de viande de porc et de bœuf, de lard, d'épices et d'un mélange d'eau et de glace. Le mélangeur transforme la viande et les épices (sel nitrité, poivre, paprika, coriandre, noix de muscade, cannelle) en une fine chair à saucisse ; le rôle de l'eau glacée est de refroidir la viande tandis qu'elle est découpée par des couteaux bien aiguisés tournant à 5000 tours par minute, traitement qui entraîne une hausse notable de la température par frottement, hausse qui ferait coaguler les protéines. Une pâte collante en ressort, à laquelle sont incorporés du lard et de la viande de porc maigre et non tendineuse, qui n'est pas finement « blitzée », mais doit rester granuleuse. Ceci étant fait, la chair prête est embossée et refermée dans des boyaux de porc grâce à un appareil spécifique : le poussoir à saucisse. Les saucisses sont ensuite suspendues à des tiges dans un fumoir et brièvement plongées deux fois dans un liquide à base de sang, pour les faire – littéralement – rougir ; cette couleur est gustativement neutre. Les schübligs sont placés 35 minutes dans une installation de fumage et de cuisson, puis fumées pendant 35 minutes supplémentaires. Pour terminer, on les fait cuire à la vapeur à 75 °C et les refroidit aussitôt après.

Traditionnellement, le schüblig se consommait en automne et en hiver, étant donné qu'il était issu du bouchoyage à la ferme (cf. *Bauernschüblig, page 313*). De nos jours, la boucherie industrielle de Schlieren produit des *Augustiner Schüblige* toute l'année, qu'elle fournit à de nombreuses entreprises de restaurations et boucheries. Ces saucisses se mangent chaudes, avec une salade ou un gratin de pommes de terre, avec du pain pour accompagner une soupe ou une salade verte ; elles se prêtent aussi très bien aux barbecues.

SUPPLÉMENT

Polysémie du schüblig

Dans le *Schweizerisches Idiotikon*, le mot *Schüblig* peut prendre bien des significations – un vrai virtuose ! Il peut s'agir soit d'un « délinquant ou d'un vagabond dans le langage

de la police», soit d'un bouchon, «bourre en papier pour le chargement [des fusils], bâillon, bouchon en coton pour les oreilles», soit encore de «la terre dont les marmottes se servent pour barrer l'accès à leur habitat hivernal». Curieuse polysémie, plus riche que celle du gendarme ou *Landjäger*, autre saucisse!
«Parmi les saucisses, le schüblig occupe la même place que Shakespeare parmi les écivains», déclarait, admiratif, George Mikes (1912-1987), écrivain britannique d'origine hongroise; il n'a cependant pas révélé à quel type de schüblig il pensait (*Nebelspalter*, 23/1987).

Bassersdorfer Schüblig

Saucisse échaudée à base de viande de bœuf et de porc avec du lard, habillée de noir

Les saucisses connues uniquement au niveau local telles que le *Bassersdorfer Schüblig* sont rares en Suisse. La plus célèbre est la *Sankt Galler Kalbsbratwurst*, la saucisse à rôtir de veau de Saint-Gall, qui contient une très fine chair et s'est fait connaître depuis fort longtemps bien au-delà de son lieu d'origine: c'est aujourd'hui l'une des saucisses les plus populaires du pays. Pour ce qui est des saucisses à toponyme, l'Inventaire du patrimoine culinaire suisse comprend toujours la *Hallauer Schinkenwurst*, la *Churer Beinwurst,* le saucisson de Payerne, la *Berner Zungenwurst* et l'*Augustiner Schüblig*, du nom d'une ruelle de la vieille ville de Zurich. Sinon, ce sont des épithètes régionales et cantonales qui permettent de nous y retrouver dans la riche famille des saucisses et saucissons – citons par exemple les saucissons vaudois et neuchâtelois, la saucisse d'Ajoie, l'*Engadiner Hauswurst*, l'*Emmentalerli* ou *l'Urner Hauswurst*.

Le *Bassersdorfer Schüblig* a été inventé par un dénommé Siber, habitant du village de Bassersdorf près de Kloten. Le jeune apprenti boucher cherchait du travail à Lyon à la fin du XIXe siècle, et c'est dans la métropole française de la saucisse (ses Halles sont véritablement la Mecque de la charcuterie) qu'il s'est familiarisé avec les joies de la salaison. Au bout d'un an, Siber est rentré chez lui fort de cette expérience et a réalisé sa propre idée, produisant des saucisses dont il enduisait l'enveloppe d'un vernis à base de résine et qu'il fumait ensuite pendant plusieurs heures au-dessus d'un feu de branches de sapin. Au départ, la chair à saucisse était plutôt grossière, avec des morceaux de viande et de lard bien perceptibles (visuellement et haptiquement), mais au fil des ans, elle est devenue relativement fine et compacte.

À l'époque de Siber, on connaissait le hachoir à viande, inventé dans les années 1830, mais pas encore le cutter, qui découpe la viande à haute vitesse au moyen de couteaux très tranchants, brisant ainsi ses membranes cellulaires et libérant les protéines, qui forment avec la graisse une émulsion pâteuse.

Cette saucisse noire fit sensation; avec du gingembre dans le mélange d'assaisonnement, elle avait aussi un goût assez inhabituel. Un boucher étranger à Bassersdorf a repris l'affaire au début des années 1990. Il a commencé par débarrasser la charcuterie de sa patine noirâtre. Depuis lors, il ne travaille plus avec l'ancien mélange de résine, aussi magique soit-il, mais embosse la chair à saucisse dans des boyaux protéiques de couleur noire fabriqués à partir de peaux d'animaux.

Le *Bassersdorfer Schüblig*, qui est une saucisse échaudée comme son cousin «augustinien» de Zurich, a une coupe légèrement mouchetée, qui n'est pas sans rappeler le fromage d'Italie paysan. Il se marie bien avec une soupe aux pois ou aux légumes, un gratin ou une salade de pommes de terre, des pommes de terre rôties ou d'autres garnitures de ce genre.

Voir aussi: Sankt Galler Schüblig, page 403; Glarner Schüblig, page 530.

Bauernschüblig

Schüblig paysan; saucisse crue fumée à base de viande de bœuf et de porc avec du lard

La route suisse des saucisses est assez rectiligne: d'ouest en est et du sud au nord, la chair à saucisse s'affine de plus en plus, pour culminer dans la saucisse à rôtir de veau Saint-Gall et la boule de Bâle, dans lesquelles on ne décèle pratiquement aucune granulation.

Salame et *luganiga* au sud, saucisson à l'ouest, *Zungenwurst* et *Hauswurst* (saucisse de ménage) au milieu, puis çà et là la *Bauernwurst* (saucisse paysanne), la *Rauchwürstli* (saucisse fumée), le *Bauernschüblig* – la carte suisse des saucisses ne saurait être dessinée en lignes nettes, les frontières sont à la fois floues et fluides. Le *Bauernschüblig* en est un bon exemple: il pourrait être un gendarme s'il était pressé dans la forme idoine, ou une saucisse sèche s'il était fabriqué en Valais. Mais il s'agit bien d'un schüblig, et le fief des schübligs est essentiellement le nord-est de la Suisse. Contrairement aux autres schübligs zurichois (l'*Augustiner* et le *Bassersdorfer Schüblig*) et aux variétés saint-galloise et glaronaise, le *Bauernschüblig*, tout comme son homologue du Toggenbourg, est une saucisse crue et non bouillie.

L'*Idiotikon* cite une source datant de 1293, deux ans après le serment du Grütli: le *cellerarius* (l'intendant) du monastère de Grossmünster était tenu de livrer deux *inschubelinge* au *canonicus* (chanoine). La source ne dit rien sur la composition de ces saucisses. Dans le *Deutsches Wörterbuch*, le grand dictionnaire allemand de Jacob et Wilhelm Grimm, on trouve une phrase évoquant les divers plats préparés à base de viande de porc, parmi lesquels le boudin (*blut oder rooswürst*), la saucisse grise (*läberwürst*), la saucisse à rôtir (*bratwürst*), le *schübling* et l'aspic *(sultzen)*. Au XIXe siècle, les références à une composition à base de bœuf et de porc avec du lard et des morceaux de couenne, hachés relativement grossièrement, se font de plus en plus fréquentes.

Aujourd'hui, tout cela s'est raffiné, notamment dans les saucisses à bouillir – on ne souhaite pas forcément voir tout ce qu'il y a à l'intérieur.

Le schüblig paysan résulte d'une méthode de transformation classique consécutive à l'abattage à la ferme : les restes de viande et les parures, le lard et la couenne sont hachés, assaisonnés, embossés dans des boyaux, ficelés et conservés – à l'air sec dans les Alpes, à la fumée soit froide soit chaude dans les climats plus humides. Alors qu'au début du XXe siècle, les boucheries industrielles se multiplient, le *Bauernschüblig* reste un produit paysan et son goût varie en conséquence. Au XIXe siècle, les abus étaient fréquents : le *Bauernschüblig* bon marché, très apprécié des ouvriers des villes, était volontiers additionné d'amidon, de farine ou de pain, ce qui, au mieux, passait inaperçu et, au pire, nuisait à la santé de ceux qui en consommaient. En 1870, Bâle et Zurich ainsi que d'autres cantons ont commencé à faire contrôler annuellement la qualité des saucisses.

Selon le manuel *Schweizer Wurstwaren – Saucisses de chez nous* (1988) publié par le Centre de formation pour l'économie carnée suisse à Spiez, un schüblig paysan doit être composé de viande de bœuf (40 %), de porc (35 %) et de lard dorsal (25 %) ; on l'assaisonne de sel nitrité, de sel de cuisine, de poivre, d'ail, de rhum ou de vin rouge, la masse est hachée ou blitzée jusqu'à obtention d'une granulométrie de trois à quatre millimètres, embossée dans du boyau de porc, de bœuf ou en fibres cutanées, et l'on termine par fumer la saucisse, à froid ou à chaud.

Les *Bauernschüblige* se mangent crus, simplement avec les doigts ou sur une assiette froide ; ici et là, on en trouve aussi à faire bouillir.

Voir aussi : Ramswurst, page 95 ; Gumpesel, page 261 ; Landjäger, gendarme, page 340 ; Toggenburger Bauernschüblig, page 405 ; Appenzeller Pantli, page 435 ; Saucisse sèche valaisanne, page 473.

Schweinswürstchen

Fine saucisse fumée à forte teneur en porc

Pour les personnes qui mangent peu de viande, la *Schweinswürstli* ou petite saucisse de porc est tout à fait indiquée. Fine et courte, elle a une saveur aromatique ronde légèrement fumée ; en la coupant en rondelles d' 1 à 1,5 cm d'épaisseur et en l'ajoutant à une soupe roborative ou à un ragoût de lentilles, elle s'enfonce dans son contenant tout en enrichissant le plat tel un condiment.

Cela dit, il est inutile de vanter les mérites de la *Schweinswürstli* aux amateurs de viande. Sa composition est la suivante : 67 % de porc mi-maigre et grossièrement haché, 25 % de bœuf haché, 8 % de bloc de couenne et comme épices du sel nitrité, du poivre, des noix de muscade, de la coriandre, du condiment en poudre et du cumin. Elle contient plus de viande musculaire pure que la plupart des saucisses bouillies. Cette saucisse recourbée et fumée est une coupe noble, apparentée à l'*Emmentalerli* mais contenant un pourcentage plus élevé de viande de bœuf.

La viande de porc hachée est mélangée à la chair à saucisse de base (bœuf et bloc de couenne) et aux épices, puis embossée dans des boyaux de mouton et torsadée par paires ; les saucisses sont ensuite séchées dans le fumoir et rubéfiées grâce à du sel nitrité (sans lequel elles resteraient grises), puis fumées à 50-60 °C, retirées, pochées une demi-heure dans de l'eau à 72 °C et enfin refroidies immédiatement afin qu'elles ne se ratatinent pas.

L'histoire de la *Schweinswürstli* ne remonte pas très loin dans les écrits – l'*Atlas de folklore suisse* la situe au début des années 1930 dans le nord-ouest de la Suisse. Dans son livre sur les artisans bouchers-charcutiers bâlois (*Das Basler Metzgerhandwerk*, 1981), le journaliste Gustav Adolf Wanner a décrit les « Kuttler » et les « Bräter » : les premiers transformaient et vendaient les pieds et les abats des animaux abattus, tandis que les seconds avaient « depuis 1686 le privilège d'abattre des porcs et de fabriquer des saucisses de porc ; en revanche, ils n'avaient pas le droit de vendre de la viande ou de tenir un magasin ouvert ».

Le format réduit de la *Schweinswürstli* est sans doute apparu lorsque le commerce de la boucherie a commencé à se répandre. Cette petite saucisse a d'abord été populaire dans les villes, puis s'est répandue dans tout le pays via la Suisse alémanique.

Voir aussi : Emmentalerli, page 259.

POISSONS

Corégones

Felchen*; poissons d'eau douce du genre* Coregonus *sp., fumés à chaud ou à froid*

Les poissons d'eau douce sont diversement appréciés des chefs – seuls les plus passionnés ou les plus ambitieux parviennent à tirer le meilleur parti de la texture délicate de ces douces créatures. La mer offre beaucoup plus de possibilités en termes de genres et de consistances, de tailles et de formats, pour ce qui est du poisson rouge ou blanc. Alors qu'il est difficile de faire de gros dégâts en préparant un sashimi ou un steak de requin, les risques de rater un poisson d'eau douce sont élevés : il en faut peu pour qu'il arrive sec, farineux ou carrément en lambeaux et non identifiable sur votre assiette.

Parmi les plus de trente espèces de poissons indigènes, dont seule une minorité a un format propice à un traitement culinaire, seul le saumon le supporte, ou encore la carpe ; tous les autres, essentiellement des poissons nobles tels que les truites, les corégones (en allemand *Felchen*) et les perches, devraient être proposés au bleu, c'est-à-dire cuits brièvement à la vapeur ou au court-bouillon, légèrement aromatisés avec un peu de sel, de vin et de fines herbes. Quant à la sauce, elle se marie mieux avec la garniture de pommes vapeur ou de riz.

On trouve des corégones dans le monde entier ; ils font partie de la même famille que les saumons, les truites, les ombles et les ombres, celle des salmonidés, et sont comme eux originellement des poissons migrateurs. Mais en Suisse les corégones voyagent peu : confinés dans les lacs, ils se sont adaptés aux circonstances et ont développé des espèces différenciées. « L'isolement dans un espace restreint est un mécanisme accélérant la formation de nouvelles espèces », affirme la biologiste Marion Mertens dans un livre consacré aux saumons (*Der Lachs – Ein Fisch kehrt zurück*, 2011). « Les lacs alpins après l'ère glaciaire en sont un bon exemple. Peu d'espèces de poissons ont survécu aux températures très basses des zones non glacées ; quand il a commencé à faire plus chaud, les lacs périalpins (par exemple ceux de Zurich et de Constance, le lac des Quatre-Cantons et le Léman) étaient colonisés de salmonidés tels que des corégones ou des lavarets. Au cours des 10 000 dernières années, les corégones n'ont plus pu migrer d'un lac à l'autre, et c'est ainsi qu'une ou plusieurs espèces sont apparues dans chaque lac, s'adaptant au mieux à leur biotope. Ainsi, quatre espèces de corégones différentes évoluent dans le lac des Quatre-Cantons : le Schwebbalchen, l'Albeli, le Bodenbalchen et l'Edelfisch. »

Longtemps, les habitants des régions lacustres ont considéré que leurs corégones étaient des espèces uniques, autochtones, et leur ont donné des noms : *Balle*, *Blalig*, *Felchen* et *Albeli*, une race de Schwebfelchen de petite taille, dans les lacs de Zurich, de Zoug et de Pfäffikon ; dans le lac de Constance, *Sandfelchen*, *Gangfisch*, *Blaufelchen*, *Kilch* et *Weissfelchen ;* le corégone de taille moyenne pêché dans le lac de Neuchâtel est appelé *bondelle*, et *palée* lorsqu'il a atteint une taille supérieure, *Sandfelchen* dans d'autres étendues d'eau ; ceux des lacs de Bienne et de Morat sont nommés *bondelles* ou *Pfärrit ;* dans le lac Léman et celui de Joux, le corégone devient une *féra* et la palée une *gravenche*. Dans ces mêmes lacs ainsi que dans celui du Bourget en Savoie voisine, on parle aussi de *lavaret.* Ceux des lacs de Thoune et de Brienz sont appelés *Brienzling*, *Kropfen*, *Balchen* et *Albock*. Et au Tessin ? Tout simplement *coregone* et *lavarello*, pour changer !

Le corégone est le gagne-pain des pêcheurs professionnels. On fume des Gangfisch du lac de Constance depuis le XIVe siècle ; au bord des autres lacs, cette méthode d'affinage n'a été adoptée qu'au lendemain de la Seconde Guerre mondiale en tant que source de revenus supplémentaires pour les pêcheurs ; ceux du lac Léman ne s'y sont mis qu'à partir de la fin des années 1970. Le fumage nécessite de la délicatesse, sans quoi la chair aura facilement un goût de carton.

Après avoir été vidés et écaillés, les poissons marinent 24 heures dans un mélange de saumure et d'épices. Puis on les répartit sur des grilles ou les suspend à des crochets et les place au-dessus de la fumée produite par un feu de bois de feuillus (le bois de sapin résineux a souvent un effet trop puissant) ; ils restent environ une heure dans la fumée à une température comprise entre 80 et 130 °C – le temps de cuisson dépend de la taille des poissons, de la température et des conditions atmosphériques. La dernière étape de cette transformation se fait en fonction des souhaits de la clientèle : on peut fileter le corégone, le débarrasser de ses nageoires, lui retirer la peau, ôter les arêtes ; il faudrait le laisser reposer un peu avant de l'emballer, afin que les arômes aient le temps de se répartir et de s'imprégner dans la chair. Le Gangfisch du lac de Constance est fumé à froid, à 25 °C maximum.

On déguste les corégones fumés froids, mais on peut aussi poursuivre leur transformation jusqu'à en faire une mousse, par exemple. La recette suivante provient d'un pêcheur neuchâtelois : émietter deux à trois filets au moyen d'une fourchette, ajouter une cuillère à café de moutarde, un peu de cognac et de crème et bien mélanger le tout ; réserver au frais, assaisonner et enfin étaler sur des toasts grillés.

SUPPLÉMENT

Des hauts et des bas dans le lac de Zurich

Le graphique des statistiques de capture de corégones du lac de Zurich depuis l'an 2000 ressemble à des vagues pendant une tempête : de 70 tonnes en 2000, on passe au double trois ans plus tard ; en 2005 un peu plus de 70 tonnes, puis presque 230 en 2009 ; ce chiffre plonge à 60 en 2013 et remonte à 120 en 2018 (*fischereistatistik.ch*, mars 2021). Les pêcheurs professionnels peuvent donc osciller entre l'envie de changer de métier et la plus grande euphorie, lorsque de nombreux corégones frétillent dans leurs filets. Les causes de ces prises

très variables sont complexes; l'oxygénation de l'eau joue ici un rôle décisif.

« Lorsqu'en hiver, la température à la surface et celle au fond du lac sont identiques, ses eaux commencent à se mélanger, et les couches profondes sont oxygénées. Du fait que les hivers sont désormais plus doux, ce mélange a lieu moins souvent », explique au *Tages-Anzeiger* Lukas Bammater, adjoint à la pêche du canton de Zurich. Les conséquences dans le lac : « Les couches profondes reçoivent moins d'oxygène. Parallèlement, moins de nutriments remontent de ces couches inférieures aux couches supérieures. La nourriture des poissons se raréfie [...]. Nous avons remarqué [...] que certaines espèces croissent plus lentement et modifient leur comportement. 2016 et 2017 furent de mauvaises années pour les pêcheurs professionnels. Mais suite à un excellent mélange des eaux au printemps 2018, l'été suivant les filets se remplirent à nouveau abondamment; les poissons n'avaient donc pas disparu. » Le réchauffement climatique a-t-il une incidence ? « Nous considérons que le changement climatique et ses conséquences pour le lac comme une boîte noire. Nous ne savons pas encore quels seront les effets à long terme d'un mélange réduit des eaux » (*TA*, 25 juillet 2020).

Voir aussi : Bondelle, palée, page 201 ; Gangfisch, page 341.

FRUITS, LÉGUMES ET PLANTES

Chips

Tranches de pommes de terre frites croustillantes avec divers assaisonnements

Aujourd'hui, elles sont aussi courantes que les pommes de terre dont elles sont issues. Pourtant, les Européens ont mis un peu de temps avant de s'habituer aux tubercules du Nouveau Monde. La pomme de terre a été introduite en Europe par les explorateurs espagnols au XVIe siècle ; dans les livres de comptes de l'Hospital de la Sangre à Séville – la ville portuaire où les navires en provenance d'Amérique arrivaient et d'où ils repartaient –, des achats de pommes de terre sont notés à partir de 1573. En Suisse, la culture de la pomme de terre n'a commencé à se développer que deux siècles plus tard, dans les années 1770.

L'idée des chips a été concoctée aux États-Unis ; l'origine exacte est inconnue, mais certains indices permettent de remonter au début du XIXe siècle. Dans les années 1920, les chips sont en pleine expansion aux États-Unis ; en Europe, leur popularité gagne peu à peu du terrain. En 1950, encouragés par leur succès aux États-Unis, Hans Meier et son épouse créent une entreprise de production artisanale de chips aux portes de Zurich. En une journée, 160 kilos de pommes de terre sont transformés en 40 kilos de frites à l'aide d'une mandoline à choux et d'une friteuse. Après la soudaine disparition de Hans Meier en 1955, la famille Zweifel de Höngg, apparentée au défunt, reprend l'entreprise (en 1958, sous la marque Zweifel). Le reste appartient à la légende. Avec son emblématique « Z » (comme Zweifel et non comme Zorro) et son service frais mis en œuvre dans toute la Suisse, les « Pomy-Chips » de cette entreprise ont fait leur entrée dans l'Inventaire du patrimoine culinaire suisse – notamment grâce aux Paprika Chips, de loin la variété la plus populaire. Aujourd'hui, bien d'autres marques de chips tentent de se faire une place sur le marché suisse.

La première rationalisation est arrivée des États-Unis en 1960 sous la forme d'une friteuse entièrement automatisée. Aujourd'hui, une ligne de production de chips d'une longueur de 36 mètres fait tout le travail. Les pommes de terre des variétés les plus appropriées (Lady Jo, Lady Claire, Lady Rosetta, Erntestolz, Marlen, Fontane, Panda, Hermes ou Markiel) sont brossées, lavées, triées par taille, épluchées, contrôlées entières et débitées en tranches de 1,2 millimètre d'épaisseur ; ensuite, l'excès d'amidon est éliminé au cours un cycle de lavage, les tranches sont douchées et secouées sur un tapis vibrant pour éliminer le plus d'eau possible avant d'être plongées et agitées dans un bain d'huile de tournesol de neuf mètres de long ; l'huile a une température de 160 °C. Elles passent ensuite sur un tapis d'égouttage, et une caméra signale les chips non conformes, défectueux, qui sont automatiquement séparés des autres un peu plus loin. À la fin du processus, les chips sont assaisonnées puis emballées.

« Désormais, Zweifel transforme chaque année 24 000 tonnes de pommes de terre en chips dans l'usine de Spreitenbach » (*NZZ*, 9 novembre 2020). Belle performance pour un homme qui au départ ne voulait pas s'occuper de l'héritage de Hans Meier. La famille Zweifel dirigeait une cidrerie dans le quartier zurichois de Höngg ; le fils Hans-Heinrich (1933-2020), qui étudia l'ingéniérie alimentaire, fut convaincu par une phrase de son père qui sonne comme un slogan publicitaire : « *Chips machet Durscht, Moscht löscht de Durscht.* » (« Les chips donnent soif, le cidre l'étanche. »)

PRODUITS DE BOULANGERIE ET PÂTISSERIE

Geduldszeltli, Hosenknöpfe

Petites friandises rondes et plates semblables à des meringues

Dans le passé, les douceurs de petite taille étaient principalement fabriquées dans les villes, car leur clientèle plus aisée était prête à payer davantage pour quelque chose de spécial. Les *Geduldszeltli*, également appelés *Hosenknöpfe* (« boutons de pantalon »), sont un cas particulier, puisqu'on les trouve aussi à la campagne – non seulement dans le canton de Zurich, mais aussi dans celui d'Appenzell. On trouve également des délices de ce nom, les Thusner ou Maseiner Hosenknöpfe, dans les Grisons, mais ils sont cuits à partir d'une autre pâte.

Un *Zeltli* est un bonbon appelé *Däfi* à Bâle, et les Geduldszeltli ont à peu près la même taille – un centimètre de diamètre. Il s'agit d'un produit de niche qui existait apparemment aussi à Bâle jusque dans les années 1970. Quoi qu'il en soit, la plus ancienne recette trouvée de « *Doppelte Geduldstäfelein* » (doubles pastilles de patience) provient de la ville rhénane, publiée dans *Originalrezepte der alten Basler Küche* (1978), qu'Anita Rauch avait reprise de trois livres de cuisine familiaux de 1822, 1825 et 1847. Amalie Schneider-Schlöth, dont la *Basler Kochschule* parut pour la première fois en 1877, a elle aussi présenté des Geduldstäfeli (*Basler Kochschule*, édition de 1983 mise à jour par Andreas Morel).

Ce qui frappe ici, c'est la constance des ingrédients, qui n'ont pratiquement pas été modifiés depuis plus d'un siècle. Les différences se situent dans des nuances : l'huile essentielle de bergamote ou l'eau de rose pour l'arôme, le zeste de citron et (ou) la vanille ; quelques-uns ajoutent un peu de cacao au mélange de base.

Tout d'abord, on bat les blancs d'œufs en neige, incorpore le sucre en poudre, puis la farine – alors qu'il n'y en a pas dans une meringue. Il faut ajouter les arômes à la farine. La masse doit être aérée et ne pas s'effondrer. Le pâtissier en remplit une poche à douille et presse des portions égales sur la plaque de cuisson, portions qui sont ensuite séchées. Selon le climat régnant dans la pièce, cela prend un à trois jours, parfois même plus en été : un *Geduldszeltli* ne supporte pas l'impatience, d'où son nom. Lorsque les *Zeltli* se retirent sans difficulté de la plaque, ils sont prêts à passer au four. On les fait cuire à basse température pendant cinq à dix minutes jusqu'à ce qu'ils soient dorés. Si le four est trop chaud, le sucre se caramélise.

Les *Geduldszeltli* ne sont pas fabriqués en grandes quantités. On les trouve principalement pendant la période de Noël ; dans le canton d'Appenzell, les *Hosenknöpfe* sont disponibles toute l'année et les touristes en emportent comme souvenirs.

Voir aussi : Schokolade-S, page 40 ; Meringue, pages 240 et 283.

Grittibänz

Bonhomme de Saint-Nicolas ; pâtisserie en pâte levée de forme humaine préparée pour cette fête

Il y a dans le *Handwörterbuch des deutschen Aberglaubens* (Dictionnaire des superstitions allemandes, 1931, 1987) des pages entières à lire sur les *Gebildbrote*, ces pains dont les formes ont une signification symbolique. De tels pains ont existé et existent encore en grand nombre. On s'empresse parfois d'affirmer qu'ils sont associés à toutes sortes d'anciens rites et coutumes, oubliant que des pâtisseries en forme d'animaux ou de personnes peuvent très bien être façonnées juste pour s'amuser. Le dictionnaire avance prudemment que « pour beaucoup de pains en forme d'êtres humains ou d'animaux, surtout d'animaux domestiques, on peut prouver que ce sont des substituts en pâte des sacrifices sanglants d'êtres correspondants ; des parallèles avec des coutumes d'autres peuples ou de ceux de l'Antiquité confirment cette thèse. Mais il serait tout à fait erroné de supposer cette signification tragique derrière chaque pâtisserie anthropo- ou zoomorphe ».

On peut donc admettre posément qu'en Suisse, toute forme de cannibalisme, y compris symbolique, a été sublimée – qui aurait d'ailleurs l'idée de dévorer un « vieil homme barbu se tenant debout, les jambes écartées » ? C'est par ces mots que Conrad G. Weber explique le terme *Gritti*, proche de *Grätti*, également synonyme de vieil homme décrépit. *Bänz* peut être « à la fois une abréviation de Bernhard et de Benedikt », explique le linguiste (*Brauchtum in der Schweiz*, 1985).

Mais le Gritti existe aussi sous le nom de Grittli, diminutif de Marguerite – plus rarement, mais probablement depuis plus longtemps. On attribue au réformateur zurichois Heinrich Bullinger un proverbe sur la Saint-Nicolas (1546) : *« De Felix nehm zem ersten s'Horn, Das Fröwli esse er erst morn »* (Félix est l'un des trois saints patrons de la ville de Zurich ; il ne mangera la petite femme (*Fröwli*) que demain, après une autre pâtisserie, en forme de corne (*Horn*), dit-on ici). L'historien de la pâtisserie Max Währen a vu dans cette *Fröwli* un Grittibänz féminin (1991). On connaissait de telles Bänzen dans d'autres régions, par exemple dans l'Oberland bernois.

La raison pour laquelle le 6 décembre, jour de la Saint-Nicolas, « le saint sauveur d'enfants d'Asie mineure est devenu un saint leur distribuant des cadeaux » (Weber), à savoir des pains d'épices en forme de saint Nicolas et des *Grittibänzen*, n'est pas des plus claires. « La vénération de Nicolas de Myre a commencé aussitôt après sa mort », écrit Albert Christian Sellner (*Immerwährender Heiligenkalender*, 1993) ; plus de sept siècles après son décès, « ses ossements ont été sauvés des Sarrasins en 1087 et transportés à Bari. Une grande église fut construite en son honneur, où ses reliques reposent dans une somptueuse châsse. Par une ouverture suinte un baume parfumé auquel on attribue de nombreux effets miraculeux. » Diverses coutumes sont apparues en Europe au XIe siècle ; ainsi, dans le nord de la France, le jour de la Saint-Nicolas, un enfant-évêque était élu parmi les écoliers, qui avait le droit de déposer des plaintes et de châtier les adultes. Au XIVe siècle, les écoliers de Bâle défilaient autour des maisons le 6 décembre avec un enfant-évêque costumé et recevaient un petit pain à base de farine blanche à la fin de leur procession.

À partir du XIXe siècle, de plus en plus de preuves indiquent la présence de bonshommes en pâte. Un article paru dans l'*Aargauer Tagblatt* (16 février 1963) indique que l'Allemand Ernst Ludwig Rochholz (1809-1892), instituteur cantonal et spécialiste de la pâtisserie à Aarau, avait vu le 6 décembre 1835 des enfants jouant sur l'île Saint-Pierre du lac de Bienne avec des *Manoggle*, des bonshommes en pain que leur père leur avait apportés de Douanne. D'après l'*Atlas de folklore suisse*, au début du XXe siècle, il n'y avait de *Grittibänz* que sur le Mittelland, le Plateau suisse ; il ne s'est répandu en Suisse romande qu'à partir de la seconde moitié de ce siècle. La fête la plus impressionnante du pays se déroule à Fribourg : saint Nicolas y est vénéré en tant que patron de la ville (cf. *Biscômes, page 233*).

Plus le bonhomme gagna en popularité, plus ses appellations régionales se sont multipliées : outre Grittibänz, on citera *Benz* ou *Bänz*, *Grättimaa* (région de Bâle), *Elggermaa* (cantons de Zurich et de Thurgovie), *Brötige Maa*, *Chläus*, bonhomme de Saint Nicolas, bonhomme de pâte, bonhomme, *pupazzo di San Nicolao* au Tessin, *Mannala* ou *Mannele* en Alsace. Depuis le début du XXIe siècle, on trouve ces bonshommes dans tout le pays, en premier lieu grâce à la logistique des grands distributeurs.

Pour les confectionner, le boulanger utilise une pâte à base de farine blanche. Il peut s'agir d'une pâte à tresse, à petits pains ou d'une pâte sucrée. En fonction de la taille de la pâte, le boulanger découpe et façonne plus ou moins grossièrement un *Grittibänz* avec une tête, des jambes et des bras ; à partir de chutes de pâte, il modèle des attributs vestimentaires tels qu'un foulard ou une ceinture ainsi que d'autres accessoires selon ses préférences et les colle sur le corps. Après un certain temps passé dans la chambre de pousse, les Bänzen sont dotés d'yeux et de boutons en raisins secs, plus rarement en baies de genièvre. À l'aide d'une paire de ciseaux, le boulanger dessine une bouche sur le visage. Le *Basler Grättimaa* reçoit encore une petite pluie de sucre brut sur le ventre. Il existe aussi des Grittibänzen modernes fabriqués à la chaîne, qui ne sont que vaguement reconnaissables comme tels.

Voir aussi : Taillaule, page 208 ; Agathabrötli, page 233 ; Tresse, page 285 ; Bröötis, page 446 ; Pains liturgiques, page 493.

Mohrenkopf

Boule de biscuit fourrée à la crème et enrobée de chocolat

Ce *Stückli* (« petit morceau »), comme on appelle aussi cette friandise de taille modeste en Suisse alémanique, est sorti plus ou moins indemne de la discussion sur les termes racistes et injurieux concernant son homonyme en mousse à base de blancs d'œufs dans une coque en chocolat – alors qu'à l'été 2020, au cours des débats à nouveau suscités par le caractère politiquement incorrect de l'appellation *Mohrenkopf* ou tête-de-nègre, un violent orage éclata et le nom de cette « pâtisserie individuelle en forme de boule » (*Larousse gastronomique*) disparut, apaisant ainsi les esprits chauffés à bloc.

Il n'y a aucun doute sur la signification du mot *Mohr* depuis plus d'un millénaire, depuis la période du vieux haut allemand (c. 750-1050), et même dans le volume XII (1885) du *Deutsches Wörterbuch* de Jacob et Wilhelm Grimm, il est très clairement dit, à propos de « Mohrenkopf, m. » qu'il s'agit en premier lieu de la tête d'un Maure, c'est-à-dire d'un Noir, présentée comme ornement d'un blason ou d'un casque, et seulement sous sa quatrième acception d'un biscuit avec un glaçage au chocolat de Thuringe et de Haute-Saxe; ce dictionnaire évoque encore, comme sixième acception, une orchidée noire appelée *Mohrenköpflein* ou *Möhrlein* dans les Grisons – son nom botanique étant *Satyrium nigrum* (*dwb.uni-trier.de*).

Aujourd'hui, cette orchidée a été rebaptisée *Nigritella nigra* (nigritelle noire ou orchis vanille); Gustav Hegi mentionne parmi ses noms locaux en Suisse « Mohrenköpfli, Möhrli (de "Mohr") » et précise : « Ses fleurs à l'odeur rappelant la vanille ou le chocolat ont valu à cette plante des noms tels que *Vanilleblüamli* (Saint-Gall), *Schokoladeblüemli* (Suisse) », mais aussi « *Kopfwehblüemli* (à cause de son odeur entêtante, puisque cela signifie « fleur à maux de tête », St. Anthönien dans les Grisons) » (*Illustrierte Flora von Mittel-Europa*, 1908-1931).

Mais revenons à la confiserie. Comment faut-il donc appeler ce *Stückli* ? Le terme *Schokoladekugel* (boule au chocolat) a été longtemps utilisé de diverses manières; peut-être *Schoggichöpfli* (tête au choco) ? C'est en tout cas mieux que *Schokokuss* (baiser au choco), qui est déjà pris. *Schoggibiscuit mit Vanillecrème* sonne assez juste, mais apparaît un peu trop technique et n'est d'ailleurs pas tout à fait correct, le biscuit étant constitué d'une pâte à biscuit classique, claire, nappée d'une couverture foncée à la fin. Dans le *Universal-Lexikon der Kochkunst* (1890), le *Mohrenkopf* est également appelé *Indianer-Krapfen* (beignet indien). Il est apparu pour la première fois dans des livres de cuisine suisses au XIXe siècle, par exemple dans le *Heinrichsbader Kochbuch* de Louise Büchi, publié en 1897 par Orell Füssli à Zurich. Ayant reçu un accueil enthousiaste, une nouvelle recette figurait treize ans plus tard dans un autre livre de cuisine zurichois, le *Grosses Schweizerisches Kochbuch* d'Anna Bosshard. L'idée de base est probablement venue de Vienne, haut lieu de la confiserie européenne. Dans un livre de cuisine datant de 1827, on trouve la recette d'un beignet au chocolat (*Chocolate-Krapfen*) fourré à la mousse de lait et non à la crème vanille.

Le processus de fabrication commence par les coques en biscuit. Afin de leur donner la forme souhaitée, le boulanger dresse la pâte sur une plaque de cuisson spéciale pourvue de cavités semi-circulaires. Après la cuisson, les coques sont coupées à la même taille avec un emporte-pièce. Le boulanger remplit les coques en biscuit de crème vanille enrichie de crème liquide, et assemble une boule à partir de deux moitiés. Cette dernière est ensuite recouverte de gelée d'abricot chaude afin que la couche de fondant au chocolat chaud ne s'écoule pas dans la pâte à biscuit.

Les efforts en vue de changer le nom de cette douceur ne datent pas d'hier; ainsi, le nom « Othello » figure comme synonyme dans l'ouvrage de référence *Der Schweizer Bäcker-Konditor* de 1944. Cette proposition – d'une subtilité discutable – ne fut pas retenue, même si le nom *Othelloteig* est resté pour la pâte à biscuit des *Mohrenköpfe*. Ces délicieuses boules sont disponibles dans toute la Suisse.

Voir aussi : Mohrenkopf, page 57.

Offleten

Bricelets fins, ronds et friables ornés d'un motif en relief

Comme pour les beignets, la gamme des gaufres et bricelets est très large : il y en a des tendres et des durs, des épais et de très fins, des élastiques comme des cassants, des salés, des sucrés, des plats ou des roulés. Si la pâte de base est la même pour les *Offleten* et les *Hüppen*, des variations apparaissent en cours de préparation. La Hüppe est cuite, roulée et fourrée; fourrée, tandis que la pâte de l'*Offlete* est sucrée ou – seulement depuis quelques décennies – salée, puis roulée et cuite avec des fers spéciaux décorés à l'intérieur. L'*Offlete* est plate, ronde, très mince et a un diamètre d'environ 20 centimètres.

Le nom *Offlete* est issu d'*Oblade*, oublie, une pâte à base de farine de blé ou de maïs sans levain qui est cuite très finement. Dans la liturgie catholique, on présente des oublies rondes en guise d'hosties depuis le VIIIe siècle, et dans les pâtisseries, elles servent de « base protectrice pour les petites pâtisseries sans stabilité propre, comme les *Lebkuchen*, *Honigkuchen*, *Pfefferkuchen* [autant de pains d'épices] ou les macarons » (*Das Gourmet-Handbuch*, 2000). À Zurich, les preuves écrites sur la présence d'*Offleten* datent principalement de la vie dans les guildes du XVIe siècle jusqu'à leur abolition en 1798. Autrefois, on consommait aussi des *Offleten* dans les cantons d'Uri et de Lucerne ainsi que dans les villes de Rapperswil et de Saint-Gall. Les *Bretzeli* bernois et de l'Emmental ainsi que les bricelets sont des produits similaires. L'intérieur des fers à bricelets était souvent gravé d'armoiries, d'insignes de guildes comme à Zurich ou de familles comme à Uri : d'un côté les armoiries du mari, de l'autre celles de la femme, soudant ainsi, au propre comme au figuré, une union jusqu'à la fin des temps.

Autrefois, la production d'*Offleten* exigeait un travail manuel considérable – ouvrir, remplir et presser l'une contre l'autre les pinces à bricelets en fer était déjà assez épuisant, et la cuisson encore davantage, lorsqu'il s'agissait de maintenir les pinces au-dessus du feu, chaque côté durant la moitié d'un *Ave Maria*, comme l'indique un livre de cuisine de 1581. Aujourd'hui, c'est une machine de fabrication artisanale qui se charge de tout. La pâte de base composée de farine, de jaune d'œuf en poudre, de lait et de matière grasse est soit sucrée et enrichie d'amandes et de cannelle, soit salée et assaisonnée de cumin, de poivre ou de fromage à pâte dure râpé. Les *Offleten* salées sont servies à l'apéritif, les sucrées pour le thé et le café.

Dans le « Altstadt-Kurier » de Zurich (*Weltblatt für den Kreis 1*, octobre 2012), Rosmarie Michel, ancienne propriétaire de la confiserie Schurter, écrit que « la première boulangère spécialisée en *Offleten* a vécu dans la Kirchgasse au XIIIe siècle. [...] Le dernier boulanger qui en préparait travaillait également dans la Kirchgasse, et nous faisions tous chaque fois un pèlerinage dans son simple fournil pour emporter ce délice. Wilhelm Deppeler est décédé en 1975, et les vieux Zurichois redoutèrent aussitôt la disparition des *Offleten* traditionnelles. L'héritière de W. Deppeler voulait liquider l'entreprise dans les deux semaines, il y avait donc urgence. Certaines de mes amies m'ont demandé d'acheter la recette et le matériel. Nos confiseurs étaient défavorables à cet achat, mais je me suis obstinée. Depuis 1975, les *Offleten* sont produites dans la Confiserie Schurter. J'ai cuisiné moi-même les premières centaines, mais après la construction d'une machine spéciale liée au grand succès de nos *Offleten*, les confiseurs se sont impliqués à fond pour ce produit. – J'ai vendu la confiserie le 1er juillet 2006. » Aujourd'hui, le Café & Take-Away Schurter (depuis 1869) fait partie du groupe gastronomique ZFV (*zfv.ch*).

Voir aussi : Bricelets, page 235.

Tabakrolle

Pâtisserie cylindrique creuse et frite à base de pâte aux noisettes

Un nom curieux que celui de *Tabakrolle* (« rouleau de tabac »), qui nous laisse toutefois supposer que cette pâtisserie n'était pas encore connue avant que Christophe Colomb ne parte à la découverte du Nouveau Monde – du moins pas sous ce nom. Pour former un *Tabakrolle*, il faut enrouler la pâte autour d'un morceau de bois et l'attacher en spirale avec une ficelle. Dans son sixième volume, l'*Idiotikon* explique l'origine de ce nom par les entailles en spirale formées par la ficelle, qui « présentent une certaine ressemblance avec les rouleaux dans lesquels on vendait autrefois le tabac à fumer ».

Dans le cadre des recherches qu'il effectua pour son livre *Leckerli aus Basel*, Albert Spycher est tombé sur des *Tabakrollen* inscrits entre 1747 et 1760, en passant au crible les comptes d'intendants de guildes. Des recettes pour cette pâtisserie figurent dans divers livres de cuisine du XIXe siècle, et l'on peut en trouver sur Internet qui proviennent de cuisines privées – également d'Allemagne, où les *Tabakrollen* sont considérés comme une spécialité franconienne. En Suisse, on les trouve principalement dans le canton de Zurich et dans le Klettgau schaffhousois, mais aussi dans d'autres régions, notamment en période de carnaval.

La pâte se compose de farine et de beurre, qui sont d'abord mélangés, puis on ajoute du sucre glace et des noisettes râpées ; le sel et la cannelle sont mélangés à l'œuf et incorporés à la pâte ; on ajoute parfois du vin blanc. Après avoir été roulée, la pâte doit être coupée en carrés et enroulée autour de bâtonnets ronds graissés – afin de pouvoir retirer les rouleaux une fois qu'ils sont frits. Il n'y a pas besoin de ficelle, le boulanger fait les traditionnelles entailles en roulant chaque bâtonnet sur une grille. Après les avoir fait frire à une température de 160 à 180 °C, il retire les *Tabakrollen* chauds et les enrobe de sucre à la cannelle. Ultime étape : les rouleaux sont fourrés à la confiture de framboises ou à la crème fouettée.

La production de ces pâtisseries étant relativement fastidieuse, elles ne sont pas disponibles tout au long de l'année. Dans le canton de Schaffhouse, on en propose en automne lors des fêtes des vignerons, à Zurich lors du carnaval et du Sechseläuten (fête du printemps) – car à cette saison, les beignets et autres pâtisseries à frire sont très demandés et la friteuse doit de toute façon être prête à fonctionner.

Voir aussi : Rosenküchlein, page 38 ; Schenkeli, page 40 ; Striflates, page 81 ; Bûche de Noël, page 144 ; Beignets des brandons de Moudon, page 178 ; Graswürmleni, page 239 ; Merveilles, page 490 ; Strüzel, page 572 ; Fitri, page 640.

Tirggel

Biscuit dur et fin au miel dont la surface est décorée de motifs historiques

Si l'on cherche à savoir quelles sont les véritables spécialités zurichoises, après le *Züri Gschnätzlets* (l'émincé à la zurichoise), il y a de fortes chances pour que soit prononcé le mot *Tirggel*. Ce fin et très dur biscuit au miel rappelle l'époque précédant la découverte de la levure et de la poudre à lever ; il n'est pas réellement destiné à être mangé, mais plutôt à être grignoté à petites doses que l'on fait fondre sur la langue après avoir admiré le *Tirggel* : la particularité de ces pâtisseries, en effet, c'est l'abondance des motifs qu'elles présentent. À l'origine, il s'agissait principalement d'armoiries de familles et de guildes, puis de sujets propres à alimenter des discussions : des bâtiments représentatifs tels que la gare centrale de Zurich, son université, l'École polytechnique fédérale, sa caserne ; le premier bateau à vapeur sur le lac de Zurich ou le premier train ferroviaire suisse, le fameux « Spanischbrötlibahn ». Une collection de *Tirggel* pourrait constituer une sorte d'album photo culinaire, une histoire contemporaine comestible. De nombreux moules à *Tirggel* sont exposés au Musée national de Zurich.

On désignait autrefois des petites pâtisseries sous les noms de *Tirggel*, *Türggeli* et *Dirggel*, comme on peut le lire dans le 13e volume (1973) de l'*Idiotikon*. L'ancienne Tirggel-Bäckerei

WILLISAUER RINGLI
Biscuit très dur en forme d'anneau de couleur brun clair

LUZERNER LEBKUCHEN
Pain d'épices lucernois rond, brun foncé, à la surface craquelée

TIRGGEL
Biscuit zurichois dur, et fin au miel dont la surface est décorée de motifs historiques

BAUERNSCHÜBLIG
Schüblig paysan ; saucisse crue fumée à base de viande de bœuf et de porc avec du lard

POIRES SÉCHÉES
Dörrbirnen ; poires entières séchées

HÜPPEN
Très fine gaufrette roulée, éventuellement fourrée, produite dans les cantons de Thurgovie et de Zurich

Honegger (reprise en 2017 par la Fondation zurichoise St. Jakob en faveur des personnes handicapées) à Wald a fait remonter la roue de l'histoire des Tirggel de plusieurs millénaires jusqu'en Mésopotamie, où des moules de cuisson vieux de 4500 ans ont été mis à jour lors de fouilles. Traditionnellement, le *Tirggel* est une pâtisserie du temps des fêtes, consommée principalement pendant la saison froide, de la Saint-Nicolas au Sechseläuten, la fête zurichoise du Bonhomme Hiver. Le *Tirggel* est apparu pour la première fois dans le canton de Zurich au XVe siècle, à l'époque probablement plus comme un remède que comme une friandise : en 1451, une sorcière a été emmurée vivante dans l'Unterland (le bas-pays zurichois, au nord-ouest du canton) pour avoir frotté un garçon malade avec un *Dirggely*. Les ingrédients étaient chers, et pendant longtemps, les *Tirggel* ont été réservés aux personnes aisées.

Parmi celles-ci se trouvait la Bâloise Magdalena Platter, qui nota dans son livre de cuisine de 1592 « probablement la plus ancienne recette privée de pain d'épices conservée à Bâle » sous le titre « Wie man *dirckelin* macht » (*Leckerli in Basel*).

Le rapport précis entre le sucre et le miel est crucial pour une bonne pâte à *Tirggel*, explique un ancien boulanger de l'Oberland zurichois spécialisé dans les *Tirggel*. Il faut donc être équipé d'une balance de cuisine. La solution de miel sucré est diluée avec de l'eau de rose pour faire un sirop. Après que ce dernier ait refroidi pendant la nuit, on ajoute de la farine et des épices (gingembre, anis et coriandre), puis pétrit une pâte dure et ferme. Les saveurs des épices ne doivent pas l'emporter sur le goût du miel. La pâte est abaissée à la machine à une épaisseur de deux millimètres, enroulée sur un bâton de bois puis déroulée sur le moule. Un rouleau presse la pâte sur le modèle légèrement huilé, et le boulanger utilise le bout de ses doigts et la paume de sa main pour faire en sorte que l'image imprimée sur la pâte soit aussi nette que possible au terme de la cuisson.

Les *Tirggel* détachés sont placés sur des plaques. Le boulanger en met toujours deux dans son four, celle du bas pour réchauffer, celle du haut directement sous des barres chauffées à 350-400 °C qui brunissent les biscuits en 90 à 100 secondes. La partie inférieure doit rester de couleur claire.

Les *Tirggel* zurichois existent en différentes tailles et formats : carrés ou ronds, sous forme de cœur, d'étoile ou de décorations de Noël. Sans être impérissables, ils se conservent longtemps.

Vermicelles

Tartelettes à la purée de marrons dressées en forme de nid

En goûtant pour la première fois à des vermicelles à la crème fouettée, on ne peut guère imaginer que les châtaignes étaient autrefois le « pain du pauvre ». Les châtaignes (*Castanea sativa*) poussent au Tessin et dans les vallées méridionales des Grisons. On en trouve également au nord des Alpes, par exemple en Valais, mais elles constituaient une source importante d'alimentation sur le versant sud. Quand plus rien ne voulait pousser, il restait au moins les châtaigniers, dont on pouvait, au pire des cas, rôtir les fruits sur le feu. Aujourd'hui, si châtaignes et marrons (ces derniers sont en fait de grosses châtaignes issues de châtaigniers cultivés) concourent à des expériences gastronomiques raffinées et si les vendeurs de marrons hélant les badauds participent indéniablement à l'ambiance hivernale des villes, ceux qui n'avaient rien d'autre à croquer que des châtaignes avaient la vie aussi dure que les bogues dont ils devaient les débarrasser. Une femme de 95 ans « de Claro, un petit village près de Bellinzona, ne regrette nullement l'époque où les plats à base de châtaignes étaient au menu familial jusqu'à trois fois par jour : pain fabriqué à partir de farine de châtaigne, châtaignes cuites, rôties, bouillies », lit-on dans *Culinarium – Essen und Trinken in der Schweiz* (2003). « Jusque dans les années cinquante, la famille au grand complet, bétail compris, montait chaque printemps à l'alpe de Moncrino. » Lorsque nous lui avons demandé pourquoi elle avait cessé de se nourrir de châtaignes, la vieille dame a simplement répondu : « Nous avions assez d'argent pour acheter du pain. »

D'après un témoignage oral, dans une des plus anciennes confiseries de Lugano, on produit des vermicelles depuis au moins la fin de la Seconde Guerre mondiale. Le terme a ses racines dans l'italien *vermicelli*, littéralement : vermisseaux ; il s'agit bien sûr de fins spaghetti(ni). Les filaments de purée de marrons s'enroulent en effet tels des vers lorsqu'ils sortent de la presse à vermicelles avant d'être disposés en petits nids ou monticules. Ces vers ont « rampé » du sud vers la France au XVIIe siècle sous forme de pâte. Cependant, la pâte ou purée de châtaignes existait déjà auparavant. Dans le volume sur la région Rhône-Alpes (1995), *L'Inventaire du patrimoine culinaire de la France* cite une recette du *Livre fort excellent de cuysine*, paru à Lyon en 1542, prescrivant de réduire les châtaignes en purée dans un sirop composé de vin blanc ou rouge, d'herbes et de sucre.

Dans son livre intitulé *Soupes et Citrons* (2002), François de Capitani se réfère à l'*Encyclopédie oeconomique* (1770-1771) et mentionne les marrons en compote ou marrons glacés, entremets à cuisiner dans du sirop d'abricot au vin ou avec du sucre caramélisé. Le Valaisan Joseph Favre, auteur du célèbre *Dictionnaire universel de cuisine pratique* (Paris, 1894), y présente une recette de « vermicelles de marrons à la crème » assez semblable à l'actuelle. Cette purée sert à préparer le vacherin aux châtaignes dans le *Kochbuch der Privat-Kochschule Widmer Zürich* (1924) ; en 1930, la légendaire Elisabeth Fülscher (1895-1970) reprend à la fois cette école et ce livre de cuisine, qui sera vendu à 185 000 exemplaires en 13 éditions jusqu'à la fin 2005. On trouve des « marrons à la Chantilly » dans le *Buchhofer's Schweizer Kochlehrbuch* du chef Alexander Buchhofer (1847-1926) « avec la collaboration de Mme Emma Suter-Buchhofer », purée qui a remporté une médaille d'or à Francfort en 1900 et une autre à Paris l'année suivante.

Les desserts à base de purée de marrons sont très appréciés en automne et en hiver, spécialement dans un menu de chasse. Pour réaliser une tartelette aux vermicelles, une coupe Nesselrode ou d'autres desserts de ce genre, il faudrait commencer par fabriquer la purée, mais même les confiseurs ne le font plus, car le processus est assez laborieux : il faut libérer les châtaignes de diverses enveloppes ; une fois cuites, on les passe au tamis, mélange la purée avec un peu de lait, du sucre et de la vanille. Pour un usage ultérieur, on peut affiner cette purée avec de la crème et du kirsch. Les tartelettes nécessitent l'utilisation de coques en pâte cuites au four, mais il est aussi possible de mettre des meringues écrasées dans une coupelle ou une verrine ; dernière étape : presser la purée raffinée à travers la presse à vermicelles et garnir le dessert de crème chantilly. La cerise de cocktail rouge vif est facultative, et plutôt à éviter.

La purée de marrons est disponible dans toute la Suisse. « L'utilisation de purée de marrons congelée est très pratique », postulait déjà Fräulein Fülscher – qui tenait beaucoup à ce que l'on s'adresse à elle de cette façon – à l'aube de l'ère du réfrigérateur électrique.

DIGRESSION

« L'Escoffier de la ménagère »

C'est ainsi que l'auteur gastronomique et barman Harry Schraemli a surnommé le célèbre *Fülscher-Kochbuch*. Cet ouvrage de référence était en effet destiné aux femmes au foyer. Aujourd'hui encore, il se détache d'un océan de livres de cuisine comme un phare pour tous ceux qui se sont égarés et ne savent soudain plus comment procéder, qui ont perdu le fil ou restent interdits lorsqu'une recette griffonnée dans l'esprit du temps ne fonctionne pas. Ou, comme l'explique mon chef personnel après plus de 40 ans d'expérience dans la restauration : « J'ai besoin du *Fülscher* pour des choses simples, si simples qu'on ne se souvient pas exactement, le moment venu, quand on en a besoin. Les proportions pour le nappage d'une tarte, par exemple, les croûtes au fromage ou encore les spätzli : des trucs de femme au foyer. »

La première édition, publiée en 1923 sous l'égide d'Anna Widmer, était intitulée *Kochbuch der Privat-Kochschule Widmer, Zürich*. En 1928, date de la deuxième édition, Elisabeth Fülscher y collaborait déjà. Ses parents étaient originaires de Hambourg, mais Elisabeth est née à Winterthour. À la mort d'Anna Widmer en 1930, la jeune femme reprend donc l'école et le livre de cuisine. La 8e édition de 1966, la dernière avant la disparition de Fräulein Fülscher en 1970, était encore auto-éditée. Par la suite, les éditions Albert Müller à Rüschlikon publièrent l'ouvrage sous le titre *Das Fülscher-Kochbuch* jusqu'à sa 13e édition incluse. La 14e, intitulée *Elisabeth Fülscher Kochbuch*, est une réédition de la huitième, entièrement révisée et annotée, publiée en 2013 par les éditions hier+jetzt à Baden.

Les 14 éditions de cet ouvrage reflètent ainsi la période allant des années 1920 à la deuxième décennie du XXIe siècle. Les lendemains de la Première Guerre mondiale, la Seconde avec le rationnement des denrées alimentaires, l'essor de l'après-guerre, la haute conjoncture avec l'ouverture à tous les horizons, les familles moins nombreuses et les habitations plus petites, la rationalisation des ménages, etc. Fräulein Fülscher a échappé aux effets des migrations et du tourisme bon marché, les plats préparés et les pizzas surgelées lui ont été épargnés. Mais elle avait sans doute une idée de ce qui allait se passer. Dans sa préface à la 7e édition de 1960, elle écrivait :

« Aujourd'hui, au bout de huit années, une nouvelle édition révisée s'impose. Beaucoup de choses ont changé dans le domaine culinaire au cours de cette période. Ce qui fait que notre cuisine suisse est désormais reconnue et estimée, c'est sa polyvalence. Nous devons ces avantages en partie aux échanges avec la Suisse méridionale et la Suisse romande, mais aussi à nos intenses relations avec d'autres pays. De nos jours, les recettes font vraiment le tour du monde. Les spécialités de notre cuisine sont connues depuis longtemps au-delà des océans, et nous enrichissons nos menus avec les secrets issus des marmites étrangères. Le désir souvent exprimé de connaître de telles recettes [...], cette nouvelle édition en a tenu compte. »

Voir aussi : Châtaignes, page 485 ; Castagna, page 620.

Weggli

Petit pain au lait ; pâtisserie ronde avec un pli sur le dessus

Tout le monde ou presque connaît le *Weggli* – en tout cas quand on en voit un, et tout au plus de manière sélective en entendant l'un des noms que porte cette petite pâtisserie de 50 à 60 grammes ; les Bâlois le réclament sous celui de *Schwöbli*, forme corrompue créée à partir de pâtissiers venus de Souabe (Schwabenland) ; dans d'autres régions, on l'appelle familièrement *Mutschli* (qui désigne un petit pain croustillant et sphérique) ou *Milchbrötchen*, en Suisse romande pain au lait ou petit pain au lait, au Tessin *michetta al latte* ou *panino al latte*.

Cette pâtisserie de tous les jours, faite d'une fine pâte levée à base de farine blanche, qui peut être joliment tranchée horizontalement et transformée en un sandwich pratique, est un excellent exemple de produits très caractéristiques (grâce à sa forme ronde et au pli sur le dessus qui divise le pain au lait en deux moitiés faciles à séparer), répandus dans tout le pays et pourtant ancrés dans les régions, comme l'illustrent les dénominations diverses. Il y a une particularité zurichoise : les *Zürcher Murren*, qui sont légèrement plus grands que les *Weggli*, ont une forme allongée et ovale et présentent une surface dentelée, sont également préparés avec de la pâte à petits pains ; on les appelle aussi *Zackenweggen*, *Spitzenweggen* ou encore *Berner Weggen*.

Autrefois, c'était uniquement dans les villes que l'on trouvait des petites viennoiseries telles que les pains au lait. Dans les campagnes ne vivaient pratiquement que des paysans, qui faisaient de grandes miches de pain à partir de farine ordinaire. La farine blanche la plus fine était réservée à la classe supérieure urbaine – et aux *Weissbäcker*, c'est-à-dire aux boulangers n'utilisant que cette farine : les autres boulangers n'étaient pas autorisés à manipuler cette matière coûteuse. Dans sa série sur les marchands ambulants de Bâle (*Basslerische Ausruff-Bilder*), le graveur zurichois David Herrliberger (1697-1777) a représenté une jeune femme portant un panier rempli de petits pains et s'exclamant «*Anka-Weggle hayss*» (Chauds, mes petits pains au beurre!). La légende de cette image, c'est le dicton «*Laßt euch auf euré schwaché magé, Ein Pflaster von zwey wegglein schlagen*» (littéralement: Faites appliquer un emplâtre de deux pains au lait sur votre estomac fragile). Une ancienne «*Wecklein-Rezept*» comparable à l'actuelle apparaît dans le livre de cuisine d'Anna Maria Küeffer (1792).

Le boulanger visité à Zurich produit environ 2500 *Weggli* par jour avec une pâte composée de farine blanche, de beurre, de lait en poudre, d'eau, de levure, de malt, de sel, d'une pincée de sucre ainsi que de Levit, un produit de panification à base de levain déshydraté, qui donne plus de goût et assure une plus longue fraîcheur. La pâte terminée doit être élastique et reposer pendant une demi-heure. Elle passe ensuite sur la chaîne de production d'une *Wegglimaschine* des années 1950. Première étape: les pâtons sont divisés en boules, après quoi ils sont posés à plat et leur partie supérieure est arrondie sur le tapis roulant, qui tourne si lentement que les pâtons fermentent pendant une demi-heure supplémentaire; troisième étape enfin: une roulette en plastique d'environ un centimètre de large passe sur la «bosse» des petits pains pour imprimer le pli typique. Ils sont badigeonnés d'œuf avant de passer au four (20 minutes à 210 °C).

Les petits pains au lait sont traditionnellement consommés au petit déjeuner et au goûter. Les boulangers les ont fait livrer frais jusqu'à la fin du XXe siècle par des garçons de courses qui les vendaient aussi dans les cours d'école. Il y a eu de tels *Wegglibuben* depuis fort longtemps; leur réputation n'était pas excellente: usant d'un vocabulaire offensant, blasphémant et commettant toutes sortes de méfaits, on estimait qu'ils troublaient l'ordre public. Dans son livre intitulé *Back es im Öfelin oder in der Tortenpfann* (2008), Albert Spycher cite une ordonnance du Conseil municipal de Bâle de 1573 visant à mettre fin aux agissements de ces jeunes marginaux; l'historien mentionne, textes à l'appui, plusieurs cas de harcèlement sexuel – sur des femmes de tous âges, que ces coquins lutinaient et pelotaient («*inen in Buosen gryffen und die Bruest hervorziechen*»: ils empoignaient leur poitrine) tout en leur vendant des petits pains («den junckfrauen, so etwan brot holen, hinden und vornen griffen und sich nicht schemmen»: sans se gêner, ils se saisissaient par-derrière comme par devant des jeunes servantes envoyées chercher le pain).

Les proverbes sont la meilleure preuve de la popularité d'un produit. Ainsi, une chose part comme des petits pains chauds («geht weg wie warme Weggli») lorsqu'elle est très demandée. En Suisse alémanique, on dit aussi qu'on ne peut avoir à la fois «den Fünfer und das Weggli» (la pièce de cinq centimes et le petit pain, c'est-à-dire le beurre et l'argent du beurre), il faut choisir, et ceux qui n'y arrivent pas sont manifestement cupides.

Voir aussi: Zürcher Murre, page 324; Bröötis, page 446.

Zürcher Brot

Pain oblong fabriqué à partir de farine mi-blanche ou bise

Les pains cantonaux ne sont pas une tradition particulièrement longue, puisqu'il s'agit d'un coup marketing conçu par les boulangers suisses dans les années 1950. Dans l'ouvrage de référence *Les boulangers-confiseurs suisses* (1944), le «Zürcherbrot» est mentionné pour la première fois dans le chapitre sur «les pains cantonaux les plus courants en Suisse». Il s'agit d'un long pain à base de farine bise ou mi-blanche avec des grignes obliques sur le dessus. La raison pour laquelle le «pain long» («Langbrot»), comme on l'appelle communément, est devenu zurichois demeure obscure. L'idée était peut-être de l'associer à une ville où l'on en consommait en grande quantité, et comme Zurich était déjà à ce moment-là la plus peuplée de Suisse, il a été jugé digne de représenter la cité traversée par la Limmat.

Cependant, seuls les pains qui étaient déjà associés à leur région correspondante se sont réellement imposés comme porte-drapeau cantonaux: le pain bâlois, le tessinois, le saint-gallois, le pain de seigle valaisan, le pain bernois – le jurassien manque encore à l'appel, d'autres variantes sont prises en considération mais on peine à les localiser. Dans un manuel à l'usage d'enseignants consacré à la diversité du pain paru en 1999, le groupe *Information suisse sur le pain* affirme hardiment: «En se basant sur l'exemple des différentes sortes de pain et des pains cantonaux, les élèves prendront conscience de la diversité de la Suisse. [...]Un aspect important est la large diffusion des pains cantonaux, qui permet de tirer des enseignements sur le degré de mobilité de la population suisse.» Il est douteux que le pain glaronais ou le pain soleurois bénéficient réellement d'une «large diffusion» – contrairement au *bun* d'origine étasunienne (une sorte de petit pain spongieux servant de double emballage au steak haché et qui, une fois assemblé, est appelé «hamburger»), véritablement omniprésent dans tout le pays. En romanche, *bun* signifie bon...

Le *Zürcher Brot* ou pain zurichois est le plus vendu en Suisse car sa forme convient parfaitement à la restauration: un pain allongé permet en effet de découper des tranches régulières, chose impossible à réaliser avec un pain rond. Néanmoins, la forme ronde est connue depuis bien plus longtemps que l'allongée. Dans l'*Atlas de folklore suisse* (1950, en référence à une enquête menée en 1930), on peut lire: «En ce qui concerne la boulangerie domestique, mais aussi la boulangerie professionnelle, la Suisse est par tradition un pays dans lequel prédominent les pains ronds.» La «récente apparition des pains longs [...] dans l'assortiment des boulangeries est attribuée à une influence française et ouest-européenne, tout comme la préférence pour le pain blanc, qui a commencé à émerger à cette époque et ne s'est jamais démentie depuis (même si les véritables baguettes [françaises] sont encore difficiles à trouver en Suisse). Notons que dans cet atlas, le pain long n'est pas désigné comme étant zurichois; il porte en effet des noms tels que *Zapfe* ou *Wegge* en Suisse orientale, *Bengel* dans le canton de Lucerne ou *Steckenbrot* dans ceux de Soleure et Berne. En général, on utilisait celui de *Stangebrot* (pain baguette).

Le boulanger prépare une pâte à base de farine bise ou mi-blanche avec de l'eau, du sel et de la levure, qu'il mélange avec du levain produit la veille au soir. Le levain déjà mûri favorise la formation des arômes, la fraîcheur et une plus longue conservation du pain. Le pétrissage une fois terminé, on laisse reposer la pâte pendant une demi-heure, puis on la divise en pâtons de poids égal, leur donne la forme d'un ovale allongé, les laisse à nouveau reposer pendant une demi-heure, après quoi on entaille la surface en biais avec une lame. Sans ces grignes, le pain se fendrait pendant la cuisson.

Il est d'abord cuit à 240, puis à 190 °C, afin qu'il ne brûle pas à l'extérieur et qu'il soit bien cuit à l'intérieur. On peut gicler un peu d'eau sur le pain à la sortie du four pour faire légèrement briller sa surface. Le temps de cuisson est de 40 à 45 minutes pour le pain d'une demi-livre, 50 minutes pour le pain d'une livre et une heure pour celui d'un kilo. Il existe un pain spécialement préparé pour la restauration, le *Wirtschaftsbrot* ou pain restaurant, semblable au zurichois, mais plus fin et avec des extrémités non pas effilées, mais coupées nettes afin de pouvoir couper quelques morceaux supplémentaires.

En 1971, la ville de Zurich comptait 125 boulangeries ayant leur propre fournil, en 2019 elles n'étaient plus que 24 (*NZZ*, 4 décembre 2019) ; en 1971, la population résidant dans la plus grande ville de Suisse était de 412 169 âmes et de 434 008 en 2019 (*stadt-zuerich.ch*).

Voir aussi : Basler Brot, page 32 ; Pain vaudois, page 181 ; Pain neuchâtelois, page 207 ; Sensler Rua-Brot, page 242 ; Pain paysan, page 300 ; Sankt Galler Brot, page 417 ; Pain de seigle valaisan, page 491 ; Pains liturgiques, page 493 ; Urner Brot, page 515 ; Paun jauer, page 571 ; Brasciadèla, page 590 ; Fiascia, page 628 ; Monta sü, page 629 ; Pan di mòrt, page 630 ; Pane ticinese, page 632.

Zürcher Leckerli

Petites friandises plates à base de pâte d'amande

Les leckerli sont appelés ainsi car il y a quelque chose à lécher : le glaçage au sucre. Le mot vient du vieux haut allemand *leckon,* lécher. D'après l'*Idiotikon*, un leckerli est « une sorte de petite pâtisserie rappelant le pain d'épices, de forme rectangulaire ». Le *Zürcher Leckerli*, cependant, ne rappelle en rien le pain d'épices, il ne s'agit donc pas du tout d'une imitation du *Basler Läckerli*, mais un délicat lien de parenté entre les deux existe. Si la farine et le miel sont les ingrédients de base du leckerli bâlois, le zurichois nécessite un mélange d'amandes, de sucre glace et de blanc d'œuf. Une fois bien mélangée, cette masse est légèrement grillée à feu doux pour que les matières grasses s'échappent des amandes, lient la masse et la rendent onctueuse. Cette pâte ressemble beaucoup à du massepain ; telle quelle, on en fait des leckerli « neutres », tandis que pour les autres, elle est aromatisée et colorée à l'orange ou au cacao, à la cannelle ou aux noisettes, aux noix, au bois de santal et autres spécialités. La pâte est pressée dans un moule en bois. Les pièces découpées (environ 2 × 3 × 1 centimètres) sont laissées à sécher pendant 24 heures, puis on les cuit pendant trois à cinq minutes dans un four à 260-280 °C. Aussitôt après la fin de la cuisson, le confiseur glace les leckerli, « car c'est le seul moyen de leur donner un bel éclat et de les empêcher de sécher ».

Le leckerli de Zurich est connu dans cette ville depuis des siècles. Le Musée national suisse possède un moule à leckerli du confiseur Jakob Reutlinger datant de 1745. À cette époque et même avant, on offrait des leckerli aux enfants, notamment pendant les fêtes. La première recette correspondant à sa forme actuelle date de 1912. Ce leckerli est avant tout une spécialité de la ville, sans doute parce que ses ingrédients sont nobles et que l'on dépendait autrefois d'une clientèle fortunée, qui fréquentait justement les boulangeries et confiseries zurichoises.

Voir aussi : Basler Leckerli, page 33 ; Leckerlin, page 115 ; Berner Haselnusslebkuchen, page 277 ; Leckerli, page 449.

Zürcher Murre

Pain bernois ; pain de taille modeste à base de farine blanche, de forme allongée et à la surface dentelée

La pâte à petits pains sert également à confectionner des *Zürcher Murren*, qui sont plus grands que ceux-ci, de forme plutôt allongée et ovale et présentent une surface dentelée ; on les appelle aussi « Zackenweggen », « Spitzenweggen » ou « Berner Weggen » (pains dentelés, à pics ou bernois). Le boulanger visité à Zurich produit environ 2500 *Weggli* (petits pains) et 100 *Murren* par jour avec une pâte à base de farine blanche, de beurre, de lait en poudre, d'eau, de levure, de malt, de sel, d'une pincée de sucre et de Levit, un produit de panification à base de levain déshydraté qui assure une plus longue conservation et un goût renforcé.

La pâte finie doit être élastique et reposer pendant une demi-heure (pointage). Pendant ce temps, elle récupère du pétrissage et commence à développer des arômes grâce à l'action de la levure. Le boulanger met la pâte dans une machine qui la divise en portions, puis une façonneuse se charge de donner aux pâtons la forme souhaitée. Ceux-ci reposent encore 30 minutes à 30 °C et à environ 70 % d'humidité dans la chambre de fermentation, puis une sorte de peigne métallique à cinq lames est utilisé pour imprimer le motif sur le dessus. Les pains sont badigeonnés d'œuf et cuits au four à 210 °C pendant 20 minutes. À la fin de la cuisson, le motif dentelé ressort du pain telle une crête de coq.

L'origine du nom demeure assez floue. On trouve dans le *Schweizerisches Idiotikon* (quatrième volume, 1901) le terme moyen haut allemand *murr*, émoussé; en portugais, *morro* signifie «corps rond»; en néerlandais, *murw* veut dire «pain friable». Dans le même volume de l'*Idiotikon*, un *Murren* est cité dans une source des Archives cantonales de Zurich datant de 1508 – la pâtisserie devait donc être assez courante à Zurich au XVIe siècle, bien qu'il manque toute indication sur sa taille ou son apparence. Le dictionnaire suisse allemand donne une description détaillée datant du XIXe siècle, presque identique au *Murren* d'aujourd'hui.

Toujours d'après l'*Idiotikon*, le *Murren* est répandu de la Suisse orientale à Aarau, mais pas au-delà. Même dans l'*Atlas de folklore suisse*, qui se base sur des enquêtes des années 1930, le *Murren* reste situé en Suisse orientale. Apparemment, ce pain n'était pas connu plus à l'ouest dans la première moitié du XXe siècle – ou alors sous le nom de *Berner Weggli*, pain bernois en Suisse romande. La première mention écrite d'un *Berner Weggli* comme synonyme de *Murre* provient du *Bulletin Richemont* (1954), la revue professionnelle de l'Association suisse des patrons boulangers-confiseurs. Tout comme les *Weggli*, les *Murren* sont des viennoiseries consommées principalement au petit déjeuner et au goûter.

Voir aussi : Schlumbergerli, page 40 ; Motschelle, page 450 ; Cressins, page 489 ; 1. August-Weggen, page 519.

Zwieback

Pain sec en tranches, cuit à deux reprises et légèrement sucré

Pâtisserie pour les malades? Ration d'urgence? Méthode de conservation? Produit minceur? D'une manière ou d'une autre, penser à un zwieback ne réchauffe pas vraiment l'âme, et pour ce qui est du corps, une tranche ne contient guère plus de 30 calories. Des souvenirs de journées pénibles remontent: du thé noir et des zwiebacks parce que l'appétit a disparu, ou du thé vert et des zwiebacks parce que l'odeur et le goût de la bonne nourriture sont insupportables. Tout finit par passer, mais avec cela on n'a toujours pas rendu justice aux zwiebacks. Les mères en donnent volontiers à leurs bébés pour qu'ils bavent un peu moins – la structure rugueuse du biscuit masse les gencives et sa texture sèche retient la salive. Le pouvoir absorbant du zwieback a également fait ses preuves en cuisine, par exemple pour des soufflés avec des fruits très juteux comme les pêches, ou comme substitut rustique aux biscuits savoyards dans le diplomate, qui en allemand devient *Götterspeise*.

En allemand, *Zwieback* signifie «cuit deux fois»; l'équivalent italien est *fetta biscottata* et le français *biscotte*, qui sont tous deux issus du latin, après tout le pain grillé conservable pendant un an était connu dans l'Antiquité sous le nom de *biscoctus panis*. En Suisse, le mot allemand s'est imposé dans les autres régions linguistiques.

La plus ancienne mention dans l'*Idiotikon* date de 1519: «*Zu der morgensuppen ein schüfely mit malvasier mit einem brot, das wiss sye, oder wiss byscotten*» (Avec la soupe du matin, une cuillerée de malvoisie et un pain blanc ou des biscottes blanches). En relation avec diverses petites pâtisseries, Albert Hauser est tombé sur des *Zweybacken* dans un texte de 1582 (*Vom Essen und Trinken im alten Zürich, 1973*). La production massive de zwiebacks a commencé avec la Première Guerre mondiale: cet aliment principalement destiné aux soldats était à la fois léger et peu périssable. Aujourd'hui, il n'existe que des zwiebacks fabriqués industriellement, mais dans plusieurs variantes telles que classique, sans sucre cristallisé, au PurÉpeautre ou au pain complet (éventuellement bio).

La base est l'einback, une pâte levée sucrée à base de farine de blé, cuite sous forme de gâteau allongé, moelleux et entaillé. On peut naturellement s'arrêter là: traditionnellement, on le déguste sous forme de tranches aux fraises ou à la rhubarbe. Et si l'on souhaite faire des zwiebacks maison, il suffit de couper l'einback en fines tranches et de les griller au four.

Voir aussi : Biscuit militaire, page 279.

CONFISERIES

Türkenhonig

Friandise semblable à du nougat à base de sucre, de blancs d'œufs et de noisettes, vendue lors de fêtes foraines

Entre le pain des Alpes ou *Magenbrot* et les amandes grillées, il y a généralement ce bloc blanc-rose, le *Türkenhonig*, bien ancré dans les premiers souvenirs de fêtes foraines et autres foires. Ce « miel turc » est seulement apparenté au nougat, il ne lui est pas identique. Si ses origines remontent bel et bien à la Turquie, pays de toutes les douceurs, où, au XVIIe siècle, on a multiplié les expériences avec des tombereaux de miel, de sirops de fruits, de fruits secs et de fruits à coque, personne ne sait vraiment comment cette variante de nougat est arrivée en Suisse. En 1961, le « türkischer Honig » fait l'objet d'une publicité dans la revue nationale de boulangerie-pâtisserie : « On le trouve dans toutes les foires ! C'est un grand bloc rectangulaire, souvent multicolore. » N'ayant pas séduit les confiseurs, le *Türkenhonig* est resté un produit typique de fêtes foraines suisses alémaniques et en particulier des trois grandes foires que sont le Zürcher Knabenschiessen, la Basler Herbstmesse (Foire d'automne de Bâle) et l'Olma de Saint-Gall.

Peut-être que tout cela n'est qu'une illusion ? L'auteur bâlois *-minu* s'est rendu à Istanbul pour demander personnellement du « miel turc » à un ami d'enfance : « Je veux absolument et immédiatement en manger ! » – tel est l'ordre du jour transmis à Murat, qui me répond : « Quel miel ? On en fait à peu près deux mille sortes là-bas, petit malin. »

« Du *Türkenhonig* ! » Après tout, Murat a vécu à Bâle, il a grandi au bord du Rhin. [...] Je le ramène à son passé : « Tu te souviens qu'on traînait autour de ce stand à la Foire d'automne quand on était petits... Celui avec le gros morceau dur blanc aux couleurs de l'arc-en-ciel – le *Türkenhonig* ! »

Murat me lance un regard agacé : « Vous mettez tout sur le dos des Turcs. Notre miel est aussi souple que la peau d'une jeune danseuse du ventre... et jamais dur ! » (*Basler Zeitung*, 2012).

Une confiserie ambulante fabrique ledit « miel » en Suisse, autour des 800 kilos par an, qu'elle vend sur son propre stand ou à d'autres forains. Le sucre est chauffé avec de l'eau et du sirop de glucose dans une cuve à 140 °C (pas davantage, sinon le sucre se caramélise), on laisse le mélange refroidir légèrement, puis on y incorpore des blancs d'œufs montés en neige en remuant constamment. La masse reste épaisse, chaude et blanche ; on peut alors y ajouter du colorant alimentaire et deux ou trois heures plus tard, lorsque la masse a considérablement refroidi, des noisettes hachées. Le *Türkenhonig* est placé dans des caisses en plastique et mis au frais. Un bloc pèse 30 kilos.

Sur le stand, les vendeurs raclent et cassent de petites portions et les remettent aux clients après les avoir enveloppés dans un papier *ad hoc*.

BOISSONS

Jsotta

Boisson alcoolisée à base de vin fortifié et d'herbes aromatiques macérées

Le vermouth est considéré comme une spécialité transalpine. Le Jsotta, lancé à Zurich dans les années 1920, fut composé d'après des modèles italiens et brassé avec des ingrédients italiens. « *Specialità igienica tonica digestiva* », pouvait-on lire à l'époque sur l'étiquette.

Les vins aux herbes étaient déjà appréciés comme remèdes pendant l'Antiquité. Plus tard, grâce à l'ingéniosité de certains apothicaires, l'amer et le vermouth se sont développés à partir de tels mélanges, souvent assez sauvages, d'épices et de racines. « *Eine besondere Art guten Wermuthwein zu machen* » (une manière particulière de faire du bon vermouth) est présentée dans le *Wyn-Buch*, un manuscrit du XVIIIe siècle : il s'agit de prendre du « *düren Wermuth* », de remplir un sachet propre avec diverses plantes et épices finement coupées (du thym, de la cannelle, des clous de girofle et du petit galanga dans des proportions très précises) et de faire tremper ledit sachet dans une mesure du meilleur vin (*Idiotikon*, vol. 16/228).

Ce « *düren Wermuth* » ne signifie pas du vermouth cher (*teuer* en allemand), mais de la grande absinthe (*Artemisia absinthium*, en allemand *Grosses Wermuthkraut*). Par ses notes amères, cette plante ne caractérise pas seulement l'absinthe, la « fée verte », mais aussi le vermouth, la boisson qui lui doit son nom. Ce terme est également source de confusion : en effet, le vermouth ou *Wermut* d'aujourd'hui n'est pas seulement un simple vin épicé, mais aussi un vin fortifié ou muté – car sans l'ajout de spiritueux, il serait impossible d'obtenir une teneur en alcool allant jusqu'à 21,9 % par volume.

Mais pourquoi l'absinthe a-t-elle été interdite – de 1910 à 2005 – et non le vermouth ? La différence réside dans le mode de production : pour l'absinthe, de l'alcool pur est distillé dans une deuxième distillation avec un mélange d'herbes, alors que le vermouth est un vin fortifié aromatisé avec des herbes et des épices. Ces herbes sont macérées (extraction des substances aromatiques dans un liquide) et non distillées.

Selon une ordonnance de l'UE, le vermouth est un vin aromatisé auquel on a ajouté de l'alcool et dont les arômes caractéristiques proviennent de diverses espèces du genre *Artemisia* (2014). Le vermouth moderne est originaire du Piémont. Benedetto Carpano a lancé son mélange sur le marché à Turin en 1786 ; sa boisson connut un rapide succès et est commercialisée de nos jours sous le nom de Carpano Antica Formula.

Le Jsotta, le vermouth le plus connu en Suisse alémanique dans les années 1950 et 1960, a été créé dans les années 1920. Federico Lateltin avait fondé une société de commerce de vins à Zurich en 1899. La famille de Federico, des Walser, avait quitté le Valais via Gressoney-La-Trinité (val d'Aoste) pour s'installer à Hausen am Albis. En 1918, Lateltin vendit la société à Jakob Lichtenberger, descendant de la société de spiritueux Jacobi. Lichtenberger décida alors de produire son propre vermouth *alla piemontese*, qu'il baptisa Jsotta.

Pourquoi ce nom? Comme pour son contenu, le nom de la boisson est d'inspiration tout italienne. «Dans les années 1920-1930, Isotta Fraschini était l'équivalent de Rolls-Royce en Italie. Prospère comme il l'était, Lichtenberger roulait en Isotta Fraschini à l'époque; adorant les voitures, il décida d'appeler son vermouth Jsotta – avec un J pour se démarquer», explique Berthold Pluznik, propriétaire de Lateltin et fils d'Abraham Pluznik, qui avait repris l'entreprise en 1938.

En 1999, l'harmonisation de la taxe sur les spiritueux (taux d'imposition unique pour la production intérieure et l'importation) fait si lourdement chuter le chiffre d'affaires de la société Jsotta qu'elle jette l'éponge, mais pas définitivement: elle fait son grand come-back 18 ans plus tard, misant tout sur la «Swissness» avec du vin, de l'eau-de-vie et des herbes du pays, ainsi que la fière appellation *Svizzero Vino Fino*. En 2021, on a le choix entre quatre variétés: Bianco, Rosé, Rosso et Bitter.

Et que contiennent ces vermouths, à part du vin et du schnaps? Réponse du propriétaire: «Nous ne dévoilons pas tous nos secrets.»

Vivi Kola

Le premier cola suisse

Si l'on mâche une bouchée d'amères graines de kolatier avant de se mettre à table, les plats seront plus doux et l'eau ressemblera à «du vin blanc avec du sucre», a écrit Edward Smith dans *Foods* (1886). L'année même où cette édition de *Foods* parut à Londres, le pharmacien John Stith Pemberton (1831-1888), lieutenant-colonel confédéré pendant la guerre de Sécession, mettait au point un sirop à Atlanta; conçu pour combattre les maux de tête, son remède est devenu la formule de base du Coca-Cola.

Toutes sortes de légendes et de rumeurs circulent sur sa recette originale, qui serait conservée dans un coffre-fort et ne serait accessible qu'à deux personnes. L'affirmation selon laquelle le Coca-Cola contient des substances provenant de l'arbuste de coca (*Erythroxylum coca*) est aussi tenace qu'elle est démentie. En revanche, le Coca-Cola contient certainement de la caféine. Le kolatier – ou colatier – africain produit de la caféine dans ses graines, en particulier les espèces *Cola acuminata* et *Cola nitida*. La caféine est un stimulant naturel connu; selon la dose, sa saveur peut être perçue sous la forme d'une note amère et racinaire. Cette substance se trouve principalement dans le café, et à plus petites doses également dans le thé et le chocolat; comme ce dernier, la noix de kola contient un peu de théobromine, une substance ayant des propriétés «feel good».

Au cours de l'été 1934, Max Stooss, un revendeur automobile lausannois, découvre un rafraîchissement appelé Coca-Cola lors d'une réunion dans la ville de Detroit. Enthousiaste, il contacte la Coca-Cola Company et obtient en 1936 une licence de production pour les cantons de Vaud, Genève et Fribourg ainsi qu'une option de cinq ans pour le reste de la Suisse.

Les années 1930 ont été marquées par l'accession des nazis au pouvoir en Allemagne. Otto Müller (1895-1964), directeur de la Mineralquelle Eglisau (source d'eau minérale d'Eglisau, fondée en 1924), effectue alors son «service militaire à temps partiel» près de la frontière voisine. «Il y entendit des rumeurs venues d'Amérique sur une boisson prometteuse à mi-chemin entre médicament et délice revigorant», lit-on dans un texte basé sur les souvenirs du fils de Müller, Artur O. (*Vivi-Kola. Zeitgeist in Flaschen*, 2013).

Otto Müller chercha à camoufler le goût de l'eau minérale d'Eglisau – pas des plus agréables à cause du sel de table, du sulfate de sodium et des composés de soufre et d'iode qu'elle contient – par des notes fruitées. Après Eglisana (limonade) et Orangina, on testait d'autres parfums pour étendre la gamme. Ce fut à cette époque que Müller, d'après l'histoire de Vivi Kola, envoya des hommes intrépides au Cameroun pour s'y procurer des noix de kola. Personne ne sait aujourd'hui si cette histoire est véridique ou légendaire, car les preuves font défaut.

Quoi qu'il en soit, Müller n'a pas tardé à faire des expériences avec du concentré de kola africain dans sa cuisine privée. Un homme d'affaires lui expédiait des échantillons de l'original. «La dégustation à plusieurs à l'usine renforce la confiance en soi en la confrontant à sa propre innovation. Mais cela encourage aussi à se dépêcher. Le Coca-Cola est arrivé en Suisse exactement 50 ans après son invention [...], en 1936; mais il ne réussira pas à s'y établir avant le lancement bien préparé du Vivi Kola local en 1938» (*idem*).

Le nom est composé de *vivere*, vivre, et de *kola*. Le Vivi Kola, qui a été la première boisson suisse à base de noix de kola, a rapidement gagné en popularité. La première étiquette marqua les esprits et continua à avoir des effets positifs sur les ventes pendant des décennies: une carte du monde avec en son centre le continent africain d'un jaune solaire, parcouru par quatre personnages schématiques et filiformes, un panier en équilibre sur la tête, marchant vers l'océan Atlantique où un trois-mâts attend sa cargaison.

Vivi Kola n'était pas la première et n'est certainement pas la dernière imitation ou copie de la légendaire boisson d'Atlanta. La version d'Eglisau a longtemps tenu Coca-Cola à distance, notamment parce que l'entreprise exploitant la source minérale de cette petite ville zurichoise a reconnu l'importance du parrainage quelques années après la fin de la Seconde Guerre mondiale, s'impliquant dans le cyclisme dès 1949. Pendant les années 1950, lors du Tour de Suisse, la Mineralquelle Eglisau faisait la publicité de sa «bière des cyclistes» avec un «Büssli» (petit bus), «à travers le microphone duquel Vrenely Pfyl et Marthely Mumenthaler chantaient gaiement la samba du Vivi Kola» (*Vivi-Kola. Zeitgeist in Flaschen*). En 1960, la marque est commercialisée à l'échelle nationale dans une nouvelle bouteille cintrée avec des rainures longitudinales.

Unifontes AG (propriété des brasseries Feldschlösschen et Haldengut) reprend la Mineralquelle Eglisau en 1973. Dans les années 1980, la pression de la concurrence de Coca-Cola s'accroît fortement, sans oublier un nouvel arrivé : le Pepsi Cola. Unifontes, détenue à 100 % par Feldschlösschen à partir de 1984 (et supprimée par la suite), commence à embouteiller du Pepsi en 1986. Ce soda fut créé en 1893 à New Bern en Caroline du Nord par Caleb Bradham, un confrère de Pemberton puisqu'il était aussi pharmacien. Dans la lutte mondiale pour l'image et les ventes que se livrent les deux géants américains du cola dans les années 1980, il n'y a pas de place pour les outsiders régionaux. En toute logique, Unifontes cesse la production de Vivi Kola en 1986.

En 2009, le premier cola suisse est sauvé du naufrage grâce à quelques dynamiques entrepreneurs originaires d'Eglisau, et son arôme complexe est défini au terme de longues recherches et dégustations. La jeune société commence la mise en bouteilles à Eglisau en 2010, mais le site sera fermé et la propriété vendue un an plus tard.

Après un slalom à travers diverses instances, Vivi Kola fait un comeback phénoménal. Tout d'abord, il a fallu convaincre un avocat spécialisé dans les marques de se dessaisir du produit. Après quoi l'ancienne recette avait besoin d'être revitalisée : en effet, même si on l'avait découverte dans le musée local d'Eglisau, elle était trop rudimentaire pour être utilisable ; des ingrédients tels qu'un mélange d'arômes ont disparu ou ont été nommés différemment. Aidé par des amateurs qui se souvenaient encore du goût d'antan, un développeur de boissons a reconstitué l'ancien Vivi-Kola. Le résultat de la recherche de son goût perdu est une somme de savoir-faire, de réminiscences, d'expérimentations et de souvenirs.

La base du nouveau Vivi Kola est un sirop. La noix de kola est utilisée sous la forme d'un extrait de noix du commerce équitable provenant du Cameroun. « Le sucre et la teneur en acide, l'arôme et la couleur jouent le rôle le plus important dans la recette [...]. Seules quelques personnes savent vraiment ce que le produit contient. Aujourd'hui également, la recette du Vivi Kola est encore très bien gardée » (*Vivi-Kola. Zeitgeist in Flaschen*).

« Le goût du Vivi Kola est composé de plus de 100 arômes », explique le directeur de l'entreprise (août 2021). Le caramel et la vanille forment le sommet du bouquet, le classique mélange à pain d'épices une base familière avec de la cannelle et des clous de girofle, de la cardamome et de la noix de muscade, puis comme mentionné ci-dessus de la caféine, plus du citron vert, d'autres nuances et bien sûr du sucre, « 9,5 grammes par décilitre. Séparément, nous ajoutons les acidifiants, de l'acide citrique et de l'acide phosphorique ». Et l'eau ? « De l'eau du robinet d'Eglisau. » L'ancienne source d'eau minérale d'Eglisau a été scellée il y a longtemps.

Vivi Kola est disponible en version classique (sucrée) et Zéro (avec des édulcorants végétaux issus du chanvre d'eau ou stévia, *Stevia rebaudiana*). Le 1er juillet 2021, Vivi Kola a mis en service sa propre usine d'embouteillage sur l'ancien site d'Eglisau (*vivikola.ch*) ; auparavant, elle était cliente de divers embouteilleurs de boissons.

Il existe d'autres marques de cola en Suisse, telles que Pepita Cola, Goba Cola, Sinalco Cola, Farmer Cola, Happy Cola ou Lola Cola (août 2021).

Voir aussi : Pepita, page 61 ; Rivella, page 119 ; Eaux minérales, page 188 ; Elmer Citro, page 539 ; Gazzosa, page 637.

Weisflog Bitter

Amer élaboré d'après la recette de Gustav Erdmann Weisflog

Le XIXe siècle est parfois appelé le siècle des alcooliques. Au début du XXe, la consommation d'eau-de-vie par habitant en Suisse s'élevait à 18 litres par an. D'énormes quantités de spiritueux étaient consommées en Europe – on du schnaps aux soldats en guise de carburant et de consolation avant de les envoyer au combat – la nourriture était généralement trop grasse et trop lourde, le vin principalement acide et via la salive, le tabac à chiquer achevait de détruire les estomacs suracidifiés. C'était la grande époque des boissons amères.

En 1856, à Zurich, un commerçant originaire de Saxe entreprend des études de médecine. Après avoir participé à la révolution allemande de 1848-49, Gustav Erdmann Weisflog (1823-1888) s'était enfui en France et avait travaillé comme marchand de soie, jusqu'à ce qu'il décide apparemment de changer de voie et de s'installer à Zurich. Il ouvre son propre cabinet en 1860, se spécialisant dans les problèmes gastriques. On a trouvé de nombreux croquis et ébauches de remèdes contre les maux d'estomac dans ses papiers. Finalement, le docteur Weisflog prescrit un amer alcalin pour soulager ses patients souffrant d'acidité gastrique. L'élixir est efficace et le médecin ne tarde pas à en fournir à ses collègues et aux pharmacies. Il fonde la société Weisflog en 1880.

Après la mort de Weisflog huit ans plus tard, ce sera sa veuve qui reprendra l'entreprise avec ses enfants et la dirigera sous le nom de « Dr. med. G. Weisflogs Witwe, Altstetten », avant de prendre sa retraite en 1918. La société produit et distribue l'amer très demandé du fondateur et élargit sa gamme, distille divers spiritueux, mélange des liqueurs, se lance dans le commerce du vin, produit des sirops et des boissons non alcoolisées et propose diverses spécialités telles que l'Aristo-Medicinal-Eiercognac (un cognac aux œufs), l'Älpler-Alpenkräuter Magenbitter (un digestif aux herbes des Alpes), le « Fox-Bitter – l'apéritif rouge suisse », le Tambour (une boisson anisée) ou encore le Robinson-Swiss Gin.

Le Weisflog Bitter, qui avait fait ses preuves, est resté le produit phare. « J'ai fait mon apprentissage chez Fassbind dans les années 1950. Nous distribuions du Weisflog Bitter ; il fallait en commander chaque semaine, c'était la marque leader sur le marché des apéritifs, à l'époque », se souvient Urs Müller, qui deviendra propriétaire de l'entreprise S. Fassbind à Oberarth (Schwytz). Puis le Cynar est arrivé et a supplanté le Weisflog, dans les années 1970 il y en avait encore « un peu », puis on a cessé de le produire.

L'entreprise avait été vendue, elle appartenait à Cinzano, après quoi elle passa avec Cinzano entre les mains du conglomérat suivant, puis entre celles d'une entreprise romande chez qui personne ne savait qu'elle possédait le Weisflog Bitter.

Dans le livre *Des apéritifs aux spiritueux*, publié en 1988 par la Fédération suisse des cafetiers, restaurateurs et hôteliers, le Weisflog Bitter ne figure pas sur la photo de groupe des apéritifs et digestifs helvétiques. Le *Dictionnaire historique de la Suisse* mentionne le fils Heinrich Julius Weisflog, avocat, conseiller cantonal et national zurichois, mais pas le père.

S. Fassbind reprend l'amer en 2001, l'enregistre auprès de l'Institut de la propriété intellectuelle le 15 mai de la même année et redémarre sa production. Le Weisflog Bitter n'a jamais été oublié – mais beaucoup ont regretté sa disparition. « Maintenant, des gens de Zurich viennent régulièrement à Oberarth dans le canton de Schwytz pour y chercher du Weisflog », affirme Urs Müller. En 2006, S. Fassbind a été vendu au groupe Angostura, basé à Tobago, et en 2014, l'entreprise – dont le premier kirsch fut distillé par la famille Fassbind en 1395 – retourne en mains suisses.

Voir aussi : Bitter des Diablerets, page 187 ; Luzerner Alpenbitter, page 303 ; Appenzeller Alpenbitter, page 453.

AUTRES

Birchermüesli

Mets crémeux à base de pommes râpées, flocons de céréales, lait, noix et divers fruits

Plus personne, de nos jours, ne doute des qualités du birchermüesli – on est libre de mépriser cette sorte de bouillie du point de vue esthético-culinaire, mais nier son effet positif sur le corps serait faire preuve d'idiotie. La science et la technologie ont tellement progressé depuis le coup de génie du docteur Bircher-Benner que nous connaissons désormais tous les détails d'une alimentation, qu'elle soit saine ou malsaine. Quand le médecin Maximilian Oskar Bircher-Benner (1867-1939) prescrivait son müesli et prêchait notamment la médecine holistique, traitant ses patients selon ces convictions et s'attirant les quolibets du corps médical, il n'était pas en mesure de prouver les bienfaits des céréales, des fruits et des légumes non cuits, comme c'est le cas aujourd'hui. À son époque, les gens étaient censés se fortifier avec de la viande et du fromage, des protéines et des graisses – les fruits crus, les légumes non cuits et les céréales non transformées étaient méprisés ou ignorés. Pourtant, Bircher-Benner n'était pas seul dans son combat : parallèlement, un certain Ambrosius Hiltl (1877-1969) commençait à faire parler de lui à Zurich ; en 1898, ce tailleur de formation originaire de Bavière ouvre son « Vegetarierheim und Abstinenz-Café », un foyer végétarien où l'on ne sert que des boissons sans alcool, qui est aujourd'hui une institution portant son nom depuis quatre générations : le Hiltl.

Dans le sanatorium « Lebendige Kraft » (force vivante, agissante) de Bircher-Benner, fondé en 1904, les gens se levaient à l'aube, faisaient de nombreuses promenades à l'air frais et pouvaient suivre des cures d'enveloppement corporel hydratant. La nourriture était végétarienne et tout stimulant tel que le café ou l'alcool était banni. Pour son muesli, originellement appelé « d'Spys » (la nourriture) ou « Apfeldiätspeise » (régime à base de pommes), Max Bircher-Benner s'inspira d'un fermier d'alpage qui n'avait pas grand-chose d'autre à manger que des pommes, de l'avoine et des noix, mais qui était manifestement une personne en parfaite santé, ainsi que d'un peuple de montagnards du nord de l'actuel Pakistan. « Les Hunza ne tombent jamais malades et vivent centenaires », soutenait Bircher-Benner en se basant sur des rapports scientifiques sur cette communauté légendaire vivant aux confins septentrionaux du Cachemire. Encore sur son lit de mort, le médecin aurait dit : « Les Hunza, voilà la preuve ! »

Dans sa version originale, Bircher-Benner utilisait du lait concentré – car il est forcément exempt de bactéries –, des flocons d'avoine qu'il fallait tremper dans l'eau pendant une demi-journée, des pommes râpées non pelées, des noix râpées, du jus de citron et un peu de miel.

Aujourd'hui, le birchermüesli se décline sous toutes les formes imaginables, avec des fraises et des cerises, des tranches de bananes fraîches ou séchées, du lait, de la crème ou du yaourt – il n'est même plus nécessaire de choisir ses ingrédients d'après les saisons, et l'on peut aisément réaliser des compositions exotiques à base de mangue, de fruit de la passion, voire de durian. Il n'existe aucun produit (ni plat, dans le cas présent) qui soit aussi facile à trouver que le birchermüesli. Du supermarché au magasin de produits diététiques, du magasin bio à la boulangerie, même les kiosques en proposent parfois. L'industrie alimentaire produit des mueslis qu'il suffit de mélanger. La râpe à bircher est devenue une icône des ustensiles de cuisine.

SUPPLÉMENT

Müesli around the world

Müesli est l'un des rares, peut-être le seul mot suisse allemand à avoir été précocement « mondialisé ». En Angleterre, le terme *muesli* a été adopté en 1926; selon *The Oxford Companion to Food*, jusque dans les années 1960, on en mangeait au sein de la *health-food fringe*, c'est-à-dire parmi les seuls adeptes de la nourriture diététique. Mais depuis lors, «*high fibre has been transformed from a fad to a multi-million pound business*» (les aliments riches en fibres ont cessé d'être une mode pour devenir un business extrêmement lucratif).

14

THURGOVIE (*THURGAU*)

Le sens de la sérénité

Sur une Suisse stylisée, dessinée d'un trait et sans aucun mot, se trouve en haut à droite un carré vert clair; à côté, en dehors du contour, le même repère encore une fois réduit, accompagné de l'instruction: « Trouver la région Thurtal & Seerücken sur une carte de la Suisse. » Cela figure dans un livret sur les paysages cités, « la région, les recettes », paru en 1998 à la demande de l'Union centrale des producteurs suisses de lait, aujourd'hui Swissmilk.

A-t-on vraiment besoin de ce genre d'indications pour localiser la Thurgovie? Ce canton, qui borde tout de même de loin la plus longue partie de la rive suisse du lac de Constance, est-il une entité inconnue et sans contours? Bien sûr que non, la désignation « Mostindien » (littéralement, l'Inde du moût, mais en fait cela signifie l'eldorado du cidre) indique déjà à quel point ce canton s'impose sur la carte nationale: comme région agricole en premier lieu, même si peu de personnes gagnent encore leur vie dans le secteur primaire. Avec plus de 6 %, la part des emplois agricoles en Thurgovie est deux fois plus élevée que la moyenne suisse. L'artisanat et l'industrie y sont également au-dessus de la moyenne nationale, seul le secteur des services est en dessous.

La Thurgovie est souvent sous-estimée, alors que sa « Riviera » a été considérée très tôt comme une région où l'on se consacrait à la contemplation. La reine Hortense (Bonaparte, née Beauharnais) a vécu au château d'Arenenberg de 1817 à 1837, et son fils, Napoléon III, venait lui rendre visite à l'occasion. D'autres châteaux et manoirs ont été construits du côté du Seerücken, ce paysage vallonné qui s'étend entre la vallée de la Thur et le lac de Constance. On pourrait comparer la Thurgovie au canton de Vaud, lui aussi tourné vers une immense étendue d'eau, en tant que pendant rustique auquel il manque toutefois la métropole, la mondanité, le spectaculaire comme les vignobles de Lavaux et la proximité des sommets de 4000 mètres.

La Thurgovie n'a nul besoin de cela. Son paysage en pentes douces favorise la détente; si ses chemins de randonnée et pistes cyclables offrent mille possibilités, tout ramène le visiteur au sol et au repos, sans le stress lié à la performance sportive. Dans un ordre campagnard dont la force est également enracinée dans l'élémentaire, aussi culinairement: le birchermüesli a été inventé par un Argovien à Zurich, mais la Thurgovie en cultive l'avoine (transformée en flocons) et fournit également des pommes. Les exploitants thurgoviens sont tout à fait modernes, on pourrait travailler en costume du dimanche dans des cultures de fraises d'une propreté clinique. La vie en Thurgovie semble se caractériser par le sens de la sérénité. Et ce depuis longtemps, comme l'illustre un rapport sur les « conditions alimentaires » au XIXe siècle. J. Häberlin-Schaltegger écrivait ainsi: « Le *Habermus*, une épaisse bouillie d'avoine mélangée avec du lait, joue ici un rôle important; on la consommait souvent le matin à la place du café, mais aussi volontiers le soir, l'automne, en y ajoutant des poires blettes au goût délicieux. Par rapport à la *Stupfete*, une décoction de vinaigre, de saindoux fondu et d'oignons grillés, le *Biest*, à savoir le colostrum, le premier lait d'une vache, était un vrai régal. Nous ne recevions généralement du vin que les dimanches, jamais d'eau-de-vie, mais du cidre à volonté ; on ne buvait du thé qu'en cas de malaise. […] Si l'on faisait du beurre avec la crème du lait dans une baratte, on obtenait un excellent babeurre ; par grande chaleur, on buvait du lait fermenté. Dans les greniers, on trouvait parfois des auges entières de tranches de pommes, de poires séchées, de pruneaux, etc. Les ménagères faisaient généralement le pain elles-mêmes, sauf pour les *Chrüzerbrödli* (petits pains à 1 kreuzer) et autres, qu'on allait chercher chez le boulanger. Les pains pesaient souvent plusieurs livres, et l'on se moquait de ceux qui en coupaient un au mauvais endroit » (*Aus dem thurgauischen Volksleben*, 1902).

Frauenfelder Salzisse

Saucisse de fête finement hachée à base de viande de veau, de bœuf et de porc avec du lard, fumée ou crue.

Seuls quelques aliments associés à un rituel ou à une période spécifique de l'année ont réussi à conserver cette originalité. Normalement, l'industrie alimentaire n'épargne ni l'histoire ni les coutumes en les abandonnant lorsque les affaires l'exigent. La *Frauenfelder Salzisse* est une saucisse dont la disponibilité saisonnière est respectée à la fois par les producteurs et les consommateurs. Pourquoi ? Peut-être parce que son enracinement local est resté le même depuis 200 ans – en tout cas pas parce qu'elle ne serait pas bonne en dehors de sa saison.

On ne saurait confondre une *Salzisse* avec un salsiz – non seulement les termes diffèrent, mais aussi leur texture. La *Salzisse* appartient à la catégorie des saucisses à bouillir finement hachées, comme le cervelas, le *Stumpen* de Saint-Gall ou la boule de Bâle, alors que le salsiz, une spécialité des Grisons (cf. *page 551*), est une saucisse crue comparable au gendarme et au schüblig de campagne. Le nom *Salzisse* est probablement basé sur l'adaptation en dialecte thurgovien du mot français *saucisse*.

La *Salzisse* couronne le repas traditionnel du *Bechtelistag*, le jour de la Saint-Berthold, qui n'est pas célébré à Frauenfeld le 2 janvier comme ailleurs, mais le troisième lundi de ce mois. Cette journée exceptionnelle remonte au XIIIe siècle, lorsque, peu avant la fondation de la ville, un groupe de nobles et de bourgeois distingués s'est constitué dans une taverne pour s'y réunir en toute convivialité. Au fil du temps, des artisans et des bourgeois moins distingués se sont également joints à cette confrérie. C'est ainsi qu'est née la Konstablergesellschaft, société qui, à partir du XVIe siècle, invitait chaque année ses membres à partager un repas constitué de pain, de saucisses et de vin. Le cercle s'est élargi, notamment par des incorporations, mais ce banquet a toujours lieu, une tablée exclusivement masculine ; selon les archives de la Bourgeoisie de Frauenfeld, il est organisé dans la mairie depuis 1811 ; le nom *Salzisse* est également attesté depuis cette date.

Pour la chair à saucisse, on hachait jadis de la viande de *Jungmuni*, un jeune taureau, qui a ensuite été remplacée par du bœuf, d'origine plus indéterminée. Dans les premières versions, la chair était plus grossière qu'aujourd'hui, car elle devait être découpée et hachée à la main. La chair à saucisse fine, presque sans relief, doit son existence au cutter, une machine d'origine américaine qui fut importée en Europe à partir de 1890. Le cutter est en fait un double mixeur : tandis que des couteaux tournent dans un sens, un bol tourne dans l'autre ; le contenu est haché et, selon la vitesse des couteaux, transformé en émulsion, alors que le bol qui tourne plus lentement produit un effet de mélange (cf. *Digression page 530*).

La saison des *Salzissen* commence au *Chlausmarkt* (marché de la Saint-Nicolas) de Frauenfeld le premier lundi de décembre et dure jusqu'à Bechtelistag, puis il y a une pause jusqu'au carnaval en février, et la saison se termine au marché de printemps, qui a lieu le troisième lundi de mars dans la capitale thurgovienne. Les bouchers produisent deux types de *Salzissen* : l'une fumée et échaudée de couleur brun clair, semblable au *Stumpen* de Saint-Gall, et une « verte », c'est-à-dire crue, qui doit être cuite. Les deux variétés se mangent chaudes, la fumée parfois froide. La plupart des amateurs préfèrent de loin la version fumée – probablement parce qu'elle se conserve plus longtemps que la verte.

La chair à saucisse est composée à parts égales de viande de bœuf, de veau et de porc et mixée avec de l'eau glacée. On y ajoute ensuite du lard, des oignons frais et des épices telles que du sel nitrité, du poivre, du macis, du gingembre, de la cardamome et des clous de girofle. La chair à saucisse est embossée dans des boyaux de bœuf ; le boucher referme une extrémité avec un clip métallique et l'autre avec un long et fin morceau de bois, la signature de la *Salzisse* de Frauenfeld. La saucisse verte est désormais prête, l'autre doit être fumée à chaud dans de la fumée de hêtre, puis blanchie, et enfin plongée dans l'eau froide pour lui éviter de se dessécher et de se ratatiner en refroidissant lentement.

La fête des bourgeois de Frauenfeld consiste en un repas modeste, très représentatif de la simplicité et de l'égalité républicaine propres à l'esprit helvétique : une *Salzisse* chaude avec un *Bürli* (petit pain) et de la salade de pommes de terre, avec pour accompagnement soit un vin bourgeois, soit du jus de raisin. Lorsque le civisme est cultivé de manière aussi appétissante, il ne s'agit pas de briller par son absence : ce repas attire également des Thurgoviens nostalgiques qui retournent au pays en ce jour spécial et qui ne risquent pas de demander de la moutarde avec leur *Salzisse* – ce qui serait un terrible faux pas.

Voir aussi : Aussteller, Schützenwurst, page 25 ; Cervelas, page 94 ; Sankt Galler Stumpen, page 40

Fromage d'Italie/Fleischkäse

Pâté à base de chair à saucisse de veau et de porc cuite

Si la viande et le fromage ont tous deux une origine animale, ce sont des produits très différents : la première fait partie de l'animal et l'autre est produit par celui-ci pour nourrir d'autres d'êtres vivants. Viande et fromage sont liés dans la mesure où la vache, la chèvre et la brebis donnent du lait pendant toute leur existence avant d'être abattues et transformées en saucisses.

Selon *Schweizer Wurstwaren*, un manuel sur les saucisses édité par le Centre de formation pour l'économie carnée suisse à Spiez (ABZ), le *Fleischkäse* ou fromage d'Italie est considéré comme une « saucisse bouillie non fumée », il appartient donc à la même catégorie que la saucisse à rôtir de veau, la saucisse de veau glaronaise, la saucisse à bouillir (*Siedwurst*) et d'autres, mais diffère des saucisses en général sur deux points importants : la chair du fromage d'Italie n'est pas embossée dans un boyau naturel ou artificiel, clippée aux deux extrémités et plongée dans l'eau bouillante, mais placée dans un moule puis cuite au four.

Le mélange de base, selon le manuel susmentionné, comprend du porc (38 %), du lard (26 %), du bloc de couenne (10 %), de l'eau glacée ou du lait (26 % ; lorsqu'il est chauffé, le lactose se caramélise, d'où la croûte brune) ; le tout est assaisonné de sel nitrité (qui conserve la couleur rougeâtre), de poivre, de noix de muscade, de macis, de condiment en poudre et d'oignons frais.

Très populaire en Suisse alémanique, le *Fleischkäse* s'y vend mieux que la charcuterie. En Suisse romande, le fromage d'Italie est plutôt associé à une ration militaire en conserve et jugé assez défavorablement, notamment pour des raisons culinaires. Au Tessin, il est connu, si tant est qu'il le soit, sous son nom suisse allemand. Pour un boucher, ce n'est pas seulement un produit qu'il peut proposer tout au long de l'année, mais aussi une épreuve de vérité pour son savoir-faire ; c'est pourquoi il accorde une grande importance à sa signature, prend une meilleure viande, par exemple du gigot, moins gras, ajoute du veau à la chair à saucisse et l'épice de manière plus personnalisée, par exemple avec du poivre blanc, de la coriandre et de la cardamome.

Grâce à l'eau glacée, la masse – encore sans lard, lequel interférerait avec l'émulsification en raison de sa forte teneur en graisse – est refroidie à -2 °C avant d'être mixée à 5000 tours/minute. Lorsque la température de la viande atteint le point de congélation, le boucher arrête son cutter et ajoute le lard. Après quatre à cinq minutes de mixage, la température monte à en tout cas 8 °C grâce à la chaleur de frottement : la chair à saucisse est prête. Ensuite, il remplit généralement un moule à cake de son fromage d'Italie et l'enfourne à une température comprise entre 120 et 150 °C.

Certaines variantes de fromage d'Italie sont cuites dans un moule rond qui rappelle les moules à fromage. Serait-ce là l'explication de son nom ? Le troisième volume de l'*Idiotikon* (1895) indique sommairement : « *Fleischchäs* : hachis à base de foie de porc et d'autres viandes, pressé en forme de fromage et cuit au four, d'où la présence d'une croûte. » À ce moment-là, on n'utilisait apparemment pas encore de moule à cake.

On peut ajouter du foie, mais il ne jouit pas du statut d'ingrédient officiel du mélange à mixer. Dans la très nombreuse famille des mélanges de viande hachée, le fromage d'Italie se classe parmi les terrines cuites dans un moule au bain-marie et les pâtés en croûte (enveloppés de pâte) cuits au four. De tels produits et recettes se retrouvent dans le monde entier, et pas seulement depuis que des bouchers européens émigrés ont commencé à proposer les spécialités de leur terre d'origine sur d'autres continents. « Au Saucisson Vaudois », une boucherie d'un village du Québec, propose du « pain de viande » dans son riche assortiment de saucisses et précise sur son site Internet (*www.saucissonvaudois.qc.ca*) : « En Suisse, on l'appelle fromage d'Italie alors qu'en Allemagne c'est Fleischkäse » – ce qui manque un peu de précision !

Rapide tour d'horizon : en Suisse, on emploie les termes *Fleischchäs* et *fromage d'Italie*. En Allemagne et en Autriche *Leberkäse*, en Bavière *Leberkäs*. En France, c'est tantôt *fromage de porc*, tantôt *pain de viande*, et en Alsace *Soïkäs*, malgré la francisation à marche forcée que l'on y observe ; dans le monde anglo-saxon, on a le choix entre *pork cheese* et *meatloaf*.

En dépit d'un contenu qui ne varie guère, le « Fleischkäse » a manifestement des origines diverses. Jusqu'au XIXe siècle, on l'appelait « Leberkäs(e) » en Suisse comme en Allemagne, d'où cette spécialité est possiblement arrivée. Le laboratoire cantonal de Bâle soutient dans un rapport que le Fleischkäse est « à l'origine une spécialité de saucisse bavaroise ». Le nom est vraisemblablement composé de *lab* pour coagulation (moyen haut allemand) et de la racine slave *quas* pour festin, banquet : « D'après cette interprétation, le *Fleischkäse* serait un festin à base de pâté de viande coagulé. » Cependant, le mot *Käse* pourrait également remonter au terme « Käs », qui signifie masse compacte. Mais *Laib*, en bavarois *loabl*, pourrait aussi être à l'origine du « Leber » de *Leberkäs*, d'autant plus que ce dernier ne contient que rarement ou très peu de foie, en allemand *Leber* (5 % tout au plus, selon le *Gourmet-Handbuch*). Cette version serait alors un « pain d'une masse compacte ».

Le mot anglais *loaf*, qui signifie *pain*, pointe dans la même direction. Dans *The Concise Mrs Beeton's Book of Cookery*, la recette du *meatloaf* se réalise en mélangeant de la chapelure à du bœuf ou du porc haché. « À l'époque des Angles et des Saxons, *loaf* désignait aussi bien une miche de pain que le pain en général », écrit John Ayto dans *An A-Z of Food & Drink*. Le mot a ensuite été également utilisé au XIVe siècle pour désigner « une quantité de sucre de forme conique » ; le terme *meatloaf*, qui signifie en substance « pain de viande », ne serait apparu pour la première fois qu'en 1787 dans une lettre de Lady Newdigate : « We made a Dinner upon our Cold Loaf » et aurait fait son entrée dans les livres de cuisine un siècle plus tard. Quant au *pork cheese*, on doit le cuire à deux reprises : Mrs Beeton fait d'abord cuire de la poitrine de porc au four, qu'elle laisse refroidir pendant une demi-heure avant de la couper en cubes, mélange ceux-ci avec du sel et du poivre, du thym, du romarin, du persil, de la sauge, du macis et de la noix de muscade, du zeste de citron et une sauce maison, et fait cuire le tout. L'auteure estime que cette *« pâté-style-recipe »* constitue un *« excellent breakfast-dish »* et conseille : *« The more you pound the mixture, the better the texture »* – plus on pétrit la pâte, meilleure elle sera.

Il est peu probable que le mot français *pain* ait quelque chose en commun avec l'allemand *Laib*, mais le propre du pain c'est d'être cuit. Le *Larousse gastronomique* définit le « pain de cuisine » comme un « apprêt fait d'une farce moulée, généralement cuit au four, au bain-marie ». La base de la farce est « de la chair de poisson, de crustacé, de volaille, de viande blanche ou de gibier, voire du foie gras » ; il y a aussi des pains de légumes, préparés le plus souvent « avec des plantes herbacées, braisées et additionnées d'œufs battus, mais aussi avec des aubergines, du chou-fleur, des carottes, des fonds d'artichauts » ou des épinards. Le *Soïkäs* ou pâté de porc au four à l'alsacienne existe depuis plus de deux siècles. On le fabrique à partir de foie et de viande de porc, de poitrine, d'estomac et de fuseau de porc (une partie de ses boyaux) et il a une texture ferme. Dans son volume consacré à l'Alsace, *L'Inventaire du patrimoine culinaire de la France* signale lui aussi que les diverses dénominations prêtent à confusion. En somme, le fromage d'Italie pourrait très bien provenir d'Alsace.

Quoi qu'il en soit, il ne s'agit sans doute pas d'une « spécialité de saucisse d'origine bavaroise », comme l'écrit le laboratoire cantonal de Bâle, car c'est l'équipe de cuisiniers et de bouchers de Charles-Théodore, prince-électeur du Palatinat, qui exporta la recette en Bavière lorsque leur maître succéda à son cousin défunt Maximilien III Joseph en tant que prince-électeur de Bavière et s'installa à Munich en 1777. L'équipage apportait de Mannheim une composition de viande de porc et de bœuf finement hachée, cuite dans un moule à pain rond – apparemment avec du foie, du moins au début.

Pour la recette du *« Schweinsleber-Käse. Foie de cochon en fromage »* du livre de cuisine (1858) de Johann Rottenhöfer, « chancelier royal après avoir été le premier cuisinier personnel de Sa Majesté le roi Maximilien II de Bavière », il faut du foie, du lard et de la poitrine de porc ; cette masse doit cuire pendant trois heures. Dans une autre recette, Rottenhöfer décrit comment faire passer du foie de volaille dans une fine passoire – cette méthode peut également être utilisée pour bien affiner une chair à saucisse.

Vers la fin du XIXe siècle, Joseph Favre achève son monumental *Dictionnaire universel de cuisine pratique*, dans lequel il présente le « fromage de porc ou de cochon » en plusieurs variantes, mais aucune ne correspond au *Fleischkäse*, *Leberkäse* ou *meatloaf*. Une des recettes, également intitulée *Tête marbrée*, consiste en une tête de porc bouillie et coupée en dés. Il s'agit donc d'une sorte de fromage de tête que Favre réserve aux « estomacs jeunes et à toute épreuve » ; il transforme le foie de porc, le lard, la graisse avec des herbes et des épices en une masse hachée « d'une autre façon ». Le théoricien suisse de la cuisine française donne finalement la recette du « fromage de foie de porc », qu'il appelle aussi « fromage d'Italie » : il faut presser du foie de porc coupé en dés à travers la passoire dans de l'eau bouillante, égoutter, hacher avec du lard et de la chair à saucisse jusqu'à obtention d'une pâte, mélanger avec du sel, du poivre blanc, du quatre-épices, un peu d'oignon, des herbes, de la farine et des œufs frais. Ensuite, « décorer un moule spécial à fromage d'Italie avec des lardons ». Ce moule correspond-il à un moule utilisé pour fabriquer du fromage italien ? Ce serait au moins une explication plausible pour le terme *fromage d'Italie*, car on cherche en vain un tel fromage dans toute la botte. Une gigantesque spécialité de l'Émilie-Romagne, la mortadelle, contient une chair à saucisse comparable, qui se distingue toutefois de toutes les autres par une saveur très caractéristique.

Parmi les variétés suisses, citons le fromage d'Italie surfin (avec de la viande de veau), le fromage d'Italie paysan (légèrement plus gras que le surfin, avec de la viande de porc hachée dans la chair à saucisse), le *Zürcher Ofenfleischkäse* (fromage d'Italie zurichois au four : moule rond, plus aromatique que le surfin), ainsi que des variantes au foie, à l'ail des ours ou à divers fruits à coque et légumes (pistaches, tomates séchées, olives, piment, etc.).

Il en va des recettes comme de la préparation : beaucoup de choses sont possibles, mais tout ne convient pas. Froid et finement tranché, la saveur du fromage d'Italie surfin s'épanouit merveilleusement, ou alors en morceaux plus épais sur des petits pains moutardés. Il y a aussi le cordon-bleu au fromage d'Italie, la tranche rôtie de l'épaisseur d'un doigt avec un œuf au plat ou une salade de pommes de terre, et enfin le très roboratif « Dshumbo-Steak », vénéré par la communauté des nostalgiques de la grande auteure gastronomique Elisabeth Fülscher : couper 500 g de fromage d'Italie en 6 tranches, recouvrir de 200 g d'Emmentaler (coupé en fines tranches) ; faire cuire à haute température jusqu'à ce que les tranches soient chaudes et le fromage fondu ; faire frire 6 œufs au plat ; garnir 6 steaks de tout cela et saupoudrer d'un peu de paprika. Répartir 50 g de cresson dans les 6 assiettes qui accueilleront chacun un bifteck.

Si le fromage d'Italie est un aliment bon marché, ce n'est pas de la malbouffe : on ne fera jamais un bon pain de viande avec des chutes de parage ou autres restes.

Voir aussi : Atriaux, page 69 ; Furmagin da cion, page 586.

Landjäger, gendarme

Fine saucisse rectangulaire, crue, pressée et fumée, à base de viande de bœuf et de lard

Le gendarme est l'un des rares produits auxquels le *Larousse gastronomique*, pavé de 1216 pages, attribue une origine suisse – peut-être par crainte d'offenser la Gendarmerie nationale? Sans doute pas, car après tout, ce même dictionnaire cite également le gendarme comme variante de hareng séché, salé et fumé « en raison de sa raideur ». En France, en Allemagne et en Suisse, des policiers ou militaires étaient ou sont encore appelés gendarmes ou *Landjäger*. Les gendarmes allemands et français du XIXe siècle portaient des uniformes rouges qui, après un usage intensif, ne brillaient plus comme des fraises mûres, mais étaient si élimés que leur couleur se rapprochait de la rouille des saucisses. Dans certaines caricatures, les gendarmes étaient représentés de manière peu flatteuse, de haute taille, raides, maigres, délabrés et tout secs – ce qui ne manque pas de faire penser à une saucisse crue pressée.

En Suisse, on admet généralement que le *Landjäger*, répandu dans tout le pays, est passé de la région germanophone à la Suisse romande, où il a naturellement pris le nom de gendarme; on ne connaît pas de version tessinoise – il est vrai qu'au sud des Alpes, le choix de saucisses crues séchées est déjà fort impressionnant. La question de savoir si le Landjäger est réellement d'origine suisse – et non de l'espace alémanique au sens large, comme on le suppose en Allemagne – n'est toujours pas résolue. Le simple *Landjäger* du pays de Bade a bien dû exister assez longuement pour y avoir reçu des noms aussi retentissants que *Peitschenstecken*, *Unteruhlbacher* ou *Bauraseufzer!* Le *Landjäger* est également bien connu en Autriche: cette « saucisse crue anguleuse typique du Tyrol » serait « comme un véritable Tyrolien », proclame un producteur de cette région. « Cette spécialité tyrolienne sert d'en-cas lors des travaux des champs ou des randonnées en montagne depuis des temps immémoriaux » (*www.handltyrol.at*).

L'*Atlas de folklore suisse* affirme que le *Landjäger* s'est déplacé vers l'ouest depuis la Suisse orientale. Son origine est parfois même située dans le petit pays d'Appenzell – précisément là où le *Pantli* domine le marché en tant que concurrent quasi identique au « lantägä Worscht » (*Landjäger*), comme l'a « appris » un auditeur de radio dans les années 1960 (messagerie de la SFR 1, 2012). En fait, le Pantli s'appelait autrefois « Appenzeller Landjäger », même si ces deux saucisses diffèrent par leur recette: le Pantli peut contenir de la viande de porc ainsi que du bœuf, le *Landjäger* uniquement du lard de porc en plus de la viande de bœuf.

De telles considérations étymologiques ne peuvent être écartées d'emblée, confirme le *Schweizerdeutsches Wörterbuch*. Voici la réponse des rédacteurs de l'*Idiotikon* à ma question sur ce sujet: « La dénomination *Landjäger* pour un policier remonte au XVIIIe siècle. Le fait que le même terme soit utilisé pour une saucisse pressée fumée et séchée trouve possiblement son point de départ dans la raillerie que permet une étymologie populaire relativement évidente: le nom *Landjäger* donné à une saucisse est très probablement (il n'y a ici aucune certitude) une déformation plaisante de *lang tige* (longues saucisses séchées). Le mot dialectal *tige* (en fait identique à l'allemand *gediegen*: solide, robuste) signifie en suisse allemand *séché*, *desséché*, *fumé* (cf. *Tigets, page 507*). Une telle dérivation du nom de cette saucisse est également attestée par des formes saint-galloises du XIXe siècle, *Langtige* et *dürri Lantiger*. Un autre glissement sémantique, également issu de *tige*, se retrouve dans la *Tigerwurst*, qui ne contient absolument pas de viande de tigre, mais qui est elle aussi fumée. »

Il serait hasardeux de vouloir partir sur les traces de la « saucisse de tigre », étant donné que le *corpus delicti*, le tigre à dents de sabre, a disparu depuis une dizaine de millénaires en Europe.

En revanche, la piste de ceux qu'on appelait jadis les « gens d'armes » est privilégiée par un boucher qui voit l'origine du *Landjäger* dans l'alimentation militaire – avec une raison évidente, ce produit carné pouvant parfois peser sur l'estomac, mais jamais dans le budget. Le fait de presser les saucisses les fait mûrir plus rapidement et plus uniformément, ce qui prolonge leur durée de conservation, et l'utilisation de viande de bœuf (le porc était autrefois une viande chère, contrairement à aujourd'hui) les rendait très abordables. Le gendarme demeure l'un des articles les moins onéreux du marché suisse de la saucisse. Le boucher ajoute qu'à son avis, les troupes étaient – et sont toujours – équipées de la saucisse la moins chère.

La piste policière est également suivie par le *Dictionnaire historique de la langue française*, qui explique que le terme *gendarme* pour la saucisse vient de Suisse romande et y trouve son origine par la traduction du mot *Landjäger*. Ce serait une « allusion à la raideur » des vrais gendarmes. Il reste à préciser que les gendarmes ou *Landjäger* effectuaient leurs patrouilles à deux; ils allaient et venaient toujours par paire – exactement comme les saucisses.

Pour le gendarme qu'il fabrique, le boucher qui nous a reçus utilise quatre cinquièmes de viande de bœuf et un cinquième de lard de dos. Il passe d'abord la viande au hachoir, puis ajoute le lard et du sel nitrité, un agent rubéfiant (sinon la comparaison avec les uniformes rouges serait illusoire), du carvi concassé, du poivre, de la coriandre et de l'ail ainsi que du vin rouge. La chair à saucisse granuleuse est embossée dans de fins boyaux de porc ou des boyaux de collagène, les saucisses sont assemblées par paires puis introduites dans la presse à saucisses, où elles restent jusqu'à cinq jours, ce qui leur donne leur forme rectangulaire. Dans la presse ont lieu divers processus chimiques permettant une plus longue durée de conservation. Une fois leur rubéfaction achevée, les gendarmes sont fumés à froid à une température de 20 à 25 °C durant un à cinq jours; ce procédé favorise la maturation et la conservation. Dans la production industrielle, une procédure accélérée permet de gagner du temps grâce à divers additifs, mais cela nuit à la saveur en bouche des saucisses. Il existe aussi des gendarmes sans matières grasses ou à base de viande de cheval.

Le gendarme se mange froid et est avec le cervelas la saucisse classique pour les randonnées, pique-niques et autres casse-croûtes. Lorsqu'on mord dedans avec l'enveloppe, il craque légèrement – un effet typique du gendarme, probablement parce que sa taille convient à toutes les bouches affamées et qu'il est suffisamment sec et tendu pour offrir une certaine résistance aux dents les plus acérées.

SUPPLÉMENT

Une saucisse de touriste ?

Le peintre allemand Carl Spitzweg « aurait à maintes reprises immortalisé, soit en les dessinant soit en faisant des commentaires humoristiques, les mets délicieux qu'il savoura pendant ses voyages » (Fritz von Gunten, *Alles ist Wurst*), par exemple sur une feuille intitulée *Der Staubbach* : « *Landjäger* suisse. Pour les connaisseurs, c'est une excellente sorte de saucisse – même avantageusement connue à l'étranger. L'opinion assez répandue selon laquelle ses ingrédients principaux seraient de la viande de bouquetin et du lard de marmotte ou de la viande de touristes imprudents victimes de chutes – ou même de baillis abattus, relève sans doute du monde des fables. »
Sans arrière-pensée, une phrase tirée d'Internet : « Wisconsin River Meats makes great Landjaeger. »

Voir aussi : Gumpesel, page 261 ; Appenzeller Pantli, page 435 ; Salsiz, page 551.

POISSONS

Gangfisch

Corégone de l'Untersee, salé et fumé entier, avec les œufs

Les pêcheurs amateurs le savent : le plus gros problème avec le corégone est de distinguer une espèce d'une autre. Comme pour les petits caractères d'un contrat, il faut faire attention à ne pas sortir le mauvais poisson de l'eau. Cela s'applique d'un lac à l'autre, mais même dans un même lac la différenciation entre deux, trois, dans des bassins plus volumineux jusqu'à cinq types différents de corégones exige la plus grande attention. En Suisse, près de 40 espèces de corégones se sont développées au cours des millénaires.

Le corégone (*Coregonus* sp.) est présent dans le monde entier. Faisant partie des salmonidés, il est apparenté aux saumons et aux truites, et en tant que tel, c'est un poisson originellement migrateur. Après la dernière période glaciaire, il y a environ 15 000 ans, il est resté prisonnier des cuvettes que les glaciers mouvants ont creusées dans le paysage, les lacs d'aujourd'hui. Dans ces eaux, les poissons se sont adaptés aux conditions de vie locales, donnant naissance à des espèces endémiques, à nulle autre pareilles. Rien qu'en Europe, on compte plus de 1000 espèces de corégones ; on en trouve jusqu'en Scandinavie.

En Suisse, les habitants des régions lacustres considéraient leurs corégones comme uniques, autochtones, et leur ont donné des noms ; ceux du lac de Constance sont le Sandfelchen, le gangfisch, le kilch, le Blaufelchen et le Weissfelchen.

Le corégone est le gagne-pain des pêcheurs professionnels. On fume des gangfisch du lac de Constance depuis le XIVe siècle ; sur les autres lacs, cette méthode d'affinage n'a été introduite qu'au XXe siècle comme source de revenu supplémentaire pour les professionnels. Le fumage doit être fait avec soin, sans quoi le résultat aura un goût de carton.

Pour que personne ne se trompe en voulant détecter un gangfisch (*Coregonus macrophthalmus*), en voici une description trouvée sur la version alémanique de Wikipédia : « C'est un poisson argenté et longiligne, de 25 à 30 cm et pesant environ 300 grammes. Son dos est un peu plus foncé, mais pas aussi coloré que le corégone bleu. Ses nageoires dorsales et ventrales tirent sur le jaune. Le gangfisch a de grands yeux mais une petite gueule. » Cette dernière phrase est plus savoureuse dans le texte : *« De Gangfisch het groosi Auge aber es chliis Muul. »*

Les espèces de corégones du lac de Constance vivent dans différentes zones, certaines plutôt près du rivage, d'autres préfèrent les eaux libres plus profondes. Le *Deutsches Wörterbuch* des frères Grimm, qui puise ses sources jusqu'au XVIe siècle, appelle le corégone du lac de Constance *Seelen* la première année de son existence, *Stüben* la deuxième, *Gangfisch* la troisième, *Renchen* la quatrième, *Halbfisch* la cinquième et enfin

Blauwling! L'origine du nom *gangfisch* demeure assez nébuleuse. Une légende le fait remonter à une aventure arrivée à l'évêque Gebhard de Constance au Xe siècle : l'évêque naviguait sur l'Untersee à bord de son bateau et se retrouva soudain entouré d'un gros banc de poissons ; l'homme de Dieu leur aurait alors intimé l'ordre de s'en aller (« *Gang Fisch!* » signifiant « Partez, poissons ! ») et le banc se serait effectivement égaillé. Depuis lors, ce corégone a toujours été appelé ainsi.

On trouve des variantes telles que *ganchvisch*, *gangvissche* ou *gantvisch* dans des règlements sur la pêche datant du XIIIe siècle. La plus ancienne mention de l'arrivée de poissons en période de frai se trouve dans ce long poème qu'est le *Schachzabelbuch* (« livre du jeu d'échecs ») du moine bénédictin Konrad d'Ammenhausen, achevé en 1337. Le frai commençait le jour de la Saint-Martin (le 11 novembre), et durait douze jours. Il existe également une source datant du XIVe siècle selon laquelle les habitants d'Ermatingen devaient compléter leur dîme au monastère de Reichenau par du « *getertem Gantvisch* », à savoir du gangfisch fumé. À Gottlieben, les habitants, qui ne pouvaient disposer d'aucune terre par ordre de l'évêque de Constance (ce qui caractérise encore aujourd'hui le territoire de la commune), s'acquittaient obligatoirement de leurs impôts avec du poisson : en 1521, on y aurait compté 13 000 gangfisch.

Le chroniqueur Gregor Mangolt mentionne des *Felchen* (corégones), des *Balcken* et des *Blawlingen* dans son ouvrage d'ichtyologie sur le lac de Constance (*Das Fischbuch des Bodensees*, 1557) et enregistre également une prise record : « Pendant le mois de décembre de l'an 1534, on a attrapé [...] 46 000 ganfisch... » Au début du XXIe siècle, il s'en vendait encore 900 – difficile de dépasser ce chiffre aujourd'hui, car le frai est devenu trop précieux, étant utilisé prioritairement destiné à la reproduction et beaucoup moins à finir sur des assiettes. Pour ce qui concerne les gangfisch, les pêcheurs veillent à remplir leurs filets de femelles plutôt que de mâles, car il est plus intéressant de recueillir des œufs que des spermatozoïdes. Selon le garde-pêche cantonal de Thurgovie, « le but premier est la pêche de frai, l'élevage artificiel de poissons. Seuls les poissons dont les œufs sont immatures peuvent être utilisés. Les poissons en mesure de frayer doit être débarrassés de leurs œufs, que l'on remet à l'écloserie. »

Un garde-pêche à la retraite m'a expliqué que le terme *gangfisch* ne s'applique qu'aux poissons sélectionnés dans l'Untersee (le « lac inférieur » à l'ouest du lac de Constance) qui sont fumés entiers (non ouverts) à froid ; une fois le poisson vidé, on l'appelle corégone. Le terme pourrait également trouver son origine dans le jargon de la pêche, car contrairement aux poissons sédentaires, qui « se tiennent immobiles dans l'eau » comme un brochet à l'affût, il existe des poissons plus actifs qui « partent » (en allemand *gehen*, dont est issu le préfixe *Gang-* dans *Gangfisch*) ou « courent » chercher leur nourriture.

Comme les autres corégones vivant en eau libre, le gangfisch se nourrit de plancton et d'insectes. À la fin de l'automne, il nage dans des zones peu profondes pour se reproduire. En route vers les eaux de frai au large d'Ermatingen, de Gottlieben et dans le Seerhein (la portion du Rhin reliant l'Obersee à l'Untersee), il cesse de se nourrir. Pêché ainsi, « vide » tout en étant gravide, il n'est pas éviscéré pour être transformé, mais salé entier. Le poisson perd ses sucs et se dessèche. Après trois à cinq jours dans le sel, « lorsque j'appuie légèrement le poisson derrière sa tête et qu'il craque, explique le pêcheur consulté, il est temps de le fumer ». Il en embroche jusqu'à une douzaine par les yeux sur une pique et laisse les poissons s'imprégner de fumée à 35 °C. La température et la fumée doivent être contrôlées régulièrement, même la nuit. Le bois de chêne, qui donne au gangfisch une jolie couleur dorée, est particulièrement indiqué pour le fumage. Celui-ci une fois terminé – au bout de deux jours –, le poisson est prêt à être dégusté.

La particularité du gangfisch est sa présentation : ce poisson femelle est servi entier et consommé avec ses œufs. On peut aussi manger les œufs de corégone frais ou légèrement salés comme le caviar rouge (de saumon) ou noir (d'esturgeon). Les habitués arrachent la tête et soufflent dans le poisson de sorte que la peau se sépare de la chair. Ensuite, on l'ouvre par le dos, retire les arêtes et décolle les filets de la peau des deux côtés. Pour une dégustation parfaite, du bon pain et un vin blanc, de préférence un müller-thurgau (cépage qui doit son nom à l'œnologue Hermann Müller-Thurgau (1850-1927), fils d'un maître boulanger et vigneron de Tägerwilen sur le Seerhein), s'imposent.

Le gangfisch est aujourd'hui considéré comme une exclusivité d'Ermatingen. Depuis 1937, le *Gangfischschiessen* (« tir du gangfisch ») s'y tient chaque année ; il a lieu le deuxième week-end de décembre. Les poissons n'y servent pas de cible, mais de prix.

Il en alla de même pour le *Gangfischschiessen* de la mi-décembre 2021. Pourtant on ne produit plus de gangfisch depuis la fin des années 2010, comme cela a été confirmé à Ermatingen en décembre 2021. Il y a moins de poissons dans le lac de Constance et plus de règlements ; le produit de la pêche est en baisse et il y a plus de poissons mâles en âge de se reproduire que de femelles – telles sont en résumé les raisons invoquées. On manquerait aussi de respect et de compréhension. L'important travail manuel nécessaire à la pêche serait désormais hors de prix. En 1999, une importante montée des eaux a emporté au large la cabane spécialement destinée au fumage et nul n'a voulu en construire une nouvelle pour la remplacer.

SUPPLÉMENT

Des canons contre des poissons

« En septembre 1864, quelques milliers de corégones ont eu l'insigne honneur d'être sacrifiés pour la patrie, lorsqu'au cours d'un exercice de tir de l'artillerie suisse, une salve a pris la direction du lac et y a atteint un banc de corégones. À cette occasion, quelque 4000 innocents poissons auraient trouvé une mort héroïque, à la grande joie des honnêtes gens de Constance et à la plus grande tristesse des braves artilleurs, qui avaient déjà quitté les lieux lorsque le résultat de leurs efforts fut connu » (*Das Appetit-Lexikon*, 1894).

DIGRESSION

De l'être à la marchandise

Les investisseurs s'intéressent de plus en plus à la pisciculture. Le poisson est censé éclore de la laitance, bien se nourrir et prospérer, se laisser attraper et finir dans nos estomacs : l'être vivant se voit réduit à l'état de marchandise, de produit alimentaire.

En Suisse, l'aquaculture fait l'objet de recherches, la production aquacole se développe et se spécialise – de l'écrevisse à Sins au saumon à Lostallo, de la perche à Rarogne à l'esturgeon à Frutigen, de l'omble à Chamby au corégone à Birsfelden – en comparaison, les élevages de truites semblent presque banals. Selon un rapport sur la « Création d'un centre de coordination pour l'aquaculture suisse » publié par l'Office fédéral de la sécurité alimentaire et des affaires vétérinaires, l'OSAV (15 janvier 2021), il y a actuellement « selon les dernières estimations, 590 entreprises en Suisse détenant des poissons, des crustacés ou des algues. Parmi celles-ci, plus de 200 produisent pour la consommation », les autres pour peupler les eaux. Une vingtaine d'espèces de poissons et de crustacés sont produites, principalement indigènes, mais aussi des espèces introduites comme le tilapia du Nil ou la crevette blanche du Pacifique ; les plus courantes sont les truites arc-en-ciel, originaires d'Amérique du Nord. L'élevage de la lotte, du pangasius et du barramundi a soit échoué, soit été abandonné.

Au lac de Constance, des pêcheurs – qui ramènent de moins en moins de poissons sauvages – et des chercheurs, toujours à l'affût de nouveaux projets, souhaiteraient construire une installation d'élevage de corégones dans le lac d'Überlingen, au nord-ouest de l'Obersee. Tous les pêcheurs professionnels n'approuvent pas cette proposition, loin de là. En octobre 2020, une armada du lac de Constance de plus de cent bateaux a manifesté contre l'engraissement des poissons dans leurs eaux, même si ces pêcheurs professionnels se plaignent de la baisse de la population piscicole.

Dans les années 1970, les lacs suisses étaient de vastes réceptacles de nitrates, de phosphates et de toutes sortes d'eaux usées non traitées ; grâce aux mesures de dépollution et de protection, ces lacs sont devenus beaucoup plus propres – et donc plus pauvres en nutriments. Le phosphate nourrit les algues, qui servent de nourriture aux daphnies (puces d'eau), qui sont à leur tour mangées par les poissons. Si l'on déverse moins de phosphates dans les lacs, moins d'algues s'y développent, les populations de puces d'eau diminuent, ce qui entraîne la disparition progressive des poissons.

En 1977, on a pêché 1900 tonnes de poisson (dont 1200 de corégones) dans le lac de Constance, qui avait alors une teneur en phosphates supérieure à 90 mg/m^{3}; en 2020, ces deux chiffres ont été divisés par neuf : 200 tonnes pêchées avec une teneur en phosphates inférieure à 10 mg/m^{3}. Le déclin du corégone a été particulièrement spectaculaire : de 600 tonnes capturées en 2010, on est passé à 55 tonnes en 2020.

La situation est paradoxale : la demande de poissons d'eau douce indigènes augmente, tandis que l'offre diminue. Les lacs périalpins sont naturellement assez pauvres en nutriments et ne conviennent pas comme bassins d'élevage pour une production piscicole de masse. De plus, le lac de Constance, réservoir d'eau potable pour des millions de foyers jusqu'à Stuttgart, doit rester aussi propre que possible. En outre se pose le problème de plus en plus aigu du brassage insuffisant entre les diverses couches d'eau du lac provoqué par le réchauffement climatique (cf. *Supplément page 315)*.

Voir aussi : Bondelle, pages 201 et 264 ; Corégones, page 315.

PRODUITS LAITIERS

Tilsit

Fromage gras à pâte mi-dure fabriqué à partir de lait de vache cru ou pasteurisé

Aux XVIIIe et XIXe siècles, certains jeunes fromagers qui ne trouvaient pas de travail dans leur région se résolvaient à émigrer, emportant avec eux leur savoir-faire et le diffusant à l'étranger. C'est ainsi que l'on sut faire du Gruyère dans le Jura et en France, de l'Emmentaler dans diverses contrées, bien au-delà du lac de Constance, jusqu'à la ville de Tilsit en Prusse orientale, où la peste avait décimé la population entre 1709 et 1711. Parmi les immigrants, des réfugiés religieux tels que les mennonites d'Europe occidentale y furent embauchés dans des fermes. Chacun faisait ce qu'il avait appris, et ce fut là un véritable creuset de l'art de la fabrication du fromage, avec un mélange de variétés telles que le Gouda, l'Edam, le Limbourg, le briol (fromage en forme de brique de Prusse occidentale et orientale) et l'Emmentaler. On échangeait des idées, expérimentait et, ce faisant, un nouveau fromage fut élaboré, dont la pâte et la perforation rappellent le Gouda et la morge rougeâtre le Limbourg. L'Emmentaler n'a pas été produit très longtemps en Prusse, car son goût et son gros volume s'accommodaient mal des fluctuations qualitatives et quantitatives du lait.

En 1966, Willi Zwahlen a laissé un témoignage intéressant sur cette époque dans ses mémoires manuscrits ; cet expert en fromagerie, né en 1894 en Prusse orientale, s'exila en Suisse en 1944 : « Après la guerre franco-prussienne de 1870-71, d'abord quelques Suisses, puis beaucoup d'autres ont émigré, d'abord en Prusse occidentale, puis en Prusse orientale. Le gouvernement allemand avait fait publier des annonces en Suisse, car il recherchait des personnes pour travailler dans l'industrie laitière. Les grands domaines de la région possédaient bien d'importants cheptels, mais la production de lait laissait à désirer. À l'époque, c'était une honte pour les hommes de s'asseoir sous une vache pour la traire. Seules les femmes s'en chargeaient... C'est ainsi qu'est né le terme *Schweizer* pour désigner les trayeurs. Dans une grande ferme, où l'on employait 5 à 6 hommes, il y avait l'*Oberschweizer* (le Suisse supérieur) marié et les *Unterschweizer* (Suisses inférieurs ou sous-Suisses) non mariés. Si un Suisse célibataire travaillait seul chez un paysan, on l'appelait *Freischweizer* (Suisse libre) » (*Thurtal & Seerücken*).

Le premier Tilsit aurait été fabriqué au début du XIXe siècle par une certaine Mme Westphal, épouse d'un Suisse, dans le hameau de Milchbude (littéralement « baraque à lait ») ; il s'agirait d'une combinaison de fromage non pressé de Prusse orientale et d'Emmentaler. C'est de là que, sept décennies plus tard, naquit le prototype du Tilsit suisse, thurgovien, élaboré en 1893 par l'homme d'affaires Otto Wartmann dans sa fromagerie de Holzhof près de Bissegg et le fromager Hans Wegmüller à Herrenhof. Lors d'un voyage qu'ils firent en 1890, les deux hommes passèrent par Tilsit et y découvrirent son fromage. Le nom Tilsit vient de la petite rivière Tilse ; aujourd'hui la ville s'appelle Sowetsk, appartient à l'exclave russe de Kaliningrad (l'ancienne Königsberg) et est située à la frontière lituanienne. La première trace écrite de Tilsit en Suisse a été trouvée par l'historienne Margrit Wartmann (arrière-petite-nièce d'Otto) dans le catalogue de l'Exposition nationale d'agriculture de 1895 qui eut lieu à Berne.

La meule ronde à pâte souple, à petits trous et à croûte fine, humide et d'un brun rougeâtre est le seul fromage suisse renommé qui doit son identité, du moins en partie, à sa transformation d'article d'exportation en article d'importation, avant de se muer en un produit de marque très demandé dans son ancienne patrie. En tout cas, d'autres fromagers thurgoviens se sont rapidement détournés de l'Emmentaler pour se consacrer au nouveau fromage. En 1903, 17 fromagers présentèrent leur Tilsit lors d'une exposition ; les critiques furent nombreuses : la variété n'était pas uniment reconnaissable, le fromage comportait trop de différences dans sa fabrication, son apparence et son contenu. On jugea qu'il était trop dur et avait une « pâte friable au goût acidulé » – tel fut le verdict du rapport final de l'exposition.

Après la Seconde Guerre mondiale, ce type de fromage s'était tellement développé que l'on instaura la première réglementation sur le marché du Tilsit en 1948 afin de standardiser la production. Dans les années 1960, le Tilsit vert fabriqué à partir de lait pasteurisé s'est ajouté au Tilsit rouge au lait cru ; le goût du vert est plus doux parce que la pasteurisation tue non seulement les mauvaises bactéries mais aussi celles qui permettent aux arômes de se développer. C'est à cette époque qu'ont été créées les petites vaches à taches rouges et vertes symbolisant le Tilsit, qui sont toujours fabriquées à la main en bois de pin dans l'Oberland bernois. Au début, avec l'Emmentaler, le Gruyère et le Sbrinz, le Tisit était placé sous la protection de l'Union suisse du commerce de fromage, mais après son retrait de cette organisation en 1966, il est resté sous la tutelle de l'État jusqu'en 1998, date à laquelle le marché du fromage a été libéralisé ; c'est alors que fut fondée l'Interprofession SO Tilsiter Switzerland à Weinfelden. On produit également du tilsit – avec t minuscule – dans d'autres pays, mais il est très différent du Tilsit suisse, fabriqué par une vingtaine de fromageries familiales dans les cantons de Thurgovie, Saint-Gall (Toggenbourg et Gaster) et Zurich (vallée de la Töss). Aux variétés rouge et verte sont venues s'en ajouter trois autres, le Tilsit jaune, très doux et moelleux grâce à la crème qu'il contient, le noir ou Tilsit Extra, plus piquant grâce à un affinage plus long, et enfin le bleu quart-gras, le « Tilsit riche en protéines pour savourer futé » (*tilsiter.ch*, avril 2021).

Pour le Tilsit classique au lait cru (partiellement thermisé), le lait de la veille au soir et du matin est chauffé à 32 °C. On y ajoute des bactéries lactiques élaborées à la station de recherche Agroscope de Liebefeld près de Berne et de la présure animale. Dès que le lait s'est raffermi, le fromager découpe le caillé en petits grains à l'aide d'un tranche-caillé, outil de brassage anguleux muni de fins fils d'acier. Le caillé est ensuite « brûlé » à 43-45 °C afin que les grains se contractent davantage et perdent encore du liquide (petit-lait) ; lorsqu'ils ont la fermeté souhaitée, on les répartit dans des moules ronds d'environ 25 centimètres de diamètre qui sont pressés ; chaque fromage se voit attribuer un « passeport » individuel pour garantir sa traçabilité et est maintenu au chaud dans son moule afin que les bactéries lactiques remplissent leur office, qui consiste à transformer le lactose en acide lactique et à initier la formation aromatique. Le fromage est démoulé 24 heures plus tard et plongé dans un bain de saumure, où il reste de 24 à 48 heures ; c'est dans ce bain, qui retire encore plus d'eau du fromage, que commence à se former la croûte.

On laisse ensuite le Tilsit s'affiner dans la cave à une température de 14 °C et à une humidité d'environ 92 %. Disposé sur des planches en bois, il est retourné quotidiennement et régulièrement brossé avec ce qu'on appelle de la *Sulz*, de l'eau salée avec des cultures bactériennes. Cette phase une fois terminée – au bout de deux mois environ –, les meules sont remises aux marchands, qui les laissent s'affiner dans leurs caves. Particulièrement corsé, le Tilsit noir est celui que l'on affine le plus longtemps (180 jours). Selon l'Interprofession, le Tilsit est « par nature sans gluten et sans lactose ».

Le Tilsit occupe une place inexpugnable sur les classiques plateaux de fromage des voitures-restaurants comme sur ceux des restaurants traditionnels ; la consistance moelleuse de sa pâte ainsi que son arôme entre piquant et subtil l'y prédestinent. Il convient parfaitement pour les sandwichs, les fondues et les croûtes au fromage. La *Stupfete* est une sorte de fondue froide : on place au milieu de la table un bol contenant une généreuse quantité d'une sauce à base de vinaigre et d'huile, d'oignons et d'ail émincés, de moutarde, de sel et de poivre. Il s'agit ensuite de piquer des bâtonnets ou des cubes de Tilsit au bout de sa fourchette, de les plonger dans la sauce et de les déguster avec des pommes de terre en robe des champs (*Das Kochbuch der Ostschweiz*).

Voir aussi : Fromages du Jura, page 76 ; Vacherin fribourgeois, page 229 ; Appenzeller, page 438 ; Schwägalpkäse, page 441 ; Mutschli, page 510 ; Bündner Bergkäse, page 558.

FRUITS, LÉGUMES ET PLANTES

Essiggurken

Petits concombres pas plus longs qu'un doigt, conservés dans du vinaigre et des épices

En Inde régnait jadis le puissant roi Sagara. Bien que marié à deux reines, aucune ne lui avait encore donné un enfant. Il demanda donc conseil à un sage, qui bénit les épouses et prophétisa que l'une porterait une seule progéniture et l'autre 60 000. Les deux femmes tombèrent enceintes et la prophétie s'avéra exacte : l'une donna naissance à un fils et l'autre à un concombre. Le roi ne s'en effraya pas et trempa les 60 000 graines de concombre dans du lait ; en peu de temps, chaque semence se transforma en un garçon en bonne santé.

La pertinence du concombre comme symbole de fertilité est difficile à nier, aussi bien extérieurement qu'intérieurement, et c'est ainsi que cette plante rampante, *Cucumis sativus*, a prospéré à tous les vents depuis l'Inde, où elle a été découverte il y a plus de 4000 ans dans des vallées subtropicales au pied de l'Himalaya. La forme sauvage est « très amère et a probablement servi de remède aux autochtones dravidiens avant qu'une forme cultivée à la saveur plus douce ne soit sélectionnée », écrit l'ethnobotaniste Wolf-Dieter Storl dans son livre sur l'histoire des légumes, *Bekannte und vergessene Gemüse*. Via la Mésopotamie, le concombre a atteint l'empire gréco-romain, bien qu'il n'ait jamais été établi clairement si les noms qui ont été transmis ne pouvaient pas également désigner des melons ou des calebasses. Les Romains les appelaient *cucumis*, ce qui a donné naissance au terme anglais *cucumber*, à l'italien *cocomero* et à notre *concombre*. Le mot allemand *Gurke* est issu du vieux polonais *ogurek*.

Après l'Inde, c'est l'Europe orientale qui est devenue un véritable paradis du concombre, surtout pour les plus petits, conservés dans du sel et de l'acide lactique – le mariage entre vodka, cornichons au vinaigre et lard fumé est un classique. D'après Storl, « les premiers sites dans lesquels on a découvert des graines de concombre se trouvent en Europe de l'Est et en Allemagne orientale. À Cracovie, des archéologues ont trouvé des graines qui furent jetées aux ordures entre 650 et 950. [...] En Europe occidentale, elles n'apparaissent pas avant le XVIe siècle, et uniquement dans la métropole commerciale d'Amsterdam ».

Les Suisses connaissent bien les frontières, qui ne sont jamais bien loin, et entretiennent une relation quasi sentimentale avec divers fossés, le *Röstigraben*, le *Froschschenkelgraben* (« fossé des cuisses de grenouilles »), le *Polentagraben* ou le *Läckerligraben*... mais pas de *Gurkengraben*. Son existence aurait pourtant été justifiée, car les Romands préfèrent les petits cornichons aux *Essiggurken*, un peu plus longs et plus épais, prisés par leurs voisins d'outre-Sarine ; le cornichon est consubstantiel à la raclette, l'*Essiggurke* au *Landjäger* (qui préexista au gendarme) et à la *Streichleberwurst* (saucisse de foie à tartiner). Le concombre frais ou *Salatgurke* jouit d'une grande estime de tous les côtés des fossés, dans les salades, pour les dips au yaourt et même sur la peau du visage, où il combattrait efficacement, sous forme de fines tranches juteuses, rides et ridules.

L'espèce végétale est la même, que l'on laisse pousser des concombres d'un demi-mètre ou que l'on que l'on cueille des cornichons « prématurés » plus courts que le petit doigt d'un enfant. Au fil des siècles, plusieurs variétés ont vu le jour, comme le concombre brodé de Russie, le Cornichon Vert Petit de Paris, « de loin la meilleure des petites variétés du potager, à conserver dans du vinaigre », selon les auteurs de *Haferwurzel und Feuerbohne*, et le Télégraphe, un concombre atteignant une trentaine de centimètres à maturité.

À l'heure des réseaux numériques, on a tendance à oublier à quel point le rythme de diffusion de l'information était paisible il y a seulement quelques décennies. Ainsi, il a fallu attendre l'Exposition nationale de 1964 à Lausanne pour que la raclette valaisanne se popularise au niveau national, entraînant dans son sillage petits oignons blancs et cornichons. Une première mention dans l'*Encyclopédie d'Yverdon* (1770-1776) affirme que le cornichon « n'est autre chose qu'un petit concombre qu'on ne laisse point croître pour le pouvoir confire dans le vinaigre, et en faire des salades pendant l'hyver ». L'*Oekonomische Encyklopädie* de Johann Georg Krünitz précise en 1780 que « la mise en bocal des petits concombres se fait à la fin du mois d'août, ou au début de septembre ; car si l'on veut le faire plus tard à l'approche de l'automne, les cornichons ne sont généralement plus aussi propres, mais un peu tachetés. »

La mise en conserve des concombres, qu'ils soient cuits ou crus, dans du sel, du vinaigre ou un autre mélange, est l'une des préparations de base souvent introuvables dans les anciens livres de cuisine, parce qu'on estimait qu'elles allaient de soi. Au mieux, elles apparaissaient comme aide-mémoire dans des versions abrégées.

Le *Neues Berner Kochbuch* de 1835 contient une recette et d'autres apparaissent cinq ans plus tard dans l'*Intelligenzblatt für die Stadt Bern*. La production industrielle a démarré en Suisse au lendemain de la Seconde Guerre mondiale, mais à partir des années 1970, la culture des concombres n'a cessé d'y décliner, le coût de la main-d'œuvre grimpant de décennie en décennie. Dans les années 1980, il y avait encore 200 producteurs de concombres. En 2014, six exploitations cultivaient encore des concombres de six à neuf centimètres de long pour les conserver dans du vinaigre – et plus du tout de cornichons. Malgré la certitude d'écouler la production, elle continue de se raréfier, même si l'interprofession IG Essiggurken Schweiz postule que « c'est une culture qui doit résister au marché international ». La production nationale a chuté ; elle n'était plus que de 350 tonnes en 2015, date à laquelle le vent a commencé à tourner grâce à l'engagement de l'entreprise aiglonne Hugo Reitzel en faveur des cornichons nationaux, commercialisés sous l'appellation « Hugo » ornée d'une croix suisse. « Depuis lors, la production suisse de cornichons a franchi la barre des 500 tonnes ; l'objectif est de doubler ce chiffre en 2021 », a déclaré le représentant de l'interprofession précitée dans le magazine *die grüne* (avril 2021). L'intérêt est perceptible : en 2020, seuls 22 cucurbiculteurs cultivaient des cornichons, en 2021 ils sont déjà 36.

SUPPLÉMENT

Sauregurkenzeit

Ce terme, qui signifie littéralement « temps des cornichons aigres », n'a rien à voir avec ceux-ci, du moins à l'origine ; il vient du rotwelsch, « langue des vagabonds » basée sur l'allemand, et renvoyait au « temps de la souffrance et de la disette » (*Das grosse Lexikon der sprichwörtlichen Redensarten*), c'est-à-dire aux périodes de vaches maigres. L'ancienne signification du mot s'est peu à peu perdue au profit d'une autre : la période de l'été où les affaires sont rares, le moment où l'on met les cornichons en bocaux. Aujourd'hui, on entend par *Sauregurkenzeit* les vacances d'été où il ne se passe pas grand-chose, la pause estivale.

Voir aussi : Cornichons, page 177.

Fruits secs

Pommes, poires, pruneaux, prunes ou abricots séchés

À l'époque où, faute de progrès techniques, la « saisonnalité » allait autant de soi que le cours de la vie, elle ne concernait la population que lorsque les fruits et légumes frais surabondaient ou, au contraire, lorsqu'ils venaient à manquer. Ce n'est qu'avec la globalisation logistique qu'il est devenu évident de pouvoir consommer tout et n'importe quoi à tout moment avec une fraîcheur contrôlée – des fraises en janvier, des myrtilles en février, des haricots verts en mars : quelque part dans le monde, il y a toujours une région capable de fournir les produits souhaités. La disponibilité totale est devenue habituelle et donc ennuyeuse. Mais à partir de la fin du XXe siècle, on s'est remis à apprécier la rareté, le manque, cette fois-ci non pas comme un regrettable dysfonctionnement, mais comme le summum du plaisir : ce que l'on recherche désormais, c'est ce qui n'est pas toujours disponible, seulement de manière périodique, dans le bref moment de la maturité accomplie. La cuisine saisonnière vit une renaissance. On se soumet joyeusement aux cycles de la nature, comme s'ils étaient des événements dans la vie moderne, observables de préférence dans son propre jardin.

Avec la généralisation des réfrigérateurs à partir des années 1950 et des congélateurs deux décennies plus tard, on disposait chez soi d'outils permettant de prolonger la vie des fruits et légumes d'au moins quelques jours. Avant cela, il n'y avait pas d'autre choix que de se dépêcher d'exploiter ces produits. Si une récolte de pommes était gâchée par négligence, il fallait attendre un an pour la suivante. La durée de conservation des aliments a toujours constitué un enjeu vital pour l'homme, qui l'a poussé très tôt à développer sa curiosité et son inventivité. Le séchage ou la déshydratation a été la première découverte essentielle pour conserver les aliments périssables, au moins pendant l'hiver. Des découvertes faites en Suisse prouvent que certains fruits sauvages séchés faisaient déjà partie du régime alimentaire de nos lointains ancêtres du Néolithique (de 6500 à 2200 av. J.-C.). La culture méthodique des fruits et du vin a été introduite en Suisse par les Romains.

On connaît aussi les effets du froid depuis la nuit des temps; mais nos aïeux le maîtrisaient mal et ignoraient comment en produire artificiellement. Ils se servaient de grottes, de cavernes ou de caves à glace, qu'ils remplissaient de neige et de glace en hiver afin qu'elles fonctionnent jusqu'à l'été suivant – dans certaines régions, c'est encore le cas aujourd'hui.

Qu'il s'agisse d'un fromage ou d'un légume, d'une pomme ou d'une poire, c'est avant tout le liquide qui détermine quand il ou elle va commencer à s'altérer. Le fromage à pâte molle se conserve moins longtemps que celui à pâte extra-dure, la viande fraîche pourrit en quelques jours, contrairement à celle qui a été frottée avec du sel et des épices et séchée à l'air libre, comme la viande séchée uranaise appelée «Tigets» (cf. *page 507*). Ce principe s'applique également aux fruits. Lorsqu'une certaine proportion du liquide s'est évaporée, l'aliment séché se conserve plusieurs mois sans perte de saveur. Les micro-organismes responsables de la décomposition des matières organiques ont besoin d'une certaine quantité d'eau pour agir; s'il n'y en a plus, leur potentiel de nuisance «sèche» lui aussi.

La technique de séchage fut pendant des siècles l'un des domaines réservés aux femmes, en l'occurrence aux paysannes; les fruits secs faisaient partie de la vie quotidienne. Frère Nicolas, alias Nicolas de Flue (1417-1487), s'en tenait aux fruits secs, comme l'indique le registre paroissial de Sachseln à la fin du XVe siècle: «Il se nourrissait seulement d'un quignon de pain et de quelques poires séchées le matin.» En 1859, on pouvait lire dans le journal spécialisé *Der Schweizer Bauer* («le paysan suisse») que le séchage «se pratiquait beaucoup plus autrefois qu'actuellement, bien qu'aujourd'hui encore, certaines paysannes soient fières de posséder et de pouvoir montrer, entre autres, leurs beaux cageots remplis de fruits secs». Commercialement, toutefois, le séchage n'avait qu'une importance marginale. En 1896, la *Revue suisse d'arboriculture et de viticulture* s'emportait contre le manque d'idées des Helvètes par rapport aux Français et aux Allemands: «Nous, en Suisse, sommes encore très en retard pour ce qui concerne l'utilisation des fruits [...]. Quand la récolte a été bonne, nous sommes désemparés et ne savons que faire de ces fruits en abondance. Nous ne sommes pas pourvus de grandes installations fonctionnelles pour fabriquer du jus, sécher, faire bouillir, conserver dans le sucre, etc., et la méthode d'utilisation des fruits la plus avantageuse à diverses fins est presque inconnue et ignorée en Suisse.» Apparemment, la réprimande a été utile, car les choses se sont améliorées.

La méthode du séchage à l'air est celle qui prend le plus de temps, suivant la température, l'humidité et l'exposition au soleil. Les cabanes de séchage construites séparément pour un usage privé ou communautaire étaient autrefois bien connues: on superposait les fruits, notamment les tranches de pommes et de poires, les pruneaux coupés en deux ou entiers, les prunes et les abricots sur des palettes en bois dans des chambres de séchage. L'air chaud et la fumée chauffaient les murs de ces chambres grâce à un ingénieux système d'évacuation. On peut aussi sécher ses fruits dans un four de cuisine, mais le processus est difficile à contrôler: d'une part, une trop forte chaleur risque fort de noircir les bords des fruits, et d'autre part, il est probable – du moins dans les vieux fours – que l'humidité produite ne puisse pas s'échapper en raison de l'absence de ventilation. Les fours combinés modernes ne posent aucun problème. Il existe une troisième possibilité: des déshydrateurs spéciaux, perfectionnements miniaturisés mobiles de la cabane de séchage. Vers 1900, on séchait les fruits soit sur un fourneau de cuisine soit dans un séchoir mobile, un appareil équipé de son propre four, puis il y a eu le séchoir de Lucerne, une armoire avec des parois extérieures isolées, un évaporateur avec un compartiment de séchage incliné, ainsi que des séchoirs à vapeur.

Les poires étaient séchées en tranches ou entières, les pommes en tranches, en rondelles ou, si elles n'étaient pas trop grosses, entières et détrognonées. Les poires séchées entières font véritablement partie du patrimoine culinaire de la Suisse centrale. Particulièrement dans les périodes économiques difficiles et pendant les guerres mondiales, les gens étaient heureux d'avoir des réserves de pommes et de poires, de cerises, de pruneaux ou d'autres fruits pouvant être conservés par séchage.

Les poires comme les pommes supportent une forte chaleur lorsqu'elles sont séchées. «Les poires doivent de préférence être cuites à la vapeur, à l'exception des Beurré, afin que les parois cellulaires se déchirent et que l'eau puisse s'échapper plus facilement lors du séchage. Cependant, il faut éviter de les faire bouillir. Les poires à peau rugueuse sont souvent précuites dans une solution sucrée et ensuite séchées; cela donne un très bon produit séché» (*Die Verwertung des Obstes*, 1909).

Les variétés de poires que l'on considérait comme les plus appropriées étaient la Louise-Bonne d'Avranches, la Fondante de Thirriot, la Conseiller à la Cour, la Nouveau Poiteau, la Beurré Clairgeau, la Weldenser, la Herbstlängler, la Luzeiner Längler (une des plus précieuses variétés de poires séchées), la Heulampe, la Theiler (massivement séchée en temps de guerre), la Schweizer Wasserbirne (massivement séchée en temps de guerre), la Goldschmeckler et la Hasenbirne (*Birnensorten der Schweiz*, 1948). Au sujet des variétés de pommes, *Die Verwertung des Obstes* note ceci: «Bien que toutes les variétés de pommes puissent être séchées pour un usage domestique, dans le commerce on donne la préférence aux fruits secs acides. [...] Les variétés se prêtant le mieux au séchage sont celles qui sont grandes et larges, dont le cœur est petit, la surface aussi plate que possible et la chair ferme et robuste.» Dans le livre intitulé *Rosenapfel und Goldparmäne*, on nous dit que parmi les 365 variétés de pommes recensées en Suisse, 117 conviennent au séchage et trois en particulier : l'Adersleber Kalvill, la Mors de Cochon et la Transparente de Croncels.

De nos jours, les fruits secs se produisent aussi bien en petites quantités à titre privé qu'à l'échelle industrielle, et la plupart sont importés (en 1873 déjà, on pouvait acheter des fruits secs américains en Europe). Les fruits secs sont très appréciés comme provisions pour les randonnées – au cours desquelles on peut, en guise d'occupation méditative, retourner un noyau de pruneau dans sa bouche pendant des heures. Les fruits secs ne se gâtent pas et sont plus légers que les frais. Dans la cuisine chaude, on en utilise volontiers dans les recettes de viande, par exemple pour le rôti aux pruneaux à l'argovienne (le cou de porc est lardé de pruneaux secs dénoyautés) ; brièvement glacés dans du beurre fondu, les dés d'abricots et d'autres fruits secs agrémentent à merveille le canard rôti.

Voir aussi : Haricots secs, page 297 ; Poires séchées, pages 365 et 513 ; Pommes et poires en Valais, page 487.

PRODUITS DE BOULANGERIE ET PÂTISSERIE

Hüppen

Très fine gaufrette roulée, éventuellement fourrée

Au début était l'hostie, qui engendra la gaufre, laquelle se présente aussi bien extrêmement fine et sèche que plus épaisse et moelleuse comme du beurre. Dans les monastères, on fabriquait les hosties en cuisant de la pâte à oublies, composée d'eau et de farine de blé sans levain ; il suffisait aux nonnes d'y ajouter un peu de miel pour leur donner un goût de biscuit. Ces disques sont devenus des gaufres dures et friables, puis des bricelets (ou *Offleten*). Et c'est en roulant ceux-ci juste après la cuisson pour en faire des petits tuyaux, lorsqu'ils sont encore chauds et tendres, avant que le sucre n'ait durci en raison du refroidissement, que sont nés les *Hüppen*.

Si la tradition des *Hüppen* existe en Thurgovie depuis bien longtemps, ce n'est sans doute pas à Gottlieben au bord du Seerhein (affluent du lac de Constance) qu'ils ont été inventés. Ce village magnifique a toutefois profité d'un bonus impérial : à proximité, au château d'Arenenberg, vécut en effet de 1817 à 1837 la reine Hortense, grande amatrice de gaufrettes de toutes sortes ; et son fils, l'empereur Napoléon III, avait un faible pour les petits tuyaux croustillants en pâte délicate, les *Hüppen*. Il n'y avait que de l'air dans lesdits tuyaux, on pouvait au mieux y injecter un peu de crème fouettée avec une poche à douille.

Elisabeth Wegeli, à qui sa voisine de Gottlieben transmit l'art de fabriquer des *Hüppen* avec un gaufrier en 1928, commença dix ans plus tard à les remplir d'une masse de praliné. Aujourd'hui, l'entreprise Gottlieber Spezialitäten AG produit toute une gamme de *Hüppen* fourrés : à l'amaretto, au cappuccino, aux framboises, au gianduja-orange, à la noix de coco, sans oublier le Chocolait et le Black Special Grand Cru (*gottlieber.ch*, avril 2021).

L'actualité des *Hüppen* a beau être concentrée autour du lac de Constance, les racines de ce fin biscuit sont très anciennes et s'étendent bien au-delà de la « mer de Souabe » (*Suebicum mare, Schwäbisches Meer*) : probablement déjà au XIe siècle, on roulait des *Hüppen* dans le monastère bénédictin de Hirschau en Souabe.

Johann Jakob Schenkel, un pasteur qui a décrit en 1900 les habitudes culinaires des Suisses (*Das Schweizervolk in seinem Essen und Trinken*), établit un lien entre le terme « Hüppe » et le moyen haut allemand « *hippig, heppig, hipprig* », qui signifie *mince* ou *maigre*. L'auteur affirme, mais sans fournir de précisions, que l'on a commencé à confectionner des *Hüppen* en Suisse au XIVe siècle.

Selon le prédicateur schaffhousois Jean Geiler de Kayserberg (1445-1510), « les *Offlatenröhrlin* (bricelets roulés) ou *Hippen* font un pauvre repas. Ce n'est qu'un peu de farine et de miel, légèrement sucré en bouche». Le miel semble assez onéreux pour un pauvre repas («*arme Spis*»), même s'il était bien plus abordable que le sucre, utilisé seulement à partir du XVIe siècle dans notre pays et dont le prix resta élevé jusqu'au XVIIe. Geiler indique aussi que le terme «*Hohlhippe*» (gaufrette creuse) est à l'origine des verbes «*hippen, hüpen, holhippen, hohlhippeln*» (respectivement: insulter, réprimander, s'exprimer avec insolence et aussi ridiculiser quelque peu) – que l'on doit au bagout et à l'impertinence des *Hippenbuben*, ces garçons qui cherchaient à vendre leurs gaufrettes en déployant des stratégies offensives, à l'instar des *Wegglibuben*, les jeunes vendeurs de petits pains bâlois. À Saint-Gall, c'est en 1534 que l'on a commencé à fabriquer des *hyppen*, d'après le *Schweizerisches Idiotikon*.

La plus ancienne recette zurichoise de *Hüppen* date de 1693 et fut rédigée par Anna Margaretha Ziegler. Célèbre pour ses estampes sur la Suisse, David Herrliberger immortalisa sur l'une d'elles une expression relative aux *Hüppen*: «*Hüp! Wer nichts hat als den leeren Schein, der wird wie unsre Hüpen sein*» (Hüp! Celui qui n'a rien d'autre qu'une apparence vide sera semblable à nos *Hüppen*).

Si la fabrication des *Hüppen* se faisait jadis à la main et non sans peine, de nos jours elle est presque entièrement mécanique. La pâte élastique composée de sucre fin, de farine de blé, de lait et de jaune d'œuf (tous deux en poudre) ainsi que d'agents émulsifiants est cuite à 200 °C sur un tapis roulant jusqu'à ce qu'elle soit brun clair, après quoi elle est enroulée autour d'une tige métallique rotative, qui donne à la gaufrette sa forme caractéristique. Celle-ci est ensuite fourrée avec du gianduja ou une autre masse, puis la très longue *Hüppe* est refroidie («le sucre durcit, raison pour laquelle le biscuit est friable», dit le producteur) et enfin débitée à la longueur désirée, variant entre 6 et 14 centimètres.

Voir aussi: Bricelets, page 235; Bretzeli, page 280; Offleten, page 319.

Thurgauer Böllewegge

Chausson aux oignons frits et au lard

En fait, ce copieux paquet de pâte devrait s'appeler «Weinfelder Böllweggen», car on ne le prépare qu'à Weinfelden, et seulement pour un jour ou plutôt une nuit, la *Bochselnacht*, le dernier jeudi avant Noël. Le mot *bochseln* signifie gronder, faire du bruit. Traditionnellement, on éteint les lumières à Weinfelden cette nuit-là, les gens déambulent dans les rues sombres puis, lorsque le froid de décembre s'est faufilé dans leurs vêtements, ils mangent un *Böllewegge* à l'auberge, un chausson d'environ 300 grammes cuit à partir d'une pâte levée beurrée et farci d'oignons frits, de lardons, de crème fraîche, de chapelure et d'épices.

L'origine de cette coutume, son ancienneté et son but sont «encore à élucider», concède Albert Bärtsch dans son livre intitulé *Feste und Bräuche im Thurgau* (2002). L'auteur mentionne un document de 1848, dans lequel il est question de la *Bochselnacht*. Conrad G. Weber souligne la similitude entre *bochseln* et *bocheln* (frapper) et écrit: «Les deux remontent à l'activité pas vraiment plaisante des esprits qui tapaient aux fenêtres dans la nuit noire. [...] Mais le vacarme ne s'est pas arrêté, alors que les gens avaient cessé depuis longtemps de croire aux fantômes et aux démons mythologiques. [...] Ce *Bochseln* (tapage), c'était tout simplement des jeunes garçons malicieux. Aujourd'hui, cette espièglerie est devenue une occasion de s'amuser» (*Brauchtum in der Schweiz*). Weber fait remonter les origines du *Bochseln* aux «douzièmes», «le temps des bruyantes machinations des dieux», lorsque l'homme s'accrochait à sa cruche d'hydromel pendant douze jours et douze nuits sous les clameurs d'armées déchaînées.

Pour les Germains et les Celtes, le 22 décembre était une date capitale, car si ce jour commence par la nuit la plus longue de l'année, celle du solstice d'hiver – «quand la nature est au plus bas!» –, avec elle arrive aussi l'éclaircie progressive porteuse d'espoir: «Les gens pourront bientôt quitter les habitations sombres, enfumées et glaciales. À tout instant, on ressentait le règne des nuits magiques.» Les démons résistaient, mais la nature s'imposait, comme toujours, même si la charpente de la création craquait. «On ne pouvait imaginer plus puissante invitation à festoyer! On l'entendait jusque dans les vallées alpines. Les douzièmes, les nuits sacrées, étaient remplies du rugissement de Wotan, le dieu du printemps» (Weber). Si dans de telles circonstances, l'un ou l'autre jeune homme courageux affrontait bruyamment (*bochselnd*) les mauvais esprits, cela ne pouvait que rendre optimiste.

Ces gaillards se sont aujourd'hui calmés, comme les démons autrefois. La *Bochselnacht* n'est plus dirigée par Wotan, mais par l'école, dont le site web indique que les enfants «défilent dans le centre de Weinfelden avec leurs "Bochseltiere", des betteraves évidées décorées de sculptures animalières et illuminées par des bougies», et chantent *Freut euch des Lebens* (Réjouissez-vous de la vie) devant la mairie (*www.schuleweinfelden.ch*, 2014); ils jouent une pièce de théâtre et reçoivent des saucisses et du pain. Ce jour-là, les jeunes sont autorisés à fumer des cigarettes et des stumps jusqu'à ce que la fumée leur sorte par les oreilles. Cependant, «un débat a éclaté sur l'opportunité d'entonner cet hymne à la vie, et un autre sur les jeunes fumeurs qui "ornent" les rues du village de leurs visages pâles». Les bons esprits asticotent les mauvais esprits et vice versa.

Le boulanger auquel nous avons rendu visite fait frire dans du beurre des rondelles d'oignons assaisonnées de sel, de poivre et de noix de muscade, et les laisse s'égoutter dans une passoire pendant une demi-journée afin que la garniture ne soit pas trop juteuse et que le chausson s'amollisse de l'intérieur. Les oignons frits et les lardons sont mélangés dans un bol avec de la crème fraîche et de la chapelure, qui lie le tout. Il existe également une version végétarienne – sans lardons, bien entendu. La garniture est répartie sur un rectangle de pâte de 20 sur 14 centimètres, puis le boulanger replie la pâte des deux côtés dans le sens de la longueur, créant ainsi une jonction au milieu; il place ensuite les chaussons fermés sur la plaque de cuisson avec la jonction en bas, les badigeonne de jaune d'œuf et les décore éventuellement avec des bandes de pâte. Avant de les glisser au four, il les laisse encore lever pendant 20 minutes.

Les *Bölleweggen* sont généralement servis chauds et volontiers accompagnés d'une salade et d'un verre de vin ou de cidre.

Voir aussi : Selzacher Umgangspastete, page 96 ; Wurstweggen, page 111 ; Rissoles aux poires, page 146.

BOISSONS

Kräuterschnaps

Eau-de-vie blanche de fruits à pépins doublement distillée – la seconde fois avec un mélange d'herbes

Le *Chrüter*, à savoir l'eau-de-vie aux herbes, pourrait être décrit comme une variante noble du simple alcool de pommes et de poires, appelé *Bätziwasser*, *Bätzi*, *Träsch* ou tout bonnement *Öpfeli* suivant la région ou la composition. La pure eau-de-vie de poire fait partie des distillats les plus nobles, comme l'Eau-de-vie de poire à botzi fribourgeoise ou l'Eau-de-vie de poire valaisanne, toutes deux des produits AOP. Bien que fabriqué dans la seule campagne bâloise, le Burgermeisterli est un proche parent du *Chrüter*.

En Suisse, les distillateurs ont sans doute ajouté des herbes aux eaux-de-vie de fruits dès le XVIIIe siècle, vraisemblablement en raison de leurs effets analgésiques et supposément thérapeutiques. Les sources les plus anciennes sur la méthode pour obtenir des essences parfumées par distillation remontent à la Mésopotamie (IVe millénaire av. J.-C.). Par la suite, des scientifiques arabes ont découvert que le vin pouvait être transformé en une substance plus forte par distillation, qui était utilisée à des fins médicinales. L'alcool s'évapore à 78 °C, soit un peu plus tôt que l'eau, dont le point d'ébullition est de 100 °C (pour les spiritueux et la distillation, voir *page 84*).

Les premiers alcools aux herbes furent distillés à partir d'eau-de-vie de vin, puis d'alcool de fruits, moins onéreux. Les arômes peuvent être obtenus par macération, c'est-à-dire en trempant les herbes dans l'alcool, ce qui permet d'en extraire les saveurs, ou alors on peut laisser les herbes fermenter avec les fruits distillés dans le moût. Cette procédure est peu rentable, car elle nécessite une trop grande quantité d'herbes. Le *Chrüter* classique est produit par une seconde distillation : on distille de l'eau-de-vie blanche avec un bouquet aromatique composé d'une bonne douzaine d'herbes ou même davantage. L'anis et le carvi sont indispensables, alors que tous les autres, du fenouil aux clous de girofle en passant par l'orange, la réglisse et les baies de genièvre, relèvent des secrets du maître distillateur.

Le distillat clair contient environ 70 % d'alcool par volume. Le schnaps gagne à être stocké pendant deux à trois ans à un degré d'alcool élevé, afin que les arômes puissent se vivifier et que le schnaps devienne « plus calme », comme l'explique le producteur visité. Pour pouvoir être consommée, l'eau-de-vie aux herbes est diluée avec de l'eau distillée jusqu'à moins de 50 % par volume, puis filtrée pour éliminer les turbidités telles que les huiles éthériques, qui ne sont solubles que dans l'alcool et non dans l'eau. Il faut 50 à 60 grammes d'herbes par litre de *Chrüter*.

Voir aussi : Burgermeisterli, page 60 ; Träsch, page 303 ; Bätziwasser, page 368.

Saurer Most et Süssmost

Cidre et jus de pomme ; jus fermenté ou non, trouble ou clair, de pommes et de poires pressées

Aussi bien sur le plan de la consommation que sur celui de la perception, au début du XXIe siècle le jus de pomme l'emporte sur le cidre. Historiquement, pourtant, le premier est relégué à de nombreuses générations derrière le second, car ce n'est qu'avec la découverte de la pasteurisation que l'on a réussi à conserver des jus de fruits sans alcool plus de quelques jours. Une bonne vingtaine de cidreries, dont deux sont de grandes entreprises, produisent du jus de pomme et du cidre (en allemand, le terme *Most* comprend les deux) dans toute la Suisse. Il s'en presse et s'en conditionne aussi dans de nombreuses fermes, souvent sous forme de *bag-in-box*.

L'appellation suisse allemande *Suure Moscht* désigne du moût fermenté ou du cidre, nommé « Saft » (jus) en Suisse orientale. Au Tessin, le moût devient *mosto* et le cidre *sidro*. C'est du *vinum mustum* des Romains, bien qu'il s'agît pour eux de jus de raisin fraîchement pressé, que vient le mot *moût*. D'ailleurs, beaucoup de vignerons appellent ainsi le jus des grappes qu'ils viennent de presser ; et pour ajouter à la confusion, le moût de raisin (*mosto d'uva* en italien, *Sauser* en allemand, *Suuser* en suisse allemand) désigne aussi le jus de raisin au début de son processus de fermentation (cf. *Sauser/Moût de raisin, page 132*). Il existait autrefois différentes compositions allant du pur cidre de poire au pur cidre de pomme ; aujourd'hui, cidres et jus de pomme contiennent en règle générale neuf dixièmes de jus de pomme et un dixième de jus de poire.

Les principales régions où l'on cultive des fruits à pépins sont la Suisse orientale, le Valais et l'arc lémanique. Un rapport de la Commission fédérale d'experts pour les affaires commerciales datant de 1844 estime qu'en Suisse, les cultures fruitières « ont enregistré une expansion peut-être plus importante que dans tout autre pays d'Europe ». En maints endroits, le XIXe siècle est considéré comme l'âge d'or du cidre. Afin de pouvoir approvisionner en fruits les villes en plein développement, dont les vergers disparaissaient au profit de nouvelles constructions, il fallut planter plus d'arbres dans les régions rurales, en particulier des pommiers, étant donné que leurs fruits se conservent plus longtemps que les poires. En 2019, la consommation de pommes par habitant fut de 13,91 kilos, et celle de poires de 3,02 kilos. Le canton de Thurgovie est celui qui compte le plus d'arbres ; il est d'ailleurs populairement appelé « Mostindien » (l'eldorado du cidre), expression qui apparaît en 1853 dans le journal satirique *Der Postheiri*. Le climat relativement doux de la région du lac de Constance se prête bien à la culture fruitière. En Thurgovie, on élit chaque année une reine des pommes en chair et en os (cf. *thurgauer-apfelkoenigin.ch*).

Vendues comme fruits de tables, les poires et les pommes peuvent être séchées, mises en conserve, compotées, transformées en cidre alcoolisé ou non, ou encore distillées pour fabriquer de l'eau-de-vie. La rationalisation de l'agriculture, menée tambour battant depuis les années 1950, a conduit à des spécialisations : on produit soit des variétés ne donnant que des fruits de table, qui poussent dans les vergers basse-tige modernes, soit d'autres variétés principalement destinées à être pressées ou distillées, cultivées sur de traditionnels arbres haute-tige.

Dans la mythologie comme dans les superstitions, la pomme et la poire on un statut de couple : la pomme est féminine et la poire masculine, en dépit de son article féminin en français comme en allemand – langue dans laquelle la pomme est un nom masculin. En tant qu'oracle de l'amour, les arbres servent de manière croisée : le jeune homme questionne le pommier et la jeune fille le poirier. Dans certaines régions, on enracinait littéralement le résultat : un poirier était planté à la naissance d'un garçon et un pommier à celle d'une fille, si bien qu'il s'avérera vite impossible de confondre une poire avec une pomme !

Bien des ouvrages ont été écrits sur l'histoire mondiale de ces deux fruits. En accéléré, l'homme préhistorique se nourrissait de quelques formes sauvages, et son lointain descendant postmoderne se satisfait d'un choix assez restreint de variétés au supermarché, alors qu'en ce qui concerne les seules pommes, il pourrait en déguster plus de mille sortes différentes en Suisse.

Selon le Service d'information agricole (mars 2020), les variétés préférées sont les suivantes : la Gala (originaire de Nouvelle-Zélande, 1934), qui arrive nettement en tête, suivie par la Golden Delicious (USA, probablement un croisement entre Golden Grimes et Golden Reinette ; découverte en 1890 et appelée Mullins Yellow Seeding, elle fut rebaptisée Golden Delicious en 1917), la Braeburn (semis aléatoire néo-zélandais, années 1950), la Jonagold (croisement entre Jonathan et Golden Delicious, USA 1943), la Boskoop (semis aléatoire néerlandais, 1856), la Milwa (Diwa, Junami ; développée par Agroscope à partir d'Idared, Maigold et Elstar), la Scifresh (Jazz ; croisement entre Braeburn et Gala, Nouvelle-Zélande), la Cripps Pink (Pink Lady ; croisement entre Lady Williams et Golden Delicious, Australie), la Gravensteiner (connue au Danemark et au nord de l'Allemagne depuis 1669) et la Topaz (Tchécoslovaquie, 1984). La Maigold, qui est la variété suisse la plus connue, fut développée à la station de recherches agricoles de Wädenswil ; il s'agit d'un croisement entre la Fraurotacher, ancienne variété indigène, et la Golden Delicious.

Entre les temps préhistoriques et aujourd'hui, il y a eu non seulement de très nombreux millénaires, mais aussi une grande diffusion ainsi qu'une évolution de dizaines de milliers de variétés ; cependant une régression s'est produite avec la rationalisation de l'agriculture et la politique d'achat des chaînes de magasins et de la grande distribution, régression soumise à une réflexion économique opportunément soutenue par les possibilités qu'offrent les manipulations génétiques.

Déjà dans les années 1920, le compromis gustatif vers lequel on tendait en pratiquant la sélection variétale souleva des critiques. Les propos du journaliste américain A.-J. Liebling en 1926 sont éloquents : « En ce qui me concerne, dans les aliments j'apprécie un arôme qui sait ce qu'il veut. […] On préfère le fromage industriel précisément parce qu'il n'a pas un goût de fromage. […] Ainsi s'explique le triomphe de la pomme Delicious, qui n'a pas un goût de pomme, et particulièrement la Golden Delicious, qui n'a strictement aucun goût» (*Between Meals*, 1959). Au tout début de notre ère, Pline l'Ancien recensait sur deux pages de son *Histoire naturelle*, au livre XV, une trentaine d'espèces de pommes.

En se basant sur des trouvailles archéologiques telles que des traces de marc et de pépins, on a conclu qu'au Néolithique, nos lointains ancêtres pressaient déjà sur le territoire du sud de l'Allemagne actuelle des pommes et des poires sauvages, et donc qu'ils y produisaient du cidre. Ces petits fruits ne devaient pas donner beaucoup de jus; grâce à ses forts tanins et son acidité prononcée, ce cidre fermentait probablement moins vite qu'aujourd'hui.

Des recherches récentes ont indiqué que les pommes cultivées de nos jours seraient originaires de la zone d'Asie centrale délimitée par le Kirghizistan, le Kazakhstan et la Chine. C'est là, plus précisément dans les montagnes du Tian Shan, que Barrie Juniper de l'université d'Oxford a découvert de nombreuses formes de pomme sauvage (*Malus sieversii*) à la fin des années 1990. «Les analyses génétiques de cette forme sauvage ont montré une étonnante proximité entre *Malus sieversii* et nos variétés domestiques» (*Rosenapfel und Goldparmäne* de Brigitte Bartha-Pichler *et al.*, 2005). L'histoire de la poire a suivi un cours similaire: «Il existait déjà au tertiaire des formes primitives de l'espèce dans les zones montagneuses de l'ouest et du sud-ouest de la Chine; de là, elles ont essaimé dans toutes les directions dans l'hémisphère nord» (*Paradiesapfel und Pastorenbirne* de Erika Schermaul, 2004). Notre poirier sauvage (*Pyrus pyraster*) n'a pas disparu, mais on ne le trouve plus que rarement dans les forêts mixtes et alluviales, à proximité de haies et dans les milieux secs; ses fruits ont un goût très âpre semblable à celui des pommes sauvages; «contrairement à ce qui s'est produit avec la pomme, notre poire sauvage indigène est à l'origine de la plupart des variétés cultivées; son foyer génétique n'est toutefois pas situé en Europe, mais plus probablement dans le Caucase» (*Paradiesapfel und Pastorenbirne*).

Dans l'Antiquité, les Grecs se sont avérés de grands promoteurs des fruits, et les Romains des maîtres de la culture fruitière et de son développement; leur patrimoine agricole fut heureusement préservé grâce aux ordres monastiques pendant le Moyen Âge.

L'histoire de la poire et surtout celle de la pomme, plus compacte et plus appropriée comme provision de voyage, permet de mieux comprendre comment le hasard et l'intention, la pulsion migratoire et la sédentarité, la rigueur et la chance, les préférences et les aversions ont donné naissance à une myriade de variétés – ne serait-ce qu'en jetant un trognon dans la nature. Il n'y a donc guère de quoi s'étonner que la pomme cultivée sous toutes ses formes ne puisse pas être le produit d'une unique pomme sauvage. «En botanique, on parle à propos de notre pomme cultivée d'un complexe hybride polymorphe (*Malus x domestica*). Plus simplement, cela signifie que de nombreuses espèces se sont croisées» (*Rosenapfel und Goldparmäne*). Des espèces sauvages continuent à jouer un rôle dans la recherche de nouvelles variétés, et selon les qualités que l'on souhaite «inscrire» dans la pomme, même pour des espèces non comestibles, comme par exemple des pommes ornementales.

Étant périssables, contrairement à du fromage, par exemple, les baies, les fruits à pépins et à noyaux «ne figuraient pas au premier rang des redevances seigneuriales et n'ont donc guère laissé de traces dans les sources» (*DHS*). Des découvertes effectuées dans des sites palafittiques ont apporté la preuve que l'on cueillait et consommait des fruits sauvages sur notre territoire au Ve millénaire avant J.-C. Dans le capitulaire *De Villis*, ce règlement sur ses domaines que Charlemagne fit établir en 812, sont évoqués le *piracium* et le *pomacium*, à savoir les cidres de poire et de pomme. Un des plus anciens témoignages de la présence de vergers se trouve sur le plan de l'abbaye de Saint-Gall, dessiné sur un parchemin en peau de veau (avant 830). Les divers arbres plantés dans le cimetière des moines ont été décrits: «pommier ou poirier, prunier, alisier, néflier, laurier, châtaignier, figuier, cognassier, pêcher, noisetier, amandier, mûrier et noyer» (*Heilkräuter und Gartenanlagen im Kloster St.Gallen*, Karl Schmuki *et al.*, 2010).

Dans ses *Benedictiones ad mensas* destinées à bénir la nourriture et la boisson, le moine saint-gallois Ekkehard IV (980-1057) demande à ce que «les cadeaux de Dieu cueillis sur les arbres soient bénis», particulièrement «que la bénédiction rende douces toutes les variétés de pommes» et que «le Créateur accorde aux dures poires de devenir tendres». Une main plus tardive a ajouté deux phrases précisant les effets positifs de la poire: «Puisse la poire sauvage calmer la colère de la vessie, afin que la vessie soit bonne envers la poire.»

Ces quelques phrases nous aident à comprendre à quel point ces fruits étaient diversement considérés: la pomme sucrée contre l'âpre poire riche en tanins – une combinaison déterminante pour l'élaboration de jus et de cidre (mais pas pour la corbeille de fruits). Dans un discours qu'il prononça lors de la *Mostchilbi* (fête du cidre) à Tübach près de Rorschach, O. Koch fit l'éloge des vertus médicinales du cidre: «Nous sommes d'accord: pour les vieux ventres gonflés de bière et de vin, le cidre, boisson si intensément délectable, est vraiment un bienfait pour la santé, car sans ordonnance médicale, il ne manquera jamais d'avoir un effet dépuratif, résolvant ainsi pas mal d'anciens problèmes gastriques» (*Der Schweizerische Obstbauer*).

La maturation d'un fruit mène toujours à sa décomposition, car le but du processus est de dégager les pépins, et si des grosses bêtes ne s'en chargent pas, il en faut des petites. L'évolution a donc fait en sorte que le fruit remplisse son devoir de reproduction avec le concours de micro-organismes. Qu'il s'agisse de pommes, de poires ou de raisins, de cerises, de fraises ou de framboises, les fruits commencent à fermenter aussitôt qu'ils ont été mordus, abîmés ou pressés en étant exposés à l'air libre. Jusqu'à ce qu'on ait appris à arrêter le processus de fermentation, l'occasion de boire du jus de fruit sans alcool ne se présentait que brièvement – quelques jours à peine, suivant la température ambiante.

Dans la nature, la transformation de fruits mûrs en fruits pourris se produit sous l'effet de l'air, de la chaleur et de micro-organismes tels que des levures, des moisissures et des enzymes. Les levures jouent un rôle particulier lors de la décomposition: une fois qu'elles adhèrent au fruit, les cellules de levure présentes dans l'air ou ajoutées sous forme de levures sélectionnées convertissent son glucose en alcool et en gaz carbonique, qui à partir d'une certaine quantité ralentissent tous deux le processus de dégradation, et conservent même, selon la température et le temps, le jus jusqu'à un certain point. Lorsque le degré d'alcool du cidre a atteint 15 % vol., les levures meurent et le processus naturel de fermentation cesse de lui-même.

Il y avait du jus frais du pressoir jusqu'à ce que tous les fruits soient pressés – jusqu'à ce que ce jus commence à fermenter et que le prochain soit pressé. Avec la fermentation continue, le « nouveau » moût est devenu du « vieux » moût, c'est-à-dire du cidre, que l'on clarifiait ou buvait trouble.

Le *Scheidmost* (jus favorisant la clarification) est un produit utilisé de longue date pour la clarification par gélification des pectines ; un certain pourcentage de ce jus était ajouté au jus doux comme au cidre fermenté pour concentrer les particules responsables de la turbidité. Les substances utiles dans ce *Scheidmost* sont des tanins, des protéines et de la pectine, qui marquent le goût des fruits même si elles ne s'y trouvent qu'en faible proportion. Elles se combinent dans le jus, assimilent des matières en suspension et se précipitent au fond. Les espèces à maturation tardive contiennent généralement plus de tanins, de protéines et de pectine, si bien que leurs jus se clarifient d'eux-mêmes. Si cette sédimentation n'est pas possible, le producteur doit intervenir par un collage ; il pourra employer plusieurs méthodes, comme la clarification par des substances chimiques ou naturelles, des produits tels que la gélatine ou des minéraux, et la centrifugation ou la filtration.

Pour obtenir du *Scheidmost*, qui est aux pommes ce que le verjus est aux raisins, on secouait les arbres pour en faire tomber des fruits encore verts, les foulait grossièrement et les pressait. Ce jus à l'astringence aiguë enrobe le palais d'un « manteau de fourrure » et est tout à fait imbuvable et rebutant comme tout détergent. Les espèces typiques pour faire du moût de débourbage étaient celle-ci : la poire Reinholz, la Märxler, la Scheller ou la Rotbärtler. Ce *Scheidmost* est tombé dans l'oubli, même si c'est un produit de clarification qui aurait toute sa place dans le catéchisme des vegans.

À la fin de la saison, en maint endroit on s'occupait du « Süsslautere », c'est-à-dire d'un jus pur et clarifié. Ce jus issu des dernières pommes et poires devait se conserver aussi longtemps que possible sans fermenter. On stockait le tonneau dans un endroit frais, c'était, pour tous ceux qui préféraient boire du jus de pomme sans alcool et non du cidre. C'était la précieuse réserve pour l'hiver. La fermentation ne débutait qu'au printemps avec la hausse des températures, lorsque les cellules de levure se mettaient en activité et consommaient avidement du glucose. Dans le tonneau, ce jus devenait à la longue épais et filant, mais il suffisait de l'agiter pour que les molécules agglomérées se séparent à nouveau et le moût redevenait clair comme avant.

L'« Ansteller » est une particularité de la Suisse orientale, une boisson mixte, « délaissée en Suisse centrale et en Suisse romande » (*Die Verwertung des Obstes*, 1909). Ce manuel explique qu'« en Suisse orientale on fait une nette distinction entre cidre et jus. Ce qui est encavé sans aucune adjonction et qui sort du pressoir, c'est du jus ; si on le mélange avec une certaine quantité d'*Ansteller*, cela donne du moût. L'*Ansteller* ou *Glör* s'obtient en rebroyant les restes des fruits (le marc resté dans le pressoir) ; à cette masse broyée on ajoute de l'eau, on laisse cuver quelque temps et on presse à nouveau. Cette sorte de « piquette » n'est pas un vrai cidre, mais peut être ajoutée au jus tiré du pressoir pour obtenir un cidre. Le moût et l'*Ansteller* ne sont donc pas une seule et même chose. Moût = jus + *Ansteller*. »

Celui-ci était utilisé de façon variable : certains le coupaient d'environ une moitié de jus, d'autres consommaient cette boisson plus ou moins claire pure. L'*Idiotikon* définit l'*Ansteller* comme « un moût ou un vin de faible valeur obtenu par soutirage » et s'appuie sur deux documents : « Allonger le jus avec de l'*Ansteller,* on fait ça souvent les années où les récoltes de fruits sont maigres (1890) », puis : « Nos paysans boivent de l'Ansteller et mettent de côté un petit tonneau de vin véritable quand leurs affaires sont bonnes, pour des occasions particulières (1905) ».

Il n'y avait donc de jus vraiment doux que fraîchement pressé ou conservé comme réserve d'hiver. En été, il fallait ajouter de l'eau sucrée au cidre fermenté si l'on souhaitait le boire moins alcoolisé et plus doux. Telle a été pendant des siècles la seule manière de boire du cidre. Ce n'est qu'à partir de la seconde moitié du XIXe que l'on est parvenu à encaver du jus qui se conservait en empêchant le processus de fermentation, en contrôlant la température : le froid gèle ce processus, tandis que la chaleur tue les micro-organismes. Quant à l'acide sulfureux, il empêche l'oxydation et le développement de micro-organismes indésirables.

Les recherches du chimiste et microbiologiste français Louis Pasteur (1822-1895) ont conduit à ce procédé révolutionnaire de conservation des aliments qu'est la pasteurisation. Il y eut en Suisse un pionnier dans ce domaine, Hermann Müller-Thurgau (1850-1927), premier directeur de l'institut de recherches agricoles de Wädenswil, qui donna son nom au cépage müller-thurgau, appelé à tort riesling x sylvaner. Il mena des expériences sur la fermentation alcoolique dans les jus de fruits ; afin de toujours disposer de matériau en suffisance, il remplissait des bouteilles de jus de raisin fraîchement pressé qu'il chauffait au bain-marie à 70 °C. Les résultats de ses recherches furent publiés en 1896 dans son ouvrage intitulé *Die Herstellung unvergorener und alkoholfreier Obst- und Traubenweine* (La Fabrication de vins de fruits non fermentés et sans alcool). « En jetant les bases scientifiques d'une transformation des fruits sans fermentation, Hermann Müller-Thurgau devint le pionnier mondial des jus de fruits non fermentés » (*Rosenapfel und Goldparmäne*).

Si les avantages des jus de fruits sans alcool n'étaient pas négligeables, il fallut beaucoup de temps et d'efforts à la Confédération dans sa lutte contre l'alcoolisme (loi fédérale du 21 juin 1932 sur l'alcool) pour populariser la consommation de cidre sans alcool. Encore en 1909, les auteurs du manuel *Die Verwertung des Obstes* faisaient part de leurs doutes quant à leur succès : « Ce qui a assez bien rapporté jusqu'ici, avec la consommation de cidre sans alcool, c'est le prix relativement élevé auquel il est vendu dans le commerce. C'est déjà une raison suffisante pour laquelle ce cidre ne peut pas entrer en ligne de compte pour étancher la soif des hommes qui travaillent durement; et puis il y a aussi sa composition chimique qui le fait apparaître inadapté à ce but. En outre, la technique semble incapable d'empêcher les cidres et vins sans alcool d'avoir ce léger goût de cuit qui est sans nul doute imputable à la pasteurisation. »

À cette époque, les ouvriers buvaient « chaque jour 5 à 6 litres de cidre fermenté », lit-on dans *Rosenapfel und Goldparmäne*, « et ainsi il n'était pas rare que les hommes chargés de la traite recevaient un litre de cidre avant de se rendre de très bon matin dans l'étable ». Les ouvriers d'usine avaient une ration journalière de deux bouteilles, apparemment insuffisante car ils prenaient souvent un petit verre d'eau-de-vie de pomme avant de se mettre à la tâche. « Encore au début des années 1920, la Suisse était le pays d'Europe où l'on produisait et consommait le plus d'eau-de-vie. Des ethnologues britanniques parcourant alors les campagnes suisses pour les besoins de leurs enquêtes avaient constaté l'état de santé catastrophique de la population helvétique » (*idem*).

On a utilisé toutes sortes d'instruments politiques et de propagande pour combattre la « peste du schnaps ». Dans son discours de 1912 sur les avantages du cidre, O. Koch, déjà cité plus haut, exultait : « Au sein des chorales, il [le cidre] imprime un élan sonore à la fois doux et élégant. Si l'on veut défendre ses convictions politiques, cela se fait plus facilement en humectant de temps en temps son gosier d'opposant avec une cruche de cidre. [...] Cette boisson vous rend coriace et endurant; tandis qu'un buveur de bière commence à avoir les genoux qui tremblent à force de travailler, celui qui a pris l'habitude de boire du cidre se tient encore droit comme un chêne. [...] Car "celui qui boit du cidre a le cœur riant, les hommes mauvais boivent des breuvages plus forts". »

Durant les années 1930, la transformation des fruits fut soumise à la réglementation fédérale sur l'alcool et ne passera sous la responsabilité de l'Office fédéral de l'agriculture qu'en 1997; la Confédération encouragea la culture de fruits de table, ordonna une augmentation des impôts sur l'alcool et procéda méthodiquement à l'élimination des arbres fruitiers haute-tige. Avec quel succès? « Le résultat escompté – une diminution de la consommation – devait se révéler utopique à la longue. Dans l'après-guerre, l'essor de la société de consommation a révélé que le besoin de boire a des motivations changeantes et ne peut être endigué par des textes législatifs » (*DHS*).

C'est la richesse des variétés qui donne du goût au cidre – et cette équation reste encore valable de nos jours, comme l'a montré notre visite à une grande entreprise. « Il existe en Suisse une bonne centaine de variétés de pommes grâce aux arbres haute-tige », affirme le chef de production de la cidrerie. En fait, ce chiffre serait supérieur à mille si l'on examinait précisément chaque arbre de nos campagnes. Mais déjà cent variétés, « c'est unique en Europe », souligne le responsable. Même si seules trente variétés parmi ces cent comptent vraiment. De couleur jaunâtre-verdâtre à brun rougeâtre, certaines bosselées ou ayant des taches sombres, des poires à cidre dures et rondes, semblables à des pommes, sont rassemblées dans des cuves en acier enterrées en forme de container maritime. « Elles sont incroyablement acides, si vous mordez dedans la sensation est insupportable. » Mais ces poires à cidre sont les bienvenues dans celui-ci, car elles l'enrichissent gustativement de façon significative. La Cuvée Suisse classique comprend 90 % de jus de pomme et 10 % de jus de poire, « unique en Europe » là aussi.

Une fois livrées, les pommes et les poires arrivent séparément, après un bain dans un caniveau, dans le moulin concasseur qui va les réduire en moût. Cette bouillie de fruits hachés et broyés passe ensuite dans le tambour du pressoir afin qu'il en extraie le jus. Ce tambour est pourvu de tuyaux de 4 à 5 centimètres de diamètre, qui sont composés d'une bande de caoutchouc rainurée à l'extérieur et gainée d'un tissu en nylon. Au moment où on le remplit de moût, le tambour est étiré et les tuyaux tendus; lors du pressage, une extrémité du pressoir exerce une pression sur l'autre, tout se comprime dans le tambour, les tuyaux forment des arcs verticaux, la pression s'accroît, le jus pénètre à travers le tissu dans les rainures et est finalement expulsé par cette pression.

Avec des pommes, ce processus d'extraction du jus dure une heure et demie, une heure seulement avec des poires. À partir de dix tonnes de moût, on obtient au final huit tonnes de jus et les deux restantes, des résidus solides pressés tels que l'endocarpe, le péricarpe et des structures cellulaires écrasées, forment le tourteau humide. Une fois séchée, cette masse est vendue à l'industrie du fourrage, ces fibres alimentaires riches en goût (les arômes se trouvent essentiellement dans le péricarpe des fruits) étant ajoutées à divers mélanges énergétiques pour le bétail.

Fraîchement pressé, le jus est pasteurisé puis réparti en deux lignes de production : celle du jus « fraîchement pressé » et l'autre, nettement plus importante, où le jus est concentré dans des colonnes d'évaporation avant d'être stocké dans des réservoirs. Étant donné que les fruits sont pressés séparément et que leurs jus sont concentrés et stockée chacun de leur côté, il faut les déguster et les mélanger avant de procéder à leur dilution complète. Pour ce qui concerne les jus fraîchement pressés, qui arrivent presque immédiatement (après une seconde pasteurisation précédant l'embouteillage) dans le commerce, ce sont essentiellement les nombreuses variétés issues d'arbres haute-tige – livrées et transformées en deux jours maximum – qui leur confèrent des nuances gustatives intéressantes.

Pour ce qui est des autres boissons, en revanche, elles doivent avoir le même goût tout au long de l'année; c'est pourquoi dans l'entreprise visitée, des professionnels dégustent les contenus de chaque réservoir avant d'assembler les jus – comme on le fait avec le champagne normal, non millésimé, dont le goût doit toujours rester identique. C'est avec le cidre de pomme sans alcool que ce processus est le plus long. La fermentation du moût ne démarre qu'au terme de la reconstitution, et à la fin il faut le désalcooliser partiellement.

Les Suisses aiment boire du jus de pomme; pourtant, la popularité de cette boisson fut brève : à peine avait-elle commencé à conquérir le marché que des sodas mondialisés tels que le Coca-Cola l'ont fait chuter de son piédestal. Mais la vogue du schorlé de pomme lui laisse à nouveau de belles perspectives. Le terme *Schorle* vient d'Allemagne et désigne du vin blanc coupé d'eau – connu en Suisse sous le nom de *Gespritzer*. Le schorlé de pomme est donc du jus de pomme auquel on a ajouté de l'eau minérale – non par avarice, mais pour une question de ligne et de légèreté. En Suisse, on boit en moyenne dix litres de jus de pomme par tête et par an, sous forme de schorlé, de cidre ou de jus de pomme fraîchement pressé.

Ce sont surtout les arbres haute-tige qui donnent des fruits à jus et à cidre, d'anciennes variétés au goût caractéristique qui ne sont pas vendues comme fruits de table du fait que les commerçants et les clients ont cessé de les demander. En buvant du jus de pomme, on favorise les arbres haute-tige et avec eux de nombreuses espèces végétales et animales qui en vivent ou y vivent. Si le XIXe siècle fut l'âge d'or du cidre et le XXe celui de l'industrialisation, en ce début de XXIe siècle la globalisation envahissante reflue quelque peu en faveur des spécificités locales que l'on croyait perdues. Le retour au patrimoine culinaire régional ne se limite pas à la redécouverte de vieilles recettes négligées, il peut aider à réparer les graves fautes commises dans le passé : les arbres haute-tige, jadis massivement arrachés pour combattre l'alcoolisme et permettre l'extension des zones constructibles, sont replantés peu à peu. Leur fonction n'est pas seulement de produire des cidres et jus goûteux, ils offrent par leur présence un espace vital à une foule de plantes et d'animaux et agissent tel un remède naturel dans un paysage détérioré. En outre, la Confédération paie à nouveau des primes – pas pour la destruction, cette fois-ci, mais pour la conservation des arbres haute-tige.

Le cidre dans la cuisine : du cidre de pomme pour la fondue de Suisse orientale à l'Appenzeller ou pour les *Öpfelläbere mit Böle* (foie de veau aux pommes avec des oignons) du Toggenbourg ; on utilise du « vieux cidre » en Suisse centrale pour la sauce au cidre accompagnant le *Balle* (grand corégone) ; le cidre de pomme remplace avantageusement le vin blanc pour toutes sortes de sauces, ragoûts, hachis et émincés ; les *Äpfelkugeli* sont un dessert, des beignets aux pommes ; on emploie du cidre pour préparer des rösti aux pommes, pour la *Thurgauer Süssmostcrème* ou encore pour les pommes cuites au four fourrées à la noisette.

Voir aussi : Sauser/Moût de raisin, page 132 ; Orangenmost, page 369.

15

OBWALD ET NIDWALD (*OBWALDEN UND NIDWALDEN*)

Fromage, bétail et mercenaires

PRODUITS LAITIERS

FRUITS, LÉGUMES ET PLANTES

PRODUITS DE BOULANGERIE ET PÂTISSERIE

BOISSONS

Obwald et Nidwald sont le berceau du Sbrinz, considéré comme la pierre angulaire du commerce suisse de fromage vers l'Italie, qui est encore actuellement le plus gros importateur de fromage suisse. Les deux cantons s'étendent entre les Alpes emmentaloises et uranaises, entre le Lopper et le col du Brünig ; ils sont séparés par la forêt du Kernwald – pendant des siècles au désavantage de Nidwald, qui se trouve certes à proximité du Gothard et du Brünig, mais pas directement sur les routes des cols. Obwald, en revanche, s'étend du lac d'Alpnach le long de la Sarner Aa jusqu'au Brünig.

Les paysages de part et d'autre du Kernwald sont similaires, mais pas identiques. Le Lopper, une imposante barre rocheuse, contrefort du mont Pilate, bloque la vue, si bien que l'on ne peut même pas se douter de ce qui se passe de l'autre côté. Les muletiers qui, il y a des siècles, empruntaient la route vers l'ouest via le Brünig jusqu'à Brienz pour acheminer des marchandises vers le sud via les cols du Grimsel et de Gries et le Val d'Ossola, devaient d'abord découvrir leur chemin. Ce n'est qu'en 1860 qu'un pont-levis a été construit sur le lac entre Stansstad et le Lopper, afin de relier Nidwald au réseau de transport suisse.

On tend à sous-estimer cette région ; dans la littérature de voyage du XVIIIe siècle, elle était décrite comme un pays de bergers. Ceux-ci ont fait du chemin depuis – c'est à Stans que se trouve le plus important constructeur d'avions de Suisse : Pilatus Aircraft Ltd. produit les Pilatus Porter, qui ont connu un succès planétaire. L'exportation a très tôt déterminé l'orientation de l'économie d'Obwald et de Nidwald ; les habitants des petites régions isolées ont toujours dû faire preuve de plus d'imagination pour se nourrir que ceux qui vivaient dans des zones directement reliées aux grands centres commerciaux européens.

Bétail, fromage, bois, minerai, avions ; mercenaires et touristes : les Unterwaldiens amenaient des bovins, des chevaux et du fromage dans le Val d'Ossola et en revenaient avec du vin et des céréales ; à partir du XVIe siècle, ils transportèrent un fromage gras à pâte dure pouvant être stocké, le Sbrinz. Néanmoins, c'est le mercenariat qui a véritablement permis au pays de s'en sortir. « Dès le début du Moyen Âge, la terre de Suisse centrale n'était plus en mesure de nourrir une population qui croissait rapidement », écrit Fritz J. Oberli (*Das Kochbuch aus der Innerschweiz*, 1978). « Qu'est-ce qui est devenu la marchandise d'exportation la plus lucrative ? Des milliers de jeunes paysans forts comme des ours et des bergers tout sauf douillets. [...] D'innombrables mercenaires se perdirent à l'étranger au jeu et avec des femmes. Mais beaucoup retournèrent au pays et y ramenèrent des plantes et des plats inconnus, des épices et des coutumes alimentaires étrangères. »

La richesse reposait dans les caisses des seigneurs locaux, et la majorité de la population restait pauvre. Jusque vers le milieu du XXe siècle, l'agriculture, l'économie alpestre et la sylviculture dominaient. Seul le tourisme a généré de nouveaux emplois et revenus, en lien avec la construction de divers chemins de fer de montagne à la fin du XIXe siècle. Le climat et le paysage, la religion et l'inventivité ont façonné les menus entre la cuisine paysanne et celle des monastères. Dans son œuvre principale, *Der Kt. Unterwalden, historisch, geografisch, statistisch geschildert* (1836), le pasteur et écrivain nidwaldien Aloys Businger (1793-1867) observait ceci : « Bien que l'Unterwaldien ne soit généralement pas un gros mangeur, il aime néanmoins les friandises presque entièrement propres à son pays, comme les fromages à griller […], la crème, […], les chaussons au four ou au sérac et le pain d'épices. » À cela s'ajoutent les fruits secs, une nourriture idéale pour constituer des réserves.

Bratkäse

Fromage à griller ; fromage gras à pâte mi-dure fabriqué à partir de lait cru ou de lait pasteurisé

Lui étant inférieur en volume et en poids, le *Bratkäse* (fromage à griller) est considéré comme le petit frère de la meule de Raclette. Mais la taille ne fait pas tout. Il se pourrait bien que la petite surpasse la grande en ancienneté - c'est ce que semble indiquer un document écrit de l'ancienne abbaye de Muri, dans le Freiamt argovien, sur la production de fromage dans la région d'Unterwald aux XIIe et XIIIe siècles. Ce document contiendrait des rapports sur l'économie alpestre et sur la façon dont on faisait fondre le fromage (du sérac ?) sur un feu ouvert. La plus ancienne référence écrite à la technique de fonte des fromages en Valais ne remonte qu'à 1574.

Cependant, ni des fromagers locaux ni ceux d'ailleurs ne peuvent décemment s'attribuer le mérite d'avoir inventé l'art de fondre du fromage. Cette méthode de consommation est connue dans le monde entier. Rien n'est plus évident que de tenir un morceau de nourriture près du feu et de le réchauffer d'une façon ou d'une autre. Une étape beaucoup plus décisive a pu être franchie lorsque la technique de fabrication du fromage avec de la présure s'est imposée aux XVIe et XVIIe siècles. Auparavant, la matière grasse du lait était principalement utilisée pour fabriquer du beurre ou du sérac gras (*Fettziger*), et le terme *fromage* était réservé à un fromage maigre fabriqué à partir de lait acidifié.

Dans les cantons d'Obwald et de Nidwald, on fabriquait essentiellement du Sbrinz, fromage destiné à l'exportation. Le *Bratkäse* était un sous-produit destiné au marché national, car contrairement au Sbrinz extra-dur, ce fromage à griller à pâte mi-dure ne peut être conservé très longtemps. Sa consommation locale est également attestée par le synonyme *Heichuechäsli*, « petites meules de fromage », comme l'écrit Robert Schnieper dans son livre *Unser Käse* (1995), « qui étaient fabriquées avec les restes de lait de la ou des vaches que les paysans gardaient chez eux dans la vallée pour ne pas avoir à se priver de lait, de crème et de beurre pendant que le reste du troupeau estivait sur l'alpage ».

Sur les alpages, le *Bratkäse* est fabriqué à partir de lait cru, tandis qu'on utilise du lait pasteurisé dans les fromageries de plaine. Un fromager explique que le lait pasteurisé facilite la fonte et réduit les risques de problèmes bactériologiques. Cependant, le *Bratkäse* fabriqué à partir de lait pasteurisé est moins aromatique que son pendant au lait cru. Après le pressage et la première phase de fermentation, les meules sont placées dans un bain de saumure pendant sept à neuf heures, puis s'affinent dans une cave à 13-14 °C et à 93 % d'humidité. Les fromages à griller, qui pèsent entre 0,75 et 1,1 kilo, s'affinent pendant six à dix semaines, alors que le fromage à raclette a besoin de quatre à six mois et celui à pâte dure de souvent plus d'un an. Le fromager : « Cela s'explique par la taille modeste des meules de *Bratkäse*, mais aussi et surtout par le fait que leur caillé est moins sec : les bactéries y sont donc plus actives. » Les petites meules sont régulièrement frottées à l'eau salée durant la période d'affinage.

On maintient le fromage à griller au-dessus du feu et, comme pour le Raclette, la couche devenue liquide est raclée dans l'assiette au moyen d'un couteau. Une autre méthode facile à appliquer chez soi : râper le fromage dans une poêle et le faire mijoter avec un peu de vin blanc ou de cidre. On accompagne cette crème au fromage de pommes de terre ou de pain.

Le *Bratkäse* peut également être employé pour des gratins, cuit au four en tranches sur un morceau de pain au ou servi comme fromage à découper.

Il s'agit vraiment d'une spécialité régionale : le *Bratkäse* est en effet à peine connu dans le reste de la Suisse, où le fromage à raclette occupe le devant de la scène. On peut s'en procurer dans les fromageries et les magasins d'alimentation des cantons d'Obwald et de Nidwald.

Voir aussi : Raclette du Valais, page 477.

Nidwaldner Alpkäse

Fromage d'alpage gras à pâte mi-dure fabriqué à partir de lait cru

Politiquement, les Obwaldiens et les Nidwaldiens (les gens d'« *ob und nid dem walde* ») ont parfois eu des désaccords (ils n'ont pas toujours stocké leur foin ensemble, selon une expression suisse allemande), mais pour ce qui est du fromage, il n'y avait pas de différences marquées entre les uns et les autres jusqu'à il y a plus d'un siècle. Des deux côtés de la forêt du Kernwald marquant la frontière entre les deux cantons, on vivait de la culture fourragère, élevait du bétail, produisait de la viande et du fromage ou vendait ses bêtes en un seul morceau, vivantes. Les Unterwaldiens d'au-dessus de la forêt (à savoir les Obwaldiens) avaient un certain avantage car ils se trouvent sur la route du Brünig, tandis que ceux d'au-dessous (les Nidwaldiens) devaient parcourir des distances un peu plus longues, mais il y avait des alternatives sur le lac des Quatre-Cantons.

Du XIIe au XVIIe siècle, la production de Fettziger (sérac gras), de beurre et de fromage écrémé à partir de lait acidifié (cf. *Sérac, page 228*) était prédominante dans la région d'Unterwald, berceau du célèbre Sbrinz, fromage particulièrement recherché en Italie. Grâce à la présure, on a pu produire des fromages plus durs qu'avec la technique employée pour faire du sérac. Moins le fromage contient d'eau, moins il est susceptible de se dégrader rapidement ; plus on retire d'eau du caillé au début de la fabrication, plus le fromage deviendra dur. Et plus les meules étaient grosses, moins il y avait de pièces à transporter par les cols du Brünig, du Grimsel et de Gries et le val d'Ossola jusqu'au Piémont. Cela dépendait de la force et de l'endurance des bêtes de somme. Ultérieurement est venu s'ajouter le fait que les droits de douane n'étaient pas calculés au poids, mais à la pièce.

Il fallait donc une importante quantité de lait pour produire une meule de Sbrinz, qui ne pèse pas moins de 45 kilos. Les petits alpages où paissaient seulement quelques vaches n'étaient pas faits pour cela. Les fromagers qui ne s'associaient pas à d'autres étaient contraints de fabriquer des meules de taille modeste : du fromage d'alpage local. Aujourd'hui, même si beaucoup de choses ont changé, on continue à faire de tels fromages – en plus du fromage à griller (*Bratkäse*) à pâte mi-dure et du Sbrinz à pâte extra-dure, du *Mutschli* et d'autres spécialités.

En 1923 encore, Karl Gutzwiller, dans son ouvrage de référence sur la transformation du lait en Suisse et le commerce des produits laitiers (*Die Milchverarbeitung in der Schweiz und der Handel mit Milcherzeugnissen*), ne notait aucune différence entre Obwald et Nidwald. Par la suite, une tendance s'est dessinée dans la fromagerie d'alpage : du fromage à pâte mi-dure dans le canton de Nidwald et du fromage à pâte dure dans celui d'Obwald. Apparemment, les Nidwaldiens se sont inspirés du canton d'Uri, où l'on fabrique du fromage d'alpage à pâte mi-dure mais pas de Sbrinz, et les Obwaldiens de l'Oberland bernois, où l'on fabrique également un fromage d'alpage à pâte extra-dure, le fromage d'alpage et à rebibes bernois.

Les fromages d'alpage de Nidwald pèsent entre six et huit kilos. Le fromager chauffe le lait écrémé et refroidi du soir et le lait frais du matin à 32 °C, y ajoute de la présure et des bactéries lactiques qu'il élabore lui-même chaque jour à partir d'une culture primaire. Les particules solides se coagulent en un caillé plus ou moins compact. Le lait caillé est découpé en grains de fromage à l'aide d'un tranche-caillé. Au cours de ce processus, le petit-lait ou lactosérum se sépare du caillé. Plus les grains sont petits et plus les températures de caillage sont élevées, plus le fromage est dur à la fin. Le fromage à pâte molle contient plus d'eau parce qu'il est fabriqué à partir de morceaux plus grossiers et à des températures plus basses ; l'eau offre un milieu plus propice aux microorganismes. *A contrario*, les fromages à pâte dure contiennent peu d'eau, ce qui les préserve mieux de toute altération potentielle.

La pâte est à nouveau chauffée : à 45-47 °C pour les fromages à pâte mi-dure, à 50 °C pour les fromages à pâte dure, afin que les grains se contractent davantage et expriment encore plus de petit-lait. Le fromage est ensuite placé dans un moule cylindrique où il est pressé pendant 24 heures, puis dans un bain de saumure pendant un ou deux jours. Dans la cave, le fromage est brossé et enduit d'eau salée deux ou trois fois par semaine. Une flore de bactéries, de levures et de bonnes moisissures se développe sur la croûte. Cette flore est transférée d'un fromage à l'autre et exerce ainsi une influence considérable sur le goût ultérieur ; elle protège également le fromage contre le moisissement. Si l'on veut obtenir un fromage à pâte dure, il faut stocker la meule au sec, elle mûrit de l'intérieur.

Les fromages sont entreposés dans le grenier jusqu'à ce qu'on désalpe, puis dans les caves des fermes. Pour que la flore se développe sur les croûtes comme souhaité, l'humidité ne doit pas être inférieure à 85 %. La température ne saurait dépasser 18 °C, sinon des trous et des arômes indésirables pourraient résulter d'une fermentation secondaire. Le canton de Nidwald compte une bonne douzaine de fromageries d'alpage (2020), qui vendent leurs produits directement, dans des magasins et sur les marchés de la région. Le *Nidwaldner Alpchäs Märcht* (marché aux fromages d'alpage de Nidwald) a lieu à Beckenried à la fin de l'automne.

Obwaldner Alpkäse

Fromage d'alpage gras à pâte dure fabriqué à partir de lait cru

Une meule d'*Obwaldner Alpkäse* pèse entre 10 et 18 kilos, soit trois fois moins qu'une meule de Sbrinz. Dans le canton d'Obwald, le fromage d'alpage est fabriqué de telle sorte que sa pâte est dure, sèche et pratiquement aveugle, c'est-à-dire sans trous. Il présente des similitudes avec le Sbrinz et le fromage d'alpage bernois, alors qu'à Nidwald, on préfère une variante à pâte mi-dure. En matière de fromage, Obwald et Nidwald sont étroitement liés.

Tous les fromages d'alpage suisses sont soumis à l'Ordonnance fédérale sur la terminologie agricole (cf. *Supplément page 267*).

Le fromage d'alpage d'Obwald est fabriqué de la même manière que celui de Nidwald, sauf que le fromager découpe les grains de caillé plus finement, plus ou moins de la taille d'un grain de blé, et les chauffe à 50 °C pour qu'il en ressorte plus de petit-lait. La masse est ensuite placée dans des moules circulaires perforés, puis pressée pendant plus ou moins une journée afin qu'encore davantage de petit-lait s'en écoule. Après le pressage, les meules sont laissées pendant trois à quatre jours dans un bain de saumure – plus longtemps que ses homologues des alpages bernois et nidwaldiens, ce qui explique son goût salé plus prononcé lorsqu'on le déguste. Le sel continue à extraire de l'eau, pénètre dans le fromage et commence à former la croûte.

Les meules sont ensuite entreposées dans un grenier en bois pour qu'elles s'affinent ; on les stocke au sec et ne les emmorge pas. À une température de 18-20 °C, le fromage commence à transpirer et de la matière grasse s'en échappe ; cette pellicule de gras est régulièrement essuyée. Après la désalpe, les fromages sont placés dans des caves à 10, maximum 14 °C pour qu'ils continuent à mûrir. Le Sbrinz reçoit un traitement similaire ; le fromage d'alpage bernois est d'abord emmorgé, puis stocké au sec.

Le fromage d'Obwald peut déjà être coupé au bout de trois mois. Cependant, il n'est pas recommandé de le consommer aussi tôt : à huit mois, le fromage est plus corsé, et après un an d'affinage, il est extra-mûr (récent) et son arôme plein. Au bout de deux ans, il devient friable et peut être vendu comme le Sbrinz sous forme de rebibes (*Möckli*) ou râpé. Chaque meule d'*Obwaldner Alpkäse* est unique : chaque alpage a sa propre flore, ce qui influe sur le lait, et chaque paysan de montagne renouvelle ses propres cultures bactériennes jour après jour à partir d'une culture primaire contrôlée. Une cinquantaine de fromagers produisent encore du fromage d'alpage d'Obwald, qui se vend essentiellement dans la région.

Sbrinz

Fromage à pâte extra-dure fabriqué à partir de lait cru

C'est en quelque sorte la « roche primitive » parmi les fromages suisses – non seulement parce que le Sbrinz se transforme en une masse dure au bout de deux à trois ans d'encavement, mais aussi parce qu'il est commercialisé depuis des siècles. On dit que le Sbrinz, en tant que plus ancien fromage d'exportation, a constitué la pierre angulaire de la réputation des spécialités fromagères suisses à l'étranger. Une entrée dans les Archives de l'État de Berne datant de 1530 mentionne un *« Brientzer käss »* et un *« Unterwaldner käss » ;* ce dernier, un fromage extra-dur, était autrefois livré à Brienz avant d'être convoyé avec le « Brientzer » et d'autres fromages bernois par des colonnes de muletiers au-delà des cols du Grimsel et de Gries (au sud-ouest du col du Nufenen) jusqu'à Domodossola en Italie (la fameuse Via Sbrinz). Il est probable que les clients du nord de l'Italie appelèrent le fromage « Sbrinz » d'après le nom de son lieu de chargement, Brienz ; le mot *sbrinzo*, qui signifie fromage à rebibes dans le dialecte lombard, semble encore plus clair. Aujourd'hui, on trouve des copeaux de Sbrinz dans les magasins d'alimentation, et le pays du Parmesan est toujours l'un des plus gros acheteurs de Sbrinz en dehors de la Suisse.

Le fromage du nord est déjà connu des Romains, qui faisaient livrer à leur capitale des fromages provenant de toute l'Italie, mais aussi de provinces plus éloignées. Le *« caseus alpinus »* était exporté à Rome depuis la Rhétie, l'ancienne région des Alpes orientales. Pourrait-il s'agir d'une forme ancienne de Sbrinz – sans désignation d'origine précise ? Le système de protection des appellations d'origine, base du règlement actuel sur les AOP-IGP, n'a été créé et établi en France qu'au XXe siècle. Le Sbrinz porte lui aussi, et ce depuis 2001, ce signe distinctif, mais uniquement si le contrôle de sa qualité après douze mois d'affinage l'y autorise.

Jusqu'au XIXe siècle, le Sbrinz était uniquement produit dans des fromageries d'alpage, puis également dans les fromageries de plaine. En 2021, 25 fromageries de plaine et d'alpage triées sur le volet, principalement en Suisse centrale, produisent plus de 1600 tonnes de Sbrinz en plaine et un peu moins sur les alpages (*sbrinz.ch*, mai 2021). Les vaches broutent de l'herbe et du foin, meilleur en altitude grâce à sa teneur en herbes aromatiques ; l'ensilage et les aliments génétiquement modifiés sont proscrits. La zone de production du Sbrinz comprend les cantons de Lucerne, d'Obwald et de Nidwald (le berceau du Sbrinz), de Schwytz et de Zoug, ainsi que le district de Muri (Argovie) et les trois communes bernoises d'Obersteckholz, Lotzwil et Langenthal.

Il faut plus de 600 litres de lait cru frais pour fabriquer une meule de Sbrinz de 45 kilos. Le lait arrive chaque jour chez le fromager et subit un contrôle de qualité avant d'être chauffé à 32 °C dans une cuve tout en étant constamment remué. Le lait est ensuite mélangé à des cultures de bactéries lactiques spécialement développées pour le Sbrinz et à de la présure animale ou végétale. Pour obtenir un fromage extra-dur, il faut extraire le maximum d'eau du caillé ; le lait contient 87 % d'eau. Le lait caille au point de former du caillé, et le petit-lait (lactosérum) se sépare de la masse. Le caillé est découpé au moyen d'un tranche-caillé en grains uniformes de la taille de grains de blé ; il est chauffé à 56 °C, les grains continuent à se contracter et à exprimer plus d'eau, puis il est inséré dans un moule cylindrique perforé, pressé et retourné plusieurs fois jusqu'à ce que tout le petit-lait s'en soit écoulé.

La meule est placée dans un bain de sel pendant 15 à 20 jours (plutôt 20 que 15), soit beaucoup plus longtemps que n'importe quel autre fromage suisse. Le sel continue à extraire l'eau du fromage et pénètre lentement à l'intérieur. Le fromage est ensuite transféré dans une salle de ressuyage humide et chaude, où, selon l'expert visité, il libère de la matière grasse et de l'eau pendant 20 à 40 jours à une température de 16 à 18 °C. La meule transpire et une pellicule de graisse se forme à sa surface ; elle est ensuite affinée debout dans une pièce sèche à des températures inférieures. On la sort de la cave d'affinage au plus tôt après 18 mois.

La pâte n'a pas de trous, elle est dite « aveugle » ; elle est aussi un peu cassante. Son goût est légèrement salé et corsé.

Le Sbrinz est de loin le plus apprécié après 24 à 26 mois d'affinage ; 80 à 90 % des consommateurs l'apprécient à cet âge. Une petite communauté d'amateurs avertis le laisse s'affiner plus longtemps, trois, quatre, voire six à douze ans. Le temps passé dans la cave fraîche donne au Sbrinz une consistance friable et l'affine pour en faire une « pépite d'or » au goût incomparablement riche et nuancé – vu l'effondrement de son prix, il est beaucoup plus abordable que le métal jaune.

On utilisera de préférence un couteau à lame courte pour prélever quelques bouchées d'un beau morceau – qu'il ne faut pas sortir directement du réfrigérateur, car le froid supprime en partie les arômes, lesquels ne se développent pleinement qu'à température ambiante. Servir avec de la ciabatta, du pain mi-blanc ou bis (même le pain de seigle se marie bien avec le Sbrinz) et – parce que jadis, dans le sud, ce fromage s'échangeait aussi contre du vin – du Merlot du Tessin, du Nebbiolo ou du Barbera du Piémont.

Ziger

Sérac ; fromage pauvre en matière grasse, à base de petit-lait

Personne ne sait précisément pourquoi la technique de la présure pour la fabrication du fromage a disparu de Suisse avec le départ des Romains. Probablement parce qu'il est plus facile de transformer le lait en fromage par l'acide lactique que par chauffage avec des coagulants tels que la présure animale (extraite de la caillette des veaux) ou végétale (extraite par exemple du gaillet jaune (*Gallum verum*) ou du chardon). Les fromages fabriqués à partir de petit-lait entier ou écrémé étaient tendres et destinés à la consommation domestique ; ils ne pouvaient ni être stockés longtemps ni être exportés comme des fromages contenant de la présure, à pâte pressée. Les séracs gras (*Fettziger*) et maigres (*Magerziger*) étaient un aliment de base quotidien au sein des tribus celtiques ; source de revenus appréciable, le beurre était vendu sur les marchés citadins au Moyen Âge, tout comme le sérac gras.

Néanmoins, le fromage fabriqué avec de la présure n'a sans doute jamais complètement disparu ; la renaissance de cette technique eut lieu aux XVe et XVIe siècles. « Dans le cas d'Obwald et de Nidwald, ce sont des mercenaires qui l'ont ramenée chez eux », explique un maître fromager et historien de l'alimentation. « Les fils d'agriculteurs avaient constaté qu'en France, on ne fabriquait pas le fromage avec de l'acide lactique mais avec de la présure. Comme ce fromage avait meilleur goût, ils adoptèrent cette technique une fois revenus au pays. » Les fromages étaient plus savoureux, et en plus ils pouvaient être transportés à travers les Alpes vers le sud, où ils se vendaient bien.

Ils n'étaient pas obligés de se passer de fromage à caillé lactique, car avec le petit-lait qui se sépare du caillé lors de la fabrication du fromage à pâte pressée, on pouvait faire un sérac comparable, bien que plus maigre, presque sans matière grasse, car la plupart des particules solides du caillé sont utilisées pour le grand fromage ; résultant du recyclage du lactosérum ou petit-lait, le sérac est qualifié de fromage « secondaire ».

Le lactosérum est presque entièrement constitué d'eau (le lait en contient 87 %) et des particules solides qui ne se sont pas assemblées au caillé pendant l'élaboration du fromage. Pour coaguler ces protéines sériques (l'albumine et la globuline), on chauffe le petit-lait à 90 °C et y ajoute de l'acide (lactique, acétique ou citrique). Les protéines du petit-lait se contractent, sont retenues dans un tamis et versées dans des moules perforés, d'où le reste de petit-lait, devenu encore plus pauvre, peut s'écouler. La masse floconneuse se solidifie, et le lendemain déjà on peut la consommer après l'avoir aromatisée ; elle a une saveur discrètement lactée. Assaisonné de sel, de poivre et d'herbes, le sérac se consomme aussi fumé.

Sur le marché du fromage suisse, le *Ziger* ou sérac n'avait que très peu d'intérêt, mais les personnes soucieuses de leur ligne l'apprécient de plus en plus parce qu'il est pratiquement exempt de matière grasse ; le fait qu'on le considérait jadis comme le fromage du pauvre les indiffère complètement. Avec l'augmentation de la production de lait et de fromage, il y eut soudain du lactosérum en abondance, dont une part de plus en plus importante arrive directement dans l'auge des cochons. Les Grisons et les Appenzellois ont eu très tôt une meilleure idée : au XVIIIe siècle, ils proposaient déjà des cures de petit-lait. Des personnes souffrant de toutes sortes maux espéraient recouvrer la santé en faisant des promenades et en buvant du petit-lait à des doses régulières. En 1890, la Suisse comptait 30 stations vantant les vertus du petit-lait, mais dix ans plus tard, les cures furent considérées comme inutiles. Il y a eu des reprises isolées de la cure de petit-lait dans le pays d'Appenzell.

Il y a des choses bien plus savoureuses à faire avec du sérac que de tels régimes, par exemple en couper une tranche, la saler et la poivrer avant de la poêler dans de l'huile comme un steak. Avant de servir ces *Zigerplätzli* (tranches de sérac), on les saupoudrera avantageusement de ciboulette. Les *Zigerkrapfen* (chaussons au sérac) sont populaires en Suisse centrale et à Zurich. Il existe également des fromageries d'alpage où l'on produit ce fromage en été – un mets de choix à base de lait d'alpage. Un tel sérac est meilleur mélangé avec du miel et quelques cuillères de crème versées par-dessus.

L'*Alpziger* est une spécialité ; il s'agit d'un « séré au lait de vache fabriqué sur les alpages de certaines régions des cantons de Fribourg, Berne et Obwald, avec le petit-lait issu de différents produits locaux à base de lait cru tels que le beurre d'alpage, la crème d'alpage ou le Sbrinz d'alpage », écrit Slow Food Suisse. L'organisation cite l'Alpziger parmi ses produits Presidi, lesquels méritent une protection particulière ; elle soutient deux alpages obwaldiens « dans la zone d'origine historique » (*slowfood.ch*, mai 2021).

Voir aussi : Sérac, page 228 ; Bloderchäs et Surchäs, page 406 ; Petit-lait, page 439 ; Ricotta, mascarpa, page 617.

FRUITS, LÉGUMES ET PLANTES

Poires séchées

Dörrbirnen ; poires entières séchées

Grâce aux progrès technologiques dont nous bénéficions dans nos foyers, les méthodes traditionnelles de conservation telles que le séchage et la déshydratation, sans disparaître tout à fait, sont devenues assez négligeables. Tant qu'il y a de l'électricité dans les lignes, les produits frais peuvent être conservés au réfrigérateur – et pendant des mois s'ils sont congelés. Il n'est donc plus nécessaire de faire sécher des pommes et des poires, des pruneaux et des prunes, des abricots et des cerises, ou même des haricots dans un four pour se constituer une réserve hivernale tel un hamster. Les produits séchés ne servent plus seulement à l'alimentation de base comme à l'époque où les gens, qui les cultivaient eux-mêmes, consommaient beaucoup plus de fruits qu'aujourd'hui, mais aussi à l'agrément gustatif.

Les poires entières séchées, que l'on trouve principalement dans les régions d'Obwald et de Nidwald, sont un exemple remarquable de ce changement dans l'alimentation quotidienne. Leur histoire commence dans les années 1950. Une « sécheuse de poires » obwaldienne raconte : « Les gens ne dépendaient plus des *Schnitze* (ainsi appelle-t-on aussi les poires séchées) pour se nourrir en hiver. L'amélioration considérable de l'approvisionnement alimentaire, la prospérité croissante, le réfrigérateur et le congélateur, tout cela a rendu les poires séchées inutiles. Le déshydrateur a disparu de nombreuses fermes. »

De début septembre à début novembre, l'Obwaldienne glisse une vingtaine de variétés de poires – sur plus de 5000 dans le monde – dans son déshydrateur. Et ces fruits sont entiers. Avant l'invention des réfrigérateurs, il fallait manger les poires séchées entières rapidement car elles contiennent encore de l'humidité à l'intérieur, ce qui, après un certain temps, déclenche un processus de fermentation et de pourrissement. Les poires doivent être bien mûres, ni vertes ni trop mûres, puis elles sont placées les unes à côté des autres sur des *Huttli*, des cadres en bois d'environ deux mètres de long et 30 centimètres de large avec un tamis à fines mailles comme base.

Le four presque centenaire, en briques et renforcé par des plaques de fer, comporte trois chambres : on allume le feu dans la plus basse, et toutes les heures on ajoute une bûche de sapin pour maintenir une température aussi constante que possible, légèrement supérieure à 100 °C dans la deuxième chambre. Il y a de la place pour douze *Huttli* dans cette chambre d'ébullition ou à vapeur. Les poires restent dans la chambre pendant huit à dix heures ; elles prennent une couleur foncée, sont cuites à la vapeur jusqu'à ce qu'elles soient tendres et perdent un peu d'eau. La peau retient la plus grande partie du jus dans les poires, qui restent assez dodues. Les fruits sont ensuite glissés dans la chambre de post-séchage, dans laquelle 30 *Huttli* trouvent place. En fonction de leur taille, les poires restent dans cette chambre jusqu'à deux jours et demi à une température de 70 à 80 °C. Le poids initial doit se réduire à un quart. Les poires sont maintenant bien tendres et joliment ratatinées.

Les poires séchées sont stockées dans des caisses en bois garnies de papier ou d'une feuille d'aluminium, mais pas de plastique. Elles ne se conservent pas éternellement, il faut veiller à ce qu'elles ne se fassent pas grignoter par des fourmis, des acariens ou des rongeurs. Les poires séchées se congèlent très bien. Produit exclusif, « les poires séchées sont plus populaires que jamais », assure notre spécialiste obwaldienne, « mais aussi plus rares ». Environ 70 clients, agriculteurs des environs et particuliers propriétaires de poiriers lui apportent leurs fruits.

PRODUITS DE BOULANGERIE
ET PÂTISSERIE

Anisstange

Pâtisserie rectangulaire à l'anis fourrée aux noisettes

L'*Anisstange* (« bâton à l'anis ») est très répandu à Stans. Cette pâtisserie rectangulaire de belle taille est également appréciée dans la région, mais demeure quasi inconnue au-delà. Chose assez étonnante dans ces circonstances, l'*Anisstange* a plusieurs synonymes : *Änisstange*, *Stangechräpfli*, *Klosterchräpfli*, *weisser Lebkuchen* (pain d'épices blanc) et *Anisbiber* lorsqu'on ajoute de l'huile essentielle d'anis à la pâte. Il existe de nombreuses pâtisseries anisées en Suisse, notamment les *Chräbeli* et les *Anisbrötli*. Les *Chräbeli* de Suisse alémanique sont plutôt durs, les pains d'anis fribourgeois plutôt doux et aériens. Les *Anisbrötli* sont pressés dans des moules en bois puis décorés sur le dessus. Pour l'*Anisstange* de Nidwald, on trouve des motifs tels que des coquillages, saint Nicolas, les armoiries nidwaldiennes ou la statue Winkelried (le mythique Arnold von Winkelried, qui s'est héroïquement précipité sur les lances de ses adversaires pour ouvrir une brèche lors de la bataille de Sempach en 1386, était originaire de Nidwald). On trouve aussi l'*Anisstange* sous la forme d'un serpent portant saint Nicolas sur son corps enroulé pendant l'Avent.

Contrairement à la plupart des pâtisseries anisées helvétiques, l'*Anisstange* nidwaldien contient une garniture de noisettes avec ou sans *Schraps* (biscuits émiettés et sucrés) et est épicé, suivant le pâtissier, avec du miel ou une masse sucrée, des fruits d'anis entiers, de la cannelle, des clous de girofle en poudre et des zestes de citron. Pour la pâte, le pâtissier utilise du sucre glace au lieu du sucre cristallisé, car cela rend les contours du relief du modèle plus nets et plus clairs. L'anis peut être ajouté à la pâte sous diverses formes : d'huile essentielle, d'arôme (qui se répand avec régularité) ou encore sous forme de minuscule fruit semblable à une graine – en croquant dedans, l'arôme se libère plus puissamment.

Le pâtissier presse une moitié de la pâte dans le moule, met la garniture dans l'espace creux et recouvre le tout avec l'autre moitié de la pâte. Il retire ensuite les pièces du moule et les laisse sécher sur la plaque de cuisson pendant 24 heures maximum – de cette façon, les contours du modèle tiennent mieux. Elles sont ensuite cuites à 170 °C pour que la pâte reste bien blanche. Il faut bien faire attention à la partie inférieure de la pâte, appelée *Füessli* (peton) ou au *Bödeli* (petit fond) : elle doit rester humide, alors que la partie supérieure doit sécher. L'agent levant reste actif dans la partie humide ; pendant la cuisson, la partie inférieure forme un socle et soulève la moitié supérieure.

Les pâtisseries à l'anis servaient autrefois de substitut au massepain, plus coûteux (cf. *page 115*). Les *Anisstangen* existent certainement depuis plus de cent ans – c'est l'âge des modèles représentant un serpent à Stans, et ils sont toujours utilisés. Ce motif a une origine religieuse, car pendant les quarante jours de jeûne, il fallait se débarrasser de sa défroque de pécheur pour se présenter sans tache à Noël : l'homme souillé par le péché perdait sa peau tel un serpent. Mais il y avait une deuxième explication, plus profane, la légende de Winkelried et du Lindwurm, cette créature mi-serpent, mi-dragon ; le chevalier Winkelried tue ce monstre à Ennetmoos, en territoire nidwaldien, et perd la vie dans ce combat comme plus tard son homonyme sur le champ de bataille de Sempach.

L'*Anisstange* est vendu dans les pâtisseries de Stans ainsi que les jours de marché et de fête dans le chef-lieu nidwaldien.

Voir aussi : Anisbrötli, page 31 ; Badener Chräbeli, page 115 ; Pains d'anis fribourgeois, page 241 ; Uristier, Dittiring et Doppeladler, page 514.

Ofenkrapfen

Chaussons aux poires séchées en pâte feuilletée frits au four

Les chaussons sont la continuation d'un système archaïque consistant à prendre une galette de pâte, disposer des aliments hachés sur une moitié, replier la seconde par-dessus et manger le tout. Fast-food du Moyen Âge, des siècles avant que l'idée si pratique de Lord Sandwich n'entre dans les mœurs. Les chaussons de pâte (cf. *Digression page 147*) pouvaient être remplis d'une masse sucrée ou salée, refermés avec à l'intérieur de la viande et des légumes, du fromage, des fruits et des noisettes ou des restes de repas et cuits au four ou frits dans de l'huile bouillante. La friture est probablement la méthode la plus ancienne, car c'est assez tardivement que l'on a commencé à installer des cuisinières dans les habitations. Mais chauffer une poêle pleine de beurre clarifié sur un fourneau et y faire frire des chaussons n'a jamais été un problème.

Le mot allemand pour *Krapfen* remonte aux termes d'ancien haut allemand *crapho*, *kraphun* et *kräpfen*, qui étaient déjà usités au IXe siècle et signifiaient peu ou prou *griffe* ou *crochet*, c'est-à-dire des formes recourbées. Les chaussons peuvent aussi ressembler à ça, mais pas obligatoirement.

Dans le monde hispanique, nous connaissons les empanadas, en Inde les samosas et en Suisse les beignets, *Krapfen* ou *crèfli* (au Tessin). Les chaussons de pâte fourrés sont particulièrement populaires en Suisse centrale ; le plus connu d'entre eux y est celui au sérac, le *Zigerkrapfen*.

Selon un inventaire des variétés de fruits et de baies réalisé en 2005, il y a davantage de poiriers que de pommiers dans la région d'Unterwald, et dans le canton de Nidwald, les poiriers seraient plus nombreux que tous les autres arbres fruitiers réunis. Il n'est donc guère surprenant que les *Ofenkrapfen* (chaussons au four) contiennent des poires. Le Nidwaldien Aloys Businger décrit ainsi la cuisson des chaussons dans son traité historico-géographique de 1836 sur la région d'Unterwald : « Constitués de pâte espagnole modelée en petits carrés, avec des tranches de poires et des épices en abondance, les *Ofenkrapfen* sont cuits au four et font de bonnes friandises. »

Jadis, la pâte feuilletée était connue sous le nom de pâte espagnole. Aujourd'hui, la plupart des producteurs s'approvisionnent en composants prépréparés, dont la purée de poires, qu'ils accommodent ensuite suivant leurs propres recettes maison, toujours secrètes, avec du sucre, des épices pour pain d'épices, du jus ou des zestes de citron et encore d'autres arômes. On trouve des chaussons au four soit en forme de losange, soit oblongs et étroits.

Dans un ménage, la cuisson des chaussons est une affaire laborieuse, qui demande surtout du temps – raison pour laquelle ils étaient autrefois plutôt un régal pour les fêtes qu'une pâtisserie de tous les jours ; en outre, les poires séchées étaient disponibles pendant la saison froide. Si les *Ofenkrapfen* sont encore considérés comme une pâtisserie classiquement automnale et hivernale, comme des gourmandises pour l'*Älplerchilbi* (la désalpe) et la Saint-Nicolas, cela tient davantage à un sens aigu de la tradition qu'à la disponibilité des ingrédients.

Voir aussi : Brienzer Krapfen, page 281 ; Zigerkrapfen, page 367 ; Rigibock, Hölloch-Chräpfli, page 382 ; Schwyzer Krapfen, page 383 ; Gubel-Krapfen, page 391 ; Landsgmendchrempfli, page 448 ; Crèfli, page 627.

Rosinenweggen, Rosinenkranz

Pain et couronne aux raisins ; viennoiseries du dimanche et de fête aux raisins de Corinthe à base de pâte à tresse

Le classique parmi les viennoiseries du dimanche dans toute la Suisse est la tresse au beurre (*Butterzopf*, *treccia al burro*), un pain noble à base de farine blanche, de beurre, de lait et d'un peu de sel – l'ajout d'œufs est une question de goût. Dans la région d'Unterwald, on apprécie particulièrement une variante de tresse, le *Rosinenweggen*, qui est offert comme couronne de l'Avent et à Noël ; autrefois, c'était aussi une viennoiserie réservée aux fêtes, mais depuis que les contours du rythme annuel et des jours fériés se sont estompés, on partage ce savoureux pain tous les dimanches.

La plus ancienne recette connue date de 1750 et l'anis fait encore partie de ses ingrédients. Ce n'est plus le cas aujourd'hui ; en revanche, on ajoute un peu de malt pour favoriser le développement de la levure et donner à la pâte une nuance gustative supplémentaire. Il s'agit d'une pâte à tresse normale, dans laquelle on ajoute une poignée de raisins de Corinthe, qui ont l'avantage de rester plus humides que les raisins secs.

La pâte est divisée en plusieurs pâtons que l'on laisse lever particulièrement longtemps, puisque le pointage dure 16 heures à environ 6 °C. Grâce à ce long levage à basse température, la pâte développe petit à petit tous ses arômes et saveurs ; en outre, les pâtons refroidis sont plus faciles à couper et à façonner. Car telle est l'étape suivante : la pâte à tresse est façonnée comme un long pain, une sorte de boudin (elle n'est donc pas tressée), une demi-heure d'apprêt est nécessaire, puis on découpe un motif en zigzag, qui donne une élégante décoration après la cuisson, comme un enchaînement de la lettre Z.

Même si depuis les années 1950, le *Rosinenweggen* est devenu une viennoiserie disponible en continu, il fait l'objet d'une attention particulière en tant que couronne, notamment au *Chlaustag :* au début du XXe siècle, les boulangers nidwaldiens offraient en effet à leurs clients un *Samichlausweggen* le jour de la Saint-Nicolas. Cette coutume a été abandonnée en 1912, et les boulangers durent dorénavant faire des dons à des institutions caritatives – au grand dam de la population, qui exprima sa colère dans des lettres de lecteurs adressées à la presse locale.

Le Rosinenweggen se déguste avec du beurre, du miel et de la confiture, mais se marie aussi très bien avec l'Emmentaler et sa note de noisette caractéristique.

Voir aussi : Taillaule, page 208 ; Tresse, page 285 ; Bröötis, page 446.

Zigerkrapfen

Chausson frit à base de pâte de farine blanche et d'une farce sucrée au sérac

Le mot *Krapfen* remonte à des termes du vieux haut allemand du IXe siècle (cf. *Ofenkrapfen, page 366*). Non moins « ancienne », surtout en Suisse centrale, est la production du *Ziger*, le sérac ou séré, fromage gras ou maigre fabriqué à partir de petit-lait et non avec de la présure. Ce n'était donc qu'une question de temps avant que les chaussons ne soient remplis de sérac épicé et frits dans du beurre fondu. Pour de nombreuses personnes en Suisse centrale, mais aussi à Zurich et en Suisse orientale, le *Zigerkrapfen* est la quintessence de la culture du chausson.

Le *Conditorei-Lexikon* de 1898 décrit une noble farce composée de sérac, d'œufs, de sucre, de cannelle, de raisins secs et d'amandes. Dans le livre de cuisine nidwaldien *Mässer, Gable, Leffelstiel* (1990), il est recommandé d'ajouter du moût et du kirsch. Traditionnellement, les *Zigerkrapfen* sont des viennoiseries de fêtes foraines et de carnaval, mais désormais on en trouve toute l'année.

Il faut d'abord ajouter du beurre froid à de la farine blanche, incorporer des œufs, du lait et de l'eau ainsi qu'un peu de poudre à lever et de sel, pétrir la pâte brisée pas trop longtemps et la réserver au frais pendant une journée. Le sérac, que l'on peut se procurer chez un fromager, devrait être un peu granuleux, ni trop humide ni trop sec. On le roule un peu pour lui donner une certaine finesse, le met dans un mixeur et y ajoute du sucre et des épices comme de la cannelle, de la coriandre et toutes sortes d'autres ingrédients suivant la recette. La consistance de ce mélange pourra être régulée avec du lait. Pour l'assemblage, il faut découper une couche de pâte en carrés d'environ douze centimètres de côté, presser une portion de farce d'une poche à douille sur un coin et le recouvrir en rabattant le coin diagonalement opposé par-dessus – de manière à ce que la garniture ne dépasse pas. Le résultat final est donc un triangle. Après un temps de repos, faire cuire les chaussons dans une friteuse à 170 à 200 °C pendant environ huit minutes. Ils doivent être croustillants à l'extérieur, mais la farce ne doit surtout pas commencer à bouillir, sinon tout éclatera. Les *Zigerkrapfen* sont au sommet de leur intensité gustative juste après leur sortie de la friteuse.

BOISSONS

Bätziwasser, Bätzi

Eau-de-vie blanche à base de morceaux de pommes séchés et distillés

Dans le canton d'Obwald, les poires bénéficient d'un traitement de faveur, alors pourquoi pas les pommes ? Tandis qu'on y sèche des poires entières pour les servir au dessert, les pommes sont coupées en tranches sans rien en ôter, séchées et distillées en une eau-de-vie blanche particulièrement exquise. Si elle est quasi introuvable dans les autres cantons, son nom est bien connu. Mais cette autre *Bätziwasser*, répandue par exemple dans les cantons de Berne et de Soleure, est plus comparable au *Träsch*, cet alcool distillé à partir de fruits frais (des pommes et éventuellement des poires).

Selon l'*Idiotikon*, *Bätzi* ou *Bätzeni* signifiait des « morceaux inutilisables d'une chose […], de fruits, et en particulier de fruits à pépins : tous leurs déchets (pelures, trognons, pépins, fruits blets ou gâtés, tout comme les petites pommes coupées en tranches) étaient distillés, après avoir été soit mis à fermenter dans des tonneaux, soit séchés, pour en faire de l'eau-de-vie (*Bätzi-Wasser*) » L'abréviation de ce dernier mot est *Schnaps*, toujours d'après ce dictionnaire. Autrefois, une épouse acariâtre, une Xanthippe, se faisait appeler *Bätzi*, et *Hals-Bätzi* était un synonyme de pomme d'Adam.

Aujourd'hui, on transforme des fruits entiers, coupés en morceaux sans être pelés. Lorsqu'ils sont secs, on les met dans un tonneau, y ajoute de l'eau pour compenser le liquide évaporé ainsi que de la levure pour lancer le processus de fermentation. Les morceaux secs absorbent l'eau comme des éponges, et la purée est donc plus épaisse qu'avec des fruits frais. Étant donné que les pommes n'ont perdu que du liquide, mais pas leurs arômes, un univers gustatif très particulier se forme, qui est accentué par le séchage préalable. Dans l'alambic, l'alcool se condense plusieurs fois grâce à divers fonds intermédiaires avant de s'écouler hors du refroidisseur. Par le biais d'un tuyau à alcool, la vapeur d'alcool atteint différentes chambres d'amplification où elle se liquéfie à nouveau. Avec un taux d'alcool compris entre 68 et 75 %, le distillat s'écoule du refroidisseur dans une cuve. Ensuite, un percepteur spécialisé, le *Schnapsvogt*, passe mesurer la quantité et la teneur en alcool avant de délivrer son autorisation. Une facture fiscale suivra ultérieurement.

Avant d'être vendue, la *Bätziwasser* est stockée pendant au moins six mois, puis diluée avec de l'eau distillée jusqu'à obtention d'une version potable légèrement supérieure à 40 % d'alcool par volume et enfin filtrée pour éliminer la turbidité causée par les huiles essentielles contenues dans les pommes. Cette eau-de-vie se boit lors des grandes occasions, de préférence pure, pour faire honneur à son arôme.

Orangenmost

Boisson gazeuse non alcoolisée à base de jus d'orange et de pomme

Voici une histoire *a priori* bien courte : un producteur de Beckenried atteste en effet une production ininterrompue d'*Orangenmost* dans son entreprise depuis 1956. Il est toutefois probable que l'on ait commencé à mélanger du jus d'orange importé, plutôt coûteux, avec du jus de pomme local bien plus tôt – le fait qu'un nouveau goût tout à fait spécial eût été créé entre-temps ne pouvait être qu'une bonne chose. Pour beaucoup d'habitants du canton de Nidwald, leur « Beckenrieder Orangenmost » est une sorte de boisson nationale – indépendamment du fait qu'on en produise et consomme aussi ailleurs.

Ce jus – car *Most* ne se traduit pas par *moût* – était probablement plus répandu dans le passé qu'il ne l'est aujourd'hui. L'isolement relatif du demi-canton de Nidwald expliquerait pourquoi, d'après le producteur, il a pu s'y maintenir. Quoi qu'il en soit, l'*Orangenmost* y est en tête du segment des orangeades.

Les deux composants sont préparés séparément. Le concentré d'orange provient principalement du Brésil et de Floride. Le producteur utilise des oranges sanguines et blondes afin de pouvoir moduler la couleur ; il fabrique lui-même son concentré de pommes à partir de fruits locaux. Ces concentrés sont introduits dans un réservoir en acier et mélangés à de l'eau courante. Le producteur vérifie la concentration en sucre à l'aide d'un réfractomètre, instrument qui affiche optiquement la teneur en sucre du jus en utilisant la réfraction de la lumière ; il ressemble à un petit télescope et est également utilisé en viticulture. Lorsque le producteur est satisfait de la teneur en sucre, du goût et de la couleur, il fait ajouter du gaz carbonique à sa cuvée orange-pomme. L'orangeade ou pommorangeade ainsi obtenue est ensuite embouteillée et transportée sur un chariot jusqu'à un pasteurisateur, dans lequel elle subit un traitement thermique de 15 à 30 minutes ayant pour but d'éliminer à la fois les germes de levure et tout risque de fermentation.

Étant très populaire dans le canton de Nidwald, l'*Orangenmost* figure en haut de la gamme du producteur de Beckenried. Depuis qu'il conditionne son produit phare dans des bouteilles d'un demi-litre avec un bouchon à bascule, il est encore plus apprécié, notamment des enfants, qui peuvent faire sauter bruyamment le bouchon comme les adultes le font avec la bière. Précisons que le fabricant n'indique que 49 centilitres au lieu de 50 sur ses bouteilles, car l'*Orangenmost* a une dilatation différente de celle de la bière dans la bouteille et nécessite un peu plus d'espace.

L'*Orangenmost* de Beckenried est principalement consommé dans les cantons de Nidwald, Obwald et Uri ; en Suisse orientale, les gens l'appellent « Fifty Fifty ».

16

SCHWYTZ (*SCHWYZ*)

Paysans et seigneurs, pèlerins et pères

Il semble assez téméraire d'affirmer que le canton de Schwytz est victime de la mobilité. Elle a apporté une énorme richesse, du moins en partie, mais elle a aussi affecté les identités. Un étranger n'en croit pas ses oreilles lorsqu'un ancien du Muotathal (au sud-est du canton) lui explique que l'Ausserschwyz (au nord) n'a rien à voir avec l'Innerschwyz (au sud). Schwytz est une entité complexe, qui s'est développée au cours d'une longue histoire de dépendances. Mais les différences ne se sont-elles pas perdues depuis longtemps dans le brouillard des nouvelles tendances, des facilités techniques et logistiques, de la diffusion culturelle et sociale ? Cela n'arrive pas seulement dans le canton de Schwytz, mais c'est particulièrement frappant parce que les différences étaient particulièrement évidentes. Dans un livre sur la cuisine des paysannes schwytzoises (*Schwyzer Bürinne chochid*, 2003), un dessin rassemble six symboles qui caractérisent un événement célébré avec la même joie dans tout le canton, mais pas de manière uniforme : le carnaval, avec la sorcière de Wollerau, le bûcher de l'« *Underämache* », *Steiner Blätz*, *Hudi*, les *Rölli* de Siebnen et le diable d'Einsiedeln (*Einsiedler Tüüfel*).

Entre les lacs des Quatre-Cantons, de Zoug et de Zurich, entre le Rigi, les deux sommets des Mythen et le monastère d'Einsiedeln s'étend ce canton « primitif » qui joua un rôle prépondérant dans le mythe fondateur de la Suisse. Un canton rural classique, avec des familles de paysans attachés à la terre et des familles nobles conservatrices, qui ont gravi les échelons du pouvoir, gouverné et, en tant qu'entrepreneurs militaires, loué des fils de paysans surnuméraires à des puissances étrangères, avec toujours, les saisissant au collet, une force primitive, la *Sancta Ecclesia*, qui menace de l'enfer quiconque ne se soumet pas à elle. L'abbaye bénédictine d'Einsiedeln, fondée en 934, était le monumental centre du pouvoir de l'Église romaine, avec lequel les Schwytzois entretenaient une relation ambivalente.

On gagnait de l'argent avec l'élevage et l'exportation de bétail ainsi qu'avec l'économie laitière et le mercenariat, auxquels s'ajoutèrent plus tard l'industrie textile, le tourisme grâce au Rigi et à Brunnen au bord du lac des Quatre-Cantons, quelques industries, dont le secteur tertiaire. La part de la population active dans le secteur primaire est aujourd'hui marginale. En revanche, les caisses tintent sur les rives du lac de Zurich, où le prix des terrains était autrefois si avantageux que les Zurichois s'y sont installés et profitent, en tant que pendulaires, d'un réseau de transport sur mesure.

À l'instar des autres cantons de Suisse centrale, Schwytz a été chercher fortune au-delà du Gothard. Les marchands de bétail ont ramené des produits du sud, la liqueur Rosoli en est un bel exemple. La cuisine est néanmoins restée plutôt simple, de nombreuses recettes remontent à des influences celtes et alémaniques ; les longues périodes de jeûne ont marqué les menus, ce qui s'est traduit par de délicieuses recettes de poisson. Les pâtisseries jouent un rôle important, à l'occasion des jours de fête de l'année civile, comme les beignets de carnaval, ou en tant que provisions pour les pèlerins, tels les *Einsiedler Schafböcke* (« béliers d'Einsiedeln »).

Interrogé sur l'identité culinaire de sa région, un ami du Muotathal a cité la soupe au fromage et la viande fumée – aujourd'hui disponible en abondance, autrefois en faible quantité et provenant de bêtes âgées –, les pommes et les poires séchées, les cerises et le kirsch, les *Gummelimöcke* aux *Magrone* (cubes de pommes de terre aux macaronis), le *Hafechabis* (une potée d'agneau au chou, au lard et aux pommes de terre) – ou pas, là nous sommes déjà sur la route de l'Axen et nous dirigeons vers Uri.

Franz Wiget nous démontre comment la simplicité peut devenir une délicatesse avec son *Gummelistunggis*, de la purée de pommes de terre aux truffes. Facilement accessible à tous entre Ausserschwyz et Innerschwyz, il propose dans son restaurant Adelboden une magnifique cuisine classique à base de produits locaux. En 2012, Wiget a été le premier, en Suisse centrale, à obtenir le titre de « Cuisinier de l'année » du guide GaultMillau.

Magenträs

Sucre aromatique utilisé principalement en Suisse centrale

Le magenträs apparaît dans diverses recettes de pâtisserie traditionnelle, mais on le saupoudre aussi volontiers simplement sur une tartine beurrée. Il s'agit d'un sucre aromatique finement moulu additionné d'épices exotiques telles que le bois de santal en poudre, la cannelle, le macis, les clous de girofle et le gingembre. Le bois de santal donne une teinte rougeâtre à ce sucre. La farce des *Zigerkrapfen* (chaussons au sérac) du canton d'Uri est aromatisée au magenträs et a donc elle aussi cette couleur.

En Suisse, le sucre aromatique est connu en tout cas depuis le XVIe siècle – on le sait grâce à des mentions figurant dans le *Schweizerisches Idiotikon*. En ce temps-là, celles et ceux qui ne pouvaient s'offrir les précieuses épices d'Orient se rabattaient sur des substituts. Une source de 1588 citée dans l'*Idiotikon* recommande, comme alternative locale, de prendre des glands moulus et des graines de persil, de les mélanger avec du sucre et d'avaler cette poudre avec un verre de vin.

Dans son livre de cuisine de 1751, Dorothea Welti-Trippel de Zurzach a répertorié pas moins de huit variantes de sucre aromatique, dont certaines contiennent jusqu'à douze épices concassées différentes et sont similaires aux magenträs d'aujourd'hui. Avec le développement des voies de transport et le sucre rendu moins onéreux par le travail des esclaves dans les Caraïbes, les épices exotiques sont devenues plus abordables aux XVIIIe et XIXe siècles. Aujourd'hui, quelques drogueries de Schwytz et de Zurich produisent du magenträs, de même que l'entreprise Landolt Hauser de Näfels, qui est la seule à fabriquer ce sucre épicé en grande quantité, et non à des doses homéopathiques.

Le magenträs a peut-être été quelque peu oublié au profit de ces paradis des épices que sont les magasins thaïlandais, tamouls ou turcs. À Zurich, ce n'est pas le curry rouge thaï qui est exotique, mais la *Triätschnitte*, décrite par l'ethnologue Conrad G. Weber dans son livre *Brauchtum in der Schweiz* (Les coutumes en Suisse, 1985) comme une « variante raffinée des tranches de pain trempées dans le vin, autrefois très appréciées des vieillards édentés. La biscotte saupoudrée de magenträs ne doit être ni trop cassante ni trop tendre, afin qu'elle ne reste pas trop dure ni ne devienne pâteuse une fois qu'on l'a arrosée d'un bon vin rouge. »

On peut aussi utiliser avantageusement du magenträs pour épicer une salade de fruits, une tarte aux fruits, une portion de crème fouettée ou une tasse de thé.

Voir aussi : Magenträs Trietolt, page 527.

PRODUITS CARNÉS

Lard paysan

Bauernspeck ; *poitrine de porc séchée et fumée*

À lui seul, le mot *lard* semble revêtir autant de facettes que le monde des saveurs qui l'élève au rang de régal tout en finesse. Certains se tâtent les hanches, d'autres rêvent d'une assiette de charcuterie. Chez les uns les rouages du cerveau s'agitent, comptant les calories et les taux de cholestérol, tandis que chez les autres on ne peut s'empêcher d'en avoir l'eau à la bouche. Le lard polarise : il est à la fois honni et vénéré, évité et recherché : au-delà de toutes les marchandises produites en masse, on peut trouver, dans les campagnes et dans les boucheries artisanales, de superbes tranches de lard dont les saveurs ont capturé le paysage et honorent l'animal qui a vécu heureux avant d'être abattu.

Il existe toutes sortes de lard : cru et cuit, séché et aromatisé dans de la saumure, fumé à froid ou à chaud, du lard de petit déjeuner à l'anglo-saxonne (variété noble à base de longe), du lard de poitrine, du lard dorsal, le lard « vert » (gras), le lard salé, le lard paysan du Tyrol du Sud (de jambon), le lard bouilli, le lard à rôtir, la *pancetta* et le *lardo* du Tessin et d'Italie et enfin le lard paysan ou *Bauernspeck* à la suisse, également appelé lard cru (*Rohspeck*). On transforme en lard aussi bien la viande des flancs que celle de la poitrine et du dos – exceptionnellement des morceaux plus nobles, mais ce n'est pas vraiment l'usage en Suisse.

Aujourd'hui, le lard paysan est produit dans de grandes boucheries industrielles, mais aussi encore dans des exploitations commerciales situées dans des régions assez élevées dont le climat favorise la maturation avec un air pur et pas trop d'humidité, c'est-à-dire dans les Grisons, en Suisse centrale, en Valais, au Tessin et dans le Jura. Plus la zone est humide, plus le fumage est nécessaire, car, comme nous le dit le boucher rencontré dans la vallée de la Muota, « cela empêche la formation de moisissures pendant le séchage ».

Autrefois, les paysans suspendaient simplement la viande qu'ils souhaitaient conserver dans la cheminée de leur cuisine. Il y avait assez de place pour les deux ou trois porcs qui étaient abattus à la fin de l'automne. On peut admirer cette ancienne méthode dans la maison de Madiswil au musée en plein air de Ballenberg et y sentir la fumée qui monte du fourneau jusqu'au plafond, où elle caresse les tranches de lard et les saucisses avant de s'échapper à l'air libre par les interstices et les fissures. Quand l'élevage porcin est devenu une source de revenus importante, il a fallu plus d'espace.

Le grand-père du boucher de la vallée de la Muota mettait la viande crue dans une cuve en bois, la frottait avec du sel et du poivre, du laurier et d'autres épices, la recouvrait d'une planche et la lestait avec des pierres. Le poids donne au lard sa forme et contribue à extraire les sucs de la viande. Après environ deux semaines, il suspendait les morceaux de lard dans une armoire au-dessous de laquelle il allumait de la farine de bois et fumait à l'ancienne. « Le feu rougeoyait et on avait les mains noires, raconte le boucher, il fallait humidifier un peu la farine de bois pour que la fumée ne soit pas trop chaude, et rallumer de temps en temps. » Après une bonne semaine dans l'armoire de fumage, le lard était suspendu dans la maison où il continuait à sécher.

À l'époque, le grand-père abattait et transformait trois à cinq porcs par semaine. La fabrication des saucisses prenait une journée entière. Les grands-parents étaient à la fois agriculteurs, bouchers et bistrotiers. « Parfois, quelqu'un sonnait et achetait des gendarmes, et l'addition était réglée avec la même caisse qu'au bistrot. » La génération suivante a abandonné l'agriculture. Aujourd'hui, il ne reste que la boucherie, dans laquelle pas moins de 80 porcs sont abattus en une semaine.

Les animaux grandissent dans les environs, près du col du Pragel, dans le Bisistal, à Stoos ou à Illgau, car « le trajet ne doit pas durer plus d'une demi-heure ». Le lard paysan provient de la poitrine de la truie, il y a donc deux moitiés d'en tout cas 3,5 kilos de viande par animal. Le lard devrait être bien strié, pas trop gras, mais pas trop maigre non plus. À la fin du processus de conservation et d'affinage, les tranches de lard auront perdu la moitié de leur poids initial par déshydratation. Immédiatement après l'abattage, la viande est suspendue pendant une semaine à des températures proches de zéro. Ce n'est qu'ensuite que le boucher découpe les deux moitiés de poitrine et en retire la couenne, le cartilage et les os. Dans la machine à injecter de la saumure, les tranches de lard absorbent des arômes, intensifiés par la mise sous vide du contenant : de cette façon, les épices sont pour ainsi dire pressées dans la viande. Après une journée, on la laisse reposer pendant dix heures afin que des micro-organismes activent le développement des saveurs.

Les tranches de lard sont intensément fumées à froid pendant une nuit dans un fumoir, puis suspendues dans un séchoir où elles continuent à perdre du liquide pendant trois à quatre semaines. On propulse régulièrement de la fumée dans la pièce. Grâce à un système de climatisation, les bouchers sont en mesure de fumer et sécher même lorsque les températures extérieures sont élevées en été. Les conditions idéales sont de 10-12 °C et environ 75 % d'humidité.

Dans les régions alpines, l'air est plus sec, ce qui permet de se passer du fumage. Cependant, une sécheresse excessive aurait des effets désastreux : la surface de la viande durcirait, se refermerait et ne laisserait plus s'échapper l'humidité, en conséquence de quoi la viande commencerait à se gâter de l'intérieur.

Les mélanges d'assaisonnements individuels et le bois choisi pour le fumage influent directement sur le goût du lard paysan ; les paysages et leurs conditions climatiques contribuent également au fait que ce lard produit et maturé avec soin peut devenir une véritable délicatesse gastronomique. Les gourmets en discutent pendant des heures, échangent des adresses et gardent les meilleurs producteurs aussi secrets que leurs compositions d'assaisonnement. Ce lard atteint des sommets de sapidité lorsqu'il est coupé en tranches longues et fines, mais aussi sous forme de morceaux courts et plus épais. Il se marie bien avec du pain ou des pommes de terre, une bière fraîche ou un vin de pays corsé. La couenne peut être cuite dans une sauce tomate ou un ragoût, où elle libère généreusement ses arômes. L'*Idiotikon* contient également des conseils à des fins médicinales et magiques : « Le lard salé est bon pour les problèmes de cœur », et « pour la toux et les maux de poitrine, frictionnez votre poitrine et votre dos de lard cru » (et assurez-vous qu'il n'y a ni chien ni chat dans les parages), et les éleveurs de poulets doivent nourrir ceux-ci de lard pendant « la nuit de Noël entre 11 heures et minuit ; ils seront alors à l'abri des oiseaux de proie l'année suivante ».

Voir aussi : Lard sec du Valais, page 471 ; Lardo, page 602 ; Pancetta piana, page 608.

PRODUITS LAITIERS

Beurre

Butter, burro *; matière grasse noble et tartinable fabriquée à partir de lait ou de crème*

La base d'une formation de cuisinier en Suisse étant la cuisine française, il n'est pas inopportun et certainement pas superflu de rendre hommage au grand Fernand Point (1897-1955), qui après Auguste Escoffier sut renouveler l'art culinaire français à Vienne (en Isère), en rappelant son légendaire : « Du beurre ! Donnez-moi du beurre ! Toujours du beurre ! »

On apprend à l'apprenti cuisinier comment « monter » une sauce : avec des flocons de beurre. Cela ne fonctionne pas avec de l'huile, car le beurre n'est pas composé à cent pour cent de matières grasses, mais contient 82 % de matière grasse lactique, de l'eau et d'autres composants : lactose, minéraux, cholestérol, protéines, vitamines liposolubles, acide lactique et arômes. Tout cela peut être séparé de la crème de lait en la fouettant et en la battant, et combiné pour former un formidable aliment d'une consistance délicate et d'une élégante onctuosité. À elle seule, la crème, dans laquelle la graisse de lait s'agglomère au lait, a un effet magique dans la cuisine, liant les sauces, les adoucissant lorsque le cuisinier les a un peu trop assaisonnées, permettant aux soupes d'épaissir voluptueusement ou, sous forme fouettée, dans la phase de transition entre crème liquide et beurre solide, aidant à magnifier les crèmes, les gâteaux et les boules de glace tout en affinant et exhaustant leur goût. La crème et le beurre sont, au meilleur sens du terme, la crème de la crème.

On ignore qui a produit le premier beurre et où. Il aurait très bien pu s'agir d'un voyageur qui a voulu se reposer, se désaltérer et a constaté que son lait s'est transformé en une motte au goût tout à fait merveilleux. Le barattage consiste à agiter la crème, traditionnellement dans une baratte en bois dans laquelle une louche plate est actionnée de l'extérieur par une manivelle. Cette agitation forcée fait éclater les coquilles des globules gras de la graisse du lait, la matière grasse s'échappe et s'agglomère en grains de beurre.

Les Celtes ont peut-être commencé à baratter du beurre dans les Alpes. À partir de là, la production de beurre a fait partie de l'élevage au même titre que celle de fromage. Le beurre était destiné à une consommation rapide, contrairement au fromage qui pouvait maturer longuement. On a trouvé toutes sortes d'idées pour prolonger la durée de conservation du beurre : retirer les particules solides de la matière grasse (beurre clarifié) ou le mélanger avec du sel, le conserver bien emballé dans des coins froids et sombres, car avec la chaleur, l'air est le pire ennemi du beurre non pasteurisé, lui qui rancit par oxydation.

Aujourd'hui, on n'arrive plus du tout à imaginer que le beurre avait jadis un goût et une odeur très différents. Selon le type de lait utilisé, la préparation et le stockage, on obtenait un produit différent. Sa couleur était elle aussi inégale, jaunâtre en été, blanchâtre en hiver; en été les vaches broutaient de l'herbe fraîche, en hiver du foin et du regain. Grâce aux multiples façons de réfrigérer, aux emballages opaques et à d'autres technologies, le beurre que nous consommons d'un bout à l'autre du pays est très uniforme – du beurre de choix légèrement doux fabriqué à partir de crème de lait, ou du beurre (de cuisine) fabriqué à partir d'un mélange de crème de lait et de crème de petit-lait légèrement acide (beurre de fromagerie), qui est produit à partir du petit-lait restant après la fabrication du fromage. L'une ou l'autre spécialité régionale donne tout au plus une touche de couleur à ce magma uniforme et pasteurisé.

Quiconque souhaite découvrir le goût du beurre frais non pasteurisé doit faire l'effort de se rendre sur un alpage. Si le fourrage de première qualité, l'énorme biodiversité et la forte proportion d'herbes aromatiques dans les pâturages alpins sont toujours mis en avant pour vanter l'excellence des meules de fromage, cela concerne *a fortiori* le beurre. Certains vachers ont immortalisé ces délices très recherchés par des moyens poético-mnémotechniques; un exemple: «*Romeye, Muttern und Adelgras – das Beste, was Chüeli frass*» (il s'agit des meilleures choses qui se puissent brouter: le pâturin des Alpes ou «caviar» des vaches, la livèche mutelline et le plantain des Alpes).

Des graminées et des légumineuses en plaine, des herbes dans les montagnes: en termes un peu simplifiés, c'est le résultat d'une étude menée par les stations fédérales de recherche suisses de Liebefeld et de Changins au début des années 2000. À Posieux, à 600 mètres d'altitude, on a dénombré six espèces de plantes fourragères: 53 % de graminées, 47 % de légumineuses, 0 % d'herbes; à Montbovon, à 1250 mètres, 54 espèces: 63 % de graminées, 7 % de légumineuses et 27 % d'herbes; à L'Etivaz, à 2120 mètres, 56 espèces: 39 % de graminées, 11 % de légumineuses et 43 % d'herbes.

Dans une récente étude à long terme (2012) menée à l'Hôpital de l'Île de Berne en coopération avec la station de recherche Agroscope Liebefeld-Posieux, l'objectif est de découvrir comment les herbes alpines influent sur la santé via le lait et le beurre. Le lait a parfois une réputation peu flatteuse: il contiendrait trop de cholestérol et de mauvaises graisses. Pourtant, le véritable lait des Alpes contient beaucoup de bons acides gras polyinsaturés (oméga-3 et acides linoléiques), plus que le lait de plaine. Ce que l'on examine, c'est la façon dont ces acides gras affectent l'organisme, car «comment une chose consommée depuis des milliers d'années et nourrissant les enfants peut-elle être mauvaise?».

Malgré toutes les chaînes du froid qui se déplacent constamment, il est rare de trouver du beurre d'alpage non pasteurisé en plaine, dans les villes et les agglomérations. Le fait qu'un produit aussi luxueux soit tout simplement ignoré est assez étonnant. On a voulu sacrifier le beurre sur l'autel des peurs actuelles: corps potelés, artères bouchées et autres phobies.

Heureusement, il existe des alpages où la baratte à beurre ne dépérit pas sous les toiles d'araignée.

SUPPLÉMENT

La baratte à beurre

Elle a été décrite par Jachiam Bifrun, humaniste de Samedan en Haute-Engadine, dans une lettre au savant zurichois Conrad Gessner en 1556. Extrait: «La graisse du lait a deux noms: "*grama*" et "*flur dal lat*". Elle flotte toujours à la surface. Ils mettent la crème dans un récipient rond et oblong, qu'ils appellent "*pneulia*". Le récipient est ensuite fermé, mais un petit trou vient d'être fait dans le petit couvercle, à travers lequel est inséré un manche en bois qui porte une planchette ronde à l'extrémité inférieure. Ce manche remue ensuite la crème en la soulevant et en l'abaissant jusqu'à ce que ce secouage produise du beurre. Les nôtres l'appellent "*paing*". Puis on le retire, et le babeurre qui reste dans la baratte à beurre porte la dénomination "*pen*"» (l'original est en latin, et la traduction allemande de Gion Gaudenz, pasteur à Pontresina, figure dans *Zum Sennenwesen in der Schweiz*, 2011).

Voir aussi: Beurre, page 224; Crème de Gruyère, page 225.

Schwyzer Käse

Fromage gras à pâte dure fabriqué à partir de lait cru

L'histoire du fromage schwytzois est comme une parabole sur la modernisation de l'agriculture. Jusqu'au XIXe siècle, dans le canton de Schwytz comme ailleurs, on ne fabriquait du fromage que sur les alpages – le lait produit devait être conservé. Le fromager ne pouvant guère attendre, il produisait, suivant le nombre de vaches, entre cinq et sept kilos de fromage par jour. Chaque meule était unique, car on ne connaissait ni variétés régionales ni cultures bactériennes primaires spécifiques.

Cette situation a commencé à changer lorsqu'on a voulu fabriquer du fromage au printemps. Les alpages étaient encore recouverts de neige, le bétail paissait dans la vallée et on produisait le fromage à la ferme. Au fil du temps, certains fromagers achetèrent du lait supplémentaire, et ainsi furent créées de véritables exploitations laitières. Ils étaient donc en mesure de presser de plus grosses meules – pesant une bonne trentaine de kilos – pour l'exportation: la taxe douanière est calculée à la pièce et non au poids. Les fromagers d'alpage, qui ont renoncé à exporter, sont restés fidèles à eux-mêmes et à leur alpage et sont passés du fromage à pâte dure à celui à pâte mi-dure pour le marché régional; c'est de cette manière qu'ils sont un peu tombés dans l'oubli.

Dans la vallée, en revanche, le rendement laitier des vaches a augmenté grâce à un fourrage de meilleure qualité, un ensemencement efficace et de nouveaux moyens et méthodes de fertilisation; on pouvait désormais y produire du fromage toute l'année. Grâce à «des réglementations appropriées, des formations standardisées et des développements scientifiques permettant d'influencer et de contrôler les processus de fabrication », comme l'écrit Peter Moser dans le livre intitulé *Milch für alle* (2007), le fromage schwytzois, dont le mode de fabrication et le goût sont presque identiques à ceux du Gruyère, est devenu un type de fromage homogène. Selon un recensement fédéral des entreprises de 1929, le canton de Schwytz comptait alors 84 fromageries et laiteries employant 203 personnes. En 2008, il y avait encore cinq fromageries de plaine.

L'Union suisse du commerce de fromage, une organisation étatique, entre en scène durant la seconde moitié du XXe siècle. Fondée en 1948, elle rachète la totalité de la production d'Emmentaler, de Gruyère et de Sbrinz et les commercialise à des prix fixés par le Conseil fédéral. Cette immense machine à subventionner a été dissoute en 1999. Pendant ce demi-siècle, « notre fromage a failli dépérir » - c'est ainsi qu'un inspecteur schwytzois des fromages nous a décrit la situation difficile des fromagers dont les produits n'étaient pas inclus dans la sélection de la susdite Union, ces produits issus de la formidable diversité fromagère qui s'était développée en Suisse au fil des siècles.

Au début du IIIe millénaire, les consommateurs se sont à nouveau intéressés aux créations locales. On recherche de l'originalité et de la régionalité ; au-delà du contenu qui doit être clairement affiché, il faut que le produit – pas seulement le fromage – ait une identité qui puisse être associée à un paysage intact et à un mode de vie sain. Répondant à ces exigences, le fromage schwytzois est à nouveau prisé.

Il est produit plus ou moins de la même façon que le Gruyère. La différence réside dans les bactéries lactiques utilisées – il existe une culture primaire schwytzoise distincte. Le lait cru apparaît comme une évidence, car « avec du lait pasteurisé, on n'obtient pas un fromage aussi aromatique et gustativement riche », explique l'inspecteur schwytzois. Dans la cave, les meules sont frottées avec de la saumure. On emploie aussi cette méthode pour d'autres types de fromage, mais plus intensément pour le schwytzois et le Gruyère.

Le fromage schwytzois peut déjà être coupé au bout de trois mois. Il est encore doux, mais chaque mois supplémentaire va le rendre plus corsé, plus savoureux et plus piquant dans des conditions de conservation idéales (jusqu'à 18 °C, forte humidité d'au moins 90 %). La flore qui se forme sur la croûte du fromage grâce au saumurage est constituée de bactéries, de levures et de moisissures nobles ; elle décompose l'acide lactique, favorise le développement aromatique, accélère la formation de la croûte et protège le fromage contre les moisissures et autres micro-organismes indésirables. Dans les caves de stockage où s'affinent les fromages à croûte lavée plane une odeur d'ammoniac typique, très prononcée.

SUPPLÉMENT

Le fromage d'alpage de la vallée de la Muota

L'idéal est de découvrir ce fromage lors du marché qui lui est consacré, le *Muotitaler Alpchäsmärcht*, qui a lieu chaque automne à Muotathal, la dixième commune de Suisse par sa superficie de 172 km² (*DHS*). En 2021, 20 fromagers se sont inscrits, 18 de la vallée, un de Weggis et un de Steinen (*alpkaesemarkt.ch*, mai 2021). On élève des bovins dans la vallée de la Muota depuis plus de mille ans ; des chèvres, des moutons et des porcs depuis plus longtemps encore, comme en témoignent des découvertes d'ossements remontant à 600 av. J.-C., d'après *alpkaesemarkt.ch*. « Plus de 250 sites de peuplement alpins disparus et ruines d'habitats, ce qu'on appelle des villages désertés alpins, existent sur les alpages de la vallée de la Muota et sont une indication d'un changement structurel dans l'agriculture et l'économie alpestre qui s'est produit il y a plusieurs siècles. »

La parenté entre le *Muotitaler Alpchäs* et les variantes uranaises et glaronaises est évidente. La vallée fluviale encaissée de la Muota se trouve grosso modo entre les trois chef-lieux cantonaux Schwytz, Altdorf et Glaris. Ce fromage gras à pâte mi-dure (48 % de matière grasse dans l'extrait sec) a une pâte aisée à couper, peu de trous, et un arôme qui reflète la flore alpine régionale – tout comme les fromages d'alpage uranais, par exemple.

Si l'on met un fromage d'alpage de la vallée de la Muota à côté d'un fromage schwytzois, ce duo rappellera les fromages du Jura et la Tête de Moine : l'original à côté de l'uniforme, le sauvage à côté du dévot.

Voir aussi : Fromages du Jura, page 76 ; Tête de Moine, page 79 ; Gruyère, page 226 ; Urner Alpkäse, page 511 ; Glarner Alpkäse, page 531.

CÉRÉALES

Maïs de la Linth

Linthmais ; *maïs jaunâtre à rougeâtre de la plaine de la Linth*

En renonçant au *Türggebutzi*, on s'expose à ce que les corbeaux amochent bien des *Türggezapfe* : pas d'épis de maïs sans épouvantail. Ces deux termes lus sur le site *linthmais.ch* sont des raretés lexicales, même en Suisse orientale, où la remise en culture du maïs de la Linth, temporairement disparu, les a sauvés de l'oubli. Mais de quel canton viennent-ils : Schwytz, Saint-Gall ou Glaris ? Est-il vraiment important de le savoir ?

La culture du maïs dans la plaine de la Linth, qui s'étend entre les lacs de Zurich et de Walenstadt, est certainement plus ancienne que les frontières cantonales actuelles. Le maïs, originaire d'Amérique centrale (pour plus de détails, cf. *Rheintaler Ribel, page 409*), a été rapporté sur le Vieux Continent par des navigateurs ; d'Espagne, sa culture s'est répandue relativement rapidement à l'est jusqu'en Chine, au nord via la Turquie et l'Italie. Selon le *DHS*, le maïs arriva dans le sud du Tessin dans la seconde moitié du XVIIe siècle ; des dîmes attestent également la présence de *Türkenkorn* (de l'italien *gran(o)turco,* signifiant *maïs*) dans la vallée du Rhin saint-galloise dès le XVIIe.

On a donc toutes les raisons de penser que du *Welschkorn*, autre synonyme de cette céréale, a été planté dans la plaine de la Linth à peu près en même temps que dans la vallée du Rhin. Les biotopes étaient identiques : des plaines marécageuses, régulièrement inondées par les crues, peu propices à l'agriculture en raison de sols lourds et d'une forte humidité (infestations par des champignons) et en outre dangereuses pour la population en raison des moustiques vecteurs du paludisme. Le maïs et l'épeautre y ont prospéré malgré tout.

La région de la Linth comprend les districts schwytzois de March et de Höfe, les districts saint-gallois de See et de Gaster et l'Unterland glaronais. Les premières mentions de maïs se trouvent dans *Gemälde der Schweiz. Der Kanton Schwyz* de Gerold Meyer von Knonau (1835) : « Dans le district de March, on produit principalement de l'épeautre, du blé et de l'orge ; on obtient aussi un peu de maïs, toutes les autres sortes de céréales y sont largement inconnues. »

La correction des eaux de la Linth de 1807 à 1823 par Johann Gottfried Tulla et Hans Conrad Escher a asséché les marécages, mais le sol est resté lourd et le climat rude ; l'épeautre et le maïs sont restés les cultures de prédilection, toujours mieux adaptées aux conditions locales grâce à la sélection. Après le plan Wahlen (également appelé « bataille des champs ») durant la Seconde Guerre mondiale, le maïs destiné à l'alimentation humaine a été progressivement supplanté par le maïs fourrager, puis complètement abandonné.

La renaissance a pu avoir lieu grâce à un agriculteur schwytzois de Tuggen dans la plaine de la Linth, qui cherchait une relation entre le Ribelmaïs et le *Ribeli*, un ancien plat régional à base de maïs. Lors des enquêtes qu'il mena au début des années 1990 auprès des anciens, il apprit l'existence du maïs de la Linth, mais à part la légende du château de Grynau, dans laquelle un fantôme savait comment transformer les grains de maïs en grains d'or, il n'a plus guère trouvé de traces du légendaire Welschkorn, jusqu'à ce qu'il tombe un beau jour sur la base de données de semences et de plantes de la société Delley, dans la Broye fribourgeoise. Avec dix grains de chacune des six lignées endogames, le jeune agriculteur est rentré chez lui et s'est lancé dans un projet coûteux qui fut couronné de succès en 1999 par la plantation du maïs de la Linth ressuscité.

En 2020, une bonne dizaine d'agriculteurs cultivent 12 à 15 hectares de ce maïs. Les champs se trouvent dans le canton de Schwytz, mais aussi parfois dans ceux de Glaris et de Saint-Gall. « Nous sommes chez nous dans un quadrilatère cantonal, explique le cultivateur, donc cela ne cesse de varier, et de mon point de vue, il est difficile de nous assigner à une région. »

Ce qui distingue clairement le maïs de la Linth du *Törggaribel* de la vallée du Rhin, c'est la couleur des grains : ceux de la Linth sont jaunâtres à rougeâtres, tandis que ceux de Ribelmaïs sont beiges à blancs. Les nouvelles variétés ne sont pas tout à fait identiques à celles qui poussaient dans la région vers 1700, car elles ont été mélangées à d'autres. Mais même la variété la plus ancienne a dû être jadis adaptée aux terres et au climat par des croisements.

Lors du traitement, on se débarrasse de l'enveloppe extérieure du grain de maïs. En revanche, comme pour le Ribelmaïs de la vallée du Rhin, le germe du grain de maïs de la Linth n'est pas enlevé. Il existe trois différentes finesses de mouture. Les produits fabriqués à partir du maïs de la Linth sont la farine, la semoule, la polenta et le Liwhinthsky (du whisky à base de grains de maïs et d'orge), sans oublier la bière Maisgold de la brasserie Rosengarten d'Einsiedeln, à laquelle le maïs de la Linth donne une note gouleyante, élégante et légèrement sucrée.

SUPPLÉMENT

Une mère universelle

Autrefois une simple herbe, le maïs est devenu depuis longtemps une céréale utilisée non seulement en cuisine, mais aussi pour une myriade d'autres produits. À ce propos, l'anthropologue canadienne Margaret Visser constatait déjà dans les années 1980 : « Il n'y a rien dans un supermarché nord-américain qui n'ait été en contact avec du maïs d'une manière ou d'une autre – à l'exception du poisson frais, et même celui-ci est très probablement livré dans des caisses dont le matériau est partiellement constitué de maïs. La viande est en grande partie constituée de maïs [...]. La viande et le poisson congelés sont enduits d'une fine couche de fécule de maïs pour les empêcher de s'assécher [...]. Chaque carton,

chaque emballage, chaque gobelet en plastique contient des produits à base de maïs» (*Much Depends on Dinner: The Extraordinary History and Mythology, Allure and Obsessions, Perils and Taboos of an Ordinary Meal*, 1986).
L'huile et l'amidon de maïs se retrouvent dans d'innombrables réalisations de la ruée vers la faisabilité des cent dernières années. Visser poursuit: «L'économie moderne du maïs a véritablement démarré grâce aux révolutions industrielle et technologique, dont beaucoup d'acteurs étaient américains et dont les inventions – qu'il s'agisse d'antibiotiques ou de lubrifiants pour le forage profond, d'isolateurs de bougies d'allumage ou de liquide de conservation – reposaient sur une matière première dont ils disposaient en abondance. Ce matériau était le fruit de l'herbe que les Indiens appelaient maïs. Suivant la langue, ce dernier signifie "notre mère", "notre vie", "notre nourrice"».

Voir aussi: Rheintaler Ribel, page 409; Ribelmaïs, page 564; Farina bóna, page 622.

PRODUITS DE BOULANGERIE ET PÂTISSERIE

Agathenringli

Pain consacré qui est censé protéger contre le feu

Le pain de la Sainte-Agathe relève d'«une forme de sacrifice eucharistique encore connue dans de nombreux endroits», écrit Conrad G. Weber dans *Brauchtum in der Schweiz* (Les coutumes en Suisse, 1985).

Le 5 février, jour de la Sainte-Agathe, le prêtre des terres catholiques comme Fribourg, la Suisse centrale et Appenzell Rhodes-Intérieures bénit le pain de sainte Agathe, qui est un pain tout à fait normal sauf à Schwytz, Einsiedeln et Planfayon dans le district de la Singine.

Agathe de Catane a vécu au IIIe siècle de notre ère; ayant refusé de renier le Christ et d'épouser le Romain Quintianus, proconsul de Sicile, qui croyait encore à l'ancien monde polythéiste, elle fut emprisonnée et torturée à mort sans jamais se plaindre (plus de détails aux *pages 444 et 514*).

En Suisse, la première mention d'une bénédiction du pain à la Sainte-Agathe date de 1466; à Schwytz, la plus ancienne date de 1933, et à Einsiedeln, d'après les souvenirs d'un boulanger, on ne confectionne des *Agathenringli* («anneaux d'Agathe») que depuis le milieu des années 1970.

C'est une pâte à tresse que l'on pétrit pour faire ces pains à Einsiedeln, et une pâte à petit pain à Schwytz. Pour la version schwytzoise, on forme un pâton circulaire qui est joint aux deux extrémités, puis on fait quatre incisions sur la surface matte. La version d'Einsiedeln est tressée et brille grâce à une double dorure à l'œuf. Ces pains circulaires ont un diamètre de 14 à 15 centimètres et une hauteur d'environ trois centimètres.

Le pain de la Sainte-Agathe ne se mange pas. Il ne faut pas faire de miettes avec ce pain, nous dit une boulangère, car il est béni. Quoi qu'il en soit, il est préférable de l'accrocher, généralement à l'entrée de la maison, qu'il est censé préserver de l'embrasement pendant une année. Une fois que le nouveau pain a été cuit et béni, l'ancien est jeté – non pas à la poubelle, mais aux flammes.

SUPPLÉMENT

La patronne des pompiers

Avec Sant'Agata, qu'il s'agisse de statues ou de peintures, le feu sacré crépite dans les représentations que les artistes en ont fait – feu qui a dû les tourmenter avant qu'ils ne parviennent à rendre avec éclat les souffrances de la jeune martyre. De forme naturelle ou peint, le *corpus delicti* est présenté sur un plateau d'argent, tenu avec sa puissance extinctrice par la moribonde en personne. En tant que patronne des pompiers,

la martyre de la chapelle Sainte-Agathe de Schwytz s'élance vers le ciel avec des yeux peints transfigurés et les deux seins, clairement dessinés, dans une coupe. Les sphères de la statue de la chapelle Sainte-Agathe de Fisibach brillent tels des orbes crucigères dorés. Statue de la fontaine dans la cour du couvent de Frauenthal, près de Cham (ZG), sainte Agathe, peinte de couleurs vives et couronnée comme la statue de la Liberté à New York, tient sereinement ses seins coupés sur un livre.

Voir aussi : Agathabrötli, page 233 ; Agathabrot, pages 444 et 514.

Einsiedler Schafbock

Petit gâteau rond au miel sans garniture

L'abbaye bénédictine située dans le vallon de la région jadis appelée « Finstern Wald » (forêt sombre) a été fondée en 934. Le monastère et le village d'Einsiedeln sont devenus un lieu de pèlerinage mondialement connu. Des millions de pèlerins ont visité la Vierge noire dans l'église, se sont arrêtés dans ce haut lieu de spiritualité sur le chemin de Saint-Jacques-de-Compostelle, ont prié et se sont repentis, ont bu et mangé. Année après année, des milliers de personnes continuent de se rendre à Einsiedeln.

Il y a deux ou trois cents ans, le paysage devait être intimidant : la massive façade du monastère avec ses clochers, la large place pentue en contrebas, et aux pieds de la puissance divine le village, habité par des paysans et des artisans qui espéraient tirer quelque bénéfice de l'afflux de pèlerins ; il fallait bien les désaltérer et les nourrir, même si la plupart d'entre eux n'étaient pas particulièrement riches. Pour faire tout cela avec tact et sans gêner quiconque, il y eut très tôt des règlements sur le commerce, ainsi que des produits comme le *Schäfli* (agneau), une pâtisserie au miel pour de simples exigences, qui est devenu au fil du temps le *Bock* (bélier) – c'est ainsi que sont appelés les *Schäfli* depuis le XIXe siècle.

Le *Schäfli* d'Einsiedeln est probablement l'un des plus anciens gâteaux de pèlerins de Suisse. On pétrit une pâte composée de farine et d'eau, de sucre et de miel, et l'on y ajoute un peu de cannelle et de clous de girofle en poudre. La pâte est portionnée et pesée, puis on forme un bâtonnet de pâte à partir de chaque portion et le divise à nouveau. Les pâtons sont pressés dans des moules en bois en deux parties afin que s'y imprime le motif qui leur a donné leur nom, un jeune mouton assis : *Agnus Dei*, l'Agneau de Dieu. Ces agneaux ou béliers sont cuits à la chaleur supérieure, de sorte qu'ils brunissent à l'extérieur et restent clairs à l'intérieur.

Leur première mention connue figure dans un règlement sur le commerce de 1631, mais la date de leur création est probablement beaucoup plus ancienne. Ce règlement déterminait la vente, le nombre de « Schäfli-Leute » (vendeurs) était limité et les autorisations pour vendre ces gâteaux près du monastère étaient tirées au sort chaque année. En plus des *Schäfli*, on proposait aussi de l'eau-de-vie (ce qui se justifie par la relative sécheresse des gâteaux), mais pas en grande quantité, selon le règlement : les marchands agréés ne devaient pas vendre plus d'eau-de-vie aux étrangers ou aux habitants « que ce qui est naturel, afin que personne ne fasse d'excès ». La protection de la jeunesse est mentionnée dans un décret de 1688 : la vente de *Schäfli* est ainsi interdite aux *« jungen Meyttlin »*, c'est-à-dire aux jeunes filles ; en outre, les vendeurs sont priés de ne pas crier ni chanter. Dans une ordonnance de 1746, il n'y a plus d'échoppes à *Schäfli*, car on les a intégrées aux magasins de pain d'épices après l'incendie du village et le réaménagement de la Kramgasse.

La vente de pain d'épices sur le parcours des pèlerins était auparavant interdite. Aujourd'hui à Einsiedeln, on peut s'approvisionner en toutes sortes de pâtisseries et gâteaux de pèlerins, achetés principalement en guise de souvenirs et cadeaux. Des pains d'épices bruns en pâte au miel et des blancs en pâte aux œufs, tous deux fourrés à la pâte d'amandes, ainsi que des *Chräpfli* (chaussons), des serpents (symbole d'immortalité), des *Fischli* (poissons) et des *Herzli* (cœurs). Le vin de messe fabriqué à partir des propres raisins du monastère attendrit les gâteaux de pèlerins aussi agréablement que les autres vins des caves du monastère d'Einsiedeln.

Rigibock, Hölloch-Chräpfli

Pâtisseries à base de pâte brisée et fourrées aux noisettes

Ces deux pâtisseries sont presque identiques ; elles font partie de la riche et ancienne famille des chaussons (cf. *Ofenkrapfen, page 366*). La différence entre l'une et l'autre réside dans leur lieu d'origine et leur âge : le *Rigibock* (« bélier du Rigi ») existe depuis plus longtemps et a été créé au pied ou au sommet du Rigi ; le *Hölloch-Chräpfli* (« chausson du Trou de l'Enfer ») a été conçu par un Argovien qui avait repris une boutique à Muotathal dans les années 1940 ; son nom rend hommage à l'entrée du Hölloch près de Stalden, qui, avec une longueur totale de 200 kilomètres et une dénivellation de 939 mètres, est le deuxième plus long réseau de galeries souterraines d'Europe et le huitième plus grand du monde.

Dans son livre sur les pains d'épices de Suisse orientale, l'historien et expert en pâtisserie Albert Spycher replace le *Rigibock* dans la tradition des gâteaux de pèlerins : « Les "Rigi-Tüüfel" (diables du Rigi) et les "Rigi-Böcke" rappellent le pèlerinage autrefois animé à la chapelle "Maria zum Schnee" de Rigi Klösterli. » L'auteur établit également un lien entre les motifs du moule, des ovins. Mais le *Rigibock* contient une garniture, ce qui n'est pas le cas de l'*Einsiedler Schafbock*.

La deuxième explication est basée sur une légende. Selon un texte que le producteur actuel joint à ses béliers du Rigi, au milieu des années 1870, un berger forma une figure cornue à partir de restes de pâte alors qu'il préparait des gâteaux pour la désalpe locale, la *Rigichilbi*. Il l'appela « Schafbock » (bélier) et sculpta un moule *ad hoc* à partir de deux morceaux de bois. Il vendit ensuite ses petits béliers lors de différentes désalpes. L'aubergiste d'un chalet d'alpage proche du sommet du Rigi, qui servait à ses hôtes du lait, du pain et du pain d'épices, demanda à un confiseur d'Arth de lui préparer de semblables béliers. Le résultat est un *Rigibock* en pâte brisée avec une garniture aux amandes.

Pour le *Rigibock* comme pour le *Hölloch-Chräpfli*, on pétrit une pâte brisée à partir de beurre et de farine, d'œufs et de sucre ainsi que de poudre à lever, de citronat et parfois de cannelle ; la pâte est ensuite pressée dans les moules. De nos jours, la garniture se compose de noisettes (parfois grillées), de sucre, d'eau et de *Schraps* (miettes séchées de pâtisseries sucrées). La seconde partie de la pâte abaissée est utilisée pour recouvrir les béliers, qui sont ensuite démoulés et laissés au repos afin que le motif sur le dessus puisse sécher et s'encroûter : ainsi, l'image magnifiquement formée reste facilement reconnaissable après la cuisson. La différence la plus évidente entre le *Rigibock* et le *Hölloch-Chräpfli* réside dans le motif du moule : un bélier couché sur celui-là et un bonhomme allumette sortant d'une grotte sur celui-ci.

Les pâtisseries de ce genre sont typiques de la Suisse centrale. Il existe certainement plus d'appellations que de garnitures. Bien au-delà de la susdite région, les voyageurs apprécient les souvenirs culinaires qui se conservent longtemps. On en propose et en vend avec succès depuis l'aube du tourisme. « Déjà au XIXe siècle, il y avait une véritable commercialisation, une association entre l'activité commerciale et une renaissance du sens patriotique », affirme l'historien Albert Hauser (*Das Neue kommt. Schweizer Alltag im 19. Jahrhundert*, 1989).

Voir aussi : Brienzer Krapfen, page 281 ; Ofenkrapfen, page 366 ; Zigerkrapfen, page 367 ; Gubel-Krapfen, page 391 ; Landsgmendchrempfli, page 448 ; Crèfli, page 627.

Schwyzer Krapfen

Chausson schwytzois en forme de losange, cuit à l'huile et fourré avec des poires séchées

Les chaussons ont toujours pris toutes sortes de formes ; le schwytzois fait partie des plus petits. Les garnitures peuvent varier, mais pas énormément : on utilise souvent des poires séchées, que ce soit pour les *Schwyzer Krapfen*, les *Unterwaldner Ofenkrapfen* et au-delà du col du Brünig pour les *Brienzer Krapfen*. Ces trois ensemble n'atteignent toutefois pas la popularité des chaussons au sérac, les *Zigerkrapfen*. Les poires et le sérac sont des produits typiques et traditionnels de leurs régions respectives.

Transmis en ligne directe, pour ainsi dire, depuis le IXe siècle (cf. *Ofenkrapfen, page 366*), les chaussons comptent parmi les plus anciennes viennoiseries. Ils doivent probablement cela à leur statut de dessert de fêtes. Il faut célébrer celles-ci au moment où elles tombent ; et les fêtes ne tombent pas au petit bonheur, mais sont liées à des événements saisonniers. Aujourd'hui encore, à l'ère de la disponibilité perpétuelle, les *Schwyzer Krapfen* sont préparés pour la désalpe (*Chilbi*) en automne et pour le carnaval à la fin de l'hiver. Dans le dialecte local, on appelle ces chaussons « Kösikrapfen », *Kösi* signifiant *purée de poires*.

Les recettes de chaussons sont plus jeunes que la méthode pour les réaliser. Cela s'explique par l'histoire, car jadis les recettes de cuisine étaient transmises oralement d'une génération à l'autre au sein des familles, notamment à la campagne. Dans une recette de 1929, le chausson schwytzois contient même, outre des poires et des pommes, des châtaignes. La fabrication se déroule à peu près comme celle des chaussons au sérac. La *Birekösi*, à savoir la garniture, est préparée avec un mixeur à partir de poires séchées, de sucre, de pommes fraîches et d'un mélange secret d'épices, puis étalée sur de la pâte brisée abaissée. Il faut ensuite placer une seconde couche de pâte par-dessus et couper le tout en losanges avec une *Krapfenrädli* (roulette à chaussons cannelée). Le pâtissier les pique à la fourchette en haut et en bas afin que la vapeur chaude puisse s'échapper de l'intérieur pendant la friture. Les chaussons, qui ont la taille d'une petite paume, ne sont frits que brièvement, pendant environ deux minutes, dans une huile chauffée à 150-160 °C.

Le *Schwyzer Fasnacht* (carnaval de Schwytz) est une des fêtes les plus importantes du « pays sous les Mythes » (le Grosser Mythen et le Kleiner Mythen sont deux montagnes culminant respectivement à 1898 et 1811 mètres). Il existe en plus de ces chaussons un vaste choix d'autres viennoiseries. Dans le livre *Feste und Bräuche im Kanton Schwyz* (1989), on pourra trouver des produits connus tels que le *Zigerkrapfen* évoqué ci-dessus, le *Schenkeli*, l'*Änisguetzli* (biscuit à l'anis) et le *Chnüüblätz* (beignet au genou), également appelés *Ankestrübli* et *Eieröhrli* ou simplement *Fasnachtskiechli* (petits gâteaux de carnaval ou merveilles, cf. *pages 36 et 490*, des spécialités locales moins célèbres comme les *Hudichräpfli* (petits chaussons) et les *Bohnen* (boules en pâte battue) d'Einsiedeln, ainsi que les *Leutsche-Fischli*, *Eierkränze* et *Narrenböcke* du nord du canton, au bord du lac de Zurich.

BOISSONS

Rosoli

Boisson alcoolisée et épicée semblable à une liqueur

Le Rosoli est resté une spécialité régionale, étant donné qu'il n'a pas atteint une renommée nationale; c'est probablement la raison pour laquelle il n'existe pas de recette uniformisée. Aujourd'hui encore, le Rosoli, qui « ressemble à un sirop contre la toux », est une affaire de famille dans de nombreux endroits; la recette est transmise de mère en fille – oralement, pas par écrit. La base est constituée de fruits foncés, principalement des cerises, fraîches ou séchées, comme l'explique une productrice; on peut aussi utiliser des baies de sureau et du cassis.

Une productrice de la région du lac de Zurich a levé le voile là-dessus et révélé sa recette familiale: elle met cinq kilos de petites cerises noires dans une marmite avec deux kilos de sucre (ou de sucre candi), y verse de l'eau jusqu'à ce que les cerises en soient recouvertes, ajoute un sachet d'épices avec du cumin, du fenouil et un rouleau de cannelle, et fait bouillir le contenu jusqu'à ce que les cerises soient bien tendres – cela prend environ une demi-heure. Ensuite, elle laisse le tout infuser pendant un jour ou deux, déverse le jus, laisse les cerises bien s'égoutter, mélange le jus avec une forte eau-de-vie de fruits faite maison et embouteille la liqueur fraîche. « La saison des cerises est brève, il faut donc aller vite », explique la paysanne.

Dans d'autres recettes, les ingrédients comprennent de l'eau de rose et du macis, ainsi que de la noix de muscade et des clous de girofle; il devait s'agir d'épices de Noël – ou pas du tout, comme dans une recette du quartier de Zollingerhäuser à Wädenswil: pour un litre d'eau-de-vie (70 % vol.), on prend une livre de cerises fraîches, on remplit le tout dans une bouteille qu'on laisse reposer pendant deux mois; ensuite, il faut faire bouillir un sirop de sucre avec un litre d'eau et une livre de sucre, que l'on mélange à l'eau-de-vie filtrée après qu'il a refroidi. Le Rosoli est prêt pour la mise en bouteilles.

Le Rosoli peut être défini comme un exemple typique de l'adaptation d'une denrée de luxe importée qui, au fil du temps et à la faveur des circonstances, s'est transformée en un produit local traditionnel. Il est fort à parier que des marchands de bétail de Suisse centrale ou des paysans qui livraient leurs propres bêtes en Italie pour les vendre ont goûté au *rosoglio*, *rosolio* ou *rossolis* dans le sud, l'ont apprécié et en ont ramené quelques bouteilles.

Les originaux italiens étaient basés sur ce type de plante insectivore qu'est le rossolis (*Drosera*) – en latin, *ros solis* signifie « rosée du soleil ». Gustav Hegi, dans son *Illustrierte Flora von Mittel-Europa* (vol. IV, tome 2): « Les alchimistes croyaient avoir trouvé en lui la substance permettant de fabriquer de l'or et de l'élixir de longue vie. Le jus de presse mélangé à du sucre était utilisé pour soigner la toux, la phtisie, les problèmes de reins et de vessie, etc., tout comme les divers sirops et liqueurs distillés à partir de ce mélange. La liqueur universelle [...] connue sous le nom d'"Eau d'Or" ou "Aqua auri", qui est encore vendue de nos jours en Italie sous le nom de rosoglio, était considérée comme particulièrement efficace contre toutes sortes d'affections. »

On ne sait pas précisément qui a créé cette « Eau d'Or ». Apparemment, plusieurs expérimentateurs, savants et alchimistes étaient impliqués, puisqu'il s'agissait d'une combinaison d'alcool et d'une plante particulière. « Dans la médecine populaire, on emploie le droséra en cas de toux, d'affections pulmonaires, d'épilepsie, de maladies mentales, d'affections rénales et vésicales et de coqueluche » (*Faktenblatt- Flaggschiffarten Moore: Rundblättriger Sonnentau (Drosera rotundifolia)*; Office fédéral de l'environnement (OFEV), Gestion des espèces, 29 août 2007). Matthaeus Platearius, un médecin italien de l'école de Salerne, a décrit le droséra au XIIe siècle « sous le nom de *herba sole* comme une herbe médicinale pour les toux sèches ». « Une eau d'or à base de rossolis a rendu l'alchimiste Arnaldus Villanovanus (1235-1312) assez célèbre, car cet élixir était une savoureuse liqueur aux herbes appelée *rosoglio*, que l'on considérait comme un remède miracle pour toutes sortes de maladies. » Le rossolis était également appelé « herbe des taureaux » ou « herbe du rut » car il était appliqué sur les taureaux peu enclins à procréer afin de les y inciter.

On ne sait pas non plus qui fut le premier à importer du *rosoglio* ou *rossoli* dans la Confédération – probablement au XVIe siècle. Des mercenaires et des marchands de vin du canton de Nidwald? Ou peut-être des paysans schwytzois? Une liqueur aromatique réputée aphrodisiaque trouvait sans doute place dans les bagages de n'importe quel marchand de bétail.

Dans une droguerie d'Einsiedeln, on pense qu'il s'agit d'aïeux qui partaient vendre leurs bêtes au marché à l'étranger (« in welschen Landen »), en Italie du Nord et, selon une fiche d'information, ramenaient à la maison des recettes « d'un apéritif ou d'un digestif savoureux, le Rosoli, qui a rapidement acquis une grande popularité comme boisson réchauffante pendant les hivers rigoureux ». Pour son « Ur-Rosoli, l'original depuis 1848 », cette droguerie utilise « de l'eau de source déminéralisée, de l'eau-de-vie de fruits à pépins locale, des cerises séchées, de l'anis étoilé, des bâtons de cannelle, du sucre candi et du caramel » (*rosoli.ch*). Pour ce qui est du rossolis, en Suisse il fait depuis longtemps partie des espèces protégées et est considéré comme « potentiellement menacé » (OFEV).

Le Rosoli réchauffait non seulement les âmes souffrant de la morsure hivernale, mais aussi, tel un Cupidon liquide, les jeunes cœurs enflammés. Lorsque l'élue ouvrait secrètement sa fenêtre à son soupirant et le laissait entrer dans sa chambre, elle lui offrait un verre de Rosoli. Pour lui enlever sa timidité? Ou plutôt pour le requinquer? Le jouvenceau était sans doute plus attirant, plus piquant si son haleine était non pas chargée de bière, mais parfumée d'épices exotiques quand il l'embrassait pour la première fois.

Voir aussi: Brächere-Brönnts, page 288; Bündner Röteli, page 577.

17

ZOUG (*ZUG*)

La petite laitière et les cerises

Le développement fulgurant du canton de Zoug, qui est passé d'une terre de paysans pauvres à un paradis fiscal abritant d'innombrables sièges d'entreprises, fait aujourd'hui douter que ce territoire situé entre la Suisse centrale et Zurich ait jamais eu de vaches broutant sur des pâturages. Ce fut pourtant bien le cas : jusqu'au milieu du XXe siècle, Zoug resta une ville agricole, financièrement assez faible. Dans les années 1960, le plus petit canton de Suisse comptait encore deux conseillers aux États et affichait le plus fort endettement par habitant. Au début du troisième millénaire, Zoug fait désormais partie des cantons qui paient le plus pour la péréquation financière intercantonale.

Cette prospérité a un prix. Aujourd'hui, il faut presque chercher les pâturages peuplés de vaches ; mais ils existent encore, à l'écart des sentiers battus. Pourtant, le lait de vache est à l'origine de la transformation du canton rural qu'était Zoug en centre de services international, notamment pour le commerce mondial des matières premières. En 1864, la ville de Zoug fut raccordée au réseau ferroviaire et deux ans plus tard, un groupe d'Américains et un Suisse fondèrent la première entreprise de lait condensé d'Europe, l'Anglo-Swiss Condensed Milk Co. dont le siège et le site de production se trouvaient tout près de là, à Cham. La matière première était produite quotidiennement dans les étables, il suffisait de la traire et de l'amener à la *Südi* (condenserie). Après des débuts difficiles, les frères Georges et Charles Page ont mené l'entreprise au succès, des succursales furent créées dans le canton de Fribourg et en Suisse orientale. « À son apogée, l'usine de Cham occupait plus de 400 ouvriers, soit environ un habitant sur sept ; premier employeur de la commune, la Südi transformait chaque jour 66 000 kg de lait, fournis par près de 1300 agriculteurs des environs » (*DHS*). Le lait concentré sucré « Milchmädchen » (petite laitière) se vendait dans le monde entier. L'entreprise fusionna avec Nestlé en 1905.

Les hommes se sont installés très tôt au bord du lac de Zoug. Les découvertes paléolithiques de chasseurs-cueilleurs nomades sur la rive nord du lac de Zoug remontent à plus de 16 000 ans, et plus de 40 villages palafittiques datant du Néolithique (5500 à 2200 av. J.-C.) ont été répertoriés au bord du lac. C'est là que vivaient les premières populations sédentaires autosuffisantes. Les paysans pratiquaient surtout l'élevage laitier et l'arboriculture dans cette zone de transition entre le Plateau et les Préalpes. Quelques pêcheurs ont fait en sorte que le *Zuger Röteli* (l'omble chevalier du cru) devienne un symbole culinaire du canton entre le Rigi et Hirzel, alors que plus de 30 espèces de poissons vivent dans le lac.

Avec sa *success story* moderne, le canton de Zoug est devenu un cas exemplaire en matière de patrimoine culinaire. À quelque génération qu'ils appartiennent, les Zougois ont perçu un vide insidieux, quelque chose commençait à leur manquer de plus en plus dans un environnement qui se rétrécissait d'année en année.

Et que leur manquait-il ? Le temps des cerises et des cerisiers.

Cerisier, cerises, kirsch, tourte au kirsch – au bout de la chaîne, il y a le produit, et lorsque le premier maillon est menacé d'extinction, le dernier disparaît aussi. La ville de Zoug possédait autrefois 1000 cerisiers sur ses prés communaux, ils appartenaient aux habitants, qui avaient le droit de cueillir leurs fruits. Après le signal de la *Chriesiglogge* (cloche des cerises), tout le monde s'en donnait à cœur joie dans une véritable course à la cerise, le *Chriesisturm*.

C'est par la perte qu'on devient sage. Un groupe s'est rassemblé et a décidé, plein d'entrain, de remplacer les cerisiers abattus et d'augmenter de 1000 arbres la maigre population existante. Ainsi fut créée la communauté d'intérêts Zuger Chriesi. L'atmosphère de renouveau libéra les énergies et déclencha une réaction en chaîne, par exemple une association avec des producteurs de cerises autour du Rigi. Les produits traditionnels tels que le kirsch et la tourte au kirsch de Zoug, dont la réputation dépassait depuis longtemps les frontières de la Suisse, ont vivifié une conscience culinaire restaurée. Mais il fallait aussi se renouveler, et c'est ainsi qu'un charcutier a bricolé jusqu'à ce qu'il présente sa *Chriesiwurst*, une saucisse à la cerise. Elle est demandée, et si elle l'est toujours 40 ans après son lancement, elle aura toutes ses chances de figurer au patrimoine culinaire national.

Baarer Räbentorte

Gâteau à base de macarons aux amandes et fourré à la crème au beurre

La *Baarer Räbentorte* ne contient pas de *Räben* (betteraves blanches), comme son nom semble l'indiquer ; elle est appelée ainsi parce que lesdites betteraves étaient un aliment de base important dans la région jusqu'au lendemain de la Seconde Guerre mondiale et que Baar était pour ainsi dire la métropole des betteraves blanches – et aussi parce que l'inventeur du gâteau, Isidor Stierli (1905-1993), était originaire de cette commune. Diplômé d'une académie de pâtisserie à Cologne, il retourne à Baar en 1930, rachète le restaurant de son père et ouvre la pâtisserie Falken. C'est là qu'il a développé sa marque de fabrique, la *Räbentorte*. Stierli l'a assemblée à partir de l'expérience accumulée pendant ses années d'apprentissage et de voyage dans les bastions européens de la pâtisserie : le fond est de Bruxelles, le couvercle de Palerme et la crème au beurre de Paris.

Le fond, que le chef pâtissier visité appelle un macaron aux amandes, est composé de poudre d'amande, de blanc d'œuf et de sucre et rappelle par son goût les amaretti. La crème au beurre est un secret ; elle est composée de sirop de sucre, de certaines épices, de beurre et de margarine. Le point essentiel pour la réussir : qu'elle soit à la bonne température au bon moment. À la fin, le couvercle en génoise aux amandes est saupoudré de sucre glace et est décoré d'une *Räbenlaub*, à savoir d'une « feuille de betterave » faite de pâte d'amande teintée en vert. La *Baarer Räbentorte* est une marque protégée depuis 1970.

Une bonne moitié des gâteaux produits sont consommés à Baar, le reste dans la région. Cependant, le goût caractéristique d'amande de cette spécialité zougoise a également séduit celles et ceux qui ne reculent devant rien pour s'en procurer. Ainsi, grâce à sa gouvernante originaire de Baar, Sophia Loren connaissait bien la *Räbentorte* ; elle envoyait parfois un chauffeur jusqu'à Baar pour lui en rapporter une à son domicile en Suisse romande. Ou bien, prise d'une irrépressible envie de pâtisserie, elle y allait elle-même.

Gubel-Krapfen

Chausson du Gubel ; chausson rond à motif fourré aux noisettes

Entre Menzingen et Unterägeri se trouve une colline, le Gubel, sur lequel a été bâti le couvent de Maria Hilf. Au début du XXe siècle, les capucines ont demandé au grand-père du pâtissier auquel nous avons rendu visite à Menzingen de créer un chausson pour le couvent – chose assez étonnante, car normalement les recettes vont dans le sens inverse, des couvents vers le vaste monde.

Le grand-père prépara donc un prototype pour les sœurs, qui fabriquèrent des *Gubel-Krapfen* aussi longtemps qu'elles le purent dans leur boulangerie, et cessèrent cette activité dans les années 1990 car leur nombre avait trop diminué. Depuis lors, les chaussons du Gubel sont préparés dans une pâtisserie de Menzingen. Environ la moitié d'entre eux sont livrés au couvent, qui en a besoin surtout en été, lorsque des communautés de femmes se rendent en pèlerinage au monastère.

Le chausson du Gubel appartient à la même famille que ses cousins schwytzois le *Rigibock* et le *Hölloch-Chräpfli*, à la différence que l'on incorpore du miel à la pâte et que les signatures sur le motif n'ont rien de vraiment local, puisqu'elles peuvent représenter des étoiles, des glands, des fruits ou des moutons. La recette de la pâte est la même que pour des biscuits à l'anis, sauf que l'on n'utilise pas d'anis. La garniture est composée de noisettes grillées et finement moulues, de sucre, de *Schraps* (biscuits sucrés séchés et moulus) et d'eau. On procède ensuite comme avec le *Rigibock* (cf. *page 382*).

Zuger Kirschtorte

Tourte au kirsch de Zoug ; tourte ronde à base de japonais, de génoise, de kirsch et de crème au beurre

Ce dessert pour adultes est réputé être la « tourte de marque » la plus vendue en Suisse – pas étonnant, donc, qu'elle soit remarquable, aussi bien haptiquement que gustativement. La *Zuger Kirschtorte* a été créée par Heinrich Höhn (1889-1957), un pâtissier venu de Herisau. Son magasin se trouvait à proximité du siège de la Kirschwasser-Gesellschaft de Zoug (fondée en 1870), une organisation de marketing avant la lettre qui contrôlait la qualité du kirsch zougois et exportait cette spécialité dans le monde entier. Inspiré par les distillats et leur excellente réputation, Höhn s'est mis à développer une tourte. Après moult essais et dégustations, il présente sa pâtisserie contenant du kirsch en 1915. La recette n'allait pas de soi : Höhn a dû s'y reprendre bien des fois avant d'aboutir, car l'alcool est volatile et le pâtissier devait éviter que le gâteau ne s'en imbibe au point de ressembler à chiffon humide.

Le secret de la tourte au kirsch de Zoug réside dans son goût et dans la combinaison de trois consistances, l'une croustillante, l'autre moelleuse et la dernière beurrée. En outre, il faut faire en sorte qu'elle ne se délite pas lorsqu'on la découpe. L'astuce permettant au kirsch de ne pas s'échapper du gâteau est celle-ci : la crème au beurre renferme un mélange de sirop de sucre, de kirsch et d'un peu de marasquin dans la génoise. On fait donc cuire deux fonds en japonais ainsi qu'une génoise. La crème au beurre est fouettée avec du beurre, du sucre, du kirsch et un peu de jus de betterave pasteurisé pour lui donner une couleur rose. Lors de l'assemblage, le pâtissier étale d'abord de la crème au beurre sur la surface de la base, un fond en japonais. Il dépose ensuite la génoise par-dessus, l'imbibe de sirop au kirsch, étale à nouveau de la crème au beurre sur le second fond de japonais et le pose avec le côté crémeux sur la génoise. Puis il répartit le reste de sa crème au beurre sur le bord et la surface de la tourte. La matière grasse empêche l'écoulement du sirop au kirsch, qui peut atteindre 3,5 décilitres – dont une part considérable de kirsch – pour un gâteau de 900 grammes et de 20 centimètres de diamètre. Pour finir, il tapisse le pourtour avec des éclats d'amandes effilées grillées, saupoudre le dessus de sucre en poudre (mélangé à un peu d'amidon pour l'empêcher de se dissoudre) et dessine un motif en losanges sur la tendre surface.

En 1922, Heinrich Höhn fit réaliser une marque, une étiquette représentant la *Zytturm* (tour de l'horloge) de Zoug avec un ruban bleu. Il n'a pas réussi à faire protéger la recette, mais la marque a été enregistrée auprès de l'Institut de la propriété intellectuelle à Berne. Sa recette originale manuscrite n'a pas été conservée. « Le plus ancien document attesté qui devrait se rapprocher le plus de la recette originale est la recette figurant dans le livre de cuisine paru en 1933 de la Zuger Haushaltungsschule "Salesianum" (école d'enseignement ménager du Salesianum de Zoug) » (*OFAG : Appellations d'origine et indications géographiques*).

En 1943, Höhn transmit l'entreprise à son chef pâtissier Jacques Treichler, et elle sera reprise par la famille de pâtissiers lucernois Heini (Treichler Zuger Kirschtorten AG) en 2004. Depuis sa création, cette tourte n'a changé que sur un point : elle contient plus d'alcool qu'avant. Höhn a utilisé le kirsch comme un arôme plutôt que comme une caractéristique essentielle du gâteau que l'on savoure pour son goût intense. Déjà en 1918, les premiers automobilistes se retrouvaient à Zoug pour s'en régaler : stimulés par les annonces publicitaires de la *NZZ*, les citadins prenaient le volant de leurs machines bringuebalantes pour faire un petit tour à la campagne en direction du lac de Zoug.

Après que sept recours ont été écartés par l'Office fédéral de l'agriculture, la tourte au kirsch de Zoug a définitivement obtenu son IGP en 2015. L'appellation « Zuger Kirschtorte » n'est conforme qu'à condition que le gâteau soit produit dans le canton de Zoug.

Voir aussi : Solothurner Torte, page 99 ; Bundesrat-Schaffner-Torte, page 115.

CONFISERIES

Baarer Räben

Praliné au chocolat en forme de betterave avec un mélange aux truffes en son centre

À partir de *Räben* (betteraves blanches), on peut produire du sucre, mais certainement pas de chocolat. Ainsi, les *Baarer Räben* sont considérées comme un délicat rappel de l'époque où la culture de la betterave sucrière avait une grande importance à Baar et dans ses environs. Cette friandise de cinq centimètres sur trois et demi, confectionnée à partir de chocolat de couverture (contenant au moins 31 % de beurre de cacao) et d'un mélange aux truffes, existe depuis 1932 et a été créée par un dénommé Widrig, confiseur qui a gardé la recette secrète et ne l'a partagée qu'avec son successeur. Alors que la culture de la betterave a lentement commencé à décliner après la Seconde Guerre mondiale, la betterave au chocolat a connu une popularité certaine et sa recette a été retransmise à la génération suivante, jamais par écrit, seulement d'une oreille à l'autre, jusqu'à nos jours – raison pour laquelle il nous est toujours impossible de la révéler ici dans toute sa splendeur.

Le confiseur verse la couverture liquide dans des demi-betteraves placées sur des plaques en plexiglas, les laisse s'égoutter sur une grille afin qu'il reste suffisamment d'espace creux dans les moules, et les place au réfrigérateur. Une dizaine de minutes plus tard seulement, il utilise une poche à douille pour presser son mélange aux truffes et au chocolat au lait dans les moules. C'est dans ce mélange que réside tout le secret. Le confiseur nous dévoile uniquement qu'il s'agit d'une affaire complexe et à l'ancienne. Il place ensuite deux plaques de plexiglas l'une sur l'autre, de sorte que les deux moitiés de betterave restent toujours collées l'une à l'autre par leur face inférieure. La jonction s'intensifie au réfrigérateur, mais sa température ne doit pas être trop basse, sinon des fissures pourraient se former dans la couverture. Les betteraves terminées sont démoulées par de légers mouvements et emballées dans des feuilles d'aluminium. Les *Baarer Räben* sont disponibles en chocolat blanc, au lait et noir, toutes contenant le fourrage original.

BOISSONS

Zuger Kirsch et Rigi Kirsch

Alcools blancs fabriqués à partir de moût de cerises

Y a-t-il un schnaps national ? Le kirsch serait un candidat approprié, car c'est sans doute l'eau-de-vie de fruits la plus connue en Suisse : non seulement parce qu'il est bu pur comme *Verrisserli* (digestif) ou versé dans la fondue, mais aussi parce que le kirsch est omniprésent dans les pâtisseries et les confiseries, qu'il s'agisse de crèmes, de masses à fourrer ou de gâteaux entiers.

En ce qui concerne le kirsch, les avis divergent. Il y a le « Volkskirsch » ou kirsch populaire, distillé à partir de cerises poussant aux abords de la maison et qui sont rassemblées pour être broyées et distillées, et puis il y a les eaux-de-vie nobles faites à partir de cerises sélectionnées d'une variété bien précise : de véritables exclusivités, aussi rares que les variétés à partir desquelles elles sont distillées. Les régions productrices de kirsch les plus importantes sont le nord-ouest de la Suisse avec le canton de Bâle-Campagne et le Fricktal, ainsi que la Suisse centrale et des zones à la production plus modeste comme le Freiamt, le Jura et le Jura neuchâtelois. Le Kirsch de Zoug est de haute réputation, lui qui a été reconnu comme AOP en 2013, tout comme le Rigi Kirsch. Dans ce domaine également, une tendance aux eaux-de-vie monovariétales de variétés rares se dessine. « Le kirsch est notre matière première, pas le pétrole brut », souligne le *spiritus rector* du site *zugerchriesi.ch*.

Même s'il y avait et qu'il y a encore des cerises sauvages en Europe, les deux principales espèces « cultivées dès le Moyen Âge » sont originaires d'Asie Mineure, comme on peut le lire dans le *Larousse gastronomique* : « le merisier, ou cerisier doux (*Prunus avium*), a donné les arbres portant le bigarreau et la guigne ; [...] le griottier, ou cerisier acide (*Prunus cerasus*), a donné les arbres portant l'amarelle et la griotte ».

Les cerisiers sont à l'origine des arbres haute-tige, tout comme les pommiers et les poiriers. Ces arbres ont façonné le paysage rural pendant des siècles ; ils ne servent pas seulement l'homme, qu'ils enchantent avec leurs fleurs au printemps et leurs fruits en automne, mais constituent également un habitat à part entière pour de nombreuses plantes et animaux. Cependant, avec la rationalisation progressive de l'existence, la plupart des arbres haute-tige ont été sacrifiés au profit de cultures basse-tige nouvellement développées : le travail consistant à poser une échelle sur l'arbre, à y monter, à se saisir d'une pousse après l'autre et à cueillir les délicates cerises n'est plus rentable. Aujourd'hui, les fruits des arbres haute-tige sont récoltés, cueillis ou secoués de l'arbre et transformés en eau-de-vie. Depuis le début du XXIe siècle, on s'efforce de replanter ces arbres et d'en prendre soin, principalement pour des raisons écologiques.

Les meilleurs kirschs sont distillés à partir de fruits de petite à moyenne taille de cerisiers haute-tige. Les cerises de table sont issues de vergers basse-tige; elles doivent être dodues, juteuses et bien charnues. Celles qui sont destinées à la distillation, en revanche, doivent avoir moins de chair afin que le noyau puisse développer sa saveur dans l'eau-de-vie: il lui confère une note d'amande. En Suisse centrale, il y a encore beaucoup d'arbres fruitiers haute-tige: 55 000 cerisiers de ce type dans la seule région Zoug-Rigi (recensement 2001), même s'il y en avait trois fois plus dans les années 1950.

Où produit-on le meilleur kirsch du pays? Une question à laquelle il est très ardu de répondre, mais qui aiguillonne aussi bien les fruiticulteurs que les distillateurs. Car la baisse de la consommation de kirsch ne permet qu'une seule voie de salut: la qualité plutôt que la quantité. Au cours de la saison 1982-1983, 17 220 hectolitres de kirsch ont été distillés sur l'ensemble du territoire suisse; en 2005-2006, 3395 hectolitres. Et pourtant, le choix d'eaux-de-vie est plus large que jamais. Le Brenzer Kirsch d'Argovie, par exemple, est produit à partir de cerises noires traditionnelles de culture haute-tige de petite à moyenne taille (Slow Food Presidio); citons ici la cerise Basler Langstieler (variété à distiller classique de haute qualité), la Seppetoni (variété rare de la commune de Schupfart dans le Fricktal), la Lampnästler (poussant sur des cerisiers aux branches pendantes), la Rote Lauber (cerise rouge à distiller), les Weisser Trauben Kirsch (cerises jaunes de taille moyenne qui pendent de l'arbre comme des raisins), la griotte Ämli (variété de griotte rouge et brillante) ou encore la Chatel Morel (griotte brune, aussi appelée « griotte du Nord »).

Au début du XXIe siècle, on avait identifié en Suisse plus de 800 variétés de cerises. Fritz Kobel (1896-1981), ancien directeur de la station de recherche de Wädenswil, a décrit à lui seul 250 variétés dans *Die Kirschensorten der Schweiz* (1937). Dans le district schwytzois de Küssnacht, 95 variétés de cerises à distiller ont été inventoriées dans 58 exploitations en 1991 dans le cadre d'un travail de semestre à l'EPFZ. Le kirsch était déjà un produit commercial important au XVIIIe siècle. La société Kirschwasser-Gesellschaft Zug fut fondée en 1870 pour veiller à la qualité du kirsch et lui ouvrir de nouveaux marchés.

De la bonne eau-vie de cerise (« guts Kriesi-Waser ») était proposée en 1748 sur les marchés de Zurich avec le slogan « Der Kirschengeist erquickt den Prasser viel mehr als Wein, Bier, Most und Wasser » (« L'esprit-de-cerise rafraîchit le passant bien plus que le vin, la bière, le cidre et l'eau »), d'après le colporteur qui en vantait les mérites dans la série des estampes de marchands ambulants de David Herrliberger (1697-1777).

L'envers de cette publicité flatteuse, c'étaient des conséquences alarmantes: plus de deux siècles avant l'apparition du terme *alcoolisme*, les autorités luttaient contre ce problème. « Vers 1662, on distillait tant de cerises que le magistrat craignait que « le kirsch coûte de plus en plus cher aux pauvres gens et que les débauchés soient poussés à encore plus de débauche », écrit Albert Hauser (*Vom Essen und Trinken alten Zürich*, 1973). Au XVIIe siècle également, les autorités de Zoug, de Schwytz et de Lucerne tentèrent de contrôler la distillation de kirsch, car celle-ci « ne consomme pas seulement les beaux fruits offerts par Dieu d'une manière ignoble, mais prive les pauvres et les indigents de s'en nourrir; cet usage éhonté provoque de grands dommages au corps et à l'âme chez de très nombreuses personnes ».

Avant de procéder à leur distillation, les cerises doivent être écrasées, ce qui donne un mélange de peau et de pulpe, de jus et de noyaux, lesquels ne doivent pas se briser lors du broyage (à cause des substances amères qu'ils contiennent). La fermentation de la pulpe de fruit dans un tonneau démarre grâce à des levures et de l'acide sulfurique, lactique ou phosphorique (pour éviter l'apparition de micro-organismes indésirables). Du gaz carbonique est produit pendant la fermentation, ce qui fait que l'on perçoit des borborygmes et des sifflements dans la cuve. La fermentation s'achève lorsque l'émission de gaz carbonique s'arrête; le moût est distillé ou, selon le producteur, laissé au repos pendant plusieurs mois afin qu'il puisse continuer à développer son arôme. La distillation produit un distillat d'une teneur en alcool comprise entre 70 à 80 %; pour faire descendre ce degré d'alcool élevé à environ 45° afin de le rendre propre à la consommation, le kirsch est mélangé à de l'eau déminéralisée.

Avec la perte de milliers de cerisiers haute-tige, rasés pour des zones à bâtir de toutes sortes et sous l'effet de soi-disant « optimisations » agricoles, ce sont des traditions qui menacent de disparaître – et avec elles un morceau d'identité, car en Suisse centrale, la culture de la cerise remonte à très loin. Les autorités schwytzoises ont traité du *kriesnen*, c'est-à-dire de la cueillette des cerises, dans un protocole datant de 1552. « Le *Chriesimärt* (marché aux cerises) de Zoug est mentionné pour la première fois en 1627, la coutume de la *Chriesiglogge* (cloche des cerises) de Zoug remonte à 1711 et la *Chriesisturm* (course à la cerise) est mentionnée dans un récit de 1886 », indique *zugerchriesi.ch*.

Au début du XXIe siècle, la communauté d'intérêts Zuger Chriesi a été créée dans le chef-lieu du canton pour y planter 1000 cerisiers et y faire revivre les anciennes traditions: le *Chriesimärt*, la *Chriesiglogge*, qui donnait autrefois le signal que la récolte des cerises sur l'*Allmend*, à savoir les prés communaux couverts de cerisiers, était ouverte à tous, et le *Chriesisturm* qui s'ensuivait, lorsque les habitants se ruaient à l'aventure munis de caisses et d'échelles.

SUPPLÉMENT

La *Chriesiwurst*

Voici une saucisse pour le moins originale, à base de viande de bœuf, de porc et de lard de cou hachés, affinée avec des cerises noires broyées et séchées; elle fut créée en 2009 par un boucher de Zoug.

Voir aussi: Mirabellenschnaps, page 61.

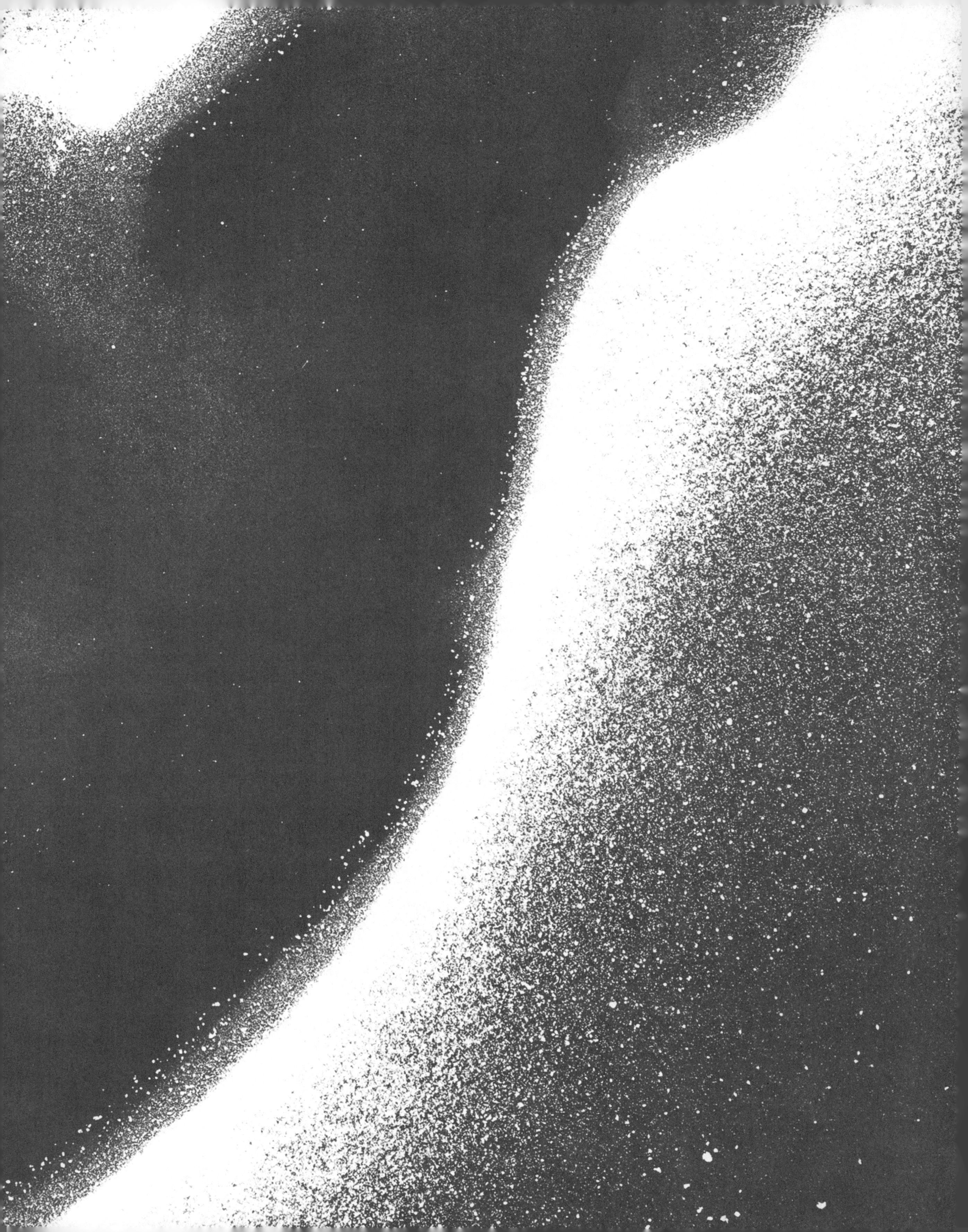

18

SAINT-GALL (*ST. GALLEN*)

Le *Bürli* et la diva

Si l'on n'a pas la région de Saint-Gall sous les yeux au quotidien, il est difficile de donner un sens à cette entité ; pour s'en faire une idée – une tâche complexe même sans tenir compte de ses habitants – il faut une carte : elle se trouve entre trois lacs et est bordée par le Rhin à l'est, les Alpes s'élèvent au sud et au nord le paysage s'étend dans le relief vallonné de la Thurgovie, le tout dominé et divisé par les chaînes montagneuses de l'Alpstein et des Churfirsten. Et au milieu, les deux demi-cantons d'Appenzell, comme une « pièce de cinq francs dans une bouse de vache » (car telle est la traduction de l'expression employée par les Appenzellois : « Fünfliber im Kuhfladen »). Des gens complètement différents. Comme si les mentalités saint-galloises ne suffisaient pas.

Il y a la ville avec sa célèbre abbaye bénédictine, principauté abbatiale et seigneur foncier, source de conflits dans un espace confiné jusqu'à la suppression de l'abbaye en 1805, deux ans après la fondation du canton actuel. Les environs, de Wil à Rorschach, qui se sont développés au point de former une grande région. Plus loin, la vallée du Rhin saint-galloise, d'Altenrhein à Sargans, aussi fractionnée que l'ensemble du canton. Au-dessus de Bad Ragaz, la terre saint-galloise s'étend jusqu'au nord du massif du Calanda ; il s'y ajoute le Sarganserland, qui se termine juste avant Coire et à l'ouest avant le canton de Glaris ; la région de Walenstadt à Uznach, Rapperswil et au milieu de tout cela, une coupe allongée dans la topographie, de Wil à Wildhaus, le Toggenbourg.

Un conglomérat de paysages et de personnes, des États territoriaux relativement petits qui ont été régis par différents systèmes jusqu'à la fin de l'Ancien Régime. Les princes-abbés de Saint-Gall régnaient en monarques absolus ou constitutionnels. Saint-Gall elle-même et Rapperswil formaient des villes-États et appartenaient à la Confédération en tant que pays alliés. Les sept anciens cantons de Zurich, Lucerne, Uri, Schwytz, Unterwalden, Glaris et Zoug ont contrôlé le Sarganserland, la vallée du Rhin et le reste du canton actuel dans diverses compositions.

Ce dernier fut créé à partir des ruines de l'Helvétique, des éphémères cantons du Säntis et de la Linth ; une construction napoléonienne comme l'Argovie, mais en plus extrême. Avec le *Bauernschüblig* et le *Mandelfisch*, le *Törggaribel* et le *Schlorziflade*, le *Bürli*, le *Biber* et le *Chörbliwasser*, le canton de Saint-Gall offre un large éventail de produits comestibles. Du chalet d'alpage à l'abbaye, qui a développé très tôt une tradition culinaire – même si la population en est restée exclue. Le menu historique commence en 612 avec du pain et du poisson comme premier plat : le missionnaire Gall pêcha du poisson dans la rivière Steinach et donna du pain à un ours qui lui apporta du bois pour se chauffer. L'ermitage a donné naissance au monastère en 719, doté cent ans plus tard du plus ancien plan de construction européen. En plus des jardins des simples et des potagers, des écuries étaient également dessinées dans ce plan de l'abbaye idéale (car le monastère est devenu abbaye d'Empire au début du IXe siècle), ainsi que trois boulangeries et trois brasseries.

La célèbre bibliothèque de l'abbaye contient également l'une des plus anciennes listes – sinon la plus ancienne – de tous les aliments et boissons connus à l'époque, établie afin de les bénir : les *Benedictiones ad mensas*, rédigées par le moine Ekkehard IV peu après l'an 1000.

Hors des murs du monastère, les *Lebküchler*, boulangers spécialisés dans les pains d'épices, fabriquaient des *Biber* et les bouchers des saucisses, tandis que les paysans de la région de Werdenberg et du Toggenbourg fabriquaient leurs *Bloderchäs* et *Surchäs*, des fromages à caillé lactique qui sont la forme la plus primitive de conservation du lait. La campagne est restée en retrait, la ville s'est développée et enrichie. On s'y offrait les meilleurs produits – dont une saucisse, et pas n'importe laquelle : la meilleure du pays, une diva en blanc.

te und älteste Schatbock-

EINSIEDLER SCHAFBOCK
Petit gâteau rond au miel sans garniture

ROSOLI
Boisson alcoolisée et épicée semblable à une liqueur

ZUGER KIRSCH ET RIGI KIRSCH
Alcool blanc fabriqué à partir de moût de cerises

BAARER RÄBEN
Praliné zougois au chocolat en forme de betterave, fourré d'un mélange aux truffes en son centre

MANDELFISCH
Pâtisserie légère en forme de poisson et fourrée aux amandes

BLODERCHÄS ET SURCHÄS
Le *Bloderkäse* (frais, non affiné) et le *Sauerkäse* (affiné) sont des fromages obtenus à partir de lait de vache écrémé, selon une méthode ancienne et grâce à un processus d'acidification

APPENZELLER MOSTBRÖCKLI
Morceaux de viande séchée et fumée à base de viande bovine

Sankt Galler Bratwurst/ Sankt Galler Kalbsbratwurst

Saucisse à rôtir (de veau) de Saint-Gall ; saucisse échaudée blanche à base de viande de veau et de porc

Le défi consistant à sauver du pourrissement une denrée alimentaire aussi précieuse que la viande a donné aux tables du monde entier un véritable trésor, un bien culturel aux milliers de variantes : la saucisse. Une masse de viande finement découpée et hachée, assaisonnée et parfois enrichie d'ingrédients végétaux, emballée dans un boyau. La saucisse est considérée comme le pâté du pauvre, et seuls les ignares tiennent ce renversement comme une appréciation positive.

Parmi les saucisses suisses, la *Sankt Galler Kalbsbratwurst* domine la saison des grillades comme aucune autre ; ni le cervelas, ni la saucisse à rôtir de porc, ni le schüblig ne peuvent rivaliser avec elle sur le barbecue. Considérée comme la saucisse la plus fine et la plus noble sur le plan gustatif, la blanche diva de Saint-Gall se distingue de ses concurrentes de plusieurs autres façons : sa teneur en viande doit être supérieure à 50 % pour ce qui est du veau (sinon il s'agit simplement d'une saucisse à rôtir) ; comme il y a d'autres ingrédients non carnés dans cette saucisse, on se retrouve avec un bon tiers de viande de veau. La chair à saucisse est très finement mixée ; avant d'être blanchie, elle ressemble à une émulsion pâteuse. Aucun sel nitrité n'étant ajouté à la chair, il n'y a pas de rubéfaction. La couleur de la saucisse à rôtir de veau est rose clair à l'état cru et blanche à l'état cuit. La chair contient du lait ; à haute température, le lactose se caramélise, raison pour laquelle la saucisse brunit en grillant ou en rôtissant. À l'origine, sa teneur en porc était prédominante ; les sources écrites remontent au XIVe siècle. Jadis, la chair à saucisse était découpée ou hachée à l'aide de simples hachoirs ; ce n'est que grâce au développement du cutter au début du XXe siècle (cf. *Digression page 530*) que l'on a réussi à obtenir une chair à saucisse crue d'une grande finesse, presque sans contours.

Comme pour toutes les « inventions » qui ont modifié et enrichi l'art de cuisiner ainsi que les cuisines, on tâtonne dans l'obscurité pour trouver des créateurs en matière de fabrication de saucisses. Nul besoin de formules mathématiques pour découvrir qu'un animal dépecé ne contient pas seulement de la viande, mais aussi des tubes et des poches dans lesquels on peut mettre des morceaux (davantage sur les saucisses à la *page 165*).

La recherche de la meilleure *Sankt Galler Kalbsbratwurst* mène toujours à Saint-Gall, malgré tous les efforts de nombreux bouchers du pays. Amis et connaissances, saucissologues et gourmets insistent de concert : ce n'est que là où elle a été embossée pour la première fois qu'on peut la déguster dans sa forme la plus pure. La nostalgie des Saint-Gallois exilés appuie naturellement cette argumentation, notamment lorsqu'il s'agit de déterminer quelle boucherie de la capitale ou à la campagne peut prétendre remporter la couronne de la meilleure saucisse. La base de la « Bratwürst » a été établie par la guilde des bouchers de Saint-Gall dès 1438 ; elle détermine très précisément les ingrédients autorisés (lard, rôti de porc et viande de jeune bœuf et de veau) et ceux qui sont interdits (reins, cœur et viande de cou). Tout cela doit être bien haché puis mélangé. Si l'un ou l'autre des ingrédients autorisés vient à manquer, les bouchers ont l'interdiction de le remplacer par un autre, sous peine d'amende.

Le Conseil municipal, qui avait établi les statuts des guildes, était chargé de veiller au respect de la réglementation et, dans le cas des bouchers, de désigner un inspecteur officiel des viandes. L'assurance qualité est donc quelque chose que l'on connaît depuis longtemps, à Saint-Gall. En principe, les bouchers sont restés fidèles au mode de fabrication traditionnel, même si aujourd'hui il lui est permis d'utiliser du cou, mais certainement pas d'abats. Le connaisseur n'a aucune vue sur l'intérieur de la saucisse, elle lui est refusée ; il ne peut rien contrôler, seulement faire confiance – et goûter. Aujourd'hui, plus de la moitié des saucisses à rôtir sont produites industriellement. Elles peuvent rarement rivaliser avec l'originale saint-galloise, ne serait-ce qu'en raison des conditions préalables. « L'eau, l'air et les épices sont les éléments qui font les bonnes saucisses à rôtir, explique un expert local, les conditions varient d'une région à l'autre. » Incontestablement, la viande séchée de l'Engadine n'a pas le même goût que celle du val d'Hérémence en Valais.

Bien que l'on fabrique des saucisses depuis de nombreux siècles – déjà avec le bouchoyage pratiqué dans les fermes –, il y a peu de recettes de saucisses dans les livres de cuisine, surtout les modernes. Dans les plus anciens, cependant, on en trouve. *Ein schön Kochbuch 1559* (de Coire, avec des recettes du XVIe à la fin du XVIIe siècle) en propose toute une série, comme *« Kelber wurst zu machen »* (saucisse de veau avec du poumon haché), *« Wilt du scharwilladen machen »* (une sorte de cervelas), *« Leber Würst, salsitz gut Zumachen »* (boudin blanc), *« Luncken Würst »* (à base de viande de poumon) ou *« Welsche würstle »* (saucisse des pays latins). Celle qui se rapproche le plus de la saucisse de veau actuelle est la recette *« Einander gattig klein Würstle »* avec du gigot de veau, du lard, de la graisse de bœuf, de l'œuf, de la noix de muscade, de la cannelle, des clous de girofle, du poivre – et certainement du sel, même si ce n'est pas mentionné.

Le *Bernerisches Kochbüchlein* de 1749 contient des recettes de *Servella* (comparable au cervelas d'aujourd'hui), de *Bratwürst*, de *Schaaf Würstlein* (saucisse d'agneau) et de « salami, ou comment faire une bonne saucisse à l'italienne » (*« Sallmy, oder auf Italiaenische Art gute Würst zu machen »*). Il s'agit le plus souvent de pâté, lorsqu'on utilise de la viande hachée; par exemple le *« Gebeizte Kalbfl. Pastete »* (pâté de veau mariné), pour lequel la viande, qui devait provenir d'un morceau supérieur ou inférieur, devait « être marinée pendant plusieurs jours après avoir été coupée en très fines tranches qu'il faut attendrir en les battant fortement », est-il précisé dans les cahiers de recettes d'Anna Margaretha Iselin-Wetzel et de sa fille Maria Magdalena Schorndorff-Iselin (fin du XVIIIe – début du XIXe siècle à Bâle). Mentionnons encore une recette de quenelles de veau figurant dans *La Cuisine des familles* (1889).

Le *Neues illustriertes Schweizerisches Kochbuch für die bürgerliche Küche wie den feineren Tisch* (1876) présente les « St. Galler Bratwürste » comme des saucisses de porc. Le veau, lui, s'utilise pour les « Gewöhnliche Bratwürste », les saucisses à rôtir ordinaires; cette recette se trouve également dans un livre de cuisine de Constance de 1845. Selon le manuel *Buchhofer's Schweizer Kochlehrbuch* (1934), les saucisses à rôtir doivent « d'abord être trempées dans de l'eau bouillante pendant 1 à 2 minutes, ou plongées dans une marmite à soupe bouillante », puis il faut « bien les sécher, les rouler dans de la farine et les rôtir dans une poêle plate [...] pendant 10 à 15 minutes jusqu'à ce qu'elles soient bien dorées des deux côtés »; pour sa recette de saucisses à rôtir, Buchhofer utilise du porc, mais « selon les circonstances, on peut aussi utiliser en partie du veau à la place du porc maigre ». Dans ses « remarques générales » sur ce type de saucisse, l'auteur recommande, pour le hachage, « d'utiliser de préférence le hachoir à viande américain original » – Buchhofer ne précise pas s'il s'agit du premier véritable cutter ou d'un de ses précurseurs.

Rôti de porc et viande de veau et de jeune bœuf: la saucisse à rôtir saint-galloise originelle était manifestement plutôt une saucisse au porc, et donc un produit noble pour l'époque. Aujourd'hui, la saucisse à rôtir jouit toujours de ce statut, quoique dans une composition opposée, car la viande de veau domine désormais, et elle coûte beaucoup plus cher que celle de porc, produite industriellement dans des élevages de masse. Autrefois, cependant, les petites exploitations des collineuses régions préalpines ainsi que du Jura vivaient modestement, l'approvisionnement en nourriture y était soumis au cycle des saisons et à un ajustement précis. Les paysans étaient autosuffisants, comptant sur leurs stocks de fourrage et sur la broderie pour s'assurer des revenus complémentaires en hiver, par exemple dans la vallée du Rhin saint-galloise, « un pays pauvre qui était régulièrement inondé », comme le raconte un boucher de ladite vallée. L'herbe servait à nourrir les chèvres, les brebis et les vaches, dont le lait était transformé en beurre, en fromage et en sérac. Le petit-lait issu de la fabrication du fromage était donné à la truie, tout comme les déchets de la cuisine; ce dont il avait besoin en plus, l'animal se le procurait dans les pâturages boisés jusqu'au jour de son abattage. Les velles (veaux femelles) étaient élevées pour en faire des vaches laitières, alors que les veaux mâles, qui ne valaient rien – un taureau, s'il en fallait un, vivait longtemps –, servaient parfois à fabriquer des saucisses.

Aussi simple que cela puisse paraître, l'équilibre dans l'approvisionnement alimentaire était fragile. Même une très modeste ménagerie ne pouvait être maintenue si le fourrage était insuffisant. Dans un texte de Böttstein dans le canton d'Argovie, il est dit que « si une ou plusieurs personnes n'ont pas de biens, elles ne devraient pas avoir d'autre bétail qu'une vache, deux cochettes et quelques brebis, et ne devraient pas avoir de *moren* » (1585, *Idiotikon*). Les *Moren* et *Färlimoren* sont des truies mères (ayant déjà mis bas), qui consomment beaucoup de nourriture; encore à la fin du XIXe siècle, elles revenaient très cher (« schweineteuer », dit-on en allemand: cher comme un cochon). Dans un livre de comptes datant de 1890 à 1900, que le boucher de la vallée du Rhin mentionné ci-dessus a trouvé dans l'héritage de son grand-père, 1000 francs étaient notés comme le prix d'une truie mère, ce qui correspondait à l'époque au salaire mensuel d'environ 30 ouvriers. Aujourd'hui, on paie environ 900 francs pour une femelle de 300 kilos, soit à peu près une semaine de salaire.

Dans la boucherie de Saint-Gall que nous avons visitée, l'artisan commence à travailler entre trois et quatre heures du matin, tout comme le boulanger. Il n'y a pas de secrets, « des produits de première qualité, c'est tout », assure-t-il. De la viande absolument fraîche et sans parures: du veau, des morceaux pour le rôti et le ragoût (de l'épaule, de la poitrine et du cou); du porc, du savoureux lard de cou et de nuque; du lait écrémé frais et très froid, ni glace ni lait en poudre; du sel de cuisine, du poivre et du macis (l'écorce de la noix de muscade); un peu de glutamate et très peu de phosphate.

Dans le cutter, la viande de veau est mixée à l'intérieur d'un bac circulaire avec un couteau hélicoïdal. Un « couteau extrêmement coupant », dit le producteur, « il doit être aiguisé tous les jours et périodiquement radiographié». Après quelques manipulations, il ajoute le lard, puis les épices et la plus grande partie du lait. Il met des protections sur ses oreilles et augmente le volume, la pièce résonne d'un bruit infernal, le sol tremble. Le couteau broie la masse à 5000 tours/minute, séparant les protéines, qui se lient à la graisse et au liquide pour former une émulsion, la plus fine et la plus tendre des chairs à saucisses. Entre-temps, le boucher passe son racloir sur le mélange et vérifie sa consistance. La viande de veau est tantôt un peu sèche, tantôt plus juteuse. Si le mélange est trop compact, il y ajoute du lait.

S'il existe un secret, en dehors de la qualité des ingrédients, c'est dans l'habileté et le savoir-faire du charcutier qu'on le trouve. La chair à saucisse est une masse sensible, que le cutter chauffe à 14-15 °C. Si elle est trop chaude, les protéines brûlent et l'émulsion se décompose, raison pour laquelle la plupart des bouchers versent par précaution de la glace sur la masse.

Au bout d'une dizaine de minutes, il éteint la machine. «Les modèles antérieurs cliquetaient pendant une demi-heure.» Le boucher prend maintenant la totalité de la chair, qu'il destine à l'embosseuse. La masse est vidée dans un entonnoir et poussée par portions contrôlées par ordinateur à travers un tube dans le boyau de porc d'origine chinoise qui a été enroulé autour du tube. Les saucisses rose pâle tombent sur la table à un rythme accéléré; leurs extrémités sont torsadées automatiquement. Le boucher laisse ensuite ses saucisses crues pocher 40 minutes dans une eau à 70 °C, après quoi elles doivent refroidir pendant une demi-heure sous l'eau courante. Pour finir, elles sont séparées par paires et suspendues.

Avec ou sans moutarde? Cette question, la plus délicate dans la métropole de la saucisse de Suisse orientale, doit être clarifiée. Notre boucher estime que la moutarde ne s'accorde pas avec le goût fumé de la saucisse grillée, mais il ne refuse pas, de temps à autre, un peu de moutarde avec une saucisse échaudée. En fait c'est dommage, poursuit-il, car l'harmonie délicate d'une saucisse de veau fraîche est réduite à néant – ou en tout cas passablement perturbée – par presque n'importe quelle moutarde. Hans Stucki n'est pas originaire de Saint-Gall, mais d'Anet dans le Seeland bernois. Sa réputation de maître de cuisine reste légendaire, sa parole a un poids certain – c'est ainsi qu'il a dit un jour sur le Bruderholz, près de Bâle, que «seules les mauvaises saucisses ont besoin de moutarde». Cette phrase agit tel un baume sur les âmes saint-galloises endolories, qui doivent regarder, dans la diaspora de la saucisse, de l'autre côté de la frontière cantonale, leur saucisse de veau être impitoyablement maltraitée de l'abattoir à la dernière bouchée, sans aucune compréhension de l'histoire culturelle.

Outre la qualité des ingrédients, une production soignée et la façon de la consommer, le format de la saucisse joue aussi un rôle dans l'expérience gustative. La *Chliini* (petite), qui pèse 115 grammes, est l'amuse-bouche idéal pour une fête estivale. La saucisse à rôtir de l'OLMA (*Ostschweizerische land- und milchwirtschaftliche Ausstellung*) a été créée à Saint-Gall en 1943 pour la première édition de cette grande foire agricole de Suisse orientale – elle pesait 165 grammes et y faisait office de repas-minute pour les visiteurs pressés et affamés. La *Kinderfest-Bratwurst* (littéralement: saucisse à rôtir pour la fête des enfants), un beau bébé de 230 grammes, est trop imposante pour beaucoup. Mais le maître boucher apprécie sa consistance: *«Wemme so abbisse mag, isch me au wohl»* (Quand on a une grosse envie de mordre, je ne dis pas non).

Si on ne la laisse pas carboniser et éclater sur les braises de son barbecue, si au contraire on l'échaude doucement dans de l'eau, elle sera aussi bonne qu'elle est censée l'être: fine et ferme sous la dent, mais pas dure; douce, mais pas pâteuse; légèrement salée; poivrée avec une pointe de noix de muscade, mais ni piquante ni surépicée. La saucisse à rôtir de veau avec des rösti et une sauce aux oignons brune est un plat vraiment national, répandu bien au-delà de la Suisse alémanique.

SUPPLÉMENT

Boule(tte)s et cipollatas suisses

Les *Adrio* et les *Brätkügeli* (par exemple, pour le *Luzerner Chügelipastete*) sont fabriqués à partir de la même chair que la saucisse à rôtir de veau de Saint-Gall. La version suisse des cipollatas est constituée de courtes et fines saucisses; les Adrio sont des boules de la taille d'un poing d'enfant, enveloppées dans une crépine de porc, à ne pas confondre avec les atriaux (cf. *page 69*); les Brätkügeli, enfin, sont des boulettes de la taille d'une bille, sans enveloppe. Dans certaines boucheries, on peut se procurer de la chair à saucisse telle quelle, non embossée, ou commander des saucisses à rôtir de veau sous forme de couronne ou de tresse.

Voir aussi: Appenzeller Siedwurst, page 435; Glarner Kalberwurst, page 528.

Sankt Galler Schüblig

Schüblig de Saint-Gall; longue saucisse échaudée, fumée à base de bœuf, de porc et de lard

D'une certaine manière, le *Sankt Galler Schüblig* est très représentatif de la charcuterie suisse alémanique; il occupe une position centrale entre la saucisse à rôtir de veau et la saucisse à rôtir de porc, entre une chair mousseuse et une chair beaucoup plus épaisse, d'origine bovine et porcine. Si la *Zungenwurst* bernoise, qui combine la «chair à saucisse de la Suisse latine» grossièrement hachée et la «chair à saucisse de la Suisse allemande» finement hachée, peut être qualifiée de compromis national en matière de saucisses, le schüblig de Saint-Gall devrait en être le pendant purement suisse allemand: de la chair cohésive, semblable à une émulsion, mélangée à des petits morceaux de lard et de couenne moins finement hachés, de préférence délibérément perceptibles. Une sorte de cervelas, mais pas tout à fait, car il est plus long et n'a justement pas la même consistance.

Le *Sankt Galler Schüblig* se distingue des saucisses échaudées apparentées telles que le *Glarner Schüblig*, l'*Augustiner* et le *Bassersdorfer Schüblig* ainsi que le *Bauernschüblig*, qui appartient à la catégorie des saucisses crues séchées. En d'autres termes, si une saucisse ne peut être clairement identifiée (ce qui ne nuit pas nécessairement à sa qualité), il s'agit probablement d'un schüblig de Saint-Gall. Les schübligs de Bâle, par exemple, sont très peu connus. Pourtant, le jour de leur démobilisation, le gouvernement du canton de Bâle-Ville offre aux militaires un repas comprenant un schüblig – un schüblig de Saint-Gall, pour être précis, car il est censé être long: placée au centre d'une assiette imposante, la saucisse légèrement incurvée doit dépasser du bord des deux côtés. Le commandement d'arrondissement accorde toute l'attention nécessaire au format, et un second test exige que la saucisse aille d'une oreille à l'autre sur la tête de l'examinateur, non pas devant, mais sous le menton.

Dans d'autres régions, le schüblig de Saint-Gall n'est pas servi au moment des adieux, mais lors de l'entrée en service des soldats. Ainsi, au siècle dernier, cette saucisse a été honorée du titre de « Mobilmachungsschüblig » (schüblig de mobilisation)!

Le mot *Schüblig* est connu depuis fort longtemps. L'*Idiotikon* cite une source de 1293 selon laquelle l'économe – le *cellarius* – du « Grand Moutier » (Grossmünster) de Zurich était tenu de livrer deux *inschubelinge* au *canonicus*, c'est-à-dire au chanoine. La source est muette sur la composition de ces saucisses. Le *Deutsches Wörterbuch* (commencé en 1838 par Jacob et Willhelm Grimm, terminé par leurs successeurs en 1961) décrit le «*schübling, m.* apparenté à *schieben*» comme «*eine wurstsorte*» (une sorte de saucisse); la signification « schieben » perdure en Suisse orientale dans le dicton «*Häsch Schüblig i de Ohre?*» (Tu as des schübligs dans les oreilles?). Il ne s'agit pas ici de bouts de saucisse, mais de coton, qui servent de bouchons d'oreilles – telle est l'autre acception du mot *Schüblig*, selon l'*Idiotikon*: on se bourrait les oreilles de coton – rien d'étonnant dans cette ancienne région textile, il suffit d'imaginer le bruit que faisaient les métiers à tisser en s'entrechoquant.

Le dictionnaire allemand précité ajoute que cette «*wurstsorte*» est un «*wolgeröucht schübling*» (schüblig fumé) et indique que le terme a été « conservé en allemand supérieur [à savoir l'ensemble des dialectes du sud de l'Allemagne, de l'Autriche, de la Suisse et de l'Alsace] jusqu'à ce jour, principalement pour désigner une saucisse à base de viande de bœuf et de porc »; dans la vallée supérieure de l'Inn, le schüblig est « une sorte de saucisse au lard », poursuit le dictionnaire, qui cite comme preuve la phrase «*mancherley trachten werdend von dem schweyn bereitet, blut oder rooswürst, läberwürst, bratwürst, schübling, sultzen und dergleychen*» (certains mets sont préparés avec du porc, comme le boudin, la saucisse grise, la saucisse à rôtir, le schüblig, l'aspic, etc.). L'*Universal-Lexikon* de Heinrich August Pierer (4ᵉ édition, Altenburg 1857-1865) est plus concis, puisque selon lui, les « Schübling » sont des saucisses à rôtir zurichoises. Schübling est également le nom d'une saucisse quasi identique dans le Vorarlberg, ce qui n'est guère surprenant, puisque le canton de Saint-Gall et la province la plus occidentale de l'Autriche ne sont séparés que par le lac de Constance, le Rhin et le Liechtenstein.

Pendant longtemps, on n'a pas très bien su dans quelle catégorie de saucisses il fallait ranger le schüblig. Certains documents nous indiquent cependant que les premières versions étaient fumées, ce qui fait penser à des saucisses crues telles que le *Bauernschüblig*. *Ein schön Kochbuch 1559* donne huit recettes de «*schüplig*», allant de l'utilisation de restes comme le «*Derm schüplig*» avec « des poumons, un salmigondis d'autres saucisses et un peu de fanon de bœuf » (recette 438) à la version noble avec de la côte couverte («*horucken*», recette 446).

Au XVIᵉ siècle, d'après un plan de menus, le Heiliggeistspital (l'hôpital du Saint-Esprit) de Saint-Gall donnait « de l'orge et de la viande, des saucisses et des schübligs » aux pensionnaires de son établissement réservé aux personnes âgées, malades et aliénées. En 1805, le terme « St. Galler Schüblig » désignait une saucisse que l'on avait fumée pendant huit à dix jours.

Assez arbitraire pendant des siècles, la composition du schüblig se concrétise au XIXᵉ par des références plus précises au bœuf et au porc avec du lard et des morceaux de couenne assez grossièrement hachés. De nos jours, la consistance s'est affinée, notamment dans les saucisses bouillies – on ne peut plus voir tout ce qu'il y a dedans.

L'Union professionnelle suisse de la viande a établi une recette standard: passer la viande de bœuf (35 %) et le lard (20 %) au cutter en ajoutant de l'eau glacée et la couenne hachée (10 %), du sel nitrité et des épices (oignons frais, poivre, coriandre, noix de muscade, condiment en poudre). N'ajouter la viande de porc hachée (10 %) que vers la fin, afin qu'un grain assez fin reste visible. Lorsque le mélange est prêt, ajouter les lardons de lard dorsal (5 %). Ensuite, embosser la chair dans du boyau de porc ou de bœuf. Les saucisses sont fumées à chaud entre 50 et 80 °C, puis pochées dans de l'eau à 75 °C pendant 20 à 40 minutes, selon leur calibre. À la fin, il faut les refroidir en les plongeant dans un bain d'eau froide ou en les douchant.

Les schübligs de Saint-Gall peuvent être échaudés, rôtis ou grillés. Dans la partie saint-galloise de la plaine de la Linth, on mange traditionnellement des schübligs le « Schübeldonnerstag », prélude au carnaval – il s'agit du jeudi gras, aussi appelé « Schmutziger Donnerstag ». Si *schmutzig* veut habituellement dire *sale*, « dans de nombreux dialectes suisses *Schmutz* signifie *saindoux* », écrit Conrad G. Weber dans *Brauchtum in der Schweiz* (Les coutumes en Suisse). « Le saindoux et le beurre sont utilisés en abondance pour la confection des *Fasnachtschüechli* (merveilles), une tâche qui incombait aux femmes, qui tombait principalement le jeudi précédant le *Herrenfasnacht* (carnaval) et qu'une grande partie d'entre elles accomplit encore aujourd'hui. » Déjà au Moyen Âge, les tables étaient garnies de saucisses le « jeudi du saindoux », et les gens se gavaient de viande et de sucreries avant le Carême, avant que ces quarante jours de privations et de gargouillements ne commencent avec le mercredi des Cendres. La veille de ce jour-ci, on célèbre le schüblig de Saint-Gall dans le canton voisin de Zurich: c'est le *Schüblig Ziischtig* (le mardi du schüblig), l'une des plus anciennes coutumes zurichoises d'avant la Réforme. Ces deux traditions ont quelque peu pâli avec le temps, jusqu'à ce qu'elles soient dépoussiérées et rafraîchies au milieu du XXe siècle – cette fois non pas par besoin de s'assurer une place dans l'au-delà, mais pour des raisons de marketing commercial.

> VARIATIONS
>
> **Le *Sankt Galler Doppelschüblig*, deux fois plus gros et embossé dans un boyau de bœuf coloré en rouge; le schüblig de l'OLMA, sans lardons; le *Ratsherrenschüblig* («schüblig des conseillers municipaux»), plus rustique et d'un brun plus foncé que celui du *Sankt Galler Schüblig*.**

Voir aussi: Augustiner Schüblig, page 312; Bassersdorfer Schüblig, page 313; Bauernschüblig, page 313; Glarner Schüblig, page 530.

Sankt Galler Stumpen

Courte saucisse échaudée, fumée à base de viande de vache et de porc

Épais, court, obtus (*stumpf*): le mot *Stumpen* renvoie à toutes sortes d'objets, depuis le «Stumpen», le cigare de l'homme du peuple, taillé en pointe à l'avant et à l'arrière, que certains mâchonnaient et faisaient tourner dans leur bouche (*«d'Stümpe g'chätschet u im Mül umetröllt»*, 1923), jusqu'au «Stümpi», le petit garçon; on peut feuilleter l'*Idiotikon* sur plusieurs pages et errer d'un *Stumpen* à l'autre jusqu'à ce qu'on arrive à «(Cervelat-)Wurst: saucisse ordinaire séchée dans un fumoir». À une table de jass du canton d'Appenzell, l'ambiance devait bien monter, car on ne se contentait pas de jouer son atout: les joueurs faisaient sauter les bouteilles de vin, les saucisses et les côtelettes de porc (*«trompfet, ass d'Wigottere ond d'Stompe und di schwünene Bröckli ufg 'jockt sönd»*). Cette phrase date de 1922, alors que le cutter était encore peu connu et plutôt au stade expérimental; c'est pourquoi le *Stompe* mentionné ci-dessus, à moins qu'il s'agisse d'un cigare, peut difficilement être comparée au *Stumpen* d'aujourd'hui, car celui-ci contient une chair à saucisse très fine ne pouvant être produite que grâce un cutter à grande vitesse. La citation ne dit rien de la composition de la saucisse, alors que de nos jours, trois saucisses sont assez semblables: le cervelas et le *Sankt Galler Stumpen*, tous deux légèrement incurvés et fumés à chaud, ainsi que la boule de Bâle (en allemand *Aussteller* ou *Schützenwurst*), droite et fumée à chaud.

L'Union professionnelle suisse de la viande, Carnasuisse, a défini leurs ingrédients; on a ainsi la base pour fabriquer ces saucisses, sans pour autant que les recettes soient gravées dans le marbre.

Sankt Galler Stumpen: viande de vache (30 %), viande de porc (10 %), lard de cou (25 %), bloc de couenne (10 %), eau glacée (25 %); sel nitrité, oignons frais, poivre, coriandre, condiment en poudre, noix de muscade, paprika et clous de girofle.

Cervelas: viande de bœuf (27 %), viande de porc (10 %), lard de saucisse (20 %), bloc de couenne (15 %), eau glacée (23 %); sel nitrité, oignons frais, poivre, coriandre, noix de muscade, ail et clous de girofle.

Boule de Bâle: viande de bœuf (20 %), viande de veau (10 %), viande de porc (14 %), lard (28 %), eau glacée (28 %); sel nitrité, oignons frais, poivre, noix de muscade, condiment en poudre et gingembre.

Le boucher utilise du bloc de couenne pour les trois saucisses. Il n'y a rien de mal à cela, bien au contraire, la couenne étant le tissu conjonctif de la peau (cf. *Supplément page 264*).

L'appellation «Sankt Galler Stumpen» est connue au moins depuis qu'elle a été mentionnée dans l'*Atlas de folklore suisse* avec des enquêtes menées pendant les années 1930. Le collaborateur argovien à l'atlas affirme que «la plupart des bouchers se rendent en Suisse orientale pour apprendre à fabriquer des saucisses». Le cervelas et le *Stumpen* sont apparus sur le marché à la fin du XIXe siècle en tant que produits de boucherie typiques, car l'industrialisation croissante, avec ses conditions de travail difficiles, obligeait la main-d'œuvre à consacrer un temps très limité à ses repas.

Voir aussi: Aussteller, Schützenwurst, page 25; Cervelas, page 94.

Toggenburger Bauernschüblig

Saucisse crue fumée à base de viande de vache et de porc avec du lard

Contrairement au schüblig de Saint-Gall, à celui de Glaris, à l'*Augustiner* et au *Bassersdorfer Schüblig,* le *Bauernschüblig* est une saucisse crue. On ne la sert chaude que dans des cas exceptionnels. Le *Toggenburger Bauernschüblig* se distingue du *Bauernschüblig*, plus répandu, par sa teneur en viande: il contient beaucoup plus de viande de vache, soit 80 % au lieu de 40 %, et moins de viande de porc.

Le *Bauernschüblig* se situe au début des diverses «dynasties des schübligs», sa production correspond à une ancienne méthode de transformation traditionnelle lors du bouchoyage à la ferme: hacher les restes de viande et les parures, le lard et la couenne, assaisonner, embosser dans des boyaux, ficeler et conserver – à l'air sec dans les Alpes, à la fumée (froide ou chaude) dans les climats plus humides. Le schüblig de Saint-Gall était très probablement une variante locale du *Bauernschüblig*, qui n'est devenu une saucisse plus distinguée avec une chair plus fine qu'au tournant du XXe siècle, grâce à une technique de hachage améliorée et professionnalisée jusqu'à l'invention du cutter à viande dans les années 1920. Alors que de plus en plus de boucheries ouvraient leurs portes au début du XXe siècle, le *Bauernschüblig* est resté un produit paysan, avec la diversité gustative que cela implique.

Pour un *Bauernschüblig* commun, le manuel *Saucisses de chez nous*, publié à Spiez par l'École suisse pour le métier de boucher-charcutier, prescrit de la viande de vache (40 %), de la viande de porc (35 %) et du lard dorsal (25 %), à assaisonner avec du sel nitrité, du sel de cuisine, du poivre, de l'ail, du rhum ou du vin rouge ; il faut ensuite hacher ou blitzer la masse jusqu'à obtenir une granulométrie de trois à quatre millimètres, puis l'embosser dans du boyau de porc, de bœuf ou en fibres cutanées et enfin fumer la saucisse à froid ou à chaud.

Dans le cas du *Toggenburger Bauernschüblig*, en revanche, outre la double teneur en viande de vache, il y a une autre particularité, puisqu'on fabrique deux masses : une première, relativement fine pour des saucisses crues, composée de viande de vache et de porc, de sel nitrité et d'épices ; puis une seconde, à base de lard blitzé et de porc haché mélangés à du vin rouge. Le boucher visité nous explique que « l'acidité du vin favorise le processus de maturation et donne à la saucisse sa belle couleur ». Ces deux masses sont malaxées avant d'être embossées dans des boyaux. Par ce procédé, la saucisse sera juteuse et pas trop grasse, affirme le boucher. Après le processus de rubéfaction (engendré par le sel nitrité, sans lequel la saucisse aurait une couleur grise), les schübligs sont prêts à être vendus, s'ils sont destinés à être chauffés. La plupart des amateurs préfèrent cependant les manger froids. Pour cette clientèle, les saucisses sont suspendues pendant une semaine environ, dont trois jours dans un fumoir. Le schüblig du Toggenbourg doit son goût fumé unique à un procédé traditionnel comprenant des copeaux de bois.

L'appellation « Toggenburger Bauernschüblig » est apparue tardivement. Jusqu'au milieu des années 1990, il était connu sous le nom de « Sennenwurst » (saucisse du berger) et avait une durée de conservation d'environ six mois, raison pour laquelle il convenait parfaitement comme aliment de base pour les chalets d'alpage. Les sources écrites qui permettraient de faire la lumière sur les origines de ce schüblig n'ont pas été retrouvées à ce jour.

SUPPLÉMENT

Une autre saucisse crue saint-galloise

La Werdenberger Bauernwurst ou saucisse paysanne de la région de Werdenberg est une saucisse crue au processus de maturation interrompu. À partir du XVIIe siècle, la broderie est devenue un artisanat pratiqué à domicile ; les familles de paysans étaient autosuffisantes. On abattait les bêtes en automne et leur viande était soit rapidement consommée, soit conservée. Pour ces saucisses paysannes, on mélangeait de la viande hachée de bœuf et de porc avec du vin, de l'ail, du sel, du poivre, de la coriandre et du cumin. Et on les fumait parce qu'en automne, le fœhn réchauffait la vallée du Rhin, menaçant de gâter les saucisses. Elles se mangent froides (séchées) ou chaudes (pochées), ou encore émincées, avec des pâtes.

Voir aussi : Gumpesel, page 261 ; Bauernschüblig, page 313 ; Saucisse sèche valaisanne, page 473 ; Urner Hauswurst, page 509 ; Salsiz, page 551 ; Salame, page 609.

PRODUITS LAITIERS

Bloderchäs et Surchäs

Le Bloderkäse *(frais, non affiné) et le* Sauerkäse *(affiné) sont des fromages obtenus à partir de lait de vache, selon une méthode ancienne et grâce à un processus d'acidification*

Le lait est composé de substances liquides et solides : 87 % d'eau sont mélangés à 13 % de très fines particules de lactose, de graisse, de protéines, de minéraux (tels que le calcium et le phosphore), d'oligo-éléments, de vitamines et d'enzymes. Ces particules solides peuvent être séparées du liquide. La formule est très simple : avec du lait et du coagulant (substance favorisant le caillage), on obtient du fromage et du petit-lait. Cette formule a donné naissance à des milliers de variétés fromagères dans le monde entier.

La toute première « variété » fut sans doute universellement autoproduite : le lait maternel que l'on plaçait dans une coupe en guise d'offrande aux pieds des divinités, puis on la voyait épaissir. Il est donc vain de se demander qui a inventé le fromage, car « aussi loin que remontent les découvertes archéologiques – sur la date et la manière dont le premier fromage a vu le jour, on ne peut qu'émettre des hypothèses. Ce qui est certain, en revanche, c'est que l'on consommait déjà du fromage à l'époque préhistorique » (*Das grosse Buch vom Käse*). L'élevage de bovins, mais aussi de moutons et de chèvres, était déjà courant il y a plus de 10 000 ans au Néolithique, également sur le territoire de la Suisse actuelle : « Il n'existe certes aucune preuve directe de production de fromage à cette époque, mais l'âge élevé de nombreux bovins exhumés dans des stations littorales du lac de Zurich fait penser que l'on exploitait au moins leur lait » (*DHS*).

Si on laisse reposer le lait, les bactéries lactiques commencent à transformer le lactose en acide lactique, en fonction de la température du lait comme de la température ambiante ; ainsi obtient-on du yaourt. Ce processus peut être accéléré par l'ajout d'acide ; il peut s'agir de lactosérum (petit-lait) issu d'une précédente fabrication de fromage ou de vinaigre. C'est de cette manière que l'on produit du fromage à caillé lactique. D'autre part, de nombreux fromages sont fabriqués avec de la présure, une enzyme provenant de l'estomac – de la caillette, plus précisément – du veau ; la présure fait également coaguler le lait, mais il n'aura pas un goût acidulé ; c'est pourquoi ces fromages sont qualifiés de doux (*süss*) en allemand (*Süsskäse*). Les Romains connaissaient également la présure végétale provenant de plantes telles que le chardon, le carthame des teinturiers, le figuier ou le gaillet jaune. Le fromage à caillé lactique existe sans doute depuis plus longtemps, car il peut se produire de lui-même, spontanément, par la séparation du lait sous certaines conditions de température et au bout d'un certain temps.

D'après le *DHS,* « il est probable que l'art de transformer le lait à l'aide de présure en fromage gras, salé et de longue conservation était connu par les Romains, qui l'apportèrent aux Celtes lorsqu'ils passèrent les Alpes ». Ce n'est que vers le XIVe-XVe siècle que la technique de la présure a été redécouverte; elle a favorisé les échanges commerciaux, car la présure permettait de produire des fromages plus secs, plus compacts et se conservant plus longtemps: les muletiers chargeaient leurs bêtes de meules et les faisaient passer les cols alpins en direction du sud. Le véritable fromage à caillé lactique a presque disparu au profit du sérac tel qu'on le conçoit aujourd'hui: comme un produit permettant de valoriser des résidus. Le reste du lait écrémé était en effet à nouveau transformé en fromage. Dans un ouvrage imprimé en 1732 au titre élogieux, puisqu'il compare les montagnes suisses au pays de Canaan où, selon l'Ancien Testament, coulait le lait et le miel (*Das Schweizerische Von Milch und Honig fliessende Kanaan, Und hoch-erhabene Berg-Land*), le très spirituel prédicateur protestant bernois Samuel Lutz décrit comment le *Stinck-Zieger* (« *Ziger* qui pue »), après avoir bien fermenté, parfume agréablement le marché aux fromages de Berne. À son époque, le fromage fabriqué avec de la présure était depuis longtemps la norme générale et le sérac son sous-produit, qui était toutefois recherché par une clientèle non négligeable.

Le dernier refuge pour le fromage à caillé lactique dans ce pays est la Suisse orientale, et plus précisément une aire comprenant le Haut-Toggenbourg, la commune d'Amden, le district de Werdenberg dans la vallée du Rhin et le Liechtenstein voisin. D'après l'Association Sauerkäse-Bloderkäse, ce type de fromage a été apporté « par les peuples nomades de l'Est » dans les zones montagneuses proches du Rhin, où les sujets s'acquittaient de leurs obligations fiscales envers les autorités avec du fromage à caillé lactique; ainsi, des paysans du Haut-Toggenbourg étaient contraints d'en offrir gracieusement aux moines de l'abbaye de Saint-Gall. Dans les *Benedictiones ad mensas* du moine Ekkehard IV (*ca.* 980-1057), destinées à bénir la nourriture et la boisson, un verset pourrait inclure ce fromage dans l'éloge suivant: « *Parturiat nullos lactis pressura lapillos* – Puisse le "produit pressé" ne point occasionner de calculs rénaux » (cité par Ernst Schubert dans *Essen und Trinken im Mittelalter*). Aujourd'hui, seules quelques laiteries et fromageries d'alpage ou de plaine produisent cette spécialité dans les régions susmentionnées.

Malgré toutes les rationalisations et l'industrialisation, il se produit encore un fromage acidulé vraiment archaïque, comme j'ai pu le constater de mes propres yeux. La fromagerie de la ferme est située sur une pente terriblement raide surplombant la vallée du Rhin. Pour pouvoir montrer aux visiteurs comment il procède, le paysan a attendu: « J'ai simplement ouvert les fenêtres pendant la nuit », explique-t-il. Grâce au refroidissement, la coagulation du lait a été retardée. « Les températures extérieures jouent un rôle important dans le contrôle du processus. »

Comme des générations avant elle, cette famille produit du beurre avec la crème de ses quelque 25 vaches. Le reste du lait écrémé est chauffé à 24 °C dans une cuve en cuivre. Le paysan le remue à l'aide d'un bâton de sapin écorcé, ce qui permet de compléter les bactéries lactiques naturelles du lait par ses bactéries acétiques; si nécessaire, il ajoute un peu de petit-lait. L'homme pointe du doigt quelques taches flottant à la surface de la « soupe »: « Du gras. C'est tout ce qu'il y a. Notre fromage acidulé est presque sans matières grasses et très sain. » Et c'est pourquoi les personnes soucieuses de leur ligne ont découvert et apprécient ce fromage très maigre.

En fonction de la quantité de lait, il fabrique du fromage avec le produit de deux ou trois traites. Avant de mettre le fromage dans des moules, il chauffe la masse à 34-35 °C; la séparation du caillé peut être améliorée en ajoutant du lait entier.

En les palpant, il sent la consistance des substances solides coagulées et compacte les flocons en un morceau souple, sous lequel il tend un filet. Il soulève le filet rempli, laisse s'égoutter du petit-lait et commence à prélever le fromage frais granuleux par portions à l'aide d'une cuillère perforée et à le remplir dans des moules en bois carrés (*Bloderkisten*) présentant quelques perforations. Il fait basculer brièvement les moules remplis dans le petit-lait, les retourne et les empile pour les égoutter. Le résultat est un fromage au lait cru dans sa forme la plus pure, fabriqué selon une tradition pluriséculaire. À ce stade, lorsqu'il est fraîchement moulé, son goût et sa consistance rappellent le yaourt ferme. Il aura fallu 100 litres de lait écrémé pour obtenir une quinzaine de kilos de fromage.

Les fromages restent une journée dans leurs moules avant d'en être extraits, après quoi ils sont frottés avec du sel et transportés à la cave; un ou deux jours plus tard, ils sont salés une seconde fois. Les dénominations reflètent une empreinte régionale; ainsi, le mot *Bloderchäs* vient de *Bloder* ou *Ploder*, le terme toggenbourgeois pour du lait qui a caillé. Le *Deutsches Wörterbuch* des frères Grimm qualifie le *Blodermilch* de *lac coagulans* (lait coagulé), ou lait caillé (en allemand *Schlottermilch*) – le caillé qui goge dans le petit-lait après la coagulation, et qu'il est aisé de faire trembler (*schlottern*), justement, par quelques légers mouvements.

Mais officiellement, leur appellation est *Bloderchäs* lorsqu'ils sont frais et *Surchäs* (en allemand *Sauerkäse*, fromage acidulé) à partir de 21 jours. Dans la cave, ils sont régulièrement lavés à l'eau, autrefois on utilisait aussi du moût ou du café. Le processus d'affinage fait apparaître une *Chäsbart* (barbe de fromage) à la surface, une couche de gras et de moisissure; cette « barbe » est rasée chaque semaine à l'aide d'un couteau. En dessous, une peau vitreuse et jaunâtre se forme, appelée « Speck » (lard). Paradoxalement, le *Bloderchäs* frais a un goût plus acidulé que le *Surchäs* affiné, qui est aussi appelé *Gääle* (le jaune). Les blocs pèsent initialement de trois à huit kilos, sont blancs, juteux et granuleux lorsqu'ils sont frais et fermes, secs et d'un blanc crayeux à l'intérieur lorsqu'ils sont mûrs.

On déguste le *Bloderchäs* et le *Surchäs* avec du pain, à l'apéritif, ou râpés sur du Ribelmaïs ou des pâtes, coupés en cubes et mélangés à des pommes de terre chaudes ou à des spaetzli; ces fromages peuvent aussi servir à faire des gratins. Dans la Principauté du Liechtenstein, les *Käsknöpfle* (knöpfli au fromage) sont souvent servis avec un mélange de *Surakäs* et de fromage gras.

Voir aussi : Sérac, page 228 ; Ziger, page 364 ; Büscion, page 613.

Sankt Galler Alpkäse

Fromage d'alpage gras à pâte mi-dure fabriqué à partir de lait cru

L'Appenzeller et le Tilsit sont des produits de marque à la ligne et à la typicité claires. À côté de ces deux fromages nationaux très populaires, les fromages d'alpage saint-gallois se présentent comme des créatures presque insaisissables, nullement uniformes, plutôt comme une collection hétéroclite d'expressions individuelles de leur origine. De manière générale, on constate que dans le paysage fromager de Suisse orientale, il n'y a pas beaucoup de place entre la grégarité et l'individualisme. Les deux grands fromages précités dominent la scène, tandis que les petits se maintiennent dans un marché de niche régional, comme le *Surchäs* et le *Bloderchäs*, le *Schlipfechäs* et le fromage d'alpage saint-gallois.

Le Sarganserland, le Werdenberg et le Toggenbourg sont les trois régions alpines du canton de Saint-Gall. La plus grande, avec plus de 90 alpages, est le Sarganserland, la partie sud du canton entre Walenstadt et Vättis, Bad Ragaz et Weisstannen. « Une occupation continue » (*DHS*) a pu y être établie dès l'âge du Bronze. Bien des siècles plus tard, le Sarganserland est devenu un bailliage commun, puis, à l'époque de la République helvétique (1798-1803), il fut attribué au canton de Saint-Gall, bien qu'il voulût devenir un canton indépendant. « Jusqu'au milieu du siècle dernier, l'économie alpestre du Sarganserland était essentiellement axée sur l'autosuffisance des exploitations familiales », indique un rapport du Centre agricole de Saint-Gall (2010), « son développement proprement dit n'a commencé qu'avec le désenclavement des exploitations alpestres par la routes. [...] Entre-temps, tous les pâturages pour vaches laitières et la plupart de celles pour vaches taries [ainsi appelle-t-on les vaches entre leur dernière lactation et la naissance d'un veau ; elles ne donnent plus de lait pendant six à huit semaines pour se régénérer] ont été aménagés et disposent de bâtiments et de salles de production modernes ». Ces alpages ont reçu leur certification en 2009.

Au niveau national, le fromage d'alpage du canton de Saint-Gall est demeuré inconnu jusqu'au XXe siècle, c'était une exclusivité pour les autochtones. Dans le livre de Kurt Gutzwiller intitulé *Die Milchverarbeitung in der Schweiz und der Handel mit Milcherzeugnissen* (1923), chaque canton dans lequel a été fabriqué du fromage est bien documenté historiquement – seul Saint-Gall manque à l'appel. Cela s'explique probablement par le fait que le fromage saint-gallois était produit avant tout pour la consommation intérieure ; il y avait apparemment trop peu d'alpages pour produire des quantités suffisantes à des fins d'exportation. On trouve quelques indications dans l'imposant ouvrage intitulé *Sankt Galler Geschichte 2003* ; ainsi, dans un document de 1299, les bovins conduits à un alpage sont appelés « *melkîv rinder* », c'est-à-dire « bovins à traire ». À partir de leur lait, on fabriquait du beurre, du sérac et du fromage. Aux XIIIe et XIVe siècles, le fromage faisait partie de la contribution des paysans à l'abbaye de Saint-Gall – mais il s'agissait sans doute de fromage acidulé, celui fabriqué avec de la présure n'ayant entamé sa marche triomphale définitive dans la Confédération qu'au cours du XVIe siècle.

Comme son cousin uranais, le fromage d'alpage saint-gallois se présente comme une expression de son alpage d'origine (cf. *Supplément page 267*) – chacun a sa typicité, car on ne cherche pas à compenser les différences d'un alpage à l'autre, notamment dans l'alimentation des vaches, par des cultures bactériennes uniformes ; au contraire, on cultive les particularismes. Le fromager commence avec une culture primaire, qu'il continue à développer chaque fois qu'il fabrique du fromage. En principe, il n'y a pas deux fromages qui ont le même goût.

Le fromage d'alpage saint-gallois appartient à la riche famille des fromages à pâte mi-dure. Le fromager chauffe le lait écrémé et refroidi du soir avec le lait frais du matin à 32 °C, puis ajoute de la présure et des bactéries. Le caillé se forme lorsque le lait commence à se séparer. À l'aide d'un tranche-caillé, le fromager fragmente cette pâte molle en grains de la taille de grains de café. Cette masse, le caillé, est ensuite chauffée à une température relativement basse de 42 °C ; si l'on souhaitait faire un fromage à pâte dure, on devrait la porter à plus de 50 °C. Moins il y a de liquide, plus le fromage sera dur ; plus la température est élevée, plus les grains se contractent et perdent du liquide, à savoir du petit-lait (lactosérum).

On soulève ensuite la masse de la cuve à l'aide d'un filet, de manière à ce que le petit-lait puisse s'écouler, puis la répartit dans des moules circulaires d'environ 30 centimètres de diamètre ; il faut poser un poids par-dessus afin de continuer à extraire le lactosérum du fromage frais, et ce pendant 24 heures. Ensuite, les meules jaune pâle sont placées dans un bain de sel pendant un ou deux jours. Le sel extrait encore de l'eau et la croûte commence à se raffermir. Peu à peu, le sel pénètre plus profondément dans le fromage et renforce les arômes qui se développent grâce à l'action des bactéries lactiques et des enzymes. Dans la cave où il est stocké, le fromage est régulièrement retourné et brossé à l'eau salée ; une flore naturelle de bactéries, de levures et de moisissures nobles se développe : elle décompose l'acide lactique et contribue à la formation des saveurs, favorise le développement de la croûte et protège le fromage des micro-organismes indésirables.

Ce qui est exclusif, c'est non seulement la petite quantité produite (environ 230 tonnes par an), mais aussi le fait que dans le Toggenbourg et le district de Werdenberg, on produit encore les deux types de fromage, le fromage acidulé et celui nécessitant l'emploi de présure. On n'y fabrique pas du fromage d'alpage – qui est un fromage gras (avec au moins 45 à 54 % sur extrait sec) – depuis très longtemps ; cette situation n'a commencé à changer qu'avec la baisse des ventes de beurre d'alpage en raison d'une faible demande. Plus d'une trentaine d'exploitations d'alpage fabriquent du fromage d'alpage saint-gallois, dont 20 dans le Sarganserland. La plupart d'entre elles vendent leur fromage sur l'alpage même, à des clients réguliers ou à des magasins locaux.

Le renforcement constant des réglementations exige des fromageries d'alpage qu'elles soient techniquement adaptées, rénovées ou complètement reconstruites, mais toutes ces exploitations, relativement modestes, ne peuvent pas se le permettre financièrement. Ainsi, neuf petites fromageries de Flumserberg se sont regroupées pour n'en former qu'une seule, la fromagerie d'alpage de Flumserberg. À partir de l'estive 2020, le lait de ces alpages, qui étaient auparavant exploités de manière indépendante, sera transformé de manière centralisée sur l'alpage de Tannenboden. La disparition de la signature de chacun de ces fromagers est incontestablement préjudiciable, mais le lien entre ces trois secteurs clés que sont l'économie alpestre, la gastronomie et le tourisme constitue un gros avantage.

Le fromage d'alpage saint-gallois est un produit figurant sur la liste des candidats à l'appellation d'origine protégée (juin 2021).

Voir aussi : Fromages du Jura, page 76 ; Vacherin fribourgeois, page 229 ; Nidwaldner Alpkäse, page 362 ; Urner Alpkäse, page 511 ; Glarner Alpkäse, page 531 ; Bündner Alpkäse, page 556 ; Formaggio d'alpe, page 615.

CÉRÉALES

Rheintaler Ribel

Ribel de la vallée du Rhin ; semoule issue d'une variété de maïs traditionnelle

C'est un chef-d'œuvre de sélection que d'avoir réussi à transformer une graminée sauvage à petits épis en une plante dont les épis ont la taille d'un saucisson vaudois. Comme pour les citrouilles, certains cultivateurs cherchent à battre des records avec le maïs : un Britannique aurait fait pousser un épi de maïs de plus de 90 centimètres de long !

Le maïs (*Zea mays*) est originaire d'Amérique centrale et représente la « céréale numéro un » dans le Nouveau Monde ; dans l'Ancien, cette place est occupée par le blé pour l'Europe et le riz pour l'Asie. Le *corn*, comme on l'appelle en Amérique, est cultivé depuis des milliers d'années. Des traces préhistoriques ont été mises au jour dans cinq grottes de la vallée de Tehuacán, dans le sud du Mexique. Le climat chaud et sec qui y règne a empêché ces vestiges organiques de pourrir. « Les plus anciens restes de maïs ont été trouvés dans des couches datant de l'époque comprise entre *ca.* 5000 et *ca.* 3400 av. J.-C. [...] Les épis intacts (sans grains) étaient très petits (seulement 1,9 à 2,4 cm de long et 0,5 à 0,8 cm de large) et avaient en moyenne huit rangées de grains avec 6 à 9 grains par rangée. [...] Ce maïs préhistorique a été qualifié de maïs sauvage par les chercheurs américains Mangelsdorf, MacNeish et Galinat (1964) » (*Nutzpflanzen in Deutschland*).

Il est impossible de dire avec précision de quelle forme sauvage – si tant est qu'il s'agisse d'une forme sauvage – le maïs cultivé est issu, car ce dernier ne peut se reproduire par semis sans l'aide de l'homme. Comme pour le blé, le riz et les autres céréales, à l'origine on a des graminées. L'une d'elles, la téosinte, est généralement désignée comme l'ancêtre du maïs, mais des doutes subsistent. On ne distingue pas les fleurs de ces deux plantes les unes des autres, contrairement à leurs efflorescences. « Malgré ces différences considérables, la téosinte et le maïs sont génétiquement très proches. Ces plantes ont le même nombre de chromosomes et s'hybrident dans la nature partout où elles poussent à proximité les unes des autres » (*idem*).

Christophe Colomb a découvert des champs de maïs dans les Caraïbes en 1492, et des marins ayant participé à son deuxième voyage ont rapporté du maïs en Espagne ; son nom vient de *mahís*, comme des indigènes caraïbes l'appelaient dans leur langue, le taïno. En 1525, les premiers champs poussaient déjà en Andalousie. La plus ancienne mention (1532) se trouve dans l'herbier du botaniste génois Gherardo Cibo (1512-1600). La culture s'est rapidement répandue via l'Italie, également vers l'est jusqu'en Chine. « En 1574, on pouvait déjà voir des champs entiers de "grain turc" (maïs) en Turquie et sur le cours supérieur de l'Euphrate » (*idem*). Depuis l'Italie, le *gran(o)- turco* a été transporté vers le nord, à travers les Alpes, aux XVIe et XVIIe siècles, pour finir également dans les terres de la vallée du Rhin saint-galloise, par laquelle passait une ancienne route commerciale. Dans son *Diaeteticon* (1682), l'érudit allemand Johann Sigismund Elsholtz (1623-1688) écrit que « la céréale turque ou plutôt indienne / car elle n'est pas arrivé en Europe de Turquie / mais de la partie centrale des Amériques, aussitôt après la découverte de ce Nouveau Monde / c'est pourquoi les anciens scribes ne le mentionnent pas, les Indiens l'appellent "mehiz" ou "mays". [...] En ce qui concerne son tempérament / il est moyen dans les quatre qualités élementaires [le froid, le chaud, l'humide et le sec] » (cité par Waverley Root dans *Food*).

Les variétés de maïs, dont les grains vont du blanc au rouge foncé, voire au noir, sont nombreuses. Qu'il s'agisse de maïs fourrage, vitreux, doux, soufflé (pour le pop-corn), denté ou cireux, sans compter les variétés commerciales génétiquement modifiés, cette céréale n'est pas seulement cultivée pour l'alimentation, on l'emploie aussi comme combustible, matériau de remplissage (chips absorbant les chocs dans les paquets) ou papier à cigarettes ; dans le secteur alimentaire, notamment sous forme d'édulcorant (sirop de maïs), d'huile ou d'amidon. Les sauces, les soupes, le ketchup, les puddings contiennent du maïs ; mentionnons aussi cette poudre magique qui nous est si familière, la fécule de maïs lancée à New York en 1862 sous le nom de *Duryea's Maïzena*. « En Amérique du Nord, et très probablement dans d'autres parties du monde, tout dépend du maïs », écrit l'anthropologue Margaret Visser dans *Much Depends on Dinner* (cf. *Supplément page 380*).

Les comptes de dîmes attestent la culture du maïs dans la vallée du Rhin saint-galloise à partir du XVIIe siècle. Le blé et l'orge ne croissaient pas particulièrement bien dans le sol de la vallée ; le maïs tolérait mieux le climat chaud et humide. Au milieu du XIXe siècle, deux tiers des terres arables étaient plantées de *Törggaribel* ou *Törgga*, c'est-à-dire de « grain turc » (maïs). Le mot *Ribel* vient de *rible*, « frotter vigoureusement, avec persistance, d'un mouvement rapide » (*Idiotikon*). Dans d'autres régions, un *Ribel* est un ustensile en paille servant à nettoyer les casseroles et les éviers, d'après un document de 1749.

L'Association Rheintaler Ribelmais définit *rible* comme le fait de frotter et d'émietter la masse de maïs dans la poêle à frire. Parce que ce plat frugal est devenu le classique culinaire des *Törggaribler* (cultivateurs de maïs) au fil des ans, le terme *Ribel* a couvert l'ensemble du domaine du maïs. La variété pionnière s'est transformée en un véritable réservoir de gènes dans la vallée du Rhin, grâce aux petites exploitations qui ont planté ce maïs pour elles-mêmes dans un but d'autosuffisance et non pour l'élevage porcin. La vie était aussi simple que les gens : à partir de la céréale des Mayas, on faisait du *Törggabrot* et du *Törggaribel*, à savoir du pain et de la semoule, avec une mouture grossière à moyenne. Dans la vallée du Rhin, le *Törggaribel* est resté un aliment de base pendant trois cents ans. Dans l'*Atlas de folklore suisse*, qui tire ses informations d'une enquête nationale menée durant les années 1930, le Ribel est décrit comme un plat typique de la « zone de distribution saint-galloise et grisonne ».

Après la Seconde Guerre mondiale, le *Törggaribel* a perdu de sa popularité, car l'essor économique a également atteint la vallée du Rhin et les diverses facettes de la dynamique sociale ascendante ont ouvert des fenêtres sur le monde – les gens ne *mangeaient* plus, ils commençaient à *consommer*. Le maïs fourrage étant plus demandé que le maïs alimentaire indigène, le Ribel a décliné et est même tombé dans l'oubli ; en 1997, plus que quatre hectares étaient encore plantés de Törgga dans la vallée du Rhin. L'année suivante, des personnes préoccupées par cette situation ont réagi en fondant l'Association Rheintaler Ribelmais au Centre agricole de Saint-Gall à Salez, qui a élevé cette « spécialité inimitable » au rang de « symbole de toute la région ». Considéré comme l'un des premiers héritages culinaires de la Suisse, le Ribelmaïs a obtenu le signe AOP en 2000. Selon son cahier des charges, l'aire géographique comprend les anciens districts saint-gallois d'Unterrheintal, Oberrheintal, Werdenberg, Sargans, les communes grisonnes de Fläsch, Maienfeld, Landquart, Jenins, Malans, Zizers, Untervaz et la principauté du Liechtenstein.

En 2019, la surface cultivée a de nouveau atteint les 75 hectares. De nos jours, la récolte est généralement effectuée à l'aide d'une moissonneuse-batteuse, qui cueille, effeuille et bat les épis. Autrefois, ceux-ci étaient déballés à la main et suspendus dans un grenier pour les y faire sécher ; au bout de quelques mois, les grains pouvaient être raclés des épis à l'aide d'un grattoir ou d'une râpe à maïs. Pour l'effeuillage, toute la famille et des personnes venues les aider s'asseyaient et procédaient collectivement à cet exercice qu'ils appelaient le *Schelfera*, *Usschella*, *Uszüha* ou *Hültscha* ; entre-temps, on le célèbre ici et là comme une coutume.

Les grains sont séchés à une température inférieure à 50 °C. Ils sont nettoyés dans le moulin, humectés pour que l'enveloppe extérieure puisse être séparée du grain plus facilement, et moulus par étapes sur un moulin à rouleaux ou un moulin à pierre. Ce qui en résulte est de la semoule ou du finot de maïs, tous deux de couleur blanc-beige avec ce goût doucereux typique du maïs. Laisser gonfler avec du lait et un peu de sel pendant au moins trois heures, faire rôtir à la poêle avec du beurre, servir en accompagnement d'une viande avec beaucoup de sauce. Si la semoule se marie bien avec de la confiture de pruneaux ou de la compote de sureau, certains la préfèrent simplement saupoudrée de sucre. Le maïs peut être transformé en semoule à gros grains (bramata ou, dans le cas présent, Ribelbramata), en boules pour le dessert, en pain – mais en ajoutant de la farine de blé, car le maïs ne contient pas cette protéine de réserve qu'est le gluten ; il est aussi utilisé dans le brassage de bières ou comme aliment de base pour l'élevage de poulardes (*Ribel-Poularden*) et de chapons (*Ribel-Kapaunen*) qui donnent une viande de tout premier choix.

Voir aussi : Maïs de la Linth, page 380 ; Farina bóna, page 622.

PRODUITS DE BOULANGERIE ET PÂTISSERIE

Bürli

Ballon, miche (par deux) ; petit pain de couleur claire, humide à l'intérieur et croustillant à l'extérieur

D'après le *Larousse gastronomique*, en France, le pain est le « seul aliment qui, comme le vin, est présent sur la table du début à la fin du repas ; (il) constitue l'accompagnement traditionnel de tous les mets ». C'est aussi le cas en Suisse, où les clients des restaurants apprécient beaucoup de recevoir des ballons frais et croustillants dans un panier au lieu de tranches de pain séchées, sous un tissu ou dans un sachet en plastique. Les *Bürli* ou ballons sont si savoureux que certains aubergistes pourraient être tentés de les utiliser comme coupe-faim leur permettant de servir des assiettes moins généreusement garnies.

Un *Bürli* cuit pèse dans les 130 grammes, surpassant ainsi tous les autres petits pains alémaniques, du *Weggli* au *Schlumbi* en passant par le *Mütschli* et le *Brötli*. Par son goût et sa consistance – mais pas par sa taille ni son poids –, le *Bürli* ressemble au pain bâlois. La pâte à *Bürli* se prépare avec de la farine blanche ou mi-blanche. Un producteur résume ainsi cet art : « Le *Bürli*, c'est à la fois simple et compliqué. Les ingrédients sont simples, mais la confection est compliquée. Il faut cinq choses pour faire un bon *Bürli :* de la farine, du sel, de la levure, de l'eau et de l'expérience. Chaque *Bürli* est portionné à la main avant d'être cuit dans le four à *Bürli*. Le résultat est croustillant à l'extérieur et humide à l'intérieur. »

Ce type de pain résulte d'un long développement depuis que l'on a découvert – vraisemblablement par hasard – l'effet de la levure dans la pâte, et que le résultat a été jugé satisfaisant et digne d'être imité. Les saucisses à rôtir de veau et les *Bürli* sont d'incontournables classiques du canton de Saint-Gall : à peine y descend-on d'un train qu'un stand vous en propose. Dans les années 1930, l'*Atlas de folklore suisse* identifiait les zones urbaines, aisées et proches du trafic ferroviaire et routier comme l'aire de distribution des petits pains. L'origine du *Bürli* se trouve probablement en Suisse orientale, où il est aussi appelé « St. Galler Bürli » – bien que la plus ancienne preuve écrite d'un Bürli proprement dit provienne du pays d'Appenzell ; la source citée par le dictionnaire suisse allemand *Idiotikon* date de 1723 : « Ce qu'on appelle *Pfilenbrot* est cuit presque chaque semaine, et dans les auberges, on accompagne le vin de *Bürle* faits avec la plus fine farine blanche (*Schiltmehl*) et de galettes – autant de signes d'une époque merveilleuse. »

Dans les années 1950, le *Bürli* « migre » vers la Suisse romande, certainement aussi via la riche gamme de produits offerte par la grande distribution, alors en pleine expansion. Jusqu'au début du XXe siècle, le *Bürli* était connu sous divers noms tels que *Pürli*, *Batzebrötli*, *Batzelaibli*, *Scheere*, *Mutsch* ou *Vierteil* suivant la région. Le *Dictionnaire suisse romand* nous donne deux noms : il décrit celui de ballon comme un « petit pain à l'eau (7 à 8 cm de diamètre, de forme sphérique » et renvoie à celui de « miche, petit pain rond (env. 8 cm de diamètre) à l'eau ».

Le facteur décisif pour un *Bürli* réussi est sa teneur élevée en eau. Le boulanger utilise presque autant d'eau que de farine (blanche ou mi-blanche), la pâte devient extrêmement tendre. Le levain doit mûrir pendant la nuit, la levure doit agir tranquillement, afin que se forment par la suite de grands trous aérés et une croûte bien croquante. Le lendemain, le boulanger dissout du sel et du malt dans de l'eau, l'incorpore à la pâte et laisse lentement la farine s'imprégner. La pâte liquide doit reposer pendant une heure ; elle ne doit plus être pétrie afin que les gaz de fermentation restent enfermés et se transforment en bulles et que des pores irréguliers apparaissent. Le boulanger façonne les *Bürli* et en place deux (*Doppelbürli*) ou quatre (*Schildbürli*) l'un contre l'autre, les saupoudre de farine et les glisse dans le four très chaud. Les *Doppelbürli* ou miches sont généralement ovales, et les quadruples, les *Schildbürli*, à base de farine blanche, sont un peu pointus à leur point de rencontre.

Voir aussi : Basler Brot, page 32.

Mandelfisch

Pâtisserie légère en forme de poisson et fourrée aux amandes

Le poisson fait partie des animaux dont le symbolisme est le plus riche. Pour certains, l'animal silencieux venu des profondeurs aquatiques est étrange et incompréhensible, d'autres lancent leurs filets à sa poursuite pour déguster sa chair s'il s'agit d'un poisson, ou pour engloutir son âme s'il s'agit d'un être humain. Les taiseux et les obstinés sont muets comme une carpe, les courageux et les cérébraux ont le sang froid, les filous, glissants comme une anguille, se faufilent entre les pièges des conventions, et les gens pleins d'entrain sont frais comme un gardon dans un ruisseau. Mais seuls les poissons morts nagent avec le courant.

Dans le christianisme, la signification du poisson remonte à Matthieu, qui décrit la rencontre de Jésus avec les frères Simon et André, tous deux pêcheurs de métier : « Venez à ma suite, et je vous ferai pêcheurs d'hommes » (4,19). Simon est devenu Pierre, puis le premier pape ; ses successeurs portent l'anneau du pêcheur. Pendant le Carême, seuls les poissons – à sang froid – peuvent être consommés à la place de la viande de bêtes à sang chaud. Un poisson voit l'appât mais pas l'hameçon, dit un proverbe chinois. Le dicton selon lequel les gros poissons avalent les petits définit l'équilibre des forces et la soumission au destin dans toutes les cultures. De ce point de vue, le couteau de la justice utilisé pour dépecer le gigantesque poisson rempli de ses semblables, dans le grandiose dessin de Pieter Bruegel l'Ancien, fait figure de véritable lueur d'espoir. Sous une forme plus raffinée, le poisson a trouvé sa place dans les coutumes, selon le *Handwörterbuch des deutschen Aberglaubens* (Dictionnaire des superstitions allemandes), en tant que plat de mariage et de fête, « tout comme le poisson n'est pas rare sur les moules à beurre et à pâtisseries en général ».

L'origine de la forme du *Mandelfisch* (« poisson aux amandes ») est probablement liée au symbolisme religieux, mais cela ne peut être prouvé. « Ce qui est certain, c'est qu'on en propose depuis très longtemps », indique le recueil de recettes toggenbourgeoises *Bloderchäs und Schlorziflade*. « Aujourd'hui encore, certains confiseurs du Toggenbourg possèdent des moules en cuivre particulièrement beaux, longtemps introuvables sur le marché. » En 1881, le *Schweizerisches Idiotikon* décrit le *Mandelfisch* comme une « pâtisserie nuptiale ». L'*Oekonomische Encyklopaedie* de Krünitz répertorie quant à elle toute une série de pâtisseries à base de pâte d'amande dans le volume 83 de 1801, dont « un gâteau de pommes de terre, qui se rapproche des gâteaux aux amandes par son goût ».

Les pâtisseries pisciformes ne sont pas rares, il y en a par exemple en Suisse centrale (cf. *Rigibock, page 382*). Le pâtissier argovien Ernst Ludwig Rochholz (1809-1892) a associé le poisson en tant que pain figuratif aux droits de pêche plutôt qu'à la pêche d'hommes apostolique ; pour les deux théories, c'est dans les monastères que les fils se rejoignent. Rochholz s'est fondé sur des manuscrits des archives du monastère de Muri dans le Freiamt lorsqu'il a étudié « la propriété foncière, l'agriculture et les ordonnances s'appliquant aux ménages et aux serviteurs de 1027 à 1596 ». Pour les monastères, l'octroi de droits de pêche représentait une source de revenus dont les recettes étaient notées sous la désignation d'impôts du Nouvel An. Au fil du temps, les titulaires de licence livraient un « *Brodfisch* » (poisson en pain) au lieu d'un véritable animal. L'abbesse du couvent d'Hermetschwil, dans le Freiamt, a envoyé un poisson en pain d'épices à l'abbé de Muri et au bailli de Baden.

De son côté, le père Odilo Ringholz mentionne des poissons en pain d'épices fourrés dans sa publication sur ce gâteau de pèlerins qu'est l'*Einsiedler Schafbock* (cf. *page 382*). Dans une ordonnance sur les commerçants datant de 1663, il était interdit aux « Schäfli-Leute » (les vendeurs dudit gâteau) de vendre du pain d'épices en plus de leur spécialité, notamment « des poissons fourrés, des serpents et des petits beignets ».

Le *Mandelfisch* se prépare avec une pâte à sucre claire ou une pâte brisée et est garni d'une pâte d'amandes. Le boulanger abaisse sa pâte à base de farine, de beurre, de margarine, de zestes de citron et de sel sur une épaisseur de six millimètres, l'étale dans son moule pisciforme graissé et la presse soigneusement dans tous les creux, coins et bords. Pour la garniture, il mélange du sucre, des amandes moulues (torréfiées, si l'on recherche des saveurs de fruits à coque plus marquées, avec des noix et/ou des noisettes en complément ou en remplacement), de l'eau, des zestes de citron et de la cannelle. La garniture est étalée dans le moule, sur lequel le boulanger place une pâte brisée en guise de couvercle et referme le poisson. Un *Mandelfisch* d'un poids final d'un kilo devra passer environ une heure dans le four à 200 °C ; une fois qu'il a bien refroidi, on le saupoudre encore de sucre glace.

DIGRESSION

Toutes sortes d'amandes (amères et mortelles, douces, salées…)

Les amandes jouaient un rôle beaucoup plus important dans les cuisines du Moyen Âge qu'aujourd'hui. Le lait d'amande était un produit de base essentiel pour les sauces et les desserts. Originaire du Proche-Orient et d'Asie centrale, la Bible fait apparaître l'amandier (*Prunus dulcis*) très tôt dans la tradition écrite. Les Grecs l'appréciaient et le chérissaient, si bien que les Romains ont appelé ses fruits « noix grecques » et ont planté cet arbre dans l'ensemble du bassin méditerranéen. Aujourd'hui encore, l'Italie et l'Espagne figurent parmi les principaux pays producteurs d'amandes derrière la Californie.

L'amandier ne supporte pas les gelées de printemps et d'automne ni l'humidité tropicale. Lorsqu'il est en fleur, il brille d'un blanc éclatant comme un cerisier, avant de produire des fruits qui ressemblent à des abricots verts à la peau veloutée et à la chair peu abondante ; lorsque ces fruits sont mûrs, ils éclatent, révélant un « noyau », l'amandon, une coque poreuse dans laquelle est renfermée une amande, voire deux. En d'autres termes, les amandes ne sont pas des noix, mais des graines. L'arbre appartient à la famille des Rosacées comme le cerisier et le pommier, l'abricotier et le pêcher. Qu'il s'agisse d'une noix ou d'une graine n'intéresse guère les amateurs d'amandes, et ils sont nombreux : aucun fruit à coque n'est plus populaire que l'amande.

L'amande contient de l'amygdaline, une substance qui se décompose en glucose, en huile d'amande amère et en acide prussique lorsqu'on mâche et digère cette graine, ce qui a un effet dévastateur sur l'organisme au-delà d'une certaine quantité. Qui ne connaît pas l'enquêteur qui renifle la bouche du cadavre et se rend à l'évidence : « Ça sent l'amande amère. Aucun doute là-dessus, Harry. Cyanure. » Un poison dont les effets sont connus depuis longtemps. « Une goutte d'acide prussique posée sur la langue ou sur l'œil d'un bœuf le tue à l'instant même », écrit Alexandre Dumas dans son *Grand Dictionnaire de cuisine* (1870). « Une amande amère par kilo de poids corporel est mortelle », indique l'encyclopédie *Giftpflanzen – Pflanzengifte*. Ainsi, ceux qui voudraient se tuer avec des amandes amères devraient d'abord monter sur une balance, puis compter les amandes. Si l'on fait dans les 100 kilos de poids vif, c'est un processus qui s'apparente au comptage de moutons pendant une nuit blanche. En chauffant les amandes, cependant, le poison disparaît.

Quel goût ont les amandes amères par rapport aux autres variétés, les amandes douces et celles en écale ? La saveur typique d'amande, cette opulence de boudoir douce et huileuse avec une note amère, devrait être caractéristique de toutes les variétés de cette graine, mais seul le noyau de l'amande amère la contient vraiment. Ce n'est pas surprenant, car l'amandier amer est considéré comme une forme sauvage de l'amandier, tandis que l'amande douce et l'amande en écale sont des variétés cultivées qui ont perdu presque toute leur saveur à travers les méandres de la sélection.

En cuisine, les amandes sont d'une grande polyvalence. Grillées et salées à l'apéritif ou comme petite collation, rôties comme celles qui sont vendues dans les fêtes foraines ; râpées comme ingrédient pour pâtisseries sèches, dans la pâte à gâteau ou le glaçage, mélangées avec du sucre et un peu de liquide comme garniture pâtissière ; effilées en guise de décoration (sur le bord de la *Zuger Kirschtorte*, en lamelles ou en bâtonnets rôtis au beurre brun sur une truite meunière), ou coupées en allumettes, grillées, mélangées à du chocolat pour constituer des rochers. L'huile d'amande amère, que l'on extrait aujourd'hui principalement de noyaux d'abricots (ceux-ci contiennent également de l'amygdaline), est utilisée pour aromatiser les pâtisseries et les liqueurs, mais aussi pour raffermir les peaux flasques. Ajoutons enfin que les amandes râpées entrent dans la composition du massepain et de la pâte d'amande, un produit de confiserie de base.

Les amandes caractérisent également des desserts très anciens comme le lait d'amande épaissi, appelé blanc-manger ou sauce aux amandes. À Bâle, au XIVe siècle, selon Albert Spycher, « le directeur de l'hôpital veillait à ce que les pauvres malades se voient servir un *"ryssmuoss gekochet mit almondmilch"* (riz au lait d'amande) le mercredi ». Le lait d'amande était un aliment de base important, surtout pendant le Carême, car il servait de substitut aux produits d'origine animale interdits, comme le lait et les œufs ; ainsi, on vidait soigneusement les œufs de poule, remplissait les coquilles nettoyées de lait d'amande en gelée et mangeait ces placebos solides. La méthode consistant à mélanger des amandes hachées à de l'eau de rose, à les presser à travers un tamis et à les transformer en « lait » trouve son origine dans l'antique cuisine perse. C'est surtout à elle que l'on doit l'art d'associer avec bonheur des amandes à des saveurs inattendues – par exemple, une belle viande blanche de volaille aux amandes, aux raisins secs et aux citrons.

Avec l'émergence de la cuisine végétalienne au début des années 2020, le lait d'amande regagne en popularité et devient une boisson à la mode, tout comme les laits d'avoine et de soja. Cette tendance va de pair avec le réchauffement climatique, car des chercheurs examinent la possibilité de cultiver des amandiers également en Suisse, étant donné la hausse de la température moyenne.

Voir aussi : Amaretti bianchi, page 625.

Mandelgipfel et Nussgipfel

Croissants aux amandes et aux noisettes ; viennoiseries sucrées à base de pâte feuilletée ou de pâte levée, recourbées ou allongées, fourrées d'une masse claire (aux amandes) ou foncée (aux noisettes)

Le croissant aux noisettes (*Nussgipfel*) et son plus noble parent, le croissant aux amandes (*Mandelgipfel*), ont longtemps dominé les tables des auberges au XXe siècle, et ce presque sans concurrence. Puis sont apparus des produits tels que le Kägi fret (dès 1958), les chips, les *Biberli*, les cacahuètes salées ou le Mars et autres bombes caloriques lestant l'estomac ; ils se conservent plus longtemps que les produits frais tels que les croissants aux noisettes croquantes et les boulettes de viande, qui constituent le couple de rêve pour la collation de dix heures depuis des décennies.

Les masses à fourrer brune (aux noisettes) et ivoire (aux amandes) ne se situent pas très loin des plus hauts sommets gustatifs, leur potentiel addictif est si grand qu'il suffit de penser à leurs puissants arômes pour déclencher un vibrato salivaire dans le palais. Pour le croissant aux amandes, on utilise de la pâte feuilletée, et de la pâte levée pour celui aux noisettes ; tous deux devraient en principe être incurvés (un de ses synonymes en Suisse alémanique est *Sandkurve*, « courbe de sable », qui désigne un croissant d'un âge avancé), mais il arrive que l'on tombe sur des croissants aux amandes ressemblant à des saucisses ou sur des croissants aux noisettes qui ont l'air de petits tubes fourrés. Peut-être que la garniture généreuse rend difficile un façonnage précis, ou peut-être que l'effort pour plier la pâte fine après l'avoir roulée n'en vaut pas la peine.

Les friandises à base de noisettes et d'amandes moulues, comme les cornes de gazelle, les biscuits ou les anneaux, existent certainement depuis plus longtemps que les croissants fourrés. Dans la *Basler Kochschule* d'Amalie Schneider-Schlöth (1877), on trouve une recette de *Gipfeli* à base de pâte levée ; pour une variante, une masse composée de sucre, d'amandes moulues, du jus et du zeste d'un citron est étalée sur de la pâte levée découpée en carrés ou en triangles isocèles ; à partir d'un coin, les morceaux sont enroulés et pliés pour leur donner leur forme caractéristique, puis badigeonnés de jaune d'œuf. Le résultat ressemble à une mini-roulade. Le dictionnaire culinaire allemand *Universal-Lexikon der Kochkunst* de 1890 recense 150 recettes comprenant des amandes, dont les « Mandel-Kipfel » (croissants aux amandes), mais sans pâte. Les plus anciennes mentions de croissants aux noisettes ou aux noix remontent à la Première Guerre mondiale, lorsque des soldats de Suisse orientale se sont distingués de leurs compatriotes en mangeant des croissants aux noisettes dans leurs chambrées. On dénombre quatre recettes de *gefüllte Gipfel* (croissants fourrés) dans le *Neues illustriertes Konditorei-Rezeptbuch* de 1917. Les croissants aux amandes sont connus en Suisse romande depuis les années 1920, et leurs cousins aux noisettes en Suisse alémanique depuis les années 1930. Les croissants fourrés furent inclus dans l'ouvrage de référence *Der Schweizer Bäcker-Konditor* (1944), et les croissants aux amandes comme ceux aux noisettes se sont répandus dans toute la Suisse comme produits de confiserie typiques dès le lendemain de la Deuxième Guerre mondiale. Actuellement et depuis quelques décennies, les professionnels utilisent des masses à fourrer préfabriquées.

Pour celle aux amandes, on mélange des amandes pelées et râpées avec du sucre, des blancs d'œufs, de l'eau et du sel et, suivant les préférences, avec de la vanille, de l'orangeat, des zestes d'orange, quelques gouttes d'huile d'amande amère ou de liqueur d'amande. Il faut découper la pâte feuilletée abaissée en triangles de 12 à 15 centimètres de long, répartir la masse aux amandes sur la base du triangle de pâte, l'enrouler vers son sommet et le recourber légèrement. Après la cuisson, badigeonner d'abricoture ou de glaçage, et enfin, si on le désire, garnir de flocons d'amandes.

Pour le croissant aux noisettes, écraser des noisettes moulues (éventuellement légèrement grillées et/ou mélangées à des noix) avec du sucre, mélanger avec de l'eau et éventuellement des arômes tels que le kirsch. Préparer une pâte levée sucrée à partir de farine, de levure fraîche, de sucre, de beurre, de lait et d'un peu de sel; on l'étale et procède comme pour le croissant aux amandes. Certains parsèment ces pâtisseries de noisettes hachées, mais généralement on ne les décore pas.

Pour l'*Appenzeller Nussgipfel*, dissoudre de la levure, du Levit (additif pour la pâtisserie), du malt et du sucre dans du lait et mélanger ce liquide avec de la farine, ajouter des œufs battus avec un peu de sel, incorporer du beurre et pétrir une pâte. Après l'avoir réservée au frais pendant deux à trois heures, la pâte est abaissée à une épaisseur d'environ un demi-centimètre et laissée au repos quelques instants. Ensuite, découper des rectangles de 8 sur 15 centimètres et placer la masse aux noisettes dans le sens de la longueur au milieu du rectangle, de manière à ce que la pâte et le mélange soient uniformément répartis. Rouler dans le sens de la longueur, aplatir légèrement, laisser reposer brièvement sur la plaque, badigeonner d'œuf, piquer à la fourchette et cuire au four à température moyenne. Après la cuisson, on badigeonne ces croissants de beurre fondu pendant qu'ils sont encore chauds, les laisse refroidir et les enrobe de sucre cristallisé.

Ces trois croissants sont des produits typiques des boulangeries, et bien sûr aussi des grossistes. La garniture aux noisettes, en particulier, est utilisée (parfois avec des raisins secs) pour les escargots, la tresse russe, le gâteau de roses et d'autres pâtisseries similaires de taille variable.

DIGRESSION

Gipfeli, croissants et *Hörnchen*

L'origine du *Gipfel* est obscure et entourée de légendes. L'*Idiotikon* mentionne «*ein Gipfeli*», qui signifie «un peu (en fait: une pointe)» et décrit également le «Gipfel» comme un «petit pain en forme de demi-lune; à l'origine, on en mangeait probablement dans les monastères, en particulier pendant le Carême»; ce dictionnaire renvoie à la célèbre ligne des *Benedictiones ad mensas*, les bénédictions écrites par le moine Ekkehard IV au début du XIe siècle à l'abbaye de Saint-Gall: «*Panem lunatum faciat benedictio gratum*» (puisse la bénédiction rendre ce pain en forme de lune agréable).

Les moines de Saint-Gall ont-ils vraiment reçu des *Gipfeli*? Probablement pas, mais il est tout à fait concevable qu'on leur ait servi du pain en forme de demi-lune – la lune est ronde, après tout, et un pain coupé en deux ressemble à une demi-lune, pas à un croissant de lune. Dans son *Ostschweizer Lebkuchenbuch*, Albert Spycher écrit qu'«il n'a pas été possible d'établir si des "*Gipfeli*" étaient servis aux moines de Saint-Gall au Moyen Âge et à une époque ultérieure. Cependant, c'était un des services des titulaires des hautes charges monastiques que d'enrichir la table du couvent, lors des nombreux jours de fête et de jeûne, de *lunule* (petites lunes) et d'*oblate* (oublies) édulcorées au miel et cuites dans un fer».

La bénédiction du *panem lunatum* de Saint-Gall ne semble pas avoir porté très loin, car des légendes sont rapidement apparues et ont perduré. Pour Joseph Favre, le célèbre chef valaisan qui œuvrait à Paris, le croissant vient du terme *mezzaluna*. «L'histoire nous enseigne que Mahomet II arbora le croissant sur les murs de Constantinople. Les pâtissiers et boulangers, eux, arborent des monceaux de croissants sur la devanture de leur magasin» (*Dictionnaire universel de cuisine pratique*). Le croissant de Favre est fabriqué à partir d'un mélange de sucre en poudre, d'amandes mondées et pilées, de blancs d'œufs et d'orangeat haché; la pâte obtenue est modelée en forme de croissant et cuite au four.

Selon les auteurs viennois de l'*Appetit-Lexikon*, ce n'est pas à Constantinople mais à Vienne que le croissant a été inventé «pour se moquer du croissant turc» après que la ville eut survécu aux assaillants ottomans, arrivés jusqu'à ses portes en 1683 avant d'en être chassés. Mais lesdits auteurs en doutent, étant d'avis «que les honorables maîtres boulangers viennois ont rendu hommage au prince Léopold la veille de Noël de l'an 1227 en lui offrant des *Chipfen*»- ce nom fait référence à une partie recourbée d'une charrette de paysan, appelée *kipfe*, dérivée du latin *cippus*, poteau pointu. D'où *Kipferl*? Et du *Kipferl* au *Gipfel*, et de celui-ci au croissant? Le dictionnaire *Duden* présente les chemins menant du mot *Kipf(e)*, moyen haut allemand pour poteau de chariot, à *Kipfel*, *Kipferl*, *Hörnchen*, *croissant* et *Gipfel*.

Précisons que les croissants et les *Gipfeli*, ce n'est pas tout à fait la même chose, en Suisse. S'ils peuvent être de forme similaire, ils diffèrent par leur pâte et leur goût. Il en allait du moins ainsi autrefois, et certains boulangers proposent encore les deux: le *Gipfeli* traditionnel en pâte feuilletée qui ressemble parfois, gustativement, à un *Weggli* (petit pain au lait), et le croissant à la pâte légèrement sucrée et plus riche. Les deux doivent contenir une bonne noix de beurre, être souples et aérés à l'intérieur et croustillants à l'extérieur. Depuis quelque temps, on ne parvient hélas plus à distinguer un croissant d'un *Gipfeli*, du fait de la cuisson industrialisée de ces viennoiseries.

Pour réaliser de véritables croissants, il faut pétrir une pâte feuilletée à partir de 500 grammes de farine blanche, 20 grammes de levure, 3 décilitres de lait, 1½ cuillère à café de sel et 40 grammes de sucre; laisser la pâte lever pendant une heure, pétrir à nouveau, puis laisser lever au réfrigérateur pendant une à deux heures; pendant ce temps, pétrir quelque peu 300 grammes de beurre (il doit avoir la même consistance que la pâte); étaler la pâte: dans les quatre directions, plus finement vers l'extérieur (ça ressemble à une croix suisse); aplatir le beurre en pressant dessus, le placer au milieu de la pâte, humidifier les quatre bords de la pâte avec de l'eau et envelopper le beurre proprement de façon à ce qu'il se trouve entre des couches d'épaisseur égale; ensuite, étaler la pâte jusqu'à obtention d'une feuille d'environ 30 centimètres sur 20 et poser un «tour simple»: replier le tiers extérieur du côté étroit de la pâte sur le tiers central, puis replier le tiers restant par-dessus. On a maintenant trois couches superposées; laisser reposer au réfrigérateur pendant dix minutes. Reproduire le tour deux fois de plus, puis étaler la pâte sur une plaque de 60 centimètres sur 60, laisser reposer brièvement, puis découper des triangles. Il faut rouler ces triangles à partir du côté large, les enrouler en demi-lune et les faire cuire dans un four préchauffé à 220-240 °C pendant un quart d'heure environ.

Quiconque a suivi les étapes de cette recette dans sa cuisine et obtenu un résultat satisfaisant ne doute pas une seconde que la version ottomane d'origine française provoque, au mieux, une crise d'hyperventilation. Si les auteurs de *L'Inventaire du patrimoine culinaire de la France*, dans leur volume sur l'Île-de-France, admettent que «les croissants "suivirent Marie-Antoinette" à l'occasion de son mariage avec le futur Louis XVI en 1770 et furent fabriqués rue Dauphine à Paris à partir de 1780», ils écartent d'emblée l'archiduchesse d'Autriche comme légatrice de l'art du croissant: «Le 18 juin 1549, l'évêque de Paris donna un banquet en l'honneur de la reine. Sur la liste des achats, qui a été conservée, on trouve *"quarante gasteaulx en croissans"*!» Des croissants tels que nous les connaissons aujourd'hui? «Rien ne le suggère, mais l'existence de pâtisseries en forme de croissant au XVIe siècle montre qu'il n'y a pas eu besoin d'attendre la fin du XVIIIe pour l'inventer.»

Le terme *croissant* dans le contexte des produits de boulangerie n'apparaît qu'en 1853 dans le Littré. *L'Inventaire du patrimoine culinaire de la France* se montre peu impressionné par cette mention tardive: «En conclusion, nous ne voyons pas le moindre lien direct entre notre croissant actuel et la pâtisserie austro-hongroise "créée (?) au XVIIe siècle".» Le croissant trouverait plus sûrement son origine dans les "petits pains dits à café" vendus par les boulangers parisiens à la fin du XIXe siècle.

Le croissant, avec sa pâte et son goût caractéristiques, est quasiment breveté: «Ce sont ces croissants qui ont fait le tour du monde [...] "comme symbole de la France et comme représentants de la pâtisserie française"». Et si vous ne le croyez pas, les boulangers vous châtieront.

Pour conclure, une question que l'on peut légitimement se poser en Suisse avec ses *Gipfeli* et ses croissants: comment s'y prendre pour manger cette pâtisserie avec style? Qu'on le rompe ou qu'on le glisse tout entier dans sa bouche, qu'on le pose sur l'un des deux coins, la façon de manger un croissant est moins une question de style que de tradition. Rompre le pain est l'un des plus anciens rituels au monde. Cette coutume est originaire d'Orient et a à voir avec le respect de la vie. Lorsque le chef de famille, de clan ou de groupe rompt le pain au début du repas et le distribue à ses commensaux, il accomplit un acte symbolique. Chacun doit savoir que l'alimentation ne va pas de soi. La fraction du pain a été immortalisée dans la Bible et est toujours célébrée dans les services chrétiens, sous le nom de communion chez les catholiques et sous celui de cène chez les protestants.

Une autre raison de rompre le pain était de nature pratique: autrefois, il n'y avait pas de miches de pain comme aujourd'hui qui pouvaient être découpées en morceaux de petite taille, mais principalement de grandes galettes.

Qu'y a-t-il d'autre à dire contre le fait de manger un croissant en un seul morceau? Rien, surtout quand on est assis à la table de son domicile à lire le journal, à boire du café et à tremper des croissants. La même situation en dehors de ses murs exige parfois un peu d'éducation; il n'est sans doute pas très élégant d'enfoncer une viennoiserie dans sa bouche d'un seul coup dans une confiserie chic, entouré de dames d'âge et d'allure respectables. Même si les minicroissants (en allemand *Hörnchen*, c'est-à-dire petites cornes), comme ils sont souvent proposés dans certains endroits huppés à un prix abusif, semblent prédestinés à cela.

Un croissant, par contre, généralement plus substantiel et brioché, plus opulemment équipé que le croissant suisse classique, doit être rompu pour des raisons uniquement physiologiques. Surtout les formats XL. Ces *Gipfel* ou croissants préfabriqués sont parfois si mous et moelleux qu'une fois comprimés, on pourrait les utiliser comme sous-bocks, et parfois on leur a injecté une sorte de vernis qui les fait adhérer au palais. Ou bien ils sont creux à l'intérieur, durs à l'extérieur et éclatent dans la bouche comme une boule de Noël.

Voir aussi: Schinkengipfeli, page 56; Meitschibei, page 99.

Sankt Galler Biber

Gâteau plat et brun au miel, fourré à la pâte d'amandes

Les Saint-Gallois se sont fait rouler par les Appenzellois, ce qui n'est probablement pas une surprise, ni pour ceux-ci, ni pour ceux-là: les *Biber* appenzellois sont en effet connus dans toute la Suisse depuis que l'«Appenzeller Bärli-Biberli» des Rhodes-Intérieures, produit industriellement, est devenu un élément incontournable des tables de bistrot, à côté des chips. Et les *Biber* de Saint-Gall? Bien sûr, on les apprécie en Suisse orientale. Et dans l'ouest du pays? On y aime «les biberli appenzellois», que la recette vienne de Swissmilk ou d'un grand chef comme le Veveysan Denis Martin. Le portrait saisissant du pays d'Appenzell comme terre de traditions inaltérables et de coutumes dynamiques encombre parfois le visuel, comme le prouve l'emballage surchargé des *Biberli*. Car ce ne sont pas les Appenzellois qui ont inventé le *Biber*, mais bien les Saint-Gallois.

Le goût du *Biber* de Saint-Gall est tout à fait semblable à celui d'Appenzell – pour être plus précis, les boulangers de la ville à la célèbre abbaye font la même chose que leurs collègues du pays vallonné au pied de l'Alpstein; seules leurs recettes maison les différencient par quelques détails. La première preuve écrite de l'existence de *Bymenzelten* à Saint-Gall date de la première moitié du XVe siècle, alors que ces pâtisseries n'apparaissent dans le canton d'Appenzell qu'à la fin du XVIe. Les *Sankt Galler Biber* sont donc incontestablement plus anciens. En 1982, le chercheur suisse en pâtisserie Max Währen (1919-2008) écrivait ceci dans l'*Appenzeller Zeitung*: «On peut supposer avec une assez grande certitude que le *Biber* d'Appenzell est un frère, et un frère bien plus jeune que le *Biber* de Saint-Gall.» Ce dernier est peut-être plus original et l'appenzellois n'est qu'une copie, mais une copie qui a l'avantage d'être connue dans tout le pays.

Les *Biberli* sont des pâtisseries au miel, avec ou sans garniture. Des archéologues ont trouvé des gâteaux sucrés au miel parmi des offrandes funéraires de l'Égypte ancienne. On en revient donc à l'histoire sans fin du développement favorisé par les colonisateurs romains, qui raffolaient du *panus mellitus*, un gâteau enduit de miel et cuit à cœur.

Le terme *Biber* n'a rien à voir avec le grand rongeur du même nom (en allemand, *Biber* signifie castor), même s'il faut de solides incisives pour couper un *Biberli* séché et dur comme la pierre; il pourrait venir du latin *piper* (poivre). Au Moyen Âge, on employait le terme *Pfeffer* pour désigner toute la gamme des épices, et celles du lointain et mythique «Pfefferland» (le pays où poussent les épices) étaient mélangées dans des *Pfefferkuchen* (qui sont des pains d'épices et non des gâteaux au poivre). Albert Spycher situe l'origine des *Bimen*–, *Biben*- et *Biberzelten*, selon les anciennes versions, dans «le latin *pigmentum* (*pimente* en moyen haut allemand) au sens de teinture ou épice, qui a donné son nom au piment de la Jamaïque ou quatre-épices. *Zelten* remonte au germanique *tjeld* ainsi qu'au moyen haut allemand *zelte* dans le sens de "étalé" et signifie "pâtisserie plate cuite au four"» (*Ostschweizer Lebkuchenbuch*).

Le *Biber* est donc un gâteau qui est passé des boulangeries romaines à celles des monastères, une tradition qui s'y est perpétuée avant d'être reprise par des artisans séculiers, les *Lebküchlern*. Les colonies d'abeilles étaient importantes pour les monastères en tant que fournisseuses de miel pour l'alimentation et de cire pour les bougies, et certains monastères participaient au florissant commerce des épices. Nuremberg était un carrefour d'importantes routes commerciales européennes – cette ville est d'ailleurs toujours considérée comme le berceau des pains d'épices. D'après Spycher, à Saint-Gall, l'histoire de la fabrication du pain d'épices «remonte à la fin du Moyen Âge, lorsque, par exemple, un *Bimenzelter* était en activité à Constance et, après 1358, des *Bymenzelterinnen* et des *Bymenzelter* à Zurich. C'est au cours de ces décennies que fut créé à Munich le métier de *Lebzelter*, et ceux de *Lebküchler* et de *Lebküchner* respectivement à Bâle et à Nuremberg. Il est intéressant de noter qu'à Saint-Gall, c'étaient des forgerons qui, d'après le livre de leur corporation de 1511, étaient autorisés, suivant en cela une vieille coutume, à pratiquer l'art des *Bibenzelter* tout en forgeant des boucles de ceintures» (*Ostschweizer Lebkuchenbuch*). L'abbaye, qui devait subvenir aux besoins de son personnel et des nombreux pèlerins, était visiblement dépassée, sur le plan de l'activité professionnelle, par les corporations: «On peut se demander si l'abbaye a jamais fabriqué des pains d'épices à une échelle importante, car les documents à ce sujet manquent.» Le nom abrégé *Biber* n'est apparu que dans des publicités de journaux au XIXe siècle.

À l'origine, les *Biber* n'étaient pas fourrés. Les premières recettes avec une masse à fourrer aux amandes dans le gâteau figurent dans des livres de cuisine saint-gallois vers 1800. La garniture peut être décrite comme une variante du massepain, lequel semble être une invention de la Perse antique qui a été adoptée par les Arabes avant de se répandre dans l'ensemble des cuisines orientales, particulièrement attirées par le sucré.

Pour la pâte à *Biber*, il faut de la farine mi-blanche, du miel et du sucre, un peu de farine d'épeautre, du lait, des agents levants (carbonate d'ammonium, levure chimique ou potasse) et un mélange d'épices, généralement de la coriandre, de l'anis, de l'anis étoilé, de la cannelle, des clous de girofle et du gingembre, connus aujourd'hui sous le nom de mélange d'épices à pain d'épices ou de Noël (cf. *Digression page 278*). À Saint-Gall, on trouvait déjà des épices d'Orient au XIIIe siècle, comme l'attestent des documents de cette époque: en 1262, le marchand Konrad Speiser, qui devait 314 livres d'or à un Génois pour une livraison de poivre, lui remit en dépôt onze balles de toile en guise de garantie. La ville de Saint-Gall n'était pas en marge des routes commerciales, mais bien nantie entre Nuremberg et les cols des Grisons.

Le boulanger saint-gallois auquel nous avons rendu visite ajoute un peu d'eau de rose et de jus de citron ainsi que «quelques œufs, ce qui rend la pâte plus aérée». On dit généralement qu'il y a moins de différences entre le *Biber* de Saint-Gall et celui d'Appenzell qu'entre les recettes des divers boulangers. Le rôle du miel ne se limite pas à la coloration et à l'aromatisation; il maintient la pâte humide et a une action antibactérienne, tout comme les épices. Autrefois, le miel local était bouilli avec du sucre pour le liquéfier davantage, mais aujourd'hui, on utilise du miel du Guatemala, plus liquide et moins cher, que les boulangers se procurent auprès de leur coopérative d'achats.

Après le pétrissage, on laisse reposer la pâte une nuit; avec la potasse comme agent levant, il faut la laisser reposer plusieurs jours. Cette substance, le carbonate de calcium, est produite par la lixiviation de cendres végétales, qui sont ensuite réduites en poudre par évaporation dans des pots. Une lente fermentation lactique libère de l'acide carbonique, qui assouplit la pâte et lui donne un subtil goût de lessive. Le boulanger abaisse la pâte à deux millimètres d'épaisseur et la garniture, relativement compacte, à quatre millimètres; la pâte et la garniture doivent s'équilibrer dans le *Biber* fini. Le producteur visité fait fabriquer la garniture à l'extérieur selon sa recette, car la préparation des amandes exige à elle seule un temps et des efforts considérables.

Le boulanger découpe des formes qu'il place sur un moule enfariné et qu'il applique soigneusement avec le pouce et les doigts – car le motif, de préférence un ours à la langue apparente, doit être bien reconnaissable après la cuisson. Il remplit ensuite le creux du moule avec de la pâte d'amandes et recouvre le tout avec le fond de pâte. Quelle que soit leur taille, les *Biber* sont cuits au four à 210 °C pendant 10 à 17 minutes. Enfin, pendant qu'ils sont encore chauds, on pulvérise – au pistolet – de la gomme arabique (une résine fabriquée à partir d'espèces d'acacia et de mimosa), du jaune d'œuf et du lait pour les faire briller.

Outre l'ours, les clients apprécient les représentations de l'abbaye de Saint-Gall et de la célèbre bibliothèque abbatiale ainsi que des motifs populaires – de préférence du pays d'Appenzell. Au XXIe siècle, ce concept a été élargi, incluant des logos d'entreprises, des photos de famille et des portraits choisis, imprimés avec des colorants alimentaires sur une feuille de sucre. Si les *Biber* de Saint-Gall sont disponibles toute l'année, un bon tiers d'entre eux sont vendus à Noël. Selon leur taille, on les coupe en morceaux ou les déguste entiers avec du café ou du thé ; les plus imposants sont placés dans la vitrine comme souvenirs.

SUPPLÉMENT

Le *Biberfisch*

Il ne s'agit pas d'un croisement entre un poisson et un castor, mais d'une pâtisserie en pâte à sucre avec une garniture de noisettes. Malgré une certaine similitude, il n'est pas apparenté au *Biber* de Suisse orientale. Le *Biberfisch* doit son nom à un ruisseau, la Biber, qui traverse le haut-marais de Rothenthurm.

Voir aussi : Biscômes, page 233 ; Haslikuchen, page 282 ; Surseer Honiggans, page 301 ; Appenzeller Biber, page 444 ; Spampézi, page 634.

Sankt Galler Brot

Pain rond clair ou foncé avec des déchirures et un « nez »

Le pain saint-gallois est aussi appelé pain thurgovien ou pain appenzellois, car il s'agit d'un pain de Suisse orientale – mais ses racines se trouvent bel et bien à Saint-Gall. Dans le reste de la Suisse alémanique, il est proposé sous le nom de *St. Galler Brot*, tandis qu'au Tessin et en Suisse romande, quasiment personne ne le connaît. Pourtant, sur la liste des pains cantonaux, une idée marketing des boulangers suisses pour le salon professionnel de 1950 à Lugano, il trône aux côtés du pain tessinois et du pain bâlois dans le triumvirat de tête.

Sur le célèbre plan de l'abbaye de Saint-Gall (vers l'an 820), le plus ancien plan de construction conservé en Europe, trois boulangeries sont dessinées sur un vélin (parchemin en peau de veau) à côté de jardins d'herbes aromatiques et de brasseries. Les produits de boulangerie de cette époque ne peuvent guère être comparés au pain saint-gallois actuel, car jusqu'aux temps modernes, les pains étaient tous fabriqués à base de levain.

En principe, le processus de fermentation est analogue dans les deux versions de pâtes, celle au levain comme la pâte levée, mais ce n'est que grâce aux recherches de Louis Pasteur sur les micro-organismes, dans la seconde moitié du XIXe siècle, que nous savons ce qui se produit. La fermentation spontanée fonctionne pour le pain comme pour le vin. Il suffit de mélanger une masse de farine et d'eau et de la mettre à chauffer. Le sucre et l'amidon interagissent avec la levure, qui virevolte dans l'air et se dépose spontanément sur la pâte. Ensemble, ils produisent de l'alcool et du dioxyde de carbone, ce qui fait que le jus devient effervescent et que la masse augmente. Dans la pâte dure, le dioxyde de carbone ne peut pas simplement s'échapper comme des bulles dans le moût, il reste emprisonné et gonfle. La pâte devient poreuse et aérée, elle lève peu à peu. Le reste relève de l'art du boulanger.

Avec sa forme ronde et volumineuse, le pain de Saint-Gall rappelle la tradition paysanne où le pain était cuit une ou tout au plus deux fois par semaine. Ces pains étaient censés rester frais le plus longtemps possible, c'est-à-dire ne pas se dessécher à l'intérieur et rester denses à l'extérieur. Il était plus facile d'y parvenir avec de gros pains qu'avec de petits, et il fallait en façonner moins – l'effort était bien moindre avec un pain de cinq livres. Le pain de Saint-Gall se distingue par sa croûte magnifiquement déchirée et le « nez » qui la surmonte. Le boulanger obtient cet effet en quelques étapes qui requièrent tellement de savoir-faire qu'aucune machine ne peut le remplacer.

Tout d'abord, il faut fabriquer un levain à partir de farine mi-blanche ou bise, que l'on laisse reposer une nuit. Les bactéries et les enzymes, les acides lactique et acétique font leur effet ; les premiers arômes de pain se développent. Le lendemain, la machine pétrit le levain avec de la farine, de l'eau, de la levure et du sel jusqu'à obtention de la pâte principale, qui doit ensuite reposer pendant au moins une heure. Toute action sur la pâte, le pétrissage ou le façonnage ralentit le développement des arômes. Cette phase de repos est appelée pointage et est très importante pour le goût et l'apparence.

Après le pointage, c'est l'étape du façonnage : on place la boule de pâte bien ronde sur un plan de travail enfariné, appuie sur la moitié arrière de la boule et la replie sur la moitié avant pour former un demi-cercle. Ensuite, on tire le bout droit du rabat retourné au milieu du côté gauche et le tape légèrement, puis on place le bout gauche de la même manière, également au milieu. À l'arrière, au milieu, une sorte de colline est reconnaissable, il faut la replier vers l'avant et la refermer avec les deux coins des bouts : ici, après la cuisson, le « nez » dépassera du corps. Vient maintenant la seconde phase de repos, l'apprêt. Les pains sont transférés dans une pièce chauffée et laissés au repos pendant une bonne dizaine de minutes. Avant de les enfourner à une température de 270 à 290 °C, le boulanger coupe généralement les pains sous le « nez » afin que la surface se déchire pendant la cuisson et qu'une croûte bien croustillante se forme. L'artisan presse deux pains l'un contre l'autre dans le four, afin qu'au terme de la cuisson, ils collent légèrement l'un à l'autre. Aussitôt sortis du four, le boulanger les arrose d'un peu d'eau pour faire briller la croûte.

Sankt Galler Klostertorte

Tourte à base de pâte aux amandes avec du cacao, de la confiture et des lanières de pâte

Dans le verger figurant sur le plan de l'abbaye carolingienne de Saint-Gall (vers 820), outre les espèces indigènes telles que le noisetier, le poirier ou le néflier, on distingue aussi la représentation d'arbres dont les chances de survie dans le rude climat saint-gallois devaient être plutôt minces. Ces arbres ont probablement une signification symbolique, car ils bordent un « arbre de vie » (surnom donné au thuya) dans le cimetière des moines et n'auraient jamais pu fournir suffisamment de fruits pour nourrir une communauté monastique de 140 à 180 individus ; le jardin potager de la cuisine se trouvait probablement à l'extérieur de l'enceinte. Parmi les arbres exotiques du cimetière, on trouve un *amendelarius*, à savoir un amandier.

Comme il est très douteux qu'un amandier puisse résister aux rigueurs de l'hiver sous nos latitudes, les origines de la *Sankt Galler Klostertorte* ou tourte de l'abbaye de Saint-Gall ne se situent peut-être pas du tout dans sa cuisine. Des noisettes et des fruits à coque auraient pu être utilisés en lieu et place d'amandes ; pourtant, de simples tourtes aux amandes n'étaient pas inconnues : on en trouve par exemple dans un livre de cuisine de la vallée de l'Inn à la fin du XVe siècle. Non seulement les amandes, mais aussi d'autres ingrédients indiquent que, au moins jusqu'à la découverte de l'Amérique, la préparation de cette tourte aux amandes était un luxe, ou même impossible : le sucre était hors de prix jusqu'au XIXe siècle (les bases de la production industrielle de sucre ont été jetées à Berlin en 1801), et le cacao (*Theobroma cacao*) a fait son apparition en Europe au XVIe siècle, même si pendant longtemps, on n'a pas su comment utiliser cette plante extraordinaire de manière appropriée. « Lors de son troisième voyage vers le Nouveau Monde, le 15 août 1502, Christophe Colomb s'est emparé d'un canoë maya chargé de fèves de cacao et d'autres produits. Il a sans doute compris que les fèves avaient de la valeur, mais n'a jamais découvert qu'elles pouvaient servir à faire une boisson » (*The Oxford Companion to Food*).

L'abbaye de Saint-Gall ayant existé de 719 à 1805, la *Sankt Galler Klostertorte* pourrait fort bien, chronologiquement parlant, provenir de là, bien qu'il n'y ait aucune trace écrite à ce propos. La première mention figure dans le livre de recettes *Goldene Kochfibel* de Rosa Graf (1947) ; dans le chapitre sur les spécialités régionales, l'auteure mentionne deux tourtes pour le canton de Saint-Gall : la « Kloster-Torte » aux amandes, à la cannelle et présentant des lanières de pâte entrecroisées, et la « St. Galler Torte » avec des noisettes, de la poudre de cacao et un couvercle de pâte ; ces deux pâtisseries contiennent de la confiture. Si les deux recettes ont manifestement été regroupées plus tard, elles renvoient clairement à un best-seller européen, la *Linzer Torte*.

D'après une communication des Musées d'État de la Haute-Autriche, les plus anciennes recettes de tourte de Linz à ce jour se trouvent dans un recueil manuscrit de 1653 rédigé par la comtesse Anna Margarita Sagramosin « au prix d'efforts considérables déployés sur de nombreuses années ». La tourte de l'abbaye de Saint-Gall est légèrement moins sucrée que sa cousine linzoise ; elle ressemble également à la *Fiderisertorte* du Prättigau (cf. *page 567*).

Le pâtissier bat le beurre et le sucre en mousse, ajoute des amandes râpées, de la poudre de cacao, de la cannelle, des clous de girofle moulus, du lait, de la farine et de la levure chimique et mélange le tout. Couvrir la pâte et la réserver au frais pendant deux bonnes heures, puis presser les deux tiers de la pâte dans un moule à charnière beurré et former un petit rebord. Répartir uniformément de la confiture de pruneaux, de groseilles ou de framboises sur le fond de pâte. Abaisser le tiers restant de la pâte, découper des bandes d'une largeur de deux centimètres avec une roulette à pâtisserie (dentelée), bandes qui serviront à former un treillage en losanges par-dessus la confiture. Presser quelque peu le bord avec une fourchette, badigeonner le bord et les bandes avec de l'œuf débattu et enfourner pendant 45 minutes à 180 °C. Cette tourte est encore meilleure un à deux jours après la cuisson.

Schlorzifladen

Tarte aux poires séchées et tamisées surmontées d'un nappage à la crème

Pendant des siècles, les tables suisses étaient garnies de fruits secs pendant tout l'hiver. En 1859, on pouvait lire ceci dans le journal de la paysannerie suisse, *Der Schweizer Bauer* : « Il [le séchage] se pratiquait beaucoup plus autrefois qu'actuellement, bien qu'aujourd'hui encore, certaines paysannes soient fières de posséder et de pouvoir montrer, entre autres, leurs beaux cageots remplis de fruits secs. » Ce n'est qu'avec la généralisation des réfrigérateurs domestiques à partir des années 1950 que l'art du séchage s'est raréfié dans les campagnes.

Les fruits secs servaient d'ingrédient pour toutes sortes de plats, on ne se contentait pas de mâcher de dures tranches pendant la morte saison. Les poires en particulier, aisément réductibles en purée, conviennent parfaitement pour remplir des masses à fourrer qui sont cuites dans de la pâte à beignets, à pain ou petits pains aux poires, ou encore étalées sur des fonds de pâte pour les tartes. Le *Schlorzifladen* se compose de deux couches étalées sur la base de la pâte, la purée de poires et le nappage à la crème sur le dessus ; c'est pourquoi on l'appelle par endroits « Doppelfladen » (tarte double).

Le terme *Schlorzifladen* (*Bereflade*) fond sur la langue comme la garniture de la tarte, qui est un « Geschlörz », mot intraduisible désignant « divers ingrédients mélangés ou mixés » qui sont « moins liquides qu'un *Geschlüder* », terme peu flatteur que l'*Idiotikon* définit comme un « liquide semblable à une bouillie » – un *Pfludder*, comme on dirait à Bâle. Originaire des cantons d'Appenzell et de Saint-Gall, là surtout dans le Toggenbourg, le *Schlorzifladen* est presque tombé dans l'oubli. La préparation de la pâte, des nappages aux fruits et à la crème demande il est vrai un certain travail. Mais entre-temps, on le prépare à nouveau plus fréquemment dans les boulangeries et les cuisines desdits cantons.

Les boulangers utilisent souvent une masse à fourrer aux poires toute prête provenant de leur coopérative d'achat. Ce mélange contient 40 % de poires et sa consistance est plus fine que celle d'une farce faite maison à partir de poires séchées ramollies, tamisées ou réduites en purée. Le boulanger étale une pâte à gâteau composée de farine, de margarine, de sel, d'eau et d'un peu de sucre dans un moule graissé et y étale le mélange aux poires, qui contient une certaine proportion de pommes séchées et peut être librement aromatisé avec de l'anis, de la cannelle, des épices pour pain aux poires, du vin, du jus de pomme ou de raisin blanc, de l'eau-de-vie de fruits ou aux herbes. Il mélange ensuite des œufs, des jaunes d'œufs, de la farine, de la crème à café et un peu de sel dans une jatte jusqu'à ce qu'il n'y ait plus de grumeaux, ajoute du lait et, à la fin seulement, incorpore de la crème fouettée. Après avoir recouvert son mélange aux poires du nappage à la crème, il enfourne la tarte 220 °C pendant 50 minutes.

Le goût de poire ressort au mieux lorsque le *Schlorzifladen* est consommé chaud ou tiède ; traditionnellement, dans le Haut-Toggenbourg, on en mange pendant la *Hüslinacht* (nuit de la Saint-Sylvestre), et généralement aussi le vendredi, jour maigre durant lequel il était jadis permis de se nourrir de poisson et de tartes. Parmi les producteurs visités dans le Toggenbourg, le *Schlorzifladen* se classe après le *Mandelfisch* et avant le *Zimtfladen* (respectivement le gâteau aux amandes et la tarte à la cannelle).

Voir aussi : Fruits secs, page 346 ; Poires séchées, pages 365 et 513.

Toggenburger Birnbrot

Pain aux poires du Toggenbourg ; mélange de poires séchées et de pâte à pain bis cuit dans une pâte levée

Comme pour les croissants aux amandes et aux noisettes, les boulangers ont de plus en plus recours à des masses à fourrer préfabriquées pour leurs pains et petits pains aux poires. L'utilisation de ces produits tout prêts leur fait gagner beaucoup de temps, hélas au détriment du caractère, de l'intensité gustative des pâtisseries lorsque leur contenu n'est plus préparé individuellement. Ce constat résonne tel un lamento, mais il est justifié, car une masse aux fruits séchés et ramollis offre un bel espace aux signatures personnelles, grâce aux riches et savoureuses combinaisons d'épices ainsi qu'au potentiel offert par la diversité des variétés, notamment celles poussant sur des poiriers haute-tige. Malheureusement, bon nombre d'anciennes variétés de poires ont depuis longtemps été sacrifiées sur le double autel de la modernisation effrénée du monde agricole dans les prés et les champs d'une part, et de la bétonisation d'autre part. En conséquence de quoi les espèces de poiriers disparaissent à vue d'œil de nos paysages campagnards maltraités.

Les *Birnbrote* et *Birnenweggen* (pains et petits pains aux poires) sont particulièrement répandus en Suisse alémanique. Il en existe deux types : pour le pain aux poires, comme dans le Toggenbourg, les Grisons et le canton de Glaris, on enveloppe un mélange de poires et de pâte à pain bis dans une pâte levée, tandis que pour le *Luzerner Birnenweggen*, on étale une masse plus onctueuse, uniquement à base de poires, sur une pâte et enroule le tout pour en faire une roulade.

Pour les pains aux poires glaronais et du Toggenbourg, les poires séchées sont cuites, tamisées et mélangées aux autres ingrédients, tandis que pour la variante grisonne, les tranches de poires sont trempées dans de l'eau de rose ou du *Birnenträsch* (eau-de-vie de poire). Aujourd'hui, les (petits) pains aux poires sont considérés comme des mets délicats, mais ces pâtisseries sont nées dans les régions préalpines et alpines – probablement vers la fin du Moyen Âge – par pure nécessité, afin d'allonger la précieuse farine avec des fruits secs. Les conditions se sont améliorées et au fil du temps, il est devenu possible d'aromatiser les masses de fruits avec des épices fines. Ce *Sparbrot* (« pain d'épargne » mis de côté en cas de disette) est devenu une friandise hivernale, une pâtisserie typique de Noël et du Nouvel An. En raison du transfert progressif de la fabrication du pain vers les entreprises commerciales, essentiellement au XXe siècle, le pain aux poires est devenu une pâtisserie quotidienne, produite toute l'année.

Le pain aux poires est resté un mets délicat, et il a conservé ce grand avantage : il reste frais plus longtemps grâce à son fourrage humide et ne se dessèche pas aussi rapidement que d'autres pains, principalement industriels. La première mention du *Toggenburger Birnbrot* ainsi que la distinction entre celui-ci et le *Bündner Birnbrot* (des Grisons) et le *Birnenweggen* se trouvent dans l'ouvrage de référence *Les boulangers-confiseurs suisses* de 1944. Il n'existe pas de recette contraignante à ce jour, même si dans les années 1950, l'École professionnelle Richemont (Lucerne) a ajouté des pruneaux cuits et de la confiture de pommes à la garniture de la version toggenbourgeoise et de l'anis à la glaronaise – au contraire, certains boulangers ajoutent également des noisettes, des figues ou des raisins.

Traditionnellement, les poires pelées, coupées en deux et séchées sont laissées à tremper une nuit dans de l'eau tiède, bouillies le lendemain jusqu'à ce qu'elles soient tendres, puis passées au passe-vite. Mélanger ensuite à une pâte à la farine bise, des noix hachées, des raisins secs, un peu d'eau-de-vie de fruits, du sucre, du citronat et de l'orangeat ainsi qu'un mélange d'épices composé de coriandre, d'anis étoilé, d'anis et de clous de girofle. Déposer cette garniture dans le sens de la longueur sur un rectangle de pâte levée préalablement badigeonnée d'eau pour qu'elle se maintienne bien. Refermer d'abord le côté transversal, puis le côté longitudinal. Placer le pain sur la plaque de cuisson du côté de son extrémité – ou couture – vers le bas, faire de petits trous dans la pâte et badigeonner d'œuf battu. Pour finir, enfourner le pain aux poires une demi-heure à 210 °C.

On trouve du *Toggenburger Birnbrot* également dans d'autres régions du canton de Saint-Gall et en Thurgovie. Une tranche de ce pain tartinée de beurre est un pur délice. Dans certains restaurants qui proposent un assortiment de fromages, on sert des tranches de pain aux poires du Toggenbourg avec du fromage corsé.

Voir aussi : Luzerner Birnenweggen, Birnenweggli, page 299 ; Glarner Birnbrot, page 536 ; Bündner Birnbrot, page 565.

Törggabrot

Pain fabriqué à partir de farine de maïs et de blé

En Suisse, on cultive du maïs presque exclusivement pour l'alimentation animale. Les exceptions à cette règle sont les suivantes : la vallée du Rhin saint-galloise, berceau du Ribelmaïs (de *rible*, qui a donné en allemand *reiben*, frotter), du *Türggen* (de *Türkenkorn*, maïs) et du *Törgga*, la région de la Linth, le Tessin avec la *farina bóna* et la *farina di mais rosso* ainsi que quelques fermes bio. On cultive du Ribelmaïs dans la vallée du Rhin saint-galloise en tout cas depuis le XVIIe siècle, et de nombreuses sélections ont permis d'obtenir une grande diversité génétique. Ce maïs a dominé les cuisines des familles de petits exploitants pendant trois siècles, jusqu'après la Seconde Guerre mondiale. La farine était obtenue par un procédé assez élaboré et utilisée principalement pour le Ribel, semoule de maïs à gros grains rôtie au beurre, et le *Törggabrot*. Vers 1900, on trouvait également des pains au maïs à Bâle (lors de sa célèbre Foire d'automne), dans les Grisons et le canton de Glaris, où se pratiquait aussi la culture du maïs. Aujourd'hui, grâce aux mélanges de farine prêts à cuire, les pains au maïs sont également disponibles ailleurs.

Le boulanger mélange la farine de maïs finement moulue avec de l'eau dans un rapport de 1:1 et laisse reposer une nuit. Tôt le lendemain matin, il met cette farine trempée dans une jatte avec de la farine mi-blanche et de la farine bise au levain ainsi que de l'eau, du sel et de la levure de boulangerie et commence à pétrir le tout. Cet assemblage de farines permet à la pâte de bien s'agglutiner et de ne pas se défaire, car le maïs ne contient pas de gluten, cette protéine de réserve du blé qui constitue une colle végétale. Pour obtenir un pain avec du volume et non des chips de tortillas, la pâte doit contenir de la farine de blé. Le boulanger y ajoute des raisins secs ; autrefois, on utilisait également des tranches de poires séchées, mais celles-ci ne sont plus demandées pour le pain. Après environ une heure et demie, le boulanger façonne des pains de 500 grammes plutôt plats avec une surface semi-circulaire. Les pains au maïs sont enfournés pendant 50 minutes à 240 °C.

Malgré l'ajout de levure et de farine de blé, la pâte reste relativement compacte. Les raisins secs apportent au *Törggabrot* une agréable note de douceur. Ce pain véritablement quotidien n'a jamais été lié à une fête particulière ; aujourd'hui, il passe pour un délice de connaisseur et bénéficie d'une nouvelle considération grâce à son solide ancrage dans la tradition régionale. Il n'y a pratiquement eu aucun changement dans la longue histoire du *Törggabrot*, produit selon la même méthode depuis une centaine d'années. Une seule fois, les circonstances ont exigé une mesure sévère, comme le raconte le boulanger visité : pendant la Seconde Guerre mondiale, le pain fraîchement cuit devait être mis de côté pendant 48 heures avant de pouvoir être vendu. « Le pain frais, tout le monde le sait par sa propre expérience, c'est si bon qu'on en mange trop » – du gaspillage en temps de guerre.

Voir aussi : Maïs de la Linth, page 380 ; Rheintaler Ribel, page 409 ; Farina bóna, page 622.

Waffeln

Gaufres ; pâtisseries cuites entre des fers chauds

Assez épaisses et moelleuses, les *Waffeln* ou gaufres font partie, tout comme les très fins et friables bricelets (*Bretzeli*), de la famille des pâtisseries cuites entre deux plaques en fer gravées tenues par de longues pinces au-dessus du feu ou sur des tiges de fer chaud (*Hüppen*). Elles sont de formes très variées et répandues dans toute la Suisse. Dans certains musées d'importance nationale ou locale, de nombreux fers à gaufres et à bricelets constituent un fonds précieux, tandis que sur les marchés aux puces et chez les brocanteurs, on tombe sur des fers à bricelets électriques hors d'usage. Seuls des moules en bois pour le beurre ou la pâtisserie peuvent rivaliser avec cet héritage diversifié des fournils et des cuisines.

Les premiers gaufriers trouvés en Europe datent de l'ère viking (du VIIIe au XIe siècle) et du IXe siècle pour ce qui est de la France et de la Belgique. Les plus anciennes formes suisses existantes sont les fers à hosties de Saint-Gall utilisées au XIe siècle. Les premiers gaufriers proprement dits ont été répertoriés en Suisse alémanique au début du XVIe siècle, et en Suisse romande quelques décennies plus tard. Traditionnellement, on employait des fers rectangulaires, plutôt grands, pour les gaufres, et des fers de taille plus modeste, ronds ou carrés, pour les oublies et les bricelets.

La recette n° 96 du recueil de Coire intitulé *Ein schön Kochbuch 1559* souligne à quel point la cuisson des gaufres était naturelle. Le cuisinier qui rédigeait les instructions s'en tenait à l'essentiel et partait du principe que les gens savaient déjà comment cuire la gaufre : « Pour faire une gaufre, utilise de la farine blanche, fais comme pour une pâte à gâteau : ajoute un peu de crème et de levure de bière, du sucre, du beurre et du sel, mais pas trop, et tu auras une bonne pâte. »

Les gaufres sont des gourmandises européennes, connues de l'Italie à la Suède. Dans son tableau intitulé *Combat de Carnaval et Carême* (1559), Pieter Brueghel l'Ancien (1520-1569) a représenté une marchande de gaufres en train d'en cuire. Le nom allemand *Waffel* est issu du néerlandais *warfel*, nid d'abeille. Germanisé, ce mot est devenu *walfre*, qui a à son tour donné naissance au français *gaufre*. En suisse allemand, on trouve des termes tels que *Goffern*, *Goferen* de « gaufre f., Waffel, c'est-à-dire un mot étranger phonétiquement fluctuant » (Zwinger, *Theatrum botanicum*, 1696), *Brissi*, *Brëtzelen* ; au XVIe siècle, on offrait des gaufres pour souhaiter la bonne année : « *wafeln zum guten jar geschenckt* » (1560, *Idiotikon*).

Les motifs de nombreux gaufriers rappellent le lien avec la ruche, notamment les gaufres à la belge, cuites dans des fers gravés profondément. Moelleuses et plus riches que des bricelets, elles sont accompagnées d'un coulis de fraises chaud, de chocolat liquide ou d'autres compléments. De nos jours, ce type de gaufre est souvent fabriqué et vendu sur les étals des foires et des marchés.

Cuits grâce à des fers chauds, les gaufres et les bricelets diffèrent légèrement au niveau de la pâte, mais surtout de la consistance finale. Marianne Kaltenbach présente diverses recettes : pour les gaufres maison, on verse une pâte épaisse dans le gaufrier avec du sucre vanillé et du rhum ou des zestes de citron, puis, une fois qu'elles sont cuites, on saupoudre ces gaufres tendres de sucre à la cannelle et les mange chaudes ou froides. Pour les bricelets sucrés, on forme une boule de pâte compacte avec de la cannelle, du kirsch et du zeste de citron râpé, qu'on aplatit dans le fer avant de la cuire jusqu'à ce qu'elle soit dorée ; pour les bricelets vaudois, le fer est également rempli de boules d'une pâte sucrée à la crème, au vin blanc, au kirsch et au zeste de citron ; après la cuisson, les tranches encore tendres sont enroulées autour du manche d'une louche à pâte, puis on laisse ces bricelets cylindriques refroidir ; au final, ils sont secs et friables. Les bricelets au cumin ou au fromage sont également placés sous forme de boules sur le fer, puis cuits en pressant l'une contre l'autre les deux parties de l'ustensile.

Voir aussi : Gaufres, page 206 ; Bricelets, page 235 ; Sensler Bretzeln, page 242 ; Bretzeli, page 280 ; Offleten, page 319 ; Hüppen, page 348.

BOISSONS

Bière

La boisson alcoolisée la plus consommée en Suisse

Boisson universelle, la bière a probablement été découverte plus qu'inventée il y a des milliers d'années dans différentes régions du globe. En Europe, on buvait déjà de la bière à l'âge du Fer – c'est du moins ce qu'indiquent des grains de blé germés mis au jour lors de fouilles. Dans *L'Histoire du monde en 6 verres* (2019), le journaliste scientifique anglais Tom Standage raconte de manière resserrée l'histoire de l'apparition de la bière, écrivant notamment que « dans des documents écrits en Mésopotamie au IIIe millénaire av. J.-C., on dénombre plus de 20 types de bière différents, y compris la bière fraîche, la bière brune, la bière brune et fraîche, la bière forte, la bière rouge-brune, la bière légère et l'après-bière ».

La bière est une boisson fermentée à base d'eau, de céréales, de levure et de houblon ; elle contient moins d'alcool que le vin et les spiritueux.

Le principe du brassage est simple : la levure transforme les sucres du malt en dioxyde de carbone et en alcool. Le malt est constitué de grains de céréales (l'orge est la plus couramment utilisée) trempés dans l'eau jusqu'à ce qu'ils commencent à germer ; ils sont ensuite chauffés et torréfiés (ils auront une couleur claire ou foncée suivant la température), puis broyés et mis à fermenter dans de l'eau : au cours de ce processus, l'eau dissout l'amidon (qui se transforme en sucre grâce à des enzymes), les protéines et autres particules solides du malt. Après filtration, le moût est appelé drêche, qui est chauffé dans une bouilloire de brassage en ajoutant du houblon femelle (ombelles, pellets, extrait). Le houblon a un goût amer et est utilisé pour la conservation ainsi que pour la saveur (notes acidulées). Ensuite, on ajoute de la levure (levure sauvage, levure de bière, levures sélectionnées – le spectre est large et comporte des risques) pour faire démarrer la fermentation. Au bout d'une semaine environ, la levure a « bouffé » tous les sucres et les a transformés. On a maintenant une bière jeune qui peut être – entièrement ou presque pas – filtrée, affinée, aromatisée (avec de l'absinthe, du chanvre, de la framboise, de la châtaigne, etc.) et mûrie en plusieurs étapes.

Si le brassage est relativement simple, les variétés de bière sont nombreuses et complexes. Quelques exemples : l'ale, l'Altbier, la bock ou Bockbier, la lager, les brunes, les ambrées, les blanches, la Festbier, la Maibock, la Pils ou Pilsner, la Spez et la Malzbier.

La bière est souvent appelée « pain liquide », probablement parce qu'il y a quelques milliers d'années, le pain sec et dur, une fois trempé dans la soupe pour le ramollir, commençait à fermenter au bout d'un certain temps. La « soupe au pain fermenté » a probablement été découverte après que l'homme eut fait la transition de chasseur-cueilleur à agriculteur. La fermentation se produisait très simplement, personne ne savait que la levure était un champignon dont les spores vibrionnent en l'air, se déposent dans les jus et les soupes et les font fermenter (ce que l'on appelle en viticulture la fermentation spontanée, tantôt louée, tantôt redoutée). C'est Louis Pasteur (1822-1895) qui a été le premier à définir en laboratoire les processus de fermentation, leurs causes et les circonstances qui les accompagnent ; en faisant des recherches sur la levure et d'autres micro-organismes tels que les bactéries et les moisissures, il découvrit que les processus de fermentation pouvaient être arrêtés par la chaleur (pasteurisation). Ce n'est qu'à partir de là qu'il a été possible de produire du moût conservable (cf. *Süssmost, page 351*).

Le « Monument bleu », un ensemble de bas-reliefs sumérien en diorite exposé au Louvre, montre les étapes du processus de brassage ; il provient du sud de la Mésopotamie et est vieux de 5000 ans. Les Égyptiens avaient eux aussi un penchant pour la bière, alors que les Grecs et les Romains préféraient le vin.

Les Gaulois et les Germains fabriquaient et buvaient de la bière au Ve siècle av. J.-C. ; on en brassait aussi dans la Suisse romaine, ce que l'on peut déduire de séchoirs à céréales datant du Ier siècle de notre ère. Dans l'Antiquité, une frontière entre la bière et le vin a commencé à se dessiner : jus de raisin fermenté au sud, brassage de l'orge au nord.

Sur le territoire de la Suisse actuelle, on connaissait et appréciait les deux : la viticulture existe en Valais environ depuis le VIIIe siècle av. J.-C. (analyses de pépins de raisin et de tiges de vigne), et le brassage de la bière est probablement encore plus ancien.

Ce qui est aujourd'hui un hobby ou le plaisir d'amateurs réunis en clubs était une pratique courante au début du Moyen Âge : les gens brassaient leur propre bière chez eux pour étancher leur soif ; de nombreux micro-organismes étaient rendus inoffensifs au cours de ce processus, de sorte qu'en ce temps-là, il était moins risqué de boire de la bière que de l'eau. Des avancées significatives ont « fermenté » dans les monastères – comme d'ailleurs en viticulture, par exemple l'invention du clos et du terroir en Bourgogne, que l'on doit aux moines cisterciens ; la science brassicole est redevable d'importantes découvertes aux monastères, comme l'utilité du houblon en tant qu'additif aromatique et agent conservateur dans la bière.

Dans l'espace germanophone, le plus ancien document original daté concernant la bière provient de Saint-Gall. En 754, sur un parchemin, Rothpald, un riche Alaman, cède divers biens dans la région de Wil à l'abbaye de Saint-Gall afin d'assurer le salut de son âme. Et pour pouvoir continuer à exploiter sa propriété, il s'engage à payer des taxes annuelles, dont 30 seaux de bière, soit environ 800 litres.

D'autres paysans ont eux aussi, à l'instar de Rothpald, livré de la bière à l'abbaye : « 51 autres documents des années 754 à 903 en mentionnent » (*NZZ*, 6 août 2004).

Trois brasseries figurent sur le célèbre plan – idéalisé – de l'abbaye de Saint-Gall de 820 : une pour les moines, une pour les hôtes et une pour les pèlerins et les pauvres. Les moines sachant écrire, les témoignages de cette époque proviennent principalement des monastères et des abbayes. La question de savoir si les brasseries des établissements religieux du Moyen Âge peuvent déjà être qualifiées d'entreprises commerciales est discutable. Le succès des monastères brassicoles avait de quoi irriter les seigneurs séculiers. Au début du XVe siècle, la vente publique de bière de monastères est de plus en plus fréquemment interdite, ce qui permet d'ouvrir la voie aux brasseries commerciales.

Ce chemin ne fut pas facile, comme l'écrit le brasseur bâlois Eduard Eckstein en 1902 : « Les débuts de la brasserie furent modestes dans les rangs de la bourgeoisie, la raison d'État n'eut jamais à s'en mêler ; la condition préalable à une évolution dans le temps manquait, car le vin, de qualité et bon marché, était disponible en abondance. On est donc plutôt surpris de voir la première brasserie apparaître à Bâle dès 1488, soit treize ans avant son entrée dans la Confédération. Peut-être que la forte grêle, qui causa de gros dégâts aux vignes, incita “Hans Berwanger de Spyr” [...] à fonder une brasserie ? Il s'est toutefois avéré impossible de déterminer son lieu de construction et d'exploitation » (*Geschichte der Bierbrauerei Basels*).

Il y avait trois brasseries à Bâle à la fin du XVIIe siècle ; au XVIIIe, d'autres furent créées en Suisse, « notamment à Morges en 1717 et 1766, à Schaffhouse en 1768, à Yverdon en 1770, à Fribourg en 1788 » (*DHS*). La plus ancienne en activité en Suisse (2021) est la brasserie Schützengarten à Saint-Gall, fondée en 1779.

Les brasseurs étaient encore dans l'impossibilité d'écouler leurs produits au loin ; la bière devant être bue rapidement, ils la servaient dans leurs propres murs. Cependant, des développements techniques tels que la découverte des micro-organismes par Louis Pasteur (normes de propreté), la sélection des levures de bière (normes de qualité), le début de la construction du réseau ferroviaire au milieu du XIXe siècle, l'invention de la machine frigorifique en 1873 par Carl von Linde à Munich et l'embouteillage avec des bouchons à bascule à la fin du XIXe ont accéléré la diffusion de la bière.

« Vers 1885, la bière avait définitivement remplacé le vin comme boisson nationale en Suisse, et une concurrence féroce commença à se développer entre les 530 brasseries en raison des progrès techniques » (Association suisse des brasseries). Avec les résultats que l'on sait : au début du XXIe siècle, les plus grandes brasseries, qui avaient elles-mêmes racheté des brasseries régionales de plus petite taille dans tout le pays, appartiennent à deux consortiums internationaux. Le pouvoir du cartel de la bière (une association de plusieurs grandes brasseries) fondé en 1935, qui obligeait les restaurants à signer des contrats d'achat, a fait que dans les années 1980, le paysage de la bière en Suisse était on ne peut plus désolé.

La résistance à ces contrats captifs a conduisit à la création d'une brasserie artisanale, la Beizenbrauerei Ueli-Bier en 1974 au restaurant Fischerstube à Bâle. Peu à peu, d'autres ont suivi, souvent dans un esprit protestataire ; des installations de brassage compactes, peu coûteuses et techniquement améliorées ont facilité les progrès de la biérophilie dans tout le pays. De Poschiavo (Birraria Poschiavina) à Saint-Ursanne (Brasserie Tonnebière), de Curio (Birrificio Monte Lema) à Fischingen (Brauerei Kloster Fischingen). Il est désormais possible de brasser sa propre bière, comme au Moyen Âge, mais avec une propreté et une simplicité accrues.

En 1990, la production nationale de 32 brasseries enregistrées s'élevait à 4,143 millions d'hectolitres – en 2020 à 3,404 millions d'hectolitres provenant de 1212 brasseries enregistrées ; par rapport à 2019, la production nationale en 2020, première année de la crise liée à la pandémie de Covid-19, a diminué de 271 000 hectolitres, alors que le nombre de brasseries enregistrées a augmenté de 80 (source : Administration fédérale des douanes (AFD), 1er mars 2021).

Chörbliwasser

Distillat sans alcool à base de cerfeuil anisé et d'eau

À la lecture de ce nom, des inquiétudes surgissent, on pense à des nausées et à des purgatifs, pourtant le *Chörbliwasser* n'a en soi rien de désagréable : au contraire, ce remède domestique agit contre toutes sortes de maux, il calme l'estomac, nettoie le sang et fait baisser la pression. Son nom est dérivé du terme *Chörblichrut*, qui désigne le cerfeuil dans des régions telles que le district de Werdenberg dans la vallée du Rhin saint-galloise et l'Emmental – d'où provient et où est produit le *Chörbliwasser*.

On ne sait pas exactement depuis combien de temps il s'en prépare, certainement depuis plusieurs générations ou plus d'un siècle. L'*Idiotikon* cite ces mots d'un manuel médical schwytzois du XVe siècle : *« cerifolium, sacrepia, körbliskrut »*. Dans diverses indications, l'espèce de cerfeuil utilisée pour le *Chörbliwasser* n'est pas clairement mentionnée : une fois (et sans équivoque), c'est le cerfeuil anisé (ou cerfeuil d'Espagne, ou encore cerfeuil musqué, *Myrrhis odorata*) qui est décrit dans *Flora Helvetica* en tant que *« Chörblichrut »* ; dans d'autres il est aussi question de cerfeuil commun (*Anthriscus cerefolium*), qui est toutefois considéré comme moins efficace.

Ce liquide a un puissant goût d'anis ; en application externe, il est réputé efficace contre les problèmes de peau et pour soulager les blessures sportives. Dans les classiques de la naturopathie que sont *Das grosse Kräuterbuch* du pasteur Künzle et *Der kleine Doktor*, le cerfeuil anisé n'est pas explicitement mentionné, il ne joue même pas un rôle marginal. Peut-être que cette plante herbacée est sous-estimée et son effet limité.

Cela n'empêche pas de nombreux habitants de la vallée du Rhin et de l'Emmental de ne jurer que par le *Chörbliwasser*. C'est « le remède domestique numéro un de la région, vanté au plus haut point et très recherché », écrit l'ethnologue Paul Hugger dans sa monographie intitulée *Werdenberg – Land im Umbruch* (1964) : « Autrefois, il n'était connu qu'à Buchs et dans les hameaux alentour, mais aujourd'hui, il a entamé sa marche triomphale dans la région et les distilleries expédient des bouteilles pleines de "*Chörbliwasser*". [...] Il serait efficace en cas d'inflammation interne. » Hugger cite ensuite un témoin qui raconte dans son dialecte qu'il est même efficace en application externe, mais que jusqu'à une vingtaine d'années en arrière, il y avait des médecins à l'hôpital qui se moquaient de ce remède. Les gens du district de Werdenberg, disait-on alors, avaient des croyances particulières ; ledit témoin affirme qu'il a pu constater lui-même l'efficacité du distillat et que par conséquent il y croyait dur comme fer.

Le *Chörbliwasser* est préparé comme la célèbre eau de rose, c'est-à-dire distillé sans alcool. En soi, cela n'a rien d'extraordinaire, mais dans certains endroits, on a oublié qu'un distillat ne doit pas nécessairement être de l'eau-de-vie, qu'il peut aussi simplement être extrait d'une substance aromatique – exactement comme lorsqu'on capturait les parfums volatils des plantes par distillation.

À ce jour, les traces les plus anciennes remontent à la Mésopotamie, où des archéologues ont trouvé de simples appareils de distillation datant du IVe millénaire av. J.-C., qui, selon des textes en écriture cunéiforme, servaient à produire du parfum. La méthode a prouvé son utilité dans l'Antiquité ; Aristote a reconnu le plus grand avantage de la distillation : on peut produire de l'eau douce potable à partir de la vapeur condensée d'eau salée bouillie. Les Arabes, qui ont apporté à la jeune Europe une technologie ancienne, ont perfectionné l'art de la distillation. Le philosophe et savant arabe Al-Kindi (vers 801 à 873) a donné la définition suivante dans son *Livre de la chimie du parfum et des distillations* : « La distillation est le procédé équivalent à la fabrication d'eau de rose. » Par la suite, des chercheurs arabes ont également découvert que le vin pouvait être distillé, ce qui augmentait son effet enivrant de quelques degrés.

Ce qui concentre le parfum des pétales de rose peut aussi aider d'autres plantes à s'épanouir. Pour le *Chörbliwasser*, on remplit l'alambic de cerfeuil anisé fraîchement coupé et l'on verse de l'eau par-dessus ; pour un litre de *Chörbliwasser*, il faut environ deux kilos de cerfeuil. Puis on chauffe l'alambic, la vapeur de cerfeuil monte, se condense et, grâce à ses huiles éthériques, se déverse dans un tonneau sous forme de distillat laiteux. Il peut être bu froid ou chaud, pur ou dilué. Le *St. Galler Tagblatt* s'interroge sur la modeste notoriété du *Chörbliwasser* : « De même qu'on ignore largement pourquoi et où ce remède domestique a vu le jour, on ignore la raison pour laquelle le *Chörbliwasser* n'existe que dans le Sarganserland voisin et dans la principauté du Liechtenstein. En fait, à part dans le district de Werdenberg, le *Chörbliwasser* n'est encore fabriqué que dans l'Emmental, dans le canton de Berne » (2014).

Le cerfeuil anisé peut être consommé cru ; ses feuilles sont excellentes dans les salades et les soupes, finement hachées comme garniture dans les yaourts et les punchs, les compotes et le muesli. Mastiquer de la racine de cerfeuil anisé aurait un effet contre la mauvaise haleine, ou du moins elle la rafraîchirait.

AUTRES

Miel

Concentré nutritif à base d'eau, de sucre, d'enzymes et d'autres substances fabriqué par les abeilles

Rétrospectivement, l'une des quatre bénédictions qu'Ekkehard IV de Saint-Gall a consacrées au miel dans ses *Benedictiones ad mensas*, il y a environ mille ans, ressemble à un cri du cœur prémonitoire: «*Hoc mel dulcoret deus, ut sine peste saporet* – Que Dieu rende ce miel doux, qu'il donne de la saveur sans dommage.» Même dans ses pires cauchemars, le moine n'aurait pu imaginer comment l'homme industriel allait un jour piller son environnement, si bien qu'en ce début de XXIe siècle, il en vient à se demander si le miel, cette «pharmacie naturelle», est encore sain, compte tenu des dommages environnementaux généralisés.

Dans un habitat malade, les abeilles s'affaiblissent également, ce qui entraîne une mortalité très importante. Dans un rapport d'experts proposant un plan de mesures pour la santé des abeilles publié en mai 2014 par le Centre de recherche apicole de l'Agroscope à Liebefeld, on peut lire en préambule: «Au cours des dix dernières années, une hausse significative des pertes de colonies d'abeilles mellifères a été constatée dans l'hémisphère nord. Aucun facteur unique n'a pu être identifié comme étant à l'origine de cette situation. Les scientifiques du monde entier s'accordent à dire que ces pertes sont dues à une combinaison de facteurs de stress isolés – parasites, maladies, alimentation déficiente ou insuffisante et conséquences d'une agriculture plus intensive avec emploi de pesticides – qui amplifie leur effet de façon exponentielle. L'acarien *Varroa destructor* (détecté pour la première fois en Suisse en 1984) a été identifié comme l'une des principales causes de détérioration de la santé des abeilles, et les virus qu'il transmet constituent un facteur important des pertes élevées de colonies. Même si des preuves inquiétantes des effets de certains insecticides en conditions de laboratoire et semi-naturelles ont récemment été apportées, les effets réels de ces substances en termes de pertes hivernales chez les abeilles mellifères restent trop peu connus, les tests de laboratoire en conditions naturelles étant difficiles à confirmer.»

Le même scénario s'applique aux abeilles sauvages (y compris les bourdons), qui ont subi «un déclin considérable tant au niveau de la diversité des espèces que de la taille des populations depuis les années 1960». Les principales raisons de ce déclin «sont la forte réduction de l'offre en nourriture (fleurs) et des ressources de nidification (petites structures) dans de nombreux endroits aujourd'hui, ainsi que le fort isolement des zones riches en fleurs et en petites structures dans un paysage de plus en plus fragmenté».

Le miel suisse est «top» malgré toutes les adversités, selon un expert du Centre de recherche apicole susmentionné. Son argument est le suivant: la victime des dommages environnementaux n'est pas le miel, mais l'abeille. Elle filtre d'abord dans son jabot le nectar ou le miellat qu'elle a butiné, puis remplit le rayon avec un produit propre. Ce qui est dangereux, ce sont les antibiotiques et les médicaments inadaptés ou non autorisés, par exemple pour tenter d'éradiquer le varroa et ses conséquences. La Suisse fait partie des pays interdisant de donner des antibiotiques aux abeilles mellifères, mais d'autres, hélas nombreux, autorisent la chose.

Au cours du butinage, les abeilles ingèrent également (surtout de manière externe, par exemple par le biais du pollen) des polluants tels que des pesticides et d'autres substances répandues principalement par l'agriculture intensive, qui nuisent aux eaux souterraines, au sol et à la biodiversité. Les abeilles filtrent un maximum de polluants de la nourriture (nectar, miellat et pollen) qu'elles apportent dans la ruche. «Toutefois, l'efficacité de ce filtre n'est jamais totale et dépend probablement des substances», indique le Centre de recherche apicole de l'Agroscope à Liebefeld (juillet 2019). La composition et la qualité des miels y sont régulièrement examinées.

Les dommages environnementaux portent atteinte à la biodiversité, ce qui réduit la variété de l'alimentation des abeilles, et les affectent directement en les affaiblissant. Leur santé en souffre, comme leur sens de l'orientation, et leur durée de vie diminue (six mois au maximum de toute façon, seule la reine peut vivre cinq à six ans). Les colonies d'abeilles se renouvellent en permanence, ce qui est en soi un tour de force; si des facteurs de stress tels que du poison et des maladies viennent se greffer là-dessus, la vulnérabilité des abeilles augmente, les colonies souffrent et l'environnement avec elles.

Les abeilles ne produisent pas seulement du miel, de la gelée royale (sécrétion pure, l'élixir de la reine des abeilles qui garantit soi-disant la jeunesse éternelle), de la cire, de la propolis (substance résineuse fabriquée par les abeilles, un puissant antibiotique naturel), du pollen (que les abeilles transportent sur leurs pattes velues et consomment dans la ruche) et le venin de leur dard qui soulage les douleurs articulaires: en tant que pollinisateurs, ces insectes permettent aussi la reproduction de nombreuses plantes.

Sur trois bouchées avalées par l'homme, une est tributaire des pollinisateurs; les abeilles domestiques assurent environ 80 % de cette pollinisation. C'est pourquoi, selon le Centre de recherche apicole, «la préservation de la pollinisation à grande échelle pour des raisons de sécurité alimentaire» est le «but ultime de tous les efforts de recherche sur les abeilles». En 1998, l'abeille, en tant que pollinisateur indispensable, a été le premier – et à ce jour le seul – animal de rente à être placé sous la protection des Nations Unies dans la Déclaration de São Paulo.

Les abeilles existent depuis environ 20 millions d'années. Une peinture rupestre de la «grotte de l'Araignée» (cueva de la Araña), près de Valence, montre un homme récoltant du miel. «L'usage de la cire, et donc, indirectement, la production de miel sont bien attestés en Suisse au IIe millénaire av. J.-C.» (*DHS*). La référence écrite la plus ancienne se trouve dans les *Benedictiones* de l'abbaye de Saint-Gall mentionnées plus haut.

Jusqu'au XIXᵉ siècle, l'apiculture est restée pratiquement inchangée : lorsque les ruches étaient « mûres », on chassait les abeilles en les enfumant, les étouffant ou les noyant, les rayons étaient brisés, on prélevait le miel et la cire et les abeilles pouvaient recommencer à zéro – du moins celles qui avaient survécu à cette procédure archaïque ou qui n'étaient pas mortes de faim au cours de l'hiver suivant ; longtemps, on a ignoré que les abeilles peuvent être nourries par des solutions sucrées. Au fil de l'histoire de l'apiculture, l'homme a construit des ruches à partir de paille, d'argile et de branchages, puis des caisses, qui, individuellement ou en maisonnettes, offraient aux abeilles des possibilités de nidification contrôlables. On n'utilisait pas seulement le miel pour édulcorer (pain d'épices, vin, bière) et soigner, mais aussi pour la conservation des fruits.

Les abeilles volent vers les plantes, boivent leur nectar ainsi que le miellat, sécrétions sucrées des cochenilles et des pucerons. Le pollen qui reste accroché aux poils des pattes des abeilles pendant ces vols est déposé sur la plante suivante, permettant de la féconder avec du matériel génétique frais.

Les abeilles ajoutent leurs propres substances et sécrétions aux sucs végétaux en plusieurs étapes. C'est ainsi qu'est produit le miel, que les abeilles déposent en guise de solution nutritive concentrée pour leur progéniture dans des rayons en cire de leur propre fabrication ; elles referment les rayons hermétiquement pour empêcher toute fermentation. Outre l'eau et divers sucres, le miel contient des protéines sous forme d'enzymes, des acides aminés, de l'acétylcholine et de la choline, des substances minérales et aromatiques (provenant de diverses plantes), des vitamines, des acides inorganiques et organiques ; des effets antibactériens, germicides et conservateurs sont conférés au miel, entre autres, par les sécrétions ajoutées au nectar par les glandes des abeilles, qui contiennent de la glucose oxydase (pénicilline B).

Le miel était l'édulcorant le plus important jusqu'au XIXᵉ siècle, lorsqu'une production plus rationnelle a rendu le sucre abordable – aussi laborieuses soient-elles, les abeilles ne peuvent pas suivre le rythme d'une raffinerie sucrière – mais leur produit est plus sain. Il n'existe pas de « fabrication de miel » ou de « fabrication de cire » spécifiquement suisses – ce sont les abeilles qui font le travail, après tout ; mais des particularités de la flore et de la faune entrent en jeu, dans lesquelles les paysages et les microclimats ont une incidence. Jusqu'au milieu du XXᵉ siècle, l'abeille noire (*Apis mellifera mellifera*) était la seule abeille domestique suisse au nord des Alpes. Elle vit ici depuis la dernière période glaciaire et a toujours su s'adapter ; elle a été rejointe par deux autres races d'abeilles : la Carnica grise (principalement en Suisse occidentale) et la Ligustica jaune (au Tessin).

En Suisse, 17 500 apiculteurs et apicultrices prennent soin d'un total de 165 000 colonies d'abeilles (Agroscope, juin 2021). La plupart d'entre eux pratiquent l'apiculture par intérêt, pour le plaisir ou dans le cadre d'une exploitation agricole ; une vingtaine travaillent de manière semi-professionnelle, deux à trois de manière totalement professionnelle. L'apiculture migratoire a pris de l'importance parce qu'il n'y a pas assez d'abeilles pollinisatrices partout – d'où la nécessité d'envoyer des troupes en renfort.

La diversité des paysages et des climats en Suisse permet d'obtenir des miels aux saveurs très variées. Au Tessin, du massif du Saint-Gothard aux rives des lacs en passant par les *valli*, et sur le versant nord des Alpes, des Préalpes au Jura en passant par le Plateau. Les miels de fleurs et de forêt sont les plus courants. Les plantes dominantes dans le miel lui donnent des notes parfois prononcées, comme le colza, le pissenlit, le châtaignier ou la rose des alpes. Lors d'une dégustation de miels organisée au Centre de recherche apicole en 2017, le choix allait « du tilleul mentholé et amer à la rose des alpes florale et fruitée, du pissenlit à l'odeur animale typique au châtaignier chimiquement amer [ainsi que] les miels de colza et de sapin, qui sont les plus produits au nord des Alpes » (*Revue suisse d'apiculture* 10/2017). Le miel de sapin a obtenu la meilleure note, et la deuxième place est revenue au miel de rose des Alpes, proposé pour la première fois à la dégustation.

Les variétés de miel portent le nom du taxon principal visité par les abeilles. Ceux que l'on peut qualifier de miels monofloraux doivent « satisfaire aux caractéristiques sensorielles, physico-chimiques et polliniques » que le Centre de recherche apicole a élaborées et publiées.

Selon l'origine et le traitement, le miel aura une couleur variant entre le brun clair jaunâtre et le brun noirâtre ; suivant son degré de cristallisation, il sera liquide, visqueux ou solide.

Paidol

Produit finement moulu utilisé pour l'alimentation des nourrissons et pour lier les sauces ou assouplir les pâtes

Un *Paidol-Bubeli* (bébé Paidol) serait bien étonné, aujourd'hui, en lisant les mots « Backwunder, Saucenbinder » (miracle pour la cuisson, liant pour sauces) sur un paquet de cette poudre blanche. Il y a longtemps que ce bébé a achevé sa croissance et même commencé à toucher une rente AVS, car l'époque où les enfants étaient malingres à cause d'une alimentation insuffisante remonte à deux ou trois générations. C'est pour redonner des forces à ces enfants chétifs que le docteur Jacob Weber, médecin en chef de l'armée suisse, eut l'idée de fabriquer un complément alimentaire.

À la fin du XIXᵉ siècle, Weber avait observé que bon nombre d'enfants souffraient de carences nutritionnelles et en vitamines parce que des substances importantes manquaient dans les repas et autres bouillies pour bébé qui leur étaient donnés à l'époque. Le médecin mélangea de la semoule de froment, qui, outre des glucides, contient également des protéines et des matières grasses essentielles, avec de la farine de millet, riche en fer, et des germes de blé, riches en vitamine E. Les trois composants sont broyés en une poudre extrêmement fine, blanche comme neige ; les détails de la composition et de la production ne sont pas divulgués.

Jacob Weber a utilisé le mot grec ancien *pais* (enfant) pour désigner son complément alimentaire. Produit en grande quantité dès 1886, le Paidol reçoit une médaille d'or à Francfort en 1900.

Dans la première moitié du XXe siècle, le site de production, baptisé *Paidoli*, était situé à Ebnat-Kappel dans le Toggenbourg ; les droits de production furent transférés à Saint-Gall, puis à Wädenswil. Avec la concurrence croissante des produits prêts à l'emploi et des plats cuisinés dans le secteur de l'alimentation pour bébés, les ventes de Paidol ont chuté. En 2002, la société Morga, spécialisée dans les produits alimentaires et amincissants, du thé au bouillon, a repris les droits et ramené Paidol à Ebnat-Kappel.

Le Paidol joue un rôle moins important qu'auparavant en tant que *babyfood*. Cette fine poudre peut également être utilisée dans les aliments diététiques et de régime pour adultes, comme liant naturel pour les sauces, les crèmes et les fondues (comme la Maïzena ou fécule de maïs) ; elle assouplit et aère la pâte, la gardant humide plus longtemps.

19

APPENZELL RHODES-EXTÉRIEURES
ET RHODES-INTÉRIEURES

(*APPENZELL AUSSERRHODEN
UND INNERRHODEN*)

« Öserig ond frönt »

Aucun coin de Suisse n'attire autant les nostalgiques du bon vieux temps que le pays d'Appenzell, avec son *Zäuerli* (yodel), ses *Hackbretter* (cithares à cordes frappées) et le sens de la répartie (*Mutterwitz*) de ses habitants. Sur cette île enchantée, on peut « s'enivrer à loisir des charmes de la nature, et se recueillir dans un silence que ne trouble aucun autre bruit que le cri des aigles, le ramage entrecoupé de quelques oiseaux, et le roulement des torrents qui tombent de la montagne », comme le disait Jean-Jacques Rousseau dans ses *Rêveries du promeneur solitaire*. L'hymne était certes dédié à l'île Saint-Pierre, mais l'expression du bonheur de l'homme dans un état de nature est universelle.

« Le pays d'Appenzell est un monde en soi », lit-on dans le guide de voyage *Schweizerische Alpenposten*, publié en 1952 par les PTT à Berne. « Toutes les merveilles de la création, qui ailleurs sont éparpillées de-ci de-là, sont regroupées ici dans un espace restreint : collines verdoyantes couronnées de sombres forêts de sapins, grasses prairies, gorges profondes, parois rocheuses abruptes, petits lacs de montagne d'un bleu céruléen, neiges éternelles. »

Une Suisse en miniature ? Il ne faudrait pas trop l'idéaliser. On ne tarde pas à se rendre compte que les deux Appenzell sont deux entités tout à fait différentes, aussi modestes soient-elles en termes de superficie et de nombre d'habitants. Dans cette région, c'est la mesure qui compte, pas la masse. Un curieux mélange de confiance en soi et de rébellion a permis jusqu'à présent de surmonter tous les obstacles qui se sont présentés : chasser le prince-abbé de Saint-Gall, repousser les Autrichiens et se séparer pragmatiquement en 1597, 84 ans après l'adhésion à la Confédération, en deux demi-cantons, les protestants formant Appenzell Rhodes-Extérieures et les catholiques Appenzell Rhodes-Intérieures. Rien n'a changé sur ce plan : ces deux moitiés forment à Berne un État, mais chez elles, chacune revendique sa spécificité, y compris constitutionnelle. Un contemporain de Hundwil se souvient ainsi que sa mère lui lançait, lorsqu'il jouait trop loin de la maison, dans le pré, près des Rhodes-Intérieures : « Fais attention, c'est la frontière cantonale ! »

L'isolement, qui était autrefois la raison du peuplement relativement tardif de la région préalpine de l'Alpstein, a offert au pays d'Appenzell le temps et l'espace nécessaires pour former et préserver son autonomie. En particulier les Rhodes-Intérieures, qui sont délimitées d'un côté par le Säntis et de l'autre par les Rhodes-Extérieures les séparant de Saint-Gall. Les coutumes s'y sont maintenues plus longtemps qu'ailleurs, plus profondément qu'aux Rhodes-Extérieures, qui, pendant une période au moins, se sont tournées vers l'extérieur grâce à l'industrie textile. Le tourisme se concentre sur les Rhodes-Intérieures, qui sont ainsi soumises à une certaine pression en termes d'image.

L'expression d'une vie propre et ordonnée se retrouve dans des produits qui garnissent les tables au rythme des étapes du calendrier, comme les *Bröötis*, les *Motschellen* ou les *Schwinigi Stöckli*, que l'on (re)découvrira ci-après. Les Appenzellois ont conquis la Suisse avec d'autres spécialités, à tel point qu'ils doivent désormais lutter pour la crédibilité de leur origine, notamment pour ce qui est de sa viande séchée, le Mostbröckli.

Inutile de se demander combien de temps les caractéristiques de la ferme appenzelloise (elle y est joliment appelée *Häämetli* ou *Heemetli*, ce qui signifie petite patrie) se maintiendront encore à l'ère du réseautage numérique ; elles sont respectées en Suisse, de sorte que les rêveries sur le bon vieux temps, associées dans le reste du pays à la peinture paysanne, aux traditionnelles culottes de cuir jaune et aux *Silvesterchläuse* (les fameux personnages costumés et masqués), se justifient et se perpétuent naturellement – aussi grâce au dialecte, présenté comme un ciment identitaire enviable. Lorsqu'on demanda à un jeune garçon combien de langues on parle en Suisse, il répondit sans hésiter : « *Zwee, öserig ond frönt* » (Deux, la nôtre et l'étrangère).

PRODUITS CARNÉS

Appenzeller Mostbröckli

Morceaux de viande séchée et fumée à base de viande bovine

Si ce savoureux morceau subtilement acidulé était simplement appelé *Mostbröckli*, c'est-à-dire si la déclaration géographique « Appenzeller » était écartée, la discussion sur l'identité de son origine n'aurait pas de sens. Mais il s'appelle bel et bien « Appenzeller Mostbröckli », et il y a un grand écart entre la perception et la réalité. La présence du mot *Appenzeller* rayonne largement au-delà des deux demi-cantons et de leur population : il suffit de penser au fameux Appenzeller, fromage dont la popularité n'a rien à envier à celle de l'Emmentaler ou du Gruyère. Qu'une zone aussi réduite ait un attrait aussi vaste, aussi frappant que le jaune vif d'une culotte de peau pour homme, a de quoi étonner.

La renommée de l'Appenzellerland (le pays d'Appenzell) s'étend bien au-delà de son territoire. Ce déséquilibre entraîne des complications, par exemple avec le *Mostbröckli*, qui ne peut plus être un produit à 100 % appenzellois – à moins que l'épithète ne désigne uniquement la méthode d'élaboration, à l'exclusion du produit brut, la viande. Si l'on ne prélève que la noix des deux pattes arrière, ce qui est le cas idéal selon un expert, on obtient autour des cinq kilos de viande par bête ; normalement, il en faut plutôt 20. En une année, environ 400 tonnes de *Mostbröckli* arrivent sur le marché (2013), ce qui correspondrait à environ 20 000 têtes de bétail. Où sont-elles censées trouver place dans le pays d'Appenzell, à côté de toutes les vaches laitières, des chèvres et autres animaux de rente, des habitants et des touristes ?

Ces 400 tonnes sont produites par une bonne douzaine de bouchers appenzellois et deux grandes exploitations du canton de Saint-Gall, ces dernières à hauteur de 90 % ; pour ce qui est des 10 % restants produits par les bouchers locaux, le cheptel autochtone, appenzellois, ne suffit même pas. On a donc besoin d'animaux de toute la Suisse – et aussi de l'étranger ? La question de l'origine de la viande (aussi en lien avec le débat politique sur la législation Swissness) a longtemps bloqué la procédure visant à doter les trois produits carnés phares appenzellois, le *Mostbröckli*, le *Pantli* et la *Siedwurst*, du signe IGP (Indication géographique protégée). À juste titre, soulignaient ceux qui défendaient davantage une diversité originale aux nombreuses facettes que l'aspect quantitatif, commercial ; à tort, disaient ceux qui vivaient du produit.

Désormais, le cahier des charges stipule ceci : « La viande constituant la matière première doit être à 100 % d'origine suisse. La transformation et l'élaboration de *l'Appenzeller Mostbröckli* ont lieu dans l'aire géographique [cantons d'Appenzell Rhodes-Intérieures et d'Appenzell Rhodes-Extérieures et canton de Saint-Gall]. Le conditionnement peut être réalisé en dehors de ladite aire. » L'enregistrement officiel au registre fédéral des AOP-IGP date du 25 janvier 2018.

De toutes les méthodes de conservation, le séchage combiné au salage est la plus simple et la plus économique. Si un morceau de viande perd environ la moitié de son poids grâce à l'élimination de l'eau qu'il contient par le salage et le séchage, on arrive au final à cumuler presque le double de viande pour un poids total inchangé. Lors de la production de *Mostbröckli*, un kilo de viande fraîche perd 40 à 45 % de son poids initial, et un peu plus encore dans le cas de la viande des Grisons et de la viande séchée du Valais. Cependant, on ne saurait se contenter de suspendre la viande à l'air libre et d'attendre qu'elle sèche. Le boucher doit gérer le processus – parage, salage, saumurage, assaisonnement, fumage de la viande –, le contrôler : il ne faut pas que la surface se dessèche trop rapidement, sinon elle se referme et une croûte hermétique s'y forme, après quoi le cœur du morceau de viande étouffe et se gâte.

Le séchage et le salage sont sans doute les plus vieilles méthodes de conservation au monde. Néanmoins, le *Mostbröckli* fabriqué à partir de viande de bœuf n'est pas connu depuis très longtemps – il est considéré comme un produit ayant succédé à la viande de porc élaborée de la même manière. La plus ancienne mention connue figure dans le *Schweizerisches Idiotikon*. Dans le volume de 1905, le *Mostbröckli* est défini comme étant « une pièce exquise provenant du dos du bœuf, que l'on déguste séchée comme un délice avec un verre de moût». Le *Most* dans le nom vient-il de la boisson d'accompagnement? L'hypothèse de la proximité du canton de Thurgovie, appelé dans le langage populaire «Mostindien» (l'Inde du moût) ne peut être écartée d'emblée. Certes, il y a aussi des vignobles dans le pays d'Appenzell (environ quatre hectares) ainsi que dans les environs, notamment dans la vallée du Rhin et au bord du lac de Constance. Ou s'agit-il plutôt du cidre (*saurer Most*) qui fait partie de la marinade? Son acidité attendrit les fibres, ce qui est fort utile notamment pour de la viande aussi dure que celle de la vache, et empêche les bactéries de la coloniser.

La viande de bœuf a longtemps été moins chère que celle de porc, parce que les vaches laitières en fin de parcours pouvaient aussi être transformées en mets délicats en utilisant la bonne méthode – comme dans le Jura, où la viande de bœuf et de vache est conservée d'une manière presque identique au *Mostbröckli* (cf. *Braisi, page 70*).

Du point de vue des consommateurs du XXIe siècle, il semble étrange que le bœuf suive le même processus d'élaboration que le porc. Les viandes de poulet et de porc n'ont jamais été aussi bon marché qu'au début des années 2020. Autrefois, c'était l'inverse: dans les années 1960 encore, les grands-mères ne mettaient la poularde au four que le dimanche ou, au mieux, pour un festin. La volaille était coûteuse. Et l'élevage porcin de masse comme il est pratiqué aujourd'hui n'existait pas à l'époque, au contraire, comme le souligne l'historien François de Capitani dans son livre *Festliches Essen und Trinken im alten Bern*: «Quand il est question de viande, on parle surtout de veau ou d'agneau et de mouton. Le bœuf était rare. [...] Le porc, plus cher que le veau, était généralement fumé, et la très facile préparation de viande salée et fumée n'a guère trouvé de place dans les livres de cuisine.»

Ce qui était valable pour la puissante République de Berne sous l'Ancien Régime l'était *a fortiori* pour des régions plus modestes comme celle d'Appenzell. Le porc étant en concurrence avec l'homme pour le même régime alimentaire, l'engraissement des truies posait problème, surtout en hiver, même si à cette époque, il n'y avait généralement que deux ou trois bêtes à nourrir par ferme. Dans le pays d'Appenzell, l'économie a longtemps été dominée par l'élevage; la culture céréalière fut abandonnée très tôt au profit des besoins du bétail, dont le lait et la viande étaient des sources de revenus vitales. «Se consacrant principalement à la production laitière et à l'engraissement dans de petites et moyennes exploitations, l'agriculture [dans le canton d'Appenzell Rhodes-Intérieures] conserva jusque dans les années 1930, c'est-à-dire jusqu'à l'apparition de centrales de collecte du lait, ses méthodes traditionnelles basées sur le partage des tâches entre paysans et bergers. [...] Des commissionnaires (*Molkengrempler*) écoulaient les produits sur les marchés régionaux, voire à l'étranger pour les fromages» (*DHS*). Avec l'industrie laitière, l'élevage bovin prit une place importante. Ce n'est qu'avec l'apparition des fromageries de village (dans le canton d'Appenzell Rhodes-Extérieures), qui permettaient de transformer le lait en fromage tout au long de l'année et de fournir, grâce au petit-lait récupéré, une nouvelle alimentation aux cochons, que l'élevage porcin cessa d'être un luxe pour devenir une pratique courante.

Selon le cahier des charges, le boucher parera pour son *Mostbröckli* les morceaux ou parties de morceaux suivants: pièce ronde, coin (noix), fausse tranche (plat et rond de fausse tranche), aloyau (sans graisse, tendons ni chaînette) ou quasi. Autrefois, les pièces pesaient environ 150 grammes, alors que de nos jours elles dépassent parfois le kilo.

Les pièces sont frottées avec un mélange d'épice, de sel et de saumure avant d'être empilées aussi densément que possible dans des cuves ou des bacs, soit en bois, soit en faïence ou encore en béton recouvert de verre. Chaque boucher utilise son propre mélange d'épices, qui doit contenir du poivre, du sel, du sucre, du laurier, du genièvre, de l'ail, et facultativement du gingembre, du quatre-épices et du cidre ou du vin. Les morceaux superposés sont couverts et lestés afin que les sucs puissent s'échapper et agir sur la viande telle une saumure. Ce processus prend quatre bonnes semaines; les pièces sont régulièrement déplacées et retournées.

Certains bouchers – essentiellement dans les grandes entreprises – accélèrent l'opération grâce à un tumbler sous vide: dans cet appareil, les morceaux culbutent sur eux-mêmes, massant ainsi le mélange de sel, de saumure et d'épices dans la viande. En outre, les sucs que le sel extrait de la viande deviennent visqueux à collants du fait des mouvements rotatifs, et donc plus cohésifs, car des protéines s'accumulent dans ces sucs. Une fois le couvercle fermé (30 à 48 heures), l'air est temporairement aspiré hors du tumbler; le vide comprime la viande et les sucs y pénètrent.

Au terme du saumurage, les morceaux sont suspendus pendant quelques heures, les sucs s'égouttent et la viande repose dans un endroit frais pendant un à quatre jours, après quoi elle est fumée (à 40 °C maximum) et séchée. Au bout d'environ cinq semaines, le *Mostbröckli* tendre à cœur est prêt pour la découpe. Il est servi en fines tranches à l'apéritif et se déguste avec du pain, du vin ou du cidre.

L'*Appenzeller Filet* est un filet de porc rempli d'une farce composée de *Mostbröckli*, de carottes, de céleri, de poireau et de fromage finement découpés.

Les *Appenzeller Fleischvögel* sont quant à elles des paupiettes habillées de *Mostbröckli* au lieu de lard; citons enfin la savoureuse variante appenzelloise du cordon-bleu, garnie de *Mostbröckli* et, bien entendu, d'Appenzeller.

Ce sont les grands distributeurs qui, en ayant enrichi leur gamme de cette délicate pièce dans les années 1960, ont fait connaître le *Mostbröckli* dans la Suisse entière.

Voir aussi: Braisi, page 70; Viande séchée du Valais, page 474; Tigets, page 507; Viande des Grisons, page 554.

Appenzeller Pantli

Saucisson sec pressé de forme angulaire à base de viande musculaire de bœuf, de porc et de lard

Pantli – un nom étrange pour un saucisson, mais pas plus bizarre que, disons, cervelas ou salsiz. Les entrées du dictionnaire suisse allemand, l'*Idiotikon*, indiquent que sa forme en serait l'origine. *Bantli* ou *Pantli* est assez largement répandu en Suisse, avec des significations très diverses : d'un prénom masculin (saint Pantaléon, médecin et martyr grec décapité au début du IVe siècle de notre ère) à un nom de chien ou à un synonyme de taureau, d'un épouvantail à une « grosse poupée de paille que l'on enterre au moment du carnaval », une « personne de sexe féminin d'apparence négligée et malpropre », « une chose très grande, volumineuse et dodue » ou encore « la désignation d'un gros saucisson plutôt long pesant environ une livre ». En 1892, le *Zürcher Tagblatt* qualifie le *Pantli* d'« Appenzeller Landjäger » (gendarme appenzellois). Parmi les autres significations, on citera celles de « simple d'esprit, personne fruste, mal dégrossie, têtue, jeune homme grincheux, enfant » ou encore celle d'« enfant illégitime ». Sans oublier des noms de famille : Benteli, la dénomination la plus ancienne, remonte à 1390.

On pourrait spéculer longtemps sur le lien précis entre ce nom et le saucisson – il se trouve sans doute plutôt dans sa forme. Les *Pantli* d'aujourd'hui ne sont ni énormes ni dodus, et l'élasticité de l'épithète *gros* est une question de point de vue. Dans le passé, les gens accordaient probablement moins d'attention à l'apparence qu'aujourd'hui, car la forme resserrée du saucisson sert également à gagner de la place. Des photos d'une exposition commerciale de la fin du XIXe siècle attestent que le *Pantli* est plus que centenaire. Mais il est raisonnable de supposer que ce type de saucisson – de la viande granuleuse et épicée enveloppée dans du boyau, peu périssable grâce au séchage et/ou au fumage – témoigne d'une méthode de conservation plus ancienne encore. Qu'il ait été appelé *Pantli* dès le début ou seulement plus tard n'a aucune importance.

Le rapprochement avec le *Mostbröckli* est intéressant, car pour le *Pantli* comme pour les saucisses à bouillir, on utilise des restes et des coupes de pièces nobles, qui sont transformés en *Mostbröckli*. Étant donné que l'élevage porcin jouait un rôle secondaire dans les deux Appenzell jusqu'au début du XXe siècle et que la viande de porc était aussi recherchée que coûteuse, les bouchers essayaient d'obtenir un goût comparable avec de la viande de bœuf et de vache – en ayant recours à un peu de porc, du lard surtout, car sans gras, point de véritable goût. Dans son livre *Alles ist Wurst*, Fritz von Gunten cite une enquête de l'association des maîtres bouchers du pays d'Appenzell : « Selon un recensement du cheptel de 1876, les paysans des Rhodes-Intérieures n'élevaient à l'époque que 3500 porcs, en plus de 8000 bovins et de 4000 chèvres » ; il poursuit : « Quoi de plus évident que d'affiner les meilleurs morceaux de bœuf de manière à ce que leur goût se rapproche d'une bonne qualité de "gräuchte Schwinis" [porc fumé] ? Cela a aussi permis d'aligner le prix sur celui, plus élevé, de la viande de porc. »

La part de viande de bœuf et celle de porc, la granulométrie et le mélange d'épices – notamment les proportions d'ail, de cumin et de vin – varient d'un boucher à l'autre. Selon l'Union professionnelle suisse de la viande, le mélange est composé de 50 % de viande de bœuf, de 25 % de porc et de 25 % de lard dorsal. La viande est hachée à une granulométrie de deux à six millimètres, mélangée à du sel de table, du sel nitrité, du poivre, du cumin et de l'ail (en poudre), embossée dans des boyaux naturels (de bœuf) ou artificiels (en fibres), séchée et fumée à froid à 15 à 20 °C. En utilisant de l'ail frais, on court le risque d'une fermentation. Pour donner leur forme finale aux saucissons, on les empile alors qu'ils sont encore ronds en couches serrées dans une presse à saucissons crus qui les comprime pendant trois à dix jours. Ensuite, on les suspend pour les faire sécher et un peu de fumée peut être ajoutée de temps en temps. Une bonne vingtaine de bouchers produisent des *Pantli* (54 tonnes au total en 2005) ainsi que deux boucheries industrielles (48 tonnes cette même année), il y a donc de nettes différences gustatives et leur durée de fabrication est très variable : entre quatre jours et deux semaines. Le *Pantli* pèse de 80 à 400 grammes selon son diamètre et sa longueur (de 30 à 50 centimètres). Ce saucisson est protégé comme IGP depuis 2018.

Frère cadet du *Pantli*, le *Klübler* ou *Klüpler* fait environ la moitié de sa taille et de son poids ; il contient de la viande de bœuf et non de vache. Comme pour les autres spécialités carnées appenzelloises, la zone de production s'étend au-delà des deux demi-cantons jusqu'à celui de Saint-Gall, où se trouvent les grandes boucheries – le massif de l'Alpstein formant en l'occurrence une frontière naturelle.

Le *Pantli* se mange froid avec du pain, de la salade et du jus de pomme, cidre ou vin de pomme. Il se marie aussi fort harmonieusement avec du vin ou de la bière.

Voir aussi : Landjäger, gendarme, page 340.

Appenzeller Siedwurst

Saucisse à bouillir de couleur claire, fabriquée à base de fine chair de bœuf, de porc et de lard, avec de l'ail et du cumin

Avec l'*Appenzeller Siedwurst*, les clients doivent tendre l'oreille s'ils veulent connaître l'origine exacte de la saucisse qu'on leur sert à partir de son nom : dans le dialecte des Rhodes-Extérieures on l'appelle *Südwoescht*, dans celui des Rhodes-Intérieures *Südwooscht*. Une fois ces nuances acoustiques assimilées, on sait immédiatement dans quel demi-canton les vacanciers curieux peuvent fabriquer leur propre saucisse lorsque l'Office du tourisme d'Appenzell propose un cours intitulé « *Wooschte säät me bi ös* » (Chez nous on dit *Wooschte*).

Avec sa chair finement hachée, la *Siedwurst* ne remonte pas au Moyen Âge, mais en tout cas au XIXᵉ siècle, comme le *Mostbröckli* et le *Pantli*. Ce « triumvirat de spécialités carnées témoigne de l'habileté des artisans locaux à conserver et à affiner de la viande par le séchage, le fumage et la fabrication de saucisses », écrit Andreas Heller, lui-même originaire de Suisse orientale, dans *Um die Wurst*, ouvrage très complet sur la géographie charcutière helvétique.

La *Siedwurst* fait également partie des quatre meilleures saucisses de Suisse orientale, les reines de la chair claire, c'est-à-dire non rubéfiée au sel nitrité, avec la *Sankt Galler Kalbsbratwurst*, la *Glarner Kalberwurst* et le *Glarner Schüblig*.

Jusque dans les années 1980, en maints endroits la *Siedwurst* était simplement appelée « Rinderwurst » (saucisse de bœuf). La plus ancienne mention écrite figure dans une lettre de 1873, qui indique que dans le pays d'Appenzell, on utilisait des intestins de bœuf séchés en guise de boyaux à saucisses. Des *Rinderwürste* apparaissent dans l'*Idiotikon* en 1924 ; l'*Oekonomische Encyklopädie* de Krünitz (compilée de 1773 à 1858) décrit une *Rinderwurst* allemande plus proche de l'ancienne variante grisonne, une saucisse à base de fressure ou de tripes (*Dicziunari Rumantsch*). Entre-temps, l'*Appenzeller Siedwurst* a colonisé sa rivale grisonne, de sorte que l'on y connaît désormais aussi une saucisse à bouillir. Pour celle-ci comme pour toutes les saucisses à chair fine, les progrès techniques des XIXᵉ et XXᵉ siècles ont été décisifs.

Dans les années 1830, on a inventé le premier hachoir à viande moderne, à travers les disques perforés duquel la viande était broyée en actionnant une manivelle ; avant cela, il y eut plusieurs évolutions comme le double hachoir, puis le hachoir mû par une courroie : un bloc de six ou sept couteaux montés les uns à côté des autres, entraînés par la vapeur, hachait la viande sur une surface circulaire. Cela a permis de produire une chair à saucisse présentant une granulométrie très fine, mais pas encore une masse onctueuse. Ceci n'est devenu possible qu'après le développement du cutter (ou « blitz »), une sorte de mixeur géant qui découpe la viande à grande vitesse avec des couteaux très tranchants, brisant ses membranes cellulaires et la transformant en une émulsion pâteuse. Tout comme le mixeur domestique, le premier cutter électrique, d'une vitesse de coupe d'environ 1000 tours à la minute, est apparu dans les années 1930 ; des versions plus puissantes lui ont succédé après la Seconde Guerre mondiale. On peut aisément tester ce processus en mettant de la viande de poulet congelée dans un cutter avec un peu de crème, avant de l'assaisonner puis de la mixer jusqu'à obtention d'une pâte fine sans granulosité visible ni même tangible. On forme ensuite des quenelles avec une cuillère et les fait cuire dans un bouillon de légumes ou de volaille.

La *Siedwurst* est restée une spécialité locale, régionale, tant que les réfrigérateurs étaient rares ; à partir des années 1950, de plus en plus de ménages en furent équipés, ce qui permit de conserver des denrées périssables telles que les saucisses pendant quelques jours. C'est ainsi que la *Siedwurst* a acquis une certaine renommée ; elle reçut l'épithète « Appenzeller » rendant justice à son origine et bénéficie du signe IGP depuis 2018.

Pour la confectionner, le boucher remplit son cutter de viande de bœuf, de porc et parfois de veau ainsi que de lard (de porc) ; il l'assaisonne de sel de table, d'ail, de cumin et de poivre. Suivant le style de production et la vitesse du cutter, l'artisan ajoute également de l'eau glacée pour éviter que la température de la masse de viande ne grimpe trop, ce qui ferait « brûler » les protéines. La masse mixée est embossée dans des boyaux de bœuf séchés et ramollis, puis les extrémités sont fermées à l'aide de petites baguettes de bois ou de clips métalliques.

Les saucisses peuvent être achetées vertes (crues), pochées ou pasteurisées. Les habitants des Rhodes-Intérieures, qui dégustent leur *Südwooscht* avec des *Chäsmaggerone* (macaronis au fromage) entre la soupe au pain et la tarte à la cannelle lors de la landsgemeinde et d'autres événements officiels, préfèrent la version bouillie. Les habitants des Rhodes-Extérieures, qui ont davantage le goût du risque, préfèrent la version crue, peu croquante. De toute manière, elle ne se coupe pas en rondelles – alors comment faut-il la consommer ? Comme une bouillie, une pâte ? Quasiment. Voici le conseil de Vreni Giger, une Appenzelloise élue cuisinière de l'année en 2003 (« Vreni Giger's Jägerhof » à Saint-Gall, 17 points au GaultMillau) : étaler de la chair à saucisse fraîche d'une *Südwoescht* crue sur une tranche de pain noir beurré, la garnir d'oignons frits et poivrer.

Voir aussi : Sankt Galler Kalbsbratwurst, page 401 ; Glarner Kalberwurst, page 528 ; Glarner Schüblig, page 530.

Schwinigi Stöckli

Morceaux de cou de porc fumés semblables à des côtelettes, avec du lard et des os

Il y a seulement un demi-siècle, personne n'aurait songé à prendre la défense du cochon, *Sus scrofa domestica*, en le qualifiant de « meilleur que sa réputation ». Surtout pas dans les demi-cantons d'Appenzell, où les porcs étaient assez rares jusqu'au XXᵉ siècle, du moins pas élevés massivement. L'omnivore domestiqué rivalise tant avec l'homme pour sa nourriture que ce dernier ne peut le garder bien longtemps. Une vache pouvait être traite pendant quatre ou cinq ans, voire plus, avant de livrer sa chair et son sang en guise d'offrande finale. Le cochon, lui, ne rapporte qu'une seule fois : le jour de son abattage.

Jusqu'à ce qu'il devienne un produit de masse surexploité, puis qu'il soit accusé de faire grossir et perde sa bonne réputation, il était considéré comme un mets de choix, le summum de la viande. Les *Schwinigi Stöckli* en sont un magnifique exemple ; il s'agit d'un pur régal : ces portions fumées de cou de porc, une courte section entre la tête et les omoplates, honorent non seulement la viande maigre mais aussi le lard marbré et un gras sublime – le plus délicieux « liant » après le beurre et la crème, qui recueille et concentre admirablement les saveurs.

Dans son dictionnaire sobrement intitulé *Food*, Waverley Root décrit le porc comme un mets enrichissant les cuisines de nombreuses nuances et facettes : « En Chine, le porc ne formait pas un mais deux des huit délices: on y faisait une nette distinction entre sa viande et le jambon. Le porc est vénéré dans les Abruzzes, où on l'appelle « l'animal aux treize sortes de viande »; cependant, Pline l'Ancien a surpassé les Chinois et les Italiens lorsqu'il a affirmé, dans son *Histoire naturelle*, être capable de détecter 50 saveurs différentes dans la viande de porc. »

Sans rivaliser avec le Romain, l'héritage culinaire de la Suisse parvient tout de même à offrir un choix impressionnant: des jambons tels que le *Bauernschinken*, alias jambon de campagne, le jambon cuit dans l'asphalte, celui de la borne, le *prosciutto crudo della Mesolcina* ou le jambon cru des Grisons et du Valais; puis des variantes de lard, du très répandu lard paysan ou *Bauernspeck* aux spécialités comme le *lardo* et la *pancetta piana* ou le lard sec du Valais; d'autres morceaux populaires tels que le pied, le museau, les oreilles et la queue (*Füessli*, *Schnörrli*, *Öhrli* et *Schwänzli*, aussi appelés *Gnagi* et *òss in bògia* au Tessin), ou encore de véritables morceaux de viande tels que le carré et l'épaule (*Rippli* et *Schüfeli*), les viandes fumées jurassiennes, la *coppa*; mais aussi une belle farandole de saucisses, de la simple et petite saucisse de porc (*Schweinswürstchen*) à la saucisse à rôtir paysanne en passant par les délicieux boutefas, la saucisse grise, le boudin, la *Schwartenwurst* (saucisse de couenne) et la longeole – le tout formant un digne cortège pour les *Schwinigi Stöckli*.

De tous les animaux que l'homme a su domestiquer, le cochon est considéré comme le plus intelligent. Les porcs actuellement élevés descendent du sanglier, dont on connaît plus de vingt sous-espèces (cf. *Digression page 142*).

En Europe, les cochons domestiques étaient élevés dans les forêts proches des habitations; en Chine, en revanche, où l'on consomme le plus de viande de porc depuis des temps immémoriaux (au début du XXIe siècle, cela représente 40 % de la production porcine mondiale), ces animaux avaient une vraie fonction écologique, nettoyant tout sur leur passage et transformant les déchets, des pommes pourries aux excréments, en protéines. En Europe aussi, les porcs débarrassaient les rues et les ruelles de leurs déchets; avec l'installation des voiries urbaines, ils ont progressivement été boutés hors des villes.

Avec la rationalisation de l'agriculture dans les années 1960, l'élevage porcin s'est intensifié, s'adaptant à des besoins nouveaux. Il fallait que le prix de la viande baisse, l'animal fut réduit à un facteur économique. Aujourd'hui, la plupart des porcs élevés dans le monde finissent à l'abattoir après six mois seulement, alors qu'ils pourraient facilement vivre une quinzaine d'années. La meilleure viande provient encore de bêtes élevées comme au Moyen Âge: en plein air, dans des forêts et des clairières leur offrant une alimentation variée.

Jusque dans les années 1930, on élevait beaucoup plus de vaches que de porcs dans le pays d'Appenzell; produit de luxe, la viande de ces derniers se mangeait surtout fumée. Il était alors tout à fait habituel pour une famille de se nourrir d'une tête de vache, qui coûtait quatre ou cinq francs à la fin du XIXe siècle et lui fournissait de la viande et de la soupe pour deux semaines.

Au milieu du XIXe siècle, l'arrière-grand-père du boucher auquel nous avons rendu visite dans le district de Vorderland (AR), au-dessus de la vallée du Rhin, s'était demandé s'il ne pouvait pas faire quelque chose de mieux avec les découpes de ses trains de côtes que de les utiliser pour sa chair à saucisse. Il découpa ses restes comme des côtelettes avec les os et le gras, assaisonna les morceaux et les suspendit pour les fumer à froid (jusqu'à 25 °C). Environ un siècle plus tard, un apprenti qui avait la tête ailleurs fit monter la température du fumoir à 100 °C. La viande fut donc fumée à chaud, ce qui ne manqua pas de modifier sa consistance – les *Schwinigi Stöckli* s'avérèrent moins caoutchouteux qu'après un fumage à froid, ce qui n'était pas un mal.

Aujourd'hui, le boucher découpe le cou de porc en morceaux ressemblant à des côtelettes, les saupoudre de sel, d'ail et d'épices, les empile dans le réfrigérateur et les laisse mariner pendant quatre à dix jours à une température comprise entre zéro et deux degrés, après quoi ils sont fumés au bois de hêtre pendant une heure environ à 100 °C.

Les *Schwinigi Stöckli* se dégustent froids avec du pain et de la salade, du cidre ou du vin. Et avec leur bon gras, bien sûr – agir autrement serait un péché.

Voir aussi : Rippli et Schüfeli, page 28 ; Viandes fumées jurassiennes, page 75.

PRODUITS LAITIERS

Appenzeller

Fromage à pâte mi-dure fabriqué à partir de lait cru, lavé avec une saumure aux herbes

Rares sont les fromages non français à avoir l'honneur de figurer dans le *Larousse gastronomique*. L'Appenzeller fait partie des variétés suisses sélectionnées, incluses dans la liste des « fromages étrangers » et décrites dans une entrée séparée comme « fruité sans être piquant ». Ce classique parmi les encyclopédies culinaires fournit également une recette, « une spécialité suisse, les *chäshappen*, spirales de pâte [...] formées avec une poche à douille et frites à la poêle » – *Appezöller Chäshappech* en version originale. Dans son *Dictionnaire universel de cuisine pratique* (1894-1906), Joseph Favre, chef valaisan et auteur à Paris, note à propos du « fromage d'Appenzell » que « dans ce canton, on fabrique un nombre très varié de fromages, depuis l'imitation de Gruyère jusqu'au sérac » ; Alan Davidson, quant à lui, signale *« an exceptionnally long history »* de l'Appenzeller : « Certaines autorités pensent qu'on peut le faire remonter au VIIIe siècle » (*The Oxford Companion to Food*).

Mais de quel fromage est-il ici question, au juste ? Selon le *Dictionnaire historique de la Suisse* (*DHS*), « la colonisation alémanique [du pays d'Appenzell] ne commença sans doute qu'au VIIIe siècle ». Si les Alamans y produisaient déjà du fromage, il s'agissait d'un fromage aigre, très éloigné de l'Appenzeller à pâte mi-dure que nous connaissons aujourd'hui. La fabrication de fromage avec de la présure est attestée dans le pays d'Appenzell depuis le XVIe siècle. Bien que la méthode de coagulation du lait avec l'enzyme de la caillette du veau ait déjà été employée dans l'Antiquité, une grande partie des connaissances agricoles a disparu avec la chute de l'Empire romain. Cependant, il est tout à fait possible que la technique de la présure ait survécu quelque part d'une manière ou d'une autre, mais nous n'en avons aucune preuve. Pour faire du fromage aigre, on sépare les particules solides du liquide en ajoutant de l'acide, ou on laisse simplement le lait écrémé se séparer (cf. *Bloderchäs et Surchäs, page 406*). Les fromages acidulés n'ont pas la même durée de conservation que les fromages contenant de la présure, plus compacts et plus doux (à pâte mi-dure comme l'Appenzeller ou le Tilsiter, à pâte dure comme le Gruyère, extra-dure comme le Sbrinz).

C'est avec la fondation de la paroisse d'*Abbatis cella* (« cellule de l'abbé ») – dont dérive le nom d'Appenzell – par l'abbaye de Saint-Gall en 1069 que le haut plateau entre le lac de Constance et le massif de l'Alpstein a commencé à prendre forme en tant que zone de peuplement. Des forêts y furent défrichées au profit de pâturages dès le VIIIe siècle. L'agriculture n'a jamais joué un rôle prépondérant sur des terrains irréguliers. Aujourd'hui encore, selon l'interprofession du fromage Appenzeller, « on dénombre largement plus de 1000 exploitations agricoles dans le pays d'Appenzell. Près de 100 % des terres cultivées sont des prairies et des pâturages naturels destinés à l'élevage et à la production laitière » (*appenzeller.ch*). Un fromage du pays d'Appenzell est mentionné en 1281 dans un document de l'abbaye de Saint-Gall. Les premiers textes faisant explicitement référence à de l'Appenzeller datent seulement du XIXe siècle ; auparavant, il était simplement question de fromage des cantons d'Appenzell, et les régions alentour, comme le Toggenbourg, ont joué un rôle important dans la formation de l'identité gustative de ce fromage.

L'Appenzeller d'aujourd'hui est un produit marketing. C'est en 1942, en pleine Seconde Guerre mondiale, que fut créée l'interprofession du fromage Appenzeller. Des dégustations régulières furent organisées pour tenter de s'accorder sur le meilleur fromage possible, une gamme de saveurs fut définie et à partir de là, les quatre degrés d'affinage suivants ont été développés : « Classic » (au moins trois mois d'affinage), « Surchoix » (quatre à cinq mois), « Extra » (six mois garantis) et « Raffiné » (neuf mois) ; le Classic est de loin le plus populaire.

Les lois du marketing ont uniformisé le goût de l'Appenzeller. Même si les 45 fromageries agréées (2021), qui travaillent de manière indépendante et individuelle, marquent leurs meules d'un numéro d'identification, une sorte de passeport fromager, leurs œuvres deviennent un produit anonyme dans la grande distribution ; pour pouvoir identifier l'origine, il faudrait acheter une meule entière, qui pèse entre six et huit kilos. Cette rationalisation des saveurs est source de débats : nombreux sont les défenseurs de l'authenticité à regretter la diversité aromatique de l'Appenzeller, qui était autrefois certainement plus riche en nuances qu'aujourd'hui. Mais la stratégie marketing de l'Interprofession désamorce les critiques par une publicité très habile.

La zone de production comprend les deux demi-cantons d'Appenzell ainsi que certaines parties des cantons de Saint-Gall, notamment le Toggenbourg, et de Thurgovie. Dans le demi-canton d'Appenzell Rhodes-Intérieures, on produit du fromage d'alpage, mais plus d'Appenzeller (2014). Aucune meule d'Appenzeller ne peut être produite en dehors des zones définies ; ce fromage est protégé par le droit des marques, depuis 2002 aussi au niveau international. D'après les directives, les distances de transport du lait vers les fromageries ne peuvent dépasser les 20 kilomètres, et il est strictement défendu d'affourager les vaches avec de l'ensilage.

Le lait partiellement écrémé est chauffé à 31 °C dans une cuve, on ajoute de la présure et des bactéries lactiques et chauffe le tout à 40-42 °C pour le fromage au lait cru ou à une température comprise entre 55 et 68 °C pour le lait thermisé. Le lait coagule et forme du caillé, qui est découpé en grains de la taille d'un pois avec un tranche-caillé. Lorsque les grains ont atteint une certaine consistance, le caillé est placé dans des moules d'environ 30 centimètres de diamètre. Les meules ne doivent pas être plus volumineuses, afin que lors de l'affinage, la saumure aux herbes puisse pénétrer jusqu'au cœur. Dans leurs moules, les fromages frais sont pressés sur une grille pendant une journée pour en extraire du liquide (le petit-lait) ; c'est pendant ce processus que la pastille (le « passeport fromager ») est apposée sur la surface. Les meules sont ensuite plongées dans un bain de saumure dont on les retire au bout de deux jours, puis laissées à mûrir sur des planches de bois dans une cave à fromage à une température de 15 °C et une humidité relative de 90 %. Elles sont régulièrement retournées et brossées avec une saumure spécifique aux herbes.

L'interprofession a érigé un mur inviolable autour de cette saumure ; sur son site, la couleur de l'élixir mystique, embouteillé dans un petit flacon, ressemble à du pastis. On peut lire que « seules deux personnes connaissent sa recette ; voici cependant ce que nous pouvons vous en dire : au cours d'un long processus, un extrait unique en son genre se constitue à partir d'un mélange de plus de 25 herbes, racines, feuilles, fleurs, graines et écorces » ; ladite saumure contient également du vin de fruit, de la levure et de l'eau.

Depuis la liquidation de l'Union suisse du commerce de fromage en 1999, depuis que la production des trois blocs erratiques que sont l'Emmentaler, le Gruyère et le Sbrinz (tous trois des AOP) n'est plus amortie par l'argent des contribuables, de nombreuses fromageries ont fusionné, cessé leurs activités ou se sont concentrées sur de nouvelles variétés. Les fromages les plus rentables sont ceux à pâte mi-dure et assaisonnés pendant le processus d'affinage – comme l'Appenzeller. Normalement, on n'utilise que de la saumure, mais la nécessité est mère de l'invention : untel étale une pâte alimentaire à base de houblon sur la croûte, un autre y répand des herbes de montagne séchées ou du foin, un autre encore la badigeonne de pinot noir, de chasselas ou même de marc, certains incorporent de l'ail des ours ou des *peperoncini* à la pâte. L'interprofession du fromage Appenzeller garde un œil sur ces développements pour éviter les copies.

DIGRESSION

Un adjectif polysémique

Le terme *räss* était et est utilisé si souvent et de tant de manières différentes que les exemples et les explications remplissent plusieurs pages de l'*Idiotikon ;* sa signification se situe entre tranchant, coupant et mordant ; un couteau bien aiguisé peut être *räss* : « Qu'a-t-il sorti de sa poche ? Un couteau pointu et *räss*. Et il l'enfonce profondément dans le cœur de sa bien-aimée », dit une vieille chanson. D'après une citation du XVIe siècle, les bains de sel « sont *räss*, car le sel se forme lorsque l'eau coule à travers une terre aride et amère » (1578). Il y a des herbes tenaces, *räss* comme peuvent l'être certaines personnes dures et acariâtres (*« en rässi Trine »*, c'est une femme de ce genre), mais aussi le contraire : *« Er het es rässes Tonner Fraueli, aber si ist treu und luegt im guet zur Sach. »* (Il a une épouse impressionnante, mais elle est fidèle et va droit au but avec lui.) On oscille donc souvent entre le piquant et le salé, et certains aliments ont également un tel goût : Jeremias Gotthelf (1797-1854) connaissait dans les vallées « quelques petits fromages pour l'usage domestique ou pour un aubergiste qui voulait adoucir son fromage acidulé de Steffisburg grâce à du fromage racé ».

En terre appenzelloise, le mot était utilisé « pour le fromage maigre fortement salé » – comme pour l' « Appenzeller ¼ gras Racé » ? Faisant remonter les origines de cette variété d'Appenzeller au début du XIVe siècle, l'interprofession décrit ce fromage diététique, pauvre en matières grasses, friable et au goût assez puissant, comme « une invention des astucieux bergers appenzellois ». Comme la graisse du lait était précieuse et se vendait très cher sur le marché, ils transformaient le lait principalement en beurre, qu'ils pouvaient vendre immédiatement. Mais le fromage, qui devait être stocké jusqu'en hiver avant de rapporter l'argent dont on avait urgemment besoin, ils le fabriquaient avec le reste du lait. » Il y a sept cents ans ? C'était sans doute plutôt du fromage acidulé.

SUPPLÉMENT

L'Appenzeller comparé à un fruit exotique

Pour les nez chinois, l'Appenzeller a une odeur proche de celle du durian, raconte un restaurateur et importateur de fromage suisse de Shanghai (*NZZ*, 26 janvier 2021). Quel compliment ! Ce fruit (*Durio zibethinus*) ressemble à un ballon de rugby hérissé d'épines – selon un dicton, il a un goût de paradis et une odeur infernale. Les Appenzellois eux-mêmes seront aussi indifférents à cette comparaison qu'à la fondue au fromage à la chinoise, « des moules, du poulpe ou des crevettes comme ingrédients à tremper dans du fromage fondu ».

Petit-lait

Molke *; précieux liquide contenant du lactose et des minéraux, qui se forme après la coagulation du lait lors de la fabrication du fromage*

C'est d'un ton assez méprisant qu'est le plus souvent prononcé le mot *petit-lait* (en allemand *Molke*, *Sirte* ou *Schotte*), la substance obtenue une fois que le lait a caillé, quand le fromage repose enfin dans son moule. Malgré l'expression française « boire du petit-lait », qui exprime la satisfaction, ce liquide jaunâtre, aussi appelé lactosérum, ne suscite guère l'enthousiasme, bien que ses propriétés curatives soient connues depuis l'Antiquité : le petit-lait contient en effet des graisses résiduelles, d'excellentes protéines, beaucoup de lactose, des minéraux et de la vitamine C – toute une série de substances bénéfiques pour l'organisme. Il suffit de se donner la peine de boire – vraiment, pas métaphoriquement – du petit-lait, disponible en quantité depuis le XVIIIe siècle, quand les laiteries de plaine ont commencé à fonctionner à plein régime, fabriquant du fromage tout au long de l'année.

Le lait contient 87 % d'eau et 13 % de particules solides (c'est pourquoi on mesure le lait en kilos et non en litres). Lorsque dix kilos de lait ont été transformés en un kilo de fromage, il reste six à neuf kilos de petit-lait. Les fromageries suisses produisant environ 208 000 tonnes de fromage par an (2020), il reste près de deux millions de tonnes de petit-lait ; qu'en fait-on ?

L'augmentation de la production de fromage au XVIIIe siècle créa un problème quant à l'utilisation du petit-lait. Ce liquide précieux mais jugé superflu s'écoula par deux canaux : d'une part, comme fourrage nutritif pour l'élevage porcin qui commençait à s'intensifier, et de l'autre, on s'est souvenu des vertus du petit-lait pour la santé. Un paradoxe : d'un côté l'engraissement des porcs, de l'autre l'homéopathie, des remèdes contre les impuretés cutanées aux préparations pour culturistes.

Les exploitants d'alpages, qui buvaient du petit-lait comme nourriture de base, n'avaient aucune idée qu'ils consommaient ainsi jour après jour de la *top functional food*, jusqu'à ce que des esprits ingénieux lancent au début du XVIIIe siècle un tourisme de santé basé sur ce liquide, la cure de petit-lait ; par exemple à Seewis im Prättigau dans les Grisons en 1730 ou à Gais, dans le canton d'Appenzell Rhodes-Extérieures, en 1749. « Dans le contexte de la sociabilité prônée par les Lumières et de l'essor des bains, le petit-lait bénéficia des conceptions diététiques de l'époque, du développement des médecines naturelles et de l'usage accru des plantes médicinales » (*DHS*). D'autres stations thermales furent fondées en 1803 à Interlaken, Wengen et Grindelwald ou en 1829 sur le Weissenstein dans le Jura soleurois.

Josef Anton Inauen de Brülisau, un simple *Schottenträger*, c'est-à-dire un porteur de petit-lait, s'est fait un nom inoubliable dans les demi-cantons d'Appenzell, celui de *Schottesepp*. Selon le site *ai.ch*, « Il transportait la précieuse cargaison tôt chaque matin de l'alpage de Mesmer à Gais. Sur sa suggestion, son fils Karl Jakob soumit l'idée des cures de petit-lait aux bains de Weissbad en 1790, et son entreprise connut un succès florissant ». À l'apogée des cures de petit-lait, vers la fin du XIXe siècle, on comptait près de 30 stations thermales qui en proposaient en Suisse, mais à peine une décennie plus tard, ces cures étaient soudain complètement démodées et tombèrent dans l'oubli jusqu'à ce que l'engouement pour le *wellness* les ressuscite au début du XXIe siècle.

Cependant, le petit-lait n'a jamais complètement disparu : il a survécu dans le vaste domaine de la naturopathie. Ainsi, dans son best-seller *Der kleine Doktor*, Alfred Vogel fait l'éloge du petit-lait, « le véritable sérum de lait » (1952 ; 71e édition de 2004, tirage total de passé deux millions d'exemplaires dans plus de dix langues). Vogel poursuit : « Ce n'est pas pour rien que des princes et des personnalités de France et d'autres pays se sont rendus en Suisse dans le passé pour y suivre les célèbres cures de petit-lait suisse. En général, les visiteurs souffraient de maladies métaboliques, étaient trop gras, congestionnés, affligés de troubles intestinaux ou d'insuffisances pancréatiques et devaient lutter contre des fermentations intestinales. » Les curistes buvaient du petit-lait et se baignaient dedans ; ils faisaient de l'exercice, profitaient de l'air frais ainsi que de diverses festivités.

Le lactosérum est produit par la coagulation du lait, qu'elle soit provoquée par de l'acide ou de la présure. Une grande partie de la graisse du lait et des autres particules solides se combinent pour former le caillé, qui flotte dans le petit-lait. Lorsque le caillé fragmenté est versé dans des moules, le petit-lait s'écoule et on le recueille pour l'utiliser. Dans le canton de Vaud, au XVIIIe siècle, on produisait un « second fromage » avec du petit-lait ; aujourd'hui, grâce à des centrifugeuses à haute vitesse, il peut être transformé en crème de petit-lait et transformé en beurre de petit-lait et en beurre de fromagerie, ainsi qu'en sérac. Les industries cosmétique et pharmaceutique utilisent elles aussi du lactosérum ; pour ce qui concerne l'industrie alimentaire, il est légendaire – en Suisse du moins – dans le Rivella (à base de sérum de lait) et a été redécouvert comme boisson énergisante ; le goût fade, fermenté du petit-lait y est masqué par des arômes de fruits.

Les cures évoquées ci-dessus sont à nouveau en vogue, par exemple en Suisse centrale, où l'on peut profiter d'un « bain relaxant de petit-lait au pied du Titlis » (Suisse Tourisme), ou en Suisse orientale, où l'on s'assoit dans un grand bassin collectif pour une joyeuse réunion, car « en application externe, le petit-lait soigne la peau et est recommandé pour l'eczéma, les éruptions cutanées, le psoriasis, les mycoses et les démangeaisons » (publicité du fournisseur) – « probablement l'une des choses les plus saines au monde ».

Voir aussi : Rivella, page 119 ; Sérac, page 228 ; Ricotta, page 617.

Schlipfechäs

Fromage à pâte molle fabriqué à partir de lait cru et saumuré avant d'être servi

Ce fromage a été nommé d'après la sensation qu'on éprouve en le touchant, puisque l'adjectif *schlipfig* renvoie à quelque chose de glissant, de lisse ; au figuré, en suisse allemand, *e schliferigi Sach*, c'est une affaire douteuse. Le *Schlipfechäs* devient glissant car avant de le consommer, on le coupe en tranches qui sont plongées dans de la saumure. Le fromage frais retrouve ainsi son arôme et le moelleux qu'il a perdu après quelques jours d'affinage, « de sorte qu'il ne crisse plus sur les dents comme du caoutchouc lorsqu'on le déguste », nous explique un marchand de fromage.

Le *Schlipfechäs* existe depuis en tout cas 150 à 200 ans, mais probablement davantage. Il est typique de la vie à l'alpage, lorsque le berger n'était pas encore approvisionné par des hélicoptères et devait se contenter de ce qu'il avait à sa disposition sur place : « Les bergers d'alpage vivent, du moins en été, uniquement de lait, de petit-lait, de sérac, de beurre, de fromage et de pain », lit-on dans la partie de *Gemälde der Schweiz* consacrée au pays d'Appenzell (1835). Alors que le lait et le beurre doivent être consommés rapidement, le fromage peut se conserver. L'éventail, cependant, est assez large, du fromage acidulé maigre au fromage racé à pâte pressée fabriqué à partir de lait écrémé, que l'on peut laisser s'affiner jusqu'à la fin de l'estive. Entre-temps, le *Schlipfechäs* est devenu plus moelleux car le lait n'est plus écrémé et le fromage contient plus de matières grasses qu'autrefois (25 % seulement).

Le *Schlipfechäs* est comparable à la mozzarella, mais sans ses typiques fibres qui apparaissent lorsque la masse échaudée est tirée dans le sens de la longueur (*pasta filata*, pâte filée). Chez Slow Food – Suisse orientale, le *Schlipfechäs* au lait cru de vache figure en tête sur la liste des spécialités menacées de l'Arche du Goût.

Le lait de vache frais est chauffé à 30 °C dans une cuve, on y ajoute des bactéries lactiques puis, une demi-heure plus tard, de la présure. Au bout de 30 minutes supplémentaires, le lait est ferme au toucher et le caillé s'est séparé du petit-lait. À l'aide d'un tranche-caillé, le berger tranche et fragmente le caillé en grains et chauffe le tout à 35 °C. Les grains se contractent, poursuivant ainsi le processus de déshydratation. « Si la température est trop élevée, le fromage deviendrait trop dur et il serait impossible d'en faire du *Schlipfechäs* », explique le producteur visité. Plus la température est élevée, plus le fromage devient sec et dur – tels le Sbrinz (cf. *page 363*) et le fromage d'alpage bernois (cf. *page 265*), tous deux extra-durs. Pour la production de *Schlipfechäs*, la température est inhabituellement basse, car les fromages à pâte molle sont plus sensibles à l'altération que les fromages à pâte dure; contenant plus d'eau que ceux-ci, ils favorisent le développement de micro-organismes indésirables. Pour des raisons de sécurité et de transportabilité, presque tous les fromages à pâte molle sont thermisés, voire pasteurisés. Le *Schlipfechäs* étant traditionnellement consommé sans tarder, on peut se permettre le luxe d'utiliser du lait cru.

Lorsque le fromager est satisfait de la consistance de son caillé, il le place dans des tubes perforés d'environ douze centimètres de diamètre; le petit-lait s'écoule par ses trous, et des poids métalliques compriment les grains en une masse compacte, que le fromager retire par la suite pour les découper en trois *Mutschli*. Il repousse ces morceaux dans le tube et utilise des disques en plastique pour les empêcher de se coller les uns aux autres. Sept heures plus tard, il dépose ces petites meules dans un bain de sel pendant quelques heures; le sel continue à en extraire l'eau; aucune croûte n'a le temps de se former. Peu après, elles sont prêtes à être vendues et consommés, pesant entre 500 grammes et quatre kilos.

Si elles ne sont pas dénuées de saveur, ces meules sont plutôt fades. Avant de les servir, on coupe des tranches d'environ un demi-centimètre d'épaisseur, les place dans un récipient peu profond ou une assiette creuse et verse de la saumure par-dessus pour ramollir à nouveau le fromage. Grâce à cette méthode, il est glissant (*schlipfig*) au toucher. Certains préfèrent le manger tel quel, par exemple empilé sur du pain – comme le faisaient les bergers sur leurs alpages –, d'autres l'aiment épicé avec de l'huile et du vinaigre, du poivre et des herbes fraîches. Il peut très bien remplacer la mozzarella pour une salade de tomates au basilic, mais constitue aussi un excellent dessert, agrémenté de baies ou d'autres fruits.

Les fromagers produisant encore du *Schlipfechäs* se comptent sur les doigts d'une main. Soit ils en vendent directement sur l'alpage pendant la saison, soit ils en fournissent à des fromageries appenzelloises ou à des restaurants. Il est apparenté au *Brühkäse* (fromage échaudé) de la vallée du Rhin saint-galloise, un fromage ¼ gras de quelques centimètres de diamètre, lui aussi déposé dans un liquide.

Schwägalpkäse

Fromage d'alpage à pâte mi-dure fabriqué à partir de lait thermisé

Le *Schwägalpkäse* est un fromage d'alpage atypique, son lait étant thermisé. Normalement, ce type de fromage doit être fabriqué à partir du lait cru d'un alpage correspondant. Dans la fromagerie moderne de la Schwägalp, en revanche, on transforme le lait de 50 exploitations. Si chaque alpage produisait son propre fromage, on pourrait renoncer à la thermisation, mais avec autant de fournisseurs différents, il y a un certain risque que du lait impur se retrouve dans la cuve – ce qui ne devrait pas arriver, mais la possibilité subsiste, malgré tous les contrôles. C'est pourquoi le lait est brièvement chauffé à une température de 55 à 68 °C au lieu de 31-32 °C, comme c'est habituellement le cas pour le fromage au lait cru. Un fromager du Jura vaudois, secoué par le scandale de la listeria avec le Vacherin Mont-d'Or (cf. *page 174*) dans les années 1980, résumait la thermisation par cette phrase: « On élimine les pires bactéries, mais aussi les meilleures. » Depuis lors, le savoir-faire s'est considérablement amélioré; avec une transformation et un affinage soignés, même les fromages thermisés peuvent devenir de véritables délices.

La Schwägalp, qui fait partie des Rhodes-Extérieures, aurait servi de pâturage pendant plus de mille ans – mais certainement depuis plus de sept siècles, comme le prouve un document de 1360 de l'abbaye de Saint-Gall, alors propriétaire de cet alpage. Il existe d'autres fromageries d'alpage sur le territoire des deux demi-cantons appenzellois, mais leurs produits étaient considérés comme inférieurs à l'Emmentaler, au Sbrinz et au Gruyère jusqu'au XXe siècle. Dans son livre *Bauernarbeit in Appenzell* (1977), Ferdinand Fuchs souligne que « la politique particulière des marchands de petit-lait [...] a freiné l'amélioration systématique de la qualité de la production de fromage et de beurre d'alpage pendant si longtemps qu'elle a été dépassée par les produits haut de gamme des fromageries de plaine », notamment le fromage qui sera par la suite protégé par la marque « Appenzeller Käse ». Situation étrange pour une région où l'industrie laitière a joué un rôle aussi important.

En 1997, la coopérative laitière Alpmilchverwertung Schwägalp a construit une grande fromagerie et a commencé à commercialiser très professionnellement le fromage de la Schwägalp, fabriqué par des fromagers employés pendant l'estivage. On peut visiter cette fromagerie; l'alpage sert également de station aval du téléphérique menant au Säntis, de lieu de vacances, de zone de randonnée et de parc nature et découverte.

Le fromage de la Schwägalp est fabriqué selon le procédé habituel, c'est-à-dire avec de la présure et des bactéries lactiques;

il est placé dans des moules, pressé puis plongé dans un bain de saumure ; par sa lente pénétration, le sel extrait l'eau, conserve et aromatise la pâte. Les meules sont retournées et régulièrement brossées à l'eau salée dans la cave d'affinage ; cela crée une morge qui décompose l'acide lactique, aide à la formation de la croûte, favorise le développement des arômes et de la saveur, et préserve les meules des moisissures ainsi que des micro-organismes indésirables. Selon le temps d'affinage, il existe trois catégories allant de doux à corsé ; la coopérative met sur le marché 70 à 80 tonnes de fromage par an.

Voir aussi : Vacherin fribourgeois, page 229 ; Tilsit, page 344 ; Bündner Bergkäse, page 558.

FRUITS, LÉGUMES ET PLANTES

Électuaire aux baies de genièvre

Wacholderlatwerge ; *pâte à tartiner à base de baies de genévrier cuites*

Les bourgeons de sapin au miel, le vin cuit, la confiture de pissenlit ou le concentré de jus de poire ont tous quelque chose d'un électuaire, en allemand *Latwerge*, que l'*Idiotikon* définit comme un « jus de fruits cuit semblable à du sirop, généralement utilisé dans la médecine populaire ». Le *Deutsches Wörterbuch* de Jacob et Wilhelm Grimm va également dans ce sens, définissant « *latwerge, f.* » comme « *arznei in breiform* » (remède sous forme de bouillie) et faisant remonter ce mot au latin *electuarium*, qui signifiait au Moyen Âge « chose à lécher ». Un électuaire est une « préparation pharmaceutique molle », selon *Le Robert*, et en italien *elettuaro* signifie « médicament à consistance dense ».

En forçant un peu le trait, on pourrait dire que l'électuaire est un précurseur du comprimé, car il s'agit d'un concentré de principes actifs, certes encore sous forme visqueuse. Une fois que la synthèse de principes actifs était devenue monnaie courante en pharmacie, l'électuaire a progressivement quitté le domaine de la médecine populaire pour rejoindre celui de la cuisine raffinée.

Les électuaires sont connus depuis l'Antiquité ; on en trouve par exemple dans le recueil de recettes *De medicamentis* (vers l'an 400 de notre ère) de l'auteur latin Marcellus Empiricus. Le médecin de la ville de Bâle Felix Platter (1536-1614) « aidait sa bien-aimée à faire des *"küttenlatwergen"* [électuaires aux coings] », apprend-on dans l'*Idiotikon*. Dans le recueil coirien *Ein schön Kochbuch 1559*, on a le choix entre plusieurs électuaires : aux cynorhodons, aux coings, aux groseilles et aux mûres – mais aucune recette avec des baies de genièvre.

Ce *Latwäri* a été créé en 1927 dans le pays d'Appenzell, où les naturopathes sont légion. Selon Alfred Vogel (*Der kleine Doktor*, 2004, 68e édition), on peut lire dans de vieux livres d'herboristerie « que les aigles doivent leur longévité aux baies de genévrier ». L'habitude « qu'avaient les grands-pères de mâcher quelques baies de genévrier le matin » a certainement contribué à donner l'idée de transformer les drupes noires en une pâte sucrée.

Des baies de genièvre, de l'eau, du glucose, de l'acide citrique, du sucre caramélisé (pour la couleur), du sucre de canne, de raisin et de betterave bouillonnent et épaississent. Et c'est prêt lorsque cela ne coule plus, est-il dit à propos de l'électuaire aux mûres (« *wan es nümen rindt, so ist es gnug* ») ; les électuaires devraient avoir la consistance du miel.

Si les grands-pères aiment mâcher des baies de genièvre et en supportent l'amertume sans se plaindre, leurs petits-enfants préféreront à coup sûr une pâte à tartiner sucrée.

DIGRESSION

Un petit arbuste aux grandes vertus

Le genévrier (*Juniperus communis*) exhale le goût de la nature sauvage et de la rébellion. Peut-être pas dans la choucroute, dont les galbules noires sont retirés avant même que l'on se soit saisi d'une fourchette.

Cela peut paraître étrange, mais dans ce pays, on connaît mieux le poivre que le genévrier, même si – ou probablement justement parce que – le poivre vient des tropiques et a été transporté en Europe sur de longues distances et à grands frais, alors que le genévrier (le «poivre du pauvre», comme on l'appelait jadis) est enraciné dans le sol natal. Cependant, il y a une ou deux générations, il jouait un rôle beaucoup plus important qu'aujourd'hui. Un cuisinier raconte qu'enfant, il devait cueillir des baies de genévrier dans les environs de son village pour sa grand-mère, qui les cuisait pour en faire de la confiture ou des électuaires. Le village près de Bâle s'étant mué en agglomération périurbaine, il faudrait chercher les arbustes aux baies noires avec des jumelles.

Si l'on déposait quelques grains de poivre noir dans la main droite d'un écolier et quelques baies de genièvre dans la gauche en lui demandant le nom des deux épices, il y a de fortes chances qu'il réponde que toutes deux sont du poivre. S'il est capable d'appeler le poivre par son nom, il ne reconnaîtra sans doute pas le genévrier. Ces baies (en fait des cônes) d'un bleu presque noir, parfois légèrement violettes, sont plus tendres que des grains de poivre, on peut les écraser avec un couteau ou une fourchette et il s'en échappe alors des parfums doux et résineux et des essences plutôt amères, dont l'intensité sauvage et archaïque risque fort d'étourdir un jeune palais. Une fois qu'on a croqué dans une baie de genièvre, même la choucroute n'arrivera pas à relever le défi gustatif.

Les arômes anguleux (astringents et âpres) conviennent à ce conifère, qui résiste au vent et aux intempéries dans des environnements inhospitaliers et qui est doté de défenses si puissantes que même les chèvres n'osent pas s'en approcher pour y goûter.

Le genévrier pousse en Eurasie et en Amérique, et est considéré comme le conifère le plus répandu. Rarement apprécié des forestiers, il l'était d'autant plus de ceux qui utilisaient ses pouvoirs, c'est-à-dire les essences éthériques qui caractérisent l'odeur de son bois, de ses épines et de ses (faux) fruits.

On imagine cet arbuste ou arbre rebelle, parfois noueux, qui n'a guère besoin d'autre chose que de lumière pour vivre, plus volontiers en compagnie d'oliviers que dans les landes et les montagnes. *Juniperus communis* prospère dans les paysages de landes, où il peut atteindre dix à douze mètres de haut, alors que le genévrier nain ou de montagne (*Juniperus communis* ssp. *alpina*) est un arbuste couché aux aiguilles souples poussant sur des pâturages et des rochers; il dépasse rarement les 20, 30 centimètres – s'élever davantage ne lui servirait de toute façon à rien, la neige le comprimerait à nouveau. Aucun arbre en Europe ne pousse plus haut que le genévrier nain: en Valais, on en trouve à 3570 mètres d'altitude.

Le conifère à feuilles persistantes passait autrefois pour un arbre de vie qui avait non seulement le pouvoir de protéger les êtres, mais aussi celui de les ramener à la vie. Dans le très cruel *Conte du genévrier* des frères Grimm (les mêmes que les auteurs du dictionnaire susmentionné), la méchante marâtre tue le fils de la femme dont elle a pris la place, le père mange l'enfant sous forme de ragoût sans s'en douter, et la petite sœur dépose ses os sous un genévrier qui leur redonne chair et vie grâce à ses pouvoirs magiques.

Les aiguilles piquantes et l'odeur aromatique de l'arbuste éloignent le malheur et chassent les mauvais esprits et les démons. Au Moyen Âge, la fumée de branches de genévrier brûlées était censée protéger de la peste. L'odeur d'une brindille fixée sur le chapeau d'un randonneur aiderait celui-ci à garder son allant. Le genévrier aurait un effet aphrodisiaque dans un mélange additionné à l'eau du bain (avec de la noix de muscade, du romarin, de l'origan, de la menthe poivrée et des clous de girofle), ses baies stimulent la digestion et l'activité rénale et constituent un remède naturel contre la bronchite, la grippe et le rhume sous forme de thé ou de fumigation. En Italie, on conserve le vinaigre dans des tonnelets en bois de genévrier, et ses baies sont aussi utilisées pour teindre la laine en brun rougeâtre ou en beige clair.

Voir aussi : Bourgeons de sapin au miel, page 81 ; Vin cuit, page 232 ; Miel de pissenlit, page 274 ; Birnenhonig, page 296.

PRODUITS DE BOULANGERIE
ET PÂTISSERIE

Agathabrot

Pain consacré censé protéger contre le feu et combattre le mal du pays

Agathe, noble vierge qui vivait à Catane, refusa d'abjurer sa foi chrétienne et d'épouser le libidineux consul romain de Sicile Quintien, de basse extraction. Le potentat éconduit, qui croyait encore à l'ancien monde polythéiste, ordonna qu'on fasse rôtir Agathe sur des charbons ardents et qu'on lui coupe les seins. Elle mourut ainsi en martyre, sans vaciller, en l'an 251. Très exactement une année son trépas, l'Etna entra en éruption. Les habitants de Catane tentèrent d'arrêter les masses de lave incandescentes qui s'approchaient avec le voile d'Agathe, et cela les sauva. Depuis lors, Agathe, patronne de Catane, est vénérée comme une sainte; on demande son intercession en cas d'incendie, elle est aussi la patronne des pompiers, des fondeurs de cloches, des orfèvres, des mineurs et des ouvriers des hauts fourneaux, des verriers, des tisserands et des nourrices. Elle a guéri des malades et des possédés, libéré Catane de la peste et de la famine. En Suisse, on l'implore pour combattre le feu, les sorcières et les esprits malfaisants, ainsi que pour guérir de plusieurs maux.

À la Sainte-Agathe, le 5 février, les curés bénissent l'*Agathabrot* ou pain de sainte Agathe dans les régions catholiques comme le canton de Fribourg, la Suisse centrale et Appenzell Rhodes-Intérieures, dans les églises, les boulangeries et chez des particuliers. D'après un boulanger appenzellois, certains de ses collègues feraient appel à leur «propre» ecclésiastique dans leur entourage. Le pain de sainte Agathe est «une forme d'eucharistie encore connue dans de nombreux endroits», écrit Conrad G. Weber en 1985 dans *Brauchtum in der Schweiz* (Les coutumes en Suisse). Si l'on excepte Schwytz, Einsiedeln et Planfayon, il s'agit d'un pain tout à fait usuel.

En Suisse, la première mention d'une bénédiction du pain le jour de la Sainte-Agathe date de 1466. L'*Agathenbrot* figure dans une liste des dépenses du couvent de Klingenthal à Bâle. Le prédicateur Geiler von Kaysersberg (1445-1510) fut le premier à mentionner ce pain en tant que «remède contre le feu et les incendies». «On le jette dans les flammes», précise le *Handwörterbuch des deutschen Aberglaubens* (dictionnaire des superstitions allemandes). D'après l'*Idiotikon*, la coutume catholique de la bénédiction du pain convenait également aux réformés qui, même s'ils ne faisaient pas bénir leur pain aux yeux de tous, le faisaient cuire à la Sainte-Agathe dans l'espoir qu'il resterait savoureux et ne moisirait pas ou ne durcirait pas. Une comptine pour enfants évoque le pain de sainte Agathe, peut-être parce que les mères le mettaient sous les vêtements de leurs enfants pour les protéger du mal: «*Enegen, mänegen, tumpeti, tifi, tafi oni mi». Ägethen-Brot in der Not: dimpf, dampf duss.* »

Le boulanger visité à Appenzell prend la même pâte pour son *Agathabrot* que pour les *Semmel* (petits pains), mais la façonne différemment à la fin: miches simples, doubles ou quadruples (*Schildbrötchen*, «petit pain bouclier»: quatre morceaux pressés les uns contre les autres à une extrémité). Le boulanger pétrit la pâte à pain avec de la farine blanche ou mi-blanche, de l'eau, de la levure, du malt, du sel et du Levit, un produit de panification à base de levain déshydraté à la levure, qui intensifie le goût du pain et prolonge sa durée de conservation. Le boulanger laisse reposer la pâte pendant un certain temps, puis la divise en fractions, qu'il façonne en une grande miche, qu'il laisse reposer à nouveau. Ensuite, une machine coupe le morceau en 30 portions et leur donne une forme ronde. Il place ensuite les pâtons individuellement sur la plaque de cuisson ou les assemble en pains et les laisse fermenter à température et humidité constantes, soit couverts d'un torchon dans le fournil, soit dans l'armoire de fermentation. Ensuite, les pains sont enfournés à 250 °C pendant 25 minutes.

Voir aussi: Agathabrötli, page 233; Agathenringli, page 514.

Appenzeller Biber et Biberli

Biscuits bruns et plats en pain d'épices fourrés à la pâte d'amandes

Les premières indications relatives à des *Biber* ne remontent pas à des fournils ou à quelque table dressée, mais à l'insondable domaine des règles et des lois: la plus ancienne mention écrite de pains d'épices appenzellois date de 1597 et se rapporte en effet à l'interdiction d'un jeu de hasard avec des *piperzelten* (du latin *piper*, poivre, et du moyen haut allemand *zelte*, «répandu»); un participant retournait (*omlegge*) et distribuait une poignée de «Pfefferkuchen» (littéralement «gâteaux au poivre», mais il s'agit bien de pains d'épices) à la ronde. Le dernier arrivé devait payer de sa poche tous les biscuits distribués (pour en savoir plus sur l'origine et les appellations, voir *Sankt Galler Biber, page 415*). À Saint-Gall, par exemple dans les statuts du Conseil municipal de 1426, en cherchant des sources mentionnant des *Biber*, on tombe aussi sur des jeux de hasard interdits.

Jusqu'à la fin du XVIIe siècle, les *Biber* ne contenaient aucune garniture; les premières recettes comprenant de la pâte d'amandes se trouvent dans des livres de cuisine saint-gallois vers 1800. Cette date assez tardive est probablement liée au prix du sucre, nécessaire à la fabrication d'une pâte d'amandes suffisamment souple. Avant les premières décennies du XIXe siècle, lorsqu'on découvrit comment extraire le jus de betterave et fabriquer rationnellement du sucre, ce dernier était un produit coûteux, presque inabordable pour la plupart des gens. Au XVIIe siècle, il y avait à Saint-Gall des inspecteurs du miel qui en vérifiaient l'origine et la qualité, qu'il soit local ou importé, authentique, falsifié ou coloré. Le *Landhung* (miel de pays) appenzellois était particulièrement recherché pour sa pureté, sa couleur sombre et son goût incomparable. Au début du XIXe, d'après le chercheur en pâtisserie bâlois Albert Spycher, «dans aucune région on ne mangeait autant de miel que chez les Appenzellois, qui raffolaient de *Hungtunk* ou de *Beiezonne* (trempettes au miel et au beurre fondu) et de *Hungböckchen* (petits gâteaux au miel)» (*Ostschweizer Lebkuchenbuch*).

Les Saint-Gallois auraient donc pu se montrer reconnaissants envers leurs voisins appenzellois pour leur miel, au lieu de s'opposer à ce qu'ils produisent comme eux des *Biber*. «Nous savons, grâce à des actes de procès concernant les *Bibenzelter* (boulangers spécialisés dans le pain d'épices) saint-gallois, qu'ils voulaient empêcher les personnes intéressées d'apprendre à faire des *Bibenzelten* en terre appenzelloise», écrit également Albert Spycher. En vain. Dans les deux Appenzell, la concurrence était même féroce. Toujours selon l'auteur précité, «les habitants des Rhodes-Intérieures interdisaient aux *Grempler* (marchands) étrangers d'en vendre, sous peine de huit jours de prison au pain et à l'eau. De la même manière, dans les Rhodes-Extérieures, les Bibenzelter de Hérisau se seraient insurgés contre ceux d'Urnäsch». Ces conflits n'ont toutefois pas freiné le développement du commerce de pâtisseries, auquel des colporteurs voulaient aussi prendre leur part – avec plus ou moins de succès, car parmi ces vendeurs ambulants, il y avait des drôles d'oiseaux, comme «ce vieux filou de Branz-Nik (Nik-la-Gnôle), un ivrogne piémontais couvert de poux qui colportait des leckerli, des *Biberli* et des gendarmes» évoqué par Spycher.

La pâte à pain d'épices appenzelloise est préparée de la même manière que la saint-galloise. Pour la garniture, le boulanger visité à Steinegg, près d'Appenzell, mélange des amandes pelées et non pelées avec du sucre, de l'eau, de l'essence d'amande amère, du citronat et de l'orangeat, et souvent un peu de kirsch jusqu'à obtention d'une très fine masse. «Avant, nous devions faire tremper les amandes et les éplucher à la main, ce qui représentait un travail colossal», dit-il. Aujourd'hui, il achète aussi bien des amandes pelées que non pelées. Une fois la pâte abaissée à environ 2,5 millimètres d'épaisseur, il y découpe deux fois la même forme. Il en place une dans le moule en bois fariné et presse soigneusement la pâte, étale de la pâte d'amandes par-dessus de façon à obtenir un rapport de 40-60 entre la garniture et la pâte, et recouvre le tout avec le deuxième moule, le fond de pâte. Ensuite, il fait sortir le pâton du modèle et le «pince», comme il dit, avec une lame émoussée sur les bords latéraux; il colle ainsi plus fortement les couches l'une à l'autre, et cela fait apparaître un motif entaillé. Les *Biber* reposent pendant environ trois heures avant d'être badigeonnés de lait pour qu'ils brillent au terme de la cuisson. De plus petite taille, les *Biberli* sont fabriqués de la même manière.

Il existe une très remarquable culture des moules à *Biber* dans les deux demi-cantons d'Appenzell. Même si aujourd'hui, on peut les préparer à l'aide de plaques de découpe ou de moules en plastique, la tradition des moules sculptés à la main perdure; cependant, le métier de sculpteur de moules en bois est en voie de disparition. Les sujets sont nombreux et travaillés avec plus ou moins de détails, de la brodeuse au Säntis, du berger à l'ours – l'ours de Hérisau armé d'une massue, en particulier, frappe toutes les imaginations. Aux yeux des Appenzellois, le *Biber* représente quasiment une espèce porte-drapeau culinaire, pour employer un concept cher à la biologie de la conservation.

Voir aussi: Magenbrot, page 37; Leckerlin, page 115; Biscômes, page 233; Luzerner Lebkuchen, page 299.

Biberfladen

Galette de pain d'épices ronde sans garniture

Le *Biberfladen* et le *Biber* ont la même origine, mais aujourd'hui, ils diffèrent sur plusieurs points. Ainsi, le *Biber* contient une garniture depuis le XIXe siècle, contrairement au *Biberfladen*, sauf exception. La consistance de la galette – en allemand *Fladen*, du vieux haut allemand *flado* – gagne en souplesse grâce à l'ajout d'œufs et à des proportions plus élevées de farine d'épeautre et de carbonate d'ammonium; un mélange d'épices légèrement différent y est incorporé, par exemple du poivre blanc ou des graines de fenouil. Le *Biberfladen* a subi moins de modifications que le *Biber*; pour ce qui est de la recette, les *Bibenzelter* du XVIe siècle préparaient une galette très semblable à celle que l'on trouve aujourd'hui (pour en savoir plus sur l'origine et les appellations (cf. *Sankt Galler Biber, page 415*). Après la séparation entre les versions fourrées et non fourrées au début du XIXe siècle, on proposait des petits et des grands *Biberfladen* dans la *Herisauer Wochenblatt* en 1844, et des *Fladen* fourrés ou non dans l'*Appenzeller Volkszeitung* en 1876.

Cette pâtisserie apparaît également dans l'*Idiotikon* à cette époque. Dans le volume de 1881, le «*Biberflade*» est décrit comme un «gâteau à base de pâte au miel» très répandu dans le canton d'Appenzell. Depuis les années 1920, le *Biberfladen* est considéré comme un produit typiquement appenzellois dans les livres de cuisine et de spécialités. Dans un article paru en 1937 dans l'*Appenzeller Kalender*, l'auteur Karl Neff écrit que «dans le pays d'Appenzell, on ne saurait imaginer une maison dans laquelle nul buffet ni armoire ne recèlerait en permanence ces moelleuses galettes pour une visite inattendue ou pour les fêtes et les vacances». Leur durée de conservation est de trois à quatre semaines.

Plus une pâtisserie traditionnelle est populaire, plus les clients réagissent vivement au moindre changement. Le boulanger auquel nous avons rendu visite en est bien conscient lorsqu'il déclare que «la préparation de la pâte semble simple, mais beaucoup de choses peuvent mal tourner: elle ne doit être ni trop sèche ni trop humide, ni trop claire ni trop foncée». Aucune erreur ne lui est permise, déjà lorsqu'il mélange les épices, car avec le miel, elles déterminent non seulement le goût final mais aussi la couleur de la pâte faite de farine d'épeautre et de blé, de miel, de sucre, d'œufs, de lait, de carbonate d'ammonium et d'épices. Le mélange d'épices varie selon la recette maison de chaque boulangerie ; il contient généralement de la cannelle, de l'anis, de l'anis étoilé, du gingembre, des clous de girofle, de la coriandre, de la cardamome, du poivre blanc et des graines de fenouil.

Une fois que sa pâte est bien pétrie, le boulanger la laisse reposer pendant au moins une journée afin qu'elle se solidifie et que les saveurs se développent. Ensuite, il la découpe en portions, étale les pâtons avec un rouleau à pâtisserie pour former des galettes d'au moins deux centimètres d'épaisseur, qu'il façonne à la main en tranches rondes et régulières. Avant même de les mettre au four, il badigeonne les galettes de lait et passe une fourchette dessus. Au terme de la cuisson, ces lignes apparaîtront sous forme de rayures claires sur la surface, brillante grâce au lait : la signature typique du *Biberfladen*. Les galettes sont cuites au four à 210 °C pendant 20 minutes.

Dans l'*Appenzeller Kalender* de 1937 mentionné plus haut, la voix du peuple se fait également entendre. Un serviteur affirme dans sa langue savoureuse : *« Y chönnt guet lebe ohni Wiiber ond Brot. Y wett de liebscht Biberflade ond Jumpfere »* (Je pourrais très bien vivre sans femmes ni pain, ce que je préfère ce sont les *Biberfladen* et les filles). Le boulanger nous dit encore que « les gens d'ici mangent bien plus souvent des *Biberfladen* que des *Biber*, généralement plus connus. Ces derniers sont plutôt offerts en cadeau et plus appréciés par les touristes. »

Les parts de galette sont trempées dans du café ou du thé, et d'aucuns aiment aussi les couper en deux horizontalement pour beurrer chaque moitié. D'après l'ouvrage d'Albert Spycher sur les pains d'épices de Suisse orientale (*Ostschweizer Lebkuchenbuch*), le *Bümmel* est une « très ancienne pâtisserie de Noël et de Nouvel An ; il est impossible de le distinguer du *Biberfladen* appenzellois » et « l'on en trouve encore de nos jours dans la vallée du Rhin saint-galloise ».

Bröötis

Quatre pains figuratifs fabriqués à partir de pâte à petit pain, façonnés et tressés selon des arrangements traditionnels

En lisant le mot *Bröötis* pour la première fois, on se met à percevoir l'odeur d'un *Brotis* (en allemand *Braten*, autrement dit un rôti) dans le coin végétatif de son cerveau. Mais en y regardant de plus près, on s'aperçoit que *Bröötis* appartient à la catégorie des végétaux et que dans d'autres dialectes, il signifie *Brotigs* (« Brotartiges », semblable à du pain), c'est donc bien de pain qu'il s'agit. Pour le chercheur en pâtisserie Max Währen (1919-2008), le *Bröötis* est « l'une des viennoiseries de fête les plus particulières au tournant de l'année » (*Unser täglich Brot*, 1951). En examinant un *Bröötis* réel ou en photo, on comprend bien ce que Währen a voulu dire, car les quatre pâtons en pâte à petits pains (au lait) se distinguent par leurs formes différentes. Ce sont des pains figuratifs (*Gebildbrote*) d'une rare beauté, conçus de manière élaborée sur la base de la technique du tressage.

Le *Filering* ou *Filetring* est une tresse en quatre parties, en forme d'anneau et tressée vers le haut ; le *Filebrood*, *File(t)brot* ou *Phile(n)brot* présente une structure ronde avec une tresse en quatre parties tressée à plat au milieu et sur chacun de ses côtés longitudinaux trois serpents de pâte en forme de S, encadrés par un anneau extérieur lisse et non tressé (comme le bord épais d'une tarte) ; quant au *Tafle Vögel*, il est constitué de quatre oiseaux placés côte à côte, tressés à partir d'une seule baguette de pâte, qui ont un corps allongé, une petite tête et des yeux en baies de genévrier ; le *Tafle Zöpf*, enfin, est composé de quatre tresses en trois baguettes, cuites ensemble pour former une tablette plus ou moins carrée.

Le *Filebrood* est fabriqué toute l'année, alors que les quatre pains figuratifs ne sont préparés que pendant la période de l'Avent et de Noël, et uniquement dans le canton d'Appenzell Rhodes-Intérieures.

On remarque que dans cette description, le chiffre quatre revient souvent, presque comme un mantra. Sans négliger les finesses techniques du tressage de la pâte, jetons un bref coup d'œil dans le monde de la mystique des nombres :

Le chiffre quatre symbolise l'universel, le monde terrestre (*heiligenlexikon.de*), c'est le nombre des points cardinaux et de la totalité cosmique, des éléments (l'air, l'eau, la terre et le feu), des phases de la vie (enfance, jeunesse, âge adulte, vieillesse), des tempéraments humains (flegmatique, sanguin, colérique et mélancolique), des vertus cardinales (sagesse, justice, courage et tempérance) et des saisons. Dans le carré, il montre ce qui est délimité, dans la croix, ce qui est opposé, polarisé. Le christianisme connaît quatre évangélistes (Matthieu, Marc, Luc et Jean), quatre archanges (Michel, Gabriel, Raphaël et Uriel), quatre grands prophètes (Isaïe, Jérémie, Ézéchiel et Daniel), quatre Pères de l'Église (Augustin, Ambroise, Jérôme et le pape Grégoire Ier). L'Église catholique a quatre caractéristiques (une, sainte, catholique et apostolique), le nom de Dieu est composé de quatre lettres (YHWH). Au chapitre 6 de son Apocalypse, Jean décrit quatre cavaliers (la guerre, la faim, la maladie et la mort), et à la fin de sa vie, l'homme est confronté aux choses dernières, elles aussi au nombre de quatre : la mort, le jugement, le ciel, l'enfer.

Dans la symbolique chinoise des nombres, le quatre est le pire d'entre eux et son double, le huit, le meilleur. La raison est phonétique : en chinois, le mot *huit* se prononce presque comme *argent*, tandis que le mot *quatre* est similaire à celui de *mort*.

Le *Bröötis* est à la base et au cœur du *Chlausezüüg :* selon d'anciennes descriptions, en effet, cette « pièce maîtresse des coutumes de la Saint-Nicolas et de Noël des Rhodes-Intérieures » se composait de *Filebroten* empilés sur un récipient en bois pour former une sorte de pyramide. À l'aide d'aiguilles en bois, on fixait autour de cette structure des *Chlausebickli*, des pains d'épices joliment peints à la main » (Albert Spycher, *Ostschweizer Lebkuchenbuch*). Garnie de pommes (*Chlausöpfel*), décorée de *Devisli* (guirlandes de Noël) et couronnée d'un Saint-Nicolas ou d'un petit sapin de Noël, cette montagne de friandises rappelle certaines offrandes balinaises, également empilées de manière à former une tour d'aliments. L'article masculin de *Züüg* est surprenant; Spycher renvoie à *Ein köstlich new Kochbuch* de la Bâloise Anna Wecker (1598), ouvrage dans lequel «der Zeug» (la chose) signifie la pâte qu'il ne faut pas trop abaisser; il est également possible que l'expression ait été reprise du germanique et du vieux haut allemand dans le dialecte appenzellois pour des biens meubles, donc aussi pour tout ce que saint Nicolas, familièrement appelé «der Chlaus», apporte.

Mais que signifie *File*? Cela n'a rien à voir avec le plus tendre morceau de viande, le filet – tout au plus la consistance, si l'on accepte comme explication la fine farine blanche avec laquelle, selon les registres des guildes zurichoises des XVe et XVIe siècles, on cuisait le *veilenbrot* ou *feylen brott* dont est issu le terme *Feilbäcker* (boulanger qui cuit et vend son propre pain) – mais ce terme n'est jamais apparu en Suisse orientale. Au XVIe siècle, à Saint-Gall, on connaissait en revanche le *Philenbrot*, d'après le grec *philos*, ami: «Le Philenbrot, c'est le pain des bons amis», écrivait le pasteur de la ville de Saint-Gall et chroniqueur Johannes Kessler (1503-1574). On trouve des mentions de Filenbrot dans des documents saint-gallois jusqu'à la fin du XVIIIe siècle. Une autre hypothèse est avancée par Walter Koller dans son essai intitulé *Vom Seelenbrot zum Fasnachtschüechli* (1970): «On appelle "Filetarbeit" (travail de filet) le fait de nouer (*Filieren*) un filet en faisant des nœuds spéciaux, formant un assemblage de motifs cousus les uns aux autres avec des fils. En effet, un *Philebrot* fait penser à un tel travail. En conclusion, on ne parvient pas à s'accorder sur l'origine du nom.

On ne sait pas non plus très bien comment le *Filetbrot* est arrivé dans le canton d'Appenzell. Dans sa *Beschreibung der schweizerischen Alpen- und Landwirtschaft* publiée en 1804, un pasteur réformé, c'est-dire un Appenzellois des Rhodes-Extérieures, évoque un *Filebrood* du pays d'Appenzell: «Le jour de l'An, les boulangers font un "Pfeilenbrot", qui est composé de la meilleure farine, de sel et d'eau.» Désormais, celle-ci est remplacée par du lait.

Les *Bröötis* ont survécu dans les Rhodes-Intérieures grâce à celles et ceux qui en ont maintenu la coutume, mais aussi pour des raisons économiques. Le boulanger auquel nous avons rendu visite explique qu'«une des raisons pour lesquelles le *Filering* est devenu une pâtisserie du dimanche, c'est parce que le lait est une matière première moins chère que le beurre. Alors que les riches ramenaient une tresse de beurre à la maison, les moins fortunés achetaient un *Filering*.» On apprécie aussi ce pain de nos jours parce qu'il fait moins grossir qu'une tresse au beurre.

Il faut pétrir la pâte à base de farine blanche, de lait, de sel, de levure et d'un peu de graisse végétale jusqu'à ce qu'elle soit élastique. Après une bonne quarantaine de minutes dans l'armoire de fermentation, elle est prête à être façonnée. Pour le boulanger, le travail ne commence vraiment qu'à ce moment, avec l'étirement et le tressage des baguettes de pâte. Les *Bröötis* forment des tableaux individuels, mais sont en fait des viennoiseries tressées, c'est-à-dire des tresses (en allemand *Zöpfe*) comme on en connaît dans toute la Suisse.

Comment est-on arrivé à cette forme? «La pâte est une matière idéale pour faire des figures de toutes sortes», constate le *Handwörterbuch des deutschen Aberglaubens* (Dictionnaire des superstitions allemandes), «avec elle, les artistes populaires ont trouvé un domaine où ils pouvaient exprimer leur talent; et celui qui voudra écrire l'histoire des pains figuratifs devra d'abord rassembler l'ensemble des formes et des motifs représentatifs des arts plastiques populaires» (pour davantage de détails, cf. *page 285*).

Voir aussi: Tresse, page 285; Weggli, page 322.

Hosenknöpfe

Petites friandises rondes et plates ressemblant à des meringues

Leur forme ressemble en effet beaucoup à des *Hosenknöpfe*, des boutons de pantalon. La préparation de ces friandises parfois dures et sèches à base de blancs d'œufs exige, en plus d'une solide dentition lorsqu'on les croque, une certaine patience, d'où leurs deux noms: *Hosenknöpfe* dans les deux cantons d'Appenzell et *Geduldszeltli* dans celui de Zurich (cf. *page 317*). Les «boutons de pantalon» sont également connus dans les Grisons: les *Thusner Hosenknöpfe* ou *Maseiner Hosenknöpfe* (cf. *page 573*), qui sont toutefois préparés avec une pâte différente.

D'après une vieille recette bâloise, le diamètre des *Hosenknöpfe* et des *Geduldszeltli* n'excède pas celui d'«une pièce de 1 franc». Il s'agit d'un produit de niche. La plus ancienne recette de *Doppelte Geduldstäfelein* connue à ce jour provient de la ville rhénane et fut publiée dans *Originalrezepte der alten Basler Küche.* Anita Rauch la résuma après l'avoir reprise de trois livres de cuisine familiaux de 1822, 1825 et 1847. Amalie Schneider-Schlöth, dont la première édition de sa *Basler Kochschule* date de 1877, a elle aussi présenté des *Geduldstäfeli*.

Les *Hosenknöpfe* peuvent être grossièrement comparés à des meringues, car ils sont plus petits qu'elles et, du fait qu'on y ajoute de la farine, assez compacts et pas aussi légers et poreux qu'une meringue, composée uniquement de blancs d'œufs et de sucre. Ce qu'il faut souligner, c'est la constance des ingrédients, qui n'ont pratiquement pas changé depuis plus d'un siècle. Les différences se remarquent dans des nuances, l'huile essentielle de bergamote ou l'eau de rose parfumant le mélange de base, le zeste de citron et/ou la vanille ou un peu de cacao. On peut aussi utiliser des œufs entiers, comme le fait un boulanger appenzellois qui fabrique des *Hosenknöpfe* depuis plus d'un demi-siècle. Il rappelle qu'«autrefois, on n'utilisait que le blanc d'œuf car le jaune était trop précieux».

Il faut battre le blanc d'œuf ou l'œuf en neige, incorporer le sucre glace, puis la farine et les arômes. Le mélange doit être aéré. Le pâtissier en remplit une poche à douille et presse des portions identiques sur la plaque de cuisson, qui sont ensuite séchées. Selon le climat intérieur, cela prend plus ou moins de temps, un à trois jours en moyenne, parfois davantage en été. Les *Hosenknöpfe* ne peuvent être glissés au four qu'une fois qu'ils se détachent aisément du support. On les cuit à basse température pendant cinq à dix minutes, jusqu'à ce qu'ils soient dorés. Si le four est trop chaud, le sucre se transforme en caramel.

Dans les cantons d'Appenzell, les *Hosenknöpfe* sont disponibles toute l'année. Les *Geduldszeltli*, en revanche, n'apparaissent sur les étals qu'à l'approche de Noël.

Voir aussi : Meringue, pages 240 et 283.

Landsgmendchrempfli

Chausson préparé à l'occasion de la landsgemeinde. Pâtisserie claire, en forme de rein et sucrée, avec une masse à fourrer brune aux noisettes

Au cœur d'Appenzell, capitale des Rhodes-Intérieures située à 780 mètres d'altitude et comptant un peu plus de 5750 habitants (2021), s'étend la Landsgemeindeplatz. Bordée de magnifiques maisons historiques, dont un nombre impressionnant de restaurants, cette place (comme la Münsterplatz de Bâle jusqu'en 2007) est aussi l'un des plus beaux parkings d'Europe. Cet espace ouvert doit être largement dégagé, avec un minimum d'obstacles, afin de pouvoir accueillir les personnes se rassemblant ici chaque année le dernier dimanche d'avril pour la landsgemeinde ; selon la définition du *Dictionnaire historique de la Suisse* (*DHS*), il s'agit d'« une assemblée solennelle lors de laquelle les citoyens jouissant du droit de vote élisent les autorités et débattent des affaires du pays. Apparue au bas Moyen Âge, elle subsiste [partiellement] au XXIe siècle ».

À l'échelon cantonal, la landsgemeinde existe encore de nos jours dans les cantons de Glaris et d'Appenzell Rhodes-Intérieures. Les Rhodes-Extérieures l'ont abolie en 1997 par un vote à l'urne. Les décisions de supprimer la landsgemeinde dans les cantons de Nidwald, d'Obwald et d'Appenzell Rhodes-Extérieures en 1996-98 « ont été prises pour des raisons d'organisation (manque de place après l'introduction du suffrage féminin) et à cause d'une préférence croissante pour les formes modernes de la démocratie, surtout le scrutin secret », précise le *DHS*. Il existe des documents attestant l'existence de la landsgemeinde d'Appenzell depuis 1403, et elle y a probablement été organisée dès 1378.

Lorsque le monde politique était encore exclusivement masculin, en ce jour d'élections et de débats, les femmes restaient à la maison en famille et se réconfortaient avec diverses pâtisseries : le *Landsgmendchröm* en dialecte, *Landsgemeindekram* en allemand. En 1990, le Tribunal fédéral s'est opposé à la volonté des hommes des Rhodes-Intérieures en décidant que le droit de vote des femmes, adopté au niveau fédéral en 1971, devait également revenir à celles des Rhodes-Intérieures. Les Appenzelloises n'ont donc plus eu besoin du *Landsgmendchröm* comme substitut aux droits civiques dont elles avaient été privées et purent l'acheter elles-mêmes, comme les touristes, car les boulangeries d'Appenzell proposent des *Chrempfli*, des leckerli et des *Biberli* tout au long de l'année, comme j'ai pu le constater personnellement un samedi après-midi d'août 2013.

On ignore depuis quand sont cuits des *Chrempfli*, autrement dit des chaussons, pour la landsgemeinde. Cette tradition n'est sans doute pas très ancienne, car des indices montrent que l'origine desdits beignets se situe dans des couvents : l'*Atlas de folklore suisse*, basé sur des enquêtes nationales menées durant les années 1930, ne mentionne en effet pas de *Landsgmendchrempfli*, seulement des « *Kloster-Chrempfli* » ; il n'y a aucune information précise sur leur contenu et leur aspect. À cette époque, c'étaient les capucines des couvents d'Appenzell et de Jakobsbad qui fabriquaient lesdits *Kloster-Chrempfli*. Il n'y a pas non plus de trace de *Landsgmendchrempfli* dans l'*Idiotikon*, contrairement aux *Chloschter-Chräpfli*. Les boulangers professionnels ont probablement repris la production de ces beignets au cours de la première moitié du XXe siècle.

Les chaussons sont un peu la restauration rapide du Moyen Âge, la continuation d'un très ancien système consistant à prendre une galette de pâte, mettre des aliments hachés sur une moitié, replier la seconde par-dessus et manger le tout. Les chaussons refermés pouvaient être remplis d'une masse sucrée ou salée, de viande et de légumes, de fromage, de fruits et de noisettes ; ils étaient cuits au four ou frits à l'huile ou autre matière grasse. Le mot *Krapfen* remonte aux termes *crapho*, *kraphun* et *kräpfen*, qui étaient déjà connus au IXe siècle et signifiaient, en vieux haut allemand, quelque chose comme une griffe ou un crochet, c'est-à-dire des formes recourbées – les chaussons peuvent avoir cet aspect, mais pas forcément. Les cousins des chaussons suisses dans le monde hispanique sont les empanadas, et en Inde les samoussas. Parmi les *Krapfen*, particulièrement appréciés en Suisse centrale, le plus connu est celui au sérac, le *Zigerkrapfen* (cf. *pages 228 et 364*).

D'après le linguiste Stefan Sonderegger de Herisau, le terme *Chreempfli* est issu « de l'ancien et du moyen haut allemand *krimpfan* dans le sens de *se recourber* ou *contracter convulsivement* » (cité dans *Ostschweizer Lebkuchenbuch*). Cependant, les *Chrempfli* ne s'arquent pas pendant la cuisson, ils sont découpés en forme de rein ou pressés dans des moules de forme correspondante. Le boulanger prépare d'abord la pâte – une pâte claire sans anis : il faut battre le sucre et les œufs en mousse, mélanger avec de la farine blanche, de l'eau et de la poudre à lever, puis pétrir. Il n'utilise pas d'anis car les petits fruits de *Pimpinella anisum* sont trop dominants et ne feraient que concurrencer la garniture. Composée de noisettes – non pelées, grillées et finement moulues –, d'eau, de peu de sucre (la pâte est déjà bien sucrée) et de *Schraps* (biscuits séchés et moulus), il faut la travailler jusqu'à obtention d'une masse humide, légèrement granuleuse ; suivant les goûts, ajouter des zestes de citron fraîchement râpés ou un peu de jus de citron.

Abaisser la pâte à une épaisseur d'environ 4,5 millimètres, découper des pâtons individuels à l'aide d'une roulette légèrement dentelée, les presser à la main dans un moule en bois, y déposer le mélange aux noisettes à l'aide d'une poche à douille, puis replier les pâtons les uns sur les autres, bien fermer le bord et laisser les chaussons ainsi obtenus reposer une nuit entière dans une pièce chaude et sèche. Le sucre commence à cristalliser dans la pâte, la surface s'assèche et durcit progressivement. Grâce à cet encroûtement, rien ne s'écoulera du *Chrempfli* pendant sa cuisson (à 220 °C pendant 20 minutes). Le motif du moule, une cerise, une poire, un cygne, une colombe ou une croix suisse, n'est reconnaissable que d'un seul côté.

Voir aussi : Rigibock, Hölloch-Chräpfli, page 382 ; Gubel-Krapfen, page 391 ; Crèfli, page 627.

Leckerli

Pains d'épices bruns sans garniture

Au royaume des pâtisseries fourrées et des tartes généreusement garnies, le leckerli apparaît comme un ascète : ni glaçage ni fourrage aux amandes, ni œufs ni beurre, ni miel ni épices en abondance. Presque campagnard, modeste, sans glamour urbain, il n'est guère surprenant que cette friandise faite d'une simple pâte à pain d'épices ait pour berceau le pays d'Appenzell et la région voisine du Toggenbourg saint-gallois. Un biscuit pour « les pauvres et les *Goofe* », comme le dit le boulanger visité – ce mot désigne des enfants turbulents, des garnements. En somme, un pain d'épices très sec pour les sans-dents, jeunes ou vieux, à mâcher sans fin.

Les racines du mot *Leckerli* se trouvent dans le vieux haut allemand *leckon*, lécher. Selon le *Schweizerisches Idiotikon*, un leckerli est « une sorte de petit biscuit semblable à du pain d'épices, de forme rectangulaire ». La version appenzelloise ne semble toutefois pas si petite, au moins deux fois plus grande que le *Basler Leckerli* qui, avec son glaçage au sucre, ses noisettes hachées, l'orangeat et le citronat, apparaît comparativement très raffiné. Le *Zürcher Leckerli* a encore moins de points communs avec le pain d'épices que celui de Bâle, plutôt avec le massepain, étant constitué d'une masse aux amandes, de sucre glace et de blanc d'œuf. Le *Leckerlin* du canton d'Argovie doit quant à lui sa suavité à une bonne dose de kirsch dans sa pâte et séduit par sa frappante note médicinale.

Jusqu'au XVIIIe siècle, les classiques *Leckerlein* étaient fabriqués en Suisse soit à titre privé, principalement dans les foyers aisés (ingrédients coûteux), soit dans les pharmacies, car ce biscuit contient beaucoup d'onéreuses épices pour pain d'épices (aussi appelées épices de Noël) qui étaient importantes dans la médecine populaire. Le leckerli était également un remède contre les maux d'estomac ou de tête et était fabriqué à l'époque entre Bâle, Berne, Zurich, Coire et Saint-Gall selon une recette assez uniforme.

À Saint-Gall, on expérimentait avec passion : dans le *Kochbuch Wibrat Zili* de 1640, en plus d'un « blanc » à base de pâte à sucre sans œuf, on trouve de nombreux « bruns », « des leckerli contenant du miel, du sucre et de la fécule, d'"ordinaires" à "chauds" (corsés) en sept variantes ainsi que quatre "*gute Läckerli*" différents. Trois recettes de "*Zucker-Läckerli*", qui contiennent également du miel, ne diffèrent que par des nuances d'assaisonnement et d'épaisseur : *"Mach si tick oder tönn"* (Fais-les soit épais, soit fins) » (*Ostschweizer Lebkuchenbuch*).

Comment les leckerli sont-ils arrivés en terre appenzelloise ? Il n'existe aucune mention écrite qui permettrait de remonter à une époque antérieure au XIXe siècle. En 1837, le poète populaire appenzellois Titus Tobler a défini le leckerli comme un « petit gâteau au miel rectangulaire, allongé, au bord lisse » ; plus tard, un autre poète populaire, Hans Konrad Frick, a intronisé le leckerli en tant que « très ancienne pâtisserie nationale appenzelloise ». Une variante locale a été décrite dans le *Häädler Kalender* de 1949 : « Pour un batz, on obtenait 14 leckerli ou 20 *Biberli*. Ce n'étaient pas des *Biberli* fourrés, mais seulement des leckerli un peu plus petits, fins et rectangulaires, en pâte à pain ordinaire mélangée à de la cannelle, qui étaient joliment incisés sur les bords. »

Pour préparer la simple pâte à pain d'épices, liquéfier du miel et du sucre sans que cela ne caramélise, mélanger avec de la farine mi-blanche et un peu de farine d'épeautre, du lait, du carbonate d'ammonium (poudre à lever) et un mélange d'épices comprenant de la cannelle, des clous de girofle, de l'anis, du gingembre, du piment de la Jamaïque, de la coriandre, de la cardamome et de l'anis étoilé, puis pétrir jusqu'à obtention d'une pâte lisse ; réserver dans un endroit frais et sec pendant au moins 24 heures afin que la poudre à lever assouplisse bien la masse compacte. Ensuite, abaisser la pâte à une épaisseur de 2,5 millimètres, découper des rectangles oblongs et enfourner à 210 °C pendant huit à dix minutes. Les leckerli lèvent facilement ; ils ne présentent ni glaçage ni décoration.

Grâce au tourisme, on trouve des leckerli en toute saison. Dans le demi-canton d'Appenzell Rhodes-Intérieures, ils font partie, avec les *Landsgmendchrempfli* et les *Biberli*, du *Landsgmendchröm*. Dans celui d'Appenzell Rhodes-Extérieures, ils sont indissociables du carnaval ; à celui de Hérisau et Waldstatt, les leckerli jouent un rôle majeur dans la coutume du *Gidio Hosestoss*. La figure légendaire du gourmand « Gidéon Ourlet-de-pantalon » s'étouffa, dit-on, en mangeant un leckerli... honni soit qui mal y pense. Un défilé d'enfants est organisé en sa mémoire le mercredi des Cendres avec un mannequin de paille grandeur nature. Ceux qui se joignent au cortège funéraire reçoivent des leckerli en guise de récompense. Ces pains d'épices doivent être consommés rapidement, car ils se dessèchent au bout de quelques jours – mais certains les apprécient précisément dans cet état pour pouvoir les tremper dans leur café avant de les savourer.

SUPPLÉMENT

La *Bacheschnette*

Il s'agit d'une variante des Rhodes-Extérieures: les leckerli sont frits dans une pâte à frire et saupoudrées de sucre à la cannelle. Le chercheur en pâtisserie Albert Spycher, qui dévoile de nombreux détails intéressants dans son livre sur les pains d'épices de Suisse orientale (*Ostschweizer Lekuchenbuch*), ne s'est pas seulement basé sur des informations trouvées dans d'anciens documents, il a aussi bénéficié de l'expérience de ses proches: «Ma grand-mère achetait des leckerli dans une boulangerie de Saint-Gall. Le jour de la lessive, ils étaient trempés dans une pâte à omelette, cuits au beurre, saupoudrés de cannelle et de sucre; on les dégustait avec des ramequins au fromage et du café.»

Voir aussi: Basler Leckerli, page 33; Leckerlin, page 115; Biscômes, page 233; Berner Honiglebkuchen, page 277; Zürcher Leckerli, page 324; Sankt Galler Biber, page 415.

Motschelle

Viennoiserie de fête des Rhodes-Intérieures en forme de poing

Pour le curé de l'église Saint-Maurice à Appenzell, la bénédiction annuelle de *Motschellen* le Mercredi saint était apparemment devenue si évidente qu'il avait oublié de l'inscrire à son programme annuel. Quoi qu'il en soit, cette bénédiction ne figure nulle part sur un précieux document du XIXe siècle énumérant les fêtes et rituels de ladite église. La bénédiction des *Motschellen* n'est pas le seul rituel centré sur le pain; le 5 février, par exemple, le curé de la paroisse consacre le pain de sainte Agathe (cf. *page 444*). En termes simples et schématiques, on peut qualifier l'Église catholique de sensuelle et rituelle et l'Église réformée de sobre et intellectuelle. Et il n'est donc pas surprenant que les *Motschellen* – des petits pains ronds à base de pâte levée blanche, donc quasi catholiques – soient une exclusivité des Rhodes-Intérieures, uniquement comparable sur le plan national au gâteau des Rois partagé le 6 janvier. De nature plus séculaire, mais non moins festive, mentionnons ici les *Weggen* ou petits pains du 1er août, jour de la fête nationale suisse.

La première référence écrite à des *Motschellen* se trouve dans un texte d'Andreas Anton Breitenmoser, curé d'Appenzell de 1908 à 1933, paru dans le journal *Appenzeller Volksfreund*. Peu avant le début de la Seconde Guerre mondiale, les auteurs de l'*Atlas de folklore suisse* ont localisé l'apparition d'un *Mutschällebrot* du type «9 pointes dues à 4 incisions» à Appenzell et Brülisau. On bénit les *Motschellen* la veille du Jeudi saint depuis 1963, mais avant le concile Vatican II et l'introduction de la nouvelle liturgie, on observait quasiment la même coutume lorsque, le jour de l'Ascension (39 jours après le dimanche de Pâques), à Appenzell, des *Mutschellen* étaient offerts à la communauté pour dix kreuzer (1585, livre de comptes de l'église); par la suite, ce furent des noisettes et des poires séchées que l'on distribuait ce jour-là. Les *Motschellen* sont cuits et bénis, distribués ou vendus en un seul jour.

L'*Idiotikon* définit la *Motsch* comme une miche de pain, le *Mutschli* comme un petit pain sphérique à base de farine ordinaire ou blanche, et les *Mutschelle* comme des petits pains ou des petits pains aux œufs destinés aux enfants le jour de l'An. Une entrée de 1606 indique que les prêtres (catholiques) «attirent les enfants avec des cadeaux, des *Mutschällen*, *Dirggelen*, *Bimenzelten* et autres pâtisseries du même genre».

Le boulanger laisse son malaxeur pétrir une pâte en forme de tresse composée de farine de blé, de lait, de graisse végétale, de levure, de sel et de malt, qu'il laisse lever en deux temps; la fermentation active le gluten et renforce l'arôme. Le boulanger roule des unités de 100 grammes chacune en boules, dont il entaille la surface à l'aide d'un couteau avec deux entailles parallèles en croix. Le résultat est une structure avec un carré au milieu entouré de huit autres à partir du bord, c'est-à-dire une sorte de treillis, qui ressemble à des cubes après cuisson (analogue à l'astuce de la mangue: entailler une moitié de mangue verticalement et horizontalement mais sans couper la peau, retourner celle-ci vers le haut et le dessert est prêt). Après avoir refroidi, les *Motschellen* sont bénis, généralement à l'église, mais aussi parfois dans la boulangerie.

La signification de la structure cubique est diversement interprétée. Est-ce un rappel des premiers temps du christianisme où le pain était rompu rituellement, ou bien les carrés symbolisent-ils les dés avec lesquels les soldats romains jouèrent pour se partager les vêtements du Christ après sa crucifixion? Ou les *Motschellen* rappellent-ils simplement la dernière Cène, lorsque Jésus partagea du pain et du vin avec ses disciples?

Voir aussi: Taillaule, page 208; Weggli, page 322; 1. August-Weggen, page 519; Monta sü, page 629.

Zimtfladen

Gâteau plat et rond avec une savoureuse garniture dominée par la cannelle

Au début était la tarte. La restauration rapide existait en effet déjà pendant l'Antiquité: lorsque l'utilité des chaussons fourrés s'est avérée évidente, les gâteaux plats cuits au four servaient depuis longtemps d'assiettes. Ce type de gâteau qui allait également faire carrière en tant que pizza originelle, a reçu sa désignation définitive après une série de termes allant de l'indo-germanique *plat* ou *plet*, du vieux haut allemand *flado* et du moyen haut allemand *vlade* à la tarte (*Fladen* en allemand, *Flade* en suisse allemand) d'aujourd'hui. «Depuis l'automne du Moyen Âge, la littérature de recettes manuscrites et imprimées mentionne de nombreuses variétés de pâtisseries plates comme nourriture quotidienne, de fête et de jeûne pour les ménages bourgeois ainsi que pour les moines et moniales» (Albert Spycher, *Back es im Öfelin oder in der Tortenpfann – Fladen, Kuchen, Fastenwähen und anderes Gebäck*).

L'Ancien Testament décrit les offrandes alimentaires juives comme des galettes à base de pâte sans levain badigeonnées d'huile, mais bien avant cela, au IVe millénaire av. J.-C., c'est-à-dire au Néolithique, les habitants des sites palafittiques des lacs de Neuchâtel et de Bienne fabriquaient du pain en forme de galette en versant une bouillie de farine enrichie de lait caillé dans un creux du fourneau et en la faisant cuire sous une couche de cendres incandescentes. «Les recettes de tartes du XIVe siècle prescrivaient une *blat von teyge* (feuille de pâte) sur laquelle était étalée une garniture de toutes sortes d'ingrédients finement hachés. La tarte de poisson figurant dans un recueil wurtzbourgeois de cette époque intitulé *Das Buoch von guoter Spise* (Le livre de la bonne cuisine), est une sorte de pizza de la fin du Moyen Âge pour le Carême» (*Back es im Öfelin oder in der Tortenpfann*). Cette période si longue et si affligeante pour les âmes et les corps incitait les gens à contourner les règles qui leur étaient imposées, même celles concernant les sucreries. Le lait étant interdit pendant le Carême, tout comme la viande des animaux à sang chaud, on le remplaçait par du lait d'amande pour préparer, par exemple, une farce (*gehäck*) sucrée pour des tartelettes (*fledlin*). Pour faire du lait d'amande, on faisait tremper des amandes douces fraîches dans de l'eau chaude, les épluchait et les concassait en ajoutant de l'eau de rose, puis on en pressait le liquide «amandifié», le lait d'amande (d'après Anna Wecker, *Ein köstlich new Kochbuch*, 1598).

A priori, on pourrait imaginer que la *Zimtfladen* nécessite une opulente garniture de noix, mais celles-ci ne sont pas destinées à cette modeste pâtisserie, qui consiste en une garniture de farine et de crème épicée à la cannelle; elle est très répandue en Suisse orientale, notamment dans les deux demi-cantons d'Appenzell et dans le canton de Saint-Gall, surtout dans le Toggenbourg. La plus ancienne mention de ce produit se trouve dans un recueil de recettes manuscrites d'Urnäsch (AR) datant d'une bonne centaine d'années. Le *Schweizerisches Idiotikon* rapporte (1881) que «jadis», dans le pays d'Appenzell, on préparait des tartes à la crème, au fromage et aux poires pendant les fêtes de fin d'année dans presque tous les ménages privés et que l'on en offrait au personnel, ou encore aux clients fidèles, comme le faisaient les boulangers. L'*Idiotikon* ne nomme pas explicitement de tarte à la cannelle, mais son *Rahmkuchen* (gâteau à la crème), un «gâteau rond et plat en fine pâte à pain, garni d'un mélange de crème, de farine et d'épices», correspond assez exactement à la recette de base de la *Zimtfladen*.

La recette du boulanger visité n'est qu'une parmi de nombreuses variantes. Il garnit le moule à gâteau d'une pâte à base de farine, de sucre, de margarine, de sel et d'œufs, puis étale sur le fond de la confiture de framboises pour donner à la tarte une note fruitée. Pour la garniture, il prépare un mélange de farine, de sucre, de cannelle, de poudre à lever, de lait et d'un peu de margarine liquide. Le mélange est réparti uniformément sur le fond de tarte, celle-ci passe au four et est ensuite nappée d'une couche d'abricoture (concentré d'abricot pour les professionnels) pour la faire briller. Selon les goûts, la tarte à la cannelle est recouverte d'un glaçage au sucre ou de chocolat ou servie nature. Notre boulanger considère la *Zimtfladen* comme un produit de niche, moins demandé que le *Mandelfisch* (cf. *page 411*) ou le *Schlorzifladen* (cf. *page 418*).

Voir aussi : Osterfladen, page 37 ; Zimtsterne, page 41 ; Zimtstängel, page 56.

CONFISERIES

Appenzeller Nidelzeltli

Bonbon brun dur à base de sucre caramélisé, de lait et de crème

Si l'on chauffe du sucre, il prend une couleur tour à tour jaunâtre, dorée, brunâtre, brune et finalement noire lorsqu'il brûle et qu'il faut racler vigoureusement les grumeaux carbonisés fixés à la casserole. Plus le caramel est foncé, plus les arômes de torréfaction sont forts. En fonction de ce que l'on veut faire du caramel, il faut ajouter plus ou moins d'eau pendant la préparation, ainsi qu'un filet de jus de citron ou de vinaigre. Des confiseurs réalisent des figures artistement galbées avec du caramel chaud et onctueux pour couronner leurs gâteaux, tirent des filaments de caramel avec une louche et les enroulent jusqu'à en faire des nids d'oiseaux, y trempent des noisettes pour dessiner des lances à la manière de flèches d'église, ou en utilisent pour colorer bouillons, sauces et ragoûts; certains cognacs ou whiskies ne brillent d'un si beau brun doré que grâce à une dose de caramel.

Que se passe-t-il dans la casserole? Hervé This-Benckhard révèle le secret dans *Rätsel der Kochkunst* (Énigmes de l'art culinaire): «Notre sucre de table est le saccharose, un disaccharide composé d'une molécule de glucose et d'une molécule de fructose, reliées par un atome d'oxygène. Lorsque le saccharose est chauffé, il subit une série de transformations (comme il contient de nombreux atomes d'oxygène, de nouvelles combinaisons moléculaires sont possibles). Les molécules se scindent, produisant des fragments volatils comme l'acroléine, qui s'évaporent [...] ou se dissolvent dans la masse de sucre pour donner au caramel son goût typique.»

Au Moyen Âge, les Européens appelaient le jus cristallisé de la canne à sucre «sel blanc» ou «sel indien». L'origine de la production de sucre à partir de ladite canne (*Saccharum officinarum*), qui appartient à la famille des Poacées (ou graminées) avec plus de 3000 autres espèces, se trouve en Asie orientale et est attribuée aux Chinois, comme bien d'autres découvertes ou développements culinaires. En Europe, les abeilles ont œuvré au service des hommes depuis des temps immémoriaux; leur miel se faisait quasiment tout seul à deux pas de chez eux. Le «sel blanc», par contre, était aussi cher que le sel véritable et on lui a probablement donné ce nom parce que les gens ne voulaient pas que leur note de frais alimentaires soit trop salée à cause du sucre!

Jusqu'à ce qu'on commence à le produire rationnellement au XIXe siècle, le sucre était principalement utilisé à des fins médicinales ou comme gourmandise dans les foyers aisés. Même le prince-évêque de Bâle n'était pas assez riche pour pouvoir disposer de sucre à sa guise. Grâce aux comptes de l'évêque Jean de Venningen (1409/10-1478), méticuleusement tenus pendant les vingt dernières années de son existence, nous savons que, bien qu'il reçût régulièrement des «*lepkochen*» (pains d'épices), la consommation de sucre à la cour épiscopale était sans doute modeste – c'était là une denrée suffisamment précieuse pour récompenser la servante qui lui en apporte par un pourboire: «2 chelins à Mademoiselle Dulckeiss pour le pain de sucre et le petit linge qu'elle m'a livrés».

Les marchands vénitiens établirent un dépôt de sucre dès 966. Vers l'an 1000, les Arabes installèrent sur l'île de Candie (la Crète) «la première raffinerie "industrielle", si l'on peut dire. Raffinerie dont les effluves furent de ceux qui attirèrent les croisés vers le Proche-Orient comme des mouches vers une tartine de miel» (Maguelonne Toussaint-Samat, *Histoire naturelle et morale de la nourriture*). Les Perses avaient transmis leur savoir aux Arabes, et «ces gens industrieux et gourmands sont aussi les inventeurs du caramel. Perfectionnant le processus de clarification du sucre liquéfié, les Arabes se sont intéressés à un nouveau produit, brun foncé, gluant et très parfumé: le *kurat al milh* ou boule de sel doux» (le caramel contient en effet des notes salées). Toujours d'après M. Toussaint-Samat, «l'un des premiers usages du caramel dans les harems fut l'épilation».

Si l'on trouve des bonbons au caramel un peu partout en Suisse, principalement dans les cantons de Vaud, Berne, Bâle et Appenzell, ils ne sont pas partout fabriqués de la même façon. En matière de sucreries, difficile de mettre la main sur des documents anciens – prioritairement dans les cuisines privées, où les mères suisses avaient coutume de faire des caramels à la crème ou *Rahmtäfeli* à leurs enfants pour leur donner ou redonner des forces. Le caramel était considéré comme un médicament, comme l'écrit Krünitz dans son *Oekonomische Encyklopädie* (1773-1858): «Les Français appellent le sucre bouilli et bruni *caramel* ou *caramelle*. On l'utilise aussi sous forme de tablettes pour la poitrine, pour favoriser l'expectoration, comme d'autres sucres brûlés.» Une ancienne recette a été publiée à Zurich en 1897 dans le *Heinrichsbader Kochbuch;* dans le livre *Das süsse Basel* d'Eugen A. Meier (1996), on trouve des «Weiche Russische Tabletten» (caramels mous russes). Quelle que soit l'origine et la référence de cette désignation, ces caramels semblent quasiment se confondre avec les *Rahmtääfi:* des «Russentäfelchen» sont aussi mentionnés dans le *Heinrichsbader Kochbuch*, de même que des «Weisse Nidelzeltchen», qui contiennent une crème plus épaisse et plus sucrée. Un expert explique ceci: «Les typiques caramels à la crème doivent leur goût à l'ajout de vanilline et de poudre de cacao. Les classiques *Nidletäfeli* bernois sont souvent proposés dans les foires et se désintègrent presque aussitôt qu'on les prend en bouche. Les *Oberbaselbieter Nidletäfeli* (de Bâle-Campagne) sont friables mais doux et se mâchent pendant un certain temps» – une caractéristique que les *Appenzeller Nidelzeltli* n'ont absolument pas, étant durs comme de la pierre et se brisant lorsqu'on ne peut s'empêcher de les croquer.

Cette dureté est imputable à la faible quantité de crème qu'ils contiennent, compensée par d'autant plus de lait. C'est la version économique de la famille des caramels, comme le montrent les propos d'une vénérable dame de Hérisau, qui se souvient que sa sœur et elle préparaient des *Nidelzeltli* les dimanches après-midi. Elles employaient du lait écrémé au lieu de la crème entière dont leur mère avait besoin pour faire le beurre. Les premières recettes remontent au milieu du XIXe siècle ; chez le producteur auquel nous avons rendu visite, la fabrication de *Nidelzeltli* remonte à 1839. Une particularité s'est développée après la Seconde Guerre mondiale : durant le conflit, les ménages et les entreprises avaient stocké des quantités considérables de lait condensé cru, c'est-à-dire non pasteurisé, qu'ils gardaient comme réserves de secours. Puis on a versé ledit lait concentré dans le mélange, de sorte que le *Zeltli* (caramel) fini est devenu aussi dur que du verre. L'entreprise Tanner 212 à Hérisau a adopté le nom « Appenzeller Nidlezeltli 212 » pour ses bonbons au caramel depuis 1963 – il provient de son adresse, la Schmiedgasse 212, car il y a plusieurs Tanner à Hérisau. C'est une marque protégée au niveau fédéral depuis 1992.

Le mélange de lait concentré, de crème et de sucre est bouilli et remué jusqu'à obtention d'une couleur et d'une consistance satisfaisantes. Cette masse tendre est ensuite renversée sur une table en marbre et étalée sur une épaisseur de six à sept millimètres. Puis il faut presser là-dessus une grille emporte-pièce afin de découper de gros morceaux. Ceux-ci sont répartis sur des plaques de cuisson enduites de cire d'abeille. Sur un autre plan de travail, on nettoie les deux côtés de la plaque et les fragmente continuellement jusqu'à ce que les *Nidelzeltli* aient la taille souhaitée. Si l'on travaille trop lentement, le mélange ne manquera pas de se solidifier et il faudra avoir recours à un marteau et un burin !

SUPPLÉMENT

Crème de la crème

Le *Schweizerisches Idiotikon* accorde une attention toute particulière au mot *Nidle* (crème). Ses synonymes sont nombreux : « *Der Ram, Neidel, Saane, Schment (Saan, Rom), cremor, flos lactis* » (1662). Et enfin deux citations, la première de 1639 : « *Me darf em Hèr nid i Nidle ine länge* » (qui signifie à peu près qu'on ne touche pas à la crème du pasteur, c'est-à-dire à ses – saintes – occupations) ; et la seconde de 1759 : « *Unsern Niedeln, unserm Anken, unsern Käsen ist keine Waare dieses Namens auf dem Erdboden vorzugziehen* » (aucune marchandise sur cette Terre ne surpasse nos crèmes, notre beurre et nos fromages).

Voir aussi : Rahmtäfeli et Nidletäfeli, page 59 ; Caramels à la crème, page 243.

BOISSONS

Appenzeller Alpenbitter

Boisson alcoolisée au goût amer aromatisée avec 42 herbes

Tout à la joie que procurent les excès culinaires, on a tendance à oublier que la nourriture sert à maintenir et à entretenir le corps, que ce n'est pas un simple carburant. Les êtres humains ont besoin de calories pour leur fournir de l'énergie et des substances qui les maintiennent en bonne santé. Aussi évident qu'il puisse paraître, ce principe demeure toujours aussi vrai : l'important, c'est l'équilibre. Ceux qui se gavent uniquement de sucre et d'amidon deviendront gras et flasques, tandis que ceux qui se focalisent sur les fibres, les jus acides, les tanins et les substances amères momifieront leur corps et épuiseront leur âme.

La Suisse, avec ses paysages si variés, est riche d'une multiplicité de plantes amères pouvant être employées comme remèdes ou comme herbes aromatiques. Cependant, à l'ère des sodas et des alcopops hypersucrés, il faut se refamiliariser avec un goût vraiment amer, souligne une botaniste qui, dans son jardin du Moyen Pays, cultive 500 plantes herbacées, dont le marrube blanc, aussi appelé marrube commun. En mâchant ses feuilles, l'amertume se répand dans le palais comme une conflagration, fait frémir tout le corps et stimule aussitôt la production de salive. Les substances amères, qui ne forment pas un groupe chimiquement uniforme, activent le métabolisme. C'est sans doute la raison pour laquelle l'Appenzeller Alpenbitter, avec ses 42 herbes, se boit de préférence à l'apéritif en Suisse romande.

On peut aussi commencer son repas sous forme solide, par exemple en dégustant une salade printanière : de l'égopode podagraire, également connu sous le nom d'herbe aux goutteux, associé à des feuilles et des bulbes ciselés d'ail des ours, avec une douce salade à tondre et de l'origan sauvage, le tout saupoudré de graines séchées de chardon-Marie de l'année précédente. Ou alors, mélanger des feuilles de plantain lancéolé avec du Caille-lait, de la pimprenelle, de la bugle, de l'achillée millefeuille, des eupatoires et, pour atténuer l'amertume, du pissenlit commun. Toutes ces plantes constituent une salade copieuse et acidulée, plutôt un remède qu'une entrée, que l'on peut « adoucir » avec des feuilles de salade ordinaires, par exemple de jeunes feuilles de hêtre ou d'ortie blanche.

Un bon tiers des plantes figurant dans les livres de médecine traditionnelle sont des pilules amères. L'importance de cette saveur aux côtés du sucré, de l'acide, du salé et de l'*umami* est démontrée par le nombre de récepteurs sur la langue : trois suffisent pour tout ce qui est sucré, alors qu'il y en a 25 pour percevoir l'amer – à juste titre, car ces substances ne nous sont pas seulement utiles, elles peuvent aussi nous nuire, voire être mortelles : les plantes vénéneuses ont souvent un goût amer pour signaler leur dangerosité.

La séparation entre la haute cuisine et les aliments au goût amer s'est faite insidieusement et malgré tous les avertissements contre la gourmandise, qu'Hildegard de Bingen condamnait déjà. Les substances amères aident à bien décomposer les aliments et à prévenir les problèmes de constipation, de ballonnement et de putréfaction. Et ils finissent par agir contre les dépressions légères et le manque d'entrain grâce au coup de fouet qu'ils déclenchent dans le palais. L'amertume aurait toute son utilité lors de banquets, comme entremets, par exemple, pour stimuler la digestion. C'est probablement la raison pour laquelle les Suisses alémaniques préfèrent boire des amers en guise de digestif et non d'apéritif.

S'il surpasse toutes les autres boissons amères de Suisse, l'Appenzeller Alpenbitter n'est pas la plus ancienne d'entre elles. Selon un rapport sur l'Exposition nationale de 1883 à Zurich, c'est le pharmacien d'Interlaken August F. Dennler qui a été le premier à présenter en 1860 un *Magenbitter* (« amer pour l'estomac ») fabriqué à partir d'herbes des Alpes ; à cette époque, le marché était dominé par des amers néerlandais. À Altstetten, près de Zurich, le Saxon Gustav Erdmann Weisflog mit au point un amer alcalin contre les brûlures d'estomac, qui sera fabriqué industriellement à partir de 1880 ; on produit aussi des amers des Alpes dans le canton de Lucerne, en Suisse romande et dans les Grisons italiens.

En 1902, Emil Ebneter fonde à l'âge de vingt ans son magasin de spiritueux à Appenzell et crée un digestif inspiré par les Appenzellois, très portés sur les médecines naturelles, et par les nombreuses herbes médicinales du paysage préalpin. Profitant de la riche expérience des couvents en la matière, Ebneter poursuit le développement de sa boisson amère avec son beau-frère Beat Kölbener ; l'« Appenzeller Alpenbitter » sera une marque protégée dès 1907. Variable jusque-là, la recette se standardise en 1940 ; elle subira sa dernière modification dans les années 1960, la rose des Alpes ayant été classée comme espèce protégée (ce qui n'empêche pas les vaches d'Hérens, au tempérament belliqueux bien connu, d'en brouter tranquillement dans les Alpes valaisannes – mais qui pourrait les en blâmer ?).

La société Appenzeller Alpenbitter AG se charge elle-même de relativiser l'agitation autour de la formule secrète du mélange d'herbes : le site web mentionne fièrement la racine de gentiane jaune (un classique parmi les herbes amères), les baies de genièvre, l'anis, le quinquina et la menthe poivrée, nous assurant que ces herbes à elles seules « ne sont pas le secret » : « Vous pouvez voir, toucher et sentir toutes les herbes que nous utilisons dans notre salle d'exposition. » Grâce aux méthodes d'analyse modernes, les plantes peuvent de toute façon être déterminées génétiquement, pourtant, « le grand art est et sera toujours de réussir à trouver quelles herbes il faut utiliser, comment les assembler et selon quel procédé » (*appenzeller.com*).

Les herbes domestiques et exotiques sont achetées en quantités considérables et stockées individuellement dans des récipients en acier chromé. Dix produits semi-finis sont fabriqués pour une utilisation ultérieure, chacun avec une combinaison d'herbes différente. Une partie est distillée, l'autre est macérée, les essences sont extraites à froid par trempage des plantes pendant plusieurs jours dans de l'alcool pur (à 96 %). C'est maintenant que les deux gardiens du secret de la famille propriétaire entrent en jeu : les produits semi-finis sont mélangés dans des proportions très précises à une solution sucrée, du vin doux et une eau-de-vie française ; au terme du processus, toute turbidité résiduelle, principalement des particules d'herbes, est éliminée par filtration.

Le goût de l'Appenzeller Alpenbitter est diversement perçu : pour certains, c'est l'anis qui prédomine, pour d'autres c'est la puissance terreuse de la racine de gentiane jaune. D'une manière générale, on peut dire que grâce à la richesse du mélange, aucune saveur ne se détache clairement ou même ne s'impose à long terme. Le producteur affirme qu'« il est souvent arrivé que l'on identifie des saveurs d'ingrédients supposés qui ne sont pas du tout utilisés ».

L'Appenzeller Alpenbitter est principalement consommé en Suisse, sous forme de *Kafi Beberflade* (café arrosé), et plus récemment comme *shot* dans des cocktails ou dans des desserts, par exemple le parfait. Il n'est pas exporté aux États-Unis, car certaines herbes y figurent sur la liste des substances interdites.

SUPPLÉMENT

Une myriade d'amers

Les essences amères provenant de nombreuses herbes et racines aiguillonnent l'envie d'expérimenter. Il n'est donc guère étonnant de retrouver en Suisse toutes sortes de boissons amères – anciennes, réactualisées, redécouvertes et nouvelles. Le Glarner Alpenbitter Fleur, par exemple, est basé sur une formule de Johann Künzle, que le « curé-herboriste » a prescrite en 1918 comme traitement préventif et curatif dans la lutte contre la grippe espagnole. L'Ausserrhoder Berggeist Bitter appenzellois et le Puschlaver Berggeist Bitter valtelinois sont produits par la même entreprise. Vers 1968-1970, Renato Semadeni concocta l'Alpenbitter Bergell à Viscosprano, que « depuis lors, nous fabriquons une fois par an », comme l'écrit sa petite-fille Noemi. 30 herbes des Alpes constituent l'arche aromatique de cet amer des Grisons.

Il est impossible de déterminer combien d'amers familiaux sont brassés en Suisse et ailleurs – en 2020-21, un siècle après la grippe espagnole, bien des breuvages et potions magiques contre le Covid-19 et ses mutations seraient susceptibles de répondre à une demande croissante.

Voir aussi : Bitter des Diablerets, page 187 ; Luzerner Alpenbitter, page 303 ; Weisflog Bitter, page 328.

20

VALAIS (*WALLIS*)

« Le Seigneur donne, le Seigneur reprend »

Le premier souvenir remonte à l'enfance et est resté aussi immuable que si les gens de la vallée de Saas étaient restés figés dans une quarantaine idiomatique. *Embrüf*, puis *emi* et, deux semaines plus tard, à nouveau *embri*, tel était le programme des vacances. En parlant ainsi, on surpasse tout autre dialecte. En haut, dedans, en bas (telle est la signification de ces trois mots de haut-valaisan), cela sonne toujours aussi extraterrestre qu'à l'époque. Et apodictique. Madame Emma, qui parlait ainsi, approchait la soixantaine et était gardienne de la Weissmieshütte, une cabane de montagne. Madame Emma s'habillait en noir, portait un foulard et vivait inflexiblement sa foi catholique, comme des générations avant elle.

Avec ses 4017 mètres d'altitude, le Weissmies se situe dans les régions inférieures des 41 sommets de plus de 4000 mètres qui bordent la vallée du Rhône et ses vallées latérales, du col de la Furka au lac Léman. Tels des gardes du corps, ils flanquent le fleuve appelé Rotten en Haut-Valais, qui prend sa source dans le glacier le plus triste qui soit : il y a bien longtemps, le glacier du Rhône couvrait en effet la moitié de la Suisse, s'étendant entre Bâle et Lyon ; aujourd'hui, le maigre reste continue de fondre jusqu'à sa disparition totale, incapable de résister au temps et au changement climatique. « *Dr Herrgott git, dr Herrgott nimmt* » (le Seigneur donne, le Seigneur reprend), dit-on en Valais avec cette connotation fataliste typique des régions de montagne.

Dans aucun autre canton il n'y a autant de sommets qui s'élèvent à de telles hauteurs et qui protègent les hommes et les animaux qui y vivent comme de solides mâchoires de prédateur. Dans aucun autre canton, la différence entre le point le plus bas et le plus haut n'est aussi importante qu'en Valais : 4262 mètres séparent le niveau moyen du lac Léman à 372 mètres de la pointe Dufour à 4634 mètres au-dessus du niveau de la mer, la cime la plus élevée du pays. Dans aucun autre canton, des villageois n'ont réussi à transformer une source de danger en montagne dorée, comme les Zermattois ont transformé leur Cervin.

« Au lieu de s'évader, ce pays consent à lui-même », a écrit Rainer Maria Rilke, qui repose dans le cimetière de Rarogne, à propos du Valais. Les gens n'avaient pas d'autre choix. Ils ont dû s'arranger entre la montagne et la vallée et vivre de terres arides. Certains ont quitté leur patrie, volontairement ou poussés par les circonstances. Ils se sont souvent fait un nom, comme Joseph Favre, cuisinier de formation originaire de Vex dans le Val d'Hérens, qui se forma dans la principale exclave valaisanne, Genève, s'installa à Paris et y publia en 1894 le *Dictionnaire universel de cuisine pratique* – une source précieuse pour le patrimoine culinaire de la Suisse.

Rigueur et confiance en Dieu, autosuffisance jusqu'à l'ascétisme et ivresse jusqu'à l'excès. La volupté saturée ne convient pas aux Valaisans, qui naviguent entre les extrêmes. Rilke poursuit, dans ses *Quatrains valaisans*, sur ce pays : « ainsi est-il doux et extrême, menacé et sauvé ».

Le deuxième souvenir ne remonte même pas au siècle dernier. Après le dîner de gala organisé par les autorités valaisannes et des vignerons à l'occasion du salon Vinea à Sierre, au château Mercier, un groupe de cuisiniers et de vignerons se réunit à l'extérieur après le café, l'eau-de-vie et, pour certains, la bière. Ils fument et boivent.

« Ah, retour au vin ? »

« C'est pas du vin. C'est contre la soif. C'est du Fendant. »

Comme la raclette, le pain de seigle et la viande séchée, le fendant est au sommet des plaisirs valaisans les plus connus. Le fendant, amené du canton de Vaud en Valais suite à la construction du chemin de fer après 1850, est une variété de chasselas, le grand cépage blanc de Suisse romande, beaucoup plus vigoureux que les anciens cépages valaisans. Le train avait permis au Valais d'entrer dans la modernité. Même si l'on associe souvent ce canton au soleil et aux vacances, l'industrie, en particulier la chimie et la pharmacie, est toujours à la tête de l'économie valaisanne. Vient ensuite le tourisme, et enfin la viticulture et l'arboriculture.

Au début du XXe siècle, un tiers de la surface viticole suisse est exploité en Valais. Grâce à son climat et à ses terroirs variés, ce canton de montagne offre l'éventail de cépages le plus intéressant du pays – le heida, par exemple, également appelé savagnin ou païen, pousse encore à 1000 mètres d'altitude.

La richesse des cépages a presque disparu sous le fendant et la dôle, l'assemblage de pinot noir et de gamay. Seuls quelques vignerons ont résisté à la tendance. Certains cultivaient les anciens cépages depuis toujours et ne voulaient pas les abandonner, d'autres refusaient de voir disparaître la richesse génétique de ces cépages. Deux femmes en faisaient partie. La première est Marie-Thérèse Chappaz, qui s'est imposée en solo et à la force du poignet sur les pentes abruptes de Fully. Elle atteignit des sommets insoupçonnés, surtout grâce à ses vins nobles biodynamiques, et fut considérée comme la première vigneronne de haut niveau en Suisse.

La seconde est Madeleine Gay, qui au début des années 1980 insista auprès de Provins Valais, la plus grande coopérative viticole du Valais et de Suisse, pour mettre un frein au déclin des anciens cépages. Le directeur l'invita à mettre elle-même ses idées en pratique et n'oublia pas de lui demander comment elle comptait s'imposer face au monde masculin de la viticulture. Gay changea le système de rémunération en passant de la masse à la classe et créa la ligne Maître de Chais. Grâce à Madeleine Gay, élue Vigneronne suisse de l'année en 2008 et 2013, des cépages comme le cornalin et l'humagne, le heida et la petite arvine ont conquis le pays.

Longtemps, on a considéré l'humagne et le cornalin comme de véritables cépages autochtones du Valais – jusqu'à ce que le biologiste José Vouillamoz démontre par des analyses génétiques qu'ils n'étaient pas indigènes. Plus de 2000 ans de viticulture ont donné au Valais des cépages durablement vantés comme autochtones – ce qui n'a pas empêché la plupart des viticulteurs de troquer les anciens cépages contre d'autres, plus rentables et plus prestigieux. Dans le Haut-Valais, Josef-Marie Chanton s'est concentré à partir des années 1970 sur des cépages devenus rares comme le Lafnetscha, la rèze (*uva raetica*, aussi appelé « resi », le premier cépage du vin de glacier de Grimentz), le himbertscha, l'eyholzer roter, le plantscher ainsi que le gwäss, gouais blanc en français, l'un des plus anciens cépages d'Europe occidentale. Selon les analyses génétiques, on estime que le gouais blanc est le parent d'au moins 81 descendants, ce qui lui a valu le surnom de « Casanova des vignes », selon *Wine Grapes*. Avec le pinot noir comme partenaire, le gouais blanc est le parent de 16 croisements spontanés, les plus connus étant le chardonnay et le gamay.

Le biologiste José Vouillamoz a fait des recherches dans la forêt des cépages valaisans et s'est arrêté sur un seul qu'il considère comme une variété autochtone du Haut-Valais, le lafnetscha, mentionnée pour la première fois en 1627. Ce nom étrange se réduit en fait à un conseil : *laff nit scho*, ne bois pas trop tôt. L'analyse ADN de Vouillamoz a identifié le lafnetscha comme un croisement naturel entre l'humagne (peut-être originaire du sud de la France, mentionné en Valais en 1313 sous le nom d'*humagny*) et le completer des Grisons. Thomas Platter, originaire du village de Grächen et qui deviendra recteur à Bâle, songe-t-il au lafnetscha lorsqu'il évoque, dans ses mémoires publiés en 1572, le « vin de Mörel » (*win von Mörill*) ? Il le qualifie d'« horriblement dur, car il croît dans un lieu très sauvage ; ce sont les vignes les plus élevées de tout le pays ». (*Ma Vie*, traduction d'Édouard Fick).

Et la petite arvine, ce cépage blanc remarquablement charismatique, est-elle aussi un produit du cru ? L'arvine est une orpheline, explique Vouillamoz, qui n'a pu lui trouver ni parents ni grands-parents. « Ce que l'on sait avec certitude, c'est que l'arvine n'existe nulle part ailleurs dans le monde. »

Elle a été transplantée plusieurs fois, dans le Piémont, dans la vallée du Rhône française, outre-mer.

« En fait, cela n'a jamais marché », résume le biologiste.

Pour quelle raison ?

« L'arvine n'aime pas voyager. »

Safran de Mund

Munder Safran ; *safran cultivé dans la commune haut-valaisanne de Mund*

On peut encore imaginer à quoi ressemble un faisan « doré » au safran, mais plus vraiment la somme de travail que représentait un tel joyau sur les tables du Moyen Âge. Le safran authentique, extrait du crocus à safran (*Crocus sativus*), qui poussait à l'origine au Proche-Orient et jusqu'en Grèce, a toujours été, et demeure encore, l'épice la plus chère au monde, aucune machine n'étant capable de prélever les trois stigmates orange à bordeaux du calice de la fleur sans les endommager. Quand la main-d'œuvre était bon marché ou même gratuite (à l'époque où les nobles disposaient de serfs), on utilisait aussi du safran pour teindre des étoffes ou enluminer des ouvrages. De nos jours, que ce soit sous forme de stigmates séchés ou de poudre, on emploie le safran presque exclusivement pour épicer des plats (risotto, paella, bouillabaisse, sauce safranée à l'absinthe), des fromages ou des liqueurs.

Il a fallu avoir une bonne dose de curiosité ainsi qu'un sacré coup d'œil pour découvrir que trois petits stigmates rouges intégrés à un calice délicat avaient le pouvoir d'éveiller nos sens aussi puissamment. Qui a eu l'idée d'utiliser ces plantes? Peut-être d'abord comme colorant, puis, après s'en être mis par erreur sur les lèvres ou le bout de la langue, comme épice? Avec l'exploitation de ses stigmates, la plante a vu son développement interrompu, car elle ne peut se reproduire ni se propager sans graines. Déjà bien avant la naissance de Jésus-Christ, le crocus à safran est devenu une variété hybride, l'est restée et est aujourd'hui encore stérile. Toutefois, son origine a enfin été découverte au bout de longues recherches.

Le 11 mars 2019, le service de presse de l'Université technique de Dresde annonçait avec fierté : « Le mystère est résolu – des biologistes dresdois ont réussi à déterminer l'origine génétique du crocus à safran » (*tu-dresden.de*, 21 avril 2020). Cette « espèce hybride triploïde » ne peut être cultivée. « Bien qu'elles soient produites depuis plus de 3500 ans, toutes les plantes cultivées dans le monde sont exclusivement issues de tubercules. Cela fait presque cent ans que l'on discute sans pouvoir se mettre d'accord sur l'identité de ses espèces parentes les plus probables ; si on les connaissait, on pourrait modifier le génome du crocus en créant de nouvelles variétés », affirme ce service de presse. « Nous avons pu retracer l'apparition du crocus à safran et identifier les espèces parentes grâce à des méthodes moléculaires et cytogénétiques », a expliqué Thomas Schmidt, professeur de biologie végétale cellulaire et moléculaire. Ces recherches ont montré que le crocus à safran descend « d'une seule espèce sauvage, *Crocus cartwrightianus*, que l'on rencontre en Grèce ». Il a été prouvé « que les génomes de deux individus de *Crocus cartwrightianus* ont fusionné ; les cartes chromosomiques de ces individus présentaient de légères différences entre elles ». Le brouillard entourant ces questions mythiques s'est donc dissipé et l'on peut maintenant espérer que la lumière qu'on fera sur ces « légères différences » aura un jour des répercussions en termes de nuances gustatives.

Même si le *Crocus sativus* pousse à l'état sauvage en Italie depuis l'Antiquité, cette plante a disparu des cuisines, apothicaireries et teintureries d'Europe après la chute de l'Empire romain, puis elle y a été réintroduite, après l'obscure période des invasions barbares et du début du haut Moyen Âge, par les Maures. Les nouveaux maîtres de la péninsule ibérique mirent à profit les sols d'Al-Andaluz en y plantant des bulbes de *sahafaran* ou *zafran*. Au XIIIe siècle, des croisés rentrant chez eux y rapportèrent du safran. Jusqu'à nos jours, l'Espagne est restée la plus vaste aire de la culture du safran en Europe ; à l'échelle mondiale, c'est l'Iran qui en produit le plus, et de loin.

Le safran était très recherché sur le Vieux Continent. « Ceux qui, partis d'Espagne avec les premiers chargements de la nouvelle récolte, arrivaient à la foire de Francfort, généralement en passant par Lyon, étaient certains de faire d'excellentes affaires [...]. Vers 1415 à Nuremberg, les négociants en safran pouvaient espérer un bénéfice moyen de 16 % » (Ernst Schubert, *Essen und Trinken im*

Mittelalter). À la fin du XIVe siècle, on cultivait du safran même dans la région du Rhin supérieur, « c'est pourquoi à Bâle, "beaucoup de gens, nobles et vilains [...] ont commencé à planter du safran" ». C'était la seule épice aux accents très exotiques qui atteignait des prix fort élevés alors qu'on la cultivait aussi en Europe. La précieuse poudre jaune-rouge, qui a donné son nom à la couleur de la robe des moines bouddhistes, a incité bon nombre de tricheurs à la couper un peu avec de la farine colorée, de la banale poussière, du carthame des teinturiers ou du curcuma – une épice malgré tout –, ou encore de l'imprégner d'huile pour en augmenter frauduleusement le poids. À l'instar de Venise, qui fut longtemps le plus important port européen de débarquement des marchandises orientales, les autres grandes villes de commerce international menaient des inspections, comme par exemple Bâle en 1441. Un faussaire de safran a été confondu en 1499 à Nuremberg.

On ne sait pas précisément comment le safran est arrivé en Valais. Cependant, « la seule épice produite en Suisse est le safran, cultivé en Valais depuis le XIVe siècle. On en trouvait à Conthey, à Sion, mais la majeure partie provenait de la région de Sierre. Encore signalée dans le premier tiers du XXe siècle (Sierre, Naters, Mörel), au début du XXIe cette culture n'est plus pratiquée qu'à Mund » (*DHS*).

N'étant pas situé le long d'une des anciennes routes commerciales, le village de Mund au-dessus de Brigerbad n'est atteignable que par un sentier muletier. Pourtant, les crocus à safran y fleurissaient déjà au XIVe siècle, et très durablement, alors qu'à Bâle « nobles et vilains » avaient délaissé cette culture pour s'adonner à bien d'autres activités. Au sud des Alpes bernoises, les sols offrent des conditions idéales au *Crocus sativus :* comme la vigne (*Vitis vinifera*), il donne les meilleurs résultats sur un terroir perméable, sablonneux, calcaro-graveleux. À Mund, on pratique la culture double : safran et seigle d'hiver. Celui-ci est récolté en été, puis resemé ; en automne, quand les chaumes sont encore petits et tendres, les bulbes de safran plantés dans le même champ se réveillent et fleurissent ; on cueille alors les calices violets dont on prélève à la main les précieux stigmates rouges (visite personnelle en octobre 2020).

À l'époque, il était peu fréquent qu'un paysan fournisse à l'administration communale un document écrit montrant à quelle date et pourquoi il avait planté ceci ou cela dans la terre. En revanche, nous avons des histoires qui se sont transmises, comme celle d'un jeune soldat au service du roi de France qui aurait ramené clandestinement des bulbes de crocus à safran en Valais après avoir fait campagne en Espagne. Comme ailleurs pour le poivre ou d'autres coûteuses épices, les seigneurs des lieux avaient décrété un embargo sur son exportation assorti d'amendes draconiennes. Le jeune mercenaire haut-valaisan ne connaissait pas forcément le safran, mais savait sans doute très bien que personne ne protège une chose à laquelle il n'attache aucune valeur. Plus la punition est sévère, plus le vol est tentant. Il aurait caché lesdits bulbes comme des bigoudis dans ses cheveux et regagné Mund à pied avec cette coiffure excentrique. Par bonheur pour lui, l'instituteur du village était un homme instruit, connaissant la plante et n'ignorant pas quelle richesse elle pouvait lui procurer. Il se mit d'accord avec le soldat pour partager les bénéfices futurs et se mit au travail (*Le Valais à table*).

À Mund même, on rend hommage à la mémoire de pèlerins qui auraient ramené des bulbes de crocus sur le chemin du retour de Saint-Jacques de Compostelle au XIVe siècle. La chapelle du village, bâtie en 1348, est d'ailleurs dédiée à saint Jacques (Santiago).

La culture locale de safran a progressivement perdu de son importance pour atteindre son point le plus bas dans les années 1970, avec environ 500 m² (0,05 ha). Bien plus tôt, l'utilisation débordante et ostentatoire de safran à la fin du Moyen Âge et pendant la Renaissance avait perdu de son attrait en Europe. « À cause de son odeur envahissante, le XIXe siècle a relégué le safran dans la cuisine paysanne [...]. Il appartient donc à la catégorie de ces épices fortes méprisées par l'ère nouvelle, aussi raffinée que policée, et avec raison, car en en consommant une certaine quantité, il provoque une congestion cérébrale ; et certains cas d'apoplexie, dont on attribuait autrefois la responsabilité au thé, au café, au chocolat, etc., proviennent d'une consommation excessive de safran » (*Appetit-Lexikon*, 1895).

On attribue plutôt les raisons du recul de la culture du safran à Mund à l'énorme charge de travail qu'elle implique. Toutefois, la précieuse épice ne pouvait pas tout simplement disparaître. En 1979, une association pour la préservation du safran fut créée dans le village ; trente-cinq ans plus tard, en 2014, les crocus poussaient sur une superficie de 1,8 hectare, donnant suivant les années entre un et demi et quatre kilos de safran.

Le *Crocus sativus* se différencie du crocus printanier par son cycle de croissance inversé. Planté à la fin de l'été, sa floraison se produit en automne et il se met au repos au printemps, au moment où le *Crocus albiflorus* réjouit les esprits assombris par les rigueurs de l'hiver. Il apprécie un substrat meuble et perméable, a besoin d'un fort ensoleillement et rejette tout voisinage. Des pluies surabondantes et l'humidité stagnante font pourrir ses bulbes, et il s'assèche s'il y a trop de mauvaises herbes.

La cueillette des fleurs se fait d'octobre à novembre ; il faut s'asseoir à une table pour prélever soigneusement les trois stigmates rouges de chaque calice au moyen d'une pincette. Les étamines jaunes, les pétales violets et le reste de la plante n'ont aucune utilité. Les crocus sont vénéneux. Le dictionnaire sur la toxicité des plantes *Giftpflanzen – Pflanzengifte* (1994) fixe à 20 grammes de safran sa dose mortelle et estime qu' « avec une dose quotidienne maximale de 1,5 gramme, aucun risque n'a été documenté jusqu'à présent ». Pour obtenir un gramme de safran, il ne faut pas moins de 130 à 150 fleurs !

Afin de faire sécher les stigmates, soit on les dispose sur une grille métallique au-dessus de braises (à 50 °C), soit on laisse agir le soleil, mais comme nous sommes en automne, ses rayons doivent être exceptionnellement puissants. Une fois le séchage terminé, il faut placer les stigmates dans un récipient bien fermé et à l'abri de la lumière ; les stigmates ne développent leur saveur marquante et incomparable qu'ultérieurement. Les 140 propriétaires de terrains et planteurs de Mund (2014) exploitent, offrent ou vendent leur safran selon leurs propres préférences à des particuliers, des magasins villageois et des restaurants. Avant cela, une petite commission déguste à l'aveugle et juge chaque année quelques échantillons. Le *Munder Safran* s'est vu décerner le signe AOP en 2004.

Cette épice est si demandée qu'on ne pense guère aux capacités de production des safraniers ; on souhaiterait augmenter les surfaces. Agroscope, le centre de compétences de la Confédération pour la recherche agricole, analyse depuis les années 2000 à Mund et sur d'autres emplacements du Valais central et du Bas-Valais le potentiel des sols et fait des essais in situ avec des variétés de crocus à safran du Maroc, d'Espagne, d'Italie, des Pays-Bas et du Cachemire.

Depuis le début du XXIe siècle, la culture du safran en Suisse s'est développée doucement mais de manière continue ; c'est le cas dans les cantons suivants : Tessin, Argovie, Fribourg, Lucerne, Berne, Vaud, Jura, Neuchâtel, Grisons et Appenzell. Cela pourrait donner l'impression que la culture du safran est devenue un loisir horticole – mais rappelons que les gains qu'on en retire, grâce au travail manuel sur une surface réduite, sans personnel ni machines agricoles, sont appréciables même dans un pays aussi cher que l'est la Suisse. Un but des plus séduisants : se faire un risotto ou une soupe de poisson avec du safran maison – pour l'atteindre, il faut 15 à 18 stigmates, soit cinq à six crocus, ce qui même sur un balcon ne prend guère de place.

Pour la cuisson, les stigmates conviennent mieux que la poudre. Selon le cahier des charges du Safran de Mund, « une fois séchés, les stigmates mesurent [...] entre 10 et 45 millimètres de long ; de couleur rouge intense, ils sont toujours recourbés, fragiles et se terminent en forme d'entonnoir ». Il ne faut pas verser ces stigmates directement sur le plat, mais d'abord les faire tremper quelque temps dans de l'eau ou du vin blanc puis les incorporer avec le liquide. Pour un risotto au safran à la valaisanne, on saisit des lardons, les retire de la poêle et fait cuire dans leur graisse des oignons hachés et du riz ; on ajoute à cela des dés de tomates et de l'ail, mouille avec du bouillon et assaisonne avec du thym et du safran. Lorsque les grains de riz commencent à gonfler, incorporer de l'émincé de veau, du jambon cuit et des lardons et terminer la cuisson.

Pour le *risotto alla milanese*, il ne faut que du safran et quelques astuces personnelles. Quant à celles et ceux qui ont encore en tête le faisan doré du début de ce texte, ils peuvent tenter de s'attaquer à une recette du *Viandier* de Guillaume Tirel, le plus ancien recueil gastronomique de France (datant probablement de la fin du XIIIe siècle) : pour réaliser une « poulaille farcie », il faut déjà pour la farce « ung bien pou » (« un bon peu », dit-on en provençal) de safran. La poularde est d'abord bouillie au court-bouillon de bœuf avec « du saffran grant foison », puis rôtie. Afin de la dorer, on bat des jaunes d'œuf avec du safran et badigeonne la poulette rôtie de cette pâte avant de la remettre au four, « et gardez que vostre doreure n'ait grand feu qu'elle ne arde » – car c'est de l'or que l'on veut, pas de la suie (Maguelonne Toussaint-Samat, *Histoire naturelle et morale de la nourriture*).

SUPPLÉMENT

Mythes à propos du safran

Avec sa couleur dorée, son arôme étrange et mystérieux, la piquante amertume de son goût, le long chemin qui conduit à ce miracle olfactif, il était impossible que cette plante se limite à une histoire de gros sous, de cuisson et de coloration. Peut-être déjà avant qu'il ne fasse carrière comme épice, le safran était recherché comme plante médicinale ou en tant que drogue. Selon Pline l'Ancien, il s'agit à la fois d'un médicament et d'un aphrodisiaque, « qui favorise l'endormissement, a un doux effet sur la tête et stimule l'instinct génésique » (*Histoire naturelle*, XXI). Le safran faciliterait aussi la digestion, et les Romains, amateurs de vins épicés, en faisaient grand usage. « Aux XVIIIe et XIXe siècles, le safran était employé comme stupéfiant (certainement onéreux), dont les effets devaient être comparables à ceux que procurait l'opium » (*Lexikon der Lebensmittel*). Produit psychoactif, le safran provoquerait de joyeux délires ainsi que des fous rires, mais aussi un sommeil agréable et le désir sexuel – certains risottos servis au restaurant déclenchent effectivement des fous rires.

Voir aussi : Galrey, page 26 ; Cuchaule, page 236.

PRODUITS CARNÉS

Jambon cru du Valais

Walliser Rohschinken *; morceaux de jambon arrière de porc séchés à l'air*

La cuisse est la partie la plus précieuse du cochon. Ceux qui la gâchaient durant sa conservation avaient un sérieux problème – du moins jusqu'au prochain jour de bouchoyage une année plus tard. Aujourd'hui, on ne peut plus s'imaginer à quel point l'abattage à la ferme était une opération délicate et combien la viande était importante quand on ne possédait qu'une truie, et non des milliers comme les élevages industriels du XXIe siècle. En Suisse, le nombre maximal de bêtes par entreprise a été fixé à 1500.

Région de montagne, le Valais ne fait pas partie des grands centres d'abattage porcin du pays comme Lucerne, canton numéro 1 dans ce domaine avec 422 707 porcs (*atlas.bfs.admin.ch*, 2020), ou Berne, à la deuxième place avec 209 465 porcs; il se situe loin derrière avec un total de 1345 bêtes, après Uri (1581) et devant Genève (1193). Bâle-Ville ferme la marche avec zéro porc abattu. Le chiffre global pour la Suisse a quelque peu baissé, passant de 1 588 998 en 2010 à 1 348 306 en 2020.

« Ici il n'y a quasiment pas d'élevage porcin, aucune grande exploitation; élever des cochons est une activité complémentaire », nous a dit un boucher de Saas-Fee durant l'été 2009. Un directeur d'hôtel à la retraite, qui avait géré des maisons de haut standing entre Zurich et Hong Kong, se souvient quant à lui de sa tante Anna dans la vallée de Conches, qui possédait des chèvres et deux cochons: « Derrière la porte de son étable pendait une cordelette assortie d'un bouton. Ma tante s'en servait comme d'un mètre ruban et la mettait autour du ventre du cochon; quand le plus long bout de la cordelette atteignait le bouton, le sort du *Schwii* (c'est-à-dire du cochon) était scellé. »

C'est en Valais que l'on a trouvé à ce jour les plus anciennes traces de porc domestique sur le territoire suisse actuel; sa présence est déjà attestée vers 5000 av. J.-C. dans des habitats néolithiques de Sion, « mais son rôle dans l'alimentation humaine est alors encore fort modeste » (*DHS*). Cette situation changera progressivement; cependant, il n'y eut jamais énormément de porcs en Valais, il fallait tenir compte du fourrage à disposition dans telle ou telle région et en avoir suffisamment pour nourrir les autres bêtes. Un pasteur rapporte ceci à propos du Lötschental au début du XIXe siècle: « [La vallée] est reculée, solitaire; en dehors de l'exploitation des alpages et d'une culture céréalière limitée, on y élève avec succès des chevaux et des cochons » (*Vollständige Beschreibung des Schweizerlandes von Markus Lutz, Pfarrer in Läufelfingen im Kanton Basel*, 1827).

Dès le départ, le nombre de porcs valaisans était bien trop restreint pour que l'on puisse prétendre à une appellation d'origine protégée (AOP), à moins de mettre en avant un produit d'une grande exclusivité. Il va de soi que bien davantage de jambon, de lard et de saucisses artisanales peuvent être fabriqués en « important » des porcs de toute la Suisse. Le cahier des charges pour l'enregistrement comme Indication géographique protégée (IGP), moins restrictive que l'AOP, délimite ainsi le cadre, le 22 mai 2015: « L'aire géographique d'élaboration du Jambon cru du Valais est le canton du Valais. La naissance, l'élevage, l'abattage et la découpe des porcs ont lieu exclusivement en Suisse. » Le boucher est donc libre d'acheter et de transformer des bêtes élevées en Valais ou dans d'autres cantons, vivantes ou mortes, entières ou découpées.

Salée et séchée sans os, la viande provient du jambon arrière et comprend les morceaux nobles suivants: la longe, avec ou sans quasi, le *fiocci*, composé de la noix reliée à la longe sans quasi, la noix pâtissière et la noix. Ces morceaux sont brassés « manuellement ou mécaniquement avec un mélange de sel et de plantes aromatiques; les ferments de maturation, les agents rubéfiants et les sucres sont admis », de même que certains produits de conservation et antioxydants affectés d'un numéro E. En revanche, le cahier des charges interdit la méthode turbo, qui consiste à immuniser la viande au moyen d'injections. Le jambon doit sécher et mûrir peu à peu. À la différence de la viande de bœuf, le lard et le jambon ont besoin de « plus de sel, parce que leur teneur en graisse est supérieure », nous a expliqué le boucher auquel nous avons rendu visite dans le Haut-Valais. « Plus la proportion de sel est élevée, moins il y a de risques pour la production. »

Les plantes aromatiques énumérées dans le cahier des charges sont l'ail, le basilic, la coriandre, l'estragon, les baies de genièvre, les clous de girofle, le laurier, la livèche, la marjolaine, les noix de muscade, l'origan, le poivre, le romarin, la sarriette, la sauge et le thym – donc à peu près tout ce qui met l'eau à la bouche d'une personne affamée. Mais le but de ce cahier des charges n'est pas de compromettre l'avenir des producteurs, qui n'utilisent de loin pas toutes les épices précitées: « L'utilisation d'autres plantes est autorisée, mais ne doit pas être dominante. » Avec son vaste puzzle de sols et de roches, ses altitudes et expositions si variées, le Valais a énormément à offrir, comme le prouve la multiplicité de ses vins. En outre, les bouchers, comme jadis les familles, ne divulguent pas les secrets de leurs recettes.

Après le salage, le jambon repose au moins une semaine à une température maximale de 12 °C, après quoi les morceaux peuvent – mais ne doivent pas obligatoirement – être lavés et sont suspendus à des bâtons afin de sécher. L'expérience et le savoir-faire jouent ici également leur rôle, même si la climatisation, avec la régulation de la température et de l'humidité de l'air qu'elle permet, facilite grandement le séchage. La température du local de séchage ne doit jamais dépasser les 18 °C. Cette étape d'élaboration se termine au bout de six semaines au minimum pour les plus petits morceaux et de dix pour les plus gros. Les jambons sont alors pressés; à la fin du processus d'élaboration, ils sont recouverts d'une couche de moisissure noble et ont perdu environ 35 % de leur poids.

Ainsi se présente le cadre réglementaire. Il appartient ensuite à chaque boucher de l'appliquer et de le compléter à sa façon, pour autant qu'il respecte l'essentiel. Avant d'obtenir le signe IGP, les jambons doivent satisfaire aux exigences d'un catalogue de dégustation organoleptique et être certifiés.

En privé, les amateurs ne se soucient d'aucun label; perpétuant une longue tradition, ils suspendent leurs jambons dans leur grenier selon leurs goûts individuels. Le deuxième alinéa de l'article 3 du cahier des charges de l'IGP est on ne peut plus clair: «Le Jambon cru du Valais peut être pressé mais en aucun cas fumé.» Il n'en a pas toujours été ainsi et ne devrait pas – en tout cas pour ce qui touche à la sphère privée – être interprété de manière aussi apodictique. Jusqu'au milieu du XXe siècle, la viande était fumée, «imprégnée» de part en part d'une pellicule protectrice: comme partout ailleurs, le fumage servait à la préserver des attaques d'insectes liées à la température et à l'humidité de l'air. En 1881, le journal *Le Villageois* soulignait l'importance du fumage, présenté quasiment comme préalable indispensable à un séchage réussi, et jusque vers 1950 on a continué à fumer la viande, au moins légèrement, dans certaines régions, notamment dans le Haut-Valais, le val d'Anniviers, Savièse, Salvan, Bagnes et Val-d'Illiez.

SUPPLÉMENT

Greniers et raccards

Le grenier et le raccard (*Speicher* et *Stadel* en allemand, *Schpiichra* et *Schtadeltini* en haut-valaisan) sont des symboles prisés par les promoteurs touristiques. Jean Vouardoux (1932-2020) qui, par un lundi pluvieux de juin 2016, officiait à la dégustation du vin du Glacier dans la maison de la bourgeoisie de Grimentz, avait précisé ceci: «Dans le grenier on conserve les denrées alimentaires, et dans le raccard les céréales. Le grenier se trouve dans le village, le raccard en dehors.» Ce qui distingue ces iconiques édifices valaisans en bois patiné est leur barrière contre les souris: des dalles en granit semi-circulaires posées horizontalement entre les pièces verticales et les angles inférieurs du bâtiment barrent la route de n'importe quel rongeur. Les pattes des souris n'ayant pas le pouvoir de celles des geckos, il leur est impossible d'échapper à la gravitation et donc de franchir ces plaques le dos en bas. Avec leur toiture en ardoise, l'accès aux greniers et raccards est quasiment impossible; aucune lumière n'y est requise, seul l'air doit pouvoir circuler librement à l'intérieur – les divers trous, interstices et entrebâillements suffisent à cela.

«Il faut l'air sec et parfumé de ces montagnes, il faut les brises régulières de ces hauteurs pour que le processus puisse se dérouler sans risque, et en donnant les résultats merveilleux que l'on sait», écrit Jacques Montandon dans *Le Valais à table* (1997). Du poivre blanc moulu garantit une sécurité supplémentaire: on en répartit une épaisse couche sur toute la surface des morceaux de viande. «Ce traitement n'a pas pour unique but de parfumer le produit, poursuit Montandon; il va aussi constituer une barrière efficace contre les mouches qui auraient réussi à se glisser dans le raccard, et les empêcher de venir déposer leurs œufs sur l'une ou l'autre de ces viandes.» Le processus est contrôlé et le poivre régulièrement renouvelé. Comme les autres produits carnés, les morceaux nobles des porcs sont stockés dans ces greniers jusqu'à ce qu'on ait besoin d'eux – parfois trois, quatre ans.

Voir aussi : Jambon cuit dans l'asphalte, page 199 ; Jambon de la borne, page 223 ; Jambon de campagne, page 262 ; Bündner Rohschinken, page 547 ; Prosciutto crudo della Mescolcina, page 586.

Lammlidji et Geisslidji

*Morceaux de viande d'agneau (*Lammlidji*) et de chèvre (*Geisslidji*) séchés à l'air*

La raison pour laquelle le mouton est devenu l'incarnation de la bêtise et de la douceur, et la chèvre un symbole de sauvagerie et d'obstination ne saurait avoir d'autre justification que génétique. Les moutons ont naturellement l'instinct grégaire, les chèvres celui de fuite. Les moutons sont braves, peu courageux et limités, obéissent aveuglément au chien de berger et se laissent dévorer par des prédateurs sans leur opposer de résistance; les chèvres, elles, poussent à bout les petits bergers, les *Hüeterbuebe*, avec leur inlassable curiosité, sont bagarreuses, entêtées et fortes, intelligentes, courageuses au point de mettre leur propre vie en danger – d'indomptables individualistes. Des animaux totalement différents l'un de l'autre? Non, tous deux appartiennent à la même sous-famille des bovidés que sont les caprins (*Caprinae*) – dans ce cercle familial, ils sont comme le yin et le yang dans l'empire du Milieu.

Des fouilles sur des sites préhistoriques près de Sion ont mis à jour des os qui prouvent qu'on élevait des moutons et des chèvres vers 5000 av. J.-C. Comme il existe une grande ressemblance entre les os de mouton et ceux de chèvre, il est impossible de déterminer laquelle des deux espèces prévalait sur l'autre. Jusqu'au lendemain de la Deuxième Guerre mondiale, celles-ci ont joué un rôle très important, en tant que petit bétail, dans les régions de montagne aux paysages arides. Domestiqués il y a environ 10000 ans dans le Croissant fertile proche-oriental, ces animaux fournissent du lait et de la viande, mais aussi leur laine et leur peau. En outre, ils sont plus frugaux que les bœufs, qui n'occuperont que bien plus tardivement leur rôle prépondérant dans le domaine de l'élevage.

Les chiffres donnés par le *Dictionnaire historique de la Suisse* montrent une évolution remarquable des cheptels au cours des 125 dernières années: dans la Suisse de 1866, on a recensé 444700 moutons et 375482 chèvres, en 1886 le pays comptait 341800 moutons et 416323 chèvres; en 1966, on a 266400 moutons contre 74707 chèvres, en 2008 presque le double de moutons (447000) et légèrement plus de chèvres (86987 en 2010). Pourquoi le cheptel caprin a-t-il autant baissé en un peu plus d'un siècle, alors que le cheptel ovin est resté, malgré des fluctuations, à peu près identique à celui de 1866? Cela tient sans doute au confort au sein de l'élevage de ces deux espèces domestiques : les moutons sont doux et dociles, contrairement aux chèvres, infiniment plus capricieuses (l'étymologie ne ment pas !) et butées.

En tant qu'animaux de rente, on utilise de nos jours les moutons et les chèvres pour la protection des paysages – en les surveillant, bien sûr, sans quoi ils brouteraient intégralement les prairies et les pacages même au-delà de la zone arborée. Le surpâturage entraîne une érosion des terrains. La polyvalence de ces animaux, si précieuse pendant les siècles où l'autosubsistance était la règle, est devenue accessoire. La transformation de la laine de mouton coûte désormais davantage qu'elle ne rapporte ; en revanche, la demande en viande d'agneau augmente – gustativement, la savoureuse viande d'agneaux des Alpes tient tout à fait la comparaison avec celle des fameux agneaux de Prés-Salés de la côte atlantique française. En Valais également, l'offre en produits laitiers ovins s'est enrichie grâce à la production de fromage de brebis. Depuis que les besoins en fromage de chèvre et en *Geissechäsli* augmentent – doucement mais sûrement – en Suisse, les chevriers trouvent eux aussi un moyen fiable d'exploiter leur lait. La viande de cabri est aussi très prisée, davantage à Pâques qu'en automne (en Suisse alémanique on les appelle respectivement *Ostergitzi* et *Herbstgitzi*). Issu de la patte arrière et de la fesse de l'agneau ou de la chèvre, le gigot séché à l'air est demeuré une spécialité dans quelques régions alpines : *Ligji* ou *Liddini* en Valais, *Littli* dans le canton d'Uri et *violini di capra* au Tessin. La demande se porte sur de la viande jeune, les bêtes d'un certain âge ne trouvant aucun acheteur, notamment les boucs – leur odeur, c'est bien connu, est dissuasive.

Le séchage de la viande, de fruits et de légumes avec ou sans salaison est probablement la plus ancienne des méthodes de conservation. La première mention écrite à propos du Valais est celle que l'humaniste bâlois Sebastian Münster a notée dans sa *Cosmographia* (1544), un abrégé des connaissances de son temps : « [Les Valaisans] font beaucoup de viande séchée / qu'ils appellent simplement viande /et en particulier de leurs moutons les plus gras / viande qu'ils ne fument point / mais qu'ils font sécher à l'air après l'avoir salée / puis la mettent dans de la paille. »

Nous devons une description plus circonstanciée du séchage à l'air pur des Alpes à Friedrich Tschudi (1820-1886) qui, enquêtant pour les besoins de son pittoresque ouvrage sur *Le Monde des Alpes*, a observé de près un groupe de bergers bergamasques en Engadine : « La viande du mouton est dure, mais très-grasse. Quand une bête vient à périr sur la montagne, on la désosse, on la sale, on l'étend au moyen de petites baguettes, et on la fait sécher sur des perches ou sur le toit du chalet. Souvent on voit 20 à 30 pièces suspendues de cette façon contre les murs. Cette décoration habituelle n'offre pas un spectacle bien agréable ; mais au moins elle ne sent pas mauvais, car l'air des hautes Alpes ne favorise ni la décomposition, ni la formation des vers. Cette viande ainsi séchée en plein air trouve un grand débit en Italie où on la paie fort bien ; aussi les bergers achètent-ils souvent, pour les préparer de la même manière, les chèvres ou les moutons du voisinage auxquels il est arrivé quelque accident » (traduction de O. Bourrit).

La manière de sécher la viande en Valais n'a guère évolué au cours des siècles ; ses relations avec l'Italie voisine ont permis des échanges fréquents – dans la vallée de Saas, par exemple, les moutons bergamasques se sont maintenus et sont devenus une race locale à part entière, le mouton de Saas, désormais rare et menacé. En ce début de troisième millénaire, les moutons valaisans paissent principalement dans la vallée de Conches (notamment les célèbres moutons à nez noir), la vallée de Saas et sur les hauteurs d'autres vallées latérales du Bas-Valais. Un boucher saasois nous a dit que les agneaux qu'il se procurait provenaient de sa propre vallée et du Brigerberg, surtout des blancs des Alpes et des nez noirs. Selon lui, le mouton des Alpes est assez paresseux, alors que « les nez noirs sont de véritables animaux de montagne, aimant grimper et sauter ; c'est pourquoi ils ne sont pas aussi bien en viande que le mouton des Alpes ». En revanche, la chair de ces derniers, aromatisée par les herbes alpines, est tendre et très recherchée. Le boucher utilise des bêtes plus âgées pour faire de la viande séchée, qui se vend mieux en Haut-Valais que sur l'autre rive de la Raspille, le cours d'eau symbolisant la frontière linguistique entre Sierre et Salgesch.

Les termes dialectaux *Lidji* et *Liddini* renvoient au mot *Lid* ou *Litt*, qui, d'après le *Schweizerisches Idiotikon*, signifie soit « membre du corps humain ou animal », soit « un morceau de viande ». Par exemple, *« ein ganzen Lid von einem Tier gebraten »* (1606) (« rôti le membre tout entier d'un animal ») ; *Stotze* (la cuisse), *« der Hinderlid* (le membre arrière) *von einem Schaaf, un gigot ou éclanche de mouton »* (De La Cour, *Grammaire françoise originale, oder gründliche Anweisung, die französische Sprach nach den Haubt-Reglen zu erlehren*, 1736), un *« Lämmli-Lidli »* ou un *« Schwîn-Lid »*, c'est-à-dire un jambon arrière d'agneau ou de porc.

Jusqu'aux années 1960, les familles de paysans fabriquaient leur viande séchée elles-mêmes et la stockaient comme provision pour l'hiver. Le séchage se faisait idéalement par une température extérieure comprise entre 8 et 10 °C pendant quelques semaines en automne, sinon il fait habituellement trop chaud ou trop froid. Avec la possibilité de louer des compartiments de congélation dans les communes puis l'installation généralisée de réfrigérateurs dans les ménages, le séchage de la viande est passé entièrement entre les mains des bouchers, qui exploitent leurs locaux de séchage toute l'année grâce à la climatisation.

Une fois parés et désossés (dans 90 % des cas), les morceaux de mouton, d'agneau et de chèvre, qu'il s'agisse d'épaules ou de cuisses, sont frottés avec un mélange maison de sel et d'herbes aromatiques, avec ou sans adjonction de saumure ou de salpêtre. Suivant le volume des pièces, on les laisse suinter dans des cuves en plastique ou en inox : le sel absorbe le jus de la viande et il se forme une saumure aromatique. Le boucher retourne une fois ou davantage les morceaux durant le saumurage. On peut poser un poids sur chaque pièce ou verser un peu de vin sur la saumure – les méthodes sont en principe identiques et aucun détail n'est impératif.

Deux à quatre semaines plus tard, les morceaux sont placés dans des filets (mais là non plus, ce n'est pas une obligation) et suspendus dans un local de séchage. La climatisation permet de réguler la température et l'humidité de l'air, l'air frais des montagnes est aspiré de l'extérieur. Il ne faut pas que la viande sèche trop rapidement, sinon sa surface s'encroûterait et empêcherait le séchage jusqu'au cœur du morceau, ce qui gâterait la viande. Au fil du temps, une « fleur » blanche, c'est-à-dire de la moisissure noble, se forme en surface. La viande sera prête au bout d'un ou deux mois, voire davantage, et aura perdu la moitié de son poids initial ; les particuliers la laissent pendre dans leur grenier jusqu'à ce qu'ils en aient besoin – elle peut alors être aussi dure qu'une pierre !

Le Valais est peuplé de plus de 40 000 moutons (2020) et de considérablement moins de chèvres, d'où la rareté de leur viande séchée. *Lammlidji* et *Geisslidji* se mangent froids, coupés en tranches, en dés ou en bâtonnets accompagnant le pain de seigle et le vin. Le *Gsottus* est un repas haut-valaisan qui ne s'oublie pas : pour une tablée de dix personnes, on fait tremper deux à trois jours dans de l'eau froide un kilo et demi de viande séchée de bœuf, de porc, d'agneau, de chèvre, du jambon, de la langue et du boudin séché, avant d'y ajouter des poires séchées, des oignons, des pommes de terre, du céleri, du chou-rave, des poireaux ainsi qu'une série d'autres ingrédients comprenant diverses herbes et épices, et tout cela se transforme en un copieux ragoût (*Aus Schweizer Küchen*, de Marianne Kaltenbach).

DIGRESSION

Agneau sacrificiel (*Agnus Dei*) et bouc émissaire (*scapegoat*)

Le mouton (*Ovis aries*) et la chèvre (*Capra hircus*) sont perçues de manière totalement opposée. Tous deux sont des bêtes à cornes, c'est-à-dire des bovidés, et font partie du même sous-groupe, celui des caprins. Leurs origines se situent dans les régions arides et montagneuses du Proche-Orient, où la chèvre et le mouton sauvages ont été domestiqués. Pendant des millénaires, n'étant ni trop grands, ni trop petits, diversement exploitables pour lutter contre le froid et la faim, ces animaux domestiques se sont avérés idéaux pour une économie d'autosubsistance. Ils avaient même une fonction éducative, pourrait-on dire, puisqu'en tannant la peau des agneaux on obtenait des parchemins de haute qualité.

Cependant, leur domestication n'allait pas de soi : en effet, pour *The Cambridge World History of Food*, les raisons économiques passent au second plan derrière le constant besoin en animaux sacrificiels. Les boucs auraient « joué un rôle important lors de rituels religieux en tant que symboles de fécondité et de virilité » ; en imposant leurs mains sur les têtes des boucs afin d'y faire passer les péchés des hommes, les prêtres en ont fait des boucs émissaires (à ce titre, le mot allemand *Sündenbock*, littéralement « bouc à péchés », est sans équivoque). Dans l'Antiquité on croyait que les boucs côtoyaient le divin, les satyres s'affublaient de leurs pattes arrière et de leurs cornes ; comme Dionysos, Zeus fut élevé au lait de chèvre. Au Moyen Âge, ces représentations ont basculé dans le démoniaque : symboles du Mal, chèvres et boucs furent relégués dans le sombre et insaisissable domaine de la sorcellerie. « La métaphore biblique des agneaux (des élus du Seigneur) et des boucs (des damnés) a indubitablement influencé la pensée occidentale dans la perception de ces animaux. »

C'est ainsi que l'agneau de Dieu est devenu au sein de la chrétienté l'emblème d'une parfaite innocence, alors que le bouc y était irrémédiablement voué à l'enfer – une histoire très injuste. De là vient peut-être que le mouton est prétendument bête, tandis que la chèvre serait volontiers rebelle et chicaneuse. Le mot allemand *Schafseckel*, que l'on peut traduire par « couillon de mouton », désigne un idiot ; c'est une allusion aux imposants testicules du bouc, qui dénotent une formidable puissance concentrée trépignant en vain. Une bique est une femme agaçante, mais pas obligatoirement bête.

Il apparaît en tout cas bien difficile d'expliquer pourquoi le bouc s'est vu attribuer le rôle du méchant. Les chèvres et leurs mâles présentent quelques avantages par rapport aux moutons : ils se déplacent plus aisément, grimpent aux arbres, sautent en l'air, dévorent des plantes épineuses ; ils fournissent du lait et de la viande comme les moutons, mais aussi un cuir de meilleure qualité. La raison pourrait se trouver dans leur caractère récalcitrant, leur refus de la soumission. « Moins les chèvres nous appartiennent, plus elles semblent rattachées à la nature », écrivait en 1755 le grand naturaliste français Georges-Louis Buffon. De telles « attributions » mènent parfois à la perdition, comme Alphonse Daudet le raconte dans ses *Lettres de mon moulin* (1887) : ne pouvant plus supporter sa captivité, la chèvre de monsieur Seguin part dans les montagnes, et cet élan de liberté finit par se briser entre les crocs d'un loup.

SUPPLÉMENT

Pour ou contre le loup en Valais

À propos du loup, le théologien, philosophe, naturaliste et politicien saint-gallois Friedrich von Tschudi (1820-1886) a émis un jugement des plus sévères dans son livre intitulé *Le Monde des Alpes*, le qualifiant d'« effroi de tous les animaux ». Sa diatribe contre ce prédateur atteint des sommets littéraires : « Sans bruit, toujours aux écoutes, le regard oblique et perçant, d'un air tout à la fois lourd et sauvage, le vieux meurtrier, que caractérisent sa structure décharnée et osseuse, son ventre efflanqué, sa démarche traînarde et mal assurée, explore sous le vent les fourrés des hautes forêts, laissant derrière lui des traces tout à fait semblables à celles d'un gros chien, seulement avec des pas plus allongés, plus écartés et ordinairement en ligne droite. Désagréable et repoussant dans ses manières, vorace, méchant, astucieux, défiant, haineux par naturel, d'une odeur infecte insupportable, il est l'effroi de tous les animaux dont il approche. La queue pendante, continuellement aux aguets pour pourvoir à sa misérable existence, tantôt il surprend un petit de gélinotte ou de bartavelle, tantôt il attrape un rat, une belette ou une

souris, se contentant, faute de mieux, d'un lézard, d'un crapaud, d'une grenouille, quelquefois même d'un orvet ou d'une couleuvre. Quant aux animaux de plus grande taille, le loup, au rebours des carnassiers de la race féline, les poursuit à la course jusqu'à ce qu'ils soient épuisés de fatigue.
En tout temps, la faim du loup est presque insatiable, le froid de l'hiver l'augmente encore; cependant, la chasse est plus productive pour lui en cette saison, et les pistes qu'il suit, plus sûres. Il surprend alors le lièvre des Alpes et même le rusé renard. Mais toujours affamé et vorace, il rôde de montagne en montagne et de forêt en forêt, quêtant de tous côtés de ses yeux étincelants, de ses oreilles pointues, bordées de noir, constamment dressées, tournant en tous sens sa tête de renard, traînant son arrière-train comme s'il était déhanché, et, dans le silence des nuits glacées d'hiver, faisant retentir de ses affreux hurlements les hauts pâturages ensevelis sous la neige. [...] [Il jette] partout l'épouvante chez les hommes et les animaux. Les cantons de Bâle, de Soleure, d'Argovie, de Fribourg, de Zurich, de Schaffhouse ont été souvent visités dans les hivers rigoureux par des loups qui se jetaient sur les hommes, dévoraient les chiens à l'attache et déterraient les charognes des voiries. [...]» (traduction de O. Bourrit).
Les pauvres citadins qui vont, insouciants et naïfs, au-devant de leur effroyable destin!
Au moins pour ce qui concerne les régions où le loup a reparu à la fin du XXe siècle, cette vision haineuse a peu changé – contrairement aux espaces urbains, où «Maître Ysengrin» bénéficie de solides appuis. Même en ce début de XXIe siècle, le loup (*Canis lupus*) suscite toujours des polémiques en Suisse. Dans le val Ferret en 1995, plus d'une centaine de moutons ont été retrouvés sans vie – le mythe de la bête du val Ferret était né; il s'agissait en réalité d'un, voire de deux loups immigrés naturellement. Jusqu'en 2015, 72 loups ont été identifiés sur le territoire helvétique, 57 mâles et 15 femelles, ainsi qu'une bonne vingtaine de naissances de louveteaux, ce qui laissait conclure à la formation de meutes: celle du massif du Calanda dans les Grisons a fait parler d'elle en 2012, puis une autre dans le Val Morobbia en septembre 2015.
D'après l'association KORA, qui s'occupe de l'écologie des grands prédateurs et de la gestion de la faune sauvage en Suisse, huit meutes de loups vivent dans ce pays à la mi-janvier 2020; aux deux mentionnées ci-dessus se sont ajoutées celles installées au Marchairuz, dans le Chablais et le Valais central pour ce qui concerne le sud-ouest de la Suisse, et dans le sud-est les meutes du Val Gronda, Ringelspitz et Beverin. Ajoutons ici qu'entre janvier 2018 et décembre 2019, 68 individus ont été identifiés génétiquement, et que «depuis le repeuplement des loups en Suisse, on les a localisés dans les cantons suivants: Appenzell Rhodes-Extérieures, Argovie, Berne, Fribourg, Glaris, Grisons, Lucerne, Neuchâtel, Nidwald, Obwald, Saint-Gall, Schwyz, Tessin, Thurgovie, Uri, Valais, Vaud, Zoug et Zurich».
En Valais, les discussions sur le retour de ces prédateurs qui y furent jadis éradiqués sont toujours très controversées et même virulentes. «La moitié de 50000 moutons estivés en Valais pâturent librement (pâturage permanent), 14 % en pâturage tournant et 37 % gardés par des bergers sur les alpages», nous apprend un rapport de la Confédération et du canton du Valais (2014). «La majorité des 155 exploitations d'alpage estive entre 150 et 450 bêtes. Plus de 35 alpages comptent plus de 450 têtes. [...] Dans le Haut-Valais, les moutons estivés appartiennent surtout aux races Blanc des Alpes et Nez noir, dans le Bas-Valais, ce sont en majorité des Blancs des Alpes et diverses races d'engraissement ou issues de croisements. La durée d'estivage varie entre 70 et 150 jours; malgré des différences régionales, le nombre d'animaux estivés est en diminution depuis plusieurs années.»
Cette étude fait état de différences socioculturelles et écologiques entre le Haut et le Bas-Valais; l'évolution du modèle traditionnel d'agriculture de subsistance vers celui qui est dominé par la figure du «paysan-ouvrier» s'est faite dans le respect de la protection environnementale et en poursuivant des buts esthétiques. «Les critères de sélection relatifs à l'apparence des moutons ont progressivement remplacé les considérations de productivité. Les marchés traditionnels du mouton, fêtes du mouton et autres *"Gläktage"* (Salzen) ont gagné en importance.» Ceci s'applique particulièrement au Haut-Valais, alors que selon les auteurs de l'étude, le Bas-Valais forge son identité agricole plutôt à partir de ses vignobles et vergers.
Les efforts faits pour parer aux attaques de loups au moyen de clôtures électrifiées ou de chiens de protection sont rarement couronnés de succès, car les troupeaux circulent librement et souvent sans la surveillance d'un berger. La conclusion de l'étude est que les systèmes de pacage doivent s'adapter aux conditions nouvelles, que les troupeaux devraient être mieux protégés et les bergers mieux rémunérés. «En raison du déclin du cheptel et d'un embroussaillement en hausse [favorable aux prédateurs], il convient d'établir des priorités dans l'évaluation rigoureuse des surfaces qui continueront à être exploitées. [...] Même si l'emploi du mouton au service de l'entretien du paysage au-dessus de la limite des arbres reste plutôt marginal, le mouton demeure en Valais un moyen important pour maintenir un paysage ouvert en plaine et en moyenne altitude jusqu'à la limite des arbres.» (Citations: «La gestion du changement» à l'exemple de l'estivage ovin et du retour du loup, de Daniel Mettler et Daniela Hilfiker, AGRIDEA, avec quelques adaptations en fonction du texte de Paul Imhof)
Il reste à ajouter que les massacres de moutons par des loups pendant l'estivage sont une cause de mortalité 200 fois moins importante que les accidents et les maladies. Pour les contribuables suisses, le coût de l'élevage de moutons s'élève à environ 40 millions de francs de subventions.

La banque de données de la Fédération suisse d'élevage ovin (FSEO) dénombre onze races reconnues (pour ce qui est des races caprines, cf. ***Digression page 600***)**: le Blanc des Alpes, le mouton à viande à tête brune, le mouton de montagne brun-noir, le Nez noir du Valais, le Charollais suisse, le Texel, le Suffolk, le Shropshire, le Rouge de l'Ouest, le Dorper / Dorper White et l'Île-de-France suisse.**
La fondation ProSpecieRara lutte quant à elle pour la préservation de six races ovines menacées: le mouton de Saas (Saaser Mutten), le Roux du Valais, le mouton miroir, le mouton d'Engadine, celui de l'Oberland grison et le skudde.

Voir aussi : Dirrs, page 507 ; Fromage de brebis, page 560 ; Mascarplin, page 587 ; Cicitt, page 599 ; Violino di capra e di camoscio, page 610.

Lard sec du Valais

Walliser Trockenspeck *; poitrine de porc séchée à l'air et débitée en plaques rectangulaires*

Avec les deux variantes tessinoises que sont le *lardo* (essentiellement de l'excellent gras blanc) et la *pancetta piana* (viande rose et blanche extraite du ventre du cochon), le lard sec du Valais (IGP depuis 2015) constitue le groupe des types de lard non fumé et séché à l'air, par opposition aux variétés fumées, largement répandues, de lard paysan et cru. Il fait aussi partie de la trinité d'excellence qui se présente sur la fameuse assiette valaisanne, aux côtés de la viande séchée et du jambon cru. Le lard sec du Valais, enregistré comme Indication géographique protégée le 22 mai 2015, se distingue par son séchage poussé et son assaisonnement prononcé; on le sert coupé en tranches très fines.

La technique du séchage à l'air frais et sec des Alpes est connue pratiquement depuis le début de l'histoire de l'occupation territoriale, même si les plus anciennes preuves écrites ne datent que du XVIe siècle, comme par exemple celles qu'on trouve dans la *Cosmographia* de Sebastian Münster, parue en 1544 (cf. *Lammlidji, page 467*). En ce temps-là, les cochons étaient peu répandus; les familles de paysans, qui vivaient en complète autarcie, élevaient quelques vaches ainsi que des moutons et des chèvres. L'élevage porcin a pris de l'importance avec l'accroissement du nombre de vaches à lait, car le petit-lait résiduel lors de la fabrication de fromage pouvait non seulement servir à faire du sérac, mais aussi à nourrir les cochons. En Valais, il n'y a jamais eu et il n'y a pas actuellement, comme ailleurs en Suisse, d'élevages d'engraissement où sont concentrés un millier de bêtes.

Jusqu'au lendemain de la Seconde Guerre mondiale, on élevait deux cochons pour sa propre consommation. Ils étaient abattus au début de l'hiver. Leur viande était salée avec un mélange d'épices maison et on la suspendait à l'air libre avec d'autres morceaux pour la faire sécher, après quoi elle était stockée dans un raccard, qui est un grenier surélevé en bois. Avec le temps, le lard sec du Valais, tout comme la viande séchée, sont passés du statut de réserve hivernale à celui de spécialité culinaire.

Pour obtenir un lard sec traditionnel, on coupe la poitrine de porc en plaques rectangulaires d'environ 16 centimètres sur 60 et d'une épaisseur de seulement deux à trois centimètres, qu'on frotte sur toute leur surface avec un mélange de sel (auquel on ajoute des agents rubéfiants comme du salpêtre ou du nitrite de sodium), d'herbes et d'épices comme du poivre, du thym, du serpolet, du basilic, de la marjolaine, de la sauge, du romarin, des baies de genièvre ainsi que de l'ail, des oignons et des poireaux, avant de les disposer en couches dans une cuve. Le boucher auquel nous avons rendu visite insiste sur le fait qu'il utilise davantage de sel pour la viande grasse de porc que pour la viande de bœuf. À une température d'environ 10 °C, les plaques s'imprègnent des saveurs du mélange à salaison et le sel extrait le jus de la viande. Au bout de deux à quatre semaines, on lave la viande pour en ôter la saumure et l'on suspend chaque morceau à une ficelle dans un local de séchage. Cinq semaines plus tard, en ayant régulièrement pressé le lard, il aura perdu plus ou moins un tiers de son poids initial.

On trouve du lard sec dans la vallée de Conches ou dans les vallées latérales du Rhône; 80 % de la production de lard est concentrée dans une poignée de grandes entreprises du Valais central.

Voir aussi : Lard paysan, page 376 ; Lardo, page 602 ; Pancetta piana, page 608.

Saucisse aux racines rouges

Randenwurst *; saucisse crue séchée contenant des betteraves*

L'apprécie-t-on par avarice, par goût ou par conviction, cette saucisse aux racines historiques très anciennes, qui fait l'unanimité dans tout le Valais ? Elle séduit davantage dans le contexte actuel, où l'on tend à privilégier l'alimentation végétarienne, qu'à l'époque où la graisse autour des os et dans la soupe était indispensable pour régénérer les forces des paysans et des ouvriers. Une société dans laquelle on passe le plus clair de son temps assis consomme beaucoup moins d'énergie; en revanche, on cherchera dans sa nourriture les effets bénéfiques des vitamines et des oligoéléments, ou encore les saveurs raffinées de légumes dans de la viande (laquelle est en somme du fourrage et de l'herbe transformés).

La saucisse n'est pas forcément née, comme on pourrait le supposer, de la nécessité, du manque de précieuse viande – l'air sec des vallées alpines permettant de conserver autant de viande qu'on le souhaitait grâce au salage et au séchage. Les saucisses étaient fabriquées à partir de restes, mais généralement sans lard, car celui-ci était séché en un seul morceau. C'est ainsi qu'on a mélangé des racines rouges à la chair à saucisse, ou d'autres ingrédients végétaux comme des pommes de terre, des poireaux ou des choux.

Les gens de la vallée de Saas ont toujours eu la réputation d'être économes, voire radins. Cette opinion est illustrée par des proverbes; on disait par exemple de la *Randenwurst* que si on la plantait, elle poussait. Ou que lorsqu'un boucher de Saas met seulement de la viande dans sa machine à saucisses, elle refuse de fonctionner. Celui-ci encore: un boucher de Saas a l'habitude de travailler en appliquant une recette qui lui donne 100 saucisses; un jour il n'arrive qu'à 99. Pour quelle raison? Il réfléchit longuement, compte, recompte et comprend soudain: il a oublié la viande!

Également appelée saucisse de Saas, la saucisse aux racines rouges n'offre pas seulement des avantages sur le plan matériel, mais aussi sur le plan spirituel. Dans les régions catholiques comme le Valais, vendredi était traditionnellement un jour maigre, c'est-à-dire où l'on ne mangeait pas d'autre viande que du poisson, en souvenir de la mort du Christ sur la croix le Vendredi saint. Le fait que la «saucisse aux légumes» ait été promue au rang de saucisse de Carême et de délice du vendredi dénote quelque chose de beaucoup plus substantiel qu'un simple vœu pieux. De nos jours, on utilise des légumes dans la préparation de saucisses pour des motifs culinaires, et non pour allonger la chair à saucisse comme auparavant. Une évolution comparable peut être observée avec la saucisse aux pommes de terres grisonne (cf. *Kartoffelwurst, liongia da tartuffels, page 549*).

La plante originelle dont sont issues les racines rouges ou betteraves et autres bettes fourragères ou sucrières est la polymorphe *Beta vulgaris subsp. maritima* (bette maritime), qui pousse sur les zones côtières de la Méditerranée orientale et dans les steppes et régions désertiques d'Asie du Nord-Est et d'Asie centrale. Connue depuis l'Antiquité, la betterave a été cultivée en Europe dès le haut Moyen Âge dans des abbayes. Son goût très particulier rebute certains et plaît à d'autres, que ce légume soit blanc, jaune, tout rouge, monochrome ou strié de blanc. Pressée, la betterave fournit un bon jus qu'on peut boire tel quel; on l'emploie également comme colorant naturel, par exemple dans la fabrication de yaourts aux fraises.

Les recettes de saucisses se déclinent selon le goût du boucher et des clients. Généralement, les proportions sont les suivantes: 50% de viande de bœuf (morceaux maigres ou restes d'abattage), 20% de viande de porc, 15% de lard (de poitrine ou de dos) et 15% de légumes. Pour l'essentiel il s'agit de betteraves cuites; certains intègrent leur jus à la chair à saucisse, ce qui rappelle le sang du boudin; on peut ajouter des légumes frais de saison ou congelés et, pour arrondir, du poireau, des oignons, parfois du fenouil ou du chou, de même que des pommes de terre cuites. La chair à saucisse finement hachée est assaisonnée de sel et de poivre, mais aussi, suivant les goûts, d'ail, de marjolaine, de coriandre, de thym, de cannelle et de vin rouge. Le charcutier embosse la chair dans de fins boyaux (souvent artificiels et à base de collagène) portionnés par torsion en saucisses de 10 à 15 centimètres, après quoi il les fait sécher dans des conditions comparables si ce n'est identiques à celles de la viande séchée. Pendant la maturation se forme une moisissure noble dont il faudra débarrasser les saucisses avant de les vendre.

L'ajout de légumes confère à la saucisse aux racines rouges une légère douceur. Elle a largement mérité sa place sur les assiettes valaisannes.

Saucisse de sang

Saucisse du Bas-Valais au sang de porc et de bœuf

Au royaume des saucisses, toutes les compositions et combinaisons sont permises. Les saucisses à base de sang sont vraisemblablement les plus anciennes au monde, car si l'on ne veut pas gaspiller le sang des bêtes, il faut le transformer immédiatement. Dans le val d'Entremont, route de transit au moins cinq fois millénaire pour l'Italie via le Grand-Saint-Bernard, et dans le val d'Illiez, au pied des Dents du Midi, un mélange du sang des porcs et des bœufs bouchoyés constitue le point de départ de la saucisse de sang, dont la fabrication est similaire à celle du boudin noir. On mélange ce sang frais à du saindoux fondu et à des légumes hachés, généralement des choux, des oignons ou des poireaux. D'après un connaisseur de Bourg-Saint-Pierre, dernier village avant le col du Grand-Saint-Bernard, on confectionne aussi des saucisses de sang sèches, «mais pas dans les boucheries, seulement à la ferme».

Dans une région plus étendue du Bas-Valais, on produit une saucisse de sang à base de saindoux, de foie et de sang de porc. Il faut laisser mijoter la couenne dans de la saumure à 10%, puis on la cuit, la hache et la mixe; ensuite on la mélange au sang et au foie haché et salé ainsi qu'à du poivre, du sel et des épices; grâce au collagène de la couenne, on obtient une belle masse très crémeuse que l'on pousse dans des boyaux.

L'élevage porcin ne faisant pas partie des activités prioritaires de l'agriculture du Valais, la quantité de sang qui coule dans ses abattoirs n'est jamais aussi importante que dans le Moyen Pays, où l'on engraisse et tue de loin le plus de cochons en Suisse. Dans ce secteur, le Valais est comparable aux autres régions de montagne comme les Grisons, le Tessin et Uri. L'autarcie y était un modèle agricole très répandu jusqu'au milieu du XXe siècle. Chaque famille possédait un cochon, voire deux, et au début de la saison froide, quand on comptait sur la météo et pas (encore) sur le frigo pour conserver les aliments, on bouchoyait la truie. Les beaux morceaux tels le jambon et le lard étaient frottés avec du sel et des épices puis suspendus à l'air frais des Alpes; on les laissait sécher, tandis qu'on consommait d'autres morceaux de viande frais; les coupes restantes et les parures étaient passées au hachoir, et l'on assaisonnait cette chair avant de l'embosser dans des boyaux.

DIGRESSION

Du sang sur l'assiette

Avec le sang de leurs bêtes, les Grisons, Tessinois, Uranais et Valaisans savaient préparer bien d'autres choses que du boudin. Jadis très répandue dans les Grisons, la *Schwarzwurst* (« saucisse noire ») y est encore fabriquée de nos jours. Composée de couenne, de sang et de lardons, on la douche au terme de sa production, la poche à la vapeur à 80 °C et la fume brièvement. La *liongia da tartuffels* (« saucisse aux pommes de terre ») est une autre spécialité grisonne, qui contient du foie et du sang de cochon.

Dans le livre de recettes *Ticino a tavola*, on trouve la *pappa di sangue*, une bouillie composée de farine grillée, de sang de porc, de crème, de beurre, de bâtonnets de cannelle, de sucre et de sucre vanillé, sans oublier la recette du *sangue e patate*, du sang cuit dans de la purée de pommes de terre ! Un plat uranais presque identique porte le doux nom de *Blüätschtunggis*, pour lequel il faut griller des tranches de pommes de terre cuites avec du sang cuit, lui aussi coupé en tranches, et des oignons, comme lorsqu'on fait des röstis. Pour réaliser des *Blüätchiächli*, on doit plonger des tranches de pommes pelées dans une pâte composée de farine, d'œufs, de sel, de cannelle, de sucre et de sang frais de cochon… et l'on fait frire le tout.

Dans le Lötschental, où selon des récits du XIXe siècle, « l'élevage des porcs se pratique d'excellente façon » (*Vollständige Beschreibung des Schweizerlandes* (*Description complète du pays suisse*), 1827), les *Blüätchiächlini* sont une pâtisserie saisonnière classique, peut-être moins traditionnelle qu'elle l'a été, l'offre en diverses sucreries l'ayant cruellement marginalisée.

Autrefois, lors de la dernière semaine de l'année, chaque famille lötschentaloise procédait à sa propre bouchoyade, nous a raconté un hôtelier (*Hotellerie Gastronomie Zeitung*, février 2013). Les temps ont changé, actuellement il serait difficile d'avoir accès à du sang frais. « Pour confectionner ces *Chiächlini*, il nous a fallu acheter exprès deux truies bio dans le canton de Zurich, qui ont été abattues ici en haut en respectant l'ancienne tradition. » Il mélange le sang de cochon frais avec du sucre, de la farine, de l'eau-de-vie de prunes, du café et du sucre vanillé jusqu'à obtention d'une pâte liquide. Puis il chauffe de la matière grasse (autrefois on utilisait du saindoux, aujourd'hui de la graisse de noix de coco) dans une poêle et forme avec la pâte, au moyen d'un entonnoir, un escargot qui cuit rapidement dans la graisse à haute température.

« En Valais, jusqu'à la fin des années 1960, on appréciait le sang de porc sous forme de *patéron ;* il s'agit d'une omelette noire sans œufs, constituée de sang et de petits morceaux de pommes acides, à quoi on ajoute un peu de farine et de sel comme à Nendaz, ou du vin rouge, sans compter la graisse nécessaire à la cuisson. On peut saupoudrer le patéron de sucre », écrit Bernard Vauthier.

Ici et là, comme à Liddes sur la route du col du Grand-Saint-Bernard, on y incorpore des *pomè tsalpi fin-nè*, à savoir des pommes de terres finement découpées.

Voir aussi : Blutwurst, page 108 ; Boudin, chantzet, page 163 ; Schwarzwurst, page 553.

Saucisse sèche valaisanne

Walliser Hauswurst ; *saucisse crue séchée à l'air*

Les saucisses sèches valaisannes existent depuis qu'on pratique l'abattage et que l'on sait utiliser du boyau pour emballer parfaitement la viande ; il y en a d'innombrables variantes, car comme c'est toujours le cas lorsqu'un plat remonte aux origines de l'histoire culinaire, chaque famille de chaque vallée a développé sa propre recette : on prend ce que l'on a – des restes de viande, des chutes, du lard, des légumes, des épices, des herbes. Fabrication de saucisses et petits secrets vont de pair, à l'instar du mystère et du brouillard. Raison pour laquelle il faut s'estimer heureux quand on est invité à *ga wurschtu* (faire des saucisses).

Après l'accueil à la valaisanne, arrosé d'abricotine et de fendant, on arrive tant bien que mal à la cave, où le vigneron débouche d'autres bouteilles en vous expliquant pourquoi l'humagne blanche est aussi appelée *Hebammewii* (« vin de sage-femme ») : « Ce cépage contient plus de fer que les autres, il fortifie les enfants, les mères et moi (*stärcht d' Chinder, d' Müetter und mich*). » Pendant ce temps, les masseurs de viande font une pause et découpent des petites saucisses fabriquées trois mois plus tôt en guise de test. « Rance », assène le chef charcutier. « Il y a des poches d'air là-dedans ; vous n'avez pas embossé la chair comme il faut. » L'hôte en prend acte, tous les débuts sont laborieux.

Ces saucisses se font traditionnellement avant Noël, pendant la saison de l'abattage, car leur chair est partiellement constituée de chutes de découpes de bœuf, celles-ci étant utilisées pour fabriquer de la viande séchée. Les proportions sont les suivantes : on compte à peu près dix kilos de bœuf pour cinq kilos de porc et trois de lard ; la viande et le lard (qu'il faut congeler) sont passés au hachoir. La veille au soir, on écrase deux gousses d'ail dans un demi-litre de vin rouge et on laisse macérer. Puis on mélange le tout, non sans ajouter environ 22 grammes de sel par kilo de viande ainsi que du poivre à volonté, selon les goûts, après quoi on malaxe bien à la main. Pas d'autres épices ? Le charcutier fait signe que non. Aucun secret ? « Non. » Vraiment ? De la coriandre, du thym, des baies de genièvre, rien de ce genre ? « Un soupçon de cognac. »

Dans la cave, un chef expérimenté explique comment il faut s'y prendre pour embosser une saucisse. Des deux mains, il soulève un bloc de chair et l'introduit d'un coup dans le cylindre du poussoir à saucisse, de manière à ce qu'aucune poche d'air ne puisse se former. Son assistant recouvre d'un long et fin boyau de mouton l'entonnoir à travers lequel la chair va être embossée avec une manivelle, puis il portionne les saucisses tous les 15 centimètres par quelques rotations. Elles sont ensuite attachées sur des bâtons de bois suspendus, et seront enfin amenées dans une chambre de séchage pour y maturer pendant trois mois.

Jusque dans les années 1960, on demandait avant tout des saucisses bien grasses, sources d'énergie. Avec le recul du travail physique, la demande de saucisses riches en graisse a baissé ;

mais entre-temps c'est l'offre qui s'est enrichie, et le lard est moins apprécié qu'auparavant dans l'alimentation. Tout cela paraît assez paradoxal ; cependant cette évolution de la demande a libéré la fabrication de saucisses de bon nombre de contraintes matérielles. La palette des saucisses crues séchées à l'air comprend la saucisse aux racines rouges (cf. *page 471*), le saucisson aux poireaux, aux myrtilles, aux framboises, à l'ail, la saucisse au piment, aux chanterelles, au vin ou encore au génépi. Pendant la saison de la chasse les tables se garnissent de saucisses à base de gibier, tel le chamois, particulièrement apprécié.

Mentionnons ici une spécialité du Bas-Valais, plus précisément du Val de Bagnes : la saucisse fratze, qui contient essentiellement du chou, parfois aussi du poireau et des oignons, anciennement des abats. Comparable à la saucisse aux choux (cf. *page 168*), la fratze n'est toutefois pas faite uniquement avec de la viande de porc comme son équivalent vaudois, mais aussi avec du bœuf (jusqu'à 50 %) et doit être consommée sans tarder. Comme la saucisse aux choux, la fratze doit frémir dans de l'eau à 70 °C et pourra avantageusement être associée à du jambon, du lard, de la choucroute, des poireaux et des pommes de terre vapeur.

Voir aussi : Urner Hauswurst, page 509 ; Salsiz, page 551 ; Salametto, page 609.

Viande séchée du Valais

Walliser Trockenfleisch ; *viande de cuisses de bovins salée, assaisonnée et séchée*

Quand on parle de viande séchée, on pense d'abord à celle des Grisons, et c'est justifié, pour peu que ladite viande ait été élaborée dans ce canton. Cependant, cette viande techniquement désignée sous le nom de *Bindenfleisch* (car pour la sécher on l'enveloppait dans des serviettes, en allemand *Binden*) n'est pas une exclusivité grisonne : en Valais aussi, on fait sécher des pièces issues de cuisses de bovins, mais la provenance de la viande qui y est transformée doit obligatoirement être suisse, alors que dans les Grisons, les importations de viande étrangère sont autorisées. La demande dépasse l'offre – largement dans le cas des Grisons, dont la production annuelle est de 2900 tonnes, mais aussi en Valais, qui en produit 530 tonnes par an (2015). « Pour arriver à ce chiffre on a besoin d'environ 15 000 bêtes », m'a expliqué un boucher de la vallée de Conches, « mais nous n'avons que 13 000 vaches dans tout le canton, et on ne peut pas toutes les abattre. »

Comme cela est établi dans le cahier des charges pour la Viande séchée du Valais (IGP), sa matière première est découpée sur la cuisse des bovins ; il peut s'agir du coin, de la tranche carrée, de la tranche ronde, du rond de fausse tranche (rond de longe) ou du plat de fausse tranche (plat de longe) – des pièces employées fraîches pour les rôtis, escalopes et émincés. Au terme du processus de séchage, la viande, constituée de 10 % de graisse, 20 % de protéines et 70 % d'eau, perd entre 40 et 50 % de son poids initial après la découpe.

La déshydratation par salaison et séchage fait partie des plus anciennes méthodes de conservation auxquelles les hommes ont eu recours. Certains peuples primitifs faisaient ingurgiter des boissons salées et alcalines à leurs morts, les déshydratant ainsi fortement avant de les faire sécher au-dessus du feu. Ce que les défunts parvenaient à emporter dans un état stable pour leur voyage vers l'au-delà, on pouvait aussi bien l'utiliser avantageusement en ce bas monde. Nous ignorons depuis quand la préservation d'aliments par séchage et fumage est pratiquée – mais en somme, nos lointains ancêtres n'avaient qu'à regarder comment un poisson échoué rétrécissait sous le soleil jusqu'à ce qu'il soit parfaitement sec.

Cette forme de conservation fut probablement appliquée sur le territoire de la Suisse actuelle dès les débuts de son peuplement préhistorique. Dans l'arc alpin, suivant les régions, les aliments peuvent être séchés à l'air à une altitude comprise entre 800 et 1000 mètres. Plus bas, l'air est trop humide et il faut combiner séchage et fumage, comme par exemple pour le Mostbröckli en Suisse orientale, le braisi dans le Jura ou les viandes fumées telles que la tétine de vache (*Grüükts Utter*) dans le canton de Fribourg.

Dans les Alpes on trouve également des pièces de viande séchées à l'air mais non soumises à une réglementation IGP : la *carne secca* tessinoise et la *Dirrs* ou *Tigets* du canton d'Uri. Il n'y a qu'une heure de route de l'Urseren à la vallée de Conches, mais aussi courte soit-elle, la topographie et le climat ont des effets très différents à l'ouest du col de la Furka. « Nous n'avons pas de foehn », affirme le boucher ; ce vent, tel qu'il souffle parfois du Gothard jusqu'au lac des Quatre-Cantons en passant par la vallée de la Reuss, peut du jour au lendemain entraîner une hausse de 20 °C, ainsi qu'une humidité suffisamment importante pour qu'elle soit nuisible au séchage à l'air – raison pour laquelle plus bas dans la vallée de la Reuss, les pièces ne sont pas uniquement séchées, mais aussi fumées. Dans la vallée de Conches, en revanche, ce danger est inexistant : là, ce sont les températures qui bonifient la viande quand on la laisse maturer comme autrefois dans un raccard, ce symbole valaisan reposant sur des poutres en bois et des dalles en granit. Habituellement, dans cette vallée, le thermomètre descend en hiver jusqu'à -20 °C, parfois même -30 °C.

En principe, nous dit encore ce boucher, avec les conditions naturelles que nous avons ici, on pourrait très bien sécher la viande à l'air frais quelques semaines, quand il ne fait ni trop chaud ni trop froid. Dans une économie d'autosubsistance, cette brève période était suffisante, mais pour une boucherie moderne, qui doit fonctionner toute l'année, il faut un local doté d'une climatisation bien équilibrée, l'air ambiant étant aspiré de l'extérieur.

Jadis, les bêtes étaient abattues à la fin de l'automne et conservées comme réserve pour l'hiver. Les familles de petits paysans possédaient peu de vaches et gardaient davantage de brebis et de chèvres. Au printemps 1881, l'almanach *Le Villageois* publia un reportage sur le séchage de la viande comme tradition familiale, à une époque où les bouchers professionnels étaient très rares dans le canton, surtout dans les régions élevées du

Haut-Valais et du Valais central, où le séchage est une pratique particulièrement bien enracinée. On ne sèche la viande qu'après avoir bouchoyé la vache, et ceci seulement après qu'elle a terminé sa carrière de mère et ne donne plus de lait, ou alors si les réserves de nourriture hivernale sont insuffisantes. À l'époque, on séchait autant de morceaux que possible, pas seulement ceux issus de la cuisse mais aussi de moins nobles pour les saucisses sèches, et tout cela était stocké dans les greniers. On servait la viande séchée le dimanche, et sa consistance, du fait que l'air la conservait très longtemps, exigeait une solide dentition – c'est pourquoi l'on bouillait volontiers les morceaux.

Avec l'amélioration des infrastructures, la possibilité de louer des compartiments de congélation à la commune puis la généralisation des frigos dans les maisons, le mode de conservation traditionnel devint accessoire. La consommation de viande fraîche augmenta et la viande séchée perdit de son importance; on la considéra comme une spécialité, et ce fut grâce aux boucheries modernes, de plus en plus nombreuses, qu'elle reprit la place qu'elle avait perdue. Comme dans les Grisons, le tourisme contribua largement à une meilleure diffusion de la viande séchée en Valais. En 2002, l'année où le signe IGP lui fut attribué, la plaçant sous l'aile de la Confédération, la Viande séchée du Valais n'était plus un produit de terroir archaïque, mais une délicatesse haut de gamme; désormais, seules les pièces de la cuisse mentionnées ci-dessus peuvent être transformées. Les normes sont claires, mais pas restrictives, « les pièces parées sont [...] brassées dans un mélange de sel, d'agents rubéfiants, d'épices et d'herbes selon la recette traditionnelle propre à chaque fabricant ». Pour ce qui est des arômes – poivre, thym, serpolet, basilic, marjolaine, sauge, romarin, baies de genièvre, ail, oignon, poireau, etc. –, on peut prendre certaines libertés, mais aucune lors de la transformation : le fumage est interdit !

L'art du séchage tient à un bon équilibre entre salage, épiçage, température, taux d'humidité de l'air et durée. Le boucher de la vallée de Conches que j'ai rencontré aromatise sa viande à la main ou dans un malaxeur sous vide avec un mélange bio composé de sel, de sucre, d'ail et d'acérola (ou cerise de la Barbade), un fruit sud-américain très riche en vitamine C. Plus la viande est salée, moins les risques pour la production sont élevés, et moins on la sale, plus ses arômes seront subtils. Le boucher ajoute encore 0,4 gramme de salpêtre par kilo de viande fraîche à son mélange aromatique, mais « pas de sel nitrité ». Le salpêtre, du latin *sal* (« sel ») *petrae* (« de pierre »), est un bactéricide qui contribue à sécuriser la production tout en conservant la couleur rouge de la pièce; on l'utilise par ailleurs comme engrais azoté et comme explosif. Nocif si l'on en fait un emploi exagéré, le salpêtre est présent à doses infinitésimales dans les composés nitrés du sel marin et de l'air.

Les morceaux reposent deux semaines dans des bacs et l'adjonction de sel fait apparaître de la saumure; on les retourne une fois durant cette période. Avant de les placer dans le local de séchage, on les lave, les glisse chacun dans un filet ou un bas et les suspend à des bâtons avec une ficelle. « De l'air frais est aspiré à l'intérieur du local si nécessaire. Suivant la quantité, on aère environ deux minutes et ensuite on fait une pause de huit à quinze minutes », précise le boucher. Après un certain laps de temps on peut presser les pièces afin de leur donner une forme rectangulaire; ce pressage – parfois répété – permet de répartir les arômes et l'humidité de façon homogène dans la viande. Peu à peu une moisissure noble se développe à la surface; une « flore » bien particulière s'est ainsi formée dans les espaces de travail du boucher qui m'a reçu. Selon le volume des pièces, la phase de séchage dure entre 5 et 16 semaines.

La Viande séchée du Valais se coupe en fines tranches à déguster avec du pain de seigle et du vin, ou alors sous forme de sandwich « de luxe »; coupée en dés, on peut la mélanger avec du fromage à pâte molle, comme le chèvre frais, et à de la ciboulette ou à d'autres herbes aromatiques et tartiner le tout sur du pain. La Viande séchée est un élément essentiel de l'assiette valaisanne; parmi ses variétés, celle des vaches de l'ancienne race d'Hérens est particulièrement savoureuse et donc recherchée. Ces célèbres vaches à robe noire, vives, puissantes et parfaitement adaptées aux reliefs montagneux livrent chaque année des combats spectaculaires pour tenter de décrocher le titre de reine des reines.

SUPPLÉMENT

Assiette valaisanne et glareyarde

La seule évocation d'une assiette valaisanne, associée au bon air de la montagne, fait grogner de plaisir l'estomac de toute personne vivant au cœur de la civilisation urbaine. C'est comme si l'on imaginait assister à la démonstration gustative faite par le boucher de la vallée de Conches : d'abord, découper des tranches ultrafines, quasi transparentes, de Viande séchée, puis, du même morceau, couper un bâtonnet (*Chnebeli* en suisse allemand) de 3 à 4 millimètres d'épaisseur et le mâcher lentement jusqu'à ce qu'il fonde; de cette façon, on sentira quel type de découpe stimule plus efficacement la salivation : il est important de bien mâcher ce bâtonnet, la mastication déclenchant le moteur de la digestion.

L'assiette valaisanne, au départ probablement une adaptation touristique de l'assiette anglaise (à base de roastbeef), fait partie des grands classiques culinaires de la Suisse. Afin que le choix de ses ingrédients ne déborde pas des limites cantonales, les cafetiers-restaurateurs valaisans ont soigneusement défini sa composition : en principe on y dispose 40 grammes de Viande séchée du Valais, 40 grammes de Jambon cru du Valais, 40 grammes de Lard sec du Valais, 20 grammes de Raclette – du Valais toujours ! –, des rondelles de saucisses sèches (à la discrétion du cafetier ou restaurateur) et en accompagnement des cornichons, des petits oignons blancs, du beurre, et enfin du pain de seigle ... valaisan bien entendu !

D'où que l'on vienne, bien malin qui peut prononcer le mot « glareyarde » sans l'écorcher – il s'agit d'une spécialité qui a été lancée dans le quartier de Glarey à Sierre.

Après la Deuxième Guerre mondiale, l'essor économique permit progressivement au plus grand nombre de s'offrir

davantage de viande. Il apparaît dès lors évident que l'idée de découper de la viande marinée ou saumurée avant de la suspendre pour la faire sécher n'a pas pu germer avant les années 1970. Un éclair de génie a frappé l'aubergiste du café-restaurant d'Anniviers à Sierre et son boucher lorsqu'ils ont décidé de proposer leur version locale de la fondue chinoise en coupant la viande en fines tranches juste avant l'étape du séchage.

On laisse un morceau entier de rumpsteak mariner dans un mélange de vin rouge et d'épices, sans oublier de le retourner régulièrement. Dix jours plus tard, ledit morceau est prêt à être coupé en fines tranches, qui auront un goût exquis après avoir été brièvement pochées dans un bouillon. La viande salée peut elle aussi fort bien baigner dans le vin rouge, mais alors le processus de séchage dure plus longtemps. Au terme de ce processus, alors que la Viande séchée du Valais a perdu environ la moitié de son poids initial, la viande pour la glareyarde n'en aura perdu que très peu ; elle a toutefois un goût plus concentré que si elle n'avait pas été marinée, grâce aux enzymes qui commencent à faire leur effet – un goût si intense que toute sauce est superflue.

La fondue glareyarde devint une marque déposée en mars 2014. La nouvelle de cette fondue originale s'est vite répandue dans le canton, et naturellement dans le Val d'Anniviers auquel le café-restaurant de Glarey doit son nom. C'est ainsi que les restaurateurs et bouchers de cette vallée riche en excentricités culinaires – fromage des morts et vin du Glacier, pour n'en citer que deux – proposent désormais leur propre « fondue anniviarde ».

Voir aussi : Lammlidji et Geisslidji, page 467 ; Dirrs, page 507 ; Viande des Grisons, page 554.

PRODUITS LAITIERS

Colostrum

Nourrissant et fortifiant produit de la traite des cinq premiers jours après parturition

Les mammifères sécrètent un lait particulièrement énergétique et riche en anticorps durant les premiers jours suivant la naissance de leurs petits, afin de bien les fortifier et les protéger. Le premier lait des vaches, appelé colostrum (*colostro* en italien, *Briesch*, *Biestmilch* ou *Pfaffenmilch* en allemand), est également consommé sur nos tables, principalement sous forme d'omelette, de gâteau ou de garniture pâtissière – mais en toute discrétion, presque en cachette, comme s'il fallait en avoir honte.

Il faut se montrer persévérant pour trouver une trace du mot *colostrum* dans les dictionnaires : rien dans le *Larousse gastronomique* ni dans le *Dictionnaire universel de cuisine pratique* de Favre, le *Dictionnaire historique de la langue française* ou le *Dictionnaire suisse romand ;* nulle mention non plus dans le *Universal-Lexikon der Kochkunst* ou le *Oxford Companion to Food*. Le terme apparaît enfin dans *The Cambridge World History of Food* et sur Internet, où cette *power food* est encensée comme boisson énergétique et décrite avec un luxe de détails – cela va des magasins bio aux pages beauté en passant par *www.antidoping.ch.*

Ce lait doit vraiment avoir des propriétés remarquables, s'il est évoqué quand il est question de dopage. Les mystères dont ce produit était jadis entouré ont été entièrement dissipés par les scientifiques ; confiance rimant avec connaissance, la consommation de colostrum n'est désormais plus taboue. Dans *The Cambridge World History of Food*, on trouve ceci sous le titre *The Wasted Colostrum* (le colostrum gaspillé) : « Au sein des sociétés européennes, la croyance selon laquelle le colostrum, le premier lait de la mère, ne convenait pas aux nouveaux-nés était largement répandue [...]. Jusqu'au milieu du XVIIIe siècle et même au-delà, la littérature médicale condamnait l'usage du colostrum. »

Ainsi, le docteur Samuel-Auguste Tissot (1728-1797), dont la renommée s'étendait à toute l'Europe et qui enseignait la médecine à Lausanne, conseillait-il dans son livre à succès intitulé *Avis au peuple sur la santé* de ne rien donner au nourrisson le premier jour, et seulement de l'eau avec un peu de miel les jours suivants. Cette alimentation aurait de grands avantages et devrait être appliquée partout, « comme ici [en Suisse] ces dernières années ». Le guide de santé de Tissot fut réédité 47 fois, un succès qui ne fut dépassé que par celui de *L'Onanisme*, sa « dissertation sur les maladies produites par la masturbation », qui totalisa 67 éditions en 130 ans (de 1769 à la fin du XIXe siècle).

De nombreux bébés des villes furent donc mis au régime de l'eau miellée, contrairement à ceux des campagnes, où les paysannes n'avaient guère le loisir de lire les conseils du docteur Tissot et ne souhaitaient pas priver leur progéniture de leur élixir maternel. Et ce qui était bon pour les enfants pouvait difficilement nuire aux adultes : on allait donc se servir chez les vaches, dont le colostrum suffisait à tous sans que les veaux eussent à en pâtir.

L'effet du verdict de Tissot à l'encontre de ce « vaccin » naturel eut la vie dure ; la consommation de *bet* ou *béton* bovin (*Briesch* ou *Biesch* outre-Sarine) demeura dans les cercles familiaux et ne trouva que tardivement un écho dans les livres de cuisine, souvent suite à un changement d'appréciation à son sujet ou par nostalgie. Le colostrum accéda aux circuits économiques par le biais de son usage étendu à des domaines tels que les soins de beauté ou l'amélioration des performances sportives, particulièrement parmi les coureurs cyclistes. Ce lait compact huileux et visqueux, d'une couleur jaunâtre parfois traversée de filets de sang – un garçon de ferme né pendant la Deuxième Guerre mondiale l'a qualifié de mélange poisseux et puant (*stinkendes Gschlüder*) – a gagné à être anonymisé par sa transformation en extrait, poudre, boisson énergétique et autres comprimés.

Il est impossible de mesurer à quel point le colostrum a été exploité au cours des deux premières décennies du XXIe siècle, son usage privé échappant à toute statistique. Les recettes sont toutefois devenues publiques. Dans le recueil de témoignages culinaires en patois intitulé *Assiettes valaisannes*, on trouve plusieurs instructions concernant des gâteaux au colostrum sous les appellations *torta u bet*, *törta ou bette* et *tourta du bë*. Une fois nous est proposé un mélange de colostrum, de farine, d'une pincée de sel et de dés de pommes à faire cuire dans un moule directement au-dessus des braises, une autre fois c'est de l'anis au lieu de pommes et du sucre au lieu de sel ou encore du colostrum mélangé à de la farine de blé et de maïs. Quant à la *routchyë dou bë*, il s'agit d'une crêpe composée d'un litre et demi de colostrum, de trois tasses de farine et d'un peu de sel.

Pour le *béton*, un mélange de colostrum, de sel, d'herbes et d'épices doit être versé dans un moule et cuire 45 minutes au bain-marie. Le mélange appelé *béton sucré* comprend, en plus du sucre, aussi des œufs et de la farine ; il faut l'enfourner à 220 °C pendant 30 à 40 minutes. Dans le Lötschental, on grignote volontiers des *Bieschtchiächlini*, dans d'autres régions du Valais on cuit de la *tourta du bë* ou *törta ou bette*, dans le Jura des bricelets au béton ou à la crème de béton et dans le canton de Fribourg du pain béton, une sorte de tresse au colostrum.

La *turta da col* du val Bergaglia est préparée avec du *colostro*, des œufs, de la farine blanche, de la levure sèche et du sucre vanillé. Autrefois, dans le val Verzasca, on faisait cuire *i miasc*, les omelettes au colostrum, dans de la graisse de chèvre. La recette de la *colostrada* (une *minestra* composée de 2,5 litres d'eau salée, de deux bols de riz et d'un demi-litre de *colostro*) provient de Pianezzo près de Bellinzona.

Voir aussi : Totché, page 82 ; Brieschmilch, page 267.

Raclette du Valais

Fromage tendre et crémeux à pâte mi-dure

Ce ne fut qu'en 2007, soit 43 ans après la fin de l'Expo 64 à Lausanne, que le Raclette du Valais obtint enfin l'AOP auquel il aspirait tant. Des querelles étaient prévisibles, car toutes les fromageries non valaisannes qui fabriquaient du fromage à raclette étaient en droit de s'insurger contre cette limitation à des frontières cantonales. Mais, personne ne s'opposa véritablement à ce que le Raclette du Valais soit protégé, car cela n'empêchait nullement la production de raclette non valaisanne. Pourtant, les fromagers valaisans n'ont produit en 2006 que 2058 tonnes de raclette sur les 12 929 produites sur l'ensemble du territoire suisse. On a donc affaire à une incroyable *success story* en moins d'un demi-siècle pour un « article d'exportation sur le marché intérieur » qui n'a jamais été prévu comme tel – il n'y avait alors, et n'y a sans doute toujours pas assez, de raclette du Valais.

Tout comme la fondue, la raclette – en tant que plat et non en tant que fromage – a commencé son ascension au niveau national pendant l'Expo 64. Même les habitants de Lavaux ignoraient alors l'existence de ce « truc » avec du fromage fondu, en dépit du fait que cette région viticole surplombant le lac Léman n'est vraiment pas très éloignée du Valais ! Au XXIe siècle, le pays tout entier fond pour ce plat si savoureux et si facile à préparer : un petit four sur la table qu'on branche à la prise la plus proche, après quoi on dépose les tranches de fromage prétranché sur des poêlons qu'on glisse sous le four une fois qu'il est bien chaud ; il n'y a qu'à faire attention à ce que les tranches soient juste dorées et pas carbonisées. Rares sont ceux qui font la moue parce que la plupart des fromages à raclette sont faits avec du lait pasteurisé.

Mais ce n'est pas le cas en Valais – là se situe toute la différence, qui fait que le voyage gustatif en vaut la peine : le véritable Raclette du Valais ne se fabrique qu'à base de lait cru. Et c'est un fromage qui doit pouvoir s'affiner ; conservé en cave, le Raclette durcit peu à peu, après quoi on le découpe – il n'a jamais été « créé » comme « fromage à rôtir » (traduction littérale de *Bratkäse*), ce fut un concours de circonstances : dans un chalet d'alpage, quelqu'un a tenu un morceau de fromage près du feu et en a raclé la couche fondue sur un bout de pain. Les bergers ne sont pas tous doués pour faire la cuisine !

Comme c'est le cas dans les régions voisines pour le Gruyère, le fromage d'alpage bernois, le Sbrinz et le *formaggio d'alpe*, les fromages valaisans représentent une source de revenus – du lait que l'on conserve ainsi pour le vendre. La fabrication de fromage dans les Alpes a une longue histoire derrière elle (cf. *Gruyère, page 226*). Les fromages contenant de la présure, qui se gardaient et se transportaient aisément, se sont définitivement imposés aux XIVe et XVe siècles. Le premier document mentionnant un fromage fondu au-dessus d'un feu est signé de la plume de l'apothicaire – l'ancien nom pour pharmacien – Kaspar Ambühl (1520-1560), aussi connu sous le nom de Collinus. Selon lui, les fromages fondus seraient « agréables au palais, gras, doux et tendres ».

Le fromage rôti ou *gebratener Käse* fait son apparition aux XVIIIe-XIXe siècles, comme divers récits de voyages l'attestent. Il existe des indications sur la consommation de *Bratkäse* en Suisse centrale provenant de l'ancienne abbaye de Muri dans le bailliage argovien ; l'évocation de la fabrication de fromage dans la région d'Unterwald, une tradition remontant aux XIIe et XIIIe siècles, y serait suivie par des descriptions à propos de l'économie alpestre et de la façon par laquelle on fait fondre le fromage à feu ouvert.

L'acception du terme *raclette* en tant que mets commence à se répandre à partir de 1875. Si le mot est bien entendu dérivé du verbe *racler*, les fromages à raclette ne présentent pas la même homogénéité que l'usage qu'on en fait. En 1902, le *Dictionnaire géographique de la Suisse* constatait que « leur forme est semblable à celle du gruyère, mais ils sont beaucoup plus gras et moins durs ».

Pour son ouvrage intitulé *Le Repas de la mort. Catholiques et protestants aux enterrements* publié en 1983, Yvonne Preiswerk avait recueilli un témoignage oral sur l'extrême dureté d'une meule de fromage du Val d'Anniviers, qui disait ceci : « Mon père, qui est décédé en 1942, avait un fromage de 1898, et on l'a mangé à sa mort. » Un fromage à raclette de 44 ans ! Mais la chose n'est pas exceptionnelle dans le Val d'Anniviers, où chaque famille ou membre d'une famille conserve pour le repas funéraire son propre fromage, appelé « fromage des morts » ou « fromage d'enterrement » (*voir le supplément ci-dessous*).

Pour fabriquer du Raclette, on chauffe le lait cru à 32 °C dans une cuve en cuivre et on y verse des cultures d'acide lactique spécifiques qu'on laisse agir un quart d'heure avant d'y ajouter la présure. Le caillage dure en tout cas 35 minutes. Le fromager tranche ensuite le caillé en grains semblables à du riz, puis réchauffe la masse à une température comprise entre 30 et 40 degrés et la brasse pendant 15 à 20 minutes. Les grains sont alors retirés de la cuve au moyen de toiles et répartis dans des moules cylindriques qui devront être pressés et retournés plusieurs fois. Puis on délivre à chaque meule sa « carte d'identité » sous forme d'une marque de caséine sur laquelle figure le numéro de la fromagerie, l'appellation d'origine et la date, ainsi que l'indication de la région de production (comme le val de Bagnes ou la vallée de Conches). Les meules sont enfin plongées 24 heures dans un bain de saumure. Pour l'affinage, les jeunes fromages sont déposés sur des planchettes en bois brut d'épicéa dans une cave (à 11 °C et à 92 % d'humidité) ; les deux premières semaines, on les brosse à l'eau salée et les retourne quotidiennement, les trois semaines suivantes trois fois par semaine et les deux derniers mois deux fois par semaine.

Dans les vallées valaisannes, chaque fromager a ses propres recettes et nuances pour donner à ses meules leur typicité, ce qui n'est pas le cas dans la production industrielle, basée sur la rationalité du travail. Les secrets de telle ou telle saveur sont liés aux particularités naturelles comme la flore, qui pousse différemment d'une vallée à l'autre, ou comme la situation géographique unique de tel pâturage d'alpage ou prairie de montagne. Durant le processus d'affinage, le sel et la chaleur rendent la pâte toujours moins liquide, le caillé se contractant. Plus la température est élevée pendant ces semaines, plus le produit final sera dur. Le fromage à raclette reste tendre parce qu'on a veillé à ce qu'il ne chauffe pas trop ; il conserve ainsi davantage de liquide que le Sbrinz, par exemple.

Le Raclette du Valais se déguste en tant que raclette au bout de douze bonnes semaines d'affinage, après quoi il a tendance à devenir huileux quand on le chauffe – on le servira alors plutôt comme fromage à la coupe, idéalement sur une assiette valaisanne (cf. *Digression page 475*) ou pour l'apéritif. Quand il est encore plus vieux et donc plus dur, on enlève la croûte ou la morge et racle de fines rebibes. Pour faire une raclette traditionnelle, couper la meule en deux et poser cette moitié sur une pierre à proximité des braises du feu ; on dispose ensuite la demi-meule sur un porte-fromage et fait fondre la surface découpée au moyen d'un corps de chauffe ou alors on découpe de petites portions carrées à glisser dans un four à raclette.

Le statut de plat national pour la raclette est désormais établi depuis bien longtemps ; elle est aussi très largement appréciée à l'internationale, mais sans doute un peu plus encore par les Suisses de l'étranger. Ainsi, le Swiss Club de Singapour a régulièrement organisé, et organise peut-être encore des *Raclette Nights ;* le 1er août, 50 à 60 fromages sont fondus sur 24 doubles appareils à raclette, chacun d'entre eux pouvant contenir les deux moitiés d'une meule.

SUPPLÉMENT

Un fromage qui survit à tout

On offre un « fromage des morts », ou « fromage d'enterrement », à un enfant à sa naissance, et il le conservera toute sa vie ; ce fromage sera mangé par l'assemblée funèbre qui accompagne le défunt à sa dernière demeure. Dans son livre, Le Repas de la mort, Yvonne Preiswerk rapporte de telles coutumes dans le Val d'Anniviers et la vallée des Ormonts, dans les Préalpes vaudoises. Elle note : « Depuis toujours on a eu du fromage, depuis toujours on a offert du fromage ».

Il arrive aussi qu'on en oublie, comme à Grimentz dans le Val d'Anniviers, où deux meules fabriquées en 1875 sur un alpage au-dessus du village sont restées entreposées dans une cave. Après 147 ans, l'écorce brun foncé, légèrement bosselée, ressemble à du cuir et fait penser à Ötzi, la célèbre momie des glaces. On sent une fine pellicule de gras à la surface. La meule est aussi dure qu'un os. Pesant à l'origine environ neuf kilos, elle en a perdu en tout cas deux au fil des décennies, en séchant (visite personnelle au printemps 2020).

Ce fromage n'est pas dangereux pour la santé, mais il est difficile à mâcher, « il a un goût de très vieux Sbrinz ou parmesan », explique le propriétaire, qui y a goûté en 2014 après l'avoir débarrassé de petites traces de morsures. Les deux « pièces de musée » ont survécu non seulement aux attaques de rongeurs, mais aussi à des infestations d'acariens et à d'extrêmes fluctuations de température.

Le propriétaire racla dûment la surface et envoya ses friables meules à Liebefeld au laboratoire de recherches laitières pour leur faire subir des examens microbiologiques. «À l'époque, le fromage était fabriqué sans cultures d'amorçage ni technologie moderne, et la pénicilline n'existait pas non plus», explique-t-il (celle-ci a été découverte en 1928). On ne donnait pas d'antibiotiques aux vaches, leur lait était naturellement pur. «Connaître les bactéries de cette époque serait intéressant, n'est-ce pas?» Elles pourraient apporter un peu de diversité à notre culture fromagère.
Sans avoir totalement disparu, la tradition du fromage d'enterrement n'est plus guère pratiquée. Un témoin (2020): «Ma grand-mère est née en 1917. Lors de son repas d'enterrement, nous avons mangé du fromage de 1917 et bu du vin du tonneau. On a dû aller à la menuiserie pour faire découper la meule à la scie à ruban.» Elle avait 85 ans.

DIGRESSION

Hypothèses sur la religieuse

La question de savoir comment une religieuse peut finir comme croûte au fond des caquelons à fondue soulève des pensées peu ragoûtantes. Le *Dictionnaire historique de la langue française* nous dit qu'«en français de Suisse», la religieuse est un terme (1944) désignant la partie grillée de la croûte du fromage dans la raclette ainsi qu'au fond du caquelon, mais que l'origine de cet usage du terme *religieuse* reste «obscure». L'habit des nonnes est sombre lui aussi, c'est pourquoi, selon le même dictionnaire, les combinaisons de plumes noires et blanches de certains oiseaux sont qualifiées de «religieuses»; on a ainsi le mainate religieux, dont le nom scientifique est *Gracula religiosa* (effectivement avec un G). À l'inverse, ceux d'entre nous qui portent des vêtements noirs et des coiffes blanches sont appelés, de manière facétieuse, des pingouins.

En Suisse alémanique, la croûte du fromage à moitié caramélisé est appelée *Grossmueter* (grand-mère). L'odeur et la consistance du fromage grillé et durci entraînent des associations désagréables, mais aussi parfois assez comiques. L'*Idiotikon* indique par exemple que *Grossmueter* s'emploie, entre autres, comme synonyme de «vieille femme», ou qu'un «pli qui résulte d'un manque d'application lors du repassage du linge» est appelé «Grossmüeterli». Mais dans le caquelon, il n'y a pas de plis à repasser, seulement du fromage fripé à décoller.

Ça doit tenir à la croûte elle-même. En elle, un univers s'est condensé jusqu'à devenir une essence. Il en va dans le caquelon comme dans la vie d'un homme: cette essence n'est pas servie sur commande, il faut s'armer de patience et se battre pour arriver en finale.

Et les nonnes? Leurs combats s'évanouissent dans le silence – un silence religieux ou de religieuses, le nom vient peut-être de là: il s'agit de garder bonne contenance à table. Certains apprécient la croûte, d'autres la détestent. Il n'y a pas de demi-mesure. Une bagarre éclate souvent entre ceux qui aiment cette délicatesse et ceux qui ne sont pas très partageurs. La nonne sert de bouclier et nous rappelle de nous comporter avec dignité – qui songerait à griffer des bonnes sœurs avec une fourchette?

Cette hypothèse ne mène nulle part, car il y a de la religieuse non seulement dans la fondue, mais aussi dans la raclette, comme l'écrit Jacques Montandon dans son livre *Le Valais à table:* au début du XXe siècle, des religieuses demandaient aux familles auxquelles elles rendaient visite de leur réserver leurs restes, notamment des morceaux de fromage, y compris la dure enveloppe extérieure de la meule qui restait après une raclette, vu que la croûte passait pour immangeable. Par une indiscrétion, on apprit que ces religieuses préparaient d'alléchants gratins avec ces rogatons. La croûte du fromage était-elle donc comestible? Des expériences se sont avérées convaincantes, et c'est ainsi que les laïcs ont commencé à manger eux-mêmes ce qui était auparavant réservé à «l'assiette aux religieuses».

Les grands-mères, en revanche, ne sont pas considérées comme des sœurs mendiantes. Ainsi, en Suisse alémanique, l'hypothèse d'une *Grossmueti-Täller* (assiette de grand-mère) ne tient pas la route. Cette histoire est toujours aussi peu claire. Dans de tels cas, il peut être utile de se tourner vers le royaume des légendes et des contes de fées. Comme toujours, l'*Idiotikon* indique une voie à suivre: «*Alp-Mueter*: créature mythique habitant dans les chalets d'alpage sous la forme d'une vieille femme bossue, une fois que les bergers ont quitté les lieux. Un chasseur la vit un jour affairée à son fourneau, entourée de lutins ayant l'apparence de petits animaux, à l'un desquels elle dit: *"Du, Hans-Chäsperli, chotz-mer Schmalz!"* (Toi, Hans-Chäsperli, vomis-moi du saindoux!) Sur quoi il rendit du beurre en abondance.» – Le beurre n'est pas encore une croûte de fromage, mais c'est un début.

Voir aussi : Bratkäse, page 361.

Spendziger

Fettziger, *offrande faite à Pâques dans le Lötschental*

On demanda un jour à Johannes Jegerlehner, grand amateur de contes et légendes valaisans, s'il connaissait «l'histoire du don des alpages». N'en ayant jamais entendu parler, voici ce qu'il recueillit sur ce qui s'était produit au Moyen Âge (*Walliser Sagen*, 1922): «Autrefois, les alpages de Faldum, de Resti et de Kummen étaient les meilleurs pâturages du Lötschental, d'une merveilleuse luxuriance jusqu'à la limite des rochers. Il fallait traire les bêtes trois fois par jour. Les bergers ne se réjouissaient plus de leur prospérité, comme ce serait normalement le cas aujourd'hui et n'adressaient plus leurs prières à Dieu; cette surabondance leur tombait dessus comme pluie ou neige; gonflés d'orgueil, ils se vantaient de leurs lourdes meules de fromage et de leurs *Stollen* au beurre, méprisant ciel et terre. Mais le pire de tous était le maître des lieux, un berger enrichi qui même le jour du Seigneur n'accordait aucun repos à ses serviteurs, détournait les deniers de la commune à son profit et s'était emparé de la plupart des alpages par ruse et duplicité. On découvrit son escroquerie après son décès, et comme ses proches n'étaient pas en mesure de réparer ses torts, le défunt se mit à hanter les alentours. »

Les gens s'en aperçurent lorsque des vaches disparurent et qu'elles revinrent trois jours plus tard tout amaigries, donnant du lait sanguinolent. « Des feuilles de vignes et des germes de blé s'étaient pris dans leurs sabots, car il avait fait descendre le troupeau très loin de leurs pâturages. » Un « berger audacieux, nommé Pauli » tenta de briser le sort et de chasser le mauvais esprit. « À l'automne, plus près de la mort que de la vie, Pauli fut transporté dans la vallée et rendu à la terre lorsque tomba la première neige. » Secoués, ses amis n'abandonnèrent pas le combat. « Ce qui délivra finalement les gens fut l'offrande des alpages destinée aux pauvres : chaque année, le revenu d'une journée de traite, converti en fromage et en beurre, fut distribué dans le village de Ferden. L'esprit malfaisant était désormais banni et le peuple pouvait à nouveau respirer. »

Le vœu d'autrefois est encore accompli de nos jours les lundis et mardis de Pâques. La production comme la distribution de l'offrande suivent des règles très précises ; le plus ancien document sur lequel elles figurent a été rédigé en 1872 ; il s'agit manifestement d'une traduction du latin, l'original n'a pas été retrouvé.

Le lait destiné à l'offrande (une tomme grasse) est trait pendant les deux jours qui suivent le pacage, les 23 et 24 juillet, sur les opulentes prairies des alpages de Faldum, Resti et Kummen. Pour atteindre les 1600 litres nécessaires afin qu'il y en ait pour tout le monde, il faut acheter du lait supplémentaire. Avec de la présure, le lait cru est transformé en petites meules tendres, que l'on retourne et presse dans la cave communale de Ferden, où on les dépose dans de longues auges en bois et les écrase ; la pâte est pétrie avec du sel. Cette pâte de fromage frais est comprimée dans des *Rümpfe*, qui sont des tonnelets en écorce de sapin d'environ un mètre de long et de 40 centimètres de diamètre fixée avec du raphia ; ensuite on les suspend pour les protéger des souris, et on laisse les *Ziger* s'affiner jusqu'à Pâques ; l'écorce de sapin arrondit agréablement les saveurs de la tomme. La personne qui a été désignée responsable en chef de l'offrande, qui change d'année en année, fait régulièrement des trous dans la masse afin de permettre au liquide de s'écouler et d'écarter la moisissure. Au début de l'hiver, on sale à nouveau le *Ziger* et l'écrase encore avant de le réemballer.

Le lundi de Pâques, on brise les tonnelets, retire la couche superficielle non comestible et coupe le *Ziger* mûr, blanc comme neige, en dés d'environ six centimètres de côté ; ces morceaux sont ensuite disposés sur des barquettes en bois avec du pain et du vin en vue de la distribution. Après le culte célébré dans l'église de Ferden, ce sont d'abord les enfants qui reçoivent la *kleine Spend* (petite offrande), puis, suite à l'assemblée bourgeoisiale et l'élection des responsables de la prochaine offrande, c'est au tour des habitants des communes voisines d'emporter leur cadeau – *Ziger*, pain et vin –, suivis par les femmes de Ferden. Quant aux hommes, ils doivent patienter jusqu'au lendemain, le mardi de Pâques. On remercie pour sa part d'offrande par une formule consacrée.

« Même si plus aucun bénéficiaire ne se voit assigner d'offrande pascale, celle-ci s'est maintenue jusqu'à nos jours », lit-on sur la page d'accueil de la commune de Ferden. « C'est un rite propre à notre village, qui ne donne lieu à aucune manifestation folklorique pour les touristes. Ceux-ci pourront au mieux croiser, s'ils se trouvent dans la vallée le lundi de Pâques, l'une ou l'autre Lötschentaloise en habit du dimanche rentrant chez elle avec sa *Spend* sur une assiette ou dans un tissu blanc. » (*www.ferden.ch*, avril 2016)

Contrairement aux variétés fromagères fabriquées à partir de petit-lait, comme le *Ziger*, le sérac et la *ricotta*, le *Spendziger* est produit avec du lait gras ; c'est une exclusivité tout à fait remarquable.

Voir aussi : Sérac, page 228 ; Ziger, page 364 ; Mascarplin, page 587 ; Ricotta, page 617.

Tomme, Mutschli

Petit fromage à pâte mi-dure à molle au lait de vache

Le *Dictionnaire universel de cuisine pratique* que Joseph Favre (1849-1903) a écrit à Paris compte près de 1500 pages ; parmi les 4500 articles qui y figurent, rares sont sans doute ceux qu'il a composés avec autant de ferveur que celui consacré à la crème des Alpes suisses ou son hymne à la tomme d'Hérens (*Eringer Tummeli* ou *Mutschli*) : le grand vulgarisateur culinaire que fut Favre est en effet né à Vex, à l'entrée du Val d'Hérens. Une fois qu'elles ont désalpé, de retour chez leurs propriétaires, les vaches broutent le regain sur les prés et « le lait qu'elles produisent est aromatique, jaune et gras. Chaque particulier en fait son fromage, que l'on appelle *tome*. […] Après quelques mois, ces petits fromages acquièrent un moelleux, une suavité d'arômes dus au pâturage et dont la finesse est inimitable. Ces fromages de luxe ne sortent pas du pays. »

L'éloge de Favre est d'autant plus intéressant qu'il y a peu d'informations sur les tommes du Valais ; comparables aux *Mutschli*, elles sont très différentes des tommes vaudoises. Il faut plutôt les rapprocher des Vacherins Mont-d'Or et des *formaggelle :* en effet, ces fromages étaient eux aussi fabriqués quand il n'y avait pas assez de lait pour les « grands frères » tels que le fromage à raclette, le Gruyère et les fromages d'alpage.

En tant que petits fromages, plus pratiques pour la consommation domestique, les tommes du Valais sont toujours restées dans l'ombre des fromages à raclette, à tel point qu'on ne sait quasiment rien d'elles. Tandis que l'existence du fromage à raclette est attestée depuis le XIVe siècle, la tomme n'a pas laissé la moindre trace, selon un expert du Service valaisan de l'agriculture, avant

SCHLIPFECHÄS
Fromage frais doux appenzellois fabriqué à partir de lait cru et saumuré avant d'être servi

APPENZELLER ALPENBITTER
Boisson alcoolisée d'Appenzell au goût amer, aromatisée avec 42 herbes

SAUCISSE AUX RACINES ROUGES
Randenwurst ; saucisse crue séchée valaisanne contenant des betteraves

DIRRS, TIGETS
Viande séchée du canton d'Uri

ROGGENBROT/SCHABZIGER
Walliser Roggenbrot ; pain emblématique du Valais contenant un peu de farine de blé/ Fromage à caillé lactique au trèfle mélilot bleu

URNER HAUSWURST
Saucisse de ménage uranaise ; saucisse crue séchée

SALSIZ
Saucisse crue séchée et pressée des Grisons à base de porc, de bœuf ou de gibier

INOX

qu'on ne commence à la produire en quantités substantielles dans les années 1940.

Dans *Us et coutumes de l'alpage de Loveignoz* (1933), l'étudiant et futur écrivain Maurice Zermatten rapporte que les tommes n'étaient fabriquées que pendant deux semaines à la fin mai sur les mayens, ces alpages intermédiaires situés à une altitude inférieure à celle des alpages estivaux. « [Les domestiques] tirent du sac [...] une tome bien grasse. Puis, la partageant par le milieu, ils fixent l'une des moitiés à une petite branche de sapin (*roteichiô*) qui leur permet de [...] tenir le fromage contre la braise. [...] Du pain blanc, du lait, de la tome rôtie : voilà l'invariable menu. »

Le tableau suivant, emprunté au *Repas de la mort* (1983) d'Yvonne Preiswerk, est moins flatteur : « On employait les pauvres pour des salaires dérisoires. En outre, les riches écrémaient considérablement le lait et faisaient des tommes très maigres avec lesquelles ils payaient les travailleurs, si maigres qu'elles étaient pratiquement immangeables. »

Tout comme les Grisons, autre canton alpin, le Valais ne figure pas parmi les régions connaissant le problème des excédents laitiers, aussi ne propose-t-il pas massivement du Raclette AOP et des tommes dans la Suisse entière. Les moyens modernes à disposition simplifient à la fois la production et la communication, si bien que les tommes actuelles se présentent très différemment de celles d'antan. Elles ont des dénominations telles que Simplon-Adler, Horn-Mutschli (en Suisse à la fin 2015, trois quarts des vaches ne portent plus de cornes (*Hörner*)), Rahm-Mutschli (tomme à la crème), Aletsch-Mutschli, Tourbillon, Saint-Bernard, Stockalper, Bascheli ou encore Gommerfee (Biocamembert) et *Rottähääggi Chassji*, fabriquées avec du lait cru, thermisé ou pasteurisé.

Mélanger le lait du soir et celui du matin, chauffer à 37-38 °C, ajouter la présure et les cultures bactériennes, brasser et laisser cailler le lait. Au bout de 40 bonnes minutes, on tranche le caillé en grains de la taille de petits pois, remplit les moules et presse pendant plusieurs heures afin que s'écoule le petit-lait. On sale, affine sur des planches et en prend soin selon la méthode propre à chaque fromager. Le poids des tommes varie entre quelques centaines de grammes et un kilo et demi ; elles sont rondes, à pâte mi-dure à molle et à croûte lavée.

SUPPLÉMENT

Hommage à un grand cuisinier

Benoît Violier vénérait la cuisine du XIXe siècle ainsi que le *Dictionnaire universel de cuisine pratique* de Joseph Favre ; il fut le troisième cuisinier d'un trio exceptionnel, lui qui succéda à Philippe Rochat, lui-même successeur de Frédy Girardet. L'ex-café de l'Hôtel-de-Ville à Crissier au nord de Lausanne a régulièrement été qualifié de meilleur restaurant du monde, après l'obtention de trois étoiles au Guide Michelin par le premier des trois, Frédy Girardet.

Né en Charente-Maritime, œuvrant aux côtés de Girardet comme de Rochat, Violier évoquait avec passion la grande cuisine française et son chantre Joseph Favre, que ce fût à l'apéro ou à la *Chef's Table* dans la cuisine de Crissier. Il fut nommé *spiritus rector* et devint le premier président du Grand Prix Joseph Favre, concours créé dans les années 2010 et « rendant hommage [au] cuisinier suisse émérite et fondateur de l'Académie Culinaire de France ». Benoît Violier a quitté ce monde le 31 janvier 2016, à l'âge de 44 ans. Mes conversations avec cet homme si enthousiaste dans sa cuisine demeurent inoubliables ; son œuvre monumentale sur *La Cuisine du gibier à plume de l'Europe* (Favre, 2015) devrait figurer dans la bibliothèque de tout biologiste, chasseur et gastronome.

Voir aussi : Tomme vaudoise, page 173 ; Vacherin Mont-d'Or, page 174 ; Mutschli, page 510 ; Formaggella, page 614.

FRUITS, LÉGUMES ET PLANTES

Abricots & Abricotine

Les abricots du Valais : du fruit à l'eau-de-vie

La nature a doté certains « fruits » d'origine animale ou végétale de propriétés pour lesquelles on ne trouve pas de mots courants, raison pour laquelle on fait appel aux produits mêmes pour signifier ce que l'on désire transmettre. La vanille en est un bon exemple (telle barrique dégage trop de vanille), comme le saumon (elle a choisi un carrelage saumon pour sa salle de bain), les amandes (il y a comme un parfum d'amandes amères – ça sent la mort, Jack) ou encore l'abricot (sa peau exhalait une touche d'abricot). On connaît bien la couleur abricot dans la mode, et dans un sens moins figuré, on trouve dans « la grande ceinture d'abricotiers située entre la Turquie et le Turkestan une étonnante diversité d'abricots blancs, gris ou roses d'une taille variant entre celle d'un petit pois et celle d'une pêche, avec des arômes tout aussi variés » (*The Oxford Companion to Food*).

Dans *Les Fruits de France* (1925), le docteur Henri Leclerc nous fait part de son grand enthousiasme en évoquant « le parfum très pénétrant de l'abricot, sa saveur balsamique et douce dont on ne retrouve l'équivalent dans aucun autre fruit ». D'après cet auteur, la chair de l'abricot unit les arômes subtils et troublants de l'Orient aux odeurs robustes et sans artifices de la campagne française.

L'abricot (*Prunus armeniaca*, c'est-à-dire prune d'Arménie) est un fruit à noyau, comme la pêche, la prune, le pruneau, l'amande et la cerise ; les Chinois en cultivaient déjà vers 2000 av. J.-C. On ne connaît plus d'abricotiers sauvages. Ce fruit est arrivé en Occident par la Route de la soie ; il fut introduit en Europe pendant l'Antiquité, ayant été très apprécié « en Orient par Alexandre le Grand (356-323 av. J.-C.) puis par des légionnaires romains » (*The Cambridge World History of Food*).

Pendant l'Ancien Régime, on trouve « toutes sortes d'abricots, de pêches et de cerises noires », affirme François de Capitani à propos du canton de Vaud, alors sous domination bernoise (*Soupes et Citrons*). L'abricot avait déjà fait quelques apparitions sporadiques en Suisse au XVe siècle. Et en Valais ? Probablement aussi, bien que la première preuve écrite de sa présence ne date que de 1812, dans la *Description du département du Simplon* d'Hildebrand Schiner, qui en observa deux variétés entre Sion et Nendaz : la Bourbon et la Blanc Rosé.

En 1838, les tentatives menées dans les vergers d'Écully près de Lyon par Gabriel Luizet aboutirent à un nouveau croisement auquel on donna son nom et qui enregistra un succès commercial dès 1850. Luizet se rendit en Valais avec sa variété éponyme et remonta la vallée du Rhône jusqu'à Saxon, où il la planta. Le Luizet marqua durablement la culture des abricots en terre valaisanne, et ce jusqu'à la fin du XXe siècle ; cette variété est célèbre pour sa chair fondante au typique goût d'abricot. Elle doit être consommée sans tarder une fois qu'elle est parfaitement mûre ; en la mangeant trop tôt, on passe à côté de son opulent arôme. Elle se gâte rapidement et le moindre choc provoque des taches brunes.

Les Romains appelaient l'abricot *malus praecox* (pomme précoce), et c'est le mot *praecocium* qui a donné celui d'*abricot*. Malgré d'excellentes conditions microclimatiques, la culture des abricots en Valais, où l'on en récolte plus de 5000 tonnes par an, soit 95 % de la production suisse, n'a rien d'un jeu d'enfant. Les abricotiers ont besoin de froid l'hiver, de chaleur au printemps, et assez vite, car ils bourgeonnent tôt dans l'année, ce qui les expose aux gelées tardives. Pour protéger les bourgeons du gel, on chauffe l'air dans les cultures en allumant des feux ou l'on procède à une aspersion antigel – les bourgeons sont donc entourés de glace : lors du processus physique de transformation de l'eau en glace, de la chaleur est libérée ; cette chaleur ainsi que l'effet isolant de l'armure de glace qui s'est formée empêchent les bourgeons ou les jeunes fruits de geler.

En Valais, les abricotiers poussent jusqu'à 1000 mètres d'altitude ; en 1926, on en a compté 87 823, dont 85 % de Luizet. À la fin des années 1980, cette variété représentait même 95 % des abricotiers valaisans, mais la tendance est à la baisse, puisque cette proportion est passée à un peu plus de 40 % en 2010.

La raison de ce recul de l'abricot Luizet est double : son inaptitude à franchir de longues distances et sa délicatesse. Lors du choix et de la culture de nouvelles variétés, les facteurs les plus importants, outre l'arôme et la résistance au gel, sont principalement leur capacité à supporter des transports et la conservation de leur fraîcheur, le débourrement précoce ou tardif ainsi que leur vulnérabilité face à la moniliose (causée par un champignon microscopique). Les aspects cosmétiques jouent aussi un rôle non négligeable ; depuis le début du XXIe siècle, les consommateurs réclament des abricots aux joues rouges, alors on les cultive sur la peau des fruits.

Depuis les années 1990, les producteurs misent aussi sur d'autres variétés, afin de prolonger le pic de récolte traditionnel de trois semaines et d'échelonner leurs efforts. On trouve désormais des abricots du Valais de juin à août ; pendant tout l'été, des marchand(e)s d'abricots ambulant(e)s traversent la Suisse et montent leurs stands au bord des routes ou sur des places. Parmi les nouvelles variétés, les plus demandées sont l'Orangered et le Goldrich ; occupant une position plus modeste, on mentionnera le Bergeron, le Bergarouge, le Kioto, le Hargrand, le Vick Royale ou encore le Tardif de Tain (*Kochen mit Schweizer Obst und Beeren*, Orell Füssli Verlag, 2011).

Les abricots se dégustent frais à pleine maturité, mais on les aime aussi en confiture ou secs. Les variétés suffisamment acides conviennent bien pour les sauces, jus et sorbets. On les coupe en deux pour garnir des gâteaux ; « abricoter une tarte » signifie y étaler de l'abricoture, une sorte de mince vernis de purée d'abricots. Nous ne sommes pas seuls à apprécier ce fruit : de petits rongeurs tels les loirs et les muscardins en raffolent, ravageant les cultures.

Les abricots semblent prédestinés à être transformés en eaux-de-vie blanches aux arômes les plus nobles. En Valais, on utilise pour ce faire la variété Luizet; peut-être a-t-elle perdu de sa superbe dans les corbeilles à fruits, mais pour ce qui est des alcools d'abricot, sa saveur intense et caractéristique sied à merveille.

D'après le cahier des charges, il faut qu'au minimum 90 % des abricots cuits et distillés pour produire de l'Abricotine AOP (2003) soient des Luizet; le choix des 10 % restants appartient librement au client et au distillateur. Les fruits doivent avoir un diamètre d'au moins 35 millimètres, être parfaitement mûrs, sains et propres; on peut les dénoyauter soit avant, soit après leur macération, et obligatoirement avant la distillation, afin que l'amertume du noyau ne se ressente pas trop dans l'eau-de-vie.

Lors de la distillation (cf. *Digression page 84*), la tête et la queue de distillation sont séparées et redistillées ultérieurement; la tête de tête est écartée et détruite. Au terme de la distillation, la teneur en alcool du distillat est réduite à un taux de 40 % au moyen d'eau déminéralisée ou d'eau de source. Les deux tiers des alcools d'abricot suisses sont distillés en Valais. L'Abricotine est particulièrement appréciée comme digestif.

SUPPLÉMENT

Révolte et réglementation

Le 7 août 1953, le paisible village de Saxon fut le théâtre d'une émeute spectaculaire lorsque plus de 4000 personnes manifestèrent contre l'importation d'abricots italiens. Aux discours de protestation succéda le déchaînement de colère des producteurs et de leurs sympathisants, qui s'en prirent violemment aux cagettes d'*albicocche italiane* ainsi qu'aux wagons qui les transportaient – certains furent même incendiés. La ligne du Simplon et ses voies d'accès furent bloquées jusqu'à ce que la révolte se calme quelques jours plus tard. Depuis cette levée de boucliers, les importations sont soit interrompues, soit réduites en fonction de la demande pendant la période de cueillette de fruits indigènes.
En 1961 puis en 1978, des émissions toxiques issues de diverses usines situées à proximité de Saxon causèrent des dommages aux cultures. Face à la passivité des autorités, les personnes lésées créèrent une association et accélérèrent l'ouverture de débats. Le Conseil d'État valaisan décida d'imposer de nouvelles réglementations sur le contrôle d'émissions toxiques en 1978, et quatre ans plus tard le Tribunal fédéral condamna une usine de Martigny à dédommager les producteurs d'abricots.

Voir aussi : Mirabellenschnaps, page 61 ; Damassine, page 83 ; Zwetschgenwasser, page 100 ; Träsch, page 303 ; Zuger Kirsch et Rigi Kirsch, page 393.

Asperges du Valais

Les blanches et les vertes à treize étoiles

Il n'existe que deux types d'asperges: les fraîches et les pas tout à fait fraîches. Le fait qu'elles soient vertes ou blanches, à pointe claire ou violette, joue aussi un rôle, mais ce n'est pas le plus important.

Sous son nom scientifique, *Asparagus officinalis*, c'est la même espèce de plante, la seule forme cultivée parmi les sauvages, selon Gustav Hegi, «une centaine environ dans l'Ancien Monde, qui poussent principalement dans les régions à faible pluviométrie et à l'est du bassin méditerranéen» (1929); à propos de l'origine d'*Asparagus* officinalis, *Flora Helvetica* estime qu'elle se situe «à l'est de la Méditerranée» tout en mettant un point d'interrogation. Dans le sud de la Suisse, surtout au Tessin, on a aussi des asperges à feuilles étroites (*Asparagus tenuifolius*), en italien *asparago selvatico* («asperge sauvage»).

L'asperge fait partie de la famille des liliacées, comme l'oignon, l'ail, le poireau et la ciboulette. Les pousses (ou turions), dont on fait des plats fabuleux, sont les protubérances d'un système racinaire ramifié; les bourgeons des pousses partent d'un rhizome, une épaisse tige souterraine, et s'élèvent aussi rapidement que possible pour sortir de terre. Si on les laisse librement poursuivre leur croissance, ces pousses peuvent atteindre une hauteur d'un mètre et demi en formant de très fines ramifications. Les variétés *Asparagus plumosus* et *Asparagus sprengeri* sont très appréciées des fleuristes qui les utilisent comme verdure pour garnir leurs bouquets.

La pâleur de l'asperge blanche s'explique par le fait que poussant exclusivement sous terre, elle n'est pas exposée à la lumière; on la cultive dans des serres tunnels recouvertes d'un film plastique afin que la chaleur reste bien en terre et stimule la croissance; la récolte se fait au moyen d'une gouge spécifique. Ou alors elle pousse au-dessus du sol sous un tunnel opaque en plastique noir arrivant à hauteur de genou, à température constante, et on la coupe une fois qu'elle a atteint la longueur désirée, sans recourir à une gouge.

L'asperge verte doit sa couleur à la chlorophylle se synthétisant sous l'effet de la lumière, étant donné qu'elle pousse hors du sol; on la récolte en la coupant avec un couteau. Il y a aussi d'indéniables différences olfactives entre ces deux asperges: la blanche a une saveur plus délicate, plus raffinée, plus élégante; sans renier quoi que ce soit à l'arôme typique des asperges, celui de la verte est plus intense, pas très fin, plutôt rustique. En résumé, l'asperge blanche est une délicatesse et la verte un légume.

Ce n'est que vers la fin du XIXe siècle que l'asperge blanche (en allemand, on l'appelle aussi *Bleichspargel*, c'est-à-dire «asperge pâle») a commencé à gagner du terrain. Avant d'avoir eu l'idée de laisser croître les pousses sous terre, on ramassait ses fines tiges – à l'arôme très puissant – à l'état sauvage ou les cultivait dans des plates-bandes. On connaissait déjà de telles asperges dans l'Antiquité; les agronomes romains Caton l'Ancien et Columelle ont décrit des cultures d'asperges avant de passer le témoin à d'autres, dont Pline l'Ancien. Au Moyen Âge, l'histoire des asperges est tombée dans un véritable trou noir: on n'a que très peu d'informations hormis celles en provenance du sud de l'Europe – les Arabes cultivaient ce légume sur les terres conquises en Espagne. Sa culture ayant toujours exigé un travail considérable, l'asperge est restée un produit de luxe.

En Europe centrale, les asperges font leur réapparition à la Renaissance. Ce sont probablement des moines qui leur ont fait passer les Alpes. Le botaniste Otto Brunfels (1488-1534) affirmait que «les asperges réjouissent le cœur et sont louangées avant toute autre plante de jardin» (1532). Un autre botaniste allemand, Hieronymus Bock (1498-1554), rapporte en 1539 dans son *New Kreütter Büch* (*Nouvel Herbier des plantes*), à propos de l'«asperge sauvage» et de l'«asperge aquatique» (respectivement «*Wilder Spargel*» et «*Wasser Spargel*»), que «les deux sont si répandues dans la vallée du Rhin, qu'on les cueillait et les vendait sur les marchés jusqu'en Hollande» (cité dans *L'Inventaire du patrimoine culinaire de la France, Alsace*). Le médecin Leonhart Fuchs (1501-1566) précise encore ceci sur les variétés sauvages et cultivées: «Les asperges croissent volontiers en des endroits pierreux et glaiseux, et on les cultive aussi dans les jardins» (1543).

Au début du XVIIIe siècle, le médecin Louis Lémery (1677-1743) résume ainsi «l'opinion des Français sur les asperges: "Il faut les choisir épaisses, douces, vertes et cultivées dans un jardin"» (cité dans *L'Inventaire du patrimoine culinaire de la France, Île-de-France*); «un demi-siècle plus tard, l'asperge blanche commence peu à peu à être connue, mais l'heure de son triomphe est encore fort éloignée»; au contraire, «les asperges que l'on mangeait pendant l'hiver à Paris et qui ne poussaient que grâce à du fumier, sont tout à fait blanches et des plus douces, mais n'ont presque aucun goût et absolument rien de remarquable [...]. Il n'y a que la sauce qui les fasse manger».

Le développement de sa saveur spécifique a nécessité une minutieuse sélection. En France, on a cultivé des asperges au XVIe siècle dans la région de Strasbourg et aux alentours de Paris avant la Révolution française. Le grand jardinier paysagiste de Versailles Jean-Baptiste de La Quintinie «semble avoir été le premier à avoir cultivé des asperges dans des plates-bandes surélevées, afin que Louis XIV bénéficie d'une saison des asperges prolongée», selon Waverley Root, auteur du dictionnaire culinaire universel intitulé *Food*.

On consommait des asperges en Suisse sous l'Ancien Régime. Les premières attestations relatives au Valais datent du début du XIXe siècle; on en trouve notamment dans la *Description du département du Simplon ou de la ci-devant République du Valais* (1812) d'Hildebrand Schiner: «À Sion, on mangeait aussi d'excellents abricots et de belles, grosses et délicieuses asperges.» La culture des asperges en Valais a pris son essor vers la fin du XIXe siècle; son rendement fut tel qu'on «exporta» cette délicatesse jusqu'à Berne: dans le quotidien *Intelligenzblatt für die Stadt Bern*, on a fait deux fois de la publicité pour les «Walliser Spargel» en 1888.

Cet essor, on le doit à l'asperge améliorée tardive d'Argenteuil, une variété qui, en partant de Paris, a conquis les pays voisins dès le début du XIXe siècle, ainsi qu'à des progrès dans les techniques de culture. La *Gazette du Valais* (N° 40, 1903) observe que pratiquement partout dans le canton, on cultive les asperges selon la méthode d'Argenteuil; au tournant du siècle à Martigny, huit à dix hectares leur sont consacrés. La première correction du Rhône (1863-1894) «permit de gagner 7000 hectares de terres fertiles pour la vigne, les vergers et les cultures maraîchères, contribuant ainsi à la croissance de l'agriculture et à la création d'emplois pour freiner l'émigration» (*DHS*). Les sols des plaines alluviales, perméables à l'eau, sablonneux, minéraux, peu ou modérément limoneux, sont idéaux pour la culture des asperges.

Cette dernière atteignit en Valais un sommet en 1953 avec passé 600 tonnes – uniquement d'asperges blanches. Par la suite, le niveau baissa, pour diverses raisons dont l'importation de marchandise étrangère arrivant plus vite à maturité. L'asperge verte fait son entrée en 1979; elle nécessite moins de soins mais est plus sensible au gel, le sol ne protégeant pas les pousses comme c'est le cas pour la blanche. En 1985, une fusariose, maladie fongique des racines, ravagea les asperges valaisannes. Certaines surfaces furent abandonnées, mais pas les cultures en général, car avec le travail manuel qu'elles impliquent, les asperges créent une importante valeur ajoutée. L'ancienne variété fut remplacée par de nouvelles, plus résistantes. Les asperges du Valais étaient alors déjà très demandées et le sont toujours.

Jusqu'aux années 1980, les Suisses consommaient principalement des asperges blanches. Un cuisinier bâlois, qui faisait en ce temps-là son apprentissage dans un grand restaurant, confirme: «Je ne me souviens pas d'asperges vertes, les blanches que nous avions étaient des asperges alsaciennes et du Margraviat, récoltées le matin même.»

L'asperge verte a commencé à refaire son retard à partir des années 1990. En 2014, 872 tonnes d'asperges indigènes et 10 855 tonnes d'asperges vertes et blanches importées ont été vendues en Suisse; dans le monde entier, la culture des asperges s'étend sur plus de 200 000 hectares. Au niveau national, les asperges vertes poussent sur 212 hectares et les blanches sur 143 hectares (chiffres de 2014). En termes de surface dévolue aux asperges vertes, le canton de Thurgovie arrive en tête, suivi de Zurich et du Valais; pour ce qui est des blanches, le Valais est le numéro 1 devant Zurich (région de Flaach), Saint-Gall (vallée du Rhin) et Berne (Seeland). Les autres cantons où l'on cultive des asperges sont les suivants: Argovie, Bâle-Campagne, Fribourg, Grisons, Schaffhouse, Soleure, Tessin, Vaud et la Suisse centrale, sans oublier Schwytz (asperges vertes) et Genève (blanches). Entre 1990 et 2005, rares furent les années où l'on a récolté plus de 25 tonnes d'asperges blanches, puis leur production est montée en flèche, puisqu'elle a atteint 460 tonnes en 2018. Les raisons de ce changement: les habitudes alimentaires, la rapidité accrue des livraisons et la distribution fine (*www.legumes.ch*).

La texture des asperges a elle aussi évolué. Durant les années 1970-80, on coupait l'asperge sur son assiette ou on la prenait en main et la laissait glisser verticalement dans la gorge. Cette image d'une insigne gourmandise ne manquera pas de susciter des analogies sexuelles; gageons toutefois que la vengeance de celle qu'on appelait alors la ménagère, souvent délaissée, a pu jouer un rôle lorsque les asperges qu'elle présentait à son mari avaient perdu leur fermeté, elle qui savait rendre même la pire des carnes parfaitement tendre. Les nouvelles sortes d'asperges n'exigent plus un traitement aussi radical, elles cuisent rapidement et sont servies croquantes – de toute manière, l'asperge reste un légume et est par conséquent très largement composée d'eau.

Suivant leur grosseur, les asperges blanches doivent cuire entre 8 et 15 minutes dans de l'eau légèrement salée (comme cela est déjà prescrit dans *La Cuisine des familles*, réédité à Genève en 1934). Tout autre ingrédient tel que le vinaigre, le jus de citron, le sucre ou le beurre, ajouté pour ôter à l'asperge son amertume, est désormais inutile, les nouvelles variétés ayant été désamérisées.

Ces ajouts à l'eau de cuisson démontrent soit qu'on ne fait pas confiance au matériau brut, soit qu'on veut rendre hommage à la tradition. Cette méthode date d'une époque à laquelle on ne connaissait pas encore les tunnels couverts de plastique. Si les asperges blanches poussent en plein champ, il faut compter cinq à six jours avant de les récolter; quelques fibres s'y sont déjà formées, ainsi que des arômes plus puissants, car leur croissance est plus lente que celles qui sont cultivées dans des tunnels, où règne un climat doux et humide, quasiment tropical, qui les fait déjà sortir de terre au bout d'un jour ou deux. Ces asperges sont fraîches comme la rosée, ont des fibres d'une grande finesse et une saveur très douce, nullement amère; il suffit de les cuire dans de l'eau salée.

On les sert nature dans des torchons chauds sur un plat préchauffé; ainsi, les organismes ne risquent pas de souffrir d'un excès calorique – à moins d'avoir la main trop lourde avec les délicieux accompagnements que sont l'huile, le fromage râpé, les croûtons de pain dorés au beurre, la mayonnaise, la sauce hollandaise, le jambon cuit ou cru, les pommes de terre. Une fois que les asperges sont cuites, tous leurs restes et épluchures pourront avantageusement infuser dans l'eau de cuisson: cela fera une très bonne soupe. Avec l'asperge, rien ne se perd!

SUPPLÉMENT

Des vertus rajeunissantes et aphrodisiaques

On ne peut pas tout simplement ignorer les digressions érotiques qu'inspire ce longiligne légume; nul autre ne s'impose aussi clairement à l'imaginaire des alcôves, non seulement par sa morphologie, mais du fait de son empressement à fausser compagnie à son rhizome pour pointer la tête, toujours verticalement, hors du sol, stimulé par l'appel du printemps qui fait tout croître et bourgeonner alentour. «Le prestige de l'asperge repose aussi sur sa réputation d'aliment anti-âge et aphrodisiaque. Derrière ces indications se cache la croyance magique selon laquelle ces pousses phalloïdes si promptes à se dresser auraient un effet excitant et vivifiant sur les organismes humains» (Wolf-Dieter Storl, *Bekannte und vergessene Gemüse*). L'asperge blanche évoquée ici se récolte entre le mois d'avril et le 24 juin, fête de la Saint-Jean d'été (que les germanophones appellent aussi «Spargelsilvester», c'est-à-dire la Saint-Sylvestre des asperges).

Voir aussi: Bündner Spargel, page 561.

Châtaignes

Fruits des châtaigniers du nord des Alpes

Le soupir poussé par l'écrivain tessinois Plinio Martini (1923-1979) peut être transposé tel quel sur l'autre versant des Alpes ou directement au cœur du Valais: «En automne il y avait les châtaignes», écrit-il dans son roman *Il fondo del sacco* (*Le fond du sac*), «et pendant trois mois nous les trouvions au petit déjeuner, au déjeuner et au souper». La châtaigne, c'était le «pain d'hiver» des familles pauvres, constate Bernard Vauthier dans *Le Patrimoine fruitier de Suisse romande.* Ce qui explique pourquoi «à Vouvry, jusque vers 1950, le boulanger n'avait pas de travail de la fin du mois d'octobre jusqu'au début du mois de janvier»; à Saint-Gingolph, on mangeait quotidiennement des châtaignes d'octobre à Pâques. Bernard Vauthier en détaille des variétés aux noms imagés: la Grossière, la Parapluie ou la Pied de Chien.

Heureux qui vivait dans une région riche en châtaignes: moulues, on les mélangeait à la farine de froment, qui était très coûteuse. Ailleurs, les nécessiteux cherchaient courageusement et avec une bonne dose d'imagination des produits susceptibles d'être moulus et mélangés à de la farine pour l'allonger, comme par exemple «en Valais, vers 1870, des feuilles d'orme séchées, des bourgeons de frêne ou de tilleul, ou encore des chatons de noisetier et de peuplier à Lens et à Conthey» (*Le Patrimoine fruitier de la Suisse romande*) – en revanche, la farine de châtaignes est une denrée de luxe.

Là où elles poussaient, les châtaignes servaient partout, à côté des graines rustiques tels que le seigle, le millet, l'avoine et l'orge, comme pain du pauvre, jusqu'à ce que le maïs et les pommes de terre constituent une alternative. Dans le sud de la Suisse, les châtaigniers trouvent généralement des conditions d'existence plus favorables que sur le versant nord des Alpes, où ces arbres méditerranéens arrivent cependant à bien se maintenir sur des terrains bénéficiant d'un doux climat lacustre ou dans des vallées soumises au foehn, «principalement autour du lac Léman, dans le Bas-Valais, en Suisse centrale (documenté depuis le XIVe siècle), près du Walensee et dans la vallée du Rhin saint-galloise» (*DHS*).

Dans le Bas-Valais, c'est Saint-Gingolph, village situé sur la frontière franco-suisse sur la rive sud du Léman, qui se distingue, puis Monthey, Martigny et Fully, où une châtaigneraie d'environ 17 hectares comptant un millier d'arbres a été restaurée; autrefois les châtaigniers y prospéraient sur plus de 50 hectares, mais ils ont été progressivement abattus afin d'étendre les surfaces viticoles. La châtaigneraie n'a pas pour seule fonction de fournir des fruits: c'est une forêt dense qui protège Fully des avalanches, des coulées de boue ou des éboulements, comme celui qui s'y est produit en octobre de l'an 2000; elle appartient à la Bourgeoisie locale et est ouverte à tous comme «lieu de détente et de promenade», selon la commune, comprenant «un sentier éducatif, un Parcours Vita et une piste finlandaise».

La réserve forestière du «Salzgäb» au-dessus du village de Mörel, dans la partie inférieure de la vallée de Conches, est remarquable: vers 1870, on y a planté des châtaigniers «pour nourrir la population démunie […]. Les sources écrites relatives au développement d'une châtaigneraie dans le « Salzgäb » font défaut. La castanéiculture a sans doute conservé son importance jusqu'au lendemain de la Deuxième Guerre mondiale, après quoi elle a été abandonnée, la forêt est revenue à l'état sauvage et ce qui faisait l'unicité de ce paysage s'est perdu » (*www.moerel.ch*, mars 2016).

Cette impression est confirmée par ce que dit le botaniste Philippe Werner à propos de l'ensemble des châtaigneraies valaisannes : « On les rajeunissait grâce à des rejets de souche et les protégeait de toute concurrence par d'autres variétés. Pour faciliter la cueillette des châtaignes, on maintenait souvent la propreté des sols avec le concours des cochons et du petit bétail. De nos jours, les peuplements bien entretenus comme ceux de Dorénaz et de Fully, de Choëx (au-dessus de Monthey) et de Bex sont rares. La plupart des vieux châtaigniers meurent solitaires au milieu d'une végétation dense. La forêt primitive reprend ses droits » (*La Flore. Découvrir la nature en Valais*, 1988).

Au tournant du nouveau millénaire, les châtaigniers ont suscité un regain d'intérêt – non pas pour rassasier des nécessiteux, mais pour le plaisir des gourmets ; en outre, la valeur écologique de l'habitat des châtaigniers enrichit indéniablement le paysage. Un peu partout, des corporations, associations, comités de fêtes ou confréries prennent soin de châtaigneraies locales et de réserves forestières ; c'est ainsi qu'en 2003, il a été décidé de restaurer et d'étendre l'ancienne réserve de Mörel.

Le châtaignier commun (*Castanea sativa*) fait partie de la famille des Fagacées, contrairement au marronnier d'Inde (ou marronnier faux-châtaignier, *Aesculus hippocostanum*), qui appartient à celle des Sapindacées. Le châtaignier a besoin de lumière et de place, il supporte mal un voisinage trop rapproché, tout comme le noyer. Une approche commerciale à court terme est inadéquate pour déterminer quelle est la surface nécessaire à un châtaignier qui croît sans encombre. Le Castagno dei Cento Cavalli (châtaignier des cent chevaux), à Sant'Alfio dans le parc naturel de l'Etna, en Sicile, a entre deux et quatre mille ans ; sa circonférence au sol est de 57,9 mètres et son diamètre de 18 mètres ; « le plus gros tronc d'arbre du monde », selon Zora del Buono (*Das Leben der Mächtigen – Reise zu alten Bäumen*, 2015, trad. fr. *Des arbres et des hommes*, 2017), a été mesuré en 1770, après que trente paysans eurent creusé à quatre mètres de profondeur. De ce géant émanerait un rayonnement érotique depuis qu'au Moyen Âge, la voluptueuse reine Giovanna (Jeanne II de Naples) aurait été honorée par les cent cavaliers de sa suite qui trouvèrent refuge avec leur monture sous cet arbre majestueux au cours d'une nuit d'orage. Ce symbole de fertilité a survécu aux éruptions volcaniques et autres phénomènes naturels dramatiques, fut partiellement remblayé et se présente comme un ensemble de trois troncs distincts coiffés d'une couronne titanesque.

L'exploitation des châtaigniers était localement différente suivant les variétés – une vingtaine de variétés en Valais, plus de 150 au Tessin ! –, mais généralement c'étaient les personnes qui veillaient jour après jour sur les arbres qui, selon le *jus plantandi* (droit de planter et d'exploiter), apportaient leurs fruits chez eux. Autrefois, on ramassait les châtaignes mûres là où elles tombaient, ou alors on battait les branches des arbres avec des gaules – chose qui est désormais interdite. On empilait les châtaignes encore dans leur bogue et les laissait fermenter jusqu'à ce cette enveloppe hérissée de piquants soit facile à ôter.

En Valais, on consomme les châtaignes sans tarder, mais elles peuvent aussi être congelées ; soit on les cuit à l'eau, soit on les fait rôtir au-dessus des braises après les avoir incisées avec un couteau et disposées dans des poêles criblées de trous ou des récipients cylindriques, troués eux aussi ; la poêle à châtaignes porte le nom de brisoloir, et le résultat, les châtaignes rôties, celui de brisolée. En automne, c'est en plein air qu'on déguste la brisolée, le traditionnel quatre heures du vigneron (*Dictionnaire suisse romand*). La soif des personnes ayant contribué à la récolte est étanchée avec du bourru (un vin nouveau et non filtré) ou du cidre, et elles se rassasient de châtaignes rôties, de pain de seigle, de lard, de fromage d'alpage et de raisins frais. Par endroit, ce pique-nique très rustique s'est mué en *event* gastronomique – particulièrement à cause des châtaignes récoltées dans le Chablais (valaisan et vaudois), dont le total annuel dépasse péniblement les quatre tonnes, ce qui leur donne un statut d'exclusivité indigène.

Dans les régions catholiques, les châtaignes étaient considérées comme de la nourriture pour le Carême ; on en mangeait aussi le soir précédant la Toussaint. Un tout autre emploi des châtaignes consiste à en nourrir les cochons pour bonifier leur chair, à l'image de ce qui se fait pour le jambon ibérique. Ainsi au début du XXe siècle à Locum, entre Saint-Gingolph et Meillerie, toute la récolte de la variété Aralle était donnée aux cochons. « À Saint-Gingolph, le soir entre voisins et amis, on se chargeait de peler ces châtaignes. Le lard de bêtes nourries avec des déchets de jardin et des châtaignes est rosé, ferme et a un goût de noisette » (*Le Patrimoine fruitier de Suisse romande*).

Voir aussi : Vermicelles, page 321 ; Castagna, page 620.

Compote aux raves

Plantes potagères cousines du chou utilisé pour la choucroute

Les noms des espèces de la grande famille des Brassicacées ont toujours été une source de confusion, particulièrement dans les zones chevauchant les frontières linguistiques. Le *Kohlrabi* est-il un colrave ou un chou-rave ? Ou peut-être un chou-pomme ? Donc avec l'intérieur blanc et une peau verdâtre ou violette. Et que recouvre précisément le mot rave ? Le tubercule appelé *Sauerrübe* en allemand ? *Flora Helvetica* définit *Brassica rapa* comme une rave (*Rüben-Kohl* en allemand, *cavolo rapa* en italien).

Et le chou-rave, alors ? C'est officiellement l'équivalent du *Kohlrabi*, mais il est introuvable dans le guide botanique et ses plus de 3000 espèces ; il doit donc s'agir d'une variété, et comme telle le résultat d'un croisement, dès lors pourquoi son nom n'en serait-il pas aussi un ? Une amie nous explique que le chou-rave serait une version jaunâtre du navet, cultivable en Valais jusqu'à 1500 mètres d'altitude, par exemple à Hérémence (1237 m), tandis que les raves, d'une couleur blanchâtre à rose, seraient plus délicates, juste bonnes à être mises en conserve. On peut généralement admettre que tout cela témoigne de la grande vitalité du patois.

Sur Internet, les recherches à propos du mot *rave* vous dirigent massivement vers celui de *rave-party*, rassemblement festif au cours duquel on danse jusqu'à l'hébétude sur de la musique électronique. Cela reflète bien le sort de ce légume, absorbé par la mondialisation et déjà bien avant celle-ci ! Le peu que l'on trouve de pertinent se rapporte à la seule compote aux raves, généreusement répartie sur l'ensemble de la Suisse romande, de Chaumont au Chablais, ce dont témoignent les nombreux éplucheurs dans divers musées locaux.

En tant que technique de conservation, la fermentation était déjà pratiquée au Moyen Âge. Dans son *Kreütterbuch* (1539), Hieronymus Bock écrit : « [...] d'autres salent les raves ou les recouvrent de sel comme la compote (*Kumpost*) [...] », c'est-à-dire la choucroute (*Sauerkraut*), apparue en Alsace au XIIIe siècle sous l'appellation *Gumbskrut*, une combinaison du mot latin *composita*, qui est devenu *compote*, et de *krut* (de racine germanique, qui donnera *Kraut*). Selon le *Schweizerisches Idiotikon*, les termes *gumpost* et *krut* sont confirmés en Suisse alémanique depuis le début du XIVe siècle.

Dans les livres de comptes du château de Chillon, un achat de chou pour la préparation de *composta* a été consigné en 1270 (*Glossaire des patois de la Suisse romande*), et dans ceux de l'abbaye d'Hauterive, en 1565, « *ung carteron de raves pour faire de laz conpotaz* ». Les légumes fermentés proviennent de l'espace germanique ; en Suisse romande, le produit a été importé avec le nom : c'est ainsi qu'on voit apparaître en 1699 à Neuchâtel le terme *surcrute* (*Sürkrüt* en Alsace).

Voici comment François de Capitani résume ce sujet pour ce qui concerne la cuisine vaudoise d'Ancien Régime : « Les choux, les pois, les raves et d'autres racines sont plantés en grande quantité ; ils forment la base des soupes qui constituent, avec le pain, la nourriture quotidienne de la majorité de la population. Ces légumes peuvent se conserver pendant tout l'hiver. Les pois sont séchés, comme d'ailleurs les carottes ; les choux sont conservés soit dans des fosses souterraines soit dans des cuves ou tonneaux sous forme de choucroute » (*Soupes et Citrons*). De nos jours en Suisse, seules quelques entreprises fabriquent de la choucroute et des raves de façon industrielle.

Les choux et les raves se conservent dans leur propre jus. On les épluche, les découpe en petits morceaux ou les râpe en lamelles. On dépose ensuite une couche de raves râpées dans un pot en grès, les saupoudre de sel et recommence l'opération, couche après couche, jusqu'à ce que le pot soit plein. Puis on verse de l'eau par-dessus, referme le pot avec une gaze ou un tissu afin d'empêcher les contaminations tout en permettant aux gaz produits par la fermentation de s'échapper, et leste le tout au moyen d'une pierre ; les raves doivent toujours rester recouvertes de liquide. Laisser agir cinq à six semaines. Le sel retire le jus sucré des raves, le sucre réagit aux bactéries lactiques, et la fermentation produit ses effets.

Comme la choucroute, la compote aux raves est servie pour accompagner saucisses et lard ; l'acidité de ces légumes tempère la lourdeur des morceaux de viande gras. À Vouvry, un simple plat du pauvre hivernal a été préparé « de manière plus élaborée » en ajoutant aux châtaignes grillées et à un morceau de séré des raves garnies de beurre et de fromage gratinées au four (*Le Patrimoine fruitier de Suisse romande*).

La choucroute et les raves ont aussi prouvé leurs vertus comme produits minceur, et peuvent être utilisés y compris de manière externe (en cataplasme), comme on le faisait souvent autrefois pour combattre toutes sortes de maux.

Voir aussi : Sauerrüben, page 113 ; Choucroute, page 271.

Pommes et poires en Valais

Nos lointains ancêtres de l'âge de la Pierre mâchaient des pépins de pommes et de poires. Des fouilles entreprises sur des sites palafittiques datant du cinquième millénaire avant J.-C. ont permis d'établir que sur l'actuel territoire helvétique, l'homme préhistorique récoltait et séchait des fruits sauvages. La culture d'arbres fruitiers organisée en plantations fut introduite par les Romains avant d'être poursuivie, à la chute de leur empire, par des paysans alémaniques ; puis ce furent des moines qui l'ont perpétuée tout au long du Moyen Âge. Les premières attestations écrites se trouvent sur le célèbre plan de Saint-Gall, dessiné vers l'an 820. Quelques années plus tôt, en 812, Charlemagne avait prescrit la culture fruitière dans l'acte législatif sur l'administration de ses terres connu sous le nom de capitulaire *De Villis*.

« Avec l'assolement triennal, les vergers tendirent à se concentrer aux abords des chesaux ; on y plantait en particulier des fruits à pépins, le sol au pied des arbres étant exploité comme herbage. Au Moyen Âge, on n'appréciait pas les fruits frais, sauf les pommes, que l'on consommait aussi cuites (comme les poires) ou sous forme de cidre et de vinaigre. Cerises, prunes et poires étaient volontiers séchées et servaient alors de substitut au pain, de provisions de voyage ou de réserves pour le printemps » (*DHS*).

Des botanistes tels que les Bâlois Caspar et Johannes Bauhin ou Hieronymus Bock ont fait progresser leur science au XVIe siècle. Ce sera en France, au siècle suivant, que l'on va cultiver et développer de nombreuses variétés de fruits, notamment dans le potager du Roi des jardins de Versailles ; en retournant dans leur pays, des mercenaires suisses ramenaient de France des échantillons et des connaissances scientifiques. La culture fruitière va se professionnaliser dans des plantations fermées. La circulation des biens s'améliore considérablement au XIXe siècle avec l'apparition des chemins de fer. Les campagnes en déclin fournissent des fruits frais aux villes en plein essor. On crée des fabriques de conserves et des cidreries, tandis que les eaux-de-vie de fruits engendrent de graves problèmes : l'alcoolisme prend une telle ampleur dans les classes laborieuses que les autorités doivent intervenir – au début du XXe siècle, elles ordonnèrent l'abattage de nombreux arbres fruitiers pour mettre fin aux excédents et éliminer la « peste du schnaps » (cf. *Saurer Most et Süssmost, page 351*). Les arbres basses-tiges vont s'imposer : leur culture est plus rationnelle que celle des arbres hautes-tiges, dont l'intérêt en tant que petit biotope sera cependant reconnu à partir des années 1980 – dès lors, leur plantation fut encouragée au lieu d'être combattue.

Selon la dernière statistique fédérale (OFAG 2019, comprenant les raisins de table, pas ceux transformés en vin), le canton à la plus forte production fruitière est le Valais avec 2121 hectares de vergers, suivi par la Thurgovie (1518), Vaud (702), Saint-Gall (287,6) et l'Argovie (287,2) ; pour les pommes, la Thurgovie est en tête (1137 ha) devant le Valais (1033), pour les poires c'est l'inverse (314 ha contre 246), et pour ce qui est des abricots, le Valais, avec ses 708 ha, ne craint pas la concurrence du canton de Thurgovie (120).

Ce n'est qu'après son rattachement au réseau ferroviaire (à partir de 1859) et les corrections des eaux du Rhône (1863-94) que le Valais a pu devenir une région fruitière importante. Auparavant, le fleuve coulait de façon imprévisible et inondait régulièrement la vallée. Les routes pour franchir les cols étaient longues et fastidieuses.

Pour faire pousser des fruits, les conditions climatiques valaisannes sont optimales. On réserve les coteaux aux raisins et aux abricots, alors que les fruits à pépins, les asperges et d'autres plantes utiles prospèrent sur la plaine du Rhône. Dans un contexte d'autosubsistance, les pommes et les poires étaient déjà très répandues depuis longtemps. Les premières preuves écrites remontent au début du XVe siècle : un poirier de la variété Grasset a été vendu à Salins en 1415, nous apprend Bernard Vauthier dans son ouvrage sur l'*Alimentation traditionnelle en montagne* (2002) ; il mentionne aussi que « la pomme Barberine [connue aujourd'hui sous le nom de Barbeine ou Barbeline] apparaît dans un manuscrit dicté par le cuisinier du duc de Savoie vers 1420 et conservé à Sion ». Dans sa *Description du Département du Simplon ou de la ci-devant République du* Valais de 1812, Hildebrand Schiner s'émerveille face aux « superbes vergers, bien arborisés et garnis de toutes sortes d'arbres fruitiers de Martigny ».

D'après B. Vauthier, la poire a été le fruit dominant en Valais jusqu'au XIXe siècle, cultivé en de nombreuses variétés : Channe, Campanard, Canée, Mocatelet, Ôtan, Pape, Pétolin, Piasse, Rêche, Rindaï, Rochet, Riz, Sâë, Verdan. Mais les pommes ne sont pas en reste : Baloffe, Barbeine, Blâoué (dont on fait du cidre), Bonalle, Botsache, Creusson, Lodezë dure, Râérè, Venioude.

Dans *Les Sources de rendement des cultures fruitières* (1945), Georges Ravitscher a écrit ceci : « Il y a 40 ans qu'on a commencé à établir les premières plantations fruitières de grande envergure dans la plaine et sur les coteaux. Et depuis, on est arrivé à monter, dans l'espace d'une génération, cette province fruitière. Elle est née de terres stériles et marécageuses, terres qui étaient autrefois sous la menace permanente d'un Rhône non encore endigué. »

Au début du XXe siècle, les deux variétés de pommes les plus importantes étaient la Franc Roseau et la Reinette du Canada ; la première, synonyme de Fraurotacher, est originaire de la région du lac de Constance (vers 1745, d'après *Rosenapfel und Goldparmäne* de Brigitte Bartha-Pichler (2005)), s'est parfaitement adaptée aux conditions locales et pousse jusqu'à 1000 mètres d'altitude ; la seconde (malgré son nom, son origine serait française, 1771) s'est elle aussi très bien accoutumée au terroir valaisan – cette savoureuse pomme de table et de cuisine affectionne les endroits chauds et fut exportée en France dans les années 1940-50.

La célèbre poire Bon-Chrétien William (d'origine anglaise, vers 1770) figurait, selon *Le Patrimoine fruitier de Suisse romande*, « parmi les fruits valaisans montrés lors de l'Exposition d'agriculture de Lucerne en 1881. Elle passe pour un fruit de table de premier choix et prit une importance croissante pour la distillation au XXe siècle » (cf. *Eau-de-vie de poire du Valais, page 495*).

En Suisse, la plantation d'arbres basses-tiges s'accélère dans les années 1970. L'arboriculture se rationalise, le nombre de variétés s'adapte aux préférences des consommateurs ainsi qu'aux facteurs et critères d'exploitation agricole régionaux. D'anciennes variétés, surtout des hautes-tiges, disparaissent, de nouvelles apparaissent. En 1964, la station fédérale de recherches agronomiques de Wädenswil franchit un pas décisif avec la création de la Maigold, un croisement entre la Franc Roseau et la Golden Delicious : cette variété aura un succès considérable, qui fit beaucoup d'ombre à la Franc Roseau en Valais, dont la culture régressera inexorablement.

À quelques exceptions près, les vergers de pommiers et de poiriers se trouvent dans la plaine du Rhône ; le climat sec et chaud du Valais se prête admirablement bien à des variétés à maturation tardive.

Les poires et les pommes se mangent comme fruits de table ou sont transformés en crèmes, jus, tartes et gâteaux. Autrefois, les réserves hivernales de rondelles de pommes et de tranches de poires séchées étaient d'une importance capitale, alors que de nos jours on mange des fruits secs pour des raisons diététiques ou pour leur goût. Les fruits à pépins sont toujours pressés pour leur jus ou distillés pour en faire des eaux-de-vie.

Dans la vallée de Conches, on cuisine depuis 1830, année où une pandémie éponyme gagna la Suisse, le « cholera », un plat composé de pommes de terre, d'oignons, de fromage et de pommes. Dans le Bas-Valais, les poires font partie de la potée, tout comme la viande, les légumes, les pommes de terre et les châtaignes ; elles accompagnent aussi la compote aux raves et la choucroute. Grâce à leur consistance juteuse et fondante, les Reinettes du Canada sont appréciées pour la confection de flons de Savièse (cf. *page 490*). Ces derniers temps, on transforme volontiers les fruits en pulpe, qu'on emploie pour toutes sortes de préparations, de la gelée à la glace.

D'autres créatures y ont aussi trouvé leur compte, car « pommes et poires stimulent la lactation des chèvres et permettent de compléter l'alimentation des animaux domestiques » (*Le Patrimoine fruitier de Suisse romande*), et « les cochons de retour dans le val de Bagnes après la désalpe réclamaient leur part. À Troistorrents dans le Val d'Illiez, d'octobre à décembre, on leur préparait des poires à viande [nom de la variété], des pommes de terre et des panais».

De par leur forme, ces deux fruits provoquent un univers entier de significations et d'interprétations. Les rotondités de la pomme renvoient à la féminité, à la Terre (Mère) et à la puissance, alors que la poire est associée au paradis et à la beauté, et son apparence la rend plutôt masculine.

Voir aussi : Rissoles aux poires, page 146 ; Vin cuit, page 232 ; Eau-de-vie de poire à botzi, page 249 ; Birnenhonig, page 296 ; Träsch, page 303 ; Fruits secs, page 346 ; Poires séchées, pages 365 et 513 ; Bündner Birnbrot, page 565.

PRODUITS DE BOULANGERIE ET PÂTISSERIE

Cressins

Viennoiserie en pâte levée, entre le pain et la brioche

Cette viennoiserie exprime tout ce qui distingue les individualistes. Les uns utilisent des cressins pour tester la chaleur du four banal avant d'y glisser du pain de seigle, les autres mettent à profit l'excédent de chaleur décroissante du four, une fois qu'ils en ont retiré le pain, pour cuire leurs boules au levain. Certains ne jurent que par la farine de seigle, d'autres par la farine de froment ou une version mixte, afin que leurs cressins sortent de l'ordinaire. Cela devrait avoir quelque chose de spécial sans être un produit de luxe. Qu'on y mette des œufs ou de la crème, du beurre ou du saindoux, des fruits frais ou secs, de la cannelle et d'autres épices – tout cela rendait les cressins particulières – car c'est bien un nom féminin – et était une question de vallée, de village, de famille, d'identité. Combien cette viennoiserie devait se distinguer ou être distinguée, un document trouvé par l'historien Pierre Dubuis le montre bien : il y est question d'une «belle cressin au safran» offerte avec une marmotte en guise de cadeau de naissance vers 1567.

D'après le *Glossaire des patois de la Suisse romande*, le mot *cressin* a la même racine que *croissant*, du latin *crescens*, de *crescere* (croître, mais aussi grossir ou monter en dignité). Tandis que des cornes poussaient au croissant, la cressin montait telle la levure dans la pâte.

Même si la cressin – sous forme de pain, de brioche ou de gâteau – était une viennoiserie assez modeste, elle brisait la monotonie du quotidien, qui fut longtemps des plus maigres. Cependant, l'*Atlas du folklore suisse* observe un basculement à partir des années 1930 : en tant que coutume, les cressins seraient devenues un modèle en voie de disparition. Si ce pronostic pessimiste s'est accompli du côté des fours banals, des boulangers-pâtissiers ont repris le témoin depuis bien longtemps afin de perpétuer cette tradition.

Comme pour une tresse, préparer une pâte à base de farine de froment avec ou sans une part de farine de seigle. Les épices sont incorporées dès le début, les fruits secs comme les raisins de Corinthe ou les noix seulement à la fin. Laisser la pâte reposer et lever pendant une heure, puis la façonner en boules, que l'on dore au pinceau avec des œufs battus avant de les enfourner une bonne demi-heure à 210 °C. Avec de la pâte sucrée on obtient des brioches, et en la salant du pain de fête.

On trouve des cressins dans tout le Bas-Valais ; on les mange au petit déjeuner ou comme en-cas avec du beurre et de la confiture, du miel, du fromage ou de la viande séchée, souvent le dimanche ou les jours de fête.

Voir aussi : Pain de Pâques, page 207 ; Taillaule, page 208 ; Cuchaule, page 236 ; 1. August-Weggen, page 519 ; Bütschella, page 566 ; Pan tranvái, pan di üghétt, cavigiún, page 631.

Flon de Savièse

Gâteau aux fruits garni de sablé sucré

La commune de Savièse, au-dessus de Sion, a donné son nom à deux mets: la tarte saviésanne, une tarte salée couverte composée de pommes de terre, de poireaux, de lardons, de fromage à raclette et d'œufs, ainsi que le flon de Savièse, une sorte de tarte aux fruits garnie de sablé sucré, un mélange de farine, de sucre et de beurre.

Flon ou *flan*, «*flaon* (1180), de *fladon*, fin du XIe siècle» (*Dictionnaire historique de la langue française*) est un terme qui remonte au mot vieil-allemand *flado*, qui pouvait désigner aussi bien un gâteau qu'une galette ou encore une crêpe. *Flaon* apparaît au XIVe siècle au Pied du Jura et dans le Jorat, au début du XVe dans la région de Neuchâtel sous l'appellation *claon* puis en 1471 à Fribourg sous celle de *flon*.

Dans son ouvrage intitulé *L'Art culinaire à Savièse* (1929), Basile Luyet présentait la confection des gâteaux aux fruits à Savièse (qu'il n'appelle pas flons) comme une vieille tradition longtemps limitée aux seuls jours durant lesquels le four banal était chauffé pour la cuisson des pains. Le flon de Savièse, en dialecte *flon dé chavyeie*, est comparable à la salée de la Vallée d'Illiez; tous deux étaient encore considérés comme des produits de luxe au début du XXe siècle. Ceci changea au lendemain de la Seconde Guerre mondiale. Dès 1950, des boulangers professionnels se chargèrent de confectionner les flons, et l'on perdit progressivement l'usage du four banal à mesure que les ménages se dotaient de fours.

Mélanger une tasse de sucre avec autant de farine, 50 grammes de beurre et une cuillère à soupe d'huile de tournesol, ainsi qu'un peu de cannelle selon les goûts, ce qui constitue le sablé sucré. Déposer la pâte à gâteau sur la plaque, puis recouvrir d'une fine couche (d'un demi-centimètre environ) de sablé sucré; disposer les fruits sur la surface puis les recouvrir d'une seconde et plus fine couche (de 2 mm) de sablé sucré: les fruits doivent affleurer; former une bordure torsadée avec la pâte dépassant de la plaque. Cuire à 220 °C dans la partie inférieure du four pendant 20 à 30 minutes.

Le fruit qui garnit le plus souvent ce gâteau est la pomme, et particulièrement la Reinette du Canada, appréciée pour son fondant.

Voir aussi: Früchtewähen, page 98; Gâteau aux pruneaux du Jeûne, page 145; Gâteau à la papète, page 180; Salée du Val d'Illiez, page 494.

Merveilles

Beignets frits de la famille des beignets au genou et des Chräpfli

Contrairement aux beignets, dont Joseph Favre décrit une bonne douzaine de variantes, l'auteur et cuisinier né en Valais ne nous a laissé que cette simple phrase sur les merveilles: «Sorte de pâte détaillée en décor et frite», alors que les Valaisans les considèrent comme des pâtisseries traditionnelles. Il n'en reste pas moins que la différence entre beignets et merveilles est assez minime, dans la manière de les préparer en tout cas, peut-être moins au niveau de leur signification. Dans son *Dictionnaire universel de cuisine pratique*, ledit Joseph Favre préconise de pétrir une pâte avec 500 grammes de farine, 100 grammes de beurre, quatre de sel, dix de sucre et quatre œufs, après quoi il faut l'abaisser à un demi-centimètre d'épaisseur, la découper à la main ou à l'emporte-pièce et enfin la cuire dans une friteuse.

Les pâtisseries telles que les beignets au genou, de carnaval, à l'entonnoir ou les striflates, les *Strübli*, *Graswürmleni*, *Fasnachtchüechli*, *Chneublätz, chiacchiere* ou justement les merveilles ainsi que les autres beignets frits dans de l'huile se ressemblent tous plus ou moins et ne sont pas difficiles à trouver. Cela s'explique par leur méthode de préparation: jusqu'au XXe siècle, rares étaient ceux qui possédaient un véritable four dans leur cuisine privée; la plupart des gens cuisaient leurs pains et leurs gâteaux dans un four communautaire ou dans une poêle à gâteau; quant aux pâtisseries de toutes les formes imaginables, on les cuisait dans du beurre rance chauffé ou de la graisse bouillante.

Le *Dictionnaire suisse romand* définit la merveille comme une «pâtisserie à base d'œufs, de farine, de beurre et de crème, présentée le plus souvent sous forme de tranches très fines, bosselées et friables, frites à l'huile et saupoudrées de sucre». Quant au *Larousse gastronomique*, il la décrit comme un «petit beignet de pâte, parfois levée, préparé avec un appareil assez épais, abaissé et découpé soit en bandes, pour former de petites tresses appelées "nœuds" ou "bunyètes", soit à l'emporte-pièce, en diverses formes». À Lyon, on appelle ces pâtisseries des *bugnes*, et en Bourgogne des *merveilles frites*.

Qu'en est-il, alors: épaisses ou fines, en tranches ou en bandes? *Fasnachtschüechli* ou *Gravättli?* La plus ancienne mention de merveilles en Suisse romande est celle qu'en a fait l'un de ses plus célèbres fils, Jean-Jacques Rousseau, dans son roman *La Nouvelle Héloïse*, paru en 1761: «Merveilles, pâtisserie genevoise, rubans de pâte cuits dans le beurre. La collation fut composée d'échaudés, de merveilles.» L'échaudé est une petite pâtisserie salée ou sucrée passée à l'eau bouillante – d'où son nom – comparable à la merveille.

On trouve une recette pour la version en bandes des merveilles dans la célèbre *Cuisine des familles* de Louis Maillard, ouvrage paru à Genève en 1889 et plusieurs fois réédité au cours des années 1890. Le récent *À la mode de chez nous* (2002) donne deux recettes: les merveilles en formes de petits gâteaux de carnaval (*Fasnachtschüechli* en suisse allemand) et les merveilles genevoises en forme de bandes ou rubans de pâte.

Depuis que les grands distributeurs ont pris une telle importance, les merveilles et autres petites pâtisseries frites sont majoritairement fabriquées de façon industrielle. Traditionnellement, on continue dans de nombreuses régions à servir des merveilles comme beignets au genou ou comme rubans les jours de fêtes, pour carnaval et à l'occasion de célébrations locales, régionales ou religieuses. Les préparer dans sa propre cuisine à la friteuse, avec ce que cela implique comme gouttes de gras à nettoyer du sol au plafond et aux murs, apparaît désormais comme une corvée décourageante.

Pour réaliser une recette de merveilles de Nendaz, il faut pétrir une pâte composée de farine, de beurre de cuisine chauffé, d'œufs, de sucre, de sel, d'un peu de poudre à lever, le tout agrémentée d'un petit verre de kirsch ou de vin blanc. On passe ensuite les pâtons dans la machine à pâtes ou l'abaisse soi-même très finement, découpe des disques qu'il faut distendre de tous côtés jusqu'à ce qu'ils soient d'une extrême finesse – si fins qu'on peut lire le journal à travers la pâte, comme le veut la tradition. Après quoi on les frit, les égoutte et les saupoudre de sucre. Une autre recette valaisanne exige l'utilisation de farine, de poudre à lever, de beurre de cuisine, d'œufs, de vin blanc ou de kirsch, de sel et de sucre vanillé pour la pâte, que l'on abaissera à un demi-centimètre d'épaisseur après l'avoir laissée reposer au frais pendant trois à quatre heures; découper en bandes ou à l'emporte-pièce et enfin frire.

Voir aussi : Fasnachtsküchlein, page 36 ; Striflates, page 81 ; Beignets des brandons de Moudon, page 178.

Pain de seigle valaisan

Walliser Roggenbrot *; pain emblématique du Valais contenant un peu de farine de blé*

Symbole de pauvreté pendant des siècles, il est devenu, en l'espace de quelques décennies, celui d'une identité marquée. Les circonstances qui ont conduit à l'enregistrement et la reconnaissance du Pain de seigle valaisan comme AOP en 2004 ont renforcé l'image de cet aliment archaïque et montré que la population suisse tenait à sa singularité : pour faire taire les critiques qui s'opposaient à ce que « presque chaque pain soit placé sous la protection de la Confédération » et qui voulaient empêcher l'octroi du signe AOP, un sondage fut réalisé et un peu moins de 90 % des personnes interrogées estimèrent que l'appellation « Walliser Roggenbrot », respectivement « pain de seigle du Valais », impliquait que ce produit devait venir exclusivement de ce canton.

« Les traces les plus anciennes de céréales cultivées (grains carbonisés) sur le territoire de la Suisse actuelle ont été trouvées à Bellinzona et dans la vallée du Rhône et datent du VIe millénaire av. J.-C. [...] On a révélé la présence de millet et d'épeautre dès l'âge du Bronze (2200 – 800 av. J.-C.), d'avoine et de seigle dès l'âge du Fer (800 – Ier siècle av. J.-C.) » (*DHS*). On ne peut affirmer avec certitude que le seigle poussait déjà à cette époque en Valais, mais c'est tout à fait possible, car ce sont surtout les Romains qui ont introduit le seigle (*Secale cereale*) en Helvétie et au-delà, en dépit du fait qu'eux-mêmes dédaignaient cette céréale simple et rustique d'Asie Mineure; elle s'est pourtant avérée une plante céréalière idéale pour des terrains inhospitaliers comme les vallées escarpées et sèches aux sols pauvres. Le seigle « pousse dans toute espèce de sol, rend environ cent grains pour un et permet aux terres de se reposer », a écrit Pline l'Ancien, lui qui était habitué à mieux (cf. *Histoire naturelle*, Livre XVIII) ; défini par l'érudit romain comme « le plus médiocre type de céréale », le seigle n'est bon, à ses yeux, qu'à « apaiser la faim » – par exemple à Augusta Raurica, comme des fouilles l'ont attesté.

Et bien sûr également dans les régions montagneuses telles que les Grisons, le Tessin et le Valais. « Les céréales étaient très répandues, non seulement dans la vallée du Rhône, mais aussi dans les vallées latérales, sauf dans celles du haut Valais. Au bas Moyen Âge, le seigle l'emportait largement sur l'orge, l'avoine et le froment [...]. Certaines sources semblent montrer que les champs étaient en jachère une année sur deux au XIIIe siècle déjà, en particulier là où les paysans possédaient aussi des vignes, parce qu'ils réservaient à celles-ci presque tout le fumier disponible, au détriment des céréales » (*DHS*).

Dans de telles conditions, le seigle a pu assez bien se maintenir sur des sols maigres et est devenu la céréale la plus importante en Valais. Cuit seulement deux à trois fois par année dans le four banal des villages afin d'économiser le bois, le pain de seigle était longuement stocké et, de ce fait-là, durcissait au point qu'il fallait le couper à la hache ou le rompre sur le bord de la table, puis on le trempait dans de l'eau ou dans sa soupe, dans du lait ou du vin. Dans son récit autobiographique intitulé *Ma vie* (1572), Thomas Platter (1499-1582), fils d'un paysan de montagne de Grächen dans la vallée de Zermatt, qui fut tour à tour ouvrier cordier, maître imprimeur, professeur et recteur à Bâle, se souvient de l'époque où il était un petit chevrier : « Thomas [an Rieding] possédait quatre-vingts chèvres, que j'eus à garder pendant ma septième et ma huitième année. [...] Nous conduisions nos troupeaux sur de hautes et sauvages montagnes; chacun de nous portait sur le dos un bissac contenant du pain de seigle et du fromage ; nous mangions ces provisions, assis les uns à côté des autres » (traduction d'Édouard Fick).

Platter n'avait guère le choix, contrairement au Bernois Albert de Haller (1708-1777), le grand naturaliste, médecin et directeur des salines de Bex : « Quand je traversais les contrées et villages de Basse-Saxe et de Thuringe pour botaniser, le pain de seigle et son acidité ont causé des brûlures définitives dans mon estomac, que je n'ai momentanément plus ressenties lorsque j'en suis revenu au pain de blé. En France et en Angleterre, même les paysans ne connaissent pas le pain de seigle. En Suisse, mélangé à du froment ou à de l'épeautre, le seigle donne un pain d'un genre intermédiaire » (*Genera cerealium*, 1782).

Les conditions naturelles, le type d'agriculture – très propice à la viticulture – ainsi que les rapports sociaux ont fait du Valais le canton du seigle par excellence. « Les variétés capables de pousser le plus haut sont le seigle d'hiver et de printemps, de même que l'orge de printemps, jusqu'à la limite supérieure de la culture des céréales. Cette limite varie d'une vallée à l'autre, mais peut atteindre les 2000 mètres d'altitude [...]. Le seigle d'hiver valaisan était semé début août dans les régions frontalières [autrefois jusqu'à 2100 mètres près du hameau de Findeln au-dessus de Zermatt] et récolté 12 à 13 mois plus tard; c'est le champion du monde de l'hibernation – une couverture neigeuse fermée durant six mois ne lui est nullement dommageable», nous apprennent Peer Schilperoord et Andrea Heistinger dans *Kulturpflanzen der Schweiz, Süd- und Nordtirol* (2011). Certaines «variétés, qui ne sont plus cultivées en plein champ de nos jours, ressemblent beaucoup à des herbes sauvages. On comprend bien la lutte que menait la population en ce temps-là pour survivre à la limite supérieure de la culture céréalière, lorsqu'on voit combien ce seigle était chétif; mais les grains qu'il donnait étaient de très haute qualité [...]. Les racines du seigle pénètrent le sol très profondément, ce qui lui permet de prospérer même dans des terrains plus pauvres et sablonneux.»

La part du seigle dans la céréaliculture suisse était de 15% en 1885; elle chuta progressivement, passant à 13% en 1931-1940, puis à 8% en 1951-1960; elle n'était plus que de 2% en 1985 et oscilla autour de ce chiffre jusqu'en l'an 2000 (*DHS*). Avec l'abandon des fours villageois, la cuisson de pains familiaux recula fortement. Les boulangers prirent le relais, et non seulement les fours banals avaient disparu, mais aussi l'envie de manger du pain de seigle; on lui préféra celui au froment, plus léger et accessible à tout un chacun après la Deuxième Guerre mondiale. Ce furent les querelles autour de l'attribution de l'AOP qui réveillèrent l'appétit patriotique des Valaisans. Certes, le Pain de seigle valaisan AOP n'est pas devenu un produit de consommation de masse, mais il n'est plus menacé de disparaître.

Le seigle ne peut être cultivé extensivement – ou biologiquement – que sur le sol valaisan, les grains doivent être moulus en Valais et la totalité des pains y est produite. Cette délimitation sévère assure à ce pain son exclusivité. Il n'y a plus qu'un moulin en activité pour l'ensemble du canton et une quarantaine de cultivateurs certifiés; cela représente une production de 450 tonnes de seigle (en 2018), soit deux fois plus qu'à la fin du XXe siècle. De Monthey à Reckingen dans le district de Conches, au moins 65 boulangers fabriquent du Pain de seigle valaisan AOP.

À la farine de seigle, il n'est permis d'ajouter qu'un maximum de 10% de farine de blé, de l'eau, de la levure et du sel. Traditionnellement, on travaille avec du levain en guise de pâte de base. Pétrir la farine, l'eau et le sel avec un morceau de levain et laisser reposer jusqu'à ce que la pâte ait doublé de volume. Une fois qu'on a fait des pâtons de 300, 600 ou 1200 grammes, on les laisse reposer jusqu'à ce que des craquelures apparaissent à leur surface. Aplatir les pâtons manuellement, ce qui accentue les craquelures. Enfourner pendant une heure.

Il existe des variantes sans AOP: des pains de seigle aux noix, à la farine de pommes de terre (Val d'Anniviers), mais aussi aux fèves à cochon (jusquiame) ou aux fèves à cheval (féveroles) (*Das Goms und die Gomser* de Friedrich Gottlieb Stebler, 1903). Vers 1930, le dimanche, les hommes d'Orsières jouaient aux quilles, buvaient du fendant et mâchaient des *cougnous,* des galettes d'un à deux centimètres d'épaisseur constituées de farine de seigle et de pulpe de pommes sauvages; les petits bergers trempaient ces biscuits secs dans de l'eau. «La consistance de ce mélange devait permettre de former des boules que l'on aplatissait et que l'on cuisait en décembre, le jour de la cuisson [au four du village], à la même température que le pain mais plus brièvement. Pendant deux semaines, on retournait les galettes quotidiennement et les faisait sécher avant de les disposer dans une boîte. Pendant le Carême, elles remplissaient les sacoches des hommes qui travaillaient dans les vignobles de Fully; ils suçaient davantage les cougnous qu'ils ne les croquaient» (*Le Patrimoine fruitier de Suisse romande* de B. Vauthier).

Le pain de seigle est coupé en fines tranches que l'on tartine de beurre, de préférence pour accompagner l'assiette valaisanne (Viande séchée, Jambon cru, Lard sec, saucisse sèche, Raclette du Valais) et du vin valaisan. Si le pain s'est tout à fait pétrifié, on le transforme en *Sii*, une crème à base de seigle et de vin rouge: tremper un demi-kilo de pain de seigle rassis dans un demi-litre de Dôle, pétrir ce mélange jusqu'à obtention d'une pâte, ajouter 60 grammes de raisins sultanines foncés et moelleux et incorporer un décilitre de sirop de sureau; chauffer 20 grammes de beurre et y réchauffer le mélange en remuant constamment. Servir encore chaud dans des coupelles à dessert et garnir de crème fouettée. Les avis divergent à propos du «mystérieux nom de patois saviésan: s'agit-il de *Sii* ou plutôt de *S II* (seigle II)? Cette dernière hypothèse expliquerait la nouvelle utilisation qu'on y fait du pain de seigle rassis», écrit Bettina Mutter dans son livre *La Marmite des Alpes* (titre original: *Es kocht in den Alpen*, 1992), où figure cette recette.

SUPPLÉMENT

Pur seigle

Le *Simpiler Roggubrot* de la famille de boulangers Arnold du village du Simplon (Simplon Dorf) est probablement le pain suisse le plus originel. Le levain utilisé pour sa fabrication est le même depuis quatre générations. L'arrière-grand-père a préparé sa première pâte avec de la farine de seigle, du sel et de l'eau; ce levain ne contient aucune levure, ou alors ce sont des ferments spontanés se trouvant dans l'environnement immédiat – raison pour laquelle ce levain gonfle plus lentement et moins haut que de la pâte levée.

L'aïeul de la famille Arnold coupa un morceau de son pur levain et le mit de côté. Le lendemain, il le pétrit avec la nouvelle pâte afin d'entraîner la formation de gaz carbonique, car le levain doit fermenter en permanence. Et cela a continué ainsi jour après jour, année après année. «La ligne ne s'est jamais interrompue», a raconté Urs Arnold au *Tages-Anzeiger* (dans un article du 12 octobre 2002 consacré au pain), jamais on n'a mélangé une pâte totalement nouvelle. Le «chef», comme le boulanger appelle le levain, n'a en principe pas

varié depuis un siècle. Quand il lui est arrivé de ne plus cuire de pain, par exemple lors des travaux effectués dans le magasin, le fournil et le café, il a mis ledit chef au congélateur et l'en a ressorti au moment où ses occupations quotidiennes ont repris leur cours.

Dans le fournil, il faut veiller à ce que le chef demeure intact; si une pâte étrangère s'ajoute au mélange de seigle, c'en est fini de son authenticité – le chef sera fichu et le goût du pain altéré. Dans la pâte de M. Arnold, on ne trouve pas un gramme de farine de blé; les règles auquel il se soumet sont plus strictes que celles imposées par le cahier des charges de l'AOP. Des 70 kilos de pâte qu'il produit chaque jour, il en retire cinq qui constituent le chef pour la prochaine fournée. Ses pains passent une heure et demie au four électrique à 240 – 250 °C. En moyenne, Arnold enfourne quotidiennement entre 30 et 40 pains de seigle, et cela peut monter jusqu'à 120, alors qu'à l'entre-saison, quand le flot des touristes franchissant le col du Simplon s'est tari, il n'en cuit parfois aucun. Depuis que le *Simpiler Roggubrot* fait partie des Presidi Slow Food, la charge de travail de la boulangerie s'est accrue.

Durant toutes ces années, Arnold ne s'est autorisé qu'un seul changement: il mélange sa farine avec de l'eau froide, ce qui fait passer le temps nécessaire à la pâte pour lever à douze heures, alors qu'avec de l'eau chaude, il n'avait que cinq heures à attendre avant de pouvoir continuer à travailler sa pâte. «Ce temps supplémentaire améliore les arômes», affirme le boulanger du village du Simplon. C'est une modification dans la farine qui a rendu cette prolongation nécessaire. «Tout d'un coup, le seigle avait trop de force. Le pain se craquelait horizontalement.» De toute évidence, le seigle avait éclaté. «Je suppose que c'est à cause de la fertilisation.» Pour être plus performants, les cultivateurs plantent davantage de seigle par mètre carré, et les sols sont trop pauvres pour absorber le surplus de substances nutritives, alors il faut bien leur donner un coup de pouce.

Les sols sont trop peu profonds et pas assez riches en humus pour être en mesure de retenir l'eau. Les coteaux sont soumis à d'importantes variations de température, avec de rudes hivers et des étés torrides – le seigle supporte bien tout cela. «La place de choix qu'occupe la culture du seigle en Valais illustre bien les capacités de résistance à la sécheresse de ce type de céréale aux racines profondes et arrivant relativement vite à maturité» (extrait d'un texte de 1965).

Voir aussi: Paun jauer, page 571; Brasciadèla, page 590; Fiascia, page 628.

Pains liturgiques

Pains bénits dans diverses communes valaisannes

À notre époque digitale, les coutumes en rapport avec le pain sont en situation délicate. En tant que symbole communautaire, le pain bénit se maintient dans des vallées reculées, au cœur de paysages où le climat montre qu'il doit tout à Mère Nature et rien à des algorithmes. Dans les régions catholiques, par exemple en Suisse centrale et dans le canton d'Appenzell Rhodes-Intérieures, une fois bénit, l'*Agathabrot* (pain de sainte Agathe) est conservé à la maison pour la protéger des incendies. Un an plus tard, un nouveau pain est bénit et l'ancien livré aux flammes. Au Tessin, on offrait aux personnes présentes aux enterrements, une fois qu'ils étaient terminés, du *pan di mòrt*. L'ancien chef des Archives suisses pour l'étude du pain, Max Währen (1919-2008), a écrit que «dès le haut Moyen Âge, l'Église a ordonné que les offrandes faites en souvenir des défunts soient distribuées aux pauvres. Dans plusieurs régions de notre pays, des distributions de pains ont lieu lorsqu'on célèbre la mémoire des morts».

De tels pains ne représentent pas le *corpus Christi* de la messe catholique, mais servent de symbole de cohésion, d'armes contre les catastrophes, de divines garanties contre les dangers aussi bien spirituels que matériels. Là où l'on cultive la tradition de pains en souvenir des morts, d'offrandes de pains ou de pains liturgiques comme en Valais, ils remplissent une fonction socioculturelle, se distinguant ainsi souvent du pain quotidien: du froment au lieu de seigle, de la brioche au lieu de pain bis.

Déjà au début du XIe siècle, dans ses *Benedictiones ad mensas* destinées à bénir la nourriture et la boisson, Ekkehard IV faisait peser de lourdes responsabilités sur le pain; le moine saint-gallois lui consacra plus de trente lignes, comme celles-ci: «Puissent les pains choisis être exempts de tout ce qui cause des dommages. – Puisse la consommation de pain faire du bien aux malades comme aux bien-portants. – Que la manifestation divine daigne renforcer l'effet du pain de seigle. – Puisse la bénédiction étendre ses dons sur toute sorte de pain» (cité d'après Johannes Egli, 1909).

Avec ces offrandes de pains, les bourgeoisies et les familles fortunées entendaient montrer que le sort des personnes moins favorisées ne leur était pas (totalement) indifférent. Bien qu'au lendemain de la Deuxième Guerre mondiale, le boom économique entraîna une prospérité accrue, il n'effaça pas les disparités sociales. Toutefois, même si les familles les plus défavorisées bénéficièrent suffisamment de ce boom pour réduire l'urgence des rituels d'entraide réguliers au sein de l'Église, bon nombre de communes restèrent fidèles à cette coutume: elles continuent encore de nos jours à distribuer des pains bénits, principalement aux moments phares de l'année liturgique: le Vendredi saint, à Pâques, à la Pentecôte, à la Fête-Dieu ainsi que lors des fêtes patronales.

Typiques dans le val de Bagnes, les michons des Rameaux sont des petits pains en forme de bretzels, qui sont disposés sur lesdits rameaux, le dernier dimanche avant Pâques, et bénits ce jour-là dans l'église. « On les mangeait en retournant chez soi, parce que les fidèles étaient allés à la messe à jeun à cause de la communion », lit-on dans *Le Patrimoine fruitier de Suisse romande*. Bien souvent, le pain est servi avec un morceau de fromage, comme dans le Val d'Illiez, à Saint-Maurice, au Châble, à Sembrancher, Grimisuat, Savièse, Ayent, Hérémence, Grimentz, Chandolin, Zermatt, Raron ou Kippel. À Chermignon et à Lourtier, c'est un pain de la Saint-Georges que l'on vous sert. À Finhaut, le pain de la Saint-Sébastien se distingue nettement des autres, puisqu'il pèse entre 15 et 25 kilos ! Soulevé et porté sur des perches par deux jeunes filles en costume traditionnel lors de la procession festive qui va le mener jusqu'à l'église, ce pain est constitué de trois brioches rondes concentriquement empilées les unes sur les autres, décorées de feuilles de houx et de bougies et surmontées d'une brioche en forme de croix fixée dans sa couche supérieure.

Avec leur croix incisée, les cressins font aussi office de pains liturgiques. Une coutume remontant au Moyen Âge est encore vivace à Ferden dans le Lötschental : les lundi et mardi de Pâques, la *Spend* (l'offrande) est distribuée à la population sous forme de *Fettziger* (tomme grasse), de pain et de vin (cf. *Spendziger, page 479*).

Voir aussi : Osterfladen, page 37 ; Selzacher Umgangspastete, page 96 ; Bettlacher Klemenzpastete, page 98 ; Pain de Pâques, page 207 ; Agathabrötli, page 233 ; Dreikönigskuchen, page 298 ; Grittibänz, page 318 ; Agathenringli, Agathabrot, pages 381, 444 et 514 ; Motschelle, page 450 ; Colomba pasquale, page 626 ; Pan di mòrt, page 630.

Salée du Val d'Illiez

Gâteau de pâte levée sucrée, à la cannelle et au fendant

S'agissant d'un gâteau sucré, l'appellation *salée*, largement répandue dans le canton de Vaud, semble assez paradoxale. En « français suisse », ce terme est cependant indigène dès 1666, d'après le *Dictionnaire historique de la langue française*.

La salée au sucre est appréciée dans l'ensemble des cantons romands, et ce jusque dans les régions les plus reculées. Ainsi, la salée du Val d'Illiez s'est imposée au cœur de cette vallée latérale de celle du Rhône, qui s'étend de Monthey jusqu'au pied des Dents du Midi ; elle fait partie du Chablais valaisan, lequel fait face au Chablais vaudois de l'autre côté du fleuve. Quoi de plus naturel, avec une aussi étroite vicinité, que de partager des plaisirs culinaires ?

Il faut toutefois rappeler que jusqu'aux années 1970, la salée du Val d'Illiez était connue sous le nom de *lindenne*, issu du terme de patois local *lindena* (*Glossaire des patois de la Suisse romande*, 1910). Ce gâteau est fabriqué de la même façon que la salée au sucre ; sa garniture est un mélange de sucre, de farine, de beurre et de cannelle.

Le gâteau qui a servi de modèle pour les gens de la vallée fut la *lindena* d'Adrienne Donnet (1882-1943), de Troistorrents, patronne d'un ensemble « moulin-pétrin-four » dont elle a hérité. Des témoins nous ont raconté qu'avant la Première Guerre mondiale, on venait de partout dans la vallée faire son pèlerinage jusqu'au hameau du Pas chez Adrienne pour goûter à sa *lindena*. On servait ces gâteaux lors des baptêmes, des communions et autres fêtes. En 2006, un monsieur de 95 ans nous a dit que pendant la construction d'un chalet, on avait fixé un petit sapin sur son toit et dégusté « une bonne *lindena* d'Adrienne ».

Longtemps considéré comme un mets de luxe, ce gâteau, avec la prospérité croissante des années qui suivirent la Deuxième Guerre mondiale, devint un produit courant. Il est probable que la *lindena* a perdu son aura de spécialité de la vallée en devenant facilement accessible au quotidien, et fut désormais appelée salée du Val d'Illiez afin que chaque touriste comprenne de quoi il s'agit et d'où elle provient.

Pétrir de la pâte levée sucrée avec du zeste de citron râpé, en faire une boule onctueuse et la laisser lever jusqu'à ce qu'elle ait doublé de volume ; la placer dans un moule, l'abaisser et laisser lever encore une fois quelque temps. Ensuite, on dispose directement par-dessus le sablé sucré composé de sucre, de farine, de beurre et de cannelle, ou alors on pique le fond de pâte à la fourchette, dispose des tranches de pommes sur toute la surface et la recouvre de sablé sucré. Enfourner 45 minutes à 180 °C. Variante : retirer le gâteau du four après une demi-heure, l'asperger – ou l'arroser – d'un peu de fendant et terminer la cuisson.

Voir aussi : Totché, page 82 ; Salée au sucre, page 182 ; Gâteau du Vully, page 238 ; Flon de Savièse, page 490 ; Ankenzelte, page 535 ; Veneziane, page 636.

BOISSONS

Abricotine

Voir sous Abricots & Abricotine (page 482)

Eau-de-vie de poire du Valais

Spiritueux de haute qualité, de la variété Bon-Chrétien William

Reposant voluptueusement dans la main telle une cuisse de Rubens miniature, elle est plus tendre, plus juteuse et fait plus d'effet que la pomme. Ses arômes doux et riches de notes épicées caractéristiques sont une déclaration d'amour – *Pyrus communis*, le poirier commun ou européen qui donne « de gros fruits comestibles ; cultivé en de nombreuses variétés, difficile à distinguer de *Pyrus pyraster* [poirier sauvage] » (*Flora Helvetica*). Commence-t-on à mordre dans une poire Williams, son jus ne cesse de couler, à croire que ce fruit ne peut plus attendre d'être transformé en eau-de-vie.

La variété Williams, ou *Bon-Chrétien William*, a une origine très ancienne. Opulente et fondante, elle n'atteint que brièvement la fabuleuse apogée de sa maturité. On peut garder ces poires seulement quelques jours dans des caissettes, raison pour laquelle elles « ne conviennent pas en tant que fruits de table », comme cela est indiqué dans l'article officiel sur l'Eau-de-vie de poire du Valais AOP ; elles sont donc destinées – pour le plus grand plaisir de nos palais – à être distillées.

« Les poires offrent une diversité de saveurs, de formes, de calibres et de textures peut-être supérieure à n'importe quel autre fruit. Le parfum et le goût d'une poire bien mûre sont nettement plus doux que le robuste arôme d'une pomme », souligne Waverley Root dans *Food*. Mordre dans une poire est un plaisir auquel Louis XIV n'a jamais su résister, comme, avant et après lui, bien d'autres figures éminentes de leur époque. Au premier siècle de l'ère chrétienne, Pline l'Ancien a recensé 41 variétés de poires dans sa célèbre *Histoire naturelle*, dont une très estimée, « la Falerne, ainsi nommée parce qu'elle donne à boire, tant elle est juteuse (ce jus porte le nom de lait) » (traduction d'Émile Littré).

Était-ce une précurseuse de la poire Williams ? On est en droit de s'étonner que déjà très tôt, il existait une si remarquable multiplicité de variétés de ce fruit. Après Pline, on a continué à cultiver des poires assidûment. Dans la France du XVIIe siècle, il y en avait autour de 300 variétés en circulation, plus de 400 au XVIIe et 1000 au XIXe. De nos jours, on a dénombré dans le monde entier plus de 2500 variétés de poires ! Les terres d'origine du poirier se situeraient soit dans le Caucase, soit en Chine – aucune preuve significative n'a jusqu'ici pu confirmer l'une ou l'autre hypothèse.

La poire Williams, « la plus aromatique de toutes les poires », selon Udo Pini (*Das Gourmet Handbuch*), a débuté son voyage vers le succès planétaire en Calabre, est passée par la France – où elle a acquis ses titres de noblesse avec son surnom de « bon chrétien » – avant d'arriver en Angleterre, où un pépiniériste lui a donné son nom et fait sa promotion autour de 1770 ; cette variété s'est ensuite répandue en Europe depuis la Belgique. Elle est apparue en Valais dans le dernier quart du XIXe siècle et a été présentée parmi d'autres fruits valaisans lors de l'Exposition d'agriculture de Lucerne en 1881 (*Le Patrimoine fruitier de Suisse romande*, Bernard Vauthier).

En 1940, le vigneron Francis Germanier a planté des poiriers *Williams Bon-Chrétien* sur quelques hectares de terrains alluviaux près de son vignoble de Balavaud ; à cette époque, leurs poires étaient uniquement considérées comme des fruits de table. En août 1945, de violentes intempéries dans la vallée du Rhône firent tomber presque toutes les poires, alors quasiment mûres, des arbres. Les vendre telles quelles n'était plus possible. Afin d'atténuer son préjudice, le vigneron fit ramasser, trier, mûrir, fermenter et distiller ses fruits (cf. *Digression page 84*). Le distillat dépassa toutes ses espérances ; dès lors, chaque année, Francis Germanier destina une partie de sa récolte de poires Williams aux effets bénéfiques de l'alambic.

La Distillerie Morand, fondée en 1889, a largement contribué à la renommée de l'eau-de-vie de poire ; c'est elle qui a déposé la marque « Williamine » en 1953. Près d'un demi-siècle plus tard, en 2001, ce spiritueux transparent, d'une grande pureté, a obtenu l'AOP sous la désignation Eau-de-vie de poire du Valais.

Cependant, c'est dans la région lyonnaise qu'a été distillée de l'eau-de-vie de poire Williams pour la première fois, dans les années 1930. Le grand chef Fernand Point – « *Du beurre ! Donnez-moi du beurre ! Toujours du beurre !* » – fit aussitôt réserver ce nouveau spiritueux pour son restaurant La Pyramide à Vienne, en Isère.

L'Eau-de-vie de poire du Valais a un goût de poire aussi prégnant qu'aromatique. On le déguste de préférence comme digestif, mais aussi en *long drink*, par exemple l'Eugénie, que la cheffe Irma Dütsch (qui a durablement marqué l'identité culinaire du Waldhotel Fletschhorn de Saas-Fee) a mixé au Canada, quand elle a dû présenter quelque chose de typiquement suisse : des glaçons dans un tumbler, verser par-dessus de l'eau-de-vie de poire, presser un tout petit zeste de citron et remplir d'eau tonique.

Rendons tout de même hommage à la poire Williams fraîche. Pour réaliser la recette des poires Savarin, on doit couper les fruits en deux longitudinalement, retirer leur cœur, remplir d'une pâte composée de roquefort et de beurre, puis fouetter de la crème fraîche au roquefort dont on nappe les poires, saupoudrer de paprika et servir frais. Pour préparer des poires au vin, il faut cuire des poires à cuire avec du vin rouge additionné de sucre et de cannelle, réduire le jus, ajouter de l'eau-de-vie de poire, laisser refroidir et enfin, en les servant, verser à nouveau de la même eau-de-vie sur les poires. Un grand classique enfin, les poires Belle-Hélène : couper les fruits en deux, ôter le cœur, remplir de glace à la vanille et enrober d'une sauce au chocolat fondu.

SUPPLÉMENT

La poire en bouteille

La bouteille ou carafe contenant une poire complète, tige comprise, conservée dans sa propre eau-de-vie, est un cadeau de choix fort apprécié. Mais comment ce gros fruit parvient-il dans son flacon? Certainement pas volontairement ni au terme de sa maturation. Lorsque la petite poire commence à se former, on l'introduit avec le rameau qui la porte dans la bouteille qui, entourée d'un filet, est fixée à une branche du poirier. Tout ce processus est accompli en une dizaine de jours, car si l'on s'y prend trop tard, aucune poire ne pourra passer à travers un goulot de bouteille.

Les flacons sont régulièrement contrôlés jusqu'à ce que la poire arrive à maturité: ils ne sauraient se remplir d'eau et doivent pendre aussi verticalement que possible – il suffit que le verre soit légèrement embué pour que le fruit soit taché, ce qui le rend invendable. Les poires embouteillées sont détachées des arbres avant qu'elles deviennent jaunes, on lave les contenants et les fruits dans du dioxyde de soufre (comme pour le vin) et enfin les poires peuvent accueillir l'Eau-de-vie du Valais dont on remplit les bouteilles.

Le nombre de poires non sélectionnées est assez élevé, tout comme celui des contrefaçons. Les fraudeurs scient le fond de la bouteille, ensuite rien de plus facile que d'y mettre une poire mûre, ils recollent le fond et recouvrent la vilaine «cicatrice» d'un joli ruban.

Génépi

Distillat de couleur verte à l'essence de génépi

Cette modeste plante «blanchâtre, tomenteuse, d'une hauteur comprise entre 10 et 20 cm, aromatique, le plus souvent à tige simple, feuillée et portant de nombreux capitules» (*Flora Helvetica*) prend racine dans un sol si aride que l'on sent, uniquement en la regardant, combien son corps végétal se contracte et commence à se flétrir. Le génépi blanc (*Artemisia umbelliformis*), cousin de l'absinthe (*Artemisia absinthium*) mais avec un taux de thuyone inférieur, se contente de sols pierreux et secs. Semblables à ceux qui forment des moraines, ces sols sont maigres, mais contiennent tellement de minéraux qu'ils parviennent très bien à alimenter un distillat en arômes.

Le génépi est apprécié depuis fort longtemps dans tout l'arc alpin; toutefois, on ne trouve pratiquement pas d'informations sur l'eau-de-vie, du moins en Suisse. Si l'on interroge des autochtones sur les origines du génépi, leur réponse est qu'on distille cette eau-de-vie «depuis toujours» en Valais. On y produit des spiritueux assez ouvertement depuis deux à trois cents ans. Auparavant, l'art de la distillation s'exerçait de manière plutôt clandestine, même si son histoire n'était pas vraiment secrète: ce que l'on faisait bouillir depuis le Moyen Âge dans les alambics en Europe, et en particulier en Italie, l'était à des fins médicinales (cf. *Digression page 84*).

De solides relations d'affaires entre experts valaisans et neuchâtelois de l'absinthe au XIXe siècle ont sans doute existé. Dans sa *Description topographique de la Châtellenie du Val-de-Travers* (1830), Louis de Meuron affirme que des fabricants d'absinthe du Val-de-Travers se seraient procuré leur matière première en Valais. Peut-être avaient-ils même mis en œuvre un transfert de technologie? Ce n'est qu'une hypothèse. En tout cas en 1889, année de la fondation de la Distillerie Morand à Martigny, on distillait du génépi, assure cette dernière.

Quelques décennies plus tôt, au début du XIXe siècle, on produisait déjà du génépi dans la Savoie voisine (*L'Inventaire du patrimoine culinaire de la France, Rhône-Alpes*). Le *Dictionnaire encyclopédique de l'épicerie et des industries annexes* de 1898 définit le génépi comme une «liqueur fabriquée avec des plantes alpestres» consommée dans la région lyonnaise, mais qui «possède une antique renommée». En Valais, contrairement à la Savoie, l'eau-de-vie de génépi existe depuis plus longtemps et est plus demandée que la liqueur de cette même plante.

Une partie des nombreuses espèces du genre *Artemisia* (les armoises) est protégée sur l'ensemble du territoire suisse, comme le génépi blanc (*Artemisia umbelliformis*), l'armoise septentrionale (*Artemisia borealis*), le génépi des glaciers (*Artemisia glacialis*) et le génépi des neiges (*Artemisia nivalis*), d'une rareté absolue aux alentours de Zermatt (*Flora Helvetica*).

Qui dit espèce protégée dit défense de cueillir ces plantes en pleine nature, mais avoir un contrôle total là-dessus est une gageure, spécialement avec l'immensité de l'espace montagneux valaisan. Cette interdiction contribue toutefois à ce que le génépi ne saurait aspirer à gravir les sommets des ventes de spiritueux, bien au contraire: une amie de la vallée de Conches qui va régulièrement se balader autour de Zermatt nous a raconté qu'elle a entendu divers témoignages à propos d'un petit trafic de génépi entre la Suisse et l'Italie, nos voisins transalpins ne pouvant se passer de cette boisson. Inversement, des distillateurs privés suisses se sont ravitaillés en Italie tout au long du XXe siècle.

Faire passer cette plante sous le manteau n'a plus de sens depuis que l'*Artemisia umbelliformis* est cultivée de façon professionnelle. En 1989, la firme laufonnaise Ricola, qui fabrique les fameux bonbons, s'est renseignée sur le génépi blanc. Via l'Agroscope Changins-Wädenswil, la plante a fait l'objet de multiples essais de domestication à la station de recherche des Fougères à Conthey, qui ont abouti avec succès à Liddes, située à 1346 mètres d'altitude sur la route du Grand-Saint-Bernard.

Selon l'Agroscope, le but consistait à produire dans un délai raisonnable, biologiquement et donc de manière écologique, des plantes en quantité suffisante et d'une bonne qualité aromatique dans des régions de montagne comprises entre 1000 et 1600 mètres d'altitude. Normalement, c'est le chemin inverse que l'on recherche et il n'est pas simple de cultiver des plantes utiles à haute altitude – dans le cas du génépi, qui pousse naturellement entre 2000 et 3200 mètres, il a fallu l'habituer à des conditions plus douces vu l'altitude inférieure. Pour l'agriculture de montagne, cultiver des herbes aromatiques est une production de niche très en vogue (*www.valplantes.ch*, *www.rostal.ch*, mars 2016).

On récolte le génépi manuellement et le fait sécher. Avant de procéder à la distillation, il faut faire macérer les plantes dans de l'alcool ; celui-ci fait ainsi ressortir leurs essences aromatiques. Pour ce faire, on utilise soit du marc (cf. *page 214*), soit de l'alcool de grain neutre à 96,1 % vol., soit du vin, de préférence du fendant, afin de rendre l'eau-de-vie plus douce. Au bout d'une semaine, le macéré est introduit dans la cuve de l'alambic. La distillation se fait dans des alambics à bain-marie, la cuve est donc chauffée avec de la vapeur d'eau. Chargé en huiles essentielles, l'alcool s'évapore à 78 °C, passe par un col de cygne pour enfin se condenser sitôt que la température est trop basse pour lui. On se débarrasse de l'alcool de tête (le premier à sortir) pour recueillir le cœur de la distillation (l'alcool qui sera consommé) ; quant à l'alcool de queue, il sera distillé une deuxième fois lors de la prochaine cuite.

Les premiers alcools titrent jusqu'à 80 % vol., puis le taux baisse au cours de la distillation, raison pour laquelle le dernier alcool (de queue) est écarté, son taux d'alcool étant trop faible. L'eau-de-vie fraîche est ensuite réduite avec de l'eau déminéralisée à 50 % vol. ou moins (42 % vol. au minimum) puis on la laisse s'évaporer afin que toutes les saveurs indésirables puissent s'échapper ; avant de la conditionner en bouteilles, on peut y introduire des brins de génépi, mais modérément, sans quoi l'eau-de-vie deviendrait trop amère ; ce sont ces brins qui lui donnent sa couleur verdâtre.

Pour la liqueur de génépi, l'alcool macéré est réduit à un taux compris entre 20 et 30 % vol. et additionné de sucre.

Comme d'autres distillats produits avec des herbes comparables, telle la liqueur iva, le génépi a un goût amer et âpre, mais soulage en cas de maux d'estomac, est fébrifuge et sudorifique. En outre, ses vertus sont apéritives, toniques et digestives.

Voir aussi : Absinthe, page 211 ; Iva, page 577.

Vin du Glacier

Gletscherwein *; assemblage blanc de divers cépages et millésimes dans un même tonneau*

Cette appellation a de quoi surprendre les plus cartésiens, car c'est bien de l'eau qui s'écoule des glaces éternelles, et non le suc des vignes. Ce nectar traditionnel et exclusif, qui fait partie du patrimoine culinaire du Val d'Anniviers, se nomme ainsi parce qu'il est conservé à proximité d'un glacier ; encavé dans des tonneaux en mélèze à des températures uniformément basses, il n'y évolue que très peu. La levure sommeille, les acides demeurent incontestés. Pour assurer sa stabilité, on peut aussi conserver ce vin dans une cavité sciée à cet effet dans le glacier, ce qui est en somme plus écologique qu'une chambre froide, gourmande en électricité. La température à l'intérieur de cet abri varie de plus ou moins 0 °C.

C'est au glacier de Moiry, situé à trois kilomètres au-dessus de Grimentz, que ce vin doit son nom, qui apparaît pour la première fois dans des documents du début du XVIIIe siècle ; cependant, ses origines sont sans doute beaucoup plus anciennes, comme celles de l'ensemble du vignoble valaisan.

Il a été établi qu'en Valais, on cultive la vigne et boit du vin depuis l'âge du Fer, apprend-on dans la très complète *Histoire de la vigne et du vin en Valais* (Infolio éditions, 2009, p. 23), c'est-à-dire en tout cas 700 ans avant la première tentative de conquête romaine. Les débuts de l'activité viticole renvoient sans aucun doute à nos voisins tessinois et du nord de l'Italie, influencés par les cultures celte et gréco-étrusque. L'analyse de restes de plantes du lac de Montorge, près de Sion, a démontré qu'on a pratiqué la viticulture dans cette région entre 800 et 600 av. J.-C. ; lors de fouilles effectuées près de Gamsen (Haut-Valais), on a trouvé des pépins de raisins et des rameaux de grappes de cette époque. Divers récipients pour le vin originaires d'Italie du Nord datent aussi de l'âge du Fer tardif. Les premières mentions écrites relatives à la vigne et au vin en Valais se trouvent dans des documents du XIe siècle.

Ce vin du Glacier renvoie à l'ancien mode de vie dans les vallées latérales du Valais, à la transhumance, lorsque les gens partaient vivre en altitude et n'habitaient en bas, dans la plaine du Rhône, que le temps qu'il fallait pour satisfaire aux exigences de la culture de la vigne et d'autres produits agricoles (*voir le supplément ci-dessous*). Avant la première correction du Rhône entre 1863 et 1894, qui eut pour résultat de resserrer son lit et de drainer les sols de la vallée, le fleuve suivait une trajectoire méandreuse, imprévisible, au gré de ses humeurs, jusqu'au lac Léman, le paysage était marécageux, les moustiques y prospéraient, et de violentes inondations frappaient régulièrement la vallée.

Les paysans du Val d'Anniviers plantaient leurs vignes dans la région de Sierre, pressaient les raisins après leur fermentation, transportaient les vins jusque dans leurs villages situés à plus de 1000 mètres d'altitude pour finalement les verser dans le tonneau communal ou familial. Les vins y reposaient longuement, vieillissant à peine, et chaque année on complétait le même tonneau avec le nouveau millésime. Seules quelques familles possédaient des vignes, et par conséquent du vin du Glacier, signe de distinction sociale.

La cave bourgeoisiale de Grimentz (à 1572 mètres d'altitude) possède quelques tonneaux ; le plus ancien, le tonneau épiscopal de 1886, contient donc en 2022 un assemblage de plus de 130 millésimes, composé d'un assemblage de cépages blancs de rèze (resi), d'ermitage (marsanne), de malvoisie (pinot gris), de petite arvine, de chasselas et d'humagne blanche. Le maître de chai complète le plus ancien tonneau avec le vin de celui qui le précède en âge, le tonneau de 1888, lui-même complété grâce au troisième tonneau (de 1934), et complète enfin le plus jeune tonneau (de 1969) avec le nouveau millésime.

Jusqu'aux années 1930, durant lesquelles le vignoble sierrois fut ravagé par le terrible puceron *Phylloxera vitifoliae* (rebaptisé *Dactylasphaera vitifoliae*), près des trois quarts des plants de la région étaient du rèze. De nos jours, cette variété a presque totalement disparu, puisqu'il en reste à peine deux hectares (en 2015).

Le rèze fait partie des plus vieux cépages alpins ; sa première mention écrite figure sur un parchemin en latin datant de 1313, connu sous le nom de *Registre d'Anniviers*, où l'on lit ceci : « [...] *tribus generibus racemorum bene et sufficienter maturorum, scilicere de neyrun, de humagny et de regy* » (« trois sortes de raisins, bien et suffisamment mûrs, ce que l'ont peut dire du *neyrun* (rouge de pays ?), de l'*humagny* et de la *regy* »). « Le nom *regy* correspond sans aucun doute à celui de *rèze*, car plusieurs documents ultérieurs le mentionnent sous le nom de *regis* » (*Wine Grapes*). Jusqu'au début du XXIe siècle, on pensait que le rèze ou resi ne se trouvait qu'en Valais ; mais des analyses ADN ont identifié ce même plant dans la vallée de la Maurienne en Savoie ainsi que dans le Jura français. On présume que le rèze descend de la *raetica*, cépage implanté par les Romains dans les zones alpines.

Gustativement, le vin du Glacier rappelle le sherry. Oxydé et légèrement madérisé, ce vin a une acidité âpre assez prégnante et, suivant les tonneaux, des arômes résineux et de livèche. C'est une boisson excentrique, à l'opposé du vin liquoreux, que l'on prélève directement au tonneau dans de petits verres en forme de bouchon (osera-t-on les appeler ici verres *vaudois ?*), principalement suite aux enterrements, mais aussi lors d'autres cérémonies privées et publiques – les représentants des autorités politiques, militaires et ecclésiastiques sont servis les premiers, puis c'est au tour du peuple. C'est un vin qui ne s'achète pas.

« Le vin du Glacier ne laisse pas indifférent celui qui le déguste. Né de la coutume et de la tradition orale, il échappe à toute règle œnologique. [...] Les grands oenologues sont les plus enthousiastes », note Anne-Dominique Zufferey dans l'*Histoire de la vigne et du vin en Valais (op. cit., p. 403)*. Unique, le vin du Glacier ne l'est pas seulement en Suisse ; depuis les années 1980, les amateurs du monde entier peuvent occasionnellement venir le déguster dans la cave de la Bourgeoisie de Grimentz.

SUPPLÉMENT

La transhumance

Ce déplacement saisonnier de troupeaux et le nomadisme qu'il implique est un mode de vie très ancien, notamment dans les vallées alpines. C'est particulièrement vrai en Valais, où la large vallée du Rhône domine le paysage entre des sommets de quatre mille mètres. Les vallées latérales se ramifient à partir de la vallée principale, comme le Val d'Anniviers au sud de Sierre.

Les familles de Grimentz se déplaçaient entre trois niveaux : leur maison principale se trouvait à Grimentz. À Sierre, ils possédaient une autre maison avec une grange-écurie pour le bétail ; ils y restaient de fin février à début avril, et autrement de temps en temps. Avant l'estivage (juin) et après (septembre), ils vivaient dans les mayens au-dessus du village, mais en dessous de l'alpage.

Jean Vouardoux (1932-2020), l'historien et caviste qui a longtemps guidé les touristes dans la cave de la Bourgeoisie de Grimentz, évoque cette vie d'antan dans son livre, *Grimentz et sa Bourgeoisie* : « L'été, il fallait [...] en même temps faire les foins à Grimentz et sulfater la vigne à Sierre. Ainsi, une personne et sa famille se levaient à quatre ou cinq heures du matin pour commencer à faucher, éventuellement ramasser une partie du foin fauché la veille et l'amener dans la grange. Dès que cela était fait, ils partaient pour Sierre, dormaient sur place puis sulfataient la vigne le lendemain matin. Ceux qui avaient de grandes vignes restaient un jour ou deux, les autres remontaient à Grimentz le jour même. » Environ 25 kilomètres séparent Sierre, à 533 mètres d'altitude, de Grimentz, à 1572 mètres. Aujourd'hui, la montée prend sept à huit heures de marche.

Une année type se déroulait ainsi pour un Grimentzard, rapporte Jean Vouardoux :

« Décembre : [Grimentz] Boucherie et cuisson du pain.

Janvier/février : [Grimentz] Battage des céréales (seigle, froment, blé).

De fin février à début avril : Les familles restaient à Sierre. Elles travaillaient leurs vignes et celles de la Bourgeoisie, mettaient en état les prés et trouvaient des emplois pour pouvoir s'acheter quelques denrées : sel, sucre, polenta, etc. Le bétail les accompagnait à Sierre où chacun avait des granges-écuries. Pâques déterminait le retour à Grimentz.

Mai : [Grimentz] On plantait les pommes de terre, le blé, le seigle, le froment, les fèves et les jardins ; on ébourgeonnait la vigne [à Sierre] et on sortait le bétail des écuries.

Juin : Tout le monde partait pour les mayens. On y faisait des tommes, du sérac, du beurre [...]. Le bétail était amené en pâturage là où il était difficile de faucher. Les autres prés étaient gardés pour être fauchés. À la fin du mois, les vaches étaient amenées à l'alpage et y passaient tout l'été. À Sierre, on faisait les foins, et on levait et sulfatait la vigne.

Juillet : [Grimentz] Si le temps était assez beau, on faisait les foins au village. Les femmes âgées s'occupaient de couper le bord des bisses et des rochers avec une faucille, alors les enfants étendaient le foin pour qu'il sèche. À la vigne, on coupait les bouts de sarments et on sulfatait.

Août : À Grimentz, les foins qui restaient étaient faits. À Sierre, on finissait le travail de la vigne et on faisait les refoins.

Septembre : Récolte du blé et des jardins. Désalpe : les vaches rentraient de l'alpage et passaient quelque temps au mayen. Refoins à Grimentz au début du mois.

Octobre : Vendanges [à Sierre] et récolte de pommes de terre [à Grimentz].

Novembre : Le bétail était mis dans les écuries pour l'hiver. Il passait d'une grange-écurie à l'autre pour manger le foin et laisser du fumier sur place, [utilisé ensuite] comme engrais. Les vaches qui ne portaient pas de veau étaient mises à Sierre pour brouter la troisième coupe (l'herbe qui avait repoussé après les refoins). Cela représentait environ la moitié du troupeau. »

Voir aussi : Sauser/Moût de raisin, page 132 ; Saurer Most et Süssmost, page 351.

21

URI

Château d'eau et pays de muletiers

PRODUITS CARNÉS

PRODUITS LAITIERS

FRUITS, LÉGUMES ET PLANTES

PRODUITS DE BOULANGERIE ET PÂTISSERIE

Traverser des Alpes se fait ici plus directement que partout ailleurs. D'un côté ça monte, de l'autre ça descend – la vallée de la Reuss et la Léventine ne font pas de crochets étendus, mais les voies ferrées et routières y dessinent des sinuosités spectaculaires. Avec le nouveau tunnel ferroviaire de base entre Erstfeld et Bodio, l'obstacle percé mesure encore 57 kilomètres. Le train traverse le Gothard du portail nord à 460 mètres d'altitude au portail sud à 312 mètres en passant par le point culminant à 549 mètres – alors que le col se situe à 2106 mètres. Pour se rendre de Frutigen à Domodossola, il faut franchir deux chaînes alpines, d'abord par le tunnel du Lötschberg, puis par celui du Simplon.

Cette situation exceptionnelle dans les Alpes centrales a jadis incité l'armée à caserner des militaires dans la vallée d'Urseren et à faire défiler des recrues et des troupes de montagne deux fois par an pour de longues périodes. Grâce à la présence des soldats, la vie professionnelle et nocturne d'Uri a connu ses propres saisons jusqu'au démantèlement de l'armée à partir des années 1990 : l'été, l'armée, et l'hiver, encore l'armée.

Le canton primitif qui, avec son paysage majestueux et la tête de taureau sur son drapeau, incarne mieux que tout autre des représentations concrètes ou diffuses de la vie à la montagne, est devenu un canal de transit à travers lequel trains et voitures filent tels des projectiles. « Que chacun y voie ce qu'il peut en retirer », notait le futur prix Nobel Carl Spitteler à la fin du XIXe siècle dans *Der Gotthard*, ouvrage rédigé à la demande de la Société des chemins de fer du Gothard, en se plaçant du point de vue du passager du train.

Le massif du Gothard, aux flancs entaillés de nombreuses routes de col, m'apparaît comme une galette des Rois : le Susten mène du canton d'Uri à celui de Berne, le Grimsel continue vers le Valais, là les chemins se dédoublent, par la Furka vers Uri, par le Nufenen directement vers le Tessin, puis avec un détour par Biasca par le Val Blenio par le Lukmanier vers les Grisons et ensuite par le col de l'Oberalp pour revenir à Uri. Sans le raccourci par la Furka, cela fait un total de 274 kilomètres et dure cinq heures et 45 minutes sans travaux, sans embouteillages ni excès de vitesse.

Le respect pour le caractère monumental de cette région a disparu. Qui, en faisant du *mountain hopping*, pense au Witenwasserstock et à son antécime ? Ce « point 3025 » – très exactement à 3025 mètres d'altitude : c'est ainsi que l'on désigne des sommets sans nom – représente bien plus qu'un simple piton rocheux. Il s'agit d'une ligne de partage des eaux significative. De ce tripoint hydrologique, les précipitations s'écoulent dans trois cantons et trois mers : vers l'ouest, dans le Valais, le Rhône et la Méditerranée ; vers le sud, dans le Tessin, dans le Val Bedretto, puis à travers la Léventine et le lac Majeur, dans le Pô et la mer Adriatique ; et vers le nord, dans la Witenwasserreuss, qui rejoint les autres rivières de la vallée d'Urseren pour former la Reuss, traverse les gorges des Schöllenen, se déverse dans l'Aar, le Rhin et la mer du Nord.

Simon Meissner, du Centre scientifique de l'environnement de l'Université d'Augsbourg, qualifie ce point 3025 de « centre de la ligne de partage des eaux européenne ». Le chercheur, qui a mené des enquêtes en collaboration avec la corporation d'Urseren et rédigé un rapport sur les « potentiels d'eau de source dans la vallée d'Urseren », écrit encore que « c'est dans la région du Gothard que les plus grandes rivières de Suisse prennent leur source [...]. Une telle constellation et concentration de zones de drainage d'importance ou d'ordre de grandeur continental n'existe sous cette forme que trois fois sur la planète : dans la région des Alpes centrales en Suisse, dans celle du massif de l'Himalaya en Asie continentale ainsi que sur le plateau de Lunda en Angola, en Afrique ».

La ligne continentale de partage des eaux est le massif du Gothard dans toute son étendue – jusqu'au Piz Lunghin, situé plus à l'est dans les Grisons –, eaux qui se déversent dans la mer du Nord via la Julia puis le Rhin, dans l'Adriatique via la Maira (ou Mera), le lac de Côme et le Pô, et dans le Danube et la mer Noire via l'Inn, qui prend sa source dans le lac de Lunghin et traverse l'Engadine.

Le véritable château d'eau est la vallée d'Urseren, où les plus anciens vestiges de présence humaine ont été découverts sur le versant uranais du Gothard, un lieu où l'on taillait déjà du cristal de roche vers 2200 av. J.-C. La haute vallée, nommée d'après l'ours (*ursus*), est parsemée de centaines de sources, traversée par des rivières, qui sont chacune une Reuss : la Witenwasserreuss, la Muttenreuss, la Furkareuss, la Gotthardreuss, l'Unteralpreuss et l'Oberalpreuss ; elles se rejoignent toutes à Andermatt pour former la grande Reuss, qui jaillit en aval par le Trou d'Uri (Urnerloch).

Cette vallée, qui n'était reliée à Uri que par des détours jusqu'à la construction d'un pont dans les gorges des Schöllenen vers 1200, a d'abord été peuplée par des Léventins, puis par des Romanches et des Walsers, et gouvernée par l'abbaye de Disentis, jusqu'à ce qu'Uri arrange les choses en sa faveur. C'est à juste titre que les Uranais se considèrent comme des « demi-Tessinois ». Dotés de leurs propres droits et de certains privilèges, ils maîtrisaient parfaitement le sommage par le col. « Les muletiers locaux jouissaient du monopole sur le transport des marchandises dans l'Urseren (règlement de 1393, renouvelé par Uri en 1498 et 1701) », peut-on lire dans le *Dictionnaire historique de la Suisse* ; « il s'agissait principalement de grains, de vin, de fromage, de sel, de riz et de colis divers. Au XVIIIe siècle, le volume transporté atteignait 200 sommes par jour en moyenne ; à cela s'ajoutaient soixante à quatre-vingts nuitées ».

Pierreuse et pauvre en surface, la terre uranaise ne permet que de rares cultures ; en revanche, grâce au foehn, les pêchers et les figuiers prospèrent à certains endroits. « L'Uranais a toujours été un éleveur de bétail et a pratiqué l'économie laitière », écrit Karl Iten dans *Rings um ds Ürner Chuchigänterli. Vom Essen und Trinken im alten Uri*. « Année après année, l'Uranais conduisait ses troupeaux par le grand col loin de chez lui, sur les célèbres marchés de Giubiasco, Bellinzona, Lugano, Chiasso, Varèse, Côme et Milan. Il apparaît donc clairement que le montagnard uranais s'approvisionnait en grande partie lui-même en viande. »

Mais aussi en fromage et en quelques pâtisseries caractéristiques, du simple pain au *Zigerkrapfen* (chausson au sérac) et à l'*Uristier* (biscuit à l'anis fourré aux noisettes). La cuisine uranaise ne se distingue pas par d'énormes gâteaux et de grosses pièces élaborées, au contraire, elle est restée simple et élémentaire, comparable à la culture gastronomique des autres cantons de Suisse centrale – mais plus riche sur un point : l'appropriation des produits et des goûts du Sud.

Car ce que l'Uranais ne pouvait pas produire lui-même, il se le procurait ailleurs, surtout dans les « bailliages transalpins » du Tessin qui, de 1512 à 1798, date de la fin de l'Ancien Régime, ont appartenu dans des proportions variables à la Confédération et en particulier à Uri. Les relations culinaires se sont établies sur une base de réciprocité ; au nord de la Léventine, par exemple, on confectionne depuis longtemps des *crèfli*, à savoir des beignets.

Lors de la construction du tunnel du Gothard, entre 1872 et 1882, les ouvriers italiens firent connaître des produits et plats de chez eux, contribuant ainsi au développement, dans le montagneux canton d'Uri, d'une des cuisines les plus intéressantes de Suisse. Alors qu'en 1954, les habitants de la ville de Zurich s'étonnaient de voir un certain Salvatore cuisiner une sorte de galette au fromage, aux olives et aux tomates dans la pizzeria Napoli du Kreis 3 (3e arrondissement), certaines cuisines uranaises préparaient déjà depuis longtemps la *cazzuola*, un ragoût d'origine hispano-italienne au lard et aux légumes. – Quant au *Ryys und Boor* (« riz et poireaux »), il s'agit probablement du premier plat de risotto cuisiné au nord des Alpes.

Dirrs, Tigets

Viande séchée

Un énorme morceau a été posé sur la table en inox : la patte arrière d'une vache. Le boucher met son couteau de côté et explique : « Ceci c'est la fausse tranche ; là c'est la noix, puis nous avons la tranche ronde, la tranche carrée et enfin le coin. »

Ces quatre parties représentent le meilleur en termes de durée de conservation ; au bout de quelques mois d'affinage, elles deviennent de la viande séchée de premier choix. Mais on sèche aussi d'autres morceaux de la vache, de la partie avant, notamment le paleron ou l'épaule, qui donnent de la viande séchée d'une qualité un peu moindre. On en fait également avec du gibier comme le cerf ou le chamois, avec du porc, du jambon, du lard de jambon et du lard. En Suisse alémanique, la plupart des morceaux de viande séchée sont appelés *Dirrs*, *Tigets*, *Tigis* ou *Diges*, lit-on dans l'*Idiotikon*. Si l'on applique cette méthode à la viande de mouton et de chèvre, y compris les pattes arrière entières, les morceaux sont appelés *Littli* (*Lidji* du côté valaisan du col de la Furka).

Contrairement à la viande séchée des Grisons ou du Valais, que l'IGP (Indication géographique protégée) préserve des contrefaçons, le canton d'Uri semble pouvoir très bien se passer de cette mesure. Le *Tigets* est trop peu commercial et trop profondément ancré dans la vie quotidienne pour que l'on soumette la conservation à tout un ensemble de règles au-delà de ce que la loi exige déjà.

N'ayant aucune envie de se frayer un chemin à travers une jungle de paragraphes, les Uranais font sécher leur viande comme c'est la coutume depuis fort longtemps dans leurs familles. Cette tradition est probablement plus vivante dans le canton d'Uri que n'importe où ailleurs en Suisse. Dans le déferlement des flux de circulation ininterrompus du nord au sud et vice-versa, aromatisés de plats pré-cuisinés et de canettes, cette fidélité à l'ancien et au familier apparaît comme un paradoxe. « J'abats plus de la moitié des animaux pour mes clients », affirme le boucher. Soit ils emportent leur viande chez eux en gros morceaux, soit ils laissent cet artisan la préparer selon leurs souhaits et leurs recettes, ou la transformer en saucisses.

Autrefois, les porcs et le petit bétail, comme les chèvres et les moutons, ainsi que les cerfs, les chamois et autres gibiers étaient abattus dans les fermes éloignées. Le gros bétail, comme les vaches, était conduit chez le boucher par le paysan. Jusqu'au XIXe siècle, les vaches étaient abattues non seulement pour des raisons d'âge et de performances déclinantes, mais aussi par la contrainte des circonstances, car le foin produit pendant l'été ne suffisait que pour un troupeau limité durant l'hiver ; il fallait donc en réduire la taille.

Qu'il s'agisse de bouchers itinérants ou de bouchers de village, le métier d'abatteur n'a cessé d'être important. « En 1457, il existe déjà des preuves de la présence d'une boucherie à Andermatt et vers 1493-95 à Altdorf, et les bouchers figurent dans un recensement uranais des gens de métier effectué en 1553. Une corporation des bouchers et des tanneurs est mentionnée à Altdorf en 1667 », est-il précisé dans le livre de Karl Iten sur les spécialités uranaises, *Ürner Chuchigänterli*.

De Seedorf à Realp, on passe de 452 à plus de 1500 mètres d'altitude, ce qui signifie des conditions climatiques très différentes pour la conservation de la viande crue. Les pièces doivent être salées à toutes les altitudes, mais l'air est plus humide à basse altitude et le brouillard peut coller à la vallée de la Reuss, de sorte que la viande est toujours suspendue dans un fumoir. Plus l'altitude est élevée, plus l'air est sec ; plus l'altitude augmente, plus le fumage peut être réduit jusqu'à devenir complètement obsolète, comme par exemple dans la vallée d'Urseren – et sur le versant sud du Gothard.

Le *Dirrs* et le *Graikts* caractérisent autant le canton d'Uri que les bêtes qui y fournissent leur viande. Une recette détaillée de jambon datant de 1749 prescrit qu'aussitôt la cuisse séparée du corps du cochon, il faut la frotter vigoureusement, sans attendre qu'elle refroidisse, avec du sel et un peu d'ail et de poivre, puis la saler pendant huit jours, la laisser reposer en un endroit où il ne gèle pas, puis la suspendre dans un fumoir en veillant à ce qu'elle n'étouffe pas. Au moment de la consommer, on la fait bouillir doucement, et une fois qu'on a ôté les couennes, elle est servie soit chaude soit froide.

Toujours selon *Ürner Chuchigänterli*, les morceaux sont frottés avec un mélange de 22 à 25 grammes de sel, ½ gramme de salpêtre, 1 gramme de sucre et ½ gramme de poivre par kilo de viande. Les compositions d'assaisonnement sont très diverses, le *Dirrs* n'étant pas fabriqué d'après un schéma donné, mais suivant des recettes maison.

Pour éviter que la viande ne perde sa couleur, on utilise du sel nitrité ou ajoute un rubéfiant en plus du sel (sans rubéfaction, la viande devient grise). Des épices telles que le poivre, le laurier, le genièvre, l'ail, la coriandre et les clous de girofle sont employées pour aromatiser, un peu de sucre et, suivant la recette, du vin rouge ou de l'eau-de-vie renforcent aussi le goût ainsi que la durée de conservation et la rubéfaction.

Le boucher dispose les morceaux ainsi salés et épicés dans un récipient – autrefois en bois, aujourd'hui en acier chromé ou en plastique – et les laisse mariner dans leur propre jus : les gros morceaux à partir de deux kilos pendant quatre semaines, les petits et les morceaux de mouton ou de chèvre pendant une semaine environ. Une fois par semaine, il déplace les pièces pour que le processus se déroule de manière régulière, après quoi il les met dans un filet en plastique et les chauffe à 40 °C dans une armoire climatisée pour donner un coup de pouce supplémentaire au processus.

Les morceaux sont ensuite transportés sur des perches vers la salle de séchage, où ils peuvent maturer en toute sécurité grâce à la climatisation. Il ne suspend qu'une petite quantité de certaines pièces dans la fumée.

Au bout de deux à trois semaines, le boucher presse les morceaux dans des moules rectangulaires pendant quatre à cinq jours ; en plus de la forme carrée que cette technique leur donne, cela permet de répartir uniformément l'humidité dans la viande. Ceux qui savent empêcher la formation de zones humides au cœur des pièces maîtrisent l'art du séchage. Si l'humidité ne peut plus s'échapper vers l'extérieur, la viande commence à pourrir à l'intérieur. Si dans une entreprise commerciale, le pressage mécanique a une utilité évidente, dans une cave privée, chaque pièce est pressée manuellement pour contrôler au plus près le déroulement du processus.

Après trois à quatre mois, la viande séchée a perdu 40 à 50 % de son poids frais et est prête à la consommation. « La pression doit être satisfaisante, explique le boucher, et le moment où l'on décide qu'elle l'est relève de l'instinct et de l'expérience. »

Non loin de la boucherie visitée, le menuisier L. fait sécher de la viande séchée dans sa maison au fond de la vallée, comme il a appris à le faire dans son enfance avec sa grand-mère et ses tantes. « En hiver, on abattait les deux ou trois porcs qu'on avait à la ferme, et parfois une vache. Il fallait que ce soit une vache lourde, âgée de dix ans au plus. »

L. fait abattre la vache chez le boucher en décembre. Il frotte les pièces de viande parée, parfois des morceaux de sept kilos, chez lui dans une petite salle de production et les laisse maturer dans des supports en plastique. « Je pèse soigneusement le mélange d'assaisonnements », souligne-t-il. Du sel, du poivre, du laurier, de l'ail, du sel nitrité ainsi qu'un mélange d'épices qu'il ne détaille pas davantage, et « un peu de schnaps par-ci par-là ».

En fonction de la température, L. réarrange les pièces « tous les deux jours ». En moyenne, elles restent dans la saumure pendant une semaine et demie à trois semaines. Plus la température est froide, plus la progression est lente. « On peut le voir dans le jus, qui est brunâtre au début ; quand il est devenu rouge sang, c'est que la rubéfaction a eu lieu », la viande est imprégnée par l'assaisonnement. Il peut désormais accrocher les pièces, qui sont d'abord suspendues dans la salle de production pendant un mois, puis séchées dans la cave.

Celle-ci n'est pas grande non plus, mais elle est entourée et soutenue par de gros blocs de granit. « Nous sommes sur des terres alluviales ici, explique L., il fait toujours frais et un peu humide ici. » Dans la salle de production, la viande a tendance à sécher trop rapidement, surtout lorsque souffle le fœhn, mais dans la cave, l'humidité plus élevée compense le séchage trop rapide. Avec le temps, une moisissure noble se forme, qui peut devenir une « barbe » si elle n'est pas taillée.

Théoriquement, L. devrait accrocher ses *Tigets* dans un fumoir, mais il ne le fait pas. « J'y arrive sans cela », donc ce n'est pas indispensable. Son secret réside dans l'expérience. « Les grands-parents fumaient tout légèrement. Les *Dirrs*, le lard et saucisses pendaient dans le grenier. Il suffisait d'ouvrir la cheminée sous les tuiles du toit. » À l'époque, on faisait du feu avec du bois. Aujourd'hui, il faudrait installer un fumoir.

L. ne presse pas ses pièces, elles sèchent sans air conditionné dans la même forme qu'elles ont été coupées – raison pour laquelle il faut presser régulièrement les parties épaisses pour répartir l'humidité dans la viande.

L'essentiel, dit-il, a toujours été de tout utiliser. « Nous suspendons autant de viande que possible. J'ai déjà fait de la coppa et des saucisses maison à partir d'une recette familiale. » À la fin, seuls restaient les os, qui étaient cuits et rongés. « *Chnochebratis* (de la viande pour les os), disaient les anciens. »

Les *Tigets* séchés à l'air peuvent être comparés à la viande séchée des Grisons ou à celle du Valais, aux *slinzighe* ou la *carne secca*, ceux qui sont fumés à l'*Appenzeller Mostbröckli*. La viande est d'un rouge profond et est coupée en fines tranches ; elle se déguste très simplement, avec du pain et du vin.

Une rareté prisée des connaisseurs : les *Littli* de mouton, de chèvre ou de chamois, tout comme des morceaux salés et séchés à l'air libre, parfois des cuisses entières.

SUPPLÉMENT

Des frigos naturels

Les *Nitler* sont des réfrigérateurs archaïques. Dans un paysage aux falaises aussi abruptes que celles du canton d'Uri, aux conditions climatiques aussi rudes, avec le foehn et des degrés d'humidité très variables, les aliments sont susceptibles de se gâter rapidement. Les Uranais savaient comment parer à cette éventualité. La viande séchée et les saucisses crues séchées pouvaient être enveloppées dans des journaux et enterrées dans des cendres, ce qui les protégeait

également de la vermine. Ou bien la nourriture était stockée dans un poêle en faïence, uniquement en été, bien entendu, lorsqu'il n'était pas chauffé.
Jadis, à Flüelen, on ramassait de l'arène granitique pour y stocker des *Dirrs*. Le *Nitler* est comparable à un grotto originel au Tessin, appelé crot dans le val Poschiavo. Cette grotte, cette cave naturellement froide pouvait être une minuscule remise, une caverne ou simplement un trou couvert dans la roche, où les aliments se conservaient grâce à une température fraîche et constante. Certains *Nitler* étaient refroidis en les édifiant au-dessus d'un frais ruisseau ou en faisant couler de l'eau froide à travers eux, d'autres étaient construits avec des pierres dans des interstices rocheux ombragés : le courant d'air froid passant par là suffit à maintenir une température basse. Les paysans de montagne utilisent ces cellules fraîches pour stocker leur lait dans de larges baquets peu profonds, jusqu'à ce que la crème puisse être prélevée en abondance – d'où le nom : *Nitle* signifie en effet *crème*.
« Nous devons encore avoir une bonne centaine de *Nitler* dans le canton », assurait un connaisseur en 2020. Les uns ont été laissés à l'abandon, les autres furent restaurés et sont encore utilisés. Certaines personnes préfèrent au mot *Nitler* celui de *Milchhüsli* (chambre à lait), car elle sert principalement à refroidir le lait. Si cette cabane est solidement construite et si la température reste constante, on peut aussi y suspendre de beaux morceaux de lard.
Un *Nitler* d'Unterschächen est visible au musée en plein air de Ballenberg ; d'après son guide, « ces caves froides sont des agencements extrêmement simples et primitifs dont le mode de construction remonte à des siècles, voire à des millénaires. Il s'agit de structures de base de la construction. Ces petits bâtiments, qui ne peuvent plus remplir de fonction dans l'agriculture moderne, sont aujourd'hui très menacés. »

Voir aussi : Braisi, page 70 ; Appenzeller Mostbröckli, page 433 ; Lammlidji et Geisslidji, page 467 ; Viande séchée du Valais, page 474 ; Viande des Grisons, page 554 ; Violino di capra e di camoscio, page 610.

Urner Hauswurst

Saucisse de ménage uranaise ; saucisse crue séchée

Tout comme la *mazza* au Tessin, de l'autre côté du Gothard, dans le canton d'Uri, la *Hüsmetzgetä* constituait pour les paysans un événement d'une grande importance dans l'année, jusqu'à ce que les infrastructures et la mobilité brisent l'isolement des vallées de montagne ; ailleurs en Suisse, l'abattage et le bouchoyage à la maison ou à la ferme (en allemand *Hausmetzgete* ou *Hofmetzgete*) se pratiquent encore, mais plutôt comme une réminiscence nostalgique du bon vieux temps ou, grâce aux saucisses indiscutablement délicieuses qui en résultent, plus souvent encore comme gourmandises rustiques à caractère commercial – un point culminant de l'hiver qui n'a pas encore disparu dans le tourbillon de l'uniformisation saisonnale.

La *mazza* et la *Metzgetä* ont conservé un goût encore plus authentique que la *Buuremetzgete* sur le Plateau suisse ou la Saint-Martin dans le Jura, car le paysage et le climat des flancs de part et d'autre de la chaîne des Alpes ont sans doute pour effet de mieux préserver de tels événements que dans les régions plus densément peuplées. Dans les cantons d'Uri et du Tessin, en raison de leur relief accidenté, il est impossible d'élever des cochons aussi massivement que sur le Plateau, il n'y a tout simplement pas assez d'espace pour cela.

Ce que Hans Rudolf Schinz a rapporté au sujet du Tessin – « On y élève peu de porcs, les paysans pas du tout, à moins qu'ils n'aient des alpages » (cf. *Luganiga, page 604*) – a été décrit par Karl Franz Lusser (1790-1859, médecin, landamann et chroniqueur) en 1834 pour le canton d'Uri : « L'élevage porcin est pour ainsi dire accessoire, et se concentre sur deux races, le Landrace, plus grand, de couleur brun-roux et au gras non strié de viande, et le Bündnerrace, plus petit, parfois de même couleur, mais plus souvent complètement noir, au gras strié de couches de muscles. » Dans la vallée d'Urseren, on appelait les porcs *Palänser*, car ses habitants les achetaient dans le Palansertal, désormais nommé Val Blenio. Ils gardaient les bêtes sur les alpages, les laissaient paître et les nourrissaient avec des restes, notamment du petit-lait, la partie liquide résiduelle de la coagulation du lait après la fabrication du fromage, très nutritive tout en étant peu grasse.

Le jambon et le lard étaient les principaux morceaux de porc conservés au terme du bouchoyage, les autres étaient salés et séchés ; la tête était servie accompagnée de navets, un mets appelé *Sywgrind mit Räbä*. La *cazzuola*, un plat introduit à Göschenen par des ouvriers italiens lors de la construction du tunnel du Saint-Gothard à la fin du XIXe siècle, est devenue célèbre : en faisant sauter des travers de porc et du lard, les mélangeant avec beaucoup de légumes, déglaçant le tout au vin blanc et le faisant mijoter dans un bouillon, on obtient un ragoût des plus savoureux.

Avec le sang des cochons, les Uranais et les Tessinois savaient préparer davantage que du boudin. Pour le *Blüätchiächli*, des tranches de pommes épluchées sont plongées dans une pâte à base de farine, d'œufs, de sel, de cannelle, de sucre et de sang de porc frais, puis frites ; pour le *Blüätschtunggis*, des pommes de terre cuites et taillées en lamelles et du sang bouilli et coupé en tranches sont grillés avec des oignons comme des rösti. Au Tessin, un plat presque identique est appellé *sangue e patate* ; quant à la *pappa di sangue*, c'est une bouillie frite composée de farine grillée, de sang de porc, de crème, de beurre, de bâtons de cannelle, de sucre et de sucre vanillé. On trouve aussi du boudin dans le canton d'Uri (*Blüätwirscht*).

La *Urner Hauswurst* ou saucisse de ménage uranaise est un produit typique de la boucherie domestique, une saucisse crue, courte et légèrement incurvée, séchée à l'air libre. Comme pour les *Dirrs*, il n'existe pas de recette de base réglementée pour la *Hüswirscht*. La viande de porc en fait généralement partie, car son lard ajoute du goût et de la douceur à la chair à saucisse. Certaines familles vont chez le boucher avec leur viande et leur recette, d'autres commandent des saucisses selon leurs souhaits, par exemple avec de l'estomac de porc, comme c'était la tradition autrefois.

Pour les saucisses de ménage, on emploie les plus petits morceaux. Assaisonner ces morceaux avec du sel (nitrité), du poivre, de la noix de muscade, du macis et du sucre. Passer la viande de porc au hachoir à travers un disque grossier, les autres morceaux de bœuf, de chèvre ou de cerf à travers un disque plus fin, mélanger toute la viande, incorporer les autres ingrédients comme le vin rouge et embosser la masse onctueuse pour en faire des saucisses d'une quinzaine de centimètres de long; elles sont fabriquées par paires, comme les gendarmes. On peut mettre les saucisses directement dans la poêle ou sur le gril, ou les laisser sécher soit à l'air frais de la montagne, idéalement, soit dans une pièce climatisée, normalement. En plein air, le foehn est une sérieuse menace pour le développement des saucisses: ce vent chaud les sèche si vite, si violemment à l'extérieur qu'elles ne peuvent plus mûrir à l'intérieur. Dans une pièce climatisée, on les suspend pendant deux à trois semaines à une température de 10 à 12 °C et à un taux d'humidité compris entre 75 et 80 %.

Avec de la viande de chèvre et de cerf, les saucisses de ménage ont un goût plus intense que si elles ne contenaient que du porc et du bœuf. Elles sont servies pour les collations le matin ou l'après-midi, les apéritifs ou comme en-cas lors de randonnées. La saucisse de ménage verte, c'est-à-dire fraîche, peut être mijotée et servie avec du *Ryys und Boor*, le risotto uranais à base de riz et de poireaux.

Les *Urschner Hauswürste* ont ravi des générations de soldats et étaient devenues légendaires jusqu'à ce que les réformes de l'armée de 1995 et 2004 réduisent considérablement les effectifs de la caserne d'Andermatt. Ces saucisses sont restées célèbres, le boucher du relais autoroutier du Gothard, sur l'A2, ayant su s'attacher une nouvelle clientèle.

SUPPLÉMENT

Chittelwirscht et *Siedwirscht*

Toute la viande de la *Metzgetä* n'a pas été conservée; en cette riche saison automnale, plus d'une table a plié sous le poids des saucisses destinées à une consommation rapide: la *Chittelwirscht* à base de cœur, de rate, de tripes, de poumons, de rognons, de foie et de couenne de porc, mélangés à des oignons et de l'ail émincés, aromatisés avec du sel, du poivre, du salpêtre, du sucre et du vin rouge – la composition rappelle les atriaux du Jura. Et aussi la *Siedwirscht* à base de porc et de lard, aromatisée avec un trait de vin rouge dans la chair à saucisse et assaisonnée selon une recette familiale. Les saucisses comprenant de la couenne ressemblent aux *cotechine* tessinoises et sont des saucisses bouillies.

Voir aussi: Saucisse aux racines rouges, page 471;
Saucisse sèche valaisanne, page 473.

PRODUITS LAITIERS

Mutschli

Petit fromage à pâte mi-dure
aux nombreuses variantes

Mutschli: ce joli mot n'a pas d'entrée propre dans le dictionnaire allemand Duden, où il est considéré comme un synonyme suisse de *Semmel* (petit pain). Dans l'*Idiotikon*, le dictionnaire suisse allemand, en revanche, ses significations, de «*matsch – mutsch*» à «*muetsche*» occupent quatre pages et demie!

Le terme *Mutschli* a défié l'appropriation par la langue standard, le «bon allemand», pour quelque raison que ce soit, et ses acceptions sont multiples, de *matsch* «comme expression de joueurs» à *Mötschli* pour «petit pain sphérique», en passant par «*mutsch* 1. dépourvu de cornes – 2. émoussé – 3. grossier et épais»; «das ist en rechter *Mutsch*» signifie qu'untel a la tête dure. *Mutschli* est «un surnom affectueux pour un petit enfant», mais peut aussi désigner un «enfant têtu et mal élevé». Le nom de famille Mutschli est mentionné pour la première fois à Bremgarten en 1415. Et après d'autres incursions dans le monde des dialectes, on lit «*Mutschli – Vätteren, Mutsch-Chäs*, synonyme de tomme (*Tommen*). Les *Mutschli* sont fabriqués dans des moules en bois tourné (*Vätteren*) dans les maisons et sur les alpages et [...] ne sont destinés qu'à la consommation domestique. Selon les prix, le poids passe de 2 à 20 livres. Ils sont ronds et très épais par rapport à leur circonférence.»

Jusqu'à ce jour, les *Mutschli* ont été épargnés par la standardisation; trop petits pour l'exportation et ayant un poids très variable (de 0,5 à 4 kilos), ils sont encore trop imprévisibles pour le commerce de gros, à l'exception des campagnes ciblées à caractère régional. Autrefois, ils étaient considérés comme du fromage pour les vachers, un revenu ponctuel pour les bergers au début et à la fin de l'estivage sur l'alpage, ou un produit fabriqué lorsque la production de grandes meules ne valait pas la peine. Chacun fait ses *Mutschli* selon son propre goût, à partir de lait de vache, de chèvre et de brebis purs ou en mélange.

Les *Mutschli* sont en quelque sorte les dernières fleurs sauvages dans la forêt de règlements de la transformation du lait, aussi uniques que les fromageries et aussi variables que les préférences des fromagers et des clients.

Ces petits fromages d'alpage ou *Alpchäsli* plutôt doux sont répandus du lac Léman à celui de Constance dans toutes les zones montagneuses, au sein desquelles le massif du Gothard s'avère être une charnière entre le nord et le sud, l'est et l'ouest. Ainsi, jadis, le fromage à griller (*Bratkäse*) d'Unterwald et le Raclette du Valais ainsi que le vacherin fribourgeois ou les tommes – ou *Tummeli* – en Valais et les *formaggelle* (diminutif de *formaggi*) tessinoises faisaient tous partie de la grande famille des fromages de type *Mutschli*.

Dans le pays d'Uri, la récolte de foin sauvage est attestée depuis le Xe siècle. Jusque vers 1500, un petit fromage à pâte molle côtoyait le *Ziger* (sérac), puis le fromage doux. Il a probablement été produit à partir de lait aigre pendant longtemps, avant d'être fabriqué comme du fromage d'alpage. Le chancelier de la ville de Lucerne, Renward Cysat (1545-1614), rapporte qu'« à Ursellen, dans le canton d'Uri, on fabrique des fromages d'un type particulier, très doux et gras, qui sont fort appréciés ; dans ce même canton, on fabrique aussi une sorte de sérac, appelé *Meyerziger* ou *Blatterziger*, qui est mélangé avec quelques herbes ou épices bonnes pour la santé » (*Ürner Chuchigänterli*). On ne peut affirmer que ces fromages correspondent au *Mutschli* d'aujourd'hui ; ce qui est certain, en revanche, c'est que l'ajout d'herbes et d'épices, comme le poivre grossièrement moulu, à la pâte n'est pas une invention du XXe siècle finissant, quand on célébrait les fromages à l'ail des ours et au piment comme des réalisations innovantes.

Si dans les fromageries de plaine, on emploie le plus souvent du lait thermisé ou pasteurisé, sur les alpages on ne faisait du fromage qu'avec du lait cru. Le *Mutschli* mûrit plus rapidement et peut être consommé plus tôt que les grandes meules de fromage d'alpage. Le début reste identique (*voir l'entrée suivante sur le fromage d'alpage uranais*) jusqu'à ce que le caillé soit tranché en grains de la taille d'un grain de café et que la température ait atteint 40 °C. C'est à ce moment que les chemins se séparent : le fromager prélève une portion de la cuve et la répartit dans de petits moules, les *Vättere*. La pâte du *Mutschli* restera plus tendre que celle du fromage d'alpage, ce qui nécessite une attention particulière, car les micro-organismes se sentent plus à l'aise dans un environnement doux et humide que dans un milieu dur et sec. Il faut veiller à ce que les bactéries indésirables ne se répandent pas, ce qui réduirait à néant les finesses gustatives par une note amère.

Pour que les bonnes cultures bactériennes décomposent les protéines et l'acide lactique du jeune fromage et les transforment en substances aromatiques actives, le climat de la cave doit être adéquat : pas plus de 15 °C et pas moins de 85 % d'humidité. Les *Mutschli* sont régulièrement brossés avec de l'eau légèrement salée ; cela crée une morge qui continue à influencer le processus de maturation et protège le fromage. Les bactéries bénéficient d'un terrain fertile dans le *Mutschli*, ce qui accélère le mûrissement et la formation du goût. Dans les zones alpines, différentes cultures bactériennes sont ajoutées d'un canton ou même d'un alpage à l'autre, ce qui accroît considérablement la diversité des saveurs.

Avec la spécialisation et les concentrations qui se généralisent, il existe désormais des fromageries produisant principalement ou uniquement des *Mutschli*, par exemple à Seelisberg, village situé sur une langue de terre s'avançant dans le lac des Quatre-Cantons en face de Brunnen ; formant la pointe nord du canton d'Uri, il semble être un havre de sérénité invitant à la lévitation, comparé aux villages qui se blottissent dans d'étroites vallées. Pas étonnant qu'il y a quelques décennies, des yogis y aient essayé de flotter au-dessus du plancher des vaches dans la position du lotus. « Avec les *Mutschli*, j'ai trouvé un véritable marché de niche », explique un fromager lors d'une visite pendant l'été 2018. Il les appelle *Miudä, Rahmigä* et *Wirzigä* (respectivement doux, crémeux et épicé). Jusqu'à trois quarts de sa production totale de passé 150 tonnes de fromage sont des *Mutschli*, qui se vendent comme des petits pains – raison pour laquelle il peut se permettre de travailler avec du lait cru.

« On thermise pour des raisons de sécurité, Emmi le fait mieux que moi », explique le fromager, qui m'indique un moyen mnémotechnique que ses apprentis ont appris à l'école professionnelle : « Que signifie *yopis*? - *young*, *old*, *pregnant*, *immunosuppressed* (jeunes, vieux, enceintes, immunodéprimés. » Qu'est-ce qu'il entend par là ? Les catégories de personnes vulnérables aux infections par des bactéries de type *Listeria* (que la thermisation élimine).

Voir aussi : Tomme vaudoise, page 173 ; Vacherin fribourgeois, page 229 ; Bratkäse, page 361 ; Raclette du Valais, page 477 ; Formaggella, page 614.

Urner Alpkäse

Fromage d'alpage gras à pâte mi-dure fabriqué à partir de lait cru

Le paysage montagneux du canton d'Uri présente principalement des pentes plus ou moins raides, qui sont exploitées autant que possible pour l'élevage de bétail et la production laitière. Un acte de 955 mentionne du fanage, indice assez clair d'une activité agricole en lien avec des animaux.

L'abbaye de Fraumünster à Zurich, qui possédait des domaines d'élevage (*Schweighöfe*, du moyen haut allemand *sweige*) dans les communes uranaises de Spiringen, Silenen et Gurtnellen aux XIIIe et XIVe siècles, a fourni des preuves plus tardives de l'existence d'une économie laitière avec l'élevage qu'elle implique.

Les Romains connaissaient la technique de la présure, mais avec la chute de leur empire, le secret de la fabrication d'un fromage doux à la consistance grasse et stable à l'aide d'enzymes provenant d'estomacs de veaux ou de substances végétales comme le gaillet jaune permettant de faire cailler le lait a disparu sur le territoire de la Suisse. Il est possible que ce savoir ait survécu dans des endroits isolés, mais apparemment le sérac gras à maigre et le beurre étaient plus demandés ; accessoirement, les bergers fabriquaient de plus petites meules tendres, principalement pour pouvoir rester autosuffisants. Quelques décennies avant le serment du Rütli, « autour de 1248-1250 », écrit Karl Iten, les fromages uranais sont mentionnés par écrit pour la première fois, en plus du sérac. En 1370, l'abbaye de Fraumünster acheta à Uri 18 séracs et 442 morceaux de fromage pour un poids d'environ une tonne » (*Ürner Chuchigänterli*) ; c'était probablement du fromage à pâte molle fabriqué à partir de lait acidifié.

La fabrication de fromage avec de la présure reprit vers la fin du XVe siècle ; ceux qui étaient appelés *Schpallä-Chäs* d'après les petits tonneaux de bois, les *Spallenfässern* contenant des meules de fromages durs comme le Sbrinz, étaient transportés en Italie à dos de mulet via le col du Gothard. En 1783, le pasteur et écrivain zurichois Hans Rudolf Schinz décrivait le fromage uranais comme étant « très ferme et dense, ce qui lui confère sa durabilité ». Ce fromage dur était vendu principalement dans le nord de l'Italie ; aujourd'hui encore, le Sbrinz est proposé en plusieurs millésimes dans les meilleures épiceries fines de Milan.

Jusqu'au milieu du XIXe siècle et même au-delà, il n'existait pas de types de fromage définis – ainsi, l'Emmentaler a dû d'abord se développer en tant que marque distinctive (cf. *page 268*). Pour produire suffisamment de lait pour un fromage du type et de la taille du Sbrinz, il faut au moins 20 vaches sur un alpage. Les petites exploitations alpines d'estivage se contentaient de formats plus réduits et de consistances plus molles, qu'elles vendaient sur les marchés locaux en raison de leur durée de conservation plus brève. Au fil du temps, ces fromages se sont transformés en fromages d'alpage à pâte mi-dure (à propos de l'Ordonnance fédérale sur les dénominations « montagne » et « alpage », lire le Supplément à la page 267). Actuellement, on ne produit plus de Sbrinz dans le canton d'Uri.

Une soixantaine de fromageries d'alpage situées entre 1350 et plus de 2200 mètres d'altitude produisent environ 200 tonnes de fromage en un été (juin 2015). La plupart de ces fromageries sont organisées au sein de la coopérative Urner Alpkäseproduzenten. Les fromagers travaillent chacun selon leur propre style dans le respect de normes bien définies.

La fermeté d'une meule de fromage repose sur la séparation de l'eau. Le lait contient 87 % d'eau ; ses particules solides, telles que les protéines et les matières grasses, sont concentrées par caillage, chauffage et salage. Le lait cru partiellement écrémé est ensemencé avec des cultures de bactéries lactiques propres à chaque fromagerie et chauffé dans une cuve à 32 °C ; après une demi-heure, on ajoute la présure, autrefois appelée « *Kasplet* ou *Käslapp*, agent séparateur préparé à partir d'estomacs de veaux découpés et d'eau ». L'Uranais Karl Franz Lusser écrivait en 1834 à propos de l'emprésurage que c'est une « opération que les Uranais nomment "zu Dicken legen" (encailler) ».

Une fois que la séparation entre le caillé et le lactosérum (ou petit-lait) s'est produite, le fromager fragmente le caillé en morceaux de la taille d'un grain de café au moyen d'un tranche-caillé tendu de fils ; autrefois, on touillait dans la cuve avec des *Chäsbrächä* (littéralement, des « casse-fromage »), « des *Tannä-Grotzli* (petits sapins) écorcés dont les branches dépassant du tronc étaient un peu coupées de manière à former une sorte de fouet » (Karl Iten). La masse est chauffée à 45-47 °C sous agitation constante. Les grains continuent à se contracter et à exprimer du petit-lait ; plus la température est élevée, plus le résultat sera dur et sec.

Lorsque la densité des grains est jugée satisfaisante, ce qui est une question d'expérience et d'intuition, le fromager transfère la masse dans des moules ou des cercles à fromages et met sous presse pour 24 heures, ce qui fait sortir le lactosérum des meules fraîches. Ces dernières sont ensuite laissées dans un bain de saumure pendant un ou deux jours. Le sel retire l'eau, pénètre la pâte, aromatise, conserve et favorise la formation de la croûte. Dans la cave, les meules sont brossées à l'eau salée tous les jours pendant la première à la deuxième semaine, puis tous les deux ou trois jours. Une morge composée de bactéries, de levures et de moisissures grandit sur la croûte ; elle décompose l'acide lactique et développe les arômes, favorise le développement de la croûte et préserve le fromage des moisissures et des micro-organismes indésirables.

Jusqu'à la désalpe, les meules restent dans une cave à fromages ou, s'il y en a encore en usage, dans un *Nitler* (cf. *Supplément page 508*), le *grotto* des Uranais, une cellule de stockage naturellement fraîche dans une crevasse rocheuse, une cabane construite ou naturelle où court parfois l'eau d'un ruisseau. Ensuite, elles reposeront dans des caves privées ou dans l'entrepôt de la coopérative ; les valeurs indicatives pour les caves ne doivent pas dépasser 18 °C et l'humidité ne doit pas descendre en dessous de 85 %.

La coopérative des producteurs de fromage d'alpage uranais répartit les différentes productions entre les alpages ; des fromages tels que le Meientaler, le Surener, l'Isentaler, le Sittlisalper, le Waldnachter, le Galenstock et d'autres sont produits à haute altitude dans les montagnes. Comme chaque fromager continue à cultiver ses bactéries jour après jour, aucun fromage n'aura le même goût que celui d'un autre alpage, si bien que ces fromages uranais présentent une étonnante variété d'arômes et de consistance.

Leur saveur si particulière, si épicée grâce aux herbes aromatiques broutées sur les alpages, est vantée par cette coopérative sur sa page d'accueil en allemand et en *Ürnerditsch*, idiome aussi abrupt et rocailleux que les paysages alpins où on le parle : « *I äim Punkt schtimmet aber alli Alpchääs uberi : im äinzigartig wirzigä Gschmack, wo vu dä frischä Alpächriterä härchunnt.* »

SUPPLÉMENT

La plus grande fromagerie d'alpage de Suisse doit son expansion à une particularité topographique : le hameau d'Urnerboden se trouve sur un plateau exceptionnellement long entre le col du Klausen et le canton de Glaris et a d'abord dû être arraché aux Glaronais par leurs voisins uranais. C'est ce qui s'est passé en 1196, après que les terres ont été exploitées pour l'agriculture alpine environ dès le XIe siècle. Ce n'est qu'en 1877 que le Conseil fédéral a autorisé les habitants à vivre à Urnerboden toute l'année. En 1910, on y comptait 175 résidents permanents, probablement une conséquence de l'ouverture de la route de Klausen en 1900. Le tourisme est arrivé, et la route a permis aux résidents de se déplacer, mais aussi de quitter leur hameau. Entre-temps, une bonne trentaine de personnes y restent encore en hiver. Chaque année, 1200 vaches paissent sur 1800 hectares d'alpages. Leur lait est transformé sur place par un fromager et la fromagerie d'alpage d'Urnerboden.

Voir aussi : Nidwaldner Alpkäse, page 362 ; Sankt Galler Alpkäse, page 408 ; Glarner Alpkäse, page 531 ; Bündner Alpkäse, page 556 ; Formaggio d'alpe, page 615.

FRUITS, LÉGUMES ET PLANTES

Poires séchées

Dörrbirnen *; poires séchées entières*

La viande et les fruits ont ceci en commun qu'ils peuvent être conservés par déshydratation. On a peine à imaginer qu'il y a moins d'un siècle de cela, la saison de tel ou tel fruit ne durait que peu, voire très peu de temps – les poires et les cerises, par exemple, pourrissent vite, contrairement aux pommes, que l'on peut stocker assez longuement dans une cave – et les réfrigérateurs ne feront partie de l'équipement de base des cuisines suisses qu'à partir des années 1960.

Dans les fermes, les séchoirs et les fours servant à déshydrater les fruits ont gardé leur raison d'être plus longtemps. Le *Schnitz-Chastä*, un coffre contenant des tranches ou des rondelles de pommes, des cerises, des pruneaux, des prunes, des abricots, des poires et des fruits à coque, devait être rempli au début de la saison froide. Si les fruits secs étaient des denrées précieuses surtout pendant les deux guerres mondiales, leur importance avait déjà commencé à diminuer avant celles-ci.

Les raisons du déclin du séchage, qui débuta dans la seconde moitié du XIXe siècle, sont la diversification de l'offre dans l'alimentation, d'autres techniques de conservation ainsi que l'importation massive de denrées alimentaires grâce à des infrastructures telles que le transport ferroviaire. Cependant, les fruits secs restent très appréciés des promeneurs ou randonneurs, des personnes friandes d'arômes de fruits concentrés et comme en-cas.

Dans le sud du canton d'Uri règne parfois un climat méditerranéen ; des châtaigniers et des figuiers y furent plantés il y a des siècles et ont survécu en certains endroits sans soins particuliers. Les plus anciennes mentions de fruits remontent à plus de 700 ans, comme on peut le lire dans l'ouvrage intitulé *Essen und Trinken im alten Uri :* « Il est tout à fait possible que la fameuse pomme [de Guillaume Tell] fût originaire du pays d'Uri ; c'est ce que montre un acte daté de l'an 1289 dans lequel il est question d'une dîme d'arbres fruitiers à Altdorf, et plus tôt encore, en 1250, un jardin privé ou verger clôturé (*"Heimgarten"*) est évoqué dans la même localité. [...] Un siècle plus tard, en 1350, des pommes et des poires cueillies sur les terres uranaises lui appartenant étaient livrées à l'abbaye de bénédictines à Zurich. »

La poire est connue sur le territoire de la Suisse actuelle depuis l'ère néolithique, comme l'ont démontré des pépins mis au jour lors de fouilles. Mais ce sont les Romains qui ont diffusé l'art de l'arboriculture fruitière, leurs connaissances sur les espèces cultivées et l'entretien des sols au-delà des Alpes. Au Moyen Âge, ce précieux héritage agricole a été préservé dans l'Europe chrétienne grâce aux efforts déployés par les divers ordres religieux.

Avant la banalisation du chauffage central, on avait dans sa pièce à vivre un fourneau en pierre ollaire (ou stéatite, roche gris-vert principalement composée de talc, qui paraît grasse au toucher, d'où le nom allemand de ce fourneau : *Specksteinofen*), sur lequel on disposait les fruits à sécher. Pour les poires, qui sont très juteuses, le processus est long et exige du savoir-faire : elles rétrécissent peu à peu, deviennent presque noires, leur surface se ratatine et se ravine considérablement. Le cœur des poires entières reste plutôt tendre ; coupées en tranches, elles se cuisent très bien dans de l'eau, du vin et du sucre. Le *Schnitz und Meckä* est un plat roboratif bien connu, un mélange de viande de porc fumée, de poires séchées et de cubes de pommes de terre sautés. Quant au *Brischtner Nytlä*, il s'agit de la recette uranaise classique de poires séchées : des poires séchées de la variété Speckbirne (qui n'est pas une poire au lard !) que l'on fait cuire dans du vin, du sucre et de la cannelle, à servir avec son liquide de cuisson et de la crème fouettée.

Voir aussi : Fruits secs, page 346 ; Saurer Most et Süssmost, page 351 ; Poires séchées, page 365 ; Pommes et poires en Valais, page 487.

PRODUITS DE BOULANGERIE
ET PÂTISSERIE

Agathenringli, Agathabrot

Pain consacré éloignant les incendies, la maladie et le mal du pays

Un examen des calendriers annuels de diverses paroisses et bureaux paroissiaux catholiques révèle au voyageur du XXIe siècle combien les vieilles coutumes se maintiennent imperturbablement malgré le tourbillon des modes, également le long de l'autoroute du Gothard. Ainsi, le 1er février 2015, le curé d'Amsteg, dans le canton d'Uri, bénit les bougies qui seront utilisées tout au long de l'année, et quatre jours plus tard, à la Sainte-Agathe, une fête paroissiale, il annonça que « vous pouvez apporter de la farine et du pain à l'autel pour la bénédiction ». Dans la paroisse de Bristen, non loin d'Amsteg, on commémore aussi sainte Agathe, qui protège contre les incendies, le mal du pays et la maladie, et l'on célèbre en même temps la « mémoire des pompiers de Bristen pour ses membres vivants et décédés ».

À Flüelen, le bulletin paroissial notifiait : « Les boulangeries offrent le pain de sainte Agathe le jour de sa commémoration », plaçait à côté la photo d'un pain dont la surface entaillée est traversée par deux coupes profondes, et ajoutait : « Pour la bénédiction du pain, vous pouvez aussi déposer votre propre pain [...] sur la petite table jouxtant l'autel. » Sur un site web, la Sainte-Agathe figure sous la rubrique « jours spéciaux de l'année » comme une date fixe, le 5 février, avec les mentions « pain de sainte Agathe, procession de sainte Agathe (à Erstfeld), et le proverbe suivant : « Sainte Agathe, l'épouse de Dieu, fait fondre la neige et la glace. »

Le pain de sainte Agathe est un pain sacrificiel. La Sainte-Agathe est célébrée dans toute la Suisse catholique, et avec une ferveur particulière dans les régions montagneuses comme le canton d'Uri, où l'incendie d'une ferme isolée construite en bois était presque impossible à éteindre avant l'invention des motopompes et des hélicoptères, sans parler d'une tempête de fœhn, très dévastatrice. Les pompiers devaient d'abord gravir des pentes raides – c'est là que la demande d'assistance métaphysique était pressante.

En l'an 251, la jeune Catanaise Agathe fut torturée à mort parce qu'elle ne voulait ni s'unir au gouverneur romain de Sicile, Quintien, ni abjurer sa foi chrétienne. Très exactement une année après sa mort, les habitants de Catane auraient, selon la légende, arrêté les masses de lave incandescentes de l'Etna entré en éruption grâce au voile d'Agathe. Depuis lors, celle-ci est vénérée comme une sainte (pour plus de détails, voir *Supplément page 381*). Sur une fontaine du couvent de cisterciennes de Frauenthal près de Cham (ZG), sainte Agathe tient un plateau sur lequel reposent deux hémisphères, ses seins coupés. La forme de certains pains de la Sainte-Agathe rappelle également le sacrifice de la martyre.

Au lieu de le manger, le pain de sainte Agathe devrait être suspendu chez soi afin qu'il protège la maison de l'incendie jusqu'à la prochaine Sainte-Agathe. Une fois qu'il a rempli sa fonction, on le jette au feu.

Voir aussi : Agathabrötli, page 233 ; Agathenringli, page 381 ; Agathabrot, page 444.

Iberlitzli

Version réduite du pâté uranais à base de pâte et de raisins

La recette du pâté uranais sert également à préparer les *Iberlitzli :* on dispose une garniture de raisins qui ont macéré dans du marc, ou plus rarement une masse aux amandes (cf. *Urner Pastete, page 518*), sur de la pâte brisée ou feuilletée. Ces deux pâtisseries traditionnelles de fêtes, kermesses (*Chilbi*) et carnaval ne se distinguent que par leur taille et leur nom. L'*Iberlitzli* est un pâté uranais miniature, portionné en amuse-bouche, alias *finger food*. Le nom *Iberlitzli* – *Uberlitzli* dans l'Urseren – est basé sur la préparation : une fois qu'on a étalé la garniture sur la pâte découpée, on pose le couvercle par-dessus – à peu près comme lorsqu'on retrousse (*umelitzt*, en suisse allemand) des pantalons trop longs.

À l'origine, on fabriquait les *Iberlitzli* avec les retailles récupérées lors de la cuisson des pâtés glaronais. Au fil du temps, la réutilisation des restes a gagné ses lettres de noblesse et est devenue un genre, une philosophie culinaire. Avec de la pâte feuilletée, on découpe des disques d'environ douze centimètres de diamètre, dépose sur une moitié la garniture de raisins préalablement macérés dans du marc puis assaisonnés avec de la cannelle et du sucre et referme l'autre moitié par-dessus avant d'enfourner ces rissoles en forme de demi-lune. Le temps de cuisson pour obtenir des *Iberlitzli* bien dodus est de 25 minutes.

Voir aussi : Ofenkrapfen, page 366.

Uristier, Dittiring et Doppeladler

Biscuits à l'anis fourrés aux noisettes

Seules deux pâtes comestibles traditionnelles, le massepain et la pâte à l'anis, peuvent être formées de manière aussi précise. La première, un produit fabriqué à partir d'amandes râpées, de sucre et d'eau de rose, est considéré comme le modèle, tandis que la pâte aux œufs légère et sans graisse aux graines d'anis est une imitation bon marché. Cependant, le biscuit à l'anis est connue en Europe depuis plus longtemps que le massepain, qui a probablement été ramené d'Orient par des croisés. On faisait déjà du pain et des friandises à l'anis pendant l'Antiquité, comme l'illustrent des témoignages écrits et des fruits anisés mis au jour dans le Colisée. L'anis facilite la digestion, soulage la toux et rafraîchit l'haleine ; son goût doucereux caractéristique est comparable à celui du fenouil, ce qui a valu à *Pimpinella anisum* d'autres noms au Moyen Âge, tels que *römischer venichl* ou *süezer kümel* (respectivement fenouil romain et cumin doux).

Si faire de la pâte à l'anis permettait de se passer d'amandes, il ne s'agissait pas d'un « massepain du pauvre », car il fallait mélanger du sucre glace avec de la farine et des œufs. Le sucre de canne n'était accessible qu'aux gens fortunés jusqu'à ce que les premières cargaisons de sucre de canne arrivent sur le Vieux Continent en provenance des Caraïbes au XVIe siècle. Avant cela, l'édulcorant habituel était le miel. Comme on peut le lire dans *Pflanzen im Mittelalter* de Helmut Birkhan, « c'est l'utilisation du sucre de canne qui a permis la fabrication de certaines confiseries comme les graines d'anis et de fenouil enrobées de sucre, que Walter Ryff a évoquées dans son *Confect Buechlin und Hauß Apotheck* en 1544 ». Le sucre n'était pas seulement nécessaire pour le glaçage, mais aussi pour la pâte, par exemple dans le cas des *Nürnberger Eierzucker* (attestés depuis le XVIe siècle), des biscuits de Noël bavarois également appelés *Bauernmarzipan* (massepain de campagne) ou *Würzburger Eier-Marzipan* (massepain aux œufs de Würzburg), une pâte anisée que les boulangers pressaient dans des moules ou pliaient pour en faire des *Reiterle* ou des *Springerle*, appelés *Chräbeli* (crêtes de coq) à Baden dans le canton d'Argovie.

L'histoire des pains et pâtisseries figuratifs est longue et variée (cf. *Grittibänz, page 318*). Les musées locaux, régionaux et cantonaux de tout le pays, ainsi que deux musées nationaux, présentent de nombreux moules en bois ou en argile, ainsi que des fers à bricelets et à gaufres, tous décorés d'images symboliques. Les motifs sont aussi variés que les sociétés dans lesquelles les moules à pâtisserie sont fabriqués : scènes religieuses et historiques, blasons de sociétés et de familles, représentations de paysages, de hauts faits personnels, etc.

Parmi les motifs majoritairement gravés dans du bois de poirier, l'*Uristier* est encore actuellement le plus connu à Uri : la tête de taureau, qui est le blason du canton depuis le XIIIe siècle, est aussi impressionnante que photogénique. Apparu sous la forme d'un biscuit à l'anis au XIXe siècle, il est tout autant apprécié comme souvenir par les touristes que comme présent par les locaux. L'un des plus beaux motifs sculptés de toute la Suisse est l'aigle à deux têtes au superbe plumage de la confiserie Danioth à Altdorf un disque d'une taille inhabituelle. Du XVe au XIXe siècle, l'aigle impérial était l'animal héraldique du Saint Empire romain germanique, qui avait jadis régné sur Uri.

Comme c'est encore le cas aujourd'hui dans le canton d'Appenzell Rhodes-Intérieures, dans celui d'Uri des pâtisseries étaient préparées spécialement pour la landsgemeinde, le *Dittiring ;* cette « assemblée du pays » (tel est le sens littéral du mot landsgemeinde) était le point culminant de l'année politique. Uri l'organisait traditionnellement le premier dimanche de mai à Schattdorf, la dernière fois en 1928. Le *Dittiring* réveille des pulsions ataviques profondément assoupies, mais les *Dittis*, des poupées ou des enfants emmaillotés, positionnés comme un soleil à dix rayons avec les pieds au centre, ne symbolisent pas la fertilité ou d'autres rites, mais la convivialité et la protection. Comme l'écrit Karl Iten dans *Ürner Chuchigänterli*, « l'anneau signifie la sécurité, la préservation de la vie. [...] La landsgemeinde d'Uri matérialisait même cet anneau, puisqu'elle formait un véritable cercle de citoyens et non un "fer à cheval" comme ailleurs ». Le but cultuel était accompli par les *Dittis* en tant que réalisations individuelles pour Noël et le Nouvel An, pour les mariages et les baptêmes : des nourrissons sains et rebondis, bien enveloppés, la tête couverte, qui pouvaient être alignés les uns à côté des autres – dans les étals de pâtisserie comme dans la chambre des enfants.

Le pâtissier prépare une pâte à partir d'œufs et de sucre battus en neige avec un peu de sel, de farine, de sucre glace et d'anis étoilé ou d'essence d'anis selon les besoins. Après un temps de repos, abaisser de la pâte à trois millimètres d'épaisseur, découper des morceaux et les placer dans le moule, presser légèrement et badigeonner la masse aux noisettes ou aux amandes par-dessus. Recouvrir d'un deuxième morceau de pâte. Retirer du moule et laisser reposer pendant une journée. La surface avec le motif sèche, le sucre commence à cristalliser, tandis que la face inférieure, c'est-à-dire le couvercle, reste humide. C'est la partie où le carbonate d'ammonium agit, le fond lève pendant la cuisson et forme la base (*Füessli*, littéralement le peton) de la pâtisserie. Il est crucial que la pâte ne gonfle que légèrement afin d'éviter toute déformation ou déchirure sur le motif.

Voir aussi : Anisbrötli, page 31 ; Badener Chräbeli, page 115 ; Pains d'anis fribourgeois, page 241 ; Anisstange, page 366.

Urner Brot

Pain rond double fabriqué à partir de farine bise ou mi-blanche

Chercher le grenier à blé de la Suisse dans le canton d'Uri n'aurait pas de sens. Dans les vallées étroites, à l'exception de la région de l'embouchure de la Reuss au sud du lac des Quatre-Cantons (ou plus précisément de son bras uranais, l'*Urnersee* ou lac d'Uri), il n'y avait guère de surfaces cultivables à grande échelle. Les paysans vivaient principalement de l'élevage. Si l'on prend aussi en compte le fœhn, on comprend pourquoi les Uranais considéraient le pain comme quelque chose de spécial : il n'était pas exclusif, mais ce n'était pas non plus un aliment de base, on en donnait souvent aux personnes malades.

Les céréales étaient acheminées depuis Lucerne dans des bateaux de boulangers appelés « Pfisternauen » sur le lac des Quatre-Cantons ou, suivant le prix, transportées d'Italie via le col du Saint-Gothard. Lorsque les entrepôts étaient pleins, seul le foehn pouvait empêcher les *Pfister* (boulangers) de travailler. Ce vent chaud descendant souffle lorsque les zones de haute et de basse pression dans les montagnes s'équilibrent ; d'un côté de la chaîne des Alpes, la pluie tombe, de l'autre, le vent sec s'engouffre dans les vallées, ce qui a pour effet d'adoucir le climat local ; dans la Bündner Herrschaft ou Seigneurie grisonne, par exemple, le foehn permet aux raisins de mûrir en automne. Dans le canton d'Uri, même des figuiers prospèrent ici et là. Mais lorsqu'une tempête de foehn déferle, elle peut faire des ravages, provoquer la fonte des neiges et des inondations, ou déclencher des départs de feu, voire incendier des villages : Altdorf a été détruit par le feu en 1400, 1693 et 1799.

Des réglementations très strictes sur la cuisson lorsque souffle le foehn en ont été la conséquence logique. Dans le *Dorfbüchlein* (livret du village) d'Altdorf de 1684, il est clairement signifié aux boulangers de ne plus cuire de pain ni de chauffer quelque four que ce soit quand ce vent arrive, sous peine d'une amende d'un florin. Peu importe que la pâte soit déjà en train de fermenter, comme on peut le voir dans une ordonnance du tribunal datant de 1608. « Si un levain a été fait ou si l'on est en train de le faire, il faut cesser son activité du début à la fin du foehn, l'affirmer sous serment ou sinon payer une amende de 5 florins, même si rien ne se produit » (*Ürner Chuchigänterli*). Pendant les longues interruptions de cuisson dues au foehn, il fallait importer le pain, principalement du canton de Schwyz.

Dans l'ouvrage cité ci-dessus, Karl Iten écrit que la première mention de pain dans le pays d'Uri remonte à 1206, « où il est fait mention d'un "Brotmaster" (maître du pain) dans l'abbaye de Seedorf ». Malgré des conditions difficiles, on cultivait des céréales à Uri, « en 1284 Altdorf devait livrer une dîme d'orge [...] tout comme Flüelen, Sisikon et les localités alentour. En 1299, un « tapis de maïs » est mentionné à Altdorf ». Bien que de petits champs aient été plantés jusqu'à Göschenen, il a fallu acheter des céréales très tôt.

En 1582, le philologue zurichois Johannes W. Stucki écrivait que les *« panes lati et non spissi »*, des pains larges et pas durs (ce qui est finalement aussi une question de temps de stockage), étaient courants chez les habitants des régions alpines. Au XIXe siècle, les boulangers uranais fabriquaient divers types de pain. Le plus connu est le *Hälberli*, un pain double composé de deux pains ronds façonnés accolés. Autrefois, une moitié pesait un kilo, alors qu'aujourd'hui les pains sont quatre fois plus légers. Les versions plus petites sont aussi appelées *Doppelmutschli* ou *Teilti Weggä*. Il y avait des pains longs avec des entailles diagonales sur la surface, comparables au pain zurichois, ainsi que du *Paläntäbrot*, une adaptation campagnarde du *panettone*, faite de farine de maïs et de raisins éparpillés.

Le *Hälberli* a été élevé au rang de pain uranais en 1950 à l'occasion d'un salon professionnel à Lugano, lorsque les boulangers ont voulu élargir leur gamme et attirer l'attention des consommateurs avec des pains cantonaux. Ces derniers – comme le pain bâlois, le pain saint-gallois ou le pain zurichois – sont pour la plupart des pains de tous les jours fabriqués à partir de farine bise ou mi-blanche. Pour le pain uranais, un levain composé de farine, d'eau et de levure est préparé la veille au soir, puis pétri avec la pâte fraîche dans un rapport de 1:3. Après un bref pointage, les portions sont pesées, apprêtées (la pâte est travaillée sur la table pour créer une certaine tension afin que l'entaille dans la surface s'ouvre) et laissées à nouveau à reposer pendant environ 30 minutes. Les *Hälberli* sont enfournés accolés, c'est-à-dire pressés les uns contre les autres ; ils cuisent d'abord à 250 °C, puis à température décroissante, pendant 50 minutes.

DIGRESSION

Importance et ancienneté du pain

Le pain est notre aliment le plus important, mais il ne tombe pas des arbres. Lorsque le chasseur carnivore eut compris qu'il valait la peine de mâcher les grains de certaines graminées, le plus grand bouleversement de l'histoire humaine, qui n'en était alors qu'à ses balbutiements, avait eu lieu. Ce fut un processus assez long, pas une révolution, car il fallait d'abord reconnaître les avantages d'une alimentation à base de plantes. Ce qui s'avéra vraiment révolutionnaire par la suite, ce fut la prise de conscience que le fourrage qui rendait les animaux chassés gras et juteux pouvait être directement ingéré.

« Sans les graminées, il n'y aurait pas de céréales, pas de maïs, pas de riz, d'avoine, de seigle, de millet, de blé ou d'orge », écrit le biologiste Peer Schilperoord dans son livre intitulé *Sieben Getreide* (2020). Nos lointains ancêtres auraient appris à broyer les grains sur des meules et à les rendre plus gros en sélectionnant des graminées appropriées. Les premières opérations furent rationalisées de cette façon et les espèces de graminées sélectionnées devinrent des variétés de céréales.

Mais pas partout. D'après P. Schilperoord, « l'Europe occidentale était trop fertile pour l'émergence des espèces céréalières ». Ce ne sont pas les phases d'abondance qui sont déterminantes, mais celles de pénurie, notamment les périodes de sécheresse. Les plantes devaient faire face à celles-ci dans une région telle que le Croissant fertile, qui s'étend entre le Sinaï et le golfe Persique, entre le sud de l'Anatolie et le désert de Syrie. Pour y survivre, les plantes avaient besoin de suffisamment de nutriments. « Dans un tel milieu, où la période de croissance est restreinte, les plantes à grosses graines sont plus indépendantes des conditions environnementales » (*idem*).

Il est étonnant, malgré tout, que ce soit justement à partir de graminées qu'est né le produit alimentaire essentiel qui a fait passer l'homme du stade de nomade à celui de colon. Une plante longue et fine qui pousse partout où l'abondance de la forêt n'engloutit pas la lumière. Une tige résistante et flexible qui porte un épi ou une panicule, qui rompt quand elle est seule face au vent, mais qui, soutenue de tous côtés par ses semblables, ne fait que plier.

Le pain est la nourriture par excellence. Les mots *pain* (du latin *panis*), *paun* ou *pane* contiennent la racine *pa*, qui signifie nourrir. La nourriture, c'est la vie. Le plus ancien mot de vieux haut allemand pour désigner le pain est *hleib*, qui devint *Leib* jusqu'à ce que ce terme devienne *Laib* au XVIIe siècle pour mieux distinguer entre corps (*Leib*) et miche (*Laib*). L'origine du terme *Brot* (pain) n'est pas claire. Peut-être de *Brei* (bouillie), qui, comme le pain, signifiait aussi nourriture. Où que l'on regarde, aucun aliment n'est aussi central dans le symbolisme de la foi et de l'histoire que le pain. Rien qu'en Europe, le concept de pain domine tous les thèmes importants de la vie et de la mort.

« Si le grain de blé tombé en terre ne meurt pas, il demeure seul ; mais s'il meurt, il porte beaucoup de fruit », dit le Nouveau Testament (Jn 12, 24). Cette impressionnante multiplication frumentaire trouvera un parallèle dans celle, miraculeuse, des pains. En se basant sur le grain qui germe et forme une plantule qui, une fois arrivée à maturité, portera un très grand nombre de grains, on pourrait imaginer les théories les plus extravagantes sur la renaissance et la transmigration des âmes, si cela était encore nécessaire – mais des voyages mystiques ont déjà été entrepris dans toutes les directions depuis des temps immémoriaux.

Les plus anciens vestiges de blé ont été découverts à Tell Aswad, non loin de Damas ; ils remonteraient à une époque comprise entre 7800 et 7300 av. J.-C. En Asie mineure, à part le maïs et l'avoine, dont la forme sauvage était originaire du bassin méditerranéen, on a cultivé les plus importantes variétés de céréales. Ces dernières ont atteint l'Europe centrale le long du Danube et de l'Elbe à partir d'environ 4600 av. J.-C. Des découvertes archéologiques ont permis de démontrer que les peuplades migrantes y apportèrent des semences d'amidonnier et d'engrain (deux précurseurs du blé), ainsi que d'orge. Autre apport de ces migrations : des bovins.

Dans le classement des cultures les plus importantes du monde aujourd'hui, la réussite des graminées semble écrasante : le blé est en tête à raison de 16 %, suivi du riz et du maïs (15 % chacun), de la pomme de terre (11 %) et de l'orge (7 %) – que des graminées, sauf la pomme de terre, qui fait partie de la famille des Solanacées. Depuis quelques décennies, les céréales sont cultivées et transformées à l'échelle industrielle. L'agriculteur a besoin d'un parc de machines, le meunier fait moudre sa farine en quelques clics de souris et le boulanger peut rester sous sa couette plus longtemps le matin grâce à des mélanges de farine sophistiqués contenant des agents levants et de cuisson.

De nombreuses petites boulangeries ont dû mettre la clef sous la porte. En 1945, la Suisse comptait 7000 boulangeries, en 1996, 3000, et au début du XXIe siècle, il restait à peine 2800 boulangeries indépendantes.

La culture d'une denrée alimentaire aussi essentielle ne peut être laissée au hasard. Les instituts de recherche agricole de Reckenholz et de Changins sont mandatés par l'État pour sélectionner des variétés de blé adaptées aux conditions suisses (climat, fragilités, consommation). La tâche est complexe. Dans le manuel de boulangerie suisse rédigé et publié par l'École professionnelle Richemont, on peut lire : « En commençant par la sélection d'espèces de céréales pouvant être croisées, plus de 100 000 croisements sont nécessaires, après la sélection dans les essais préliminaires et les tests complets dans les essais principaux sur différents sites de culture, pour arriver finalement à une nouvelle variété qui réponde à toutes les exigences. Il faut 12 à 15 ans entre le croisement et la reconnaissance d'une nouvelle variété. »

La complexité du passage de la graminée sauvage à la céréale cultivée est illustrée de manière frappante par les données quantitatives suivantes : « Pour obtenir 1 gramme de grain (sans les balles), il faut environ 500 grains de glycérie aquatique [*glyceria maxima*, espèce de graminée, jusqu'à 2,5 mètres de haut], environ 118 de brome (faux-)seigle, mais seulement 34 d'orge sauvage et 26 de l'orge cultivée » (*Nutzpflanzen in Deutschland*). Et sera-ce bientôt la même histoire avec les semences génétiquement modifiées ?

Dans les croyances populaires et les légendes, le pain est un concept de la plus haute importance, ainsi que dans les rites magiques et surtout dans l'amour, le mariage et la famille. L'âme du foyer réside dans le pain noir (et non dans le pain blanc, qui était celui des seigneurs et que le commun des mortels ne pourra commencer à s'offrir qu'à partir du XIXe siècle grâce à de nouvelles technologies dans la meunerie). Cadeau des dieux, le pain apporte la vie ; le Christ est le pain de vie, l'hostie le corps de Jésus. Le manque de pain, en revanche, est synonyme de mort : « Maintenant que j'ai renoncé au pain, regardez, mon cher, regardez, je suis raide mort » (Andreas Gryphius, *Absurda Comica oder Herr Peter Squenz*, 1657).

Le pain est également sur la table en guise d'offrande depuis des siècles à la place de l'animal, qui n'est plus chassé qu'à titre de loisir ; il ne faut donc pas profaner le pain, jouer avec lui et, comme le savent de nombreux élèves, mettre des boulettes de pain dans le trou le plus bas de sa flûte à bec pour en bombarder sa maîtresse. Car à ceux qui ne respectent pas le pain, la porte du paradis restera fermée.

Le pain est plus ancien que le christianisme et a donc longtemps été un symbole de pouvoir de premier ordre dans toutes sortes de rites païens et magiques. Pour remplacer les sacrifices d'animaux, des pains figuratifs étaient cuits en forme d'animaux (cf. *Colomba pasquale, page 626*). Avant d'aller se coucher, on fournissait jadis une cruche d'eau et une miche de pain aux esprits des lieux. Le pain était sacrifié pour obtenir des récoltes abondantes, pour les démons du vent et du temps et pour bannir le mal.

Car le pain n'est pas un fruit que l'on peut cueillir sur un arbre ou qui tombe dans la bouche : il faut le *faire*. Semer le grain. Entretenir le champ. Protéger les jeunes plantes. Récolter la céréale une fois qu'elle est mûre. Battre. Moudre. Mélanger de la pâte. Cuire. Au Néolithique, huit heures étaient nécessaires pour transformer des grains de blé entre deux pierres en un kilo de farine bise, enrichie du meilleur sable de mouture. Un effort qui a dompté l'homme sauvage par son caractère inévitable. Aujourd'hui, des moulins contrôlés par ordinateur crachent 25 tonnes de farine en une heure.

SUPPLÉMENT

Le plus vieux pain du monde a été cuit sous forme de galette il y a 14 000 ans. C'est ce qu'ont découvert des archéologues en 2018 sur la base de résidus de pâte carbonisée dans un foyer d'un village préhistorique de chasseurs-cueilleurs en

Jordanie. La découverte est considérée comme sensationnelle, car ces résidus proviennent de l'époque précédant la culture des céréales. D'après les examens réalisés, la farine a été « obtenue à partir de précurseurs de céréales tels que l'orge, l'engrain ou l'avoine » (*innungsbaecker.de*, août 2021). La plus ancienne découverte en Suisse est presque quatre fois plus récente. Un pain entièrement conservé a été mis au jour en février 1976 à Douanne, au bord du lac de Bienne; il a été fabriqué dans un site palafittique préhistorique vers 3530 av. J.-C. à partir de grains de blé écrasés sur une pierre rugueuse (*schweizerbrot.ch*, août 2021).
Le pain carbonisé de Zoug – Galgen datait de la même époque – jusqu'à ce que des scientifiques analysent cet objet et découvrent que son contenu n'était pas d'origine végétale, mais animale: il s'agissait d'excréments! Une galette d'un type très particulier, donc, mais tout de même 6000 ans plus vieille que ce que l'on pensait au départ.

Voir aussi : Basler Brot, page 32 ; Pain vaudois, page 181 ; Pain neuchâtelois, page 207 ; Sensler Rua-Brot, page 242 ; Pain paysan, page 300 ; Zürcher Brot, page 323 ; Sankt Galler Brot, page 417 ; Törggabrot, page 420 ; Pain de seigle valaisan, page 491 ; Pains liturgiques, page 493 ; Paun jauer, page 571 ; Brasciadèla, page 590 ; Pan di mòrt, page 630 ; Pane ticinese, page 632.

Urner Pastete

Pâté uranais ; tarte fourrée avec des raisins au marc

La fête et le labeur – tels étaient les deux pôles nettement opposés de la vie dans les abruptes vallées uranaises jusqu'au lendemain de la Deuxième Guerre mondiale. Le quotidien était pénible dans un environnement dominé par des forces naturelles et humaines, agissant aussi bien au-dessus qu'au-dessous de la surface terrestre. À cette époque sans distractions télévisuelles, les plaisirs se concentraient sur de rares fêtes comme Noël, Nouvel An et Pâques, célébrées partout le même jour, ainsi que sur la fête patronale, fixée par chaque paroisse à une date propre, de sorte qu'entre désalpes et inalpes, les gens avaient suffisamment d'occasions de participer régulièrement à des kermesses (*Chilbene* en dialecte) et à d'autres réjouissances dans les villages alentour.

Le pâté uranais et sa version réduite, l'*Iberlitzli*, sont considérés comme des friandises de fêtes, tout comme les beignets au sérac, particulièrement prisés lors du carnaval. Deux autres pôles marquent la vie culinaire dans le canton d'Uri : si les plats étaient simples et le sont restés, les ingrédients pouvaient avoir une origine lointaine, grâce aux confréries de muletiers qui, déjà au XIVe siècle, transportaient leurs marchandises au-delà du col du Gothard et connaissaient de longue date les tables lombardes, plus richement garnies.

L'*Urner Pastete* ou pâté uranais (comme son homologue glaronais, il s'agit en fait d'une pâtisserie sucrée) existe lui aussi « de longue date », comme cela figure dans le livre de cuisine *Ürner Chuchigänterli*, hélas sans indication plus précise. On pouvait produire soi-même le beurre et la farine entrant dans sa composition ; en revanche, les denrées alimentaires – dont des raisins et du vin – obtenues en échange contre du bétail et du fromage, les muletiers les ramenaient chez eux d'Italie. « D'après les plus anciens tarifs douaniers et marchands, on acheminait des *"Meertrübel"* (gros raisins) en provenance d'Italie dans notre ville déjà au début du XIVe siècle », écrit l'historien bâlois de la pâtisserie Albert Spycher, qui évoque aussi, dans *Back es im Öfelin oder in der Tortenpfann*, le juriste, compositeur et humaniste bâlois Bonifacius Amerbach, « connu pour son fort penchant pour les tartes et qui s'intéressa, dans un échange de lettres datant de 1553, aux raisins secs qui s'échangeaient à Gênes ». Au XVIIe siècle, on appréciait à Berne *« ein Weinbeerlin-Füll »*, à savoir une farce aux raisins, mentionnée par Apolonia Archer dans son *Berner Kochbuch* paru en 1692.

Le pâté uranais est une pâtisserie ronde ou rectangulaire, une sorte de tarte fourrée avec des raisins ayant macéré dans du marc – pour celles et ceux qui n'aiment pas les raisins, il existe une version avec une masse à fourrer aux amandes. Jadis on utilisait plutôt de la pâte brisée, aujourd'hui principalement de la pâte feuilletée. « Mais le véritable pâté uranais, appelé *"Püräpaschteetä"*, [...] ignorait la pâte feuilletée. Au contraire : après la cuisson, le cœur de la pâte devait encore avoir une consistance quelque peu fromagère » (*Ürner Chuchigänterli*) – consistance qu'Emil Stalder, chef et co-auteur de cet ouvrage sur les spécialités uranaises, décrit comme étant grisâtre et aussi brillante qu'une pierre à aiguiser mouillée (*« shlyyfstäinig sii »*).

Pour ce pâté originel, il faut, la veille au soir, malaxer du beurre et de la farine avec du sucre et un peu de sel, former une couronne avec la pâte, verser au milieu (dans la fontaine) des œufs, de l'eau-de-vie de marc et du cidre et enfin pétrir la pâte. Ce même soir, les raisins doivent être trempés dans de l'eau-de-vie de marc.

Le lendemain, on se débarrasse du liquide et fait mariner les raisins avec du sucre, de la cannelle et à nouveau du marc. Abaisser la pâte à un demi-centimètre d'épaisseur, bien découper le fond, le déposer sur la plaque de cuisson, badigeonner de jaune d'œuf. Appliquer une bande de pâte d'une largeur de trois centimètres sur le bord, puis surélever avec une seconde bande. Ensuite, répartir la garniture de raisins uniformément entre les bords, recouvrir d'une couche de pâte, la badigeonner de jaune d'œuf et faire quelques trous à la fourchette afin de laisser la vapeur s'échapper pendant la cuisson. Presser le bord et graver une décoration avec la fourchette. Enfourner une bonne demi-heure à 180-200 °C. Si l'horloge de la cuisine est en panne ou a disparu, on peut attendre que le pâté cuise comme cela se faisait jadis, en veillant à ce que personne n'ouvre la porte du four le temps de réciter un chapelet (*« ein Rosenkrantz lang nit aufgethan »*) – ce qui prend en effet une trentaine de minutes.

On trouve des *Urner Pasteten* toute l'année dans les boulangeries du canton. D'aucuns en mangent une part avec leur café, d'autres avec leur schnaps ou encore avec un verre de merlot du Tessin voisin.

Zigerkrapfen

Chausson fourré au sérac

La version uranaise du *Zigerkrapfen*, viennoiserie emblématique de la Suisse centrale, se distingue par sa couleur rougeâtre, qu'elle doit à un sucre aromatisé, le magenträs (cf. *page 375*), lequel est incorporé à la garniture au sérac. Jusqu'aux années d'après-guerre, cette pâtisserie a toujours été associée aux fêtes d'automne, les *Chilbi*, et au carnaval. L'*Atlas de folklore suisse*, basé sur des enquêtes menées durant les années 1930, ajoute que l'on trouve des *Zigerkrapfen* « en divers endroits, les jours de marché et de fête ». De nos jours, la demande est satisfaite tout au long de l'année.

L'utilisation de sérac pour fourrer des petites viennoiseries est tout sauf surprenante en Suisse centrale, étant donné la place prépondérante que l'élevage et l'industrie laitière ont occupée dans cette région pendant des siècles. Autrefois, on produisait du beurre et du sérac maigre ou gras, avec un acide puis on a fabriqué du fromage avec de la présure, plus pratique à conserver et à exporter, avant tout en Italie. À partir du petit-lait résiduel, quasiment dépourvu de matières grasses, on récupérait les dernières particules solides et en faisait du sérac. Ce fromage friable, composé essentiellement de protéines lactiques, se fabrique suivant des recettes maison. Après l'avoir pressé, on le mixe avec du sucre et des épices telles que de la cannelle, de la coriandre ou justement du magenträs, dont la teinte est due au bois de santal en poudre qu'il contient, jusqu'à obtention d'une fine consistance, grâce à l'adjonction de lait. Les beignets ainsi fourrés sont ensuite frits dans du beurre fondu ou d'autres matières grasses.

« Ces *Zigerkrapfen* se préparaient il y a deux cents ans de la même manière que celle qui a cours aujourd'hui, sauf qu'à la place du mélange d'épices commun de nos jours, appelé *Magenträssisch*, on employait du miel et de la cannelle », précise le recueil *Ürner Chuchigänterli;* pour une recette d'Altdorf datant du XVIIIe siècle, il insiste sur la nécessité d'avoir une « garniture qui n'est pas humide, sans quoi elle s'échapperait du chausson lors de la cuisson ; on peut aussi ajouter des raisins secs au sérac ».

Voir aussi : Rissoles aux poires, page 146 ; Brienzer Krapfen, page 281 ; Zigerkrapfen, page 367 ; Landsgmendchrempfli, page 448 ; Crèfli, page 628.

1. August-Weggen

Pain du 1er août ; viennoiserie en pâte levée blanche de la taille d'un petit pain et confectionnée pour la fête nationale

La fête nationale du 1er août, célébrée une première fois et exceptionnellement en 1891 pour marquer le 600e anniversaire de la Confédération, ne le sera annuellement par le peuple suisse qu'à partir de 1899 grâce à une décision du Conseil fédéral ; quant au lancement national du pain du 1er août, une idée marketing de l'Association suisse des patrons boulangers-pâtissiers, il eut lieu en 1959. Seul le Grütli – en allemand Rütli – n'est pas une invention, malgré les controverses historiographiques à son sujet ; cet « ensemble de prairies dans la forêt qui domine le lac d'Uri (bras sud du lac des Quatre-Cantons), sur le flanc est du Seelisberg » (*DHS*) appartient à la Confédération. Le *Dictionnaire historique de la Suisse* poursuit : « Selon les mythes fondateurs de la Confédération, dont le plus ancien témoignage se trouve dans le *Livre blanc* de Sarnen, le Grütli était le lieu de rencontre secret des premiers Confédérés lors de leur conjuration contre les baillis autrichiens. »

Un tel endroit mérite non seulement d'être protégé de toute construction ou de faire l'objet d'un culte historique, il a aussi de quoi briller sur le plan culinaire, même si au-delà des meilleures intentions, c'était surtout le volume des ventes que l'Association des boulangers avait en tête lors de la matérialisation de son idée. À la manière des orateurs de tout le pays qui, le 1er août, en appellent à l'unité, dans sa revue, en 1962, l'Association des boulangers enjoignit ses membres à maintenir une ligne commune : « C'est seulement si nos clients peuvent acheter cette viennoiserie dans tous nos magasins au même prix et avec la même qualité que notre action sera couronnée de succès. [...] Partout où la recette et le mode de fabrication [du pain du 1er août] ont été appliqués, le succès était au rendez-vous. » Ladite viennoiserie, un petit pain rectangulaire ou rond en pâte à tresse (avec du beurre et du lait) incisée d'une croix et garnie d'un petit drapeau suisse, s'est imposée et est devenue une tradition. Elle n'est proposée que sur une brève période, de la fin juillet au début août.

Malgré tous les appels à l'unité dans les ingrédients comme dans la préparation, chaque boulanger a sa signature et ne s'en cache pas. Ainsi, les pains du 1er août auront parfois un goût similaire à celui d'un petit pain au lait, ou alors ils rappelleront plutôt une tresse. L'important, selon l'association susmentionnée, c'est qu'on utilise exclusivement du beurre, « parce que le pain du 1er août est diffusé sur l'ensemble du territoire suisse en tant que viennoiserie au beurre ».

Pour la pâte, il faut mélanger de la farine blanche, du lait (ou du lait en poudre délayé dans de l'eau), du beurre, du levain, du malt, une pincée de sucre et de sel ainsi que du Levit, et pétrir le tout jusqu'à obtention d'une pâte onctueuse ; le Levit est un produit de panification à base de levain déshydraté à la levure, qui renforce le goût et prolonge la fraîcheur. La pâte doit devenir élastique, et c'est là que se forme le gluten (du latin *glutinum*, colle), ce composé protéique qui lie le liquide à la pâte et lui permet de retenir les gaz de fermentation, ce qui donne au final une consistance aérée. Le gluten est susceptible de déclencher des allergies et même des maladies chroniques chez les personnes intolérantes à cette « colle végétale ».

La pâte entière doit reposer et fermenter (c'est ce qu'on appelle le pointage) une demi-heure afin qu'elle récupère du pétrissage et que les arômes se développent sous l'action du levain et des enzymes. Elle est ensuite portionnée dans une machine en boules de 90 à 240 grammes chacune, que le boulanger laisse à nouveau reposer (c'est l'apprêt). Puis il doit, à l'aide de ciseaux, pratiquer douze petites incisions pour esquisser une croix suisse à la surface – certains se contentent de deux entailles en croix. Dorer à l'œuf et enfourner 20 à 30 minutes à 210 °C. Avant la mise en vente, surtout ne pas oublier de planter un petit cure-dents muni d'un drapeau rouge et blanc dans chaque petit pain.

C'est sans doute du fait de leur rareté – leur présence sur les étals est éphémère – que les pains du 1er août sont très demandés.

Voir aussi : Pain de Pâques, page 207 ; Tresse, page 285 ; Weggli, page 322 ; Zürcher Murre, page 324 ; Motschelle, page 450.

22

GLARIS (*GLARUS*)

Large vue d’une vallée étroite

ÉPICES, SELS, VINAIGRES ET HUILES

PRODUITS CARNÉS

PRODUITS LAITIERS

PRODUITS DE BOULANGERIE ET PÂTISSERIE

BOISSONS

Le train qui emmenait en une heure les pendulaires du pays de Glaris directement au travail dans l'agglomération zurichoise et les ramenait chez eux était appelé le « Glarner Sprinter ». Depuis décembre 2013, il circule sous le numéro sans âme « S25 » du réseau express régional zurichois.

« Sprinter » sonne de manière presque emblématique, comme si les habitants de cette impasse paysagère étaient poussés à foncer à travers l'étroite entrée de la vallée pour trouver de quoi vivre. « Pour nous, les Glaronais, ce chemin hors de la patrie est parfois comme un canal pelvien par lequel nous devons nous forcer à passer », a écrit la musicienne et entrepreneuse Betty Legler dans la *NZZ* (24 juillet 2015).

Vu du ciel, le paysage peut faire penser à un sac ficelé, mais il a stimulé ses habitants et leur a permis de garder l'esprit éveillé. Il ne brille pas par des sommets de 4000 mètres et n'alimente pas les calendriers annuels avec des images à foison – mais s'il le fait, c'est avec des sujets spectaculaires comme la chaîne montagneuse des Tschingelhörner et le Martinsloch, cette ouverture dans le rocher à travers laquelle le soleil darde ses rayons jusqu'au clocher du village d'Elm à la mi-mars et à la fin septembre, ou ce remarquable exemple d'énorme chevauchement géologique dans la partie montagneuse du canton, au sud : le plissement tectonique et la stratification de diverses couches de roches ont été reconnus en 2008 par l'Unesco comme patrimoine naturel mondial sous le nom de « Haut lieu tectonique suisse Sardona », un mémorial des mouvements de l'écorce terrestre.

La perception de ce petit canton enclavé a beau être assez floue pour la plupart des non-Glaronais, il ne cesse de tracer de nouvelles voies, par exemple en 2011 avec le regroupement de ses 25 villages en trois collectivités, Glaris Sud et Glaris Nord, entre lesquelles se trouve simplement Glaris.

Contraints de trouver des alternatives à l'agriculture et au mercenariat, les Glaronais ont développé et conservé des liens commerciaux avec Zurich. C'est ainsi que le schabziger a été placé sous un contrôle strict il y a plus de 550 ans, devenant le premier produit de marque de Suisse. Au XVIIIe siècle, le tissage à la main sur les rives de la Linth a donné naissance à une industrie textile qui entraîna des fabrications annexes comme l'impression sur tissu ; le *Glarner Tüechli* ou foulard glaronais est répandu dans le monde entier. Tout comme les pots vides génèrent plus d'idées que les pots pleins, une région pauvre en matières premières est tributaire de l'inventivité de ses habitants – à cet égard, Glaris apparaît comme un modèle réduit de la Suisse.

Aucun produit n'incarne le potentiel créatif de cette région de manière aussi évidente que le schabziger – on ne sait pas qui a eu l'idée de moudre du fromage maigre avec du mélilot bleu, mais le fait que cette idée ait survécu à plus d'un demi-millénaire et fonctionne toujours montre à quel point elle était aboutie. Dans cette étroite vallée, il a fallu très tôt avoir une vue large et à long terme.

À l'exception du schabziger, les spécialités glaronaises ne sont guère connues à grande échelle ; ce sont des produits qui se sont imposés par tradition ou qui ont été importées de l'étranger. Ils se caractérisent tous par leur sens de l'originalité, comme la *Glarner Kalberwurst* (saucisse à rôtir de veau glaronaise), qui ressemble à celle de Saint-Gall mais n'en est pas une copie, ou le *Glarner Schüblig*, qui se distingue également des produits apparentés. Même si ce ne sont que des nuances – comme pour le *Glarner Birnbrot* (pain aux poires glaronais).

Le *Glarner Pastete* ou pâté glaronais (qui est en fait une pâte feuilletée fourrée) et le magenträs Trietolt, un sucre aromatisé, sont des exclusivités culinairement exotiques. Les deux proviennent de l'étranger, se distinguent par leur goût complexe et symbolisent l'un comme l'autre le besoin de quitter le « Zigerschlitz » (tel est le surnom du canton de Glaris, que l'on pourrait traduire par « fente à sérac »), de ne pas l'oublier et d'y revenir un jour.

Magenträs Trietolt

Sucre aromatisé à la poudre de bois de santal

Celui qui a soutenu que les remèdes doivent avoir un goût amer pour être efficaces n'a jamais entendu parler du magenträs. Ou il n'a pas réalisé qu'un «*medicament*» peut se transformer en «*leckerei*» (friandise) en y ajoutant du sucre. Lorsque ces deux termes ont été mentionnés à la fin du XIXe siècle dans l'article «*tresenei*» du *Deutsches Wörterbuch* de Jacob et Wilhelm Grimm, le sucre n'était déjà plus un luxe; le chimiste allemand Franz Carl Achard avait décrit les bases de la production industrielle de sucre en 1801. Les mélanges d'épices exotiques, qui après la fin de l'Antiquité n'ont été apportés d'Orient en Occident par les croisés qu'au XIIe siècle, étaient précieux et convoités, donc chers et uniquement disponibles chez les apothicaires. Le magenträs servait principalement à traiter les problèmes gastriques – cette poudre favorisait la digestion, mais aussi, grâce au gingembre, la virilité.

Il semble étrange que le terme *Triet* et ceux qui lui sont apparentés aient commencé à disparaître dès que le sucre est devenu plus abordable que jamais. C'est ce que le dictionnaire de Grimm constate pour le XVIIIe siècle, «où la tradition s'interrompt». Il dérive des synonymes tels que *träs*, *träsent*, *tresent* ou *triet* de «*tresenei*, f., grossière poudre épicée»; «le mot est uniquement usité sur le sol continental ouest-germanique» ainsi qu'au XVIIIe siècle avec «quasiment toujours *trisenet*, *trisinet*». Les frères Grimm font remonter ces vocables au provençal *trissar* (piler) et *trisson* (pilon du mortier).

Dans les cantons de Zurich et de Schwytz, le terme *Magenträs* («poudre pour l'estomac») a survécu, et dans le canton de Glaris, la fabrique d'épices Landolt Hauser, qui produit du sucre aromatique depuis 1900, a composé le mot Trietolt à partir de *Trietpulver* et de (Land)olt; la marque Trietolt a été enregistrée en 1913. Jean Landolt avait ramené un produit appelé Tratestivo d'un voyage d'affaires et s'en est inspiré pour développer un magenträs traditionnel.

En Suisse, on a prescrit des épices en poudre au moins depuis le XVIe siècle. Dans son *Historia animalium*, Conrad Gessner (1516-1565) parle «de la licorne» et énumère diverses utilisations de parties de cette créature fabuleuse. «Contre l'épilepsie, pour le bien et la santé des malades, j'ai fait faire une poudre de cette corne de licorne et j'y ai ajouté de l'ambre, des copeaux d'ivoire, de l'or battu en feuilles, du corail, avec d'autres choses encore que j'ai fait piler grossièrement, et dans un sachet de soie plongé dans de l'eau dans laquelle j'ai fait mijoter de l'éphédra, de la cannelle et d'autres choses encore que j'ai utilisées.» Apparemment, le savant n'était pas tout à fait sûr de ce mélange, aussi ajouta-t-il: «Mais je n'ai ni négligé ni omis d'autres remèdes en plus.»

L'*Idiotikon* cite une alternative autochtone plus modeste, mais certainement plus réaliste, tirée d'une source de 1588, recommandant de prendre des glands moulus et des graines de persil, de les mélanger avec du sucre et de boire cette poudre avec un verre de vin. Dans son livre de cuisine de 1751, Dorothea Welti-Trippel de Zurzach énumère huit variantes de «*Träsent*» contenant jusqu'à douze épices pilées différentes.

«Les épices exotiques et les ingrédients du bassin méditerranéen apportaient à la cuisine pour les fêtes [de l'Ancien Régime] cette note particulière que nous essayons d'obtenir aujourd'hui en important des fruits et légumes frais des pays tropicaux», écrit l'historien François de Capitani (1950-2012) dans *Festliches Essen und Trinken im alten Bern*. Il y cite un mélange d'épices comparable au magenträs: «Poude à lever et à pâtisserie – deux onces de gingembre, autant de poivre, de la cannelle, du macis, des clous de girofle et de la noix de muscade (trois quarts d'once de chaque espèce), le tout réduit en poudre, avec autant de sel à ajouter; on pourra s'en servir à volonté pour la cuisine ou la pâtisserie» (*Bernisches Kochbüchlein*, 1749). À cette époque, on employait la poudre conservée dans une boîte pour pratiquement tous les plats; le mélange d'épices devait avoir le même potentiel addictif que le condiment en poudre ou l'arôme liquide Maggi que nous connaissons.

À Bâle, selon les *Kuchibüchern* (livres de cuisine) II (1534-1567) et III (1567-1603) de la corporation du Safran, lors des banquets du Nouvel An, par exemple, les messieurs faisant partie de cette guilde s'offraient des mets luxueux tels que des oranges amères, des raisins secs, des olives, des câpres, du persil et des *Tresney*, en plus de la moutarde habituelle. Comme l'écrit l'historien de la pâtisserie bâlois Albert Spycher dans son livre sur les leckerli, les *Tressney* ou *Trisanet* bâlois étaient des *Morsellen* (du français *morceau*) pulvérisés : de petites pastilles à base de sucre cuit et d'eau de rose, comme on en propose encore avec différents parfums sous le nom de *Magenmorsellen* à la Foire d'automne de Bâle sur la place Saint-Pierre.

Le Trietolt est mélangé selon une recette familiale comprenant du gingembre, de la noix de muscade, des clous de girofle, du bois de santal en poudre, du sucre vanilliné, de la cannelle et du sucre cristallisé. La fabrique de Näfels s'approvisionne en épices auprès de négociants en Allemagne et aux Pays-Bas.

Les produits bruts sont livrés dans des sacs, vidés dans des trémies (une pour chaque épice), broyés et collectés dans des barils en plastique. De nos jours, le bois de santal (du genre *Santalum*) est utilisé comme encens ou comme parfum, rarement encore comme épice pure ; il donne au Trietolt une lueur rougeâtre.

Une fois pesées, les épices sont mélangées au sucre dans un tonneau en acier chromé. Le conteneur tourne en basculant et sur les côtés, entraîné par une roue allemande (qui est à la base un instrument inventé pour les gymnastes). Dans le mélange final, toutes les saveurs se déploient sans qu'aucune ne s'impose. Ce sucre aromatique glaronais est disponible en sachets de 30 grammes, en saupoudreuses de 120 grammes ou en boîtes de 800 grammes. Dans les années 2010, Landolt Hauser a déplacé la production de Trietolt vers l'Autriche voisine pour des raisons de coûts.

On saupoudre le magenträs sur une tranche de pain ou de tresse beurrée, un « excellent dessert zurichois à l'ancienne ou comme quatre-heures », d'après Marianne Kaltenbach, sur une salade de fruits, une glace ou une crème dessert, un gâteau aux fruits, une portion de crème fouettée ou dans une tasse de thé – des délices dont la teneur en sucre est ainsi relevée d'une note exotique. Dans le canton d'Uri, on mélange du sucre aromatique à la garniture des chaussons au sérac (*Zigerkrapfen*), ce qui se manifeste par un léger chatoiement rougeâtre dans le fromage blanc (cf. *page 519*).

Mentionnons enfin une cousine de la *Trietschnitte*, la *Fotzelschnitte* : il s'agit d'une tranche de pain (rassis) retournée dans un œuf battu ou une simple pâte, rôtie dans du beurre des deux côtés et saupoudrée de sucre à la cannelle au moment de la servir.

Voir aussi : Magenträs, page 375.

PRODUITS CARNÉS

Glarner Kalberwurst

Saucisse de veau ayant la particularité de contenir du pain blanc

Même s'il ne représente que 4 % de la masse de la saucisse, le peu de pain que contient la chair de cette saucisse a fait se dresser les fonctionnaires cantonaux et fédéraux pendant des décennies contre les revendications des Glaronais. La *Chalberwurscht* est arrivée sur l'Olympe des saucisses en 1992, lorsque l'ajout de pain à de la chair à saucisse a été autorisé par la loi sur les denrées alimentaires – avant cela, la composition et la fabrication de la *Glarner Kalberwurst* n'étaient que « tolérées », et « exclusivement dans le canton de Glaris » (*Saucisses de chez nous*, Centre de formation pour l'économie carnée suisse, Spiez 1988). Le 1er décembre 2011, cette spécialité a reçu sa consécration nationale définitive lorsque, après avoir passé les tests, l'Office fédéral de l'agriculture l'a inscrite sur la liste des produits ayant une Indication géographique protégée (IGP). Cette variante, plus souple en termes de terroir que l'AOP, est logique car la viande nécessaire aux 30 tonnes de *Glarner Kalberwürste* produites annuellement (2015) peut difficilement être produite dans le seul canton de Glaris, contrairement au pain qui entre dans leur composition.

Ainsi, la *Glarner Kalberwurst* « est fabriquée uniquement dans le canton de Glaris. La naissance, l'engraissement, l'abattage et la découpe des veaux et des porcs ont lieu exclusivement en Suisse et dans la Principauté du Liechtenstein. Le pain blanc provient exclusivement du canton de Glaris » (*aop-igp.ch*). Cela semble aller de soi, mais les choses n'ont jamais été faciles avec cette spécialité. Les premières mentions (connues à ce jour, en 2021) remontent à 1846, lorsque le livre *Der Kanton Glarus* décrit la *Kalberwurst* comme *« dem Glarnerland eigenthümlich »* (spécifiquement glaronaise). Apparemment, les habitants du Grosstal, la vallée située entre le Tödi (le plus haut sommet des Alpes glaronaises) et la plaine de la Linth étaient tellement divisés – depuis des décennies – sur la composition de la saucisse, que l'on a dû procéder à un vote pour trouver la formule magique ! En 1920, la landsgemeinde de Glaris a approuvé la recette qui est encore valable aujourd'hui : 44 % de veau, 20 % de lard, 32 % de lait et 4 % de pain blanc ; assaisonnée de sel, d'oignons frais, de poivre, de noix de muscade et de macis. C'est ainsi une « assemblée du pays » (tel est le sens du mot *Landsgemeinde*) qui a fait fi de la loi suisse sur les denrées alimentaires de 1905, laquelle interdisait l'ajout d'éléments non carnés, hormis les épices.

La viande, le lard et les épices sont passés au mixeur en ajoutant un mélange de lait froid, de glace et d'eau glacée, ainsi que du pain blanc (rassis) trempé dans du lait, et le tout est mixé jusqu'à obtention d'une masse fine et compacte. Le boucher embosse la chair à saucisse dans des boyaux naturels, ferme les bouts par torsion, puis échaude les saucisses dans de l'eau à 68 °C ou à la vapeur. La recette de base permet des variations, comme l'ajout de couenne de porc, de tête de veau ou d'œufs, ainsi qu'une proportion plus élevée de pain blanc. La *Glarner Kalberwurst* se caractérise à la fois par sa chair tendre et par une note distinctive de noix de muscade.

Avec la *Chalberwurscht*, pour une fois, tout ne tourne pas autour de la saucisse même, mais du pain. Qui a été le premier à en mettre dans la chair à saucisse, et pourquoi ? Extérieurement, cette saucisse ressemble à la saucisse à rôtir de veau de Saint-Gall, et l'on pourrait supposer que le pain a été incorporé en tant que signe distinctif. Mais ce genre de démarcation délibérée avec le canton voisin ne tient pas la route, tout comme l'idée qu'il s'agirait là d'une tentative de faire un pas en direction du végétarisme.

Au XIXe siècle, la nourriture était tout sauf abondante, de nombreuses personnes souffraient de malnutrition, et les pénuries céréalières n'étaient pas rares. Par conséquent, l'argument selon lequel on ajoutait du pain à la viande pour l'allonger est mis en doute. Dans ce contexte, on suppose plutôt que la saucisse a été élevée au rang de produit noble grâce à l'ajout de pain et qu'elle se distingue ainsi élégamment de la saucisse à rôtir de veau de Saint-Gall, qui lui ressemble à s'y méprendre. Peut-être était-ce simplement une envie d'expérimenter quelque chose de nouveau qui a joué un rôle dans la composition. La création glaronaise n'est d'ailleurs pas la seule saucisse contenant des ingrédients non carnés ; on peut citer la saucisse aux pommes de terres, dans les Grisons (cf. *page 549*), ou la saucisse aux racines rouges du Valais (cf. *page 471*).

La *Glarner Kalberwurst* est vendue verte, c'est-à-dire crue, ou échaudée, avec ou sans emballage sous vide. Avant les années 1950, lorsque la plupart des foyers n'étaient pas encore équipés de réfrigérateurs, on mangeait de la saucisse de veau principalement le week-end. Cuite et servie avec une sauce blanche aux oignons, de la purée de pommes de terre et quelques touches de couleur provenant de pruneaux séchés, elle est considérée comme un plat de fête traditionnel, notamment lors de la landsgemeinde, que d'innombrables invités d'honneur venus de toutes les régions de Suisse ont pu découvrir. Les braises du gril donnent à sa saveur délicate (ou anémique, comme le prétendent ses détracteurs) de puissants arômes de torréfaction. En dehors du canton de Glaris, des enseignes de la grande distribution en proposent dans certaines régions.

Glarner Netzbraten

Rôti haché à base de viande de veau et de porc dans une crépine de porc

Une masse compacte de chair à saucisse finement hachée ne doit pas nécessairement être embossée dans des boyaux naturels ou artificiels ; on peut aussi la placer dans un moule comme du fromage d'Italie ou l'emballer comme le *Glarner Netzbraten*, avant de la braiser au four ou la rôtir à la poêle. En général, on entend par rôti une viande en un seul morceau, comme le rôti de marcassin, le *Suure Mocke* (rôti d'épaule de bœuf) ou le *capretto al forno* (cabri au four), c'est-à-dire quelque chose de fibreux et de ferme. Mais quid de la chair à saucisse, une émulsion onctueuse ? Tout comme la *Chalberwurscht*, le *Netzbraten* est un produit particulier du canton de Glaris, une sorte d'hybride entre la saucisse de veau et le fromage d'Italie.

Le *Netzbraten* appartient à la grande famille des pâtés et terrines ; sa particularité est son emballage, appelé *omentum majus* (grand omentum) par les vétérinaires, crépine par les bouchers. Le maillage de délicates veines de graisse et de morceaux de graisse plats peut atteindre une surface d'un mètre carré ; cette membrane s'étend sur les abats. « En fait, ça ressemble plus à de la dentelle qu'à quelque chose de comestible », écrit Jennifer McLagan dans *Fat – An Appreciation of a Misunderstood Ingredient* (2008), précisant que « la crépine de porc adhère, il n'y a donc pas besoin d'utiliser de la ficelle à rôti ou des cure-dents, et elle prend une belle couleur brun doré en rôtissant. » En Suisse, on en emploie pour envelopper le rôti de viande hachée, intitulé « Netzbraten – Hachis de bœuf en crépinettes » dans le *Buchhofer's Schweizer Kochlehrbuch* (1934), hachis constitué d'un mélange de viande de bœuf et de veau finement hachée, « ainsi que [...] de graisse de veau issue des peaux et [...] de lard gras sans odeur rance » ; les atriaux (*Tätschli* en suisse allemand) de viande de porc hachée du traditionnel festin jurassien de la Saint-Martin en sont enveloppés, tout comme les *Adrios* suisses allemands de même forme à base de chair à saucisse de veau ; en Haute-Autriche, on apprécie le *Leberschädel*, une spécialité à base de viande hachée, de foie de porc et de pain rassis, enveloppée dans une crépine de porc et rôtie.

Dans sa forme actuelle, le *Glarner Netzbraten* n'est probablement produit que depuis les années 1920 environ, car auparavant, le cutter, sans lequel il est impossible de fabriquer de la chair à saucisse sous forme d'émulsion, n'était pas encore techniquement au point. Le *Netzbraten* figurant dans un livre de cuisine de 1908 était probablement similaire à un pain de viande.

Deux parts de veau et une part de porc sont blitzées avec du lard, du bloc de tête de veau (tête de veau débarrassée de sa graisse et de ses cartilages) ou de la couenne avec du sel de table jusqu'à obtention d'une chair à saucisse fine et onctueuse ; pour que la chaleur de friction ne détruise pas les protéines, on ajoute de la glace, de l'eau glacée ou du lait glacé. Du phosphate et du glutamate sont incorporés au mélange, ainsi que des oignons, du poivre et du macis (le tégument rouge entourant la noix de muscade) râpé. La chair à saucisse est enveloppée dans des crépines de porc par portions de 500 grammes à un kilo, rarement de deux kilos, et attachée avec de la ficelle en nœuds lâches selon un modèle bien précis.

Le *Netzbraten* doit être consommé rapidement après l'achat. Il faut le rôtir dans une poêle et le laisser crépiter, ou le braiser au four. Dans le recueil de recettes *Kochen im Glarnerland*, la chef Käthy Knobel cuisine le *Netzbraten* dans une braisière avec du fond de rôti, de la purée de tomates, du vin blanc ou rouge et du malaga au four à 180 °C sans couvercle (sinon le filet éclate) pendant 40 à 50 minutes. Servir avec des légumes, de la purée de pommes de terre ou des pâtes. Le *Netzbraten* a une couleur blanchâtre car on l'assaisonne avec du sel de table et non avec du sel nitrité, qui déclencherait la rubéfaction (comme pour le fromage d'Italie). Une fois coupés en tranches, les restes de ce rôti serviront avantageusement de garniture de sandwich.

Voir aussi : Fromage d'Italie/Fleischkäse, page 338 ; Sankt Galler Kalbsbratwurst, page 401.

Glarner Schüblig

Saucisse échaudée non fumée avec du lard

Comme pour la *Glarner Kalberwurst* (saucisse de veau glaronaise), c'est la finesse de la chair à saucisse qui caractérise la signature du *Glarner Schüblig*. La chair délicate et pratiquement sans grain que l'on attend de ces saucisses ou d'autres qui leur sont comparables comme le cervelas et la boule de Bâle, est une émulsion que seul un cutter à grande vitesse est capable de réaliser.

Le *Glarner Schüblig* est très différent du *Bauernschüblig*, une saucisse crue séchée et la plus ancienne variété de schüblig ; elle se rapproche plus de l'*Augustiner* et du *Bassersdorfer Schüblig*, deux saucisses échaudées apparentées, et plus encore du schüblig de Saint-Gall, qui est fumé. On sait peu de choses sur les origines des schübligs glaronais (davantage sur les schübligs à la page 403) ; au XIXe siècle, ils étaient encore fumés, comme on peut le lire dans *Historisch-geographisch-statistisches Gemälde der Schweiz. Der Kanton Glarus* (1846) : « Une nuit autour du four pour les sécher et ensuite dans la cheminée, où on les laisse suspendus pendant 2 jours. » Plus tard, l'*Atlas de folklore suisse*, constitué pendant les années 1930, les décrit comme des saucisses de « seconde qualité, préparées à partir de poumon, de cœur, de viande de rebut et de lard en y ajoutant de la viande de vache ». Cela a changé radicalement dans les années 1950-1960, lorsque les cuisines suisses ont été équipées de réfrigérateurs et que les aliments à conserver quittèrent les caves et les cheminées. L'une des particularités du *Glarner Schüblig* est qu'il n'est pas fumé et qu'on l'achète souvent « vert », c'est-à-dire cru.

Le boucher visité « blitze » sa viande de bœuf et de porc avec du sel de cuisine et des épices (poivre, noix de muscade, coriandre ainsi qu'un peu d'ail). Il ajoute des morceaux de glace ou de l'eau glacée – pour réduire l'échauffement de la viande dans le cutter – jusqu'à obtention d'une chair à saucisse rose, ajoute du lard et de la couenne et termine en réduisant la vitesse de son appareil ; la chair à saucisse est onctueuse, presque blanche et brillante. Elle est embossée dans des boyaux de porc, et le boucher referme les saucisses avec des bâtonnets de bois. S'ils doivent être vendus « verts » sur le comptoir, ils sont prêts ; sinon, il faut encore les échauder.

Sur le podium des produits glaronais les plus renommés, le schüblig occupe la troisième place derrière la *Kalberwurst* et le *Netzbraten*. On peut soit l'échauder, soit le rôtir à la poêle ou le griller et le servir avec une salade de pommes de terre, des *Zigerhöreli* (cornettes au schabziger) ou du pain.

DIGRESSION

Hachoirs, mixeurs et autres cutters

Avant l'arrivée du cutter sur le marché, les bouchers utilisaient de simples couteaux et pour couper leur viande. Afin d'obtenir une pulpe de viande particulièrement fine, on laissait agir les enzymes – sans connaissances microbiologiques, mais grâce à l'expérience – et la viande était pressée à mains nues à travers un tamis après avoir été hachée, parfois avec des morceaux de foie, ce qui améliorait la finesse, mais apportait aussi une saveur caractéristique. Le hachoir, une lame incurvée dotée de poignées aux deux extrémités, a permis un travail plus rationnel et plus énergique, et plus encore le développement du hachoir automatique (*Wiegegatter*) à la fin du XIXe siècle : sept lames montées côte à côte, déplacées par des courroies actionnées par la vapeur, hachaient la viande sur un bloc de bois massif rond.

L'étape suivante fut le hachoir à viande (*Fleischwolf*), actionné à la main ou par une machine, dans lequel la viande, grâce à la pression exercée, tournait à travers des disques munis de trous de différentes tailles. La renaissance du couteau commença avec un appareil motorisé dans lequel une puissante lame en spirale montée horizontalement dans un bac allongé broyait la viande, comparable en cela à une tondeuse à gazon manuelle. C'est ainsi qu'est né le cutter ou blitz, basé sur le même principe que le mixeur, qui était plutôt un appareil destiné aux ménages ou aux bars. Il a apparemment été introduit en Suisse sur un certain laps de temps, car jusqu'à la 10e édition du célèbre manuel d'Alexander Buchhofer intitulé *Schweizer Kochlehrbuch für rationelle bürgerliche, feine Privat–, Restaurant- und Hotelküche*, qui date de 1934 (la 1re édition date probablement de 1899 ; en 1900, l'Exposition internationale d'art culinaire de Francfort-sur-le-Main décerne déjà une médaille d'or à cet ouvrage), le cutter n'apparaît nulle part, car « pour hacher la viande, il est préférable d'utiliser le hachoir américain original ; suivant le type de saucisse, on insère une plaque de coupe perforée plus ou moins fine ».

La boucherie que nous avons visitée dans le canton de Glaris était déjà plus moderne, comme le souligne le maître boucher en nous montrant la photo d'un cutter : « Chez nous, il y avait déjà un blitz dans les années 1920 environ, mais il ne coupait pas la chair à saucisse aussi finement que les machines d'aujourd'hui. » La finesse dépend du nombre de tours par minute (tr/min) des couteaux dans la cuve ronde ; vers 1920, ils arrivaient à peine plus de 1000 tr/min, puis atteignirent les 5000 tr/min, ce qui est suffisant pour une émulsion.

Avant le cutter et ses lames à rotation horizontale, il y a eu aux États-Unis « pour le côté plus difficile de la transformation des aliments », comme l'écrit Bee Wilson dans son livre *Consider the*

Fork: A History of How We Cook and Eat, une série d'ustensiles de cuisine électriques volumineux telles que des hachoirs et des mixeurs : « Le premier sur le marché était un robot électrique développé en 1908 par Herbert Johnston pour la Hobart Manufacturing Company, une société spécialisée dans les hachoirs à viande à moteur. [...] Les premiers mixeurs électriques de Hobart étaient destinés à un usage industriel et avaient une capacité de 75 litres. En 1919, Hobart lança un produit dérivé, le KitchenAid, proposant une version réduite, adaptée aux plans de travail, destinée au secteur de la restauration et pesant un peu plus de 30 kilos. »

De taille et de poids encore plus modeste, le robot KitchenAid a été créé pour la cuisine domestique, « l'appareil de cuisine américain par excellence ». Aujourd'hui, et pas seulement aux États-Unis, il y a aussi un robot ménager KitchenAid dans ma cuisine en 2022.

Bien plus petit encore, le cutter ménager ordinaire est un appareil pratique qui permet de hacher proprement un oignon ou quelques gousses d'ail. Ou une chair à saucisse tendre en un rien de temps : mettre de la viande de poulet glacée avec un peu de crème dans le cutter et assaisonner, puis mixer jusqu'à ce qu'elle se transforme en une pâte fine sans granulation visible ni perceptible au toucher. Former des quenelles à l'aide d'une cuillère et les faire cuire dans un bouillon.

Mentionnons enfin une contribution suisse au vaste domaine du mixage des aliments : un appareil de cuisine électrique portable, le mixeur plongeant Bamix, inventé par Roger Perrinjaquet à Lausanne et enregistré auprès de l'Office fédéral de la propriété intellectuelle le 6 mars 1950 comme « appareil ménager portatif » ; breveté en 1953, cette « baguette magique » a été mise en vente dès l'année suivante. Plus de 400 000 appareils Bamix sont produits chaque année (2014) à Mettlen dans le canton de Thurgovie. Selon le modèle, les lames atteignent une vitesse de 12 000 à 22 000 tr/min.

Voir aussi : Augustiner Schüblig, page 312 ; Bassersdorfer Schüblig, page 313 ; Bauernschüblig, page 313 ; Sankt Galler Schüblig, page 403 ; Toggenburger Bauernschüblig, page 405.

PRODUITS LAITIERS

Glarner Alpkäse

Fromage d'alpage à pâte mi-dure à base de lait cru d'alpage

Ses origines ne remontent pas au XVe ou au XVIe siècle comme celles du fromage d'alpage bernois, du Sbrinz ou du Gruyère ; probablement parce que dans le « Zigerschlitz » (surnom du canton de Glaris), on s'est concentré sur la production de *Ziger*, de sérac maigre et non de fromage d'alpage gras, car la crème était baratée pour en faire du beurre. Ce n'est qu'en 1846 que le *Glarner Alpkäse* apparaît dans le recueil historique, géographique et statistique *Gemälde der Schweiz. Der Kanton Glarus* et, également au XIXe siècle, dans le livre de cuisine d'Othmar Blumer-Paravicini, dans lequel ce fromage d'alpage est appelé « Landkäse » (fromage de pays) ; c'est ainsi qu'on l'appelle parfois encore aujourd'hui.

Les paysans glaronais vendaient principalement du sérac et du beurre, qui était accepté comme moyen de paiement dans les milieux agricoles jusqu'au XXe siècle, par exemple en tant que loyer à verser au propriétaire de l'alpage. De plus en plus, ils vivaient aussi du fromage gras, qu'ils vendaient comme le schabziger et le beurre. Le fromage d'alpage glaronais n'est pas particulièrement connu dans le reste de la Suisse, car il provient d'une zone d'origine relativement restreinte, comparable – également en termes de goût et d'aspect – aux fromage d'alpage saint-gallois, uranais ou nidwaldien.

Les fromages d'alpage du canton de Glaris pèsent entre cinq et neuf kilos. « Chez nous, c'est le paysan ou le fermier qui fabrique lui-même son fromage d'alpage et non un fromager salarié », explique le directeur général de la coopérative Glarona (2018). Celle-ci décharge les fromagers d'alpage des tâches qui peuvent être regroupées : elle collecte les fromages et les affine, s'occupe des prix, de la marchandisation et des conseils. Cela laisse aux fromagers tout le temps et la tranquillité nécessaires, sur leurs alpages, pour se concentrer sur un produit aussi authentique que possible. Sur les 88 alpages enregistrés, environ la moitié sont des alpages à fromage, dont 27 appartiennent à Glarona ; six non-membres font affiner leur fromage par cette copérative. Ainsi, en 2018, un peu plus de 82 tonnes de *Glarner Alpkäse* ont été réunies, soit environ 13 000 meules.

Le paysan-fromager visité, qui exploite une ferme à Mollis et a « simplement commencé à faire du fromage pour son usage privé » à la fin des années 1980, fabrique depuis 2008 du fromage et du fromage à raclette d'alpage au lait cru et du beurre d'alpage au lait pasteurisé sur l'alpage d'Obersee-Rauti. Au début, la première cuve à fromage était encore suspendue dans la cuisine, puis il s'est agrandi. Aujourd'hui, un feu de bois porte à ébullition 400 litres d'eau dans un réservoir. La vapeur est conduite dans la pièce contiguë vers la cuve, où 1200 à 1500 litres de lait sont traités chaque jour. Le lait du soir, refroidi à 10 °C, est écrémé et mélangé dans la cuve avec le lait frais du matin (qui a la température de la vache, soit 37 °C), et le tout est chauffé à 25 °C. Puis, le fromager ajoute les bactéries lactiques, une culture spéciale, d'alpage elle aussi, fournie par Glarona. Le lait est ensuite chauffé à 32 °C et de la présure en poudre y est incorporée une demi-heure plus tard. Après 30 minutes supplémentaires, les particules solides coagulent pour former du caillé et se séparent du liquide, le petit-lait. Si la consistance est celle souhaitée, l'homme, muni d'un tranche-caillé, fragmente le caillé en morceaux de la taille d'un grain de maïs ou de blé. Le décaillage prend une demi-heure ; ensuite on chauffe à 46 degrés pour le « cuire » pendant une autre demi-heure et enfin remué pendant 20 à 30 minutes. Le moment de sortir le caillé est arrivé.

Le fromager utilise pour cela un filet qu'il tend sous le caillé à l'aide d'un arc métallique introduit au fond de la cuve, s'en saisit, accroche les quatre extrémités à une croix métallique, soulève le sac qui s'égoutte de la cuve à l'aide d'un moteur et le vide dans un moule rectangulaire. Ici le « gâteau » est pré-pressé et le petit-lait s'écoule. Après cinq à dix minutes, la masse compacte est découpée et répartie dans des moules ronds. La cuve remplie de lait a donné treize fromages. Chacun est lesté de 15 kilos et pressé, non sans être retourné plusieurs fois. Le lendemain matin, 22 à 24 heures plus tard, les meules fraîches passent dans un bain de saumure et sont ensuite lavées quotidiennement avec de l'eau légèrement salée ; au bout de deux semaines, elles sont livrées à la coopérative fromagère, laquelle s'occupe de la suite des opérations.

La plupart des fromagers laissent leurs produits à la coopérative Glarona, seuls quelques-uns les reprennent. Le paysan-fromager visité produit 2300 meules de fromage d'alpage de six kilos chacune en une saison, soit près de 14 tonnes. Il en commercialise environ un quart lui-même. Le *Glarner Alpkäse* est un produit AOP depuis septembre 2013. Pour obtenir cette garantie d'origine protégée, il faut établir un cahier des charges dans lequel les conditions de production sont décrites avec précision. Ainsi, il est exigé que la pâte « présente des trous circulaires réguliers clairsemés. Le diamètre des trous est le plus souvent de 3 à 9 mm ». Comment fait-on pour y arriver ? « Du gaz se forme pendant l'affinage », explique le fromager. « C'est comme ça que les trous apparaissent. Il peut aussi y avoir des fromages aveugles, c'est-à-dire sans trous. Mais mieux vaut pas de trou qu'un faux ». Mais qu'est-ce donc qu'un faux trou ? « La pâte doit être relativement élastique et ferme, sinon il y aura des fissures au lieu de trous. Ce n'est pas si grave pour la vente directe, l'essentiel c'est le goût. »

Le *Schlafkäse* (« fromage endormi ») est une spécialité de l'alpage d'Obersee-Rauti : ce qui « dort », dans ce fromage, c'est l'affinage : le fermier laisse en effet reposer quelques meules de fromage d'alpage pendant l'hiver dans la cave d'une cabane à 1650 mètres d'altitude, à une température ambiante proche de zéro degré Celsius. Les micro-organismes cessent de s'activer, hibernent, en quelque sorte, ce qui permet au fromager de satisfaire une demande particulière : « De nombreux clients apprécient ce fromage car il est resté jeune », explique-t-il. Il a même reçu une commande de Londres par e-mail de la part d'une marchande de fromage.

SUPPLÉMENT

Une bouillie qui tient au corps

Le *Fenz*, *Fänz*, *Fentsch* ou encore *Feisi* est un « plat populaire sur les alpages, fait de beurre fondu en abondance, de farine grillée, avec du lait ou du petit-lait versé dessus, sans sel » (*Idiotikon*), c'est-à-dire quasiment des *Älplermagronen* (macaronis à la montagnarde) sous forme de simple bouillie (*Mues*) qui est censée coller (*fänzen*) à la louche, en tomber au ralenti et s'en détacher (comparable en cela à la pâte à spätzli).

« Le *Fänz* est un plat extrêmement difficile à digérer, dont certains prétendent fermement que l'on peut s'en nourrir tout un été », lit-on dans le *Neues Handbuch Alp* (2007), mais dans le même élan, cette bible moderne des paysans de montagne déplore que « les plats montagnards traditionnels sont ignorés ; leurs recettes originales jaunissent dans les livres de cuisine. L'odeur du vaste monde s'élève des poêles des alpages d'aujourd'hui : olives grecques, spaghettis italiens et tomates hors sol de Hollande terminent leur voyage ici. Mais la cuisine vraiment exotique se trouve sous nos yeux ».

Voir aussi : Vacherin fribourgeois, page 229 ; Nidwaldner Alpkäse, page 362 ; Sankt Galler Alpkäse, page 408 ; Raclette du Valais, page 477 ; Urner Alpkäse, page 511 ; Bündner Apkäse, page 556 ; Formaggio d'alpe, page 615.

Schabziger

Fromage maigre aromatisé avec du trèfle mélilot

En évoquant le schabziger, des controverses surgissent aussitôt – si jamais ce fromage maigre vous vient à l'esprit. On vous en a montré une fois, peut-être dans votre enfance, peut-être en vacances, chez des amis, ou vous avez acheté vous-même cette étrange matière verte par curiosité, vous l'avez sentie, gratté ce fromage conique, ce *Stöggli*, de la pointe d'un couteau, vous l'avez goûté, vous avez râpé du « Schab-Ziger » (sérac à râper) sur des spaghettis ou dans une soupe. Puis vous l'avez à nouveau oublié, car la saveur du Sbrinz gras est considérablement plus douce et plus ronde que celle du schabziger maigre, aussi piquante qu'épicée. Si les saveurs et les odeurs ont un potentiel addictif, elles peuvent aussi être rebutantes – ainsi, il y a ceux qui détestent le schabziger et ceux qui en raffolent.

Et ces derniers peuvent s'appuyer sur une obligation de déclaration d'origine qui est en vigueur depuis plus de 550 ans et qui protège à la fois les consommateurs et les producteurs. En 1463, la landsgemeinde de Glaris publia un décret intitulé *« Von Zigerze machen »*. Dans *550 Jahre Schabziger. Geschichte und Rezepte*, l'historien Beat Frei écrit : « Le décret de l'époque contient des règles détaillées pour la production du *Ziger* glaronais et stipule que chaque producteur doit apposer sa "marque" sur son fromage. » Le schabziger est considéré comme le plus ancien produit de marque de Suisse.

Grâce à de nouvelles recherches, ce livre publié en 2013 malmène la belle légende selon laquelle les nonnes du couvent de Säckingen, au bord du Rhin, auraient inventé le sérac vert par besoin d'ajouter un peu de piquant au pâle et fade fromage maigre. Pour ce faire, elles auraient trouvé du mélilot dans le jardin conventuel, une plante rapportée du Proche-Orient par des croisés, assimilée et appliquée ici comme remède à divers maux, des points de côté aux morsures de serpent. Le botaniste et prédicateur Hieronymus Bock (1498-1554) a rapporté que « les femmes en suspendent au-dessus des tables et des lits dans les chambres pour éloigner les mauvais esprits et le poison ».

Flora Helvetica décrit le mélilot bleu ou la trigonelle bleue (*Trigonella caerulea*) comme une « plante à forte odeur de schabziger », également appelée « Schabzigerkraut » (herbe à schabziger) et d'origine orientale. Il est étonnant qu'une plante porte le nom du produit auquel elle imprime son odeur, et non l'inverse – on ne dit pas sérac au *Bockshornziger*, en effet.

L'historien prouve que la quantité de sérac envoyée aux religieuses de Säckingen – propriétaires de domaines et d'alpages dans le canton de Glaris – avec d'autres produits, était négligeable : deux petites meules de sérac contre 370 moutons, 32 bovins, 350 grands et 1350 petits fromages. Si les nonnes « avaient effectivement inventé le schabziger glaronais à l'aide d'une herbe médicinale de leur jardin, on aurait pu s'attendre à ce qu'elles réclament davantage de sérac au fil du temps », observe très justement Beat Frei. Avec les deux meules de sérac et 100 aunes de tissu, un Glaronais influent avait payé au couvent le droit de percevoir des taxes sur les agneaux. « On en est resté [...] à exactement deux séracs par an jusqu'à la fin de leur domination d'environ 600 ans. En 1395, quelques décennies après le dernier prélèvement documenté, Glaris s'affranchit du couvent de Säckingen. »

En somme, jusqu'à récemment, l'influence du couvent de Säckingen à Glaris a été largement surestimée dans les chroniques sur le schabziger. « Selon les dernières recherches, il y avait plus de trente alpages dans le canton de Glaris qui n'appartenaient pas au couvent. Il est possible que la production de sérac y ait été plus courante que sur les alpages liés au couvent. » Le développement de la marque Schabziger a eu lieu principalement sur le marché de Zurich, où les Glaronais allaient vendre leur fromage et leur beurre, pour la fabrication desquels ils avaient besoin de la matière grasse du lait.

Le commerce de sérac est documenté à Zurich depuis le début du XIVe siècle. Le Conseil municipal est entré dans les détails en 1429 lorsqu'il fixa les prix du marché pour les différents séracs. C'est là, entre autres, qu'a été nommé un « Glarner Ziger », c'est-à-dire un produit avec une appellation d'origine. L'ordonnance ne mentionne pas le mélilot comme composant du sérac glaronais, alors qu'il existait du *« feissen Krutziger »*, un sérac gras (*feiss*) aux herbes, mais au moins on pouvait le distinguer des autres. Si l'on se base sur les chiffres de vente du XVe siècle à Zurich et sur les disputes répétées entre petits commerçants à propos de spéculation et d'abus de prix, tout porte à croire que le sérac glaronais, transporté jusqu'à la ville sur la Limmat par bateau (sur la Linth puis sur le lac de Zurich), y était une marchandise recherchée.

À la fin du XVIIIe siècle, le gouvernement de Glaris a poursuivi et atteint le but de monopoliser le schabziger par des réglementations drastiques – à une époque où le concept d'appellation d'origine contrôlée ou protégée était inconnu. En 1914, la production de schabziger a été maximale avec 1200 tonnes, après quoi le fromage a perdu de son importance et reculé sur le marché ; dans les années 2010, elle avoisine les 330 tonnes par an, dont un peu plus d'un tiers est exporté, principalement aux Pays-Bas et en Allemagne, mais aussi aux États-Unis, où l'on appelle le schabziger « Sap Sago cheese ».

Face aux problèmes liés aux aliments industriels, aux fraudes, à l'appauvrissement gustatif, aux négociations difficiles, au refus des politiciens et des producteurs de déclarer les aliments de manière claire et compréhensible, il est stupéfiant de constater à quel point la solution glaronaise apparaît simple, fonctionne encore et montre que la déclaration d'origine et la traçabilité – ancrées dans la législation alimentaire suisse depuis 1992 seulement – sont les meilleurs moyens d'empêcher toute tricherie. Le règlement de 1463 exige que « chacun fasse le sérac qu'il veut vendre proprement aussi bien que possible, en le pressant, le salant et l'emballant au mieux ». C'était une question de fiabilité, et pour s'en assurer là aussi, l'ordonnance de Glaris exigeait que les producteurs « gravent leur marque habituelle sur la croûte » des séracs. Beat Frei : « Le but de la marque est de savoir qui a fabriqué tel ou tel fromage au cas où il n'aurait pas la qualité requise ; de cette façon, la personne en question pouvait être identifiée et punie. [...] En outre, tous les compatriotes étaient tenus par leur serment de signaler immédiatement les séracs non marqués. » La mauvaise marchandise nuisait à la réputation, au commerce d'exportation et donc à l'ensemble du « Zigerschlitz », qui est le surnom du canton de Glaris.

On ne sait pas comment cette herbe est arrivée dans le sérac, qui en a eu l'idée ou qui a testé les premières recettes. Les légendaires *Zigermandli* glaronais écoulaient le fromage dans tout le pays ; en 1943, 300 de ces vendeurs et vendeuses battaient encore la campagne avec leur corbeille sur le dos en vantant leur fromage, criant par exemple : *« Heid-er oder weid-er altä, guatä, hertä Glarner Schabziger ? »* (Avez-vous ou voulez-vous de bons, vieux et durs schabzigers glaronais ?) Aussi longtemps que l'on percevra la saveur distinctive du schabziger, ses admirateurs lui resteront fidèles. Il ne deviendra jamais un produit de masse comme le fromage à gros trous ou la mozzarella, mais ne disparaîtra pas non plus des plateaux de fromage de Suisse et d'ailleurs.

Les fromages se subdivisent grossièrement en fromages de lait caillé (séracs) et en fromages fabriqués avec de la présure. Pour produire un caillé lactique, il suffit de laisser le lait reposer et se séparer par lui-même – ainsi obtient-on du yaourt, puis du fromage frais léger et à pâte molle. Le processus peut être accéléré en ajoutant de l'acide lactique, du jus de citron ou du vinaigre. Le fromage de lait caillé est considéré comme la forme la plus originelle, précisément parce qu'il se fabrique pratiquement tout seul ; il existe des versions grasses fabriquées avec du lait entier, et des versions maigres fabriquées avec du lait écrémé. La présure est une enzyme présente dans l'estomac du veau – la caillette, plus précisément –, qui fait cailler le lait ; il y a une variante végétale de présure : le gaillet jaune. Avec de la présure, le fromage peut se conserver sous une forme plus compacte et plus dure qu'avec de l'acide, il a un goût plus rond et plus plein et était autrefois mieux adapté à la traversée des Alpes à dos de mulet. Le lactosérum ou le petit-lait récupéré après la fabrication du fromage permet également de produire du sérac, mais cette fois sur une base de présure.

Le schabziger est une forme particulière de fromage aigre et est fabriqué par précipitation thermo-acide ; la culture d'acide lactique utilisée, appelée Etscher, provoque la précipitation des protéines et déclenche la fermentation. Le lait cru écrémé est chauffé à 90 °C et précipité en ajoutant lentement de l'acide lactique. Après la coagulation, on puise le sérac dans le petit-lait et le place dans des bassines plates. Une fois égoutté, il est versé tiède dans des réservoirs, où il fermente pendant quatre à douze semaines.

Le sérac brut fini est transporté chez Geska, la dernière entreprise du canton où on le transforme et l'affine. Le sérac brut provenant des alpages et de la vallée est mélangé et broyé mécaniquement avec du sel, introduit dans des silos et pressé. Le sel et le pressage extraient encore plus de lactosérum de la masse et lui permettent de mûrir davantage. La fermentation butyrique se fait pendant trois à huit mois : mal vue dans les fromages normaux, elle est caractéristique du schabziger. Ensuite, le sérac est à nouveau broyé avec des feuilles de trèfle musqué (aussi appelé mélilot bleu) séchées (1,5 kilo de poudre de trèfle pour une demi-tonne de sérac brut). La pâte lisse et verdâtre ainsi obtenue est pressée de manière entièrement automatique pour en faire les cônes bien connus, les *Zigerstöggli*. Le schabziger est exempt de cholestérol et de lactose et ne contient même pas 1 % de matières grasses.

Geska propose le schabziger sous cette forme classique, mais aussi sous celles de condiment en poudre, de beurre aromatisé (*Zigerbutter*) et de fromage à tartiner. Les *Zigerhöreli* (cornettes au schabziger) sont un classique culinaire ; ce fromage peut être râpé sur n'importe quel plat de pâtes et le beurre susmentionné agrémente volontiers les pommes de terre en robe des champs. Mentionnons enfin le *Ziger-Chläb*, un plat d'un autre temps : une masse compacte composée de schabziger pétri avec des tranches de pommes et de poires séchées et pilées, de la crème et des épices.

SUPPLÉMENT

Une bombe gustative

On trouve quelques anecdotes intéressantes sur le schabziger dans le livre *550 Jahre Schabziger. Geschichte und Rezepte* : « Les Glaronais qui servaient à l'étranger avaient le droit d'emmener du schabziger dans leurs bagages comme en-cas leur rappelant leur patrie. L'un d'eux était lieutenant dans l'armée anglaise à la fin du XVIIe siècle, Johann Jakob Strub (1675-1747). Lorsqu'il retourna chez lui, il y ramena des pommes de terre, qui étaient encore inconnues en Suisse à l'époque. On a commencé à cultiver et à manger des pommes de terre dans le canton de Glaris en 1697. »

Un autre Glaronais, Hans « Jean » Landolt, s'était rendu en Italie en tant que *Zigermandli* pour voir le pape. À Milan, il fut pris dans un attentat à la bombe contre le roi et arrêté parce que la police pensait que ses *Stöggli* coniques étaient des explosifs (des grenades à main, peut-être ?). Après y avoir goûté, les policiers lui achetèrent ses « bombes » vertes. Par l'intermédiaire de la Garde suisse, il eut l'occasion d'embrasser l'anneau du pape. Bien après son retour au pays, l'ex-vendeur de schabziger fonda en 1900 la fabrique à épices Landolt Hauser, où un souvenir – de toute évidence italien – appelé Tratestivo lui inspira ce sucre aromatisé qu'est le magenträs Trietolt (cf. *page 527*).

PRODUITS DE BOULANGERIE ET PÂTISSERIE

Ankenzelte

Galette ronde à base de pâte levée et de raisins secs

Anke est un terme dialectal désignant le beurre, *anke* en moyen haut allemand et *ancho* en ancien haut allemand ; selon l'*Idiotikon*, ce mot semble avoir été « restreint ou retiré à la région alémanique et n'est plus en usage illimité même dans celle-ci ». On a vendu très tôt du beurre frais et doux (*nüe, süesse Anke*) du canton de Glaris sur des marchés éloignés comme celui de Zurich, mais il a également été incorporé dans des pâtisseries festives sur les tables des cuisines domestiques. Selon un dialectologue, le terme *Zelte* est usité avant tout dans le canton de Glaris, où il désigne une pâtisserie plate, mince, ferme et sèche, sans garniture ; dans d'autres régions de Suisse, il est comparable à ceux de *Fladen*, *Wähe*, *Dünne* (galette ou tarte), le plus souvent avec une garniture.

Avec leur simplicité, les *Anggäzeltä* rappellent les tout premiers pains, qui étaient cuits comme des galettes sur une base chauffée comme des pierres chaudes. Il s'agit d'un produit typique de l'autosuffisance paysanne, car les ingrédients de base se trouvaient directement à la ferme, hormis le sucre, les raisins secs et la cannelle qu'il fallait acheter ; ces ingrédients donnaient aux *Zelte* un caractère spécial, festif. On peut supposer que les *Ankenzelte*, tout comme les *Drusenzelte* et les *Grübenzelte* – les uns avec des résidus de la fonte du beurre dans la pâte, les autres avec des grebons de saindoux (gras de porc) – existaient bien avant 1839, date de la plus ancienne recette trouvée jusqu'à présent. Dans l'*Atlas de folklore suisse*, ces trois variétés de *Zelte* sont toujours considérées comme des pâtisseries de fête pour Noël et Nouvel An ; d'autres sources rapportent que l'on dégustait des Zelte en privé lors de kermesses (*Chilbi*) et de goûters (*Chränzli*).

Le boulanger mélange de la farine, du beurre, de la levure, des œufs ainsi que du sucre et un peu de cannelle et laisse la pâte reposer longtemps afin que les saveurs puissent se développer. On peut également employer un levain, qui est un morceau d'une pâte plus ancienne. Ensuite, il faut mélanger des raisins secs à la pâte et la laisser lever et fermenter pendant au moins trois heures, ce qu'on appelle le pointage. Puis elle est divisée dans les futurs formats de *Zelte*, placée dans des moules (pour que les morceaux ne se séparent pas) et laissée à fermenter pendant une heure de plus – c'est ce qu'on appelle l'apprêt. Les *Zelte* sont badigeonnés d'œuf et cuits au four entre 190 et 200 °C jusqu'à ce qu'ils soient légèrement dorés.

Les *Zelte* sont une rareté – certainement pour les non-Glaronais, mais même parmi les locaux, cette pâtisserie frugale n'est plus aussi populaire qu'autrefois. Les *Zelte* sont passés des tables de fête à celles du dimanche, puis du dimanche au quotidien. Le boulanger visité constate qu'au début du XXIe siècle, ce sont surtout les personnes âgées qui en demandent.

Drusenzelte

Galette sucrée et friable au beurre et aux raisins secs

En minéralogie, les druses sont d'étroites géodes, c'est-à-dire des cavités dans lesquelles se concentrent des cristaux, par exemple des améthystes. Dans les chaudrons utilisés pour fondre la graisse, il s'agit du contraire, c'est-à-dire des corps solides, pour la plupart de la taille d'un grain de riz, qui se forment lors de la fonte du beurre : les restes émiettés, souvent caramélisés par la chaleur de la fonte, des quelque 4 % de solides contenus dans le lait, des protéines comme les caséines, des glucides comme le lactose, ainsi que des minéraux et des oligo-éléments. Lorsque la graisse de porc ou d'oie est fondue, il reste des grebons, des morceaux de tissu conjonctif qui deviennent croustillants en fondant.

Le terme *druse* peut signifier des choses très diverses : les Druzes (en allemand : *Drusen*) forment une communauté religieuse du Moyen-Orient ; en médecine, des druses sont certains dépôts de matière amorphe dans l'œil ; en médecine vétérinaire, une maladie équine est elle aussi appelée *Druse* en allemand (en français, il s'agit de la gourme). En Europe, le mot remonte au moyen haut allemand *drusene*, *drusine*, *drusen* pour les sédiments, mais a des racines encore plus anciennes.

En Suisse, le *trüeseli* apparaît dans des variantes comparables dans diverses régions, désignant également des résidus ou des impuretés, notamment des résidus de levure (*Hefe*) de vinification, qui peuvent être distillés en eau-de-vie de lie (en allemand, on parlera de *Hefeschnaps* ou de *Drusenschnaps*). Le dictionnaire de Grimm mentionne ainsi que le *drusenbranntwein* est une eau-de-vie distillée à partir de lie ou de levure de vin (*weindrusen oder weinhefe*) et cite un ancien règlement de la police de Strasbourg selon lequel il était interdit de distiller de l'eau-de-vie avec de la levure de bière (*biertrusenbrantwein*) ; quant à l'érudit et médecin bâlois Leonhard Thurneisser (1531-1596), il compare un « *drusenfasz* », qui est un tonneau servant à conserver les résidus, au corps humain périssable !

Le dictionnaire suisse allemand, l'*Idiotikon*, définit le mot *Trüeseli* comme un « résidu, un sédiment dans les liquides, des impuretés » et explique que « *anken-trüeselen* » signifie sentir les résidus de beurre fondu (*Ankentruese*). Le « t » est devenu un « d », et nous voici de retour dans les campagnes glaronaises, où les résidus (*Drusen*) subsistant après la production de beurre fondu, un produit d'exportation jadis très important, étaient mélangés avec des raisins secs dans une pâte friable et cuits pour en faire une galette ronde – comparable aux *Ankenzelte*, mais sans levure ni cannelle.

Avec l'arrivée massive des réfrigérateurs dans les années 1950 ou 1960, cuire du beurre pour prolonger sa durée de conservation est devenu obsolète ; le beurre est désormais transformé industriellement en beurre à rôtir, car la graisse pure peut être chauffée à des températures très élevées pour rôtir ou frire sans ajouts tels que des protéines. Plus personne ne fait attention aux résidus, ils finissent dans les déchets. Le boulanger visité affirme qu'à partir des années 1980, les *Drusenzelte* n'étaient plus fabriqués avec du beurre et des résidus, mais avec du beurre fondu. Cela n'a pratiquement aucune influence sur le goût des *Zelte*.

On bat le sucre avec le beurre fondu en mousse, y ajoute délicatement des œufs et seulement lorsque la pâte est bien liée, de la farine, un peu de levure chimique et des raisins secs. Ensuite, séparer la pâte en plusieurs morceaux, former des boules, les aplatir, badigeonner les *Zelte* d'œuf, saupoudrer de sucre en grains et faire cuire au four à 190 à 200 °C jusqu'à ce qu'ils soient dorés. Une recette simple pour un produit rare.

Il est encore plus rare de trouver des *Grübenzelte* avec des greubons dans la pâte au lieu de résidus de beurre fondu; ils sont connus dans le canton de Saint-Gall sous le nom de *Grübenfladen* ou *Grübenkuchen*. En Suisse romande, les greubons issus de la cuisson du gras de porc en saindoux sont incorporés au taillé aux greubons.

SUPPLÉMENT

Les raisins secs (en allemand: *Rosinen*)

Ce sont des baies de raisin séchées (ne contenant plus que 10 % d'eau), tout comme les raisins de Corinthe (ville grecque dont ils sont originaires), mais ceux-ci sont plus petits, plus foncés et plus humides que les raisins secs. Les sultanines, autrefois appelées raisins de Smyrne, sont les fruits séchés du cépage blanc appelé lui aussi sultanine, nom évoquant la vigne du sultan; aujourd'hui, on en produit aussi en Afrique du Sud, aux États-Unis et en Amérique latine.
En suisse allemand, le terme *Wiibeeri* s'applique à presque toutes les variétés de raisins secs. Les amateurs de raisins secs (*Rosinenpicker*) ne s'emparent que du meilleur, et les *Korinthenkacker* (littéralement: «chieurs de raisins de Corinthe») ou Düpflischisser en suisse allemand sont des pinailleurs, des pédants.

Voir aussi: Taillé aux greubons, page 183.

Glarner Birnbrot

Pain aux poires glaronais; masse composée de poires séchées et de pâte à base de farine bise, enveloppée et cuite dans une pâte levée

Les deux variantes de pain aux poires que sont les *Birnbrote* et les *Birnenweggen* sont typiques de la Suisse alémanique et peu courantes dans les autres parties du pays. L'*Atlas de folklore suisse* brosse un tableau basé sur des enquêtes menées dans les années 1930: on y distingue clairement le *Birnbrot*, dont la masse contient une partie de pâte et est cuite dans une enveloppe de pâte, et le *Birnenweggen*, dont la garniture est étalée sur la pâte et roulée. L'atlas poursuit en classant géographiquement ces deux pâtisseries aux poires: «Dans le nord de la Suisse, comme à Lucerne et à Zoug, les *Birnenwecken* prédominent. Partant des [...] Grisons, le domaine des *Birnbrote* s'étend jusqu'au lac des Quatre-Cantons [...], en passant par Glaris et Appenzell. Sur le territoire saint-gallois, les *Birnbrote* apparaissent parfois aux côtés des *Birnwecken*.»

Grâce à des rationalisations structurelles et aux efforts de la grande distribution, les différences entre les recettes se sont atténuées, tandis que les zones de diffusion se sont agrandies.

Dans l'ouvrage *Der Schweizer Bäcker-Konditor* de 1944, on différencie nettement les pains aux poires glaronais, toggenbourgeois et grisons; pour les deux premiers, les poires séchées sont cuites et passées au tamis, tandis que pour la variété grisonne, les tranches de poires séchées ne sont ni cuites ni tamisées, mais laissées à ramollir une nuit durant dans de l'eau de rose ou du *Birnenträsch* (eau-de-vie de poire) et utilisées entières. Une douzaine d'années plus tard, la fiche d'information de l'École professionnelle Richemont de Lucerne intitulée *Birnbrote – ein begehrtes Wintergebäck* (Les pains aux poires – une pâtisserie d'hiver très demandée), souligne que les différences entre les pains aux poires glaronais et ceux du Toggenbourg résident dans le mélange d'épices et l'ajout d'ingrédients; les premiers contiennent de l'anis, ce qui manque dans une recette du recueil *Kochen im Glarnerland* de Käthy Knobel (*Landfrauen kochen*), alors que la masse aux poires des seconds comprend également des pruneaux cuits et de la confiture de pommes.

On préparait sans doute déjà des pains aux poires au bas Moyen Âge. Anna Wecker († 1596), auteure du premier livre de cuisine en allemand écrit par une femme (publié à titre posthume en 1598), présente, dans *Ein köstlich new Kochbuch: Von allerhand Speisen / an Gemüsen / Obs / Fleisch / Geflügel / Wildpret / Fischen und Gebachens* (qui traite donc de toutes sortes de mets à base de légumes, de fruits, de viande, de volaille, de chasse, de poissons et aussi des pâtisseries), plusieurs recettes avec des poires et des pommes séchées qui sont transformées en compote, et aussi associées à du pain: «Préparez les pommes ou les poires séchées, coupées en deux ou entières ou en quartiers [...] Quand elles sont bien tendres, ajoutez-y des raisins ou des oignons en suffisance: il faut qu'elles aient un peu de jus. Après cela, faites griller des tranches de pain blanc bien dorées, faites-les ramollir dans le jus, faites-les passer à travers, ajoutez-y de la cannelle et du gingembre ainsi que du sucre si nécessaire. Si ce sont des poires, faites-y aussi bouillir des noix de muscade [...].»

La farine était une matière première précieuse, car les terres arables dans les paysages marécageux étaient relativement rares avant les améliorations des sols et les corrections des eaux; par conséquent, la farine, très coûteuse, était souvent allongée avec une compote de fruits secs. La compote avait le double avantage de maintenir le pain humide plus longtemps et de prolonger sa durée de conservation. Au fil du temps, les proportions ont changé, la teneur en fruits a pris le dessus dans la pâte et le pain aux poires s'est transformé en régal pour les fêtes grâce aux ingrédients disponibles en épiceries fines. L'*Idiotikon* cite une source glaronaise : « Le soir de la Saint-Sylvestre, partout alentour, dans les maisons des plus riches comme dans les cabanes des pauvres, on retrouve la famille réunie autour d'un pot de crème et d'un pain aux poires fait maison ; pour beaucoup, cette collation se poursuit le jour de l'An. »

Dans un article sur les coutumes festives du vieux Glaris, un Glaronais né en 1885 raconte qu'« à l'approche de l'hiver, on achetait des poires et les laissait sécher, car on voulait avoir du pain aux poires pour Noël et Nouvel An. Chaque ménagère avait sa propre recette pour les épices, l'eau-de-vie, les noisettes, les raisins et tout ce qui va avec. On broyait les poires au hachoir et, si la mère était sûre que rien ne manquait, on apportait tout ça au boulanger. On n'avait pas du pain aux poires toute l'année comme aujourd'hui » (Société suisse des traditions populaires, 1953).

Le boulanger visité m'assure que sa recette est restée la même depuis 150 ans, soit depuis l'ouverture de la boulangerie quelques générations plus tôt. Aujourd'hui, on peut également travailler avec des masses aux poires préparées industriellement, de qualité constante, que l'on se procure chez un fournisseur. Cela réduit l'effort, mais souvent aussi la variété organoleptique. Pour le mélange maison, les poires séchées, pelées et coupées en deux sont d'abord trempées dans de l'eau tiède et laissées à reposer une nuit avant d'être réduites en purée au moyen d'un passe-vite puis mélangées aux ingrédients : pâte à base de farine bise, noix, raisins secs, marc de raisin, sucre, citronat et orangeat ainsi qu'un mélange d'épices composé de coriandre, de cannelle, d'anis étoilé, d'anis et de clous de girofle. La garniture doit avoir une consistance compacte et non collante après la cuisson. Le boulanger étale le mélange en boudin sur la pâte levée abaissée, l'enveloppe et dépose le tout sur la plaque de cuisson avec la jointure vers le bas pour que son pain ne se défasse pas ; avec une fourchette, il perce des trous dans l'enveloppe en pâte pour que la vapeur chaude puisse s'échapper et que l'enveloppe n'éclate pas. Les pains sont cuits à 210 °C pendant une demi-heure ou plus, suivant leur volume, puis sortis du four et badigeonnés d'œuf pendant qu'ils sont encore chauds.

Tartinées d'un peu de beurre, les tranches de pain aux poires sont un vrai délice.

Voir aussi : Rissoles aux poires, page 146 ; Brienzer Krapfen, page 281 ; Birnenhonig, page 296 ; Luzerner Birnenweggen, Birnenweggli, page 299 ; Toggenburger Birnbrot, page 419 ; Bündner Birnbrot, page 565.

Glarner Pastete

Pâté glaronais ; gâteau rond en pâte feuilletée, fourré pour moitié d'une masse d'amandes et pour l'autre moitié d'une masse à base de pruneaux séchés

Ce miracle de la pâtisserie, c'est l'union du boudoir et de la tonnelle, de la chaleur orientale et de la fraîcheur préalpine – deux composantes quasiment insurpassables en tant que chef-d'œuvre gustatif : une masse d'amande douce légèrement amère et une compote de pruneaux acidulée avec une note fruitée vivifiante, plus le croquant subtil de la pâte feuilletée qui relâche doucement la puissance des saveurs en voie d'accomplissement. Néanmoins, le « pâté » glaronais (il s'agit bel et bien d'une pâtisserie sucrée) se distingue par sa constitution robuste, de sorte qu'il supporte sans dommage l'expédition par la poste dans des boîtes rembourrées.

Une telle opulence dans une enveloppe fragile ne peut être que d'origine française, et c'est pourquoi une légende sur l'origine du *Glarner Pastete* mène directement à l'Hexagone : des officiers glaronais auraient ramené cette pâtisserie de France au XVIIIe siècle. Le service étranger était un substitut éprouvé au manque de moyens de subsistance des jeunes hommes d'une classe majoritairement paysanne – et le mercenariat remplissait aussi les coffres des classes dirigeantes. « À l'instar des autres cantons alpins, le secteur agricole et le service étranger restent, pour l'ensemble du canton, les activités dominantes jusque dans le premier tiers du XVIIe siècle » (*DHS*).

Un recensement a révélé qu'en 1837, plus de 2500 artisans travaillaient dans le canton de Glaris, dont douze *Pastetenbäcker* (boulangers spécialisés dans les pâtés). Apparemment, ils ne connaissaient pas encore le prodigieux pâté glaronais, car selon une autre légende, une certaine Anna Aebli-Oertli d'Ennenda près de Glaris reçut le secret de sa cousine décédée comme dot en 1858 ; une histoire similaire est arrivée aux *Willisauer Ringli* (cf. *page 301*). Le *Glarner Pastete* a fait vivre la dynastie de boulangers Aebli jusqu'en 1968. La théorie de la dot est plutôt contredite par le fait que cette pâtisserie glaronaise est déjà répertoriée dans l'*Universallexikon der Kochkunst* sous le nom de *Glarner Kuchen* (gâteau glaronais) ; l'ouvrage a été publié à Leipzig en 1890 – est-ce que la recette secrète a pu se répandre jusqu'en Allemagne centrale en une trentaine d'années ?

Chronologiquement, les deux théories sont concevables, mais pas très convaincantes. Les ingrédients, assez coûteux, existent depuis longtemps, ce qui plaide en faveur de la version des mercenaires. La pâte feuilletée est mentionnée dans un acte de l'évêque d'Amiens de 1311, « après tout, la coutume est connue, dans la cuisine proche-orientale, de superposer une sorte de pâte à strudel étirée en au moins huit couches les unes sur les autres, après que chaque couche ait été badigeonnée d'huile », écrit Andreas Morel dans son recueil intitulé *Zu Tisch*. L'historien de l'art et expert culinaire résume ainsi sa recherche des origines de la pâte feuilletée, alias pâte à pain espagnol, dans de vieux livres de cuisine: «La pâte feuilletée n'est probablement pas d'origine française, ce n'est certainement pas une création du XVIIe siècle, mais au moins du Moyen Âge. En Espagne comme dans les autres pays méditerranéens, c'était de l'huile qu'on utilisait pour en faire, et non du beurre, comme souvent en France ou dans ce pays producteur de lait qu'est la Suisse. Ici, au XIXe siècle, le terme "Spanischbrotteig" (pâte à pain espagnol) était plus courant que celui de pâte feuilletée, même lorsqu'on employait du beurre.»

La légende des mercenaires s'accorde avec la «galette à la frangipane», une pâte feuilletée plate fourrée d'une masse aux amandes, originaire de France et prisée en Suisse romande sous le nom de *galette des rois* (en plus du gâteau en pâte levée connu dans tout le pays). Les officiers glaronais ont-ils fait le plein de cadeaux pour leurs proches lors d'une escale?

Selon le *Larousse gastronomique*, la frangipane désigne une «crème cuite faite de lait, de sucre, d'œufs et de beurre, additionnés de macarons écrasés ou d'amandes en poudre et, éventuellement, de quelques gouttes d'extrait d'amande amère»; le dictionnaire fait remonter le nom à un Italien qui s'était installé à Paris au XVIIe siècle. Ce parfumeur «avait mis au point un parfum pour les gants, à base d'amande amère, dont les pâtissiers s'inspirèrent». L'âme du parfum a germé dans le frangipanier rouge, selon une autre source: un certain Marchese Muzio Frangipani aurait élaboré son parfum pour les gants à partir de l'essence de cette plante tropicale à Paris, et ce déjà au XVIe siècle.

Alexandre Dumas (1802-1870) fait remonter l'origine de la frangipane plus loin encore dans son *Grand dictionnaire de cuisine*, publié un an après la mort de l'écrivain, qui ne put réviser les épreuves du manuscrit. Selon Dumas, le nom de cette «espèce de crème [...] vient de son inventeur, don César Frangipani, qui descendait de ces Frangipani qui étaient toujours prêts à rompre le pain pour faire l'aumône: *frangere panem*».

Ou est-ce que les mercenaires ont découvert ce gâteau à Pithiviers, un ancien centre marchand dans la vallée de la Loire entre Paris et Orléans? Cette possibilité ne serait sûrement pas aberrante; Celtes et Romains s'y croisaient déjà, comme l'indique le nom de la ville: Pithiviers dérive du mot gaulois signifiant quatre, indique le site de la ville (*ville-pithiviers.fr*). La galette à la frangipane est aussi appelée galette des rois ou pithiviers feuilleté, l'une des deux «spécialités de renommée nationale» de Pithiviers. La plus ancienne, un biscuit aux amandes avec glaçage au sucre, se perd «dans la nuit des temps», et la plus récente se présente comme une pâte feuilletée fourrée aux amandes depuis 300 ans, après qu'un sieur Feuillet, pâtissier du prince de Condé au XVIIIe siècle, se fut déclaré l'inventeur du feuilletage. La similitude entre les deux pâtés est effectivement frappante; les mercenaires de Glaris n'ont eu qu'à ajouter la masse aux pruneaux à la recette.

La masse aux amandes pour le pâté glaronais se compose d'amandes pelées et râpées, de sucre et d'œufs. Les pruneaux séchés sont eux aussi râpés, puis mélangées à des œufs, du sucre et un peu de compote de pommes. L'art est dans la construction. Le boulanger renforce le fond rond de la pâte feuilletée découpé en rosace sur le bord avec des morceaux de pâte en forme de faucille. Au cours de la cuisson, le bord soulève toute la structure, conférant au pâté son aspect typique. Une fois le bord bien en place, la base est remplie pour moitié de masse aux amandes et pour l'autre moitié de masse aux pruneaux, puis refermée par un couvercle en rosace avec un trou au milieu. À ce stade, la pâtisserie fait deux centimètres de haut et peut être congelée pour une utilisation ultérieure; une fois congelée, des quantités considérables sont empilables tels des disques dans un juke-box. Après la cuisson, le *Glarner Pastete* fait en tout cas cinq centimètres de haut; on termine en le saupoudrant de sucre glace.

Les pâtés-pâtisseries de format plus modeste sont appelés *Pastetli* ou *Beggeli*, du nom d'un plat de cuisson en forme de cuvette de la taille d'une *Chacheli* (soupière) ou d'un *Mucheli* (bol). Pour le Beggeli, on renonce à employer les deux masses à fourrer précitées pour n'en choisir qu'une.

Voir aussi: Spanischbrötli, page 116; Blauer Kuchen, page 280; Mandelfisch, page 411; Mandelgipfel, page 413; Urner Pastete, page 518.

BOISSONS

Elmer Citro

Limonade gazeuse et sucrée aromatisée au citron

En 1925, au moment où Oskar Schärli, propriétaire du Kurhaus (établissement thermal) d'Elm, commençait à embouteiller l'eau minérale locale sous le nom d' « Elmer Sprudel », les vertus de cette eau étaient connues depuis plus d'une trentaine d'années. L'ancien propriétaire, Gilg Zentner, avait fait tester l'eau des sources de St. Martin, au-dessus d'Elm, à 1200 mètres d'altitude; de couleur rougeâtre, elle était déjà considérée comme curative au Moyen Âge. Comme elle s'avéra avoir une forte teneur en fer, Zentner capta la première source, construisit des bains et vendit l'eau dans des bonbonnes.

L'eau pétillante de Schärli connut un beau succès. En 1927, il ajouta une essence d'écorce de citron et enregistra sa boisson non alcoolisée auprès de l'Office de la propriété intellectuelle à Berne sous le nom d' « Elmer Citro ». La formule précise de cette essence naturelle a été gardée secrète depuis lors et est toujours utilisée de nos jours – et visiblement à juste titre, car les fans de ce soda jurent que l'Elmer Citro se distingue nettement de toutes les autres limonades.

À la fin du XIXe siècle, une campagne contre l'alcoolisme (en allemand, le terme *Schapspest*, peste du schnaps, est des plus éloquents) fut lancée dans toute l'Europe et aux États-Unis, ce qui stimula la production de boissons non alcoolisées (cf. *Saurer Most et Süssmost, page 351*). L'*Atlas de folklore suisse* observa pendant les années 1930 « une tendance croissante à la consommation de boissons non alcoolisées » dans les zones urbaines mais aussi rurales.

Le Kurhaus avait été construit à Elm en 1898 pour que les clients soucieux de leur santé puissent non seulement y boire cette eau de source, mais aussi en bénéficier en usage externe – et ce pour d'excellentes raisons : l'eau parcourt la montagne pendant huit ans, s'enrichissant en calcium, magnésium, potassium, sodium et fluor. Hélas, les bains furent détruits en 1907 par une avalanche et n'ont jamais été reconstruits. Le Kurhaus continua malgré tout à attirer des curistes, mais perdit de son attrait au fil du temps et fut transformé en maison de retraite en 1942. En revanche, l'Elmer Citro rencontra un succès considérable. À partir des années 1950, malgré une concurrence de plus en plus forte, la boisson connut un essor national grâce à diverses campagnes publicitaires. Via le groupe Feldschlösschen, les sources d'eau minérale d'Elm font partie de Ramseier Suisse AG depuis 1999.

SUPPLÉMENT

De Schweppe à Schweppes

Les fabriques d'eau minérale ne font plus sensation dans les années 1920; les premières avaient été fondées à la fin du XIXe siècle (pour en savoir plus, voir *Pepita, page 61*). Mais comment des bulles se sont-elles retrouvées dans de l'eau plate? Certainement pas par une seconde fermentation, comme pour le champagne. Un des pionniers dans ce domaine fut Johann Jakob Schweppe (1740-1821), un Allemand naturalisé genevois et orfèvre de formation, qui commença à produire de l'eau gazeuse en 1780. Il fit breveter sa méthode en 1783. La nature de l'acide carbonique avait été reconnue par le Britannique William Brownrigg (1711-1800) lors de ses recherches sur l'air et les gaz, et son compatriote Joseph Priestley (1733-1804) précéda Schweppe de quelques années en tant qu'inventeur de l'eau gazeuse. En 1790, Schweppe et trois associés fondèrent « une fabrique d'eaux minérales artificielles » (*DHS*). Il ajouta un mélange de quinine, un antipaludéen, de sucre et de jus de citron vert à l'eau gazéifiée; deux ans plus tard, il décida d'étendre ses activités à Londres, où la boisson a rapidement trouvé son chemin vers les colonies britanniques; les vertus de cet alicament ne tardèrent pas à y être reconnues. Schweppe vendit ses actions et retourna à Genève en 1802. Un « s » a été ajouté au nom de son produit en 1897 – depuis lors, Schweppes est universellement connu.

Voir aussi : Pepita, page 61 ; Rivella, page 119 ; Eaux minérales, page 188 ; Süssmost, page 351 ; Gazzosa, page 637.

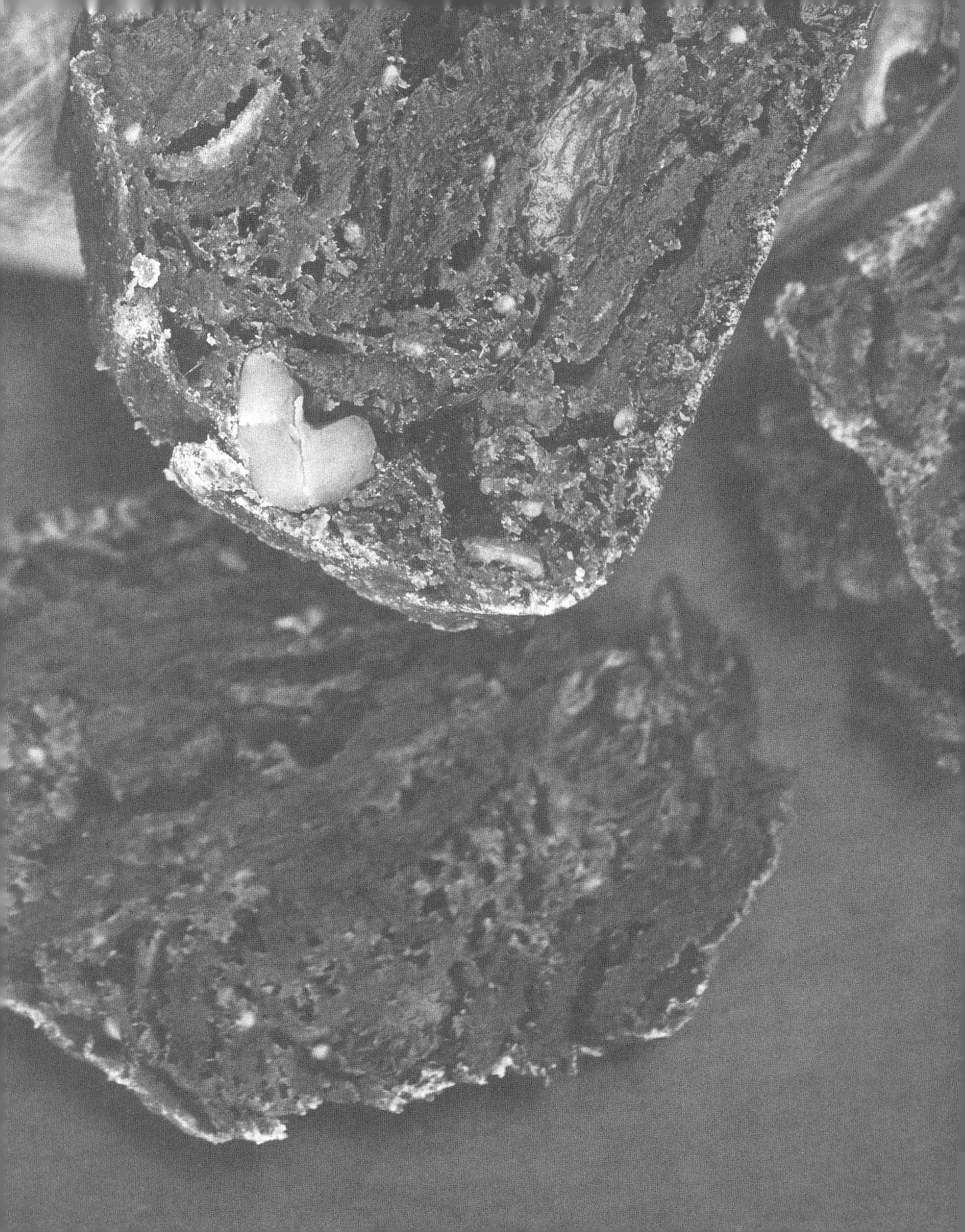

23

GRISONS (*GRAUBÜNDEN, GRISCHUN*)

Munts e vals

PRODUITS CARNÉS

PRODUITS LAITIERS

FRUITS, LÉGUMES ET PLANTES

CÉRÉALES

PRODUITS DE BOULANGERIE ET PÂTISSERIE

CONFISERIES

BOISSONS

On peut chercher des superlatifs, en rêver, en édifier – ou vivre en plein dedans, comme dans les Grisons. Avec ses 7105 kilomètres carrés, ce canton de montagne couvre la plus grande superficie de la Suisse, soit environ un sixième du pays, desservi par le train et 100 lignes de cars postaux. Cependant, c'est le moins peuplé des cantons suisses avec seulement 27 âmes au kilomètre carré, la moyenne nationale étant de 187.

Le territoire est constitué de montagnes et de 150 vallées, chacune ayant sa propre particularité. Les statisticiens ont également recensé 615 lacs, 937 sommets, 125 communes réparties en 39 districts et onze arrondissements (2015).

Plus de 90 % du sol grison se situe à plus de 1200 mètres d'altitude, seul 1 % à moins de 600 mètres ; l'altitude moyenne du canton est de 2100 mètres, plus élevée que dans toutes les autres régions de l'arc alpin. 41 % de la population grisonne vit au-dessus de 1000 mètres, la moyenne nationale étant de 3 %. Après le Valais, les Grisons affichent la différence d'altitude la plus extrême du pays, du Piz Bernina à 4049 mètres au-dessus du niveau de la mer jusqu'à 260 mètres à la frontière du canton dans le Val Mesolcina – pas très loin du point le plus bas de Suisse, sur les rives du lac Majeur, à 193 mètres.

À force d'aligner des chiffres, il est facile d'oublier que ce canton incarne un véritable espace montagnard, à bien des égards tentaculaire, le seul de Suisse, avec le Valais, à être aussi vaste et global. Rien que le voyage de San Vittore à Fläsch permet de découvrir un paysage qui, malgré l'intervention humaine, est fortement marqué par la nature et ses mouvements. L'étroit Val Mesolcina et ses flancs abrupts, le col du San Bernardino où se forment parfois d'impressionnants murs de brouillard, le voyage à travers la vallée du Rhin postérieur qui descend vers le Domleschg, l'arrivée à Reichenau où le Rhin postérieur se jette dans le Rhin antérieur, le passage à travers l'agglomération de Coire et l'arrivée dans la région viticole de la Seigneurie grisonne où, exceptionnellement, le canton se déploie en une plaine. Rien d'étonnant à ce que la vie s'éparpille dans ces petits et grands paysages en trois langues nationales – un autre superlatif helvétique – avec des idiomes régionaux, notamment pour le *rumantsch*.

Si le peuplement est complexe et ramifié, la cuisine, elle, semble uniforme par la force des circonstances. Les fromageries d'alpage et les laiteries grisonnes ne proposent pas un choix infini de variétés, mais en bouche, chaque fromage se distingue des autres. Le salsiz et la viande séchée, icônes de la conservation, ont subi un certain nivellement gustatif en raison de la rationalisation de la production et des ingrédients, mais pas partout. Certains continuent à faire sécher de la viande de la même manière que leurs aïeux.

Le pain et les pâtisseries, qui traditionnellement présentent la plus grande diversité dans toutes les régions du pays, dépendent de ce qui est disponible, et pendant longtemps, dans les vallées de montagne, ce n'était pas le blé, mais l'orge, le seigle et le sarrasin, plus rustiques. Dès les années 1980, un esprit farouchement indépendant s'est dressé, dans les Grisons, contre la menace des groupes semenciers. Dans le sillage des agro-sciences modernes, des entreprises ont commencé à cultiver des variétés de céréales au plus fort rendement possible, qui pouvaient être profitablement semées sur de grandes surfaces. Les céréales de montagne n'entraient pas dans ce calcul et risquaient de sombrer dans l'oubli. Avec leurs sélections, les entreprises ont également contraint l'agriculture de montagne à s'intensifier, ce qui lui a été préjudiciable. Entre 1999 et 2006, elle a reculé de près de 70 % dans les zones de montagne deux à quatre. La coopérative Gran Alpin, fondée en 1987 par des paysans de montagne grisons, le confirme : « L'agriculture de montagne est coûteuse, les rendements sont certes excellents sur le plan qualitatif, mais quantitativement modestes » (2021).

En promouvant d'anciennes variétés comme le seigle Cadi et en développant de nouvelles variétés adaptées au climat et au sol, comme l'orge, Gran Alpin a réussi à mettre en place un réseau de paysans et de transformateurs qui fournissent des produits allant du *paun jauer* (pain plat du Val Müstair) à la *turta da nuschs* (tourte aux noix), la *schuppa da giutta* (soupe d'orge) et de la bière (*biera*) avec des céréales régionales. En 2021, plus de 90 exploitations ont produit environ 500 tonnes de seigle, de blé, d'orge destiné à la consommation ou à la brasserie, de PurÉpeautre, d'amidonnier, d'avoine nue, de maïs et de sarrasin.

La cuisine grisonne présente une image simple mais caractéristique, marquée comme dans tout l'espace alpin par la cuisine paysanne des vallées de montagne. Avec la publication de quatre cahiers de recettes transcrits, trouvés dans un grenier zurichois durant l'hiver 2014-2015 et imprimés en 2018 sous le titre *Ein schön Kochbuch 1559*, l'histoire de la cuisine campagnarde s'est enrichie d'un équivalent urbain avec 515 recettes provenant des cuisines bourgeoises de Coire du XVIe à la fin du XVIIe siècle.

Deux autres particularités remarquables : les confiseurs émigrés rentrés dans leurs Grisons natals après des années passées à l'étranger en ont rapporté des expériences et des idées nouvelles, comme la légendaire *turta da nuschs*. Et dans les quatre vallées méridionales italophones, une cuisine propre, influencée par la Lombardie et le Tessin, s'est développée, ce qui explique pourquoi le patrimoine culinaire des Grisons italiens est présenté dans un chapitre séparé.

Avec ses vignobles d'autant plus privilégiés qu'ils sont rares, les Grisons produisent quelques-uns des meilleurs vins de Suisse, en particulier du pinot noir, autrefois appelé simplement *Blauburgunder* (bourgogne bleu) et assez léger en tant que « Beerliwein » (vin rouge issu de raisins égrappés). Cela a changé grâce à la limitation de la quantité de raisins sur pied et à l'introduction de l'élevage en barrique. On cultivait du completer, un cépage blanc, avant le pinot noir.

Mentionné pour la première fois en 1321 dans un acte du Chapitre cathédral de Coire, le completer a fêté ses 700 ans en 2021. Son nom remonte probablement à *completorium*, les complies, la dernière prière de la journée d'un moine, suivie d'un verre de vin avant d'aller se coucher.

Le completer est considéré comme un cépage autochtone des Grisons, mais il pourrait aussi être originaire d'Italie, probablement introduit par des moines de l'abbaye de Pfäfers, qui possédait des terres en Italie. Le cépage était présent en Suisse alémanique, mais aussi dans le Haut-Valais, où il s'appelait respectivement kleine lafnetscha et grosse lafnetscha. Par croisements naturels avec la bondola, cépage tessinois, le completer est devenu le parent de la bondoletta au Tessin ainsi que du hitzkirchner dans le canton de Lucerne.

Le completer est considéré comme un cépage difficile ; soit on a beaucoup de raisins, soit presque pas, une forte acidité (il nécessite des années de barrique), et la fine peau des baies est sensible à la pourriture ; la période de végétation est étendue, avec floraison précoce (risque de gel) et vendanges tardives – un cépage capricieux, donc, qui a presque disparu avant de connaître une renaissance depuis les années 2010. Suivant l'élevage, le completer peut être conservé en cave pendant des années, voire des décennies.

Aujourd'hui, c'est une rareté excentrique. Le spectre gustatif couvre un large éventail : d'âpre et dur, oxydatif tel un xérès à minéral, opulent et dense, avec une fraîcheur légère, des arômes de fruits mûrs comme le coing et la noix, des tons veloutés comme la cire d'abeille et le miel d'acacia.

Bündner Rohschinken

Jambon cru des Grisons ; viande de cuisse de porc séchée à l'air

Jusqu'au moment où l'on commença à fabriquer du fromage toute l'année et où la culture de la pomme de terre se généralise (à partir du XVIIIe siècle), la viande de porc était plus exclusive que celle des bovins, qui étaient gardés principalement dans les zones de montagne (économie laitière, élevage bovin). Jusqu'après la Seconde Guerre mondiale, les montagnards étaient largement autosuffisants; ils possédaient du gros comme du petit bétail (moutons, chèvres) et quelques cochons. L'abattage avait lieu vers la fin de l'année avec l'arrivée de températures plus fraîches, car ils ne disposaient pas de salles climatisées et d'installations de refroidissement comme ce sera le cas dès les années 1960, lorsque le frigo a commencé à s'imposer et à se généraliser dans les ménages.

Dans *Gemälde der Schweiz. Der Kanton Graubünden* de 1838, il est indiqué laconiquement qu'« au printemps, les jeunes porcs [...] sont engraissés dans les mayens et les alpages pendant tout l'été, puis abattus en automne pour la consommation domestique ». À la fin de l'automne, l'animal était âgé d'environ un an. Si on l'engraissait plus longtemps, il deviendrait un concurrent alimentaire pour lequel il faudrait sacrifier une partie de ses propres réserves de nourriture.

Le *Bündner Rohschinken* ou jambon cru des Grisons se fabrique selon la même méthode que la *Bündnerfleisch* (viande des Grisons). Produits pendant des siècles pour la consommation personnelle, tous deux ont été de plus en plus vendus à l'industrie hôtelière en pleine expansion; le jambon cru et la viande des Grisons sont devenus des délicatesses recherchées.

Le porc domestique (*Sus scrofa domestica*) a été domestiqué vers 9000 à 8000 av. J.-C. en Anatolie orientale; il descend du sanglier, *Sus scrofa*. À ce jour, les preuves les plus anciennes de sa présence dans la Suisse actuelle datent d'environ 7000 ans et ont été découvertes dans les habitats néolithiques de Sion (*DHS*). Dans l'église de Santa Maria del Castello, au pied de la forteresse de Mesocco dans le Val Mesolcina, une des fresques peintes entre 1459 et 1480, qui représente les travaux du mois de janvier, montre deux jambons séchant sur une corde près d'un four.

Comme pour la viande des Grisons, le boucher utilise la cuisse pour le jambon cru. Afin que celui-ci soit aussi savoureux que possible, la meilleure viande est celle un cochon d'alpage âgé de pas moins de douze mois, qui a été laissé en liberté et nourri avec de l'orge, du petit-lait (lactosérum), de l'herbe et des fleurs de foin. Le boucher coupe la meilleure viande de la cuisse et la frotte avec du sel et un peu de salpêtre. Même si la tendance voudrait qu'on le fasse, il ne faut pas ôter la couenne, qui contribue au développement aromatique, tout comme la graisse. On masse la viande avec du sel de saumure parfumé de diverses épices : baies de genièvre, laurier, graines de fenouil, ail et poivre. Dans des cuves, la viande perd son jus, le sel la déshydrate, une saumure se forme et les pièces sont remuées et retournées tous les deux jours.

Après environ quatre semaines, on lave la viande pour la débarrasser de la saumure épicée, les morceaux sont placés dans des filets et laissés à sécher dans une pièce appropriée pendant quatre, cinq ou même sept mois. Pendant le séchage, en fonction de leur taille et du climat, les jambons sont pressés quatre à cinq fois pendant 48 heures, ce qui leur donne leur typique forme rectangulaire. Le pressage répartit l'humidité à l'intérieur. La température, l'humidité et la ventilation de la pièce doivent toujours être contrôlées afin que les jambons ne se dessèchent pas trop rapidement et qu'aucune croûte ne se forme, ce qui bloquerait le séchage au cœur de la viande; il ne faut pas non plus que la pièce soit trop humide, sinon les morceaux commenceraient à se détériorer.

La règle d'or pour la salle de séchage est une température de 8 à 12 °C et un taux d'humidité de 75 %. La climatisation naturelle pendant le séchage à l'air se fait simplement en ouvrant et en fermant les fenêtres. La moisissure noble blanche qui se développe sur la viande indique que le processus se déroule parfaitement; si la pièce est trop humide, la moisissure devient grise, si elle est trop sèche, aucune ne se développe.

Les jambons crus sèchent à l'air libre entre 800 et 1800 mètres d'altitude. Dans les plaines et les régions vallonnées comme le Plateau suisse et le Jura, l'air est généralement trop humide pour faire sécher naturellement la viande crue, raison pour laquelle les jambons comme le *Burehamme* (jambon de campagne) sont cuits et fumés.

Le jambon cru et la viande des Grisons se dégustent de la même manière, de préférence coupés en fines tranches avec du pain et du vin. Le jambon cru se marie excellemment avec les melons ou les asperges blanches. Coupé en dés, il parfume soupes et risottos avec bonheur. De nos jours, on produit du jambon cru toute l'année; on y arrive aussi en plaine, grâce à des locaux programmés pour imiter le climat naturel.

SUPPLÉMENT

***Wie man schwine tschunk bereiten soll* (comment préparer du jambon)**

Ainsi s'intitule la recette n° 431 du recueil *Ein schön Kochbuch 1559*, qui rassemble 515 recettes de la haute cuisine de Coire du milieu du XVIe à la fin du XVIIe siècle. Comme il était autrefois d'usage, le jambon de porc était salé avec les autres morceaux de viande, mais on le laissait dans de la saumure « un jour et une nuit de plus ». Avant que le jambon ne soit suspendu pour être séché, on le raffinait d'une façon très spéciale, en le frottant avec de l'eau-de-vie de lie pour qu'il se resserre (« *das er darob Zusamen gange* »). Ce traitement aurait duré trois à quatre jours.

Voir aussi : Jambon cru du Valais, page 466 ; Prosciutto crudo della Mesolcina, page 586.

Churer Beinwurst

Saucisse de Coire ; saucisse en forme de ballon à base de viande et d'os de porc

Dans cette construction archaïque, plus que dans toute autre saucisse, le sens et la finalité du produit se conjuguent parfaitement : emballer ce qui se présente – à ce jour, du moins occasionnellement, la *Beinwurst* contient même encore ce que son nom indique, *Bein* signifiant ici des os. Lorsqu'on la découpe, son contenu ressemble à de la couenne et non à de la chair à saucisse ; la version du Prättigau comprend une certaine quantité de ladite chair.

Traditionnellement, à la fin de la journée, une fois que les jambons étaient suspendus, que les salsiz séchaient et que le bouchoyage (*Metzgata*) était terminé, le paysan ou le boucher itinérant rassemblait tout ce qui était encore comestible, hachait cela en morceaux de bonne taille, comme s'il préparait un ragoût, les laissait s'attendrir dans une marinade au vin épicée et les embossait dans un volumineux boyau, de préférence de bœuf : groins, oreilles et queues, couennes et lard, parures de viande ainsi que du cartilage et des os.

Quand on est passé, pour ce qui est de la transformation de la viande, du bouchoyage à la ferme à la boucherie commerciale, les ingrédients les plus rustiques ont été peu à peu remplacés par d'autres, plus fins et plus charnus. On ne trouve pratiquement plus d'os dans les « saucisses aux os » telles que celle de Coire, mais il faut qu'il y ait un peu de couenne, de cartilage et de gras, sans quoi elles sécheraient.

Le boucher découpe au couteau la viande de porc de l'épaule, du cou et de la poitrine en cubes, hache queues et groins manuellement et fait mariner la viande dans du vin rouge de la Valteline, assaisonné de sel nitrité, de poivre moulu, de noix de muscade, de coriandre et d'ail pendant six jours à une température ambiante de 8 °C. Pour que l'assaisonnement et la marinade pénètrent uniformément dans la viande, tout doit être retourné et remué quotidiennement.

Au terme de ce préambule de près d'une semaine, on remplit des boyaux de bœuf ou de veau avec la masse bien trempée ; cette opération s'effectue manuellement, car une répartition équilibrée des divers morceaux est indispensable pour la consommation. Les morceaux, qui ressemblent un peu à des ballons de rugby, sont fumés à 30-40 °C pendant 12 à 15 heures. Le boucher laisse ensuite les saucisses refroidir, un jour à température ambiante et le lendemain à 7 °C.

La *Beinwurst* est disponible en portions de 400 grammes environ, mais la clientèle préfère généralement les calibres plus massifs d'un kilo et davantage. Cette bombe dodue est depuis longtemps considérée comme une saucisse royale, à consommer de préférence lors de réunions conviviales. Si ses origines sont indéterminées, il est certain qu'on la fabrique depuis des siècles. Heinrich Zschokke l'a mentionnée dans un article sur les saucisses des Grisons publié en 1805 dans son journal, l'*Aufrichtiger und wohlerfahrener Schweizerbote*.

Le premier *Beinwurstessen*, dîner rituel célébrant cette saucisse, fut organisé par le chœur masculin de Coire en 1879, qui depuis lors a perpétué cette tradition d'année en année ; quelques décennies plus tard, l'écrivain et poète Emil Hügli (1873-1956) composa à cette occasion un hymne approprié, le *Beinwurstlied;* d'après lui, cette « reine parmi toutes les saucisses » aux couleurs rouges et blanches se reflète dans le vin de la Valteline, offrant un délicieux spectacle doublé d'un repas revigorant.

Une réussite admirable pour une saucisse faite de restes cuite dans une soupe d'orge et servie aux domestiques ! Peut-être que le décalage entre l'histoire et le contenu a incité Hercules « Härtli » Schwarz de Malans, dans la région de Landquart, à faire entrer la *Beinwurst* dans une jolie légende. En 1898, il déclara que le pauvre compagnon cordonnier Crispin avait demandé le gîte et le couvert à la cour de l'évêque de Coire par une froide nuit d'hiver, mais qu'il fut renvoyé. Il trouva refuge chez un journalier et, pour le remercier, entra nuitamment dans le fumoir de l'évêque et s'y servit de vin et d'un cochon : « De retour dans la chambre du journalier, avec son couteau il découpa l'animal en petits morceaux et rien ne fut perdu, ni le dos ni les côtes, ni la viande ni les os, pas plus que le groin, la queue ou les oreilles. Il sala bien les morceaux, ajouta du poivre et de la noix de muscade, versa par-dessus du vin qu'il avait dérobé et assaisonna le tout avec de l'ail. D'un journal en parchemin il fit une enveloppe, dont il brocha et noua les deux extrémités après l'avoir remplie de viande et d'os» (adapté d'un poème extrait de *Alles ist Wurst*).

Avant d'être en mesure de découper de la *Beinwurst*, il faut la laisser mariner pendant trois à quatre heures, suivant son volume, à 80 °C. Traditionnellement, ce monument de la charcuterie est servi avec une soupe d'orge. Si elle est cuite à l'eau, la saucisse est accompagnée de choucroute et de pommes de terre bouillies ou sautées.

Percer la *Beinwurst* s'avère encore plus périlleux que pour le boutefas ou le saucisson: à la moindre imprudence ou distraction, en faisant fi de l'angle de perçage ou en oubliant de couvrir la zone ciblée avec du pain, on court le risque de recevoir un jet de jus aussi chaud que substantiel dans l'œil, sur son costume ou sur sa cravate.

La saison de la *Beinwurst* s'étend de la fin de l'automne au carnaval. Les tablées d'hommes des Grisons et la diaspora grisonne ayant le mal du pays célèbrent toujours le *Beinwurstessen* avec autant de vin que d'allégresse. La *Beinwurst* (grisonne) est produite dans tout le canton, mais la version de Coire est la plus connue.

SUPPLÉMENT

Un Presidio, des Presidi

C'est le terme utilisé par Slow Food pour décrire «des produits de qualité fabriqués de manière traditionnelle et artisanale». Pour la sauver de l'oubli, Slow Food Suisse a accueilli la saucisse de Coire en tant que Presidio en 2010; il y a désormais 20 Presidi en Suisse (août 2021). Les producteurs s'engagent à respecter les directives spécifiées, et en contrepartie Slow Food les aide «à maintenir la qualité de leurs produits et leur ouvre de nouveaux marchés» (*slowfood.ch*).

Kartoffelwurst, liongia da tartuffels

Saucisse à base de porc et de bœuf, avec ou sans sang, additionnée de pommes de terre

Jusqu'à la fin du XXe siècle, on ajoutait du sang aux *Kartoffelwürste* ou saucisses aux pommes de terre pour faire rougir de honte l'ingrédient végétal. Entre-temps, les saucisses sont présentées avec la plus grande franchise; les temps ont bien changé, et désormais c'est la viande qu'il faudrait presque camoufler avec du sang.

L'apparition de la *Kartoffelwurst* ne peut être datée précisément – on est toutefois certain qu'il n'en existait pas avant la découverte de l'Amérique. La plante de la famille des Solanacées est cultivée en Amérique du Sud depuis plus de 6000 ans; aujourd'hui encore, on trouve dans les Andes des variétés de pommes de terre aux couleurs, aux formes et aux saveurs les plus diverses, un véritable trésor de génétique. En Suisse, le premier contact durable avec le tubercule du Nouveau Monde fut établi par le médecin et botaniste bâlois Caspar Bauhin, qui lui donna le nom scientifique de *Solanum tuberosum* en 1596.

La pomme de terre n'a été cultivée que plus tard, une fois qu'on eut reconnu qu'elle n'était pas entièrement toxique. Sa culture utilitaire «pénétra en Suisse à partir de l'Alsace et de l'Irlande. Elle se pratiqua d'abord dans les Alpes et les Préalpes, zones non soumises à l'assolement obligatoire: à Glaris dès 1697, dans l'Entlebuch dès 1716 (querelle sur la dîme des pommes de terre), aux Grisons dès 1717, à Goldau dès 1727, à Brienz dès 1730. Elle gagna le Jura vers 1750 et le Plateau dans la seconde moitié du XVIIIe siècle» (*DHS*). Les autorités et les propriétaires terriens restaient méfiants – pourquoi parier sur une nouveauté qui ne pouvait pas être stockée aussi longtemps que les céréales et le vin, qui résiste mal au transport et qui n'est donc pas en mesure de remplacer les produits traditionnels constituant le socle économique de l'Église et de l'État?

Dans les Grisons, les premières pommes de terre furent plantées en 1717 à Marschlins, près de Landquart: «Pas pour l'alimentation, mais uniquement comme plante ornementale dans les jardins à cause de ses fleurs», comme l'écrit Alfred Kaufmann dans son essai intitulé *Wie die Kartoffel nach Graubünden kam* (1964). Elle est restée longtemps décorative; même en 1758, lorsqu'on servit des tubercules pour la première fois, les servantes et les valets de ferme les rejetaient, les considérant comme «malsains». De graves crises eurent raison de telles réticences: les famines des années 1770 et 1810 firent en sorte que *Solanum tuberosum* s'imposa comme aliment de base en Europe.

Après que la pomme de terre eut pris racine dans les Grisons vers 1800, ses avantages n'ont pas tardé à être découverts. Elle remplissait vite l'estomac sans trop peser sur le porte-monnaie; la viande étant coûteuse, on en mettait aussi dans la chair à saucisse sans que l'escroquerie ne soit trop perceptible – avec plus ou moins de succès, et c'est ainsi que la *Kartoffelwurst* passait jusqu'au milieu du XXe siècle pour un indicateur de prospérité. Mais c'était aussi un baromètre de l'imagination culinaire, car les plats créatifs naissent souvent de la nécessité, comme dans le cas présent une saucisse sans «vraie» viande, un mélange de pommes de terre, de gras, de foie et de sang.

«La confection des saucisses, aussi bien que celle des pâtés, laisse une large place à l'invention», a écrit le gastrosophe allemand Carl Friedrich von Rumohr (1785-1843) dans son traité sur l'art culinaire (*Geist der Kochkunst*, 1822). «En effet, poursuit-il, il n'est pas nécessaire de les réaliser en suivant précisément les instructions en vigueur à un moment donné; au contraire, le mélange des variétés de viande, des épices ou d'autres substances végétales est tout à fait arbitraire. […] On suivra l'un ou l'autre de ces exemples, ou les inspirations de sa propre imagination, à condition de procéder en respectant les principes éternels de l'art. » (*L'Esprit de l'art culinaire*, traduction de Marie-Ange Maillet)

La *Kartoffelwurst* (*liongia da tartuffels* en romanche) est disponible avec ou sans sang, en saucisse sèche ou bouillie. Pour la version classique, on fait bouillir des pommes de terre farineuses la veille (30 à 40 % du poids final), les épluche et les passe au hachoir à viande avec du porc et du bœuf maigres ainsi que du lard dorsal (jusqu'à 20 %). Ajouter 6 à 8 % de sang de porc, éventuellement un peu de vin rouge, et mélanger le tout avec du sel et du salpêtre ou du sel nitrité, du poivre, des clous de girofle, de la noix de muscade, du piment de la Jamaïque, des baies de genièvre et de l'ail ; comme toujours, les mélanges sont de vieux secrets de famille. On incorporait jadis encore du foie et du poumon à la chair à saucisse, mais (presque) plus maintenant.

La masse est embossée dans des boyaux de porc que l'on attache avec de la ficelle pour obtenir des saucisses d'environ 20 centimètres de long, qui sont ensuite suspendues à l'air frais et sec des Alpes ou placées dans une cuve pendant un ou deux jours, où elles perdent environ 10 % de liquide. Pendant la maturation, des moisissures blanches se forment sur les saucisses, ce qui est bon signe. Elles seront consommables au bout de deux à trois semaines. Plus on les laisse suspendues, plus elles durcissent. Ces saucisses aux pommes de terre sont produites de préférence en hiver, car en d'autres saisons elles se dessèchent trop vite et risquent de ne pas mûrir correctement. Certains producteurs fabriquent des *Kartoffelwürste* claires, sans sang – cette saucisse n'est pas devenue végétarienne, mais les composants végétaux n'ont plus à être dissimulés, au contraire, ils soulignent une certaine légèreté en bouche.

La version à base de viande hachée, la *Kartoffelwurst* à bouillir, peut également être fabriquée chez soi selon une recette du recueil *Koch-Rezepte bündnerischer Frauen* de 1905 (presque identique 80 ans plus tard dans *Die Kochkunst Graubündens* de Roland Jöhri) : « Les pommes de terre doivent être bouillies puis réduites en purée. Ensuite, on prend deux tiers de viande hachée, un tiers de purée de pommes de terre, ajoute du sel et du poivre, pétrit le tout jusqu'à obtention d'une pâte et, une fois que les boyaux ont été modérément remplis, on fait bouillir la saucisse pendant environ 20 minutes. »

Les *Kartoffelwürste* au sang sont passées du statut de plat du pauvre à celui de spécialité. Elles se mangent froides et crues avec du pain ou réchauffées, avec de la polenta, des *maluns* (spécialité grisonne à base de pommes de terre cuites, de farine et de beurre) ou une soupe. La version hachée est bouillie et servie avec des fruits secs mis à tremper et réchauffés.

SUPPLÉMENT

Les pommes de terre de montagne

Depuis les années 2000, ces tubercules se sont fait sur les tables une belle place, normalement réservée aux truffes. À partir de la vallée de l'Albula et grâce aux banques de semences de ProSpecieRara ou d'ailleurs, d'anciennes variétés locales suisses de pommes de terre de montagne sont sorties de l'oubli et ont été replantées dans des sols leur convenant. Voici les principales : Aargauer Müsli, Baselbieter Misli, Blaue Emmensteg, Lauterbrunnen, Peau lilas d'Uetendorf, Müsli Oberkirch (LU), Röseler (GL), Acht-Wochen-Nüdeli (GR), Maikönig (GR), Wiesner aus Wiesen, Wiesner aus Zillis, Parli (GR), Pfavi (GR), Tennaer, Vriner, Safier, Précoce de Prättigau, Guarda, Bormini (Val Poschiavo) / Bleue de Valteline, Bleue de Ludiano, Peau bleue de Bristen, Fläckler (VS), Rouge et Blanche du Lötschental, Virgule Béroche (NE) et d'autres encore… Certaines s'acclimatent et poussent bien, d'autres s'y refusent.

Voir aussi : Saucisse aux racines rouges, page 471.

Liongia engiadinaisa

*Saucisse maison de l'Engadine (*Engadiner Hauswurst*) ; saucisse à bouillir fumée à base de bœuf et de porc*

Lorsque le menu indique « fait maison » pour mieux caractériser un plat, la sonnette d'alarme de certains clients commence à retentir. On ne pourra déterminer si ce fut à tort ou à raison qu'après avoir goûté au *corpus delicti*. « Maison » peut signifier tout autant une brillante signature individuelle qu'un camouflage dissimulant un indicible salmigondis de restes, de parures et de bas-morceaux. Toutes sortes de choses peuvent entrer dans la composition d'une sauce, d'une soupe ou d'une chair à saucisse, en bien comme en mal, et c'est ainsi qu'une saucisse maison se présente d'abord comme un concentré de ce que le restaurant a à offrir à sa clientèle.

« Comme le bouchoyage à domicile était encore très répandu au XIXe siècle, écrit l'historien zurichois Albert Hauser, il y avait bien sûr aussi la "saucisse maison". Elle contenait toutes sortes de restes et peut-être aussi des ingrédients de qualité inférieure comme du poumon, des tripes, des choux et des pommes de terre. Dans le canton de Berne, ces saucisses étaient souvent appelées *Grümpelwürste* [saucisses aux rebuts], ce qui n'enlevait rien à leur popularité » (*Das Neue kommt. Schweizer Alltag im 19. Jahrhundert*). Exactement. Mais qui prétend que les tripes sont de qualité inférieure ? Les saucisses faites maison sont de petites merveilles culinaires.

Dans les Grisons et dans d'autres régions de montagne, les familles ont vécu en autarcie jusqu'au début du XXe siècle. L'élevage industriel était inconnu ; la plupart des paysans possédaient un modeste troupeau et quelques cochons. La saison de l'abattage commençait à la fin de l'automne, et souvent deux ou trois paysans se réunissaient pour procéder au bouchoyage. Lorsque la viande de quelques vieilles vaches et des porcs avait été transformée, on rassemblait les restes et les complétait par divers ingrédients, les assaisonnait, les passait au hachoir et la chair à saucisse ainsi obtenue était embossée dans les derniers intestins restants. Jadis, une autre variante de l'exploitation des restes était la *Beinwurst*, saucisse qui contenait notamment de la couenne et des cartilages de pieds de porc.

Avec la lente agonie du bouchoyage, grâce à l'esprit du temps et aux règlements, ce sont les bouchers professionnels qui ont pris le relais de la saucisse maison ; sa « personnalité » fut supplantée par une meilleure viande et une certaine uniformité. Le boucher visité a repris la recette de sa saucisse maison engadinoise de son père, qui avait ouvert la boucherie en 1938. Dans une bassine, il mélange manuellement de la poitrine de bœuf avec de la viande de porc et du lard de cou, de sorte qu'aucun agrégat de lard ne se forme, puis blitze le tout pour en faire une chair à saucisse ayant la consistance d'une viande hachée assez grossière. Pendant que le blitz découpe la viande, le boucher ajoute du vin rouge, puis du sel : pour les saucisses « vertes », c'est-à-dire crues, il utilise du sel de table, pour les fumées du sel nitrité (servant à la rubéfaction) auquel il ajoute du citrate (acide ascorbique et sucre, dénomination générale pour divers types de sucre). L'aromatisation se fait avec des épices telles que du poivre blanc, de la noix de muscade, de la cannelle, des clous de girofle et de l'ail séché.

La chair à saucisse finie, cohésive (meilleure résistance à la coupe), est introduite dans un boyau de bœuf ou de porc (plus fin) à l'aide d'une seringue à saucisses. Les saucisses sont produites par paires : il faut vriller le boyau plusieurs fois au milieu pour séparer les deux saucisses ; les extrémités sont clippées. Les paires sont ensuite suspendues dans un fumoir, où leur conservation s'effectue en trois étapes (séchage, fumage, condensation). Dans les zones alpines, la viande et les saucisses sont généralement conservées par séchage à l'air froid de l'hiver dans les régions situées à plus de 1200 mètres d'altitude, et à la fumée dans celles de moindre altitude.

Les saucisses maison « vertes » devraient être consommées dans les dix jours ; les saucisses fumées se conservent plus longtemps. Échauder dans de l'eau à 75 °C et déguster avec des rösti ou de la polenta, des pommes de terre sautées, une salade de pommes de terre ou du pain. La saucisse maison de l'Engadine est répandue dans l'ensemble du canton et produite toute l'année dans les boucheries industrielles.

SUPPLÉMENT

De la *liangia*

Sous ce terme romanche, on découvre tout un univers de saucisses comme peu de dictionnaires en proposent. L'Institut dal Diziunari Rumantsch Grischun (DRG) a réuni une riche collection de noms et explications sur une époque où les abattoirs industriels et la viande bon marché n'existaient pas : de chaque bête abattue, on prélevait vraiment tout ce qui était comestible.

La chair hachée manuellement était poussée à travers des *corns da far aint liongias*, à savoir des cornes de vache creuses servant d'entonnoirs naturels pour faire des saucisses, et celles-ci se déclinaient en de nombreuses variétés comme il n'en existe plus depuis longtemps : la *ligiongia da carnmorta* (saucisse au pancréas), *la liangia (da) curaglia* (saucisse à la fressure ou au mésentère), la *liangia da garflaunas* (saucisse au creton), des saucisses au fanon, à la cervelle, aux oreilles, à la farine, ou encore la *ligiongia cun biagios*, comparable à de la saucisse aux choux. Citons aussi la *liangia murdida* ou *povretta* (saucisse du mendiant ou du pauvre), à base de tissus conjonctifs et de restes hachés, que l'on « offrait jadis aux miséreux le jour de l'An », et enfin la *ligiongia narra* ou saucisse folle, « fabriquée avec du foie, du saindoux, du sang et des rognons » (*drg.ch*).

Salsiz

Saucisse crue séchée et pressée à base de porc, de bœuf ou de gibier

Le salsiz, saucisse crue séchée et pressée de forme rectangulaire, est l'un des produits grisons les plus connus en dehors des frontières cantonales. Cela tient-il à cette forme, à son contenu – que l'on retrouve également dans le *salami* et le *salametto* – ou à son nom ? Celui-ci ressemble indéniablement à *salami*, signifie en principe la même chose et ne présente pas d'énormes différences. Le nom *salsiz* trouve son origine dans l'italien *salsiccia*, saucisse. Dans un article sur vingt saucisses des Grisons publié par Heinrich Zschokke en 1805 dans sa revue *Der Schweizer Bote*, point de salsiz, l'auteur n'en connaît pas le nom ; mais sa description du schüblig y ressemble fortement. L'*Atlas de folklore suisse*, basé sur une enquête ethnologique nationale menée dans les années 1930, mentionne lui aussi seulement le schüblig, on y chercherait en vain un salsiz.

Selon le *Dicziunari Rumantsch Grischun* (*DRG*), les termes rhéto-romans *andutgel* ou *anduochel* seraient issus du latin *inductile*, « recouvrable ». Le salsiz était très prisé, comme l'illustre la phrase suivante : « *andutgel, la megliera ligonga ca dat; autras ligongas an en paletschas, a stu in fa cuer par save majé* », la meilleure saucisse qui soit ; les autres saucisses contiennent des déchets de viande [...] et il faut les faire bouillir pour les manger (*DRG*). Ce dictionnaire cite une autre phrase (de Disentis) élogieuse sur les salsiz : « *igls andutgels ein fatgs culla megliera carn e bunamain adina magliai criu* », elles sont faites avec la meilleure viande et se consomment presque toujours crues.

Les *anduglias* n'ont pas grand-chose à voir avec les andouillettes, même si elles ont avec celles-ci des points communs de par leur contenu : les *anduglias* sont en effet des « saucisses aux intestins émincés avec un peu de viande hachée (jadis appelée "Krägli-Mägli" à Coire) », explique aussi le *DRG*.

On trouve le terme *Salzizen* dans un texte de Jacob Ziegler publié à Bâle en 1647 consacré à la pourriture naturelle des choses et à leur capacité à se transformer, *Fermentatio generationis corruptionis causa. Ein kurzer Bericht, wie ein Ding natürlich vergehen und ein anders daraus werden könne* : « Les Italiens conservent leur viande de l'été, ainsi que les salsiz ou saucisses (*Salzizen oder Würst*), principalement dans de l'huile d'olive, qui les soustrait à la pourriture, aux vers et aux moisissures. » Cela figure ainsi dans l'*Idiotikon*, qui cite encore une autre source pour ce terme (Stephan Spleiss, *Johannis Amos Comenii Sprachen-Thür, darinn die Sachen und Sprachen in schöner Ordnung, zu vortheilhaftiger Erlernung der lateinischen Sprache, sammt den Gründen guten Künsten und Wissenschafften mit einandern verbunden und fürgetragen werden*, Schaffhouse, 1667) ; les *Salsitzen* y sont qualifiées de *Knackwürst*, c'est-à-dire de saucisses croquantes.

Heinrich Zschokke, qui fut directeur de l'institut d'éducation du château de Reichenau de 1796 à 1798, écrit dans son article que c'est « la plus grossière de toutes les chairs à saucisse qui est destinée » au schüblig et qu'elle n'est « pas hachée très finement ». Le grain du salsiz n'est pas aussi grossier que le *salame nostrano* et pas aussi fin que le *salame tipo milano*. Le révolutionnaire et théologien, qui avait quitté l'Allemagne pour s'établir en Suisse, énumère comme épices « des clous de girofle, du salpêtre et du sel » ainsi que du « vin » et environ « 2 grosses poignées [...] de lard ». La saucisse était placée dans un petit fumoir (*Räucherkämmerlein*), c'est-à-dire qu'elle n'était séchée à l'air libre, comme c'est l'usage selon l'Union professionnelle suisse de la viande, Carnasuisse. Reichenau se trouve à 604 mètres d'altitude, ce qui est trop bas et trop humide pour suspendre de la viande crue à l'air libre. En fonction des conditions microclimatiques, la viande peut être séchée à l'air frais des Alpes à partir de 800 mètres, mais de préférence au-dessus de 1200 mètres.

Traditionnellement, le salsiz est lui aussi un produit issu du bouchoyage ; depuis la disparition de l'abattage à la ferme au profit des exploitations commerciales et du fait de réglementations de toutes sortes, on fabrique des salsiz toute l'année. Le boucher mélange à la main de la viande hachée de porc, de bœuf ou de vache et du lard avec du sel, du poivre, de l'ail séché, de la coriandre, du vin, du salpêtre et du dextrose, un type de sucre à base de maïs (car le salpêtre a un goût amer). On remplit ensuite des boyaux de porc avec cette masse, noue les extrémités des saucisses et les laisse sécher dans trois pièces diversement climatisées : dans la première, deux jours à 6-10 °C et à 60-75 % d'humidité ; dans la suivante, deux jours supplémentaires à 22-24 °C et à 75-85 % d'humidité ; c'est là que la rubéfaction commence et que la moisissure noble se développe. La température est ensuite abaissée à 15 °C et le taux d'humidité passe à 70-80 %. Dans la troisième salle, les saucisses sont suspendues à une température de 13 à 14 °C et à une humidité de 75 à 80 % pendant quatre à cinq semaines, selon le volume, jusqu'à ce qu'elles arrivent à maturité. Au cours de la deuxième ou troisième semaine, on presse les saucisses afin qu'elles prennent leur typique forme rectangulaire.

À la fin du processus, les salsiz ont perdu 35 % de leur poids frais ; entreposées plus longtemps encore dans une cave froide, c'est la moitié de ce poids qui peut disparaître. Comme pour la viande des Grisons et le jambon cru, le salsiz se déguste tout simplement avec du pain et du vin ou de la bière – on le coupe toutefois en tranches plus épaisses. Coupé en dés, il peut être cuit dans de la pâte à capuns ou avec des rösti au four (*plain in pigna*). Il est tout aussi savoureux en tranches très fines dans une salade mêlée. Il se fabrique plusieurs déclinaisons de salsiz : de gibier (cerf, bouquetin), d'agneau, de bœuf, etc., d'un seul type de viande ou de plusieurs mélangées.

Voir aussi : Gumpesel, page 261 ; Bauernschüblig, page 313 ; Landjäger, gendarme, page 340 ; Appenzeller Pantli, page 435 ; Saucisse sèche valaisanne, page 473 ; Urner Hauswurst, page 509 ; Salame, salametto, page 609.

Schwartenwurst

Liongia da cutga, *saucisse de couenne ; saucisse crue fumée à maturation interrompue, fabriquée à partir de viande de porc et de couenne*

Peut-être n'était-ce qu'un détail dans son riche et tumultueux parcours, mais Heinrich Zschokke (1771-1848) connaissait bien les saucisses des Grisons et les appréciait suffisamment pour les juger dignes de figurer dans sa revue *Aufrichtiger und wohlerfahrener Schweizerbote* en 1805. Originaire de Magdebourg en Allemagne, Zschokke y grandit orphelin, quitta cette ville en 1788, se joignit à une troupe de comédiens comme auteur dramatique, étudia la théologie à Francfort-sur-l'Oder et, son doctorat en poche, en 1792, voyagea en France et en Suisse. « Il reprit en 1796 la direction de l'institut d'éducation de Reichenau, mais dut quitter les Grisons en août 1798 en raison de ses sympathies pour les patriotes révolutionnaires » (*DHS*). Deux mois plus tard, il fondait le *Schweizerbote* (« Messager suisse »), se déplaçant tel un derviche d'une administration ou institution helvétique à l'autre ; un monument à sa mémoire a été élevé à Aarau.

« Bon marché et largement répandu, [le *Schweizerbote*] fut pendant longtemps le seul journal libéral de Suisse alémanique à viser un lectorat populaire » (*DHS*) – et pour celui-ci, la saucisse était plus abordable que le filet. Zschokke n'a donc pas prêché dans le désert en présentant les 20 saucisses des Grisons, mais offert aux moins nantis un choix intéressant.

Dans les régions rurales et *a fortiori* dans celles qui étaient difficiles d'accès, comme les zones alpines, la plupart des familles étaient autosuffisantes depuis des siècles. On élevait des animaux domestiques, aussi quelques cochons. Néanmoins, on se nourrissait rarement de viande fraîche. Le point culminant de l'année culinaire était le bouchoyage à la fin de l'automne, lorsque les porcs, les moutons, les chèvres ainsi que les bœufs et les vaches étaient abattus dans les fermes : tout ce qui était nécessaire, et même indispensable, pour passer l'hiver. Contrairement à la période industrielle, où l'on croule sous les déchets, il n'y en avait pratiquement pas à l'époque dans lesdites régions. Le jambon, la *coppa* et la selle étaient les morceaux nobles, tandis que le boudin et la saucisse grise, la *Schwarzwurst* (cf. *page 553*) et la *Schwartenwurst*, le *cotechino* ou la longeole, en revanche, étaient un assemblage de chutes et de restes, d'abats, de sang et de couenne (pour plus de détails, cf. *page 263*).

Dans les Grisons, suivant la région, la saucisse est soit fumée, soit séchée. Les saucisses à maturation interrompue doivent être bouillies avant d'être consommées; si on les laisse sécher longtemps, elles peuvent également être mangées crues. La cuisson donne à la saucisse une consistance tendre et onctueuse grâce au collagène dissous de la couenne. La *Schwartenwurst* ou *liongia da cutga* se marie bien avec des ragoûts, des lentilles et des haricots, de la polenta et des pommes de terre sautées ou d'autres plats tout aussi copieux.

Voir aussi : Longeole, page 141 ; Schwartenwurst, page 263 ; Cotechino, page 601.

Schwarzwurst

Saucisse compacte composée de sang, de lard, de couenne et de groin

Dans le livre de cuisine *Nose to Tail Eating* (1999), l'auteur et chef londonien Fergus Henderson conseille, pour sa recette de *blood cake and fried eggs*, de «commander le sang à son boucher. Ce n'est peut-être pas facile à obtenir, mais c'est tout à fait possible». En effet, car jamais autant de porcs n'ont été abattus qu'en ce début de XXIe siècle. En Suisse, le nombre de porcs a toutefois diminué – pas par manque d'appétit des consommateurs, mais à cause de l'élevage industriel dans d'autres pays et de l'effondrement assez immoral du prix de la viande porcine (cf. *Digression page 142*).

«La nature a créé le porc pour les festins», écrivait le polymathe romain Varron (*Marcus Terentius Varro,* 116 - 27 av. J.-C.). Deux mille ans plus tard, *Sus scrofa domestica*, le très méritoire porc domestique, est maltraité en tant que fournisseur de viande bon marché. Son sang coule sans discontinuer dans les égouts des abattoirs, il y en a trop pour l'exploiter. Il semble donc plutôt paradoxal qu'à la fin de l'automne et en hiver, les *Metzgeten*, *mazze*, cochonnailles, Saint-Cochon et autres fêtes débutant par l'abattage des porcs soient encore célébrées. Un rituel archaïque a survécu ici, car la première chose – et la plus périssable – à collecter une fois la truie tuée est son sang. On cuisait et consommait souvent le précieux liquide immédiatement et sur place sous forme de saucisses, de bouillie ou de galettes, suivant les régions et les traditions.

Alors que les boudins et les *Leberwürste* ou saucisses grises ont survécu comme l'une des rares traditions culinaires saisonnières, la *Schwarzwurst* est devenue une rareté en Suisse et est menacée de disparaître. Il faut la chercher – même si ce type de saucisse est probablement le plus ancien du monde. La *Schwarzwurst* contient du sang qui, lorsqu'il est cuit, prend une forte couleur rouge très foncé proche du noir. Elle peut être consommée fraîche, réchauffée ou froide, séchée et stockée. C'est en cela qu'elle diffère des variétés molles plus connues que sont la saucisse de sang ou *Blutwurst*, le boudin noir ou le chantzet.

On trouve de la *Schwarzwurst* surtout dans les régions de montagne, où le bouchoyage originel n'a pas encore complètement disparu du calendrier gastronomique. Elle a une concurrente dans les Grisons, *la liongia da tartuffels*, une saucisse aux pommes de terre, au foie et au sang de porc.

Dans le recueil de recettes de l'Union suisse des maîtres bouchers de 1935, il en existe deux sortes: la *Schwarzwurst*, composée d'un mélange de couenne, de sang et de lardons, qui doit être suspendue dans un fumoir à froid pendant quelques jours; et le boudin noir (*schwarze Blutwurst*): «Ce type de saucisse se prête à l'exploitation de divers morceaux autrement difficilement utilisables et, s'il est traité proprement et soigneusement, donne une saucisse savoureuse, bon marché et pratique.» Pratique sans doute dans le sens où cette saucisse pouvait être fabriquée à la fin de la journée afin de n'avoir à nettoyer qu'une seule fois la pièce teintée de sang.

Le producteur visité blanchit les lardons séparément, puis il blitze la couenne et le groin, verse du bouillon au lard dans la chair à saucisse fine et mélange le tout. Il incorpore ensuite une généreuse quantité de sang de porc au mélange et laisse le blitz poursuivre son travail à une vitesse prévue pour le pétrissage. Il l'aromatise avec du sel nitrité, de la moutarde, du glutamate (dans ce cas, de l'extrait de levure bio et un peu de glutamate pur), de l'ail liquide, des oignons frits, des épices (clous de girofle, poivre et coriandre) et termine en éparpillant des lardons sur la chair à saucisse. Une fois bien mélangée, cette masse est embossée dans des boyaux de bœuf, clippée et nouée aux deux extrémités, formant ainsi un anneau. Les saucisses sont ensuite douchées à l'eau froide, cuites pendant une bonne heure à la vapeur à 80 °C et enfin placées dans un fumoir à 40-45 °C durant un quart d'heure.

Alors qu'elle était jadis un en-cas protéiné abordable pour les plus défavorisés, la *Schwarzwurst* passe aujourd'hui pour un mets délicat. On peut soit la couper en rondelles et la manger avec du pain, soit la faire frire après avoir retiré le boyau. Dans le sud de l'Allemagne, une *Schwarzwurst* quasi identique est mélangée à deux tiers de *Schinkenwurst* (saucisse de jambon) pour réaliser une salade de saucisses à la souabe. En Silésie, un boudin noir comparable s'appelle *Grützwurst*, en Autriche *Blunzen*, à Cologne *Flönz*; la *morcilla* en Espagne, la *fiyuela* dans les Asturies (qui contient des haricots blancs); la *pappa di sangue* au Tessin, littéralement une «bouillie de sang»; le *sanguinaccio* en Italie, la *sanguinella* dans les Pouilles; en Grande-Bretagne enfin, on se régale de *blood* ou de *black pudding*, ainsi que de *blood cake* à la Henderson: «Cette nourriture a un effet calmant tout à fait étonnant.»

Voir aussi : Blutwurst, page 108 ; Leberwurst, page 110 ; Boudin, chantzet, page 163 ; Saucisse de sang, page 472.

Viande des Grisons

Bündnerfleisch ; *viande salée et séchée à l'air*

Une icône majeure dans l'art culinaire suisse. La *Bündnerfleisch* ou viande des Grisons, *pulpa*, *puolpa* ou *charn crüja* en rhétoromanche, est sans doute l'un des premiers produits qui viennent à l'esprit lorsqu'on demande de citer les plus célèbres spécialités helvétiques. La question de savoir si la viande séchée à l'air de la cuisse (tranche carrée, pièce ronde, fausse tranche et coin) de vache ou de bœuf mérite réellement la place privilégiée qu'elle occupe en dehors des frontières nationales fait l'objet de débats animés. Les avis divergent sur la question de l'origine : la viande des Grisons doit-elle nécessairement provenir de ce canton ? Si c'était le cas, il ne serait sûrement pas possible d'en produire 2900 tonnes en une année (2018) – les Grisons ont beau être le plus grand canton suisse avec ses 7105 km^2, ils ne peuvent offrir suffisamment de terres exploitables pour 290 000 têtes de bétail, ce qui est le minimum requis pour la quantité de viande séchée mentionnée ci-dessus.

La « Bündnerfleisch » appartient à la catégorie de la « Bindenfleisch », à savoir une « viande enveloppée dans des linges et des *Binden* [serviettes] et séchée à l'air » (*Idiotikon*, 1881) ; au fil du temps, le tourisme régional a écarté la réalité factuelle au profit de l'appellation géographique.

Le séchage à l'air est la méthode de conservation la plus simple et probablement la plus ancienne : les premiers hommes ont pu constater qu'un poisson mort rétrécissait sous l'effet de la brise et se transformait en stockfish. En frottant ce même poisson avec du sel, le processus est plus rapide et la chair moins insipide. La conservation par séchage, déshydratation et salage a déjà été décrite à de nombreuses reprises pendant l'Antiquité. « Les salaisons, *salsamenta*, ont joué un grand rôle dans l'alimentation des Romains pour qui le porc était le principal animal de boucherie. On salait aussi la viande d'autres animaux, chèvre, vache et bœuf, mouton et cerf », nous dit Jacques André dans *L'Alimentation et la cuisine à Rome*.

La conservation du poisson, de la viande ainsi que des légumes et des fruits repose sur l'élimination d'eau lors du séchage ou de la déshydratation : les moisissures ou animalcules de toute nature ont besoin de liquide pour se fixer. Bien que Louis Pasteur ait analysé scientifiquement le phénomène de l'altération au milieu du XIXe siècle et ait donné des conférences sur ce dont les micro-organismes sont capables, on savait depuis longtemps comment procéder sans avoir besoin d'explications.

Le séchage est basé sur l'osmose, l'égalisation des concentrations de liquides à l'intérieur et à l'extérieur d'une membrane telle qu'une paroi cellulaire. En sucrant (fruits confits) ou en salant (poisson, viande), on élimine l'eau du produit frais car la concentration de sucre ou de sel à l'extérieur du produit est plus importante qu'à l'intérieur. Cela fonctionne aussi dans l'autre sens : lorsque la pluie tombe sur des cerises mûres, l'eau non sucrée pénètre à travers la peau jusqu'au jus de cerise sucré ; le volume augmente et la cerise éclate. Ce n'est que lorsque les deux côtés sont équilibrés que l'osmose s'arrête. Si dans un pot-au-feu on veut faire passer les minéraux de la viande dans la soupe, on la laisse cuire dans de l'eau non salée ; si l'on veut conserver la saveur de la viande et l'assaisonner un peu plus, on saupoudre l'eau de sel.

Bien malin qui pourrait dire depuis quand on sèche de la viande dans l'espace alpin – certainement déjà à l'époque où les premiers hommes l'ont colonisé. Cela s'est produit très tôt, comme on peut le lire dans un ouvrage sur l'archéologie alpine dans le massif de Silvretta (*Letzte Jäger, erste Hirten*, sous la direction de Thomas Reitmaier, 2012) : « Depuis le début de l'Holocène [période post-glaciaire qui débuta vers 9500 av. J.-C.], les chasseurs et les cueilleurs parcouraient le massif de Silvretta, comme nous le montrent les objets et éléments mésolithiques mis au jour par des archéologues au sud de la Basse-Engadine (par exemple dans le Val Urschai) et au nord, dans la partie supérieure du Fimbatal. Les débuts d'une économie alpine liée aux animaux domestiques ou d'une agriculture de montagne n'ont pas été clairement établis jusqu'à présent, mais ont été postulés pour l'âge du Bronze (environ 2200 à 800 av. J.-C.), étant donné les nombreux sites de plaine de vallée en Basse-Engadine, connus des archéologues depuis longtemps. Un abaissement rapide de la limite des arbres et des forêts depuis l'âge du Bronze en a ensuite été la conséquence [...]. Conjointement, cette déforestation a provoqué une modification substantielle de la flore herbacée dans la zone subalpine, et l'on est passé d'une flore typiquement péri-forestière à une diversité végétale relativement importante observable dans les pâturages alpins actuels. »

La production de viande des Grisons est certainement antérieure aux premières traces écrites existantes. L'air à une certaine altitude – dans les Alpes, de 800 à 1800 mètres, suivant l'exposition – s'y prête ; il est plus frais et surtout plus sec qu'en plaine, où la viande doit être suspendue dans des fumoirs pour éviter toute infestation indésirable. En Suisse, on trouve de la viande séchée non fumée dans l'arc alpin des Grisons au Valais, dans le Val Poschiavo (*slinziga* ou *slinzighe*), au Tessin avec la *carne secca* et dans le canton d'Uri avec les *Dirrs* ou les *Tigets*, qui sont également fumés à des altitudes plus basses ; l'*Appenzeller Mostbröckli*, le braisi jurassien et la bovigne (tétine et langue) fribourgeoise sont eux aussi séchés et fumés.

Comme nulle part ailleurs en Suisse, la population des zones alpines vivait relativement isolée et dépendait de ses propres provisions pour l'hiver. Ce n'est qu'avec l'ouverture de routes militaires et forestières dans les régions reculées que le potentiel de communication s'est amélioré. Les témoignages écrits à propos de viande des Grisons sont assez récents ; ils sont liés à la découverte des Alpes en tant qu'immense parc de loisirs et de détente.

Ainsi, l'écrivain voyageur et géologue allemand Johann Gottfried Ebel écrit dans son *Anleitung auf die nützlichste und genussvollste Art die Schweitz zu bereisen* (1793, paru deux ans plus tard en français sous le titre *Instructions pour un voyageur qui se propose de parcourir la Suisse de la manière la plus utile et la plus propre à lui procurer toutes les jouissances dont cette contrée abonde*) : « L'air est si sec que de Sils à Saint-Moritz, du mois d'octobre au mois de mars, la viande n'est pas séchée au fumoir, mais à l'air. » Heinrich Ludwig Lehmann, qui était précepteur à Domleschg dans les années 1770, nota quant à lui que l'« on trouve du bœuf, du mouton et du porc fumés et séchés à l'air dans tous les ménages ».

Et ce que l'humaniste bâlois Sebastian Münster (1488-1552) écrivait deux siècles et demi plus tôt dans sa *Cosmographia* (1544) à propos de la terre et des habitants du Valais était certainement aussi applicable aux Grisons : « Ils font beaucoup de viande séchée qu'ils appellent simplement viande et en particulier de leurs moutons les plus gras, viande qu'ils ne fument point mais qu'ils font sécher à l'air après l'avoir salée, puis la mettent dans de la paille. »

Les douze fresques peintes par Christoforo et Nicolao da Seregno entre 1459 et 1469 dans l'église de Santa Maria del Castello en contrebas du château de Mesocco dans le Val Mesolcina, territoire grison à cheval entre le Tessin et l'Italie, remontent encore un peu plus loin. Sur celle représentant les travaux du mois de décembre, un homme fend le crâne d'un bœuf avec une hache ; sur celle de janvier, un homme est assis dans un fauteuil au coin du feu, au-dessus de lui pendent à une corde des saucisses et trois morceaux de viande, deux avec des parties claires, sans doute du jambon et du gras, et un morceau d'un rouge foncé tirant sur le brun, probablement de la viande séchée de bœuf, de cerf, de chamois ou de bouquetin.

En tout cas, cette couleur est assez proche du « produit fini » tel qu'il est décrit dans le cahier des charges de l'Office fédéral de l'agriculture, qui définit la viande des Grisons comme ayant une Indication géographique protégée (IGP/GGA, septembre 2000) ; une « couleur rouge foncé à l'intérieur » est requise, ce qui est aussi difficile à vérifier sur la fresque que « l'odeur et le goût : arôme de salaison renforcé par la maturation à l'air ».

Au début du XXIe siècle, la viande des Grisons est majoritairement produite de manière industrielle. Avec le regain d'intérêt actuel pour les aliments traditionnels et, parallèlement à l'augmentation de toutes sortes d'allergies, une demande croissante d'aliments aussi naturels que possible, certains petits producteurs se passent d'additifs tels que le salpêtre et de modifications biochimiques à des fins de rubéfaction ; ils laissent leur viande des Grisons mariner dans un mélange de vin rouge, de sel et d'épices selon une vieille tradition et la font sécher si possible naturellement (parfois sans l'avoir saumurée) à l'air libre.

Le producteur auquel nous avons rendu visite ne dirige pas une grande entreprise, mais pas non plus une boutique. Partageant volontiers son savoir-faire, il énumère les ingrédients de son mélange d'épices : sel, laurier, baies de genièvre, un peu de poivre, noix de muscade, coriandre moulue et ail. La viande fraîche de cerf ou de bœuf frais est frottée avec ce mélange, puis laissée à 5 °C pendant 20 jours et retournée plusieurs fois ; l'assaisonnement est rincé et la viande est suspendue dans la salle de séchage. L'air à l'extérieur doit être plus humide que l'air à l'intérieur pour que davantage d'eau soit extraite de la viande. L'art consiste à surveiller de près l'équilibre entre la température et l'hygrométrie : si la pièce est trop sèche, la surface de la viande des Grisons s'encroûtera et l'intérieur ne pourra plus libérer l'humidité. La température idéale est de 10 °C avec une humidité relative de 75 %, et l'on peut réguler les conditions en ouvrant et fermant les fenêtres et en déplaçant les morceaux de viande.

La durée et l'intensité du traitement varient en fonction du volume des morceaux de viande, de l'exploitation et de son infrastructure. Les grandes entreprises (quelques-unes produisent 80 à 90 % de la viande des Grisons) travaillent également avec des méthodes plus récentes telles que des tumblers, le traitement sous vide ou le salage par injection et sèchent la viande dans des salles climatisées ; elles produisent tout au long de l'année et pas seulement pendant la saison froide. Du sel nitrité retire l'eau de la viande placée dans des récipients en plastique ou en acier inoxydable, et de la saumure s'y dépose ; les morceaux sont retournés régulièrement. Une fois qu'elle a été lavée, la viande est enveloppée dans des filets ou des bas avant d'être suspendue. Pendant la phase de séchage, les morceaux sont pressés fréquemment afin que le liquide restant soit réparti de manière homogène dans la viande ; c'est ainsi qu'elle prend sa forme rectangulaire. Selon le cahier des charges de l'IGP, les morceaux de viande des Grisons doivent être « pressés à plusieurs reprises » pendant la phase de séchage ; certains producteurs ne le font pas et laissent sécher la viande sous la même forme qu'elle a été coupée, à l'instar des *tigets* ou des *slinzighe*.

Des moisissures blanches se forment. Au final, généralement après plusieurs mois, la viande des Grisons a perdu 45 à 55 % de son poids initial en éliminant du liquide ; en moyenne, un morceau aura été manipulé environ 70 fois avant d'être prêt à être consommé.

La viande séchée est un aliment de haute qualité, qu'il faut déguster et non dévorer. Autrefois, la viande des Grisons était coupée en petits morceaux et la mastication prenait plus de temps qu'avec les fines tranches débitées par les appareils de cuisine modernes. La viande des Grisons se consomme sans autre accompagnement – les connaisseurs ne la poivrent pas – que du pain et du pinot noir de la Seigneurie grisonne. Découpée en petits cubes, elle parfume la *Bündner Gerstensuppe* (soupe à l'orge des Grisons), les « capuns », les *canedel cun charn* (boulettes de viande), le *plain in Pigna* (rösti au four) et autres soupes, ragoûts ou plats à base de farine et de pommes de terre.

Le cahier des charges de l'IGP autorise l'utilisation de viande bovine provenant d'Argentine et du Brésil, ce qui aux yeux de nombreux consommateurs est incompatible avec la législation « Swissness ». La responsable de la querelle, c'est la demande : en 2018, environ 3000 tonnes de viande des Grisons ont été vendues, un tiers en Suisse et les deux autres à l'étranger. Au cœur de la discussion et du problème, il y a la question de savoir si la viande doit provenir entièrement de Suisse ou si la salaison en tant que telle ne doit pas être plus valorisée que l'origine de la matière première.

DIGRESSION

De la rubéfaction

Il s'agit de provoquer un « changement de couleur de la viande de boucherie pendant la transformation ultérieure et dans la production de viande de salaison, la phase de maturation la plus importante dans la production de saucisses crues. Elle se produit pendant l'aromatisation et la conservation et est renforcée par des additifs. Au cours de ce que l'on appelle le mûrissement, la nitrosomyoglobine, colorant stable à la chaleur, se forme à partir de la myoglobine, colorant non stable, par réaction chimique et enzymatique avec le nitrite (ou le nitrate). Cela signifie que la viande ne devient pratiquement pas grise à l'air libre et que la viande saumurée prend une couleur rose pâle – le « rouge saumure », stable à la chaleur. L'adjonction de sel de salaison nitrité et de salpêtre sont importants sur le plan esthétique, même s'il est permis d'être plus sceptique qu'enthousiaste à ce sujet » (*Das Gourmethandbuch*).

Selon le *Larousse gastronomique*, le nitrate est un « additif alimentaire utilisé comme conservateur dans la fabrication des conserves, des salaisons et de la charcuterie. Associés au chlorure de sodium [sel de table], les nitrates de sodium et de potassium évitent les proliférations microbiennes. Ils participent à la coloration rouge des charcuteries. Utilisés aussi comme engrais, les nitrates peuvent se retrouver dans les eaux potables et les légumes (betteraves, carottes, épinards, haricots verts, salades ».

Le salpêtre, du latin *sal petrae*, sel gemme : « [...] Les alchimistes fabriquaient du salpêtre à partir de cadavres en décomposition et d'ossements humains, et beaucoup juraient qu'il devait contenir l'âme de la pierre philosophale. La principale utilisation du salpêtre était la préparation de la poudre à canon, ce qui a entraîné une transformation complète de la conduite de la guerre. Le fait que n'importe quelle canaille pouvait désormais abattre à distance le guerrier le plus courageux avec une balle propulsée hors du canon par une force étrange et mystérieuse devait amener les superstitieux à croire que le diable avait conseillé à l'infâme inventeur d'utiliser du salpêtre, que la poudre à canon était un don du diable contre lequel on ne pouvait se protéger qu'avec des amulettes et des bénédictions contre les coups de feu » (*Handwörterbuch des deutschen Aberglaubens*).

D'après la définition du *Larousse gastronomique*, le salpêtre (E252) est le « nom usuel du nitrate de potassium, utilisé comme agent de conservation. Le salpêtre se présente sous la forme de petits cristaux blancs, que l'on obtenait autrefois en grattant les murs des caves et des celliers, et qui sont aujourd'hui fabriqués industriellement. C'est un puissant bactéricide, employé depuis très longtemps pour la conservation des produits alimentaires (charcuteries et viandes surtout), dont il fixe en outre la couleur. Il est associé au sel dans toutes les saumures, additionné de deux fois au moins son poids de sucre, car il a une saveur très âcre ; il intervient aussi dans le salage du beurre. Son emploi est soumis à une réglementation très stricte ».

À propos du sel (de salaison) nitrité, on peut lire dans *Rätsel der Kochkunst* que « la salaison avec des mélanges de sel de table et de salpêtre (sel de salaison) est une méthode de conservation efficace [...]. Malheureusement, les nitrites ne sont pas totalement inoffensifs pour l'homme : ils réagissent avec les acides aminés des protéines, ce qui entraîne la formation de nitrosamines cancérogènes ».

Voir aussi : Viande séchée du Valais, page 474 ; Dirrs, Tigets, page 507 ; Violino di capra e di camoscio, page 610.

PRODUITS LAITIERS

Bündner Alpkäse

Fromage d'alpage à pâte mi-dure fabriqué à partir de lait cru d'alpage

Dans le vaste paysage des fromages d'alpage grisons, qui s'étend sur un canton de montagne comptant 150 vallées, la circonspection fait loi. Presque inconnu dans le reste de la Suisse, bien que prédestiné à devenir un produit de rêve, le fromage d'alpage des Grisons persiste à vivre en reclus. Non pas parce que les propriétaires des alpages y sont contraints, au contraire : ils n'ont en effet besoin d'aucune publicité. Ce qui n'est pas vendu pendant l'estivage directement sur les alpages est remis à la fin de la saison aux propriétaires des vaches, qui vendent généralement leur part de fromage à des clients privés réguliers ou au magasin du village. Ce fromage d'alpage n'est pas un produit de masse dont les stratèges en marketing sont friands. Il s'agit plutôt d'un terme générique désignant une sorte de collection informelle d'art fromager individuel, auquel tous les acteurs apportent leur propre touche : vaches et fourrage, conditions météorologiques, géologiques et géographiques, fromagers et comparses, ainsi que les humeurs et situations variant d'un jour à l'autre. Ce fromage est tellement demandé que tout battage publicitaire autour de lui serait inutile.

Pendant plusieurs siècles, les Grisons n'ont pas été une zone de production laitière classique, mais traditionnellement une région d'élevage pour l'*Unterland* voisin (Thurgovie, Zurich, Suisse centrale) et l'étranger. On y élevait des bovins pour les exporter, les atteler à des charrettes, les abattre ou accessoirement pour produire du lait ; aujourd'hui, on en produit davantage, mais aussi davantage de viande (élevage de vaches allaitantes).

Néanmoins, les traces des origines de la fabrication du fromage dans la Suisse d'aujourd'hui se trouvent au fin fond du Fimbatal – Val Fenga en romanche –, en Basse-Engadine. Non loin de la frontière autrichienne, des archéologues de l'université de Zurich ont découvert en 2008 un amas de pierres qui se sont avérées être les vestiges de la première cabane d'alpage connue sur le sol suisse, vieille de 2600 ans. D'autres éléments ont été trouvés qui suggèrent que la zone était exploitée depuis 10 000 ans. « Si des animaux domestiques tels que des chèvres, des brebis et des vaches paissaient en altitude pendant les mois d'été, la question se pose de savoir ce qu'il advenait de leur lait », écrit Emanuela Jochum Zimmermann dans un recueil de textes sur l'archéologie de haute montagne dans le massif de Silvretta (*Letzte Jäger, erste Hirten*).

La gaillet blanc (*Galium album*), l'une des 28 herbes à caillette répertoriées par *Flora Helvetica*, pousse à proximité des vestiges de la cabane du Val Fenga. Cette herbe a donné à des chercheurs l'idée de faire du fromage à la manière préhistorique. Ils ont fabriqué un récipient en céramique, y ont versé du lait, ajouté quelques brins de gaillet blanc et laissé le mélange reposer à température ambiante pendant deux jours. Ils ont ensuite placé le récipient sur le feu et observé la séparation du lait caillé solide et du petit-lait liquide se faire en peu de temps à 80 °C. À travers un tissu, ils versaient le petit-lait et remplissaient le caillé tendre et granuleux dans de petits paniers tressés. Légèrement salé, ce fromage frais « rappelle la *ricotta salata*, une spécialité du sud de l'Italie ».

On ignore si les habitants de la hutte de la fin du Néolithique fabriquaient bel et bien du fromage, car généralement, les traces organiques d'une époque aussi reculée ne tardent guère à pourrir. Les découvertes d'os de veaux et de vaches en France prouvent cependant l'existence d'un élevage il y a 6 à 8000 ans : il y avait des mères, leur progéniture et donc du lait. Grâce à une technologie appropriée, on a trouvé d'autres preuves de la présence de résidus de graisse dans des pots que des hommes ou des femmes de l'est du bassin méditerranéen avaient placés sur le feu au VIIe millénaire av. J.-C. Des matières grasses lactiques ont également été trouvées sur des tessons de poterie, découverts dans un site palafittique près d'Arbon (TG). Une des premières tentatives de fabrication de fromage ?

L'auteur grec Strabon (vers 62 av. J.-C. – vers 25 ap. J.-C.) mentionne d'autres peuples des Alpes en plus des Helvètes, dont les Rhètes ; les produits dont ceux-ci faisaient commerce étaient la résine, la poix, le bois de pin, la cire, le miel et le fromage. Entendait-il par là du fromage d'alpage ? Nul ne peut le prouver, mais il est permis de le supposer. La région à laquelle il faisait référence reste incertaine, car le territoire des Rhètes n'a jamais été clairement défini. « À l'état de la recherche au début du XXIe siècle, les Rhètes occupaient à l'origine un territoire comprenant le Tyrol du Sud, le Trentin, le Tyrol du Nord et la Basse-Engadine. La haute vallée du Rhin doit être regardée au mieux comme une zone périphérique de l'aire rhétique. [...] Dans la conscience collective de la population des Grisons, l'identification avec l'histoire des Rhètes est devenue toujours plus marquée à partir du bas Moyen Âge » (*DHS*).

Le biographe de l'empereur romain Antonin le Pieux (86-161) attribue la mort de son maître à une indigestion de fromage : « [...] *cum Alpinum caseum in cena edisset avidius, nocte...* », ayant mangé un soir avec trop d'avidité d'un fromage des Alpes, il eut des vomissements pendant la nuit et rendit l'âme quelques jours plus tard (*Histoire Auguste*, fin du IVe siècle). Un résultat bien morbide pour la première apparition du fromage d'alpage dans l'histoire économique européenne !

Le *corpus delicti* aurait-il pu être un ancêtre du *Bündner Alpkäse ?* Dans ce cas, la qualité de fromage s'est considérablement améliorée au fil des siècles : une étude de l'École polytechnique fédérale montre en effet que le fromage d'alpage est très sain, puisqu'il contient nettement plus d'acides gras insaturés (oméga-3) que le fromage industriel.

L'origine de la fabrication de fromage est tout aussi incertaine que celle de la coagulation. Les Romains connaissaient la présure, enzyme à la fois végétale et animale. L'agronome romain Columelle, qui, après le *De agri cultura* de Caton, a écrit *De re rustica*, l'ouvrage le plus important sur l'agriculture à l'époque romaine, y dit ceci à propos de « la manière de faire le fromage » : « Ordinairement, c'est avec de la présure d'agneau ou de chevreau qu'on fait cailler [le lait], quoiqu'on puisse parvenir au même but avec la fleur du chardon sauvage, ou avec les semences du cnicus, ou encore avec la sève laiteuse que rend le figuier, quand on pratique une incision à l'écorce d'un de ses rameaux verts » (traduction de Louis du Bois). Suivant les régions, il existait d'autres sources de présure végétale, comme le gaillet jaune. Les jeunes animaux de boucherie n'étant pas très courants, leur estomac était d'autant plus précieux – on pouvait rarement se permettre d'abattre un veau juste pour faire du fromage ; la présure végétale était bien connue.

Cependant, on pouvait aussi laisser le lait dans un baquet, il caillait tout seul. Avec un tel lait, en accélérant un peu le processus grâce à de l'acide, on produisait du fromage acidulé maigre ou gras (cf. *Bloderchäs, page 406*).

Dans les Grisons, en particulier en Engadine, toutes sortes de produits laitiers ont été produits, consommés par ceux qui les faisaient ou vendus pendant des siècles : du fromage acidulé, du beurre, du sérac gras ou maigre, du fromage à base de caillé présure maigre, mi-gras ou gras ; selon l'époque et les circonstances politiques, on mettait l'accent soit sur l'autosuffisance, soit sur le commerce. Grâce à sa croûte durcie et à sa pâte compacte, le fromage à pâte pressée était plus facile à transporter que les fromages acidulés friables ou mous, ce qui favorisait le commerce avec la clientèle du sud, comme les monastères de l'Italie du Nord. Les éloges pleuvaient sur le fromage fabriqués avec de la présure ; ainsi, un voyageur notait en 1837 : « Si les Suisses n'avaient pas l'Emmentaler, le fromage uranais et le Gruyère, les fromages gras de Haute-Engadine seraient probablement considérés comme les plus délicats. »

Mais le fromage d'alpage des Grisons n'est jamais devenu un produit phare comme l'Emmentaler ou le Gruyère, car la production de lait n'a jamais été la forme d'agriculture dominante. C'est pourquoi les propriétaires d'alpages tels que les communautés et les coopératives, les particuliers et les associations préfèrent rester comme ils sont.

Le *Bündner Alpkäse* appartient à la famille des fromages saisonniers à pâte mi-dure. Le berger mélange le lait écrémé et refroidi du soir avec le lait frais du matin dans une cuve, chauffe cela à 32 °C, inocule le lait cru avec des cultures de bactéries lactiques sélectionnées à partir des cultures primaires et ajoute de la présure animale, l'enzyme de l'estomac du veau. Après une demi-heure, le lait coagule et se transforme en caillé et en petit-lait. À l'aide d'un tranche-caillé, le berger fragmente le caillé en boulettes de la taille d'un grain de café, qui continuent à se contracter avec l'augmentation de la chaleur jusqu'à 45-47 °C, exprimant encore du petit-lait. En augmentant la température, on pourrait fabriquer du fromage à pâte dure.

Lorsque le fromager estime au toucher que la consistance des grains est satisfaisante, il retire la masse de la cuve et la répartit dans des moules circulaires. Les meules sont pressées pendant 24 heures pour qu'elles continuent à perdre du petit-lait, puis sont immergées dans un bain de sel pendant un ou deux jours. Le sel continue à extraire le liquide au moins sur les bords ; la croûte se forme en surface et le sel pénètre lentement dans le fromage. Ensuite, on le place dans la cave d'affinage. Il pourra être consommé au bout de deux à trois mois, mais sa saveur sera alors encore douce. Ce qui n'est pas vendu sur les alpages est stocké dans les caves des fermes après la désalpe.

Pendant l'affinage, la température de la cave ne doit pas dépasser 18 °C, sinon les fromages commencent à fermenter ; des effets indésirables apparaissent, tels que des trous et une altération du goût. Le berger brosse régulièrement les meules « vertes » à l'eau salée. Cela permet à une flore naturelle de bactéries, de levures et de bonnes moisissures de se développer sur la croûte ; cette flore décompose l'acide lactique, favorise la formation d'arômes, aide la croûte à se développer et protège le fromage de moisissures et de micro-organismes nuisibles.

Au cours d'un estivage, qui peut durer entre 70 et 120 jours, environ 100 000 meules de fromage sont produites sur les quelque 120 alpages grisons, soit environ 640 tonnes, suivant l'été. Outre le fourrage des différents alpages, ce sont les cultures de bactéries lactiques spécifiques à chaque alpage qui déterminent l'arôme du fromage ; c'est pourquoi aucun *Bündner Alpkäse* n'aura tout à fait le même goût qu'un autre.

DIGRESSION

La fabrication du fromage en 1556

Dans une lettre en latin adressée à « Conrado Gesnero » (Conrad Gessner), l'humaniste et réformateur Jachiam Bifrun (1506-1572), de Samedan, décrit comment on transformait le lait en fromage en Haute-Engadine. Cette description très détaillée est l'un des plus anciens documents sur la production de fromage en Suisse.

« Il y a chez nous deux types de fromage, premièrement le maigre, que l'on appelle "Hauskäse" [fromage maison], même s'il est fabriqué à la fois à la ferme et sur les alpages. On consomme de ce fromage dans notre pays depuis des temps immémoriaux. L'autre type de fromage est appelé fromage gras, et sa production n'a été introduite dans notre région depuis l'Italie qu'il y a trente ans [c'est-à-dire dans les années 1520] [...].

Le fromage gras, par contre, n'est produit que dans les alpages (*in tugurijs alpinis*) où il y a un grand nombre de vaches [...]. Lorsque le lait est trait, il est vidé directement des seaux de traite dans un chaudron, sous lequel est allumé un feu. On ajoute ensuite la présure et, lorsqu'elle a fait cailler la masse de lait, on la remue avec un fouet pendant une demi-heure. Lorsque le mélange de fromage s'est stabilisé, il est soulevé et placé dans des moules en bois, appelés "fasceras" en raison de leur ressemblance avec des bandes de bois (*fasciae*). Les bergers attachent ces cerceaux à fromage avec une ficelle. Ils recouvrent ensuite le moule avec un linge propre en lin. Après un court laps de temps, ils lestent les meules avec des poids, ce qui fait s'écouler le liquide du fromage. Le lendemain, on retourne les meules et les leste à nouveau avec les poids, lesquels sont retirés un jour plus tard, puis on resserre les cerceaux. Le fromage est alors stocké dans une pièce bien fermée, tiède et qui ne doit pas être trop humide. Un air trop froid [...] provoquerait des fissures [...], trop de sécheresse le ferait gonfler ; avec l'humidité, des trous se forment. Si le fromage présente de tels défauts, il ne se conservera pas longtemps. – Enfin, les meules sont alignées sur des tables propres et saupoudrées de sel. On les retourne tous les huit jours, on les retourne ; les arceaux sont retirés et l'on frotte aussi les côtés avec du sel. Une fois de plus, il faut remettre et bien serrer les cerceaux, et ainsi de suite jusqu'à ce que le fromage soit ferme et sec. Il est alors stocké dans un endroit sec et badigeonné avec de l'huile (*oleo perungitur*) pour l'empêcher de pourrir.

Il faut veiller tout particulièrement à ce que les bergers, les "chaschers" – comme on appelle ceux qui fabriquent le fromage – veillent à ce que le lait soit chauffé à la bonne température, ni trop froide ni trop chaude, à ce qu'on n'ajoute pas trop de présure, à ce que le petit-lait s'écoule bien et à ce que le fromage soit traité avec la bonne quantité de sel [...]. Le petit-lait qui reste dans le chaudron est chauffé sur le feu et transformé en sérac gras. Cela se fait de la même manière que ce que nous avons expliqué pour le sérac maigre. La différence entre ce dernier et le sérac gras n'est pas moins grande que celle entre le fromage maigre et le fromage gras [...].

La renommée de notre fromage et de notre beurre est telle qu'on en exporte une grande quantité à Côme et dans les régions voisines d'Italie et de Germanie [...].

La transformation du lait de chèvre en fromage est elle aussi une tradition populaire. Je suppose qu'il n'est pas nécessaire d'écrire à ce sujet. Reste en bonne santé !

Samedan en Engadine, le 27 janvier en l'an du Seigneur 1556 » (traduit en allemand par Gion Gaudenz, pasteur à Pontresina, en 1993).

Voir aussi : Fromages du Jura, page 76 ; Nidwaldner Alpkäse, page 362 ; Sankt Galler Alpkäse, page 408 ; Raclette du Valais, page 477 ; Urner Alpkäse, page 511 ; Glarner Alpkäse, page 531 ; Formaggio d'alpe, page 615.

Bündner Bergkäse

Fromage à pâte mi-dure à base de lait de vache de montagne

Normalement, les montagnes se situent à une altitude supérieure à celle des alpages, mais pas dans l'ordonnance fédérale sur la terminologie agricole, qui distingue le fromage d'alpage de celui de montagne (cf. *Supplément page 267*). Cette ordonnance n'est pas fondée sur des faits géographiques, mais sur l'exploitation économique : en fonction de l'altitude et de l'exposition, un alpage est exploité pendant 70 à 120 jours entre juin et octobre, c'est-à-dire que le bétail estive durant la période comprise entre la fin de la fonte des neiges et peu avant la première chute de neige, et le lait est transformé sur l'alpage ; le fromage de montagne, quant à lui, est produit toute l'année dans des fromageries commerciales ; selon la zone d'approvisionnement de la fromagerie, le lait provient des villages et est aussi descendu des alpages. En outre, les exigences relatives au fromage d'alpage sont définies plus strictement (uniquement du fourrage provenant de l'alpage correspondant), alors que pour le fromage de montagne, on ajoute également du fourrage d'hiver ou du lait de foin de montagne.

L'ordonnance sur la terminologie fixe l'altitude minimale pour le lait qui sera transformé en fromage de montagne à 600 mètres. L'interprofession du fromage de montagne des Grisons a décidé de la porter à 1000 mètres, ce qui est pertinent, sinon les quartiers résidentiels supérieurs de Coire feraient également partie de la zone de pâturage et la limite supérieure légale des vignobles toucherait la limite inférieure des fromages de montagne.

Comme le *Bündner Alpkäse*, le *Bündner Bergkäse* est un fromage à pâte mi-dure. Jusqu'à l'apparition des fromageries villageoises qui fonctionnaient toute l'année, l'histoire est identique. Contrairement au fromage d'alpage des Grisons, celui de montagne est vendu dans toute la Suisse, notamment par les détaillants et la grande distribution.

Jusqu'au XIXe siècle, la fabrication de fromage dans les cantons de montagne se faisait presque exclusivement sur les alpages. Dans les vallées, on cultivait des céréales, des fruits et des légumes ; les eaux n'y avaient pas encore été corrigées comme elles le sont aujourd'hui, et les marécages limitaient l'espace vital et l'agriculture. Les corrections des rivières, l'amélioration générale des infrastructures par la construction de chemins de fer et de routes, et les évolutions technologiques successives ont offert aux agriculteurs des possibilités de croissance. Si le nombre de têtes de bétail a augmenté grâce à l'optimisation de l'approvisionnement en fourrage, la taille des pâturages de montagne est restée la même ; pour faire face à la demande de lait, on a mis en place des laiteries qui fonctionnaient toute l'année.

« En quelques décennies (1830-1880), l'essentiel de la production passa des fromageries d'alpage à celles de plaine. [...] Désormais, des laiteries villageoises se mirent à fabriquer, avec des techniques améliorées, des produits de qualité égale, non saisonniers, plus abondants et moins coûteux » (*DHS*). « Jusqu'en 1847, près de 380 fromageries de plaine firent leur apparition, les premières en Suisse romande, pour la plupart sous forme de coopératives ; elles furent peu à peu exploitées tout au long de l'année » (*DHS*). La première laiterie villageoise fut ouverte en 1815 à Kiesen, au bord de l'Emmental. Dans les Grisons, la première laiterie a commencé à produire du fromage à Seewis en 1842.

L'industrie laitière grisonne sa commencé à se professionnaliser vers la fin du XIXe siècle. Des formations furent dispensées aux fromagers, des règlements sur les épidémies furent édictés, on créa un centre de conseil, des alpages ont été regroupés et à partir des années 1930, des subventions permirent de les assainir. Dans les années 1950, la qualité distinctive des fromages de montagne a commencé à émerger. « La production consciencieuse de fromage à pâte mi-dure et le renoncement à l'ensilage sont apparus dans les années 1950, et c'est depuis lors qu'on a employé le nom de *Bündner Bergkäse* », explique-t-on au sein de l'interprofession de fromage de montagne des Grisons, qui s'est constituée dans les années 1970.

Cette interprofession regroupe des petites exploitations traditionnelles de vallées très dispersées. Le lait des Braunvieh (« vaches brunes ») et des Grises rhétiques est transformé en 24 heures dans neuf fromageries villageoises situées à plus de 1000 mètres d'altitude ; celle de Bever en Haute-Engadine, à 1700 mètres, est l'une des plus hautes d'Europe ; les autres fromageries sont réparties dans tout le canton à Brigels, Lumbrein, Vals, Nufenen, Splügen, Sufers, Andeer et Müstair (juin 2019).

Le lait est traité cru ou thermisé, c'est-à-dire brièvement chauffé à 68 °C pour éliminer les cultures bactériennes indésirables. Cette mesure offre aux consommateurs une plus grande sécurité car le lait livré provient de différentes exploitations. Le lait est chauffé à 31-32 °C tout en étant brassé, et l'on ajoute de la présure et des cultures lactiques, dans lesquelles les organismes génétiquement modifiés sont strictement interdits. Après la coagulation, le caillé est coupé en petits morceaux uniformes avec un tranche-caillé et chauffé à une température comprise entre 41 et 47 °C qui doit être maintenue pendant une demi-heure maximum. Pendant ce processus, les grains de fromage continuent à se contracter et à sécréter du petit-lait.

La masse est versée dans des moules de pressage ronds pourvus de la marque distinctive de l'interprofession (un bouquetin), pressée pendant 30 à 80 minutes et laissée dans le moule jusqu'à ce que le fromage ait atteint un pH optimal, de 4,95 à 5,3. Les meules sont ensuite saumurées pendant 12 à 36 heures, puis stockées à une température comprise entre 8 et 14 °C et à une humidité relative de 88 à 96 %. Au début, elles sont emmorgées et retournées trois fois, et à partir de la troisième semaine, au moins une fois par semaine. Dans l'entrepôt central de Landquart, suivant la variété, on laisse les meules de 4,5 kilos maturer jusqu'à neuf mois.

Les fromages d'alpage et de montagne des Grisons sont prédestinés à recevoir le signe AOP comme peu d'autres variétés fromagères (cf. *Supplément page 72*) ; le fromage d'alpage n'en veut pas, et le fromage de montagne ne le recevra pas pour l'instant car une objection a été déposée contre le cahier des charges élaboré ; les recourants estiment que ce dernier est trop restrictif – ils souhaiteraient qu'on y autorise aussi le lait issu de l'ensilage, ce qui n'est pas conforme aux règles de l'AOP, ainsi qu'une zone d'approvisionnement élargie, dépassant les frontières cantonales (état en septembre 2021).

Étant produits différemment, les fromages des vallées méridionales italophones (*Grigioni italiano*) ne sont pas considérés comme des fromages de montagne des Grisons. Le *grottino* de Vicosoprano dans le Val Bergaglia est pourtant bel et bien un fromage de montagne à pâte mi-dure, mais on emploie une culture de moisissure blanche pour en faire, comme c'est le cas en Valteline et au Tessin. Dans le Val Poschiavo, le fromage est également fabriqué plutôt à la tessinoise, par exemple à l'alpage de Pescia Alta.

Fromage de brebis

Schafkäse, pecorino, caschiel-nursa, chaschöl da besch

Comme un leitmotiv à travers les siècles, la brebis se tient comme hébétée, et pas seulement en marge de l'histoire fromagère de la Suisse. La laine était plus importante que de nos jours, on laissait vivre les animaux longtemps pour qu'ils puissent être tondus régulièrement, les brebis agnelaient aussi souvent que possible pour générer une progéniture et du lait, puis on les mangeait peu avant leur fin biologique – pas étonnant que le *Schafsverdämpf* (ragoût de mouton) soit le plat le plus connu des Grisons et que l'*Ämmitaler Schafsvorässe* (sa version emmentaloise) soit un must à la *Sichlete* (fête des moissons) comme le ragoût et le gigot d'agneau le sont au traditionnel menu de Bénichon dans le canton de Fribourg.

Mais vers la fin du XXe siècle, le mouton était considéré comme un fardeau, il dévorait plus de subventions que d'herbe, sa laine et sa viande avaient beaucoup perdu de leur importance et pouvaient difficilement être vendues (contrairement à l'agneau) et dans sa stupidité proverbiale, le mouton ne réalisait toujours pas qu'il devait se méfier des loups (cf. *Digression page 469*).

Au tournant du millénaire, l'optimisme commence à germer. Le fromage de brebis gagne en popularité et la laine qui gratte, qui a fait sortir des générations de soldats de sous leurs légendaires couvertures brunes à bande rouge tôt le matin, a trouvé une nouvelle utilisation comme matériau d'isolation pour les bâtiments. Un espoir pour que l'élevage ovin, subventionné à coups de millions, ne soit pas complètement inutile – ne soit pas entièrement pour les renards, comme on dit en Suisse alémanique (*das isch alles für d'Füchs*).

Le fromage fabriqué à partir de lait de brebis est considéré comme marginal en Suisse, même si dans un de ses *Beyträge zur nähern Kenntniss des Schweizerlandes* publiés en 1785, Hans Rudolf Schinz notait qu'on faisait aussi du « Schaaf-Käse » au Tessin. Le lait de brebis, qui contient plus de matières grasses et de protéines que les laits de vache et de chèvre, offre une alternative aux personnes allergiques au lait de vache. Comme pour les autres types de fromage, ceux de brebis sont fabriqués avec des nuances en termes de culture bactérienne et de température. Le lait de brebis est utilisé pour fabriquer des fromages à pâte molle à (mi-)dure qui se conservent bien ; des exemples célèbres comme le pecorino italien, le manchego espagnol, le roquefort français et la feta grecque ont servi ici d'inspiration.

En 1556, l'humaniste Jachem Bifrun de Samedan décrit dans une lettre écrite en latin au grand érudit et naturaliste zurichois Conrad Gessner la méthode de fabrication du fromage à partir de lait en Haute-Engadine. À propos du fromage maigre, il dit qu'il « est appelé fromage maison, même s'il est fabriqué à la fois à la ferme et sur les alpages. Ce fromage est consommé ici depuis des temps immémoriaux. L'autre type est appelé fromage gras, et sa production a été introduite dans notre région depuis l'Italie il y a seulement trente ans ». L'humaniste n'a pas précisé quel lait était utilisé pour le fromage écrémé, mais conclut ainsi : « Le lait de chèvre est également transformé en fromage de manière traditionnelle. Je suppose qu'il n'est pas nécessaire d'écrire à ce sujet. » Aujourd'hui, ça le serait, car les laits de chèvre et de brebis sont plus exclusifs que le lait de vache et leurs excédents éventuels ne peuvent être éliminés dans le « canal industriel », pour reprendre le jargon contemporain.

Dans le commerce du bétail, il est apparu très tôt que les vaches étaient plus économiques que les chèvres et les moutons : « Vers l'an 1000, l'Italie du Nord importait déjà des chevaux par les douanes de Bard (val d'Aoste), Bellinzona et Chiavenna, et des exportations en provenance des cantons confédérés sont attestées dès le bas Moyen Âge. L'élevage des moutons recula, face à celui de bovins que l'on amenait en Italie par les cols » (*DHS*). Près de trois siècles après Jachem Bifrun, le politicien et naturaliste Friedrich von Tschudi a clairement exposé le nœud du problème avec les moutons : « En Suisse alémanique comme en Suisse romande, on n'utilise que leur laine et leur viande, jamais leur lait. » Les bergers de l'Italie du Nord, qui menaient leurs moutons bergamasques à l'estive sur les pâturages de l'Engadine, constituaient une exception. Ils vendaient de la laine et de la viande et produisaient aussi du fromage, mais sans enthousiasme : « La traite est considérée par [les bergers] comme un travail pénible », car une brebis ne donnait pas plus d'un quart du lait nécessaire à la fabrication de fromage ; « le berger complète donc les trois quarts restants avec le lait de vaches ou de chèvres louées, de sorte que les fameux fromages de brebis de deux livres ne sont constitués que d'une faible proportion de lait de brebis ». Il n'est donc pas étonnant que « toute cette industrie alpine » soit « unique en son genre », mais « sur le déclin, car ils [les bergers] trouvent la traite des brebis de moins en moins rentable » (*Le Monde des Alpes*, 1875).

Il y a toujours eu des moutons dans les Grisons, mais on n'y prêtait pas particulièrement attention, dit un éleveur de moutons de Davos. Au milieu des années 1980, la laiterie de Davos recherchait du lait de brebis pour préparer des spécialités exclusives – apparemment à la demande d'une clientèle internationale. Au début, la laiterie recevait « le lait de deux brebis », dit l'éleveur.

En 2006, l'Agroscope de Liebefeld et Posieux indiquait que « la production de fromage au pur lait de brebis a non seulement presque doublé au cours des cinq dernières années (82 tonnes en 2000, 153 en 2004) », mais qu'elle constitue également un marché à haut potentiel de croissance « au vu de la demande en constante augmentation ». Cinq fromages de brebis étaient représentés aux Swiss Cheese Awards en 2001 ; en 2018, on en présentait une bonne trentaine. Malgré la demande des consommateurs en constante augmentation, les fromages de brebis restent un produit de niche, qui attire les regards sur les plateaux de fromages et surprend agréablement sous forme de fondue ou de raclette.

Les races de loin les plus répandues en Suisse sont les brebis laitières Lacaune et de Frise orientale ou des hybrides de ces deux races.

Outre les Grisons (en particulier le Prättigau, Davos, l'Engadine), les principales régions productrices de fromage de brebis sont la Suisse orientale, l'Oberland zurichois, l'Entlebuch, le canton de Berne, la Gruyère, le Valais et le Tessin.

Stainless Steel

BÜNDNER BIRNBROT
Paun cun paira, pain aux poires des Grisons ; masse aux poires mélangée à la pâte levée avec ou sans revêtement de pâte levée

TURTA DA NUSCHS
Gâteau typiquement grison en pâte brisée fourrée au caramel et aux noix

KARTOFFELWURST,
LIONGIA DA TARTUFFELS
Saucisse grisonne à base de porc et de bœuf, avec ou sans sang, enrichie de pommes de terre

PAUN JAUER, PAUN SEJEL
Pains plats du Val Müstair (GR) dont la pâte est préparée avec de la farine de seigle avec ajout de farine de blé

CASTAGNA
Châtaigne, *Edelkastanie*, *c(h)astogna*

BÜSCIÓN
Fromage frais tessinois au lait de vache ou de chèvre en forme de bouchon

GAZZOSA
Limonade du Tessin commercialisée dans une bouteille à bouchon pivotant

SUPPLÉMENT

Lors du World Championship Cheese Contest en 2018 dans l'État américain du Wisconsin, les deux Valaisans fondateurs de la Fromathèque de Martigny, Bertrand Gabioud et Yann Sutterlin, ont été sacrés champions du monde pour leur fromage de brebis à pâte mi-dure. « Le fromage est fin et crémeux et a un arôme fruité. Il convient pour la raclette au bout de deux mois d'affinage et au bout de cinq mois pour la consommation normale », précise Bertrand Gabioud (DFAE, Présence Suisse).

FRUITS, LÉGUMES ET PLANTES

Bündner Spargel

Asperges blanches et vertes de la vallée grisonne du Rhin

Le château de Reichenau, au confluent du Rhin antérieur et du Rhin postérieur, ne peut rivaliser avec les représentations d'asperges sur les peintures murales de Pompéi, ensevelie en 79 ap. J.-C. sous une énorme vague de poussière et de gaz brûlants issue du Vésuve en éruption; et pas davantage avec l'asperge géante d'Alsace, longue de 122 centimètres et pesant 6,5 kilos, que Monsieur Alain, « Grand Piqueur » à la Confrérie de l'Asperge de Village-Neuf, tout près de Bâle, a présentée en juin 1987. Mais il a reçu des hôtes de marque: ainsi, environ 1820 ans après la destruction de Pompéi, l'empereur François-Joseph Ier s'y est régalé d'asperges blanches (voir *le supplément ci-dessous*).

En Suisse alémanique, l'asperge porte différents noms dialectaux tels que *Spargle*, *Sparz* ou *Spars*. Au Tessin, on l'appelle *sparg* et *spargia* en romanche. Dans les Grisons, les *Asparagus officinalis* poussent entre Fläsch et Reichenau sur des terrains alluviaux de certains segments du Rhin, sur des sols sableux et meubles sans eaux stagnantes. La culture de l'asperge est délicate et, comme la viticulture dans la vallée grisonne du Rhin, fortement dépendante du fœhn. L'asperge des Grisons n'est pas un produit de masse; si le temps le permet, elle est l'une des meilleures du pays.

SUPPLÉMENT

Berta et l'empereur

La famille von Tscharner vit au château de Reichenau. Gian-Battista, propriétaire des lieux, vigneron, chasseur et cultivateur d'asperges, se souvient « des histoires racontées par ma grand-mère, née en 1887, d'après laquelle il y avait déjà des asperges blanches à Reichenau quand elle était petite ». Dans les archives se trouve l'enregistrement du « souvenir de la femme de chambre Berta Würmli d'un épisode à propos d'asperges », enregistré et authentifié par trois personnes le 28 mai 1989. Berta évoque une époque « autour de 1900, certainement avant la Première Guerre mondiale », selon Gian-Battista von Tscharner, lorsque le château de Reichenau appartenait à son arrière-grand-père, l'avocat, ministre, homme politique, président du Conseil national (1914) et diplomate Alfred von Planta. Berta raconte:
« Monsieur le ministre von Planta attendait l'empereur François-Joseph d'Autriche au château de Reichenau [...]. Lorsque Monsieur le ministre s'enquit de savoir s'il n'y avait toujours personne en vue, il reçut la réponse d'une de ses fidèles employées depuis de nombreuses années, la simple

Berta: "Non, toujours pas d'Empereur, je n'aperçois qu'un petit paysan qui arrive seul." Lorsque le ministre voulut en avoir le cœur net, il découvrit que ce petit homme "solitaire" était l'Empereur lui-même. Il s'exclama alors: "Pour l'amour du ciel, Berta, c'est l'Empereur en personne!" [...].
L'entrée se devait d'être constituée d'asperges cultivées dans le jardin du château [...]. Les instructions étaient les suivantes: "Servir l'Empereur d'abord!" On a donc présenté les asperges sur un plateau à l'Empereur en premier, sur quoi il s'est exclamé tout étonné: "Pardieu, qu'avons-nous donc là!?" Tout le monde en fut fort amusé [...].»

Voir aussi: Asperges du Valais, page 483.

Fève

Vicia faba, *le haricot de l'Ancien Monde*

Originaire du Val Blenio, Martino de Rossi a eu une étonnante carrière de montagnard. Il apprit le métier de cuisinier et travailla en Italie pour plusieurs hauts dignitaires, y compris au Vatican. Il est considéré comme un innovateur qui libéra la cuisine italienne des bouillies moyenâgeuses et pava la voie aux plats plus sophistiqués de la Renaissance (cf. *Digression page 607*).

Jamais il ne renia ses origines; ainsi, il écrivit dans son recueil de recettes *Libro de arte coquinaria* que *«la fava»* était un «légume ancien» qui pouvait aussi être consommé cru et que l'on récoltait dans sa gousse. Les paysans *«dei tempi passati»* disaient ceci: *«Oggi fave, domani fame»*, des fèves aujourd'hui, demain la faim – parce que les bonnes récoltes de fèves ne sont nullement garanties.

La fève ou féverole (*Ackerbohne*, *fava*, *favatscha*) est réputée robuste et résistante au gel; la vieille variété valaisanne «Reckingen» a déjà «survécu à quatre gelées consécutives» dans la vallée de l'Albula, comme le raconte le cultivateur qui sema des fèves pour la première fois en 2016 à la demande de ProSpecieRara.

Les Fabacées (*Fabeaceae*) apprécient «une forte humidité et suffisamment de pluie [...]. Les terres sèches et chaudes en été ne leur conviennent pas du tout. Ici, elles sont très sensibles aux maladies et subissent souvent des attaques de pucerons» (*Das Lexikon der alten Gemüsesorten*). Lorsque les tiges des féveroles qu'un cuisinier des Grisons avait plantées dans son champ à 1300 mètres d'altitude furent noires de pucerons, il ne s'affola pas: «Si quelque chose ne fonctionne pas, eh bien ça ne fonctionne pas. Puis j'ai vu quelques coccinelles, une par-ci, une par-là, et une semaine plus tard, elles avaient mangé tous les pucerons» (2021).

Lorsque les fèves poussent bien et arrivent à maturité, elles récompensent les paysans en rendant au sol ce qu'elles lui ont pris: de l'azote (N2). «Comme ça, l'orge que je compte y semer l'année prochaine sera déjà fertilisée», a déclaré l'agriculteur visité. La fève absorbe l'azote de l'atmosphère terrestre, en utilise une partie et dépose le reste dans le sol, contrairement à la plupart des autres plantes qui ne font qu'absorber de l'azote, ce qui oblige à rajouter de l'engrais.

«On en sème partout, pour la bonne raison qu'elles rendent les champs gras et fertiles», comme l'exprimait très justement le médecin et botaniste Pietro Andrea Mattioli en 1563.

Le biologiste Peer Schilperoord écrit quant à lui que «grâce à la symbiose avec des bactéries fixatrices d'azote (rhizobia ou rhizobiums), les Fabacées peuvent accumuler de l'azote dans le sol». Les fèves profitent d'abord elles-mêmes de cette symbiose; puis, lorsque les parties mortes de la plante sont décomposées, «cet azote est à disposition d'autres espèces végétales. Cette capacité d'améliorer le sol doit déjà avoir attiré l'attention des premiers paysans. [...] Grâce à l'action des rhizobia, les graines de la fève commune contiennent entre 20 et 30 % de protéines. Le caryopse d'une céréale contient 8 à 16 % de protéines. Les céréales sont la principale source d'hydrates de carbone, les petits pois et les fèves communes sont la source de protéines, les graines de lin apportent des graisses végétales» (*Plantes cultivées en Suisse – La fève commune des champs*, 2016).

Compte tenu des tonnes d'engrais qui sont épandues sur les sols arables année après année, il est étonnant qu'une plante qui compense immédiatement sa propre consommation ne soit pas cultivée plus fréquemment.

Les Fabacées sont originaires du Proche-Orient, la forme sauvage a disparu; des fèves datant d'environ 6500 av. J.-C. ont été trouvés en Israël. Le haricot commun (*Phaseolus vulgaris*) et ses nombreuses variétés ont été introduits en Europe depuis le Nouveau Monde.

Les preuves les plus anciennes de la présence de fèves en Suisse sont probablement des graines carbonisées de l'âge du Bronze (à partir de 2200 av. J.-C.), mises au jour en Basse-Engadine et dans le Val Lumnezia. Au fil des siècles, des variétés de base se sont développées: la grosse fève (*Vicia faba* var. *faba*) avec les plus grosses graines, la fève à cheval ou à cochon (*Vicia faba* var. *equina*) de calibre moyen et la fève commune des champs (*Vicia faba* var. *minor*) avec les plus petites graines.

Selon Gustav Hegi, «jusqu'aux XVIe et XVIIe siècles», la fève des champs était l'une des cultures les plus importantes d'Europe centrale, «tout simplement la "fève"». Elle y a perdu de son importance à mesure que des cultures de plantes du Nouveau Monde telles que les pommes de terre, le maïs et les haricots à rames furent adoptées à partir du XVIe siècle.

Dans son ouvrage intitulé *Essen und Trinken im Lugnez*, l'ethnologue Moritz Caduff écrit que «jusqu'au XIXe siècle, les fèves des champs ont joué un rôle important dans tout le Plateau suisse. On en mangeait presque quotidiennement sous forme de *Chostsuppe* [soupe d'orge et de légumineuses] ou de soupe de fèves [...]. Celles-ci étaient consommées crues, séchées ou fumées. On les ajoutait moulues à la farine de seigle ou d'orge pour faire du pain. Dès 1812, une description de la commune de Flims mentionne que «les fèves, dont la culture était autrefois très étendue, ont été supplantées par les pommes de terre» (cité d'après Peer Schilperoord).

Avant de disparaître presque complètement, la féverole fut plantée en bordure d'autres cultures arables, notamment dans les régions de montagne comme celle de Surselva (Tujetsch et Disentis, notamment) dans les Grisons, dans le Val Onsernone, le Vallemaggia ou le Pedemonte au Tessin et surtout en Valais, comme dans la vallée de Conches, le Lötschental, le Val d'Hérens et à Liddes dans le district d'Entremont.

La prospérité croissante à partir du milieu des années 1960 a donné le coup de grâce à la fève des champs. Ceux qui pouvaient s'offrir de la viande n'avaient plus besoin de légumineuses pour combler leurs besoins en protéines. La faible demande était satisfaite par l'importation de légumineuses bon marché. En cette période apocalyptique pour les fèves, la «salade de cuisses de grenouilles aux fèves fraîches» de Frédy Girardet (*La Cuisine spontanée*, 1982) semble se dresser tel un menhir. Ce n'est qu'avec l'intérêt pour les régimes végétariens et végétaliens, ainsi qu'avec celui des chefs et cheffes pour des produits régionaux utilisables de manière créative, que la fève a fait un timide retour dans les années 2010/20, passant du statut d'aliment de base du passé et de provision pour l'hiver à celui de gourmandise.

En septembre-octobre, quand les fèves sont bien mûres et si sèches «que l'ongle ne laisse aucune marque sur la cosse» (*Das Lexikon der alten Gemüsesorten*), il faut les faire bouillir, puis les éplucher minutieusement; leurs cuticules sont dures comme du plastique. On peut échapper à cette corvée avec les haricots verts. Une part de 10 % de farine de fèves rend une baguette plus croustillante; si cette part est trop élevée, le pain aura une odeur de légumineuse. Blanchies et réduites en purée, les fèves des champs se transforment en houmous alpin. Les haricots verts cueillis en été, blanchis et congelés, servis avec des pommes de terre sautées, ou les *pasta e fave*, des fèves brunes cuites avec des légumes et de la pulpe de tomate, représentent le *peak of vegan vibes* dans toute sa simplicité.

Aussi contemporains et élégamment présentés soient-ils, ce genre de plats nous ramènent loin dans le passé: à la *Beenälisuppe* uranaise ou à la *Choschtsuppe* zurichoise, au *Tuusig-Bohne-Ragu* lucernois, aux fèves au lard ou à la *pasta e fasöö* du Tessin – et à la *fava da prérs* ou *Pfaffenbohne*, une pâtisserie aux amandes et à la vanille de la vallée grisonne de l'Oberhalbstein, qui a la forme d'un haricot et qui est frite (*Das Kochbuch Graubündens*).

SUPPLÉMENT

Le roi de la fève

Depuis le XVIe siècle, celui qui mord dans la fève cuite dans le gâteau le jour de l'Épiphanie devient le roi de la fève. Il «se choisit une reine (si elle n'est pas désignée de la même manière) et a certains privilèges, notamment au bal». Au XXe siècle, le symbole de la fève est devenu un véritable roi, le statut de chaque fève à nulle autre pareille s'est mué en un mini-monarque, reproduit des milliers de fois sous forme de figurine en plastique blanc. Il est aussi question de fèves dans le *Handwörterbuch des deutschen Aberglaubens* (Dictionnaire des superstitions allemandes): «Comme moyen de voir des trésors, de se rendre invisible ou invulnérable, on utilise des fèves qui ont poussé sur un chat (noir) enterré (ou sont sorties de ses yeux) […]. Pour hâter la mort d'une personne, il faut jeter trois fèves sèches par-dessus l'aisselle sur le fumier, chaque matin et chaque soir à la même heure pendant 7 semaines, aux trois noms sacrés; les fèves pourrissent petit à petit et il arrive la même chose à cette personne.»

Jeremias Gotthelf (1797-1854) aimait à se promener dans les jardins potagers à la campagne, y cherchant l'inspiration pour brocarder la caste dirigeante – également sous forme de poésie:

«Dem Mann gehört ein Helm aufs Haupt / Und eine schöne Krone. / Zu jenem dient das Kabiskraut, / Zu dieser die Säubohne.» (À ce monsieur il faut un casque sur la tête / Ainsi qu'une belle couronne. / Pour celui-là un chou fera l'affaire / Et pour celle-ci une fève à cochon.)

Voir aussi: Gâtelet du Pays-d'Enhaut, page 181; Haricots secs, page 297.

CÉRÉALES

Ribelmaïs

Maïs doux de la vallée du Rhin

L'aire géographique du « Rheintaler Ribelmais AOP » comprend les communes grisonnes d'Untervaz, Zizers, Landquart, Malans, Jenins, Maienfeld et Fläsch, les anciens districts saint-gallois de Sargans, Werdenberg, Ober- et Unterrheintal et la principauté du Liechtenstein. Autrefois, le maïs à polenta était également cultivé dans l'Oberland grison, le Domleschg et d'autres communes grisonnes ; aujourd'hui, dans le Domleschg, on s'efforce de sélectionner des variétés adaptées aux conditions actuelles et économiquement viables à partir des anciennes variétés.

Le maïs (*Zea mays*) s'est répandu du Mexique à l'Amérique du Nord et du Sud et a été « découvert » pour l'Espagne et le reste du monde par Christophe Colomb après qu'il eut débarqué sur l'île d'Hispaniola le 4 novembre 1492. En Espagne et en Italie, qui était alors partiellement sous domination espagnole, on a cultivé du maïs dès le début du XVIe siècle. De leur côté, les navigateurs portugais et néerlandais apportèrent cette nouvelle céréale en Afrique et en Asie.

Le maïs est arrivé en Suisse de deux côtés, écrit le biologiste Peer Schilperoord : « Les variétés cultivées au sud des Alpes proviennent souvent de variétés d'Amérique du Sud, celles cultivées au nord des Alpes, d'Amérique du Nord » (*Plantes cultivées en Suisse – Le maïs*). En un peu moins de 500 ans, le maïs s'est adapté en Suisse à des régions climatiques très diverses. « Les principales zones de culture se situaient au sud des Alpes : au Tessin, dans le Val Mesolcina et le Val Poschiavo et au nord des Alpes : dans la vallée du Rhin saint-galloise et celle de la Linth, la Seigneurie grisonne, le Domleschg et l'Oberland grison. » Les conditions difficiles de la région alpine ont eu une influence décisive sur la formation des variétés locales, « le maïs fut sans cesse poussé à ses limites (de culture), des variétés hâtives et tardives s'établirent ».

En 1542, le botaniste bâlois Leonhart Fuchs publia un livre comprenant des illustrations colorées à la main, dont une page consacré au maïs : « *Turcicum frumentum*, Türkisch korn ». En 1573, le *Welschkorn*, c'est-à-dire le maïs, était déjà très répandu dans le val Venosta, et « en Suisse, la culture du maïs est documentée pour la première fois en 1571 à Altstätten dans la vallée du Rhin saint-galloise. Cependant, sur la base des indications de Fuchs, [...] il est très probable que l'on cultivait du maïs dans ces régions bien avant que ce qui fut attesté par écrit pour les vallées du Rhin et de l'Inn ».

En 1781, Otto Bernard a écrit dans l'hebdomadaire *Der Sammler* « sur la culture et l'utilisation du *Türkenkorn*, également connu sous le nom de *Maitz*, *Welschkorn* ou maïs indien », déclarant qu'« il y a plus d'une sorte de maïs, et celle qui est plantée est tout aussi diverse. Il possède deux sortes de grains, le jaune, qui atteint sa maturité un peu plus tôt que le blanc, mais n'est pas apprécié ici à Coire pour sa qualité [...]. En revanche, les habitants de la Valteline préfèrent leur grain jaune au blanc et disent que la farine est plus belle et plus savoureuse. Déterminer lequel est le meilleur est donc une affaire de goût ». Conclusion d'après Schilperoord : Bernard « constata qu'au sein des variétés de la vallée du Rhin et du Domleschg, il y avait une variation considérable dans la période de floraison [...]. 150 ans après Bernard, le maïs jaune hâtif s'est imposé dans le Domleschg, tandis que le maïs à grain blanc restait prédominant dans la vallée du Rhin saint-galloise ». 225 échantillons de variétés de maïs sont conservés dans la banque de gènes nationale à Changins.

« Pendant longtemps, la confusion régnait en Europe quant à l'origine de ce flot de nouveaux aliments », écrit l'anthropologue Margret Visser dans *Much Depends on Dinner*. Outre le maïs, les tomates, les pommes de terre, le piment et autres venaient aussi du Nouveau Monde. « Beaucoup de gens désignaient comme responsable la Turquie, convaincus que cette chose venait d'Orient ou d'Afrique. [...] L'opinion persistante des Européens selon laquelle le maïs est arrivé en Europe via la Turquie, et celle des Chinois selon laquelle il est arrivé chez eux de l'Ouest (et non par la mer, sur des navires portugais, comme on le suppose habituellement), pourrait étayer la théorie selon laquelle le maïs était déjà arrivé dans l'Ancien Monde depuis le Nouveau à l'époque précolombienne. Quoi qu'il en soit, le maïs s'est répandu très rapidement après 1492. Il était peu exigeant, poussait vite et donnait des rendements élevés. »

Le maïs pousse mieux que d'autres céréales dans les sols humides et lourds. Il a besoin de beaucoup d'eau et d'engrais ; les Indiens plantaient des têtes de poisson dans le sol à côté des plantes. Dans la vallée du Rhin, une région jadis assez pauvre, le maïs garda une grande importance jusqu'après la Seconde Guerre mondiale ; il fut ensuite presque abandonné au profit du développement de territoires constructibles, d'autres cultures ou du maïs fourrager pour l'engraissement d'animaux d'élevage au fur et à mesure que la prospérité augmentait.

Dans les Grisons et au Tessin, la polenta est traditionnellement cuisinée à partir de semoule de maïs ; dans la vallée du Rhin inférieur, il s'agit de préférence de *Ribel*, une bouillie de maïs en grumeaux rôtie dans du beurre. La bramata, polenta à base de maïs à gros grains, est une spécialité des Grisons. La polenta remonte aux Romains, le mot n'a rien à voir avec une céréale mais avec la consistance : il vient du latin *pulvis*, fine farine ou poussière ; le latin *polenta* signifie bouillie ou gruau d'orge, grains d'orge décortiqués – l'orge perlé est d'ailleurs un ingrédient de base de la fameuse *Bündner Gerstensuppe*, la soupe à l'orge des Grisons.

Voir aussi : Maïs de la Linth, page 380 ; Rheintaler Ribel, page 409 ; Farina bóna, page 622.

PRODUITS DE BOULANGERIE ET PÂTISSERIE

Bündner Birnbrot

Paun cun paira, *pain aux poires des Grisons ; masse aux poires et pâte à pain bis cuites avec ou sans enrobage de pâte levée*

Autrefois, les pommes et les poires faisaient partie de l'alimentation quotidienne des gens comme de celle des jours de fête, sous forme de jus avec un processus de fermentation continu (cf. *Saurer Most et Süssmost, page 351*), séchées pour les randonnées ou comme provisions pour l'hiver, compotées comme garniture de gâteau ou de chausson et également fraîches ou stockées à la cave comme fruits de table. Dans les Préalpes et les régions alpines, où la culture céréalière était l'exception et non la règle, on ajoutait des poires et d'autres fruits séchés à la farine, qui était coûteuse ; c'était moins le cas des pommes, plus compactes et restant fraîches plus longtemps que les poires, dont la pulpe devient rapidement pâteuse après la cueillette.

Cette périssabilité de la poire a conduit à privilégier sa conservation, soit en la séchant, soit en la bocalisant. Les pains de poire semblent être pratiquement une exclusivité des régions de montagne (pour plus de détails, voir *Glarner Birnbrot, page 536*) ; ils apparaissent également dans les cuisines des pays voisins : dans la Forêt-Noire sous forme de *Hutzelbrot* (les *Hutzeln* étant des poires pelées et séchées) ou de *Bierewecke* (petits pains aux poires), dans certaines régions de Bavière sous forme de *Kletzenbrot* avec des cubes de poire cuits, comme au Tyrol, où l'on ajoute des pruneaux et des figues séchés ainsi que de la slivovitz et de l'eau-de-vie de sorbier aux *Kletzen* (poires séchées avec leur peau).

On trouve un mets aux poires (« *ein spise von birn* ») dans *Dis Buch sagt von guter Spise*, un manuscrit du XIVe siècle faisant partie d'une collection de Würzburg. La recette consiste à hacher menu des poires rôties et des pommes sures, y ajouter du poivre, de l'anis et des œufs crus, couper deux fines tranches de pain, entre lesquelles on tartine ce mélange qui devra avoir un doigt d'épaisseur, retourner le tout dans une fine feuille d'œufs et le cuire avec du beurre dans une poêle jusqu'à ce qu'il soit rouge, et enfin le servir.

Est-ce là un prototype de pain aux poires ? Plus probablement un précurseur du sandwich. Un demi-millénaire plus tard, l'*Universallexikon der Kochkunst* publié à Leipzig en 1890 présente 37 entrées à propos de poires, dont le « Birnen-Käse » (fromage aux poires), une masse ressemblant à un pudding – des poires bouillies avec des pommes et un peu de jus de citron dans un rapport de 3 à 1 –, pressée à travers une fine passoire puis réduite par évaporation avec du sucre. Il n'est pas fait mention d'une enveloppe de pâte.

Dans le recueil de Coire intitulé *Ein schön Kochbuch 1559*, qui comprend 515 recettes, aucune ne mentionne un pain aux poires ; il y en a toutefois une pour « *ein bieren mus von dür bieren* » (une compote de poires séchées), à laquelle on ajoute des petits pains grillés, du vin ou de la bière et des épices (cannelle, clous de girofle, macis, poivre et gingembre). Une fois cuit, ce mélange est passé au tamis ; il ne passe pas au four, mais est saupoudré de sucre et servi comme dessert.

Au XXe siècle, la production de pains aux poires s'est progressivement déplacée des fourneaux privés vers les boulangeries professionnelles. Cela eut deux conséquences : l'une, on en consomme aujourd'hui non seulement en hiver pendant les jours de fête, mais toute l'année, et la commercialisation du pain aux poires, produit dans le canton depuis des siècles, en tant que spécialité grisonne sous le nom désormais familier de *Bündner Birnbrot*.

Ce dernier a été répertorié pour la première fois comme une spécialité régionale dans le riche recueil intitulé *Die gute Köchin. Eine Sammlung von 600 erprobten Rezepten in 6 Heften. Zusammengestellt von Lehrer C. Patzen in Chur*, auto-édité en 1907. Dans la quatrième partie, sous la rubrique « Plats pour le Carême », Caspar Patzen donne sa recette (no 498) du « Bündner Birnbrot » avec de la farine, du lait, du beurre, de la levure pressée et un peu de sel pour la pâte ; pour la garniture, il mentionne des poires séchées, des noix, de gros raisins, du cédrat, de l'écorce d'orange, du sucre, des fleurs de cannelle, de l'anis, le tout « bien amalgamé, arrosé d'un peu de kirsch, d'arak ou d'une autre bonne eau-de-vie ordinaire et d'eau de rose ». Une moitié de la pâte est mélangée à la masse aux poires, et l'autre sert à enrober les petits pains, qui sont ensuite « pressés avec un moule, badigeonnés de jaune d'œuf » et cuits au four.

Selon l'*Atlas de folklore suisse*, les pains et petits pains aux poires (respectivement *Birnbrote* et *Birnenweggen*) sont typiques de la Suisse alémanique et peu courants dans les autres parties du pays. Le chef valaisan Joseph Favre (1849-1903), par exemple, n'a inclus aucune recette de tels pains dans son *Dictionnaire universel de cuisine pratique* ; tout au plus des « poires sèches au lard », un mélange de poires séchées cuites avec des lardons et éventuellement des pommes de terre. Quant au *Larousse gastronomique*, il définit le « pain de poires » comme une « pâtisserie suisse consistante ».

Il en existe deux types : le *Birnenweggen*, qui ressemble à une roulade – la pâte abaissée est tartinée d'une masse aux poires puis roulée (cf. *Luzerner Birnenweggen, page 299*) –, et le pain aux poires, dont la masse aux fruits contient de la pâte à pain et est cuite telle quelle ou enveloppée de pâte levée. Au fil du temps, il a visiblement toujours été un peu plus raffiné, passant d'un pain proprement dit à une pâtisserie fine ; on a incorporé à la masse des ingrédients plus nobles tels que des épices et des eaux-de-vie, la teneur en poires a été augmentée et n'a plus servi de substitut à la farine mais d'élément aromatique dominant, jusqu'à ce que la masse se désagrège en tant que pain et doive être enveloppée dans une pâte séparée.

L'ancienne forme sans enveloppe de pâte n'a jamais disparu de la myriade de montagnes et vallées grisonnes ; on continue à en produire localement et à en proposer hors des frontières cantonales dans les épiceries fines ou sur les étals des marchés. La forme originale du *paun cun paira* s'est peu à peu transformée en une pâtisserie noble à base de farine blanche et de seigle, de figues, de raisins secs, de noix, d'orangeat et de citronat ainsi que de chaudes notes d'épices orientales (Val Müstair). Dans la plupart des régions des Grisons, les noix sont une exclusivité ; à l'entrée le concernant, le manuel de botanique *Flora Helvetica* ne fait figurer le noyer (*Juglans regia*) sur la carte des Grisons que dans les vallées méridionales du Val Mesolcina, du Val Bergaglia et du Val Poschiavo. La nuciculture a été relancée dans ce canton sous l'égide d'alpinavera en 2008 (cf. *Supplément page 575*).

Dans l'ouvrage bilingue *Feinbäckerei – Boulangerie fine*, publié en 2012 par le Centre de compétences Richemont, le « Bündner Birnenbrot » en pâte levée est le seul à avoir survécu, évinçant ses cousins glaronais et toggenbourgeois ainsi que le petit pain aux poires lucernois, mais à leur place, on trouve des poires feuilletées, des escargots aux poires, de la garniture pour petits pains aux poires et des épices pour le pain aux poires (cannelle, anis étoilé, anis, poivre, le tout moulu et mélangé). Pour la garniture pour petits pains aux poires, on mélange des poires séchées équeutées, brièvement cuites dans de l'eau et du sucre, des pruneaux et des figues séchées, du kirsch, des épices pour pain aux poires, des raisins secs, du sucre vanillé et de la marmelade d'abricots.

Une spécialité comme le pain aux poires oblige pratiquement le boulanger à faire son propre mélange secret. Contrairement aux pains aux poires glaronais et toggenbourgeois, dans les Grisons, les tranches de poires séchées sont trempées une nuit dans de l'eau de rose ou du *Birnenträsch*, à savoir de l'eau-de-vie de poire. Le lendemain, on les mélange à d'autres fruits séchés tels que des figues, des pruneaux ou des pommes, des épices pour pain aux poires, de l'orangeat, du citronat, des noix et de la pâte à pain bis. La masse est façonnée en pains oblongs et mise au four ; ou alors on enveloppe les portions dans une pâte levée finement roulée, dispose les pains la clé vers le bas sur une plaque, les badigeonne de jaune d'œuf, fait des trous dans l'enveloppe à la fourchette et les enfourne 45 minutes à 200 °C minimum.

Les pains aux poires n'étaient pas seulement appréciés pour leur goût : la durée de conservation de la masse aux fruits a également contribué à leur popularité. De nos jours, si plus personne ne songe à faire des réserves de pains aux poires pour l'hiver, leur remarquable conservabilité les rend idéales pour les boutiques de souvenirs.

Voir aussi : Rissoles aux poires, page 146 ; Brienzer Krapfen, page 281 ; Birnenhonig, page 296 ; Luzerner Birnenweggen, page 299 ; Poires séchées, pages 365 et 513 ; Toggenburger Birnbrot, page 419 ; Pommes et poires en Valais, page 487.

Bündner Torte

Tourte à base de biscuit japonais, de biscuit aux noisettes et fourrée au praliné

D'infimes nuances orthographiques révèlent parfois des mondes très distincts : l'appellation « Bündnertorte » en un mot est utilisée dans les foyers grisons pour désigner diverses recettes bien différentes, tandis que la « Bündner Torte » est protégée par un brevet et a obtenu une médaille d'or à l'exposition suisse du tourisme et de l'art culinaire (Hospes) de Berne en 1954.

Cette *Bündner Torte* a été inventée par un boulanger de Thusis dans les années 1940-50 ; elle est comparable à la *Solothurner Torte*, laquelle est cependant fourrée à la crème au beurre et non au praliné. La boulangerie a été vendue et la recette avec elle.

La *Bündner Torte* se compose de cinq couches rondes. Sur le fond et le couvercle croustillants du biscuit japonais cuit au four (composé de blanc d'œuf battu, de sucre et de noisettes brutes moulues), le pâtissier étale de la crème pralinée et laisse les composants refroidir au réfrigérateur. Il place ensuite un biscuit moelleux et aérien aux noisettes, cuit séparément, sur la couche de praliné du fond, comme étage intermédiaire, puis il appuie délicatement le couvercle par-dessus, praliné sur biscuit. Pour parachever son œuvre, il découpe proprement le gâteau, badigeonne de la crème au chocolat fouettée et mousseuse tout autour et le saupoudre de petits éclats de noisettes grillées.

Voir aussi : Solothurner Torte, page 99 ; Zuger Kirschtorte, page 392.

Bütschella

Petite brioche avec des raisins secs et du sucre brut

En ce début de XXIe siècle, il n'est pas évident de comprendre, dans notre société d'abondance où l'on ne manque généralement de rien, ce qu'il y a de si important dans une modeste brioche à base de pâte levée avec des raisins secs et du sucre brut pour qu'elle fût autrefois élevée au rang de pâtisserie de fête. L'explication est simple : cela tient aux ingrédients.

La Bütschella, *bitschella* ou *butschala*, petit pain qui porte encore d'autres noms régionaux tels que *Eierpitte*, *Pitta*, *paun dutsch* ou *laventada*, était déjà mentionnée il y a plus de quatre siècles ; l'*Idiotikon* cite une source de 1598 selon laquelle la Bütschella est un « pain aux œufs en forme d'assiette », forme probablement due à l'absence de levure ou à sa rareté.

Tout comme la levure, qui ne sera couramment employée pour la cuisson du pain qu'à partir de la seconde moitié du XIXe siècle, la farine blanche était jadis un ingrédient de luxe. Les terres grisonnes ne sont qu'exceptionnellement propices à la culture du blé ; les céréales nobles devaient être importées d'Italie et coûtaient donc cher. Quant aux raisins secs, de Corinthe ou de

Smyrne, on ne les cueillait pas sur des branches, il fallait aussi les importer. Si l'argent manquait pour en acheter, on faisait cuire, avec la même pâte que pour la Bütschella ronde, un *biscutin* allongé sans raisins.

Le temps laissé à la pâte pour lever, c'est-à-dire pour fermenter, est très important pour les pâtisseries levées : le pointage lorsque la pâte est encore en un seul morceau, et l'apprêt lorsqu'elle a été divisée en plusieurs pâtons. Pendant le processus de levage, non seulement la pâte augmente de volume, mais les enzymes des ingrédients commencent à se déployer et à former des arômes. Le boulanger mélange de la farine blanche, du sucre, du sel et du malt, puis incorpore de la levure ; on peut aussi laisser agir un levain. Ajouter de l'eau, des œufs et des zestes de citron, pétrir la pâte, ajouter du beurre et pétrir à nouveau, après quoi on incorpore la proportion désirée de raisins secs ; le boulanger conseille de faire tremper les baies séchées dans de l'eau afin qu'elles se combinent à la pâte et ne se détachent pas ultérieurement de la pâtisserie.

Il faut laisser la pâte finie pointer (fermenter) pendant une heure, puis façonner des petits pains ronds et des miches et laisser reposer pendant une autre heure à 30 °C. Le boulanger badigeonne ensuite les pains d'œuf, saupoudre le dessus de sucre brut et découpe des dentelures à la surface avec ses ciseaux. Le pain est glissé dans un four en pierre à 180 °C. Traditionnellement, on sert de la Bütschella à Pâques, à Noël et à Nouvel An, ainsi que lors de baptêmes, mariages, anniversaires et autres fêtes privées. Au fil du temps, la tresse, populaire dans tout le pays, a quasiment remplacé la Bütschella.

Voir aussi : Rosinenweggen, page 367 ; Ankenzelte, page 535.

Engadiner Torte

Tourte de l'Engadine ; tourte en pâte brisée avec de la crème au beurre et recouverte d'un florentin

Confondre l'*Engadiner Torte* avec l'*Engadiner Nusstorte* arrive probablement plus souvent aux gourmets qu'ils n'ont l'occasion de manger un morceau du noble dessert. Malgré leurs recettes différentes, ces deux tourtes ont davantage en commun que leur large éventail de séduction. Les deux pâtisseries sont arrivées en Engadine grâce aux migrations. La *Nussorte* (tourte aux noix) y fut apportée par des confiseurs émigrés, alors que la *Bündner Torte* est l'œuvre d'un immigré, Oscar Kochendörfer, dont la famille, venue du Wurtemberg, ouvrit une boulangerie-confiserie à Pontresina en 1896.

Kochendörfer développa son *Engadiner Torte* au début des années 1930 parce qu'il voulait offrir quelque chose de particulier en plus du gâteau aux noix que l'on trouvait aussi chez tous ses concurrents. À peine s'était-il fait une clientèle que la Seconde Guerre mondiale éclata. Le confiseur fut contraint d'exiger, en plus du prix de la tarte, des tickets de rationnement pour 150 grammes de beurre, sans lesquels il lui aurait été impossible, vu l'économie de guerre, de confectionner cette tourte. Des produits du même genre furent proposés dans d'autres confiseries régionales une fois la paix revenue.

L'original se compose de trois éléments différents : le fond, la crème et le couvercle. Pour le fond, on fait cuire une pâte brisée qui, selon l'École professionnelle Richemont, doit contenir plus de beurre que de sucre et un peu moins d'œufs qu'une pâte à gâteau normale. Abaisser, découper et mettre au four. Pour la crème au beurre, on mixe le beurre et la masse aux amandes jusqu'à ce que leur texture soit mousseuse, puis on y ajoute de la crème pâtissière et du kirsch et continue à mixer jusqu'à obtention d'une masse lisse et onctueuse. Vient ensuite la touche finale, le couvercle en florentin. La crème, le beurre, le glucose, le miel et le sucre sont portés à ébullition ensemble ; des amandes effilées, des pignons, des raisins de Corinthe, l'orangeat et le citronat sont mélangés et incorporés à la masse. On l'étale dans une feuille d'aluminium ouverte sur le dessus afin que le couvercle garde la forme ronde recherchée, et le fait cuire au four jusqu'à ce qu'il soit bien croustillant.

Lors du montage de sa tourte, le pâtissier étale de la crème au beurre sur un fond, en place un second à l'envers de façon à ce que le plus beau côté soit sur le dessus, et étale de la crème par-dessus ; certains ajoutent encore une troisième couche. Puis, à l'aide d'une spatule, on étale finement et uniformément de la crème sur le côté de la tarte et saupoudre de la nougatine par-dessus. Il faut conserver la « tarte brute » au réfrigérateur jusqu'au finissage. Peu avant la vente, on colle le couvercle en florentin sur la couche supérieure, place là-dessus un pochoir de moindre diamètre et saupoudre le bord de la tarte de sucre glace.

Fideriser Torte

Tourte de Fideris ; pâtisserie à base de pâte de noisettes garnie de confiture de framboises

À la première bouchée de cette pâtisserie, des images d'un passé mondain devraient surgir, quand Bad Fideris, où cette tourte fut créée par un confiseur à la fin du XIXe siècle, était encore un pôle d'attraction, et ce depuis bien longtemps : mentionnés en 1464, ses bains, « détruits par une crue en 1545, furent reconstruits par le bailli Peter Finer ; exploité jusqu'en 1939, le principal établissement thermal du Prättigau [...] disparut dans un éboulement, de même que les sources, en 1967 » (*DHS*).

La tourte et les preuves archivées restent le dernier témoignage vivant de cette époque de tourisme thermal. Un boulanger salarié, « Ulrich Boner, surnommé "Zucker-Ulrich", de Fideris, aurait importé la recette de Russie, où il avait travaillé comme confiseur pendant un certain temps », pouvait-on lire dans le *Bündner Kalender* de 1986. Les efforts pour localiser ce boulanger ailleurs en relation avec l'émigration grisonne ont été infructueux. La recette a atteint le village de Fideris vers 1900, à une bonne demi-heure de marche de la station thermale. Il existe aujourd'hui plusieurs variantes de cette tourte, tantôt aux noisettes, tantôt aux amandes, et des parfums d'écorce de citron et d'eau de rose nous rappellent le bon vieux temps.

La *Fideriser Torte* est comparable à la *Sankt Galler Klostertorte* et pourrait avoir été inspirée par la *Linzer Torte*, dont la plus ancienne recette à ce jour se trouve dans le recueil de recettes manuscrites de *Frau Anna Margarita Sagramosin, geborne Gräffin Paradeiserin* de 1653. Cette tourte de Linz serait « la plus ancienne recette de tourte connue au monde » (*Traditionelle Lebensmittel in Österreich*; *info.bmlrt.gv.at*, septembre 2021). Dans le *Libro de arte coquinaria* de Martino de Rossi, alias Maestro Martino, écrit en 1464/65, on trouve diverses recettes *« per fare ogni genere di torta »* (pour faire toutes sortes de tourtes), tout comme dans *Ein schön Kochbuch 1559* de Coire, par exemple une tourte aux amandes *(« manndl tortten »)*. La recette n° 50 explique en quelques mots comment réaliser une garniture de tourte (*« a dortten füll »*) avec des fruits et des baies : les cerises doivent être dénoyautées, disposées dans la tourte, saupoudrées de sucre, puis il faut refermer et faire cuire (*« deckh sy zue, las pachen »*) ; il en va de même pour d'autres fruits, comme les *« hintpern »*, à savoir les framboises. La tourte de Fideris est elle aussi garnie de framboises et refermée avec un couvercle de pâte, tandis que celles de Saint-Gall et de Linz sont laissées au moins partiellement ouvertes avec un treillis de pâte par-dessus.

Le boulanger met des noisettes moulues non émondées, du sucre, des œufs, du beurre, de la graisse végétale, des épices et de la poudre à lever dans le batteur, laisse la machine travailler et verse de la farine vers la fin du pétrissage. La pâte est portionnée, l'artisan étale les pâtons dans des moules à charnière, ce qui constitue des fonds d'un centimètre d'épaisseur. Il répartit ensuite de la confiture de framboises par-dessus et la recouvre d'une seconde couche de pâte de la même épaisseur que la première. Le boulanger presse les bords pour bien faire adhérer la pâte, dessine des bandes avec une fourchette depuis le bord dans le couvercle, qu'il badigeonne d'œuf. Pour terminer, il pique, toujours à la fourchette, un motif dans la tourte et l'enfourne à 220 °C pendant une demi-heure.

DIGRESSION

Le sang de la princesse

Bien que l'on ait trouvé des traces de framboise dans des sites préhistoriques, y compris en Suisse, la baie du framboisier était assez méconnue en Europe. « Tout en elle évoque l'Orient – son parfum est luxuriant, savoureux, enivrant et riche d'un soupçon de musc », nous dit Waverley Root dans *Food*, son dictionnaire universel de la nourriture.

Il existe plus de 200 espèces de framboises en Asie, cinq aux États-Unis et une seulement en Europe, *Rubus idaeus*, bien que dans de nombreuses variétés. En termes de goût, les formes sauvages de framboises comme de mûres, ne nécessitaient aucune amélioration, de sorte qu'elles sont longtemps restées des fruits sauvages et leur goût reste plus aromatique que n'importe quelle forme cultivée. Elles étaient cultivées dans des jardins et, pour des raisons commerciales, cueillies dans la nature. « Au Moyen Âge, dans les monastères et les hôpitaux, on cultivait des framboises et les utilisait comme plantes médicinales et comme toniques » (*Osterfee und Amazone*).

À l'époque romaine, la framboise était appelée *« ida »*. Dans son *Histoire naturelle*, Pline l'Ancien soutient que le nom vient du mont Ida, dont les pentes sont couvertes de framboisiers ; il y a deux monts portant ce nom, l'un en Troade (près de Troie), l'autre en Crète, sur lesquels poussent des framboisiers sauvages. Quoi qu'il en soit, d'après Henri Leclerc, cette explication est trop banale, indigne d'un arbuste aux fruits si vulnérables et si succulents ; dans *Les Fruits de France*, paru en 1925, cet auteur affirme que le terme *idaeus* provient de la nymphe Ida, et raconte une charmante légende : un jour, Ida, fille de Mélissos, roi de Crète, entendit des appels à l'aide venant des montagnes. C'était un enfant égaré qui criait ainsi, le futur père des dieux, Jupiter. Ida voulut le calmer et lui cueillit une framboise (à cette époque, ce fruit était encore blanc). Elle se pencha sur le framboisier, l'une de ses épines lui entailla la poitrine et du sang a coula sur les baies.

Le sein d'une princesse serait donc à l'origine de l'épithète *idaeus* et du beau rouge dense, mat et chatoyant qui caractérise la framboise – couleur qui est présente dans le nom botanique, *rubus* venant de *ruber*, rouge en latin.

La baie que l'on cueille n'est pas d'un seul tenant, mais une polydrupe ou ensemble de petites drupes autour d'un cône sur la tige. Autrefois, les cagettes de framboises fraîches regorgeaient de vermisseaux blancs ; ces « vers de la framboise » sont en fait les larves d'un minuscule coléoptère (*Byturus tomentosus*). Aujourd'hui elles n'ont plus aucune chance d'y trouver place, étant préalablement éliminées avec un insecticide pulvérisé sur les plantes avant la formation des baies, qui détruit les œufs pondus par le ver de la framboise sur le cône. Selon les analyses scientifiques, ce produit ne présente aucun danger pour les insectes utiles.

Très tendres et sensibles à la pression, les framboises se consomment fraîches. Si elles étaient cueillies à la machine, il faudrait les verser directement dans la bassine à confiture. De toute façon elles ne se conservent pas longtemps, il est donc conseillé de les manger sans tarder – nature, sans sucre, crème ou autres ajouts. Les framboises sont peu caloriques et riches en vitamines, notamment en vitamine C, et en minéraux tels que le magnésium et le calcium.

On extrait le jus des framboises pour des cures, le fait bouillir pour fabriquer du sirop, qui sert à son tour à faire de la liqueur ; l'eau-de-vie blanche de framboise a une saveur incomparable. Les framboises sont également délicieuses en mousse, sorbet, gelée et garniture de tourtes et gâteaux.

Voir aussi : Sankt Galler Klostertorte, page 418.

Fuatscha grassa

Tarte à base de pâte brisée et très riche en beurre

L'appellation romanche *fuatscha grassa* pourrait être approximativement traduite en français par « tarte grasse » ; elle est mentionnée en 1773 dans la chronique manuscrite de Martin Peider Schmid intitulée *Chiantun verd*. On lit la recette comme une tentative d'araser une montagne de beurre ! Pour bien illustrer la proportionnalité dont il est ici question, une comparaison entre les pâtisseries grisonnes en pâte brisée s'impose. En prenant comme référence le livre *La Padella, Recepts Engiadinais* de Cilga Nogler-Pedrun, on constate que pour faire la pâte de la *tuorta da nusch* (tourte aux noix), il faut 300 grammes de farine et 150 grammes de beurre ; pour les *crassins* (biscuits), on passe à 500 grammes de farine pour 400 grammes de beurre, et l'on atteint les 600 grammes de farine pour 500 grammes de beurre avec la bien-nommée *fuatscha grassa*. Dans le classique recueil intitulé *Koch-Rezepte bündnerischer Frauen* (1905), autrefois très répandu, on trouve les plus anciennes recettes existantes de *fuatscha grassa* – en trois variantes, mais où le rapport entre la farine et le beurre reste invariablement de 1:1. La précision « Basse-Engadine » d'une de ces recettes pourrait renvoyer à son origine, ce qu'un vers figurant dans un livre de cuisine des années 1980 corrobore, même s'il est des plus imprécis : *« L'Engiadina bassa, Patria da l'uors, e d'la fuatscha grassa »* (La Basse Engadine, patrie de l'ours et de la *fuatscha grassa*).

Il semble que les paysans engadiniens aient disposé assez tôt de généreuses quantités de beurre, car la pâte brisée fait partie des plus anciennes variantes de pâte. Une hypothèse à propos de l'origine de la tourte aux noix indique que des confiseurs engadiniens partis s'installer dans le Périgord s'étaient contentés d'ajouter une garniture de noix sur le fond de leur familière *fuatscha grassa* pour la réaliser.

Si au XXIe siècle, on ne voit généralement dans celle-ci qu'un ennemi pour sa ligne, cette pâtisserie fut très longtemps l'expression du luxe.

Dans les paysages montagneux des Grisons, le climat ne se prête guère à la culture de céréales. Celles-ci devaient être importées d'Italie, et la farine blanche était très chère, tout comme le sucre – en saupoudrait-on sa tarte pour faire savoir que l'on pouvait s'offrir ce luxe ? Aux yeux du prince-évêque de Bâle Jean de Venningen (en poste de 1458 à 1478), il était en tout cas digne d'être immortalisé : dans son journal comptable, il note en 1467 qu'il a donné deux sous à une servante lui ayant apporté un pain de sucre. Celui-ci est devenu plus accessible en deux étapes : d'abord par l'importation de sucre de canne caribéen depuis le XVIe siècle, puis par le développement de méthodes de transformation rationnelles (également des betteraves sucrières européennes) à partir de 1801, comme avec la technique de la cristallisation.

Le beurre, en revanche, était fait sur place, même si sa consommation était limitée, et même interdite pendant le Carême. Ce sera la « lettre sur le beurre » (*Butterbrief*) du pape Innocent VIII qui mettra fin à cette interdiction en 1491, ce qui ne fit pas nécessairement baisser le prix de cette denrée – au contraire, comme l'affirme Martin Luther (1483-1546), cité par les frères Grimm dans leur dictionnaire : « [...] *butterbrieve, darin der bapst verkauft freiheit, butter kesen milch eier zu essen* » (des lettres sur le beurre par lesquelles le pape vend la liberté de consommer du beurre, du fromage, du lait et des œufs – 5,8 ob). Cette dispense papale pendant le Carême avait en effet une contrepartie financière.

Le *Dicziunari rumantsch* mentionne d'autres *fuatschas* ou *fugaschas*, par exemple à base de farine de seigle. Le « gâteau au beurre », en particulier la version à base de farine blanche, était servi les jours de fête, à la *Chalandamarz*, la fête du printemps, connue dans toute la Suisse alémanique et au-delà grâce au livre pour enfants *Schellenursli* de l'illustrateur grison Alois Carigiet (1902-1985) ; en outre, on servait de la *fuatscha grassa* à la veillée des morts ainsi qu'aux laboureurs dans les champs pour leur donner du cœur à l'ouvrage.

Mélanger de la farine, du beurre, des œufs et du sucre avec une pincée de sel pour former une pâte, qu'il faut réserver au frais pendant une à deux heures pour qu'elle ne fonde pas lorsqu'on poursuit la préparation. Rouler des galettes pas trop fines et les faire cuire au four à 180 °C. Saupoudrer de sucre pendant qu'elles sont encore chaudes. Pour sa *foaccia grassa*, Marianne Kaltenbach mélange du beurre fondu avec de la farine, du sel, du sucre, de l'eau et un œuf battu, étale la pâte sur une plaque beurrée et fait cuire la *foaccia* une bonne trentaine de minutes ; à la sortie du four, elle la découpe en rectangles (*Aus Schweizer Küche*).

On mange de la *fuatscha grassa* de préférence en hiver et pendant les vacances. À la Saint-Sylvestre et le jour de l'An, cette galette friable peut servir d'oracle si l'on manque de plomb, marc de café ou autre matériau à faire des prophéties : on appuie un doigt au centre de la pâtisserie jusqu'à ce qu'elle se brise en morceaux. Beaucoup de petits morceaux signifient un peu de bonheur, et inversement, peu de gros morceaux sont la promesse de beaucoup de bonheur.

SUPPLÉMENT

Die faissten Böckh von Kunters

Les *Conterser Böcke* (« boucs » de Conters, petit village du Prättigau) rivalisent aisément avec la *fuatscha grassa* en termes de calories. Dans un texte du *Bündner Jahrbuch* (volume 10, 1968), Hilde Ribi rapporte une recette de ces « *faissten Böckh* » qui « remonte en tout cas au XVIIe siècle ». Elle figure en bonne place dans le *Kochbuch aus Graubünden* de Maggie Poltéra (1979) et, bien qu'elle le qualifie d'« ancien plat de Carême », elle permettrait de nourrir un mannequin pendant deux semaines : envelopper quatre œufs durs dans une pâte à omelette et faire frire ; « répéter l'opération jusqu'à ce que l'on obtienne un bouc de la taille souhaitée. Servir avec une sauce au vin ».

Voir aussi : Drusenzelte, page 535 ; Turta da nuschs, page 573.

Grassins

Biscuits fabriqués à partir d'une pâte brisée sucrée

Les *grassins* sont les cousins de campagne des milanais, comme ceux-ci à base de pâte brisée riche en beurre ; le milanais ou *Mailänderli*, autrefois plutôt urbain, a un goût un peu plus raffiné grâce aux zestes de citron qu'il contient. Les plus anciens documents écrits mentionnant des *grassins* remontent au milieu du XIXe siècle ; en 1865, le poète romanche Simon Caratsch écrivait ceci : « [...] *d'ir in Italia, Frauntscha, Olanda A fer grassets e bütschalôs* » – émigrer en Italie, en France, en Hollande pour y faire des *grassets* et des *bütschellas*.

Cela fait référence aux confiseurs grisons contraints de quitter leur patrie pour aller gagner leur vie dans diverses villes d'Europe dès le XIIIe siècle (cf. *Turta da nuschs, page 573*). Dans tel ou tel village, de superbes maisons témoignent de la fortune que pouvait jadis rapporter la fabrication de gâteaux, comme les célèbres *palazzi* situés à l'extrémité sud du centre historique du bourg de Poschiavo, construits par des confiseurs émigrés dans la seconde moitié du XIXe siècle.

Huit recettes de *grassins* qui se différencient légèrement l'une de l'autre figurent dans le recueil *Koch-Rezepte bündnerischer Frauen* de 1905 ; ce sont pour la plupart des variantes locales, certaines avec du jaune d'œuf, d'autres avec du jaune et du blanc ou encore sans œuf. La farine blanche était un ingrédient très spécial jusqu'après la Seconde Guerre mondiale, car dans les montagnes, pour des raisons climatiques, le blé pousse plutôt timidement – le *Dicziunari rumantsch* des années 1940 la qualifie par conséquent de « meilleure farine ».

Mélanger de la farine, du beurre, du sucre, des œufs (ou non) avec une pincée de sel pour former une pâte, mettre au frais, étaler, découper des formes telles que des rondelles et des étoiles, remettre au frais et enfin glisser dans le four préchauffé à 180 °C.

Dans les Grisons, les *grassins* font partie des confiseries de Noël avec les *crocants* et les « os de morts », les *Totenbeinli* (cf. *Ossi da mordere, page 629*). Certains boulangers en produisent toute l'année. Dans les Grisons italophones, où les pâtisseries sucrées sont souvent cuites dans de l'huile chaude, les *grassins* sont également appelés *biscotti bregagliotti*.

Milanais

Mailänderli, milanesini*; petit gâteau de Noël à base de pâte brisée et de zestes de citron*

La recette est si facile à réaliser que les milanais font probablement partie des tout premiers petits fours. Dans quelques anciens livres de cuisine, cette pâtisserie est appelée « gâteau de Milan », que le dialecte bâlois a déformé en *Gattodemila*, qui sonne un peu comme un juron. Malgré l'absence d'ambiguïté géographique du nom, il subsiste des doutes quant à sa création dans la capitale lombarde. Il est tout à fait plausible qu'une pâtisserie aussi simple et merveilleusement savoureuse soit apparue en plusieurs endroits, justement parce que n'importe qui est capable d'en faire. Le *Larousse gastronomique* se contente de mentionner les « sablés de Milan » et d'en donner la recette.

Ils sont probablement originaires d'Italie. Ou de Coire ? Dans *Ein schön Kochbuch 1559*, on trouve en effet une recette (no 199) de *Meilandische Biscotini* à base de farine, de jaune d'œuf et de sucre – point de zestes de citron ici, alors que ce dernier est utilisé dans toutes sortes de recettes de ce livre.

Une recette de gâteaux de Milan se trouve dans le petit livre de cuisine privé réalisé par Maria Magdalena Schorndorff-Iselin dans les années 1780. Dans le *Neues Berner Kochbuch* de 1840, Lina Rytz propose trois recettes, dont une variante aux amandes. *Das Kochbuch der Catharina Fehr, 1824*, sous-titré *Rezepte aus dem Hause des letzten Schultheissen von Frauenfeld* (recettes de la maison du dernier avoyer de Frauenfeld), donne une astuce : « La confiserie peut être mise au four avec le pain, un petit quart d'heure doit suffire à les cuire. »

Chez le légendaire écrivain et gastronome Pellegrino Artusi (1820-1911), auteur de *La scienza in cucina e l'arte di mangiar bene*, recueil de recettes des diverses régions italiennes, on ne trouve pas de milanais, mais des produits comparables comme les *biscotti croccanti*, préparés de la même manière que les milanais, contenant en plus des amandes râpées ou de la *pasta frolla*, une variante de pâte feuilletée. Avec les *Anisbrötli*, les *Brunsli* (bruns de Bâle) et les étoiles à la cannelle, les milanais forment le carré d'as de la confiserie de Noël, déjà répandue en Suisse au XVIIIe siècle.

Battre en mousse le beurre et le sucre dans un rapport de 1:1, puis ajouter des œufs et des zestes de citron râpés et enfin mélanger avec de la farine pour obtenir une pâte qu'il faut réserver au frais. Contenant beaucoup de beurre, elle devrait rester froide pour le façonnage. Selon la quantité souhaitée, abaisser toute la pâte ou seulement des portions (d'une épaisseur d'environ un centimètre), graver sur la pâte le typique motif à rainures avec un rouleau à pâtisserie rainuré ou à la fourchette, découper à l'emporte-pièce (étoile, cœur, croix, croissant, fleur, trèfle, porcelet, locomotive des Chemins de fer rhétiques, etc.), placer sur une plaque de cuisson, badigeonner de jaune d'œuf et laisser sécher. Ensuite, enfourner à 200-210 °C pendant au moins huit minutes. Conserver dans un endroit sec.

Pour les milanais, la saison principale est celle de l'Avent et des fêtes de fin d'année. Ce sont probablement les biscuits de Noël les plus vendus.

SUPPLÉMENT

Des confiseries

Ces « friandises pour les rassasiés » sont décrites par l'*Appetit-lexikon* (1894) comme des sucreries, qui comprennent principalement les biscuits, les macarons, les *Pfeffernüsse*, les

étoiles aux amandes, les fruits confits et les « confitures séchées » comme les bonbons gélifiés sucrés. Pour toutes ces douceurs, « le terme *confectae* était déjà courant en 1330 ». « Il est frappant de constater que l'art de la confiserie a fait très peu de progrès depuis le XVIIe siècle, ce qui ne peut s'expliquer que par le fait qu'il était déjà entre les meilleures mains au Moyen Âge, à savoir celles des nonnes et des apothicaires qui, œuvrant avec la plus grande dévotion, n'ont pas laissé grand-chose à la postérité dans ce domaine. »

Voir aussi : Anisbrötli, page 31 ; Brunsli, page 35 ; Zimtsterne, page 41 ; Spitzbuben, page 285.

Paun jauer, paun sejel

Pains plats du Val Müstair dont la pâte est préparée avec de la farine de seigle additionnée de farine de blé

Tout comme le blé, le seigle (*Secale cereale*) est originaire du Proche-Orient et a été introduit en Europe centrale plus de mille ans avant les Romains. Sur des sites palafittiques situés au bord des lacs périalpins en Suisse et ailleurs, le blé, l'amidonnier et l'engrain étaient cultivés dès 4000 av. J.-C., voire plus tôt, comme nous le savons grâce aux découvertes de grains carbonisés. Les Romains ont poursuivi la diffusion des céréales, dont le seigle, qu'ils n'appréciaient pas eux-mêmes, mais qui, pour des raisons climatiques, était bien adapté aux régions alpines et à l'Europe du Nord.

Le seigle n'est devenu une plante cultivée qu'en Europe ; dans sa région d'origine, l'Asie du Sud-Ouest, il n'a guère suscité d'intérêt, étant considéré comme une mauvaise herbe. C'est probablement en tant que telle qu'il a voyagé, avec du blé et de l'épeautre, vers le nord-ouest depuis le Proche-Orient, le long du Danube ou à travers la Méditerranée. On a commencé à accorder de l'attention à cette céréale lorsque ses avantages sont devenus évidents, comme ses longues tiges, idéales pour couvrir les toits de chaume.

C'est ainsi que le seigle s'est imposé comme la principale céréale dans de nombreux endroits, à l'ombre du blé et de l'épeautre, certainement aussi parce qu'il prospère dans des sols peu profonds et résiste aux températures rigoureuses.

« Sur le Plateau suisse, surtout en Argovie, le seigle d'été remplaça l'avoine sur la sole d'été, dès le XVe et le XVIe siècle » (*DHS*). Sa présence est très ancienne en Valais, où le pain de seigle plat et de longue conservation, bénéficiant aujourd'hui de l'AOP, n'était autrefois cuit que deux ou trois fois par an. « Les bains [de Brigue] me faisaient grand bien ; cependant j'avais perdu l'appétit ; je ne mangeais autre chose que du pain de seigle », se remémorait Thomas Platter (1499-1582) au soir de sa vie alors qu'il dirigeait l'école latine de Bâle, longtemps après avoir été chevrier dans le village haut-valaisan de Grächen.

« Le seigle d'hiver, le seigle d'été et l'orge d'été poussent le plus haut », écrivent Peer Schilperoord et Andrea Heistinger dans *Kulturplanzen der Schweiz, Süd- und Nordtirol* (2011), « ils vont à la limite de la culture des céréales. Cette limite se situe à des altitudes différentes d'une vallée à l'autre, mais peut s'élever jusqu'à 2000 mètres. [...] Le seigle d'hiver valaisan, semé dans les régions frontalières début août et récolté 12 à 13 mois plus tard, est le champion du monde de l'hibernation. Même une couche de neige compacte ne l'affecte pas pendant six mois. [...] [Certaines] variétés qui ne sont plus cultivées dans les champs aujourd'hui sont très proches des herbes sauvages. On comprend la lutte des populations de l'époque pour survivre à la frontière de la culture des céréales quand on voit à quel point ce seigle était frêle. En revanche, il avait une qualité très particulière. [...] Le seigle s'enracine dans le sol de manière très intensive. Il y pénètre profondément et convient toujours aux sols pauvres et sablonneux. »

Dès les années 2010, une variété ancienne, le seigle Cadi, s'avère être un véritable survivant de l'agriculture de montagne. Le gérant du domaine du couvent de Saint-Jean-des-Sœurs à Müstair témoigne de son expérience : « Lorsque j'ai commencé avec le seigle [en 2006], nous avons semé la variété Matador. Ce seigle donnait de bons rendements, mais s'avariait presque un hiver sur deux. Il étouffait quand la couverture neigeuse restait trop longtemps. Puis j'ai semé du seigle Cadi : il a survécu à quatre mois de neige, soit 120 jours ! En général, on dit que les céréales d'hiver supportent 100 jours. » Sans lumière, pas de vie. « Autrefois, les gens répandaient des cendres sur les champs pour dissoudre la neige », explique le paysan.

La part du seigle dans la céréaliculture suisse passa de 15 % des surfaces vers 1885 à 13 % en 1931-1940, puis à 8 % en 1951-1960 ; elle n'était plus que de 4 % en 1985 et chuta encore jusqu'à 2 % en l'an 2000 (*DHS*).

Le Val Müstair s'étend entre l'Engadine et le Val Venosta dans une zone classique de culture du seigle – Müstair, la commune la plus basse, se situe à 1247 mètres d'altitude, alors que le col de l'Ofen se trouve à 2149 mètres. Les premières traces humaines non loin du sommet du col datent du Néolithique ; le passage entre les vallées de l'Inn et de l'Adige a été emprunté très tôt. D'autres traces – de l'âge du Bronze – ont été découvertes dans cette vallée, ainsi que des vestiges d'habitats romains. À Müstair, le célèbre couvent bénédictin de Saint-Jean-des-Sœurs (Claustra Son Jon) mentionné ci-dessus, aujourd'hui classé au patrimoine mondial de l'Unesco, aurait été fondé par Charlemagne vers l'an 775 ; dans ce village, selon le *DHS*, « un marché où l'on vendait et exportait essentiellement du drap gris est mentionné pour la première fois en 1239 ».

La plus ancienne recette connue du pain du Val Müstair, le *paun jauer* ou *paun sejel* (pain de seigle), est loin de dater de cette époque, même si l'on peut supposer que ce pain se fabriquait déjà avant le XIXe siècle, lorsque les premières boulangeries commerciales ont ouvert leurs portes dans cette vallée. Rond et plat, le pain du Val Müstair est à base de farine de seigle ; on en faisait de grandes quantités, car il fallait en avoir suffisamment pour plusieurs semaines, voire plusieurs mois. Les pains étaient disposés à la verticale, l'un à côté de l'autre, et ne devaient pas se toucher pour éviter la formation de moisissures. Ainsi, ils séchaient et se conservaient longtemps. Jusqu'au milieu du XIXe siècle, le pain du Val Müstair contenait du levain, tout comme le pain de seigle valaisan. Aujourd'hui, on pétrit une pâte levée avec une proportion de farine de blé, qui contient plus de gluten que le seigle ; le pain de seigle valaisan est resté au levain.

Comme dans de nombreuses autres régions, les produits traditionnels ont commencé à disparaître au fur et à mesure que le Val Müstair se désenclavait. La population locale préfère désormais le pain de blé, et les boulangers fabriquent du pain de seigle pour les étrangers qui visitent ou traversent la vallée et se font aussi expédier du *paun jauer* dans le reste de la Suisse via les cols de l'Ofen et de l'Albula.

Le *paun sejel* contient 70 % de farine de seigle et 30 % de farine de blé. Le boulanger prépare un levain et le laisse fermenter pendant six à huit heures avec la moitié du mélange de farine de seigle, d'eau et de levure. Il incorpore ensuite ce mélange au reste de farine de seigle, de farine de blé, de sel et d'eau jusqu'à obtention d'une pâte à pain souple, presque liquide, avec une consistance collante ou glissante typique de la pâte à pain de seigle. Le boulanger forme des miches plates de la taille d'un poing et en dépose deux à la fois sur une planche généreusement enfarinée ; les pains lèvent ensuite pendant une à deux heures dans le fournil à une température de 25 à 30 °C, les miches s'assemblent l'une à l'autre, formant un pain double. Lorsque l'artisan juge que le moment est venu, ce qui demande de l'expérience et de la patience, il enfourne les pains à 240 °C pendant environ une demi-heure sans vapeur.

Le pain du Val Müstair est meilleur après deux ou trois jours, car c'est à ce moment-là que la saveur du seigle ressort idéalement.

Le « Paun sejel Val Müstair » fait partie des Presidi de Slow Food Suisse.

SUPPLÉMENT

Seigle et LSD

Une particularité du seigle est sa forte sensibilité à l'ergot, « causé par le champignon parasite *Claviceps purpurea*, qui contamine le grain infesté avec des alcaloïdes hautement toxiques ; les symptômes de l'empoisonnement appelé ergotisme vont de la somnolence, des vertiges, des vomissements, de la diarrhée et des crampes aux spasmes vasculaires, à la gangrène et à la mort », nous dit Waverley Root dans *Food*. Tant que les crises de démence ne pouvaient être expliquées, elles étaient considérées comme de la sorcellerie et l'œuvre du diable. Puis, lorsque des scientifiques se sont rendu compte que l'ergotamine contenue dans la farine infestée était transformée en acide lysergique diéthylamide pendant la cuisson, le LSD était né – il fut découvert en 1938 par Albert Hofmann, chimiste chez Sandoz à Bâle. Hofmann approfondit ses recherches en 1943 en procédant à des auto-expérimentations, et Sandoz mit sur le marché une substance appelée « Delysid » en 1949. Dans les années 1960, le LSD ayant acquis le statut de drogue hallucinogène permettant de modifier et d'élargir la conscience, il fut interdit assez rapidement.

Voir aussi : Pain de seigle valaisan, page 491.

Strüzel

Pâtisserie sucrée frite fabriquée à partir de pâte levée

Quand on parle de pâtisserie frite, cela signifie qu'elle a été confectionnée avec une pâte cuite dans un bain de graisse ou d'huile, et non au four. Suivant le type de matière grasse, on peut la chauffer à une température comprise entre 150 et 180 °C ; l'eau s'évapore à 100 °C. Le secret de la friture réside dans cette différence, mais aussi dans l'art de la personne qui cuisine, car la température doit être adaptée au produit (chips de pommes de terre, pâte, viande, poisson, légumes) afin que la chaleur saisisse la surface tout autour sans pénétrer, tandis qu'elle transforme l'humidité à l'intérieur en vapeur qui cuit le contenu.

Il est impossible de déterminer qui a découvert la friture. Tout ce qu'il faut, c'est un récipient, de la matière grasse (saindoux, huile, beurre), du feu et l'expérience permettant de savoir que plus il y a de graisse dans la poêle, mieux les aliments frits seront cuits et plus ils seront croustillants. Dans le *Viandier*, célèbre livre de recettes français du bas Moyen Âge (vers 1320) attribué à Maître Taillevent, un plat de loches doit être « friz en huille » et une sole « fricte, sans eschauder, en huille » (sans brûler) ; on peut mettre des perdrix entières dans une marmite propre « et les frire ».

Ou est-ce le diable qui l'a inventée ? Dans la cathédrale Sainte-Cécile d'Albi, dans le Tarn (la plus grande cathédrale de brique au monde, commencée en 1282 et achevée en 1492), une fresque du Jugement dernier peinte en 1480 représente le châtiment de la gourmandise, l'un des sept péchés capitaux : les gourmands mijotent en enfer dans un énorme chaudron posé sur des flammes ardentes.

Les *Strüzel* sont une spécialité de l'Engadine dont certains détails varient suivant où l'on se trouve dans cette haute vallée s'étendant d'est en ouest sur plus de 80 kilomètres. Ils s'apparentent aux boules de Berlin, mais ne contiennent aucune garniture. Ces pâtisseries sont en forme d'un fer à cheval ou d'anneau, c'est-à-dire avec un trou au milieu comme les doughnuts – ou donuts – américains, beignets qui ont été créés par des boulangers hollandais au XVIe siècle sans trou, c'est-à-dire comme des boules de Berlin, et qui n'ont pris leur forme actuelle qu'au XIXe dans une colonie hollandaise de Pennsylvanie afin qu'ils soient frits de manière plus uniforme et que leur cœur ne soit pas pâteux.

Une fois encore, il faut consulter les *Koch-Rezepte bündnerischer Frauen* de 1905 pour trouver les plus anciennes recettes de spécialités cantonales. Dans l'*Idiotikon*, divers termes similaires tels que *stritzli*, *strützel* ou *strutzel* remontent à 1705, mais ils font généralement référence à des pâtisseries du type flûtes salées ou bretzels, qui ont peut-être donné naissance au *Strüzel* par des voies détournées.

Dans la recette du *Kochbuch aus Graubünden* de Maggie Poltéra (1979), contrairement à d'autres recettes qui n'en exigent pas, on ajoute 50 grammes de farine de maïs à 250 grammes de farine blanche pour la pâte à *Strüzel*, ainsi que des raisins de Corinthe (ou de Smyrne, ou des raisins), mais pas de levure.

Le boulanger visité mélange de la farine, de la levure, du sucre et de la margarine dans son robot, ajoute les œufs, le sel et le zeste de citron et laisse la machine pétrir une pâte élastique et lisse. Après une phase de repos, il roule des pâtons allongés, c'est-à-dire des *Stritzel* (boudins) qui, courbés en forme d'anneau, deviennent des *Strüzel*. Au terme d'une seconde phase de repos, ceux-ci sont frits dans une huile ou graisse chaude à 160 °C pendant 10 à 15 minutes, après quoi on les roule dans du sucre.

Les *Strüzel* se mangent dès qu'ils sont prêts. Confectionnés jadis pour les occasions spéciales, ils le sont maintenant toute l'année; cependant, comme pour les autres beignets, c'est à la saison froide qu'ils sont le plus demandés.

Voir aussi: Schenkeli, page 40; Graswürmleni, page 239.

Thusner Hosenknöpfe

Petit biscuit sucré rond et bombé

Voici une pâtisserie traditionnelle de Thusis et de la région de Viamala, proposée par quelques rares boulangeries pendant la *Quadragesima*, autrement dit le Carême, la période de jeûne de quarante jours entre le carnaval et Pâques. Les *Hosenknöpfe* («boutons de pantalons») sont des biscuits sucrés à base de farine et de beurre avec du citron et de l'eau de rose; de taille réduite puisqu'ils ne font que trois centimètres de diamètre et un centimètre de haut, ils ressemblent à des macarons. Dans le canton d'Appenzell, on trouve des *Hosenknöpfe* composés de blanc d'œuf battu, de sucre et de farine; les *Geduldszeltli* sont leurs équivalents dans le canton de Zurich.

La plus ancienne recette qu'on ait trouvée figure dans le recueil *Koch-Rezepte bündnerischer Frauen* de 1905. La raison précise pour laquelle les *Thusner Hosenknöpfe* sont si étroitement liés à Pâques est inconnue. Peut-être que celui qui a créé leur recette voulait signifier par là qu'il s'opposait au trafic d'indulgences? L'Église interdisait de manger des produits d'origine animale pendant le Carême; au Moyen Âge, il y avait au mieux 220 jours pendant lesquels on était libre de manger sans restrictions alimentaires. En 1491, la «lettre sur le beurre» du pape Innocent VIII, par laquelle la renonciation au beurre fut levée en échange d'une offrande, apaisa temporairement les esprits. Le 9 mars 1522, premier dimanche de Carême, eut lieu la célèbre et scandaleuse rupture du jeûne à Zurich, dans la maison de l'imprimeur Froschauer, où l'on mangea des saucissons au lieu de compote; le réformateur Ulrich Zwingli était présent à ce repas, mais n'y aurait pas activement participé. Thusis adopta la Réforme dès 1525. Les *Hosenknöpfe* étaient-ils eux aussi des symboles de libération culinaire?

Il faut bien mélanger le sucre et le beurre pour qu'il n'y ait pas de grumeaux dans la pâte par la suite; y incorporer des œufs, de l'arôme ou du jus de citron et de l'eau de rose (ou du rhum: l'alcool fera légèrement lever la pâte), puis ajouter de la farine et du sel. Ne pas pétrir trop longtemps, sinon le gluten contenu dans la farine va commencer à agir, ce qui est bon pour le pain mais mauvais pour les «boutons de pantalons». Former un rouleau, découper des morceaux, les tourner en petites boules et enfourner.

Voir aussi: Geduldszeltli, page 317; Hosenknöpfe, pages 317 et 447.

Turta da nuschs

Tourte en pâte brisée fourrée au caramel et aux noix

Aujourd'hui, la tourte fourrée aux noix recouverte de pâte est le dessert phare du canton des Grisons et un produit d'exportation important, tout comme le pain aux poires et la viande des Grisons. Sa marche triomphale bien au-delà des frontières cantonales n'a commencé que vers la fin des années 1950, grâce à l'intensification du tourisme et à l'amélioration des infrastructures. Le *Larousse gastronomique* a répertorié ce produit sous l'appellation «tourte aux noix de l'Engadine».

L'origine de la tradition de la *Bündner Nusstorte* se trouve probablement en Engadine, ce qui remplit encore aujourd'hui les boulangers et pâtissiers locaux de fierté et leur fait appeler leur spécialité «Engadiner Nusstorte» – une désignation qui est aussi parfois utilisée dans le reste de la Suisse. En principe, cela ne change rien au contenu du gâteau, y compris les variations dans les diverses recettes des boulangers.

L'histoire de la tourte aux noix des Grisons ou de l'Engadine est étroitement liée au mouvement d'émigration dans l'arc sud-alpin, qui a commencé dès le XIIIe siècle et s'est poursuivi jusqu'au XIXe. L'actuel canton des Grisons a une très longue tradition de confiseurs, puisque certains se sont installés à Venise dès la fin du Moyen Âge. Au début du XVIIIe siècle, la puissante ville portuaire et commerciale était pratiquement la seule destination des émigrants; en 1733, il y avait 1180 entreprises dans la cité des Doges, dont 618 appartenaient à des Grisons.

Lorsque ceux-ci furent chassés de Venise en 1766 pour des raisons politiques («troubles des Grisons», luttes entre la France et Venise et les empires d'Espagne et d'Autriche pour le contrôle des cols alpins), ils ont essaimé dans toute l'Europe et ont étendu leur savoir-faire. Un échange interculturel s'est durablement développé: les confiseurs grisons partageaient leurs propres traditions, recettes et connaissances à l'étranger et rapportaient chez eux ce qu'ils y apprenaient; de temps en temps, ils retournaient plus longuement dans leur patrie.

Il est impossible de déterminer précisément l'importance de leur influence sur la pâtisserie grisonne, car on sait peu de choses sur les produits des confiseries de l'époque. Dans les régions de montagne peu peuplées, longtemps dépourvues de touristes, il n'existait pas de marchés comparables à ceux des centres européens. Mais pourquoi devrait-on ignorer une recette délicieuse, bien qu'étrangère, dont la préparation ne nécessitait pas de hautes compétences ?

Les recettes étaient consignées à la main dans des livres de recettes précieusement gardés ; cependant, la plupart d'entre eux ont été perdus. Des tourtes identiques ou du moins très similaires furent proposées dans diverses confiseries à l'étranger. Par exemple, dans la confiserie berlinoise Josty, une « importante famille de Madulain, connue comme propriétaire de confiseries et de cafés à l'étranger » (*DHS*), on a trouvé la recette d'une tourte aux noix et aux oranges de 1834.

La recette de la tourte aux noix était apparemment déjà connue au XVIIIe siècle ; la plupart des sources confirment l'hypothèse selon laquelle elle fut introduite dans les Grisons depuis le sud de la France. L'historien Chasper Pult écrit ceci : « En France, des immigrés grisons ont découvert cette forme de transformation des noix, fruits très nourrissants, et ont développé à partir de là pendant un siècle ce qui est devenu la spécialité actuelle de l'Engadine » (*Bündner Küche*, 2007). Cette théorie est étayée par le fait que la pâte brisée de la tourte aux noix ressemble fortement à une pâtisserie traditionnelle de l'Engadine mentionnée dans la littérature romanche dès 1773, la *fuatscha grassa*, ou aussi aux *grassins* (sans œufs). La pâte de la tourte aux noix est simplement préparée avec moins de beurre.

Une autre source pointe vers l'est : Nicolin Orlandi (1744-1802) était un confiseur engadinois établi à Leipzig qui fit l'acquisition du château de Mammertshofen en Thurgovie en 1792. « On raconte qu'ils [les Orlandi] préparaient encore eux-mêmes leur spécialité, la *turta da nusch*, au château » (E. Widmer, *Elfhundert Jahre Roggwil*, 1954).

Les gâteaux et les tourtes aux noix sont connus depuis fort longtemps, même si Pline l'Ancien ne mentionne aucune recette. L'érudit décrit les noix en détail dans sa monumentale *Histoire naturelle;* au livre XV, on apprend ainsi que les Grecs « nomment la meilleure espèce persique et royale. [...] On s'accorde à dire que le nom de caryon dérive de la pesanteur de la tête que cause le noyer par son odeur forte. Le brou sert à teindre la laine ; les noix encore petites, et commençant à se former, sont employées à teindre les cheveux en blond ; ce procédé a été indiqué par la coloration que l'attouchement des noix laisse sur les mains » (traduction d'Émile Littré).

Une recette de *Ein köstlich new Kochbuch* (1598) de la Bâloise Anna Wecker utilise des amandes, et dans le *Cuisinier françois* de François Pierre La Varenne (1651), on trouve une recette de « tourte de pistaches ». Comme bien d'autres encore, ces deux exemples se distinguent toutefois nettement de la tourte aux noix des Grisons ou de l'Engadine, qui se compose d'une garniture caramélisée à base de crème, de sucre et de noix et est entièrement enveloppée dans une pâte brisée, ce qui prolonge sa durée de conservation.

La confiserie Heinz & Tester de Toulouse assure avoir produit et largement diffusé la véritable tourte aux noix sous sa forme actuelle depuis 1881. Heinz & Tester, deux noms originaires des Grisons, indiquaient « Spécialité de gâteaux aux noix » dans leur logo d'entreprise ; cette confiserie a fermé en 1930. Un autre natif de l'Engadine, Fausto Pult, était employé chez Heinz & Tester de 1920 à 1926. De retour à Samedan, il y ouvrit sa propre confiserie, où il lança la « tourte Pult », la « Pultorte, *tuarta da nusch Engadinaisa* ». Pult fut le premier à commercialiser la tourte aux noix en Engadine en 1926. La confiserie Ribi à Coire affirme avoir commencé à en vendre en 1901. On ignore dans quelle mesure le tourisme et l'hôtellerie de luxe de Haute-Engadine ont contribué à la diffusion mondiale de la *Nusstorte*.

Toutefois, celle-ci ne peut être considérée comme un produit typiquement engadinois que du point de vue de l'histoire de la confiserie, car la matière première caractéristique, la noix (*Juglans regia*), ne pousse pas en Engadine – il y fait trop froid pour elle. Le pasteur et historien grison Leonhard Truog écrit ceci dans son ouvrage intitulé *Neue Geographie* (1826) : « Les noyers de Seewis croissent fort bien ; néanmoins, ils ne font pas partie des arbres utiles, car les gelées de printemps sont souvent fatales à leurs fleurs. » Seewis se trouve à 937 mètres d'altitude.

Alors, comment les Grisons ont-ils obtenu leurs noix ? Un boulanger des Grisons centraux rapporte une théorie selon laquelle les émigrés grisons sont revenus de France avec des noyers. Il y en a dans le Val Bergaglia qui sont censés être des témoins de cette époque. La nuciculture est importante en Périgord ; dans le volume de *L'Inventaire du patrimoine culinaire de la France* sur l'Aquitaine, la noix du Périgord est décrite comme un bien culturel culinaire traditionnel. Dans le sud de la France, les confiseurs grisons se sont manifestement inspirés de la « tarte aux noix du Périgord », qui n'a cependant pas de couvercle de pâte. Le gâteau appelé « gourianoix », également une spécialité périgourdine, est très proche de la tourte aux noix des Grisons.

Le boulanger pétrit la pâte brisée à partir de farine, de sucre, de beurre, d'œufs, d'un peu de margarine (pour une manipulation plus aisée) et d'une pincée de sel, puis la met au frais. La garniture est simple à faire et pourtant chaque boulanger a son petit secret – des nuances gustatives dénotent la signature individuelle. Le boulanger visité caramélise le sucre à basse température (ce qui favorise un meilleur goût sans amertume) et incorpore de la crème, ce qui rend la masse plus tendre et plus compacte. Puis il ajoute des noix qui viennent d'être hachées et ne sont ni grillées ni traitées d'une autre manière. Abaisser la pâte, répartir la garniture sur un fond circulaire, placer le couvercle de pâte par-dessus, piquer plusieurs fois à la fourchette et enfourner pendant environ 35 minutes à 200 °C.

La tourte aux noix peut être conservée dans un endroit frais pendant deux mois au maximum ; seuls les misanthropes prétendent que c'est la seule raison pour laquelle les touristes aiment en ramener chez eux comme cadeau ou souvenir. Cette bombe calorique se mange en petites parts, de préférence avec du thé ou du café.

SUPPLÉMENT

Les noyers des Grisons

Le centre de compétences sur la noix de Malans fait la promotion des tourtes aux noix grisonnes depuis les années 2010. Durant la seconde moitié du XXe siècle, « le nombre de noyers et la transformation des noix dans les Grisons ont considérablement diminué » (*alpinavera*). Il fallait faire quelque chose à ce sujet. Le « Walnussprojekt » (projet pour promouvoir la nuciculture) est en bonne voie ; une machine américaine servant à craquer et à trier optiquement les noix a été installée à Malans. La Confédération contribue à cet effort par le biais de ses projets de développement régional, même si elle a réduit en 2014 le paiement direct pour les noyers à 30 francs l'unité (d'autres arbres sont évalués à 45 francs). L'État pénalise les noyers car leur valeur écologique est « inférieure à celle des autres arbres fruitiers de plein champ à haute tige en raison de la pollinisation par le vent et de l'excrétion de substances inhibitrices de croissance » (*Die Grüne*, 19 avril 2020). Malgré les difficultés pécuniaires, il y a plus de 1300 noyers à Malans, et d'autres prospèrent dans d'autres régions des Grisons au climat adéquat.

Voir aussi : Huile de noix, page 93 ; Huile de noix vaudoise, page 159 ; Gâteau aux noisettes, page 205 ; Gâteau bullois, page 237.

CONFISERIES

Churer Pfirsichsteine

Masse aux amandes en forme de noyaux de pêche

Dans les Grisons, le pêcher (*Prunus persica*) pousse aussi rarement que l'amandier (*Prunus dulcis* ou *Amygdalus communis*) ; on en trouve cependant dans les vallées méridionales du canton. C'est pourquoi il est probable que la forme et le contenu des *Churer Pfirsichsteine* (« noyaux de pêche de Coire ») ont été rapportés par des confiseurs émigrés à leur retour au pays, tout comme la célèbre *Nusstorte*. Les noix qui donnent son nom à cette tourte ne font pas non plus partie des fruits cultivés dans les Grisons. Venise fut la première destination de nombreux confiseurs de l'Engadine, du Val Müstair, du Val Poschiavo et du Val Bergaglia, qui ont trouvé du travail dans la Sérénissime, surtout aux XVIIe et XVIIIe siècles. Déjà à l'époque des voyages de Marco Polo, Venise était l'un des plus importants ports d'importation de marchandises en provenance d'Asie et du Proche-Orient, notamment du massepain, pâte d'amandes d'origine arabe. Vu sous cet angle, un confiseur aurait pu retourner dans les Grisons avec du massepain dans son sac à dos.

Mais l'histoire des *Churer Pfirsichsteine* est racontée différemment. Selon la tradition orale, le maître confiseur Otto Hürsch aurait inventé cette spécialité en 1887. Quarante-quatre ans plus tard, son fils déposa la marque verbale et figurative « Bündner Pfirsichsteine » (noyaux de pêche des Grisons) auprès de l'Office fédéral de la propriété intellectuelle. La recette fut transmise à trois générations successives, puis vendue une première fois en 1984 et une seconde fois en 2006. Nul ne peut affirmer avec certitude que ces noyaux en pâte d'amande sont réellement une création coirienne.

Dans son livre *Leckerli aus Basel*, le chercheur en pâtisserie Albert Spycher raconte qu'un prince-évêque bâlois s'est vu offrir une boîte de confiseries contenant des noyaux de pêche sucrés (*mit « verzuckerten Pfisichsteinen »*). « Les amandes sont connues et appréciées depuis l'Antiquité », écrit quant à lui l'historien François de Capitani dans *Festliches Essen und Trinken im alten Bern*. « Un coup d'œil aux livres de cuisine médiévaux qui ont été conservés montre que l'on utilisait des amandes comme ingrédient de base dans de nombreux plats de fête. [...] Jusqu'au XIXe siècle, de nombreux plats étaient agrémentés d'amandes, très populaires. On leur attribuait même des pouvoirs magiques et médicinaux. » Dans son ouvrage intitulé *Das süsse Basel*, Eugen A. Meier évoque un repas de mariage en 1771 lors duquel étaient servis des plateaux de desserts chargés de *« Küchlein, Toutelettlein, Pfersigstein von Mandeln, Mandelcränzlein* [...] ».

Pour les « noyaux de pêche », le confiseur produit sa propre pâte d'amandes. Il utilise des amandes mondées de première qualité, les moud grossièrement, ajoute du sirop de sucre et les épice.

Les amandes amères – ou de l'arôme d'amande amère – accentuent le goût typique, doux-amer, de la pâte; le bois de santal, la cannelle et le cacao affinent les saveurs et colorent la pâte en un marron plus ou moins rougeâtre selon les proportions. Les autres détails concernant les épices sont gardés secrets par les confiseurs. Finement râpée par un système de rouleaux, la masse est introduite et pressée à la main, avec une patience d'ange, dans des moules négatifs à l'aspect et à la taille de noyaux de pêche. Ces mêmes noyaux enrobés de chocolat constituent une délicieuse variante.

Une façon simple d'utiliser directement les véritables noyaux de pêche se trouve dans le recueil de recettes *So isst das Tessin!* de Maryton Guidicelli et Luigi Bosia (1979): «À Bissone, au bord du lac de Lugano, on raconte que les gens avaient l'habitude de jeter les noyaux par la fenêtre lorsqu'ils mangeaient des pêches. Mais ces noyaux n'étaient pas pour autant perdus: pendant des mois, ils restaient entre les pavés des vieilles ruelles, exposés aux intempéries, rincés. Les enfants allaient ensuite les ramasser et les brisaient à l'aide de pierres afin d'en extraire la précieuse amande. [...] Bien que cette dernière soit toxique [elle contient, tout comme les amandes de noyaux de cerises ou d'abricots ou les amandes amères, de l'amygdaline, substance qui libère de l'acide cyanhydrique lors de la digestion], la longue exposition à l'air avait probablement neutralisé la teneur en acide cyanhydrique. En tout cas, aucun effet indésirable n'a été constaté dans la population de Bissone.» Pour le *croccante di pesche*, on fait fondre 150 grammes de sucre dans une petite poêle; ajouter 150 grammes de noyaux de pêches, bien remuer pendant 2 minutes. Retirer du feu et placer sur une plaque huilée. Laisser refroidir et couper en morceaux.

La prudence et la retenue sont en tout cas de mise avec les amandes du genre *Prunus*. Voici ce qu'en dit un dictionnaire de toxicologie: «La dose létale est de 60 amandes amères pour les adultes et de 6 à 10 pour les enfants. Plus de 20 amandes d'abricots peuvent entraîner des intoxications sévères chez les adultes» (*Giftpflanzen – Pflanzengifte*); les amandes de pêches contiennent un peu moins d'amygdaline que celles d'abricots, les amandes douces seulement dans une faible mesure.

SUPPLÉMENT

Sublime et dangereux massepain

Il a probablement été inventé en Perse et fut servi aux occupantes des harems comme confiserie; au Moyen Âge, cette pâte d'amande sucrée a gagné l'Europe et atteint ses régions septentrionales via l'Espagne et l'Italie. Son nom remonte à l'italien marzapane. Dans le *New Kochbuch* de 1581, le premier manuel de cuisiniers, l'auteur Marx Rumpolt écrit ce qui suit: «Car celui qui sait bien faire le massepain, peut faire toutes sortes de choses imaginables par l'homme.» Avec des conséquences considérables: «Les cochons, saucisses et jambons en massepain qu'il a inventés sont encore préparés de nos jours» (*Das grosse Buch der Pasteten*, 1980).

L'abaissement du prix du sucre par la production industrielle, à partir du début du XIXe siècle, a également eu un effet sur le massepain qui, grâce à sa malléabilité, n'était pas seulement apprécié pour son goût. Comme pour tout ce qui fleure un peu trop la tentation et l'excès, le massepain a été montré du doigt. Ainsi, dans son traité intitulé *Geist der Kochkunst* (1822), Carl Friedrich von Rumohr déconseille vivement d'en manger, «car d'une part, la pâte d'amande ne plaît pas à tous, et d'autre part, elle est toujours très indigeste. Cela explique que ceux qui abusent de massepains et de tartes aux amandes voient leur dentition se gâter. Il arrive même qu'en certains lieux, l'abus de gâteaux aux amandes mette à mal de la manière la plus répréhensible les outils digestifs internes et externes de tous les membres d'une communauté. J'ai même entendu parler d'une femme morte d'une consommation excessive de massepains» (*L'Esprit de l'art culinaire*, éd. Klincksieck, 2016, traduction de Marie-Ange Maillet).

Voir aussi : Mandelfisch, page 411 ; Amaretti bianchi, page 625.

BOISSONS

Bündner Röteli

Liqueur aux cerises séchées et aux épices

Leur ressemblance est trop frappante pour être ignorée: le Röteli des Grisons et le Rosoli de Suisse centrale ont en effet presque la même consonance et ne diffèrent que par deux lettres et un tréma. Ces deux boissons sont des liqueurs, c'est-à-dire des spiritueux épicés et sucrés; toutes deux contiennent des cerises fraîches ou séchées comme élément déterminant de leur goût et de leur couleur, et l'une comme l'autre servent, ou du moins servaient, jadis, à se désinhiber lors du *chüderlen* et du *kilten*, c'est-à-dire lorsqu'un jeune homme faisait sa cour. Les origines du Rosoli sont italiennes, alors pourquoi le Röteli ne viendrait-il pas aussi de notre voisin transalpin? C'est évident, ne serait-ce que géographiquement, même si les preuves l'attestant manquent.

Le terme *Röteli* apparaît dans le volume VI de l'*Idiotikon*, publié en 1906, à la sixième place après les acceptions *Rötel*, «surnom d'une personne aux cheveux roux», *Röteli* «comme nom de petits oiseaux au plumage rouge» et pour l'omble chevalier, notamment dans le lac de Zoug (*Zuger Rötel*), Rötel comme primevère rouge et enfin pour l'hématite, «par exemple pour colorer les ustensiles en cuivre ou pour confectionner des bâtons de rouge à lèvres». Il apparaît dans une recette de l'*Historia animalum* (1563) de Conrad Gessner, utile dans toutes sortes de professions (médecin, coiffeur, cuisinier, peintre, entre autres), à la fois sous forme d'hématite et de primevère (*das kraut genannt rötte*); pulvérisée, celle-ci est mélangée à du saindoux d'ours pour en faire des emplâtres à appliquer sur les ulcères à la jambe! Peut-être qu'une bonne gorgée de Röteli aurait été plus profitable, mais à l'époque de Gessner, cette liqueur n'était apparemment pas encore connue.

Dans l'*Idiotikon*, la plus ancienne trace écrite connue, vieille de plus de cent ans, décrit le Röteli comme une «liqueur de couleur rouge préparée avec de l'eau-de-vie, de l'eau, du sucre, des cerises et des épices, bue surtout à Nouvel An, également lors des rendez-vous galants (*Kilten*)». On peut supposer que Röteli était déjà fabriqué bien avant. La distillation des jus fermentés en alcool a été découverte en Orient et est arrivée en Europe au Moyen Âge (cf. *Digression Aqua ardens, page 84*).

Pour le Bündner Röteli, on mélange des cerises séchées, du jus de cerise, du sucre et des épices comme la cannelle, des clous de girofle et de la vanille à une eau-de-vie neutre en goût titrant à 40° dans un récipient ou une cuve, selon une recette maison, et on laisse le tout infuser quelque temps dans un récipient hermétique; il faut remuer régulièrement. Grâce à la macération, c'est-à-dire l'extraction des pigments de la peau des cerises grâce à l'alcool, l'eau-de-vie devient toujours plus rouge. Les cerises sont mises dans le tonneau avec les noyaux, ceux-ci enrichissant l'arôme de notes d'amandes amères.

Autrefois, on séchait de petites cerises noires de montagne, mais en raison des remaniements parcellaires et de la pression exercée par la rationalisation de l'agriculture pour produire à moindre coût, on a cessé de cultiver des cerisiers ou les a arrachés. Aujourd'hui, on préfère importer des cerises noires séchées, par exemple de Turquie.

Le jus est extrait au bout de cinq mois et on se débarrasse des cerises. Ce jus contient environ 37 % d'alcool par volume et est dilué à 22 %, filtré et embouteillé. Il existe des versions plus fortes titrant à 40°. En général, une liqueur comme le Röteli est prédestinée aux variations et aux expériences; on peut en concocter chez soi et l'épicer à sa guise. Il fut un temps où les fruits secs et l'eau-de-vie faisaient partie de l'équipement de base d'un ménage paysan.

Traditionnellement, on boit du Röteli à la Saint-Sylvestre et le jour de l'An. La liqueur servait jadis de «marieuse», en quelque sorte, lorsque, une fois que les cloches de l'église avaient sonné, la nuit du Nouvel An, les garçons allaient de ferme en ferme, tentaient de connaître les sentiments des filles à leur égard et étaient récompensés par chaque famille pour leur visite avec du Röteli. Plus l'alcool échauffait l'esprit des garçons, plus les chances des filles augmentaient, de verre en verre – ce soir-là, même les moins fortunées et les moins gracieuses avaient toutes leurs chances...

Au XXIe siècle, le Röteli ne titille plus guère l'envie de convoler, mais il peut guérir un temps le mal du pays de nombreux Grisons «exilés» dans quelque autre canton suisse et est très apprécié comme *shot* dans le café et les cocktails des cabanes de ski.

Voir aussi: Kräuterschnaps, page 350; Rosoli, page 384; Zuger Kirsch et Rigi Kirsch, page 393; Ratafiá, nocino, page 638.

Iva

Liqueur à base de fleurs d'achillée musquée

Iva, le nom rhéto-romanche de l'achillée musquée (*Achillea erba-rotta* subsp. *moschata*), couvre presque tout le tiers inférieur de la Suisse entre l'est du lac Léman et Samnaun sur la petite carte de *Flora Helvetica*. Le parent de l'achillée millefeuille (*Achillea millefolium*) est considéré comme «très aromatique» (*Flora Helvetica*) et est principalement originaire des Alpes orientales; l'achillée musquée, également appelée *Gratreifeni* (Valais) ou *Wildfräuleinkraut* («herbe de la demoiselle sauvage»), pousse entre 1700 et 3200 mètres d'altitude; près de Bolzano dans le Haut-Adige, même jusqu'à la très basse altitude de 280 mètres (Gustav Hegi, *Alpenflora*). Au Tessin, où l'on fabrique *il liquore d'iva*, l'herbe est appelée *millefoglio del granito*.

Flora Helvetica recense 14 espèces d'achillée musquée. L'achillée millefeuille est probablement l'une des plus anciennes plantes médicinales connues. Dans les années 1950, l'archéologue américain Ralph Solecki a découvert les tombes de sept

Néandertaliens dans la grotte de Shanidar, au nord de l'Irak; dans des prélèvements de terre, des botanistes spécialisés ont identifié le pollen de 28 genres de plantes, dont l'achillée. Apparemment, il y a quelque 50 000 ans, on préparait aux défunts une couche moelleuse et odoriférante constituée de brindilles, de fleurs et de plantes.

L'achillée doit son nom botanique à la mythologie grecque. Achille, que sa mère Thétis plongea, alors qu'il était tout petit, dans les eaux magiques du Styx et dont seul le talon est resté vulnérable parce que sa mère devait le retenir quelque part, aurait appris du centaure Chiron que les blessures sanglantes peuvent être soignées avec les feuilles soyeuses de l'achillée. Les druides celtes auraient utilisé celle-ci pour faire des prévisions météorologiques. Mais la renommée durable de l'achillée dans les îles britanniques «est venue des champs de bataille», écrit Miranda Seymour dans *A Brief History of Thyme* (2002), «et c'est de là que viennent les noms *soldier's woundwort* [herbe aux soldats] et *Herba militaris*». Pendant l'Antiquité et le Moyen Âge, on considérait que l'achillée pouvait être l'une des espèces présumées de l'ambroisie, la mystérieuse nourriture des dieux (si l'on assemble toutes les plantes mentionnées, les dieux devaient se nourrir d'une exquise salade d'herbes).

La taille et le contenu des achillées varient considérablement en fonction du sol et du climat. L'achillée à grandes feuilles atteint une hauteur comprise entre 40 centimètres et un mètre, l'achillée millefeuille commune entre 15 et 60 centimètres. Plus l'habitat est élevé, plus le cycle de végétation est court. *Iva*, l'achillée musquée, a tendance à rester près du sol et ne dépasse guère les 20 à 25 centimètres.

Dans sa célèbre *Alpenflora*, Gustav Hegi (1876-1932) qualifie *Achillea moschata* de «Schuttwanderer» (voyageur entre les décombres) et précise: «Cueillie au moment de la floraison et soigneusement séchée, cette herbe agréablement aromatique au goût puissant et épicé est utilisée depuis longtemps en usage interne comme fortifiant pour l'estomac et sudorifique en cas de crampes, de diarrhées ou de perte d'appétit, et en usage externe pour guérir les blessures. Des amers (Ivabitter et Malojabitter) et de la liqueur Iva sont fabriqués à partir de la plante *iva* et d'autres herbes aromatiques des Alpes.»

En 1782, dans l'hebdomadaire d'utilité publique *Wochenzeitschrift für Graubünden*, le pasteur Gujan remarque à propos de l'*iva* qu'«en Engadine, on prépare depuis de nombreuses années une liqueur vivifiante et agréable à partir de cette plante». Dans *Gemälde der Schweiz. Der Kanton Graubünden* (1838), l'«eau-de-vie d'*iva* distillée dans le pays» est qualifiée de boisson typique et traditionnelle des Grisons. Lors de l'Exposition nationale de 1887 à Zurich, on affirmait avec optimisme: «Outre l'absinthe, que nous devons considérer comme la fondatrice de la production de liqueurs en Europe, une autre excellente herbe pousse sur nos montagnes, longtemps cachée, inaperçue, mais possédant aussi de nobles qualités, dignes de lui donner une réputation mondiale. L'*iva* [...], à laquelle on peut prophétiser un brillant avenir, si les fabricants procèdent comme il faut.»

L'achillée musquée est connue depuis fort longtemps comme plante médicinale. Qu'elle soit infusée sous forme de thé, distillée pour en faire de l'eau-de-vie ou adoucie avec de l'eau sucrée pour fabriquer de la liqueur, l'Iva, comme tant d'autres potions médicinales, était à l'origine préparée pour un usage domestique. Des pharmaciens ont professionnalisé les procédés de fabrication au XIXe siècle.

Une fois par an, le producteur visité reçoit quatre à cinq kilos de fleurs d'*iva* fraîches du Val Müstair. Il trempe les fleurs dans un seau contenant un alcool à 96° au goût aussi neutre que possible. Après quelques heures, il presse cette masse ressemblant à une bouillie; le liquide vert et très amer qui en résulte est dilué avec de l'eau et du sirop de sucre jusqu'à obtention du goût, de la teneur en alcool et de la consistance désirés. La liqueur trouble est filtrée et le produit final, qui a la couleur d'un vin blanc, est stocké dans un réservoir et embouteillé au besoin.

Des recettes privées ajoutent des fleurs d'*iva* fraîches ou séchées à de l'eau-de-vie ou de l'aquavit et filtrent le mélange dans un sirop de sucre après macération. Dans *Ticino a tavola*, pour faire de la *liquore d'iva*, on prescrit d'ajouter 50 grammes de fleurs et de feuilles d'*iva* fraîches à un demi-litre d'alcool à 95° et de «laisser infuser pendant au moins 10 jours (si possible au soleil)». Il faut encore ajouter 2 dl d'alcool et filtrer; séparément, faire bouillir 500 grammes de sucre dans un demi-litre d'eau pendant dix minutes, refroidir et mélanger avec l'alcool d'*iva*.

SUPPLÉMENT

De l'achillée dans le sérac

L'*iva moschata* était également utilisée lors de la fabrication du sérac, comme le relate en 1780 le pasteur Johann Baptista Catani après un voyage qu'il fit en Basse-Engadine: «Le sérac, qui est toujours aussi poussiéreux au fond du chaudron, s'obtient en chauffant fortement le petit-lait qui reste de la fabrication du fromage et en y incorporant un peu de lait, comme je l'ai dit, simplement par chauffage et sans acide; de là, on l'écume soigneusement à l'aide d'une étroite écumoire, le suspend dans un sac jusqu'à ce que tout le jus soit égoutté, le leste de pierres, puis le retire de là, bien pilé, mélangé avec des herbes, même avec l'*iva moschata*, qui de ce fait est appelée *Ziegerkraut* [herbe à sérac] en Basse-Engadine et y pousse souvent, ou avec des épices, selon l'ordre du paysan, aussi avec les deux à la fois et beaucoup de sel ajouté par le berger, puis pressé sur une assiette. Ce sérac doit être consommé peu après, et son processus est achevé» (Observations faites lors d'un voyage effectué en compagnie de M. le pasteur Pol à travers les montagnes de Montafun jusqu'à celles de Fermunt, en juillet 1780, publiées par M. le pasteur Catani dans *Der Sammler. Eine gemeinnützige Wochenschrift für Bünden. Fünftes Stück*, 1781).
Il existe une affinité indéniable, quoiqu'un peu approximative, entre ce sérac à l'achillée et le schabziger glaronais.

Voir aussi: Eau-de-vie de gentiane, page 85; Génépi, page 496.

24

GRISONS ITALIENS (*GRIGIONI ITALIANO*)

Au pays des tueurs de faim

Difficile de trouver un terme plus approprié pour désigner la nourriture que *mazzafám*, « tueur de faim ». Par opposition, la haute cuisine réservée à l'élite apparaît comme une insulte adressée à tous ceux qui se démènent leur vie durant pour nourrir leur famille. Concocter un repas riche avec peu d'ingrédients exige à la fois de l'imagination et des connaissances. À l'époque où les infrastructures étaient rudimentaires et les rapports de domination rigoureux, que pouvaient faire d'autre les familles pauvres que d'aller dans les champs, les forêts et les prés y chercher des aliments ? Il ne s'agit pas de dire du mal de la haute cuisine, bien au contraire, elle s'inspire de celle des humbles : sans miséreux, sans crève-la-faim, pas de grands chefs.

« Les produits du terroir et surtout l'ingéniosité des femmes ont ainsi donné naissance à une tradition culinaire autonome, saine et savoureuse », écrit Marco Tognola du Val Mesolcina dans *I mazzafám*, un livre qui raconte l'histoire des mœurs alimentaires dans les vallées méridionales des Grisons. « Tout petit déjà, j'étais impressionné par le fait que les habitants du Val Poschiavo mangeaient des orties, que dans le Val Mesolcina, on appréciait le fameux *mazzafám* ou que dans le Val Bergaglia, il n'y avait pas seulement un village appelé Castasegna, mais aussi qu'on s'y nourrissait abondamment de châtaignes », se souvient Gianni Bertossa, habitant du Val Mesolcina et éditeur du livre.

Mazzafám est donc aussi le nom d'un plat. Dans le Val Calanca, on découpe ou râpe des pommes de terre cuites, les mélange avec une pâte à base de farine de blé et de maïs, d'eau et de sel, et fait revenir le tout dans du beurre. Pour la variante du Val Mesolcina, on fait griller des pommes de terre cuites avec des morceaux de polenta et saupoudre ces féculents de fromage râpé.

Si la composition est simple, l'histoire des deux composants importants du plat, la pomme de terre et le maïs, est complexe. Originaires du Nouveau Monde, ils doivent leur existence à la recherche de ce qui parachevait autrefois les repas les plus raffinés, le poivre, et sont passés du statut de sous-produit des voyages d'exploration à celui de facteur nutritionnel répandu dans le monde entier. C'est beaucoup moins la recherche d'épices coûteuses que celle de nourriture, tout simplement, qui a marqué l'histoire des quatre vallées de Grisons italiens : d'est en ouest, le Val Poschiavo, le Val Bregaglia, le Val Mesolcina et, parallèle à celui-ci, le Val Calanca.

Leur situation à la limite nord du sud, entre les dernières petites plaines et les premiers sommets alpins, a contraint les habitants de ces vallées, jusqu'après la Seconde Guerre mondiale, à consacrer toute leur énergie à trouver de quoi faire bouillir la marmite. À cet égard, les liens sociaux et politiques établis de longue date avec leurs proches voisins, la Valteline et le Tessin, et avec la plus lointaine Lombardie furent précieux.

Du point de vue du nord des Alpes, le nord du sud signifie le sud de la Suisse, le versant sud des Alpes, qui ont toujours droit à leurs propres prévisions météorologiques. D'en haut, on se précipite vers le pays où fleurissent les citronniers, en passant par les lacets du col du San Bernardino et de la Maloja ou par celui de la Bernina, l'un des plus hauts cols de Suisse, à 2328 mètres d'altitude. Vue d'en bas, l'ascension effraie davantage qu'elle ne séduit.

Les vallées se sont développées en tant qu'unités réduites mais compactes, se sont déchirées sur des questions de foi, puis se sont retrouvées autour du fourneau, ne se distinguant que par des nuances dans les recettes traditionnelles. La séparation des territoires de la Valteline, de Chiavenna et de Bormio des possessions des Trois Ligues (ou Ligues rhétiques) en 1797 par Napoléon a durablement affaibli la fragile économie du Val Poschiavo et du Val Bregaglia. Tout comme le Tessin, les quatre vallées sont liées par un point commun fatal : l'obligation d'émigrer.

Ceux qui sont restés se sont acharnés, mais ont aussi su s'en sortir par la ruse et les relations de bon voisinage. Une contrebande florissante se développait en fonction du montant des droits de douane exigés. Les cigarettes étant plus chères en Italie qu'en Suisse, des hommes et des femmes (au musée de Brusio, on peut voir des pièces de linge astucieusement pourvues de poches secrètes) passaient la frontière avec d'énormes quantités de cigarettes sur eux, et parfois aussi avec du café, qui était livré depuis le port de Bâle directement au Val Poschiavo, où il était torréfié, emballé et transporté par-delà la frontière selon les goûts des clients italiens. À la grande époque de ce trafic, 13 torréfacteurs étaient actifs dans le Val Poschiavo, et près de 50 du côté italien, ces derniers se chargeant du camouflage, du mélange des variétés et du conditionnement dans des emballages commercialisables.

Ce chapitre sur les Grisons italophones présente assez peu de produits du patrimoine culinaire suisse. Cela n'est pas dû à un manque, mais à des chevauchements géographiques et à des liens historiques. L'exiguïté d'une vallée, dans laquelle une « société fermée » fabrique des produits particuliers et exclusifs, se révèle parfois un atout : le *furmagin da cion* dans le Val Poschiavo, le *mascarplin* dans le Val Bergaglia. La *coppa*, en revanche, est répandue dans tout le nord de l'Italie et au Tessin, comme le fameux *prosciutto crudo*, qui apparaît toutefois dans sa version *alla Mesolcina* comme une spécialité originale. Le sarrasin ou *grano saraceno*, également appelé *farina nera*, et les *pizzoccheri* qui lui sont associés sont les plus étroitement associés aux vallées du sud, en particulier au Val Poschiavo. Mais eux aussi y ont été introduits depuis la Valteline.

Ainsi, les similitudes culinaires rappellent des époques très anciennes et démontrent que l'amour immuable passe effectivement par l'estomac – qu'on songe seulement au vin de la Valteline : les raisins dont il est issu poussent d'un côté de la frontière et sont vinifiés de l'autre.

Dans les vapeurs du nebbiolo lombard, on oublie facilement que les Grisons sont le seul canton où l'on cultive du vin des deux côtés de la barrière alpine. Au nord, à Coire et dans les villages voisins, le long de la vallée du Rhin jusqu'à la frontière cantonale, à l'extrémité de la Bündner Herrschaft ou Seigneurie grisonne ; et au sud, dans la partie inférieure du Val Mesolcina, de Cama à Monticello, le village le plus méridional de la vallée, mais aussi sur quelques ares dans le Val Poschiavo.

Coppa

Échine de porc crue séchée

La *coppa* est aussi courante dans les vallées méridionales des Grisons qu'au Tessin et en Italie du Nord ; l'échine (partie supérieure du cou) de porc séchée et persillée est également bien connue sur le versant nord des Alpes. On fume à l'occasion de la *coppa* dans les Grisons et le canton de Berne.

Il existe un diminutif de *coppa*, *coppino*, qui selon le *Dizionario italiano* désigne l'arrière de la tête ou la nuque. Le *Vocabolario dei dialetti della Svizzera italiana* ajoute de son côté : « La viande du cou du porc, [...] nous l'appelons *coppa* ou *bondiöla*. » Dans une description de Roveredo, dans le Val Mesolcina inférieur, la *bondiöla* est « la viande séchée du cou du porc après l'avoir trempée pendant un certain temps dans un pot en argile avec de la saumure et ensuite introduite dans la vessie de l'animal ». En Italie, on produit de la *Coppa Piacentina DOP*, connue sous ce nom depuis 1800 et appelée également *bondiöla* ou *capocollo* (mot signifiant échine, laquelle est située entre la tête (*capo*) et le cou (*collo*)) ; en Émilie-Romagne, on vous proposera de la *coppa di Zibello*.

La *coppa* est salée à sec ou saumurée, puis on en embosse une vessie de porc ou un boyau de bœuf. Un manuel pour les apprentis charcutiers publié à Lugano en 1933 conseille de laisser la *coppa* dans la saumure jusqu'à ce que la viande soit complètement imbibée. Ensuite, il faut la sécher, la disposer dans de l'intestin grêle de bœuf, ficeler le tout et poursuivre la dessiccation au four. Traditionnellement, la viande est nouée à la main avec de la ficelle. Il ne doit pas y avoir d'interstices ou de trous entre le boyau (l'enveloppe) et la viande ; éviter les contacts avec l'air ainsi que l'oxydation, sinon la viande deviendra aigre et se gâtera. Des techniques de ficelage éprouvées empêchent la viande de glisser vers le bas.

La *coppa* est un produit typique de la *mazza*, le bouchoyage à domicile. Seuls quelques particuliers maintiennent encore cette tradition et élèvent un ou deux porcs pour leur propre usage. Aujourd'hui, ce sont principalement des exploitations commerciales qui produisent des *coppe*.

Frotter l'échine de porc avec un mélange de sel, de nitrate, de sucre et d'épices telles que du poivre, de l'ail et des baies de genièvre ; le vin rouge à la place du nitrate permet un traitement plus fin et plus sain. Laisser mariner pendant deux bonnes semaines à 6-7 °C et 80 % d'humidité relative ; retourner et masser deux fois par semaine pour que la marinade pénètre bien et que la viande ne durcisse pas. Laver, puis envelopper avec du boyau. Laisser sécher pendant une semaine à une température de 20 à 25 °C et à une humidité comprise entre 65 et 85 %. Pendant cette phase, une fine couche de levures et des moisissures blanchâtres se forme à la surface, signe d'une bonne maturation.

La forme originelle de la *coppa* est cylindrique. On peut aussi la presser pendant une journée de sorte qu'elle devienne carrée, cela permet d'extraire une partie du liquide et de mieux répartir le reste dans la viande. Laisser maturer pendant six à douze semaines à 12-13 °C et à environ 70 % d'humidité relative. Il faut six mois à la *Coppa Piacentina DOP* pour atteindre sa pleine maturité.

Au final, la *coppa* aura perdu 35 à 40 % de son poids frais. Les *coppe* suisses sont généralement plus maigres que les italiennes, simplement parce que les porcs italiens fournissent davantage de matières grasses. En Suisse, la viande fraîche est plus importante que les saucisses, en Italie c'est l'inverse. L'échine de porc est utilisée fraîche en tant que steak, rôti ou pour les cordons bleus.

La *coppa* est indispensable sur un plateau d'*affettato misto*, cette pièce de résistance présentant toute la *salumeria* régionale, du *lardo* au *salame*, de la *carne secca* à la *mortadella ;* pour l'apéritif, le quatre-heures et le souper.

Voir aussi : Jambon cru du Valais, page 466 ; Bündner Rohschinken, page 547.

Furmagin da cion

Pâté à la viande rustique, à base de porc et de foie

Le *furmagin da cion* est une sorte de combinaison de pain de viande et de fromage d'Italie, un rustique pâté à la viande. Dans le dialecte du Val Poschiavo, on appelle le porc «*il cion*» et *furmagin* signifie petit fromage et non pâté. On lui donnait jadis une forme de tarte ronde et le cuisait au four. «On mangeait le *furmagin* pendant la *mazziglia*», les cochonnailles, raconte le boucher visité à Li Curt, l'épicentre du *furmagin*.

Autrefois, chaque famille fabriquait du pâté selon une recette maison, mais aujourd'hui, les boucheries se comptent sur les doigts d'une main. La *macelleria* du village de Li Curt, *prima inter pares* dans la région, se met en quatre pour ce produit. La recette a été transmise à notre boucher par son père, qui l'a lui-même obtenue dans les années 1970 d'un vieil homme qui affirmait alors que le *furmagin* existait «certainement depuis cent ans». Il y avait un *furmagin* par porc et pas davantage, on rassemblait et découpait les tout derniers restes, les assaisonnait et mettait le tout dans une terrine qui passait au four.

Aujourd'hui, le *furmagin* n'est plus de l'utilisation de restes mais une recette nuancée. Le boucher, toujours: «On mélange la viande du cou du porc, du quartier avant et le lard de poitrine avec un peu de graisse et de foie de porc. Les différentes parties sont hachées, puis on ajoute des oignons, de l'ail, du bouillon de viande, du vin blanc et de la marjolaine – cette herbe donne au pâté son goût caractéristique.» Mélanger les ingrédients, rendre la masse homogène et façonner une petite miche (400 grammes, environ 20 centimètres de long), envelopper avec de la crépine de porc, placer dans un moule à cake et faire cuire pendant 40 minutes à 180-200 °C. «La crépine est très grasse, sous l'effet de la chaleur, il se forme une sorte de film extérieur qui enrobe le pâté.»

Le *furmagin da cion* a une saveur distincte, assez goûteuse, une consistance tendre et légèrement crémeuse grâce à la graisse et au foie, et se mange aussi bien chaud que froid;

Slow Food Suisse l'a accueilli dans sa famille de Presidi, les produits qu'elle s'efforce de promouvoir.

Grâce au *furmagin da cion*, le Val Poschiavo dispose de tout ce qu'il faut pour préparer un excellent *affettato misto* avec sa *mortadella*, qui se distingue de la *mortadella di fegato* tessinoise en forme de U principalement par sa forme allongée, sa viande séchée (*slinzighe* ou *slinziga*) et ses *misolti*, de moelleux *salametti*. Tout cela accompagné de *brasciadèla* et d'un vin racé de la Valteline.

Slinziga et *slinzighe* sont des termes dialectaux désignant la viande séchée de bœuf, de cheval et de gibier comme le sanglier, le chamois ou le cerf. La forme naturelle des morceaux, qui ne sont ni coupés particulièrement gros ni pressés, est remarquable. La salaison (*salagione*) dure environ 15 jours. À la cave, une moisissure blanche typique mûrit à la surface, donnant à la *slinziga* sa saveur unique (notamment parce que les morceaux sont de taille modeste); il vaut mieux découper manuellement cette viande séchée, comparable au *tigets* uranais.

Voir aussi: Atriaux, page 69; Fromage d'Italie/Fleischkäse, page 338; Viande séchée du Valais, page 474; Tigets, page 507; Viande des Grisons, page 554; Mortadella di fegato, page 606.

Prosciutto crudo della Mesolcina

Jambon cru légèrement fumé du Val Mesolcina

Le mot *prosciutto* vient du latin médiéval *perexuctus*, «asséché». Les cuisses de porc cru sont suspendues à l'air ou dans un fumoir au moins depuis l'Antiquité, et le principe est toujours le même. Les jambons crus diffèrent selon la race et l'alimentation des animaux, selon les climats régionaux et des détails lors de la transformation. Le cochon, qui n'a jamais été élevé en masse dans l'arc alpin, a été mis à l'honneur par un proverbe du Val Mesolcina: «*El porscéll che l'è insci brutt, el da lard, salám e presutt*», le cochon qui est si laid donne du lard, du salami et du jambon.

Le *prosciutto crudo della Mesolcina* se caractérise par l'ajout d'ail et un léger goût fumé. Le fumage est une méthode de conservation communément utilisée dans les régions assez humides; il ne serait pas nécessaire dans le Val Mesolcina supérieur, plus sec. C'est vraisemblablement la fumée qui est venue au jambon et non le contraire, car dans les anciennes maisons, la fumée de la cuisine se faufilait par tous les trous et fissures et imprégnait l'ensemble des murs, chaque produit, objet ou habitant, de la souris à l'homme. C'était inévitable, alors on contrôlait les circonstances; le bois de genévrier donnait la meilleure fumée. Dans le Val Mesolcina, la *pancetta*, la *carne secca* et les autres produits de la *mazza*, du bouchoyage à domicile, étaient souvent fumés, ce qui n'est pas courant dans les autres régions italophones.

Deux fresques parmi les douze représentant les mois de l'année, dans l'église de Santa Maria del Castello, près de Mesocco, témoignent de la *mazza* de 1469, date à laquelle elles ont été peintes: dans celle de novembre, un homme muni d'un grand couteau ouvre le ventre d'un cochon; dans le motif de janvier, suspendus à une perche au-dessus d'un homme à côté du foyer de la cuisine, des saucisses et des morceaux de viande ressemblent à de la *carne secca* et du *prosciutto*.

Selon les recherches de l'historien Cesare Santi dans les archives du Moesano, c'est-à-dire du district de la Moesa (il porte ce nom depuis 1851, qui est aussi celui de la rivière traversant le Val Mesolcina), la présence de jambon cru est attestée dans cette région depuis le Moyen Âge. Des jambons du Val Mesolcina sont aussi mentionnés dans les Archives de la ville de Lugano en 1879.

Autrefois, la patte arrière de dix à douze kilos restait toujours sur l'os. Cela affinait le goût du futur jambon, et l'os servait de poignée. Lorsqu'il n'y avait pas de réfrigérateurs, les pièces étaient attachées à l'os et suspendues aux façades des maisons pour les faire sécher. On produisait les jambons en hiver car le froid empêchait toute infestation d'insectes. Aujourd'hui, cette production se fait toute l'année dans des conditions appropriées, généralement sans os.

Jusque dans les années 1960, les jambons étaient placés dans de la saumure (*méira*), dans une caisse en bois carrée, la *panéira*, rétrécie au fond comme un entonnoir carré ; pendant la *mazza*, on y retirait les soies des cochons à l'eau chaude. Pour des raisons d'hygiène, ces caisses ont été désormais remplacées par des récipients en plastique ou en acier chromé.

Au XXIe siècle, l'élevage porcin local ne couvre pas la demande ; pour le jambon cru, on a aussi recours à des truies des régions voisines ou de la « Svizzera interna », c'est-à-dire de Suisse alémanique. Enlever l'os, puis découper la cuisse en deux parties, la plus grande étant le *fiocco* et la plus petite la *noce*, qui est moins grasse. Il faut les masser avec du sel et du poivre noir de préférence fraîchement moulu, puis les disposer dans des baquets en plastique et les laisser reposer à 4-5 °C. Le deuxième ou le troisième jour, ajouter le mélange d'ail et de vin ; pour ce faire, on écrase les gousses d'*Allium sativum* dans un mortier en bois, les trempe dans du vin, et verse ce liquide à travers un linge sur les jambons en les badigeonnant uniformément. Pendant trois semaines, les pièces sont retournées tous les deux jours pour qu'elles restent humides sur toute leur surface. Ensuite, une machine les enveloppe d'un boyau artificiel ; ceux qui ne veulent pas s'offrir cet appareil coûteux recouvrent les jambons d'un bas en nylon. C'est moins parfait, mais cela les protège quand même des attaques de mouches.

Les jambons restent une semaine dans le fumoir ; le feu est allumé deux ou trois fois. Le séchage se poursuit encore deux à trois semaines dans une pièce à 12 °C et 80 à 85 % d'humidité relative. À la surface se forme une couche de moisissure blanche, tout à fait souhaitable et bénéfique puisqu'elle rehausse le goût. Vers la fin du processus, ils sont pressés pendant une quinzaine de jours. On les laisse encore s'affiner pendant quelques semaines avant de les commercialiser.

Avant l'invention de la trancheuse, le *capofamiglia*, généralement le père, coupait le jambon avec un grand couteau. Les tranches étaient plus épaisses qu'aujourd'hui, comparables à celles du *Jamón Pata Negra* ibérique. De nos jours, le *prosciutto crudo della Mesolcina* se déguste en fines tranches, comme les autres jambons crus ; à l'apéritif avec de *l'affettato misto*, du fromage et du pain, à la maison ou au grotto. Le jambon cru avec du melon ou des asperges blanches est un classique. Comparé à ses célèbres cousins italiens, le *prosciutto di San Daniele* et celui de Parme, le *prosciutto crudo della Mesolcina* se distingue nettement parce qu'il n'est pas un produit de masse et qu'il a conservé une certaine imprévisibilité – tant qu'il est salé et séché par les bouchers selon des recettes maison, il préserve l'esprit du terroir, et tant pis si certains ne l'apprécient pas autant que d'autres.

PRODUITS LAITIERS

Mascarplin

Ricotta au lait de chèvre du Val Bergaglia

Le *mascarplin* est un « fromage de ménagère » dont la fabrication ne demande que peu d'efforts. D'un volume modeste, on peut soit le consommer rapidement, soit le conserver pendant un certain temps. Pour faire de tels fromages, le lait de quelques animaux suffit.

Ces fromages existent depuis fort longtemps. La méthode de fabrication est probablement l'une des plus anciennes et donc tout sauf exclusive. Il suffisait d'attendre que le lait caille sans intervention humaine, de pêcher quelques flocons dans l'écuelle avec ses doigts, de les goûter et d'imiter le processus. Columelle et d'autres auteurs romains ont mentionné le fromage de chèvre et « d'après les sources écrites, on [en] fabriquait dans les Alpes depuis le Moyen Âge classique » (*DHS*). Ce qui rend ces fromages spéciaux, c'est leur terroir d'origine, les liens profonds qui existent entre eux et le paysage, le climat, les animaux et l'artisanat.

Les termes *mascarplin*, *mascarpel* et *mascarpa* ont été empruntés au « lombard *mascarpa*, *maschèrpa* "ricotta", posch. *mascarpa* "sérac" » (*Dicziunari Rumantsch Grischun*), de sorte que le fromage pourrait également provenir de là – en tout cas, des fromages de chèvre comparables sont fabriqués dans les régions alpines de la Lombardie ainsi qu'au Tessin.

Le *mascarplin* est essentiellement originaire du Val Bergaglia (*mascarpel* dans la moitié supérieure de la vallée, « Sopraporta », *mascarplin* dans la moitié inférieure, « Sottoporta ») et de la Haute-Engadine (*mascarpin*). Il s'agit d'une espèce de *ricotta* fabriquée à partir de lait entier ; c'est un sérac conservable, un type de fromage aigre mais sans aigreur en bouche.

Le lait est chauffé à 90 °C, juste en dessous du point d'ébullition, puis on ajoute de la *mestra* (*majestra*), du sérum acide, mais sans présure – d'où le type de fromage aigre. Le lait caille, les particules solides se séparent du liquide. Le fromage frais flotte à la surface, il suffit de l'écumer et de le mettre dans des moules ronds d'une dizaine de centimètres de diamètre, voire davantage. Presser légèrement et mettre de côté, laisser infuser et après quelques heures (ou plus), retirer, saler et laisser reposer dans un endroit à l'abri des mouches. Le sel pénètre et extrait le petit-lait (*scharun*, *scotga*, *siera*) de la masse. Le *mascarplin* est désormais prêt à consommer, mais il est préférable d'attendre un peu – quelques jours, deux à trois semaines – jusqu'à ce que la moisissure ait recouvert la surface d'une fine couche grise (après avoir été bleue, puis verte).

Outre la technique de fabrication du fromage, la qualité du lait est bien sûr déterminante, et particulièrement dans le cas des chèvres, l'alimentation a une forte incidence. Ces dernières sont sélectives, elles apprécient les herbes et les graminées des Alpes ainsi que les chardons et les genévriers, et elles sont également frugales. Mais tout a ses limites : même les chèvres ont des exigences, surtout en hiver, comme le montre un proverbe tessinois : « Si l'on nourrit les chèvres avec de la paille, elles donnent du lait qui ne vaut pas grand-chose ; si on les nourrit avec des feuilles, elles donnent du lait quand il leur plaît ; si on les nourrit avec du foin, elles donnent le meilleur d'elles-mêmes » (*Schweizer Ziegen*).

Le *mascarplin* est un produit saisonnier qui dépend de la lactation des chèvres, dont la durée est comprise entre 180 et 220 jours. De Pâques, quand a lieu le marché aux chèvres, à l'automne, où l'on quitte l'alpage, permettant aux chèvres de se reposer afin qu'elles donnent naissance à de beaux chevreaux au début de l'année.

Les fromages au pur lait de chèvre sont assez acides et ont tendance à devenir plus fermes, plus durs et plus friables en vieillissant. Si on les laisse maturer plus de quatre semaines, leurs saveurs deviennent si intenses qu'elles déplairont aux palais les plus sensibles.

Le *mascarplin* fera bonne figure sur un plateau de fromage, dans une salade ou dans un sandwich ; on peut également le faire gratiner. Les fromages mûrs se marient bien avec du miel et du vin rouge.

Slow Food Suisse a adopté le *mascarplin* dans sa famille de Presidi.

SUPPLÉMENT

Le fromage de chèvre très particulier de la baronne

Le savant zurichois Johann Jakob Scheuchzer (1672-1733), qui s'intéressa à l'histoire naturelle de son pays, rapporte ceci dans sa *Natur-Geschichte des Schweizerlandes, samt seinen Reisen über die Schweizerischen Gebürge* (1706-1708) : « À Fürstenau, nous avons présenté nos respects à la très-noble baronne de Schauenstein, qui nous a montré un fromage de chèvre, transformé depuis quelques années déjà en bouillie après avoir mariné avec du vin épicé aux clous de girofle, et d'un goût tout à fait excellent pour les amateurs de tels mets. »

Voir aussi : Sérac, page 228 ; Büscíón, page 613 ; Ricotta, mascarpa, page 617 ; Zincarlín, page 619.

CÉRÉALES

Grano saraceno

Farine grise de sarrasin

C'est une renouée et non une céréale – mais d'une nature telle que le sarrasin, *grano saraceno*, peut remplacer les céréales là où elles se refusent à pousser. Dans les steppes de Sibérie, dans les montagnes du Japon, en Chine, en Europe du Nord, en Angleterre, en Bretagne, dans les Alpes et dans l'Himalaya, où la forme sauvage *Fagopyrum dibotrys* a été identifiée. Un bref aperçu des dénominations de cette plante frugale au cycle de végétation court suffit pour comprendre qu'on a affaire à une plante qui prospère sur presque toute la planète.

Les Japonais raffolent de *soba*, des pâtes à la farine de sarrasin, les habitants du Val Poschiavo et de la Valteline de leurs *pizzoccheri* ; les Bretons adorent les galettes au sarrasin, comme les Russes leurs blinis, garnis de crème aigre et de caviar. Dans le Massif central, « les jambons des environs d'Aurillac sont recouverts [de farine de sarrasin], ce qui leur donne une saveur particulière » (*Larousse gastronomique*).

Il n'y a pas de mot en latin pour le sarrasin ; apparemment, la plante n'était pas familière aux Romains. Le terme allemand *Buchweizen* (comme l'anglais *buckwheat*) est composé de *Buch(ecker)* (faîne) et de *Weizen* (céréales) : la forme du fruit triangulaire du sarrasin commun (*Fagopyrum esculentum Moench*) ainsi que du sarrasin de Tartarie (*F. tataricum*) ressemble aux faînes, les fruits – ou plus précisément les akènes – du hêtre, et du fait que le sarrasin est facile à moudre, il a été promu au rang de céréale panifiable ; botaniquement, il est toutefois apparenté à l'oseille et à la rhubarbe et se définit donc au mieux comme une pseudo-céréale.

Le nom *grano saraceno*, comme celui de *trigo sarraceno* (espagnol, portugais), s'explique non pas par la nature de la plante, mais par son origine : une hypothèse désigne les Mongols d'Asie centrale comme les diffuseurs du sarrasin, et selon l'autre, ce seraient des Sarrasins qui l'auraient apporté d'Orient en Occident. Les deux hypothèses sont probablement valables ; au Moyen Âge, il s'est sans doute répandu simultanément à partir du nord-est et du sud-est. « Pour le Français de l'époque, l'Orient n'était qu'une vaste Turquerie », écrit Maguelonne Toussaint-Samat dans son *Histoire naturelle et morale de la nourriture*, et c'est ainsi que le sarrasin a été nommé d'après les peuples de confession musulmane (on l'appelait aussi « blé noir »), car tout ce qui venait d'Orient était qualifié de « sarrasin ».

Les Sarrasins ne sont en effet pas à proprement parler un peuple, mais un terme générique qui s'est imposé au cours du premier millénaire pour désigner des peuples islamiques et des tribus nomades entre le Levant et l'Arabie, qui suscitaient en Europe plus de crainte que de sympathie – n'étant pas chrétiens, ils passaient pour païens. Dans le sud de l'Allemagne, le sarrasin était aussi appelé « Heidenkorn » (grain des païens), à Eppan dans le Tyrol du Sud « haidnischwaiczen », selon une mention dans le *Gesamturbar* (registre général) tyrolien de 1406. Ou était-ce à cause de sa couleur hâlée rappelant celle des Orientaux ? C'est ce que les auteurs de l'*Appetit-Lexikon* soupçonnent pour « l'Italie du Nord, où [le sarrasin] a reçu le nom de "grain des Sarrasins" à cause de son aspect brûlé par le soleil ».

Le sarrasin est une herbe annuelle, de 30 à 50 centimètres de haut, avec des fruits de cinq à six millimètres de long. La plante se développe dans des sols pauvres, arrive à maturité au bout de trois mois et est donc souvent semée comme deuxième culture ou comme culture dérobée. C'était le cas jusqu'à la fin des années 1970 dans le Val Poschiavo, et auparavant dans toute la Suisse. En 1764, par exemple, le bailli Jenner apprit que « dans les quatre comtés d'Aarberg, de Cerlier, de Nidau et de Büren, comme dans le canton de Vaud, le sarrasin peut être cultivé comme seconde semence, également ces dernières années » (*Kulturpflanzen der Schweiz, Süd- und Nordtirol*). Autrefois, dans les Grisons et au Tessin, le sarrasin était répandu en de nombreux endroits. « Du fait de sa résistance au froid, le sarrasin russe ou tartare était cultivé là où le sarrasin classique ne pouvait plus l'être. Ces indications confortent l'opinion du Père Karl Hager (1916), qui a régulièrement trouvé du sarrasin de Tartarie en tant que mauvaise herbe dans les champs de la partie centrale de l'Oberland grison, bien que l'espèce n'ait plus été cultivée depuis une centaine d'années. »

Au début du XXIe siècle, on sème à nouveau du sarrasin en Suisse pour des raisons scientifiques, écologiques ou parce qu'il est culinairement apprécié. Il a presque complètement disparu dans les vallées du sud ainsi qu'au Tessin. Au moins comme souvenir, le *grano saraceno* est resté présent dans le Val Poschiavo grâce aux *pizzoccheri*. On a certainement fait pousser du sarrasin dans la Valteline depuis le XVIe siècle ; les premiers témoignages à ce sujet ont été laissés par Johannes Guler von Wyneck, gouverneur grison de la vallée de l'Adda (qui prend sa source à Livigno), en 1616. Selon *l'Atlante dei prodotti tipici* italien, le sarrasin était déjà connu à la fin du XIVe siècle, principalement dans le Frioul et la Valteline. Le débouché du Val Poschiavo est limitrophe de Tirano en Valteline, laquelle a appartenu aux Grisons de 1512 à 1797.

Les deux espèces peuvent être plantées dans le Val Poschiavo ; cette vallée s'étend de Tirano, derrière la frontière italienne, à 550 mètres d'altitude, jusqu'au col de la Bernina, à 2328 mètres. Lorsque le sarrasin a été introduit, les champs étaient déjà cultivés avec de l'orge, du millet et du seigle depuis des siècles. Le sarrasin y a été ajouté au Moyen Âge et servait de culture complémentaire entre deux cultures saisonnières.

Le semis a lieu de fin juin à mi-juillet sur un sol maigre et exposé au soleil. La récolte a lieu entre septembre et octobre, mais les graines ne mûrissent pas en même temps, ce qui nécessite de nombreux passages et beaucoup de travail manuel. On coupe les tiges avec une faucille, on dispose les touffes (*manöcc*) avec les tiges fructifères vers le haut en gerbes (*casèla*). Après trois à cinq jours d'exposition au soleil, elles sont séchées. Les *manöcc* sont battus à la ferme. Le matériau battu est jeté en l'air à l'aide d'une pelle en bois ou d'un panier aplati, le *vann*, et on laisse les grains se séparer de la balle et de la poussière avant de les amener au moulin. La farine de sarrasin est grisâtre et parsemée de petits points noirs ; elle a un goût légèrement amer et comme elle ne contient pas de gluten, il faut la mélanger avec de la farine de blé si l'on veut faire du pain.

La culture du sarrasin a longtemps été importante dans le Val Poschiavo, car la quantité de céréales ne suffisait jamais à nourrir la population locale. Ce produit intermédiaire qu'est le sarrasin était indispensable, raison pour laquelle il n'y a jamais eu de marché pour cette « céréale ». La production du Val Poschiavo était exclusivement destinée à l'autoconsommation. Après la Seconde Guerre mondiale, avec l'ouverture des marchés et les développements logistiques, l'agriculture traditionnelle évolua et l'on cessa de viser l'autosuffisance. L'exemple de Brusio, dans la partie inférieure du Val Poschiavo, illustre la rapidité avec laquelle une culture arable traditionnelle peut perdre son importance : en dix ans, de 1964 à 1974, la culture du sarrasin est passée de 570 acres à 69.

Dans les années 2010, le sarrasin est à nouveau plus demandé. Les résultats des essais avec des graines anciennes trouvées à Teglio en Valteline sont encore modestes ; des recherches sont menées avec de nouvelles variétés ainsi qu'avec d'anciennes techniques de culture afin de préserver les traditions culinaires locales. Il y avait autrefois 16 moulins ; aujourd'hui, le sarrasin est moulu en deux endroits : selon la méthode traditionnelle dans le Mulino Aino restauré de San Carlo et selon la méthode moderne dans le seul moulin commercial de la vallée, Molino e Pastificio SA à Poschiavo, où du sarrasin provenant de Chine, de Hongrie et de République tchèque est traité sur des rouleaux en un seul passage.

Comme la farine de sarrasin ne contient pas de gluten, elle ne peut être utilisée que de manière limitée ou doit être mélangée. Outre les *pizzoccheri* connus dans le pays, on confectionne des *turtelín*, des petits gâteaux au sarrasin avec un peu de farine de blé, dans le Val Poschiavo. La *pulénta in flur* est faite à partir de farine de sarrasin avec des sultanines, de la crème et du lait ; *la pulénta cónscia* se compose de farine de sarrasin et de farine de maïs, la *pulenta taragna* de sarrasin et de maïs, et l'on y incorpore beaucoup de beurre et de fromage. Le *pult* ou *polt* est une bouillie à base de farine de sarrasin avec de la crème et du lait et ressemble à une omelette ; il se coupe avec une louche en bois et se mélange avec de la compote de fruits. Les *chisciö* sont des tortellinis de sarrasin avec du *formaggio di casera*, un fromage à pâte mi-dure de la Valteline ; les *pizzöcar* sont des pizokels, comparables aux spätzli ; dans le Tyrol du Sud, on cuisine des *Schwarzplentene Spatzlen*, des spätzle au sarrasin.

Au Tessin, on connaît bien la *polenta negra* à base de farine de sarrasin, qui « a dû jouer un rôle important dans la population de la Lombardie et du Sottoceneri », comme l'écrit le linguiste Ottavio Lurati dans *So isst das Tessin!* « Pendant des siècles, la polenta était *la* céréale la plus courante. Quiconque parlait de polenta ne pensait pas à autre chose qu'à de la polenta au sarrasin. [...] Dans le Mendrisiotto et en Lombardie, elle était obligatoire à la Toussaint. En accord avec le deuil général, même la polenta devait être noire. »

PRODUITS DE BOULANGERIE
ET PÂTISSERIE

Brasciadèla

Pain en forme d'anneau du Val Poschiavo à base de farine de seigle

Jusqu'au début du XXe siècle, dans le Val Poschiavo, on ne cuisait le pain que tous les deux ou trois mois, parfois seulement deux fois par an. Il était si rare de manger du pain frais que le jour de la cuisson était considéré comme un jour de fête. La *brasciadèla* était conservée par séchage; la forme du pain était une mesure de précaution. Les anneaux étaient glissés sur un poteau en bois (*palín*, *latín*) et suspendus horizontalement afin que les pains restent hors de portée des souris.

On fait des pains similaires en Italie du Nord. Selon l'*Atlante dei prodotti tipici: il pane*, le nom vient de *braccio*, parce que les vendeuses pouvaient glisser les pains sur leur bras.

L'une des premières mentions figure dans un texte de 1799 décrivant le passage de bergers en Engadine. Ils y auraient fait paître plus de 20000 moutons répartis entre 100 bergers. Dans ce document, le mot *brazzadellini* désigne les petites *ciambelle*, également des pâtisseries en forme d'anneau.

Les pains étaient fabriqués presque exclusivement à partir de farine de seigle sans gluten; le blé resta un produit de luxe, importé de Lombardie, jusqu'en 1880. Avec les accords de libre-échange, les prix chutèrent; on incorpora dès lors plus de farine de blé à la farine de seigle, on fit plus de pain de blé et nourrit les animaux en partie avec du seigle. À la même époque, les premiers boulangers professionnels firent leur apparition, et le *pan da cá*, à savoir le pain maison, perdit de son importance, sans disparaître complètement. Pendant la Seconde Guerre mondiale, ce fut la situation de l'approvisionnement qui détermina ce qui entrait dans la composition du pain. Comme le blé se faisait plus rare, on a recommencé à utiliser la farine de seigle. Ce dernier a joué un rôle dominant dans la vie de la vallée jusque dans les années 1950.

Pétrir de la farine de seigle et de blé dans un rapport de 1:2 ou 1:1 avec de l'eau tiède, du sel, de l'anis et de la levure dissoute jusqu'à obtention d'une pâte; elle est prête lorsque des bulles se forment à la surface. Laisser lever dans le pétrin pendant trois à quatre heures jusqu'à ce qu'elle ait triplé de volume.

Rouler 600 grammes de pâte en une baguette de 35 centimètres de long, former un anneau et appuyer une extrémité sur l'autre. Laisser reposer sur une planche et sous un linge pendant 15 à 30 minutes. Avant d'enfourner les pains, inciser la surface pour qu'elle ne se fissure pas avec la chaleur. Traditionnellement, le paysan découpait une croix dans le pain et récitait le Notre Père. On fait cuire au four à 200 °C pendant 30 à 45 minutes, retirer et laisser l'humidité s'évaporer dans un panier. Les boulangeries travaillent avec un levain: deux parts de blé, une part de seigle, du sel et de l'eau ainsi que 0,5 à 1,2 % d'anis.

Le seigle est difficile à digérer, l'anis favorise le travail intestinal, couvre le goût puissant du seigle et des ingrédients moins bons, accélère la fermentation de la levure, ce qui est bon pour la lourde et dense pâte de seigle. Il existe aussi des *brasciadèli* sans anis, car le goût ne convient pas à tout le monde; les touristes sont délicats.

Si le pain n'est pas fabriqué de manière optimale, il devient trop dur et peut difficilement être rompu. Pour cela, il y avait un couteau spécial fixé sur une planche, le *taiapán* ou *fèrdalpan*, la «trancheuse à pain» ou le «fer à pain». Dans les périodes difficiles, on ne faisait pas toujours une nette distinction entre la nourriture des humains et celle des animaux; il y avait ainsi une *brasciadèla* cuite pour les vaches, le *menédi*; on incorporait du son et de l'orge à la pâte, ainsi que des pommes de terre cuites et écrasées. Quant au *pan da cul*, ce n'est pas ce que l'on pourrait croire, mais une version plus riche, pour laquelle la pâte est pétrie avec du colostrum (le premier lait après le vêlage, cf. *Brieschmilch, page 267* et *Colostrum, page 476*) et des raisins.

De nos jours, le pain en forme d'anneau est consommé frais à tous les repas; sec, on peut le tremper dans son café au lait ou une soupe. Jadis, dans le Val Poschiavo, il était de coutume d'offrir du pain frais à ses amis et voisins, étant donné qu'on en cuisait si rarement.

SUPPLÉMENT

La Casa Tomé

Elle se trouve au cœur du *borgo* de Poschiavo depuis 1357 et a été conservée au fil des siècles, avec tous les aménagements et extensions. Après que les dernières sœurs de la famille Tomé, Luigia et Marina, eurent emménagé, nonagénaires, dans une maison de retraite en 1990, la demeure a été soigneusement restaurée et placée sous protection en 1993. Des quatre postes de cuisson de la cuisine – du feu ouvert à la cuisinière électrique – à la table et à la chaise, au lit et à l'armoire, aux vêtements et aux ustensiles, jusqu'aux brouillons de lettres (sur des pages vierges de papier d'emballage pour le chocolat) envoyées à leur cousine en Australie, tout est resté dans la maison. Au plafond, il y a des poteaux pour accrocher des *brasciadèli*. Pour certaines occasions, le four à pain de la Casa Tomé reprend du service.

«Jusqu'à il y a quelques années, on disait que notre maison était toute délabrée. Maintenant, on me dit qu'elle a de la valeur telle qu'elle est. Qui dois-je croire aujourd'hui?» dit Luigia Tomé. «*L'èra 'na poravita*», c'était une vie de misère. On peut le ressentir avec ses cinq sens dans cette maison, l'un des musées les plus émouvants de Suisse (*museoposchiavino.ch*).

Voir aussi: Pain de seigle valaisan, page 491; Paun jauer, paun sejel, page 571; Ciambelle, page 625.

AUTRES

Pizzoccheri

Sortes de tagliatelles à base de farine de sarrasin additionnée de farine de blé

Les *pizzoccheri*, des pâtes à base de farines de sarrasin et de blé, sont un classique culinaire de la Valteline et des vallées méridionales des Grisons, notamment du Val Poschiavo. Comme la plante de la famille des Polygonacées qu'est le sarrasin, la transformation de ses grains mûrs et l'utilisation de sa farine ont pu «remonter» de la Valteline, d'autant plus que celle-ci a appartenu aux Grisons de 1512 à 1797.

«Les vallées des Grisons italophones n'ont pas vraiment de cuisine propre, même si elle peut être identifiée comme distincte sur la base de certaines particularités», écrit Marco Tognola dans le recueil de recettes *I mazzafám – Ricettario curioso e gustoso del Grigioni italiano*. «Par exemple des recettes que l'on peut aussi trouver ailleurs, ont chez nous un caractère spécifique qui les rend incomparables. Ainsi, la plupart des gens pensent à la Valteline lorsqu'ils entendent le mot *pizzoccheri*; pourtant, le plat du même nom est bien différent dans le Val Poschiavo, le Val Bergaglia et *a fortiori* dans le Val Mesolcina, où il est même appelé autrement – *pizzòchen*!»

Une première recette à usage domestique hors des vallées méridionales a été publiée en 1905 dans le recueil *Koch-Rezepte bündnerischer Frauen*. À la même époque, deux grands projets ont été réalisés dans le Val Poschiavo, la centrale hydroélectrique de Brusio (1906) et la ligne de la Bernina des Chemins de fer rhétiques (1908-1910), inscrite au patrimoine mondial de l'Unesco depuis 2008. Il fallait évidemment nourrir les travailleurs, recrutés pour la plupart dans les vallées italiennes voisines. Cette nécessité a donné une impulsion bienvenue au vieux moulin de Poschiavo, que les Augustines du couvent avaient vendu à Samuel Fisler en 1872.

L'entrepreneur comprit rapidement le potentiel de ce moulin et étendit le site en bâtissant une petite usine où il pouvait produire des pâtes séchées. Aujourd'hui, les pâtes de Molino & Pastificio SA sont considérés comme des spécialités régionales recherchées, en particulier les *pizzoccheri*, qui se cuisent à l'eau aussi facilement que des spaghettis. Jusqu'au début des années 1970, le moulin s'approvisionnait en sarrasin local; depuis lors, la matière première provient d'Asie et d'Europe de l'Est. Cependant, la culture du sarrasin a repris dans le Val Poschiavo au début du troisième millénaire, et ne cesse depuis de s'amplifier.

«Pizzoccheri» est le nom de l'ingrédient et de l'intitulé, des pâtes et de la recette. «Les *pizzoccheri* sont un plat sans viande qui combine à merveille et avec beaucoup d'imagination tous les produits de la nature qu'une pauvre vallée de montagne peut offrir à ses habitants: du beurre, du fromage, de l'ail, des pommes de terre, du chou de Milan et des pâtes faites maison à base de farine de sarrasin», a écrit Alice Vollenweider dans *Italiens Provinzen und ihre Küchen* (1990). Dans ces vallées, on mangeait rarement de la viande plus de trois ou quatre fois par an.

Cette auteure avait découvert les *pizzoccheri* dans un restaurant de Zurich, où, tout comme des Grisons et des Tessinois, des Valtelinois qui y résidaient atténuaient leur mal du pays en incorporant ses saveurs à leurs menus. Le sarrasin a également touché une autre corde sensible: «Il a été redécouvert dans la cuisine alternative des années 70», poursuit Alice Vollenweider, «comme l'orge, l'avoine, le millet et le seigle, c'est une céréale à la fois précieuse et savoureuse» – à ceci près que du point de vue botanique le sarrasin n'est pas une céréale, mais une plante à fleurs.

Les *pizzoccheri di Poschiavo* de Molino & Pastificio SA contiennent deux parts de farine de sarrasin pour une part de farine de blé dur, car le sarrasin ne contient pas cette «colle végétale» qu'est le gluten. On mélange avec de l'eau, pétrit la pâte pendant un quart d'heure et la tréfile dans des moules en bronze. Ensuite, les tagliatelles sont coupées assez courtes et mises à sécher pendant une semaine à température et humidité contrôlées.

Le plat traditionnel appelé *pizzoccheri* est des plus consistants, un repas pour travailleurs de force, idéal pour les randonneurs qui ont atteint le col de la Bernina depuis la vallée. «*Al fapizzöcar*» est une expression du Val Poschiavo et de la Valteline désignant un repas opulent qui cloue les gourmands sur leur canapé.

Voir aussi: Cornettes, page 190.

25

TESSIN (*TICINO*)

Cucina povera, cucina ricca

Olivone se trouve à 900 mètres d'altitude dans le Val Blenio, patrie de Martino de Rossi, alias Maestro Martino, grand rénovateur de la cuisine italienne au XVe siècle, et des pionniers parmi les *cioccolatieri* suisses. Pendant un mois, Liliana et moi y avons traduit de l'italien plus de 40 fiches du patrimoine culinaire dans le silence de l'intersaison. Liliana habite à Ludiano et à Arzo, dans le Sopraceneri et le Sottoceneri. Elle raconte qu'à chaque trajet, elle ressent dans tout son corps le changement entre ces deux « moitiés », les sols respectifs faisant jouer leurs forces, le calcaire au sud du Monte Ceneri (Sottoceneri) et le granit au nord (Sopraceneri).

Ainsi formulée, cette différence entre les deux principales régions du Tessin paraît certes schématique ; elle s'applique cependant de manière nuancée et est loin d'être la seule entre elles. Ces deux termes de Sotto- et Sopraceneri sont aussi courants que le Notre Père et le Rosaire, on les combine et les sépare comme un moulin à prières. Aussi divers que des cailloux dans un ruisseau, le Tessin est un paysage frontalier complexe. Il descend vers le sud depuis le col du Gothard, atteint sur les rives du lac Majeur le point le plus bas de Suisse à 193 mètres au-dessus du niveau de la mer et s'avance tel un entonnoir vers la Lombardie et le Piémont. Pendant des siècles, des gens ont emprunté cette étroite ouverture pour trouver une vie meilleure en Italie et outre-mer. Aujourd'hui, le vent a tourné et nombreux sont les candidats, de l'autre côté de la frontière, à vouloir s'établir au Tessin pour sauver leur dignité. Car ce territoire, qui peinait autrefois à nourrir ses habitants, s'est transformé en un véritable pays de cocagne.

Dans son rapport sur le Tessin, le pasteur zurichois Hans Rudolf Schinz écrivait en 1783 que le pain de seigle « n'est pas du tout la nourriture quotidienne du commun des mortels, qui ne s'en régale au mieux que les jours de fête ». Le pain quotidien n'était cuit avec de la farine de blé que pour la classe supérieure, le petit peuple n'en recevait au mieux qu'en cas de maladie et devait se contenter de *pane di mistura* à base de farine de châtaignes, d'épis de millet, de maïs et de fèves. « L'alimentation était presque totalement dépourvue de viande », écrit Ottavio Lurati dans *So isst das Tessin !* « Ce n'est que vers la fin du XIXe siècle que les paysans du Mendrisiotto ont commencé à accompagner leurs polentas de saucisses », et « vers 1920 que l'économie autarcique ancestrale commence à se désagréger, au moment où de nouveaux aliments sont introduits ».

« La réalité tessinoise de la fin du XIXe siècle était marquée par la misère et l'émigration », écrit Marco Solari, ancien président de l'Office du Tourisme du Tessin. « Mais le tourisme a créé le mythe du "peuple joyeux", des gens drôles et toujours de bonne humeur, qui s'amusent un peu naïvement toute la journée en buvant des *boccalini* de vin au son des mandolines. C'est ainsi que le drame de nos émigrés en Amérique et en Australie souffrant du mal du pays s'est transformé en un feuilleton kitsch. Aujourd'hui encore, il est souvent difficile de trouver l'équilibre entre un véritable divertissement populaire et un folklore réducteur. Du point de vue culinaire, c'est plus facile. Même les touristes qui ignorent tout de l'histoire du Tessin sentent que notre cuisine était une *"cucina povera"* qui nourrissait des générations entières avec le peu que la terre aride avait à offrir. Ce fait marque encore la cuisine tessinoise, bien qu'elle ait été fortement influencée par la tradition bourgeoise lombarde au cours de ce siècle » (*Die Rezepte der Tessiner Familien*).

Les relations entre le Tessin et la Lombardie semblent être restées à sens unique pendant des siècles – hormis pour ce qui concerne la *carne secca* et la *salumeria* des vallées de montagne, des produits très demandés dans les maisons milanaises. Mais le vin était également exporté vers le sud, comme le rapporte Schinz : « En général, ces paysages donnent un meilleur vin qu'en Suisse alémanique [...] », et ce plus d'un siècle avant l'arrivée du merlot, une nouvelle variété plantée en 1906 après les épidémies de phylloxéra et de mildiou et qui domine aujourd'hui plus de 80 % des vignobles tessinois ; le cépage rouge bondola est un survivant de l'époque pré-épidémique. En ce temps-là, rappelle Schinz, « les variétés de raisins étaient très nombreuses et certaines d'entre elles sont particulièrement succulentes et douces ».

Malheureusement, il ne cite aucun cépage, mais fait l'éloge des « quatre bailliages » pour leur production abondante, « suffisante pour tous les habitants, même pour ceux des vallées les plus reculées ». Les tonneaux étaient transportés par-delà le Gothard « et même exportés dans le Milanais, car le vin suisse y était plus célèbre et plus apprécié que le leur ». En 1641, les Tessinois utilisèrent même leurs bouteilles comme arme dans une guerre commerciale locale. Après que la métropole lombarde eut décrété l'interdiction d'exporter des fruits au Tessin – Schinz n'en donne pas les raisons –, les « landfogti » (baillis) réagirent en interrompant l'exportation de vin vers Milan, « ce qui provoqua rapidement la levée de l'interdiction ».

La frénésie de la vie numérique risque de réduire de plus en plus les différences entre les deux grandes régions tessinoises, et faire en sorte que le Sottoceneri ne paraisse plus aussi méditerranéen et le Sopraceneri plus aussi alpin. Et pourtant, comme c'est souvent le cas lorsque les valeurs traditionnelles s'effritent, c'est la cuisine qui se maintient le mieux. C'est particulièrement frappant au Tessin, où les produits de l'agriculture de montagne ont conservé leur authenticité. La *cucina povera* est devenue une *cucina ricca* – et *esclusiva* : où en Suisse le riz pousse-t-il comme dans le delta de la Maggia ou les olives comme au bord du lac de Lugano ?

Olio d'oliva ticinese

Huile d'olive du Tessin, Tessiner Olivenöl

Dans le *Handwörterbuch des deutschen Aberglaubens* (Dictionnaire des superstitions allemandes), le chêne pédonculé, *Quercus robur*, est défini comme «un totem végétal des Celtes» et fait l'objet d'une description de cinq pages portant sur tous les aspects de la croyance populaire. À l'opposé, l'entrée sur l'olivier, *Olea europaea* L. (1753), n'y occupe que 29 lignes, références bibliographiques comprises, soit presque 18 fois moins. «Arbre de l'Orient et (plus tard) des pays méditerranéens, l'olivier, comme son fruit, l'olive, est étranger aux superstitions allemandes. Dans les croyances et les coutumes de l'Antiquité classique, l'olivier jouait un rôle majeur», lit-on simplement.

Si l'Antiquité classique a parfois poussé au-delà des chaînes alpines, elle n'a pas pris racine chez les Gaulois, les Germains, les Helvètes et autres tribus celtes aussi profondément qu'en Italie et en Grèce. L'olivier est resté un arbre du sud, ce qui dans la géographie des matières grasses de la France a conduit au fil du temps à une division durable des cuisines à la hauteur de Lyon: au nord de la ville, c'était le beurre qui déterminait la technique de cuisson, au sud l'huile d'olive.

Au cours des deux premières décennies du XXIe siècle, ces distinctions se sont estompées comme une cuillerée d'huile d'olive dans du beurre fondu. Parfois, depuis le versant nord des Alpes jusqu'au nord de l'Europe, il était indispensable, pour coller à l'esprit de son époque, de connaître son «propre» oléiculteur en Italie. Et comment se sentiraient les jeunes chefs créatifs sans «leur» *olio d'oliva extra vergine*? Perdus, sans doute.

La consommation d'huile d'olive en Suisse s'élève à plus ou moins deux litres par habitant et par année, ce qui représente 16 millions de litres au niveau national. En 2020, un peu plus de 2000 litres d'*olio extra vergine d'oliva ticinese* se sont écoulés des deux moulins à huile tessinois *Frantoio di Ennio Bianchi* à Sonvico (district de Lugano) et *Frantoio di Angelo Delea* à Losone (district de Locarno). Pour ce faire, il a fallu presser 20 tonnes d'olives.

En 2019, la population du canton était de 351 491 habitants (Office fédéral de la statistique). L'huile d'olive du Tessin suffit donc pour mille d'entre eux, les 350 491 autres devant se contenter d'autres matières grasses.

Ce calcul n'est que théorique, mais il montre clairement à quel point l'huile d'olive du Tessin est exclusive. Il est difficile d'imaginer qu'on l'utilisait autrefois comme combustible pour les lampes des salons et des églises. Celles-ci avant tout, comme l'attestent les actes de propriété de terres et d'oliveraies s'étendant sur plusieurs siècles.

Les origines de la culture de l'olivier se trouvent dans le Croissant fertile, qui couvre une zone située entre le Sinaï et le golfe Persique, entre le sud de l'Anatolie et le désert de Syrie. Selon divers botanistes, l'olivier a évolué en greffant l'olivier sauvage ou oléastre (*Elaeagnus angustifolia*, olivier de Bohême). Les fruits de l'oléastre sont plus petits que des olives et consistent presque uniquement en un noyau. Par des siècles de culture, de 4000 à 3000 av. J.-C., l'oléastre est passé d'un buisson à un arbre à la croissance noueuse, d'une grande longévité et aux fruits plus gros et plus charnus.

L'olivier s'est progressivement répandu en Anatolie, en Grèce, sur l'île de Crète, en Italie, dans le sud de la France et en Espagne, ainsi qu'en Asie et en Afrique du Nord. Pour les Grecs et les Romains de l'Antiquité, l'olivier avait caractère mythique et même sacré; aucun autre arbre n'a égalé son prestige, sa branche est devenue un symbole de paix et lui-même un symbole de vie.

Le Tessin constitue une zone climatique marginale pour les conditions de vie de l'olivier, qui est sensible au froid. Sur le biotope des oliviers, *Flora Helvetica* mentionne ceci: «Pentes rocheuses, buissons, cultivés et rarement sauvages dans le sud du canton» (2012).

On ne sait pas précisément qui a apporté l'olivier au Tessin. Des légionnaires retraités des campagnes militaires de Jules César en Gaule auraient planté des oliviers sur le lac de Côme. Il est possible qu'ils se soient déplacés plus loin vers le Ceresio, autrement dit le lac de Lugano, mais ce n'est pas prouvé. Il est également possible que l'olivier ait été cultivé à partir d'oliviers sauvages (oléastres).

Le plus ancien témoignage connu remonte à l'an 769, un acte de vente de Campione (aujourd'hui: Campione d'Italia). Il mentionne en latin un «*olivetallo meo*». Dans les Archives de l'État du Tessin, il existe un document de 1488, selon lequel deux frères de Bissone ont vendu une propriété avec un «*Holivetum*» à Rovio; dans d'autres, il est question d'huile, par exemple d'un «*sestario* [0,545 l] *di olio d'oliva*» (Lugano, 1214). Le loyer des terres de la paroisse de Sant'Agata di Mugena était payé avec de l'huile d'olive, «*23 quartine di olio d'oliva*» en 1347 et «*due quartine di olio d'oliva*» en 1399. Un autre bail «*di un terreno arativo e vignato con piante di olivo situato nel territorio di Bissone*» est mentionné dans un document de 1512. Ce ne sont là que quelques-unes des preuves historiques de la culture de l'olivier au Tessin.

En 1494, 1600 et 1709, les oliveraies du Tessin ont été presque entièrement détruites par le gel. Comme l'olivier pousse lentement, les bosquets ne pouvaient pas être remis en état du jour au lendemain. Dans le troisième cahier de ses *Beyträge zur nähern Kenntniss des Schweizerlandes* (1783-1791), le pasteur zurichois Johann Rudolf Schinz note: «Au pied [du mont San Salvatore] se trouve une triste prairie plantée d'oliviers, dont les fruits, cependant, pourraient être plus profitables si l'on s'en occupait mieux. On dit, en effet, que ces arbres portent peu de fruits ici, mais on pourrait peut-être en obtenir davantage en y apportant des soins plus attentifs.»

L'olivier a perdu de son importance et a été remplacé par des mûriers blancs à Lugano et dans le Mendrisiotto pour nourrir les vers à soie: il y avait de l'argent à gagner dans les tissus très fins. Dans la seconde moitié du XXe siècle, on pressait encore un peu d'huile à Gandria. «Par la suite, on n'utilisait les branches des oliviers que pour les processions du dimanche des Rameaux» (*Der Olivenbaumpfad*, 2002). Des toponymes tels que Monte Oliveto (Rancate, Ponte Tresa) ou Colle degli Ulivi (Coldrerio) témoignent clairement de la culture des olives.

À la fin des années 1980, la Colle degli Ulivi (colline des oliviers) de Coldrerio, près de Mendrisio, a été revitalisée. Diverses activités ont dynamisé l'oléiculture vers le tournant du millénaire. Entre Castagnola et Gandria, une oliveraie et le *sentiero dell'olivo* ont été créés en 1995, et 2001 fut l'année de la fondation de l'Associazione Amici dell'Olivo. Ennio Bianchi a planté son oliveraie à Sonvico en 2004 (130 arbres en 2021), et quatre ans plus tard il acheta un moulin pour presser son huile d'olive et celle de partenaires tels que Viva Gandria, Amici dell'Olivo et d'autres. Angelo Delea presse l'Olio dell'Amorosa à partir de deux hectares d'oliveraies de la Fattoria Amorosa à Sementina-Gudo dans son propre moulin à Losone. Claudio Tamborini, un vigneron comme Delea, appelle son huile d'olive Olio del Ceresio (la plupart des arbres poussent sur le territoire de la commune de Valsolda, sur la rive italienne du lac de Lugano). Les olives de la Colle degli Ulivi sont cultivées par l'Azienda Agricola San Martino (Rancate); l'huile est pressée au Tessin et n'est pas commercialisée.

En 2016, une petite ferme à Brusio dans le Val Poschiavo a commencé à cultiver des oliviers sur des terrasses restaurées (probablement du XVIe siècle).

L'espèce *Olea europaea*, l'olivier, appartient à la grande famille des Oléacées et est répartie dans le monde entier en environ 1500 variétés, dont plus de 550 en Italie. À peu près un tiers des variétés d'oliviers du Tessin sont connues. Les plus courantes sont les Leccino, Frantoio et Pendolino; à Sonvico, Melide, Lopagno et Verdabbio (Val Mesolcina), ProSpecieRara a planté des oliveraies avec des oliviers tessinois de variétés inconnues. L'Ascolana est une variété pour les olives de table.

Au Tessin, y compris dans le Val Mesolcina, 7652 oliviers ont été recensés au 30 juin 2021: 71 % dans le Sottoceneri (5465 arbres) et 29 % dans le Sopraceneri (2187, dont 140 arbres dans le Val Mesolcina). Le recensement est toujours en cours (*amicidellolivo.ch*).

La plupart des oliviers se dressent individuellement dans des jardins ou en petits groupes. On trouve des boqueteaux regroupés à Gandria, Gudo, Coldrerio et Sonvico. Le site le plus élevé est celui de Mairengo (Faido) à 907 mètres d'altitude, et le plus bas sur l'île de Brissago (193,5 mètres); le plus au nord se situe à Mairengo, le plus au sud à Pedrinate (Chiasso).

Sur plus d'un million de fleurs qui poussent sur un olivier de mai à juin, à peine 1 % se transforme en olives qui forment un noyau. «Pour un produit conciliant l'abondance et la qualité, le meilleur moment de récolter est quand l'olive commence à noircir», écrivait Pline l'Ancien (23-79 ap. J.-C.) il y a près de deux mille ans dans le livre XV de son *Histoire naturelle*. Rien n'a changé à cet égard. En octobre et novembre, lorsque les olives passent du vert au violet foncé, elles sont cueillies sur les branches ou gaulées (à la main ou à la machine), recueillies dans des filets et transportées au moulin.

À partir de 100 kilos d'olives, on obtient généralement dix litres d'huile après les avoir pressées à froid, en fonction de la qualité et du degré de maturité des olives. Le *frantoio* (moulin à huile) d'Ennio Bianchi doit être alimenté avec au moins 50 kilos d'olives pour un passage afin qu'il fonctionne de manière optimale. Le processus est simple: les olives sont vidées dans une trémie qui les achemine vers l'étape du nettoyage, au cours de laquelle les feuilles et autres matières indésirables sont aspirées. Cette opération est suivie de deux cycles de lavage avant que les fruits ne soient pompés par un tuyau dans la meule, où des couteaux broient finement les olives, y compris les noyaux.

La masse d'olives broyées est agitée pendant 20 minutes avant que l'huile ne soit séparée de l'eau et des solides dans la centrifugeuse. L'huile s'écoule maintenant par un robinet situé d'un côté du moulin, tandis que la pulpe brun clair restante gonfle par un tuyau situé de l'autre côté et est ensuite utilisée comme engrais. L'ensemble du processus de broyage et d'essorage se déroule à température ambiante ou à celle de la pièce: c'est la seule façon d'obtenir une véritable huile *extra vergine* pressée à froid. Toute autre méthode, comme le pressage à l'aide de chauffage et de produits chimiques, serait un sacrilège, étant donné la rareté des oliviers tessinois.

L'huile ainsi obtenue est filtrée et mise en bouteilles. Les producteurs professionnels filtrent immédiatement pour obtenir un goût aussi pur que possible. Les producteurs privés, en revanche, laissent leur huile reposer pendant environ deux mois afin que les particules indésirables se déposent d'elles-mêmes au fond. Claudio Premoli, président des Amici dell'Olivo (2021), explique: « En filtrant, on perd en tout cas 1 % de dix litres d'huile, alors qu'en laissant les substances couler d'elles-mêmes, on s'épargne des efforts et se retrouve avec moins de pertes. »

L'huile d'olive a meilleur goût lorsqu'elle est consommée rapidement. Cette idée est ancienne. Pline à nouveau: « L'huile, différente en ceci du vin, prend un mauvais goût en vieillissant, et le maximum de son âge est à un an » (*Histoire naturelle*, livre XV).

Une ou deux cuillères à café d'huile d'olive le matin ont un effet positif sur le corps et l'esprit, car elle contient beaucoup d'acides gras oméga-3 ainsi que des polyphénols, des substances végétales secondaires comme l'oleuropéine, un antioxydant. L'huile d'olive n'est pas seulement saine, elle a aussi bon goût. Les impressions fruitées, l'amertume et le piquant sont prédominants. Son goût peut être qualifié de léger, de moyen ou d'intense.

Après avoir goûté l'huile d'olive tessinoise de trois grands et de trois petits producteurs (individuels), les huiles de Viva Gandria (*L'Or da Gandria*) et de Città di Lugano (*Olio San Domenico*, pressée à Bellano au bord du lac de Côme) se sont révélées moyennes et assez fruitées. L'huile *Blend di olive provenienti dal Ticino* des Amici dell'Olivo et deux autres ont été qualifiées de légères; une huile était défectueuse et n'a pas été classée (20 juillet 2021).

Le plaisir de consommer de l'huile d'olive du Tessin est très supérieur à son importance économique. Il est toutefois possible de l'augmenter en élargissant les surfaces cultivées, ce qui, compte tenu du réchauffement climatique, est une alternative logique aux cultures supportant mal les températures élevées. La plus grande menace pour l'oléiculture est la mouche de l'olive (*Bactrocera oleae* Gmel.); un autre ravageur est la teigne de l'olivier (*Prays oleae* Bern.).

Les oliviers peuvent atteindre un âge très vénérable; le plus vieil olivier du monde se trouverait en Crète et aurait plus de 3000 ans. Le Tessin ne détient pas de tels records, mais on y trouve certainement, çà et là, des oliviers plus que centenaires; un arbre (transplanté des Pouilles) dans le district de Lugano aurait un bon millénaire. Claudio Tamborini à la *Tessiner Zeitung* (28 octobre 2016): « Un olivier ne meurt jamais vraiment. Même par grand froid, de nouvelles pousses continuent de croître à côté des branches gelées. L'olivier est immortel. »

Voir aussi: Huile de noix, page 93; Rapsöl, page 126; Huile de colza, page 159; Huile de noix vaudoise, page 159; Beurre, pages 224 et 377.

PRODUITS CARNÉS

Cicitt

Longue et fine saucisse de chèvre

Quand le petit chevrier suisse allemand, le *Geissbueb*, attire son troupeau avec des *meck, meck, meck*, son homologue romand tente de le surpasser avec des *bedyè-bedyè-bedyè* et le romanche de la Surselva avec des *zila, zila, neu!*, tandis que le *capraio* tessinois, plus concis, siffle des *ci, ci, ci...* dans les rochers. La légende selon laquelle le terme *cicitt* provient du cri d'appel pour rassembler le troupeau semble plausible. Les chèvres ne laissent pas une seconde de répit à leurs bergers; les garder ensemble les font parfois devenir chèvre!

Selon le *Vocabolario dei dialetti della Svizzera italiana*, *cicitt* remonte à *cicia*, variation dialectale de *ciccia*, viande. Cependant, la longue et fine saucisse à base de viande de chèvre hachée a peu de choses en commun avec le *ciccione*, le (petit) gros. Selon une autre version, ce nom est basé sur la transposition phonétique du son qui se produit lorsque de la graisse goutte du boyau de la saucisse éclatée et disparaît dans les braises.

Dans le Locarnese, district très accidenté avec ses vallées rocheuses escarpées et son sol aride, les chèvres sont plus à leur aise que les vaches. Le pasteur protestant Hans Rudolf Schinz (1745-1790), qui séjourna à Locarno de 1770 à 1771, a écrit: « On prend soin de très grands troupeaux de moutons, comme de chèvres, qui ont besoin de beaucoup moins de soins, puisqu'elles peuvent toujours rester sur leur pâturage de mars à décembre, car il gèle rarement; il faut donc les nourrir à l'étable pendant à peine trois mois. Les paysans qui peuvent se permettre de manger de la viande bouchoient une ou plusieurs chèvres avant l'hiver, et les consomment salées et séchées. On produit beaucoup de fromage de chèvre, et il arrive que les laits de vache et de chèvre soient mélangés lors de la fabrication. On fait également du fromage de brebis » (*Beyträge zur nähern Kenntniß des Schweizerlandes*, 1786). Le pasteur Schinz ne mentionne aucune saucisse, mais on peut supposer qu'au moins certains restes de viande caprine étaient transformés en saucisses.

Dans le *Vocabolario dei dialetti della Svizzera italiana*, on trouve un témoignage de Cavergno, dans le Valmaggia: *« Ò sciá chèsta raminc'a da fann cicitt »*, j'ai une chèvre stérile pour en faire des saucisses. Les chèvres dont le trayon était malade ou tari étaient abattues si elles étaient agitées, difficiles à apprivoiser ou simplement vieilles et épuisées – en d'autres termes, toutes celles qui ne rapportaient pas ou plus.

D'après le récit d'un descendant, Giovanni Dadò et sa famille de Cavergno, dans la haute vallée de la Maggia, ont été parmi les premiers à commercialiser du *cicitt*. Au début du XXe siècle, ils travaillaient quasiment à la chaîne: les hommes tuaient les chèvres, les décapitaient sur un billot, leur enlevaient la peau et les dépeçaient; les femmes nettoyaient les intestins, dans lesquels les garçons embossaient ensuite à la main la chair à saucisse hachée.

Giuseppe Mondada relate dans *La cucina di altri tempi* (1980) que jadis, on ne mangeait de la viande que le dimanche dans le Locarnese, à Minusio et dans ses environs. Certaines familles élevaient un cochon puis, quand son heure était venue, mangeaient les produits de la *mazza*, du bouchoyage. Les familles plus pauvres possédaient quelques chèvres. Les meilleurs morceaux étaient salés et séchés; on hachait les abats et les mélangeait à des épices telles que des graines de fenouil pour en faire de la chair à saucisse.

Avant que les foyers ne soient équipés d'un réfrigérateur, on enroulait les *cicitt* autour d'un bâton et les faisait sécher dans le grenier. Au bout d'un certain temps, les saucisses étaient *durissimi*. Le *cicitt* a atteint sa plus large diffusion pendant la Première Guerre mondiale, quand on expédiait des saucisses de chèvre dans toute la Suisse, notamment dans les cantons voisins d'Uri et du Valais. Jusque dans les années 1970, les *cicitt* étaient encore très demandés de l'autre côté des Alpes.

Les chèvres vivent du printemps à l'automne sur les alpages, à une altitude comprise entre 1500 et 2500 mètres; si le temps reste clément, on ne les conduit pas dans les étables avant le mois de novembre. Elles sont abattues lorsque le froid s'installe. Suivant l'utilisation, on sépare le gigot (cf. *Violino di capra, page 610*), le dos et l'épaule. Les morceaux moins recherchés tels que la poitrine et les abats comme les tripes, ainsi que la graisse (*sev'*), les parures et les restes, devenaient des saucisses. Pour atténuer le goût prégnant de la graisse de chèvre, on peut ajouter de la graisse de porc à la chair; la saucisse devient ainsi plus claire et revient moins cher. On peut obtenir sept à huit kilos de *cicitt* à partir d'une chèvre de 25 kilos.

Hacher la viande ou la passer au hachoir (granulométrie de 0,5 mm), assaisonner avec du sel, de l'ail, du poivre, de la noix de muscade et des clous de girofle ainsi que du vin rouge, pétrir et embosser dans un boyau de chèvre ou de mouton. La saucisse, d'en tout cas un centimètre et demi d'épaisseur, peut atteindre une longueur de trois à quatre mètres, suivant le boyau. On la pose sur une planche, enroulée tel un serpent, et la laisse sécher pendant quelques jours. Puis on coupe un bout de cette saucisse géante et le fait griller dans la cheminée. En piquant la saucisse avec une fourchette, de la *sev'* coule dans les braises et ça crépite: *ci..ci.. ci*. Les *cicitt* sont des *salsicce conviviali*, des «saucisses de table» à déguster entre amis avec des châtaignes rôties et du vin rouge. Autrefois, on recueillait la graisse chaude et liquide pour l'utiliser comme huile pour les lampes ou fabriquer des bougies.

Aujourd'hui, le *cicitt* à base de viande de chèvre pure est l'un des Presidi de Slow Food et est produit selon des règles précises dans les vallées du Locarnese (Associazione produttori di cicitt delle Valli locarnesi); les saucisses à contenu mixte (parts de bœuf et/ou de porc) se trouvent dans tout le Tessin et çà et là dans le reste de la Suisse. Le Locarnese est la région centrale, mais après l'an 2000, la demande a commencé à dépasser l'offre. L'élevage caprin est principalement axé sur le lait et le fromage. Seuls 5 à 10 % d'un troupeau sont abattus à la fin de l'estivage: assurer la reproduction compte quand même plus que faire des saucisses!

À Giubiasco se tient régulièrement un grand marché aux chèvres et aux boucs, *l'Esposizione cantonale Capre e Becchi*. Le 8 décembre, jour de la fête de l'Immaculée Conception, une fête d'une tout autre nature, la *Festa del cicitt*, est organisée dans diverses parties du district de Locarno.

Les chèvres sont communes dans tout l'arc alpin. Dans le Val Formazza italien, entre le Val Bedretto au Tessin et la vallée de Binn en Valais, on rissole la *salsiccia di capra* (avec une part de viande de porc) fraîche à la poêle. Dans le val d'Ossola, entre le col de Gries, à la frontière du Valais, et Domodossola, on trouve parfois du salami de chèvre, des *sigarini*, qui ressemblent en effet à de fins cigares, mais d'une trentaine de centimètres de long.

DIGRESSION

Des créatures capricantes et capricieuses

La chèvre domestique (*Capra hircus*) descend de la chèvre à bézoard (*Capra aegagrus*) originaire des montagnes d'Asie mineure et du Proche-Orient et domestiquée progressivement dans cette région vers 8000 av. J.-C. – pour autant que les chèvres puissent être apprivoisées. Les premières traces de chèvres domestiques sur le territoire helvétique datent d'environ 5000 avant J.-C.; elles ont été mises au jour et identifiées dans des sites néolithiques près de Sion. Pour le Plateau, les plus anciens témoins ont été trouvés sur des sites lacustres et datent de 4350 av. J.-C.; il s'agit «d'animaux de petite taille, graciles, aux cornes recourbées en forme de sabre». Leur lait était vraisemblablement déjà utilisé à cette époque. «D'après les sources écrites, on fabriquait du fromage de chèvre dans les Alpes depuis le Moyen Âge classique» (*DHS*). Des races sélectionnées sont connues depuis le XIXe siècle; des coopératives d'élevage ont été fondées à Saanen en 1890 et dans le Toggenbourg en 1895.

En Suisse, le pic a été atteint en 1886 avec 416323 chèvres et le point le plus bas en l'an 2000 avec 62499 têtes; en 2013, ce nombre est remonté à 87935, avant de retomber à 77054 en 2018. Au Tessin, il y avait environ 60000 chèvres à la fin du XIXe siècle, et cent ans plus tard elles n'étaient plus que 10000; en 2013, les 12247 chèvres tessinoises appartenaient à 241 chevriers.

La race la plus célèbre est la Saanen ou blanche de Gessenay, et la plus répandue la chèvre alpine chamoisée; les autres races sont la chèvre paon, les chèvres du Toggenbourg et d'Appenzell, la chèvre grisonne à raies, la chèvre bottée; le groupe des valaisannes avec la chèvre à col noir, celle à col fauve, la *Capra Sempione* (chèvre du Simplon) et la chèvre à col gris (*Grüenochte Geiss* en haut-valaisan); puis la *Nera di Verzasca*, la chèvre la plus connue du Tessin, dont la population est gravement menacée, et la *Capra Grigia;* «grise comme le granit de Calanca, la *Capra Grigia*, également appelée «chèvre grise des montagnes» ou «cavra del sass» (chèvre de la pierre), est originaire du Tessin et des Grisons. C'est là que cette race s'est développée à partir de souches de Leventina, Valmaggia, Calanca et Riviera» (*Geissen Gitzi Gaumenkitzel*, 2013).

Les chèvres sont alertes, vives et disposent d'un équipement sensoriel très performant. « Les bergers ont confirmé l'observation faite déjà plus d'une fois, que les chèvres paissent en descendant quand le mauvais temps va venir, et qu'elles annoncent le retour du beau temps en broutant de bas en haut », écrit Friedrich von Tschudi dans *Das Thierleben der Alpenwelt* (1re édition en 1853 ; le passage ci-dessus et les suivants proviennent de la traduction du docteur Vouga, parue en 1857 sous le titre *Les Alpes : description de la nature et de la faune alpestres*). L'auteur y fait l'éloge des chèvres domestiques, notant par exemple que « leurs pis, descendant jusqu'à terre, annoncent qu'elles ont beaucoup de lait ». Il déplore cependant qu'elles aient « l'humeur moins active, mais d'autant plus capricieuse ; elles se montrent tantôt rusées, tantôt méchantes, tantôt caressantes et dociles, et si parfois elles ne s'effraient de rien, dans d'autres occasions elles ont peur de tout ».

Les jeunes bergers touchent particulièrement le cœur du naturaliste saint-gallois : « Nos chevriers mènent une vie tellement misérable qu'on ne les dirait pas dans le voisinage de pays civilisés. Au printemps, ils montent à la montagne, suivis de leurs troupeaux et couverts pour tout vêtement de quelques pauvres haillons ; ils n'ont ni bas, ni souliers, ni veste, ni habit, mais en revanche ils sont pourvus [...] d'une provision de pain et de fromage maigre. Ces aliments sont si chétifs et si secs qu'on peut à peine leur donner le nom de nourriture. »

Von Tschudi voue une admiration sans borne aux chèvres de montagne et à leurs gardiens : « Quelquefois, entraînés par leur humeur hardie et courageuse, ou attirés par l'appât d'une plante favorite ou de buissons aux feuilles tendres, ces agiles animaux escaladent lestement les pentes les plus abruptes, oubliant qu'il faudra revenir sur leurs pas ; tout à coup ils se trouvent enfermés dans une position dont ils ne peuvent plus sortir, et avant que les bergers les aient découverts, il se passe quelquefois deux ou trois jours pendant lesquels ils sont privés de toute nourriture. Les chevriers déploient pour leur délivrance une habileté surprenante ; ils vont les attacher à une corde et les tirent du haut du rocher. Ainsi ces garçons grimpent sans hésiter là où leur chèvre, au pied léger, ne sait plus se tirer d'affaire. [...] Il est rare que les chèvres se tuent en tombant ; cela arrive lorsque, dans le feu de la bataille, elles s'approchent du bord de l'abîme et s'y précipitent sans l'avoir aperçu, ou lorsqu'une avalanche ou une pierre roule inopinément sur elles. »

Fils d'un paysan du village haut-valaisan de Grächen, Thomas Platter (1499-1582), cordier, maître imprimeur, professeur et recteur à Bâle, décrit dans sa célèbre autobiographie, *Ma vie*, la rapidité avec laquelle la mort et le diable se lançaient à ses trousses quand il gardait des chèvres (« *gitzin hietten* ») dans ses jeunes années. Un jour, après avoir conduit leurs troupeaux « sur de hautes et sauvages montagnes » et s'être nourris de pain de seigle et de fromage, lui et d'autres garçons bergers se mirent à jouer aux palets (*blatten*) alors qu'ils se trouvaient « sur la plateforme d'un rocher à pic » ; « au moment où l'un de nous allait à son tour tirer au but, je voulus me reculer de peur qu'il ne m'attrapât, et je tombai dans le précipice. Tous les bergers de s'écrier : "Jésus ! Jésus !" [...] J'étais tombé sous l'arête du rocher. Ils me crurent perdu ; néanmoins, au bout de quelques instants, je me relevai et, ayant remonté le rocher, je me retrouvai au milieu de mes compagnons. [...] Six semaines plus tard, une chèvre fit le même saut et s'assomma. Dieu m'avait protégé ! » (écrit en 1572 ; traduction d'Édouard Fick de 1862).

Voir aussi : Lammlidji et Geisslidji, page 467 ; Urner Hauswurst, page 509 ; Violino di capra e di camoscio, page 610.

Cotechino

Saucisse à bouillir de belle taille à la couenne de porc

Le nom de cette saucisse bien dodue lui va parfaitement. Dans le *cotechino*, on retrouve l'essence de la *mazza*, du bouchoyage, quand on vendait les meilleurs morceaux et consommait les restes à la ferme. Jusqu'au début du XXe siècle, la viande arrivait rarement sur la table des familles de paysans. Et si c'était le cas, elle était réservée au seul chef de famille, ou partagée avec tous lors d'occasions festives telles que Noël – « *ul di da mangià la carna* », le jour où l'on mange de la viande.

Des dialectes régionaux et locaux sont apparus dans les vallées étroites et reculées, ainsi que dans les zones frontalières isolées ou encerclées par des lacs ; le *cotechino* était appelé *cudegòtt* dans le Mendrisiotto, *codeghín* dans le Luganese, et signifie *luganiga* dans le Mendrisiotto ; dans le Vallemaggia, le *cotechino* se présente comme une paire, la petite *codiga* avec le grand *codegotto*. À l'origine, le *cotechino* était fabriqué presque exclusivement à partir de couenne, *cotenna*, nom qui est un dérivé de *cotica*, du latin tardif *cutica*, à l'origine *cutis*, qui signifie peau et dont provient l'adjectif cutané.

Directement apparenté au *cotechino*, le *zampone* n'est pas embossé dans l'intestin du porc, mais dans le pied de porc évidé, dans la couenne même ; ce nom vient de *zampa*, pied. Les deux saucisses sont originaires d'Émilie-Romagne et sont apparues au Tessin au XIXe siècle, selon un livre de comptes d'un magasin du Val Verzasca : en 1867, une femme acheta neuf *cotechini* pour Noël. En 1840, un autre livre de comptes, du Mendrisiotto cette fois, mentionne des *zampeti*, vraisemblablement une forme de *zampone*, sur la page des dépenses.

Le *cotechino* est une saucisse du pauvre qui s'est peu à peu répandue sur toutes les tables grâce à son excellent goût et à son prix très bas, contrairement au *salame* et au *prosciutto*, qui étaient vendus pour permettre aux familles paysannes de couvrir leurs besoins quotidiens. À l'heure des scandales de la viande industrialisée comme aujourd'hui, le *cotechino* est apprécié comme un mets archaïque franc comme l'or. Il se mange cuit ; autrefois, on enveloppait ses saucisses dans du papier huilé ou des journaux, trempait l'emballage dans l'eau et faisait cuire le tout dans les cendres sous la braise. Avec le changement des habitudes alimentaires, il a fallu que le *cotechino* maigrisse un peu.

Passer au hachoir 60 % de viande de divers morceaux, des chutes, des parties avec du gras, 10 à 20 % de couenne et 20 % d'oreilles, de groin et de lard ; la couenne du ventre est plus tendre que celle du dos, qui est parfois précuite. On peut réduire la proportion de couenne à 5-10 % ou s'en passer complètement, ce qui serait une erreur car le collagène contenu dans la couenne rend la saucisse douce et onctueuse (cf. *Supplément page 264*).

Suivant la recette, mélanger la masse hachée avec les épices suivantes : cannelle, macis, clous de girofle, noix de muscade, poivre en grains, le sel nitrité (pour la rubéfaction) ; dans la production artisanale, on utilise du salpêtre (cf. *Digression page 555*). Certains ajoutent du vin blanc, de la grappa ou du marsala ; ils remplissent du boyau de porc avec cette masse, le laissent sécher brièvement, et le tour est joué.

Les versions italiennes du *cotechino* sont généralement plus grasses et plus onctueuses car les races porcines italiennes ont un patrimoine génétique différent des races suisses et produisent plus de lard. « Au sud des Alpes, quelques sources illustrées attestent la préférence des éleveurs pour des animaux très gras » (*DHS*).

En Suisse, les porcs ont plus de viande à l'os qu'en Italie depuis que l'agronome genevois Charles Martin a fait venir en 1830 des porcs d'Angleterre, « pays où l'on procédait à des sélections depuis le XVIIIe siècle à partir de races asiatiques. Entre 1880 et 1910, on obtint par croisement entre porcs indigènes et représentants du Yorkshire les deux races actuellement reconnues et encouragées en Suisse, le porc amélioré et le grand porc blanc » (*DHS*).

Les victimes de ce développement axé sur le profit ont été les races régionales ; au XXIe siècle, l'élevage est un peu plus diversifié, avec la race Duroc qui donne plus de viande, et avec la renaissance du porc laineux, une race à pieds noirs originaire d'Europe du Sud-Est, l'authenticité en matière de graisse et de goût est à nouveau mise à l'honneur.

Produit typique de la *mazza*, les *cotechini* étaient jadis consommés à Noël. Grâce à l'engraissement industriel des porcs, les saucisses sont désormais disponibles en toute saison. Faire tremper lentement dans de l'eau à 70 ou 80 °C pendant 40 minutes à une heure ou plus, selon la dimension, comme pour le saucisson. Le *cotechino* aux châtaignes rôties est un grand classique.

La couenne de porc est également ajoutée au minestrone ou à la *cazzöla*, un ragoût avec du lard, des côtes, des tomates et du chou de Milan ; de l'autre côté du Gothard, la *cazzuola*, d'une composition similaire, est l'un des plats préférés des Uranais. Selon Ottavio Lurati (*Terminologia e usi pastorizi di val Bedretto*, 1968), « la couenne non utilisée pour la fabrication de saucisses servait à graisser les outils métalliques tels que les scies et autres ».

Dans d'autres régions, on cuit des pieds de porc dans des ragoûts et des soupes. Le collagène de la couenne apporte une légère onctuosité à ces plats également. Les pieds de porc et les morilles, que l'on fait mijoter ensemble, représentent une sorte de choc culturel dans la marmite.

Le *zampone* se fabrique avec la même chair, souvent avec une teneur en viande plus élevée que le *cotechino* ; il s'agit de viande de la tête, de la joue, du quartier de devant et de lard. Remplir le pied de porc désossé et évidé et le coudre à la main. Laisser sécher pendant un ou deux jours. Le goût et la consistance du *zampone* dépendent de la qualité de la matière première, des épices et, enfin et surtout, de l'enveloppe : la couenne du pied de porc.

Le *cappello del prete* (« chapeau du prêtre ») est une variante du *zampone* : la chair est enveloppée dans un morceau de couenne cuite coupé en triangle et cousu ensemble ; son aspect rappelle celui d'une barrette d'ecclésiastique à l'ancienne telle que Fernandel en portait dans la légendaire série des *Don Camillo*.

Le *zampone* cru peut être trempé dans l'eau la nuit avant la cuisson pour l'assouplir et le dessaler quelque peu. Lors de la cuisson – dans de l'eau fraîche –, percer des trous à l'aide d'une fourchette pour éviter qu'il ne se fissure. Ou alors on pratique de petites entailles sous les griffes avec un couteau, roule le *zampone* dans un tissu et le noue avec une ficelle aux deux extrémités comme un bonbon. Laisser mijoter à feu doux dans une poêle à poisson (ovale) remplie d'eau pendant trois à quatre heures. Tout comme le *cotechino*, il est servi avec des lentilles ou des haricots pour accompagner le risotto ou la polenta ; on peut ajouter du *zampone* à un *bollito misto* ou froid et tranché à un *affettato misto*. Le *zampone* est également vendu cuit et emballé sous vide.

Le *zampone* tessinois est probablement issu du *zampone di Modena*, autrefois appelé *zampetto*, comme l'illustre bien ce quatrain du poème héroï-comique *La salameide* d'Antonio Frizzi (1772) :

Col nostro cotechin come fratello
di Modena lo zampetto a par cammina.
La camicia ha costui non di budello
ma della stessa cotica porcina.

Avec notre cotechino comme frère
chemine le zampetto de Modène.
La chemise qu'il porte n'est pas de boyau,
mais de la même couenne porcine.

Voir aussi : Longeole, page 141 ; Schwartenwurst, pages 263 et 552 ; Churer Beinwurst, page 548.

Lardo

Lard cru blanc

Le *lardo* est blanc et aussi dense que de la neige comprimée. Il est prélevé sur le dos, la nuque et le cou du porc, tandis que la *pancetta* provient de sa poitrine (cf. *page 608*). On mange du lard depuis l'Antiquité. Dans *La storia sociale dell'alimentazione nelle terre ticinesi dai Galli a oggi* (1995), Guglielmo Solci indique que les Tessinois en consomment en tout cas depuis l'an mil, frais, conservé (salé, fumé), comme condiment ou comme garniture. Dans l'*Atlante dei prodotti tipici : i salumi* d'Italie (2002), on rappelle qu'au Moyen Âge, le *lardo* était fort répandu et tout aussi recherché que le jambon. Le lard d'Arnad dans le val d'Aoste est connu depuis 1550 : « Dans les archives du cloître de Saint-Ours à Aoste, on a découvert des documents faisant apparaître que l'on distribuait jadis du lard aux pauvres » (*Prodotti italiani*).

Des siècles durant, la viande était un produit de luxe réservé aux riches. Au Tessin, le *lardo* se vendait dans les boutiques proposant des marchandises aux saveurs typiquement italiennes telles que le salami, de la viande séchée à l'air et des poissons marinés pour les jours de jeûne.

Jusqu'au XIXe siècle, il n'y eut pas de changements notables dans l'alimentation quotidienne des Tessinois ; puis leurs conditions d'existence s'améliorèrent peu à peu, permettant notamment d'éradiquer la faim qui avait longtemps sévi dans les vallées alpines. Avec sa situation périphérique entre le reste de la Suisse et la Lombardie, le canton du Tessin n'a que très peu profité de la révolution industrielle. Le tournant historique eut lieu après la construction du tunnel du Gothard et avec l'ouverture de la ligne ferroviaire reliant Immensee à Chiasso, le 1er juin 1882. Si l'amélioration de la mobilité favorisa grandement le tourisme, jusque dans les années 1920, manger de la viande demeura pour les Tessinois un bonheur rare, puisqu'on en servait au meilleur des cas le dimanche.

Encore au début du XXe siècle, les familles paysannes assaisonnaient leur soupe avec un morceau de lard, à défaut de viande – et les plus misérables d'entre elles devaient se contenter d'os. Des parties grasses moins recherchées, on faisait du saindoux, qui servait non seulement à rôtir et à frire les aliments, mais aussi à lubrifier les cordes, à entretenir chaussures et ceintures, à graisser ses mains avant de déblayer la neige ou à traiter les fissures cutanées des humains comme des bêtes.

Dans *La buona Ernestina*, un manuel d'économie domestique de 1904, le *lardo* est qualifié de « bon ingrédient avantageux ». On découpait du lard salé en petits morceaux, qui se conservaient dans un pot en terre cuite déposé dans un endroit frais. D'après une source du début du XXe siècle, on déposait les morceaux de lard frais sur une planche rainurée qui était ensuite généreusement recouverte de sel issu de gros blocs qu'il fallait piler ; ladite planche était placée dans une bassine pour récupérer le jus qui s'en échappait. Il fallait régulièrement verser cette saumure sur les tranches de lard. Lorsque ce dernier était suffisamment salé et déshydraté, on le suspendait au plafond de la cave à l'aide de ficelles et découpait les portions requises. Une version des années 1950 rappelle le célèbre *lardo di Colonnata* de Toscane, qui mature dans des baquets en marbre : le lard était salé, assaisonné d'ail et de feuilles de laurier et placé dans un récipient en bois ; aujourd'hui, on préfère utiliser de l'ail séché ainsi que des bassines en plastique ou en inox.

Le boucher sale les tranches de lard à sec, ajoute du poivre grossièrement pilé, de la poudre d'ail et un peu de sucre ; les feuilles de laurier sont purement décoratives. Le sel retire l'eau, le lard est retourné tous les deux jours dans la saumure qui se forme. Après huit à dix jours, le sel et les épices sont évacués par brossage et le lard est prêt.

Le *lardo* est courant au Tessin ainsi que dans les Grisons italiens. Le lard de cou est blanc et fin, celui d'épaule est rosé et plus épais ; le lard de cou est le plus blanc de tous et de quelques centimètres d'épaisseur. Cette spécialité est devenue rare car en raison du diktat de la minceur qui influe sur le comportement des consommateurs, on élimine beaucoup de graisse de cochon, et les couches de lard se réduisent comme peau de chagrin.

Les soupes et les ragoûts roboratifs étaient assaisonnés de *lardo* à l'époque où l'huile et le beurre étaient plus chers. Il y a une centaine d'années, on préparait de la soupe de riz avec du *lardo* ou faisait bouillir des châtaignes avec un morceau de lard dans de l'eau jusqu'à ce que les châtaignes aient complètement absorbé le bouillon de lard. Aujourd'hui, le *lardo* blanc frais est coupé en tranches très fines et ajouté à *l'affettato misto*. Si l'on en met un soupçon sur une tranche de pain grillé encore chaude, le *lardo* devient translucide et fond en fines gouttes – une délicatesse inimitable. Sa saveur caractéristique mais pas envahissante est très appréciée, tout comme sa douce texture, son éclat soyeux et la souplesse sensuelle de sa surface de coupe.

DIGRESSION

Des feuilles magiques à bien doser

Le laurier (*Laurus nobilis L.*) fait bien davantage qu'orner les têtes victorieuses. C'est une feuille méditerranéenne aussi bénéfique pour l'esprit que pour l'estomac. Cela peut sembler paradoxal, car le laurier à feuilles persistantes n'apprécie pas du tout le versant nord des Alpes. Même avec le réchauffement climatique, le laurier peine à y supporter l'hiver, mais ses essences réchauffent les âmes assombries par l'hiver.

La feuille coriace, semblable à du cuir, lancéolée, ondulée sur les bords, avec son arôme caractéristique, acidulé et légèrement amer, ennoblit aussi les plats aux notes veloutées qui clouent les convives à leur chaise : rôti de porc, de veau ou de bœuf, ragoûts de toutes sortes, gibier, saucisses, marinades, mais aussi figues. Dans l'assiette, la feuille de laurier ne se remarque que si l'on a oublié de la retirer de la sauce qu'elle a parfumée de son arôme rafraîchissant.

L'oignon piqué, sur lequel la feuille de laurier forme un visage avec les deux clous de girofle fixés dessus, est considéré comme un vestige de la cuisine bourgeoise de grand-mère. D'aucuns s'en moquent, même si cet oignon est irremplaçable car les trois saveurs s'harmonisent parfaitement. Il est vrai qu'un seul clou de girofle en trop peut gâcher un plat – tout est affaire de dosage.

Le dosage, justement, a toujours joué un rôle important avec le laurier, dans la marmite et sur la tête – la fameuse couronne de laurier remise au vainqueur et qui est tissée plus ou moins serrée selon sa chevelure. L'impériale calvitie de Jules César aurait été embellie de cette manière. Les feuilles de laurier étaient également propices à la méditation et à la divination : la sibylle de Delphes avait des visions en en mâchant alors qu'elle était assise sous une tonnelle de laurier. Les huiles essentielles l'ont mise en transe – probablement grâce à l'aide de ses muscles faciaux activés tel un moulin à prières, car la Sibylle a dû mâcher de phénoménales quantités de feuilles pour ressentir un quelconque effet. En tout cas, dans un guide sur les plantes vénéneuses, les huiles essentielles de laurier ne sont mentionnées que comme pommade et agent lissant pour les serre-têtes et les bandeaux de chapeaux, qui peuvent déclencher des modifications eczémateuses sur les peaux sensibles.

Posé sur le front, il vaut mieux que le laurier ne soit pas transformé, sous la forme d'une couronne de vainqueur; Pline l'Ancien l'a déjà formulé au Ier siècle de notre ère dans son *Histoire naturelle*: «Le laurier est consacré spécialement aux triomphes.» Mais il est aussi «pacifique, puisque, brandi même entre des ennemis armés, il indique la trêve». Assez étonnamment, le naturaliste romain connaît et nomme une bonne douzaine d'espèces de lauriers différentes, mais semble en ignorer les applications culinaires.

Peut-être parce que l'utilisation du laurier était très répandue dans les cuisines romaines. Outre ses feuilles, on utilisait ses drupes, et l'écorce servait à parfumer des gâteaux. Fort logiquement, les colons emportaient l'arbuste avec eux dans leurs colonies. La chute de l'Empire romain a plongé le laurier dans l'oubli, et ce n'est que lentement qu'il a retrouvé une place dans les cuisines des monastères, probablement parce que les moines et les nonnes ont réussi à le cultiver comme «plante d'intérieur» malgré le climat inhospitalier. En Suisse, le laurier est pratiquement inexistant en tant que plante sauvage; *Flora Helvetica* ne cite que des «broussailles» et des «rocailles» au sud du Tessin, où l'arbuste, qui peut devenir un arbre de cinq mètres ou plus, s'est acclimaté à l'état sauvage.

Les feuilles de laurier sont très bonnes fraîches, mais aussi séchées. Elles doivent être vertes et entières, également un peu dures, mais pas brunes et cassantes. Le laurier est un aromate puissant, il faut éviter d'avoir la main lourde et doser le nombre de feuilles en fonction du plat. Un bouillon de poulet en supporte moins qu'une sauce de gibier. Un ragoût de lentilles avec du lard et des saucisses est meilleur avec trois à quatre feuilles; le laurier a aussi sa place dans un pâté, finement pilé ou écrasé entre les doigts.

Le bouquet garni est une combinaison classique d'assaisonnement, composé de feuilles de laurier, de persil, de thym, souvent enveloppé dans des tiges de poireaux et attaché, complété selon le plat par d'autres herbes, par exemple du basilic, du romarin, de la sarriette ou du céleri-branche. On laisse infuser ledit bouquet dans des marinades ou cuire dans des soupes, des bouillons ou des sauces, et le retire avant d'assaisonner et de servir les plats.

Quelques feuilles de laurier dans le garde-manger font fuir certains types d'insectes, comme les charançons.

Voir aussi: Lard paysan, page 376; Lard sec du Valais, page 471; Pancetta piana, page 608.

Luganiga

Saucisse à bouillir à base de porc

Don Francesco Alberti (1882-1939) du Malcantone est l'un des auteurs tessinois qui ont laissé des textes rédigés à partir de leurs souvenirs culinaires. Dans *Il voltamarsina* (1932), il parle d'un certain «Carlon, si enthousiaste» lors de la *mazza*, c'est-à-dire du bouchoyage: «Quand la mortadelle fut terminée, avec son bâtonnet enfoncé à travers le nœud, il la caressa une fois de plus, très content de lui, puis regarda alentour avec un sourire orgueilleux pour mieux profiter de l'admiration silencieuse du public. [...] Son visage était tout à fait différent lorsque, vers la fin du travail, il racla vigoureusement le tronc sur lequel la viande avait été hachée et utilisa les restes de cette viande pour fabriquer deux *luganighe*, qu'il tendit ensuite à tante Mina en lui disant d'un ton menaçant: «Gardez-les bien, ce sont des *luganighe* pour les masques du carnaval!» Tante Mina [...] les mit de côté, mais pour les manger elle-même et non pour les offrir à quelqu'un d'autre.»

Un dicton exprime une sorte d'appréciation illimitée: *«Trová i lüganig tacaa sü»*: voir des luganighe suspendues, c'est être au pays de cocagne. Cette phrase du Val Verzasca nous rappelle à quel point la viande était un mets rare dans les vallées de montagne, du moins jusqu'après la Seconde Guerre mondiale.

Le terme *luganiga* pourrait venir de la région historique de Lucanie, dans le sud de l'Italie (l'actuelle Basilicate), où les Romains élevaient des porcs; aujourd'hui cet élevage se pratique principalement du côté de Cilento. «On préparait aussi de très nombreuses espèces de saucisses ou de cervelas de viande pilée ou hachée et bien épicée dont on remplissait des boyaux du porc: les saucisses de Lucanie, *lucanicae*, dont les soldats avaient apporté à Rome la recette» (*L'Alimentation et la cuisine à Rome*). De nos jours, on se régale de *luganighe* au Tessin, dans les Grisons italiens et en Italie du Nord.

Selon Hans Rudolf Schinz (1745-1790), qui a vécu à Locarno de 1770 à 1771, l'élevage porcin n'était guère répandu dans le Tessin du XVIIIe siècle: «On élève peu de porcs, les paysans n'en ont pas du tout, à moins qu'ils n'aient des alpages sur lesquels ils nourrissent une truie et ses éventuels porcelets, de petit-lait. [...] Personne n'utilise ces animaux à des fins domestiques; leur chair est simplement hachée pour en faire des saucisses, dont les Italiens sont de grands amateurs; ils considèrent la chair fraîche des porcs comme très nuisible à la santé. Leur graisse n'est utilisée que par les pauvres à la place du beurre. On garde moins de porcs pour cette raison, car les pâturages sont très escarpés; ces animaux, guère habitués aux pâturages de montagne, feraient fuir les paisibles troupeaux de chèvres et de moutons. La viande porcine n'est pas prisée comme ailleurs et n'est donc pas taxée» (tiré du quatrième cahier des *Beyträge zur nähern Kenntniß des Schweizerlandes*, 1786).

En 1824, un registre de l'administration communale de Lugano mentionne des *luganighe* crues fabriquées à partir d'une masse grossière ainsi que des *luganighe* aromatisées à la vanille en relation avec les prix de la viande. Dans le livre de comptes d'un magasin du Mendrisiotto datant de 1840, des *luganighe* figurent parmi les envois. Vers la fin du XIXe siècle est apparue la coutume de servir un risotto au safran avec des *luganighe* à Noël, également dans le Mendrisiotto. Depuis lors, le couple risotto au safran et *luganighe* est devenu un véritable aimant à touristes, notamment lors du carnaval.

Autrefois, on ajoutait de la couenne de porc à la *luganiga*, de sorte que l'on ne faisait pas des *cotechini* partout; la *luganiga* était aussi appelée *piccolo cotechino*. C'était l'inverse dans le Valmaggia: «On les [les *codighe*] appelle souvent *luganighe* (saucisses de porc), mais c'est une définition trop générale. La *luganiga* est un produit à griller, difficile à classer, tandis que la *codiga*, qui est aussi une *luganiga*, est une saucisse faite lors du bouchoyage, toujours cuite à l'eau et contenant de la couenne» (*Der Geruch der erloschenen Glut*). Au début du XXe siècle, les habitants d'Aquila, dans le Val Blenio, préparaient des *lüganigh mâtt*, qui étaient farcies avec des parties moins prisées du porc, comme la couenne et les oreilles, et consommées immédiatement. Aujourd'hui, presque plus personne n'emploie de couenne pour les *luganighe*, qui se sont rapprochées des *Schweinsbratwürste* ou des *Bauernbratwürste* de Suisse alémanique et des saucisses à rôtir de Suisse romande.

Aujourd'hui, la viande, prélevée surtout sur l'épaule et le ventre, n'est ni trop maigre ni trop grasse. Selon le producteur ou les souhaits du client, la masse est plus proche du *cotechino* ou du *salametto*. Broyer la viande avec le lard, saler avec ou sans sel de salaison (servant d'agent rubéfiant), ajouter des épices *al gusto* comme du poivre, de la cannelle, des clous de girofle, de la noix de muscade, de l'ail et du vin, majoritairement blanc, pour obtenir une couleur claire. Suivant la région, on utilise plutôt du vin rouge ou d'autres boissons alcoolisées comme la grappa.

Embosser dans un boyau naturel de bœuf ou un boyau artificiel de 36 à 40 millimètres de diamètre. Attacher avec de la ficelle tous les dix centimètres. Il faut égoutter cette chaîne de saucisses et la laisser sécher quelques heures, puis la plonger dans de l'eau bouillante et enfin la déguster – ou alors elle se conserve au réfrigérateur pendant plusieurs jours; si on laisse sécher ces saucisses pendant dix jours ou plus, elles se découpent crues comme un *salametto*; si elles sont plus épaisses, il faut attendre trois à sept semaines avant de les manger tel un *salame*.

La *lucanica trentina* est une saucisse de porc du Trentin; elle est parfois mélangée à du bœuf, fumée et entreposée. Dans le Piémont, on la fait avec du porc et du bœuf et l'embosse dans du boyau de chèvre; on l'accompagne de *patate e crauti* (pommes de terre et choucroute).

On cuit les *luganighe* dans de l'eau, mais il est aussi possible de les poêler ou de les griller. À déguster avec du risotto, de la polenta ou des lentilles. Le Mardi gras avec du risotto. Une saucisse comme la *luganiga* peut également servir de base à une sauce: couper dans le sens de la longueur, retirer la peau, faire revenir quelques oignons hachés dans une poêle, émietter manuellement la chair à saucisse dans la poêle, ajouter du vin blanc, remuer et laisser mijoter. Déjà parfaitement assaisonnée, cette sauce à la saucisse pour les *paccheri con salsiccia* ne demande qu'à être savourée.

La *luganighetta* est la version plus fine et un peu plus maigre. Dans le Val Blenio, jusqu'aux années 1930, le curé du village allait bénir les maisons la veille de Noël; leurs habitants le remerciaient en lui offrant de l'argent, des cadeaux et parfois aussi une chaîne de saucisses qu'ils accrochaient à son cou.

Dans le reste de la Suisse, les saucisses de porc sont comparables aux *salsicce* du sud de la Suisse, qui diffèrent selon les régions. En Suisse alémanique, on distingue la saucisse à rôtir paysanne (*Bauernbratwurst*) de la saucisse de porc (*Schweinsbratwurst*), ce qui ouvre un large éventail de variations, malgré la similarité du contenu. Parmi les saucisses à rôtir romandes, la vaudoise, toute en spirale et transpercée d'un bâtonnet, également appelée «escargot de porc», est la plus reconnaissable.

Voir aussi: Schweinsbratwurst, page 95; Emmentaler Bauernbratwurst, page 258.

Luganighetta

Saucisse fine et allongée, à rôtir ou à griller

C'est la version plus élégante de la *luganiga* en termes de finesse et de diamètre, mais légèrement plus longue. La *luganighetta* est populaire comme saucisse grillée, également appréciée avec le risotto. Cette saucisse est plus mince parce que sa chair est plus finement hachée et parce qu'elle est embossée dans des boyaux de mouton.

Dans un registre sur la taxation des saucisses de 1653, conservé dans les archives de la Bourgeoisie de Lugano, il est fait mention d'une *luganighetta buona e fina*. Stefano Franscini (1796-1857), qui fut élu au tout premier Conseil fédéral et est considéré comme l'un des initiateurs de l'Office fédéral de la statistique, a écrit dans *La Svizzera italiana* (1838): «*Si salano le carni, si fanno salsicce*» (On sale les viandes, on fait des saucisses).

Selon l'*Atlas de folklore suisse*, basé sur des données des années 1930, la *luganighéta*, une «saucisse rose et longue», est connue dans les communes de Pura et Rovio dans le Sottoceneri. Au XXe siècle, surtout après la Seconde Guerre mondiale, la *luganighetta* s'est répandue dans tout le Tessin, jusqu'aux vallées de montagne et vers les Grisons italiens. Comme la *luganiga*, la saucisse fait partie du risotto du carnaval.

Hacher ou blitzer de la viande de porc grasse et maigre; certains producteurs ajoutent du bouillon ainsi que du Sbrinz ou du parmesan râpé, parfois même du veau (jusqu'à 20%). Du sel, du poivre et des épices telles que des clous de girofle, de la cannelle, de la noix de muscade, du macis, du marsala ou du vin; certains ne mettent pas d'ail, d'autres si – autant de petits secrets de boucher. Embosser dans de l'intestin de mouton, de préférence, enrouler la saucisse comme un serpent et vendre sur mesure.

On l'apprécie grillée ou rôtie, servie avec de la polenta, des pommes de terre et de la sauce tomate. Les *luganighette* ressemblent à la version réduite de la saucisse de porc vaudoise, elle aussi embossée dans du boyau de mouton, enroulée et maintenue par un petit bâton, qui est appelée escargot.

Mortadella di fegato

Saucisse à base de viande et de foie de porc

La *mortadella di fegato* ou mortadelle de foie est une sorte de salami avec une certaine proportion de foie de porc ; ses deux extrémités sont liées l'une à l'autre, la saucisse crue a un aspect sphérique et pèse rarement plus d'un kilo. La chair à saucisse de couleur rose de la *mortadella di Bologna*, composée à 100 % de viande de porc, est finement hachée comme celle d'un cervelas, parsemée de morceaux de graisse apparents (lanières de lard), de grains de poivre entiers et parfois de pistaches ; embossée dans des boyaux naturels ou artificiels et cuite à 70-80 °C, son poids varie entre une livre et un quintal (100 kg) – un énorme rouleau de viande ! Les deux saucisses ont chacune un goût caractéristique. Dans sa recette de mortadelle de Bologne, Joseph Favre ajoute à la viande, au sel et au salpêtre « ½ g de cochenille pulvérisée » pour la rubéfaction (*Dictionnaire universel de cuisine pratique*, 1894).

Le nom *mortadella* remonte à l'époque romaine et vient de *myrtadella*, du myrte commun (*Myrtus communis*), un arbuste méditerranéen. « Le peuple remplaçait le poivre, d'un prix élevé, par les baies de myrte, de saveur âcre et résineuse, [...] et dont l'usage était général avant l'arrivée de l'épice orientale. On appelait *murtatum*, d'où est dérivé l'italien *mortadello*, une saucisse abondamment relevée de myrte », rapporte Jacques André dans *L'Alimentation et la cuisine à Rome*. Le goût de ces petites baies bleu foncé rappelle ceux du romarin et des baies de genièvre ; de nos jours, elles renforcent les plats sardes, corses et grecs.

L'agronome italien Vincenzo Tanara décrit une mortadelle de foie dans *L'economia del Cittadino in villa :* « Avec du foie, pas trop finement haché, mélangé à des morceaux de graisse abdominale de porc et de coriandre, un peu de sel et de poivre, on fait un bon salami à déguster au printemps. » Ce texte fut publié à Bologne en 1644 – est-ce là le modèle de la *mortadella di fegato* ?

Les Tessinois ont des liens plus étroits avec la *mortadella della Val d'Ossola*, la vallée située entre le Valais et les Centovalli. Selon la Fondazione Slow Food per la Biodiversità, le vocable *mortadella* vient de *mortaio*, le mortier dans lequel la viande de porc et le foie sont pilés avant que la masse, parfois mélangée à du vin chaud, soit embossée dans des boyaux. Le myrte n'apparaît pas plus ici que dans la version tessinoise.

Au XVe siècle, le grand chef Martino Rossi, né dans le Val Blenio, nous a laissé une recette comprenant de la viande de veau (voir *la digression ci-dessous*). Dans les Archives de la Bourgeoisie de Lugano (celle-ci y est appelée *patriziato*), un document sur l'imposition des salaisons (*salsamenteria*) de 1653 évoque une « *mortadella* fine et bien entreposée ». Sur une liste de 1800 à Lugano figurent de la « *mortadella vecchia* » et de « *la nuova* ». Le livre de comptes d'un magasin du Mendrisiotto datant de 1840 mentionne quant à lui du salami de foie, « *salame di fegato* ».

Un ancien livre de Coire, commencé au XVIe mais achevé au siècle suivant, *Ein schön Kochbuch 1559*, propose deux recettes (probablement du XVIIe) très proches de la *mortadella di fegato* : dans l'une, on arrose du jarret de porc, du foie, du lard et de la graisse abdominale de deux grands verres du plus fort vin étranger (« *gleser Voll des aller sterchsten welschen winß* »), assaisonne le tout avec les épices habituelles et fume intensément la saucisse ; dans l'autre recette, on préconise l'ajout d'une ou deux poignées de « *schüblick teig* » (chair à schüblig) à la viande de porc.

La façon d'achever la préparation de la saucisse est décrite à la fin du XIXe siècle dans le manuel *I macellai-salumieri di Lugano* : « On la plonge dans de l'eau fraîche et l'y laisse une journée. Ensuite, changer l'eau et faire bouillir à feu doux pendant une demi-heure. Enfin, retirer du feu et laisser refroidir dans le jus. »

Dans la hiérarchie des saucisses traditionnelles tessinoises, la *mortadella di fegato* arrive en deuxième position après le *salame*. On utilise de la viande de porc bien persillée et tendre, mais aussi des morceaux de jambon paré, du lard de cou, de la *pancetta*, des restes de viande et du foie (de 2 à 5, parfois jusqu'à 15 %). Hacher grossièrement la viande et le lard, et réduire séparément le foie en bouillie. Certains incorporent la rate pour conserver une couleur rouge. En cours de hachage ou de broyage, on peut ajouter du sel nitrité ; une pincée de sucre suffit avec de la viande de porc d'alpage ferme et de qualité ; du poivre et des épices, selon le producteur, comme de la cannelle, des clous de girofle, de l'ail mélangé à du vin rouge, de la noix de muscade et parfois un peu de jus de citron pour adoucir l'amertume du foie – autour de ces saucisses légendaires, qui exhalent souvent le mal du pays et autres soupirs nostalgiques, gravitent sans fin des mystères aromatiques engloutis.

Bien mélanger la masse, comme le raconte Alice Vollenweider après une visite dans le Valmaggia : « Pour le pétrissage, les deux bouchers se tiennent devant leur cuve : l'un sépare l'ensemble de la masse en gros morceaux, les donne à son collègue, qui mélange et pétrit à nouveau le tout, forme à nouveau des morceaux ou des boules et les redonne à l'autre ; ainsi se poursuit un ballet éprouvant jusqu'à ce que la masse de viande soit bien compacte. C'est à ce travail intensif exécuté à quatre mains que la mortadelle doit sa tendresse incomparable » (*Frischer Fisch und wildes Grün. Essen im Tessin*).

Embosser cette « pâte de viande » dans des boyaux de porc ou de bœuf, fermer les extrémités. Traditionnellement, la *mortadella di fegato* est pliée en forme de U serré et attachée aux extrémités ; la saucisse ressemble à un compromis entre une balle de baseball et un petit ballon. Cette procédure présente des inconvénients, car une trop forte humidité risque de s'accumuler dans les plis du boyau – un lieu idyllique pour certains hôtes indésirables. Les bouchers poivrent ces plis pour empêcher les mouches d'y pondre leurs œufs. La *mortadella cruda* (crue) est embossée dans du fuseau de porc, également appelé « rosette ». Le séchage et le stockage peuvent prendre de quelques semaines à six mois voire plus, suivant le but recherché et le volume.

Pour la *mortadelle cotta* (cuite), il faut utiliser des boyaux très stables, comme de la baudruche (appendice) de bœuf ou de porc (*muletta*). Après quelques jours de séchage, les saucisses sont cuites à la vapeur ou à l'eau chaude; elles sont proposées entières ou découpées en tranches, ouvertes ou sous vide.

La *mortadella di fegato* peut peser jusqu'à deux kilos sous forme de *sacc*, c'est-à-dire contenue dans un appendice ou une vessie. Le *sacc* se conserve plus longtemps et se mange souvent en septembre, lors des vendanges; il est essentiellement produit par des particuliers faisant partie de l'ancienne génération. La *mortadella di sangue* est une rare variante de *sacc;* comme son nom l'indique, sa chair comprend du sang. Elle se fabrique à Cerentino dans la Valle di Campo.

La *mortadella di fegato* se déguste crue après une maturation d'au moins trois à quatre mois dans une cave naturelle. On en sert de fines tranches avec l'*affettato misto*. Il n'y a guère de risque de confusion avec le *salame*, et s'il y en a un, c'est «seulement jusqu'à la première bouchée – lorsque la saucisse révèle sa nature unique avec son incomparable goût légèrement sucré de foie, d'épices et d'ail» (*Um die Wurst*). Pour accompagner la polenta, des haricots blancs ou des lentilles, on découpe des tranches de *mortadella cotta* plus épaisses.

Les versions de l'arc alpin dans le nord de l'Italie ont un goût plus prononcé que celles du Tessin, grâce à une teneur en foie de 20 à 25%. La *mortadella di Poschiavo* contient également du foie de porc, mais elle est droite et non en forme de U. Les mortadelles cuites du Val Poschiavo sont servies avec des *pizzoccheri*, tandis que les crues, séchées à l'air et semblables à des salsiz, se mangent froides avec de la *brasciadèla* (cf. *page 590*) et du fromage.

Des problèmes de qualité des foies de porc ont commencé à affecter la production artisanale de *mortadella di fegato* au milieu des années 2010. Les foies peuvent contenir des virus entraînant une hépatite E après la consommation de *mortadella di fegato* crue. Les autorités recommandent donc de faire bouillir les foies avant utilisation (à une température à cœur d'au moins 71 °C pendant 20 minutes) ou prescrivent de les faire analyser s'ils doivent être ajoutés crus à la chair à saucisse. Les bouchers concernés réagissent diversement à ce problème. L'un fait bouillir le foie, l'autre ne change absolument rien; celui-ci utilise du foie de veau ou de bœuf et celui-là se passe de foie. Voici l'avis d'un boucher du marché de Bellinzona: «Seul le foie de porc cru lui donne son goût typique. Si je dois le cuire d'abord ou en utiliser un autre, je préfère ne pas en utiliser du tout. Et alors on comprend pourquoi cette *mortadella* n'a pas le goût d'une vraie *mortadella*.»

DIGRESSION

Mini-mortadelles d'antan

Pour Maestro Martino de Rossi, la *mortadella* était *«una specie di salame, ma molto più grosso»*, une sorte de salami, mais beaucoup plus gros. Cette définition plutôt vague a été laissée par un montagnard du Sopraceneri dont les compétences allaient redéfinir la cuisine italienne: Martino de Rossi (né vers 1430, mort après 1470), originaire de Torre dans le Val Blenio, était au service de princes séculiers et de l'Église, en Italie, comme le condottiere Gian Giacomo Trivulzio et surtout Ludovico Trevisano, cardinal et *camerlengo* (chambellan) de plusieurs papes – un homme de la Renaissance célèbre pour son goût du luxe et de la bonne chère.

Avec la recette intitulée *«Mortadelle di carne di vitello, o di altra carne giovane»* (Mortadelles de veau ou d'autres viandes jeunes), on a affaire à un format très réduit: il faut bien mélanger de la viande de veau, un peu de *lardo*, de la graisse de veau, du *prezzemolo* (persil), de la marjolaine, du jaune d'œuf, du fromage râpé, des épices et du safran et envelopper le tout dans une crépine de porc, de chevreau ou d'un autre animal et faire *«dei pezzi della grandezza di un uovo»*, des morceaux de la taille d'un œuf de poule (*Libro di Cucina del maestro Martino de Rossi*)!

Le manuscrit *Libro de arte coquinaria* de Martino, écrit vers 1464/65, a servi à Bartolomeo Sacchi, dit «Platine», humaniste et bibliothécaire pontifical, de base pour la partie dédiée aux recettes dans son ouvrage *De honesta voluptate et valetudine*. Le traité de cuisine de Platine, publié en 1474, fut le premier livre de cuisine imprimé; la version française, *Le Platine en francoys*, sera éditée en 1505, et la version allemande, *Von der Eerlichen zimlichen, auch erlaubten Wolust des leibs*, en 1542.

«Le recueil de recettes de Martino est transrégional. Ses plats montrent clairement que la cuisine italienne de la Renaissance a rompu avec bon nombre de traditions culinaires médiévales et ouvert de nouvelles voies. Ainsi, dans l'ouvrage de Martino, on ne trouvera plus de recettes de purées et de bouillies [...]. Au lieu de cela, le chou, les navets, le fenouil, les champignons, la courge, la laitue et des légumineuses comme les fèves et les pois sont utilisés pour préparer des plats autonomes (soupes, tartes, *fritelle*) [...]. Les recommandations pour la préparation des pâtes les plus diverses sont authentiquement italiennes» (*Klassiker der Kochkunst*).

En plus de recettes de vermicelles et de raviolis, Martino fournit des instructions pour réaliser des *maccheroni in altro modo*, des *maccheroni siciliani* ou encore des *maccharoni romaneschi* (cf. *Cornettes, page 190*).

Voir aussi: Leberwurst, page 110; Furmagin da cion, page 586.

Òss in bògia

Os dans un baquet avec de la moelle et des restes de viande

Le cochon était un bien rare doublé d'un sérieux concurrent alimentaire, mais il pouvait rapporter gros. Les meilleurs morceaux de *prosciutto* et de *coppa*, de *salame* et de mortadelle se vendaient aisément. Quant aux restes, on les consommait chez soi. Immédiatement après la *mazza*, à savoir le bouchoyage, on préparait la *rustisciada* (Mendrisiotto) ou la *fritüra* (Sopraceneri), «généralement destinées au boucher et à ses assistants», est-il précisé dans *Ticino a tavola*. Ce que l'on ne voulait ou ne pouvait pas utiliser, comme « le filet, les reins, le foie, le mésentère, le cœur et les poumons », était découpé, rôti, déglacé au sang, assaisonné et servi. Ce qui restait après la *mazza*, les *òss* (les os avec la moelle et les restes de viande), était haché et mariné dans de la saumure dans le même baquet en bois (*bògia*) que le jambon auparavant. Selon le mode de transformation du porc, les os étaient complétés par la queue, le groin, les pieds, les côtes et les oreilles ; dans les vallées de la Maggia et de la Verzasca, fiefs des chèvres tessinoises, on y ajoutait encore certains morceaux de ces animaux. Les *òss in bògia* sont surtout répandus dans le Sopraceneri et le Val Mesolcina, mais leur consommation diminue.

Dans un environnement pauvre en ressources comme les vallées de montagne du Tessin, les paysans et les artisans étaient devenus des artistes de l'utilisation du porc. Toutes les parties de son corps pouvaient être conservées dans de la saumure, y compris ses os. « Du cochon, rien ne se perd », lit-on dans *Il coltivatore perfetto* (1864), « soies, tête, pieds, intestins, tout est utilisable [...]. Mais l'engraissement des porcs coûte cher et n'est pas rentable s'il faut aller chercher leur nourriture en dehors de la ferme. La production ne vaut la peine que si l'on dispose de grandes quantités de glands. Le meunier a beaucoup de restes que l'on peut donner aux cochons. Le fromager peut fournir du petit-lait. [...] Enfin, il y a aussi de grandes familles de paysans qui ont beaucoup de restes de repas. »

Les meilleurs os viennent du dos, ils sont plus savoureux et le peu de viande qui y est encore attachée n'a presque pas de tendons. Comme ce n'est plus un luxe, les gens laissent plus de viande sur les os qu'auparavant. Les *òss in bògia* sont produits presque exclusivement par des particuliers ou des traditionalistes culinaires tels que les exploitants de grottos ; on peut parfois en trouver au marché du samedi à Bellinzona.

Les os de porc, la queue, la tête, les pieds, les côtes, les oreilles et les morceaux d'échine sont salés à sec et assaisonnés avec une préparation à base de grains de poivre, d'ail et de laurier. Ajouter trois litres de vin rouge pour 15 kilos d'os. Laisser mariner les morceaux pendant cinq à quinze jours, en les retournant tous les deux jours. Les recettes et les proportions varient, les puristes salent à sec et se passent de vin. Les *òss* peuvent être soit conservés au frais pendant trois semaines, soit congelés.

Avant la cuisson, rincer le sel des os et des autres morceaux, faire bouillir pendant 30 à 45 minutes, puis jeter l'eau. Faire cuire dans de l'eau fraîche pendant deux heures sans sel, en écumant régulièrement. S'il y a de la couenne et des pieds, il faut compter une heure de plus. Compter un kilo par personne. On n'utilise plus le bouillon après la cuisson, car il est trop gras et trop salé. Servir avec des pommes de terre ou du chou-rave ; une touche d'acidité sera la bienvenue, par exemple grâce à de la *mostarda* (condiment à base de fruits confits et de moutarde), des petits oignons ou des cornichons.

Un chef tessinois expérimenté, auréolé de plusieurs points et étoiles, apprécie le côté élémentaire de ce plat rustique, qu'il résume ainsi : « Faire bouillir des os, verser l'eau, manger avec de la polenta. »

En Valteline, on apprécie les *òss de ciün in salamòia*, des os de porc en saumure ; les morceaux sont séchés après avoir été marinés.

Voir aussi : Gnagi, page 295.

Pancetta piana

Lard plat et non fumé

Si le *lardo* est blanc comme neige, la *pancetta* provient de la poitrine et est striée – tout comme le lard paysan, principalement fumé, du versant nord des Alpes. Le terme *pancetta* désigne également le ventre – la panse – de ceux qui abusent volontiers de la bonne chère.

Les origines de la *pancetta* en Suisse italienne ne peuvent être clairement déterminées. En Italie, on en produit depuis des temps immémoriaux : *piana*, plate, puis surtout *arrotolata*, roulée (également plus courante au Tessin que la variété plate) et occasionnellement *affumicata*, fumée. De toute évidence, la *pancetta*, comme d'autres *salumi* typiquement italiens, a fait son chemin dans les cols du sud de la Suisse : dans un livre de comptes de 1840 du Mendrisiotto, de la *pancetta* figure entre de la saucisse et de la viande. En 1920, les bouchers du Sottoceneri qui approvisionnaient l'hôpital de Lugano en viande lui vendaient également de la *pancetta*.

Dans *Aspetti di vita montana* (1935), Guido Bolla écrit à propos de la *mazza*, à savoir le bouchoyage : « Maintenant la famille est approvisionnée en produits salés pour tout l'hiver et aussi pour l'été, personne n'a besoin d'aller à la boucherie pendant la récolte du foin. Dans les montagnes, des morceaux de *salame*, une *luganiga* séchée ou une tranche de *pancetta* remplacent un repas chaud. » Les viandes susmentionnées contiennent toute l'énergie nécessaire pour effectuer un travail physique intense. Du Val Bedretto, Ottavio Lurati rapporte ceci : « Les morceaux entiers de viande, surtout autour des côtes, aromatisés et salés, sont conservés dans des récipients en bois, *büdéll*, dans lesquels se forme une forte solution saline, appelée *salamöria* » (*Terminologia e usi pastorizi della val Bedretto*, 1968).

Pour la *pancetta*, on utilise le morceau situé devant les côtes. Pour le plat, on laisse la couenne, mais pas pour l'*arrotolata* car elle résiste à l'enroulement. Mélanger du sel et des épices telles que des clous de girofle, de l'ail séché, de la cannelle, du poivre blanc moulu, de la noix de muscade, de la cardamome et du sucre ; le poivre blanc éloigne les insectes, le sucre sert à la conservation et à la coloration, le sel nitrité ou le salpêtre est ajouté pour la rubéfaction. Il faut appliquer le mélange d'assaisonnement à sec et le faire pénétrer à la main, en massant le lard.

Conserver les morceaux dans des récipients en plastique ou en inox dans un endroit frais et à l'abri des mouches ou au congélateur. Pendant dix à vingt jours, le sel déshydrate le lard et pénètre la viande, moins la couenne. Les *pancette* devraient être retournées quotidiennement. Ensuite, laisser sécher à 20 °C et à un taux d'humidité relative de 70 %. La pièce doit être légèrement ventilée ; si l'air ne circule pas, un ventilateur s'impose. L'endroit idéal est un traditionnel *grotto* dans des cavités rocheuses naturelles à travers lesquelles l'air circule.

Après deux ou trois jours, la maturation commence à un taux d'humidité plus élevé, jusqu'à 90 %, et à une température réduite à 15 °C. Elle dure de dix jours à un mois et demi, selon le poids des *pancette*. À la fin, les côtes de lard sont 30 à 40 % plus légères qu'au début du processus.

Comme le *lardo* blanc, la *pancetta piana* finement tranchée fait partie de l'*affettato misto* et se déguste avec du pain et du vin en entrée, à l'apéritif, pour le goûter à la maison ou dans les *grotti*. On emploie de la *pancetta* et de la sauge pour envelopper des rouleaux de veau farcis au jambon, *üséi scapaa*. La *pancetta* renforce voluptueusement la saveur des *spaghetti alla carbonara* ou des *bucatini all'amatriciana*. De la *pancetta* verte, c'est-à-dire fraîche, est ajoutée à la *mortadella di fegato*.

Voir aussi : Lard paysan, page 376 ; Lard sec du Valais, page 471 ; Lardo, page 602.

Salame, salametto

Saucisses crues de taille variable séchées à l'air

Le mot *salame* vient du latin médiéval *salamen*, qui désigne un ensemble de choses salées, des salaisons. Le sel est utilisé comme agent de conservation déshydratant depuis l'Antiquité.

Les synonymes ou variantes suivant la forme, la taille et le grain sont les suivants : *salame nostrano*, *salametto*, *salamino*, *salám*, *salamín* et *salamèla* ; certaines saucisses contiennent de la viande de bœuf ; il y a aussi le *salame di testa* (avec des morceaux issus de la tête), le *salame di cinghiale* (sanglier), *d'asino* (âne), *di cavallo* (cheval), *di capra* (chèvre), *di cervo* (cerf) ; le *salame d'oca*, à savoir le salami d'oie, est une rareté italienne.

Une autre spécialité a été transmise par le pasteur zurichois Hans Rudolf Schinz, qui a vécu à Locarno de 1770 à 1771 : « Il n'est pas facile de trouver un pays où les loutres sont aussi abondantes qu'ici » ; les loutres traquaient le poisson, étaient chassées, abattues et servies « salées et sous forme de saucisses, un plat jugé délicieux dans les monastères », sans doute pour contourner les interdits pendant le Carême. Les loutres ont quasiment disparu des eaux suisses et sont donc strictement protégées ; on en aperçoit parfois l'une ou l'autre.

Les *salami* diffèrent selon les morceaux de viande choisis, en qualité et de par leur mode de transformation. Par rapport aux saucisses comme les *cotechini* et les *luganighe*, la matière première est plus noble, ce qui ressort d'un dicton du Val Lavizzara : « *Ciapaa salám da fá lüganig* », faire des *luganighe* avec de la viande de salami n'a pas de sens.

Selon la *Storia sociale dell'alimentazione in Ticino* de Guglielmo Solci (1995), ce qui faisait la fierté des familles au XVIIIe siècle, c'étaient les réserves de viande suspendues au plafond de la chambre à coucher, dont les *salami*. À cette époque, l'*ennetbirgische Schweiz* (la Suisse du sud des Alpes, c'est-à-dire les bailliages tessinois) était sous domination suisse alémanique (de 1403 à 1798, avec des interruptions) ; *il landfogto* (le bailli) Johann Friedrich Leucht notait en 1767 dans sa *Descrizione del baliaggio di Locarno* : « Lors d'un repas important, on sert [...] de la saucisse crue découpée, appelée *salammi*. »

Dans *Aspetti di vita montana* (1935), Guido Bolla parle de la transformation de la viande lors du bouchoyage, *la mazza* : « Avant l'invention du hachoir à viande, il fallait de longues heures, beaucoup de patience et de force pour accomplir ce travail sur un billot de noyer avec un grand hachoir bien aiguisé. » Les saucisses étaient suspendues dans une pièce pour sécher, une étape délicate. Ladite pièce ne doit pas être trop humide, sinon l'enveloppe se sépare de la viande et la saucisse rancit. Après environ deux semaines, de la moisissure blanche se forme à la surface, signe et garantie que le processus de maturation se déroule de manière satisfaisante. Avant que les réfrigérateurs ne soient disponibles pour protéger les *salami* des influences environnementales, on les emballait dans du papier et saupoudrait ces paquets de cendres ou de céréales.

Lors du traditionnel bouchoyage, le propriétaire des cochons devait décider s'il voulait produire de la viande fraîche ou de la *salumeria*, de la charcuterie ; celle-ci semble plus appréciée dans le sud de la Suisse que dans le reste du pays ; c'est du moins l'impression que l'on peut avoir en visitant des boutiques ou des marchés aux comestibles, par exemple le samedi matin dans la vieille ville de Bellinzona, où l'on propose davantage de saucisses et de fromages que de fruits et de légumes. La différence la plus importante réside dans l'utilisation des bons morceaux. Un *salame* contient le contraire d'une « viande de rebut », comme l'ignorance et les préjugés aiment à le laisser entendre.

Lorsque les couteaux sont aiguisés à la fin de l'automne pour la *mazza* de l'Osteria Centrale à Olivone, quatre caisses vides sont prêtes sous la table de travail. Les carcasses des porcs d'alpage ont été découpées en deux et en quatre la veille au soir et suspendues toute la nuit. Lors du traitement ultérieur, on sépare et conserve d'abord les morceaux pour le jambon cru et la *coppa* ainsi que le lard, puis on répartit les autres pièces. « La première caisse contient la meilleure viande sans graisse, le dos, c'est-à-dire l'aloyau, des parties du cou et parfois aussi du filet. C'est avec cette viande que nous faisons du salami », explique Tiziano Canonica, l'aubergiste qui donne un coup de main au boucher itinérant. La deuxième caisse est destinée à la viande pour la mortadelle, « là aussi de beaux morceaux, mais un peu plus durs et avec plus de graisse ». Le boucher remplit la troisième caisse avec des restes tels que des chutes de découpe, du gras, de la couenne, les passe dans le hachoir à viande à travers un disque de dix ou de cinq millimètres, puis malaxe et assaisonne le tout jusqu'à obtention d'une masse « avec laquelle nous faisons des *luganighe* ». Selon le volume du boyau, il peut aussi fabriquer des *cotechini*, « la masse est la même ».

Les tout derniers restes finissent dans la quatrième caisse, mais eux aussi peuvent être transformés en un plat, l'*òss in bògia*, divers bas-morceaux salés. « Quand on fait de la *salumeria*, tout ce qui reste à la fin, c'est le squelette. » Il est dégusté lors du final convivial comme *scéna d'òss*, repas d'os. « En guise de garniture, nous faisons cuire des pommes de terre et du sang, *gnüch e seng* », raconte Canonica. Le sang de porc de la veille est bouilli, les morceaux sont coupés en petits morceaux comme du foie de veau et rôtis dans de la graisse de rognons avec des pommes de terre cuites comme des rösti.

Les *salami* sont devenus des produits recherchés et répandus, mais la plupart sont fabriqués dans les boucheries commerciales et ne sont donc pas toujours excellents. On ne doit utiliser que de la viande de premier choix, de l'épaule, de la noix et des restes de cuisse ainsi que de la *pancetta*. Il faut couper le lard de dos en dés, hacher ou broyer la viande grossièrement, ajouter du sel, du sel nitrité, du poivre noir, des épices selon les goûts, parfois de l'ail, du vin rouge ou blanc. La caractéristique du *salame nostrano* est son grain grossier, alors que celui du *tipo milano* est fin. Outre le sel comme moyen de conservation ou de rubéfaction, les produits faits maison ne contiennent que du sucre ou du vin rouge, parfois aussi du salpêtre. La masse est embossée dans des boyaux de porc d'épaisseur et de longueur variables ; pour les *salami* de grande taille, il faut un matériau plus stable, comme la *cülaa* (la partie inférieure du gros intestin, alias le rectum). Le *nostrano* est toujours embossé dans des boyaux naturels.

On ficelle le *salame* suivant un modèle précis. Cette opération a pour but d'éviter les espaces et les trous entre le boyau et la viande, sinon celle-ci se gâte ; certains bouchers percent de petits trous dans la saucisse avec une sorte de brosse à ongles pour éliminer les éventuelles bulles d'air. En outre, la disposition du cordon empêche la tendre chair à saucisse suspendue de s'affaisser dans le boyau. Laisser les saucisses s'égoutter, sécher et mûrir est un processus délicat. Au début, le *salame* est stocké quelques jours à 20 °C et 65 % d'humidité, puis à 12-14 °C avec un taux d'humidité compris entre 85 et 70 %. Pendant cette période, la saucisse perd un tiers de son poids initial et une moisissure blanche se forme à la surface ; cette moisissure peut également être appliquée. La maturation ultérieure dure entre un mois et un an, voire plus, selon le volume. Les *salami* et *salametti* ne sont pas fumés.

Si en principe, un *salame* classique ne contient que du porc, certains bouchers préfèrent y ajouter 20 % de bœuf ou même davantage.

Plus fins, les *salametti* ont une longueur de 10 à 15 centimètres et arrivent à maturité au bout de huit à dix jours. Autrefois, on sélectionnait des viandes moins nobles pour les petits frères du *salami* ; on fabriquait aussi ces saucisses pour bénéficier un peu de la *mazza* après avoir vendu le *salami*.

Dans *Aspetti di vita montana*, Guido Bolla décrit comment, dans le Val Blenio, le jour de l'abattage, le boucher coupe la gorge du porc pour faire du *salame di testa*, du salami de tête. Cette spécialité, qui est également produite dans d'autres vallées, comme le Val Poschiavo grison, est élaborée pendant les mois d'hiver avec des parties de la tête comme la couenne, les joues, la gorge, la langue ainsi que le lard. On désosse les morceaux, les fait bouillir longuement dans de l'eau salée, les hache et les aromatise avec du poivre, du sel, de la coriandre, des clous de girofle et de la noix de muscade. Selon la taille, la masse est introduite dans la vessie (*bocia*) ou dans des boyaux ; elle est ensuite pressée, cuite brièvement une seconde fois et mise de côté pour refroidir. La durée moyenne de maturation est de six à sept mois, dans la vessie jusqu'à deux mois de plus. Le *salame di testa* est devenu un mets recherché depuis les années 1950.

Le *salám d'óla* est une spécialité du Mendrisiotto : produit comme le *cotechino*, puis plongé dans du saindoux dans un récipient (*óla*) pour le conserver. La saucisse reste ainsi protégée de l'oxydation, car la graisse ne rancit pas si vite. En Lomelline, une région située au sud-ouest de la Lombardie, cette saucisse est appelée *salam d'la duja*.

Comme le vin rouge, le *salame* doit être dégusté à une température ambiante normale, pas surchauffée – ce n'est qu'alors que se révèle toute sa richesse aromatique. Il se consomme en fines tranches à l'apéritif, souvent avec d'autres viandes froides, comme *affettato misto* sur une assiette avec du pain et du vin.

Les *salametti*, en revanche, se découpent en tranches plus épaisses ; faciles à glisser dans un sac à dos – un rucksack, en suisse romand –, ils constituent un en-cas apprécié des randonneurs.

Voir aussi : Saucisse sèche valaisanne, page 473 ; Urner Hauswurst, page 509 ; Salsiz, page 551.

Violino di capra e di camoscio

Gigot séché de chèvre ou de chamois

Les *violini* sont des cuisses ou des épaules de chèvre ou de chamois salées et séchées. En principe, elles sont produites selon la même méthode que le jambon cru. La différence réside dans la taille, le goût et la consistance : chèvres et chamois se déplacent toute leur vie sur des terrains très accidentés ; ces animaux concentrent leur force dans leurs pattes arrière, qui les catapultent par monts et par vaux comme des ressorts. Par comparaison, un cochon ne pousse sur ses courtes et épaisses jambes arrière qu'en cas d'urgence.

Les *violini* sont des réminiscences de traditions vivantes et témoignent d'une authenticité sans artifices. Au marché du samedi à Bellinzona, on les voit suspendus au-dessus des étals comme des ukulélés dans une foire. La forme a donné le nom : ces pattes séchées rappellent le manche du violon, et la partie charnue, toujours un peu plus large vers l'arrière, ressemble à la caisse de résonance de l'instrument ; les grands spécimens portent des griffes, la volute du violon. La seule chose qui manque ici est l'archet – remplacé par le couteau. Dans le Valmaggia, « *soná al violín* » signifie jouer du violon – pas dans la fosse d'orchestre, mais dans la cuisine ! Si l'on désire manger du *violino*, il faut se saisir du morceau séché par la jambe, le tenir avec le côté large contre son cou et faire glisser le couteau dessus comme l'archet d'un violon – aucune note, bien entendu, ne sortira de ce corps, il s'agit seulement de découper des tranches de viande – roulette russe à la tessinoise. On peut aussi renoncer à ce jeu dangereux et se contenter de poser la jambe sur la table, la fixer verticalement et la trancher sans excitation ni montée d'adrénaline, comme avec la *pata negra jamón de bellota*.

On élève des chèvres sur le territoire de la Suisse actuelle depuis huit millénaires (cf. *Digression page 600*) ; elles passaient pour la vache du pauvre jusqu'à la seconde moitié du XXe siècle. Tout ce que cet animal avait à offrir, on l'utilisait : son lait, puis son corps. Le dos était mangé frais, les membres étaient transformés en *violini* et le reste était haché pour en faire des saucisses, les fameux *cicitt*. Au début du XXe siècle, dans le Val Blenio, les cuisses de chamois étaient suspendues dans la cheminée de la cuisine avec les jambons de porc, et dans le Val Bedretto, on faisait sécher les *violitt* sur les façades des maisons.

Le processus de fabrication de *violoni* à partir de *capra* (le plus souvent de la race *Nera di Verzasca*) et de *camoscio* est presque identique. Les épaules écorchées, désossées et les jambons à l'os avec griffe sont salés, parfois avec du salpêtre, parfois sans. La cuisse d'une chèvre peut peser deux à trois kilos ; celle d'un chamois, animal sauvage, est moins grasse. Il faut moins de sel pour le gigot de chamois car sa viande est plus maigre et plus sèche. On ajoute un peu de sucre au sel et aux épices telles que du poivre, de la noix de muscade et de la cannelle, de l'ail grossièrement haché et des feuilles de laurier pilées. Les puristes assaisonnent *al naturale*, uniquement avec du sel, d'autres ajoutent des baies de genièvre et du romarin.

Laisser les morceaux assaisonnés reposer dans une bassine à 4-5 °C pendant dix jours, en les massant tous les deux jours pour que le mélange d'assaisonnement pénètre bien. Laver les *violini* à l'eau et les faire sécher au vent pendant deux jours. Laisser mûrir dans une cave pendant trois à six semaines, selon la taille. À la fin, le *violino* aura perdu 30 à 35 % de son poids frais.

Les gigots de chèvre, de chamois et de chevreuil sont bien connus dans les Grisons italiens, dans le canton d'Uri et le Valchiavenna. Les Piémontais apprécient les *violoni* de chevreuil, les Lombards plutôt ceux de mouton. La viande de chèvre salée et séchée est une tradition dans les Alpes savoyardes, les vallées de la Maurienne et de la Tarentaise, ainsi qu'en Valais, où le *Geisslidji* ou gigot de chèvre séché est valorisé comme produit de niche à côté du *Lammlidji*, son équivalent en viande d'agneau.

Les *violini di camoscio* sont produits presque exclusivement par des chasseurs, mais aussi par des personnes qui veulent s'offrir une cuisse fraîche pour la saler et la faire sécher elles-mêmes. Ces pièces ne sont pas bon marché : un *violino* de chèvre coûte entre 80 et 100 francs, un de chamois autour des 50 francs le kilo (mars 2015) ; elles constituent un cadeau de Noël très apprécié. On se les vend entre amis, localement et dans les agglomérations. Jusque dans les années 1990, elles étaient expédiés en Valais et à Uri.

Outre les *violini*, on produit de la viande séchée de la même façon à partir d'autres parties de la chèvre ; elle est « mise en chaussette » pour la protéger des mouches. La *carne secca di capra* est plus douce en bouche que le *violino*, car la maturation sur os en renforce le goût.

Les *violoni* se dégustent généralement en tranches avec du pain et du vin pendant la saison froide. Leur saveur est aussi âpre que puissante.

Voir aussi : Lammlidji et Geisslidji, page 467 ; Cicitt, page 599.

POISSONS

Missoltitt

Également appelé agone *en italien, ce poisson fait partie de la famille des harengs*

Les harengs sont riches en graisses et rassasiants, dans la mer ils servent de nourriture pour une multiplicité de plus gros poissons et garnissent avantageusement nos assiettes. La grande alose (*Alosa alosa*) est une espèce connue en Suisse, qui remontait autrefois le Rhin depuis l'Atlantique jusqu'à ses frayères comme le saumon, ainsi que l'alose feinte (*Alosa fallax*), que l'on trouve en tant que sous-espèce *lacustris*, communément appelée *agone*, dans le lac Majeur, celui de Lugano et dans les lacs italiens de Côme, d'Iseo et de Garde ; d'après la dernière taxonomie, elle s'appelle *Alosa agone*.

Pour distinguer les divers poissons blanc argenté aux reflets cuivrés les uns des autres, il faut compter les points : la grande alose présente une grande tache noire sur le bord supérieur de la fente branchiale et une ou deux taches plus petites derrière elle, alors que la grande tache noire de l'*agone* au même endroit est suivie de quatre à huit points noirs plus petits.

Les *agoni* migraient autrefois de l'Adriatique vers les lacs alpins en passant par le Pô et divers affluents septentrionaux pour frayer ; via le Tessin (il s'agit en l'occurrence de la rivière et non du canton), le voyage menait au Verbano, nom local du lac Majeur ; via la Tresa, qui se jette dans le Verbano près de Luino, les *agoni* migraient vers le Ceresio, à savoir le lac de Lugano. Au fil du temps, les juvéniles ne sont plus du tout retournés dans la mer et ont établi de nouveaux habitats d'eau douce.

Les *agoni* prennent le nom de *missoltitt* une fois qu'ils ont été salés et séchés ; leur couleur est alors dorée. Plusieurs hypothèses circulent sur l'origine de ce nom. Selon Ottavio Lurati, il vient de *misaltare*, composé du préfixe de négation allemand *miss-* et de *saltan*, *salare* (saler), qui ensemble signifient « à peine salé ». D'autres soutiennent que ce terme viendrait de *misolta*, qui désigne des récipients dans lesquels on mettait les poissons préparés. D'autres encore font remonter le mot au geste lui-même, « *messo nel tino* », mis dans un récipient en bois.

Une jolie légende associe l'origine des *missoltitt* à une riche touriste venue du nord. Cette dame nommée Holden, Oltin ou Oltini possédait une villa sur le lac de Côme et observa un jour des pêcheurs qui y jetaient quelques petites prises. Elle aurait conseillé aux hommes de saler et de sécher le poisson comme cela se fait dans le Nord. Les pêcheurs ont suivi son conseil, cherché un nom pour le nouveau produit et créé « Miss Oltini » ou « Miss Holdin », *turista svedese*. Au fil des ans, ce témoignage de reconnaissance à la conseillère a fait une petite mutation consonantique et est passé *missoltín* à *missoltitt*.

Dans le livre *Le rive del Verbano* (1710), il est rapporté ceci à propos de la rive italienne du lac Majeur : « Autrefois, on pouvait gagner un grand batz avec des *agoni* salés, maintenant on n'en prend que pour les avoir frais sur la table trois ou quatre fois. » Dans un texte de Lugano intitulé *I pesci e la pesca nel Cantone Ticino : memoria* (1871), on explique que le terme *missoltin* était utilisé en hiver pour désigner chaque juvénile de l'*agone* ainsi que tous les autres jeunes poissons, et que « les *agoni* et les *antesini* [nom des juvéniles des *agoni* dans le Ceresio] étaient salés et vendus comme des anchois et des sardines ». Les sardines et les petits anchois appartiennent également à la famille des harengs, les Clupéidés.

Au début du XXe siècle, le salage et le séchage des *agoni* était très répandu parmi la population des villages riverains du Ceresio comme du Verbano. Les poissons constituaient une source de protéines animales importante. Les *missoltitt* pouvaient se conserver quelques mois et être consommés pendant la saison froide, grillés, frits ou rôtis avec des oignons. On les appelait aussi *saracch*, « conservés dans le sel ».

Au bord du Lario – l'autre nom du lac de Côme –, le mode de préparation des *missoltitt* est très similaire et est encore suivi de nos jours, également grâce à Slow Food. Au Tessin, cette méthode de conservation classique a disparu avec la généralisation du réfrigérateur et du congélateur. Dans la seconde moitié du XXe siècle, seuls quelques pêcheurs préparaient encore des *missoltitt* – non par nécessité, mais pour le plaisir du goût et par respect de la tradition.

La catastrophe pour les *missoltitt* s'est produite en 1996, lorsqu'une usine chimique située sur la rive italienne du lac Majeur y a rejeté des produits qui ont tellement empoisonné les eaux que les pêcheurs professionnels n'ont plus été autorisés à commercialiser leurs *agoni* et ont dû les détruire massivement. Les poissons avaient absorbé du DDT par leur estomac et leurs branchies et l'ont stocké dans leur graisse, ainsi que des biphényles polychlorés (PCB), encore plus contaminants. « Les PCB sont toxiques et persistants. Ils s'accumulent dans les écosystèmes terrestres et aquatiques, et se répandent à la surface du globe par l'intermédiaire de processus atmosphériques. Ils sont responsables d'une vaste palette d'effets toxiques chroniques » (OFEV, avril 2015). Ils sont interdits en Suisse depuis 1986.

La vente d'*agoni* comme de *missoltitt* a été interdite au Tessin parce que faisant partie de la famille des harengs, ces poissons sont plus gras que les autres. « Les teneurs élevées en PCB des aloses feintes par rapport aux autres espèces pourraient être dues au taux de matière grasse comparativement élevé de cette espèce (en moyenne 10 % dans le lac Majeur et 7,5 % dans le lac de Lugano). Les taux moyens de matière grasse des autres espèces sont de 1,2 % (perche), 1,8 % (truite de rivière), 4 % (bondelle) et 4,7 % (omble chevalier) » (OFEV 2010). Les aloses feintes (*agoni*) restent contaminées plus longtemps et transmettent les toxines à ceux qui les consomment.

Selon les informations du *Laboratorio cantonale* de Bellinzona, l'interdiction est toujours en vigueur (septembre 2021), parce que des tempêtes et des volumes d'eau extrêmement puissants ont remué le fond des lacs en 2004, faisant à nouveau tourbillonner les substances déposées ; mais étant donné que les valeurs toxicologiques baissent, l'interdiction est susceptible d'être levée.

La période de reproduction des *agoni* s'étend de mai à juillet. Pour frayer, les poissons nagent vers le rivage et se font souvent aussitôt prendre dans des filets. Les spécimens âgés de 12 à 18 mois et d'environ 20 centimètres de long sont considérés comme les meilleurs. Bien laver, vider, enlever les branchies et l'intérieur la tête, écailler, égoutter et plonger dans de la saumure. Puis, frotter les poissons avec du sel à l'extérieur et à l'intérieur avant de les placer dans une *ola*, un récipient en argile semblable à une amphore. On laisse les *agoni* dans ce pot pendant 24 à 36 heures en les retournant plusieurs fois. Ils sont ensuite suspendus à l'envers sur un fil ou un crochet à l'air libre au bord du lac, sous les toits ou même sous un campanile. Lorsque les ventilateurs sont apparus sur le marché, les *missoltitt* furent mis à sécher dans des endroits abrités, inaccessibles aux insectes, et non plus directement au soleil. Au bout de quelques jours, on vérifiait la qualité, examinait les poissons en veillant à ce qu'ils ne portent pas de parasites et retirait les œufs de mouche, reconnaissables à de petits points blancs.

Une fois prêts, les *missoltitt*, de couleur dorée, étaient placés en couches croisées dans des boîtes de thon vides d'environ 25 centimètres de diamètre et 12 centimètres de haut; huit à dix poissons formaient une couche, par-dessus laquelle on disposait des feuilles de laurier fraîches. Les boîtes de conserve étaient déposées en biais dans la cave afin que l'huile puisse s'écouler. Une fois que celle-ci s'était bien égouttée, on pressait les boîtes de conserve, les remplissait d'huile de tournesol ou d'olive et les fermait avec des couvercles en plastique. Autrefois, on utilisait du papier huilé et de la ficelle. Ainsi protégés, les *missoltitt* se conservaient jusqu'à deux ans dans une cave à une température ambiante maximale de 15 °C.

Les *missoltitt* se mangent chauds. Retirer les arêtes, griller sur la braise ou poêler; servir avec de la polenta ou des *patate in umido*, des pommes de terre à la *passata* (coulis) de tomates.

Avant l'interdiction de 1996, un pêcheur produisait 70 à 80 boîtes contenant chacune une soixantaine de poissons et les vendait à 100 francs l'unité. Certains producteurs attendent impatiemment d'être autorisés à reprendre leurs activités. Sur le lac d'Iseo, entre le lac de Côme et celui de Garde, Slow Food fait campagne pour l'*agone* et a lancé un projet Presidio, la *sardina essiccata tradizionale del lago di Iseo* (cette *sardina* étant bel et bien une alose).

Voir aussi : Perche, page 170 ; Bondelle, pages 201 et 264 ; Corégones, page 315 ; Gangfish, page 341.

PRODUITS LAITIERS

Büsción

Fromage frais à pâte molle en forme de bouchon

La parenté entre *büsción* et *bouchon* saute aux yeux, et c'est en effet de celui-ci que provient ce terme dialectal. Dans la Valle di Muggio, où le *büsción* est aussi appelé *formaggino alto*, c'est une *antica tradizione*. Les deux termes conviennent parfaitement au produit ; la couleur et la forme de ce fromage frais à pâte molle rappellent les bouchons des tonneaux, et ils ont comme eux un format en hauteur (d'où l'adjectif *alto*), du moins au début de leur période d'affinage. La version plus douce est appelée *formaggino basso*.

Les fromages tessinois peuvent être divisés en deux parties égales, chacune ayant ses propres racines régionales (ce qui est souligné par les nombreuses appellations dialectales) : les fromages frais à pâte molle, souvent acides, destinés à une consommation rapide, et ceux fabriqués avec de la présure, généralement à pâte mi-dure et à croûte caractéristique, dont certains se conservent plusieurs années. Le lait provient de vaches et de chèvres et, suivant les régions, on fait du fromage en mélangeant ces deux types de lait ; quant aux fromages au lait de brebis, ils sont encore marginaux mais leur production augmente.

On peut soit laisser reposer le lait et le regarder commencer à se séparer et se transformer en yaourt, soit accélérer le processus en ajoutant de l'acide comme du yaourt (cultures lactiques), du jus de citron ou même un filet de vinaigre ; pour obtenir un fromage plus dur et non acide, on déclenche la formation de caillé avec du gaillet (ou caille-lait) jaune ou de la présure d'estomac de veau (caillette). Au Tessin, les deux options – fromages aigres et doux – sont autochtones ; en Suisse alémanique, le *Surchäs* et le *Bloderchäs* sont fabriqués principalement dans la vallée du Rhin saint-galloise.

Au début du XXe siècle, les *büsción* de la Valle di Muggio étaient essentiellement fabriqués à partir de lait de chèvre ; lorsque les conditions d'existence ont commencé à s'améliorer, on a élevé davantage de vaches et leur lait a été mélangé à celui des chèvres. Pour le *büsción*, cependant, le lait de chèvre signifiait bien plus que le résultat des circonstances, ce n'était pas seulement le jus de vache du pauvre : la nature acide du lait de chèvre donne au fromage sa signature, son caractère. De septembre à mars, les chèvres portent leur progéniture et doivent produire du lait. Les *büsción* se fabriquent donc du printemps à l'été, tant que les chèvres fournissent leur précieux liquide.

Le lait entier, pur – de chèvre ou de vache – ou mixte, est transformé cru ou thermisé. La thermisation tue une partie des micro-organismes indésirables ; après avoir été chauffé à une température comprise entre 57 et 68 °C pendant 15 secondes, le lait est immédiatement refroidi.

Inoculer le lait avec des bactéries lactiques, le laisser reposer une heure à une température minimale de 22 °C ; certains producteurs ajoutent encore de la présure. Après 12 heures, la pâte a suffisamment caillé pour qu'on y incise une croix (ce qui permet au petit-lait de s'échapper) ; après 24 heures supplémentaires, la pâte coagulée, coupée en morceaux, est disposée dans un linge, nouée comme un sac et suspendue à un crochet pour s'égoutter. Au fur et à mesure que le petit-lait s'écoule, la pâte sèche à une température ambiante de 20-22 °C.

Ensuite, on mélange la pâte avec du sel, la pétrit, la roule en saucisses de quatre à cinq centimètres de diamètre et découpe des bouchons d'une bonne dizaine de centimètres de long. Ils restent frais dans une glacière pendant dix à quinze jours ; on peut aussi les conserver dans de l'huile, assaisonnés d'ail, de laurier et de *peperoncino*. Certains les badigeonnent de temps en temps de vin blanc. Le *formaggino alto* commence à rétrécir après un certain temps passé à la cave, se rétracte sur lui-même et gagne en arôme et en force jusqu'à devenir *maturo* et crémeux. On produit des fromages similaires, appelés *caprini*, en Lombardie et dans le Piémont.

Le *büscíón* se déguste avec du pain et de la salade, en entrée ou avec un *affettato misto*. Il est excellent assaisonné de sel et de poivre, d'huile et de vinaigre ou encore de miel. Une fois bien mûrs, les *büscíón* se mettent à fondre. Jadis, les gourmets retiraient des asticots de ces petits fromages avec un cure-dent – une pratique qui nous paraît répugnante aujourd'hui, même si l'avenir immédiat semble sourire à ces fécondes créatures, et même officiellement : en 2016, la Confédération a autorisé la commercialisation de trois espèces d'insectes comestibles : le grillon domestique (*Acheta domestica*), le ver de farine (la larve du ténébrion meunier, *Tenebrio molitor*) et le criquet migrateur européen (*Locusta migratoria*).

Voir aussi : Bloderchäs et Surchäs, page 406 ; Zincarlín, page 619.

Formaggella

Fromage de taille moyenne, à pâte molle à mi-dure

Les formes diminutives servent souvent à désamorcer un danger, un conflit ou une situation pénible. Dans le cas de la *formaggella*, cela pourrait être vrai, du moins en partie. *« Al gh'a un öcc che guarda sü l'ass di formagèll »* est une expression dialectale pour désigner une personne qui louche : « Elle garde un œil sur le plateau de fromage. » Ledit plateau est suspendu au plafond pour protéger le fromage des souris.

Formaggella est un diminutif, car le vrai *formaggio* (*d'alpe*) est plus grand, plus lourd, il mûrit et dure plus longtemps. Autrefois, la vie sur l'alpage s'harmonisait en fonction de divers critères : l'altitude, la superficie, le nombre de vaches, l'état de santé, les veaux, le rendement laitier, le personnel. Au début et à la fin de la saison, lorsque le rendement laitier n'a pas encore atteint son maximum ou est déjà en train de rebaisser, les formats sont proportionnellement plus petits. Les *formagelle*, meules de taille modeste, sont tendres ou mi-dures, grasses ou mi-grasses, ont un diamètre de dix à vingt centimètres et une hauteur variant entre trois et cinq centimètres.

On fabriquait des *formaggelle* quand les animaux paissaient sur des alpages situés à moindre altitude, ainsi qu'en hiver. Les fromagers les gardaient pour eux-mêmes ou les vendaient localement ; seuls les plus grands fromages d'alpage étaient fabriqués pour le commerce, comme tous les fromages à pâte mi-dure à dure, qui maturent plus longtemps et contiennent moins d'eau ; plus le fromage est mou, plus sa teneur en eau est élevée et plus sa durée de conservation est brève.

Dans l'actuelle Suisse italienne, les alpages sont pâturés depuis le début du XIIIe siècle. Il n'est guère possible, cependant, de prouver que l'on produisait déjà des *formaggelle* à cette époque – ce sont en effet des fromages contenant de la présure, et l'on n'employait pas ou presque pas de présure durant la longue période comprise entre la chute de l'Empire romain et le Moyen Âge tardif. Les informations historiques sur les *formaggelle* sont rares, elles ne méritaient apparemment pas d'être mentionnées. Ce n'est que chez Hans Rudolf Schinz qu'il en est question, même s'il ne le fait pas de manière très explicite : « Le [fromage] maigre est consommé dans le pays même, et est présent sur les marchés à côté du gras, qui est fabriqué en hiver. Le fromage d'été, par contre, qui est fait gras sur les alpages, est à la fois ferme et mou » (extrait du quatrième cahier des *Beyträge zur nähern Kenntniß des Schweizerlandes*, 1786).

Le mode de production des *formagelle* est expliqué dans *La capra*, une publication de 1913 consacrée aux chèvres. Leur lait non mélangé était utilisé pour fabriquer du fromage gras, et du lait de vache écrémé y était ajouté pour en faire du mi-gras. Après avoir été broyée, la masse caillée remplissait des *fascere* (des moules), elle était pressée, placée sur de la paille et retournée plusieurs fois en 24 heures. Les jeunes meules étaient salées au bout de deux jours. Les *formaggelle* de 550 grammes à 2 kilos étaient affinées pendant un à deux mois, au maximum cinq. Ces fromages se révélaient très différents d'une région à l'autre, en fonction du fourrage, du climat, de la méthode de travail, des proportions du lait et de la sensibilité tactile des mains du fromager. Les noms des *formaggelle* étaient aussi variés que les fromages eux-mêmes : *c'asörin* en Léventine, *crénga* dans le Val Blenio, *maiòca* à Biasca, *mòta* ou *motígn* dans le Valmaggia, *fromagèla* dans le Val Verzasca. Aujourd'hui, on produit aussi des *formaggelle* en plaine.

Chauffer le lait cru à 35 °C ; le lait thermisé doit lui aussi être chauffé (pendant 15 secondes à 57-68 °C) et refroidi aussitôt après. Ajouter des cultures de bactéries lactiques et éventuellement de la moisissure noble pour rendre la croûte plus claire ; incorporer de la présure après 30 à 35 minutes. Le lait se sépare en caillé et en petit-lait 30 à 35 minutes plus tard. Broyer le caillé gélatineux en granulés de la taille d'une noisette à l'aide d'un tranche-caillé et d'une *spannarola*, une large louche à manche court ressemblant à une petite pelle.

Chauffer à 38 °C, laisser s'écouler un peu de petit-lait et verser la masse dans des moules perforés; réserver, en retournant régulièrement après 20 minutes, en dernier lieu le soir. 24 heures plus tard, immerger dans un bain d'eau salée pendant quatre à six heures, selon la taille du moule; on peut aussi saler les fromages à sec. Ils mûrissent à la cave pendant au moins trois semaines.

Si l'on n'y prend garde, une couche grise et pelucheuse peut se développer sur la croûte des fromages, appelée *peli di gatto* ou *péi da ratt*, poils de chat ou de rat. Il s'agit d'une *muffa*, un champignon du genre *Mucor* (dangereux pour les personnes immunodéprimées), qui peut également se développer sur les tommes de Savoie.

Plus la pâte est claire, plus elle contient de lait de chèvre; une pâte jaune indique qu'il s'agit de lait de vache. Les *formaggelle* mûres couronnent avantageusement un plateau de fromage avec leur pâte élégante et élastique et leurs arômes délicatement laiteux, piquants voire corsés. Rien d'étonnant à ce qu'elles se soient émancipés de l'usage domestique pour devenir une spécialité recherchée. Les *formaggelle grasse*, *semi-grasse* ou *magre* sont désormais produites aussi bien par des fromagers artisanaux que par de grandes laiteries au Tessin et dans les Grisons italiens. Bien affinés et à température ambiante, leur goût est fabuleux. Les *gnücch a crénga*, à savoir des pommes de terre avec de la *formaggella*, sont un plat typique du Val Blenio.

Formaggio d'alpe

Fromage à pâte mi-dure des alpages tessinois

Les machines à traire et les téléphériques, l'électricité et les hélicoptères, les routes goudronnées et autres facilités logistiques ont simplifié le quotidien pendant l'estivage. Les commodités de la vie moderne améliorent les conditions de travail, le ciel au-dessus des rochers et des pâturages est tout aussi numériquement connecté que sous les toits des agglomérations. Cela n'a rien de particulièrement bucolique, mais l'ancienne vie à l'alpage n'est romantique qu'en imagination. Le modeste développement des infrastructures n'a pas nui, au contraire: les fromages d'alpage tessinois ont un goût toujours aussi différencié et authentique. Le *formaggio d'alpe* domine la culture fromagère du Tessin; très peu d'autres fromages suisses atteignent un prix aussi élevé.

J'ai mangé mon premier morceau de *Lucomagno* dans un grotto du Val Blenio, puis j'ai essayé d'autres alpages, Pradasca, Croce, Pertusio, Ridéigra, Carassina – les meules se ressemblaient avec leur croûte gris brunâtre, mais chacune avait une saveur distincte. Des années plus tard, sur l'alpage de Pian Segno, qui appartient aux *boggesi di Olivone e di Campo Blenio*, le président de la Bourgeoisie énumère les facteurs qui forgent le caractère d'un *formaggio d'alpe*: « Le lait. Le fourrage. L'altitude de l'alpage. Son exposition. La composition du sol. Le mode de fabrication. La cave. Les moisissures. L'humidité. Les courants d'air. La forme physique des vaches. L'humeur du fromager. La sensibilité de ses mains. Le temps. Le stress. L'agitation dans le troupeau. La dureté de la pâte. Le nombre de bactéries… »

Les premières mentions écrites d'agriculture alpine au Tessin remontent au XIIe siècle. 80 % des alpages appartiennent aux *patriziati* (Bourgeoisies) et les autres à des personnes privées ou des familles. Un alpage appartenant à un « patriciat » est appelé *boggia*; il est utilisé par les *boggesi* eux-mêmes ou loué. Les fromages partaient autrefois outre-mer depuis le port de Gênes.

Les pâturages sont situés à différents niveaux entre 1500 et 2400 mètres d'altitude. Autrefois, les bergers grimpaient d'un alpage à l'autre, trimballant leurs ustensiles, du chaudron à la louche. Aujourd'hui, ils restent dans leur *caseificio* pendant toute la saison, qui dure du 1er juin au 30 septembre; des stations de traite mobiles se tiennent prêtes sur des pâturages éloignés, et le lait est expédié jusqu'à la fromagerie d'alpage la plus proche dans des conteneurs métalliques sur roues ou par des tuyaux en plastique.

Le *formaggio d'alpe* est un fromage au lait cru à pâte mi-dure fabriqué à partir de lait de vache. Le cahier des charges de l'AOP autorise l'ajout d'un maximum de 30 % de lait de chèvre (couramment utilisé surtout dans le Valmaggia et le Val Verzasca); avec du lait de chèvre, la pâte devient blanchâtre, alors qu'elle est jaune paille avec du lait de vache pur. Écrémer ou non en fonction de la teneur en graisse souhaitée. Faire chauffer le lait dans une bouilloire en cuivre jusqu'à 22 à 24 °C, incorporer les ferments; continuer à chauffer jusqu'à 32-35 °C, les bactéries s'activent. Après une bonne demi-heure, il faut ajouter de la présure dissoute dans de l'eau. Aujourd'hui, l'approvisionnement en présure et en ferments est centralisé. Autrefois, on obtenait sa présure à partir du quatrième estomac du veau (la caillette, en latin *abomasum*), le véritable tube digestif des ruminants; comme les veaux ne boivent initialement que du lait et qu'ils ne le digèrent que s'il est coagulé, il faut les y aider. On remplissait donc leurs estomacs de sel, de poivre et d'ail, on y ajoutait de l'eau tiède, laissait le tout fermenter et quatre jours plus tard, on obtenait la combinaison idéale d'enzymes pour coaguler le lait.

Après 25 à 40 minutes, le lait s'est séparé en petit-lait et en caillé. Fragmenter la pâte en morceaux de la taille d'un grain de riz avec un tranche-caillé. Chauffer lentement jusqu'à 45-50 °C. La chaleur permet aux grains de se contracter et de continuer à sécréter du petit-lait. Retirer la masse avec un linge, la laisser s'égoutter, la répartir dans des *fascere*, des moules ronds que l'on recouvre d'un tissu; autrefois en bois, ces moules sont aujourd'hui en plastique. Presser, retourner les meules trois fois, après dix à douze heures retirer le tissu et placer le chablon avec le nom de l'alpage dans les moules; le nom ressort de la croûte comme le gaufrage d'une carte de visite.

Au bout de 24 heures, on les démoule et les place dans un bain de saumure pendant 24 heures. Le sel continue à extraire de l'eau et favorise la formation de l'écorce. L'affinage se fait sur des planches de bois dans la cave à fromage à une température de 12 à 14 °C et avec une humidité relative de 85 à 95 %. Il faut brosser les meules tous les deux jours ou les frotter avec un chiffon humide. Cependant, les fromages d'alpage tessinois ne sont pas lavés ; avec le temps, de la *muffa* (moisissure) se développe sur la croûte, et des acariens peuvent s'y installer lors d'un stockage ultérieur si l'on n'y regarde pas de près en nettoyant le fromage. La durée de l'affinage est d'au moins deux à trois mois.

Le *formaggio d'alpe ticinese DOP* est le premier produit tessinois à avoir reçu le signe *Denominazione d'Origine Protetta*, en 2002 (sur les AOP et IGP, cf. *Supplément page 72*). Les règles sont définies dans les spécifications. Les propriétaires d'alpages et producteurs ne recherchent pas tous cette protection contre les contrefaçons, même s'ils remplissent toutes les conditions – ils vendent leurs fromages très bien sans signe distinctif DOP/AOP. Ces producteurs ne sont toutefois pas autorisés à mentionner le nom de leur alpage sur la couenne.

Hormis du pain et du vin, le *formaggio d'alpe* ne nécessite aucun accompagnement. Son arôme complexe s'épanouit mieux à température ambiante, sans chauffage excessif. Quand il est jeune, il a une saveur douceâtre, finement épicée, souvent très laiteuse, puis il gagne en sapidité ; après deux ans ce fromage est fort et salé, après trois ans et plus il est corsé et devient friable.

Dans ces magnifiques meules, « on retrouve les goûts et les odeurs de leur terroir d'origine, nos sens y perçoivent l'écorce d'arbre et la résine de sapin, les champignons, les fleurs et les herbes alpines, le feu de bois et la fumée, la vache et la chèvre, la cave avec son odeur de terre froide » (*Il cantone Ticino e la sua terra*).

Environ 350 tonnes de *formaggio d'alpe ticinese* sont produites chaque année. Cela correspondrait à environ un kilo par personne, si cette quantité était réservée à la seule population tessinoise ; en 2020, la consommation de fromage dans l'ensemble de la Suisse s'élevait à environ 23 kilos par habitant. La vente de *formaggio d'alpe* génère deux tiers des revenus des produits de fromagerie tessinois ; une grande partie est vendue directement sur les alpages. Il est recherché par les particuliers, les grottos ainsi que les restaurants gastronomiques – ce qui explique son prix élevé. Le *formaggio d'alpe* le plus connu est fabriqué sur l'Alpe Piora, en Léventine. Le *sindaco* d'une petite commune de l'*alto Ticino* clarifie à sa manière la situation : « Si l'on proposait du Piora à Lugano pour 40 francs le kilo, les gens penseraient que c'est un faux. »

SUPPLÉMENT

Des prés sur des rochers

Appelés « giarditt » ou « balóm » en dialecte local, de modestes « prés suspendus » sur de gros rochers témoignent des très rudes conditions d'existence que les habitants du Val Bavona (qui part du Valmaggia) et des vallées alpines reculées en général ont connues pendant des siècles ; elles poussèrent de nombreux jeunes hommes à émigrer. Plinio Martini (1923-1979) évoque ces constructions indispensables à la survie dans son roman intitulé *Le Fond du sac* : « Même le nom de Roseto [hameau du Val Bavona] me laissait un goût amer à la bouche, quand, ayant jeté un nouveau tas de fumier à la suite des autres, je regardais autour de moi et voyais combien nos vieux avaient peiné pour rassembler suffisamment de terres pour ne pas mourir de faim : ils avaient mis sur pied des alpages et tracé des sentiers dans des endroits impossibles, construit des kilomètres de murs [de soutènement] dans les prés et le long des versants, élevé des digues contre la rivière et les torrents, et même porté de la terre sur les rochers les plus gros pour nous faire un jardin potager ou un pré qui rapporterait une poignée de foin. Il y avait là le travail de plusieurs siècles, et le temps d'un Avé un éboulement tombait et une crue rompait les digues, balayait les cultures, emportait des étables entières avec leurs vaches et leur foin. »

Voir aussi : Fromages du Jura, page 76 ; Sankt Galler Alpkäse, page 408 ; Raclette du Valais, page 477 ; Urner Alpkäse, page 511 ; Glarner Alpkäse, page 531 ; Bündner Alpkäse, page 556.

Formaggio della paglia

Fromage à pâte molle emballé dans de la paille

Il y a de quoi s'étonner que ce fromage fondant soit menacé de disparition, car il est très apprécié et était déjà exporté avec succès il y a 250 ans, comme le rapporte Hans Rudolf Schinz dans le quatrième cahier de ses *Beyträge zur nähern Kenntniß des Schweizerlandes* (1786) : « L'exportation de ce fromage n'est pas moins considérable. [...] Celui à pâte ferme est fabriqué sur tous les alpages dans les quatre régions, mais le fromage à pâte molle n'est fabriqué spécialement que dans les plus hauts alpages du Valmaggia. Il est fort connu sous le nom de fromage de paille de Lavizzara ; on l'emballe dans de la paille et le vend sous forme de cylindriques de 30 à 40 livres dans toute l'Italie, et surtout sur les bateaux – on l'appelle Formaggio di paglia ; il est si tendre qu'on peut le tartiner sur du pain comme du beurre – il est aussi très salé et fort, et se gâte tout à fait au bout d'une année. On a calculé que dans le seul domaine de Lavizzara, on exporte annuellement pour plus de 70 000 lires de ce fromage. »

La transformation du lait a toujours été très profitable à la population montagnarde, même à l'époque économiquement difficile des bailliages, du XVIe au XVIIIe siècle. En tant que seule source de revenus, ce fromage a pu survivre sans être taxé, pour la simple raison que les baillis ne prenaient pas la peine de monter sur les alpages. Une étude historique sur le Valmaggia (*Storia della Valle Maggia*, 1941) affirme que « Lavizzara à elle seule a vendu du *formaggio della paglia* en Italie pour 10 000 scudi [environ 120 000 francs] en 1627 ». En 1857, la revue *Il contadino che pensa* (Le paysan qui pense) rapporte que le *formaggio della paglia* est également connu et apprécié de l'autre côté des Alpes, ainsi qu'au Piémont et à Gênes. Un touriste italien qui visitait le village de Fusio dans le Val Lavizzara à la fin du XIXe siècle écrivit ceci : « Un fromage vraiment exquis [...]. Le goût est comparable aux célèbres *stracchini di Gorgonzola.* » L'*Album-Guida della Vallemaggia* fait quant à lui la comparaison suivante en 1908 : « Lorsqu'il est bien fait et arrivé à maturité, il peut rivaliser avec les meilleurs *stracchini* ou Limbourg. »

Malgré tous ces éloges, le *formaggio della paglia* était devenu introuvable dans la seconde moitié du XXe siècle ; en 1971, on considérait qu'il avait disparu. Il s'est avéré par la suite qu'un seul fromager en produisait encore. Et il garde sa recette secrète – elle n'est connue que dans les grandes lignes.

Sans le chauffer excessivement, il faut réchauffer du lait de vache ou de chèvre ou un mélange des deux. Inoculer avec de la présure et laisser cailler pendant une demi-heure. Retirer du feu, trancher le caillé en gros grains. Réchauffer légèrement, puis retirer les grains et remplir des *fascere*, des moules circulaires, mais sans presser. Retirer, saler à sec ou saumurer, stocker dans une cave tempérée pendant deux bons mois. Pour finir, on l'enveloppe dans de la paille.

Les *formaggi della paglia* ont une consistance douce et crémeuse et un goût fortement aromatique, presque mordant, mais harmonieux. C'est une rareté saisonnière d'août à octobre, que l'on consomme avec du pain, des pommes de terre en robe des champs ou de la polenta.

Une question reste ouverte : pourquoi a-t-on commencé à fabriquer ce fromage alors que le *formaggio d'alpe* était déjà connu ? Des experts supposent que le *formaggio della paglia* était produit au début de l'estivage, alors que les vaches étaient encore fatiguées de leur ascension. Le lait des vaches stressées a une composition biochimique différente, ce qui complique son caillage. En outre, l'atmosphère est encore stérile au début de l'estivage, la flore bactérienne de l'exploitation n'a pas encore eu le temps de se développer.

Dans le Piémont, il existe un fromage gras à pâte molle fabriqué à partir de lait de vache que l'on stocke sur des nattes de paille, la *tuma d'la paja*. Consommé jeune, il a un goût beurré et doux, qui devient plus piquant au terme de son affinage.

SUPPLÉMENT

Formaggella al fieno e fiori

Dans les années 2010, ce n'est pas sur un plateau d'argent ou dans un guide voyage que l'on trouvera du *formaggio della paglia*, il faut y mettre du sien. Certains fromagers – ou certaines fromagères – en livrent sur commande. Dans la partie inférieure du Val Blenio, Gino « il contadino » Zanetti affine une *formaggella al fieno e fiori*, un fromage aux fleurs de foin. Pourquoi pas de la paille ? « Le foin est plus aromatique », explique le jeune agriculteur-fromager. « La paille n'est plus nécessaire », précise son père. « Autrefois, les gens mettaient les fromages dans de la paille pour les mettre à l'abri des voleurs. »

Ricotta, mascarpa

Fromage frais à base de petit-lait

Le vrai fromage remplissait le porte-monnaie, et la *ricotta* ou *mascarpa* l'estomac. Jadis, elle était destinée à un usage privé, et non à la vente comme les *formaggi d'alpe* ou les *formaggelle*. Suivant la matière première employée, il existe des *ricotte* plus ou moins grasses et friables. Il s'agit d'un produit obtenu en réutilisant le lait ayant servi à faire du fromage ; connu principalement en Italie, on en fabrique également au Tessin et dans les Grisons italiens. La *ricotta* existe depuis que l'on tranforme du lait en fromage. Selon le *Vocabolario dei dialetti della Svizzera italiana*, l'agriculture de montagne dans le sud de la Suisse est attestée et pratiquée depuis le XIIe siècle.

Dans un documentaire réalisé par Mike Wildbolz et Liliana Piantini Piffaretti, intitulé *Fa firögna* (2001), la femme d'un paysan de Campo Blenio raconte qu'autrefois ils ne mangeaient que du *mascarpín* du matin au soir, jusqu'à ce qu'il leur sorte par les oreilles. Le *mascarpín* ou *mascarpa* est la version fraîche de la *ricotta*, douce, veloutée, crémeuse. Le régime alimentaire était tout aussi monotone dans le Val Bedretto, où le repas sur l'alpage s'appelait « *züfé* », « manger de la *ricotta* fraîche ». Les variantes léventines sont *zigra* et *züfa*. *Zigra* vient de *Ziger*, dérivé du terme celtique *tsigros*, qui désigne le fromage, et *züfa* est issu du suisse allemand *Süffi* ou de l'uranais *Zigersuffi*. En Suisse romande, on produit du sérac.

L'étymologie du mot *mascarpa*, dont est issu le fameux *mascarpone*, est incertaine ; on mangeait de la *ricotta* séchée à la fumée, appelée *mascarpín*, pour le goûter. Le terme *ricotta* remonte au latin *recocta*, qui signifie recuit. Cela explique tout : la *ricotta* est une masse blanche, pauvre en graisses et riche en protéines, mi-friable, mi-élastique, mi-grumeleuse, mi-compacte, agglomérée par des particules résiduelles précipitées dans le petit-lait, qui est à nouveau bouilli après la fabrication du fromage une fois qu'on y a ajouté un peu de lait et d'acide.

Avant que la logistique et la technologie modernes n'allègent les difficultés de la vie à l'alpage, on fabriquait de la *ricotta* le plus simplement du monde. Le petit-lait était chauffé et on y ajoutait de la *maistra*, un liquide verdâtre qui subsiste après la dernière production de *ricotta* (petit-lait acide). Ce qui restait était donné aux cochons ou utilisé pour laver l'équipement. La *maistra* était conservée dans un tonneau. On en ajoutait encore et encore, selon le même principe qui fait que l'on ajoute du levain à la pâte.

Grâce au caillage, la *ricotta* flottait à la surface, était écumée (à l'aide d'une écumoire) et déposée sur un linge ; ce linge rempli était suspendu à des crochets ou à des poutres pour s'égoutter. On mettait continuellement de la *mascarpa* ou *ricotta* fraîche dans un tonneau et la conservait ainsi, salée ou séchée, pendant tout l'été ; ou bien elle était posée sur la cheminée et fumée pour en faire du *mascarpitt*, qui se mangeait en morceaux ou râpé dans la soupe.

Aujourd'hui, on utilise de l'acide citrique ou acétique à la place de la *maistra*. Après le caillage du lait et l'extraction du caillé, d'autres précieuses protéines demeurent dans le liquide restant (le petit-lait ou lactosérum, qui ne contient plus de caséine), notamment de l'albumine. Pour les extraire, il faut à nouveau un peu de caséine. Ajouter 2 à 3 % de lait ou de babeurre au petit-lait à une température de 70 à 75 °C ; verser de l'acide (80 grammes dilués dans 100 litres d'eau) une fois que la température atteint 90 à 94 °C. La *ricotta* lève immédiatement ; on la verse alors dans des moules perforés ou dans un linge ; laisser égoutter pendant quelques heures.

Bien que la *ricotta* soit plus facile à faire que le fromage, il arrive qu'on la rate. Les raisons de cet échec sont mystérieuses. Certains pensent que cela tient à la météo, d'autres pointent du doigt la sociabilité du fromager ou mettent tout sur le compte des caprices du destin.

La *ricotta* peut se conserver longtemps si elle est mélangée à du sel, du poivre et éventuellement des épices et enfermée hermétiquement dans un récipient ou recouverte d'une couche d'eau salée. Conservée de cette manière, elle est appelée *mascarpa in bogia*, de la *ricotta* dans un seau en bois ; une *bogia* contient environ 15 litres. Ou alors on la conserve dans des *ole*, des amphores en terre cuite. Le fumage, autre méthode de conservation, est de moins en moins répandu. La *ricotta affumicata* peut être râpée sur des pâtes pour changer du parmesan habituel. Les *spaghetti alla Norma* sont préparés avec des aubergines, de l'ail, du basilic, des tomates et de la *ricotta* salée et sèche. On fabrique de la *ricotta* en Suisse, en Italie, en France, en Grèce et en Espagne ; dans les régions plus méridionales de l'Italie, à partir de petit-lait de bufflonne ou de brebis, en Corse à partir de petit-lait de brebis ou de chèvre : le *brocciu*.

La *mascarpa* a une saveur délicate, un peu fade, et bien que sa consistance soit assez tendre, elle est suffisamment ferme pour qu'on la découpe au couteau. Elle est servie nature ou assaisonnée d'huile, de sel et de poivre, en salade ou avec des pommes de terre en robe des champs. C'est un aliment très nutritif, peu gras, mais riche en protéines. Aujourd'hui, le petit-lait est plus couramment utilisé en montagne pour la fabrication du beurre de fromagerie (également appelé beurre de crème de petit-lait) ou pour l'alimentation des cochons.

Voir aussi : Rivella, page 119 ; Sérac, page 228 ; Ziger, page 364 ; Petit-lait, page 439.

Robiola

Formaggino *(petit fromage) frais rond, tendre et élastique*

La *robiola* est produite dans tout le Tessin – mais principalement dans le Sottoceneri – à partir de lait de vache et de chèvre. Le processus, du versement du lait dans la cuve à la découpe de la meule finie, est simple et rapide, contrairement au *formaggio d'alpe*. La vente rapide de ce produit constitue une source constante de revenus.

Ce fromage est rond et frais, de couleur blanche à jaune pâle, sa pâte est molle, élastique et légère ; il a une odeur de lait caillé et un goût légèrement salé rappelant un peu le blanc d'œuf.

En Italie, le terme *robiola* est attesté depuis le XVIe siècle, selon le *Dizionario etimologico della lingua italiana ;* il est dérivé d'une plante appelée *rubia* (*Rubia tinctorum*), la garance des teinturiers, dont les racines et rhizomes contiennent des substances permettant de colorer le cuir en rouge. Le cuir était tanné sur des planches de chêne rondes appelées *robiola*, et comme un fromage à pâte molle traditionnel ressemblait à ces planches, on lui a donné le même nom. Les Tessinois l'ont adopté, même si les *robiole ticinesi* diffèrent des lombardes par leur forme et leur saveur.

À propos des fromages du Sottoceneri, Stefano Franscini (1796-1857) rapporte ceci dans *La Svizzera italiana* : « Il y a beaucoup de lait de chèvre dans les *furmagéi* et les *robiolini*, des petits fromages qui se mangent frais et tendres, et plus ils contiennent de lait de chèvre, plus ils sont recherchés. Les habitants des flancs du Camoghè et du Monte Generoso en font de particulièrement bons. »

On utilisait du lait de chèvre ou un mélange de lait de chèvre et de vache. Autrefois, comme on n'ajoutait pas de ferments lactiques, les *robiole* étaient consommées fraîches, s'apparentant ainsi à des yaourts fermes, ou alors on les salait ; leur durée de conservation ne dépassait pas dix jours.

Traditionnellement, les *robiole* étaient produites près des centres car il fallait les vendre rapidement. Jusqu'à la fin du XXe siècle, il n'y avait pas de *robiole* en Léventine et dans le Val Blenio, car on estimait que ce n'était pas véritablement du fromage. Les *robiole* tessinoises se distinguent des italiennes par leur douce saveur, et c'est à cause de cela que ces fromages sont plus sensibles aux mauvaises bactéries. Pour leur barrer la route, on thermise le lait.

Avec du lait de chèvre pur, les *robiole* deviennent presque blanches comme neige, alors qu'avec du lait de vache elles seront plus jaunâtres. La vache absorbe plus de bêta-carotène de l'herbe que la chèvre. Cette dernière mange moins d'herbe grasse, mais tout ce qui pousse sur un paysage aride. Au lait chauffé à une température comprise entre 35 et 40 °C, on ajoute des cultures lactiques, ou un demi-pot de yaourt pour 50 litres. Suivant la méthode préconisée, continuer à chauffer, laisser agir pendant 10 à 20 minutes. Inoculer avec de la présure, laisser cailler pendant 45 à 60 minutes, fragmenter le caillé en morceaux de la taille d'une noix ou d'une noisette à l'aide d'un tranche-caillé ou d'un bâton à fines branches. Égoutter le petit-lait, verser la masse dans des petits paniers ou des tubes perforés ; retourner une ou deux fois. Laisser reposer au chaud pendant huit à douze heures, retirer le fromage des tubes et le portionner (environ 100 grammes par unité), saler à sec ou saumurer. Conserver au réfrigérateur à 4 °C pendant un jour ou davantage, mais au maximum une semaine. On peut aussi laisser les *robiole* maturer dans une cave à 10-13 °C. Elles ressemblent à des tommes.

Produites toute l'année, les *robiole* sont plus populaires en été. On les consomme fraîches, telles quelles ou avec de l'huile d'olive, du sel et du poivre. La *robiola* affinée peut être grillée sur des pierres chaudes ou rôtie à la poêle.

De nombreux fromages portent le nom de *robiola* en Italie, mais ils sont organoleptiquement très différents. La *robiola* de Roccaverano est célèbre dans le Piémont depuis le Moyen Âge.

Ces petits fromages fripés et très épicés sont traditionnellement consommés avec de la polenta ou des pommes de terre ; ils sont particulièrement savoureux avec du pain et du miel de châtaignier, du vin blanc très sec ou du *vino passito bianco*.

Zincarlín

Fromage à pâte molle affiné et poivré

En dehors de la *Vall da Mücc* (la vallée de Muggio en dialecte local), on a commencé à s'intéresser à ce fromage à pâte molle poivrée alors qu'il avait presque disparu. La législation alimentaire était en passe de noyer une exclusivité dans une mer de paragraphes et d'alinéas. Le *zincarlín*, le « prolongement » affiné du *büsción*, se fonde sans doute autant sur *l'antica tradizione* que sur son frère frais. Selon les linguistes tessinois Ottavio Lurati et Franco Lurà, ce curieux nom remonte probablement à *tsigros*, mot celtique désignant un « fromage à usage domestique ». Le terme *Ziger* (sérac en allemand) ou *zigra* (*ricotta*) pourrait provenir de la même racine. Les *zincarlín* étaient effectivement des « fromages à usage domestique », et aujourd'hui, après avoir été sauvés à la dernière minute, ils sont une spécialité très recherchée : avec le *Zincarlín da la Vall da Mücc*, Slow Food a créé en 2004 le premier Presidio de Suisse, soutenu par l'association de communes Regione Valle di Muggio, Val Mara et Salorino, un village au pied du Monte Generoso.

À l'origine, les *zincarlín* étaient des restes recyclés : les *büsción* frais, également appelés *fromaggini alti*, qui n'avaient pu être vendus, étaient réemployés. Comme les *büsción*, les *zincarlín* sont fabriqués à partir de lait cru ou thermisé de vache, de chèvre ou mixte (cf. *page 613*). Lorsque la pâte fraîche enveloppée dans un linge a perdu suffisamment de petit-lait, elle est prête pour faire des *büsción*. Pour les *zincarlín*, la procédure se poursuit en pressant la pâte et en la pétrissant à nouveau en ajoutant du sel et beaucoup de poivre noir grossièrement concassé ; le sel est un minéral conservateur, le poivre non seulement une épice mais aussi un antimicrobien. On façonne à la main des meules de la taille d'un poing, ressemblant à des cloches, et les place sur des planches de bois, parfois dans des *ole*, des cruches en argile. Les *zincarlín* commercialisés pour le frais sont assaisonnés à volonté avec de l'ail ou des herbes, par exemple de la ciboulette.

On laisse macérer les *zincarlín* à environ 18 °C pendant dix jours, puis on les fait maturer dans une cave naturelle à 10-12 °C. Ils arrivent à maturité à partir de deux mois, mais plus on est patient, plus ils seront piquants. Tous les deux jours, on les frotte avec du petit-lait ou de l'eau salée, du vin blanc ou de la grappa pour éviter les moisissures ; une peau rougeâtre se forme, sans doute un champignon. Avec le mûrissement et la perte de liquide, des vagues et des rides ressemblant à des circonvolutions cérébrales se dessinent sur la peau. Les *zincarlín* auront perdu 30 à 50 % de leur poids frais au terme de leur affinage.

SUPPLÉMENT

Les *nevère*

Ce sont des réfrigérateurs naturels, des silos à neige que l'on trouve dans la Valle di Muggio et dans la vallée italienne d'Intelvi. Comparables aux *Nitler* du canton d'Uri et aux *cròt* du Val Poschiavo, mais un peu plus grands et plus sophistiqués, il s'agit de tourelles aux murs et aux toits solides (pour autant qu'ils soient entretenus). Le *Museo entnografico Valle di Muggio de Bruzzella* a inventorié pas moins de 70 *nevère* sur les deux versants du Monte Generoso ; la plupart sont à l'état de ruines. La plus ancienne *nevèra* à ce jour a été construite en 1742, la plus récente en 1903/04 ; les *nevère* ont été utilisées jusque dans les années 1950 dans la vallée de Muggio, plus longtemps en Italie.

Une *nevèra* particulièrement imposante se trouve sur l'Alpe Loasa et est en cours de restauration (*loasa.ch*). Elle peut contenir 60 m³ de neige. À la fin de l'hiver, les pièces, qui étaient généralement circulaires (aux deux tiers dans le sol), étaient remplies de vieille neige, qui était tassée et recouverte de feuilles ou de foin servant de tapis isolant. Dans la pièce, la température – de 10 °C – restait stable, suivant le temps qu'il faisait, jusqu'au mois d'octobre suivant. Pendant l'estivage, c'était un lieu de stockage écologique parfait pour les denrées périssables telles que le lait, la crème et le fromage.

FRUITS, LÉGUMES ET PLANTES

Castagna

Châtaigne, Edelkastanie, c(h)astogna

Le châtaignier (*Castanea sativa*) appartient à la famille des Fagacées et nous enchante par ses fruits savoureux; le marronnier d'Inde (*Aesculus hippocastanum*) fait quant à lui partie d'une autre famille, celle des Sapindacées et, comme son nom latin l'indique, sert à nourrir les chevaux. En particulier dans le sud, la châtaigne était d'une grande valeur en tant qu'aliment de base jusqu'à ce qu'elle soit supplantée par le maïs et la pomme de terre. Les Romains l'auraient apportée dans les régions alpines et, au-delà, en Grande-Bretagne, où les gens du peuple l'appréciaient beaucoup, comme le proclame la première sorcière au début du *Macbeth* de Shakespeare:

– La femme d'un matelot avait des châtaignes dans son giron et mâchonnait, mâchonnait, mâchonnait! «Donne-m'en», lui dis-je. – «Arrière, sorcière!» crie la rogneuse au gros derrière. (Traduction de Maurice Maeterlinck)

Sur la petite fiche consacrée au châtaignier dans *Flora Helvetica*, on est frappé de voir à quel point il est éparpillé en Suisse – ou du moins pourrait l'être, si l'on en prenait soin: dans des niches climatiquement propices, de Chiasso à Bâle, du lac Léman au lac de Constance. Le châtaignier avait une réelle importance en tant qu'«arbre à pain», principalement au Tessin et dans les vallées méridionales des Grisons, ainsi qu'en Valais, car étant donné la rareté des ressources alimentaires dans les arides régions montagneuses, les disettes y étaient fréquentes en hiver.

Lorsque la première châtaigne a commencé à germer sous nos latitudes, les frontières nationales d'aujourd'hui étaient aussi inexistantes que le brouillard à 40 degrés à l'ombre. Il y a deux mille ans, les Romains régnaient en maîtres, diffusant leur mode de vie sur les territoires qu'ils conquéraient. C'est ainsi que l'agriculture s'est modernisée dans les zones alpines, la viticulture s'est imposée et de nombreux arbres ont été plantés, comme le châtaignier, précisément.

Mais où a poussé le premier arbre? Dans le Malcantone, le Val Mesolcina, le Val Bergaglia? Ou peut-être au bord du lac Léman ou de celui des Quatre-Cantons, où cette plante sensible peut également prospérer sous certaines conditions climatiques? On l'ignore, même si de très anciens arbres régionaux ont été classés, comme dans le Val Mesolcina. Dans l'ensemble de cette vallée, l'Institut fédéral de recherches sur la forêt, la neige et le paysage (WSL) a recensé 45 châtaigniers géants, des arbres dont le tronc a une circonférence de plus de sept mètres. Dans la seule commune de Soazza, sur le flanc du Mont Grand au-dessus du village, 26 arbres sont répartis sur plusieurs selves ou châtaigneraies. «Les plus anciens spécimens de Soazza sont estimés à au moins 800 ans», indique un rapport sur les «châtaigniers géants» de l'Office des forêts et des risques naturels des Grisons (août 2016).

800 ans! En 1469, l'année où les peintres Cristoforo et Nicolao Seregno ont exécuté une série de douze fresques détaillant, mois après mois, la vie et les travaux à leur époque, dans l'église de Santa Maria del Castello à Mesocco, les plus vieux châtaigniers actuels existaient déjà depuis deux siècles et demi. La scène d'octobre, dans laquelle un paysan fait tomber les fruits mûrs du châtaignier avec un bâton et sa femme les ramasse sur le sol, semble être un hommage à la vie frugale dans la vallée de la Moesa – et comme le résultat d'une inspiration directe, les selves de Soazza ne se trouvant qu'à quelques kilomètres à vol d'oiseau de Mesocco.

Toutefois, il n'est pas possible de déterminer l'âge exact de ces géants malmenés par le vent et les intempéries, car les antiques personnalités sont creuses à l'intérieur et vouloir compter les cernes annuels sans les abattre n'aurait aucun sens. On ne peut que faire des estimations. Par rapport à d'autres régions où l'on cultivait autrefois des châtaignes, Soazza est unique car c'est le village où se trouve la plus grande densité de châtaigniers géants.

Dans son roman intitulé *Le Fond du sac* (*Il fondo del sacco* dans sa version originale italienne, parue en 1970), l'écrivain tessinois Plinio Martini (1923-1979) retrace l'histoire d'une émigration du Valmaggia: «En automne il y avait les châtaignes, et pendant trois mois nous les trouvions au petit déjeuner, au déjeuner et au souper.»

Pour Martino Giovanettina, également originaire du Valmaggia, une bonne récolte de châtaignes représentait «une assurance-vie pour passer l'hiver» (*Der Geruch der erloschenen Glut*, 2014). Les châtaignes, «ces petits fruits jaunâtres», étaient précieuses pour d'autres raisons encore: «Gardées en bouche, elles augmentaient la production de salive, par exemple, et facilitaient ainsi le travail des fileuses. Une femme de Rovio laissa par testament à sa fille une châtaigne qu'elle suça pendant trois ans.» La châtaigne était également présente dans la vie quotidienne: «Dans une bagarre, on fait taire son adversaire d'un coup de poing résolu, une *castagna*, et en football, une *castégna* est synonyme d'un tir puissant.»

Castanea sativa est originaire d'Asie du Sud-Ouest et était déjà utilisé comme arbre fruitier au Néolithique, probablement aussi sur le versant nord des Alpes. Les racines du nom *castanea* ne sont pas claires, peut-être viennent-elles de la ville de Castanea en Magnésie dans la Grèce antique, puis se sont étendues dans l'Empire romain: il y a plusieurs endroits appelés Castanea dans le sud de l'Italie et en Sicile. Une explication pour le moins particulière a été donnée au Moyen Âge: «À propos du châtaignier ou *kestenpaum*, Thomas [de Cantimpré, 1201-1270] dit, comme Isidore [de Séville, 560-636] avant lui, que les châtaignes reposent comme des testicules dans l'organe – piquant – de fructification, de sorte que l'extraction rappelle la castration, ce qui a donné son nom à *castanea*» (*Pflanzen im Mittelalter*).

Dans le sud de la Suisse, les châtaignes étaient considérées comme le pain des pauvres jusqu'au XIXe siècle, et dans certaines familles jusqu'après la Seconde Guerre mondiale. En Suisse, les régions les plus riches en châtaigniers se trouvent au Tessin et dans les vallées méridionales des Grisons, notamment dans le Val Bergaglia et le Val Mesolcina. Dans ses *Beyträge zur nähern Kenntniß des Schweizerlandes*, Hans Rudolf Schinz écrivait ceci en 1786 à propos du Tessin : « Il y a partout des forêts, d'abord près des villages et dans les vallées profondes, composées entièrement de châtaigniers. » Déjà à cette époque, le châtaignier était un arbre à pain à bien des égards : « Le prix élevé payé pour le charbon à Milan tente plus d'un sujet suisse à brûler ses châtaigniers encore fertiles pour en faire du charbon de bois, malgré l'interdiction, et à le vendre hors du pays. »

Vers 1920, les châtaigneraies s'étendaient sur une superficie totale de 9000 hectares au Tessin et de plus de 700 dans les vallées méridionales des Grisons ; aujourd'hui, il n'en reste qu'une fraction. Au Tessin, il y avait en l'an 2000 environ 2000 hectares de forêt avec une structure de selves reconnaissable. Le déclin des selves, qui ne sont pas des espaces sauvages mais des châtaigneraies cultivées, a été reconnu comme un problème dans un rapport de base de 1990 de l'Office fédéral de l'environnement et a conduit à la création du Fonds suisse pour le paysage (FSP) par le Conseil national et le Conseil des États en 1991 à l'occasion du 700e anniversaire de la Confédération.

En 1994, un projet pilote a été réalisé dans le Malcantone, et vingt ans plus tard, le Fonds dresse le bilan suivant : « Dans le cadre de plus de 60 projets, soutenus par le FSP pour un montant total de trois millions de francs, environ 230 hectares de châtaigneraies ont été restaurés au Tessin » (*Bulletin du FSP* n° 45, mars 2015). En 2006, une année record, les centres de collecte régionaux du Tessin ont récolté pas moins de 60 tonnes de châtaignes ; il existe plus de cent variétés uniquement dans le sud de la Suisse.

La châtaigne a perdu son importance en tant qu'aliment de base, mais en a gagné comme produit de luxe, par exemple sous forme de marrons glacés ou de délicates vermicelles ; le bois de châtaignier fait d'excellents meubles et les châtaigneraies sont très appréciées des promeneurs ; sur l'alpage de Brusino, au Monte San Giorgio, se trouvent deux châtaigniers probablement sept fois centenaires. Dans le Val Bergaglia, les arbres poussent sur le côté sud jusqu'à 1100 mètres d'altitude. Les châtaigniers ont besoin de beaucoup de lumière et d'espace, ils n'aiment pas avoir de voisins trop proches. Pour pouvoir goûter à leurs fruits, il faut d'abord les libérer de leurs bogues. On peut attendre que le phénomène se produise de lui-même, ou alors accélérer le processus en laissant les boules hérissées de piquants s'accumuler en nids et fermenter jusqu'à ce que les coquilles s'ouvrent. Traditionnellement, c'étaient les femmes et les enfants qui s'occupaient des châtaigneraies ; on laissait sécher les *castagne* dans un séchoir, les faisait rôtir au-dessus des braises et les mangeait comme ça – comme les marchands dans les villes de Suisse alémanique qui crient « *'eissi Marroni, ganz 'eiss !* » aux passants.

Même si, aujourd'hui, les marrons comestibles (qui sont plus ronds et plus gros que les châtaignes) proviennent presque exclusivement d'Italie, le vendeur de marrons chauds reste un symbole hivernal aussi inébranlable que le calendrier de l'Avent. La poêle à marrons, dont le fond est perforé ou à lamelles, était autrefois un élément essentiel de la cuisine du pauvre ; aujourd'hui, elle fait partie de l'inventaire des articles offerts aux personnes qui ont déjà tout. Il faut allumer un feu dans la cheminée, à l'extérieur ou à l'intérieur, poser ou suspendre la poêle à marrons sur les braises et y verser les fruits. C'est simple, mais il y a un hic : si l'on oublie de couper la peau des téguments, la vapeur s'accumule, les marrons explosent et des feux d'artifice se déclenchent dans la cheminée, tout comme lorsqu'on fait du pop-corn, mais dans des dimensions plus importantes.

Les grosses châtaignes sont rôties entières, les petites bouillies dans l'eau ; on les mange avec du sel, ou alors séchées et moulues, et certains aiment les ventres d'oies qui en sont farcis. La farine de châtaigne peut être employée pour faire de la purée ou de la soupe, de la polenta en ajoutant du maïs, des pains ou des gâteaux à la châtaigne avec de la farine de blé ou encore pour fabriquer des pâtes. Les châtaignes sont dépourvues de gluten, riches en amidon et en protéines, et avec une teneur en matières grasses de 2 %, elles sont tout le contraire d'une noix riche en huile. La bière appenzelloise Castégna est composée de malts spéciaux ainsi que de châtaignes tessinoises qui lui donnent une légère sucrosité.

La floraison tardive du châtaignier attire les abeilles des ruches et les incite à produire un miel monofloral aisément reconnaissable, le *miele di castagne.*

Voir aussi : Vermicelles, page 321 ; Châtaignes, page 485.

CÉRÉALES

Farina bóna

Farine poudreuse et très sèche à base de maïs tessinois rôti

Dans son *Dictionnaire universel de cuisine pratique* (Paris, 1894-1906), le chef cuisinier valaisan Joseph Favre qualifie la polenta de «mets national italien». Les Tessinois et les Grisons devraient le contredire avec véhémence, mais ils risquent de manquer d'arguments. «La recherche scientifique sur l'alimentation n'a pratiquement pas encore commencé en Italie du Nord; au mieux, elle en est au stade de la collecte d'informations», écrit le linguiste tessinois Ottavio Lurati dans un essai publié dans *So isst das Tessin!*, l'édition allemande du recueil de recettes *Ticino a tavola*.

Dans l'imaginaire suisse, la polenta fait partie des plats simples que l'on mange principalement en montagne, sur un alpage et dans une cabane. Plat national? Au pays des olives et du blé dur... La polenta est une bouillie, et avec la viande crue, la bouillie est probablement le plus ancien menu de l'homme. Probablement aussi la base du pain: il faut poser une pierre plate dans le feu, la laisser chauffer, verser de la bouillie par-dessus et faire cuire une galette.

À propos de la bouillie, Jacques André nous dit que «les anciens reconnaissaient que son usage avait précédé celui du pain en Italie et, dans le théâtre de Plaute, les Romains apparaissent aux Grecs comme des "mangeurs de bouillies"» (*L'Alimentation et la cuisine à Rome*). Pour cette bouillie, appelée *puls*, on cuisait de la farine d'épeautre et de millet ou de millet des oiseaux avec de l'eau ou du lait. «C'était une des bases de l'alimentation des campagnes et même des classes pauvres urbaines [...]. La bouillie d'orge, *polenta*, se prépare en Italie comme celle de blé, avec des grains grillés avant d'être moulus, souvent mélangés de millet. [...] Mais elle n'est pas un mets national comme la *puls* et les Romains ne semblent guère en avoir usé.»

Cette polenta romaine avait probablement un goût assez fade. L'ingrédient qui définit aujourd'hui la polenta, le maïs (*Zea mays*), a été présenté à Christophe Colomb en Amérique centrale un bon millénaire après la chute de l'Empire romain; le navigateur en rapporta en Espagne. Du maïs fut introduit en Lombardie vers 1555, sous le nom dialectal de *carlún*, qui, selon Ottavio Lurati, signifie «tronc, longue pousse, bâton, etc.» et dont le nom était «déjà attesté au XIIIe siècle».

La distinction la plus grossière, mais aussi la plus importante, dans l'histoire culinaire tessinoise est celle entre le nord et le sud, entre le Sopra- et le Sottoceneri, entre la cuisine de l'arc alpin méridional et celle du nord de la Lombardie. Cependant, «la base de l'alimentation dans toute la région était la polenta», poursuit Lurati dans *So isst das Tessin!* «Aujourd'hui, quand on entend le mot polenta, on pense immédiatement au maïs. En fait, aussi paradoxal que cela puisse paraître aux Tessinois, la polenta de maïs est relativement nouvelle dans nos régions. Vers la fin du XVIIIe siècle – c'est-à-dire plus de deux siècles après l'introduction du maïs en Europe – la polenta était encore composée de millet au nord et de millet des oiseaux (ou sétaire d'Italie) au sud.»

Dans ses *Beyträge zur näheren Kenntniß des Schweizerlandes* (Zurich, 1786), le pasteur zurichois Hans Rudolf Schinz soutient que «ceux qui habitent près des alpages, où l'élevage est la principale occupation, vivent le mieux; le matin, au petit déjeuner, ils préparent de la bouillie de millet (polenta) avec du lait écrémé. [...] Le mode de vie le plus misérable est celui des domestiques et des ouvriers des fermes (*masari*) du Mendrisiotto. Année après année, ils ne mangent que de la polenta, que l'on appelle *penegata* (de *panico*, millet) parce qu'elle est surtout faite de grains de millet, avec lesquels on fait bouillir des haricots, des pois ou d'autres légumineuses, également des navets ou des choux avec de l'eau.»

Ce n'est qu'au XIXe siècle et au terme d'un long processus que l'on commença à employer du maïs pour faire de la polenta. Lurati à nouveau: «Une agriculture essentiellement de subsistance, une grande pauvreté et le conservatisme et la monotonie qui en découlent, voilà ce qui caractérisait l'ancien régime alimentaire. Généralement, on mangeait de la polenta trois fois par jour; parfois, pour changer, des châtaignes le soir en hiver, et en été de la *minestrone*, surtout dans le Sottoceneri.»

Après la Seconde Guerre mondiale, la culture du maïs à polenta tessinois a diminué au profit du maïs fourrager (semblable au Ribelmaïs et au maïs de la Linth en Suisse orientale) et a été presque abandonnée dans les années 1960. Depuis la dernière décennie du XXe siècle, des tentatives ont été faites pour relancer la culture du maïs pour la consommation humaine au Tessin avec d'anciennes variétés locales. La *Ticino*, une variété de maïs vitreux (c'est-à-dire dur), a été sélectionnée à partir d'anciennes variétés locales à l'issue de dégustations ciblées; la dureté de son grain est idéale pour le maïs à polenta.

Le *Rosso del Ticino* était encore utilisé par quelques personnes âgées pour leur consommation personnelle dans les années 1970-1980. Les efforts en vue de renforcer cette variété ayant abouti, elle est à nouveau cultivée dans diverses exploitations biologiques depuis 2004. Le *Rosso del Ticino* a des grains rouges et est une variété de maïs vitreux qui fait une excellente semoule, lui qui se prête particulièrement bien à la mouture. Afin d'obtenir également des semences, la variété est élevée en tant que population: les plantes fleurissent librement et assurent la préservation de la richesse génétique originale. Généralement, la culture du maïs se fait avec des variétés hybrides: la progéniture est plus rentable que les parents, mais infertile.

Que les grains de maïs soient moulus grossièrement (maïs bramata) ou en une semoule de maïs un peu plus élégante, au final, des résidus aussi fins que de la poudre restaient dans les moulins. On ne les donnait pas aux bêtes, mais les rassemblait pour en faire d'autres plats que la polenta. Cette farine est-elle à l'origine de la *farina bóna*?

Cette «bonne farine» est également appelée *farina sec'a* («farine sèche») dans le dialecte local: dans le Val Onsernone, les grains de maïs rôtis sont moulus au point d'être si poudreux qu'on ne manquerait pas de s'étouffer en en mangeant une cuillère. Les Romains faisaient déjà rôtir des céréales afin de renforcer l'arôme des grains et en retirer le liquide pour une meilleure conservation. Avant l'arrivée du maïs, c'était à partir de seigle rôti et moulu que l'on faisait de la farine dans les vallées alpines du Tessin.

Le *Lessico dialettale della Svizzera italiana* fait état de différents noms pour la farina bóna; dans les villages de Russo et Vergeletto, par exemple, on l'appelait *farina sec'a* pour la distinguer de la *farina verda*, une farine de maïs non rôtie. Dans le Val Verzasca et le Vallemaggia, on produisait une farine similaire, la *farina di cà*, la *farina rostida* ou la *farina scaldada*. On plantait du maïs principalement dans la plaine de Magadino, mais aussi dans d'autres régions du Tessin convenant à sa culture, en très petites quantités également dans les parties basses des vallées elles-mêmes. Pour la *farina bóna*, différentes variétés de maïs sont broyées dans le moulin, par exemple la *Ticino* ou d'anciennes variétés restaurées comme la *Mergoscia*.

Les plus anciennes mentions de *farina bóna* proviennent de Serafino Schira (1826-1914), un comptable de Loco dans le Val Onsernone. Schira a rempli des carnets d'histoires sur son village; dans l'un d'eux, qui traite des remèdes maison naturels et des recettes de cuisine, il décrit la fabrication et l'utilisation de la *farina bóna*. Sa consistance poudreuse résultait d'un rainurage spécial des meules. Les grains de maïs étaient rôtis dans une poêle peu profonde sur un feu ouvert ou dans un four à bois. La *farina bóna*, qui, selon Schira, était aussi fine qu'un fil de soie, était mélangée à du lait, de l'eau ou du vin et faisait partie de l'alimentation quotidienne dans le Val Onsernone.

La signora Annunziata Terribilini (1883-1958), dite Nunzia, qui dirigeait le moulin de Vergeletto, est devenue une légende. Dans les années 1960, les moulins de Vergeletto et de Loco ont cessé de produire de la *farina bóna;* ils furent laissés à l'abandon jusqu'aux années 1990, lorsque diverses personnes et institutions ont commencé à les restaurer. Ces efforts ont abouti à un projet modèle. Depuis 2010, l'Association Progetto farina bóna collabore avec le Parco Nazionale del Locarnese pour assurer la gestion de la production à petite échelle. La *farina bóna* est devenue une sorte d'espèce-phare, derrière laquelle se regroupent d'autres projets de nature écologique, économique, sociale et culturelle, dans le sens d'une exploitation durable visant à préserver la beauté sauvage du Val Onsernone.

On trouve de la *farina bóna* dans les magasins spécialisés de toute la Suisse. Trop fine pour faire de la polenta – elle convient au mieux comme élément d'un mélange –, elle sert de liant (comme la maïzena ou amidon de maïs) pour de nombreux mets ainsi que de composant aromatique, de la soupe aux glaces en passant par les pâtisseries.

La polenta n'est plus considérée comme « le plat des pauvres »; au contraire, au début des années 2000, la cuisson de la polenta a atteint le statut de rituel, à célébrer dans un grotto au feu ouvert ou chez soi près de la cheminée. Avec le large éventail d'ingrédients proposés, le fait que la polenta ait été quasiment la seule nourriture des gens de peu pendant des décennies, voire leur ait nui, n'a plus d'importance. Bien qu'elle remplît l'estomac, elle ne satisfaisait pas tous les besoins du corps, contenant trop peu de vitamines et de protéines. Préparée dans un volumineux chaudron, la polenta est constamment remuée et tapotée, aromatisée avec du sel, du fromage ou du beurre, vidée sur une planche, étalée selon la consistance et coupée avec un fil. Pour une deuxième utilisation, on coupe la polenta refroidie et compacte en tranches à faire frire.

Les anciennes recettes ont été dépoussiérées et sont désormais religieusement suivies: la polenta la plus simple, avec 500 grammes de farine de maïs pour deux litres d'eau; la *polenta grassa* avec de la crème, la *polenta negra* avec de la farine de sarrasin et du maïs; la *polenta in pigna*, qui est mélangée sur un four à pierre (*pigna*) à l'ancienne avec de la *formaggella*; le *panáo* est une « polenta amollie » avec du lait et de l'eau; la *matüscia* est une polenta ordinaire avec du Sbrinz, de la dent-de-lion, de la menthe poivrée et de la menthe-coq; le *malbröd* est un bouillon de farine de maïs, de pain sec, de beurre et de fromage râpé; le *panisciöö*, enfin, est une polenta amollie à base de farine de châtaigne et d'eau légèrement salée.

Dans les vallées italophones du sud des Grisons, on prépare de la *mazzafám*, une polenta avec des pommes de terre frites, de la *poléntа in flur*, une bouillie composée de farine de sarrasin, de lait, de crème et de raisins secs, ou encore de la *pulenta cönscia*, une polenta de maïs et de sarrasin avec du fromage (*I mazzafám*).

Tout comme le riz, le millet, le sarrasin, les graines d'amarante et le quinoa, le maïs non transformé ne contient pas de gluten.

Voir aussi: Maïs de la Linth, page 380; Rheintaler Ribel, page 409; Ribelmaïs, page 564.

Riso nostrano ticinese

Riziculture dans le delta de la Maggia et la plaine de Magadino

Au Tessin, avant le premier ensemencement en 1997 dans le delta de la Maggia, deux expériences de riziculture n'avaient pas abouti, au début du XXe siècle à Losone puis dans les années 1940 dans la plaine de Magadino. Ces deux tentatives étaient des cultures humides, les rizières furent inondées, comme c'est typiquement le cas en Asie. Mais au Tessin, le riz ne voulait pas germer car l'eau était trop froide et la période de végétation trop courte.

Des problèmes de ce genre ont également été observés à Locarno par le chroniqueur zurichois Hans Rudolf Schinz à la fin du XVIIIe siècle: « Si le terrain était plus plat et plus large, on pourrait aussi planter du riz sur les rives du lac; dans les vallées, où il y a encore de petites plaines, l'eau stagnante qui conviendrait à cette culture manque – celle des montagnes serait trop froide et trop brute; on est donc content de pouvoir se procurer du riz à bon marché dans les provinces voisines de Milan et de Novare » (quatrième cahier des *Beyträge zur nähern Kenntniß des Schweizerlandes*, 1786).

En mai 2000, Renato Altrocchi, ingénieur agronome puis chef de Terreni alla Maggia, un domaine qui compte aujourd'hui 150 hectares de terres, regardait un champ brun contenant encore des chaumes et des racines de la récolte de l'année dernière et disait à son propos : « J'affirme que c'est la rizière la plus septentrionale du monde » (*SoZ*, 7 mai 2000). Au moins jusqu'à ce qu'on lui prouve le contraire. Le delta de la Maggia se trouve à quelques minutes au-dessus du 46e parallèle, l'île la plus septentrionale du Japon à quelques minutes en dessous.

En 2017, le « contraire » a effectivement commencé à germer : pas très loin de là, juste de l'autre côté des Alpes. En raison du réchauffement climatique, les essais d'Agroscope et d'Agridea sur la culture humide du riz de la *varietà Loto* sur le Plateau suisse ont donné des résultats encourageants.

À cette époque, Terreni alla Maggia avait étendu – comme par mag(g)ie, pourrait-on dire ! – la surface cultivée de deux hectares en 1997 à 87 hectares en 2018, loin dans la plaine de Magadino, encore marécageuse du temps de Schinz.

Le terrain alluvial du delta de la Maggia ne permet pas tous les types de culture ; le sol est graveleux en profondeur et recouvert d'une couche d'humus sablonneux en surface, sur laquelle scintillent des granules de mica. Ce sol est très perméable, se réchauffe rapidement et s'assèche vite quand la température monte.

Toutefois, ce qui fonctionne dans la vallée du Pô devrait également être possible un peu plus au nord. On cultive du riz en Italie depuis plus de mille ans. Il a été apporté en Sicile par les Arabes au VIIIe ou IXe siècle et s'est répandu au fil du temps dans toute l'Italie. Le riz tessinois est cultivé « à sec », en appliquant la méthode italienne : il ne repose pas dans l'eau, mais est irrigué une à deux fois par semaine, suivant le temps qu'il fait. Le sol doit toujours être humide.

La plus grosse difficulté, c'est la courte période de végétation. Dans le climat du sud de la Suisse, il est impossible de faire trois récoltes par an, comme c'est le cas sous les tropiques. Les riziculteurs tessinois ont dû trouver une variété qu'ils pouvaient semer après les dernières gelées (dans la première quinzaine de mai) et récolter avant les froides journées d'automne (mi-octobre). Altrocchi expérimenta trois ou quatre variétés et opta pour la *varietà Loto*, un riz ovale et mi-long aux grains cristallins. « Il s'accorde de justesse à cette période. »

Un hectare de *Loto* au Tessin donne six tonnes de riz brut ; après décorticage et usinage, il reste 3,2 tonnes de riz fini. Le *Riso nostrano ticinese varietà Loto* convient pour le risotto et les plats similaires tels que le *Ryys und Boor* (risotto uranais avec des poireaux et des pommes de terre), le risotto au safran de Mund (une variante valaisanne du risotto à la milanaise !) ou le *riso con castagne* (riz aux châtaignes).

Das Kochbuch aus dem Tessin (1979) propose quelques recettes originales, comme le « riz du contrebandier » (*risotto del contrabandiere*, avec du foie de poulet, du vin rouge et du safran), celui *con grappa e luganighetta*, le *risott al stracchin* (à la crème et au gorgonzola) ou le *risotto alla rustica*, avec entre autres des petits pois, des pointes d'asperges, des épinards, des tomates, de la viande hachée, du mascarpone, du vin blanc et de la farine.

SUPPLÉMENT

Une culture des plus écologiques

On cultive du riz humide sur le Plateau suisse non seulement pour des raisons culinaires, mais aussi pour préserver et promouvoir la biodiversité. « Grâce à la culture du riz dans des zones temporairement inondées, la production peut être adaptée au site. C'est aussi une opportunité pour préserver des espèces animales et végétales menacées » (*agroscope.admin.ch : Culture écologique de riz humide*, juillet 2020). Les zones fréquemment inondées conviennent à la riziculture humide ; les fossés peuvent être utilisés pour maîtriser et réguler l'eau, au moins temporairement. La conservation d'espèces de plantes et d'animaux rares, telles que des joncs, lentilles d'eau, libellules, rainettes, crapauds calamites, couleuvres à collier ou bécassines devrait en bénéficier tout particulièrement.

Le riz du Vully, du Seeland ou du « château d'eau suisse » de Brugg est très demandé, mais reste rare ; les rendements possibles sont « de 5,2 à 8 tonnes de riz brut par hectare » (AGRIDEA, fiche technique sur la riziculture, juin 2021).

Voir aussi : Épeautre, page 276 ; Maïs de la Linth, page 380 ; Rheintaler Ribel, page 409 ; Grano saraceno, page 588.

PRODUITS DE BOULANGERIE ET PÂTISSERIE

Amaretti bianchi

Douce et croustillante pâtisserie aux amandes, avec une douce note d'amertume

Croquant et friable à l'extérieur, tendre et un peu humide à l'intérieur, et d'un goût divin : ce merveilleux biscuit aux notes douces-amères est quasiment insurpassable. Les *amaretti* représentent un sommet de l'art de la pâtisserie, même si c'est au hasard qu'ils doivent leur touche finale : des boulangers tessinois racontent en effet qu'au début du XXe siècle, un *pasticciere* nommé Furlandori aurait inventé la sublime pâtisserie à Gallarate (à proximité du terrain sur lequel sera bâti l'aéroport milanais de Malpensa) ; un jour, alors qu'il avait comme à l'accoutumée réparti ses *amaretti* sur une plaque pour les faire sécher, un chat passa par là, posant nonchalamment ses pattes sur les pâtisseries ; leur surface lisse se déforma, des éclats s'élevèrent au bord, et la face des *amaretti* en fut changée.

Ceux-ci sont connus en Italie depuis plus de deux cents ans ; cependant, leurs origines restent obscures, les traces écrites étant pour ainsi dire inexistantes. Peut-être les a-t-on inventés pour ne pas gâcher les blancs d'œufs. Les plus célèbres seront les tendres et ronds *amaretti di Sassello* en Ligurie, ainsi que ces cousins des macarons français que sont les croquants *amaretti di Saronno*, en Lombardie, non loin de la frontière suisse. Ils se différencient nettement des *amaretti bianchi* à la tessinoise. Dans le Val Blenio, on a trouvé *una ricetta per gli amaretti* datant de 1800, consistant à piler des amandes amères râpées avec du blanc d'œuf et à y incorporer du sucre. Une recette comparable fut publiée près d'un demi-siècle plus tard, en 1846, dans *Il nuovo cuoco ticinese economico* de Luigi Franconi, dans laquelle des amandes douces sont ajoutées aux amandes amères en guise d'édulcorant.

Le destin de la Pasticceria Furlandori fut décisif pour le Tessin ; sa direction fut confiée à Oreste Bianchi, qui la transmit ensuite à ses descendants. Leurs *amaretti di Gallarate* ont le même aspect que les tessinois, sauf qu'ils sont plus grands. De toute évidence, à l'époque d'Oreste Bianchi, un confiseur a ramené la recette au Tessin, puis baptisé les pâtisseries *amaretti bianchi* – mais cette épithète se rapporte-t-elle à leur couleur ou au nom du pâtissier ? La réponse est indécise.

Dans le *Manuale di panetteria-pasticceria* (1949) de l'École professionnelle Richemont de Lucerne figure une recette avec des photos d'*amaretti* blancs tels qu'ils sont fabriqués actuellement dans les pâtisseries tessinoises. Après les années 1950, les touristes arrivant de Suisse alémanique manifestèrent un intérêt croissant pour les *amaretti*.

Le pâtissier visité présente un mélange de sucre, de blancs d'œufs, d'amandes blanches râpées, d'*armelline*, ainsi que de noisettes, au besoin. Les *armelline* sont les noyaux amers de l'abricot et de la pêche, tous deux apparentés à l'amandier ; ces noyaux contiennent, tout comme l'amande amère, un composé typique, l'amygdaline, une substance qui, lors de la mastication et de la digestion du noyau, libère du glucose, de l'huile d'amande amère et du cyanure d'hydrogène, lequel peut avoir des effets désastreux à partir d'une certaine quantité ingérée (pour davantage de précisions, cf. *Mandelfisch, page 411*). Pour préparer ce mélange chez soi, il est conseillé d'utiliser de l'extrait ou de l'huile d'amande amère.

Bien moudre les amandes et les *armelline*, y ajouter du sucre et un tiers du blanc d'œuf. Mélanger le tout, puis le passer deux fois dans une *raffinatrice* (un laminoir) et incorporer le reste du blanc d'œuf. Remplir une poche à douille avec le mélange et le faire passer à travers l'ouverture ronde d'1 cm de diamètre ; il en ressort des disques de 5 cm de diamètre que l'on presse sur une plaque de cuisson beurrée et enfarinée ; certains préfèrent former des *amaretti* carrés, de 5 cm de côté et d'une épaisseur de 2 cm. Laisser sécher au minimum une demi-journée. Le lendemain, saupoudrer de sucre glace et presser la surface durcie avec ses doigts. Enfourner cinq minutes seulement à 230 °C.

Le classique *Ticino a tavola* (1976) donne une recette comprenant 500 grammes de sucre, 400 d'amandes (amères et douces à parts égales) et trois blancs d'œufs. La difficulté commence avec le blanchiment des amandes et prend fin avec le pressage des *amaretti* avec l'index et le pouce après la cuisson.

Variantes : étaler de la crème au beurre avec du kirsch ou de la grappa sur un fond en *massa Ticino* (une pâte à sucre), placer par-dessus un *amaretto* cuit, plonger le tout dans du chocolat fondu et laisser quelques pointes libres.

Rappelons qu'*amaretto* est aussi le nom d'une délicieuse liqueur aux amandes, la plus célèbre étant l'Amaretto Disaronno.

Voir aussi : Mandelgipfel, page 413.

Ciambelle

Pâtisserie sucrée et sèche à l'anis et au cumin, en forme d'anneau

Bien qu'assez peu spectaculaires, ces anneaux brunâtres, friables, secs et épicés sont déjà parvenus, après moins d'un siècle d'existence, à se faire une place dans une expression populaire : lorsque quelque chose ne réussit pas comme escompté, on dit en effet *« non tutte le ciambelle riescono con buco »* (les *ciambelle* n'ont pas toutes un trou). Ces pâtisseries sortent « ratées » du four quand on a mis trop de poudre à lever et que le dioxyde de carbone se développe excessivement : lors de la cuisson, la pâte lève plus qu'il ne faudrait, s'étend et referme le trou.

Selon le *Dizionario etimologico Zanichelli* (1999), le terme *ciambelle* serait issu du latin *cymbula*, petit canot (du grec *kymbe*). Si c'est exact, à ses débuts cette pâtisserie était plutôt une galette et n'avait sans doute aucun trou. D'autres sources font dériver *ciambelle* du latin *suavillum* ou *savillum*, une sorte de galette à base de fromage, d'œuf et de miel ; ce mot renvoie à *suavis*, doux.

Les *ciambelle* ont été créées à Lugano par un boulanger nommé Gin Bianchi. Des témoignages figurant dans le *Vocabolario dei dialetti della Svizzera italiana* de 1920 confirme la relative célébrité de ses *ciambelle : « Ripénsi al butegón dal pòr Gin, cuis ò giambèll cul böcc »* (Souvenez-vous de la boutique du pauvre Gin et de ses *ciambelle* avec un trou). Elles se distinguaient par un mélange de coriandre, de cannelle, d'anis et de vanille. Au Tessin, les *ciambelle* devinrent populaires dans les zones urbaines, en particulier dans les *osterie*, où ces friandises typiques étaient empilées sur une baguette en bois et servies pour accompagner un verre de vin – l'équivalent des bretzels et de la bière en Suisse alémanique.

Par la suite, quand il devint plus facile de trouver des épices et qu'elles furent moins chères, de nombreuses familles tessinoises se mirent à confectionner leurs propres *ciambelle*. Les ingrédients sont simples et les biscuits se conservent bien et longtemps dans un bocal. Les familles nombreuses en faisaient de plus grand format, parfois on y ajoutait des raisins. Ces anneaux assez secs sont moins demandés depuis les années 1990, sans doute parce que les biscuits moins chers sont légion dans le commerce. Cependant, beaucoup de bars et de bistrots du district de Lugano proposent encore des bocaux remplis de *ciambelle* sur leurs comptoirs.

Après avoir réuni ses ingrédients (farine blanche, beurre, sucre, œufs, eau, carbonate de sodium, anis, cumin, ammoniaque et sel), le boulanger malaxe des morceaux de beurre froid avec de la farine jusqu'à obtention d'une pâte brisée, l'épice avec de l'anis, du cumin et d'autres apports secrets, puis ajoute du sel, du carbonate de sodium, de l'ammoniaque ou de la poudre à lever ; le carbonate de sodium rend la pâte plus tendre et plus friable, l'ammoniaque perd sa toxicité dans la chaleur du four et sert d'agent levant. Le boulanger fait un petit volcan, vide un mélange d'œufs battus, d'eau et de sucre dans le cratère et achève de travailler la pâte ; certains préfèrent le lait à l'eau.

Cette pâte ne supporte pas d'être travaillée longtemps, sinon la pâtisserie ne sera pas friable. Après avoir été mise au réfrigérateur pendant une demi-heure, on divise la pâte et roule les morceaux en boudins d'un centimètre de diamètre, dont on fait des anneaux d'un diamètre d'environ huit centimètres, lesquels seront enfournés une bonne demi-heure à 180-190 °C. Réserver au frais avant de mettre les *ciambelle* dans des bocaux ou des boîtes en fer blanc ; ainsi, elles se conserveront à peu près un mois.

En Lombardie et dans le Piémont, on trouve des variantes telles que les *brasadè* ou *brazzadele*, ainsi que les petites *ciambelline*, aussi appelées *canestrelli* (petites corbeilles) – à noter que le terme *canestrelli* désigne également les coquilles Saint-Jacques. Dans certaines régions, on avait coutume d'accrocher au cou des enfants des colliers de *ciambelle* à l'odeur agréable.

Les mères mettaient à leurs enfants des *brasadè* de Tortone autour des bras avant d'aller à l'église, afin qu'ils puissent les grignoter en cachette pendant les longs offices religieux – d'ailleurs tout comme le mot *bretzel*, *brasadè* vient du latin *brachium*, bras. Les gâteaux et pâtisseries en forme d'anneau sont largement répandus, comme le *brasadè di Tortona*, le *bussolà di Chioggia* ou encore la *brasciadèla di Poschiavo*.

Voir aussi : Brasciadèla, page 590.

Colomba pasquale

Gâteau de Pâques en pâte levée et moulé en forme de colombe

Heureusement que les valeurs spirituelles ne se mesurent pas en grammes ou en kilos, sinon la colombe, de quelque variété zoologique qu'elle soit, aurait depuis longtemps étouffé sous le poids de la symbolique à laquelle on l'associe. La signification des colombes de la paix et des tourtereaux est universellement connue, tandis qu'il n'y a plus guère d'âmes s'échappant de la bouche de martyrs défunts sous forme de colombes. Celles-ci représentaient aussi l'âme individuelle en Inde, et en Chine on rendait hommage à leur fidélité conjugale. La Bible fit appel au talent de messagère de la colombe pour lui faire annoncer à Noé que Dieu avait mis fin au Déluge : une fois que les eaux avaient baissé, elle revint vers le patriarche avec un rameau d'olivier dans son bec.

La colombe représente l'Esprit-Saint, indissociable de Pâques, la plus importante date du calendrier chrétien. Comme toute fête qui se respecte, celles de Pâques sont accompagnées d'une riche mise en scène gastronomique – d'autant plus qu'elles succèdent à une longue période de jeûne, le Carême. Qu'il s'agisse du rite romain ou de l'ambrosien, on ne jeûne plus 40 jours d'affilée comme jadis, mais seulement ponctuellement – seuls celles et ceux qui souhaitent maigrir pratiquent encore le jeûne avec assiduité.

Sous sa forme pâtissière, la *colomba pasquale* ou colombe de Pâques est à peine centenaire. La pâte est la même que pour le *panettone*, et la technique consistant à la faire lever plusieurs fois est connue depuis la fin du XVIIIe siècle. C'étaient de véritables colombes – avec le Saint-Esprit qu'elles symbolisent – que l'on mangeait à Pâques il y a quelques siècles. L'oiseau en chair et en os sera ensuite remplacé par des douceurs lui ressemblant, en massepain ou en pâte brisée ; l'être vivant a donc été stylisé en une friandise artificielle.

La *colomba pasquale* fut créée vers 1900 à l'initiative de la société milanaise Motta. Cette entreprise, dont le produit phare pour les fêtes de Noël était le *panettone*, cherchant à reproduire ce succès, lança donc pour celles de Pâques une pâtisserie analogue. C'est ainsi que d'une pierre, ou plutôt d'un type de pâte, Motta fit deux coups commerciaux pour ces importantes célébrations.

La petite colombe ne tarda pas à faire son nid au Tessin. Dans un livre consacré à la fabrication du pain dans les Grisons et au Tessin (*Das Brot und seine Herstellung in Graubünden und Tessin*, 1936), Fritz Dorschner mentionne, parmi les douceurs tessinoises disponibles au début des années 1930, la *colum*, « une sorte de gâteau en forme de colombe, que l'on fait à Pâques ». Avec la prospérité grandissante, le succès commercial de la *colomba pasquale* ne fit que croître à partir des années 1950. Cependant, alors que le *panettone* se vendait toute l'année, la *colomba* ne s'envolait qu'à Pâques – il est vrai que contrairement à celle-ci, le *panettone* n'est pas une pâtisserie figurative.

Les boulangers fabriquent non pas deux, mais trois produits avec la même pâte : le *panettone*, la *colomba pasquale* et les *veneziane*, des petits *panettoni* sans fruits. Traditionnellement, on utilise de la levure naturelle pour la pâte, même si la levure pressée (*lievito pressato*) accélère le processus de fermentation, au détriment, selon les connaisseurs, de la qualité (cf. *Panettone, page 632*). La pâte terminée est placée dans du papier de cuisson dont la forme rappelle une colombe ou une croix. Le corps est représenté par la partie longue et les ailes par deux courts bras ; d'un point de vue zoologique, on objectera que l'envergure des ailes d'une colombe dépasse largement la longueur de son corps, mais rappelons que les plumes ne se mangent pas !

Pour le glaçage, le boulanger bat des blancs d'œufs, du sucre et des amandes finement râpées en neige, répartit cela à la spatule sur la *colomba*, y fait pénétrer quelques amandes entières brutes, la saupoudre de sucre brut et de sucre en poudre. Enfourner à 170-180 °C pendant au moins 45 minutes par kilo.

Sortie du four, la colombe doit reposer sur le dos pour refroidir, on plante des clous à travers le fond et la suspend, ou alors on la fixe sur une planche à clous, car sans cela cette pâtisserie tendre et aérée risquerait de s'écrouler sur elle-même – la *colomba* aurait alors l'air d'un pigeon urbain écrasé par quelque automobiliste.

La *colomba ticinese* fabriquée avec de la levure naturelle bénéficie depuis 1999 de la protection du signe de qualité pour le *panettone artigianale ticinese* de la *Società Mastri Panettieri Pasticcieri Confettieri* du canton. Les *colombe* contenant de la levure pressée n'ont pas droit audit signe, car cette dernière raccourcit le processus ; il n'y a pas besoin de levain et le pointage dure moins longtemps.

Depuis la fin du XIXe siècle, dans le Mendrisiotto et le Comasco, la région située au bord du lac de Côme, le dimanche des Rameaux, on mangeait *la resta*, cuite avec la même pâte que pour la *colomba* et le *panettone*. Cette *resta*, qui signifie en français arête (de poisson), est une miche ovale avec un rameau d'olivier, qui ressemble à une arête. Le poisson est un symbole majeur dans le christianisme, puisqu'il est associé à Jésus et son enseignement. Pour la *resta*, la pâte est agrémentée de raisins au lieu d'oranges confites, et on la cuit sans papier de cuisson. En guise de substitut au rameau d'olivier, on découpe un motif d'arête de poisson dans la surface et presse une baguette en bois à l'intérieur de la pâtisserie.

La *colomba* et la *resta* sont servies après le repas pascal avec des œufs en chocolat et du *spumante*. Parfois, on dépose des œufs de Pâques sur la *colomba ;* ceux-ci sont connus depuis quelques siècles seulement. D'après Ottavio Lurati (*Appunti sulla settimana santa e la Pasqua nel Ticino*, 1969), la coutume d'offrir des œufs n'est pas liée à la fécondité, mais à la nécessité : bien que l'Église interdît la consommation d'œufs pendant le Carême, cela n'empêchait pas les poules de pondre. Leurs œufs étaient stockés dans un endroit frais, et on les cuisait aussitôt que cette période de jeûne avait pris fin.

Voir aussi : Veneziane, page 636.

Crèfli

Biscuit tendre et friable typique de la Léventine

Sous la dent, ces biscuits tendres, friables et secs rappellent les sablés ou les spéculoos. Traditionnellement, on ne les prépare qu'en Haute-Léventine, et plus précisément encore à Airolo, au pied du col du Gothard. Ce n'est pas une surprise, car le terme *crèfli* vient de *Chräpfli* (en allemand *Krapfen*, en français chausson), une importation linguistico-culinaire de la Suisse centrale voisine. Le mot *Krapfen* est issu du vieux haut allemand et de ses termes *crapho* et *kraphun*, connus déjà au IXe siècle et qui signifie peu ou prou pince ou crochet, des formes arquées. Les chaussons peuvent avoir cet aspect, mais pas forcément, comme le montrent les *crèfli*, qui sont soit rectangulaires, soit carrés.

Les *crèfli* sont des cousins des *Ofenkrapfen* de Suisse centrale. Cela fait déjà plusieurs siècles que de telles douceurs étaient moins rares en Léventine, un axe de transit important pour les hommes comme pour les marchandises, que dans le reste du Tessin. On les confectionnait pour des occasions particulières, comme les fêtes religieuses ou les réjouissances profanes, avant tout lors de la saison froide.

À Giornico, dans le très beau Museo di Leventina, divers moules en bois du XVIIIe siècle sont exposés ; les sculptures montrent des figures renvoyant à certaines fêtes, à des blasons familiaux, des motifs religieux tels que le mariage, le baptême, Noël ainsi que Pâques – car les *crèfli* ou les *spampézi*, qui leur sont apparentés, se conservaient jusqu'à Pâques. Autrefois, les postillons qui s'apprêtaient à franchir le col en hiver dans leur calèche ne partaient pas sans avoir acheté des provisions sucrées à Airolo. Quant aux voyers, *i cusciadó*, ces biscuits riches en miel et en sucre leur fournissaient un surcroît d'énergie pour déblayer la route enneigée du col. Après l'ouverture du tunnel ferroviaire en 1882, les conducteurs de trains apportèrent des *crèfli* aux familles originaires d'Airolo établies dans l'ensemble du Tessin.

De nos jours, ce sont surtout des boulangeries industrielles qui produisent des *crèfli* – les recettes sont restées, à quelques mystères près, identiques. Mélanger de la farine, du beurre, du miel, du lait et du sucre vanillé jusqu'à l'obtention d'une pâte ; ajouter, si on le souhaite, un agent levant, qui rend le biscuit plus friable ; on peut remplacer le lait par de la crème et ajouter quelques gouttes de grappa, de kirsch, d'anisette ou de sambuca.

Faire fondre du beurre avec du miel dans une poêle, incorporer du sucre et pétrir une pate brisée avec la farine, le sucre vanillé et le reste des ingrédients. Éventuellement réserver une nuit au frais, puis abaisser la masse à quatre ou cinq millimètres d'épaisseur. Découper à la roulette ou presser un moule dessus, l'ôter, égaliser les bords et faire cuire au four à 200 °C pendant un quart d'heure. Les *crèfli* de Giornico ont une garniture composée de noisettes grossièrement moulues, de raisins, de miel, de grappa et de jus de citron.

Le jour de l'An, il est de coutume d'offrir des *crèfli*; ce don est appelé *bonamán*, terme qu'il n'est guère besoin de traduire.

Au Val Bedretto, qui débouche sur le Valais via le col du Nufenen, on raffole des *pastafrolle*, des biscuits en pâte brisée et en forme de S, qui font partie de la famille des produits Presidi de Slow Food depuis 2007. Des biscuits tels que les *rin* et les *crósti* ne se fabriquent quasiment plus. Les *rin* à base de pain blanc sucré ressemblent à des *ciambelle* doubles; pour faire des *crósti*, on frit de la pâte feuilletée sous différentes formes.

L'avantage d'être situé près d'une des plus importantes routes commerciales est devenu manifeste en Léventine depuis que les gorges des Schöllenen ont été carrossables, et surtout depuis le percement du Trou d'Uri, premier tunnel routier à travers les Alpes, au XVIIe siècle – avec comme conséquence une exploitation accrue dans les deux directions. Cette situation particulière offrit aux Léventins de meilleures possibilités qu'ailleurs au Tessin d'acquérir des produits de haute qualité. Mais malgré de tels avantages, cette contrée montagneuse n'a jamais été un pays de cocagne: en Léventine aussi, la pauvreté existait, de même que des disettes, les fruits et les châtaignes ne poussant pas à une altitude si élevée.

Voir aussi: Ofenkrapfen, page 366; Landsgmendchrempfli, page 448; Grassins, page 570; Milanais, page 570.

Fiascia

Pain à base de farine de châtaigne additionnée de farine de blé ou de seigle

Dans sa description du bailliage de Locarno datant de 1767 (*Beschreibung der ehnetbürgisch schweizerischen Vogtey Luggarus*), le bailli Johann Friedrich Leucht constate que la plupart de ses habitants vivent dans la pauvreté, et que certains sont si misérables qu'«ils utilisent du marc de raisin séché et réduit en poudre en lieu et place de farine». À cette époque, d'autres moulaient même des pousses de saules pour en faire de la farine. Il n'y avait que très peu de blé et de seigle dans les vallées, si bien qu'il fallait prendre ce que l'on pouvait trouver. La farine de châtaignes séchées était plus riche que celle de marc ou de saules. On la mélangeait avec de la farine de seigle pour en faire un pain appelé *fiascia*, probablement dérivé de *focaccia*.

L'écrivain milanais Bonvesin de la Riva (v. 1240-1315) a rapporté que les habitants de sa ville «mangent du pain en grandes quantités, ce qu'ils ne peuvent faire que parce qu'il y a des châtaignes en abondance, que l'on peut moudre pour en faire de la farine». Le châtaignier est aussi appelé «arbre à pain», car la farine de ses fruits ressemble à celle des céréales et les châtaignes furent longtemps un aliment de base. Le pain à la farine de châtaigne est attesté depuis 1680 sur le territoire de l'actuel canton du Tessin. «*Ex castaneis quoque, in cratibus prius fumo exiccatis, farinam conficiunt, panesque pinsunt*», lit-on dans *l'Historia naturalis Helvetiae curiosa* (Ils font de la farine et du pain à partir de châtaignes qu'ils font d'abord sécher sur des claies en les fumant).

Dans le cloître de Claro au-dessus de Bellinzona, jusque dans les années 1990, les moniales récoltaient les châtaignes, les faisaient sécher à l'air ambiant au grenier, en remplissaient des sacs de deux à trois kilos qu'elles frappaient ensuite sur des tables en granit afin de séparer les coques et téguments séchés des fruits (observations faites au cloître par Liliana Piantini lors du tournage du film documentaire *La rupe della clausura*, 1999).

Au XIXe siècle, la production de farine de châtaigne commença à décliner, comme le souligne Stefano Franscini à propos des habitudes alimentaires des paysans: «Fabriquer du pain à base de farine d'orge ou de châtaigne ne fait pratiquement plus partie des usages» (*La Svizzera italiana: tomo I, 1837-39*). Après un sursaut pendant la Première Guerre mondiale, l'utilisation de farine de châtaigne perd à nouveau de son intérêt, au point d'être abandonnée. «Aujourd'hui, la *fiascia* a presque disparu, observe Martino Giovanettina; parmi ceux à qui elle était destinée, seuls quelques-uns la regrettent, alors que les nombreuses personnes qui n'en ont jamais ou rarement mangé la réclament» (*Der Geruch der erloschenen Glut*, 2014).

On employait la farine de châtaigne comme substitut à la farine de blé et de seigle, qui était coûteuse. Si c'était possible, on y ajoutait un peu de farine de céréales. Une fois que la pâte (autrefois sans levure) était pétrie, on l'abaissait à trois à quatre centimètres d'épaisseur et la posait, ronde ou rectangulaire, sur une pierre ollaire plate. La pierre et la pâte étaient disposées de chant d'abord avec le côté inférieur vers le four ouvert, puis de l'autre côté. Jusqu'à ce que le pain soit bien cuit, ce qui prenait en tout cas 45 minutes, la plaque était mise une fois sur chaque côté, afin de répartir la chaleur uniformément. Étant donné que la *fiascia* se conservait plusieurs mois, c'était un aliment très important durant l'été, quand les troupeaux pâturaient sur les alpages à haute altitude. Au sud de la Suisse, quelques moulins produisaient parfois de la farine de châtaigne, par exemple dans le val Poschiavo, le val Bergaglia ou le Valmaggia.

Pétrir deux tiers de farine de châtaigne et un tiers de farine de blé ou de seigle avec du sucre, de la poudre à lever (facultatif), du sel et de l'huile jusqu'à obtention d'une pâte; dans certaines recettes, celle-ci comprend du cumin. Former des miches ou des baguettes de quelques centimètres de diamètre, que l'on portionne et arrondit. Enfourner les pains – petits et grands – pendant une heure sur une plaque avec du papier de cuisson à 150 °C. Il existe des variantes tressées ou enrichies d'ingrédients tels que des raisins, des pommes ou des fruits confits.

Dans la partie supérieure du val Camonica, en Lombardie (entre le lac d'Iseo et le col du Tonale), on trouve un pain du même type, le *pa'de schelt;* en Toscane, le *castagnaccio* est un pain à la farine de châtaigne et au romarin, également disponible au Tessin. Pour la version calabraise, les proportions sont inversées : seulement un tiers de farine de châtaigne, mais davantage de blé.

Alors que jusqu'au milieu du XXe siècle, la *fiascia* n'était qu'un ersatz de pain, elle est désormais une spécialité régionale, « un de ces aliments qui a réussi à maintenir son succès par sa rareté », comme le dit Martino Giovanettina. Lors de fêtes villageoises dans le Val Bavona, des cadeaux sont vendus aux enchères pour des bonnes œuvres, et la fiascia est « le butin le plus convoité [...]. Ce qui sert à reremplir les caisses des chapelles du Val Bavona touchées par la crise, c'est presque toujours une *fiascia* de luxe sous forme de tarte. » Pourtant, l'avenir de la *fiascia* est bel et bien menacé. Giovanettina raconte : « Lorsque Doris, qui fait partie des derniers ou est la toute dernière à savoir la faire, allume la cheminée à Fontanellata et pose la pierre avec la pâte à *fiascia* verticalement devant la flamme, nous avons l'impression qu'un aliment assiste ici à son propre enterrement » (*Der Geruch der erloschenen Glut*).

Voir aussi : Châtaignes, page 485 ; Castagna, page 620.

Monta sü

Pain blanc aux formes inhabituelles

Une croûte dure, et une tendance à sécher rapidement. Originaire de Vénétie, le *montasù* s'est répandu dans le nord de l'Italie, de l'Émilie-Romagne jusqu'au Piémont. Si la surface est dure, la mie est tendre et dense. Composé de *montare* (monter) et de *sù* (dessus), le mot signifie que l'on superpose un morceau de pâte à un autre : d'un pâton en forme de baguette, une moitié reste posée à plat, l'autre est retournée de l'horizontale et mise par-dessus l'autre verticalement ou apposée dessus – une excellente épreuve d'examen pour des apprentis.

Des témoignages dans le *Vocabolario dei dialetti della Svizzera italiana* font remonter l'origine de ces pains aux formes variées à la première moitié du XXe siècle, comme la *sciampa*, qui ressemble à une patte (*zampa* en italien) avec quatre orteils en griffe, également appelée *dit di pè* (doigts de pied). Pour s'en faire une idée, il y a une célèbre photo de Pablo Picasso : le peintre est assis à une table, au bord de laquelle se trouvent deux énormes pattes devant ses bras – ce ne sont pas ses mains, mais deux *sciamp* (*Les pains de Picasso*, photo de Robert Doisneau, 1952). Le *monta sü* et la *sciampa* se sont répandus dans tout le Tessin depuis Varèse via le district de Locarno.

Si les pains luxueux de ce type ont disparu des étals pendant la Seconde Guerre mondiale, car il ne se fabriquait plus de farine blanche, ils sont ensuite réapparus sur le marché. Dans le *Manuale di panetteria-pasticceria* de l'École professionnelle Richemont (1949) figure une recette avec une photo de *cornetti* (« petites cornes »), un synonyme de *monta sü*. Une publication plus tardive de cette école, *La Panetteria svizzera* (1983), consacre quelques pages au *monta sü* ou *cornetti*, qui sont aussi appelés *milanesi* (d'une autre forme) et *sciampa*.

Pétrir de la farine blanche avec de l'eau, de la levure, de la farine de malt, du sel et de la graisse végétale. Grâce à celle-ci, la mie sera ferme et ne présentera aucune porosité. Certains préfèrent utiliser de l'huile, du saindoux ou de la *sansa di olive*, du grignon d'olive (tourteau résiduel après le pressage de l'huile d'olive). Laisser lever la pâte 15 bonnes minutes.

Pour le *monta sü*, former des boules de 40 à 60 grammes, qu'il s'agit ensuite d'étendre pour en faire des saucisses de 20 centimètres, après quoi on les aplanit au rouleau à pâtisserie. Puis, enrouler des deux côtés avec ses doigts. Lorsque les rouleaux se rencontrent au milieu, laisser un peu d'espace entre deux, poser un rouleau par-dessus l'autre avec un angle droit et dresser à la verticale. Au final, cette composition aura l'air d'un canon.

Pour la *sciampa*, les saucisses de pâtes devront être plus larges par rapport au *monta sü*, et encore plus aplanies ; arranger quatre morceaux de telle sorte qu'ils constituent une patte.

Les pâtons ainsi formés doivent lever encore un quart d'heure avant d'être glissés au four à 240-250 °C. Le temps de cuisson est de 15 minutes.

Au Tessin, ces petits pains ne pèsent que 60 grammes, contre 170 à 180 en Vénétie, et jusqu'à une livre dans le Piémont ; on les sert à l'apéritif, agrémentés comme on le souhaite, ou lors des repas.

Ossi da mordere, òss da mòrt

Biscuits à base de blanc d'œuf, de farine et d'amandes

Littéralement, les *òss da mòrt* sont les os des morts, appellés *Totenbeinchen* en Suisse alémanique. Leur autre dénomination est celle d'*ossi da mordere* ou *òss da mòrd*, os à mordre, *Knabberbeinchen* outre-Sarine. De forme légèrement ovale, ces biscuits sucrés et plats à base de blanc d'œuf et d'amandes ou de noisettes sont en effet assez durs et se fragmentent une fois qu'on a bien mordu dedans. On les trouve au Tessin, dans les Grisons italiens ainsi qu'en Italie.

Le nom originel est *ossi di morti* (os des morts, ossements), car ce biscuit est traditionnellement associé au souvenir des défunts, célébré le 2 novembre, le lendemain de la Toussaint. Sa forme rappelle les parties perdues d'un squelette, et la prononciation de son nom est subtilement indécise : d'après Ottavio Lurati, si *òss da mòrt* et *òss da mòrd* sont phonétiquement quasi identiques, c'est parce que dans les dialectes du nord de l'Italie, la dureté du « t » et la douceur du « m » se confondent. Aujourd'hui, ces *biscotti* sont connus sous leurs deux noms, l'un se rapportant à la mort, l'autre à la morsure. En Ombrie on les appelle *stinchetti*, diminutif de *stinco*, gigot.

Si ces biscuits n'ont pas grand-chose à voir avec le cannibalisme, leurs liens avec l'animisme, la croyance en des êtres spirituels agissant dans la nature, sont incontestables. Avant que leur besoin de croire ne soit enfermé dans un système de commandements et d'interdits, les hommes croyaient encore métaphoriquement que la force dans le bras d'un ennemi qu'on avait tué passait dans le corps de ceux qui mangeaient un morceau de ses os.

Les *fave dei morti* (« fèves des morts ») sont des biscuits ayant une telle fonction. Dans la Grèce antique, on employait des fèves lors de rites funéraires ; les Romains les imitèrent et au Xe siècle, cette pratique fut reprise par l'Église chrétienne, mais pour des raisons pragmatiques et des plus profanes : tous les 2 novembre, l'abbé d'un monastère commandait à ses moines d'honorer les âmes des défunts ; afin qu'ils puissent prier toute la nuit, on leur donnait des fèves pour se restaurer. C'est de là qu'est venue la coutume d'offrir des fèves aux pauvres le Jour des morts. Par la suite, la fève s'est muée en un biscuit à base d'amandes, de sucre, de farine et de blanc d'œuf, dont la forme évoque celle d'une fève – les *fave dei morti*. Quant à la forme des *ossi dei morti*, elle est semblable à celle d'ossements.

On a trouvé une recette d'*ossi così detti da morti* (os dits des morts) dans le Val Blenio en 1780. Les ingrédients sont « six onces de sucre [...], deux onces et demie d'amandes douces que l'on laisse presque entières, trois onces de farine de blé blanche ». Le tout doit être mélangé à du blanc d'œuf jusqu'à ce que la consistance se rapproche de celle d'une pâte brisée. Dans *Il nuovo cuoco ticinese economico* (1846), Luigi Franconi a réduit leur nom à *ossi morti*. Son livre s'inspire de la cuisine milanaise et s'adresse aux familles bourgeoises. Aux ingrédients précités viennent s'ajouter des zestes de citron râpés.

Il existe aujourd'hui deux versions de ce biscuit, l'une claire et l'autre foncée. Parmi les recettes que le *Corriere del Ticino* a rassemblées auprès de ses lecteurs – ou plutôt de ses lectrices – et qu'il a publiées dans l'ouvrage intitulé *Ticino a tavola* (1976), on trouve aussi des *òss da mòrt* en provenance du Val Blenio, où ces *biscotti* sont *« popolarissimi » :* monter deux blancs d'œufs en neige, incorporer 200 grammes de sucre, autant de farine et encore autant d'amandes finement hachées. Bien mélanger et portionner des biscuits ovales sur une plaque beurrée et enfarinée ou sur du papier de cuisson. Faire cuire 12 à 15 minutes au four préchauffé à 220 °C.

Il y a des variantes avec des noisettes, du beurre, du miel, de la grappa ou du marsala. On les trempe dans le café ou dans le vin. Qu'ils soient clairs ou foncés, on trouve des *ossi* toute l'année dans les boulangeries.

En Suisse alémanique, l'application culinaire des ossements humains est restée en arrière-plan de leur fonction religieuse, comme ce fut le cas des reliques, « ces os que l'on envoyait de Rome et que l'on parait de bijoux et décorait », ou de leur fonction supposément médicinale, car « on plongeait des copeaux d'os de morts dans l'eau-de-vie pour inciter ceux qui en étaient friands à réduire leur consommation », lit-on dans l'*Idiotikon ;* ce dictionnaire suisse allemand mentionne aussi une application pharmaceutique assez étendue et cite une pharmacopée recommandant de mélanger des ossements de morts séchés et réduits en poudre à une pommade, tout en précisant que si cet ajout ne convient pas, on peut s'en passer. Les *Totenbeinli*, qui apparaissent dans les Grisons et ailleurs, sont des « pâtisseries appréciées des confiseurs pour le dessert, d'une longueur et d'une épaisseur comparables à celles d'un doigt ».

Pan di mòrt

Pain des morts (pain sucré contenant de nombreux ingrédients, dont des amandes effilées et des fruits secs ou confits)

Après les lamentations et la veillée funèbre, lors de laquelle « nous soulevions le drap en lin pour voir, de nos yeux ensommeillés, la dépouille figée », il y avait encore pour « moi, en tant que fils de boulanger, un petit travail à accomplir. Suite à la veillée nocturne et aux messes du troisième et du trentième jour après le décès, on distribuait les aumônes de pain, plus ou moins importantes suivant la fortune des héritiers. Mon père remplissait alors deux paniers de pains et nous nous placions près de la porte de l'église, mon père d'un côté et moi de l'autre. À tous ceux qui sortaient, nous remettions un beau pain croustillant d'une livre. Cette coutume existe encore actuellement, on distribue toujours des aumônes, mais à la place de pains, on donne des tickets imprimés, avec lesquels chacun peut aller retirer son pain chez le boulanger » (Plinio Martini, *Delle streghe e d'altro*, 1979).

L'ex-chef des Archives suisses pour l'étude du pain Max Währen (1919-2008) a écrit que « même après la mort on n'oublie pas le pain pour les uns et les autres. Pendant le haut Moyen Âge, l'Église chrétienne a ordonné que l'on distribue les offrandes en souvenir des défunts aux pauvres. Dans diverses régions de notre pays, des pains sont encore offerts au tout début du mois de novembre pour honorer la mémoire des disparus ».

La coutume consistant à fabriquer le pain des morts est commune à plusieurs cultures. Dans le Val Verzasca, on en faisait pour tous ceux qui se rassemblaient lors de la veillée funèbre ou se rendaient à l'enterrement. On distribuait aussi du sel, par exemple dans le Val Bedretto, comme l'atteste un testament du début du XVIIIe siècle. Dans le Valmaggia, des proches du défunt ou de la défunte offraient du pain à toutes les personnes présentes après l'enterrement. C'étaient les pauvres qui en recevaient dans le Val Mesolcina lorsque quelqu'un quittait ce monde. Dans le district de Lugano, les enfants frappaient aux portes et on leur donnait du pain, des fruits et des figues séchées.

Si à l'origine, le *pan di mòrt* était un pain très simple, il se différenciait malgré tout du pain de seigle habituel ; il s'agissait souvent d'un pain blanc. La coutume commença à se perdre au début du XXe siècle, et dans *Das Brot und seine Herstellung in Graubünden und Tessin*, un livre paru en 1936, Fritz Dorschner dit carrément qu'elle n'existe plus. Peut-être n'offrait-on plus de *pan di mòrt* à chaque enterrement, mais c'était sûrement encore le cas pendant les jours d'automne dédiés à la mémoire des disparus. Un *pane dei morti* contenant des fruits, originaire de Lombardie, devint populaire durant les années 1930; on ne sait pas précisément comment ce pain arriva au Tessin. Selon divers boulangers, ce produit offrait la possibilité de faire de l'ordre dans le fournil, car on incorporait des restes ou des ingrédients inutilisés au pain des morts, ainsi que des *dolci* (desserts) et des *biscotti* invendus. Et l'on faisait de même chez soi – on utilisait généralement des fruits secs, des restes de biscuits ou du *pan di Spagna*, une pure génoise, mais aussi sèche que du sable.

Pour une des nombreuses recettes, le boulanger mélange, dans un rapport de 1:1, de la farine et des ingrédients tels que du biscuit et/ou des fragments d'*amaretti*, de la purée de marrons ou des marrons glacés en petits morceaux, puis ajoute à cela du miel, du cacao, de la levure, des amandes effilées, du sirop de sucre, des zestes de citron râpés, de la noix de muscade, de la cannelle, des pignons, des raisins, un peu d'ammoniaque et encore éventuellement des fruits confits; les œufs, le blanc d'œuf, le vin et les figues séchées sont facultatifs. Bien mélanger et pétrir jusqu'à ce que la pâte soit légèrement dure. Diviser en morceaux de 100 à 150 grammes, former des pâtons allongés, aplatir quelque peu, déposer sur une plaque, saupoudrer de sucre glace, inciser la surface dans le sens de la longueur et enfourner dix à douze minutes sans vapeur à 190-200 °C. Ces pains des morts se conservent deux à trois jours. Bien que traditionnellement associés au décès, on les savoure aujourd'hui sans le moindre rite mortuaire, au petit déjeuner avec son café, comme en-cas ou à la fin d'un repas, avec un verre de vin rouge ou de *vino passito* (vin de paille).

Pan tranvái, pan di üghétt, cavigiún

Trois pains aux raisins régionaux similaires entre eux

Leur création est probablement contemporaine, tous trois contiennent des raisins en abondance et ont continué à se développer dans leurs habitats respectifs à la même époque; la genèse de ces pains présente quelques différences.

Le *pan tranvái* est originaire de Milan. *Tranvai* est une adaptation de l'anglais *tramway*, abrégé en *tram* en français comme en allemand. Ces viennoiseries constituaient le petit déjeuner typique des chauffeurs de tram milanais au début du XXe siècle; riches en raisins, elles leur fournissaient suffisamment d'énergie pour leur longue journée de travail, et ces gourmands conducteurs encourageaient les passagers à les imiter. Vers 1900, ce pain fut diffusé dans toute la Lombardie et atteignit également le Sottoceneri: dans le *Vocabolario dei dialetti della Svizzera italiana*, le mot *pan tranvái* a plusieurs équivalents dans le district de Lugano et celui de Mendrisio, dont la signification est celle de «pain aux raisins».

Cependant, le plus célèbre des pains aux raisins sera celui d'Onsernone, dans le district de Locarno. Le *pan di üghétt* se différencie des autres par une combinaison d'épices figurant dans une recette que les producteurs gardent jalousement secrète. C'est typiquement une viennoiserie de Noël, un précurseur du *panettone*, mais sans beurre ni œufs ni sucre ni fruits confits. Les familles commandaient leur pain aux raisins – de la taille souhaitée en fonction du nombre de bouches à régaler – chez leur boulanger une semaine ou deux avant Noël. Le 25 décembre, les enfants allaient à l'église chargés de ces pains pour les faire bénir par le curé. Par la suite, on les dégustait morceau par morceau jusqu'à l'Épiphanie. Le *pan di üghétt* demeura le pain des pauvres, un *panettone dei poveri*, jusque dans les années 1970.

Dans le Val Blenio, les jours de fête, on mangeait le *sciurín*, comme le raconte Guido Bolla dans son livre *Aspetti di vita montana* (1935). Le matin du jour de l'An, les garçons et les filles frappaient à toutes les portes, exigeant leur *bonamán*, une main généreuse; ils recevaient des noix, des noisettes ou du *sciurín*, une miche de pain aux raisins.

Dans le district de Mendrisio, aussi appelé Mendrisiotto, on appelait les petits pains aux raisins *cavigiún* ou *büsciolòcch;* on les faisait pour célébrer San Giuseppe (saint Joseph), le 19 mars. La plupart des pains et petits pains aux raisins ont disparu vers la fin du XXe siècle, principalement en raison de l'offre surabondante en matière de produits de boulangerie industriels. Au début du XXIe siècle, toutefois, on assista à une sorte de renaissance: les amateurs et amatrices retrouvèrent un choix de pains aux raisins de l'autre côté de la frontière.

Ce qui est remarquable, c'est la quantité massive de raisins par rapport à la pâte: 50 % ou davantage. Après avoir fait mariner les raisins une nuit dans de l'eau ou du vin rouge, on pétrit de la farine blanche, mi-blanche ou de seigle, de la levure de bière, du sel et de l'eau ou un mélange de lait et d'eau jusqu'à obtention d'une pâte; une fois que sa consistance est satisfaisante, les raisins y sont incorporés. Pour le *pan di üghétt*, on ajoute des épices telles que des graines de fenouil, de l'anis et quelques ingrédients secrets. Laisser lever environ 20 minutes, portionner en autant de morceaux que l'on souhaite et laisser à nouveau lever dans la chambre de fermentation. Suivant le volume des pains, les cuire entre 20 et 30 minutes à 240 °C, au début à la vapeur.

Dans la région de Côme, on trouve des pâtisseries comparables, mais plus frugales que le *pan tranvái*, appelées *pan cunt l'üga* ou *braschín;* à l'origine, on les cuisait au-dessus de charbons ardents recouverts de cendre. Le *pan con l'uva della Pallata* est bien connu à Brescia; la Pallata est le nom de la tour médiévale en briques au cœur historique de la ville. Même sans adjonction de sucre, ce pain est doux grâce aux raisins qu'il contient; produit indépendamment de toute date ou fête importante, on le déguste le plus souvent comme en-cas. Il est servi lors de dégustations de fromages avec du miel ou de la *mostarda*, un condiment à base de fruits confits et contenant de la moutarde. C'est un *pane da piazza*, que l'on trouve dans les villes les jours de marché ou dans les villages les jours de fête.

Voir aussi : Rosinenweggen, page 367 ; Bütschella, page 566.

Pane ticinese

Pain tessinois – pain strié à base de farine blanche

Parmi les pains cantonaux, le tessinois est l'un des plus célèbres et des plus appréciés dans l'ensemble du pays. Au Tessin même, le *pane ticinese*, préparé en joignant plusieurs pâtons à base de farine blanche les uns aux autres, est aussi connu sous d'anciens noms régionaux : *pan riga*, *pan a michét*, *pan fila* (Luganese), *pan réal* (Léventine), *pan riaa* (Val Verzasca), *bagéta*, *bagia* (Locarnese), *liréta* (Mendrisiotto, de *libbra*, livre).

La miche composée d'un assemblage de petits pains est arrivée dans le sud de la Suisse depuis l'Italie. Sur le tableau intitulé *Mangiafagioli* (Le Mangeur de haricots) du peintre baroque bolonais Annibale Caracci (1560-1609), un homme est représenté assis à une table et portant avec une certaine avidité une cuillère pleine de haricots – ou de fèves – à sa bouche. Sa main gauche entoure un morceau de pain, et à sa droite un pain entamé se trouve sur la nappe ; il ressemble beaucoup à un pain tessinois.

L'un des premiers témoignages à propos de pain dans le Tessin date de 1333 ; dans les statuts de Minusio, il est interdit d'allumer d'un four à pain le samedi. Vers 1400, le pain était fabriqué chez soi, mais aussi par des boulangers – jusqu'au XIXe siècle presque uniquement dans les villes. Dans un règlement de la commune de Bellinzona de 1812, il est écrit que « chaque boulanger doit disposer quotidiennement d'une quantité de pain suffisante pour répondre aux besoins de la commune ». Le prix y est aussi fixé, par exemple pour le pain blanc, « appelé *baggia* » ; or dans certaines régions du Tessin, *bagia* signifie un demi-pain tessinois.

Le *pane ticinese* à base de farine blanche ou mi-blanche a toujours été un produit de boulangerie. Le pain blanc était réservé aux citoyens fortunés. Dans les villes, les nécessiteux devaient se contenter de *pane di mistura* à base d'un mélange de céréales de moindre qualité ; dans les vallées alpines, on faisait du pain à la farine de seigle ou de châtaigne. Au début du XXe siècle, cependant, pour la majorité des Tessinois, manger du pain blanc n'était plus seulement un rêve. Dans *Donne ticinesi : rievocazioni*, livre paru en 1928, on peut lire ceci : « Aujourd'hui, les grands-parents racontent aux enfants ébahis qu'à leur époque, le pain blanc était un grand luxe et que l'on en trouvait presque pas. »

Au chapitre sur les diverses formes de pain, l'*Atlas de folklore suisse* (des années 1930) présente le pain tessinois comme étant le seul avec des stries, ce qui est illustré par des noms tels que *pan riia* ou *pan riga* (pain strié). Cet atlas le décrit en tant que pain d'un kilo fabriqué à partir de farine blanche et en huit segments, vendu soit entier, soit en deux, quatre, huit ou même seize parties. À cette époque, sur le versant nord des Alpes, on ne pouvait acheter du pain tessinois qu'à Andermatt – il n'est donc pas surprenant que bien des habitants de la vallée d'Urseren se définissent comme des demi-Tessinois.

Ce fut une initiative de l'École professionnelle de boulangerie-pâtisserie-confiserie Richemont à Lucerne qui éleva ce produit au rang de pain cantonal. L'Association suisse des maîtres boulangers-pâtissiers présenta une sélection de pains cantonaux lors d'un salon professionnel à Lugano en 1950, après quoi pains et recettes se répandirent dans tout le pays.

Mélanger la pâte avec du levain, de la farine blanche, de la levure de bière pressée (*lievito di birra pressato*), du sel et de l'huile ; celle-ci donne au pain une saveur caractéristique et rend la mie plus tendre, mais en utiliser n'est pas impératif. Avant de commencer à pétrir, ne pas oublier d'ajouter un peu d'eau à 20-22 °C. La pâte est prête lorsque plus rien ne colle à l'intérieur de la bassine.

Le boulanger sépare la pâte en morceaux de deux kilos, masse chacun encore une fois, en fait une boule qu'il laisse reposer couverte cinq minutes, puis recommence le processus. Cela donne plus de compacité à la pâte, et le réchauffement facilite sa fermentation. Ensuite, les boules sont aplaties dans une machine, pressées et divisées en 30 morceaux ; pour un pain tessinois, il en faut cinq, parfois quatre ou six. Chacun est étiré à la main pour former un pâton cylindrique, que l'on place contre les autres dans le sens de la longueur. Certains assemblent simplement les morceaux sphériques les uns aux autres, ou alors on façonne une longue miche avant de presser les séparations souhaitées dans la pâte à l'aide d'un bâton de l'épaisseur d'un manche à balai.

Faire lever à peu près une demi-heure dans la chambre de fermentation ; le volume doit doubler. Laisser le pain sécher cinq minutes. Les segments accolés les uns aux autres doivent maintenant être entaillés au milieu, dans le sens de la longueur, avec un couteau mouillé. Le pain est enfourné à 190 °C pendant 20 à 25 minutes. Le début de la cuisson se fait à la vapeur, puis le four est aéré à mi-cuisson pour évacuer l'humidité. La croûte doit être bien dorée et la partie inférieure dure.

On emploie du pain tessinois sec pour faire de la *torta di pane*.

Voir aussi : Schlumbergerli, page 40 ; Weggli, page 322 ; Zürcher Murre, page 324.

Panettone

Brioche aérienne aux fruits confits

Le *panetún*, en dialecte milanais, est la plus célèbre brioche italienne et tessinoise. Créée dans la capitale lombarde, attestée depuis 1490, elle est auréolée de légendes – les Romains se régalaient déjà d'une pâtisserie à la levure du même genre. Une de ces légendes fait naître le *panettone* à l'époque des Sforza, la puissante famille qui régnait alors à Milan. Le cuisinier aurait brûlé une douceur par maladresse ; un plongeur nommé Toni sauva le dessert, car il avait subtilisé de la pâte avant la cuisson et l'avait enrichie de fruits confits, d'œufs et de sucre. Ledit Toni rendit cette pâte au cuisinier, qui l'enfourna et obtint un joli succès, si bien que ce dessert but baptisé *pan del Toni* en l'honneur de son inventeur, nom qui se transforma par la suite en *panettone*. Dans d'autres histoires, ce Toni était garçon de courses chez un boulanger de Milan et inventa le *panettone* peu avant Noël.

Tout cela sonne bien, mais est parfaitement faux : le mot *panettone* est une sorte de minimisation renforcée. À *pane*, on a joint le suffixe affectif et diminutif *-etto* additionné du superlatif *-one ;* le résultat est donc quelque chose comme « pain chéri et enrichi ». En Europe, on trouvait déjà des écorces de citron et d'oranges confites au Moyen Âge, suite à leur introduction en Espagne par les musulmans du temps où celle-ci s'appelait Al-Andalus. La technique de l'ajout de levain à la pâte est apparue vers la fin du XVIIIe siècle, et une centaine d'années plus tard commença la diffusion à large échelle de la brioche avec sa production industrielle par la maison Motta à Milan. À cette époque, « Motta » était synonyme de *panettone*.

Grâce aux intenses relations entre l'Italie, plus particulièrement la Lombardie et le Piémont, et le Tessin, le *panettone* ne tarda pas à être diffusé en Suisse italienne ; ce produit de pâtisserie était demandé avant tout par une clientèle urbaine et fortunée. À la fin du XIXe siècle, la Pasticceria Vanini de Lugano présentait fièrement une de ses spécialités, le « *panettone* façon milanaise », dans des annonces publicitaires, tout comme l'Ofelleria Gazzaniga, une pâtisserie de Bellinzona, le faisait pour ses véritables « *panettoni alla milanese* ».

D'après le *Vocabolario dei dialetti della Svizzera italiana*, dans les années 1920, le *panettone* était connu dans tout le canton du Tessin. Cependant, jusqu'aux années 1960, seule une minorité des familles tessinoises pouvait s'en offrir. On faisait son propre pain de fête (*pan di fèst*), pain aux raisins (*pan di üghétt*) ou pain aux noix (*ul pan da nus*, dans le Val Mesolcina) ; tous contenaient des ingrédients tels que des fruits séchés et confits.

Dans les années 1930, Motta créa de nouveaux moules en papier, grâce auxquels on pouvait confectionner des *panettoni* plus élevés. Il fallait toutefois les suspendre renversés pour les faire refroidir, afin que la mie aérienne fraîchement cuite n'implose pas. Le *panettone* demeurait une pâtisserie pour les professionnels : les exigences sont importantes et l'on travaille plus avantageusement avec de grandes quantités de pâte. Les ventes commencèrent à grimper dans les années 1950, parallèlement à l'aisance croissante de la population. On se régalait de *panettone* principalement à Noël, même s'il était produit tout au long de l'année. Pour la préparation traditionnelle de la pâte, tout agent conservateur ou colorant est proscrit, et seul le beurre est autorisé à l'attendrir. On fabrique le levain avec de la farine, du sucre, du jaune d'œuf, du beurre, de l'eau et de la levure naturelle, et la laisse fermenter 20 à 24 heures. Le lendemain, on incorpore à la pâte les ingrédients suivants, dans cet ordre : sucre, farine, miel, zeste d'orange râpé, vanille, jaune d'œuf et beurre. Plus il y a de beurre, meilleur ce sera – jusqu'à 60 % ! Pour terminer on mélange des oranges confites et du citronat avec la pâte. Celle-ci doit encore lever trois à six heures, suivant le volume, dans la chambre de fermentation à 28-30 °C, avant d'en remplir les moules, qui sont fabriqués avec un papier spécial très résistant. Inciser une croix dans la surface avant la cuisson.

Pour le glaçage, on mélange des amandes finement râpées à du sucre et du blanc d'œuf. Dresser à l'aide d'une poche à douille et étaler sur la surface avec une spatule, y presser des amandes brutes entières, saupoudrer de sucre brut et de sucre glace. Le temps de cuisson des *panettoni* est au minimum de 45 minutes par kilo à 170-180 °C. Faire refroidir en les retournant : on enfonce des clous à travers les moules en papier et suspend les brioches, ou alors on les fixe sur une planche à clous.

En 1999, la *Società Mastri Panettieri Pasticcieri Confetteri* du canton du Tessin lança un label de qualité afin de protéger la méthode de fabrication traditionnelle, avec de la levure naturelle, du *panettone*, du *panettone nostrano* et de la *colomba pasquale*. Il existe une autre méthode, pour laquelle on utilise de la levure pressée (*lievito pressato*), qui présente l'avantage d'accélérer le processus, mais au détriment de la qualité, comme le déplorent les connaisseurs.

Avec la même pâte mais sans fruits, on produit les petites *veneziane*. Originaire de Vérone, le *pandoro* est quant à lui une version à la pâte presque identique, plus riche en beurre mais dépourvue de fruits – idéale pour ceux qui ont horreur des fruits confits et des raisins. D'en haut, le *pandoro* est semblable à un kouglof en forme d'étoile, mais sans trou au milieu au milieu ; on le découpe en tranches horizontales et tourne légèrement les couches, de sorte que ce gâteau ressemble à un sapin de Noël miniature.

Les Tessinois se délectent aussi de *panettone nostrano*, moins haut que le *panettone* et qui contient, en plus des ingrédients susnommés, des figues séchées, des noix, des noisettes, des amandes et des pignons ; dorer à l'œuf et découper des motifs carrés avant la cuisson. Pour satisfaire d'autres préférences, il existe des variantes plus récentes du *panettone*, aux abricots, au massepain, au chocolat, à la crème ou même avec une crèche de Noël à l'intérieur.

On le découpe verticalement et le sert en guise de dessert avec du *spumante* après le repas de Noël. Les touristes en demandent en toute saison. Le *panettone* voyage en train dans les wagons-restaurants ou sur les chariots comme pièce de résistance, et fait sa propre publicité en format de poche dans toute la Suisse.

En Lombardie et au Tessin, il était de coutume de conserver une part de *panettone* jusqu'à la Saint-Blaise, San Biago, le 3 février, et de l'apporter ce jour-là à l'église pour le faire bénir. Ce morceau de brioche avait dès lors le pouvoir de faire passer les rhumes et les maux de gorge. Si cette coutume est désormais assez marginale, elle n'a pas pour autant disparu : très opportunément, les *panettoni* qui n'ont pas été vendus à Noël reçoivent une nouvelle étiquette : *Panettone di San Biagio*.

Voir aussi : Colomba pasquale, page 626 ; Veneziane, page 636.

Raviöö da carnevaa

Raviolis avec des garnitures sucrées et autres pâtisseries de fête

Au Tessin, *il carnevale* est une fête aussi importante que celles de Noël et de Pâques. Les gens se divertissent en défilant, avec une tombola, des confettis et le *palo della cuccagna*, le mât de cocagne : quiconque grimpe sur ce poteau recouvert de savon noir se voit récompensé au sommet par un *salame* qui y est suspendu. Le carnaval est synonyme de gourmandise, l'un des sept péchés capitaux, que l'on commet au moins une fois par an avec la bénédiction de l'Église. *Carnevale* vient de *carnislevavem*, supprimer la viande : *carne levare*. Le Carême commence le mercredi des Cendres, le lendemain du Mardi gras, *martedì grasso*, et se termine le dimanche de Pâques, au moment de découper la douce et odoriférante *colomba pasquale*. Les plats typiques de carnaval sont les *luganighe*, le risotto, la polenta ainsi que des sucreries et des pâtisseries frites.

Étant sucrés, les *raviöö da carnevaa* n'ont rien à voir avec des raviolis normaux. À Tesserete et aux alentours de ce village situé au nord de Lugano, on les garnit de pruneaux séchés ou de confiture de pruneaux, les frit et les consomme froids – en privé, pas au restaurant. Pour la pâte, on mélange de la farine avec de la levure, du sel, de la vanille, le zeste et le jus d'un citron, du sucre et trois jaunes d'œufs, ajoute du beurre fondu, trois blancs d'œufs battus et un peu de vin tiède. Laisser reposer la pâte brillante pendant une heure. Pour la garniture, on écrase les pruneaux séchés et dénoyautés, certains y ajoutent encore des *amaretti*, ou alors utilisent de la confiture de pruneaux. Étaler la pâte, découper des carrés à l'aide d'une roulette, mettre une cuillère à café de garniture au centre de chacun d'eux ; plier en diagonale pour former un triangle, badigeonner d'œuf pour qu'ils restent bien fermés. Faire frire dans de la graisse ; autrefois c'était du saindoux, aujourd'hui des graisses végétales comme l'huile de coco.

Il existe une exquise recette de *raviöö da carnevaa* dans la Valle di Muggio depuis plus de cent ans. Les raviolis sont remplis d'un mélange de lait, d'eau, de pain rassis, de couverture foncée, de sucre, de sucre vanillé, d'œufs, de raisins, de pignons, de zestes de citron confits, de schnaps et de Sbrinz ; certains ajoutent des épices comme la cannelle. Autrefois, on prenait de la *formaggella* faite maison au lieu du Sbrinz, qu'il fallait faire venir de Suisse centrale. Le fromage lie les différents ingrédients entre eux ; de la *formaggella* s'étirent des filaments qui enveloppent la garniture comme une crépine le fait avec du hachis.

Dans les années 1930, les *raviöö* étaient encore servis dans les *grotti* et les bistrots avec du vin, mais avec la migration des habitants des vallées vers les villes de tout le canton, ces traditions se sont peu à peu perdues. De nouveaux stimulants sont disponibles dans les villes, et l'intérêt pour les coutumes locales s'est atténué. Les recettes ont disparu, bien que quelques anciens aient continué à les appliquer ; depuis le début du XXIe siècle, elles ont été ravivées grâce à un travail d'évocation et de revalorisation du patrimoine culinaire régional, tout comme pour le *zincarlín*. En 2005, Slow Food a accueilli le *raviöö* dans son Arche du Goût.

Les *raviöö da San Provin*, remplis d'un mélange de pruneaux, de pommes et de zestes de citron, sont devenus célèbres parce qu'ils étaient proposés en abondance lors d'une foire agricole à Agno, la *Fiera di San Provino*, un week-end de début mars. Tous les habitants du district de Lugano se rendaient en pèlerinage à cette foire. En plus des expositions d'animaux et de machines, il y avait des stands de fleurs, de friandises, de bonbons et de toutes sortes d'articles de fête foraine. Cette *fiera* était chargée d'émotion car elle coïncidait avec les adieux des hommes qui devaient retourner travailler en Suisse alémanique après la pause hivernale.

Les *tortéi da San Güsèpp* de Sorengo, près de Lugano, sont des beignets ressemblant aux raviolis de carnaval ; à Bellinzona et Lugano, certains pâtissiers les appellent d'ailleurs *bigné*, avec ou sans garniture à la vanille, frits ou cuits au four. Dans *Ticino a tavola* se trouve une recette de *tortelli di San Giuseppe* qui rappelle celle des cuisses de dames (*Schenkeli* en Suisse alémanique) : faire bouillir de l'eau avec du sel et du sucre, incorporer de la farine ; après dix minutes, retirer du feu, ajouter à la pâte des zestes de citron râpés, du beurre et des œufs, bien mélanger, laisser reposer une nuit. Faire chauffer de l'huile ou du saindoux, verser des portions de pâte avec une cuillère dans la graisse chaude et faire frire, puis égoutter. Saupoudrer de sucre glace ou d'un mélange de sucre et de cannelle.

Parmi les autres friandises de ce type, citons les *padlònes*, des pâtisseries frites du Val Mesolcina, elles aussi plongées dans un bain bien gras ; les *ciaciar da la nona* du Mendrisiotto sont similaires aux *chiacchiere* italiennes, des bandes de pâte à merveilles frites avec un nœud ; à Meride, Tremona et Arzo, outre les *turtéi* ou *tortelli* (en pâte à beignets), on trouve aussi des *chiacchiere*, appelées *sprell* ; les *crostri leventinesi* sont des *tortelli* en pâte feuilletée ; les *taschétt* du Val Poschiavo sont des bandes, comme les *chiacchiere*, et enfin les *crustal* du Val Bergaglia, des biscuits à la vanille.

Voir aussi : Fasnachtsküchlein, page 36 ; Schenkeli, page 40 ; Merveilles, page 490.

Spampézi

Pâtisserie avec une garniture aux noix, aussi connue sous le nom de panspezie

Voici, en plus grand et en plus riche, un parent du *crèfli*, une pâtisserie sucrée avec une savoureuse garniture aux noix, originaire de quelques villages de la Léventine. Comme elles le faisaient avec les *crèfli*, les familles léventines envoyaient des *spampézi* (ou *panspezie*) à leurs fils émigrés au-delà des mers, car ces deux pâtisseries se conservent longtemps.

Produit principalement dans la moyenne (Faido, Prato, Dalpe, Osco, Chicciogna) et la basse Léventine (Bodio, Personico et

Pollegio, où le tunnel de base du Saint-Gothard s'ouvre à la lumière du Sud). La rumeur veut que les origines des *spampézi* se trouvent à Osco, ce qui n'est pas prouvé ; cependant, de nombreux Osconesi ont gagné leur vie en tant que cuisiniers et serveurs dans divers pays européens et en sont revenus avec des recettes. Il est donc possible que l'inspiration vienne du voisinage élargi, de l'*Uristier* d'Altdorf ou du *Biber* de Saint-Gall, par exemple.

Pan e spezi, pain et épices, *panspezie*, *spampezie* – les dialectes tessinois se caractérisent eux aussi par des cascades de lettres ardues à prononcer et forment des abréviations et des simplifications pratiques ; avec le temps, le « s » de *panspezie* a glissé vers l'avant et cela a donné *spampézi*. Encore plus que leurs cousins les *crèfli*, les *spampézi* ont bénéficié de la route commerciale traversant la Léventine, la garniture contenant des épices telles que la cannelle, les clous de girofle et la noix de muscade en témoigne. Ces saveurs exotiques étaient toujours disponibles grâce à la position stratégique de la Léventine ; le miel et le beurre provenaient de la ferme, les noix étaient gaulées dans les environs. En Léventine, les douceurs étaient moins rares que dans les autres vallées de montagne tessinoises, mais néanmoins réservées aux célébrations religieuses et profanes.

Comme pour les *crèfli*, il n'existe pas de documents anciens sur les *spampézi*, si ce n'est les moules du Museo di Leventina à Giornico, qui furent réalisés au XVIIIe siècle. On fabriquait également des *spampézi* sans garniture et sans moule ; la forme souhaitée était découpée directement dans la pâte, souvent un cœur. Les femmes se réunissaient pour produire force délices pour les fêtes de fin d'année et la fête patronale du village, appelée *chilbi* en Léventine tout comme dans le canton d'Uri. Après les années 1950, les *spampézi* ont visiblement perdu de leur importance : ils étaient trop volumineux pour une petite famille et trop lourds pour les nouvelles idéologies diététiques. Mais ils n'ont pas disparu, continuant à être fabriqués selon des recettes maison et familiales qui ne sont pas divulguées.

Ainsi, une personne qui aide à préparer les *spampézi* chaque année pour la fête paroissiale d'Osco ne révélera que le strict nécessaire et gardera très jalousement les secrets de fabrication. Pour la garniture, faire chauffer du beurre, ajouter du pain rassis râpé, des noix râpées, du sucre, des zestes de citron râpés, de la *grappa nostrana*, éventuellement du miel et des épices (cannelle, noix de muscade et clous de girofle). Remuer et retirer du feu.

Pour la pâte, faire chauffer beaucoup de beurre dans une poêle, incorporer du lait et du sucre, puis retirer du feu. Verser le mélange dans un bol, ajouter du sel, de la grappa, de la farine blanche avec de la levure et du jus de citron. Pétrir vigoureusement la pâte pendant une demi-heure jusqu'à ce qu'elle soit élastique. Laissez reposer pendant 30 minutes. Abaisser un morceau de pâte à environ quatre millimètres d'épaisseur, en recouvrir le moule, ajouter la garniture, badigeonner le bord avec de l'eau, placer le couvercle de pâte par-dessus, presser, retourner, ôter les restes au couteau, retirer soigneusement le moule, percer la surface avec une fourchette, badigeonner avec du jaune d'œuf et enfin cuire au four pendant 20 à 30 minutes à 180-200 °C.

Les *spampézi*, qui peuvent peser plus d'une livre, sont rassasiants et idéaux comme en-cas conviviaux pendant la saison froide. Comme les *crèfli*, les *spampézi* sont offerts en cadeau, *bonamán* en tessinois. À Osco, le jour de l'An, les enfants frappent à toutes les portes et récitent « *S'è üna, s'è do, s'è tré, olé – bondí, bon ègn et bonamán !* » (À la une, à la deux, à la trois, olé – bonjour, bonne année et à votre bon cœur !)

Torta di pane

Gâteau humide et nutritif fait à partir de pain rassis

C'est le dessert tessinois par excellence (« *Il dolce ticinese per eccellenza* »), affirme Maryton Guidicelli, co-auteure du recueil de recettes *Ticino a tavola* (1976), en évoquant cet opulent gâteau. Dans les éditions allemande et française de cet ouvrage, parues trois ans plus tard, les lecteurs non italophones sont instruits sur la nature de la *torta di pane* : « En tant que gâteau du pauvre fait de restes de pain, de lait, de raisins et d'épices, elle est présente à chaque repas de fête. »

La *torta di pane* est un exemple classique de la façon dont un plat né de la difficulté de se procurer certains ingrédients peut se transformer en une remarquable délicatesse – et pas seulement en période de vaches grasses. Le gâteau au pain permet toutes sortes de fantaisies – l'idée même de ce que sont des *dolci* sophistiqués : on peut combiner du pain rassis et des *amaretti* séchés avec bien d'autres ingrédients, comme des noisettes et du cacao, et couronner le tout d'une larme de grappa. La *torta di pane* est courante dans tout le Tessin et le Val Mesolcina, et au XXIe siècle, on sert des *torte di pane* miniatures dans des grands restaurants.

Ce gâteau a été créé à partir de la nécessité d'utiliser du pain rassis. On se demande toutefois comment il peut rester du pain dans des familles nombreuses ; la réponse est simple : le pain était cuit en grande quantité toutes les deux ou trois semaines. Ce qui n'avait pas été mangé ou n'était plus comestible le jour de la cuisson était utilisé pour les gâteaux au pain ; ou alors on trempait le pain desséché dans du bouillon ou des boissons comme le café ou le vin. Le *pan ciócch*, une recette à la fois simple, délicieuse et vite préparée, est la version tessinoise du pain perdu : faire frire des tranches de pain noir rassis dans du beurre chaud, les saupoudrer de sucre, verser du *vino nostrano* par-dessus et faire cuire à feu doux jusqu'à ce que le pain ait absorbé le liquide ; pour le *pane al merlot*, on fait tremper des tranches de pain desséché de deux centimètres d'épaisseur dans du merlot jusqu'à ce qu'elles soient imbibées, les fait rôtir dans du beurre et les saupoudre de sucre avant de servir.

L'histoire des aliments qui n'ont pas garni les tables fastueuses de la noblesse et du clergé ou des riches familles bourgeoises peut rarement être retracée ; du moins pas sous forme écrite, car la plupart des plats de la *cucina povera* sont plus anciens que le besoin de les immortaliser – les gens n'avaient pas le temps pour de telles choses ou ne savaient tout simplement pas écrire. Au XIXe siècle, afin de présenter « le véritable et réel état du pays », Stefano Franscini rassembla les faits et les chiffres de son époque dans *La Svizzera italiana: tomo I* (1837-1839) et nota à propos de la *torta di pane:* « Le paysan de montagne veillait à ce que la famille ait du vin les jours de fête. Ces jours-là, on avait coutume de faire des gâteaux, qui étaient préparés avec du lait, des œufs, du pain blanc râpé ou de la farine de blé, du fromage, du beurre et des épices. »

À cette époque, on ne faisait de la *torta di pane* que pour des occasions spéciales, comme les fêtes de village; les gâteaux étaient cuits dans le four communal ou par le boulanger. L'*Atlas de folklore suisse* (années 1930) présente des variantes – *torta di casa*, *torta di latte* ou *tórta da pan e lacc*, dans lesquelles on ajoutait des pignons; il s'agit manifestement d'une série de pâtisseries du même type, à préparer très librement. Dans *Ticino a tavola*, on trouve une recette de la Léventine qui utilise du *scéiru*, à savoir du colostrum.

Le *colostro* (colostrum) est le premier lait produit par une vache après la naissance de son veau; très nutritif, il contient des anticorps, que la vache utilise pour « vacciner » son veau afin qu'il puisse développer son propre système immunitaire. Cette boisson énergisante est plus forte que la crème; on emploie du *scéiru* pour les tartes à la crème campagnardes, et l'on en met sur des galettes en pâte levée; dans le Val Bergaglia, il faut un litre entier de ce précieux liquide pour la *turta da col*. On laissait reposer le colostrum dans une bassine, en écumait la crème et l'ajoutait au gâteau au pain.

Les recettes n'ont guère changé depuis le début du XIXe siècle. Les ingrédients de base sont restés les mêmes que Franscini avait mentionnés: du lait, du pain blanc et des œufs – seul le fromage a disparu. Il a probablement été supplanté par d'autres ingrédients tels que les fruits confits et le cacao. Chaque famille conserve sa propre recette; il ne s'agit donc pas d'un gâteau provenant d'une boulangerie professionnelle, mais du gagnant, ou plutôt de la gagnante d'un concours: en 1974, la *torta di pane* de Piera de Maria, originaire de Rivera, sur le versant sud du Monte Ceneri, au milieu du Tessin, a été sélectionnée parmi 400 autres arrivées de tous les coins du canton et du Val Mesolcina. Sa recette figure dans *Ticino a tavola*:

Faire tremper 300 grammes de pain rassis dans un litre de lait chaud et laisser reposer pendant une nuit. Mélanger à la main, puis, avec cinq *amaretti*, un œuf, une pincée de sel, un citron (jus et zeste râpé), 150 à 200 grammes de sucre, une cuillère à soupe de beurre de cacao, un petit verre de *grappa nostrana*, 200 grammes de raisins secs, un sachet de sucre vanillé et 50 grammes de zestes de citron confits, malaxer jusqu'à obtention d'une masse homogène; verser dans un moule à gâteau beurré, bien étaler, puis saupoudrer de 50 grammes de pignons. Faire cuire au four pendant deux heures et demie à environ 180 °C. La *torta di pane* doit être compacte, souple et humide; elle rappelle le plum-pudding. Très nourrissante, elle peut constituer un repas du soir complet avec du café et du lait, mais aussi un dessert, coupée en fines tranches à déguster avec de la grappa; elle se conserve une bonne semaine.

La variante *torta di pane leventinese* ne contient ni cacao ni fruits confits, mais davantage d'œufs; c'est une tarte de couleur claire.

On fait des gâteaux comparables en Italie, notamment dans le Piémont; à base de pain et de lait dans le Val d'Ossola, ils sont appelés *vigezzina* (d'après le Val Vigezzo, situé juste après les Centovalli)

Veneziane

Petites brioches semblables au panettone, *mais sans fruits*

Si elles viennent d'Italie comme le *panettone* et la *colomba pasquale*, les *veneziane* n'ont pas forcément été créées à Venise, en tout cas aucun document ne l'atteste. Pendant la préparation des *panettoni*, qui existent certainement depuis le XVe siècle, avant d'ajouter les fruits à ces gâteaux, on mettait de côté de la pâte et elle servait à fabriquer des *veneziane*.

Ces dernières étaient connues au Tessin et dans le Val Mesolcina (qui fait partie des Grisons italiens) au début du XXe siècle. Pendant la première moitié de celui-ci, d'après l'article intitulé *Usi e costumi della Mesolcina e della Calanca* (1945), à Grono dans le Val Mesolcina, une cérémonie de réconciliation était fixée la veille au soir du mariage, à laquelle les fiancés invitaient leurs amis pour déguster des *veneziane*. Dans le Val Onsernone, une région assez pauvre, on se régalait de ces petites brioches à Noël, apprend-on dans *Natale nel Ticino: raccolta di tradizioni e leggende* (1981). Les « vénitiennes » sont des douceurs qui exigent un certain investissement, raison pour laquelle on les servait pour les grandes occasions, notamment les mariages. Une expression populaire l'illustre à sa manière: « *Bèll ti che ta gh'étt ammò la veneziana con sü ul zücher!* », tu peux t'estimer heureux qu'il y ait du sucre dans tes *veneziane* – autrement dit, d'être (encore) fraîchement marié.

Le succès des *veneziane* a démarré au lendemain de la Seconde Guerre mondiale: largement diffusées, on commença à les apprécier en toute circonstance. Leur fabrication industrielle les rapprocha de nos brioches, mais entre-temps, c'est de plus en plus l'originale que les amateurs réclament, ce qui n'est pas pour déplaire aux artisans boulangers. Les authentiques *veneziane* méritent d'être relancées. En traduisant les textes qui m'ont servi pour cette miniature culinaire, Liliana m'a confié: « Mes filles n'ont jamais mangé de *veneziane*, et elles ont passé trente ans, aujourd'hui. »

Leur mode de fabrication est identique à celui du *panettone* (cf. *page 632*), sauf que l'on n'utilise aucun fruit et que le temps de préparation est plus court. Former de petites miches rondes et les laisser lever quelques heures dans la chambre de fermentation à 30 °C. Le glaçage: comme pour la *colomba* et appliquer du sucre brut. Enfourner une demi-heure à 170-180 °C. Les *triestine* sont des pâtisseries comparables, mais contiennent des oranges confites avec leur écorce comme les *colombe*, et leur forme rappelle celle des *panettoni*.

BOISSONS

Gazzosa

Limonade commercialisée dans une bouteille à bouchon pivotant

Les jus pétillants sont connus depuis que l'homme a réalisé que les substances sucrées fermentaient, et cela remonte à plus de 10 000 ans. Une bouillie d'orge oubliée, un jus de fruit laissé au soleil – il faut peu de temps à des levures en suspension dans l'air pour se précipiter sur des sucs et commencer à transformer leur sucre en alcool. Et c'est au cours de ce processus qu'apparaît le gaz de fermentation, le dioxyde de carbone (CO_2). Le miracle a été remarqué et apprécié, mais est resté longtemps inexpliqué. En 1767, le Britannique Joseph Priestley (1733-1804) produisait la première eau gazeuse avec du dioxyde de carbone ajouté artificiellement dans une brasserie de Leeds. Près d'un siècle plus tard, le Français Louis Pasteur (1822-1895) présentait la nature des levures, des champignons, des bactéries et autres micro-organismes et montrait comment arrêter la fermentation (par chauffage, pasteurisation). Le Thurgovien Hermann Müller-Thurgau (1850-1927), qui a donné son nom à un cépage blanc et a été le premier directeur de l'Institut de recherche agricole de Wädenswil, utilisa les résultats de Pasteur pour des expériences sur des jus de fruits en train de fermenter et publia ses conclusions en 1896 dans *Die Herstellung unvergorener und alkoholfreier Obst- und Traubenweine*.

En privé, on produit depuis longtemps des boissons gazeuses, par exemple de la limonade à base de fleurs de sureau, appelée *gazzosa di sambuco* au Tessin. Toujours avec le risque que les limonades (de *limone*, citron) continuent à fermenter et que les bouteilles ne supportent plus la pression du CO_2 et explosent. La limonade tessinoise classique *gazzosa* (ou *gazosa*, ou encore *gassosa*, gazeuse) est fabriquée depuis le XIXe siècle. Ce qui rend les limonades tessinoises spéciales, c'est leur qualité et le fait qu'elles sont produites dans de petites entreprises plutôt qu'en grandes quantités par tel ou tel acteur mondial. C'est aussi la raison pour laquelle leur demande en Suisse alémanique a fortement augmenté à partir du XXIe siècle.

L'eau gazeuse s'est rapidement répandue en Europe et aux États-Unis, et a d'abord été louée pour ses propriétés médicinales et digestives ; l'Allemand Johann Jacob Schweppe (1740-1821) y a contribué, lui qui mélangeait à Genève de l'eau avec du jus de citron vert, la gazéifiait et y ajoutait de la quinine. En Grande-Bretagne, sa boisson est devenue populaire auprès des troupes dans les colonies, et des décennies plus tard, elle avait acquis une renommée mondiale sous le nom de Schweppes. Des bénéfices pour la santé étaient déjà attribués aux eaux minérales naturelles, appréciées pour leurs propriétés thérapeutiques, comme boisson favorisant la tempérance et aidant à lutter contre les excès de table. Au début du XXe siècle, la consommation d'eau minérale par habitant en Suisse était encore inférieure à 2 litres, mais elle a « fortement crû à partir de la fin du siècle, passant de 65,2 litres en 1989 à 120,3 litres en 2006 » (*DHS*). Depuis belle lurette, le plaisir de boire des eaux minérales a fait oublier leurs applications et vertus médicinales.

Dans le livre *La sete ha sede in bocca* (La soif se situe dans la bouche) de Sergio Pescia et Marta Solinas, on apprend que c'est à Mendrisio, en 1883, que la première *Fabbrica di Gazose e Seltz* a débuté son activité. L'entreprise importait des citrons d'Italie, produisait un concentré, puis y ajoutait de l'eau, du sucre et du gaz carbonique. À partir du XXe siècle, le concentré de citron a été remplacé par de l'essence de fruit.

Dans le Val Mesolcina, la première entreprise a été créée à Mesocco en 1898, puis transférée à Grono en 1921 ; la limonade y a été baptisée *Gazosa La Fiorenza*, du nom de la belle tour Fiorenzana du XIIe siècle à côté de laquelle se trouve la petite usine.

Ce qui frappe dans la *gazzosa*, outre sa qualité (arôme clair, sans conservateurs), c'est son conditionnement. On commença avec une bouteille ventrue en verre vert, fermée par un bouchon et fixée par un fil de fer ; c'est probablement pour cette raison que l'on appelait aussi la *gazzosa* « champagne du pauvre ». Vint ensuite la bouteille en verre blanc dans laquelle la pression du CO_2 propulsait une bille de verre contre le goulot de la bouteille ; en dialecte, cette limonade était appelée *sciampágn da la baléta*, champagne à bille ; ce système a été interdit en 1940 pour des raisons d'hygiène. C'est alors qu'apparaît la bouteille de 35 centilitres avec un bouchon à bascule, *a macchinetta*, qui rallie tous les suffrages. Cet emballage chic étant plus coûteux que le contenu, certains producteurs voulurent sceller leurs bouteilles avec des capsules. Cela ne fonctionna pas, la *gazzosa* sans bouchon à bascule perdit rapidement de son originalité, ainsi que des parts de marché. Le bouchon à bascule fut réintroduit, mais depuis lors, les producteurs se plaignent du coût élevé des matériaux, car de nombreux consommateurs ne rapportent plus les jolies bouteilles, malgré la consigne, et les touristes les conservent comme souvenirs.

Les entreprises fabriquent d'abord le sirop à partir d'extrait de fruit, d'eau, de sucre et d'acide citrique si nécessaire. La première limonade fut la *gazzosa al limone* aux citrons, suivie au fil du temps par celles aux mandarines, framboises, myrtilles, oranges douces et amères, pamplemousses, à la bergamote, au chinotto et au muscat. Éventuellement incorporer du colorant alimentaire, ajouter l'eau gazeuse, embouteiller, étiqueter (sérigraphie ou papier). Avant d'être disposées dans des caisses, les bouteilles sont retournées pour bien répartir les arômes.

Au Tessin et au Val Mesolcina, il existe encore une bonne dizaine de producteurs, y compris des grossistes, qui font fabriquer les *gazzose* par d'autres avant d'y apposer leur propre signature. On estime que trois à quatre millions de bouteilles de 3,5 décilitres sont embouteillées chaque année. Diverses *gazzose* sont également produites en Italie.

Dans les grottos, la *gazzosa al limone* est souvent utilisée pour diluer le *nostrano* et se boit comme du vin dans une *tazzin* (tasse, en patois). Jadis, les bouteilles à bouchon à bascule servaient de lance-pierres aux garçons.

Voir aussi : Pepita, page 61 ; Rivella, page 119 ; Eaux minérales, page 188 ; Vivi Kola, page 327 ; Elmer Citro, page 539.

Grappa di vinaccia

Eau-de-vie claire fabriquée à partir de marc de raisin

Lors de la distillation d'eau-de-vie, l'eau et l'alcool sont séparés d'une masse fermentée (liquide, pulpe). Par la chaleur, car l'eau s'évapore à 100 °C et l'alcool déjà à 78 °C, c'est-à-dire plus tôt, puis il se condense et peut être recueilli. Par le froid, car l'eau se fige en un bloc de glace alors que l'alcool et d'autres substances restent liquides – quiconque a déjà versé trop d'eau-de-vie dans la sorbetière lors de la préparation d'un *semifreddo alla grappa* peut en témoigner : la crème glacée ne se solidifie pas.

Divers liquides ont été distillés depuis l'Antiquité, y compris certains sans alcool comme l'eau de rose ou les essences parfumées. La technique de distillation a été progressivement améliorée, bien qu'elle soit en principe très simple (cf. *Digression page 84*). Dans *Rätsel der Kochkunst*, Hervé This-Benckhard écrit que « n'importe quel propriétaire de cocotte-minute pourrait fixer un tuyau à la place de la soupape de sécurité pour condenser les vapeurs d'alcool qui s'en échappent ». La distillation privée est bien entendu interdite, car aussi simple que soit le procédé, il comporte des pièges. Surtout en fin de parcours, des huiles de fusel (alcools lourds) toxiques s'écoulent de l'alambic, des substances comme le méthanol, qui peut entraîner la cécité. On comprend mieux, dès lors, que la distillation ait toujours eu l'attrait de la clandestinité, du fruit défendu. L'un sortait son alambic, l'autre faisait le guet. Les enfants jouaient et sonnaient discrètement l'alarme lorsque l'inspecteur apparaissait – qui aime payer des impôts ?

Conformément à la réglementation européenne, l'appellation *grappa* est officiellement réservée aux eaux-de-vie claires fabriquées à partir de marc de raisin en Italie depuis 1989. Ce terme s'applique également à la Suisse italienne, mais pas au reste de la Confédération ; les Romands distillent eux aussi du marc de raisin pour fabriquer du marc, tout comme les Alémaniques, qui l'appellent *Tresterbranntwein* ou simplement *Trester*.

Les origines de la distillation au Tessin sont méconnues. Les capucins du couvent de Santa Maria di Bigorio, non loin de Lugano, distillaient la grappa vers 1800. Stefano Franscini évoque les petits déjeuners chez des paysans tessinois qui « avec du pain, du fromage ou de la ricotta, buvaient souvent de l'eau-de-vie ou du vin » (*La Svizzera italiana, tomo I*,1837-1839). Surtout quand il faisait froid.

En 1896, le Locarnais Remigio Chiesa transporta un alambic révolutionnaire de Genève au Tessin, une machine à vapeur de distillation sur quatre roues tirée par des chevaux ou des bœufs, comme en témoigne la publication *Macchina a vapore perfezionata e trasportabile per la distillazione delle vinaccie, della feccia* [lie] *di vino* (1897). Traditionnellement, le matériau de fermentation, c'est-à-dire le *vino* ou la *vinaccia* (le marc, les résidus fermentés des raisins pressés), était chauffé directement sur le feu, un traitement plutôt brutal ; cette machine proposait un chauffage indirect à la vapeur, ce qui permettait de mieux contrôler la chaleur et d'obtenir un résultat plus uniforme.

L'abus d'alcool était un fléau au Tessin comme dans le reste de la Suisse (cf. *Saurer Most et Süssmost, page 351*). Pour résoudre le problème, la Régie fédérale des alcools acheta de l'eau-de-vie et la transforma en alcool distillé ; on découvrit alors que l'eau-de-vie était généralement de mauvaise qualité ; afin de l'améliorer, ladite Régie édita une publication contenant des conseils et des règlements. Aujourd'hui, la qualité des alcools peut être contrôlée par les laboratoires cantonaux. Depuis les années 1990, on boit nettement moins de spiritueux, notamment en raison des restrictions sur le taux d'alcoolémie dans le trafic routier et d'une prise de conscience croissante de l'importance d'une consommation d'alcool sélective : moins, mais mieux.

Après le pressurage, les restes solides du raisin, tels que les peaux, les rafles et la pulpe, sont recueillis et le tout, appelé marc, est laissé à fermenter à nouveau dans des fûts ; on le mélange parfois avec de la lie de vin ou des restes de vinification, mais pas plus de 25 kilos pour 100 kilos de marc. Cette technique est la même du Sopraceneri jusqu'aux Pouilles. Le taux d'alcool de la *grappa ticinese* oscille autour de 45 %.

Le jus de raisin est lui aussi distillé, au Tessin surtout l'*uva americana*, appelée *Chatzeseicherli* (« pipi de chat ») en suisse allemand à cause de son goût foxé (odeur d'urine de renard). Des cépages américains (isabella, catawba, noah et clinton) furent plantés principalement au Tessin après la crise du phylloxéra à la fin du XIXe siècle, mais à partir de 1906, les vignerons leur préférèrent le merlot, un cépage bordelais, les raisins américains s'étant révélés impropres à la viticulture. Leurs parfums fruités s'épanouissaient beaucoup mieux dans les alambics.

La grappa est généreusement employée comme remède universel pour les humains et les animaux, principalement dans les vallées de montagne.

Voir aussi : Lie, marc, page 214.

Ratafiá, nocino

Liqueur à base de noix vertes

Dans le *Vocabolario dei dialetti della Svizzera italiana*, on ne trouve pas de *nocino* avant 1920, contrairement au *ratafiá*. Au fil des décennies, la variante de liqueur la plus populaire s'est donc cristallisée sous le terme *nocino* basé sur des noix vertes, pas mûres. *Nocino* est le diminutif de *noce*, noix.

Le *Larousse gastronomique* définit le ratafia comme un terme générique désignant une « liqueur faite d'eau-de-vie sucrée dans laquelle ont macéré des plantes ou des fruits ; les ratafias [...] sont généralement de préparation domestique ».

Joseph Favre (1849-1903), cuisinier valaisan œuvrant en France et auteur d'un grand *Dictionnaire universel de cuisine pratique*, y fait remonter la racine du mot au latin « *Res rata fiat*, parce qu'autrefois on ratifiait les actes en buvant un verre de la meilleure liqueur, de là *rata fiat*, ratifié, ou tout court *ratafiat*, et enfin [...] *ratafia* ». Favre mentionne le « ratafia de reines-claude », celui « de tous fruits » ainsi que d'autres variantes (de raisin, d'orange, de noix vertes, de fraises, de groseilles et de coings).

Le ratafia était une boisson populaire au Royaume-Uni aux XVIIe et XVIIIe siècles, écrit Alan Davidson dans *The Oxford Companion to Food :* cette « liqueur probablement d'origine française à base d'eau-de-vie aromatisée avec des noyaux d'amandes, de pêches, de cerises ou d'abricots, est d'ailleurs semblable au *noyau*, mot apparu à la fin du XVIIIe siècle et qui a largement remplacé celui de *ratafia* ». Mme Beeton est d'avis qu'« à proprement parler », le ratafia est une liqueur, « mais le terme est désormais généralement utilisé pour désigner un ajout à base d'amande, une forme plus subtile d'essence d'amande. Les biscuits au ratafia sont parfumés à l'essence de ratafia, produite à partir d'huile d'amandes amères » (*The Concise Mrs Beeton's Book of Cookery*, 1861).

Dans le volume *Rhône-Alpes*, *L'Inventaire du patrimoine culinaire de la France* cite parmi les fruits la « cerise ratafia », un groupe de variétés de petites cerises noires et juteuses qui commencent à fermenter rapidement. « Cette petite griotte à ratafia était la base du marasquin de Dalmatie, si célèbre et recherché. Ailleurs, on appelait ladite cerise *marasco* ou *maraschino*. » Cependant nous ne parlons pas ici du *ratafiá* comme d'une liqueur de fruits, mais comme précurseur du *nocino*, de la liqueur de noix. Dans le même volume *Rhône-Alpes*, on trouve deux boissons bien distinctes, l'apéritif à base de vin de noix, une boisson sucrée à base de vin et de noix vertes macérées dans de l'alcool, et l'eau de noix, une liqueur brun foncé à base de noix vertes titrant au moins 20 % d'alcool, dont le prototype « était probablement une ratafia de noix » ; l'eau de noix est bien connue des familles du Dauphiné et de la Savoie, régions limitrophes de l'Italie.

L'*Idiotikon* définit la « *Nusswässerli* » comme une « liqueur de noix » ; en 1780, quelqu'un aurait « dérobé à l'apothicaire de l'alcool d'herbe aux cuillères, du clairet... et de la liqueur de noix » – peut-être pour en offrir ? En effet, la liqueur de noix était appréciée comme cadeau de Nouvel An.

Dans le sud de la Suisse, le *ratafiá* alias *nocino* venait d'Italie plutôt que de France ; l'un des *nocini* les plus célèbres était originaire d'Émilie-Romagne. La recette tessinoise originale est attribuée aux frères de Santa Maria dei Frati Cappucchini di Bigorio. Ce premier couvent de capucins sur le sol suisse a été fondé vers 1535 au-dessus de Lugano et offre aujourd'hui des salles, des cellules ainsi que des jardins pour les séminaires et les personnes en quête de sérénité. Les capucins, qui distillaient déjà leur propre grappa au XIXe siècle, ont commencé à produire du *nocino* il y a une centaine d'années. Au fil du temps, l'esprit de ces fines eaux a dû s'évaporer à travers les murs du couvent et inciter la population à concocter ses propres recettes. Mais on ne sait pas qui ou quelle institution prépara le premier *ratafiá* tessinois.

« Il y a des noyers partout, également chez nous », écrit Giacomo Castelvetro (1546-1616), un fils de banquier de Modène qui, en tant que protestant, se réfugia en Angleterre pour échapper à l'Inquisition et qui, pour les remercier de l'avoir sauvé, voulut inciter les *Inglesi* à manger plus sainement en leur faisant connaître les fruits et légumes de sa patrie (*Brieve racconto di tutte le radici, di tutte l'erbe et di tutti i frutti, che crudi o cotti in Italia si mangiano*, 1614). « Les noix vertes commencent à être bonnes vers la San Lorenzo [le 10 août], et ont la préférence de ceux qui considèrent que les noix séchées sont grossières et peu raffinées. »

Sur le versant sud des Alpes, le noyer (*Juglans regia*) est aussi répandu que le châtaignier et l'on en trouve jusqu'à 1200 mètres d'altitude. Comme les châtaigniers, on plantait les noyers selon le principe du *ius plantandi :* « Les arbres se trouvaient souvent sur les communaux, mais les particuliers avaient le droit de ramasser les fruits (*ius plantandi*) ; parfois ce droit ne revenait pas au propriétaire du sol, mais à des habitants d'autres régions » (*DHS*). Les noix et les fruits à coque étaient économiquement importants en raison de leur huile, source de lumière dans les maisons et les églises une fois brûlée, mais aussi utilisée comme épice dans la cuisine. Les noix mûres étaient cueillies en octobre et les vertes pour le *nocino* généralement dans la nuit du 23 au 24 juin, jour de la Saint-Jean. Toutefois, plutôt que la tradition, ce sont l'altitude et l'évolution du climat qui déterminent le jour de la récolte. Le degré de maturité est déterminé en vérifiant le liquide contenu dans la noix. La coquille doit être encore tendre ; si l'on arrive à la percer avec une aiguille, le moment est venu.

À partir de la fin du XIXe siècle, le gaz et l'électricité remplacent la graisse et l'huile comme combustibles. « Le premier éclairage permanent connu (1879) est celui de l'hôtel Engadiner Kulm à Saint-Moritz. En 1889, on recense 351 installations (22 % pour l'industrie textile) alimentant un peu plus de 52 000 lampes. Par la suite, la progression est rapide (2,9 millions de lampes en 1909) » (*DHS*).

Dans certaines régions, la culture des noyers a diminué, puis complètement disparu. Heureusement, pour faire du *nocino*, peu de noix suffisent – une douzaine pour un litre. C'est pourquoi la production privée de cette liqueur est encore très répandue, dans certaines familles depuis au moins quatre générations – d'où les nombreux secrets et recettes sur la façon de transformer des noix vertes, de la grappa, du sucre, du citron et des épices en un succulent *nocino*.

La recette des capucins de Bigorio figure dans *Ticino a tavola* : couper en quatre dix à douze noix vertes, les mettre dans un litre de grappa. Placer le pot au soleil pendant 20 jours. Retirer les morceaux de noix et filtrer. Mélanger 250 grammes de sucre, cinq grammes de cannelle, cinq de macis, deux de clous de girofle, un cinquième de gramme de noix de muscade et une pointe de vanille avec l'eau-de-vie et les noix, laisser infuser au soleil pendant encore 20 jours. Filtrer et embouteiller.

En ajoutant le sucre et les épices au début et en laissant le mélange infuser pendant 40 jours d'affilée, on obtiendra une liqueur plus douce. Une grappa forte (titrant au moins 50 %) permet d'extraire plus rapidement les essences des noix ; certains pressent celles-ci à la fin. Au soleil, les parfums se développent bien et le *nocino* prend une couleur sombre.

Il est recommandé de le laisser vieillir en bouteille pendant au moins un an ; plus il y reste, meilleur il sera. Au bout d'un an, le taux d'alcool volumique sera compris entre 30 et 40 %. Dans de nombreuses maisons, on débouche la bouteille de *nocino* quotidiennement. Apprécié comme digestif ou dans le café, il est délicieux avec de la glace aux noix ou à la vanille. Le *Appetit-Lexikon* autrichien (1894) fait l'éloge de la « très estimable liqueur de noix, l'une des senteurs les plus agréables dont dispose le gastronome ».

Dans le sud de la Suisse, on produit également d'autres liqueurs : le *laurino* avec des baies de laurier-cerise ou le *basilichino* avec, comme son nom l'indique, des feuilles de basilic.

Voir aussi : Rosoli, page 384 ; Bündner Röteli, page 577.

AUTRES

Fitri

Tortelli à base de farine de sarrasin, fourré au fromage

Les origines des *fitri di formentín*, une spécialité strictement régionale, sont assez nébuleuses ; comme la *fraina*, le *formentín* est un nom local pour le sarrasin (cf. *Grano saraceno, page 588*). Dans les sources du *Vocabolario dei dialetti della Svizzera italiana*, l'existence des *fitri* est confirmée vers 1920, le mot étant connu à Anzonico, Calonico, Giornico et Iragna près de Biasca ; mais cela ne signifie pas forcément qu'on les y consommait.

En 1928, les *fitri* sont mentionnés en tant que spécialité d'Anzonico dans *Donne ticinesi : rievocazioni* (Évocations de femmes tessinoises) après la publication d'une recette de *tortelli* à base de sarrasin, remplis de fromage gras, frits dans de l'huile d'arachide ou du saindoux. On employait de vieux fromages, des restes avec des croûtes, et l'on y ajoutait aussi parfois quelques restes de riz. Le sarrasin était cultivé près d'Anzonico, comme en témoigne un article d'Emilio Bontà datant de 1950 : « Les habitants d'Anzonico ont fait de la place sur leurs champs ensoleillés pour une culture inhabituelle qui donne du *formentín*, de la farine noire » (*Bollettino storico della Svizzera italiana*). Le *grano saraceno* n'était pas du tout une « culture inhabituelle » au Tessin ; le sarrasin y était répandu pendant longtemps, surtout dans le Sottoceneri, mais a ensuite disparu.

Les *fitri* sont apparentés aux *sciatt* de la Valteline, des boules de pâte à la farine de sarrasin frites et fourrées au fromage. En Léventine, les travailleurs saisonniers venus de Valteline aidaient à la fenaison en montagne pendant l'été, il était donc tout à fait naturel qu'ils apportent dans leurs bagages des *sciatt*, et avec eux l'inspiration pour créer les *fitri*. La culture du sarrasin à Anzonico ayant été abandonnée dans les années 1920, il fallut faire venir de la farine du Val Poschiavo et de Valteline ; de nos jours, on achète des produits d'Europe de l'Est.

À partir des années 1950 et 1960, les *fitri* connurent le même sort que la plupart des produits traditionnels : ils ont été submergés par le flot montant de l'offre massive en nouveaux produits alimentaires. Cependant, quelques habitants ont tenu à conserver cette spécialité.

Le processus de fabrication est le suivant : il faut d'abord mélanger de la farine de sarrasin avec de l'eau tiède, du sel et de la levure sèche ; puis ajouter des œufs, du sel et à nouveau de l'eau tiède, pétrir de la levure, éventuellement un peu de farine blanche (le sarrasin ne contient pas de gluten) et un peu de Sbrinz râpé jusqu'à obtention d'une pâte souple et lisse. Laisser reposer une heure. Choisir un fromage pour la garniture : pas trop jeune, plutôt dur, comme du *formaggio d'alpe* ou du Gruyère. Couper en cubes d'un centimètre de côté. Faire chauffer le saindoux ou l'huile. Disposer les cubes de fromage sur la pâte, envelopper et enfin faire frire ces petits paquets de pâte jusqu'à ce qu'ils soient dorés. Au final, ils auront une forme sphérique, pas forcément régulière ; il arrive que la pâte s'étende quelque peu – avoir de l'expérience est un avantage !

À Anzonico, les *fitri* étaient appréciés comme substitut à la viande le Vendredi saint jusqu'à la fin du XXe siècle. Aujourd'hui, cette spécialité est rarement servie, parfois lors de grandes occasions telles que les anniversaires et les mariages. Avec un peu de chance, on trouvera des *fitri* dans la gastronomie locale ; ils se mangent très chauds – le fromage doit être fondu et la surface croustillante –, avec une salade ou une *cicoria* (chicorée).

Le beau village d'Anzonico, qui trône sur le versant gauche de la vallée de la Léventine, propose d'autres spécialités toutes simples comme les *pom e pasta*, des pommes de terre bouillies avec des macaronis, de la sauge, beaucoup de beurre et de fromage – ce sont en fait des *pizzòchen*, mais sans sarrasin dans les pâtes.

Voir aussi : Pizzoccheri, page 591.

Menu suisse

La fondue au fromage, l'émincé à la zurichoise ou le *Ghackts* (viande hachée) aux cornettes et à la compote de pommes sont régulièrement et volontiers qualifiés de plats nationaux suisses. Mais le sont-ils vraiment? Il est permis d'en douter, et s'ils le sont, c'est plutôt du point de vue alémanique. À la rigueur, la fondue mériterait une couronne nationale, ou l'éternel vainqueur du sondage, les *Rahmschnitzeli mit Nüdeli* (escalopes à la crème et aux nouillettes). Mais dans un pays où la production alimentaire est si riche et si diverse, un plat national équivaudrait à mépriser la créativité locale. Certains mets étaient autrefois à la mode, comme le riz Casimir, une ancienne bouchée d'exotisme sous forme de sauce à la crème au curry, pseudo-indienne et excessivement sucrée, créée par Mövenpick en 1952. D'autres sont très populaires, comme les hamburgers – d'ailleurs les *Hacktäschli* ou les fricadelles sont des classiques de la préparation de la viande hachée dans notre pays, encore plus épicés que l'importation étasunienne.

Renonçons donc au plat national au profit d'un menu suisse avec une spécialité de chaque canton. Car les plats cantonaux sont solidement établis, comme les filets de perches et le papet vaudois dans le canton de Vaud, la *schoppa da jotta* (soupe d'orge) dans les Grisons, la *Kalbsbratwurst mit Bürli* (saucisse à rôtir de veau et petit pain) à Saint-Gall, l'assiette bernoise, le *risotto con luganiga* au Tessin et ainsi de suite. Le menu suisse proposé ci-dessous illustre un art culinaire helvétique riche et varié – avec quelques savoureux échantillons de son patrimoine.

Apéro

Sauser SH (page 132)
Vin du Glacier VS (page 497)
Sbrinz OW (page 363)
Sèche NE (page 205)
Tigets UR (page 507)

Pain

Bröötis AI (page 446)

Entrée froide

Stupfete (à base de pommes de terre, de fromage et d'oignons) TG

Entrée chaude

Croûte aux morilles JU

Salade

Emmentaler Kartoffelsalat BE

Soupes

Schoppa da jotta GR
Solothurner Weinsuppe SO

Pâtes et risotto

Älplermagronen (macaronis à la montagnarde) NW
Pizzoccheri GRI (page 591)
Risotto coi mosch (à la saucisse) TI

Légumes

Haricots secs LU (page 297)
Gratin de cardons épineux GE (page 143)

Poissons

Truite fario cuite au bleu SZ
Saumon à la bâloise BS
Zuger Röteli (omble chevalier) ZG

Viandes

Gitzipaches (dés de chèvre frits en croûte et légumes) AR
Papet vaudois VD
Sankt Galler Kalbsbratwurst SG (page 401)
Zürcher Geschnetzeltes (émincé à la zurichoise) ZH

Desserts

Glarner Pastete GL (page 537)
Meringue et crème de Gruyère FR (pages 240 et 225)

Friandises

Aargauer Rüeblichueche AG (page 114)

Digestif

Mirabellenschnaps BL (page 61)

Liste des produits AOP et IGP

Abricotine/Eau-de-vie-d'abricot du Valais (AOP, 2003)
Appenzeller Mostbröcklli (IGP, 2018)
Appenzeller Pantli (IGP, 2018)
Appenzeller Siedwurst (IGP, 2018)
Berner Alpkäse/Berner Hobelkäse (AOP, 2004)
Berner Zungenwurst (IGP, 2019)
Boutefas (AOP, 2021)
Bündnerfleisch (IGP, 2000)
Cardon épineux genevois (AOP, 2003)
Cuchaule (AOP, 2018)
Damassine (AOP, 2010)
Eau-de-vie de poire du Valais (AOP, 2001)
Emmentaler (AOP, 2006)
L'Etivaz (AOP, 2000)
Formaggio d'alpe ticinese (AOP, 2002)
Glarner Alpkäse (AOP, 2014)
Glarner Kalberwurst (IGP, 2011)
Gruyère (AOP, 2001)
Huile de noix vaudoise (AOP, 2020)
Jambon cru du Valais (IGP, 2015)
Jambon de la Borne (AOP, 2021)
Lard sec du Valais (IGP, 2015)
Longeole (IGP, 2009)
Munder Safran (AOP, 2004)
Pain de seigle valaisan (AOP, 2004)
Poire à Botzi (AOP, 2007)
Raclette du Valais (AOP, 2007)
Rheintaler Ribel (AOP, 2000)
Saucisse d'Ajoie (IGP, 2002)
Saucisson neuchâtelois / Saucisse neuchâteloise (IGP, 2003)
Saucisson vaudois (IGP, 2004)
Saucisse aux choux vaudoise (IGP, 2004)
Sbrinz (AOP, 2002)
St. Galler Bratwurst/St. Galler Kalbsbratwurst (IGP, 2008)
Tête de Moine, Fromage de Bellelay (AOP, 2001)
Vacherin fribourgeois (AOP, 2006)
Vacherin Mont-d'Or (AOP, 2003)
Viande séchée du Valais (IGP, 2003)
Werdenberger Sauerkäse, Liechtensteiner Sauerkäse
und Bloderkäse (AOP, 2010)
Zuger Kirsch / Rigi Kirsch (AOP, 2013)
Zuger Kirschtorte (IGP, 2015)

Dénominations en demande d'enregistrement

Absinthe du Val-de-Travers (IGP)
Grappa Ticino (AOP)
St. Galler Alpkäse / Liechtensteiner Alpkäse (AOP)

Source: Office fédéral de l'agriculture (OFAG), Appellations d'origine et indications géographiques (dernière modification 22 juin 2022).

Bibliographie sélective

kulinarischeserbe.ch

patrimoineculinaire.ch

alpinavera.ch

aop-igp.ch

berggetreide.ch

dhs.ch
(*Dictionnaire historique de la Suisse* en ligne)

drg.ch

idiotikon.ch
(*Schweizerisches Idiotikon*,
dictionnaire du suisse allemand, en ligne)

intelligenzblatt.unibe.ch

paysgourmand.ch

pledarigrond.ch

prospecierara.ch

regionalprodukte.ch

slowfood.ch

... et d'autres encore

Jérôme Aké Béda, Pierre-Emmanuel Buss — *Les 99 chasselas à boire avant de mourir* (Lausanne, Favre, 2014).

Heidi und Gerold Albonico — *Schweizer Tafelfreuden. I, II, III* (Zurich, Silva, 1972, 1974, 1976).

Jacques André — *L'Alimentation et la cuisine à Rome* (Paris, Klincksieck, 1961 ; rééd. Les Belles Lettres, 1981).

Thomas Antonietti, Bruno Meier, Katrin Rieder (éd.) — *Rückkehr in die Gegenwart. Volkskultur in der Schweiz* (Baden, Hier + Jetzt, 2008).

Pellegrino Artusi — Von der Wissenschaft des Kochens und der Kunst des Geniessens (1891 ; Munich, Mary Hahn Verlag, 1991).

Associazione Amici dell'Olivo (Editore)— *Il Sentiero dell'olivo. Tavole illustrative* (Lugano, 2002).

Associazione Pusc'ciavin in Bulgia (*Hg.*)— La cucina poschiavina (Zurich, 1989).

Atlas der Schweizerischen Volkskunde / Atlas de folklore suisse: www.sagw.ch/sgv/publikationen

Atlas des mammifères de Suisse et du Liechtenstein (Roland Graf et Claude Fischer (éd.) / Société suisse de biologie de la faune (Berne, Haupt Verlag, 2021).

John Ayto — *An A–Z of Food & Drink* (Oxford University Press, 2002).

Hanns Bächtold (*Hg.*) — *Handwörterbuch des deutschen Aberglaubens* (Berlin, Walter de Gruyter, 1987).

Luigi Ballerini, Jeremy Parzen— *The Art of Cooking. The First Modern Cookery Book* (Berkely - Los Angeles - London, University of California Press, 2005).

Brigitte Bartha-Pichler, Markus Zuber — *Haferwurzel und Feuerbohne. Alte Gemüsesorten neu entdeckt* (Aarau, AT Verlag, 2002).

Brigitte Bartha-Pichler *et al.* — *Rosenapfel und Goldparmäne, 365 Apfelsorten. Botanik, Geschichte und Verwendung* (Baden/Munich, AT Verlag, 2005).

Brigitte Bartha-Pichler *et al.* — *Osterfee und Amazone. Vergessene Beerensorten, neu entdeckt* (Baden/Munich, AT Verlag, 2006).

Baumann, Fryberg — *ä Guätä. 100 Jahre Gastro Uri* (Altdorf, Verlag Baumann & Fryberg, 2011).

Hansjakob Baumgartner *et al.* — *Der Wolf. Ein Raubtier in unserer Nähe* (Berne, Haupt Verlag, 2008).

Sven Baumgartner *et al.* — *Geissen Gitzi Gaumenkitzel* (Wattwil, Toggenburger Verlag, 2013).

The Concise Mrs Beeton's Book of Cookery (Londres, Ward Lock, 1996 ; first published 1861 by S.O. Beeton).

Aldo Bertoluzza — *Libro di Cucina del maestro Martino de Rossi* (Trento, Edizioni U.C.T., 1993).

Gianni Bertossa — *I mazzafam. Originalrezepte aus den Südtälern Graubündens* (Aarau, AT Verlag, 2009).

Hannes Bertschi, Marcus Reckewitz — *Von Absinth bis Zabaione* (Berlin, Argon Verlag, 2002).

Erico Besomi — *Ritruvá i nòss radís* (Pregassona-Lugano, Fontana Edizioni, 2005).

Erico Besomi — *Dai ulív vécc ai bütt növ* (Pregassona-Lugano, Fontana Edizioni, 2008).

Erico Besomi — *L'òr giald da Gandria* (Pregassona-Lugano, Fontana Edizioni, 2010).

Charly Bieler — *Capuns. Die tollen Rollen* (Coire, Verlag Desertina, 2012).

Helmut Birkhan — *Pflanzen im Mittelalter. Eine Kulturgeschichte* (Vienne, Böhlau Verlag, 2012).

Denis Bonnot — *Le Vacherin Mont-d'Or franco-suisse* (Lons-le-Saunier, Aréopage, 2006).

Isabelle Bratschi et Laurence Margot — *Histoire de goûts. 36 recettes traditionnelles des cantons romands* (Lausanne, Favre, 2012).

Jean Anthelme Brillat-Savarin — *Physiologie du goût* (1825 ; Paris, rééd. Flammarion Champs classiques, 2017).

Jacques Brosse — *La Magie des plantes* (Paris, Albin Michel, 2000).

Alexander Buchhofer, Emma Suter-Buchhofer — *Buchhofer's Schweizer Kochlehrbuch* (Berne, 1900, 1934).

Markus Brühlmeier — *Mehl und Brot, Macht und Geld im Alten Zürich. Zur Kulturgeschichte des Brotes* (Zurich, Zunft zum Weggen, Chronos Verlag, 2013).

Zora del Buono — *Das Leben der Mächtigen. Reisen zu alten Bäumen* (Berlin, Matthes & Seitz, 2015).

Hans-Martin Bürki-Spycher — *365 Erfinder* (Bâle, Echtzeit, 2013).

François de Capitani — *Festliches Essen und Trinken im alten Bern* (Berne, Benteli Verlag, 1982).

François de Capitani — *Soupes et Citrons. La cuisine vaudoise sous l'Ancien Régime* (Lausanne, Éditions d'en bas, 2002).

François de Capitani — *À la vôtre ! Zum Wohl ! Salute ! Petites histoires de la boisson en Suisse* (Musée national suisse, Château de Prangins, 2008).

François de Capitani, Walter Aebischer — *Kochen wie im alten Bern* (Bern, Stämpfli, 2008).

Noël Charmillot — *Glossaire du Léman : navigation et pêche professionnelles* (Nyon, Musée du Léman, 1993).

Philippe Chevrier — *Histoires gourmandes* (Bernex-Genève, Éditions Jouvence, 2004).

Sophie und Michael D. Coe — *Die wahre Geschichte der Schokolade* (Francfort, S. Fischer, 1997).

André Dähler und Mannechochklub Biän-Cuit Interlaken — *Berner Oberland. Das Kochbuch* (Thoune-Uetendorf, Schlaefli & Maurer, 2010).

Andrew Dalby — *Dangerous Tastes. The Story of Spices* (Londres, British Museum Press, 2000).

Maja Dal Cero — *Unsere Heilpflanzen* (Berne, Ott Verlag, 2009).

André Darbellay, Erica Birr — *Das Kochbuch aus dem Wallis* (Münster [Allemagne], Verlag Hölker, 1983).

Alan Davidson — *The Oxford Companion to Food* (Oxford University Press, 1999).

Pierre-André Delachaux — *L'absinthe au Val-de-Travers : recherches sur ses origines* (Revue historique neuchâteloise n° 1/97).

Pierre-André Delachaux — *Lettres à un amateur d'absinthe* (Lausanne, Acatos, 2002).

Raymond Delarze, Yves Gonseth — *Lebensräume der Schweiz* (Berne, Ott Verlag, 2008).

Philippe Domont, Edith Montelle — *Baumgeschichten. Von Ahorn bis Zeder* (Berne, Ott Verlag, 2008).

Catherine Duffour, Jacqueline Giromini — *Les Bonnes Recettes tout autour du Léman* (Genève, Slatkine, 2004).

Alexandre Dumas — *Le Grand Dictionnaire de cuisine* (Paris, Alphonse Lemerre, 1873 ; rééd. Paris, Phébus, 2000).

Cédric Dumont — *Kulinarisches Lexikon. Kochkunst, Lebensmittel, Länderküchen, Nährwerte* (Berne, Hallwag Verlag, 1997).

Ralph Dutli — *Das Lied vom Honig. Eine Kulturgeschichte* (Göttingen, Wallstein, 2012).

Eduard Eckstein — *Geschichte der Bierbrauerei Basels* (Bâle, Druck und Verlag von Emil Birkhäuser, 1902).

Walter Eggenberger, Joachim Lennert — *Lexikon des Schweizer Weins* (Aarau, AT Verlag, 1996).

Trude Ehlert — *Das Kochbuch des Mittelalters* (Zurich, Artemis & Winkler, 1990).

Auguste Escoffier — *Le Guide culinaire* (Paris, Flammarion, 1903 ; rééd. 2009).

Schweizerische Fachschule für das Metzgereigewerbe (éd.) — *Schweizer Wurstwaren. Saucisses de chez nous* (Spiez, 1988).

Joseph Favre — *Dictionnaire universel de cuisine pratique* (Édition nouvelle [édition originale 1894–1906], Paris, Omnibus, 2006).

Thomas Fenner — *Flaggschiff Nescafé. Nestlés Aufstieg zum grössten Lebensmittelkonzern der Welt* (Baden, Hier und Jetzt, 2015).

Laurent Flütsch — *Rideau de rösti. Röstigraben* (Gollion, Infolio, 2005).

Petra Foede — *Wie Bismarck auf den Hering kam. Kulinarische Legenden* (Zurich, Kein & Aber, 2009).

Maria Paola Francese — *Die Rezepte der Tessiner Familien* (La Regione Ticino, 1997).

Elisabeth Fülscher — *Das Fülscher-Kochbuch* (Cham, Müller Rüschlikon, 13. Auflage, 1995 [1972]).

Elisabeth Fülscher — *Das Kochbuch* (Baden, Susanne Vögeli, Max Rigendinger *Hg.*, Hier + Jetzt, 2013).

Michael T. Ganz, Dominique Strebel (éd.) — *Dies Land ist maßlos und ist sanft. Literarische Wanderungen im Wallis* (Zurich, Rotpunktverlag, 2006).

Stefano Gasparri, Cristina La Rocca — *Carte di famiglia. Strategie, rappresentazione e memoria del gruppo familiare di Totone di Campione (721-877)* (Rome, Viella Libreria Editrice, 2005).

Conrad Gesner, Conrad Forer — *Beschreibung aller Fische* (Bremen University Press, 2013 ; Faksimile des Originals *Fischbuoch, das ist eine kurtze, doch vollkommne Beschreybung aller Fischen so in dem Meer und süssen Wasseren, Seen, Flüssen oder anderen Bächen jr Wonung habend,* 1563).

Conrad Gesner — *Allgemeines Thier-Buch* (Original 1551-58, ins Deutsche übersetzte Ausgabe 1669, reprint Hannover, Schlütersche Verlagsanstalt und Druckerei, 1983).

Conrad Gesner — *Büchlein von der Milch und den Milchprodukten* (Original Zürich 1541; Mönchengladbach, Neuausgabe Druckerei Peter Schlösser, 1996).

Martino Giovanettina — *Der Geruch der erloschenen Glut* (Cavergno, Agenzia Kay, 2014).

Frédy Girardet — *La Cuisine spontanée* (Paris, Robert Laffont, 1982).

Darra Goldstein (éd.) — *The Oxford Companion to Sugar and Sweets* (Oxford University Press, 2015).

Hermann Gräff, Ernst Seewer — *Die Verwertung des Obstes, Landwirtschaftliche Lehrbücher* (Frauenfeld, Verlag von Huber & Co., 1909).

Erich Grasdorf — *Saanenland & Pays-d'Enhaut. Die Region. Die Rezepte* (Berne, Zentralverband schweizerischer Milchproduzenten, 1997).

Erich Grasdorf — *Thurtal & Seerücken. Die Region. Die Rezepte* (*id.*, 1998).

Hubert-J. Gross — *Trois Lacs – Un terroir. À table au pays de l'Expo.02* (Fribourg, Fragnières, 2002).

Maryton Guidicelli, Luigi Bosa — *Ticino a tavola* (Lugano, Corriere del Ticino, 1976).

Maryton Guidicelli, Luigi Bosa — *So isst das Tessin* (*id.*, 1979).

Fritz von Gunten — *Alles ist Wurst. Auf dem Wurstweg durch die Schweiz* (Berne, Ott Verlag, 2006).

Gütesiegel Toggenburg (éd.) — *Bloderchäs und Schlorziflade. Rezepte aus dem Toggenburg* (Wattwil, Toggenburger Verlag, 2001).

Robert Habs, Leopold Rosner (éd.) — *Appetit-Lexikon* (Vienne, 1894 ; Badenweiler, Neuauflage im Oase Verlag, 1997).

Beat Hächler (éd.) — *Das Klappern der Zoccoli* (Zurich, Rotpunktverlag, 2000).

Johanna Hall Brierley — *Spices. The Story of Indonesia's Spice Trade* (Oxford University Press, 1994).

Heinrich Haller — *Wilderei im rätischen Dreieck* (Berne, Haupt Verlag, 2016).

Ernst Halter (éd.) — *Das Jahrhundert der Italiener in der Schweiz* (Zurich, Offizin Verlag, 2003).

Flavio Häner & Jürgen Mischke — *Zünftig kochen* (Bâle, E.E. Zunft zu Safran Basel, 2013).

Marvin Harris — *Wohlgeschmack und Widerwillen. Die Rätsel der Nahrungstabus* (Stuttgart, Klett-Cotta, 1988).

Albert Hauser — *Was für ein Leben. Schweizer Alltag vom 15. bis 18. Jahrhundert* (Zurich, Verlag NZZ, 1987).

Albert Hauser — *Das Neue kommt. Schweizer Alltag im 19. Jahrhundert* (*id.*, 1989).

Gustav Hegi — *Illustrierte Flora von Mittel-Europa* (Munich, Lehmanns Verlag, 1908-1931).

Gustav Hegi — *Alpenflora* (Munich, 1937 ; Leipzig, Reprint Verlag, 2013).

Andreas Heller — *Um die Wurst* (Bâle, Echtzeit Verlag, 2007).

Detlev Henschel — Essbare Wildbeeren und Wildpflanzen. Sammeltipps, Verwendung, Giftige Doppelgänger (Stuttgart, Franckh-Kosmos Verlags-GmbH, 2002).

Volker Hirsch, Gerhard Fouquet (éd.) — *Das Haushaltsbuch des Basler Bischofs Johannes von Venningen (1458–1478)* (Bâle, Schwabe Verlag, 2009).

Histoire de la vigne et du vin en Valais. Des origines à nos jours (coll.) (Gollion, Infolio, 2010).

Hans Hofmann —*Kochen, Backen nach Rezepten aus dem Bergell* (Coire, CalandaVerlag, 1998).

Giorgio Hösli *et al.* — *Neues Handbuch Alp* (Mollis, zalpverlag, 2007).

Werner Hürlimann, Daniel Hächler — *Feinbäckerei. Boulangerie fine* (Lucerne, Richemont Kompetenzzentrum, 2012).

Robert Huysecom — *Mille ans de pêche au Léman. Des hommes, un lac, un métier…* (La Salévienne, 1999).

Paul Imhof (éd.) — *Culinarium. Essen und Trinken in der Schweiz* (Zurich, Werd Verlag, 2003).

Paul Imhof — *Nach allen Regeln der Kunst. Von der Cacaobohne zur Edelschokolade* (*id.*, 2008).

Paul Imhof — *Kochen mit Schweizer Obst und Beeren. 53 Rezepte zu 100 Jahre Schweizer Obstverband* (Zurich, Orell Füssli Verlag, 2011).

Werner Imseng — *Saaser Titsch* (Saas-Fee, Saaser Tourismus, 2008).

Karl Iten —*Ürner Chuchigänterli. Vom Essen und Trinken im alten Uri* (Altdorf, Gamma, 1972).

Hugh Johnson — *Une histoire mondiale du vin. De l'Antiquité à nos jours* (Paris, Hachette Littératures, coll. Pluriel, 2012).

Marianne Kaltenbach — *Aus Schweizer Küchen* (1977 ; Bâle, Echtzeit Verlag, 2009).

Marianne Kaltenbach — *Tessiner Küche* (Berne, Hallwag Verlag, 1983).

Hans Kessler — *Apfelsorten der Schweiz* (Berne, Verbandsdruckerei, 1945).

Hans Kessler — *Birnensorten der Schweiz* (*id.*, 1948).

Kenneth F. Kiple, Kriemhild Coneè Ornelas — *The Cambridge World History of Food* (Cambridge University Press, 2000).

Pierre Knecht, André Thibault *et al.* — *Dictionnaire suisse romand* (Carouge-Genève, Zoé, 2004).

Käthy Knobel - *Kochen im Glarnerland* (Liebefeld-Bern, Landfrauenkochen, 2004).

Paul Koelner— *Die Kuchibücher der Safranzunft* (in *Basler Jahrbuch* 1929, Bâle, Helbling und Lichtenhahn, 1929).

Udelgard Körber-Grohne — *Nutzpflanzen in Deutschland* (Stuttgart Konrad, Theiss, 1987).

Johann Georg Krünitz — *Oeconomische Encyclopädie oder allgemeines System der Staats- Stadt- Haus- und Landwirtschaft* (1773-1858 ; 242 volumes).

Rainer Kündig *et al.*, — *Stein und Wein — Entdeckungsreisen durch die schweizerischen Rebbaugebiete* (Zurich, AS Verlag & Grafik, 2018).

Hansjörg Küster — *Kleine Kulturgeschichte der Gewürze– Ein Lexikon von Anis bis Zimt* (Munich, Verlag C.H. Beck, 1997).

Hansjörg Küster — *Am Anfang war das Korn. Eine andere Geschichte der Menschheit* (*id.*, 2013).

Larousse gastronomique (Paris, Larousse-Bordas, 1996).

Konrad Lauber, Gerhart Wagner — *Flora Helvetica* (Berne, Haupt Verlag, 5. Auflage 2012).

Doris Laudert — *Mythos Baum. Geschichte, Brauchtum, 40 Baumporträts* (Munich, BLV, 2004).

Claude Lebey (éd.) — *L'Inventaire du patrimoine culinaire de la France. Alsace, Aquitaine, Bourgogne, Île-de-France, Franche-Comté, Lorraine, Rhône-Alpes* (Conseil national des arts culinaires, Paris, Albin Michel, 1993).

Walter Letsch — *Ein schön Kochbuch 1559. Das älteste deutschsprachige Kochbuch der Schweiz* (Coire, Staatsarchiv Graubünden / Kommissionsverklag Desertina, 2018).

A. J. Liebling — *Zwischen den Gängen. Ein Amerikaner in den Restaurants von Paris* (1959 ; Berlin, Berenberg Verlag, 2007).

Liechtensteinische Trachtenvereinigung (éd.) — *Liechtensteiner Kochbuch. Rezepte von gestern und heute* (Vaduz, 2001).

Elmar M. Lorey — *Die Weinapotheke. Amüsantes, Kurioses und Wissenswertes aus alten Arzneibüchern und Chroniken* (Berne, Hallwag Verlag, 1997).

Erika Lüscher, Beat Frei — *550 Jahre Schabziger. Geschichte und Rezepte* (Lenzburg, Fona, 2013).

Kurt Lussi — *Liebestrünke. Mythe, Riten, Rezepte* (Baden, AT Verlag, 2006).

Thomas Macho — *Schweine. Ein Porträt* (Naturkunden 17, Berlin, Matthes & Seitz, 2015).

Louis Maillard — *La Cuisine des familles* (1889, rééd. Genève, Albert Kundig, 1934).

Plinio Martini — *Il fondo del sacco* (Edizioni Casagrande, 1970). Trad. fr. : *Le Fond du sac* (traduit de l'italien par Jeannine Gehring, Vevey, L'Aire, coll. L'Aire bleue, 2016).

Christophe Mauron, Isabelle Raboud-Schüle *et al.* — *La Gruyère dans le miroir de son patrimoine* (Neuchâtel, Alphil, 2011).

Jennifer McLagan — *Fett. Loblied auf eine verrufene Ingredienz* (Zurich, Rotpunktverlag, 2012).

Eugen A. Meier — *Das süsse Basel* (Bâle, Buchverlag Basler Zeitung, 1996).

Marco Menabuoni — *Cioccolato. Von den bittersüssen Verlockungen der Kakaobohne* (Munich, Spangenberg, 1995).

Marion Mertens *et al.* — *Der Lachs. Ein Fisch kehrt zurück* (Berne, Haupt Verlag, 2011).

Massimo Montanari — *Der Hunger und der Überfluss. Kulturgeschichte der Ernährung in Europa* (C. H. Beck, 1993).

Jacques Montandon, Marcel North — *Neuchâtel à table. Légende, histoire et vérité de la gourmandise en pays de Neuchâtel* (Neuchâtel, Ides et Calendes, 1973).

Jacques Montandon — *Le Valais à table. Légende, histoire et vérité de la gourmandise en pays valaisan* (Sion, Éditions de la Matze, 1996/1975).

Jacques Montandon — *Le Jura à table* (Moutier, Pro Jura, 1976).

Andreas Morel (éd.) — *Basler Kost. So kochte Jacob Burckhardts Grossmutter* (178. Neujahrsblatt GGG, Bâle, Schwabe Verlag, 2000).

Andreas Morel — *Der gedeckte Tisch. Zur Geschichte der Tafelkultur* (Zurich Punktum, 2002).

Andreas Morel — *Zu Tisch. Ein Pot-pourri zur Esskultur aus drei Jahrzehnten* (Menzach-Verlag, 2013).

Marzia Morganti Tempestini — *La Pasta* (Fiesole, Nardini Editore, 1996).

Johanna Von der Mühll — *Basler Sitten* (Schweizerische Gesellschaft für Volkskunde, 1944).

Museum Aargau (éd.) — *Von birn und mandelkern: Kochen nach mittelalterlichen Rezepten* (Baden, Hier und Jetzt, 2019).

Markus Neff — *Küche zwischen Berg und Tal* (Baden, AT Verlag, 2009).

Fritz J. Oberli — *Das Kochbuch aus der Innerschweiz* (Münster/Zurich, Verlag Wolfgang Hölker, 1978).

Pierre-Alain Oggier — *Erkenne die Natur im Wallis. Die Fauna* (Martigny, Pillet, 1995).

Martin Ott — *Kühe verstehen* (Lenzburg, Faro im FonaVerlag, 2011).

Gerd von Paczensky, Anna Dünnebier — *Leere Töpfe, volle Töpfe* (Munich, Knaus, 1994).

Rudi Palla — *Unter Bäumen* (Aarau, AT Verlag, 2018).

Charles Panati — *Universalgeschichte der ganz gewöhnlichen Dinge* (Francfort, Eichborn, 1994).

Davide Paolini — *Prodotti italiani* (Munich, Christian Verlag, 2000).

Felix E. Paturi — *Chronik der Technik* (Dortmund, Chronik Verlag, 1988).

Nathalie Pernstich-Amend, Konrad Pernstich — *Pfeffer* (Vienne, Mandelbaum Verlag, 2011).

Hans-Peter von Peschke, Werner Feldmann — *Kochen wie die alten Römer. 200 Rezepte nach Apicius* (Zurich, Artemis & Winkler, 1995).

Gisèle Peter-André — *Essen wie Gott im Welschland. So kocht man in der französischen Schweiz* (Zurich, Elster Verlag, 2007).

Wolfgang Pfeifer u.a. — *Etymologisches Wörterbuch des Deutschen* (dtv, 1995).

Anne Philipona Romanens, Jean-Pierre Papaux — *Chantons, dansons, bénichonnons. Hier et aujourd'hui* (Fribourg, La Sarine, 2011).

Gérard Pillon et Jean-Daniel Schlaepfer — *Les Vins de Genève* (Carouge-Genève, Zoé, 1993).

Udo Pini — *Das Gourmet-Handbuch* (Cologne, Könemann Verlagsgesellschaft, 2000).

Thomas Platter — *Lebensbeschreibung* (Bâle, Schwabe Verlag, 1999). Trad. fr. : *Ma vie* (Lausanne, L'Âge d'Homme, coll. Poche Suisse, 1982, traduit de l'allemand par Édouard Fick).

Pline l'Ancien — *Histoire naturelle* (édition intégrale bilingue traduite par Émile Littré, Paris, Les Belles Lettres, 2016).

Maggie Poltéra—*Das Kochbuch aus Graubünden* (Münster, Verlag Wolfgang Hölker, 1979).

Yvonne Preiswerk — *Le Repas de la Mort* (Sierre, Monographic, 1983).

ProSpecieRara (éd.) — *Tschüpperli, Stiefelgeiss und andere Raritäten* (Saint-Gall, PSR, 2002).

Patrizia Pusterla Cambin, Valentina Foni — *L'oro bruno. Cioccolato e cioccolatieri delle terre ticinesi* (Lottigna, Museo storico etnografico di Blenio, 2006).

Isabelle Raboud *et al.* — *Assiettes valaisannes. Nourritures d'hier et d'avant-hier* (Sierre, Monographic, 1993).

Christian Rätsch, Claudia Müller-Ebeling — *Lexikon der Liebesmittel. Pflanzliche, mineralische, tierische und synthetische Aphrodisiaka* (Aarau, AT Verlag, 2003).

Anita Rauch — *Originalrezepte der alten Basler Küche* (Olten, Walter Verlag, 2002).

Thomas Reitmaier (éd.) — *Letzte Jäger, erste Hirten. Hochalpine Archäologie in der Silvretta* (Coire, Südostschweiz Buchverlag, 2012).

Alain Rey (éd.) — *Dictionnaire historique de la langue française* (Paris, Le Robert, 2012).

Hans Riedhauser — *Essen und Trinken bei Jeremias Gotthelf* (Berne, Verlag Paul Haupt, 1985).

Claudio Riole, Luca M. Venturi — *Il Cantone Ticino e la sua terra* (Ancona, Alex Edizioni, OstraVetere, 2003).

Jancis Robinson, Julia Harding, José Vouillamoz — *Wine Grapes. A complete guide to 1368 vine varieties, including their origins and flavours* (Londres, Penguin Books, 2012).

Gioia Romagnoli, Stefania Vasetti — *Klassische Kräuter und Heilpflanzen* (Stürtz, Würzburg 1996 [éd. originale italienne : Fiesole, Nardini Ed., 1996]).

Waverley Root — *Food: An Authoritative and Visual History and Dictionary of the Foods of the World* (New York, Simon & Schuster, 1980).

Roman Rossfeld — *Schweizer Schokolade. Industrielle Produktion und kulturelle Konstruktion eines nationalen Symbols 1860-1920* (Baden, Hier und Jetzt, 2007).

Alfred G. Roth — *Der Sbrinz und die verwandten Bergkäse der Schweiz* (Burgdorf, Emmentaler Druck, 1993).

Ernst Roth und Beat Straubhaar — *z'Bärg. Wege zum Alpkäse* (Thoune, Weber Verlag, 2002).

Marie-Louise Roth — *Das Kochbuch aus Zürich* (Münster/Zurich, Wolfgang Hölker, 1977).

Marie-Louise Roth — *Das Kochbuch aus dem Bernbiet* (*id.*, 1978).

Roth, Daunderer und Kormann — *Giftpflanzen, Pflanzengifte* (Hambourg, Nikol, 1994).

Johann Rottenhöfer — *Neue vollständige theoretisch-praktische Anweisung in der feinen Kochkunst mit besonderer Berücksichtigung der herrschaftlichen und bürgerlichen Küche* (1858 ; Augsburg, Bechtermünz Verlag im Weltbild Verlag, 1997).

Élise Rousseau — *Anthologie du loup* (Paris, Delachaux et Niestlé, Paris 2006).

Karl Friedrich Freiherr von Rumohr — *Geist der Kochkunst* (Insel Verlag, Frankfurt am Main 1978 ; Original 1822). Trad. fr. : *L'Esprit de l'art culinaire* (traduit par Marie-Ange Maillet, Paris, Klincksieck, 2016).

Andrea Sailer, Barbara Weber-Ruppli — *Vivi Kola. Zeitgeist in Flaschen* (Berne, Ott Verlag, 2013).

A. Schellenberg (éd.) — *Das Buch vom Schweizer Wein* (Bâle, Basler Berichthaus, 1943).

Rudolf Schenda — *Das ABC der Tiere. Märchen, Mythen u. Geschichten* (Munich, C.H. Beck, 1995).

Gertrud Scherf —*Die geheimnisvolle Welt der Zauberpflanzen und Hexenkräuter* (Munich, BLV, 2007).

Erika Schermaul — *Paradiesapfel und Pastorenbirne. Bilder und Geschichten von alten Obstsorten* (Ostfildern, Jan Thorbecke Verlag, 2004).

Peer Schilperoord, Andrea Heistinger — *Kulturpflanzen der Schweiz,*

Süd- und Nordtirol (Alvaneu, Verein für alpine Kulturpflanzen, 2011).

Peer Schilperoord — *Kulturpflanzen der Schweiz: Mais* (*id.*, 2014).

Peer Schilperoord — *Kulturpflanzen der Schweiz: Ackerbohne* (*id.*, 2016).

Peer Schilperoord — *Kulturpflanzen der Schweiz: Roggen* (*id.*, 2017).

Peer Schilperoord — *Kulturpflanzen der Schweiz: Buchweizen* (*id.*, 2017).

Peer Schilperoord—*Sieben Getreide* (Dürnau, Verlag der Kooperative, 2020).

Hans Rudolf Schinz — *Descrizione della Svizzera italiana nel Settecento* (Locarno, Armando Dadò Editore, 1989).

Hs. Rudolf Schinz — *Beyträge zur näheren Kenntniss des Schweizerlandes* (Füessly, 1783-1791 ; ETH-Bibliothek Zürich, Rar 5722 ; doi.org/10.3931/e-rara-8386 / Public Domain Mark).

Hans Rudolf Schinz — *Beyträge zur näheren Kenntniss des Schweizerlandes. Viertes Heft* (Zurich, Füessly, 1786).

Didier Schmutz, Hughes de Wurstemberger, Christian Lutz — *AOC, une identité retrouvée. Paysans et artisans-fromagers* (Gollion, Infolio, 2005).

Amalie Schneider-Schlöth — *Basler Kochschule* (1877 ; Bâle, Friedrich Reinhardt Verlag, 1983).

Ernst Schubert — *Essen und Trinken im Mittelalter* (Darmstadt, Primus Verlag, 2006).

Anne Schulz — *Essen und Trinken im Mittelalter (1000–1300)* (Berlin/Boston, de Gruyter, 2011).

Georg Schwaiger (éd.) — *Mönchtum, Orden, Klöster* (Munich, C. H. Beck, 1994).

Wolfgang Seidel — *Weltgeschichte der Pflanzen* (Cologne, Eichborn Verlag, 2012).

Slow Food — *L'Italia del pane. 208 tipologie tradizionali* (Bra, Slow Food Editore, 2002).

Carl Spitteler — *Der Gotthard. Mit der Eisenbahn und zu Fuss über den Gotthard* (1897 ; Zurich, Europa Verlag, 2014).

Albert Spycher— *Leckerli aus Basel. Ein oberrheinisches Lebkuchenbuch* (Bâle, Buchverlag Basler Zeitung, 1991).

Albert Spycher — *Ostschweizer Lebkuchenbuch* (Herisau, Appenzeller Verlag, 2000).

Albert Spycher — *Back es im Öfelin oder in der Tortenpfann* (186. Neujahrsblatt, Bâle, Schwabe, 2008).

Tom Standage — *L'Histoire du monde en 6 verres* (Paris, Kero, 2019).

Stiftsbibliothek St. Gallen (éd.) — *Heilkräuter und Gartenanlagen im Kloster St. Gallen* (Saint-Gall, Verlag am Klosterhof, 2010).

Wolf-Dieter Storl, Paul Silas Pfyl — *Bekannte und vergessene Gemüse. Heilkunde, Ethnobotanik, Rezepte* (Aarau, AT Verlag, 2002).

Max Straub (éd.) — *Neuer Fischatlas des Kantons Zürich* (Zurich, Werd Verlag, 2001).

Christian Teubner *et al.* — *Das grosse Buch vom Käse* (Füssen, Teubner, 1990 ; 6. Auflage 1999).

Christian Teubner *et al.* — *Das grosse Buch vom Fleisch* (Munich, Teubner, 2000).

Odette Teubner *et al.* — *Das grosse Buch vom Obst* (Munich, Teubner, 2002).

Hans Jürgen Teuteberg, Gerhard Neumann, Alois Wachter (éd.) — *Essen und kulturelle Identität. Europäische Perspektiven* (Rudolf Weinhold – *Speisemeidung als Mittel soziokultureller Identifikation: das Exempel Pferdefleisch;* Berlin, Akademie Verlag, 1997).

Hervé This-Benckhard — *Rätsel der Kochkunst* (Berlin Heidelberg, Springer, 1996).

Pierre Thomas, Régis Colombo — *Vignobles suisses* (Lausanne, Favre, 2003).

Maguelonne Toussaint-Samat — *Histoire naturelle et morale de la nourriture* (Paris, Larousse-Bordas, Paris 1987).

Rudolf Trefzer — *Klassiker der Kochkunst. Die fünfzehn wichtigsten Rezeptbücher aus acht Jahrhunderten* (Zurich, Chronos, 2009).

Friedrich von Tschudi — *Das Thierleben der Alpenwelt* (J. J. Weber, Leipzig 1875 ; 10. Auflage). Trad. fr. : *Le Monde des Alpes ou description pittoresque des montagnes, particulièrement des animaux qui les peuplent* (traduit par O. Bourrit, Bâle & Genève/Berne, H. Georg Libraire-éditeur, 1870).

Universal-Lexikon der Kochkunst (Nachdruck der Originalausgabe von 1890, Leipzig, Reprint).

Bernard Vauthier — *Le Patrimoine fruitier de la Suisse romande. Fruits d'aujourd'hui et pomologie ancienne* (Rétropomme Neuchâtel – La Bibliothèque des Arts Lausanne – Graphische Sammlung ETH Zürich, 2011).

Verein Milch & Kultur Rheinland und Westfalen e.V. (*Hg.*)— *Zum Sennenwesen in der Schweiz. Texte und Bilder aus dem 16. bis 18. Jahrhundert* (Cologne, 2011).

Benoît Violier — *La Cuisine du gibier à plume d'Europe* (Lausanne, Favre, 2015).

Margaret Visser — *Much Depends on Dinner: The Extraordinary History and Mythology, Allure and Obsessions, Perils and Taboos, of an Ordinary Meal* (New York, Grove Press, 1986).

Margaret Visser — *The Rituals of Dinner. The Origins, Evolution, Eccentricities, and Meaning of Table Manners* (New York, Penguin Books, 1991).

A. [Alfred] Vogel — *Der kleine Doktor. Hilfreiche Ratschläge für die Gesundheit* (Teufen, A. Vogel, 2004/1952).

Susanne Vögeli, Al Imfeld — *Schweizer Rezepte* (Zurich, Werd Verlag, 2001).

Alice Vollenweider — *Italiens Provinzen und ihre Küchen* (Berlin, Klaus Wagenbach, 1990).

Alice Vollenweider — *Frischer Fisch und wildes Grün. Essen im Tessin* (Zurich, Limmat Verlag, 2005).

Amélie Vouardoux — *Grimentz et sa Bourgeoisie* (Grimentz, 2012).

José Vouillamoz - *Cépages suisses. Histoires et origines* (Lausanne, Favre, 2017).

Conrad G. Weber — *Brauchtum in der Schweiz* (Zurich, Werner Classen Verlag, 1985).

Urs Weiss *et al.* — *Schweizer Ziegen* (Winterthur, Birkenhalde-Verlag, 2005).

Inge Weibel-Gemsch — *Das Kochbuch der Ostschweiz* (Münster/Zurich, Verlag Wolfgang Hölker, 1978).

Georges Wenger — *Les Saisons de la terre jurassienne* (Saignelégier, Le Franc-Montagnard, 1997).

Philippe Werner — *Erkenne die Natur im Wallis. Die Flora* (Martigny, Pillet, 1994).

Antony Wild — *The East India Company Book of Chocolate* (Londres, HarperCollins Publishers, 1995).

Bee Wilson — *Am Beispiel der Gabel. Eine Geschichte der Koch- und Esswerkzeuge* (Berlin, Insel, 2014).

Desiderata von Zschinsky — *L'arte culinaria nel Ticino* (Münster, Wolfgang Hölker, 1979).

Remerciements de l'auteur

Au départ, l'idée était de consigner l'ensemble du patrimoine culinaire de la Suisse avant qu'il ne sombre dans l'oubli. En l'an 2000, le conseiller national vaudois Josef Zisyadis a transmis cette idée sous forme de proposition faite à l'Office fédéral de l'agriculture. Une petite association, l'IPPACS (Inventaire des produits du patrimoine culinaire suisse), s'est constituée à Lausanne via l'Association suisse des AOP-IGP, créée en 1999. L'objectif de cette association, dont l'auteur faisait aussi partie, était de concrétiser l'idée de Zisyadis ; c'est dans ce but que l'Association Patrimoine culinaire suisse (APCS) a été fondée en 2004, en collaboration avec AGRIDEA, la Conférence des services cantonaux de l'agriculture et Slow Food Suisse.

Les 400 premiers produits (2005-2008) ayant été dûment répertoriés par l'équipe de recherche de l'APCS et contrôlés par des experts externes, l'IPPACS fut dissous en 2021. L'Association du Patrimoine culinaire suisse continue de veiller sur tous les produits décrits et d'élargir le spectre de son Inventaire.

L'ethnologue et première présidente de l'APCS Isabelle Raboud-Schüle et la journaliste Stéphanie Riedi ont démontré l'importance d'une relecture minutieuse pour les cinq volumes de la première édition ; l'historien de la pâtisserie Albert Spycher (1932-2020), qui a par exemple recherché l'origine des meringues dans les profondeurs de l'histoire, y a apporté toute sa science ; Liliana Piantini Piffaretti qui, lors de la traduction commune des fiches italiennes à la fin de l'hiver à Olivone, a enrichi certains produits d'expériences personnelles et d'histoires familiales. Qu'ils soient tous remerciés ici, et spécialement Christian Flubacher, cuisinier personnel et conseiller, pour ses commentaires avisés lors de voyages de reconnaissance et aux fourneaux.

Un merci tout particulier à Wendelin Hess et à la maison d'édition Echtzeit Verlag pour la confiance qu'ils m'ont accordée en me permettant de concentrer un thème aussi vaste, d'abord en cinq volumes, puis en un seul.

Et surtout, à toutes les personnes qui s'investissent au quotidien, démontrant à quel point le patrimoine culinaire suisse est vivant. Des paysans et des artisans, du boucher du Val Poschiavo au pêcheur du lac de Bienne, du distillateur jurassien au fromager du Val Blenio, du boulanger de Saint-Gall au confiseur genevois. Au fil des années, mentionnons aussi de grandes toques telles que Georges Wenger au Noirmont et Beat Caduff (qui m'a ouvert les yeux plus d'une fois, comme lors d'une chasse au tétras lyre) à Arosa et Zurich, Hans Stucki à Bâle, Philippe Rochat et Benoît Violier à Crissier, Philippe Chevrier à Satigny ainsi qu'Irma Dütsch et Markus Neff avec son équipe à Saas-Fee. Et Frédy Girardet, qui m'a envoyé un paquet de saucissons vaudois à déguster pour mon « Wurst spezial » (spécial saucisses) dans le *Tages-Anzeiger*. Tous ont généreusement partagé leurs connaissances et leur expérience. Sans oublier les vignerons, maîtres de chais et œnologues du pays, qui réalisent de si grandes choses sur un territoire réduit.

Cette deuxième édition en allemand du *Patrimoine culinaire suisse*, entièrement revue, actualisée et augmentée de plus d'une douzaine de produits, a été traduite en « français suisse », comme le dit si bien le *Dictionnaire historique de la langue française*, par Patrick Vallon, parallèlement à ma relecture canton par canton. Un grand merci à lui, car il ne s'est pas contenté de rester fidèle à l'original, mais a aussi émis d'utiles réflexions et relevé quelques erreurs ou incohérences dans le texte allemand – ainsi, les échanges sur la date de naissance de Marie de Bourgogne restent un souvenir vivace…

Aux éditions Infolio, Patrick Amstutz a été l'infatigable promoteur et chef d'orchestre du projet ; je lui exprime mes remerciements empressés, tout comme au comité de l'Association Patrimoine culinaire suisse, en particulier à Olivier Girardin, président, et à Astrid Gerz, responsable du secrétariat, pour leurs longues recherches de financement aussi bien pour la traduction que pour les photographies d'Antal Thoma*.

* Le photographe lui-même (www.antalthoma.ch) tient à remercier de son côté Olivia Borer pour l'acquisition des accessoires et les idées créatives ; les grands et petits modèles : Saya, Lior, Aisha, Luzie, Ambra, Hélène, Romain, Stefi, Olivia et Bene ; les amis Émile, Urs, Claudia et Olivia.

Remerciements de l'Association Patrimoine culinaire suisse

La réalisation de cet ouvrage en français est le résultat d'une longue et formidable aventure qui a mobilisé le comité du Patrimoine culinaire suisse durant quatre ans. L'objectif initial était de se concentrer sur la traduction d'un des cinq volumes publiés en langue allemande par les éditions Echtzeit, qui regroupait les produits de Suisse romande. Le comité s'est toutefois rendu compte de la difficulté d'un tel découpage et de la perte des liens entre les différentes régions du pays, qui ne sont pas la moindre des richesses constitutives de la Suisse autant que de l'œuvre de Paul Imhof. D'où le souhait, de la part du comité, de publier cette somme en français dans son intégralité et dans une version réactualisée.

C'est pourquoi nous exprimons au premier chef notre reconnaissance pleine d'admiration à l'auteur, Paul Imhof, qui s'est appuyé sur l'Inventaire du patrimoine culinaire suisse et qui a sillonné la Suisse pendant de longues années. Il a par surcroît enrichi l'inventaire de base en remontant aux sources et en tissant des liens entre les différentes régions du pays pour nous offrir une véritable encyclopédie, unique en son genre.

Nous voulons dire ensuite, dans le sillage de l'auteur, notre vive et sincère gratitude envers son traducteur, Patrick Vallon, qui a su relever un défi considérable : l'œuvre en français demeure fidèle à l'esprit original tout en la rendant aisément lisible.

Les photographies qui mettent en valeur la richesse et la diversité du Patrimoine culinaire suisse ont été réalisées par Antal Thoma. L'artiste biennois a su allier sa propre dilection pour ce type de produit, une mise en scène subtile et un usage délicat de la lumière naturelle. Qu'il en soit chaleureusement remercié ! Les produits illustrés dans cet ouvrage ont été sélectionnés par notre comité, puis acheminés par Florian Cortesy de Helvetibox, un service de découverte des produits du terroir suisse : nous le remercions pour la qualité de ses services. Nous remercions également les producteurs qui nous ont fourni les produits et dont vous trouverez la liste ci-après.

Un immense merci à toute l'équipe de la maison d'édition Infolio et en particulier à son directeur éditorial, Patrick Amstutz, qui a su avec brio, compétence et diplomatie, nous accompagner tout au long des nombreuses étapes que compte une publication si substantielle.

Nous adressons toute notre reconnaissance à nos généreux sponsors et donateurs, qui nous ont fait confiance dans cette aventure. Sans eux cet ouvrage n'aurait jamais pu voir le jour. Il convient de mentionner tout particulièrement la Conférence suisse des services de l'agriculture cantonaux qui a offert son soutien et nous a permis de contacter les services de l'agriculture qui ont apporté leur propre contribution à la quasi-unanimité. Un grand merci également à la Loterie romande pour sa contribution généreuse et à l'ensemble des sponsors ci-après.

Un grand merci à tous nos membres, qui ont cru à la réalisation de ce livre. Merci également à Isabelle Raboud et à Olivier Boillat pour leur précieuse participation à la relecture finale.

Enfin, notre reconnaissance la plus chaleureuse à nos collègues membres du comité de l'Association Patrimoine culinaire suisse (APCS), Francesca Martini, Tania Brasseur et Katharina Schmid, qui nous ont épaulés et fidèlement apporté leur appui dans la conduite de ce projet éditorial.

Olivier Girardin, président APCS
Astrid Gerz, responsable du secrétariat APCS

LES PRODUCTEURS COMPLICES

Absinthe	Maison de l'Absinthe, Môtiers
Appenzeller Alpenbitter	Appenzeller Alpenbitter AG, Appenzell
Appenzeller Mostbröckli	Breitenmoser Fleischspezialitäten AG
Baarer Räben	Confiserie Café Speck, Zoug
Bauernschüblig	Fuster Rauchspezialitäten GmbH, Turbenthal
Blauer Kuchen	Schneider's Backstube GmbH, Frutigen
Bondelle	Claude Delley, Portalban
Bündner Birnbrot/Paun cun paira	Meier Beck, Santa Maria Val Müstair
Büscion	Fattoria Del Faggio, Sonvico
Buttenmost	Buttenmost aus Hochwald
Cardons de Genève	Pierre Boehm, Grand-Lancy
Cuchaule	Boulangerie Saudan, Fribourg
Dörrbirnen	Familie Oeler-Eggmann, Lömmenschwil
Einsiedler Schafbock	Goldapfel AG, Einsiedeln
Elmer Citro	RAMSEIER Suisse AG - Mineralquelle Elm, Sursee
Essigzwetschgen	Jeannette Ochsner, Einsiedeln
Fromages du Jura	Fromagerie des Franches-Montagnes SA, Le Noirmont
Gâteau à la papète	Boulangerie Eric Rochat La Villageoise, Le Lieu
Gazzosa	Coduri COCHI SA, Novazzano
Glarner Schabziger	Geska AG, Glaris
Huile de noix	Moulin et huilerie de Sévery, Sévery
Hüppen	S. H., Wädenswil
Hypokras	Siebe Dupf Kellerei AG, Liestal
Kirsch	Humbel Spezialitätenbrennerei AG, Stetten
L'Etivaz	Coopérative des Producteurs de Fromages d'Alpages « L'Etivaz », L'Etivaz
Luzerner Birnenweggen	Confiserie Bachmann, Lucerne
Luzerner Lebkuchen	Confiserie Bachmann, Lucerne
Mandelfisch	Bäckerei Kuhn, Brunnadern
Moutarde de bénichon	Boulangerie Suard, Fribourg
Paun jauer	Meier Beck, Santa Maria Val Müstair
Randenwurst	Metzgerei Eggs, Reckingen
Roggenbrot	Meier Beck, Santa Maria Val Müstair
Rosoli	Ur-Rosoli Hensler&Merz AG, Einsiedeln
Salsiz	Curschellas SA, Sedrun
Schaffhauser Zungen	Reber Schaffhauserzungen AG, Schaffhouse
Solothurner Torte	Suteria Chocolata AG, Soleure
Taillé aux greubons	Boulangerie Baumann, Lausanne
Tigets	Tigets.ch, Altdorf
Tirggel	Confiserie St. Jakob, Zurich
Turta da nuschs	Meier Beck, Santa Maria Val Müstair
Urner Hauswurst	Metzgerei Muheim, Andermatt
Willisauer Ringli	Café AMREIN Chocolatier, Willisau

LES CANTONS ET LES SPONSORS

LISTE DES CANTONS

Appenzell Rhodes-Extérieures	(Amt für Landwirtschaft)
Appenzell Rhodes-Intérieures	(Landwirtschaftsamt)
Argovie	(Swisslos-Fonds)
Bâle-Campagne	(Zentrum für Landwirtschaft, Natur und Ernährung)
Bâle-Ville	(Amt für Umwelt und Energie)
Berne	(Office de l'agriculture et de la nature)
Fribourg	(Service de l'agriculture)
Genève	(Office de promotion des produits agricoles de Genève)
Glaris	(Volkswirtschaft und Inneres-Abteilung Landwirtschaf)
Grisons	(Amt für Landwirtschaft und Geoinformation)
Jura	(Fondation rurale interjurassienne)
Lucerne	(Dienststelle Landwirtschaft und Wald)
Neuchâtel	(Service de l'agriculture)
Nidwald	(Amt für Landwirtschaft)
Obwald	(Amt für Landwirtschaft und Umwelt)
Saint-Gall	(Landwirtschaftsamt)
Schaffhouse	(Volkswirtschaftsdepartement)
Schwytz	(Amt für Landwirtschaft)
Soleure	(Amt für Landwirtschaft)
Tessin	(Dipartimento delle finanze e dell'economia)
Thurgovie	(Landwirtschaftsamt)
Uri	(Amt für Landwirtschaft)
Valais	(Service de l'agriculture)
Vaud	(Service des affaires culturelles)
Zoug	(Landwirtschaftsamt)
Zurich	(Amt für Landschaft und Natur)

AUTRES SPONSORS

AGRIDEA – Association suisse pour le développement de l'agriculture et de l'espace rural
Association suisse des AOP-IGP
BlackWolf
Fondation Ernst Göhner
Fondation pour la promotion du goût
Loterie Romande
Pays Romand-Pays Gourmand
Slow Food CH
Victorinox

Index

Table des matières

IMPRESSUM

Version originale :
Das kulinarische Erbe der Schweiz
von Paul Imhof

www.echtzeit.ch

www.infolio.ch
ISBN 978-2-88968-060-3

Les éditions Infolio reçoivent le soutien
de la Loterie Romande.

La maison d'édition Infolio bénéficie
d'un soutien structurel de l'Office fédéral
de la culture pour les années 2021-2024.

DIRECTION ÉDITORIALE
Patrick Amstutz

SUPERVISION SCIENTIFIQUE
Association Patrimoine culinaire suisse

GRAPHISME
Catherine Baud

PHOTOLITHOGRAPHIE
Karim Sauterel

IMPRESSION
Imprimerie Siz, Vérone, Italie

PAPIERS
Arena Natural Smooth, 90 g/m^2
Arena Extra White Smooth, 140 g/m^2
Couverture : Wibalin Natural White, 120 g/m^2

Achevé d'imprimer en octobre 2022

REMERCIEMENTS

Avec la complicité de l'ACEL et de l'æpol

et le précieux soutien de
tous les cantons suisses cités
dans les remerciements en page 658

et de
AGRIDEA – Association suisse pour le développement
de l'agriculture et de l'espace rural
Association suisse des AOP-IGP
BlackWolf
Fondation Ernst Göhner
Fondation pour la promotion du goût
Loterie Romande
Pays Romand-Pays Gourmand
Slow Food CH
et Victorinox